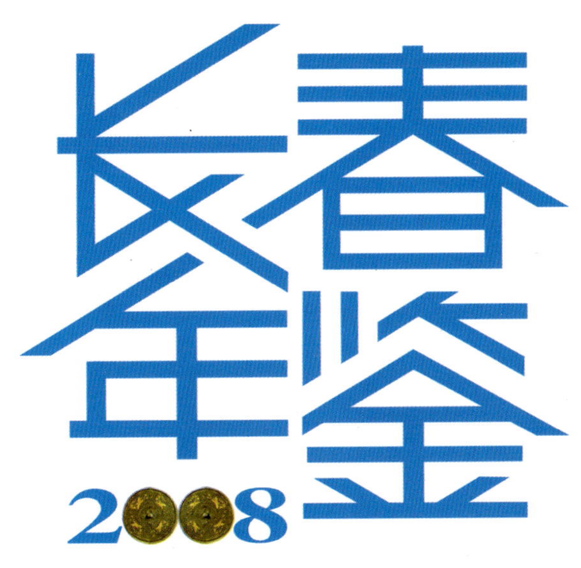

长春年鉴 2008

CHANGCHUN ALMANAC

长春市人民政府　主办

长春市地方志编纂委员会 编

吉林人民出版社

长春年鉴(2008) *CHANGCHUNALMANAC*

编　　者:长春市地方志编纂委员会
　　　　　长春年鉴编纂委员会

责任编辑:杨九屹　　　**封面设计:祁贵鹏**

吉林人民出版社出版 发行(中国·长春市人民大街 4646 号　邮政编码:130021)

电　话:0431 - 85649710

印　刷:长春方圆印业有限公司

开　本:880mm×1230mm　1/16

印　张:41.125　　**字数:**1000 **千字**

标准书号:ISBN 978 - 7 - 206 - 05224 - 8

版　次:2008 **年** 10 **月第** 1 **版**　　　**印　次:**2008 **年** 10 **月第** 1 **次印刷**

印　数:1-1 000 **册**　　　**定　价:**240.00 **元**

长春年鉴编纂委员会

主　　任　郑文芝

副 主 任　阎玉华　卢福建　郝广智　刘远和

委　　员　沙宪卿　吴鸿韬　卢友富　崔永泉　孙文杰
张　威　刘　徽　陈德新　孙　莉　管树森
李相国　梁振亚　柳宝祥　梁　伟　李国强
李忠斌　王立学　孙向武　陈克信　张宝祥
崔国光　杨云超　王庭凯　李长明　侯曙光

主　　编　郑文芝

副 主 编　郝广智　刘远和　侯曙光　田　萍

长春年鉴编辑部

责任编辑　侯曙光　田　萍　祁贵鹏　崔玉恺

特约编审　王炳顺　王树森　刘　刚　孙德生

彩页设计　祁贵鹏

版式设计　崔玉恺

英文翻译　李　青

1 9月3日，国务院副总理曾培炎，在吉林省委书记王珉、省长韩长赋、国家发改委副主任张国宝、铁道部运输局装备部副主任刘刚等领导陪同下，专程来到长客股份公司检查指导工作

2 7月7日，中共中央政治局委员、中共中央书记处书记、中央宣传部部长刘云山在一汽视察工作，一汽集团公司总经理竺延风向刘云山（左三）介绍一汽新产品

1

2

1　12月24日，中共中央政治局委员张德江在省委书记王珉、省长韩长赋等陪同下专程到长客股份公司视察

2　9月20日，中共中央政治局委员、国务院振兴东北地区老工业基地领导小组副组长张立昌在一汽视察解放公司卡车生产线

1

2

1 8月23日，铁道部部长刘志军到长客股份公司，看望奋战在200km/h动车组生产一线的员工，并代表铁道部感谢长客股份公司为铁路第六次大提速做出的贡献

2 5月30日，省长韩长赋专程到长客股份有限公司视察并就轨道客车产业的发展情况进行调研

1

2

1　8月23日，国家发改委副主任张国宝一行到长客股份公司，参观了200km/h动车组和城轨车生产现场

2　6月14日，国家发改委副主任张晓强在长客股份公司视察调研

1

2

1 国家主席胡锦涛宣布第六届亚州冬季运动会开幕

2 国务院总理温家宝宣布第六届亚州冬季运动会闭幕

3 国家主席胡锦涛与亚奥理事会主席艾哈迈德·法赫德·萨巴赫亲王亲切会见

4 亚冬会组委会副秘书长郭忠君接受亚奥理事会主席艾哈迈德亲王奖励

5 祝业精市长接过亚奥理事会会旗

6 在韩国釜山长春申亚团庆祝申办成功

1

2

3

4

5

6

1 在长白山天池采集第六届亚洲冬季运动会火种

2 第六届亚洲冬季运动会火炬传递点火仪式

3 亚奥理事会协调委员会会议

4 参赛邀请书发送仪式

5 第六届亚冬会倒计时200天长吉两市信鸽放飞活动

1 亚奥理事会主席艾哈迈德·法赫德·萨巴赫亲王在开幕式上致词

2 亚奥理事会副主席霍震霆在闭幕式上致词

3 亚冬会组委会主席刘鹏致词

4 欢迎仪式升旗仪式

5 交接会旗

6 组委会领导为冰舞获奖运动员颁奖

7 亚奥理事会主席艾哈迈德·法赫德·萨巴赫亲王颁发第一枚金牌

1

2

3

4

5

6

7

1　亚冬会闭幕式演出
2　熊熊燃烧的亚冬会火炬
3　亚冬会闭幕式演出
4　亚冬会开幕式文体晚会
5　亚冬会闭幕式演出
6　亚冬会开幕式文体晚会

1 开幕式上的各国儿童表演
2 开幕式现场全景
3 热情的赛场观众
4 激烈的冰球比赛
5 精彩的双人滑比赛
6 冰舞比赛

1 激烈的短道速滑比赛
2 冬季两项比赛
3 自由式滑雪空中技巧比赛
4 单板比赛
5 高山回转比赛

1

3

2

4

5

1 南湖公园

2 南湖公园

3 新民大街

4 延安大街

1　南湖公园

2　南湖公园

1 新民大街街头绿地

2 经济开发区街路

3 文化广场夜景

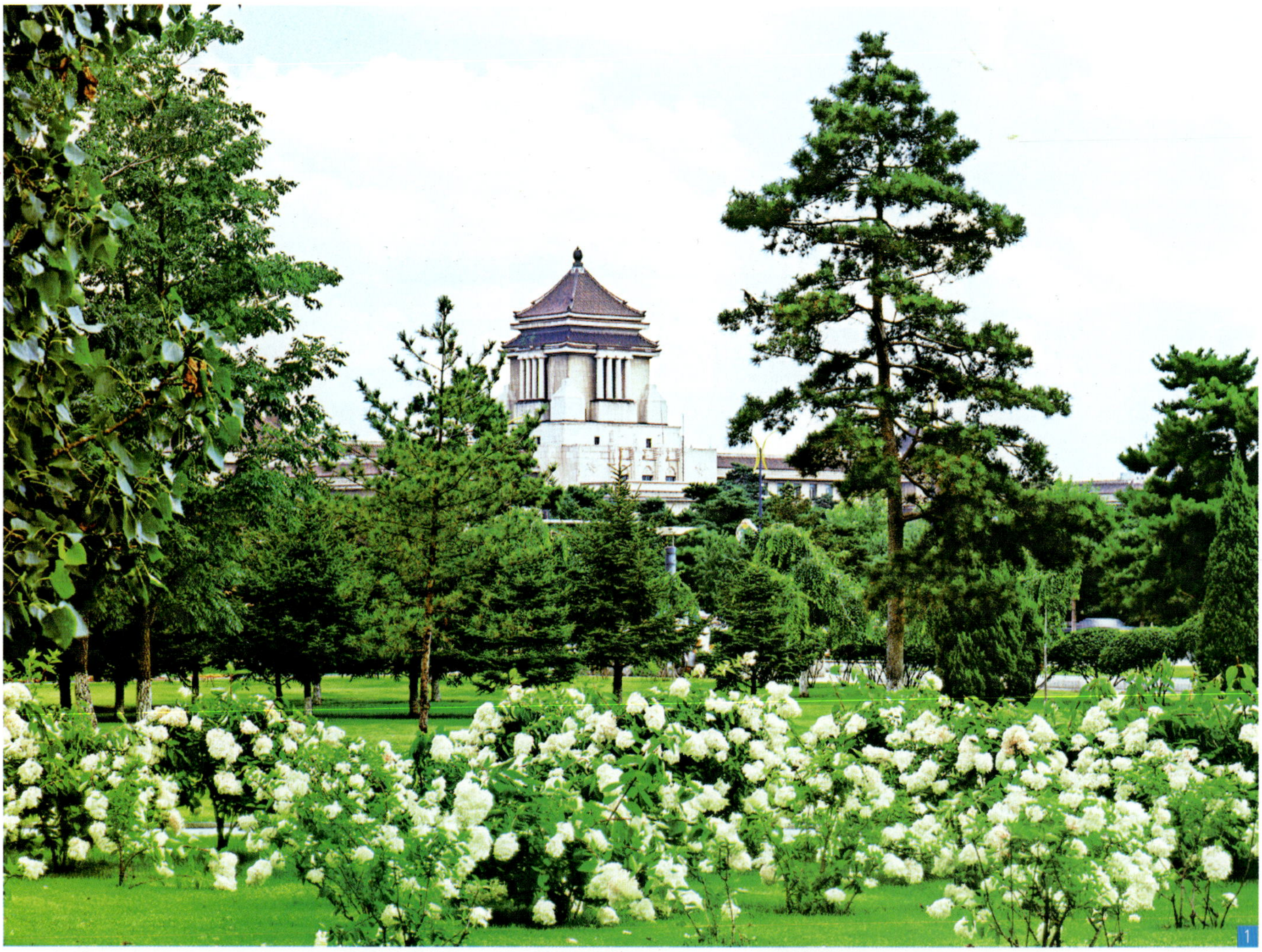

1

2

3

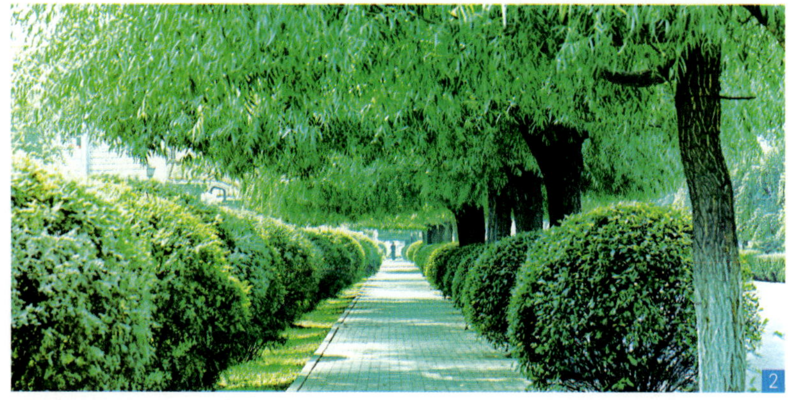

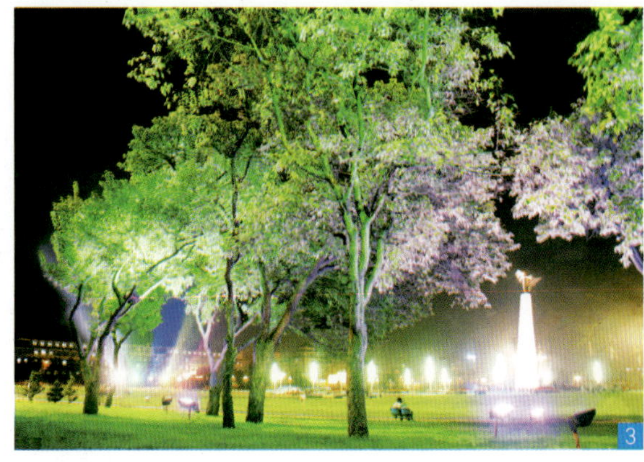

1 净月广场

2 生物城广场

3 卫星广场

1 文化广场
2 台湾工业园广场
3 世纪广场
4 文化广场

1

2

3

4

1 福祉广场

2 世界雕塑公园

3 胜利公园

4 世界雕塑公园

1 万科城市花园

2 文博广场

3 翔鹤广场一角

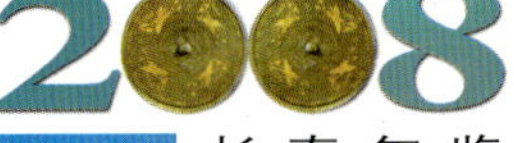

1 南湖公园

2 南湖公园

3 南湖公园

1 解放大路

2 解放大路

3 人民大街

1 锦江广场

2 翔鹤广场一角

3 伊通河

1 国家体育总局局长刘鹏、吉林省委书记王珉会见亚奥理事会主席艾哈迈德·法赫德·萨巴赫亲王

2 市委书记高广滨会见"达沃斯"世界经济论坛首席代表蒋睿杰

3 省委常委，组织部长王松鹤和长春市副市长王学战出席波尔多第二届中法地方政府高层论坛

4 市长崔杰率团访问法国友好城市蒙特勒依市

1　市委副书记李树国会见日本福冈市长

2　市领导会见香港特首曾荫权

3　市政协主席祝业精会见瓦萨滑雪节客人

4　市委常委、副市长冯强会见日本金崎町町长高桥由一

1 外交部领事认证授权新闻发布会

2 市委常委、常务副市长姜治莹率团赴韩国济州参加国际会议

3 市外办主任王宇率领陈述团参加亚冬会团长会议

4 长春市人民政府英文网站暨长春信息港英文版新版开通仪式

1

2

3

4

1 长春市民代表团在日本仙台鲁迅纪念碑前留念

2 “长春——白俄罗斯·明斯克友好·合作”开幕式

3 “我爱你 长春”第七届中外文化交流文艺晚会

4 国侨办张继青副司长出席第三期华侨华人专业人士回国创业研习班结业式

1　第五届长春文化艺术周评剧专场演出剧照之一

2　第五届长春文化艺术周杂技表演

3　第五届长春文化艺术周《天堂草原》歌舞晚会剧照之一

4　第五届长春文化艺术周评剧专场演出剧照之二

5　第五届长春文化艺术周开幕演出

6　第五届长春文化艺术周儿童课本剧表演剧照之一

1　第五届长春文化艺术周杂技表演
2　第五届长春文化艺术周儿童课本剧表演剧照之二
3　第五届长春文化艺术周《天堂草原》歌舞晚会剧照之二
4　第五届长春文化艺术周《天堂草原》歌舞晚会剧照之三
5　俄罗斯圣彼得堡大剧院《超越时空》大型歌舞晚会剧照之一
6　俄罗斯圣彼得堡大剧院《超越时空》大型歌舞晚会剧照之二

1

2

3

4

5

6

1　长影乐团举行成立六十周年大型电影视听音乐会《花儿还是那样红》
2　话剧《九路汽车》
3　"孙岩·点亮心灯"钢琴音乐会
4　理查德·克莱德曼钢琴音乐会
5　明斯克市图片展开幕式

1 “喜迎十七大 欢歌颂春城”文艺演出

2 明斯克友好交流日白俄罗斯民间歌舞晚会剧照之一

3 明斯克友好交流日白俄罗斯民间歌舞晚会剧照之二

4 社区艺术节演出剧照之一

5 社区艺术节演出剧照之二

1

2

3

4

5

1 民博会开幕式

2 雕塑展开幕式

3 中国汽车 · 长春论坛 2007 峰会

1

3

1 瓦萨国际滑雪节

2 瓦萨国际滑雪节主题雪雕

1

2

1 汽博会室外展场

2 消夏节热气球精英赛

3 玉米产业博览会开幕式

1 消夏节热气球表演之一

2 消夏节热气球表演之二

3 消夏节狂欢夜开幕式

4 消夏节狂欢夜焰火表演

1

2

3

4

1 公安部副部长王金彪慰问长春交警

2 市长崔杰在市公安局副局长兼交警支队长王卫东陪同下，冒雪深入路面检查长春市交通情况

3 市人大常委会主任李述在长春市副市长兼公安局长高学章等领导陪同下，带领市人大三基工作视察团到交警支队车管所视察工作

4 市政协主席祝业精及部分政协委员等领导同志在副市长兼市公安局长高学章等领导陪同下，视察交通管理工作

5 交警支队全面施行值日警官制度，副市长兼公安局长高学章给值日警官授牌

6 交通安全宣传日

1

2

3

4

5

6

1　市公安局副局长兼交警支队长
　王卫东向小学生讲解安全常识
2　落实警营开放日
3　遏制事故动员誓师大会
4　落实值日警官制度现场会
5　六部委检查平安畅通县区

1 市交警支队班子苦练基本功

2 百长进企业，千警进万家活动誓师大会

3 吉林省公安机关苦练基本功汇报演练大会在长春市经济技术开发区体育场举行，长春市交警支队列表演方队

4 吉林省公安机关苦练基本功汇报演练大会在长春市经济技术开发区体育场举行，长春市交警支队百名女交警表演指挥手势操

5 吉林省公安机关苦练基本功汇报演练大会在长春市经济技术开发区体育场举行，长春市交警支队列交通巡逻车方队表演

6 市交警支队在文化广场等地举行冬季交通安全宣传活动。图为女交警在进行07式交通手势信号演练

1

2

3

4

5

6

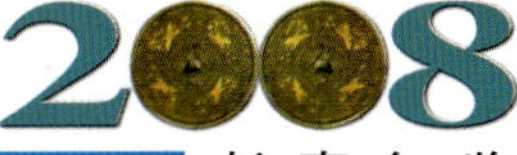

1　新组建的“的士110”警情信息车队

2　春城第一岗——军警民共建岗

3　2007年度全市交警系统宣传民警岗位培训班

4　人性化的行人过街交通信号

5　苦练基本功业务“一口清”决赛现场

中国第一汽车集团公司（原第一汽车制造厂）简称“第一汽车”，1953年7月15日破土动工，中国汽车工业从这里起步。50多年来，第一汽车肩负中国汽车工业发展重任，经历了建厂创业、产品换型和工厂改造、上轻型车和轿车三次大规模发展阶段，产品生产由单一卡车向轻型车和轿车方面发展。1991年，与德国大众汽车公司合资建立15万辆轿车基地；2002年，与天津汽车工业（集团）有限公司联合重组；与日本丰田汽车公司实现合作。目前，产品结构已形成以轿车为主的新格局。

原总经理竺延风（左）调吉林省工作，与新任总经理徐建一亲切握手

第一汽车集团公司拥有全资子公司28家，控股子公司16家，其中包括一汽解放汽车有限公司、一汽铸造有限公司等全资子公司和一汽轿车股份有限公司、天津一汽夏利汽车股份有限公司、一汽四环汽车股份有限公司等上市公司及一汽－大众汽车有限公司、天津一汽丰田汽车有限公司等中外合资企业。在东北、华北和胶东、西南形成布局合理的三大生产基地，以及在国内汽车行业具有产品开发和工艺材料开发领先水平的一汽技术中心。资产总额1 339.5亿元，员工13.22万人。

庆祝一汽集团年产突破140万辆庆典仪式

2007年，一汽列“世界最大500家公司”第385位；“中国制造企业500强”第1位。2007年公司品牌价值达到424.21亿元；2007年销售汽车143.6万辆，实现销售收入

解放J6重卡投放市场

2500辆威志轿车发往墨西哥

1 876亿元。

至2007年，第一汽车累计产销重、中、轻、轿、客、微各类汽车1 000多万辆，在巩固和发展国内市场的同时，不断开拓国际市场，逐步建立起全球营销和采购体系。

遵循“第一汽车，第一伙伴”核心价值观和“用户第一”的经营理念，努力践行“让中国每个家庭都拥有自己的汽车”的产业梦想，一汽人正在为建设“规模百万化、管理数字化、经营国际化”的新一汽而努力奋斗。

俄罗斯总统普京（中）和中国国家主席胡锦涛（右）参观一汽展台的自主品牌产品

一汽与墨西哥萨利纳斯集团合资生产经济型轿车开工典礼

党内争先创优表彰大会

一汽奖励“国家科学进步二等奖”获得者王洪军“速腾”轿车

一汽资产经营管理有限公司揭牌仪式

一汽轻型汽车有限公司挂牌仪式

富奥汽车零部件股份有限公司成立庆典

地址：长春市绿园区东风大街2259号　邮编：130011　电话：0431-85730701　传真：0431-85730707

城乡居民收入（元）

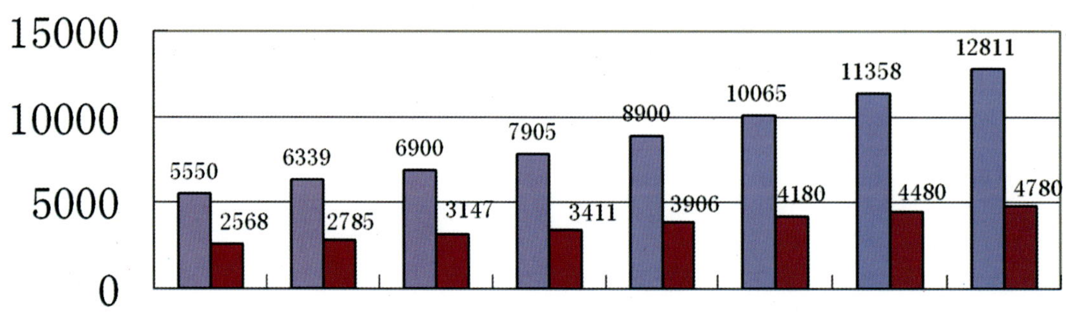

对外贸易进出口总额（亿美元）

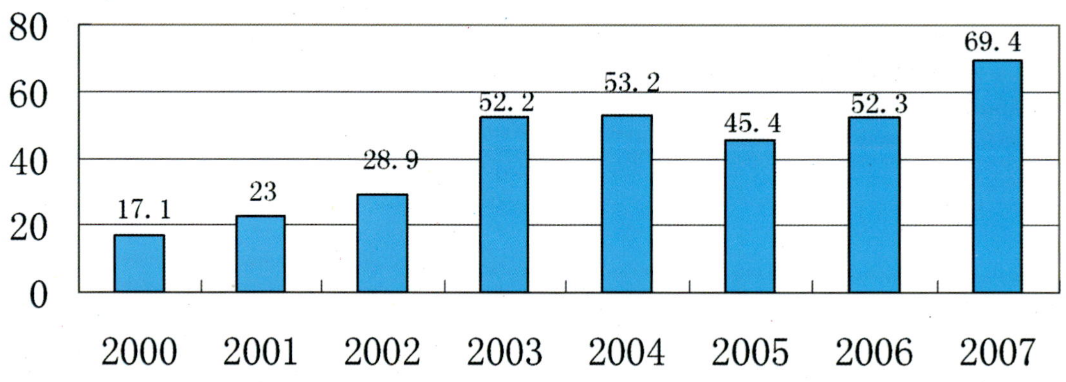

社会消费品零售总额（亿元）

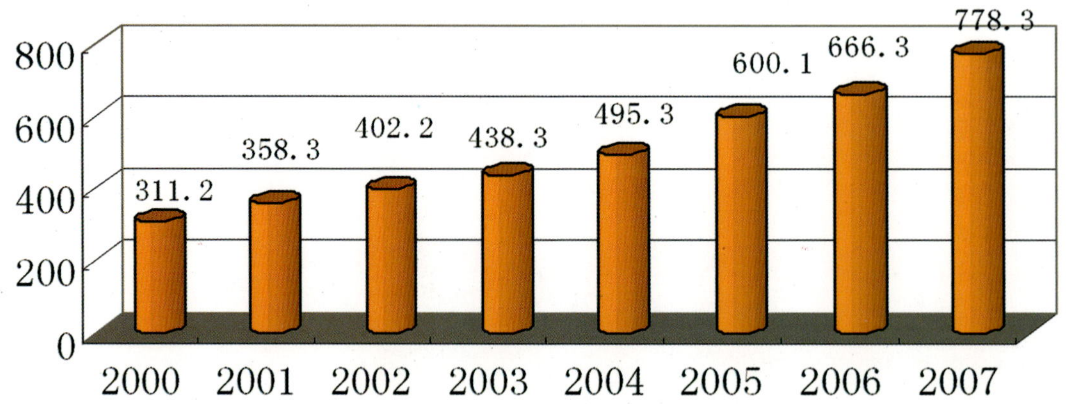

固定资产投资总额及增速

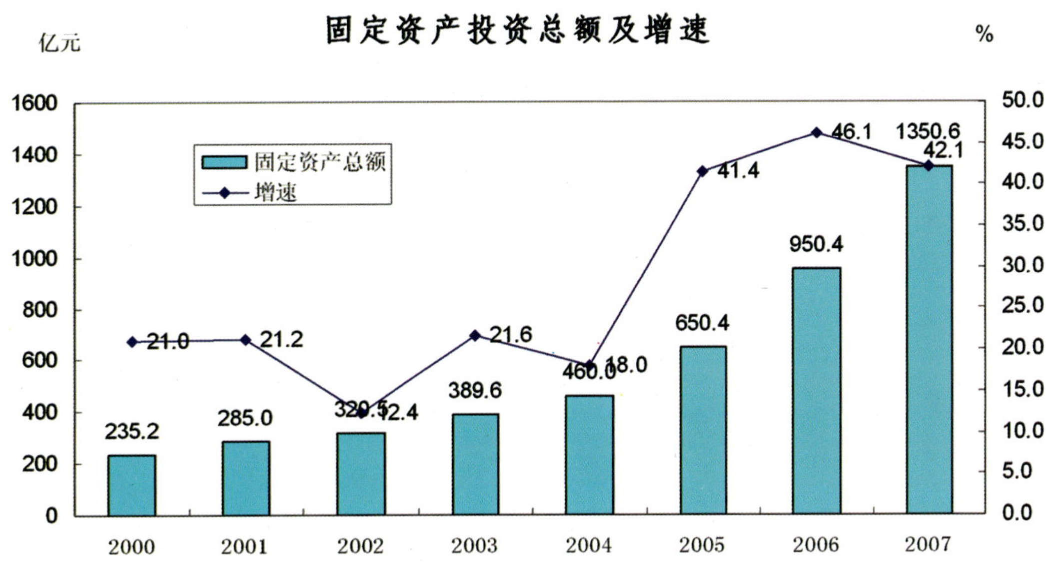

地区生产总值（亿元、当年价）

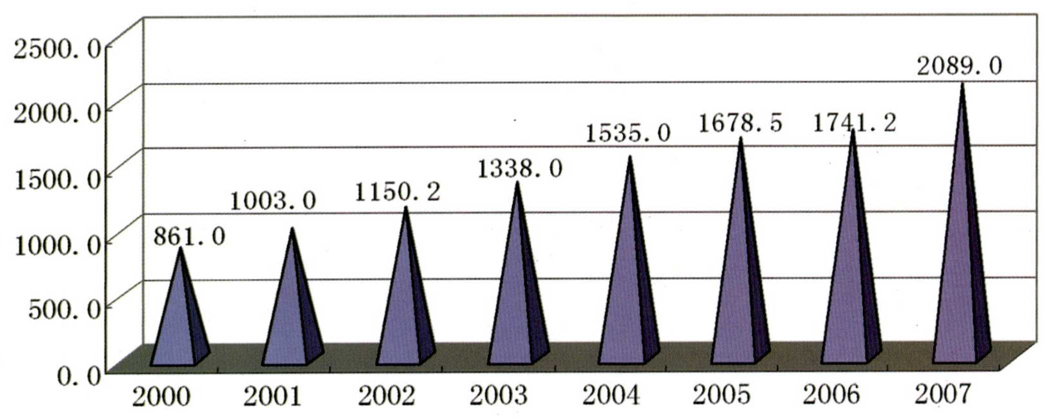

规模以上工业总产值（亿元）

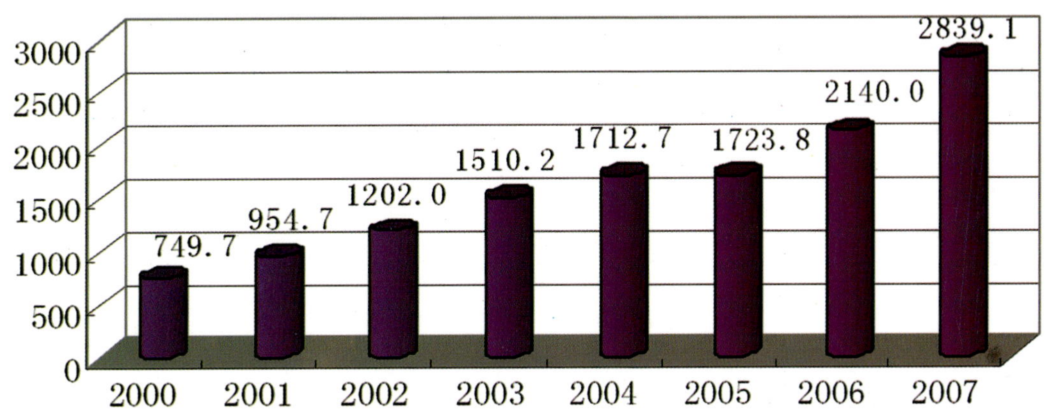

2007年十五个副省级城市GDP情况及增速

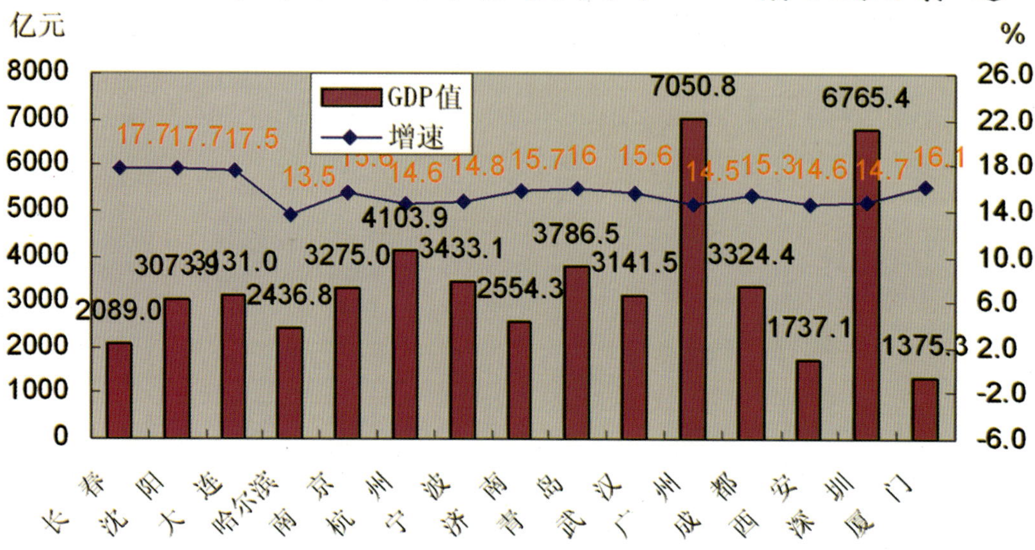

一般预算全口径财政收入（亿元）

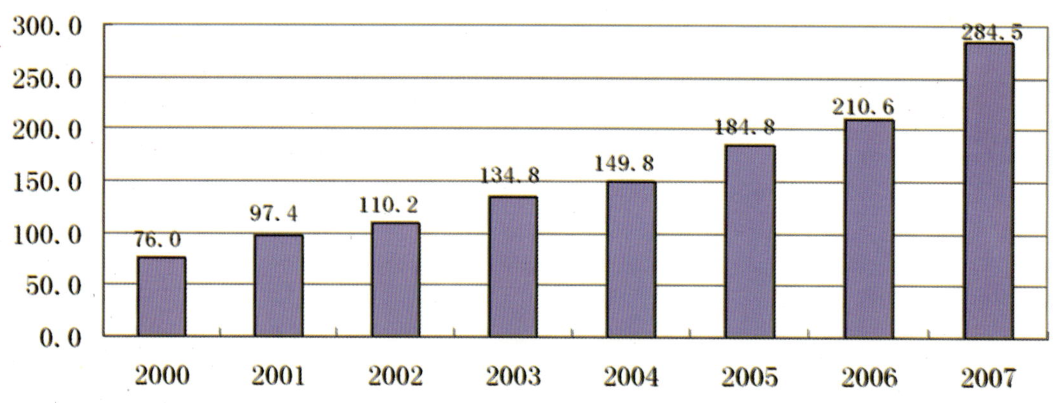

地方财政收入及支出（亿元）

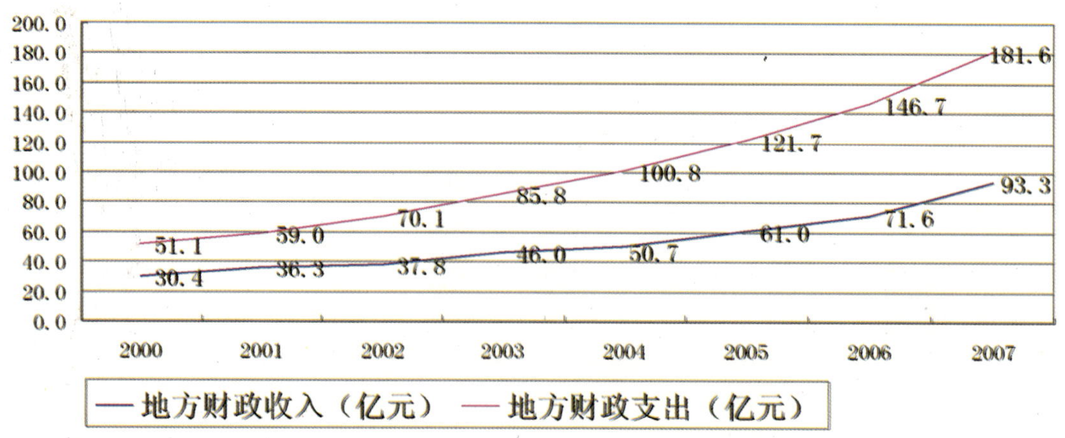

金融机构存贷款

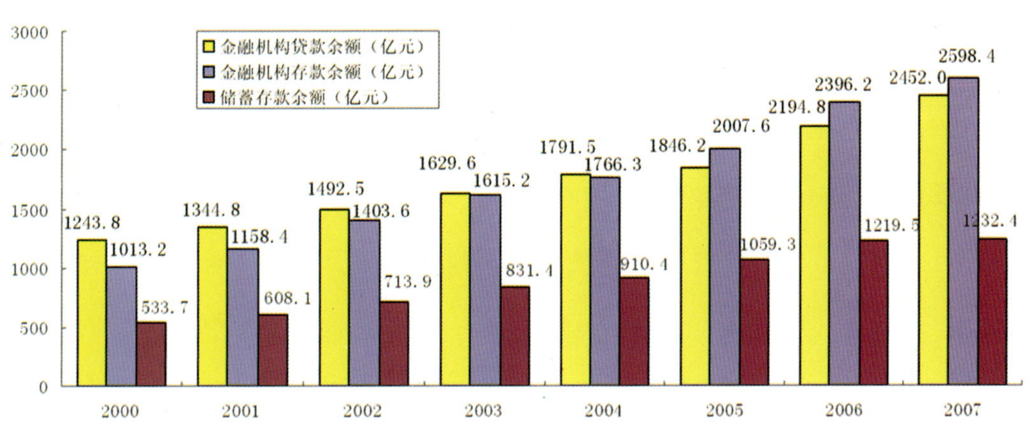

居民消费价格总指数

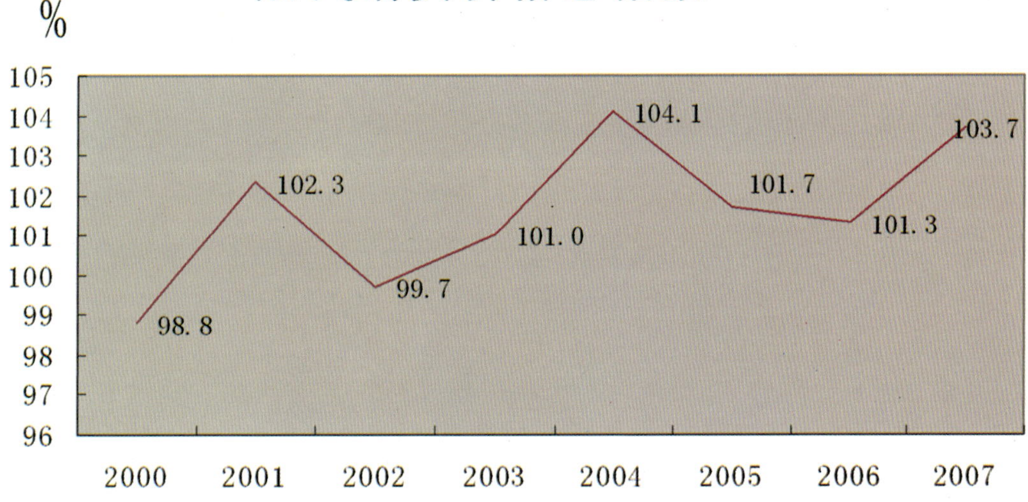

全市总人口

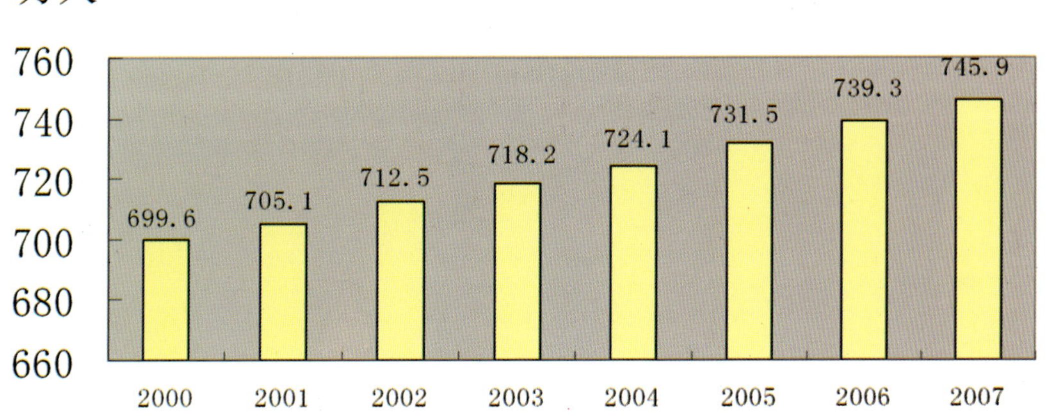

编 辑 说 明

《长春年鉴》是由长春市人民政府主持编纂出版的系统反映长春市情况的大型综合性资料年刊，每年编辑出版一册，旨在连续记述长春市改革开放、经济建设和社会发展的历史进程，为各级领导了解市情、实施科学决策，为各行各业、各有关部门、单位查询资料信息、推动事业发展，为国内外广大读者全面、系统、翔实地了解、研究、认识长春市提供服务。

《长春年鉴》采用分类编辑法，主体内容分类目、分目和条目3个层次。《长春年鉴》（2008）在内容和体例上基本与2007版年鉴保持了相对的连续性和稳定性，全书设特载、专辑、长春大事记、长春概貌、党政机关、人民团体、地方军事、政法、城建环保、开发区、对外经济贸易、农业、工业、民营经济、交通、信息产业、综合经济管理、财政税务审计、商业、旅游业、会展经济、金融保险、教育、科学、文化、卫生体育、社会生活、县（市）区概览、人物、领导干部名单等30个类目。书前设全书英文目录，书后附主题索引。

《长春年鉴》（2008）所载稿件内容由长春市各县（市）、区，市直各部门和单位，中央、省驻长有关单位及驻长部队撰（供）稿，并经各有关单位领导审核；主要统计数据由长春市统计局有关人员审核认定。

《长春年鉴》（2008）在编纂过程中得到全市各有关单位和吉林人民出版社的热情支持，在此深表感谢。全书文字虽经多次审核、校对，仍难免有差错和疏漏之处，敬请读者批评指正。

长春年鉴编辑部

2008年9月

目　录

·市纪委　市监察局·

·民主党派·

人民团体

·长春市总工会·

·长春市妇女联合会·

·共青团长春市委员会·

·长春市青年联合会·

·长春市工商业联合会·

·长春市台湾同胞联谊会·

· 环境保护 ·

· 国土资源管理 ·

· 园林绿化 ·

开发区

· 长春高新技术产业开发区 ·

· 长春经济技术开发区 ·

· 长春净月经济开发区 ·

民营经济

·乡镇企业·

交　通

·铁　路·

·交通公路运输·

·民用航空·

信息产业

·信息产业·

·安全生产监督管理·

财政　税务　审计

·财　政·

·国　税·

·地　税·

·审　计·

商　　业

·商业流通·

·肉品管理·

·供销社经济·

·粮食流通·

旅游业

·旅游产业·

会展经济

金融　保险

·人民银行·

·工商银行·

·农业银行·

·吉林银行·

· 防震减灾 ·

· 科学技术协会 ·

· 社会科学 ·

文　　化

· 文化艺术 ·

· 文化交流 ·

· 文学艺术 ·

· 群众文化 ·

· 长春报业 ·

领导干部名单

主题索引

CHANGCHUN ALMANAC
TABLE OF CONTENTS

SPECIAL REPORTS

FEATURES

CHRONICLE FOR IMPORTANT EVENTS

A GENERAL SURVEY OF CHANGCHUN

POLITICAL PARTIES

SOCIAL ORGANIZATIONS

MILITARY AFFAIRS

POLITICS AND LAW

URBAN CONSTRUCTION AND ENVIRONMENTAL PROTECTION

DEVELOPING AREAS CONSTRUCTION

SPORTS & HYGIENE

SOCIAL LIFE

A GENERAL SITUATION OF DISTRICTS AND COUNTIES

FIGURES

LEADERS' NAME LIST

INDEX

特 载

特　　载

立足富民强市　更好更快发展 全面完成老工业基地振兴历史性任务

——在中国共产党长春市第十一次代表大会上的报告

王儒林

（2007年2月7日）

同志们：

这次大会的主要任务是：高举邓小平理论和“三个代表”重要思想伟大旗帜，回顾总结市第十次党代会以来的工作，研究确定今后五年的奋斗目标、主要任务和战略措施；选举产生中共长春市第十一届委员会和纪律检查委员会；动员全市党员干部和广大群众，深入贯彻落实科学发展观，为全面完成老工业基地振兴历史性任务而努力奋斗。

现在，我代表中国共产党长春市第十届委员会向大会作工作报告。

一、过去五年的简要回顾

市第十次党代会以来的五年，是长春历史上综合实力提升较快、城乡面貌变化较大、社会建设成效较好、人民群众得到实惠较多的五年。在省委、省政府的正确领导下，全市各级党政组织和广大党员干部，认真贯彻落实科学发展观，带领全市人民团结奋斗，拼搏进取，开拓创新，圆满完成了“十五”计划和市第十次党代会确定的各项任务，经济、政治、文化和社会建设都取得了显著成就，为老工业基地全面振兴奠定了坚实基础。

过去的五年，是经济持续健康协调发展、综合实力不断增强的五年。经济保持快速增长，发展质量和效益进一步提高。2006年，地区生产总值、全口径财政收入分别实现1 934.1亿元和210.6亿元，是2001年的1.9倍和2.2倍，年均增长12.8%和16.7%；人均地区生产总值突破3 000美元。全社会固定资产投资累计完成2 770.9亿元，是上一个五年的2.9倍，年均增长27.2%。经济结构不断优化，工业、农业和服务业整体素质全面提升。三次产业比重由2001年的13.6 ∶ 44.2 ∶ 42.2调整到2006年的9.9 ∶ 48.7 ∶ 41.4。规模以上工业产值和利润实现2 125亿元和68.4亿元，分别是2001年的2.2倍和1.6倍。现代农业发展步伐不断加快，农村经济全面发展。商贸流通、金融、旅游、会展等现代服务业快速发展，全社会消费品零售总额实现666.3亿元。产业结构调整取得实质性进展，“两大支柱、三大主导、五大重点”产业多元化协调发展格局初步形成。汽车产业支撑作用进一步增强，农产品加工业异军突起，成为第二大支柱，汽车和农产品加工业完成产值占规模以上工业的83.3%。光电信息、生物医药产业发展质量不断提升，均成为国家产业基地。文化产业总体规模、市场培育、主体建设等方面取得实质性进展。支柱产业骨干企业技术优势和规模优势凸显，一汽完成主辅分离，在国内同行业中第一个进入世界500强行列；大成、皓月、德大等企业成长为国内、亚洲乃至世界的行业排头。新组建的汽车产业开发区、玉米工业园区成为支柱产业发展的标志性园区。板块经济协调发展，开发区、城区、县域经济实力全面提升。

过去的五年，是改革开放不断深化、发展活力明显增强的五年。以产权制度改革为主的国有企业改革任务基本完成，716户国有企业实现产权多元化，国有资产经营管理体制不断完善，国有资产运行质量显著提高。非公有制经济进一步壮大，占全市经济总量比重达到62.7%。投融资体制改革、粮食流通体制改革、农村税费改革等各项改革稳步推进，市场体系进一步完善。对外开放向深度和广度拓展，五年实际利用外资累计48.6亿美元，吸引内资895亿元，年均分别增长23%、19.5%。外贸进出口总额累计实现232亿美元，年均增长17.9%。与60多个国家和地区建立了经济合作关系，与13个国家的14个城市建立了友好城市关系，与30多个国家和地区的50多个城市建立了友好合作城市关系，在长投资的世界500强企业达到44户。精心打造汽博会、农博会、冰雪节、电影节、雕塑展等节庆会展特色品牌，长春的人气、商气空前活跃。

过去的五年，是城市建设全面推进、城乡面貌发生重大变化的五年。完成了城市总体规划修编，对市区周边乡镇进行了区划调整，南部新城、净月生态城建设和铁北改造全面启动，城市框架进一步拉开。基础设施建设累计投资500亿元。实施龙嘉国际机场、棚户区改造、道路改建、园林绿化、空港开发区建设等316项重点工程，基础设施支撑、保障和拉动作用明显增强，“通透、大气、疏朗、开放”的城市风格进一步彰显。生态城市建设稳步推进，城区绿化覆盖率达到41.5%，全年城市空气质量优良率达到93%以上。轻轨二期通车运营，绿色交通骨架初步形成。坚持不懈地实施伊通河改造，“母亲河”成为城市美丽的生态景观带。推进城市管理体制改革，城市管理水平不断提高。2005年在参加全国畅通工程等级评价的846个城市中名列第三。新农村建设实现良好开局，卫星城和小城镇建设进程加快，基本实现了村村通水泥路或油路，农村面貌发生新的变化。

过去的五年，是精神文明和民主法制建设不断加强、社会和谐稳定程度进一步提高的五年。深入开展“一城带五城、六城联创”活动，市民文明素质和城乡文明程度进一步提高，获得了“全国文明城市创建先进城市”、“中国优秀旅游城市”、“双拥模范城”、“国家园林城市”、“国家环保模范城市”和“中国人居环境范例奖”等荣誉。科学、教育、文化、卫生、体育、新闻出版、计划生育等各项社会事业蓬勃发展。成功承办第六届亚冬会，展示了良好的城市形象和精神风貌，得到国内外各界的高度赞誉。人民代表大会制度、共产党领导的多党合作和政治协商制度进一步完善，爱国统一战线得到巩固和发展，工会、共青团、妇联等群团组织作用充分发挥。民族、宗教工作得到加强。基层民主政治建设深入推进，政务、厂务、村务公开全面实施。扎实推进依法治市，全面加强信访工作，强化安全生产和社会治安综合治理，“平安长春”建设取得丰硕成果。

过去的五年，是城乡居民收入持续增长、人民物质文化生活逐步改善的五年。2006年，城市居民人均可支配收入和农民人均纯收入达到11 358元、4 480元，分别比2001年增长79.2%和60.9%。城乡居住、交通、教育、卫生、饮水条件明显改善，人民物质生活质量不断提高，精神文化生活日益丰富。城镇居民人均住房建筑面积25.56平方米，农村人均住房使用面积22.5平方米，6万户居民告别棚户区和“城中村”。汽车、通信、旅游等消费热点持续升温，城乡恩格尔系数分别比2001年下降了4.8个和0.1个百分点。累计开发就业岗位45万个，城镇新增就业36万人，29万下岗失业人员和5.8万“4050”人员实现再就业，城市登记失业率控制在5%以内。社会保障体系进一步完善，养老、失业、基本医疗保险参保人数分别达到116万人、66.5万人和111万人，在全省率先启动被征地农民养老保险。城乡救助体系初步确立，城市居民最低生活保障标准提高21.3%，农村最低生活保障工作逐步展开。

过去的五年，是先进性建设成果显著、党的建设得到全面加强的五年。深入开展保持共产党员先进性教育活动，党员先锋模范作用得到充分发挥，涌现出谭竹青等一批群众公认和爱戴的先进典型。干部人事制度改革稳步推进，领导班子和干部队伍建设不断加强，执政能力和执政水平进一步提高。认真落实党管人才原则,人才队伍开发建设取得新成绩。加强基层党组织建设,传统领域和新兴领域党建工作整体推进。认真落实《实施纲要》,构建和完善有长春特色的“三位一体”反腐倡廉整体工作新格局,教育、制度、监督并重的惩治和预防腐败体系初步形成。

五年来的辉煌成就,是省委、省政府正确领导的结果,是全市各级党组织团结带领全市广大党员干部和人民群众艰苦奋斗、戮力拼搏的结果。这里凝结着历届市委、人大、政府、政协班子的心血和汗水,更有全市各级领导班子和方方面面做出的突出贡献。在此,我代表中共长春市第十届委员会,向全市广大党员干部和人民群众,向各民主党派、工商联、各人民团体、各族各界人士,向驻长解放军、武警部队、公安干警,向所有关心、支持长春现代化建设事业的海内外朋友们,表示衷心地感谢并致以崇高的敬意!

认真总结五年来的实践,我们不仅取得了丰硕的成果,也得到了许多有益的启示:一是必须牢牢把握发展第一要务,始终坚持加快发展不动摇,在科学发展观指导下,全力推进经济社会更好更快发展;二是必须牢牢把握发展进程中的重大战略机遇,始终坚持走有长春特色的发展道路,充分发挥开发区的龙头带动和创新引领作用,创造性地开展工作;三是必须牢牢把握工业化、城市化方向,始终坚持工业先行、投资拉动、项目领跑,不断提升总体竞争力;四是必须牢牢把握执政为民的宗旨,始终坚持把人民群众的切身利益放在首位,千方百计让改革发展成果惠及百姓;五是必须牢牢把握解放思想、实事求是的思想路线,始终坚持深化改革、扩大开放、与时俱进、自主创新,不断增强经济社会发展活力;六是必须牢牢把握先进性建设要求,始终坚持加强班子和干部队伍建设,全市上下齐心协力,为经济社会发展提供坚强的组织保证。

在充分肯定成绩的同时,我们也要清醒地看到存在的困难和问题。主要是:经济规模与区域地位还不相适应,新兴产业对经济的支撑作用还没有充分发挥出来;经济结构不优、质量不高、增长方式粗放等问题还没有从根本上得到解决;经济抗波动能力不强,市场化水平不高,民营经济活力不足,县域经济仍很薄弱,一些深层次的体制机制性矛盾还比较突出;社会进入矛盾多发期,和谐发展的难度加大,社会保障体系有待于进一步完善;民主法制建设、精神文明建设和党的建设还存在一些薄弱环节,不正之风和腐败问题在一些方面还不同程度存在。对这些问题,我们必须高度重视,切实加以解决。

二、今后五年工作的指导思想和目标任务

今后五年是全面建设小康社会承前启后的关键时期,是振兴长春老工业基地的攻坚决战时期。我们面临着重大历史机遇。经济全球化趋势日益增强,有利于我们更加广泛地利用国际国内两个市场、两种资源,在国际竞争与合作中提升地位。我国正处于经济周期的上升扩张阶段,有利于欠发达城市在科学发展观指导下,推动经济更好更快发展。国家继续支持东北老工业基地振兴,国际产业转移、国内南资北移势头强劲,有利于我们聚集各种生产要素,在区域经济发展中抢得先机。省委、省政府积极支持长春在全省率先发展,对长春关心和支持的力度越来越大,有利于长春在新一轮竞争中加快发展。同时,我们也面临着严峻挑战。世界经济发展的不确定因素较多,国内地区和城市之间的竞争日益激烈,我们自身又处于矛盾凸显期。我们必须切实增强历史责任感和时代紧迫感,牢固树立强烈的机遇意识、责任意识、创新意识和发展意识,戮力拼搏,开拓进取,使长春在新的起点上更好更快地发展。

今后五年工作的指导思想:以邓小平理论、“三个代表”重要思想和科学发展观为指导,突出发展、和谐、富民主旋律,实施依法治市、科教兴市、开放带动、县域突破、可持续发展五大战略,推进现代制造业、区域性物流、科教文化三大中心建设,坚持工业化、城市化“双轮驱动”,加快两大支柱、三大主导、五大重点产业发展,大力推进开发区、城区、县域三大板块协调发展,继续加快“六大名城”、“九大基地”建设步伐,扎实推进社会主义新农村建设,切实加强精神文明和民主法制建设,努力构建和谐社会,不断推进党的建设新的伟大工程,为全面实现老工业基地振兴而努力奋斗。

今后五年的目标任务:老工业基地振兴的历史任务全面完成,社会主义新农村建设取得实质性进展,和谐长春建设取得明显成效,努力把长春建设成为经济更加繁荣、社会更加和谐、科教更加

发达、环境更加优美、人民生活更加殷实的现代化城市，在全省率先实现全面小康目标，在全国副省级城市和省会城市中实现争先进位。未来五年，地区生产总值年均增长13%，达到3 700亿元左右，全口径财政收入实现同步增长；规模以上工业总产值年均增长15%，达到4 200亿元左右；城市居民人均可支配收入年均增长12%，达到2万元左右；农民人均纯收入年均增长7%，达到6 300元左右；万元地区生产总值能耗降低30%以上。

长春要实现未来五年的目标任务，必须切实贯彻以下基本原则：一是必须坚持科学发展。把科学发展观贯穿于经济社会发展的始终，全力以赴抓好发展第一要务，统筹城乡发展、区域发展、经济社会发展、人与自然和谐发展，优化经济结构，转变增长方式，提高发展质量，努力实现经济社会全面协调可持续发展。二是必须坚持富民优先。始终把最广大人民的根本利益作为一切工作的出发点和落脚点，把解决民生问题作为各级党政组织第一位的政治责任和历史使命，千方百计扩大群众就业，千方百计增加群众收入，千方百计提高群众生活质量，让城乡人民群众在改革发展中得到更多实惠。三是必须坚持工业强市。进一步把工业作为立市之魂、发展之基、振兴之本，加快推进新型工业化进程，以工业的大发展，带动三产，提升一产，努力实现工业在更高层次上的跨越发展，使工业成为长春新一轮发展和加快城市化步伐的重要支撑。四是必须坚持创新驱动。遵循经济发展规律，适应社会发展要求，加快推进观念创新、制度创新和科技创新，以创新的思路抢抓发展先机，以创新的举措破解发展难题，以创新的文化营造发展氛围，让创新成为发展的强大动力。五是必须坚持改革开放。坚持社会主义市场经济的改革方向，进一步扩大对外开放，全面消除影响发展的体制障碍，向改革要发展动力和潜力，向开放要发展资源和空间。六是必须坚持党的领导。坚持科学、民主、依法执政，充分发挥党委“总揽全局、协调各方”的核心作用，维护人民群众的主体地位，团结一切可以团结的力量，调动一切积极因素，努力实现经济社会更好更快发展。

三、全力推进经济健康快速发展

实现长春老工业基地全面振兴，首先是工业振兴、经济振兴。必须牢固树立科学发展观，坚持工业先行，不断加大改革、开放、创新力度，强基础、调结构、增效益、促振兴，全面增强总体经济实力。

1. 全力加快新型产业基地建设步伐。要加快产业结构升级，培育产业集群，努力形成“二三五”产业发展新格局。一是进一步做大做强两大支柱产业。继续举全市之力支持一汽发展，提高自主创新能力，充分发挥在汽车产业发展中的带动作用。加快建设长春国际汽车城和汽车产业开发区，在我市努力形成一汽集团、汽车零部件产业和与一汽差异化的整车生产“三个增长极”，建成全国最具竞争实力的汽车产业基地。到2011年，汽车工业产值要达到3 000亿元以上。依托丰富的农产品资源，深入实施农产品系列开发和名牌带动战略，全面加快玉米工业园区建设步伐，全力推进十大农产品加工体系建设。到2011年，力争实现农产品加工产值翻两番目标，建成国内最具规模、国际知名的农产品加工基地和国内知名的绿色食品基地。二是加快形成主导和重点产业集群。以产业园区为载体，以壮大产业规模为目标，不断拉长产业链，形成销售收入超50亿元、超100亿元、超200亿元、超500亿元等四个梯次的主导和重点产业集群。高标准建设国家光电信息产业基地、国家生物产业基地、国家轨道车辆研发生产基地、国家高技术产品出口基地和东北地区最具影响力的新材料生产基地。三是全面提升服务业发展水平。制订和完善服务业加快发展的规划和政策措施，着力发展生产性服务业，改造提升城区现代商圈、功能片区、特色街区和城郊市场群，初步建立起与先进制造业融合互动、与现代城市生活紧密配套的服务经济体系。四是坚定不移地实施投资拉动、项目领跑。抓好一批带动力大、支撑力强、产业关联度高的重大产业项目和对未来发展有重大影响的基础设施建设项目，着力提高优势产业引资和大项目、跨国公司、上市公司引资比重，逐步提高工业投资比重。固定资产投资增速力争保持副省级城市前列，未来五年年均增长20%以上。五是积极推进经济增长方式转变。促进经济增长方式由主要依靠增加资源投入带动向主要依靠提高资源利用效率带动转变，由主要依靠投资拉动向投资与消费、内需与外需协调拉动转变，由主要依靠资金和物质要素投入带动向主要依靠科技进步和人力资本带动转变。

2. 大力推进城市化和城市现代化进程。城市化和城市现代化是老工业基地全面振兴的必由之路。一是进一步完善城市发展思路。坚持走集中城市化道路，实现城市发展与产业发展良性互动，实现区域内产业互补，促进城乡一体化进程。以高速公路、高等级公路、城际轨道、信息网络等重大基础设施对接为抓手，加快长春一小时经济圈建设，推进以长春为中心的都市圈经济协调发展。二是加快新区新城建设。南部新城在进一步提升经济功能的同时，优先发展中央商务区和行政文化区，加快构筑城市新中心。深入实施"改造大铁北、建设北部新城"战略，把铁北建设成新型城区和老工业基地振兴的样板区。高标准建设净月生态城，把净月生态城建设成为高端产业集聚区、生态示范区、森林风景区。西部城区抓住西客站建设的有利契机，积极打造交通换乘中心和现代物流中心。三是进一步提升城市综合功能。按照区域中心功能要求，突出重大基础设施建设，全面提升城市综合承载能力。适时扩建长春龙嘉国际机场，加快与域外通道高标准连接，形成更加通达、更加系统的综合交通体系。以城市地下空间规划、各类地下设施管网改造为重点，强化"地下长春"建设。四是提高城市经营管理水平。树立精品意识，提高规划水平和建设品位，彰显城市个性。积极推广网格化、数字化城市管理模式，整合治安、交通、人口、土地、规划等行政资源，加快建立统一的城市管理信息、指挥和监管平台，推进城市管理高效化、长效化和科学化。

3. 着力加快创新型城市建设步伐。创新是增强城市核心竞争力的关键。要以建设创新型城市为载体，加快实现"投资拉动"向"创新驱动"、"资源依赖"向"科技依托"、"长春制造"向"长春创造"的转变。一是加快企业研发中心的建设和引进。聚焦高新技术领域，主攻核心技术，重点在汽车、玉米化工等方面建立起在全国乃至世界上有重要影响的研发中心，培育具有国际竞争力、自主知识产权的规模化高新技术产品，使长春成为国内外知名的工业科技研发城市。二是积极推进高新技术产业发展。坚持传统产业高新技术化和高新技术产业化并重，加快建设自主创新、集成创新和引进消化吸收再创新的技术源、产业链、企业群。依托开发区的创新优势，培育一批拥有自主知识产权的企业集团。三是加大创新载体的建设力度和速度。加快高新技术产业开发区的国家级高新技术产业基地建设，积极构建各类技术和知识创新载体，促进科技成果与市场的融合。重视共建国际科技合作基地，扩大创新企业集聚规模，提高产业竞争层次。强化科技企业孵化器建设，构建创新创业公共服务平台，打造"政产学研金介"有机结合的创新体系。四是强化创新基础保障。把发展教育作为人才培养和科技创新的基础，全力支持高校创新办学思路和模式，努力建设一流实验室、一流学科和一流大学。继续实施高层次学术技术带头人培养工程，重点培养和引进一批科技创新创业的领军人才。积极发挥政府对科技资源配置的导向作用，市本级财政科技专项投入占地方财政预算支出的比例达到2%以上。建立健全知识产权保护体系和风险投资体系。

4. 深入推进改革开放。改革开放是推进经济健康快速发展、全面振兴老工业基地的动力之源。要以混合所有制为基本方向，加快国有经济布局和结构战略性调整步伐，完善国有资本有进有退、合理流动的机制和国有资产监管体系，建立归属清晰、权责明确、保护严格、流转顺畅的现代产权制度，全面完成国有工业、商业、城建等各领域国企改制任务。积极稳妥地推进农村综合配套改革和厂办大集体企业改革。全面实施民营经济腾飞计划，大力推进全民创业，不断提高非公有制经济对全市经济增长的贡献率，培育一批在国内具有重要影响的民营骨干企业。积极推动行政管理体制改革，强化政府的公共服务职能和社会管理职能。全面加快社会事业领域改革，凡是适宜市场化运营、社会化投资、产业化发展的，都要加快放开搞活。积极稳步推进投融资体制、科技体制、劳动就业体制、分配体制、价格体制等方面改革，全面增强发展活力。要进一步扩大对外开放，在更大范围、更宽领域和更高层次上积极参与境内外经济技术合作。加快空港开发区等各类基地、园区和口岸建设，全面优化招商引资软硬环境。抓住国际产业转移、国内南资北移的机遇，积极引进境外和"长三角"、"珠三角"、"环渤海"等发达地区的资金、技术、人才和管理经验，吸引更多战略投资者。加大国际市场开拓力度，优化进出口产品结构，实现外贸规模与结构新突破。鼓励有条件的企业到境外投资，支持企业承包境外工程和服务外包业务，提高外出劳务的数量和质量。

5. 努力构筑区域协调发展新格局。实现区域经济协调发展是迅速壮大我市经济实力的有效平台。开发区要瞄准更高的目标实现“二次创业”，成为外商投资的集聚地、产业集群的承载地、技术创新的主阵地、科技人才的汇集地。城区要进一步明确功能定位，整合和优化配置生产要素，突出产业特色，实现率先发展。县域要以工业化为龙头，以县域工业集中区为平台，实现重点突破。到2011年，四县（市）综合实力争取全部进入省十强，力争有一个县（市）跻身全国百强。要建立“三大板块”联动协调机制，进一步细化板块内部功能定位；努力实现板块内部、板块之间的产业融合、空间融合、生产要素融合，形成布局协调、衔接顺畅、运行高效的分工体系。牢固树立服务全省意识，深化省域内专题合作，实现以长春为中心的城市群优势互补。认真研究东北亚经济圈和环渤海经济圈产业布局和结构调整的态势和走向，找准融入坐标、定位和方向，搭建承接平台，建立协作机制，实现差别化竞争，共同发展。

四、扎实抓好社会主义新农村建设

新农村建设是全面实现长春老工业基地振兴的基础和重要组成部分。要坚持以工业化为主导，以发展现代农业为重点，以城镇化为支撑，优化农村经济结构，努力实现农业增效、农民增收、财力增强和农村和谐稳定，把我市农村建成与现代化城市相协调的社会主义新农村。

1. 发展壮大农村经济，切实增加农民收入。加快现代农业建设，大力发展优质粮食生产，深入实施“粮转牧”工程，推进农村经济以粮食为主向以现代畜牧业为主的战略转移。切实转变农业增长方式，不断提高现代农业的设施装备水平，逐步实现粮食生产规模经营。完善农村社会化服务体系，壮大农村专业技术协会和农民经纪人队伍，加快发展农业信息服务和技术服务组织。充分挖掘农业内部增收潜力，鼓励农民就业向二、三产业转移，不断增加非农收入和农民现金收入。

2. 大力抓好村镇建设，配套完善基础设施。主动顺应农村城镇化发展趋势，积极发展次中心城市，搞好重点城镇建设，构建多层次的城镇体系，引导产业、人口向县（市）和重点城镇集聚。从农民生产生活实际出发，科学编制村镇建设总体规划，加快形成产业发展、镇村屯布局和新村建设三个方面的规划体系。坚持从解决农民群众最关心、生产生活最需要的问题入手，加强农村道路、水利设施、供电、通讯、电视网络等基础设施建设，加大文化体育、医疗卫生、教育培训等设施建设投入，切实改变农村基础设施落后面貌。着力解决乡村脏、乱、散、杂等问题，积极开展村容村貌整治，改善农村生态人居环境。到2011年，基本完成农村环境综合整治任务，建成1 000个文明生态村。

3. 深化农村综合改革，增强农村发展活力。深入实施土地流转制度改革，引导土地承包经营权自愿、有偿流转，促进土地向农业企业和大户集中，形成农民近期得利、长远受益的土地流转机制。完善改革土地征用制度，健全对征地农民的合理补偿机制，重视解决失地农民的保障问题。完善农村金融服务体系，推进农村金融组织创新，充分发挥农村信用社和农业保险公司功能作用。继续完善粮食流通体制，全面完成国有粮食企业产权改革。巩固完善乡镇机构改革成果，转变乡镇职能，搞活乡镇站所机制。积极争取国家支持，选择部分乡、村进行村组合并和化解乡村债务试点。搞好农村中小学布局调整，完善以县（市）区为主的农村义务教育管理体制。

4. 全面发展农村社会事业，改善农村公共服务。加强农村基础教育，认真落实“一费制”、“两免一补”等政策，建立和完善贫困家庭学生资助体系，全面实现农村免费义务教育。发展农村医疗卫生事业，建立以大病统筹为主的新型农村合作医疗制度和医疗救助制度。完善农村“五保户”供养、特困户生活救助、灾民补助等社会救助体系和农村最低生活保障制度。加强农村基层政权和自治组织建设，完善农村治安防控体系，提升农村社会治安综合治理水平和公共管理水平。

5. 提高农民综合素质，努力培育良好风尚。把加强农民教育培训、提高农民综合素质、强化农民主体意识、培养新型农民作为推进社会主义新农村建设的治本之策。认真办好农民夜校，尽快实现“五有”标准，力争三年内村村都有农民夜校。建立以政府为主导的农民教育培训多元化投入机制，加强对农民实用技术和职业技能培训，提高农民的致富能力，促进农村富余劳动力转移和农民增收。加强对农民的思想道德教育，倡导科学、文明、健康的生活方式。

五、努力构建和谐长春

建设和谐社会是实现老工业基地振兴的内在要求。要把构建和谐社会摆在更加突出的地位，按照“民主法治、公平正义、诚信友爱、充满活力、安定有序、人与自然和谐相处”的总要求，加快和谐长春建设步伐。

1. 加强公平保障体系建设，保证改革发展成果惠及全民。完善收入分配制度，强化收入分配调节，规范收入分配秩序，重点提高低收入者的收入水平。完善就业政策，扩大就业规模，强化就业服务，提高就业水平，实现零就业家庭动态为零。完善收入增长机制，随着经济发展适时提高职工最低工资标准，随着城乡居民收入增长相应提高城乡“低保”标准。逐步建立居民住房保障体系，全面完成棚户区改造任务，不断改善城市居民居住条件。建立社会保障与经济发展相适应的动态调整机制，进一步扩大社会保险、医疗保险、工伤保险覆盖范围。积极发展社会福利和慈善事业，逐步建立覆盖城乡居民的社会保障体系。完善基层服务和管理网络，增强服务群众、便民利民的综合功能。

2. 加强各项社会事业建设，不断提高公共服务质量和水平。加大公共财政对基础教育、科学普及、公共卫生、社会福利、公益文化、群众体育的投入力度，促进城乡、区域社会事业协调发展，逐步实现基本公共服务均等化。坚持教育优先，全面实施素质教育，均衡发展基础教育，积极发展民办教育，加快发展城乡职业教育和培训网络，构建现代化的国民教育体系和终身教育体系。深化医疗卫生体制改革，加强公共卫生体系建设，普及社区卫生服务。优先投资于人的全面发展，认真做好人口和计划生育工作。完善公共文化服务体系，加快长春科技文化综合中心建设，满足人民群众普遍享有基本公共文化服务和日益增长的精神文化需求。

3. 加强民主法制建设，最大限度地激发社会活力。进一步发展社会主义民主政治，坚持和完善人民代表大会以及党领导的多党合作和政治协商制度，有效发挥工、青、妇等人民团体及各类群众团体联系群众的桥梁和纽带作用。深入推进依法治市，加强地方立法，提高立法质量。深入开展“五五”普法，不断提高全市人民的法律素质。坚持依法行政，严管执法队伍，促进严格执法、公正司法。加强基层政权组织建设，扩大基层民主，保证公民依法有序行使民主权利。深入开展双拥共建活动，积极支持解放军和武警驻长部队建设，不断巩固和发展军政军民团结。

4. 加强平安长春建设，切实维护和谐稳定的社会秩序。加强社会治安综合治理，严厉打击敌对势力渗透、颠覆、破坏活动，维护国家和地区安全。依法打击各种违法犯罪活动，整治突出治安问题，不断提高人民群众的安全感和满意度。加强和改进信访工作，提高基层组织化解人民内部矛盾的能力和水平，积极构筑公民利益诉求表达渠道和保证公民权利的有效机制，最大限度地化解不和谐因素。强化应急管理体系建设，提高保障公共安全和处置突发事件的能力。严格落实安全生产责任制，切实保证生产安全、消防安全、交通安全和食品安全。

5. 加强和谐文化建设，大力提升公民道德素质和社会文明程度。要充分发挥先进思想文化的引领作用，着力形成构建和谐社会的思想基础、道德规范和社会环境。广泛开展“八荣八耻”公民思想道德教育，形成社会主义核心价值体系，全面提高市民文明素质。广泛开展群众性精神文明创建活动，巩固已有成果，争创“国家卫生城市”和“国家文明城市”。深化文化体制改革，深入挖掘长春特色文化，繁荣文学艺术和文化市场。全面加强政务诚信、商务诚信、社会诚信“三位一体”的社会信用体系建设，形成“诚信为本”的浓厚社会氛围。

6. 加强环境保护和生态建设，努力实现人与自然和谐相处。精心制订和实施能源利用、污染防治、清洁生产等循环经济发展规划，逐步建立循环经济发展机制。鼓励支持技术密集型产业、资源循环型产业、环境友好型产业发展，努力形成有利于可持续发展的产业结构，实现经济、资源、环境的良性互动和协调发展。突出“绿色、生态、宜居”主题，深入落实《长春市生态市建设规划》，抓好重点生态工程建设，不断加大城乡生态宜居环境建设力度。以解决制约经济社会发展和危害群众健康安全的突出环境问题为重点，严格保护城市集中式饮用水源地，对城乡重点污染源、扰民污染和局部生态环境恶化地域进行整治，加强大气净化和垃圾处理，加大执法监督力度，不断改善和提升城乡生态环境质量。完善有利于环境保护的政策体系，建立生态环境评价体系和补偿机制，强化企业和全社会节约资源、保护环境的意识和责任。

六、大力加强党的执政能力和先进性建设

全面振兴老工业基地，实现富民强市、更好更快发展，必须按照“三个代表”重要思想和科学发展观的要求，切实加强和改进党的领导，不断推进党的思想、组织、作风和制度建设。

第一，以永葆先进性为核心，切实加强思想政治建设。要坚持把理论武装工作放在首位，坚定不移地用马列主义、毛泽东思想、邓小平理论和“三个代表”重要思想武装全市党员，不断提高广大党员干部尤其是各级领导干部的理论水平，在思想理论上保持和发展先进性。要坚持勤奋好学、学以致用，与时俱进地学习科学发展观、构建社会主义和谐社会、建设社会主义新农村、建设创新型国家、加强党的先进性建设和执政能力建设、树立社会主义荣辱观等一系列新的战略思想，把学习的体会和成果转化为谋划工作的思路、促进工作的措施、领导工作的本领，特别是要转化为实现富民强市、更好更快发展的能力，转化为推动党的执政能力建设和先进性建设的能力。

第二，以提升能力为重点，切实加强领导班子和干部队伍建设。要坚持发扬民主、团结共事，严格执行民主集中制的各项制度规定，不断完善常委会议事规则和决策程序，坚持集体领导和个人分工负责相结合，切实提高各级领导班子的整体战斗力。要坚持顾全大局、令行禁止，坚持小道理服从大道理、局部服从全局，确保党的理论和路线方针政策的贯彻落实。要积极适应领导班子配备改革要求，适时探索和建立健全新的工作机制，转变领导方式，提高组织领导效能和领导水平。要全面贯彻干部“四化”方针和德才兼备原则，不断深化干部人事制度改革，推进干部考核选用方式的创新，注重在改革发展稳定的实践中识别干部，在重点工程、重大项目、重要事项的推进中考察干部，选贤任能，治庸罚懒，真正让想干事的有机会、能干事的有舞台、干成事的有地位。要善于把中央精神与地方和部门实际结合起来，在实践中不断提高各级领导干部贯彻落实科学发展观的能力、驾驭市场经济的能力、推进自主创新的组织领导能力、管理社会的能力和依法办事的能力。要坚持党管人才原则，不断完善人才工作体制、机制，坚持党政人才、企业经营管理人才、专业技术人才和高技能人才、农村实用人才五支队伍一起抓，形成人尽其才、才尽其用的良好局面。

第三，以打牢基础为目标，切实加强基层组织建设。要积极创新基层组织建设和党建工作，充分发挥新形势下基层党组织凝聚人心、推动发展、促进和谐的作用。农村基层党组织要围绕建设社会主义新农村，深化“三级联创”活动，确保村级组织活动场所建设任务如期完成。要切实增强农村基层党组织执行政策、发展经济和处理社会矛盾的能力，积极吸收优秀年轻农民进入基层党组织，不断增强农村基层党组织的凝聚力和战斗力。街道、社区党组织要围绕重点做好服务群众工作，构建城市社区党建工作新格局。国有企业党组织要大力推行和落实“双向进入、交叉任职”，有效参与企业重大问题决策，充分发挥政治核心作用。以规模以上企业为重点，加大非公有制企业党建工作力度，引导和监督企业遵守国家的法律法规，继续深入党工团“带建促建”工作。加大在新的经济组织和社会组织中建立党组织的工作力度，探索党组织和党员发挥作用的方法和途径。着眼于巩固党的建设新的伟大工程的基础工程，切实把党员队伍教育好、发展好、管理好。

第四，以求真务实为准则，切实加强领导干部作风建设。要认真贯彻落实胡锦涛总书记在中央纪委第七次全体会议上的讲话精神，把领导干部作风建设作为实现未来五年目标任务的重要保证，真抓实干，务求实效。大兴敬民爱民之风，始终做到“权为民所用，情为民所系，利为民所谋”，深入基层，深入到那些情况复杂、问题较多的地方去，心系群众，服务人民，理顺情绪，化解矛盾。大兴求真务实之风，发扬求真务实精神，不提不切实际的空口号，不搞沽名钓誉的形象工程，把心思用在干事业上，把精力投到抓落实中，察实情、讲实话、办实事、求实效，在抓好落实上狠下工夫，创造实实在在的工作成绩，确保中央和省委的精神在

长春得到不折不扣地贯彻，确保市委的各项决策部署迅速落实到位。大兴创新创业之风，时刻保持改革、探索的精神，敢于直面困难、正视矛盾，主动到条件艰苦、环境复杂、矛盾集中的地方去，创造性开展工作，一步一个脚印地把我们的事业推向前进。大兴克勤克俭之风，牢记“两个务必”，带头发扬艰苦奋斗、勤俭节约的精神，带头反对铺张浪费和大手大脚，带头抵制拜金主义、享乐主义和奢靡之风，始终保持奋发有为的精神状态，始终保持勤政廉洁的优良作风。

第五，以从严治党为方针，切实加强党风廉政建设。要坚决贯彻党要管党、从严治党的方针，严格执行党风廉政建设责任制，全面实施《建立健全教育、制度、监督并重的惩治和预防腐败体系实施纲要》，不断把反腐倡廉工作推向深入。要加强教育特别是思想道德教育，筑牢思想防线。完善监督机制，加强纪律约束和体制制度保障，真正形成用制度规范从政行为、按制度办事、靠制度管人的有效机制。要进一步加大案件查办力度，重拳整治买官卖官、贪污腐化、以权谋私、权钱交易、商业贿赂、充当黑恶势力“保护伞”等不法行为，坚决纠正损害群众利益的不正之风。各级领导干部要秉公用权、廉洁从政，牢固树立马克思主义的世界观、人生观、价值观和正确的权力观、地位观、利益观，常修为政之德，常思贪欲之害，常怀律己之心，一身正气，一尘不染，生活正派，情趣健康，始终保持共产党员的政治本色，为全市党员干部作出表率。

同志们，全面振兴老工业基地，实现富民强市、更好更快发展，是时代赋予我们的光荣使命，是人民对我们的殷切期望。让我们紧密团结在以胡锦涛同志为总书记的党中央周围，高举邓小平理论和“三个代表”重要思想伟大旗帜，全面落实科学发展观，积极推进和谐社会建设，团结带领广大党员、干部和人民群众，解放思想，开拓创新，埋头苦干，为创造长春的美好未来和人民的幸福生活而努力奋斗！

在中共长春市委十一届一次全会上的讲话

王儒林

2007 年 2 月 10 日

同志们：

中共长春市第十一次代表大会已经胜利闭幕。经过全体代表的共同努力，这次大会开得很顺利、很成功，是一次明确目标、谋划发展、凝聚人心、鼓舞士气、求实创新、团结奋进的大会。大会选举产生了中共长春市第十一届委员会和市纪律检查委员会，中共长春市委十一届一次全会选出了新一届市委常务委员会和书记、副书记，批准了市纪委一次全会选举产生的新一届纪委常委会、纪委书记和副书记。从今天起，新一届市委班子已经组成。我们一定不辜负省委和中央对我们的厚望，一定不辜负广大党员干部和人民群众对我们的信任和期望，恪尽职守，认真负责，夙夜在公，努力工作，团结和带领全市人民把长春的事业推向新的历史阶段，把我们这座城市建设得更好。这里，结合我们面临的形势和党代会提出的目标任务，我着重就加强市委班子自身建设讲几点意见，与各位常委、委员共勉。

一、要勇担重任，切实肩负起历史赋予我们的神圣使命

当前，长春正处在加快发展的关键时期。十一次党代会确定了未来五年的发展目标，提出富民强市、更好更快发展、全面完成老工业基地振兴的历史任务。全市上下必须统一思想，坚定信心，振奋精神，努力拼搏。作为市委班子，必须有强烈的责任感和使命感，勇担重任，率先垂范，保持奋发有为的精神状态和勇往直前的工作干劲。一是必须保持昂扬的斗志，满腔热忱地投入工作。近年来，特别是市委十届七次全会以来，全市各级党政组织团结拼搏，艰苦奋斗，全力加大固定资产投资力度，发展壮大两大支柱、三大主导、五大重点产业，建设南部新城、净月生态城，改造大铁北、建设北部新城，开发区、城区、县域三个板块竞相发展，各项社会事业不断推进，所有这些都为我们今后的发展奠定了坚实的基础。尤其是全市上下广大党员干部，在加快发展中激发出的热情和干劲，是长春新一轮发展最可靠的力量和宝贵财富。同志们一定要继续发扬这种艰苦奋斗、不怕困难、敢于突破、开拓进取的精神，敢为人先，比学赶超，创造一切条件更好更快地发展。二是必须进一步解放思想，创造性地开展工作。在新一轮发展中，我们必须始终坚持以科学发展观为指导，观念再新一点，胆子再大一点，步子再快一点，切实用发展的眼光观察形势，用创新的思维谋划发展，用改革的办法推进工作，从观念、思路、体制、机制、科技、政策、环境等各个方面加大创新、实践、探索的力度。三是必须努力培育奉献精神，敢于对事业负责。要切实做到对党负责、对人民负责、对长春的发展负责。敢于攻坚、乐于奉献、勇于为事业承担风险、善于抓住发展机遇，以永不言败的必胜信心和勇气，战胜一切困难，切实创造出无愧于历史、无愧于时代、无愧于长春人民的业绩。

二、要加强学习，全面提高工作能力和领导水平

时代不断发展，形势不断变化，科技不断进步，要求我们必须不断学习，更新知识、增长才干、提高本领。我们这届班子在年龄、知识结构包括身体精力等各方面都有一定优势，基础较好，素质较高，但同我们所担当的任务和群众的要求相比，差距还很大。特别是面对全面振兴老工业基地的历史重任，我们各级领导干部首先是市委班子成员，一定要有一种危机感和紧迫感，切实把加强学

习、调查研究、提高能力摆上重要日程,做到勤奋好学、学以致用。要坚持用发展着的马克思主义理论武装头脑,深入学习邓小平理论、“三个代表”重要思想和科学发展观以及构建社会主义和谐社会、建设社会主义新农村、弘扬社会主义荣辱观等一系列党的最新理论成果,深入学习现代经济、科技、法律、金融等各方面知识,深入学习反映当今世界经济、政治、文化、社会最新发展的各种新理论、新知识、新办法,不断提高理论水平,更新知识结构。要坚持理论联系实际的学风,坚持集中学习和自学相结合,善于向书本学,向发达地区学,还要善于向实践学,向群众学,向身边人学,真正靠学习提高本领,以学习推动实践,不断把理论知识转化为谋划发展的正确思路、促进发展的政策措施、领导发展的实际能力。尤其是要加强调查研究,在全市大兴调查研究之风。班子成员要带头深入基层、深入实际,认真研究解决经济社会发展中遇到的各种矛盾和问题,特别是要提高对事关全局的重大问题和深层次矛盾的研究水平。在学习、调研和实践中不断提高贯彻落实科学发展观的能力、驾驭市场经济的能力、推进自主创新的组织领导能力、管理社会的能力和依法办事的能力,切实把我们这届班子包括全市各级班子建设成为学习型、创新型、实干型领导班子,把我们的干部队伍建设成为善学习、重实践、会干事的队伍。

三、要注重民生,切实维护广大群众的实际利益

推进经济发展、改善生活环境、提高百姓收入、造福长春人民是本届市委的基本任务。我们必须把解决民生问题作为第一位的责任和使命,千方百计解决好人民群众最关心、最直接、最现实的利益问题。要坚持党的宗旨,坚持党的群众路线。做到在任何时候任何情况下与人民群众同呼吸共命运的立场不能变,全心全意为人民服务的宗旨不能忘,坚信人民群众是真正英雄的历史唯物主义观点不能丢,真正做到立党为公、执政为民,权为民所用,情为民所系,利为民所谋。要切实解决实际问题,为老百姓办实事。尤其要高度重视解决与人民群众切身利益密切相关的就业、就医、就学和衣食住行等实际问题,千方百计增加城乡居民收入,着力加大基础设施和公共福利投入,加快各项社会事业发展,建立健全社会保障体系,切实尊重和保障人民群众的民主权利。通过我们扎实有效的工作,使群众最关心、最直接、最现实的利益问题不断得到有效解决,使人民群众更多地享受到改革发展带来的成果和实惠。要通过加快发展造福于民。富民必须强市。要千方百计加快发展特别是经济发展,提高总体经济实力,多做打基础的事,多做对群众根本利益和长远利益有利的事。绝不能搞形式主义、政绩工程、形象工程,我们所做的一切工作都要经得起群众、实践和历史的检验。

四、要加强团结,努力增强领导班子整体合力

贯彻民主集中制,发扬民主、团结共事,形成推动发展的合力,是做好一切工作的基础。一要发扬民主,善于集中。坚持集体领导和个人分工负责相结合,严格执行民主集中制的各项规定,充分发扬民主,善于听取各方面意见和建议,发挥集体智慧,同时又要敢于决策、善于集中,确保党代会确定的各项任务全面落实。二要顾全大局,令行禁止。坚决同党中央和省委保持高度一致,坚持小道理服从大道理、局部服从全局,确保党的理论和路线方针政策的贯彻落实,确保中央和省委政令畅通。三要健全制度,完善机制。不断规范全委会、常委会的职责范围、议事规则、决策程序,逐步完善民主科学决策机制,推进决策民主化、科学化。当前要积极适应领导班子配备改革要求,适时探索和建立健全新的工作机制,研究落实减少副书记职数、实行常委分工负责制、增加党政交叉任职、优化班子结构、推进干部年轻化等方面的新要求、新办法,转变领导方式,提高组织领导效能和领导水平。四要坚持总揽全局,协调各方。以党内和谐引领社会和谐,以市委班子团结影响和带动全市各级班子增进团结。希望大家在这个集体里,彼此成为志同道合的同志、肝胆相照的知己、密切配合的搭档、相互关心的挚友,做到干事业一条心,抓工作一盘棋,谋发展一股劲,形成心齐气顺、风正劲足的良好局面。

五、要真抓实干,确保党代会任务全面落实

今后五年要完成全面振兴老工业基地的历史

任务，使新农村建设取得实质性进展，使构建和谐社会工作取得实实在在的成效，在全省率先实现全面小康目标，在副省级城市和省会城市中实现争先进位，任务艰巨、难度很大。目标能否实现，关键在于落实。我们必须集中精力，排除一切干扰，聚精会神抓经济，千方百计快发展，真正把心思用在事业上，把精力集中到工作上，把力量下在解决问题办实事上。必须真抓实干，围绕党代会确定的目标任务，强化措施，加大力度，把各项工作抓紧、抓实、抓到位。特别是面对未来发展中的大事、急事、难事，必须躬身实践，主动深入到矛盾集中的地方，研究问题，解决问题。必须注意效率，培养雷厉风行的作风，决定下来的事情就要抓紧实施，一抓到底，务求实效。必须强化责任，坚持和落实好重点工作目标责任制，科学分解党代会确定的各项目标任务，明确责任人和完成时限，加强督促检查，确保工作落实到位，一步一个脚印地把长春的事业推向前进。

六、要严格要求，始终保持共产党员的政治本色

班子是队伍的表率。作为新一届市委，我们必须切实加强班子和全市各级领导干部思想、作风建设。要认真贯彻落实胡锦涛同志在中央纪委第七次全体会议上的讲话精神，自觉加强党性修养，牢固树立马克思主义的世界观、人生观、价值观和正确的权力观、地位观、利益观，常修为政之德，常思贪欲之害，常怀律己之心，始终保持艰苦奋斗、勤俭节约的政治本色和优良作风，真正做到一身正气、一尘不染。要秉公用权、廉洁从政，记住权力是党和人民给的，要用它来推进党的事业，造福百姓，真正做到立党为公、执政为民，心系群众、服务人民。要自觉遵守党的纪律和国家的法律法规，带头严格执行领导干部廉洁从政的各项规定，坚持原则，防微杜渐，时刻做到自重、自省、自警、自律，管好自己，管好家属、子女和身边工作人员。要在班子和全市干部中积极倡导良好的生活作风和健康的生活情趣，模范遵守社会公德、职业道德、家庭美德，讲操守，重品行，明辨是非，克己慎行。要正确选择个人爱好，慎重对待朋友交往，坚持择善而交，多同普通群众交朋友，多同基层干部交朋友，多同先进模范交朋友，多同专家学者交朋友，多同趣味高尚的人交朋友。要时刻检点自己生活的方方面面，做到生活正派、情趣健康，做到台上和台下一个样，工作时间和业余时间一个样，有监督和没有监督一个样。在管住自己的同时，要履行好“一岗双责”，自觉严格地落实党风廉政建设责任制，坚持原则，敢抓敢管，把反腐倡廉的各项措施落到实处。

同志们，未来五年的目标任务已经明确，现在正处于新的五年的开端。我们要在省委、省政府的正确领导下，团结带领全市广大党员、干部和人民群众，艰苦奋斗，狠抓落实，努力开创各项工作新局面。

深入贯彻落实党的十七大精神 全力推进长春老工业基地振兴

——在中共长春市委十一届二次全体会议上的报告

高广滨

2007 年 11 月 27 日

同志们:

这次全会主要任务有两项:一是市委常委会向全会报告 2007 年工作;二是深入贯彻党的十七大和省九次党代会以及省委九届三次全会精神,结合长春实际,研究部署明年工作和今后一个时期的奋斗目标。

首先,我代表市委常委会向全会报告工作。

2007 年是我市经济快速增长、社会和谐稳定、老百姓得到更多实惠的一年。在省委、省政府的正确领导下,市委常委会坚持以科学发展观为指导,认真落实市十一次党代会精神,牢牢把握经济社会发展中的主要矛盾和关键环节,集中力量加以推进,各项工作均取得了十分可喜的成绩。

1. 经济实现快速发展,综合实力进一步增强。坚持把项目建设作为经济工作的重中之重,大力开展"项目建设年"活动,全力推进工业、农业产业化、现代服务业、城市建设、民生 5 大类 20 个组团 91 个基础性、全局性、战略性重大项目。部署实施了九个月招商引资攻坚战,组织党政经贸代表团赴南方发达城市集中开展了考察、推介和招商,成功承办和举办东博会、汽车节、消夏节、光博会等各种展会,广泛开展招商活动,取得了丰硕成果。通过强化责任、统筹调度、联合督检等措施,集中精力推进项目建设,各县(市)区、开发区、全市各部门抓发展的热情更高,抓项目的干劲更足,抓招商的力度更大,一批大项目相继落地,各项主要经济指标均实现高速增长。预计到年底,全市地区生产总值完成2 073.5亿元、增长 17.3%,全口径财政收入完成 280 亿元、增长 32.9%,规模以上工业总产值完成2 770亿元、增长 30%,全社会固定资产投资完成1 350亿元、增长 42%,工业投资增长 71.3%,全社会消费品零售总额完成 775 亿元、增长 16.3%。这些主要经济指标的增幅在全国副省级城市中均位居前列。

2. 民生行动计划全面落实,人民群众得到更多实惠。把改善民生作为党委、政府工作的重点和"第一追求",出台市委、市政府民生工作《意见》,实施《2007 年民生行动计划》,全面完成 10 大类 94 项民生工作任务,赢得了群众的认可和社会各界的广泛好评。城乡居民收入稳步提升,城市居民人均可支配收入和农民人均纯收入预计达到12 720元、4 780元,分别增长 12%、6.7%。全年共计开发就业岗位 10.5 万个,通过实行即时就业援助,实现了"零就业"家庭动态为零。非公经济组织参加社会养老保险专项行动全面展开,全年新增养老保险 14 万人。棚户区改造全面推进,拆除建筑面积 386.8 万平方米,超额完成百万平方米回迁工程,当期回迁率达到 100%,实现三年改造任务两年完成。实施了薄弱校改造、贫困学生帮扶等重点工程,促进了城乡教育的均衡发展。通过实施"百万农民进新农合"和"百万居民进医保",使覆盖城乡居民的基本医疗保险制度初步建立,得到国家有关部门的充分肯定。

3. 城建重点工程进展顺利,城市面貌发生较大变化。坚持城市发展与产业发展良性互动,把城市建设放在更加突出的位置,全面推进大铁北改造、南部新城建设和城市重大基础设施建设,为加快发展提供了强有力的支撑和保障。大规模基础设施和社会事业建设使铁北地区面貌明显改善,大铁北改造取得阶段性成果。经过反复论证和积极工作，南部新城规划初步完成，核心区建设开始启动。综合科技文化中心、长吉快速铁路、四环路、城市出入口改造等一批城市重点基础设施工程相继开工建设，年度建设目标全面完成。全市累计投入资金130多亿元，实施新建续建工程57项，新增绿化面积300公顷，进一步展现了城市大建设、大变化时期的新面貌。在全市范围内推行了精细化城市管理，整个城市更加干净、整洁、有序。

4. 和谐长春建设稳步推进，精神文明和民主法制建设取得新进展。加强宣传思想工作，深入开展“两城联创”和多种形式的群众性精神文明创建活动，市民道德素质、城市文明程度进一步提升。加快发展教育、科技、文化、卫生、体育、计划生育等各项社会事业，进一步丰富了人民群众的精神文化生活。第六届亚冬会在长春成功举办，亚泰足球队夺得中超联赛冠军，进一步展示了长春的美好形象。人大常委会立法、监督职能不断强化，人民政协参政议政、民主监督作用充分发挥，群众自治制度日益完善，群众性普法教育深入开展，有力地推进了民主法制建设进程。深入推进平安长春建设，加强社会治安综合治理，“三基”工程建设取得明显成效，快速侦破了一批有影响的重特大刑事、经济案件，人民群众的安全感明显增强。认真抓好信访工作，一大批影响稳定的突出问题得到集中解决，全市已初步形成上下联动的信访工作长效机制。

5. 党的建设扎实有效，各级党组织的凝聚力和战斗力不断增强。围绕加强党的执政能力和先进性建设，深入开展“和谐班子”创建活动，各级班子齐心协力抓发展的氛围更加浓厚；认真落实中央关于保持共产党员先进性四个长效机制，基层党组织和党员队伍建设取得新成效；积极稳妥地推进干部人事制度改革和组织制度创新，建立了体现科学发展观要求的县（市）区领导班子和领导干部综合考核评价办法；在中组部和省委组织部的直接领导下，圆满完成了省级人大、政府、政协领导班子换届考察试点工作；深入开展党风廉政建设和反腐败斗争，加大涉软案件查处力度，在全市机关广泛开展了“查找改”活动，党风政风进一步好转。在抓好全市党的建设的同时，高度重视市委常委班子自身建设，不断健全市委常委会议事决策制度，向社会公布市委常委班子纪律作风建设“八项承诺”，做到了自觉接受全市人民的监督。

在充分肯定成绩的同时，还要更加清醒地看到许多亟待解决的矛盾和问题。主要是：经济总量不足，发展中的结构性矛盾仍然比较突出，经济抗波动能力不强，改善民生的任务仍然繁重，精神文明建设、民主法制建设和党的建设还有一定薄弱环节。这些问题我们将高度重视，采取切实有效措施，认真加以解决。

下面，根据市委常委会讨论的意见，就深入贯彻落实党的十七大和省九次党代会以及中共吉林省委九届三次全会精神，全力推进长春老工业基地振兴，讲几点意见。

一、深入贯彻党的十七大和省九次党代会精神，进一步明确未来发展目标

党的十七大是在我国改革发展关键阶段召开的一次十分重要的大会。胡锦涛同志代表十六届中央委员会所作的报告，鲜明地回答了新时期我们党举什么旗、走什么路、以什么样的精神状态、朝着什么样的发展目标继续前进的重大问题，是我们党团结带领全国各族人民在新的历史起点上继续发展中国特色社会主义的政治宣言和行动纲领。省九次党代会是在我省发展振兴的关键阶段召开的一次重要会议，会议明确了今后五年的发展方向，核心就是又好又快发展，全面振兴老工业基地。最近，省委又召开了九届三次全会，对明年和今后一个时期的工作做了进一步部署，目标宏伟，任务具体，措施务实，鼓舞人心。学习贯彻党的十七大和省九次党代会、省委九届三次全会精神，必须紧密联系实际，必须与贯彻落实市十一次党代会精神结合起来，与全面振兴长春老工业基地的实践结合起来，使之成为推动长春发展的强大动力。

当前，长春发展面临十分难得的重大机遇。我们正处在大发展、快发展、实现全面振兴的关键时期，正处在强基础、调结构、积蓄发展能量的重要关口，正处在优化布局、提升功能、拓展城市空间的特殊阶段。在这种形势下，我们必须站在时代和战略的高度，冷静分析经济运行中的各种有利条件和不利因素，研究好长春未来几年的发展目标。总的要求就是，认真学习贯彻党的十七大

精神和省九次党代会精神，高举中国特色社会主义伟大旗帜，以邓小平理论和“三个代表”重要思想为指导，深入贯彻落实科学发展观，继续坚持工业化、城市化“双轮驱动”，加快两大支柱、三大主导、五大重点产业发展，大力推进开发区、城区、县域三大板块协调发展，全面加强以扩大总量、优化结构、提高效益、增强活力为重点的经济建设，以民主和法制建设为重点的政治建设，以改善民生为重点的社会建设，以重大基础设施建设和新城建设为重点的城市建设，以提升城市“软实力”为重点的文化建设，以建设生态城、改善人居环境为重点的生态建设。通过五年的奋斗，努力把长春建设成为加快发展、科学发展、协调发展，老工业基地全面振兴的繁荣长春；建设成为生活富裕、生态良好、社会安定，人民群众共享改革发展成果的和谐长春；建设成为对内放开、对外开放、充满活力，在更深层次上参与国际化竞争的开放长春；建设成为具有明显时代特征、北方特色、长春特点，适宜人居创业的美丽长春。具体目标是：

——着力加快发展，五年内使地区生产总值、规模以上工业总产值、全口径财政收入、人均GDP等主要经济指标增长一倍以上。在优化结构、节能降耗、保护环境的基础上，以投资拉动总量扩张，经济总量增幅要高于副省级城市平均水平，高于全省平均水平，在全省率先振兴，争取在全国15个副省级城市中实现争先进位。加快培育在国际国内具有竞争力的产业，实施支柱产业“双千亿”增产工程，到2012年使汽车产业、农产品加工业产值分别新增1 000亿元以上，建成国内最具竞争实力的汽车产业基地、最具规模的农产品加工基地，进一步打造国际汽车城和绿色食品城。积极构建协调发展的多元产业支撑体系，加快形成光电信息、生物医药、轨道客车、现代物流、建筑建材、旅游会展等多个产值超200亿元的产业集群。积极培育大企业集团，到2012年全市产值超百亿元的企业达到10个左右。

——着力改善民生，使增收、就业、社保、住房、环境、交通、教育、卫生、治安等九大民生问题逐步得到有效解决。实施《长春市2008－2012年民生规划纲要》，每年制订一个民生行动计划，每年新增财力70%用于民生，每年新增就业岗位8万个以上。未来五年，实现老百姓收入大幅增长，实现城乡比较充分就业，实现城乡居民社会保障基本覆盖，实现城乡低保应保尽保，实现城乡居民住房面积稳步增加，实现人人享有基本医疗服务，实现各级各类教育发展质量显著提高，实现城乡环境面貌大变样，让长春老百姓在我们这座城市里有增收途径、有就业渠道、有基本保障、有房住、有安全感。

——着力建好城市，积极打造北部新城、南部新城和西南工业区、长东北开放开发先导区。坚持“双心、两翼、多组团”的城市空间布局和“通透、大气、疏朗、开放”的城市风格，进一步调整城市空间结构，深入实施东南－西北生态轴和西南－东北工业轴的X轴城市空间发展战略。积极推进大铁北改造，加快项目开发、产业开发、环境开发步伐，力争5年基本完成大铁北改造任务；高起点规划、高标准建设南部新城，5年内完成核心区重点项目建设，使南部新城成为具有鲜明时代特征的现代化新城区；完善提升以支柱、主导产业集聚为重点，以高新区、汽开区为主要依托的西南工业区；系统整合经开、宽城、二道、九台、德惠、高新等空间及产业资源，建设沿国家东北地区振兴规划确定的哈大一级轴线发展的长东北开放开发先导区，使之成为长春主动融入长吉图开放带动先导区的前沿阵地；加快打造以净月、西客站、兴隆、富锋为重点的城市组团。推进水、电、气、交通、通讯等重大基础设施建设，基本形成支撑有力、功能完备、布局合理的城市综合服务承载体系。

——着力促进和谐，努力形成经济、政治、文化、社会协调发展的良好局面。广泛发扬民主，大力弘扬法治精神，使全市人民充分享有民主、自由、平等权利，使社会各方面的积极性、主动性、创造性充分发挥，使全市人民在发展振兴中共建、共享和谐长春。积极推进先进文化建设，提高城乡群众道德文明素质，强化智力支撑体系，增强城市创新能力，全面提升城市文化品位，彰显城市文化魅力，打造富有长春特色的文化品牌，不断提高城市“软实力”。

二、以科学发展观为指导，进一步加快发展速度、提高综合经济实力

建设繁荣、和谐、开放、美丽的长春，发展经济是根本。要坚持投资与项目拉动、开放与开发带

动、工业与服务业联动、改革与创新驱动，全力促进经济更好更快发展。明年全市地区生产总值、全口径财政收入均增长15%以上。

1. 突出项目拉动，加快做大经济总量。继续狠抓项目建设，千方百计加大投入，不断积蓄发展能量。一是落实国家有保有压的宏观调控政策，把投资作为推动发展的关键环节。明年要继续抓好工业、农业产业化、现代服务业、城市建设、民生5大类重大项目，项目数量力争由今年的91个拓展到150个。重点抓好一汽150万辆整车、大成300万吨化工醇、长客800辆动车组和800辆城轨车、20万辆专用车、中兴20万辆SUV、一汽动力总成园、龙家堡300万吨煤炭、宝成1 000万张皮革及皮革制品、中粮二期农产品加工项目、中信农博园等一大批重大产业项目。努力完成省里下达的固定资产投资指标。二是把招商引资作为项目建设的主要措施，努力解决资金瓶颈制约。在全面打赢九个月招商引资攻坚战的基础上，启动新一轮招商引资攻坚战，进一步营造浓厚的招商氛围，大招商、招大商，使更多的大企业、大集团和重大战略投资者到长春创业发展。明年引进超千万美元的外资项目35个，超8 000万元的内资项目150个以上，实际利用内外资均增长20%以上。三是积极谋划一批投资额度大、带动作用强、技术含量高的高新高端项目。依托科技优势，加快产学研结合步伐，支持在长大专院校、科研院所发展产业项目，扶持一批重点实验室、重点科研基地和重点孵化中心，努力加快国家光电子产业基地、生物医药国家高技术产业基地建设步伐，把长春的科技优势转化为高新技术产业优势。明年高新技术产业产值增长20%以上。

2. 突出工业强市，加快工业提质增速。坚定不移地走新型工业化道路，把工业振兴作为长春振兴的核心任务。筹备召开工业强市大会，充分调动各方面抓工业的积极性，把全市各方面资源向工业集聚、各方面力量向工业倾斜，形成全市抓工业的浓厚氛围。明年确保工业投资完成700亿元以上，在建工业项目达到1 000个以上，规模以上工业总产值增长21%以上。一是实施支柱、主导、重点、优势产业推进计划。重点抓好汽车、农产品加工、轨道客车、农机装备、新能源、新材料等在国内外有优势、有潜力的产业，大力推进信息化，努力提升产业整体素质和市场竞争力。二是认真抓好"骨干企业扶持工程"和"中小企业成长工程"。支持龙头企业做大做强，大力培育和引进新的骨干企业，着力打造产值超千亿元、超百亿元、超十亿元多个层次的企业集群。扶持一批成长性强的企业快速发展，明年新增规模以上工业企业300户以上。三是坚持集聚发展、集约经营。今后所有工业项目都要进开发区和工业集中区，避免盲目布局。要按照可持续发展的要求，注重节能减排，注重环境保护，注重技术改造，注重投资强度，努力创造工业持续增长条件。明年实现万元GDP能耗降低7%左右，市直四大开发区与其他省级开发区土地投资强度分别达到每公顷3 000万元和2 000万元以上。同时，要强调投入产出比，努力提高产出效益。四是积极抓好工业经济运行。加强煤电油运气等生产要素综合协调，全面提高工业经济运行质量。

3. 突出服务业兴市，提升产业整体竞争力。坚持走工业强市、服务业兴市的道路，推动服务业晋档升级、壮大规模。制订和实施服务业振兴规划，重点发展金融、信息、中介、现代物流、商贸、旅游会展、文化和民生服务业。力争明年引进2家以上外资和股份制银行，在城市周边规划建设20个大型区域性生产资料物流仓储交易中心，完善重庆路、红旗街、桂林路等传统商业街区功能，不断扩大欧亚集团辐射带动作用。着力打造长春现代服务业集聚带和集聚区，促进服务业发展资源的集中集聚，启动解放大路现代服务业集聚带，在朝阳、南关、宽城、二道、绿园五个城区分别打造形成一个区域性服务业集聚区。明年服务业增加值增长15%以上。

4. 突出开发开放，打造新的经济增长极。把"开放长春"作为加快发展的战略选择，以大开放促进大开发，推进各类开发区加快建设步伐，使之成为老工业基地振兴的发动机、产业企业的集聚区、制度科技创新的新平台和具有辐射带动作用的区域发展龙头。经开、高新、汽开等开发区要尽快做大规模，加大重大项目摆放力度，力争成为在全国有更大影响的开发区。净月开发区要在保护生态的前提下，重点发展高新技术产业和现代服务业。同时要扎实推进其他省级开发区和工业集中区建设，特别是要积极建设南部都市经济开发区、长春轨道交通装备制造产业园、上海工业园、广东工业园、中俄科技园、中韩合作园等一大批特色产业园区。明年重点启动长东北开放开发先导区,坚持统筹规划、分步实施的原则,完成区域规划和总体布局;重点抓好空港、陆路干港建设,完成铁路基础设施改造、东站货场搬迁,形成20万平方米的货场和20万集装箱吞吐能力,努力建设区域性物流港口集散区;重点推进玉米工业园区建设,抓紧做大做强龙头企业,拉长产业链条,形成产业优势,努力建设世界级生物化工生产研发基地;重点抓好农机产业园基础设施和产业项目,努力建设农机装备制造业生产基地。

5. 突出民营经济,增强发展活力。坚持"扶大、活小、上新",进一步实施民营经济腾飞计划,加快形成民营经济自主增长机制,让一切创造财富的源泉充分涌流。全力推进全民创业,降低准入门槛,放宽经营领域,不断完善政策和服务体系,引导和鼓励各级各类人才领办创办实业。在全市开展民营企业50强和创业之星评选活动,选树重奖一批民营经济创业功臣。实施百户民营企业扶持计划,重点支持成长性民营科技企业发展壮大,在置业场地、创业资金、人才技术、市场开拓等方面加大扶持力度。进一步优化经济发展软环境。牢固树立亲商、安商、扶商、富商的理念,建设公平公正的法制环境、优质高效的服务环境、开明优惠的政策环境、诚实守信的社会环境、有利于创业发展的舆论环境。要从反映突出的倾向性问题入手,严肃查处涉软案件,坚决整治"中梗阻"现象,坚决整治行政不作为、乱作为。

6. 突出城市建设,优化提升城市功能。把城市建设作为提升城市品位、推动经济社会发展、改善民生、增加财力的重要支撑,加快推进城市重大基础设施建设。南部新城要按照规划要求扎实有序地加以推进,积极引进大客商,重点抓好核心区特别是中央商务区基础设施配套工程,为南部新城未来发展创造基础条件。北部新城要围绕大铁北的深度改造,重点完成三、四环之间的路网建设和基础设施配套,抓好以路网绿化为骨干、街区绿地为基础、主题公园为重点的绿化建设。要统筹推进全市重大基础设施建设,加快启动和建设哈大客运专线、长吉快速铁路、轻轨三期、长春站和西客站综合交通换乘中心、五水厂等重大工程,启动地铁一号线前期工作。要积极解决重要交通节点和路段的交通堵塞问题。明年全市新建续建和改造四环路等15条道路、3座桥梁、2个城市出入口。立足经济发展和市民生产生活需求,启动长春地下空间规划,全面加快城市地下管网改造和供电、供水、排水、电信、人防、交通等设施升级晋档,解决地下管线老化滞后问题,建设全国一流的城市公用设施系统。要加强城市管理,建立健全现代化城市管理体系,加快提升城市管理科学化、集约化、精细化水平。

7. 突出县域振兴,加快新农村建设步伐。走中国特色农业现代化之路,坚持以工促农、以城带乡,形成城乡经济社会发展一体化新格局,激活农业产业,壮大县域经济,促进农民增收。大力推进县域经济总量攻坚、结构攻坚、效益攻坚,瞄准全国百强县目标,高起点规划设计县域发展指标体系,努力提高县域经济在全市、全省经济总量中的份额。要重点推进县域工业突破,集中力量打造10个县域开发区和工业集中区,明年完成基础设施投资10亿元,建设投资超3 000万元的工业项目150个以上。大力培育和扶持农产品加工龙头企业,全面带动十大加工体系建设,不断提高县域产业集群水平。狠抓粮食生产不放松,加快大型商品粮基地建设,建成优质粮田44 666.7公顷。优先发展畜牧业,加快发展高效特产业、绿色食品产业,明年新建牧业小区200个。加快农业科技创新和推广应用,推进农业设施化建设,实施标准化生产,搞好农产品质量安全,促进农业提质增效。加强农村基础设施建设,大力发展农村社会事业,努力改善农村生产生活条件,推进新农村建设取得实质性进展。加快推进城镇化进程,积极发展次中心城市,加快四县(市)中心城区和重点城镇建设,引导产业、人口向县(市)和重点城镇集聚,打造一批财政收入超5 000万元的经济强镇,加快形成新型工业化与特色城镇化"双轮"驱动、产业群与城镇群互动共兴的发展格局。

8. 突出改革创新,加快建设创新型城市。把改革创新精神贯彻到发展振兴的各个环节,通过改革创新挖掘潜力、激发活力。一是推进体制创新。进一步完善国有资产监管体系,积极稳妥地推进农村综合配套改革,深化社会事业领域改革,努力在重点领域改革上取得新进展。二是推进科技创新。加快长春科教文化城建设步伐,深入实施科教兴市战略,完善公共科技服务平台,建设一批科技创新中心,支持重点产业、重点企业建立研发和技术创新机构,支持高新区争创全国一流创新型科技园区。三是推进管理创新。以行政管理、社会管理、企业管理创新为重点，在全社会各个领域建立健全充满活力、富有效率、更加开放的制度机制，激发方方面面干事创业的积极性。

三、以改善民生为重点，全面加快和谐长春建设步伐

在加快经济发展的同时，更加关注和改善民生，更加注重社会事业建设、精神文明建设和民主法制建设，努力构建和谐长春。

1. 切实保障和改善人民生活，进一步加快各项社会事业建设。坚持把群众呼声作为第一信号，把为群众办实事作为第一选择，把群众评价作为第一标准，着力解决好群众最关心、最直接、最现实的利益问题，下力气为百姓办更多的实事、好事。按照《长春市2008年民生行动计划》的总体安排，重点抓好社会保障和社会救助体系建设，继续扩大社会保险覆盖面，基本解决国有企业改制职工养老接续问题；抓好公共卫生服务，推进新型农村合作医疗制度建设，实现农村常住人口全覆盖；建立健全社会救助体系，高度关注和解决好低收入和困难群众生活问题。重点抓好住房问题，继续实施城区和县域棚户区改造及危旧房改造工程，明年为低保和低收入无房家庭实物配租一定数量的廉租房，有偿提供5万平方米政府保障性住房，为低收入住房困难家庭有偿提供20万平方米经济适用住房，启动农村困难户泥草房改造安居工程。重点抓好“市民生活环境整治工程”，系统推进城市绿化、亮化、净化、美化；对人民大街、解放大路、吉林大路以及长春火车站等6处重点区域实施高标准的亮化，打造“美丽夜长春”；新建136块1 000平方米以上绿地，启动建设机场路风景林带；在全市集中打造一批精品街路、精品广场、精品小区、精品园林、精品市场。重点解决好与群众日常生活息息相关的问题，特别是要认认真真、扎扎实实、全力以赴地帮助老百姓解决食品药品安全、用气、用水、用电、用热、如厕、行路等方面存在的具体问题，把党和政府的温暖送到家。重点解决好城市开发拆迁建设、部分国企职工医保、部分居民二次供水、临时用电、燃气供应等方面的历史遗留问题。

2. 切实满足群众精神文化需求，把文化建设摆上更加重要的位置。要打造富有长春特色的先进文化，为全面推进长春老工业基地振兴提供精神动力、智力支持、道德环境。积极推进社会主义核心价值体系建设，进一步塑造城市精神，着力培育全体市民的家园意识，在全市着力营造诚实守信、团结友爱、和睦相处的和谐氛围，增强广大市民对长春的认同感、归属感。广泛开展精神文明创建活动，全民争创“国家卫生城市”和“全国文明城市”，着力提升城市文明程度和全体市民素质。积极推进文化体制改革，着力发展群众文化，启动建设文化大厦，谋划建设奥林匹克中心，加快健全公共文化服务体系，让老百姓得到更多文化城市的精神享受。着力打造汽车文化，加快建设汽车公园，塑造长春汽车文化品牌。着力打造电影文化，加快建设长春电影城，启动实施长影世纪城二期工程。着力打造雕塑文化，加快建设长春雕塑城，进一步提升长春世界雕塑公园的文化品位。着力打造生态文化，加快建设长春森林城，进一步放大净月生态城生态效应，完善大黑山脉生态体系，深入实施伊通河两岸景观带及城区水系治理系统工程，使长春生态环境更加优良、生态内涵更加丰富、生态经济更加发达。

3. 切实保障人民群众的民主权益，积极推进社会主义民主政治建设。坚持和完善人民代表大会制度，保证人民代表大会及其常务委员会依法履行职责。坚持和完善中国共产党领导的多党合作和政治协商制度，充分发挥人民政协政治协商、民主监督和参政议政作用。坚持和完善群众自治制度，抓好居委会、村委会、企业职工代表大会建设，保证公民的有序政治参与。进一步发展基层民主，完善城乡基层政权、基层群众自治组织、企事业单位的民主管理制度，大力推进政务公开、村务公开、厂务公开、公用企事业单位办事公开，保证人民群众享有更多更切实的民主权利。积极支持工会、共青团、妇联等群众组织依照法律和章程开展工作。深入推进依法治市进程，深化司法体制和工作机制改革，加强政法队伍建设，保证司法公正、高效、权威。加强公民普法教育，提高全社会法律素质。巩固双拥模范城创建成果，深入开展科技拥军和国防教育活动，促进军政军民团结。积极维护国家安全，大力加强社会治安综合治理，推进平安长春建设，努力构建打防控一体化的治安防控体系，创造良好的社会治安环境。

四、全力加强党的建设，为经济社会更好更快发展提供坚强保证

推动长春经济建设、政治建设、社会建设、城市建设、文化建设、生态建设都要靠党的建设来保障。要以党的执政能力建设和先进性建设为主线，贯彻为民、务实、清廉的要求，以改革创新精神加强党的思想、组织、作风、制度和反腐倡廉建设，全面推进党的建设新的伟大工程。

1. 加强各级领导班子和干部队伍建设。要以提高领导水平和执政能力为核心，继续抓好换届后各级领导班子思想政治建设，用马克思主义中国化最新成果武装头脑、指导实践，提高运用科学理论分析解决实际问题的能力。要探索和完善地方党委领导班子配备改革后的工作机制，深入推进和谐班子建设，使各级领导班子团结干事、和谐共事、按章办事。要认真执行《党政领导干部选拔任用工作条例》，坚持正确的用人导向，真正把那些坚定贯彻落实科学发展观、德才兼备、政绩突出、群众拥护的优秀干部选拔到领导岗位上来，特别是要选准配强一把手，加快优秀年轻干部选拔培养步伐。认真贯彻民主集中制，进一步完善权力运行机制，改进工作方式，推进科学执政、民主执政、依法执政。深化干部人事制度改革，增强干部队伍活力。坚定不移地实施人才兴业战略，着力抓好五支人才队伍建设，围绕支柱、主导、重点产业培育和打造"人才高地"。

2. 加强党的基层组织建设。适应基层党的工作面临的新情况、新变化，按照推动发展、服务群众、凝聚人心、促进和谐的新要求，坚持重心下移，创新组织设置、工作机制、活动内容和工作载体，使基层党组织成为长春发展振兴的组织者、推动者、实践者。要在全市范围内深入开展基层党组织服务民生工作体系建设，认真落实《中共长春市委关于建立健全基层党组织服务民生工作体系的意见》，充分发挥基层党组织和广大党员宣传政策、促进就业、扶危济困、理顺情绪、化解矛盾的职能和作用，多角度、深层次、人性化地帮助老百姓解决工作、生活中的实际困难，密切与人民群众的血肉联系。要切实建立健全基层党建责任制等各项制度，大力加强基层基础工作，深入开展学习实践科学发展观活动，完善党员长期受教育、永葆先进性的长效机制，探索建立城乡一体的党员动态管理机制。

3. 加强党风廉政建设。要把反腐倡廉放在更加突出的位置，坚持标本兼治、综合治理、惩防并举、注重预防的方针，着力推进教育、制度、监督并重的惩治和预防腐败体系建设。推进反腐倡廉工作体制机制创新，建立健全结构合理、配置科学、程序严密、制约有效的权力运行机制。严格执行党内监督各项制度，加强对领导机关和领导干部特别是一把手的监督。进一步加大查办案件力度，严厉惩处腐败分子，坚决纠正损害群众利益的不正之风。认真落实党风廉政建设责任制，切实履行好"一岗双责"。要特别加强作风建设。作为地方党委，繁荣一方经济、造福一方百姓、确保一方平安、引领一方风气是我们的基本职责。在当前形势下，全市各级党组织必须坚持立党为公、执政为民，大兴求真务实之风，讲短话、开短会、发短文，重落实、敢落实、善落实，坚决防止官僚主义和形式主义；大兴艰苦奋斗之风，崇尚节俭、反对浪费，认清市情、抢抓机遇，始终保持昂扬向上的精神状态和争创一流的进取精神；大兴团结干事之风，各级班子都要讲团结、讲和谐，大事讲原则、小事讲风格，想事、干事、成事，形成干事业的合力；大兴为民负责之风，对老百姓要有一种浓浓的感情，敢于为长春发展和老百姓的利益承担风险，真正把心思放在百姓身上、工夫下在百姓身上、政绩体现在百姓身上；大兴清正廉洁之风，坚持原则，弘扬正气，坚决抵制歪风邪气。以良好的党风带政风、带行风、带社会风气，在全市形成一个心齐气顺、风正劲足的良好局面。

同志们，长春的发展是我们的责任，长春的未来充满希望。面对新形势、新任务，我们要以党的十七大精神为动力，更加紧密地团结在以胡锦涛同志为总书记的党中央周围，在省委、省政府正确领导下，解放思想，开拓创新，真抓实干，为全面振兴长春老工业基地而努力奋斗！

政府工作报告

——2007年12月10日在长春市第十三届人民代表大会第一次会议上

崔　杰

各位代表：

我代表市人民政府向大会作工作报告，请予审议，并请政协委员和列席会议的同志提出意见。

一、过去五年和2007年工作简要回顾

五年来，我们在省委、省政府和市委的正确领导下，在市人大、政协的监督和支持下，坚持以邓小平理论和“三个代表”重要思想为指导，全面落实科学发展观，团结和带领全市各族人民，全力实施振兴战略，着力解决老工业基地长期积累的矛盾和问题，战胜了非典、禽流感疫情和各种自然灾害的挑战，圆满完成了本届政府确定的任务目标，改革开放和现代化建设取得巨大成就。

过去的五年，是长春综合经济实力显著增强的五年。2007年预计实现地区生产总值2 089.0亿元，比2002年增长近一倍，年均递增13.7%。人均生产总值达到3 750美元，增加1 943美元，年均递增12.6%。实现全口径财政收入284.5亿元，增长1.58倍，年均递增20.9%。实现规模以上工业总产值2 839.8亿元，增长1.4倍，年均递增18.8%。完成固定资产投资1 350.1亿元，增长3.2倍，年均递增33.3%。三次产业比重发生较大变化，由12.4:45.6:42调整到9.6:50.2:40.2。

过去的五年，是长春改革开放取得丰硕成果的五年。国企改革实现重大突破，全市652户国有企业完成产权制度改革，21.5万名国有企业职工理顺了劳动关系，多年束缚经济发展的体制机制性障碍得到有效破解，一大批企业焕发了生机与活力。农村综合改革成效明显，各项惠农政策全面落实，农业与农村经济发展活力进一步增强。非国有经济快速发展，占地区生产总值的比重由57%提高到65%。全面实施《公务员法》。建立“逢聘必考”的事业单位招聘制度。对外开放水平明显提高。累计实际利用外资59.2亿美元，年均递增21.8%。完成进出口总额272.5亿美元，年均递增19.1%。开发区开放带动和工业集聚作用进一步增强，经济总量占全市的比重达到63.7%。

过去的五年，是长春城市面貌发生巨大变化的五年。东北—西南工业带和东南—西北生态带空间布局进一步完善，城市基础设施建设力度不断加大，城市承载能力和服务功能明显增强。实施了大规模的道路建设、棚户区改造和绿化美化工程。龙嘉国际机场建成通航。伊通河城区段风光带基本建成。长双烟铁路即将建成通车。轻轨一、二期全线贯通运营。亚冬会比赛场馆、长影世纪城、“三北”工程和凯旋路客运枢纽等一批重大项目建成投入使用，进一步提升了城市的形象和品位。高标准建设和改造了雕塑公园、天嘉公园、牡丹园、南湖公园、儿童公园，其中雕塑公园被评为国家重点公园。基本完成串湖水体污染综合治理，升级改造了北郊污水处理厂，启动建设南部污水处理厂。城区污水二级处理率达到83%，生活垃圾无害化处理率达到85%，工业固体废弃物综合利用率达到98%，城市气化率达到96.6%，集中供热率达到71%，城区空气质量年优良级天数连续5年保持340天以上，先后被评为国家园林城市、国家环境保护模范城市、中国人居环境范例奖和全国绿化模范城市。

过去的五年，是长春各项社会事业快速发展的五年。教育投入渠道不断拓宽，累计投入教育经费86.1亿元，年均递增17.8%。新建和改造校舍298万平方米，城区中小学全部达到二级二

类以上标准。城区优质高中教育比例达到95%，农村达到75%。职业教育快速发展，毕业生就业率保持在95%以上，被评为全国职业教育先进城市。未成年人思想道德建设进一步加强，关心下一代工作取得明显成效。科技创新步伐加快，自主创新和知识产权保护工作成果显著，全社会累计投入研发资金269.3亿元，年均递增28.2%。公共卫生体系进一步完善，新建市、县两级疾控机构和传染病院(科)9.3万平方米。社区卫生机构发展到117家，农村三级医疗卫生服务体系初步形成。就业再就业工作成效显著，累计开发就业岗位47万个，城镇新增就业39万人，被评为全国再就业先进城市。社会保障体系逐步完善，养老保险覆盖面不断扩大，初步建成覆盖城乡居民的基本医疗保险制度。“平安长春”建设扎实推进，连续3届被评为全国社会治安综合治理先进城市，并荣获“长安杯”。深入开展“两城联创”活动，市民素质和文明程度不断提高。城市交通管理成效显著，荣获2006年全国畅通工程评比第三名。成功举办5届文化艺术周和书市、3届民间艺术博览会、2届电影节、1届亚洲艺术节。科技拥军成效显著，军政军民团结不断加强，荣获全国双拥模范城“五连冠”称号。预备役炮兵师信息化建设成为全军先进典型。全民健身蓬勃开展，被评为全国群众体育先进市，长春亚泰足球队勇夺2007年中超联赛冠军。成功举办第六届亚冬会，实现了亚奥理事会45个成员国家和地区在冬季运动史上的首次大团圆，兑现了“办一届最成功、最具魅力的冰雪体育盛会”的承诺，向亚洲和世界充分展示了长春的美好形象。

过去的五年，是长春人民生活水平日益提高的五年。2007年城市居民人均可支配收入预计达到12 810.9元，农民人均纯收入达到4 780元，分别比2002年增长84%和51.9%。城市居民人均住宅建筑面积达27平方米，增加5.78平方米。农民人均住宅使用面积达到22.5平方米，增加3.9平方米。城市和农村居民恩格尔系数分别由39.5%和47.6%下降到32.9%和41.9%。全市人民正逐步过上更加宽裕的生活。

2007年是本届政府的最后一年。一年来，我们紧紧抓住老工业基地振兴效果日益显现的有利时机，开拓创新，扎实工作，推进经济社会持续快速健康发展。预计地区生产总值比2006年增长17.7%，全口径财政收入增长35.1%，固定资产投资增长42.1%，社会消费品零售总额增长16.8%。

一是开展项目建设年活动，促进工业快速发展。全力推进5大类、20个组团的91个基础性、全局性、战略性的重大项目建设。工业投资实现重大突破，完成工业固定资产投资608.6亿元，比2006年增长63.9%，占全部固定资产投资的比重达到45.1%。全力实施招商引资九个月攻坚战，强力引进和培植重大产业项目。先后开展20多次不同规模的招商活动，实际利用内资增长20%、外资增长20%。工业经济快速发展，规模以上工业产值增速达到33.9%，比2006年净增699.8亿元，创历史新高。实施品牌战略，创中国驰名商标3个、中国名牌5个。

二是大力发展现代农业，扎实推进新农村建设。农业生产克服严重干旱影响，生产粮食75亿公斤。新建园艺特产之乡5个、无公害和绿色食品基地3 000公顷、城区菜田2 000公顷。新建标准化牧业小区101个，规模饲养的比重达到60%以上，畜牧业产值占农业总产值的比重达到50.3%。新农村建设试点工作扎实推进，6个镇、136个村增加到省、市、县三级试点行列。乡容村貌综合整治活动全面展开。23万农民饮水安全问题得到解决。新建村屯道路2 284公里。县域经济快速发展，四县(市)和双阳区实现地区生产总值632.5亿元、财政收入19.7亿元，分别增长13.1%和36%。

三是加快发展现代服务业，不断增强城市的辐射带动作用。现代物流业营业收入达到532亿元，增长21%。旅游业实现收入178亿元，增长20%。全市金融机构本外币存款余额达到2 598.3亿元、贷款余额达到2 451.9亿元，分别增长8.4%和11.7%。房屋施工面积2 010.1万平方米，增长48.6%。商品房销售508.5万平方米，增长30.4%。空置面积下降0.2%。成功承办东博会，举办汽博会、汽车节、消夏节、冰雪节、光博会、房交会、民博会等各类展会130项，进一步提高了长春的知名度和影响力。

四是加大城市建设与管理力度，不断提升城市的承载能力。完成了南部新城城市设计和控制性详细规划，中央商务区一批重大项目开始启动。铁北改造全面推进，三环以内路网框架和基础设施配套基本形成，区域行政中心初具规模，启动建设了一批棚户区改造和社会公益性项目。高新区基本完成102国道以北区域基础设施建设，向南快速发展。经开区基本完成老区开发建设，开始集中向兴隆山方向发展。净月生态城建设进展顺利，综合科技文化中心等一批重大项目开工建设。汽车区基本完成环城高速内起步区基础设施建设，启动建设一批重大汽车项目。

加快城市基础设施建设步伐。新建道路24条、桥梁8座，改造城市出入口4个，大中修道路17条，维护道路582条、桥梁27座，整治完善巷道和裸露地面620条(段)、56万平方米，修缮、新建城中村道路100公里。新植绿化街路25条，新建大块绿地144块，新增绿地300公顷。改造建设供水管线20公里、排水管线77公里、燃气管线40公里，新增集中供热250万平方米。集中力量开展棚户区改造，拆除棚户区房屋建筑面积386万平方米，超额完成了省下达的工作目标。

加大城市管理力度，深入开展“城市清洁行动”，全力创建国家卫生城市。粉刷清洗陈旧楼宇482栋。实施“大小保洁一体化”和垃圾不落地工程，新建城区垃圾中转站5个，三环以内垃圾箱全部取消，实现垃圾收集和运输同步对接。延长清扫保洁时间，开展机械化清扫作业，建立起城市保洁和冬季清雪长效机制，市容和环境卫生面貌呈现较大改观。新增免水冲公厕203座，基本解决了群众如厕难问题。集中开展“五小”专项整治、集贸市场达标改造、废品收购站清理整顿等25项专项整治活动。特别是打击非法广告工作取得历史性突破，清刷覆盖非法广告40多万处，长效治理机制初步形成，城市更加干净、整洁、有序。

五是把改善民生作为政府制定公共政策的基石，着力解决涉及人民群众切身利益的实际问题。出台并实施了《2007年民生行动计划》，向全市人民承诺的94件实事全部落实。“百万居民进医保”、“百万农民进新农合”和“百万平方米回迁工程”提前超额完成攻坚目标。全力推进社保扩面征缴，新增养老保险14.5万人、失业保险5万人、城镇基本医疗保险130万人、工伤保险13万人、生育保险32万人。启动被征地农民养老保险工作。优先解决零就业家庭、4050人员、残疾人就业问题，开发就业岗位10.5万个，实现了零就业家庭动态为零，城镇登记失业率控制在3.5%以内。提高了城区低保标准。建立了农村义务教育学校经费保障机制。县(市)职教中心建设全面启动。组织城市教师、医生到农村开展支教、支医活动，38个社区卫生服务中心建成达标。全市人均体育用地达到2.06平方米，基本实现居民出行10分钟内就可到达一处健身场所的目标。

六是强化公共服务和社会管理，大力维护社会和谐稳定。公共突发事件反应和处理能力进一步提高。面对正月十五突发特大雪灾和双阳区出现格林—巴利综合症、新立城水库爆发藻类等重大公共事件，迅速反应、周密组织、科学应对，有效保证了城市正常运转，把损失降到最低程度，得到国家、省和社会各界的高度评价。安全生产、产品质量和食品安全等监管工作进一步强化。依法治市工作得到切实贯彻。加强“平安长春”建设，着力完善社会治安防控体系，深化打黑除恶斗争，严厉打击严重刑事犯罪，命案破案率达到91.5%。严厉打击交通肇事逃逸等违法犯罪行为。加大对金融诈骗、制假贩假和地下传销活动的专项打击，打掉制贩假证、假发票团伙56个。坚决打击邪教组织，全面落实社会治安综合治理措施，人民群众安全感进一步增强。从立足解决问题入手，认真受理群众来信来访，一些多年积累的深层次矛盾逐步化解，和谐稳定的社会局面更加巩固。

七是加强政府自身建设，努力提高依法行政水平。自觉接受人大法律监督、工作监督和政协民主监督，广泛征求人大代表、政协委员和各民主党派、无党派人士对政府工作的意见、建议，接受各级人大代表、政协委员视察49次，办理人大议案2件、建议129件、政协提案289件，办理水平进一步提高。充分发挥市长公开电话的载体和平台作用，广泛征求市民对政府工作的意见和建议。深入推进政务、村务和厂务公开，群众和社会各界的知情权得到进一步满足，被评为全国政务公开工作先进单位。在政府机关广泛开展“查、找、改”活动，查自身存在的突出问题、找产生问题的主要原因、提出并落实改进措施。实施精细化管理，促进政府工作全面创新。在政府各部门积极倡导“有旗必夺”和“全省站排头，全国争一流”的创先争优精神，激发广大公务员的热情和干劲，服务全市经济社会发展的能力进一步提升。

一年来，民族宗教、计划生育、妇女儿童、广播电视、新闻出版、统计、审计、侨务、气象、民兵预备役、防震减灾、人防、档案、修志、文史、残联、红十字和老龄等各方面工作也都取得了新成绩。

各位代表，经过五年的努力，长春已经走出老工业基地最艰难时期，开始进入大发展、快发展的新阶段，为未来五年经济和社会更好更快发展奠定了坚实基础。

五年来取得的辉煌成就，是在省委、省政府和市委的正确领导下，全市广大干部群众同心同德、艰苦奋斗的结果，是全市人民辛勤汗水和聪明才智的结晶。在这里，我代表市人民政府，向投身于长春改革开放和现代化建设的全市各族人民致以亲切的问候和崇高的敬意！向给予我们支持的人大代表、政协委员，各民主党派、工商联和无党派人士、人民团体，向参与长春发展建设的中央和省在长单位、驻长部队指战员、武警官兵和在长工作的外埠人员、港澳台同胞、海外侨胞及国际友人表示衷心的感谢！

五年的实践充分说明，坚持实施中央振兴东北老工业基地战略，牢牢把握国际产业转移和国内南资北上等重大战略机遇，是实现长春大发展、快发展的关键；坚持从基本市情出发，站在全局和战略的高度谋划、部署推进政府工作的一系列重大举措，是我们工作取得突破性进展的重要保证；坚持发展工业，用工业化带动城市化，用城市化引导和促进工业化，是发展经济、提高城市综合竞争力的基础；坚持把解决人民群众最关心、最直接、最现实的利益问题放在首位，努力改善民生状况，是政府一切工作的出发点和落脚点；坚持加快发展不动摇，始终保持振奋的精神、高昂的斗志和顽强的毅力，是我们不断开创各项工作新局面的主要动力。这既是我们过去五年努力探索、取得成功的深刻体会，也是继续前进、开创未来的宝贵经验。

在看到成绩和总结经验的同时，也必须清醒地认识到，我们还面临着一些亟待解决的矛盾和问题：经济总量不大、结构不优、效益不高，发展相对落后的问题仍然存在；农业和农村经济的基础比较薄弱，农民持续增收难度依然很大；民生工作任务仍然十分艰巨，许多关系人民群众切身利益的问题还有待解决；法制基础教育尚需加强，重大社会治安案件时有发生，维护社会稳定任务仍然十分繁重；少数政府部门服务意识不强、工作效率不高，部分公务员的思想观念、工作作风和方法还不适应新形势、新任务的需要，个别干部严重违法违纪，等等。对于这些问题，我们一定高度重视，在今后的工作中采取强有力措施，认真加以解决。

二、未来五年发展总体思路和目标

未来五年，是长春工业化、城市化的加速期，是全面进入大建设、大发展、大变化，实现城乡统筹协调发展的黄金期。我们必须顺应国内外形势的新变化，顺应长春发展的新趋势，顺应全市人民过上更好生活的新期待，站在更高的起点上，全面、科学地谋划长春未来五年的宏伟蓝图。

未来五年，我们将全面贯彻党的十七大、省九次党代会、市十一次党代会和市委十一届二次全会精神，深入落实科学发展观，进一步解放思想，扩大开放，抢抓机遇，乘势快上。继续坚持工业化、城市化“双轮驱动”，加快壮大两大支柱、三大主导、五大重点产业，大力推进开发区、城区、县域三大板块协调发展，全面加强以扩大总量、优化结构、提高效益、增强活力为重点的经济建设，以民主和法制建设为重点的政治建设，以改善民生为重点的社会建设，以重大基础设施建设和新城建设为重点的城市建设，以提升城市“软实力”为重点的文化建设，以建设生态城、改善人居环境为重点的生态建设。通过五年的奋斗，把长春建成加快发展、科学发展、协调发展、老工业基地全面振兴的繁荣长春；建成生活富裕、生态良好、社会安定、人民群众共享改革发展成果的和谐长春；建成对内放开、对外开放、充满活力、在更深层次上参与国际化竞争的开放长春；建成具有明显时代特征、北方特色、长春特点、适宜人居创业的美丽长春。

——综合经济实力迈上新台阶。在优化结构、提高效益、降低消耗、保护环境的基础上，地区生产总值、全口径财政收入、规模以上工业产值、人均生产总值等主要指标均增长一倍以上。

——产业结构实现新升级。坚持不懈地加大工业投入，力争五年累计完成工业固定资产投资4 000亿元以上。汽车产业、农产品加工业分别新增产值千亿元以上。光电信息、生物医药、轨道客车、农机装备制造业、建筑和材料制造业、能源产业不断壮大，物流、金融、旅游、会展、文化等服务功能明显增强，成为国内外最具竞争实力的行走机械制造基地、最具规模的农产品加工基地，成为辐射东北的现代服务业基地。

——县域经济实现新突破。四县(市)和双阳区经济总量年均递增20%以上，全口径财政收入均达到10亿元以上，二产占经济总量比重超过50%，农村社会事业、公共事业全面发展，乡容村貌明显改善，民主制度更加健全，50%以上乡村达到新农村建设标准。

——自主创新能力得到新提高。科技投入大幅度增加，科技创新成为城市发展的先导力量。企业自主创新能力明显增强，全社会科技投入占地区生产总值的比重达到3%以上，科技进步贡献率提高到60%以上，努力建设创新型城市。

——城市面貌发生新变化。南部新城、北部新城和西南工业区、长东北开放开发先导区“两城两区”初具规模，整个建成区逐步实现园林化，汽车城、电影城、森林城、绿色食品城、雕塑城和科教文化城个性更加彰显，疏朗、通透、大气、开放的城市风格更加鲜明。

——城市交通建成新体系。机场完成扩建，建成哈大客运专线、长吉城际铁路、长双烟铁路，长春与周边城市实现高速公路联结，轻轨三期投入运营，地铁1号线开工建设，长春站、西客站综合换乘中心投入使用，环城高速以内路网基本建成，主要交通结点完成改造，提前做好城市汽车保有量超百万辆的准备。

——城市基础设施承载能力得到新提升。基本建立以长春水务集团为主、产权单位为辅的城市供水管理体系，城市饮用水末端水质合格率达到100%；以热电联供为主、区域大锅炉房为辅的供热体系，城市集中供热率达到80%以上；以天然气为主、煤制气为辅、液化石油气为补充的供气体系，城市日供气能力达到200万立方米；以区域污水处理厂为主、小型分散污水处理设施为辅的城市污水处理体系，污水二级处理率达到85%。

——生态环境建设取得新成效。环境污染得到有效治理，循环型经济体系初步形成，资源节约型社会、环境友好型社会建设取得明显进展，生态文明观念初步树立，万元GDP能耗下降20%以上，二氧化硫、化学需氧量减排达到国家要求，经济社会可持续发展能力不断增强，基本达到国家生态城市标准。

——文化建设和社会事业得到新发展。覆盖全社会的公共文化服务体系基本建立，文化产业占国民经济的比重明显提高。现代国民教育体系更加完善，职业教育体系基本形成。公共卫生体系更加健全，人均期望寿命达到77.5岁以上。出生人口素质不断提高，人口自然增长率控制在2‰以内。体育人口达到50%以上。

——城乡居民收入跃上新水平。城市居民人均可支配收入年均递增13%以上，农民人均纯收入年均递增6%以上，更多市民拥有财产性收入，中等收入者比重稳步提升，绝对贫困现象基本消除，人民群众生活更加宽裕。

——民生状况得到新改善。实施《长春市2008－2012年民生行动规划纲要》，每年新增财力70%用于改善民生，实现老百姓收入大幅增长、城乡比较充分就业、社会保障基本覆盖、低保应保尽保、居民住房面积稳步增加、人人享有基本医疗卫生服务、各级各类教育质量显著提高、城乡环境面貌大变样，人民群众有增收途径、有就业渠道、有基本保障、有房住、有安全感。

实现上述目标，事关长春的发展，事关长春在全国城市发展格局中的重新定位，更事关全市人民的根本利益。我们将与全市人民一道为之努力奋斗。

三、2008年主要任务

2008年，是新一届政府的开局之年，也是落实“十一五”规划、全面振兴长春老工业基地的关键之年。考虑到国家宏观经济政策，全市经济和社会发展的主要预期目标是：地区生产总值和全口径财政收入均增长15%左右，固定资产投资增长22%左右，城镇登记失业率控制在4%以内，城市居民人均可支配收入增长13%左右，农民人均纯收入增长6%左右。

(一)深入实施“工业强市”战略，加快推进工业提质增速。实施支柱、主导、重点、优势产业推进计划，努力提升产业整体素质和市场竞争力。继续抓好5大类重大项目建设，项目数量力争拓展到150个。切实把工业项目建设放在更加突出的位置，全力推进一汽集团整车扩能，加快建设中兴20万辆SUV、宝成1 000万张皮革及制品、长客800列动车组和800列城轨车、一汽动力总成园等一批重点骨干项目，建成投产亚泰年产310万吨水泥生产线、大成100万吨化工醇、龙家堡300万吨煤炭、长虹工业园等一批具有较强带动作用的龙头项目。全年完成工业固定资产投资750亿元。

紧紧抓住国际制造业转移和发达地区产业升级的有利时机，全力推进以工业项目为主的招商引资攻坚战。强力支持域内企业开展合资合作、整合重组、技术改造和扩大再生产。

充分发挥开发区工业集聚作用。坚持统筹规划、分步实施原则，重点搞好长东北开放开发先导区、西南工业区的规划和布局。高新区加快启动102国道以南和超达北区工业项目建设，经开区玉米工业园区和专用车园区力争形成产业集群，净月区小合台工业园区基本完成工业项目摆放，汽车区加快启动绕城高速以外的项目建设。大力发展轨道客车园、农机装备园、上海工业园、广东工业园、中俄科技园、中韩合作园等一批专业特色产业园区，开展集群式招商，迅速壮大产业规模。开发区和工业集中区第一个百万平方米标准厂房建成并力争摆满项目，开工建设第二个百万平方米标准厂房。更加注重节能减排、环境保护，坚持所有工业项目必须环保达标、所有新建项目必须进园区。四大开发区与其他省级开发区土地投资强度分别达到每公顷3 000万元和2 000万元以上。

实施“骨干企业扶持工程”和“中小企业成长工程”。支持龙头企业做大做强，着力打造产值超千亿元、超百亿元、超十亿元多个层次的企业集群。扶持一批成长性强的企业快速发展，新增规模以上工业企业300户以上。加强资金、运输和原材料的组织调度，为工业企业生产经营创造良好条件，规模以上工业产值增长21%左右。加快实施品牌战略，力争再创一批中国驰名商标和中国名牌。

（二）大力促进县域经济发展，加快社会主义新农村建设。坚持以工促农、以城带乡，组织利用城市资源支持农村、反哺农村，激活农业产业，壮大县域经济，促进农民增收。把工业化作为发展县域经济的基础和龙头。集中力量发展10个县域开发区和工业集中区，完成基础设施投资10亿元以上。四县（市）和双阳区完成工业固定资产投资200亿元以上，经济总量和财政收入均增长20%以上。

进一步保持和提高粮食综合生产能力。以建设高产田、改造中低产田为核心，以推广新技术为重点，继续抓好粮食生产，建成优质粮田44 666.7公顷，正常年景下粮食产量力争稳定在80亿公斤左右。大力促进种植业提质扩能。启动340公顷蔬菜温室大棚建设工程，新建温室大棚3 400栋。

大力发展畜牧业。完成引进澳大利亚肉种牛和法国、匈牙利肉种鹅，肉种牛中心建成投入使用，梅花鹿品种改良体系建成。加快推进九台生态牧业园区建设。新建健康畜禽养殖小区200个。加强动物疫病防治，确保不出现大的疫情。

在稳定劳务输出总体规模的前提下，把发展劳务经济的重点转到提高劳务输出质量上来，进一步加强农民技能培训，继续完善、提升四县（市）和双阳区职业技术培训中心整体功能，完成技能型培训10万人次，推动劳务输出由体力型向技能型转变，逐步提高工资性收入水平。

按照依法、自愿、有偿原则，健全土地承包经营权流转机制，发展多种形式的规模经营。大力推行农业机械化，新增大中型农机作业6.67万公顷。组建覆盖全市的人工增雨机动作业队伍，有效利用空中水资源。组建防雹作业网，提高农业减灾能力。推进农防林更新改造和城郊生态林建设，加强农田水利基本建设，搞好灌区、涝区改造。

全面落实新农村建设规划。深入开展农村清洁行动，继续推进乡容村貌综合整治。改造农村泥草房3万户，新建和改造乡村公路500公里，加快推进农村公路客运站建设改造。积极建设农村商贸市场，方便农民生活。继续解决农村群众饮水安全问题。加强农村普法教育，提高农民法律意识和遵法守法的自觉性。

（三）大力发展现代服务业，努力增强城市的辐射力。制订《服务业发展规划》，采取更有效政策措施，推动服务业晋档升级、壮大规模。服务业增加值增长15%以上。高标准启动建设南部新城中央商务区，集聚发展现代高端服务业。规划建设净月生态商务中心和高新研发孵化园区，突出发展科技研发、软件外包、创意产业、动漫制作等现代服务业。净月现代农业博览园建成并投入使用。

启动建设中国北方汽贸城、中国皮革城、木材批发中心等10个大型专业批发市场。大力发展第三方物流企业，构建现代物流产业体系。物流业营业收入增长20%以上。加快推进东站陆路干港建设。

加快推进区域性金融中心建设,力争引进2家以上股份制银行或外资银行。大力推进金融创新,利用银团贷款支撑项目建设,构建中小企业融资体系。努力推进企业境内外上市融资。

继续办好东博会、农博会、冰雪节、消夏节等重点展会,举办各类会展活动130项以上。加强区域旅游合作,积极开拓旅游市场。努力发展休闲旅游。高标准改造莲花山生态旅游度假区,御龙温泉、汽车文化园等一批旅游重点项目建成对游人开放,完善旅游服务和配套设施,争创中国最佳旅游城市。旅游业收入增长18%以上。

进一步规范房地产市场开发,调整优化住房供给结构,增加小户型、中低价位商品房供给,重点解决好中低收入家庭住房困难问题,建立完善住房保障制度。建立房地产价格预警机制和土地供应调控机制,落实稳定房价的各项措施,建设节能省地型住宅,促进房地产市场持续健康发展。

改造提升传统服务业,完善重庆路、红旗街、桂林路、东盛路等商业街区功能,在净月、经开、铁北、西客站、长沈路、东方广场附近规划建设区域性商业综合体。社会消费品零售总额增长15%左右。

(四)切实加强城市建设与管理,进一步优化提升城市功能。坚持规划先行,年内编制完成中心城区380平方公里控制性详细规划。全面启动南部新城建设,加快推进高速公路南出口迁移和核心区基础设施建设,高起点规划启动建设一批重大项目。加快推进北部新城建设,重点抓好铁北棚户区及危旧房改造、生态绿化和基础设施配套建设。

启动地铁1号线前期工作,开工建设哈大客运专线、长吉快速铁路、长春站和西客站综合交通换乘中心、轻轨三期、东风大街立交桥等10座桥梁、长乐公路等3个城市出入口,新建续建城区道路15条。长双烟铁路建成通车。四环路实现全线贯通,打通一批"断头路",疏通部分交通结点。深入实施畅通工程。用现代信息技术改造交通管理设施,增加道路单行线,依法严格进行交通管理,努力提高城市道路通行能力。坚持公交优先。对公共交通实行公益性补贴,更新主要线路车辆,建设公交停车场、站台和候车亭,继续开通公交夜行车,方便市民出行。

科学理性地推动旧城改造,逐步提升城市品位和形象。改造棚户区和危旧房200万平方米。启动城市地下空间规划,全面加快城市地下管网改造和供电、供水、排水、交通、电信、人防等设施升级晋档。实施中心城区集中供热管网改造工程,新增集中供热350万平方米。新建燃气管网40公里,提高燃气供应能力。开展标准化街路建设、沿街建筑整治、低档建筑翻新改造。对人民大街、解放大路、吉林大路以及长春火车站等6处重点区域实施高标准的亮化美化,提高城市夜间景观效果。实施胜利公园、杏花村公园、伊通河境静公园以及区属公园等亮化工程,方便市民夜晚休闲娱乐。启动建设机场路风景林带。搞好小区和庭院绿化。新建136块1 000平方米以上的绿地,新植绿化街路25条。逐步用灌木替代草坪,培育绿化精品。完成裕华园建设工程,启动动植物公园等改造建设工程。

大力发展循环经济。狠抓节能减排,万元GDP能耗降低7%左右,确保完成二氧化硫、化学需氧量减排目标。综合改造串湖水系、绿园明沟、翟家明沟,续建南部污水处理厂、北郊污水处理厂等再生水回用工程。启动建设第五净水厂,改造500座二次供水泵站。切实加强饮用水源地保护和监管,确保供水安全。加强烟尘污染治理,空气环境质量优良级天数保持在340天以上。

继续推进"两城联创",大力开展爱国卫生运动。按照《国家卫生城市标准》,实施"清洁、改造、绿化、教育"工程,扎实做好城乡环境卫生整治工作,建立和完善城市环境卫生管理的长效机制,全面实行城市精细化管理,力争进入国家卫生城市行列。

(五)坚持改革创新,加快创新型城市建设。进一步完善国有资产监督管理体制,确保国有资产保值增值。积极稳妥地推进农村综合改革,逐步深化财税、金融等体制改革,加快社会事业领域改革。

全面实施民营经济腾飞计划,大力扶持中小民营企业发展。全力推进全民创业,降低准入门槛,放宽经营领域,不断完善政策和服务体系。实施重点民营企业扶持计划,支持成长性强的民营科技企业发展壮大,在置业场地、创业资金、人才技术、市场开拓等方面加大扶持力度。民营经济增加值增长20%以上。

加强科技创新。加快推进"双百工程",促进科技成果转化和高新技术企业发展。大力支持自主创新,突出抓好汽车、玉米、光电信息、生物、新材料、铁路客车等领域的一批重大科技专项。进一步加强知识产权创造、保护和应用。启动国家级高速轨道列车工程试验中心建设。支持高新区建设国家一流创新型科技园区。高新技术产值增长20%以上。

全面实施人才强市战略。落实激励自主创新的各项政策,鼓励创新,宽容失败,努力营造有利于创新和发展的人才环境。以实施人才项目建设为载体,积极探索政策引导、行政推动和市场化运作有机结合的新机制,重点开发高层次、高技能人才,统筹建设"五支人才队伍",全力打造"人才长春"。

(六)大力发展各项社会事业,推进和谐长春建设。坚持教育优先,努力做到学有所教。促进义务教育均衡发展。加快推进农村中小学布局调整,各县(市)区均建设1所至2所九年一贯制寄宿制学校。改造3所城乡结合部薄弱学校。加大对义务教育办学经费投入,保障经济困难家庭、进城务工人员子女平等接受义务教育。加强教师队伍建设,搞好区域内教师流动,重点提高农村教师素质,支援农村骨干教师200名,培养培训农村骨干教师2 000名。努力建设学习型城市。

加快建立基本医疗卫生制度,提高居民健康水平。健全和完善农村三级卫生服务体系,145个乡镇卫生院全部达标,每个村建设1所功能较为完善的卫生所。加强村级卫生人才培养,基本实现每个村有1名专科以上全科医生。加大社区卫生经费投入,剩余79所社区卫生服务机构全部建成达标。控制传染病发病率,加强计划免疫和中医药工作。推进人口计生综合改革,综合治理出生人口性别比偏高问题,提高新生儿素质。

大力发展和谐文化,推进文化体制改革。加强精神文明建设,宏扬文明风尚。启动文化大厦建设,净月科技文化中心的科技馆、美术馆、博物馆完成主体封闭,长春图书馆铁北分馆、宽城区文化馆投入使用。大力开展群众文化体育活动,在城区搭建7个露天舞台,开展广场文化活动200场,为社区放映数字化电影1 000场。为农村送戏100场、放映数字化电影16 000场。完成335个自然村的广播电视村村通工程。建设农家书屋1 671个,其中600个达到国家标准。办好第九届电影节、第六届文化艺术周、第九届国际雕塑展、第十三届书市、长春解放六十周年纪念活动、第二届全民读书活动。

开展"五个百万人群"体育健身活动,大力发展群众体育。建设伊通河健身长廊和2个体育健身园,安装、更新38套社区健身路径。继续实施学校体育场馆向社会开放。启动"百镇千村"农民健身工程,改善农村体育场地设施条件。认真组织好北京2008年奥运会火炬传递活动。

巩固双拥模范城创建成果,深入开展科技拥军和国防教育活动,促进军政军民团结,力争实现"六连冠"。扎实推进平安长春建设。大力维护社会稳定,保持严打高压态势,严厉打击各类刑事犯罪和经济犯罪。提高重特大刑事案件破案率。在城区安装治安视频监控设施2万个,基本覆盖全市重要单位、场所、小区和主要街路。进一步加强普法教育,加大城区和农村社区警务建设,提高社会治安综合治理水平。加强和谐社区建设。

完善公共安全应急管理体系,有效防止和应对各种风险。继续完善食品药品监管体系,提高群众饮食用药安全水平。加强安全生产工作,坚决遏制重特大安全事故发生。认真做好群众信访工作,超前预防和化解人民内部矛盾,下决心解决一批群众反映强烈的热点难点问题。

(七)着力保障和改善民生,下力气解决涉及人民群众切身利益的问题。围绕人民群众最关心、最直接、最现实的利益问题,制订并实施2008年民生行动计划。千方百计扩大就业,新增就业8万人。开展创业促就业活动,发放小额创业贷款5 000万元,实施创业项目1 000个以上,实现创业带动就业2万人。全面加大职业培训力度。完善职业教育贫困学生资助体系,为农村户籍学生和县镇非农学生以及城市家庭经济困难学生提供职业培训助学金,为2 000名残疾人和2.65万名下岗失业人员提供再就业培训。大力开展就业援助,扶持1.3万名困难群众实现就业和再就业,保持"零就业"家庭动态为零。

努力扩大养老保险覆盖面,提高非公经济组织的职工参保率。采取政府贴息贷款方式,帮助困难国有改制企业解除劳动关系人员接续基本养老保险。养老保险参保新增7万人。提高退休职工养老金标准、优抚对象补助标准、城区分散五保老人供养标准、农村低保户保障标准。新被征地农民养老保险实现应保尽保。

大力推行城镇职工和居民基本医疗保险、新型农村合作医疗制度,基本实现城乡医疗保障全覆盖。解决3.1万名国有改制企业退休人员参加医疗保险问题。适当提高城镇居民基本医疗保险和新农合的医疗费报销比例。

适当提高低保家庭廉租房租赁补贴范围,由人均住房建筑面积8平方米提高到11平方米。优先解决贫困残疾人无房户和住房拥挤户的住房困难。为低保和低收入无房家庭实物配租450套廉租房、有偿提供5万平方米政府保障性住房,为低收入住房困难家庭有偿提供20万平方米经济适用住房。继续实施棚户区改造工程,确保当期回迁率达到100%。下力气解决城市开发建设历史遗留问题。在依法处理责任主体的同时,解决超期回迁居民和工企单位补偿安置、2万户居民临时用电、3万户居民已交燃气安装费未开栓、建成区内符合城市规划的无籍居民房屋登记确权等问题。

加强社会救助体系建设,继续做好城乡低保工作,适当提高残疾人最低生活保障标准。大力发展慈善事业。实施“爱心·永恒启明行动”计划,治愈贫困白内障患者3 000例。为重症贫困精神病人提供免费住院治疗,为贫困精神病人免费送药。对孤儿和贫困中、高考学生实行“有一助一”。

(八)以改革创新精神,努力建设为民、务实、清廉、高效的服务型政府。坚决贯彻人大及其常委会决议,自觉接受人大的法律监督、工作监督和政协的民主监督,认真履行法定职责。进一步完善公众参与、专家论证与政府决策相结合的民主决策机制,严格执行决策程序,努力提高政府决策的民主化和科学化水平。进一步增强法制意识、责任意识、服务意识,努力提高服务能力、行政效能和整体合力,建立权责一致、分工合理、执行顺畅、监督有力的行政管理体制。

努力提高政府公共管理能力,全面推进精细化管理,继续开展“查、找、改”活动。进一步完善各项管理制度,细化工作标准,把目标、任务和责任落实到人头,加强监督与考核,逐步建立起全方位覆盖、科学完善的精细化管理体系和长效机制。

进一步加强软环境建设。深入推进政务公开和公用事业单位办事公开,深化行政审批相对集中改革,进一步清理行政许可项目和非行政许可审批事项,完善“一站式”办公,下决心简化审批程序,提高审批效率。深入落实行政执法责任制,加强行政执法监督。不断创新民主评议政行风和“百名处长”活动形式,深入开展清费减负活动。牢固树立亲商、安商、扶商、富商的理念,坚决整治“中梗阻”现象和行政不作为、乱作为,集中查处一批破坏软环境的反面典型,努力打造公平公正的法制环境、诚实守信的社会环境、有利于创业发展的舆论环境。

切实加强政府廉政建设。坚持标本兼治、综合治理、惩防并举、注重预防的反腐倡廉方针,推进教育、制度、监督并重的惩治和预防腐败体系建设。不断完善项目代建制度、土地招拍挂制度、建设工程招投标制度、政府采购制度,从源头上预防腐败。严肃财经纪律,加强财政监督和审计监督,提高政府投资效益和财政资金使用效率。推行行政问责制。

贯彻《公务员法》,严格公务员管理,努力建设一支政治坚定、业务精通、清正廉洁、作风优良的公务员队伍。建立、完善激励机制和绩效评估体系,充分调动广大公务员的积极性,始终保持振奋的精神、饱满的热情、充足的干劲,积极投身到全市经济社会发展上来。

各位代表,一个新的五年就要开始了,我们即将跨上全面振兴的伟大征程!让我们紧密团结在以胡锦涛同志为总书记的党中央周围,在省委、省政府和市委的坚强领导下,在市人大、市政协的监督支持下,充分利用多年打下的雄厚基础和业已形成的良好发展态势,团结和带领全市广大干部群众,同心协力,开拓进取,奋力拼搏,为实现全面振兴长春老工业基地、全面建设小康社会的宏伟目标而努力奋斗!

专 辑

专　　　辑

项目建设年

2007年,市委市政府决定在长春市连续五年开展项目建设年活动,通过推进项目建设来扩大经济总量,优化产业结构,促进全市经济持续、稳定、健康发展。2007年,项目建设年活动的开展取得了丰硕的成果,全年完成固定资产投资1 350.6亿元,增长42.1%。其中,工业投资完成608亿元,增长71.3%,占全社会固定资产投资的比重由2006年的37.3%提高到45%。工业项目完成空间指标21.6平方公里。投资3 000万元以上项目开工超过1 000个,亿元以上项目开工450个。

一、统筹推进重大项目建设

5月份,市委市政府着眼长春市长远规划,按照全面建设和谐长春,实现富民强市的总体要求,围绕全市未来五年工业、农业产业化、现代服务业、城市基础设施和民生等领域,共确定了5大类20个组团91个具有投资规模大、科技含量高、市场前景广、经济效益好、带动能力强的项目,作为“项目建设年”强力推进和全力抓好的重大项目。市委市政府联合下发了《关于推进重大项目建设的实施意见》和《长春市重大项目动态管理暂行办法》等相关文件,对重大项目实行动态管理,并不断调整充实,确保重大项目建设扎实推进。

工业项目。有整车组团、零部件组团、能源产业组团、生物产业组团、光电产业组团、建材产业组团和其他工业组团等7个组团33个项目,总投资264亿元,年度计划投资78亿元(不含一汽投资)。农业产业化项目。有玉米深加工组团和畜禽产品深加工组团等2个组团8个项目,总投资171亿元,年度计划投资28亿元。现代服务业项目。有物流园区组团、旅游会展组团和商服组团等3个组团10个项目,总投资138亿元,年度计划投资33亿元。城建项目。有轨道交通组团、城市交通立体化组团、基础设施建设组团、电厂建设组团和载体建设组团等5个组团28个项目,总投资1 701亿元,年度计划投资294亿元。民生项目。有棚户区改造组团、医院建设组团和学校建设组团等3个组团12个项目,总投资535亿元,年度计划投资64亿元。

截至年底,91个重大项目有65个开工建设,累计完成投资175亿元。骏升农用车、华正生猪屠宰加工、新大石油150万吨燃料油等12个项目竣工收尾;长吉城际铁路、大成100万吨化工醇、大唐长春第三热电厂、南部污水处理工程、亚泰水泥五线、长春科技文化中心综合馆、中兴20万辆SUV整车、九台农机产业园、修正生物产业园等一批重大项目进展顺利;轻轨三期、长春西客站综合交通换乘中心等项目前期工作取得积极进展。

二、加强项目服务和管理

为提高项目建设服务质量和管理水平,促进项目依法合规建设,由市发改委会同相关部门研究出台了一系列管理办法和服务措施,确保了项目建设的顺利进行。

开展集中审批,构建项目审批绿色通道。按照市项目工作领导小组的统一部署,研究制订了《长春市重大项目绿色通道制度》和《长春市项目集中审批工作实施方案》,召开了全市项目集中审批工作会议,提出在每年11月份至下年的3月份开展集中审批。由市项目办收集、汇总下年即将开工建设的所有项目,上报领导小组审批,并协调督促发改委、规划局、土地资源局、环保局、建委等具有项目审批权限的部门实行统一审核、集中审批。市项目办建立重大项目直报制度，对没列入集中审批，但对长春经济发展有着重大影响的大项目、好项目，及时梳理、汇总，直报领导小组讨论决定，经领导小组批准后，采取特事特办原则，启动绿色通道，加快项目落地开工建设。

实施项目清理，完善项目前期工作手续。上半年，国家先后出台了《关于进一步严格控制党政机关办公楼等楼堂馆所建设问题的通知》（中办发[2007]11号）和《关于开展党政机关办公楼等楼堂馆所建设项目清理工作的通知》（中纪发[2007]5号）2个文件，拟对各地党政机关办公楼等楼堂馆所项目进行清理。为迎接国家检查，由市发改委收集、汇总了符合国家清理范围的项目，筹备召开了全市清理党政机关办公楼等楼堂馆所建设项目工作会议，研究编制了《长春市清理党政机关办公楼等楼堂馆所建设项目工作方案》，认真开展自查自纠工作，补充完善了清理项目前期工作手续。长春市10个党政机关办公楼项目经过整改，均通过了国家检查。6月份，经过市发改委会同各县（市）区、开发区及项目单位认真准备，长春市热电二厂二期、亚泰水泥、新大燃料油等11个新开工项目的6项开工前必要手续一次性通过国家发改委的检查。

推进项目代建制，规范政府投资项目建设程序。按照市政府办公厅《关于长春市政府投资项目实施集中代建管理的通知》要求，市发改委会同建管中心等部门研究编制了《长春市人民政府关于政府投资代建项目管理的暂行办法》（尚未出台），收集、汇总了2007/2008年的政府投资代建项目，对政府投资项目实施严格的程序管理。2007年全市有三道垃圾处理厂工程、市交警支队北郊考试场、市交警支队二道区交警大队办公楼3个政府投资项目实施了代建，3个项目全部竣工，完成投资4 800万元。

争取开发银行贷款，消除建设资金瓶颈。一方面，编制贷款计划，推荐贷款项目。年初，市发改委根据开发银行贷款支持重点和长春市的实际情况，筛选出45个项目，拟利用开发银行贷款198亿元，2007年计划利用100亿元。2007年，开发银行向长春市发放贷款107.7亿元，市属贷款68.8亿元。其中21个软贷款项目到位资金34.2亿元（软贷款6.6亿元，硬贷款27.6亿元）。另一方面，积极推进项目的审核工作，完成了7个项目的核准和评审。其中，5个项目完成核准，核准软贷款额度9.8亿元；2个项目完成评审，拟利用开发银行贷款额度19.56亿元。

三、建立项目推进机制

项目建设年活动开展以来，市委市政府高度重视，把项目建设作为一项系统工程，充分调动各县（市）区、开发区和有关部门的积极性，采取了一系列强有力地推进措施，确保了项目建设工作的顺利开展。

建立健全领导和责任体系。为把项目工作落到实处，市里专门成立了项目工作领导小组，由崔杰市长任组长，相关副市长任副组长，发改委、组织部、经委、建委、统计局、规划局、环保局、土地资源局、开发办等相关部门主要负责人为成员。领导小组主要负责对全市项目推进工作的统一领导，统筹安排项目工作任务，制定相关政策，解决项目开发建设中存在的问题。在发改委设置领导小组办公室，主要负责项目的策划、协调、调度、汇总、上报等日常工作。各县（市）区、开发区建立了相应的组织机构，并明确了责任。各级党政主要领导把项目建设作为当前工作的核心和主线，配备骨干人员抓项目年工作，实行层层包保，细化分解任务，把项目工作的责任落实到每一个人，确保“项目建设年”取得实效。

制订任务分解方案。年初，市政府下发了《长春市人民政府关于下达2007年固定资产投资任务的通知》。按照属地原则，对1 350亿元固定资产投资指标进行了分解，增设了608亿元的工业投资指标、18.5平方公里的工业项目空间落位指标和建设项目数量指标，制订了相应的考评办法，指定了考评部门，使整个指标考核体系更加合理，导向性更加明确。

完善项目工作奖惩机制。为确保“项目建设年”活动效果，研究制订了《长春市重大项目考评奖励办法》，增强各县（市）区、各部门抓项目的责任心和积极性。把重大项目推进工作纳入县（市）区、开发区、有关部门领导班子的考核内容，定期进行考核，并将考核结果与年终领导班子业绩挂钩。每年对在项目建设中做出突出贡献的单位和个人给予奖励;对完不成当年项目建设任务的责任人,不予提拔重用。

建立项目建设调度机制。按照抓前期、抓开工、抓招商的总体要求,加强对 14 个作战单位调度力度,项目牵头单位做到一个月一调度,政府做到一季度一分析;负责推进的市级领导深入到项目建设一线,调查研究、调度情况,帮助项目单位开展前期工作,研究解决项目建设资金不足的问题,协调建设过程中遇到的其他重大问题。对全市3 000万元以上项目和 91 个重点项目实行开工、建设、投产达效情况月报制,汇总分析进展情况,以快报形式报市项目领导小组,根据项目进展情况,随时对项目建设内容进行动态调整。实行重大项目直报制度,对列入全市重点项目的单位,遇到特殊情况,可直接向分管领导反映,相关部门做到随叫随到,能解决的就地解决,解决不了的,及时上报市项目推进领导小组办公室。

（王啸峰）

把改善民生作为党委和政府施政的最高原则

重视和改善民生，是党执政理念的鲜明特征，是贯彻落实科学发展观的核心内容，是构建社会主义和谐社会的关键环节。中共长春市委、市政府坚持把改善民生作为当前和今后一个时期的重要战略任务，作为党委、政府施政的最高原则，作为制定公共政策的基本出发点和落脚点。真心实意为群众办实事、办好事，充分调动广大群众的工作热情和创造活力，使全市人民共同分享到了改革和社会发展成果。

一、抓调研、知民情，为改善民生奠定坚实基础

调查研究是谋事之本，成事之基。2006 年末市委市政府抽调专门力量，责成政策研究室牵头，民政、劳动、社保等众多部门参与的全市民生工作大调研，对长春市民生工作的现状、存在的问题、15 个副省级城市的相关情况以及下一步的对策进行深入细致的研究。经过 4 个多月的辛勤工作，分析研究了从 2001 年到 2006 年底全市的民生状况，形成了长达 20 万字的《长春民生报告 2007》。报告的内容在就业、教育、医疗、社会保障等几大传统民生问题的基础上，添加人口计划、城市建设、税收财政、农民工等方面的问题，涵盖了市民生活中的方方面面。具体涉及到劳动就业、社会保险、社会救助、司法救助、社会福利、文化教育、医疗卫生、人口计生、收入消费、城市管理、人居住房、生态环保、民族宗教、社情民意、公共安全、财政税收、农民工 17 个方面。是长春市有史以来的第一次对全市民生基本情况进行的全面系统、深入细致的大盘点，摸清了家底，了解了民意，倾听了民声。

民生工作报告形成过程在长春市的调研工作史上实现了几个突破：一是涉及的部门多、领域广，先后有 60 多个部门参与调研，调研内容涉及到民生的方方面面；二是数据新、分析多，报告中 95% 以上的同类数据都进行了从 2001 年至 2006 年末的对比分析；三是研究的内容实，与工作联系紧，报告研究的主要内容都是政府各组成部门开展的民生工作的实际状况，是实实在在的民生问题；四是形成的成果分量重、指导性强，整个报告 17 篇，每篇都是从基本情况，主要问题、成因分析、建议对策四大体例进行编制，几乎囊括了长春市民生工作各个方面，可以称为民生工作的统计年鉴；五是大量采用现代化、信息化研究手段；六是加强了对策的研究和分析，对于所需经费逐一测算，提出的解决措施切实可行。

通过调研，确立了全市民生工作的基本思路，即民生工作必须要从最基础的工作抓起、从最具体的问题抓起、从最困难的群体抓起；不能对长春的民生状况估计过高，解决民生问题是一个历史性过程，原有的问题解决了就一定会有新的问题出现；经济发展了并不意味着民生问题的解决；民生的改善必须要强调党委、政府的作为等等。正是这些民生工作理念的形成，为全市民生工作指明了方向、奠定了基础。

二、加强体制机制建设为民生工作之长久改善提供保证

为推动民生工作的开展，市委市政府决定每年召开一次全市性民生工作大会，每年出台一个民生行动计划，每季度对当年民生工作计划进行一次调度，每年年底要进行全面总结一次。以此加大改善民生工作的力度，确保民生工作落到实处。

2007 年 5 月 10 日，长春市召开了民生工作会议。会议出台了《中共长春市委、长春市人民

政府关于进一步加强民生工作的意见》。《意见》强调了改善民生的战略意义，明确了指导思想、工作原则、主要目标和重点任务，成为指导全市民生工作的纲领性文件。《意见》指出“十一五”期间，要全面落实十项民生工作任务：

一是实施积极的就业政策，让有劳动能力和就业愿望的人实现充分就业；二是加快构建城乡社会保障体系，让群众普遍享有基本社会保障；三是关注特殊困难群体，让确需救助的人都能得到社会关爱；四是推进基础教育均衡发展，让所有孩子接受平等教育；五是大力发展卫生事业，让城乡居民人人享有基本卫生保健服务；六是面向基层和农村，让广大群众享受到丰富多彩的文化生活；七是以中低收入家庭住房保障为重点，使城乡居民住房条件逐渐改善；八是推进宜居城市建设，让城乡居民享受更加舒适的生活空间；九是构筑公共安全屏障，让群众的生产生活更加安心；十是切实维护社会稳定，让人民群众生活秩序更加安定。

为使市委的《意见》得到进一步落实，会议同时出台了全国第一个以政府名义发布的民生工作专项计划《长春市2007年民生行动计划》。这项计划，是市委、市政府在广泛征求各方面意见的基础上，经过反复研究论证，认真筛选确定了就业、社会保障、卫生、扶弱助困、教育、文化、生命健康、环境、利民惠民、治安等10个方面的问题，根据需要与可能，制定了具体的，可考量的94项惠民措施。集中反映了广大人民群众的迫切要求。

促进就业行动计划是以实现充分就业为目标，以扩大就业规模、提高就业质量为重点，全面实施创业带动、政府购岗、技能培训、劳务输出等重点工程，多渠道、多形式地促进就业；社保扩面行动计划是以实现社保全覆盖为目标，以扩大城乡居民参保面为重点，集中开展非公经济组织参加社会养老保险专项行动，全面启动“百万居民进医保”攻坚战，建立和完善农村社会保险制度，扩大参保范围；卫生保障行动计划是以建立覆盖城乡居民的基本卫生保健制度为目标，以公共卫生、社区卫生、农村卫生工作为重点，巩固和扩大新型农村合作医疗试点成果，强化社区“六位一体”服务功能，切实加大惠民医疗政策措施的落实力度，解决好看病难、看病贵问题；扶弱助困行动计划是以建立多层次、广覆盖的城乡社会救助长效机制为目标，以扩面提标、分类救助为重点，对弱势群体和特殊人群积极开展各类救助，大力发展社会福利和慈善事业，使贫困人群和特殊群体都能充分享受到经济社会发展成果；教育均衡行动计划是以办好人民满意教育为目标，以促进城乡、校际、群体、职普均衡为重点，全面实施城乡对接、薄弱校改造、素质教育提升、贫困学生帮扶等重点工程；文化繁荣行动计划是以不断满足群众日益增长的文化需求为目标，以丰富群众文化生活为重点，广泛开展文化进社区、进校园、进乡村、进厂矿活动，整合各种社会资源，加强基础设施建设，不断丰富城乡居民文体生活；生命健康行动计划是以保障城乡居民的生命健康为目标，以提高食品、药品、饮水安全为重点，集中开展打击制假、贩假专项整治行动，启动农村改水等重大项目建设，构筑人民群众生命健康的安全屏障；环境提升行动计划是以提高人居环境质量和水平为目标，以加强基础设施建设和强化治理整顿为重点，积极开展创建国家级卫生城活动，集中开展空气污染、噪声扰民、市容环境等专项整治活动，切实加强生态设施建设，为城乡居民提供良好的生产、生活环境；利民惠民行动计划是以便民惠民为目标，以满足群众基本生活需求为重点，进一步完善廉租房制度，建立多层次的住房保障体系，着力解决市民住房、出行等重点问题，不断改善市民的生活条件；平安长春行动计划是以构建安定和谐的社会环境为目标，以确保安全生产、社会稳定为重点，深入开展“综合治理、平安创建”活动，构建城市安全管理网络，进一步增强城乡居民的安全感。

为确保2007年民生行动计划的落实，市民生工作领导小组办公室还制订了各项民生计划的任务分解书，将每项计划任务分解到处室，责任落实到人，完成时间具体到月份。

民生问题的动态性决定了民生工作是一项永不竣工的工程，不可能一蹴而就、一劳永逸。市委、市政府高瞻远瞩，在着力解决目前存在的迫切民生问题基础上，还从大处着手，加强了对全市民生工作的系统规划。从2007年7月31日，启动了《长春市2008年～2012年民生工作规划纲要》编制工作。这是一部谋划长春民生发展前景、制订民生工作发展目标、包含各阶段目标和计划的民生发展蓝图。目前《纲要》已形成征求意见稿，并多次征求了相关部门的意见，准备再进一步论证、修订后下发。

《纲要》主要内容包括现实基础与发展趋势、指导思想、基本原则和主要目标、保障人民群众基本需求、满足群众发展需求、确保群众公共安全需求、重点项目、保障措施七个方面。对劳动就业、社会保障、教育、卫生、人居与环境、公共安全、社会治安等13个方面进行专项规划,从总体框架上勾勒出民生工作的发展前景。

无论是未来五年民生发展规划还是年度民生行动计划,都有一个鲜明的特征,那就是把社会弱势群体的扶助、救助工作,作为民生工作的重中之重。在财政投入上,在不断扩大财政支持规模的基础上,进一步优化支出结构,把有限的财力更多地向困难群体倾斜。在体制机制上,将进一步强化制度创新,突出制度设计,用完善的制度安排,为困难群体、特殊群体、优抚群体提供最持久、最稳定、最公平的支撑。

市委、市政府高度重视民生工作,强调一手抓发展一手抓民生,把改善民生、解决民生问题作为政府施政的最高准则。为此,长春市专门成立全市民生工作领导小组。为及时调度和掌握全市民生工作动态,协调解决民生问题,长春市成立了专门机构"民生工作办公室",负责承担市民生工作领导小组及其办公室日常工作;制订全市年度民生工作行动计划和任务分解书;指导、组织和协调全市民生工作;综合汇总全市民生工作情况,向市政府常务会汇报;负责全市民生工作任务完成情况跟踪调研,对全市民生发展中出现的重点、难点和热点问题进行专题研究。

为了确保长春市民生工作的顺利开展,长春市还建立了民生工作联席会制度,定期召开民生工作通报会、不定期地召开民生工作协调会,研究部署和加快推进全市民生工作。为了让市民更直观、更及时地了解最新的民生情况,各新闻媒体积极配合,长春电视台将市民频道改为民生频道,《长春日报》、《长春晚报》等报刊开辟了专栏,市信息中心与民生办合作筹备了长春市民生网,利用一切宣传工具和手段,全面报道全市民生工作情况,及时反映百姓呼声,随时接受群众监督。

三、狠抓工作落实,兑现政府对百姓的庄严承诺

2007年,全市上下围绕关注民生、改善民生做了大量卓有成效的工作,不仅使一些百姓最关心、最直接、最现实的利益问题得到了解决,而且还营造了政府各部门、社会各方面关注和改善民生的良好氛围,同时也树立了长春亲民、爱民、执政为民的良好政府形象和城市形象。《长春市2007年民生行动计划》全面完成,其中80%的工作任务超过了预定的工作目标。

1. 促进就业行动计划。全市共开发就业岗位105 235个,新增就业82 328人,完成年度计划的117%;开发公益性岗位7 500个,城镇新增就业82 328人,城镇登记失业率为3.77%。下岗失业人员实现再就业64 073人,实现"4050"人员再就业17 594人,分别完成年度计划的114%和146%,保持"零就业"家庭动态为零,充分就业社区达到265个,完成目标的127%。

2. 社保扩面行动计划

城镇居民基本医疗保险参保总数达到119.7万人,完成年度计划的109%,参保率达到72.5%,参保人数从去年的11.6万人,净增了108万人,成为全省第一个完成省政府下达城镇居民基本医疗保险任务的城市,省劳动和社会保障厅专门向市委、市政府发来了贺信。长春市还作为全国79个城镇居民基本医疗保险的试点城市的唯一代表在国务院召开的专门会议上做了经验介绍。

养老保险新增扩面14.5万人,超额完成14万人计划任务指标,全市养老保险参保人员总数达到132万人,参保率由2006年的79.4%提高到88.8%。

失业保险参保人数超过71万人,完成民生计划的101.4%。

工伤保险参保总数达到74.5万人,净增12.5万人,完成年度计划的100%,参保率达到60%。

生育保险参保总数达到59万人,净增32万人,完成年度计划的115%,参保率达到47.2%。

3. 卫生保障行动计划。新农合总参合人数达到338.4万人,比2006年增加156万人,参合率达到了86.16%。已有38个社区卫生服务中心完成了标准化建设任务,社区卫生服务人口覆盖率达到了95%;社区居民健康档案数量增加到100万份,在市中心医院等9家市属公立医院实行了医学检查结果互认制度,共有2 000多人次避

免了重复检查,节省医疗费用20万元。派出61名支农医疗队员组成28个支农医疗小分队,共诊治病人3.5万人次,手术患者300多例。组织市内10家大型综合医院支援社区卫生机构,全年共培训全科医师522名、社区护士682名、乡镇卫生院技术骨干300名。

4. 扶弱助困行动计划。城市和农村低保标准分别提高到245元和400元。确定了见义勇为人员定点救治医院,完成12名见义勇为烈士资格评定工作,长春还因此荣获全国见义勇为城市奖。儿童福利院主体工程已经封闭。总计334.19万元的困难劳模低收入补助金、住院医疗保险及62户劳模回迁房专项补助金已落实到位。

5. 教育均衡行动计划。1 000万元城乡结合部薄弱学校的改造资金已经落实到位,长春市养正高中已投入使用。投入100万元免费接收城市低保、特困家庭的1 135名初中毕业生到职业学校就读。全市60所优质资源学校派出221名校级以上骨干教师,与60所薄弱校221名年轻教师进行交叉任教。培训农村200名校长的工作已经完成,7月份完成了农村1 000名骨干教师的免费培训。

6. 文化繁荣行动计划。全年举办优秀专业剧目演出、大型广场群众文艺演出、数字电影露天放映、民生与文化论坛、城市文化建设报告会等文化活动1 200余场;全年共开展群众文化活动2 000场;举办精品演出、公益性读书讲座46场;全年为农村群众放映数字电影10 000场。市体育馆健身会馆9月末竣工并向市民开放,提前完成城区健身路径和"农村健身工程",城区新建健身路径66条,更新路径36条,为农村行政村安装健身设施40套。

7. 生命健康行动计划。城镇集中式饮用水源地水质达标率保持100%。改水工程建设提前99天完成。在国家、省、市三级对长春市蔬菜农药残留的例次检测中,平均合格率达到94%,均超过国家要求的标准。对食品市场进行专项检查和集中整治,对27家违法业户进行了行政处罚,保证了食品市场的日常安全和节日稳定。进一步加强了对药品生产监管和跟踪检查、药品流通和医疗器械监管,农村药品供应覆盖面达到100%。

8. 环境提升行动计划。城区空气环境质量优良级天数全年预计超过340天,优良率达到96.1%。工业固体废物综合利用率达到98%以上;环境噪声达标区覆盖率达到70%以上。全市五城区1 346个垃圾箱已经全部取消。北郊39万吨污水处理厂升级改造工程已竣工并投入试运行,城市污水处理率达到80%;南部污水处理厂土建工程已完成50%。长郑、长白、长农、长吉北线4个城市出入口综合性改造已完成拆迁和绿化,软硬覆盖任务已全部完成。

9. 利民惠民行动计划。2万平方米、345套政府保障性住房已交付使用。政府出资购买的100套二手廉租住房已实物配租给低保家庭。全年通过廉租住房政策解决低保家庭住房总计2 073户。回迁房建设已竣工75.28万平方米、回迁安置居民12 602户。20公里供水管网改造工程已完成,综合整治二次供水设施400处,接收弃管散、小泵站18座。天然气长输管线铺装工程已全部完成,新建30公里环线工程年底前竣工,改造、拓展城区燃气管线25公里;新增燃气用户3.5万户。全年调整延长公交线路5条,更新公交车175辆,更新改造公交站杆、站牌500个,安装路灯494套,背街小巷亮化工程已全部完成。楼道亮化工程初见成效,现已对30多个旧区和新区楼道进行了亮化。

10. 平安长春行动计划。1月~10月份,全市共发生安全生产事故28起,同比下降6.07%;死亡34人,同比下降2.86%,事故死亡人数未突破年初省政府下达的阶段性控制指标。及时侦破了九台"5·10"残害幼女、农安"2·24"杀死6人等恶性案件。全年共打掉黑恶犯罪团伙66个,破获各类刑事案件10 541起,抓获违法犯罪嫌疑人7 317名。刑事案件破案率达到40%,命案破案率达到90.6%。全年安装可视探头1万个,成立了交通肇事逃逸追逃大队,做到了逃逸必抓。

2007年,长春市从调研入手、以《行动计划》为载体、党政齐抓共管推进改善民生的工作,受到了各方面的关注,《人民日报》、新华网、《光明日报》、《经济日报》等中央媒体都对此做过全面报道。对长春市的民生工作给予了充分的肯定。

(韩永春)

冰原雪野展健儿雄姿　风正劲足奏亚运华章
——记第六届亚洲冬季运动会

第六届亚洲冬季运动会于2007年2月4日落下帷幕。本届亚冬会在党中央、国务院的高度重视和胡锦涛总书记、温家宝总理的亲切关怀下,在国家体育总局和省委、省政府的坚强领导下,认真落实市委市政府关于"办好亚冬会,建设新长春"的决策部署,经过全市人民和组委会全体工作人员以及广大志愿者的共同努力,赛会取得圆满成功,在国内外产生了良好反响。国家体育总局局长、中国奥委会主席刘鹏评价本届亚冬会"竞赛组织好、后勤服务好、精神面貌好、宣传报道好、运动成绩好",兑现了"办一届最成功、最具魅力的冰雪体育盛会"的承诺。

一、参会规模空前,实现了亚洲奥林匹克大家庭的团圆

2002年10月3日,长春市代表中国获得第6届亚冬会举办权。作为东道主,力争办一届亚洲冬季运动史上规模最大的运动会,实现亚洲奥林匹克大家庭的团圆。5年来,经过大量的推介和反复的邀请,最终长春市用真诚、热情和不懈努力打动了亚奥理事会的每个国家和地区,使亚奥理事会45个成员欢聚在长春,欢聚在冬季运动盛会上。特别是一些南亚、东南亚的国家和地区,冰雪运动不够普及,但仍然冒着严寒来到长春,有的是首次参加亚冬会比赛,表达了亚洲人民对冰雪运动的热爱,对长春的高度信任,也给长春带来了亚洲和谐的温暖。赛会期间,直接参会人员达5 000余人,包括亚奥理事会主席和19位执委、十多位国际奥委会委员等50多个国家和地区的300多位境外贵宾莅临长春,规模之大为历届之最。亚奥理事会秘书长辛格说,本届亚冬会实现了亚奥理事会45个成员的大团圆,是亚洲的一次创举。亚奥理事会主席艾哈迈德亲王也把它称为创造了亚洲冬季运动的历史。本届亚冬会在推动亚洲冰雪运动的普及与发展,提高冰雪运动竞技水平方面起到了重要作用,同时使亚洲各国和地区之间增进了交流与友谊,也加深了对长春的良好印象,扩大了长春在国内外的影响力。

二、竞赛水平一流,达到了国际大型赛会的水准

本届亚冬会严格遵循《亚奥理事会章程》,认真履行《举办城市合同》,学习借鉴了历届冬奥会和亚冬会的经验与教训,在各个方面用国际标准来设计和运行,坚持按照国际惯例办赛。在竞赛组织、注册制证、接待服务、出入境、电视转播、媒体接待、安全保卫、医疗救治、兴奋剂检测、志愿

在韩国釜山,长春申亚团庆祝申办成功

服务等各方面，都突破了国内体育赛会的传统做法，实现了同洲际综合性赛会的接轨。比赛场地达到了国际标准，吉林省速滑馆是国内第一个90米跨度大型索拱结构体系工程，亚奥理事会副主席穆达拉尔称"长春亚冬会在体育设施和场馆服务等方面可以与都灵冬奥会媲美"；信息系统的22个子系统都是采用国际通用的运行模式和体系；各个项目的技术代表和裁判员都是来自国际冰雪界有影响力、有权威的人士。共有包括一批奥运冠军、世界冠军等在内26个国家和地区的802名运动员参赛，有5队36人66次破12项亚洲记录，成绩之好是亚冬会历史上少有的。参赛运动员普遍反映场地条件好，裁判员执法公正，数据传输及时准确，表现出了良好的竞技状态。亚洲滑冰联盟主席张明熙认为，本届亚冬会短道速滑在整个世界也是最高水平。在113场比赛中，没有一起严重的故意犯规和违纪事件，没有一例违规服用兴奋剂事件，没有一场对竞赛成绩持异议的比赛，本届亚冬会也是一届文明、圣洁的赛会。

祝业精市长接过亚奥理事会会旗

三、组织服务细致，确保了赛会的规范有序进行

在整个亚冬会筹备和举办过程中，接待服务的各个环节注重细节，做到了严密严谨严格、周密周到周全，赛会期间没有出现大的纰漏。重大活动都制订了详细的流程图，细化到每个部门，落实到具体责任人。比如开、闭幕式入场式和文艺演出，每次彩排都按照正式形式对各个时间节点和电视转播的衔接反复演练，以期达到最佳结合点。信息技术系统进行了3次联试联调，最初时期出现的300多个问题全部在赛前解决，赛会期间信息技术系统实现了"零差错率"。安全保卫、医疗救治、交通、气象等都制订了周密的方案和预案，进行了不止一次的演练，并在赛前举行了大范围的全系统合练，确保了遇到突发事件能够在第一时间内启动预案。接待服务也考虑得细致入微，北京等中转口岸都派有专人，对行程不定或临时改变行程的来宾，密切联系，随时掌握动向，整个接站工作没有遗漏一个人。对来宾尽可能地提供便捷、优质和人性化的服务，比如组委会准备了御寒服装和必要的工作设备；充分尊重来宾的历史习惯和民族风俗，对不能按时就餐的人员也作了周密安排。鉴于开、闭幕式观众较多的实际，组委会临时增设了安检设施和人员，提前了观众入场时间，并为每位观众准备了饼干、矿泉水和相关资料。对志愿者、赛会用车司机和窗口行业人员，组委会加强了外事和礼仪知识的培训，赛会期间没有发生一起对司机、志愿者和工作人员的投诉事件。各国和地区来宾普遍反映，本届亚冬会的接待组织和服务水平是历届最高的。

四、办赛节俭务实，探索出大赛会少投入的路子

本届亚冬会从申办成功开始到整个赛会的筹备和举办，始终贯彻了节俭务实的办赛宗旨，讲究投入产出效益。一方面，对比赛场馆、竞赛器材、安检设备等必需的设施设备，严格按照国际标准建设和配备。"五馆一场"和各功能中心，无论是改扩建的，还是新建的，都达到了国际水准。比赛所需的2 322件器材都是经过国际单项体育组织认定的，在比赛中没有出现任何故障。对来宾和代表团的接待水平，也是比较高的。在这些方面，长春市是舍得投入的。另一方面，对人工费用和

组委会自身运行费用方面，则尽可能做到节俭。没有新建和租赁办公场所，而是在非常有限的空间办公，最多时近千人拥挤在一起。组委会工作人员无论加班加点，还是昼夜奋战，没有任何额外报酬。对办公用品和耗材也是一压再压，能借不租，能租不买。组委会自主开发了信息技术办公系统平台，既提高了办事效率，又节省了大量支出。尽量减少外出次数，必不可少的外出则尽量压缩人员，每次参加亚奥理事会陈述和开会时，代表团都带着方便面，以尽量减少开支。特别是开闭幕式的策划和设计，从开始就确立了不以过大投入和邀请更多明星、不过分靠高科技和富丽堂皇取胜，而是要突出文化含量、地域特色和长春人的热情，以精巧取胜。整个开、闭幕式连同文艺演出仅用了1 000万元，并且绝大部分是业余演员和志愿者参与演出，但效果很理想，被国内外许多媒体和同行称作为花钱少，效果好的开、闭幕式。赛会工作用车通过中国一汽集团提供和各单位征用而来，司机都是志愿服务，赛会的光纤和通讯设施、工作人员服装、饮品食品及部分设备也都是通过市场开发解决的，弥补了政府投入的不足。可以说，本届亚冬会是一届符合市情、力争节俭而务实的赛会。

五、文化活动丰富，弘扬了奥林匹克运动精神

一个成功的运动会，同时又是奥林匹克的文化盛会，本届亚冬会做到了这一点。在亚冬会筹备过程中，就开展了丰富多彩的以社区、学校、广场为主要阵地的群众文化和体育活动，使每一个部门单位、每一个社区街道、每一个干部群众都亲身感受到亚冬会。在会徽、吉祥物征集，会歌和推荐歌曲评选以及火种采集、火炬传递、“我们和世界一起奔跑”电子火炬传递等活动中，充分注重了群众参与，注重了对奥林匹克精神的宣扬，参与者达数百万人次，为亚冬会的举办营造了浓厚的文化氛围和全民参与的社会环境。赛会期间，举行了冰雪画展、吉林名家书画展、冰雪运动摄影展、亚冬会邮票首发式和“一团一校”等文化活动，向来宾和人民群众展示了关东文化和冰雪运动文化。特别是开、闭幕式文艺演出，以长春为主，发挥冰雪玲珑剔透和春节临近、年味浓郁的特点，分别以精巧和火爆取胜，以文化深度为特色，并以高校学生和群众做演出主体，较好地向亚洲人民展现了中国传统文化、长春地域文化、冰雪运动文化和奥林匹克精神、亚奥理事会精神。无论是现场观众，还是电视观众，都认为开闭、幕式演出是具有浓郁关东特色和充满体育运动激情的精彩演出。5 年来，广大市民从亚冬会的筹备和举办过程中获得了空前的荣誉感和自豪感，对奥林匹克运动也从来没有像今天这样关注和热爱。

六、社会影响广泛，凸显举办城市的无穷魅力

亚冬会既是亚洲各国和地区冰雪体育健儿激烈角逐的舞台，更是展示长春改革开放成果和长春人民崭新形象的舞台。亚冬会期间，胡锦涛、温家宝等 10 余位党和国家领导人莅临长春，亚奥理事会 45 个成员的代表团官员、运动员以及各国和地区的裁判员、记者5 000余人汇聚吉林，来自亚奥理事会、国际奥委会和国际单项体育组织的官员光临盛会，这大大提高了长春的知名度和影响力，加快了长春的对外开放步伐。特别是赛会期间，国内外 200 余家媒体的近1 500名记者云集长春，集中报道和转播亚冬会的盛况。中央电视台、

亚奥理事会主席艾哈迈德亲王颁发第一枚金牌

新华社、人民日报等中央级媒体都派出强大阵容来长报道，中华网、新华网、新浪网和亚冬会官方网站等互联网也进行了实时报道，使“长春”这个名字与第6届亚冬会紧紧联系在一起，成为亚洲乃至全球关注的热点。亚冬会期间，长春街头到处都是亚冬会的宣传标语和口号，到处洋溢着喜庆和吉祥的气氛，城市交通、社会治安也达到历史最高水平。平均每场90%以上的上座率，以及为各国和地区运动员加油鼓掌的热闹场面，更是让国外来宾感受到了长春人民对冰雪运动的酷爱。长春人以最完美的表现，实现了自己的诺言，同时也让长春最美好的印象定格在国内外嘉宾的记忆中。可以说，亚冬会为长春带来的宣传效应是有史以来的任何活动所无法比拟的，长春也通过亚冬会在海内外树立了一个良好、崭新的形象。

亚冬会的成功举办，除了上级党委、政府的高度重视和大力支持外。首先，得益于市委市政府充分发挥了领导作用。市委市政府态度坚决，申办伊始就从政治大局和发展全局出发，要求举全市之力办好亚冬会。王儒林书记无论是在省上工作还是来长工作后，对亚冬会给予了格外关注，多次听取汇报，强调要作为一项政治任务来抓。李述主任对亚冬会非常关注，在担任市长时亲自参与申办，进行动员部署，到人大工作后还经常率领人大代表进行检查指导。祝业精市长对亚冬会倾注了大量心血，自始至终参与了筹办工作，逐一研究解决问题，特别是在赛前亲自坐镇指挥，为亚冬会的成功举办做出了突出贡献。崔杰市长担任常务副市长期间，对亚冬会也给予高度重视，在资金和政策上给予倾斜，保证了筹备工作的顺利进行。各位常委和其他副市长也都在分管领域内，积极参与和支持亚冬会。正是由于市委、市政府的高度重视，形成了举市体制的工作合力，才为亚冬会成功提供了强有力的组织保障。

其次，得益于各部门和各单位发挥了职能作用。在5年的筹备过程中，各部门和各单位既明确责任，各司其职，又加强配合、相互支持，心往一处想，劲往一处使，积极完成各项工作任务。市体育局、市外办、市接待办、市文化局、团市委等部门都是由主要负责同志挂帅，倾全部力量参与筹办亚冬会。公安系统全警动员，确保了赛会安全工作的万无一失，得到了国家公安部的通报嘉奖。市委宣传部和市广电局、市卫生局、市信息产业局等部门也都独挡一面，出色地完成了承担的工作任务。市财政局、市信息产业局、市人事局、市发改委、市司法局等部门也都派人常驻组委会。特别是赛会举办期间，各级、各部门、各单位认识高度统一，行动高度一致，配合高度默契，表现出了强烈的全局意识和大局观念，为亚冬会的成功举办提供了切实保障。各城区、开发区按照市委市政府和组委会的统一部署，认真做好辖区内文化活动组织、市容整治、彩化亮化等方面的工作。长春警备区和市容环卫局、电力集团、水务集团、燃气公司、出租办等部门，以及更多的非组委会成员部门和单位，都主动请缨，充分利用人力、物力和财力，为亚冬会奉献力量。

第三，得益于组委会全体工作人员发挥了奉献精神。5年来，组委会全体工作人员，无论是从机关和事业单位的抽调人员，还是新毕业的大学生，都把自己作为实践者和学习者，在没有任何额外报酬的情况下，带着为祖国为家乡增光添彩的感情在参与亚冬会。赛会期间，组委会工作人员恪尽职守，密切协作，创造性地开展工作。大家只讲奉献，不讲条件，任劳任怨。很多人经常工作到凌晨两三点钟，或者在椅子上过夜，大家戏称这叫

亚冬会组委会副秘书长郭忠君接受亚奥理事会主席艾哈迈德亲王奖励

做“当天下班，当天上班”，敬业精神令人感动。广大志愿者在赛会中表现了很高的文明素质和奉献精神，以真诚的微笑和细致周到的服务赢得了国内外嘉宾和运动员、裁判员的广泛赞许和肯定，成为亚冬会一道靓丽的“风景线”。还有的工作人员家人生病甚至去世都没有来得及看一眼，有的同志在孩子出生前一天仍然坚守岗位，有的在赴国外定居前头一天还在兢兢业业地工作，而他们没有任何的索取和回报。正是这些让每一个人想起来都会感动和流泪的年轻人，正是这些年愈七旬仍像小伙子一样工作的老同志，正是这些舍小家顾大家的社会志愿者们，共同唱响了亚冬会这台大戏，换来了赛会的成功举办。

最后，得益于全市人民发挥的主人翁作用。无论是在亚冬会的筹备过程中，还是在赛会期间，广大市民都积极主动地当好东道主，关心亚冬会、支持亚冬会、服务亚冬会，城市的凝聚力和团结精神得到空前的锤炼和升华。我们不会忘记：二道区残障人张艾凭，骑自行车行程1.5万公里，路经12个省份宣传亚冬会；省工商银行10余老姐妹，用4 330米彩线编织成6 495个中国结，装饰了一面绚丽多姿的亚冬会会旗；赛会期间长春市连降大雪，23 000名官兵和市民不畏严寒，连夜走上街头，通宵清扫积雪，保证了交通的通畅；多位出租车司机对搭乘的来宾、志愿者和组委会工作人员，主动不收车费，有的司机退回了客人的“小费”，为长春赢得了赞誉。我们更不会忘记，那些更多的没有直接参与，但都以高昂的热情和务实的精神，做好每一项工作，为亚冬会的成功而默默工作的人们。730万长春市民的大力支持和热情参与，成为亚冬会成功的不竭动力和力量源泉。

730万长春人民，用智慧和力量，用辛劳和汗水，用热情和激情，把一届富有创新精神和参赛面最广、规模最大、水平最高、服务最优的冰雪体育盛会永远载入亚洲冬季运动的史册，也在长春发展史上写下了激动人心的精彩华章。

（孙彩贤）

加快城建事业发展 建设美好和谐长春

——五年来城建事业取得的成就

2003 年～2007 年，是长春市城镇化、工业化、市场化进程加快推进的五年，也是长春市建设事业任务最重、困难最多、投入最大、发展最快的五年。五年来，全市建设系统的广大干部职工，认真贯彻市委、市政府的一系列重要部署，端正建设工作指导思想，全面落实科学发展观，按照振兴长春老工业基地的要求，"围绕中心、服务大局，立足当前、着眼长远，以人为本、关注民生，积极而为、量力而行，统筹安排、科学发展"，把城市建设作为扩大投资规模、拉动经济增长、优化投资环境、改善群众生活的重要工作来抓，坚持高起点规划、高标准建设、高效能管理的原则，大力推进建设事业的全面、协调、可持续发展，城市建设的"支撑、保障、凝聚和拉动"作用日益明显，城市的承载能力和服务功能初步实现了由"制约型"向"适应型"的转变，城乡规划、建设、管理等各项工作都取得了显著成绩。

一、近五年来城建事业取得的成就

2003 年至 2007 年，是长春市历史上建设事业发展最快、城市建设改造力度最大、建设工作让市民群众受益最多的时期之一。建设系统依据新一轮城市总体规划，针对制约全市经济社会发展和影响群众生活的突出矛盾，五年累计投入 670 亿元，实施了大规模的道路和棚户区改造建设、城市绿化美化、大气和水体治理、垃圾和污水处理等一大批城建重点工程，城市规模进一步扩大，城市空间布局更趋合理，城市承载力和辐射力不断增强，城市功能更加完善，城市环境质量明显提高，城市面貌发生了巨大变化。

截至 2007 年末，中心城区面积达到 280 平方公里，比 2002 年末增加 111 平方公里；城区铺装道路总面积达到3 400万平方米，比 2002 年末增长 170%；城区人均道路面积达到 12.8 平方米，比 2002 年末增加 4.3 平方米；城市道路完好率达 98%，城区自来水普及率达 97%，综合气化率达 96.6%，集中供热普及率达 71%，分别比 2002 年末增长 12.8%、21.3%、3.2% 和 9.4%；城镇居民人均住宅建筑面积 26.8 平方米，比 2002 年末增加 5.66 平方米；建成区绿化覆盖率达 41.5%，比 2002 年末增长 2.5%；人均公共绿地面积 11.6 平方米，比 2002 年末增加 4.35 平方米；城区污水集中处理率达 80%，提高 61 个百分点；生活垃圾无害化处理率达 85%，提高 2 个百分点；粪便无害化处理率达 85.2%，提高 5.2 个百分点；万人拥有公交车 12 标台；工业固体废旧物综合利用率达 98%；城区空气环境质量优良级天数连续 5 年保持 340 天以上，名列副省级城市第 3 位；噪声防治达标区覆盖率达 74.2%，达到全国文明城市 A 类标准；全市 97.5% 的行政村实现通油（水泥）路，提高 57.8 个百分点。五年累计完成城市基础设施建设和房地产开发投资1 298亿元，占全市完成固定资产投资的 34.2%；累计实现建筑业增加值 729 亿元，占全市 GDP 的 9.1%。2007 年与 2002 年相比，建筑业和房地产业实现地税收入 28.9 亿元，占全市地税总收入的 37.4%，提高 10.6 个百分点；建筑业年安排就业岗位 25 万个。

随着城市建设水平的提高，长春市先后被授予"全国创建文明城市工作先进城市"、"全国人民防空先进城市"和"全国绿化模范城市"等一系列荣誉称号。长春市"中心城区空气污染治理项目"、天嘉公园荣获"中国人居环境范例奖"；长春世界雕塑公园成为全国首批 20 个重点公园之一；建成区人均占有铺装道路面积居东北四大城市之首；长春市通过了国家环保模范城市复查验收，在环保目标责任制考评中连续5年保持全省第一，在全国846个城市的畅通工程评比中荣获第三名；长春市被评为全省国土资源管理目标责任制优胜单位、吉林省城市棚户区改造优秀单位。

回顾五年来飞速发展的城建事业，主要取得了五方面显著成就。

（一）围绕支撑和保障经济社会发展，加快了以道路交通为重点的基础设施建设

一是实施了主次道路、桥梁建设改造工程。2003年~2007年五年共投入资金191.55亿元，新建、扩建了北亚泰大街、南三环路、102国道绕行线（长沈路—人民大街）、长新路、基隆街、繁荣路等231余条主次干道，新建了长春大桥、102国道跨人民大街立交桥、轻轨跨伊通河斜拉桥、兴业立交桥、长沈路桥等大中桥梁32座；大中修了人民大街、解放大路、吉林大路、工农大路、东盛大街、台北大街、卫星路等400多条道路，改造了人民大街、102国道长沈公路、吉林大路、长吉北线、长吉南线、北亚泰大街、长农公路等7个城市出入口。累计新增铺装道路面积达433万平方米，城市交通状况得到了明显改善。

二是实施了轨道交通和火车站设施建设工程。2003年，投资20亿元，规划建设了我国第一批批准立项、第一条开工建设、第一条建成通车的轻轨一号线，为城区西部提供了一条环保型、大容量的快速轨道线路；2006年，投资16亿元建设的轻轨二期净月线也建成并实现通车，形成了连接北部、西部和东南部的便捷的城市快速轨道交通系统。规划建设了长春火车站北站房、北站前广场、北人民大街“三北”工程，缓解了站前交通紧张矛盾，带动了北部新城的建设。

三是实施了南岭体育场硬化、美化、绿化、亮化工程。投资4 500万元，对南岭体育场的配套设施进行了全面改造。建成了市里统一改造、省市共建共管的综合体育中心，为承办亚冬会创造了良好的比赛环境。

城市道路的改造建设，使城市交通和市民出行更加通畅、便捷。2006年，在全国846个城市的畅通工程评比中，长春市荣获第三名，标志城市路网承载能力显著提高。目前，城区主次干道大中修、市内巷道改造建设基本完成，城市道路完好率达98%，城区路网结构更加合理，中心城市的主体框架基本形成，城市道路对经济社会发展的支撑作用明显增强。

（二）围绕建设生态城市，组织实施了一批环境建设改造工程

1. 开展了城市水体环境治理

——基本完成了伊通河城区段污水治理工程。按照“水清、岸缓、绿浓、境静”的目标，加快了伊通河城区段风光带建设，污水截流干管的清淤和维护已全部完成，有效防止了污水外溢污染伊通河。共截留污水吐口和雨污合流吐口64个。同时，还完成了污水排入伊通河的吉顺明沟、东莱明沟的治理工程和千山明沟、北十条明沟的清淤。

——西部“串湖”综合治理取得实质性进展。“串湖”是长春市城区西北部的主要水系，全长13.6公里，汇水区面积30平方公里。“串湖”兴建于上世纪50年代末、60年代初，南起长春公园（西安公园），北端汇入伊通河，途经长春公园（西安公园）、溪园（大房身水库）、杨家水库（串湖公园）、新月水库（柏苟屯水库）、雁鸣湖（四间水库）、纪家水库、梁家水库等7个水库或公园，主要汇集铁西排水区和宋家排水区的雨水和污水，是目前长春市城区规模较大的地表水体，历史上曾在城市的防洪排涝、灌溉养殖等方面起到了不可替代的作用。

但是，随着城市的快速发展和不断扩大，“串湖”水系和周边生态环境遭到了日趋严重的污染和破坏。主要表现为：污染物均严重超标，水面萎缩，河道淤积，生活垃圾、建筑垃圾随处可见，浅层地下水也受到不同程度的污染，一些村屯的人畜饮水出现困难，一些严重超标的污水甚至被直接用于浇灌大棚蔬菜。“串湖”水系的污染极大地影响了周边群众的生产生活和城市形象，广大市民群众和社会各界迫切要求对“串湖”进行综合治理。

从2003年开始，按照统筹规划、分步实施、标本兼治、综合治理的原则，切实加大了城区水体污染的综合治理力度，经过4年的努力，投资近6亿元，基本完成了治理任务。

一是编制了《长春市串湖水系恢复治理规划》，为“串湖”综合治理提供了依据。二是规划建成了日处理能力2万吨的水质净化厂一期工程，出水水质达到三类水质标准，既为长春公园提供了补给水，又改善了“串湖”水质。三是完成了大房身水库的清淤还湖造园工程，建成了占地

21.3公顷的长春市第一座丘陵型、开放式公园——天嘉公园，为广大市民和游人提供了一处休闲健身的好去处。可以说是，"昔日臭泥塘，今日花草香"。天嘉公园的建成，改善了周边区域的生态环境，优化了城区的公园布局，标志着西部"串湖"综合治理取得了实质性进展，为城市西北部增添了一道独具特色的靓丽风景，对于加快西部"串湖"的综合治理和带动周边区域的开发建设都具有重要意义。2006年末，天嘉公园改造工程荣获了国家建设部颁发的"中国人居环境范例奖"。四是结合"串湖"水系治理规划建设，完成了基隆北街、花莲路、花莲桥、新月桥、新竹路跨串湖桥及排水管网建设改造工程。五是对新竹路以北、青林路以南6公顷的区域进行了垃圾清理和绿化，共栽植乔木近万株、灌木10万株。六是完成了珍珠溪和杨家水库的清淤工程，对水库两侧进行了绿化。七是基本完成了人工湿地建设工程的前期工作。该工程建成后，对改善"串湖"水质、美化"串湖"环境将产生重要作用。

——南湖公园、动植物公园、儿童公园、胜利公园、雕塑公园、长春公园等主要公园水体水质明显改善。一是完成了水体清淤，共清淤70万立方米。二是对排入公园水体的延安大街吐口、岳阳街吐口、解放大路吐口、咸阳路吐口等污水吐口进行了截流。三是通过引用新立城水库的原水、利用省文化活动中心地下人防工程积水、恢复咸阳路旧井、建设水质净化厂，对南湖公园、儿童公园、长春公园、天嘉公园、动植物公园等水体进行了补给，共计补水235万立方米。四是对南湖公园至动植物公园的暗渠进行清淤和渠内污水截流。

——城市污水集中处理设施改造建设取得显著成效。一是实施了日处理能力39万吨的北郊污水处理厂升级改造工程，将原一级处理升级为二级处理，其中再生水10万吨。该工程已于2007年9月顺利竣工通水，工程建设得到国家和省的好评。使城区污水集中处理率提高到80%。二是通过设备改造和污水截流，使西郊污水处理厂日处理量由5万吨增加到9万吨、双阳污水处理厂日处理量由0.8万吨增加到1万吨。三是启动了南部污水处理厂建设工程，将形成日二级处理15万吨、再生水5万吨的污水处理能力。

几年来，经过对伊通河城区段、西部"串湖"和主要公园的水体进行的综合治理，城区水体的水质得到明显改善。一些河道、排水明沟不仅恢复了原有的排泄功能，而且变成了景观带、风光带，美化了城市环境。

2. 园林绿化建设实现历史性突破

一是全面实施了公园、广场建设改造工程。先后建设改造了牡丹园、长春世界雕塑公园、南湖公园、胜利公园、杏花村公园、儿童公园、裕华园和人民广场、卫星广场、西安广场、南湖广场、南岭体育场，公园、广场建设达到了历史最高水平。经过2003年以来的5年建设，长春世界雕塑公园已拥有172个国家和地区的391件雕塑作品，成为世界上拥有各个国家和地区雕塑作品最多、亚洲最大、中国最好的雕塑公园，并被命名为国家20个重点公园之一。

二是坚持增绿量、上水平、抓管护、出精品的方针，加大了街路、公园、庭院等绿化建设力度。完善和提高了人民大街、亚泰大街、解放大路、西安大路、吉林大路和南湖大路等街路绿化水平，共建绿化精品街路20余条。2003年以来，积极开展大块绿地工程建设，总计新建绿地412块、162.4万平方米，全市各类绿地达到7 641.49公顷，基本实现了居民出行500米见一块绿地的目标，巩固、发展了国家园林城市创建成果。

（三）围绕拉动全市经济增长，大力加快了房地产和建筑业发展

1. 房地产开发稳步推进

引进了大连万达、深圳万科、上海绿地、天安、融创等外埠较大开发企业，建成了长春明珠、南郡·水云天、阳光影都、万科城市花园、中海·水岸、"天安第一城"、融创上城、鸿城国际、富苑华城等一大批等设施完备、功能齐全、环境优美的精品小区，房地产开发、建设水平明显提高。全市房屋价格稳中有升，在国内同类城市中处于较低水平，预测未来几年房价会继续有所上升，但幅度不会很大。房地产累计开发面积4 436万平方米，竣工面积2 250万平方米，完成投资700多亿元，有力地拉动了全市经济的快速增长。

2. 建筑业不断发展壮大

近年来，通过采取深化改革、调整结构、强化管理、开拓市场等多种措施，促进了全市建筑业的发展。2007年末，全市建筑业企业发展到984家，从业人员最多一年达到25万人。随着国民经济快速发展，长春市建筑业固定资产投资率逐年

提高，总产值年均增长19.8%左右，累计达到1 456亿元；累计实现建筑业增加值729亿元，占全市GDP的9.1%。2007年，全市建筑业完成总产值408亿元，占工业总产值的14.4%；全市建筑业实现增加值达到202.5亿元，占全市GDP的9.7%（按照增加值达到GDP的5%、产值达到工业总产值的8%的支柱产业定义标准，建筑业已经成为长春市的支柱产业）；建筑业行业共纳税10.38亿元。为促进和拉动全市经济和建筑事业快速发展做出了突出贡献。

（四）围绕群众最关心的热点、难点问题，组织实施了一大批民心工程

一是组织实施了巷道改造建设工程。近三年来，长春市把巷道改造建设和整治三环路内裸露地面作为工作重点，按照“统一规划、远近结合，以区为主、市区联动，综合整治、配套建设，因地制宜、分步实施”的工作思路，遵循“宜路则路、宜绿则绿、宜场则场”（场为停车场）和“先地下、后地上”的原则，坚持巷道改造建设与“拆违”相结合、与改厕相结合、与亮化相结合，加大了巷道改造建设力度。累计投资9.37亿元，共改造建设巷道4 313条，三环路以内的裸露地面全部实现了软硬覆盖，水泥方砖路面铺到了居民家门口，改造规模之大、投资之多，都是长春市历史上前所未有的，赢得了广大市民群众和社会各界的广泛赞誉。

二是组织实施了公用设施改造建设工程。针对部分二次供水管线老化，泵站建设散、小、差、布局不合理，以及卫生条件差等问题，累计新建改造供水管线275公里和16座二次供水区域加压泵站，综合整治二次供水设施1 200处，供水质量和安全状况明显改善。同时，5年累计改造燃气管线324公里。目前，城区存在重大安全隐患的燃气管网基本得到了改造，有效地解决了部分居民用气安全以及排水不畅的问题。

三是加快了环卫设施建设改造步伐。为解决市民如厕难问题，累计新建改建厕所682座（其中水冲公厕324座），在城区繁华地段增设移动式生态公厕96座，并全部免费开放，方便了市民生活。实施了三道垃圾处理场改造建设工程，建成了鑫祥垃圾焚烧发电厂，启动了蘑菇屯垃圾无害化处理场建设。为创建国家卫生城，2006年重点加大了环卫设施建设的投入力度。全年投资2.9亿元，建设了三间村粪便无害化处理场，购置更新环卫作业车辆389台，建设垃圾中转站59座，长春市环卫设施装备特别是清雪设备达到历史最高水平。

四是组织实施了城区照明改造建设工程。坚持点、线、片相结合的工作思路，每年以两个区域为重点，加快了城区亮化步伐。累计投资2.8亿元，对城区216条主干道、6个公园和11个区域的背街小巷进行了亮化。建成了新民大街、同志街和站前广场、人民广场、文化广场、南岭体育场等一批各具特色的亮化精品。目前，城区主次干道和三环路内背街小巷基本消灭了“摸黑路”，既极大地方便了市民夜晚出行，又提高了城市夜景观效果。

五是加强了对市民群众投诉的办理工作。2005年10月，在全省首家成立了长春市建设系统12319服务监督中心（以下简称12319），作为市长公电话办公室的分支机构，负责受理市民群众、社会各界有关城市建设领域的投诉举报、咨询求助、险情信息和意见建议，协调、督促建设系统有关部门和单位进行限期处理，并对处理情况进行监督检查。12319开通以来，共受理市民投诉7万余件，涉及建设系统60个部门和单位的48类问题，办结率87%，反馈率98%，回复率100%，经电话抽查市民满意率86%。12319先后被建设部命名为全国建设系统创建文明行业示范点和全国城市管理先进集体，被省建设厅命名为吉林省建设系统精神文明建设先进单位，得到了市政府的通报表彰和奖励，赢得了广大市民群众和社会各界的普遍好评。

（五）围绕塑造城市形象，大力加强了城市管理

1. 加强了市容环卫管理

建立了国内先进的“市容管理网络信息化系统”，部分市容审批业务实现了网上审批和查询，提高了办事效率和信息化管理水平。在全国首家编制了《长春市街路市容景观详细规划》，编制完成了《长春市环境卫生专项规划》（初稿），为市容环卫管理提供了科学依据。出台了《垃圾有偿处理收费办法》，为筹集环卫设施建设资金、实现环卫产业化奠定了基础。建成了人民大街、重庆路、解放大路等9个市容标准区域和32条标准街路，对广告牌匾、占道经营、违章挖掘、乱贴乱画、露天烧烤和非法占道物、堆放物、悬挂物等进行了清理

整治。狠抓环境卫生日常保洁，集中开展了以清理公路出入口和“三线一岸”等区域为重点的环境综合整治，三环路内基本实现了垃圾袋装化。环境卫生质量明显提高，城市管理创历史最高水平。很多外地人到长春，都说长春变得更美了，更干净整洁了。

2. 加强了建筑市场管理

通过建立信用体系、加大执法执罚力度、强化市场监管，有效地规范了建筑市场各方主体行为，建筑市场秩序明显好转。建设工程招投标管理率、招投标率、公开招投标率、应监理工程监理率均达到100%。在东北“三市”建筑工程质量联检中，长春市累计有23项工程获金牌、57项工程获银牌。坚持不懈地开展了以预防控制高处坠落、物体打击、塔吊拆装为主要内容的安全专项整治，查处各类隐患1万余处，重大隐患整改率达100%。累计清理解决拖欠工程款44.48亿元，其中，清理政府投资项目拖欠工程款11.81亿元，分别占总数的98.62%和99.9%；完成了清理拖欠农民工工资2.62亿元的任务，提前实现了国务院、省政府确定的三年清欠目标任务。

二、城建工作主要特点

五年来，在城建战线广大干部职工的共同努力下，在社会各界和广大市民的关心支持下，长春市城建工作全面推进、成绩卓著，城建事业蒸蒸日上、成就斐然。全面回顾和总结几年来的城建工作，主要有以下六个特点：

（一）以人为本，关注民生

几年来，市政城建部门始终把人民群众的需要作为城市建设的出发点和落脚点，努力改善老百姓的生活环境、生活质量，将“亲民、爱民、为民”的执政理念融入到城建工作的每一个细节和点滴当中。在加快重大基础设施建设、为经济社会发展提供支撑的同时，针对困难群众居住条件和环境差的问题，实施了巷道改造建设、棚户区改造、燃气供水管线改造、二次供水设施整治、公厕改造建设、背街小巷和楼道亮化等“民心工程”，努力为人民群众创造一个方便舒适、优美和谐的工作和生活环境，对于密切党和政府与人民群众的联系、构建和谐长春起到了积极作用。

（二）围绕中心，服务大局

分清主次、把握重点、抓住为大局服务这个根本，始终是做好城建工作的前提和基础。5年来，城建干部和职工牢固树立全局观念，自觉服从服务于全市中心工作，努力为全市经济社会发展铺好路、服好务、当好“先行官”。在重点工程安排上，紧紧围绕振兴长春老工业基地和支持一汽发展、开发区二次创业、铁北老工业基地改造，实施了轻轨、北人民大街、支农大街、102国道绕行线等一大批支撑作用大、带动力强的大项目，促进了全市经济社会更好更快发展。

（三）改善环境，提升形象

牢固树立爱护环境、保护环境、建设环境的观念，把环境治理和建设摆在更加重要的位置来抓，紧紧围绕建设生态城市，实施了伊通河综合治理、西部串湖综合治理、污水和垃圾处理设施改造建设、排水明沟综合改造等一大批环境治理工程，巩固、发展了国家园林城市和环保模范城市创建成果，努力实现人与自然的和谐共处。

（四）坚持标准，注重质量

为提高工程建设的整体水平，切实加强了项目的全过程管理。在项目前期准备方面，深入搞好调查研究，请城科会老领导和专家学者进行科学论证，严格按程序申请立项，选择国内有资质的单位进行设计，通过严格招标选择专业施工队伍；在工程建设中，严把材料使用关，强制推行监理负责制，加强工程施工监督管理；在工程验收方面，质量不过关坚决不予验收。为减少工程施工对交通和居民生活的影响，确保工程建设进度，实行了分期分批建设，同时采取夜间施工、分段施工、快慢车道分幅施工等措施，把施工对城市交通和市民出行带来的不利影响降到最低程度。

（五）以区为主，重心下移

牢固树立以区为主、市区联动的观念，进一步完善一级规划、两级建设、三级管理的城建管理体制，充分发挥各区在城市建设中的基础作用和城市管理中的主体作用。各区党委、政府高度重视城建工作，在棚户区改造、巷道改造建设、园林绿化、征地拆迁等方面，承担了大量繁重而艰巨的具体工作，发挥了主力军作用。可以说，近年来实施的棚户区改造、巷道改造建设等重点工程，如果没有各区的积极参与和大力配合，就无法顺利实施。

（六）领导重视，落实责任

市委、市人大常委会、市政府、市政协对长春市城建工作十分重视和关心。王儒林书记、高广滨书记都亲自组织有关部门深入研究城建工作，并就加快城建事业发展提出明确要求；李述主任、张绪明主席亲自带队视察城建工作，并就做好城建工作提出了很多很好的意见和建议；祝业精主任多次听取工作汇报，并深入工地进行检查指导；崔杰市长亲自协调有关部门和金融单位，努力为重点工程建设筹措和落实资金；王学战副市长亲历亲为，靠前指挥，带领研究工作思路和具体措施，经常深入工程一线，协调解决工程立项、资金筹措、征地拆迁等重大疑难问题。各有关部门各司其职，各负其责，主动衔接，密切配合，形成了抓好城建工作的强大合力。为加强城建工作的组织领导，制订并实行了包保责任制，把每项工作任务分别落实到分管领导、有关处室（单位）和责任人，形成了统一组织、上下联动、分工负责、协调配合的责任体系。

（王嘉琳）

人民大街改造后景观

长春市棚户区改造工作纪实

改革开放以来，长春市城市建设步伐不断加快，群众居住条件日益改善，城市面貌发生了翻天覆地的变化。但由于历史的原因和近年来城市的迅速扩张，城区部分地方仍然存在着大量的棚户区和“城中村”。这些棚户区平房密度大、人均居住面积小，80%以上家庭住房面积仅20平方米～30平方米；房屋质量差，绝大部分房屋低矮破旧、年久失修，冬天不防寒、夏季防雨难；基础设施不齐全，大多数住宅无上、下水道，无供暖、无煤气，行路难、吃水难、如厕难，环境卫生“脏、乱、差”，晴天一身灰、雨天一脚泥、夜里一片黑；安全和消防隐患多，道路狭窄，消防通道不畅，“三小”建筑多；区域内低保户、特困户多，下岗职工多，无力改善居住条件，严重地影响了居民的日常生活和城市环境，已成为制约城市健康发展、影响社会和谐的突出矛盾，是迫切需要解决的重大社会问题。因此，市委、市政府下决心打一场棚户区改造的攻坚战，开展大规模的棚户区改造。2005年末，市委、市政府根据棚户区重点地块，确定了在三年内拆除房屋建筑面积713万平方米、拆迁居民住宅10万户、拆迁工企单位988家的改造工作目标，彻底改善居民居住条件，让居民告别棚户区。

为了加强领导，正确指导棚户区改造工作顺利实施，市委、市政府成立了长春市重点棚户区改造工作领导小组、成立指挥组和指挥组办公室，市委书记、市长亲自担任领导小组和实施指挥组组长。制订了棚户区改造的指导思想、基本原则、运作方式、组织形式和优惠政策，同时先后出台了《长春市重点棚户区改造实施意见》、《长春市棚户区改造项目住宅房屋拆迁补偿安置有关问题的暂行规定》、《关于长春市重点棚户区改造建设项目审批实行“绿色通道通行证”制度》等20多份政策性文件。2006年1月16日召开了全市重点棚户区改造工作动员大会，省委常委、原市委书记王儒林亲自主持会议，并提出了明确要求，原市长祝业精做了全面动员和部署，吹响了棚户区改造攻坚工作的战斗号角。

棚户区改造工作时间紧、任务重、难度大。为此，市委、市政府集思广益、创新思路，采取了很多切实有效的措施，开展了大量卓有成效的工作。

一　领导高度重视，把棚户区改造工作摆在主要议事日程

市委、市政府高度重视棚户区改造工作，把棚户区改造工作摆在主要议事日程。省委常委、市委书记高广滨在换届后到任第一周就视察了棚户区改造地块和听取了工作汇报，指出2007年重点要抓好拆迁和回迁房建设工作。市长崔杰明确提出棚户区改造是民生工作的头号工程，2007年春节后第一个工作日、也是任市长后的第一个工作日，就专门听取了棚户区改造工作汇报，认真分析了棚户区改造工作形势，主持研究了完善棚户区改造计划，提出了棚户区百万平方米回迁房的建设意见，还主动联系金融部门，落实了棚户区改造贷款。副市长王学战亲自主抓、靠前指挥，召开棚户区改造工作会议，逐个项目进行审查，具体研究了棚户区改造拆迁工作实施方案和《长春市落实百万平方米重点棚户区回迁房建设方案》。

各城区、开发区按照市政府棚户区改造总体部署，成立了相应的组织机构，积极开展了招商引资、确定建设单位、编制棚户区改造区域规划、组织实施拆除违章建筑、协助建设单位和拆迁单位宣传利民惠民优惠政策、制订拆迁回迁计划等工作。各城区、开发区的主要领导亲自挂帅，督促拆迁单位实施拆迁，组织施工单位适时开工建设，使棚户区改造工作稳步推进。

二　以区为主、市区上下联动,形成整体工作合力

各城区、开发区在棚户区改造工作中发挥了主力军作用。各城区、开发区都把棚户区改造纳入重要议事日程,党政主要领导亲历亲为、靠前指挥,各有关部门和街道在调查摸底、项目申报、招商引资、拆除违章建筑、拆迁补偿安置等方面做了大量具体工作。为了抓好棚户区改造工作,各城区都建立了干部包保责任制度,确定了区、街道、社区三级目标责任考核制度,级级主抓、层层落实,保证了棚户区改造的快速推进。

市直各相关部门和单位协调动作、合力攻坚。市委宣传部组织在长新闻媒体加大宣传引导力度,营造了全市上下关心、支持棚户区改造的舆论环境和浓厚氛围。市纪检委和市监察局、督查室主动深入一线,进行督察问效。市财政局、市金融办以及国家开发银行等金融单位千方百计筹措棚改资金。市建委充分发挥牵头部门作用,全力抓好情况综合、组织协调和督促检查。市国土资源局详细制订收储计划,切实做好土地收储工作。市规划局认真编制棚户区改造项目的控制性规划和修建性详细规划,为棚户区改造提供了科学依据。市房地局切实加强定销商品房、廉租房的建设与管理,优先为棚户区被拆迁居民办理房改手续。市行政执法局、公安局密切配合,共同做好拆违和行政强迁工作。供水、供气、供热、供电、市政等相关单位都各司其职,积极做好相应的配套建设与服务等工作。

三　以土地收储为主,强化土地收储功能,盘活土地资源

土地收储是加快棚户区改造的重要措施之一。对棚户区改造地块实行土地收储,有利于依法搞好拆迁回迁,补偿安置好被拆迁居民;有利于高标准规划建设;有利于政府调控土地市场,通过净地出让,可以增加收益,用于基础设施建设和棚户区改造,实现良性循环;有利于为城市发展提供广阔空间。因此,这次棚户区改造坚持以土地收储为主,实行土地收储与经营性开发相结合的运作方式,采取“挑、选、收”的办法,优先土地收储。两年来市土地储备交易中心收储地块拆除房屋建筑面积占全市拆除总面积51.5%。实践证明,以土地收储为主,既是长春市棚户区改造的成功经验,也是今后长春市城市开发建设应遵循的基本原则。

四　多渠道筹集资金,破解棚改资金难题

资金问题是棚户区改造的核心,为了解决因资金短缺,致使棚户区改造推进难的问题,领导小组采取了政府组织、市场运作和招商引资等方式,多渠道筹措建设资金,市棚改办、国土局、财政局等部门多次协调省、市金融单位,为落实棚改资金不懈努力。两年来棚户区改造投入资金141.1亿元,通过协调金融单位,落实贷款96.2亿元,已到位61亿元;通过招商引资和开发企业自筹资金272.8亿元,已投入80.1亿元,较好地解决了棚户区改造资金紧张问题。

五　建立“绿色通道”,提高工作效率和质量

为减少审批环节,提高办事效率,对列入市重点棚户区改造的项目实行会办制、简办制、领办制、督办制,建立了高效、便捷的“绿色通道”。对改造项目一律实行例会集中审批,对审批通过的项目保证24小时内下发《长春市重点棚户区改造建设项目审批“绿色通道通行证”》。取得“绿色通道通行证”的项目,到政务中心办理相关手续都有专人领办。不需要现场勘察的当日办结,需要现场勘察或办事程序有明确时限规定的,按有关法律法规在最短时限内办结。

六　坚持以人为本,制定落实棚户区改造优惠政策

改善棚户区居民的居住条件和环境,是这次棚户区改造的出发点和落脚点。为此,领导小组制定出台了《长春市重点棚户区改造实施意见》、《长春市棚户区改造项目住宅房屋拆迁补偿安置有关问题的暂行规定》、《长春市棚户区改造项目房改优惠政策暂行规定》、《长春市定销商品房管理暂行规定》等20多个政策性文件。为了妥善补偿安置被拆迁居民,确定了原地房屋安置、货币安置和定销房安置三种方式,以便使被拆迁居民

有更多的选择余地。选择房屋安置的，实行拆一补一，原面积不足49平方米的补到49平方米，不找成新差价，差额部分被拆迁居民只拿建筑成本，产权归个人；对租住公产房屋的仍要实行房改，按最低标准收费；对高层回迁房按多层建设成本缴费，每平方米可少交497元；对无照房屋给予合理补偿，即被拆迁人在1990年《规划法》实施前自建、自住且独此一处的无照房屋比照有照房屋进行安置，对1990年以后自建、自住且独此一处的无照房屋给予适当补偿；选择货币补偿的，每户不足49平方米补到49平方米，本着房屋安置与货币补偿基本等值的原则进行补偿（货币补偿总金额＝房屋评估金额＋价格补偿金额＋面积补偿金额＋搬迁补助费＋临时安置费；棚户区房屋拆迁价格补贴金额，是指被拆迁房屋评估金额乘以增加比率；增加比率根据被拆迁房屋的建筑面积确定。建筑面积小于25平方米的，增加比率为40%；建筑面积大于或等于25平方米、小于33平方米的，增加比率为35%；建筑面积大于或等于33平方米、小于41平方米的，增加比率为30%；建筑面积大于或等于41平方米、小于49平方米的，增加比率为25%；建筑面积大于或等于49平方米的，增加比率为20%）。同时组织建设定销商品房，由政府组织、开发企业建设，已确定的销售价格、套型面积定向销售给被拆迁居民，保证棚户区的弱势群体能够买得起房、买得到房。棚户区改造项目享受经济适用住房有关政策，建设用地实行划拨，行政性收费减半，按照普通商品房对待与管理。居民回迁房、定销商品房建设用地享受土地划拨、行政事业性收费全免、经营性收费减半的优惠政策，通过降低建设成本减轻群众负担。城市棚户区改造项目给予地方税收优惠政策照顾，对符合条件的改造项目，以划拨方式取得土地使用权的不征收契税；棚户区居民因拆迁而重新承受普通住房的，免征契税。房地产开发企业参与棚户区改造偿还原拆迁面积房屋部分，暂不征收营业税，纳税确有困难的，可减免房产税和土地使用税。

两年来，棚户区选择房屋安置的被拆迁居民，户均回迁房屋面积比改造前增加20.4平方米；享受到的按建筑成本交纳费用的安置面积共计52.7万平方米，如果按市场价2 500元/平方米计算，等于给予居民优惠9.5亿元；此外通过照顾补偿，给予居民优惠2.4亿元，通过这次棚户区改造使被拆迁居民的居住条件得到了明显的改善。

七　坚持人性化拆迁和依法拆迁相结合，保证拆迁工作顺利进行

为保护棚户区改造中被拆迁人的合法权益，领导小组严格执行拆迁法规，严禁违法拆迁、野蛮拆迁，依法落实补偿安置政策。积极组织开发公司领导、职工深入到被拆迁居民中，主动进行沟通协调。大力宣传补偿安置优惠政策和开发企业信誉，承诺保证回迁房建设质量，并做到了让利于民，引导群众尽快搬迁，使群众自愿配合棚户区改造的拆迁工作。如：承担二道区公平地块改造建设的天富房地产开发公司，与被拆迁居民沟通得好，政策落实到位，拆迁过程中没有出现上访现象，拆迁工作进展十分顺利；承担宽城区东天光路地块改造建设的天元房地产开发公司，虽安置回迁居民入住小高层，但仍按多层入住标准，只收取每平方米703元的差价款，为每户每平方米承担了400元～500元的困难；承担经济技术开发区乐东地块改造建设的百英开发公司，在拆迁新立城家属房时，被拆迁居民因担心该公司不给分回迁房而拒绝拆迁，开发企业为了取信于民，经过调整腾出两栋楼用于提前安置被拆迁居民，做到了未拆迁先安置回迁。凡是拆迁地块，开发企业都不同程度安排了特困户，凡是开工建设的地块，开发企业都做到了先建回迁房，后建商品房，取得了被拆迁居民的信任。同时依法维护正常拆迁秩序，对无理取闹、漫天要价的钉子户，在依法依规的基础上进行了强迁，保证了棚户区改造工作的顺利进行。

八　坚持先拆违、后拆迁，降低拆迁成本

长春市棚户区房屋中有很大一部分是违章建筑。有的是历史遗留的无照房屋，有的是为谋取不正当利益而突击抢建的临时房屋和“大棚”。这些房屋按照规定不应该得到补偿，因此拆迁难度大。如果全部给予经济补偿，势必增加建设成本，是棚户区改造中的一个难点问题。为此，领导小组组织市执法局和各区执法局联合执法、合力攻坚，配合各区积极开展拆除违章建筑工作。截

至年末，共拆除违章建筑近180万平方米，为正常拆迁工作扫清了障碍，打开了局面。

九 突出工作重点，切实抓好回迁房建设工作

在棚户区改造中，领导小组始终把回迁房建设作为重中之重来抓。为确保被拆迁居民按协议约定时间回迁，明确要求开发企业必须先建回迁房，后建商品房，不先建回迁房不准开工。在回迁房建设过程中，市政府要求建设单位必须做到回迁房与商品房一同规划和设计，使用同一种的建筑材料，采用同一种形式招投标确定施工单位。在棚户区改造实际推进过程中，还有部分小区将回迁居民安置在商品房小区之内，不仅保证了回迁房的功能和质量，而且具备完善的小区综合配套设施，如：天富、钻石礼都、东升、万晟等小区。在百万平方米回迁房建设过程中，长春市还充分发挥质量监督检查部门和各区政府的作用，对回迁房建设项目实行跟踪监理、跟踪检查，发现问题及时纠正。市质量监督检查站组织驻各区监督检查工作人员，分别对回迁建设项目进行了逐一检查。除了检查主体工程外，还重点检查了控制性指标落实情况，使回迁小区建设完全达到了国家规定建设标准。

十 坚持高起点规划、高标准建设，把好事办好，让群众满意

一是统一规划。依据新一轮城市总体规划，高起点优先编制了棚户区改造的修建性详规。在项目建设上，坚持先地下后地上的原则，先搞好各种地下管网的规划建设，再搞好道路、绿化等建设，提高被改造地块的整体功能和环境质量，防止棚户区改造后再变成新的棚户区。二是科学设计。委托8个具有丰富经验的设计单位，通过对多个方案的比较选择，设计出3种回迁房户型（49平方米、55平方米、65平方米）的46套方案，保证被拆迁居民能够住上“满意房”。三是高标准建设。严格规定回迁房、定销商品房和廉租房的建设必须符合国家及地方建筑设计规范、规程的要求，保证房屋质量；同时还要注重环境建设，做到“改造一处，就要成为一处风景；改造一处，就要成为一个亮点；改造一处，就要成为新的经济带、文化带、景观带”。

两年来，全市共拆除棚户区房屋建筑面积756.8万平方米，建成回迁房23 639套，被拆迁居民当期回迁率达到100%，共有10万余户居民告别了低矮破旧的棚户区，住进宽敞明亮、设施配套齐全的新楼房，圆了广大困难群众改善住房条件的多年梦想。棚户区改造不仅极大地改善了民生，提升了人居环境和城市品位，而且推进了城市的科学规划和建设。同时，也有力地拉动了投资，促进了消费，扩大了就业，带动了相关产业发展。

（代运庆）

促经济发展　建和谐交通

——畅通工程实现新跨越

“两部”自实施畅通工程以来，长春市交通管理发生了翻天覆地的变化，道路交通基础设施建设得到长足发展，城市交通管理水平得到大幅度提升，交通参与者的素质逐年提高，极大地促进了长春市的经济发展和精神文明建设。根据新形势下社会经济发展对道路交通的需求，长春市不断赋予畅通工程新的内涵，按照科学发展观的要求，及时调整工作部署。特别是近两年，长春市认真贯彻落实“两部”总体部署，不断巩固畅通工程模范管理水平，以促进社会经济发展和解决民生交通问题为出发点，广泛动员社会力量，扎实有效开展工作。

两年间，以“五横四竖”城区主干道为重点，全面提高道路通行能力和承载能力，构筑了城市交通快速网络；以推进道路交通事故预防工作为主线，狠抓源头管理，较好地稳定了道路交通安全形势；以不间断的交通秩序整顿为手段，从严治理交通违法行为，确保了道路交通秩序良好；以交通安全“五进”和平安畅通县区为载体，全方位多角度开展宣教工作，提高了交通参与者的文明交通意识和遵章守法的自觉性；以道路交通基础设施建设为基础，全力推进科技信息化建设，提升了道路交通智能化管理水平；以探索科学勤务管理模式为力量，增加资金支持和人员配备，完成了以机动巡逻管理为基础的全方位管控覆盖；以加强车宣工作建设为突破，建立信息平台和农村警务室，实现了对车辆和驾驶员管理的全面掌控；以圆满完成“第六届亚冬会”、“东北亚经贸博览会”、“汽博会”等大型活动及国家领导人来长的交通安全保卫工作任务为标志，处置重大交通事件能力得到普遍增强；以深刻理解科学发展观的核心要义为先导，各项管理中充分体现方便群众、服务群众的基本原则，惠及了740万群众，为广大市民创造良好的道路交通环境，促进了全市的经济发展，在构建和谐社会中发挥了重要作用。概括地讲，取得了以下十个方面的新跨越。

一、以政府统一领导为先导，政府牵头、交警组织、部门配合、全民参与的社会化管理机制实现了新跨越

畅通工程在长春市成功实践表明，科学组织现代化城市交通，实现畅通安全的目标，离不开符合实际的有效载体，离不开各有关部门的相互支持与协调配合，离不开广大人民群众的积极参与，尤其离不开党委、政府的坚强领导。

1. 政府宏观决策，着眼经济发展和城市建设，积极促进畅通工程整体推进。2006年，市政府高瞻远瞩、科学决策，从城市整体科学规划入手，建立符合长春市未来发展需要的“双心、两翼、多组团”的城市结构，将市政府南迁至10公里外的南部新城，缓解城市中心交通压力，有效提升城市总体建设标准和水平。为解决交通管理的难点问题，政府在大量前期调研论证的基础上，制定出台了《长春市人民政府关于加强机动三轮车管理的通告》和《长春市人民政府关于加强机动车停车秩序管理的通告》，为依法管理长春市畅通工程突出问题提供了有力依据。2007年，市政府专门制订下发了《长春市2007年畅通工程实施工作方案》，市长崔杰亲自担任畅通工程领导小组组长，领导小组成员由市政府各委、办、局，各县（市）区政府及驻长部队主要负责同志组成。领导小组下设办公室，由市公安局交警支队、市建委、市规划局抽调专人组成，办公室设在交警支队。《方案》明确了总体目标，具体任务措施和工作要求，为畅通工程提

供了强有力的组织保障。

2. 领导高度重视，全面听取汇报并亲自指挥调度，研究解决重点交通问题。2006 年 8 月，时任市委书记的王儒林同志，在得知长春市畅通工程保持了全国模范管理水平且获得排名靠前的荣誉后批示指出，“长春市交通基础设施建设和交通管理在全国名列前茅，这种争先进位，争创一流，争站排头的精神值得在全市大力弘扬”。9 月，市政府专门召开畅通工程表彰大会，为交警支队荣记集体二等功。2007 年初，为清理取缔城区机动三轮车非法营运的难点问题，时任市长的祝业精同志在听取了交警部门的专题汇报后，亲自主持召开由各区政府及公安、残联、工商等十几个职能部门主要负责同志参加的专门会议，对此项工作进行部署。2007 年 10 月，市委书记高广滨、市长崔杰在听取交警支队关于全市交通问题和畅通工程的情况汇报后，要求全市各有关部门要把畅通工程作为政府工程，由政府牵头，齐抓共管，形成联动，为地方经济发展提供基础保障。市长崔杰提出了把畅通工程变成政府工程、系统工程、民生工程的推进理念，以“三个基本”统领交管工作，即抓好城市交通管理是广大群众对政府的基本要求；抓好城市交通管理是地方经济可持续发展的基本条件；抓好城市交通管理是落实民生工作的基本措施。

3. 部门积极配合，充分发挥各自职能作用，努力形成齐抓共管的强大合力。各相关职能部门在市委、市政府的领导下，充分发挥各自职能作用，形成较强的管理合力。工商行政管理部门与公安交警部门紧密配合，对全市马路市场、占道经营等影响道路通行的违法行为，进行持续不断的整顿和治理，取缔了一大批非法业户，将合法经营的实行退路入户，做到了还路于交通。交通部门与公安交警部门联合，对占道修车的业户进行了从严管理，较好地解决了马路维修占用道路的问题，还多次组织专项行动，从严治理运输车辆超载、超限等违法问题，消除了大量的交通事故隐患。公安、质检、工商和行政执法等部门联手行动，不断加强对报废车的整治力度，仅 2006 年就收缴、回收和报废机动车1 200余台。联合对交通事故易发路段进行多次排查和整改，完善交通设施，在源头和关键环节上消除了道路安全隐患，对稳定长春市的交通安全形势发挥了重要作用。建委、行政执法局、公安交通管理等部门紧密配合，拆除城区内大量的“三小”违章、违法建筑，清理了大量影响交通标志的非法广告牌匾。相关职能部门的通力合作，促进了畅通工程深入健康发展，也为长春市创造了良好的道路交通环境。

二、以城乡一体化建设为战略，紧密结合平安畅通县区创建，畅通工程的整体推进实现了新跨越

政府高度重视农村道路交通安全工作，积极探索农村道路交通管理的新思路、新方法，努力寻找政府、部门和群众利益的最佳结合点，采取多种有效措施，切实加强农村道路交通管理工作，并取得了明显成效。

1. 推广榆树市农村道路交通管理工作经验，为畅通工程的整体推进提供保证。按照两部创建“平安畅通县区”的有关要求，长春市认真落实县(市)区政府的组织领导责任，明确了各相关职能部门工作任务，建立了城乡规划、建设和管理融为一体的长效工作机制，为推进城乡畅通工程的可持续发展打下了坚实基础。2007 年初，榆树市政府专门下发了《关于加强农村道路交通安全管理的工作意见》和《榆树市农村道路交通安全管理工作实施方案》，从组织领导、任务分工、财力物力保障等方面，明确了交通安全宣传教育和管理的具体措施，为切实维护农村道路交通安全提供了强有力的行政依据和组织保证。2007 年末，省政府组织召开“农村道路交通管理及创建平安畅通县区”榆树现场会，推广榆树市农村交通管理社会化经验，使各级党委政府在各项规章制度和职责落实上都有了一个长足的进步，交通安全工作责任层层落实，为畅通工程的整体推进提供了强有力的保证。

2. 农村派出所交通管理勤务室普遍设立，有效解决乡村道路漏管失控问题。近几年，长春市农村道路特别是“村村通”公路迅速发展，但交通管理基础设施建设相对薄弱，加之农村交管警力严重不足，部分道路漏管失控，致使发生农村道路的重特大交通事故呈上升趋势。针对这一问题，各区县(市)政府在市公安局积极协调下，在组织领导、财力、物力和人力方面予以大力支持，农村派出所交通管理勤务室得到普遍建立，确定了专

(兼)职交通民警,组建交通协管员队伍,授权其管理乡村道路交通秩序,处理简易交通事故,抓好农村交通安全宣传教育和“五小”车辆及驾驶人源头管理工作。在全市108个农村派出所中设立了100个交通管理勤务室,配备专(兼)职民警173人,承担起了8 392公里的乡以下公路的交通管理任务。

3. 将农民作为交通参与者的特殊群体,认真对其进行交通安全宣传教育。在长春市公路沿线的村屯,开展了“交通安全赶大集”活动,针对公路沿线村屯的农民交通安全意识薄弱的特点,编写了《致农民朋友的一封信》,由交通民警深入村屯,摸清驾驶人、农用车底数,并登记造册,建立台账,挨家逐户送宣传材料。通过建立村屯基层交通安全组织,让交通法规进乡镇、进村屯,不断加强对公路沿线居民的教育,充分调动各区县(市)政府和乡镇政府、街道办事处力量,精心组织开展交通安全进社区活动,通过群众自编自演、自娱自乐的文艺节目,张贴宣传挂图,组织群众收看交通事故案例等多种形式宣传交通法规和安全常识,取得了较好的成效。

三、以维护交通安全形势稳定为目标,千方百计,群策群力,预防重特大交通事故工作实现了新跨越

在政府的坚强领导下,在各部门的密切配合下,在公安交管部门的辛勤工作下,在社会各界的广泛参与和支持下,长春市交通安全形势比较稳定。2006年,道路交通事故死亡人数同比减少了61人,事故预防工作得到了公安部交管局的充分肯定。2007年,在前一年同比降幅较大的情况下,道路交通事故死亡人数又下降了1.29%,事故预防工作牢牢掌控在手中。

1. 认真研判交通事故规律特点,切实增强事故预防的针对性。长春市公安交通管理部门历来对道路交通事故的理性分析工作都高度重视,有专门人员对各辖区范围的交通安全形势进行认真分析,结合对近年来同期死亡事故的详细比对,对道路交通安全形势进行综合研判,切实找准重特大道路交通事故发生的规律和特点,找准各辖区范围内引发重特大交通事故的突出违法行为和安全隐患,找准重特大事故的增长和下降点,采取针对性措施,主动预防、科学预防,牢牢把握工作主动权。提供各级联席会议,通报给各成员单位,分管负责,分工协作,有效预防道路交通事故的发生。结合事故分析,各级公安交通管理部门明确辖区内事故预防的重点地区、重点单位、重点车辆、重点人员、重点时段,科学安排警力,提高勤务安排的实效性,并实施有效的重点监管。

2. 全面排查事故黑点和安全隐患,明确事故预防的重点部位。市交警支队把道路安全隐患、化学危险品运输、长途客运车辆作为排查整治的重点。对危险物品车辆逐车登记,全部落实路面执勤民警和车辆所属领导的包保责任。对正在施工修路的,也要落实专人负责,加强对施工单位的安全监管,督促施工单位依法设置相应的警告标志,进行必要的交通疏导指挥。同时,将工作重点由排查转向整治,对新排查出的隐患路段,在政府领导下,交警会同有关部门,集中精力整治,力争全部消除辖区严重道路安全隐患。加强对客运企业及客运班线安全隐患的排查整治力度,特别是对长途客运班线,逐条摸清情况,交警与交通部门一道,调整不符合安全通行条件的班次和时间。交警会同交通、安监等部门加强对客运企业从业驾驶人的安全监管,严格驾驶人从业资格审查。对交通违法记满12分,或者发生重大道路交通事故负有主要以上责任的客运驾驶人,坚决停止其营运,并督促所属企业将其调离岗位。

3. 以驾驶人和车辆管理为源头,筑牢交通安全第一道防线。2007年底,长春市具有培训资格的驾校有50家之多,公安交通管理部门严把驾驶资格准入关,对初考驾驶员严格实行双人双考制,科考实现了无纸化答题,路考增加了限速限宽门、起伏路、直角转弯、坡路起车、侧位停车、曲线行驶、夜间行驶等新科目,实现了计算机全程管理,有效提高了新考驾驶员的培训质量。公安部门与交通部门建立联动机制,在吉林省率先采用指纹认证和刷卡计时管理,保证学员培训时间和质量,坚决杜绝“马路杀手”产生。车辆检测社会化制度推出后,长春市公安交通管理部门认真履行工作职责,为每一个车辆检测线都配备了专职的检验员,实现了每一个车辆检测线都与车辆管理部门联网,严格依法对机动车安全技术检验机构实施监督管理,保证检车质量,保证车辆上线检测。

四、以基础建设和市容管理为依托，加强道路基础设施建设，城市交通承载能力实现了新跨越

自实施畅通工程开始，长春市就从城市规划入手，认真研究城市交通问题，并聘请专家反复论证，提高决策的准确性和科学性。长春市不断加大资金投入，大力加强道路基础设施建设，充分挖掘道路资源，着力解决机动车快速增长与道路发展滞后的交通供需矛盾。

1. 以新建及大中修工程为重点，着力提高道路通行能力。2006 年，新建北亚泰大街、基隆北街等大中型道路 99 条，改造工农大路、卫星路等大中型道路 142 条，维护道路 430 条、54 万平方米。改造巷道1 986条，硬覆盖 261 万平方米，整治裸露地面 50 万平方米。2007 年，长春市新建和改造道路 60 条、建设桥梁 6 座（长沈桥、永春河桥、富裕河桥、102 国道跨伊通河桥、团结桥和永安明沟人行桥）、维护桥梁 1 座（远达大街桥）。完成 4 个城市出入口的综合改造，共完成投资 2.3 亿元，新增绿地 56 公顷。至年末，城区主次干道大中修、三环路以内巷道改造建设基本完成，裸露地面基本实现软硬覆盖，城市道路完好率达 98%，路网结构趋于合理，城市道路对经济社会发展的支撑作用明显增强。

2. 部门协调配合，通力合作，全面加强市容市貌综合管理。市政府对市区部分街路的老旧照明设施进行改造，更换大型广场和主要街路的照明灯具，改善夜间通行条件，在装点亮化城市的同时，大大提高交通安全性。此外，市政府制定优先发展公共交通的策略，建立公共交通财政补贴和补偿机制，万人拥有公共交通车辆由 2000 年的 17.1 标台/万人，提高至 22.8 标台/万人；公共交通分担率由 23.11，上升至 34.5。市容管理处和城市管理行政执法局紧紧围绕“创建国家卫生城市”的标准和要求，全面实施城市清洁工程、开展了市容标准街路建设、牌匾广告整治、非法广告整治、建筑垃圾整治、摊亭非法占道整治、保洁一体化和城乡结合部的专项管理工作。2007 年，完成了上海路、宽平大路等 5 条市容标准街路建设，拆除各类非法广告牌匾 318 块。在全市 4 次集中清理占道烧烤统一行动中，共出动执法人员1 200余人次，执法车 300 余台次，收缴烧烤炉具、落地灯箱2 200余件，清理取缔各类马路市场 30 处，清理各类占道物、堆放物1 120处。

五、以宣传“五进”为载体，大力开展交通安全宣传教育，提高市民文明交通素质实现了新跨越

提高市民的文明交通素质和交通法治意识，是城市精神文明建设的重要内容，也是深化畅通工程的根本要求。市交通管理部门紧紧抓住交通安全宣传“五进”这个载体，把提高群众文明交通素质作为交通安全管理的治本工程。

1. 宣传工作坚持政府牵头部门支持，有效提升了宣教覆盖面。2006 年 3 月，市政府召开了全市交通安全局际联席会议，对开展交通安全“五进”和预防道路交通事故工作进行全面部署。市教育局和公安局联合下发文件，共同建立“交通安全管理”办公室，为交通安全进学校提供了组织保障，制定下发了《关于加强全市中小学校车管理规定》，对全市 300 余台中小学班车统一管理、统一标志、统一编号、统一人员。市妇女儿童活动中心投资 50 万元创建了全国规模最大的“学生交通安全教育培训基地”。5 月，由市委、市政府部署的“双无双文明”竞赛活动正式启动，市长祝业精、市委副书记李树国等领导同志亲自参加启动仪式，要求在全体驾驶员中开展“无交通违法、无交通事故”，在百万市民中开展“文明走路、文明乘车”竞赛活动，强化了各职能部门的责任，明确了任务，形成了对交通综合治理、全民参与良好的氛围。2007 年 4 月，公安交警部门和市邮政局联合推出了交通管理信息邮寄告知服务项目正式启动，交通参与者足不出户就可以得到免费邮寄来的本人及车辆的交管信息，受到了社会各界的一致好评。8 月，市政府在文化广场举行长春市集中整治交通违法行动、遏制重特大交通事故誓师大会，教育群众远离交通违法行为，远离事故隐患。

2. 创新宣传模式，开展形式多样的宣传教育活动。长春市公安交管部门与市委宣传部、市精神文明办联合举办了首届长春市大学生交通安全演讲比赛，在全市小学生中开展了“交通安全伴我成长”为主题的征文活动，在部分社区开展了文艺演出、绘画比赛活动，与万户社区居民签订了

"交通安全进家庭责任书"。交警部门会同市委宣传部共同发起了"三让三规范"活动，在职业驾驶人教育上，采取面对面签约式的宣传教育，保证了对职业驾驶人教育率达到100%。以"遵章守法，交警与你一路同行"为活动主题，开展了"遵章守法，从每一步做起"宣传教育活动。还不失时机地在文化广场、客运站等公共场所进行多种形式的宣传活动，突出了"关爱生命，平安出行"的主题。在新闻媒体上设立《支队长热线》、《交通话题对对碰》专栏、专版，营造出浓厚的宣传氛围，强化了群众的交通安全意识。市交通安全委员会、市精神文明办联合在全市开展了"构建和谐交通，做文明驾驶人"竞赛活动。开展了"长春市中小学生交通安全状况"调查工作，发放2万份调查问卷，走访上百所学校了解情况，并形成了3万字的调研报告，为主管部门解决学生交通安全问题提供了第一手材料。交警部门还会同市教育局、妇联、司法局、消防局等7部门联合以"关注儿童成长，促进家庭和谐"为主题的系列公益活动。宣传教育活动开展得有声有色。

3. 广泛发动社会力量，坚持执行交通安全局际联席会议制度。长春市定期召开局际联席会议成员单位参加的交通安全例会，及时通报交通安全形势，研究解决交通安全存在的重点问题。各部门相互联系，加强协作，在推进交通安全社会化管理进程中发挥了重要作用。在交通事故预防上，对交警部门排查出的道路安全隐患，局际联席会议牵头组织整改，仅2007年，就治理公路黑点19处，极大地消除了公路交通安全隐患。

4. 积极探索交通宣传新途径，宣传"五进"工作不断深化。长春市建立了宣传工作网格化管理及"五进"工作责任制档案。全市区内10个交警大队把管辖区域分成74个网格，由49名宣传民警包片包干，进而达到"五进"工作不漏死角全面覆盖的目的。全市2 116个社区、农村、学校和机关企事业单位已全部进入，达标率为100%。达到模范管理水平的115个，进入甲级标准的423个，进入乙级标准的635个，进入丙级标准的1 058个，消除了未达标单位，确保"五进"工作稳步推进，实现了"五进"进入率达到100%的工作目标。制订了岗位责任制，落实了"一校一警"、"一企一警"和车宣民警包社区、包街道的交通安全教育承包制，并在130所临街中小学设立护学岗。

六、以动静态交通管理为重点，全面开展系列专项整治行动，道路交通秩序管理实现了新跨越

按照公安部"一降两保"和"五整顿、三加强"的要求，认真查找畅通工程中的突出问题和薄弱环节，公安交警部门打破常规，科学调整勤务模式和交通流量，全面加强动静态交通秩序管理，以不间断的系列整治行动，始终保持对交通违法行为的高压严管态势。

1. 科学调整交通流量，均衡全市路网压力。公安交通管理部门适时建议政府制订改造道路计划，成立专门工作组进行调查研究，按照市政府既要保证工程进度和质量，又要确保道路改造期间道路畅通的总体要求，主动配合城市建设部门拟定道路施工规划和进度，宏观调整路网压力，合理分配交通流量。交通民警进驻到城建部门和施工现场，与城建职工不分昼夜地摸爬滚打，奋战在道路施工一线。道路改造期间，公安交警部门根据道路交通需求情况，多次调整交通流量，并主动协调新闻媒体，及时将交通流量调整情况向社会公布。

2. 以打击严重交通违法为重点，不间断地开展秩序整顿活动。两年来，在公安部总体要求和部署下，公安交警部门相继组织开展了"交通安全百日整顿"、"治理车辆超限超载"、"打击无牌无证和报废机动车"、"预防特大交通事故70天战役"等一系列专项整治活动，圆满完成了"亚冬会"、"东北亚经贸博览会"、春运、黄金周等道路交通安全保卫工作任务，始终把酒后驾车、闯红灯、越线行驶、无证驾车、挪用号牌和驾驶报废车上路行驶以及公路八项违章等严重交通违法行为作为整治的重点，采取灵活多样的管理措施，取得了较好的效果。两年间，共纠正各类交通违法行为109万余件，罚款1.53亿元，暂扣驾驶证2 972个，行政拘留239人。

七、以破解交通难题为突破口，着眼交通管理可持续发展，解决深层次问题方面实现了新跨越

针对道路和车辆供需矛盾加剧的实际情况，长春市公安交通管理部门抽调精干警力，组建了

专门调研机构——交通管理对策研究室，加强城区交通规律、交通管理难点问题及相应对策的研究。要求每名处、科级干部结合自己工作岗位深入调研，及时提交调研文章。根据发现的重点难点问题，采取针对性的管理措施。

1. 加强重点区域的交通管理，打造交通组团之间的快速道路。按照行政区划分，以人流、物流集中的商业区为重点，把重庆路香格里拉区域、光复路商业区、桂林路商业区、红旗街、长春站前广场周边及亚泰集团周边区域划分成几个大的交通管理组团，强化完善硬件设施建设，科学调整交通流量，加强交通违法管理等措施，使交通组团内的动静态交通秩序进一步得到改善。把人民大街、亚泰大街、解放大路、自由大路、南湖大路等城区的主要街路作为重点，进一步加强交通管理的基础设施建设，完成交通标志标线和主要路口、路段的监控管理系统，使上述道路真正成为城区的快速通道，精心打造了通往机场的空中走廊。

2. 严格行人和非机动车的交通管理，力争为全国打造样板。长春市把解放大路作为行人和非机动车严管示范街路，向行人、非机动车管理这一老大难问题发起冲击，力争为全国非机动车和行人的交通管理工作积累经验，树立样板。公安交警部门投入大量资金用于解放大路的硬件建设，增设了提示机动车驾驶人注意行人过街标志、禁止行人穿越马路和引导行人使用人行横道标志、保护行人过街的安全岛、防撞筒，施画了人行横道线、设置了人行过街信号灯，从交通管理设施上给交通参与者以人文关怀，有力地促进了行人、骑车人交通法规意识的提升。在管理上，交警部门一把手亲自抓，班子成员各自分工，承包路段，每天至少2小时以上与民警一道在解放大路上纠正行人交通违法行为，在路面上进行宣传教育和管理。民警们还挨门逐户走访宣传，给临街单位发宣传单，组织临街中小学少年交警队上街执勤，参与社会实践。同时设置非机动车、行人管理处罚站，对违法者及时进行教育，悉心讲解交通违法事实、危害、处罚依据等。在这条5.8公里长的主要街路上，形成了前所未有的严管态势，并借助新闻媒体对行人和非机动车严重交通违法典型事例进行公开曝光，引起了良好的社会反响，产生了积极效果。

3. 加强机动三轮车的综合治理，形成整顿工作的强大合力。随着城市道路交通的发展变化，机动三轮车在城区运营中交通违法问题日益凸现，给城市市容和卫生城创建工作带来消极影响，同时，也干扰了全市正常的交通秩序，存在大量的交通安全隐患。长春市共有5 000辆机动三轮车，驾驶和利用这些车辆从事非法运输的人员多为弱势群体，其中的相当一部分人员，以非法营运为谋生手段，营运收入是家庭生活的主要经济来源。市政府成立了以副市长兼公安局长高学章为组长的专项工作领导小组，充分发挥各部门职能作用，形成强大的工作合力。整治过程中，政府部门坚持舆论宣传开路，宣传清理取缔机动三轮车的意义目的、机动三轮车非法上路和非法营运的危害及严重后果等，争取全体市民的理解和支持。以街道和社区为单位，组织人员逐家逐户进行宣传，努力消除抵触情绪。工商行政管理部门配合交警部门做好清理和收缴工作，对在市区销售机动三轮车的部门坚决予以取缔。建委、行政执法局协助公安部门加强对机动三轮车停车地点的管理，对违法占道停车进行及时清理。市残联做好残疾人安抚和稳定工作，对下肢残疾的人员进行宣传教育，对已发的证照要进行重新审验。市财政局配合公安等部门加强管理，对本市居民驾驶三轮车有牌有证，属非法营运的，对收缴车辆给予一定经济补偿。市交通局加强对利用机动三轮车搞货物运输的管理和查处。

八、以提高科技含量为支撑，不断更新思想和管理理念，交通管理智能化实现了新跨越

两年来，各级公安交通管理部门从转变思想观念入手，不断更新管理理念，正确处理管理与服务、执法与服务等关系，认真落实公安部科技强警战略，围绕公安交通管理信息系统建设和应用，不断增加科技含量，提高科技应用水平。

1. 以信息通讯技术为主导，交通指挥监控大厅功能逐步完善。公安交警部门以信息通讯技术为主导，以计算机通信网络和智能化指挥控制为基础，初步建成集高新技术应用为一体的智能化道路交通管理体系，逐步实现交通管理决策科学化，交通指挥调度智能化，城市路网管理智能化，交通信号控制智能化的现代化交通管理系统。公安交通指挥监控大厅最佳整合了动态监控、卫星

定位、地理信息、事故报警等系统功能，实现对市区主要街路、路口交通流量，机动巡逻车辆位置，交通事故先期预警等功能完备，形成全天候的管理监控覆盖，可以为广大交通参与者及时提供多种交通信息。交通状况实时监控系统实现了对长春市主要交通路口和重点单位的实时监控，通过指挥中心的大屏幕系统可以显示每个路口的实时交通状况，为快速调动警力、疏导交通创造条件。拥有显示、控制、记录、违法抓拍多项功能。交通信号控制系统实现了根据路口的交通流量状况，实时调整路口信号机配时，实现路口交通控制的优化，对路口的交通设施进行计算机管理。指挥调度系统是当发生交通事件时，指挥员在指挥中心在电子地图上定位后，点击电子地图决策支持，就能够查询分析出最近的监控设备、信号设备、医疗设施、有关交警机构等，直接用计算机拨号实施救援。122接处警系统可以实现指挥中心集中接警、集中处警；接警员通过计算机、有线电话、无线集群系统多种手段进行处警和调度。可实时查询事故车辆的信息等。诱导系统可通过全市主要街路的13块交通诱导屏发布交通诱导及管理信息。

2. 有效加强信息平台建设，以科技硬件水平推动管理信息化。2007年初，长春市新建的公安车管所和驾驶员考试场已经投入使用，在新车管所和驾驶员考试场完成了计算机综合布线系统，全部办事窗口都配备了新计算机，按便民服务要求，装设了触摸屏、排队机、LED信息显示屏等便民设备。整合了车辆管理、驾驶员管理、交通秩序管理、交通事故处理等信息，增强资源共享能力，信息化、自动化手段得到广泛应用并逐步普及，使全市的交通管理迈上信息化台阶。

3. 加强城区道路交通管理设施建设，全面提升道路语言水平。对较大路口的交通标志、监控设施、设备进行科学调整和整合，更换部分单点定周期的信号灯。城区主干道路交通流量调整和信号周期实现计算机控制和管理。两年来，全市新安装信号灯78处，人行信号灯26处，倒计时显示器245处，共施画道路交通标线1 190 556延长米，总面积为164 187平方米，增设和更换各类交通标志面1 782面，安装交通隔离护栏1 630延长米。

九、以关注和改善民生交通问题为主旨，坚持走群众路线，便民服务工作实现了新跨越

长春市着力关注和改善民生，从保障人民群众的“基本需求”，到满足人民群众的“发展需求”，始终把改善民生作为党委和政府施政的最高准则。一切相信群众，一切为了群众，也是新时期公安工作的一项重要原则。交通管理各项工作中时时处处体现着方便群众、服务群众的特色。

1. 深入企业和家庭走访，摸清和解决了一大批社会关注的民生问题。公安交警部门各级领导和全体民警，结合各自工作岗位选择熟悉对象，紧紧围绕“关系民生交通问题”这一主题，深入社会基层单位和广大市民之中，广泛开展交通安全宣传教育，详细了解被调查对象对交通管理工作的意见和建议，客观全面地排查解决群众关心的交通管理实际问题，采用召开座谈会、走访、问卷、设立咨询台和信箱等多种调查形式，共走访单位或社区973个，被调查对象7 000余个，回收群众填写的《关注民生所涉及的交通问题调查反馈表》1 876张，经归类和整理，走访的企业单位、社会群众反映的交通秩序管理、事故处理、车辆和驾驶员管理等民生关注的交通问题共8类，1 287件。

2. 以新建公安车管所的投入使用为契机，全面加强服务群众工作。公安车管所是办事群众集中的服务窗口。长春市以争创全国一等车管所为目标，在所有硬件建设完成后，一手抓规章制度建设和完善，一手抓提高便民服务。公安部推出《服务群众十六项便民措施》后，车管所按照便民服务措施中的各项要求，详细研究制订了具体的实施方案及措施，确保各项便民利民措施落实到位。车管所设立了“迎宾接待员”、“业务引导员”和“代办服务员”，义务为群众服务。采取了驾驶员预约考试等服务措施，在办事大厅增设了群众休息的座椅，设置了饮水设备、报刊杂志、有线电视，努力为群众创造良好的办事环境，受到群众特别是外地来车管所办事客人的广泛称赞。车管所认真履行便民服务“三个承诺”，即群众办事手续齐全的，一次办完；每天办结最后一笔业务，送走最后一名群众；对残疾人、老人、孕妇等特殊群体，设立绿色通道服务。还推出“限时办结制”、“延时办结制”、“业务退办制”等特色便民措施，对10台车以上的办理业务单位，实行外检民警上门服

务。

3. 严格内部管理机制，认真组织排查整改，不断强化民警的服务意识。公安交警部门开通了违章热线查询，方便市民对驾驶员违章的查询，受到市民的好评。完善各种告知制度，已建立起现场告知、广告牌告知、报纸公告等告知形式，进一步方便群众。在窗口工作中按要求将需要公开的制度公开，做到热情服务，便民利民。在警务公开方面，把与交通参与者息息相关的公安交通管理法律法规、规章制度、民警姓名、警号、岗位职责、处罚收费标准、办事程序、监督电话向群众公开，群众普遍反映良好。公安交警部门把每位事故处理员的资料公布上墙，在事故处理时，实行群众"点员制"，同时推出了事故处理"无节假日办公"，重大疑难案件集体研究讨论、集体做出责任认定，受理案件首办负责等制度，最大限度地防止冤假错案的发生。结合公安部便民利民措施，简化办事程序，路面民警可以直接出具《交通事故责任认定书》。公安交警部门成立专门抓逃机构，加大交通肇事逃逸案件侦破和在逃人员抓捕力度，及时向受害人家属反馈工作情况和信息。适用简易程序处理的道路交通事故，不扣车、不扣牌证。出现场民警要向事故方发放《警民联系卡》，方便群众联系。

十、以公安机关"三基"建设为切入点，强化交警队伍建设，塑造交警崭新形象实现了新跨越

长春市各级公安交通管理部门按照公安部开展抓基层、打基础、苦练基本功的"三基"建设总体部署，以"一队、一所、一岗位"为重点，通过开展"查、找、改"活动、社会主义法制理念教育和考试，规范执勤执法、岗位练兵比武等活动，逐步提高队伍的实战能力，塑造新时期交警队伍的崭新形象。

1. 广泛开展教育练兵活动，民警队伍素质进一步提高。2006 年共组织有中队长、教导员、法制员、车宣员、计算机操作员、事故处理员、网络员、小教员等人员参加的培训班共 13 期，受训人数 486 人次。2007 年共举办 6 期专题培训班，先后对车宣员、法制员、事故处理员、网管员共 540 余人进行了教育培训。通过组织开展演讲比赛、乒乓球比赛等练兵竞赛活动，推动了教育培训活动的开展。通过教育培训，支队评选出 72 名执勤执法岗位业务能手，3 名车管岗位业务能手，1 名事故处理岗位业务能手，还评选出了 4 名执法标兵，1 名车管业务标兵，为民警的全员练兵树立了榜样。

2. 倾斜基层，加大投入，基层基础建设成效明显。2006 年，进一步下沉警力，先后下派 31 人充实一线警力，加强了办公系统基础建设，开通了网上办公系统，对档案室进行了装修改造。2007 年，按照全国先进中队安龙泉中队的建设标准，投入 80 余万元，对长吉、富峰、皓月、长伊、长双五个公路中队进行了外观标志统一工作，外观标志统一率达到 100%。投入2 000余万元对二道区大队选址重建，已于年底竣工交付使用。还为一线民警新增加计算机 125 台，为一线共配备对讲机 383 台，配备反光背心 103 件，新增车辆 15 台，使交警队车辆总数达到 478 台，摩托车 49 辆。

3. 严格开展规范执勤执法活动，力争实现零投诉的工作目标。在所有接触群众岗位上深入开展规范执法活动，严格执行《道路交通安全法》和配套法规，事故处理要坚持"公平、公开、透明"原则，重事实，重证据，做到运用法律条文准确，填写法律文书规范。路面执勤民警和窗口单位，严格执行《交通警察执勤执法规范》和有关规定，坚决杜绝随意执法及冷、硬、横等问题的发生。在百台巡逻车中开展"规范执勤执法红旗车"竞赛活动；在全体民警中开展"打擂比武，争做规范执勤执法标兵"竞赛活动。较好地塑造了长春交警的良好形象，基本实现民警执勤形象零投诉，民警执法工作零投诉和服务工作零投诉的工作目标。各级公安交通管理部门全面实行值日警官制度，专门负责接待群众咨询、求助和来访工作。支队主要负责同志坚持每周三利用半小时到交通之声电台接听热线，为群众答疑解惑。对人大代表和政协委员重要议案的回复率达到 100%，市长公开电话反馈率达 100%，群众满意率达 98% 以上。

（潘　东）

长春大事记

长春大事记

1月

2日

2007中国长春冰雪旅游节暨净月潭瓦萨国际滑雪节在净月经济开发区开幕。开幕式由长春市副市长刘实主持,国家旅游局局长邵琪伟宣布开幕,市长祝业精致辞。中央统战部经济局副局长吴晓礼、戚建美、高卫东及中国滑雪协会主席、省、市领导,瑞典瓦萨首席执行官罗夫·汉姆等来自25个国家和地区的2 500名滑雪运动员出席了开幕式。本届冰雪节历时94天,共安排冰雪体育等大型活动35项。

2日

净月潭瓦萨国际滑雪节经贸洽谈会在香格里拉大饭店举行。来自美国、德国、瑞典等28个国家和地区的160多名客商参加了此次活动。长春市净月经济开发区签下了有关净月生态城建设的8个合作开发项目,投资总额高达217亿元。

6日

中华老字号"全聚德"在长春市重庆路落户。

7日

长春市劳动和社会保障局公布了长春市《农民工参加工伤保险试行办法》的实施意见。今后,在长春打工的农民工都将被纳入工伤保险覆盖范围。

8日

《长春市城市居民最低生活保障办法实施细则》正式实施。

8日

吉林油田小合隆气田正式开闸供气。这个气田日产天然气5万立方米,成为长春市工业和民用天然气又一个气源。

8日

美国制造工业园(长春)有限公司在长春市宽城区落户。主要面向美国中小企业,以新型制造业为主,引进环保设备、金属制品等项目。

10日

第五届长春汽车博览会的市场项目招标公开发布。10家企业成为本届汽博会的首批合作伙伴。艾信科技公司以800万元中标票务承包项目,成为本届汽博会标王。

11日

长春市2007年经济工作会议召开。省委常委、市委书记王儒林在会上全面总结了2006年全市经济工作,明确提出了2007年经济工作的总体要求和主要任务:将牢牢把握更好更快发展要求,注重调整产业结构,注重优化布局和板块协调,注重城乡协调,注重改革开放和自主创新,注重解决民生问题,切实把经济建设引向科学发展轨道。

11日

由长春一东离合器股份有限公司繁荣智能设备制造有限公司与沈阳自动化研究所共同生产的灵晰系列机器人,通过了国家科技部"863计划"课题专家组、公安部等装备科研部门的专家审定,填补了国内反恐防暴机器人的空白。

12日

第三届中国会展业高峰论坛在上海举行。长春市获得了8项全国会展业大奖。成为本届论坛上获奖最多的城市。

13日

第六届亚洲冬季运动会比赛场地和运动员驻地开放仪式在长春体育中心隆重举行。省市领导陈晓光、祝业精、李树国等出席了仪式。

13日

第六届亚洲冬季运动会志愿者上岗誓师大会在吉林省速滑馆举行,1 497名亚冬会志愿者正式上岗。

19日

"和谐2006"长春十大新闻评选结果揭晓。长春市全面启动棚户区改造工程、长春市南北新城区建设双翼齐飞、长春市《城区居民住院医疗保险》新政策出台、长春市重奖有突出贡献的科技工作者、第六届亚洲冬季运动会圣火采集仪式在长白山举行、长春市位居中国制造业十大最具竞争力城市第五名、长春市获省级卫生城市称号、长春市上演"欣月童话"、谭竹青先进事迹报告会在北京举行、长春市获得中国人居环境范例奖等新闻脱颖而出,成为2006年长春十大新闻。

21日

第六届亚洲冬季运动会"皓

月杯”火炬传递活动在长春市举行。来自全市各行各业的108名火炬手、214名护跑手、107个火炬护跑方队等参与了火炬传递，历时近8小时、全程40公里的长春市火炬传递活动取得了圆满成功。

24日

长春当代信息产业集团与韩国EMOSU株式会社合作成立“长春首尔游戏动漫研究院”项目正式签约。长春市首家游戏动漫研究院落户高新技术产业开发区。

26日

《长春市城市房屋安全管理条例》公布，自2007年5月1日起施行。

26日~28日

中共中央总书记、国家主席、中央军委主席胡锦涛与随行的中共中央政治局候补委员、中央书记处书记、中央办公厅主任王刚，国务委员陈至立，在省委书记王珉、省长韩长赋等陪同下，先后到吉林市和长春市等地考察，强调要紧紧抓住难得机遇，大力促进科学发展，推动老工业基地焕发出新的生机和活力。

28日

第六届亚洲冬季运动会开幕式在吉林省长春市隆重举行。中共中央总书记、国家主席、中央军委主席胡锦涛出席并宣布开幕。亚奥理事会主席艾哈迈德·法赫德致辞。随后大型文体表演《冰雪长春》开演。本届亚洲冬季运动会比赛共设5大项10分项47小项，分别在长春市和吉林市北大湖滑雪场举行。亚奥理事会45个成员国家和地区全部参加，参赛运动员802人，是亚洲冬季运动史上规模最大的一次冰雪赛事。

29日

在第六届亚洲冬季运动会女子速滑3 000米决赛上，中国选手王霏夺得本届亚冬会首枚金牌。

29日

《长春国家汽车电子产业园区发展规划》通过国家信息产业部综合规划司组织的专家论证。建设长春国家汽车电子产业园将大幅提升长春市在汽车电子领域的自主研发能力，使长春市成为国际知名的汽车电子研发和生产基地。

30日

亚奥理事会秘书长辛格代表亚奥理事会为亚冬会组委会常务副主席、长春市市长祝业精发来贺信，祝贺第六届亚冬会开幕式取得圆满成功。

31日

中共长春市委十届十次全体会议举行。会议听取和审议了省委常委、市委书记王儒林代表市委常委会所作题为《深入贯彻落实党的十六届六中全会精神，加快长春社会主义和谐社会建设步伐》的工作报告，讨论、审议通过了中国共产党长春市第十一次代表大会报告（讨论稿）及日程（草案），讨论确定了有关“两委委员”和出席吉林省第九次党代会及十七大代表等人事选举事项，明确了和谐长春建设的指导思想、奋斗目标和主要任务，决定于2007年2月6日~10日召开长春市第十一次党代会。

2月

1日

中药现代化科技产业（吉林）基地项目通过科技部组织的专家组验收，吉林省被授予国家“中药现代化科技产业（吉林）基地”牌匾。基地设在长春中医大学附属医院。

2日

长春市国资委年度工作会议召开。市委常委、副市长崔杰到会并发言。2006年长春市国企改革工作基本完成，列入省市国企改革攻坚目标的254户企业全部完成了方案审批。2007年的工作重点放在加强国资监管上。

3日

长春市市长祝业精与来访的加拿大乔治王子市市长科林·金斯里在长春宾馆签署两市友好交往备忘录。

3日~4日

中共中央政治局常委、国务院总理温家宝先后到吉林省长春市、松原市的企业、农村、医院、学校考察。

4日

长春市与哈萨克斯坦共和国阿拉木图市结为友好合作城市。

5日

第六届亚洲冬季运动会在长春圆满落幕。中共中央政治局常委、国务院总理温家宝出席并宣布闭幕。亚奥理事会副主席霍震霆致闭幕辞。全国人大常委会副委员长何鲁丽、国务委员兼国务院秘书长华建敏等出席了闭幕式。本届亚冬会，共有66人（队）次打破12项亚洲纪录。中国代表团在本届亚冬会上共获得19枚金牌、19枚银牌和23枚铜牌，金牌数、奖牌总数均列各参赛代表团首位。

6日

长春生物制品研究所成功研制出新型森林脑炎疫苗，该疫苗能有效预防森林脑炎的暴发流行，已被列入国家战略储备疫苗。

6日

中华人民共和国建设部发布“关于公布第一批国家重点公园的通知”，批准北京颐和园等20个公园为第一批国家重点公园。长春世界雕塑公园榜上有名，成为吉林省目前唯一一家国家重点公园。

7日~10日

中国共产党长春市第十一次代表大会在吉林省宾馆召开。王儒林同志代表中共长春市第十届委员会向大会作题为《立足富民强市、更好更快发展，全面完成老工业基地振兴历史性任务》的报告。会议以举手表决的方式通过了《中国共产党长春市第十一次代表大会关于第十届委员会工作报告的决议》和《中国共产党长春市第十一次代表大会关于市纪律检查委员会工作报告的决议》。会议选举产生了中共长春市第十一届委员会新一届市委委员会，以举手表决的方式通过了中共长春市第十一届委员会第一次全体会议选举办法，以无记名投票的方式选举产生了新一届市委常务委员会。王儒林当选为市委书记，崔杰、李树国当选为市委副书记，姜治莹、郑文芝、刘实、袁玉树、王金锡、杨子明、吴兰、王振华、钱万成当选为市委常委。

11日~13日

政协长春市第十届五次会议召开。会议审议通过了《政协长春市第十届委员会常务委员会工作报告》和《关于十届四次会议以来提案工作情况的报告》。会议同意张绪明同志辞去政协长春市第十届委员会主席职务，同意毛连方同志辞去政协长春市第十届委员会副主席职务。会议以无记名投票方式补选祝业精同志为政协长春市第十届委员会主席，补选殷丽依同志为政协长春市第十届委员会副主席。

12日~15日

长春市第十二届人民代表大会第五次会议在吉林省宾馆礼堂开幕。市长祝业精代表市人民政府向大会作工作报告。会议补选崔杰为长春市市长，补选闻弘为长春市第十二届人民代表大会常务委员会秘书长，补选丁绍伦、吕子军、孙超为长春市第十二届人民代表大会常务委员会委员。会议表决通过了关于政府工作报告的决议、关于长春市2006年国民经济和社会发展计划执行情况与2007年国民经济和社会发展计划的决议、关于长春市2006年预算执行情况和2007年预算的决议、关于长春市人民代表大会常务委员会工作报告的决议、关于长春市中级人民法院工作报告的决议、关于长春市人民检察院工作报告的决议。

26日

长春市十二届人大常委会举行第三十二次会议。会议审议通过了《关于提请审议废止〈长春市人民代表大会常务委员会关于规章备案审查程序的规定〉等四件规范性文件的议案》。决定任命姜治莹、郑文芝为长春市副市长。

26日

吉林省旅游工作会议召开。长春皓月集团成为全国工农业旅游示范点。长春莲花山滑雪场被授予“国家4A级旅游景区”称号。

27日

长春市委、市政府召开第六届亚冬会总结表彰大会。省委常委、市委书记王儒林到会并讲话。大会对亚冬会期间作出突出贡献的有功单位和先进个人进行了表彰。

27日

2006年度国家科学技术奖励大会在北京召开。长春市一汽职工王洪军发明的《轿车钣金快速修复法》获国家科学技术进步二等奖。

3月

1日

长春市公有住房出售的成本价格实行新政策，砖混结构一等住宅每平方米成本价格上调40元，砖混结构二等住宅和普通砖木结构住宅每平方米成本价格上调20元。过去实行的2.5%的现住房折扣优惠取消。

1日

全国首个专用车产业基地落户长春经济技术开发区。副省长李锦斌、市长崔杰为“长春专用车产业园区”揭牌。

4日

长春市遭遇55年不遇的一场罕见暴雪，市区部分路面平均积雪近17厘米。

4日

2007中国长春冰雪旅游节暨净月潭瓦萨国际滑雪节闭幕。本届冰雪节历时94天，共开展冰雪体育、冰雪旅游等大型活动35项。共接待国内外游客663万人次，实现旅游业总收入

63.64 亿元。

6 日

“2006 年中国科学仪器及分析测试行业十大新闻”评选结果揭晓，中科院长春应化所研发的“电化学气体传感器”成果获此殊荣。

7 日

长春市纪念“三八”国际劳动妇女节九十七周年暨“促进和谐、感动长春‘十大魅力女性’”颁奖大会在长春宾馆举行。于惠舫等 10 人获得此荣誉称号。

13 日

2007 年吉林省环境保护工作会议召开。长春市政府获得 2006 年省政府环境保护目标责任制考核一等奖。

17 日

由中科院长春应化所承担的省科技发展计划项目“人参标准化及系列产品开发研究”于日前通过国内专家组验收。该项目在人参标准化种植、人参基因组文库研究、人参质量标准及指纹图谱研究以及中药开发等诸多研究领域均达到国内领先水平。

20 日

长春市“红旗”、“解放”、“皓月”3 个品牌入选 2006 年度中国最具市场竞争力的品牌。

20 日

长春市召开享受 2006 年国务院特殊津贴人员和第七批享受市政府特殊津贴人员表彰大会，表彰了黄宇松等 8 名享受 2006 年国务院特殊津贴人员和孙李立等 49 名第七批享受市政府特殊津贴人员，并向他们颁发了荣誉证书和津贴。

20 日

德惠市米沙子工业集中区由吉林省政府批准成立，成为长春市又一家省级工业集中区。省市领导李锦斌、崔杰为该集中区揭牌。

26 日

2007 莫斯科中国国家展在莫斯科 CROCUS EXPO 展览中心开幕。长春一汽四款自主精品车在展会的中国知名品牌展区亮相。

30 日

由大众汽车集团和中国一汽集团合资建立的国内最先进的轿车发动机生产企业——大众一汽发动机(大连)有限公司，在大连举行了产品下线投产仪式，该产品已达到世界先进水平。中国一汽集团公司总经理竺延风参加了投产仪式并讲话。

31 日

吉林德莱鹅业有限公司与法国比奥菲尔公司在长春香格里拉大饭店举行了项目签约仪式。该项目总投资 2.4 亿元，是利用家禽的羽毛和血生产高纯度氨基酸。投产后可年产系列氨基酸产品 2 万吨。

31 日

一汽轿车股份有限公司在北京推出 2007 款马自达 6 中高档轿车，使 2007 年一季度上市的轿车新车型达到 23 款。

31 日

《长春市企业负担监督管理条例》公布，自 2007 年 5 月 1 日起施行。

4 月

2 日

《长春市城市公共汽电车客运管理条例》公布，自 2007 年 5 月 1 日起施行。

3 日

从长春站到长影世纪城的轻轨一、二期线路贯通，总长 31.36 公里，穿过长春 5 个城区和 3 个开发区。

6 日

长春市人才工作领导小组举行 2007 年长春市人才项目建设启动仪式，面向社会征集人才项目，立项后可获资金资助。

16 日

国家循环经济及振兴东北老工业基地重点工程——亚泰集团年产2 300万吨水泥生产扩建项目，在双阳区亚泰水泥双阳公司举行了开工奠基仪式。省市领导王珉、韩长赋、王儒林等出席项目奠基仪式。

16 日

东北首家纳米碳酸钙生产基地——吉林天泽纳米材料有限公司年产 10 万吨纳米碳酸钙项目在双阳区正式投产。该项目总投资 1.5 亿元，由长春大力纳米技术开发有限公司与澳大利亚环球石油公司共同投资兴建。

16 日

亚奥理事会第二十六次全体大会在科威特举行。会上，亚奥理事会向中国奥委会主席刘鹏、第六届亚冬会组委会秘书长安莉颁发了象征着和平友谊的花环和奖章，向第六届亚冬会组委会副秘书长郭忠君颁发了奖章，表彰他们为亚洲奥林匹克运动的发展作出的贡献。

18 日

作为第六次全国铁路提速的动力车组之一——长春市首列动力车组——长春—北京 D24/3 次“和谐号”列车出发。全程运行仅 6 小时 16 分，比原来长春至北京最快的列车运行时间缩短了 2 小时零 4 分。

18 日

吉林省孤儿学校新校区在长春净月经济开发区玉潭镇破土动工。新校区计划占地 20.2 万平方米,计划总建筑面积 6 万平方米,建成后可同时容纳 2 000名孤儿、残障儿童等就学。

22 日

长春大成集团 225 万吨玉米加工、100 万吨化工醇系列项目正式开工,拉开了中国玉米化工基地建设的大幕。省市领导王珉、李申学、李述、崔杰等出席了开工仪式。

23 日

长春市棚户区百万平方米回迁房、两万平方米廉租房正式开工建设,建成后将进一步改善群众特别是困难群众的居住条件,确保拆迁居民得到妥善安置。

24 日～25 日

长春市二道区在上海和无锡召开投资环境说明会暨项目签约仪式。来自上海、无锡、苏州等城市的政府及工商界人士近 500 人参加了会议。意向签约 26 项,金额达 80 亿元。

24 日

由吉林德莱鹅业有限公司与法国比奥菲尔公司合作建设的氨基酸产业基地在长春经济技术开发区举行了开工奠基仪式。该项目占地 11.4 万平方米,总投资 2.4 亿元。省市领导王珉、刘淑莹、崔杰等出席项目开工奠基仪式。

25 日

长春市十二届人大常委会第三十三次会议结束。会议表决通过了《长春市人大常委会关于修改〈长春市城市房屋拆迁管理条例〉第十六条第二款的决定》;决定了人事任免事项,会议决定接受刘实同志辞去长春市副市长职务,接受刘庆海同志辞去长春市第十二届人民代表大会常务委员会委员职务的请求。

25 日

长春市南部污水处理厂正式开工建设,2008 年底竣工并投入运行,建成后长春市污水二级处理率将达 80% 以上。

27 日

一汽光洋转向装置有限公司第二工厂举行开工仪式。达产后将形成年产汽车转向器 170 万台的生产能力,成为国内最大的汽车转向器生产基地。吉林省省长韩长赋、长春市副市长李福春出席开工仪式,并为项目剪彩。

28 日

《长春市城市房屋安全管理条例》公布,自 2007 年 5 月 1 日起施行。

29 日

长春市市长崔杰主持召开市政府第五十九次常务会议。会议听取了《关于长春市非煤矿山企业安全生产情况的汇报》,审议并原则通过了《长春市旅游业管理办法》、《长春市建设工程造价管理办法》。

5 月

8 日

吉林省长春科技文化中心综合馆在长春净月经济开发区举行开工奠基仪式。

8 日

长春嘉路喜年处理 2.5 万吨废油再提炼产业基地项目开工建设。

9 日

长春市公布《长春市人民政府关于公布保护(第一批)历史建筑名录的通知》,伪满外交部旧址、伪满中央银行俱乐部旧址等 99 个建筑进入长春市第一批保护历史建筑名录。

9 日

长春市理工大学科技园成立。

10 日

长春市委、市政府召开长春市民生工作会议。会议由市委书记王儒林主持。会议出台了《中共长春市委长春市人民政府关于进一步加强民生工作的意见》和《长春市 2007 年民生行动计划》。会议提出:"十一五"期间,长春市将重点在劳动就业、社会保障、医疗卫生等方面落实 10 项民生工作任务。

13 日

长春至吉林城际铁路项目正式开工建设。该项目为吉林省"十一五"重点工程,全长 96 公里,项目总投资 86 亿元,2010 年建成后,长春到吉林只需 39 分钟。

13 日

华能九台电厂奠基仪式在九台市土们岭镇举行。该厂由华能国际电力开发公司独资规划建设 4 台 66 万千瓦国产超临界燃煤机组。总投资 100 亿元,将成为东北最大的国产超临界发电机组。

14 日

长春市公安局在九台市召开新闻发布会,宣告九台市"5·10"残害幼女案成功告破。仅用 3 天时间就把犯罪嫌疑人徐岐彪抓捕归案,徐对犯罪事实供认不讳。

18 日

长春市召开防治日本松干蚧工作会议。由于日本松干蚧侵入长春市少数区域,城区防治成今后重点。

20日

东北师范大学自然博物馆暨吉林省自然博物馆被认定为吉林省科普基地。省长韩长赋出席仪式并为科普基地揭牌。

21日

中共吉林省委在长春市召开全市党员负责干部会议,宣布中央和省委关于长春市委主要领导同志职务变动的决定,高广滨同志任长春市委委员、常委、书记,免去王儒林同志长春市委书记、常委、委员职务,调吉林省工作。

25日

长春伪满皇宫博物院正式被国家旅游局评定为全国首批5A级旅游景区;同时该院申报的《勿忘"九一八"——日本侵略中国东北史实》展览获得第七届全国博物馆十大精品陈列展览精品奖。

25日

中共长春市委召开全市党员负责干部会议。吉林省委常委、市委书记高广滨在会上作重要讲话。号召全市深入贯彻落实吉林省第九次党代表大会精神,重点在加快发展、改善民生、构建和谐、加强党建等4个方面抓好落实。

25日

俄罗斯、白俄罗斯入驻长春中俄科技园代表处成立揭牌仪式在长春高新技术产业开发区举行,标志着中俄、中白将进一步牵手开创科技合作新领域。

6月

6日

长春市北郊污水处理厂一期升级改造工程竣工。升级改造后,一次性可将每日39万吨污水从一级处理全部提升为二级处理,使水资源得到较好的再利用。

11日

长春市市长崔杰与吉林省电力有限公司总经理魏昭峰共同在"长春电网'十一五'发展协议"上签字。从2007年起到2010年,国家电网公司将投资60.48亿元,用于长春城市电网建设与改造。

14日

国家(长春)汽车电子产业园区授牌仪式在南湖宾馆举行,市长崔杰代表长春市从信息产业部部长王旭东手中接牌。这标志着长春市光电子、汽车电子产业被国家纳入重点发展的整体框架中,成为国家级的基地与园区。

15日~17日

中国(长春)国际光电信息技术博览会在长春国际会展中心开幕。本届博览会以"科技之光,引领未来"为主题,以"加强交流合作,促进科技创新,加快产业发展"为宗旨,信息产业部部长王旭东、国家发展和改革委员会副主任张晓强,省市领导王珉、王儒林等出席开幕式。光博会历时3天,128家企业参展,3万余名观众参观。

15日

著名历史学家关梦觉教授铜像在吉林大学落成。

15日

长春市人民政府第21号令:《长春市养老服务机构管理办法》发布,自2007年7月15日起施行。

15日

长春市人民政府第22号令:《长春市旅游业管理办法》发布,自2007年7月15日起施行。

15日

长春市人民政府第23号令:《长春市建设工程造价管理办法》发布,自2007年7月15日施行。

16日~22日

2007年长春房地产暨相关产业产品展示交易会在长春国际会展中心开幕。共展出各类房源6.79万套。展会历时7天,有55万人次参观,共成交房屋6 577套,房屋暨相关产品交易总额达20.24亿元。

17日

第二届中国(长春)国际光电子信息技术博览会举行项目签约仪式。长春市信息产业局负责同志分别同中科院长春光学精密机械与物理研究所、微软(中国)有限公司、日本瑞萨科技株式会社的代表签署协议或备忘录。

21日

长春市委、市政府召开全市重大项目推进工作会议。会议贯彻落实省九次党代会精神,部署重大项目建设工作。会议确定了需要全力加以推进的5大类20个组团91个重大项目,涉及工业、农业产业化、现代服务业、城市建设、民生,总投资2 808亿元。

21日

市长公开电话智能化综合服务平台正式开通。

21日

中国国际航空公司与首都机场海关、长春海关,就国航开通长春经北京中转至莫斯科、法兰克福、新加坡、洛杉矶虚拟国际航线在相关协议上签字。标志着长春至欧洲、美洲有了虚拟国际航班,填补了长春以往没有欧洲美洲航线的空白。

26日

香港经贸代表团一行59人,在香港贸易发展局总裁林天福的率领下抵达长春,与长春市企业开展为期3天的经贸交流活动。

28日

由启明信息技术股份有限公司和香港新进科技集团合作建立的启明新进汽车电子基地,在长春净月经济开发区启明软件园落成投产。这是国内汽车行业最大的IT企业首次和国际知名电子制造服务企业合作建立的汽车电子基地。

28日

吉林动漫游戏原创产业园揭牌仪式暨奠基典礼在长春高新技术产业开发区的吉林艺术学院动画学院举行。园区面积6.4万平方米,总投资约3亿元,主要功能为动漫游戏研发、制作、发行等。

29日

长春市十二届人大常委会第三十四次会议结束。会议表决通过了《长春市伊通河城区段管理条例》、《长春市人大常委会关于修改〈长春市酒类专卖管理条例〉的决定》、《长春市人民代表大会常务委员会关于设立中国长春汽车节的决定》,决定了人事任免事项。会议决定,接受李龙熙同志辞去长春市副市长职务的请求。

29日

经过中科院长春应化所和中国石油吉林石化分公司科技人员共同研发,以均相稀土催化剂成功合成出新型稀土异戊橡胶,通过了中石油公司组织的专家验收。该成果为国内首创,具有重大经济和社会效益。其开发出的催化剂技术达到国际领先水平。

30日

长春美国国际学校举行了新教学楼启用典礼。该校是吉林省第一所由政府批准获得办学许可的正规国际学校。

29日~7月2日

第四届中国(长春)国际汽车零配件展洽会在长春国际会展中心开幕。本届汽配会,共设600个标准展位,参展企业达370家,吸引了专业参展者1.4万人次。共签订汽车模具、汽车配件等多项采购合同,合同金额2 610万元,总成交金额达437.2万元。

7月

1日

吉林省政府决定,上调全省最低工资标准。其中,长春市市区的最低工资标准从现行的每月510元上调至650元。并继续增加退休人员基本养老金,对具有高级职称的退休科技人员和退休早、养老金偏低等人员进行倾斜。

2日

农安松源120万吨玉米深加工项目奠基。该项目由大连松源企业集团有限公司和世界著名的淀粉深加工企业法国罗盖特公司联手打造。该项目总投资20亿元人民币,年可加工玉米120万吨。长春市领导高广滨、崔杰等出席了奠基仪式。

6日

长春经济广播电台·民生广播开播。

8日~9月8日

首届长春消夏节暨中国热气球精英赛在长春体育场开幕。消夏节期间举行了20余项精彩纷呈的活动,共接待国内外游客665万人次,实现旅游业总收入75亿元。

9日

吉林省委常委、市委书记高广滨主持召开市委常委(扩大)会议,听取市政府关于民生工作情况的汇报,研究进一步推进民生工作。民生工作会确定94项任务,决定开始着手研究未来5年民生规划,保证民生工作每年都有新目标、新发展、新变化。

10日

长春市政府授予新加坡易联控股有限公司主席吴锦江先生"长春市荣誉市民"称号。

13日~22日

第五届中国(长春)汽车博览会在长春国际会展中心举行。本届汽博会展出面积为14万平方米,室内共分7个展馆。室外共分4个展区。参加车展及各项活动人数突破150万人次,售车3 610辆,签约汽车项目8个。全国人大常委会副委员长盛华仁等领导到会。

15日~22日

首届中国长春汽车节隆重开幕。本届汽车节以"人·汽车·社会"为主题,通过各项活动,促进区域和国际间的汽车交流与合作。首届汽车节为长春带来7.2亿元的收入。

15日

解放J6世界级重卡在一汽解放卡车新基地下线。标志着中国长春一汽成功地实现了解放品牌自主核心技术与当代国际水平的全面接轨。

15日

中国长春汽车博物馆一期工程竣工，并举行了开馆仪式。省市领导韩长赋、高广滨、崔杰，一汽集团领导竺延风、赵方宽共同为江泽民亲题馆名的“中国长春汽车博物馆”牌匾揭幕。

15日

《一汽集团2007版中长期科技发展规划纲要(2008～2020)》正式对外公布。未来8年，一汽集团将投入130亿元左右，用于自主研发及科技创新。

18日

国家(长春)汽车电子产业园在长春汽车产业开发区正式挂牌。同时，总投资为10亿元的长虹工业园举行开工仪式。标志着长春汽车产业开发区汽车零部件产业开始向高端迈进。

19日

吉林省委常委、长春市委书记高广滨在长春香格里拉大饭店会见了香港鹰君集团董事局主席罗嘉瑞一行。他们此次来长是参加朗豪酒店合作项目签约仪式的，香港鹰君集团旗下朗豪酒店集团将受任管理于2009年初开业的五星级长春朗豪酒店。

19日

吉林省经贸代表团赴京津鲁地区经贸活动成果显著。此次活动签约项目总数达到26个，其中，内资合同项目23个，投资总额95.37亿元；外资合同项目3个，投资总额1 900万美元。省市领导王儒林、陈伟根、姜治莹出席签约仪式。

23日～24日

全国城镇居民基本医疗保险试点工作会议在北京召开。长春市被批准为国家首批医疗保险试点城市之一。

24日

长春市十二届人大常委会举行第三十五次会议。会议审议决定了人事任免事项。决定任命潘显政、冯强为长春市副市长。

27日

吉林省最大的子午线轮胎生产企业——锦湖轮胎长春工厂竣工。该厂总投资额1.57亿美元，具有年产315万条轮胎的生产能力，是目前韩国在吉林省投资规模最大的项目。韩国锦湖韩亚集团董事长朴三求及省市领导王珉、韩长赋等参加了竣工仪式。

27日

经过国家、吉林省、长春市历时29天的共同努力，长春市双阳区格林—巴利综合征聚集发病已得到有效控制。36位病人，18人已治愈出院，12人进入康复治疗阶段，已连续20天无新发病例。

28日

第三届中国国际会展文化节在深圳举行。长春市荣获5项会展业大奖，在全国性会展行业评比中再次成为获得奖项最多的城市之一。

28日

中国农业科技东北创新中心(吉林省农业科学院)长春院区新址在长春净月经济开发区正式落成。该中心将利用10年时间，打造成吉林乃至东北地区发展农业的科技“硅谷”。

8月

1日

在美国财富杂志公布的2007年“世界500强”企业名录中，中国长春(一汽)集团公司以187.10亿美元的销售收入再次跻身“世界500强”，排名第385位。一汽集团已连续3年入选“世界500强”。

4日

长春汽车燃气发展有限公司自主研发的石油液化气常温液相生产汽车燃气方法、一种常温液相精制车用石油液体气的方法与装置两项成果，日前通过国家科技部、全国清洁汽车行动专家组的验收，获两项国家专利。

7日

长春市市长崔杰主持召开市政府第六十一次常务会议，讨论并通过了《长春市人民政府关于棚户区改造情况的报告》。

8日

长春中兴长铃汽车零部件制造有限公司年产20万台(套)汽车、零部件项目，在长春经济技术开发区“专用车产业园区”举行奠基仪式。该项目总投资19.37亿元。年生产能力20万台(套)，年可实现销售收入135亿元。

15日

长春市推出首批保障性住房。345个低收入家庭将受益。

17日

长春市高性能稀土镁合金产学研技术创新战略联盟成立暨长春中科希美镁业有限责任公司投产庆典隆重举行。吉林省、长春市领导高广滨、陈晓光、崔杰、祝业精、钱万成、闫成立等出席庆典并为公司投产剪彩。该公司成为中国最大的稀土镁合金产业化示范基地。

20日

长春市政府与中国北车集团在长春宾馆签订了《长春市人民政府与中国北车集团战略合作备忘录》。在未来3年至5年,使长春市轨道交通装备制造业形成300亿元左右的产业规模。

21日

长春市委常委、副市长冯强在长春宾馆会见了以日本大学部长小野沢元久为团长的日本大学访问团一行。他们此次来长,是为拜访东北师范大学,并与师大就今后的合作事宜进行探讨。

21日

吉林省化学中毒医疗救治基地在长春市建政路落成。

23日

铁道部和辽宁、吉林、黑龙江三省在长春市联合举行哈尔滨至大连铁路客运专线开工仪式。哈大铁路客运专线总投资923亿元,纵贯东北三省,全长904公里。铁道部部长刘志军、国家发改委副主任、国务院振兴东北办主任张国宝出席会议。

25日~9月3日

第十二届长春书市在长春体育场开幕。本届书市设展位200多个,全国560多家出版社参与,图书种类近15万种。书市期间共接待读者131万余人次,累计销售各种出版物150万册(盘),销售总码洋1 376万元。

29日

大唐长春第二热电有限责任公司二期工程3台20万千瓦机组建设全部竣工,5台机组全部投产运行,使大唐长春二热的年发电量可达60亿千瓦时,供热面积达1 100万平方米,每年减少烟尘排放7 987吨。成为东北首家百万千瓦供热电厂。

25日~31日

第四届中国(长春)民间艺术博览会在欧亚卖场拉开帷幕。展出15大类,近万种民间艺术品。展会期间,参观人数近151万人次,总成交额7 648万元。

9月

2日~6日

第三届中国(吉林)·东北亚投资贸易博览会在长春国际会展中心开幕。中共中央政治局委员、国务院副总理曾培炎宣布会议开幕。吉林省省长韩长赋主持开幕式。来自朝鲜、日本、韩国、蒙古、俄罗斯与中国的5万名客商,在东北亚博览会这个平台上进行广泛的交流与合作。博览会期间,共签约项目169个,总投资774亿元,国内贸易成交额12.7亿元,外贸成交额4.1亿美元。

5日

亚洲最先进、与世界同步的DEKA第7代喷油器生产线在西门子威迪欧汽车电子(长春)有限公司正式投产。

7日

由中国北车集团长春轨道客车股份有限公司为首都国际机场线设计、生产的首列无人驾驶轨道客车在长春下线。

10日

上海市市委书记习近平会见了吉林省委常委、市委书记高广滨、市长崔杰及长春市党政代表团部分成员。并向代表团介绍了上海的情况。

10日

长春市2007年共建设农村公路1 146.5公里,加上2004年至2006年新建设的农村公路,共建设9 575.3公里,长春市96%以上的行政村通上了油路或水泥路。

17日

白俄罗斯在中国设立的首个常设技术市场在长春开业。

18日

全国道德模范颁奖晚会在北京中央电视台举行。长春市二道区国税局职工刘国江被评为全国道德模范。

18日

长春市希望中学正式更名为长春市龙子心希望学校。成龙接受了长春市龙子心希望学校名誉校长的聘书。

19日

长春市委、市政府在吉林省宾馆召开长春市第三十二届劳动模范表彰大会,授予竺延风等6位劳动模范"振兴长春老工业基地功臣"荣誉称号,李黄玺等23位劳动模范"振兴长春老工业基地突出贡献奖";授予王洪军等50名同志"长春市特等劳动模范"荣誉称号,王宏等449名同志"长春市劳动模范"荣誉称号,命名长春轨道客车股份有限公司等52个单位为"长春市模范集体"。同时,为表彰在长外籍人士为长春经济社会发展作出的贡献,市政府还授予米契尔·海尔曼等9位外籍人士"长春市荣誉劳动模范"称号。

21日

长春北郊污水处理厂升级改造工程正式竣工投入运行。升级改造后,北郊污水处理厂的日污水二级处理能力为39万吨,每年COD减排量可达3万余吨。对于改善伊通河和松花江水体环境具有重要意义。

22 日

由丹麦教育兼宗教事务大臣贝特尔·哈德率领的丹麦教育代表团抵达长春，访问了东北师范大学人文学院，并参加了该院与尼尔斯·布劳克哥本哈根商学院合作办学项目2007年新生开学典礼。

22 日～24 日

由国家粮食局、吉林省政府和长春市政府共同主办的2007中国国际玉米产业博览会在长春国际会展中心举行。吸引了来自吉林、黑龙江、辽宁、北京、山东等14个省市的140家国内外著名企业及科研单位参展。展会共销售粮食92.8万吨，成交金额总计10.8亿元。

23 日

长春市市长崔杰与中国石油天然气集团吉林油田公司总经理侯启军，共同在长春市政府与中国石油天然气集团吉林油田公司《关于推动天然气开发与供应战略合作协议》上签字，中石油吉林油田公司将进一步提高向长春供应天然气的能力。

24 日

长春市委召开常委（扩大）会议，总结长春市党政经贸代表团赴厦门、上海等7城市考察成果。代表团共签约56个项目，签约金额465.54亿元人民币、4.078亿美元、1 340万欧元，并与各城市达成了进一步合作的战略意向。

25 日

长春市政府对获得"中国名牌产品"的5户企业进行了表彰，并各奖励50万元。它们分别是一汽集团的解放牌载货汽车、禹衡光学有限公司的禹衡牌光电编码器、长春轨道客车股份有限公司的CRC轨道客车、皓月集团的皓月牌鲜冻分割牛肉和吉粮集团米业有限公司的米牌大米。

28 日

中国华能集团公司在吉林省成立了华能吉林发电有限公司，该公司注册资金1亿元，主要负责中国华能集团公司在吉林省的电力、清洁能源等项目的开发建设和经营管理。

28 日

吉林省委、省政府召开吉林省第十届精神文明建设"五个一工程"表彰大会，对获得中宣部和吉林省精神文明建设"五个一工程"奖的优秀作品和组织工作先进单位进行表彰奖励。

28 日

长春市中级人民法院公开宣判，对榆树市人大常委会原副主任徐凤山等23人作出一审判决，徐凤山因犯贪污罪、受贿罪、包庇黑社会性质组织罪等被判死刑，缓期2年执行。徐伟犯故意杀人罪、故意伤害罪等被判死刑。

10月

7 日

中科英华高新技术股份公司在长春高新技术产业开发区兴建的"中科英华新材料产业园"举行开工奠基仪式。该园建成后将成为中国在含氟改性电缆等辐照交联特种高分子材料方面的重要研发生产基地。

8 日

由中国科学院长春应用化学研究所和华东理工大学、中科院化学所等6个单位联合承担的国家自然科学基金重大项目——"高分子材料反应加工过程的化学与物理问题研究"，取得多项具有重要理论意义和重大实际应用价值的系列创新性成果，并通过了国家自然科学基金委员会组织的项目验收，被评为"特优"级。

12 日

长春市人民政府第24号令《长春市城市供热管理办法》发布施行。

20 日

世界首台新一代"全彩色LED集成三合一显示屏"在长春问世。

25 日

吉林省又一重点工程——营城子至松江河高速公路开工。建成后从长春到长白山用时将缩短一半以上。

26 日

吉林银行正式挂牌。这是全国第三家由城市商行和城市信用社改组成立的省级股份制商业银行。吉林银行由长春市商业银行、吉林市商业银行和辽源市城市信用社跨地区整合建立。吉林省委书记王珉、省长韩长赋为吉林银行揭牌。

26 日

长春市棚户区百万平方米回迁房回迁入住仪式在八里堡举行。8 944户居民拿到回迁房钥匙，标志着长春市棚户区改造大批回迁拉开序幕。

31 日

长春市十二届人大常委会第三十八次会议结束。会议通过了《长春市物业管理条例》，通过了《长春市人民代表大会常务委员会关于加强历史建筑和历史文化街区保护的决议》，决定了人事任免事项。

31 日

东北最大公路客运站之一——长春凯旋公路客运站正式运营。该客运站高峰期每天可容纳客运班次3 000个，日均发送旅客8万人次。

11 月

2日

吉林省国家（SOS）紧急救援培训鉴定中心在长春市挂牌成立。

2日

长春市人民政府第27号令《长春市城市建设档案管理办法》发布，自2007年12月3日起施行。

3日

长春——泉州经济合作项目洽谈暨签约仪式在长春举行。共有9个项目签约，签约资金为78.5亿元。

6日

2007中国（内地）最具幸福感城市评选结果在杭州揭晓，长春市被评为“最有人情味城市”。

9日

由教育部、公安部等7部委联合主办的2007“中国骄傲”人物评选结果揭晓，长春市消防支队特勤大队班长孙军、李正卫捧得“中国骄傲”奖杯。

10日

长春市养正中学正式落成。该校坐落于长春市铁北新区，系由长春市第十二中学、第四中学整合易地组建。

14日

长春亚泰足球队夺得2007年中超联赛冠军。

15日

长春轨道交通装备制造产业园揭牌暨高速列车工程试验中心奠基仪式在绿园经济开发区举行。园区占地6.5平方公里，3年左右使长春市轨道交通装备制造业产值达到300亿元。

16日

科技部批复同意将12个工程技术研究中心列入2007年国家工程技术研究中心组建项目计划，以长春光机所为依托单位的“国家光栅制造与应用工程技术研究中心”榜上有名。该中心是吉林省独自组建的第一个国家级工程中心。

22日

吉林德大有限公司、吉林省温馨鸟集团有限公司和吉林省吴太药业有限公司的“德大”、“温馨鸟”、“感康”3个商标被国家工商总局认定为“中国驰名商标”。

22日

白俄罗斯“明斯克日”活动在长春宾馆拉开帷幕。白俄罗斯驻华大使托济克、明斯克市副市长吉坚科夫，市领导崔杰、冯强等出席开幕式。明斯克市政府代表团及经贸文化团体一行94人来长，主要与长春开展经贸、文化等领域的交流与合作。

23日

吉林省委常委、长春市委书记高广滨在长春宾馆会见了正在长春进行考察的“达沃斯”（世界经济论坛）驻中国首席代表蒋睿杰先生，表达了长春市将全力申办“达沃斯夏季年会”的愿望。

23日

中国第一汽车集团和墨西哥萨利纳斯（SALINAS）集团合资建设经济型轿车生产基地奠基仪式在墨西哥莫雷丽亚举行。投产后，年生产规模将达到10万辆。墨西哥总统卡尔德龙为工程奠基培土。中国驻墨西哥大使殷恒民、一汽集团公司总经理竺延风等参加了奠基仪式。

27日

中共长春市委召开十一届二次全体会议。会议研究部署了2008年工作和今后一个时期的奋斗目标。听取并审议了省委常委、市委书记高广滨代表市委常委会所作的工作报告，讨论和原则通过了《中共长春市委关于建立健全基层党组织服务民生工作体系的意见》。

29日

长春汽车新城项目启动。项目总投资30亿元，总占地面积2.99平方公里。建成后将成为长春市城市西南的副中心。

30日

“全国十大见义勇为好司机”表彰大会在北京召开。王舸是为保护师生不受伤害，被闯进校园的歹徒用刀刺中而光荣牺牲的。

12 月

7日

《长春汽车产业开发区条例》公布，自2008年1月1日起施行。

7日

长春市人民代表大会常务委员会第58号公告《长春市物业管理条例》现予公布，自2008年1月1日起施行。

7日

长春市荣获“全国绿化模范城市”称号。

11日

吉林省十届人大常委会举行第三十九次会议，决定任命竺延风为吉林省副省长，张文显为吉林省高级人民法院副院长。

9日~14日

政协长春市第十一届委员会第一次会议在长春宾馆会堂开幕。大会主席团常务主席张元富主持开幕式。祝业精向大会作工作报告。会议以无记名投票方式选举张元富为政协长春市第十一届委员会主席,管树森、薛康、宋勇、孙丰月、方曙光、张晓华、张红星当选为副主席,石坚当选为秘书长。会议选举产生了政协长春市第十一届委员会86名常务委员。

10日~15日

长春市第十三届人民代表大会第一次会议在吉林省宾馆礼堂开幕。本次全体会议执行主席、大会主席团常务主席李述主持第一次全体会议并致开幕辞。崔杰代表市人民政府向大会作政府工作报告。会议以无记名投票的方式选举祝业精为长春市第十三届人民代表大会常务委员会主任,冯占祥、宛祝平、李发锁、龙华、卢友富为副主任,闻弘为秘书长,选举产生了38名长春市第十三届人民代表大会常务委员会委员;选举崔杰为长春市市长,姜治莹、李伟、郑文芝、王学战、钱龙生、高学章、李福春为长春市副市长;选举宋利菲为长春市中级人民法院院长;选举徐明为长春市人民检察院检察长。

17日

商务部和科技部正式认定了中国第二批科技兴贸创新基地,并于当日联合在京召开国家科技兴贸创新基地授牌大会。吉林省长春市、青岛市崂山区等20个地方和园区被授予“国家科技兴贸创新基地”称号,长春市被认定为生物医药类科技兴贸创新基地。

23日

2007~2008年全国花样滑冰大奖赛在吉林省滑冰馆开赛。

24日

净月潭瓦萨冰雪乐园开园仪式在净月潭国家森林公园举行。

25日

一汽集团2007年销售中、重、轻、轿、客、微各类整车143万辆,实现销售收入1 880亿元。创造一汽年度销量和销售收入的最高纪录。

27日

全国单板U型场地滑雪锦标赛在黑龙江省亚布力滑雪场落幕。长春市冬管中心队夺得女团冠军。

27日

经中央批准,徐建一同志任中国第一汽车集团公司总经理兼一汽集团公司党委副书记,竺延风同志不再担任中国第一汽车集团公司总经理兼一汽集团公司党委副书记职务,调吉林省工作。

28日

长春市委、市政府在长春宾馆会堂召开全市经济工作暨工业强市大会。会议决定全面实施“工业强市”战略,把长春老工业基地打造成为新型产业基地。会议正式下发《市委市政府关于全面实施工业强市战略加快工业经济发展的若干意见》和《2007年长春工业发展报告》,决定坚持投资与项目拉动,2008年集中力量抓好工业、农业产业化、现代服务业、城建、民生5大类20个组团150个重大项目。

28日

吉林省公安战线英雄模范先进集体表彰大会在南湖宾馆举行,长春市公安局二道区分局东盛派出所等14个单位和50名个人受到表彰。

(常　颖)

长春概貌

长 春 概 貌

自然概况

【位置面积】 长春市位于北半球中纬地带,欧亚大陆东岸的中国东北大平原腹地,居北纬43°05′~45°15′;东经124°18′~127°05′。幅员20 604平方公里。现辖六区:朝阳区、南关区、宽城区、二道区、绿园区、双阳区。榆树市、农安县、德惠市、九台市由吉林省直辖。长春西北与松原市毗邻,西南和四平市相连,东南与吉林市相依,东北同黑龙江省接壤。城市面积4 789平方公里。市区中心城区建成区面积285.04平方公里。

【地质地貌】 长春市属天山——兴安地槽褶皱区吉黑褶皱系松辽拗陷的东部边缘,城区下部分布着深厚的白垩系泉头组,为一套红色较粗粒碎屑岩(页岩、泥岩、细砂岩和砂页岩互层),均为不透水层或含水性极微层,地层深厚(500米尚未穿透),岩层致密,倾角很小(5°~10°)。此外,第四世纪沉积相当普遍,洪积层上部为黄土状物质,下部为红色粘土或砂砾层。新构造运动以来,地体微升,地表受流水切割,沟谷发育,形成微波状台地平原。二级阶地黄土状亚黏土厚15米~25米,抗压强度20吨~25吨/平方米,是较佳的天然地基。一级阶地(二道区)亚黏土层地基抗压强度8吨~11吨/平方米,但地表下2米~4米深处有一淤泥层,不适于天然地基,下部是砂、砂砾层,抗压强度25吨~35吨/平方米,距地表6米~11米以下是基岩,对大型、特大型建筑基础置于基岩上最为有利。

长春市的地貌特点,是远依山,近傍水,以台地平原为主。主要地貌类型为:(1)低山丘陵。分布于市区东南部,属大黑山脉的一部分,略呈东北西南走向,海拔大部分在250米~350米之间,相对高度为50米~100米;东部的大顶子山海拔407米,组成的岩石有花岗岩、安山岩、极岩等变质岩系,其中以花岗岩分布面积最广,久经侵蚀,已成浑圆状;山地丘陵面积在市区内所占面积比重甚微,山地丘陵中有森林,低丘之间有些冲积平原和盆地,为农业区;伊通河出大黑山北麓,从南向北穿过市区东部,在狭口处有修筑水库的良好条件。(2)台地平原。城区台地面积约占总面积的70%,并高出伊通河一级阶地10米~20米,地表微波起伏,土质主要由黄土状土构成,海拔在200米~230米之间,最高压245米;浅谷谷坡漫长,市区有近80%的地面坡在10度以下。(3)冲积平原。主要由伊通河冲积作用形成,在河流两岸形成了比较宽阔的带状平原,面积近30%,地势低平,海拔多在200米左右;沿河两岸的低洼部分,汛期常被洪水淹没,属河漫滩部分,组成物质多为粗砂或细砂;河漫滩两侧为宽窄不等的高漫滩或一级阶地,宽度一般在4公里~5公里间;一级阶地高出河床3米左右,其组成物质上部是亚砂土、亚黏土,下部是砂砾层,冲积物厚10米左右;二级阶地面积较小,河床两侧可提供建筑用砂;平原上的河迹洼地,因多为淤泥质黏土或亚黏土,并夹灰色砂质透镜体,大多排水不畅,土体抗压性较差,但在大部分台地平原上的沟谷系统则成为城市自然排水通道。(4)火山锥体。台地平原西接松辽分水岭,系第四纪更新世末期沿断裂带呈地垒式隆起,并有火山活动,因此,在长春西南的大屯、范家屯一带,火山锥体突起在波状平原之上。多由玄武岩构成,是良好的建筑材料。

【水文气候】 长春市的地表水属第二松花江水系,松花江、饮马河、伊通河的中下游,还有沐石河、双阳河、雾开河、新开河及卡岔河等流经境内,有波罗泡子、敖宝吐泡子、元宝泡子等主要泡子湖泊7处;市区的地表水,较大的河流为第二松花江的支流,也是饮马河的支流——伊通河及其支流——新开河等。由于市区的下部基岩为中生代白垩系红色岩系,岩层致密,为一不透水层或含水性极微,因而无深层地下水源,故地下水贫乏。

长春市的气候介于东部山地湿润与西部平原半干旱区之间的过渡带,属温带大陆性半湿润季风气候类型。东部和南部虽距海洋不远,但由于长白山地的阻挡,削弱了夏季风的作用;西部和北部为地势平坦的松辽平原,西伯利亚极地大陆气团畅通无阻,故气候总的特点是冬季严寒漫长,春季干旱多风,夏季温暖短促,秋季晴朗温差大。

冬季,受强蒙古高压系统影响,冷气流经常自北及西北侵入,盛行偏西风,气候寒冷、干燥。天气变化主要取决于高空西风带中的低槽过境:低槽移近时,常有较盛的偏南风入境,形成多云、多雪的阴湿天气;低槽过后,高压脊的前部侵入,致使风向转为西北风,气温骤降,并有时出现雪暴天气,然后高压系统全部占据,天气晴朗、干燥、风力微弱。这种更替,一次大约三四天,形成冬季"三寒四温"的天气特征。平均气温零下12℃,最低气温出现在农安县,为零下37.2℃。

春季,地表温度增高,蒙古高压系统势力减弱,这时低压系统自贝加尔湖区侵入,形成东北低压并经常过境,低压前部常出现强大的西南气流,后部有猛烈的西北气流,大风天气多,最大风速可达30米/秒,且低压系统后部引起北方寒流冷气南下,形成寒潮天气。

夏季,东南风盛行,有从小笠原状群岛吹来的东南风,也有渤海补充的湿气,自南而来的夏季风极锋锋线位置也移到本地,并有温带气旋过境。平均气温21.9℃,最高气温出现在德惠市,为32.1℃;全年最大日降水量出现在九台市,为98.8毫米。

秋季,贝加尔湖低压系统虽有入侵,但发展的机会不如春季显著,高压在本区停滞的机会较多,因而在秋季可形成持续数日的晴朗而温暖的天气,温差较大,风速也较春季小。

【自然资源】 长春市地域辽阔,土地资源较丰富,共有土地面积20 604平方公里,其中耕地135.04万公顷。土质主要是黑土、草甸土、黑钙土等,分别占耕地面积的34.5%、29.06%、15.28%。土质肥沃,一般黑土层厚达0.6米~1.0米。全市共有林地26.5万公倾,森林的组成以东亚阔叶林成分为主,华北系成分、长白区系成分也有渗入,如黑松、樟子松、云杉、冷杉、长白落叶松、侧柏、桧柏、胡桃楸、水曲柳、黄菠萝、花曲柳、山杨、黑桦等。野生植物资源群落中,有森林植物、草甸植物、草原植物等,具有经济价值的野生植物300余种:可供药用的有五味子、大活、党参、苍术等150多种;可做工副业原料的有胡枝子、芦苇、蒙古栎等50多种;可供食用的有蕨菜、黄花菜、山楂、山葡萄等30多种;可做饲料的有碱草、草木樨、小叶樟等50多种。野生动物资源有豹猫、红狐、鸿雁、林蛙、中华鳖、虎斑文蛇、背角无齿蚌等5类34种。

长春市的矿产资源,除已探明的煤、油质岩矿、水泥石灰岩矿、水泥黏土矿、珍珠岩砂、膨润土、萤石、铸型用砂矿、铜、银、铁以外,石油、天然气也有一定储量。

(王国志)

人口 民族

【总人口及分布情况】 截至2007年末,长春市共有2 317 389户,7 459 463人。其中:男性人口3 770 314人,占人口总数的50.5%;女性人口3 689 149人,占人口总数的49.5%。市区(南关区、宽城区、朝阳区、二道区、绿园区、双阳区)人口为3 581 301人,占全市总人口数的48.0%;县(市)(农安县、九台市、榆树市、德惠市)人口为3 878 162人,占全市总人口数的52.0%。总人口数比上年增加66 902人,增长率为9.0‰,增长率比上年下降1.5‰。长春市人口占吉林省总人口数的27.3%。

2007年长春市人口增长及分布情况表 单位:人

区、县(市)别	2006年末总人口	2007年末总人口	增加人口	增长率‰
全　市	7 392 561	7 459 463	66 902	9.0
市辖区	3 487 724	3 581 301	93 577	26.1
南　关	635 656	645 170	9 514	14.7

续表

区、县(市)别	2006 年末总人口	2007 年末总人口	增加人口	增长率‰
宽 城	636 504	642 096	5 592	8.7
朝 阳	757 623	756 397	-1 226	-1.6
二 道	487 002	553 115	66 113	119.5
绿 园	587 706	598 858	11 152	18.6
双 阳	383 233	385 665	2 432	6.3
农 安	1 070 112	1 079 892	9 780	9.1
九 台	756 669	704 223	-52 446	-74.5
榆 树	1 266 246	1 275 721	9 475	7.4
德 惠	811 810	818 326	6 516	8.0

【人口自然变动】 2007 年，全市出生 79 787 人，出生率为 10.74 ‰，比上年上升 0.96‰。市区出生33 049 人，出生率为 9.35‰，比上年上升 1.12‰。平均每天出生 218 人；全年死亡 32 566人，死亡率为 4.39‰，比上年下降 0.07‰。市区死亡 17 274人，死亡率为 4.89‰，比上年下降 0.04‰。平均每天死亡 89 人。全市自然增长47 221人，增长率为 6.36‰，比上年上升 1.05‰，市区自然增长15 775人，增长率为 4.46‰，比上年上升 1.16‰。

2007 年长春市人口自然变动情况表

单位：人

区、县(市)别	出生人口		死亡人口		自然增长人口	
	人数	出生率‰	人数	死亡率‰	人数	增长率‰
全 市	79 787	10.74	32 566	4.39	47 221	6.36
市辖区	33 049	9.35	17 274	4.89	15 775	4.46
南 关	5 473	8.55	3 134	4.89	2 339	3.65
宽 城	6 327	9.90	3 503	5.48	2 824	4.42
朝 阳	5 865	7.75	3 268	4.32	2 597	3.43
二 道	5 645	10.85	2 658	5.11	2 987	5.74
绿 园	5 408	9.12	2 889	4.87	2 519	4.25
双 阳	4 331	11.27	1 822	4.74	2 509	6.53
农 安	13 317	12.39	3 682	3.43	9 635	8.96
九 台	7459	10.21	2 285	3.13	5 174	7.08
榆 树	15 590	12.27	5 712	4.49	9 878	7.77
德 惠	10 372	12.73	3 613	4.43	6 759	8.29

【人口机械变动】 2007 年，全市迁入人口121 634 人，迁入率为 16.31‰；迁出人口 105 044 人，迁出率为 14.08‰；机械增长人口 16 590 人，增长率为 2.22‰。其中：县（市）的农安县、九台市、榆树市、德惠市均出现迁出人口高于迁入人口，呈现负增长情况。

2007 年长春市人口机械变动情况表

单位：人

区、县(市)别	迁入人口		迁出人口		机械增长人口	
	人 数	迁入率‰	人 数	迁出率‰	人 数	增长率‰
全 市	121 634	16.31	105 044	14.08	16 590	2.22

续表

区、县(市)别	迁入人口		迁出人口		机械增长人口	
	人　数	迁入率‰	人　数	迁出率‰	人　数	增长率‰
市辖区	83 755	23.39	62 078	17.33	21 677	6.05
南　关	24 171	37.46	18 342	28.43	5 829	9.03
宽　城	7 828	12.19	3 824	5.96	4 004	6.24
朝　阳	27 000	35.70	25 696	33.97	1 304	1.72
二　道	10 030	18.13	6 039	10.92	3 991	7.22
绿　园	12 012	20.06	6 378	10.65	5 634	9.41
双　阳	2 714	7.04	1 799	4.66	915	2.37
农　安	12 099	11.20	12 370	11.45	-271	-0.25
九　台	5 417	7.69	5 984	8.50	-567	-0.81
榆　树	12 848	10.07	16 049	12.58	-3 201	-2.51
德　惠	7 515	9.18	8 563	10.46	-1 048	-1.28

【人口结构】 2007年，在性别比例上，以女性人口为100，全市性别比例102.2，比上年下降0.4%。在农业人口与非农业人口的构成上，全市共有非农业人口3 289 629人，占总人口的44.1%，与上年比持平；有农业人口4 169 834人，占总人口的55.9%，与上年比持平。县(市)非农业人口九台市较高为25.6%，榆树市略低为15.3%，总体与上年比持平。

2007年长春市人口结构情况表　　单位：人

区、县(市)别	总人口数	性别		性别比例(女性人口为100)	农业人口与非农业人口		
		男性人口	女性人口		农业人口	非农业人口	非农业人口比重%
全　市	7 459 463	3 770 314	3 689 149	102.2	4 169 834	3 289 629	44.1
市辖区	3 581 301	1 790 281	1 791 020	100.0	1 039 647	2 541 654	71.0
南　关	645 170	314 185	330 985	94.9	103 011	542 159	84.0
宽　城	642 096	321 352	320 744	100.2	251 777	390 319	60.8
朝　阳	756 397	384 036	372 361	103.1	80 100	676 297	89.4
二　道	553 115	272 715	280 400	97.3	214 462	338 653	61.2
绿　园	598 858	301 529	297 329	101.4	107 759	491 099	82.0
双　阳	385 665	196 464	189 201	103.8	282 538	103 127	26.7
农　安	1 079 892	553 226	526 666	105.0	853 816	226 076	20.9
九　台	704 223	360 303	343 920	104.8	523 634	180 589	25.6
榆　树	1 275 721	650 407	625 314	104.0	1 080 461	195 260	15.3
德　惠	818 326	416 097	402 229	103.4	672 276	146 050	17.8

(孟令彦)

【民族】 2007年，全市有46个少数民族，人口25.2万人，占全市总人口的3.52%。其中，城市少数民族人口13.8万人，占全市少数民族人口的54.7%，农村少数民族人口11.4万人，占全市少数民族人口的45.3%。满族、回族、朝鲜族、蒙古族、锡伯族5个世居少数民族人口24.8万人，占全市少数民族人口的98.4%。其中，满族14.3万人，占57.6%；朝鲜族4.96万人，占

19.9%；回族4.37万人，占17.6%；蒙古族1.1万人，占4.5%；锡伯族685人，占0.4%。全市有四个民族乡：双阳区双营子回族乡、九台市胡家回族乡、九台市莽卡满族乡和榆树市延河朝鲜族乡，有43个少数民族聚居村，258个少数民族聚居社。全市有少数民族干部5 837人，占全市干部总数的2.75%。有少数民族社团8个，市级朝鲜族群众艺术馆1所，乡级少数民族文化站4所；民族中、小学26所；民族医院1所，民族乡医院4所，少数民族聚居村合作医疗点43个。

（赵志平　李保存）

行政区划

【行政建置】　截止到2007年底，长春市共辖朝阳、南关、宽城、绿园、二道、双阳6个区（含长春经济技术产业开发区、长春净月潭旅游经济开发区、长春高新技术产业开发区、长春汽车产业开发区4个开发区）；九台市、榆树市、德惠市、农安县由省直辖。共辖61个街道，31个乡，67个镇；共有1 679个村，381个社区。

【行政区划】　完成了高新区和宽城区的区划调整，宽城区奋进乡兴华、太平两村整建制交由高新技术产业开发区代管，为高新超达北区的成立和几个开发区联合开发大铁北创造了有利条件。

【行政区域界线勘定】　完成了长四、长松两条市级界线联检工作。长春市民政局联合四平市民政局、松原市民政局共同开展了市级行政区域界线第二次联合检查，在长四线补埋界桩4块，在长松线补埋界桩29块。

完成了全市县级行政区域界线联检工作。长春市共有县级界线15条，共907.73公里，埋设界桩230块。长春市民政局组织全市10个县（市）区进行了县级行政区域界线联合检查，15条界线均不存在争议，但界桩有部分丢失，各县（市）区分别对丢失界桩进行了补设。

【地名管理】　新建街路命名工作。2007年对经济技术产业开发区新命名街路13条，汽车产业开发区新命名街路16条、广场3个，净月经济开发区新命名街路2条，高新技术产业开发区新命名街路8条，宽城区新命名街路2条。合计新命名街路41条，广场3个。

地名标志设置工作。长春市地名标志设置工作已经实现日常化管理，2007年新设楼牌273块、门牌452块、单元牌1 417块。

地名数据库建设工作。对建筑物、单位、道路等相对变动比较大的地名，长春市民政局委托专业公司进行了“扫街”式的补查，并录入民政部第二代数据库系统。这个数据库信息量已达到5万条左右，基本能够满足公共服务的要求。

地名网站建设工作。长春区划地名网于2007年11月开通，网站上设置了工作职责、工作程序、地名查询、门牌号查询等具体内容。通过网站可随时了解长春市区划地名工作动态、进行地名及门牌号的查询。

（马　威）

长春市区（市）、县、街道、镇（乡）区划一览表

朝阳区（街9镇2乡1）	湖西街道　重庆街道　红旗街道　清和街道　永昌街道　南湖街道　桂林街道　南站街道　富锋街道　永春镇　乐山镇　双德乡（高新代管）
宽城区（街9镇5乡1）	新发街道　南广街道　东广街道　站前街道　柳影街道　群英街道　凯旋街道　团山街道　兴业街道　兰家镇　兴隆山镇（经开代管）　奋进乡　合隆镇（农安代管）　米沙子镇（德惠代管）　万宝镇（德惠代管）
南关区（街14镇3乡1）	新春街道　长通街道　南岭街道　永吉街道　曙光街道　全安街道　民康街道　自强街道　桃源街道　永兴街道（净月代管）　净月街道（净月代管）　临河街道（经开区代管）　鸿城街道　明珠街道　玉潭镇（净月代管）　新立城镇（净月代管）　新湖镇（净月代管）　幸福乡

续表

二道区 （街7镇6乡1）	八里堡街道　远达街道　东站街道　东盛街道　吉林街道　荣光街道　东方广场街道（经开代管）　英俊镇　泉眼镇　劝农山镇　四家乡　卡伦湖镇（九台代管）　龙嘉镇（九台代管）　东湖镇（九台代管）
绿园区 （街7镇3）	铁西街道　普阳街道　青年路街道　春城街道　正阳街道　锦程街道（汽开代管）　东风街道（汽开代管）　合心镇　西新镇　城西镇
双阳区 （街4镇3乡1）	平湖街道　云山街道　奢岭街道　山河街道　太平镇　鹿乡镇　齐家镇　双营子回族乡
榆树市 （街4镇15乡9）	正阳街道　培英街道　华昌街道　城郊街道　八号镇　大坡镇　弓棚镇　刘家镇　五棵树镇　闵家镇　秀水镇　保寿镇　黑林镇　新立镇　土桥镇　大岭镇　新庄镇　向阳镇　泗河镇　育民乡　红星乡　太安乡　先锋乡　青山乡　延河朝鲜族乡　恩育乡　城发乡　环城乡
九台市 （街3镇10乡2）	九台街道　九郊街道　营城街道　上河湾镇　其塔木镇　土们岭镇　沐石河镇　西营城镇　城子街镇　苇子沟镇　兴隆镇　纪家镇　波泥河镇　胡家回族乡　莽卡满族乡
德惠市 （街4镇10乡4）	胜利街道　建设街道　惠发街道　夏家店街道　郭家镇　天台镇　大房身镇　菜园子镇　松花江镇　布海镇　大青嘴镇　朱城子镇　达家沟镇　岔路口镇　朝阳乡　五台乡　同太乡　边岗乡
农安县 （镇10乡11）	农安镇　伏龙泉镇　高家店镇　哈拉海镇　开安镇　烧锅镇　靠山镇　华家镇　巴吉垒镇　三盛玉镇　杨树林乡　万顺乡　龙王乡　三岗乡　黄鱼圈乡　永安乡　前岗乡　青山口乡　新农乡　小城子乡　万金塔乡

2007年长春市行政区划统计表　　单位：个

	县（市）、区	街道	镇	乡	村	社区
长春市	朝阳区	9	2	1	23	55
	宽城区	9	5	1	24	49
	南关区	14	3	1	7	54
	二道区	7	6	1	34	47
	绿园区	7	3		22	41
	双阳区	4	3	1	133	14
	榆树市	4	15	9	388	12
	九台市	3	10	2	310	31
	德惠市	4	10	4	308	10
	农安县		10	11	377	10

县级市	县	自治县	市辖区	合计
3	1		6	10

街道	镇	乡	社区	村
61	67	31	381	1 679

（社区：经济开发区20个；高新开发区11个；净月开发区17个；汽车产业开发区10个村；经济开发区10个；高新开发区7个；净月开发区26个；汽车产业开发区10个）

气象环境

【气候概况】 2007年长春市总的天气气候特点是：气温特高，降水偏少，日照时数略少。农作物生长季水热匹配较差，虽然全市积温多于常年同期，但降水量偏少，出现了夏旱和秋吊，对农作物生长及成熟非常不利，但初霜晚，大部分作物于霜前成熟。2007年出现的主要天气气候事件有暖冬、寒潮、暴雪、局地暴雨、大风沙尘、大雾、高温、干旱等。

1. 气温。年平均气温主要特征。2007年气温特高，全市年平均气温为6.8℃，比常年同期5.2℃高1.6℃，居1959年有资料以来同期高温的第2位。其中，九台、长春市区分别为7.4℃和7.7℃，比常年同期分别高2.1℃和2.0℃；德惠、双阳和榆树分别为6.3℃、7.0℃和6.0℃，比常年同期分别高1.4℃、1.5℃和1.7℃；农安为6.2℃，比常年同期高0.9℃。

年内极端最高气温为37.0℃，6月23日出现在农安；极端最低气温为-27.3℃，11月22日出现在农安。

气温季节变化特征。2007年冬季气温特高，春季与常年持平，夏季气温特高，秋季明显偏高。

冬季(2006年12月~2007年2月)气温特高，全市平均气温为-9.1℃，比常年同期高4.9℃，全市各站均特高，出现了明显的"暖冬"现象。12月全市平均气温-10.6℃，与常年同期相比特高，但冷暖交替很频繁，出现了2次阶段性高温，均居1959年有资料以来同期高温的第1位；2007年1月和2月，气温特高，而且高温持续时间较长，1月和2月全市平均气温为-12.6℃和-5.2℃，均居1959年有资料以来同期高温的第1位。

春季(3月~5月)全市平均气温为6.7℃，与常年同期持平。其中，长春市区和九台高0.3℃，其他站分别比常年同期低0.1℃~0.3℃。3月、4月和5月全市平均气温分别为-2.5℃、7.1℃和15.5℃，3月与常年同期持平，4月较常年同期低0.5℃，5月比常年同期高0.4℃。

夏季(6月~8月)气温特高，全市平均气温为22.7℃，比常年同期高1.0℃，居1959年有资料以来同期高温的第6位。全市季平均气温均高于常年，长春市区、九台、双阳、和榆树季平均气温高1.0℃~1.4℃，农安和德惠比常年高0.8℃。6月、7月和8月全市平均气温分别为23.8℃、22.3℃和22.1℃，6月比常年同期高3.3℃，居1959年有资料以来同期高温的第1位，8月比常年同期高0.6℃，7月比常年同期低0.8℃。

秋季(9月~11月)气温偏高，全市平均气温为6.5℃，比常年同期偏高0.7℃，全市季平均气温除农安外，其他均高于常年，长春市区、九台季平均气温比常年同期高1.4℃和1.3℃，双阳、德惠和榆树季平均气温比常年同期高0.4℃~0.7℃，农安季平均气温比常年同期低0.1℃。9月、10月和11月全市平均气温分别为16.5℃、7.1℃和-4.0℃，9月比常年同期偏高1.4℃，10月比常年同期高0.5℃，11月比常年同期低0.1℃。

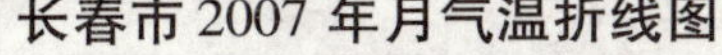
长春市2007年月气温折线图

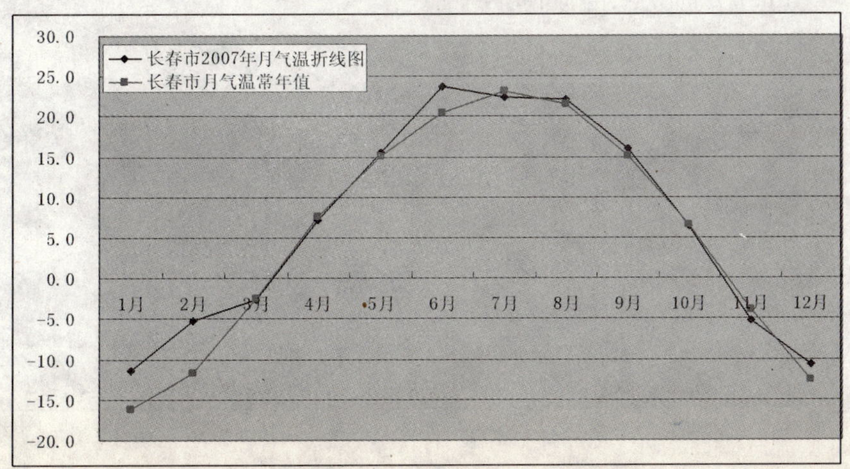

2. 降水。降水量时空分布特征。2007年全市降水量偏少,且时空分布不均。全市年平均降水量为410.5毫米,比常年560.7毫米少27%,居1959年有资料以来同期少雨的第2位。其中,榆树最少,其次是九台,年降水量分别为317.6毫米和369.3毫米,比常年同期少45%和35%,居榆树和九台1959年有资料以来同期少雨的第1位;农安、德惠和双阳年降水量为356.8毫米、389.9毫米和509.7毫米,分别比常年同期少30%、24%和19%;长春市区年降水量533.6毫米,比常年略少6%。全年中有5个月份(1月、2月、3月、5月和12月)降水量多于常年同期。4月~10月,全市平均降水量363.4毫米,比常年同期偏少31.3%。

降水季节分布特征。冬季降水略少。冬季全市平均降水量为8.9毫米,其中,长春市区和榆树季降水量分别为11.7毫米和10.2毫米,双阳最少为6.4毫米,其他站季降水量为7.3毫米~9.3毫米。与常年同期相比,全市平均降水量少33%,德惠和长春市区比常年同期少8%,农安、榆树和九台分别比常年同期少30%~39%,双阳比常年同期少62%。

春季降水偏多,且空间分布不均。春季全市平均降水量为88.3毫米,其中,榆树季降水量为122.1毫米,农安最少为66.7毫米,其他站季降水量为83.5毫米~91.5毫米。与常年同期相比,全市平均降水量多11%。

春季降水的空间分布不均,九台、双阳和农安比常年同期少5%~10%外,长春市区和德惠比常年同期略多6%和13%,榆树比常年同期偏多44%。

夏季降水偏少,时空间分布不均。夏季全市平均降水量为253.6毫米,比常年同期少34%,居1959年有资料以来同期少雨的第3位。6月降水特少,全市平均降水量仅有15.0毫米,比常年同期少83%,居1959年有资料以来同期少雨的第1位;7月和8月全市平均降水量分别为136.1毫米和102.5毫米,分别比常年同期少19%和16%。

夏季降水量的空间分布为:榆树降水量为136.5毫米,九台、农安和德惠降水量为213.3毫米~249.4毫米,长春市区、双阳降水量为384.0毫米和315.2毫米。与常年同期相比,长春市区季降水量比常年同期略少4%,其余地方季降水量比常年同期偏少25%~63%。其中榆树比常年同期偏少63%,居榆树1959年有资料以来同期少雨的第1位。

秋季降水偏少。秋季全市平均降水量为47.6毫米,比常年同期少47%,居1959年有资料以来同期少雨的第1位。9月、10月和11月全市平均降水量分别为29.7毫米、12.3毫米和5.7毫米,分别比常年同期少43%、55%和42%。

秋季降水量的空间分布为:双阳和农安降水量为64.9毫米和65.4毫米,长春市区、九台、榆树和德惠降水量为31.9毫米~43.1毫米,与常年同期相比,除农安季降水量略少18%外,其余地方季降水量偏少33%~65%。

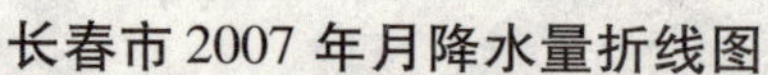

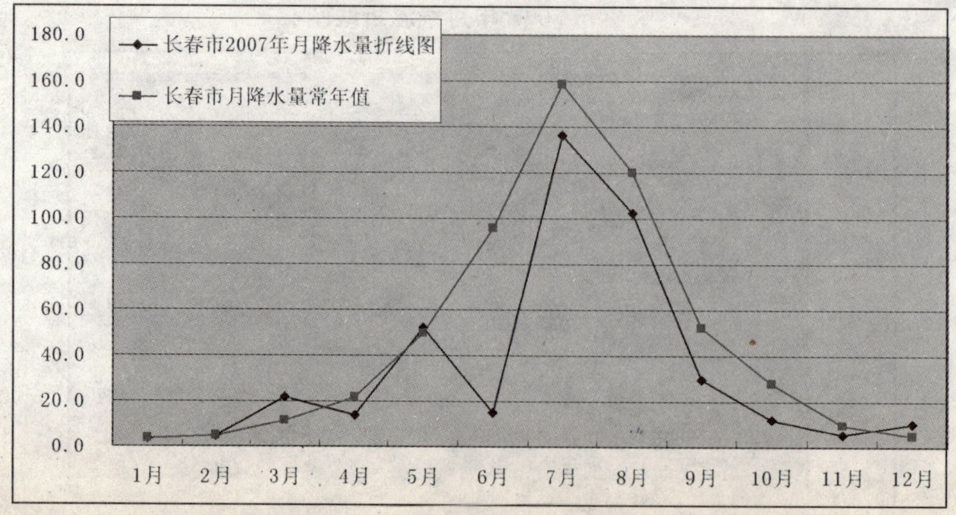

3. 日照。2007 年全市平均日照时数为2 554小时，比常年同期少23 小时，其中，长春市区日照时数与常年同期相比略少90 小时，榆树日照时数与常年同期相比偏少301 小时，其他站略多6 小时~113 小时。在农作物生长季(5 月~9 月)全市平均日照时数1 219小时，比常年同期多26 小时，农作物生长季日照略多对农作物生长有利。

4. 霜。2007 年全市终霜结束略早，比常年同期早1 天~10天。其中，长春市区、九台结束时间为4 月26 日，双阳、榆树、农安为4 月28 日，德惠为5 月5日。全市初霜偏晚，比常年同期晚4 天~14 天。9 月29 日榆树、农安和九台出现初霜天气；其他站出现在10 月8 日。2007年全市无霜期平均为156 天，比常年多9 天~17 天。其中，长春市区、双阳超过160 天，其他站为150 天~158 天。2007 年初霜比常年同期偏晚，对大田作物的晚熟品种成熟有利。

【主要天气气候事件及其影响】

①暖冬。2006 年~2007 年冬季出现了异常暖冬事件，其中2006 年12 月、2007 年1 月和2007 年2 月，全市平均气温分别为 -10.6℃、-11.3℃ 和 -5.1℃，分别比常年同期高2.3℃、5.3℃和7.2℃。其中1月、2 月全市平均气温均居1959年以来同期高温年的第1 位。暖冬对长春市的影响是利弊共存，利的一面主要表现在：利于温室蔬菜和花卉生产，便于开展野外作业和农田水利建设，利于牲畜越冬，节约能源消耗，降低交通事故的发生几率；弊的一面主要表现在：不利于农田增墒保墒、有利于病菌和虫卵越冬、不利于降低火险气象等级、为流感等病菌滋生提供了条件。

②寒潮。2007 年度全市出现两次寒潮天气，分别出现在2007 年2 月14 日和10 月8 日。由于温度骤降，人们的身体一时无法适应，患流行性感冒和心脑血管疾病的人数明显增加，给人们身体健康带来不利影响。

③大雪(暴雪)。2007 年3月4 日~5 日，受南方气旋北上发展以及贝加尔湖强冷空气共同影响，全市出现明显降雪，其中，双阳出现暴雪，日降水量为12.6 毫米；长春市区、九台、农安、和榆树出现大雪，日降水量为5.3 毫米~9.5 毫米；德惠出现中雪，日降水量为2.5 毫米。

受蒙古气旋影响，3 月31 日全市出现明显降雪，其中，双阳和榆树出现暴雪，日降水量为10.0 毫米和10.4 毫米；其他站出现大雪，日降水量为8.0 毫米~9.2 毫米。

降雪天气增加了地表积雪覆盖，对土壤增墒保墒以及净化空气、消灭病菌十分有益，同时降低了火灾的发生率。但在降水天气出现的过程中，道路出现了结冰和积雪现象，给人们的出行以及公路、铁路的运输工作带来较大的影响。

④局地暴雨。受高空槽和地面低压共同影响，2007 年7 月1 日，长春市区出现强降水天气，降水量为90.7 毫米。其中长春市区北部有5 个自动加密站出现暴雨。

受冷空气南下和西南暖湿气流北上交绥影响，7 月31 日出现明显降水，雨量分布不均，全市平均降水量为29.3 毫米。据自动加密站显示二道区泉眼镇出现一个大暴雨，降水量为150.7 毫米，有10 个加密站出现暴雨，23 个加密站出现大雨。暴雨主要集中在市区和九台。

长春市区先后二次暴雨天气，导致部分地方出现短时间积水，交通受阻、民房被淹。

⑤大风、沙尘天气。2007年度全市共出现12 次较大范围的大风天气，其中2 月、3 月、4月、5 月和11 月分别出现2 次、3次、2 次、4 次和1 次。大风、扬沙天气使空气质量下降，本地火险气象等级上升，同时给人们的生产、生活及出行带来不便。

⑥大雾。2007 年度全市共出现大雾天气7 次，分别为2007年1 月21 日、4 月7 日、9 月17日、10 月6 日、11 月6 日、8 日和9 日。尤其是11 月8 日早晨，受地面弱低压影响，全市都出现大雾天气。长春市区、榆树、德惠、九台、农安能见度小于100 米，致使长春龙嘉国际机场航班不能起飞和降落。大雾天气不利于污染物扩散，使空气污染加重，同时能见度低，给交通和人们的出行带来不便。

⑦高温。2007 年夏季气温特高，共出现68 站次极端最高气温高于32℃、1 站次极端最高气温37℃的天气，榆树、德惠和农安极端最高气温突破了历史极值。

6 月10 日起连续出现日最高气温在32℃以上的高温天气。10 日全市日最高气温均在32℃以上；11 日全市日最高气温均在34℃以上，其中德惠日最高气温达36℃；6 月21 日~30 日全市6 站连续7 天出现日最高气温在32℃以上的高温天气。7月24日~30日，全市有11个站次极端最高气温高于32℃。该时段温度高湿度大，出现人们俗称的“桑拿天”。

⑧干旱。2007年夏季干旱比较严重，6月5日~27日、7月10日~30日、8月19日~31日的少雨段，全市平均降水量分别为1.8毫米、18.6毫米和4.1毫米，分别比常年同期少97%、85%和91%，均居1959年以来同期少雨的第1位。由于少雨段时间长，致使长春市出现夏旱。

从6月4日到6月27日出现了建国以来同期第一位的高温少雨天气。全市平均降水量4.8毫米，比常年同期67.5毫米明显偏少，且连续出现日最高气温在32℃以上的高温天气，旱情发展迅速。全市粮食主产区干旱严重，影响作物的正常生长发育。部分岗地农作物中午以后已出现萎蔫现象，旱情十分严重，并有继续发展的趋势。粮豆作物主要营养生长期前期，严重的阶段性干旱使粮豆作物生长期推迟一周。

虽然6月末的降水过程使长春市局部旱情得到缓解，但7月中旬以后出现一个明显的少雨段，其间仅在18日~19日和31日出现明显降水过程。7月11日~30日，气温变化幅度较大，降水持续偏少，全市平均降水量仅为18.1毫米，较常年同期少85%，居1959年以来同期少雨的第1位。其中长春市西部和北部降水量仅为几毫米。7月下旬中后期出现明显的高温天气，加速了田间水分的蒸发，出现明显的伏旱，也是比较典型的“卡脖旱”。据7月31日旱涝监测结果显示：榆树北部、德惠北部、农安西北部旱象十分明显。持续20天严重的干旱灾害，致使玉米抽雄和雌穗发育严重受阻，严重受灾的地块玉米不能发育形成雌穗，造成空秆绝收，多数受灾地块雌雄花期不遇，授粉不良，将造成穗小，严重秃尖，出现畸形穗。大豆开花、结荚少。旱上加旱，尤其在后期生殖生长时期的干旱，对2007年粮豆产量有一定影响。

总之，2007年全市气温、日照等气象条件好于常年，但由于降水量偏少出现明显旱情，对农作物生长及成熟非常不利。暖冬、寒潮、暴雪、局地暴雨、大风沙尘、大雾、高温等气象灾害，由于影响时间短、范围小，没有造成严重的经济损失。

（梁衍波）

国民经济和社会发展简述

【综合】 2007年，全面贯彻落实国家和省的各项重大方针政策，深化改革，科学发展，构建和谐，扎实推进新农村建设，不断关注民生，完善社会管理，使全市城乡居民生活进一步改善，社会经济发展速度与质量显著提高。2007年实现地区生产总值2 089.0亿元，按不变价格计算，比2006年增长17.7%。其中，第一产业增加值200.0亿元，比上年增长8.6%；第二产业增加值1 049.3亿元，增长22.1%；第三产业增加值839.7亿元，增长14.5%。三次产业比重分别为9.6%：50.2%：40.2%。人均生产总值达到28 131元（按户籍年平均人口数计算），比2006年增长16.1%。

全市一般预算全口径财政收入284.5亿元，增长35.1%。全市地方留用收入93.3亿元，增长30.3%；地方财政支出181.6亿元，增长23.8%。全口径财政收入占GDP的比重为13.6%；比2006年提高1.5个百分点。

全年居民消费价格总指数为103.7%，涨幅比2006年提高2.4个百分点，其中，除衣着、家庭设备用品及维修服务、交通和通讯、娱乐教育文化用品及服务价格有不同程度下降外，其他消费品价格均有所上涨。

【农业】 全年完成农林牧渔业总产值340.6亿元，比2006年增长2.2%。其中，种植业产值160.3亿元，与2006年持平，占农林牧渔业总产值比重为47.1%；林业产值0.9亿元，下降53.4%；牧业产值176.2亿元，增长4.9%，占农林牧渔业总产值比重为51.7%；渔业产值1.8亿元，增长18.1%；农林牧渔服务业产值1.4亿元，增长3.2%。

全年粮食总产量达到750万吨，比2006年减少63.7万吨。全市肉类总产量达到174.9万吨，比2006年增加6.9%。禽蛋产量34.8万吨，比2006年减少6.7%。三元杂交猪、良种牛比重分别达到80%、67%，良种肉鸡覆盖率达到98%。

全年粮食作物播种面积102.1万公顷，比2006年增长1.4%。经济作物面积与2006年持平。全市菜田面积为8.9

万公顷，保护地面积为1.47万公顷。全市已认定无公害蔬菜和绿色农产品基地129个，认定无公害蔬菜产品434个，新认证绿色产品10种，无公害蔬菜和绿色农产品监控面积达到14万公顷，全市种植无公害蔬菜和绿色食品蔬菜4.7万公顷，提供无公害蔬菜和绿色食品蔬菜13.2亿公斤。

2007年落实国家四项政策性补贴资金12.3亿元，农民人均获得补贴299元。全市投入新农村建设试点村镇的资金总额达9.3亿元，其中，新农村试点镇村基础设施和社会事业建设资金投入7.7亿元。试点镇由10个扩大到16个，试点村由31个扩大到167个。试点村镇新修建道路602公里，打深井622眼，改造住房2 436户、村卫生所16所、中小学校9所，修建敬老院11处。全市新建续建投资规模亿元以上农产品加工业重点项目19个，总投资36亿元。

【工业和建筑业】 2007年完成全口径工业增加值846.8亿元。完成规模以上工业总产值2 839.1亿元，比2006年增长33.9%。

汽车工业累计完成产值2 017.9亿元，增长36.2%，占规模以上工业总产值比重达到71.7%；农副食品加工业完成产值375.8亿元，增长27.9%，占规模以上工业总产值比重达到13.2%；生物及医药工业完成产值91.1亿元，增长33.2%，占规模以上工业总产值比重为3.2%；光电子信息工业完成产值100.2亿元，增长34%，占规模以上工业总产值比重为3.5%；建材工业完成产值92.2亿元，增长27.7%，占规模以上工业总产值比重为3.2%；能源工业完成产值82.6亿元，增长19.2%，占规模以上工业总产值比重为2.9%。40户重点工业企业完成工业总产值2 143.7亿元，占规模以上工业总产值的比重达到75.5%。全年完成新产品产值1 347.7亿元，比2006年增长25.3%，新产品产值率达到47.5%。

在全市30种重点工业产品中，有21种产量上升，增幅在30%以上的有：变压器、金属切削机床、农用塑料薄膜、内燃机、汽车。

工业经济效益综合指数达到239.8%，比上年提高67.8个百分点；实现主营业务收入2 389.8亿元，比上年增长61.8%；利税总额302.9亿元，增长1.2倍；盈亏相抵后实现利润总额173.9亿元，增长2.3倍。

全年建筑业完成增加值202.5亿元，比2006年增长14.8%。资质以上建筑业完成总产值428.0亿元，比2006年增长24.4%。

【固定资产投资】 全年完成全社会固定资产投资总额1 350.6亿元，比2006年增长42.1%。其中，城镇固定资产投资956.8亿元，比2006年增长33.7%；房地产开发投资259.5亿元，比2006年增长49.0%；农村固定资产投资134.3亿元，比2006年增长1.2倍。新增固定资产824.4亿元，固定资产交付使用率为62.8%，比2006年下降5.9个百分点。房屋建筑面积竣工率为38.1%。

从各产业完成投资情况看，第二产业投资增长最快，比2006年增长64.3%，第一产业比上年增长3.4%，第三产业投资增长27.9%；从投资主体看，国有经济投资394.6亿元，比2006年增长32.2%；非国有经济投资918.5亿元，比2006年增长47.3%，占全社会固定资产投资的比重由2006年的67.6%上升到69.9%。

全年商品房施工面积2 012.6万平方米。商品房竣工面积535.3万平方米。商品房销售面积513.8万平方米，商品房销售额167.0亿元。商品房空置面积270.0万平方米。

2007年，二手房成交套数23 830套，成交面积为276.3万平方米，同比增长25.4%，成交金额为45.7亿元，同比增长53.9%。其中，住宅成交21 797套，成交面积为168.8万平方米，同比增长12.1%，成交金额为21.6亿元，同比增长11.3%。

【国内贸易】 全年实现社会消费品零售总额778.3亿元，比2006年增长16.8%。分行业看，批发零售贸易业零售额697.9亿元，比2006年增长18.1%。其中，限额以上批发零售贸易业零售额309.5亿元，比2006年增长34.3%，限额以下及个体零售额388.4亿元，比2006年增长7.7%。住宿和餐饮业零售额80.1亿元，比2006年增长6.9%。其中，星级（限额以上）企业零售额11.4亿元，比2006年下降29.2%，星级以下（限额以下）企业及个体户零售额68.7亿元,比2006年增长16.8%。

全年新建各类市场17处,其中,城区(不含双阳)7处,县(市)10处。各类商品交易市场已发展到349处,其中,城区市场201处,县(市)市场148处。生活资料市场267处,生产资料市场82处。38个年成交额在亿元以上的商品市场全年实现交易额172亿元。

【对外经济旅游和会展】 全年实现进出口总额69.4亿美元,比2006年增长32.9%。其中,进口54.3亿美元,增长31.3%;出口15.1亿美元,增长38.8%。在出口中,国有企业出口7.8亿美元,增长47.3%;外商投资企业出口4.4亿美元,增长27.4%;一般贸易出口12.6亿美元,增长42%。外贸依存度为24.9%,比2006年提高0.3个百分点。

全年新批外资项目(企业)123个,其中投资总额超千万美元项目36个。全年实际利用外资16.9亿美元,比2006年增长20%。其中,直接利用外资5.3亿美元,比2006年增长6.3%。

对外合作进展顺利。对外承包工程与劳务合作继续展开,全年完成营业额2.4亿美元,外派劳务人员1.5万人次。

全年来长春旅游人数达到1 607.2万人次。其中,接待入境游客20.0万人次,比上年增长32%;接待国内旅游者1 587.2万人次,增长16%。全年旅游总收入182亿元,增长23%。旅游外汇收入8 930万美元,增长33%。

全年共举办主要会展活动130项,其中,展览67项,会议29项,节庆活动24项,重要赛事4项,大型演出6项。实现会展业直接收入10.0亿元,带动相关产业收入92.5亿元,分别比2006年增长18%和21%。在第三届中国会展文化节、第三届中国会展业高峰论坛、第四届中国会展节财富论坛暨年度中国会展产业颁奖盛典上,长春市获得全国性大奖17项,其中,城市4项、展会6项、企业1项、个人6项。

【交通邮电业】 全年公路货物周转量39亿吨公里,比2006年增长5.2%;旅客周转量为29亿人公里,比2006年增长6.1%;全年营运收入22.5亿元,比2006年增长5.9%。民航完成货邮吞吐量3.3万吨,比2006年增长26.4%;完成旅客吞吐量262.3万人次,比2006年增长17.8%;全年营运收入12 209.8万元,比2006年增长9.2%。

2007年完成邮电业务总量50.3亿元,比上年增长7.9%。其中,邮政业务总量4.5亿元,增长5.9%;电信业务总量45.8亿元,增长8.1%。全年特快专递完成193万件,增长3.5%。全市市话年末达到126.6万户,增长9.8%;农话年末达到48.6万户,增长2.7%;小灵通电话用户55.6万户。移动电话年末达到622.5万户,增长10.6%。到2007年末,互联网用户已经达到145.6万户,其中宽带用户43万户。

【金融证券和保险】 截至2007年末,全市拥有银行18家,保险公司18家,证券公司2家。金融机构本外币各项存款余额2 598.4亿元,比年初增长8.4%。其中,企事业单位存款余额874.5亿元,比年初增长25.2%;储蓄存款余额1 232.4亿元,比年初增长1.3%。全市金融机构本外币各项贷款余额2 452.0亿元,比年初增长11.7%。其中,短期贷款余额887.5亿元,比年初增长2.7%;中长期贷款余额1 514.8亿元,比年初增长20.0%。金融机构现金累计收入7 331.3亿元,比2006年增长29.6%;现金累计支出7 234.9亿元,比2006年增长29.9%;现金净回笼96.4亿元,比2006年增长8.9%。

全市拥有股票交易机构2个,股票交易网点39个。上市企业16家。股民账户数达到105.5万户。全市有价证券成交总额8 666.1亿元,比2006年增长3.9倍。其中,股票交易成交额7 055.5亿元,比2006年增长3.7倍;国债成交额5.0亿元,比2006年下降52.6%;基金成交额61.3亿元,比2006年增长1.4倍。

全市拥有保险公司18家。全年保费收入45.2亿元,比2006年增长28.7%。其中,财产险保费收入13.5亿元,增长52.9%;人身险保费收入31.7亿元,增长20.5%。全年赔付总金额16.9亿元,增长86.9%。其中,财产险赔付金额9.1亿元,增长102.1%;人身险赔付金额7.8亿元,增长71.8%。

【城建和公用事业】 2007年末,全市完成道路新建和扩建长度145公里,全市道路总面积达到3 385万平方米,道路长度达到1 695公里，人均道路面积12.82平方米。

2007年，全市水厂日综合生产能力为104.4万立方米，规划区使用自来水人数达248.4万人。全市人工煤气和天然气供气总量分别达到14 752立方米和17 061万立方米；液化石油气供气总量达到7.2万吨。城区使用煤气、天然气、石油液化气户数达到97.6万户。城区集中供热面积达到7 876.6万平方米。全市拥有营运公共电车、汽车3 788辆，运营线路网长度835公里；拥有轨道运营车辆133辆，运营线路网长度39公里。

到2007年末，全市园林绿地面积达到9 891公顷，公园绿地面积达到3 027公顷，建成区绿化覆盖面积达到11 231公顷，建成区绿化覆盖率达到39.44%。

【科技质量技术监督和教育】2007年，全市列入市级以上各类科技发展计划项目677项。其中，国家级计划项目118项，省级计划项目247项，市级计划项目312项。全年专利申请量由上年的2 680件增加到3 418件，增长27.5%。全年通过鉴定、验收和认定的科技成果147项，获得市以上科技进步奖励成果163项。其中，获国家级奖励6项，省级奖励120项。

2007年末，在全市各级各类科技人员中，“两院”院士28人，享受政府特贴人员累计达到551人。其中，国务院特贴人员237人，长春市人民政府特贴人员314人。全市拥有独立科学研究与技术开发机构95个。其中，自然科学和技术领域研究与开发机构60个，社会科学与人文领域研究与开发机构16个，科技信息与文献领域机构6个。全市认定民营技术企业2 367户，技术合同成交额达15.3亿元，累计技术合同成交额125.3亿元。市科技管理部门共投入科技经费4 750万元。

2007年，全市拥有高新技术企业728户，高新技术产业实现产值1 240亿元，比上年增长22.7%。产值超亿元的高新技术企业已发展到86家。

全市有法定产品质量检验机构6个，法定计量技术机构6个。全年共定期监督检验产品1 959批次，其中，定期监督检验小麦粉、食用油等产品442批次。监督抽查化肥、建材等产品29批次，受理委托检验10 415批次。国家和省的监督抽查产品质量平均合格率分别达到79.07%和86.96%。

2007年，全市拥有普通全日制高等院校26所，共招收本、专科学生10.1万人，在校生33.1万人；成人高等学校10所，共招收本、专科学生4.1万人，在校生10.3万人；中等职业技术学校87所（不含技工学校），招生2.5万人，在校生6.2万人；普通中学363所，在校生41.5万人，其中，初中288所，在校生26.7万人；小学1 631所，在校生45.4万人，小学适龄儿童入学率达99.98%。特殊教育学校9所，在校生0.16万人。全市幼儿园768所，在园儿童10.1万人。

【文化卫生和体育】2007年，全市共有文化（文物）事业机构207家，其中，艺术表演团体9家，艺术表演场馆17家，公共图书馆12家，艺术馆、文化馆12家，文化站123家，文化艺术科技、科研机构2家，文物保护研究机构1家，文物保护管理机构4家，其他文化产业14家，博物馆2家，文化市场管理机构11家。公共图书馆总藏量285万册，其中少儿图书馆藏量34万册。全市共有国家综合档案馆11个，馆藏档案127.2万卷，开放档案18.8万卷。

全市拥有各类文化经营场所2 470家，其中，互联网上网服务营业场所937家（连锁58家）；文化娱乐场所420家；演出场所43家；音像制品经营场所1 057家；保龄球馆（室）6家；古玩书画店7家。其中，市区（含开发区）文化经营场所1 544家，互联网上网服务营业场所657家（连锁58家）；文化娱乐场所126家；演出场所27家（市直5家）；音像制品经营场所721家；保龄球馆（室）6家；古玩书画店7家。长春电影制片厂全年共生产故事片13部，译制片9部，科教片7部，数字电影7部。

2007年，全市有广播电台3座，节目8套，中波发射台和转播台2座，广播人口覆盖率为100%；电视台5座，节目9套，电视人口覆盖率为100%。2007年系统共投入4 000万元，用于广播电视设备数字改造，完成12个主要片区、10.8万户（不包含公用端1 610个，子端3 464个）数字整转换任务，“10万用户大回访活动”收到实效。

2007年末，全市卫生医疗机构发展到1 941个，其中医院、卫生院320所，拥有医疗、疗养床位2.7万张，比上年增长

3.8%。卫生技术人员为3.6万人,比上年上升2.8%。每千人拥有执业医师和执业助理医师2.1人。

截至2007年末,市辖区建成社区卫生服务中心38家,覆盖了城市辖区人口322.3万人,覆盖率达到90%,全市14个县(市、区)开展新型农村合作医疗,覆盖率达到100%,338万农民参加了新型合作医疗,参合率达到86.16%,共筹集资金1.7亿元,已有77.7万人参合农民受益,支付补偿金1.4亿元,占筹资总额的81.5%。

2007年底,全市行政区域内共有体育场馆40个,100%的社区都拥有健身场地和健身设施。2007年,长春市成功举办了第六届亚冬会,承办了第六届亚冬会国际雪联自由式滑雪世界杯赛、国际雪联"远东杯"越野滑雪赛、瓦萨越野滑雪赛、亚大冰球俱乐部联赛等5项国际大型体育赛事。2007年,长春及长春籍运动员参加本年度国际、国内系列比赛40项次,获得世界比赛冠军10个、亚军10个、季军17个;获得全国冠军54个、亚军44个、季军63个。

组织开展"全民健身与奥运同行"系列活动308项次,参与人数达200余万人次。城区新建健身路径66条,更新路径36条,维修健身器材361件,在农村行政村安装健身设施40套;61所学校体育场馆向社会开放,市民出行8分~10分钟可到达一处健身场所。全年共销售体育彩票5.3亿元,同比增长12.7%。

【环境保护】 2007年,全市工业废水排放达标率和工业固体废物综合利用率分别达到95.07%和99.35%,全市烟尘控制区面积208.4平方公里,环境噪声达标区面积143.0平方公里,区域环境噪声平均值控制在56.2分贝,道路交通噪声平均值控制在68分贝,噪声达标区覆盖率达74.2%以上。

全市开展生态示范区建设试点面积1.9万平方公里,达到了幅员的92.4%,国家级生态示范区建成率达到100%。

城区空气质量保持良好水平。全年城区空气污染指数(API)为75;空气环境质量优良级天数340天,占总天数的93.15%,其中,优级天数17天,占4.7%;良级天数323天,占88.5%;空气首要污染物总悬浮颗粒物(PM10)年日均值每立方米99微克,与2006年相同;二氧化硫年日均值每立方米30微克,比上年上升3微克;二氧化氮年日均值每立方米38微克,与2006年相同;饮用水源水质达标率99.93%;城市地表水质达标率100%(按新标准计算)。

【人口和就业】 2007年末,全市户籍总人口为745.9万人。其中,市区人口358.1万人,四县(市)人口387.8万人。全市人口出生率为10.74‰,死亡率为4.39‰,自然增长率为6.36‰。

全市从业人员总数已达到329.4万人。其中,第一产业从业人员129.1万人,占全市从业人员总数的39.2%,第二产业从业人员83.3万人,占全市从业人员总数的25.3%,第三产业从业人员117万人,占全市从业人员总数的35.5%。其中,2007年末城镇单位从业人员85.9万人,从事个体劳动的有22.3万人。在岗职工年平均货币工资24 190元,比上年增长21.2%。

【人民生活和社会保障】 2007年,城市居民人均可支配收入达到12 811元,比2006年增长12.8%,人均消费性支出10 217元,比2006年增长15%。农村居民人均纯收入4 780元,比2006年增长6.7%。城市恩格尔系数为32.9%,农村恩格尔系数为41.6%。城市居民每百户拥有彩电137.5台,电冰箱及冰柜107.9台,洗衣机102.3台,拥有家用电脑和移动电话52.3台和185.5部。农村居民每百户拥有彩电100台,电冰箱24台,移动电话97部,摩托车46辆。城市人均住宅建筑面积由2006年的25.56平方米增加到26.88平方米,农村人均住房面积达到23.05平方米。

2007年底,全市参加基本养老保险职工人数达132.5万人,同比增长12.2%,其中在职职工97.6万人,增长13.8%。年末参加失业保险人数71.7万人,同比增长8.1%。全年征缴养老保险基金40.5亿元,增长12.2%;失业保险征缴基金3.17亿元,增长9%。为34.9万名离退休人员和近5万名失业人员发放养老金、失业保险金38.2亿元。企业退休人员社区规范管理率达94.8%。参加城镇医疗保险达到234.4万人,其中,城镇职工参保112万人,工伤和生育保险参保人数分别达到74.5万人和59万人。

2007年全市开发各类用工

岗位10.5万个，其中公益性岗位7 500个，实现城镇新增就业8.2万人，创建充分就业社区265个，全市累计帮扶7 659户"零就业家庭"实现每户至少一人就业，全年有1.8万名"4050"人员实现再就业，安置下岗失业人员实现再就业6.4万人，零就业家庭保持动态为零，城镇登记失业率保持在4%以内。全市共在外省建立劳务输出基地126个，实现劳务输出102.5万人（次）。

截止到年末，全市共有城乡居民17.29万户，35.4万人享受最低生活保障，累计全年发放资金3.08亿元。

2007年，全市以实物配租、租赁住房补贴、租金核减、棚改安置等形式，共为全市2 364户低保家庭解决了住房困难。其中，以实物配租方式解决100套、建筑面积为3 600平方米、投资1 200万元；以租赁补贴方式解决380户，补贴金额为511.3万元；以租金核减方式解决255户、补贴金额为215万元；棚改安置1 629户，棚改安置资金为9 774万元。低保家庭中无房户及人均住房面积8平方米以下的住房困难户全部得到解决。

全市在民政部门注册养老服务机构共有141家，总床位数6 897张。其中，国家办养老机构5家，社会力量投资兴办的养老机构136家。农村社会福利服务中心129所。全年销售社会福利彩票7.96亿元，筹集社会福利资金2.79亿元，募集善款3 070.4万元，总支出慈善募捐款2 385.1万元，受助群众达7.2万人次。

注：

1、本公报各项统计数据为年度快报数或初步统计数。

2、本公报行业数据系有关部门（行业）提供。

3、本公报长春市生产总值、各产业增加值绝对数按现价计算，增长速度按可比价格计算。

（市统计局）

精神文明建设

【概况】 2007年长春市精神文明建设工作，以创建全国文明城市为目标，以"两城联创"活动为载体，以提高市民素质，营造创城氛围为重点，深入开展群众性精神文明创建活动，为振兴长春老工业基地、构建和谐长春营造了良好的社会环境。

【创建全国文明城市工作】 年初，市文明办确定了"确立一个目标，抓好两个重点，实现三个突破，开展五大创建活动"的工作思路，即：以创建全国文明城市为目标，以构建和谐社会和社会主义荣辱观教育为重点，努力在新农村建设、未成年人思想道德建设、长效机制建设和队伍建设上有所突破；积极开展创建文明县（市、区）、文明社区、文明单位、文明村镇和军（警）民共建活动；形成了《2007年长春市精神文明建设工作要点》、《长春市2007年创建全国文明城市工作方案》和《创建国家卫生城市、全国文明城市系列活动方案》；3月份，组织召开了全市文明办主任工作会议，对全年重点工作进行部署。

落实工作目标责任制。4月6日，召开全市创建国家卫生城市和全国文明城市动员大会，市委、市政府将"两城联创"确定为2007年的重点工作之一。市文明办会同市爱卫办认真总结在全国文明城市测评中暴露出的问题，把两城的重点任务目标结合起来，从难点、弱项抓起，有针对性地制定了《创建国家卫生城市和全国文明城市工作目标责任书》。出台了《两城联创工作目标考核细则》，把文明城市的创建内容进行了细化分解，划为7大部分17项指标38条具体内容，使年终考核验收工作更具有针对性和可操作性。

大讨论活动。市文明办从5月12日至6月12日，在全市范围内集中开展了"清洁长春，美化家园，争做文明市民"主题大讨论活动。大讨论紧紧围绕"文明市民的基本标准是什么"、"美化家园，我该怎么做"等主题，组织开展各种层次和形式的讨论会50余场。通过大讨论，激发了全市干部群众"建好城市、人人有责"的主人翁责任感，促进了市民文明意识的提升和文明行为的养成，以清洁长春、美化家园为荣，以破坏环境、影响市容为耻，从自己做起，从小事做起，人人爱护城市、争做文明市民的热潮在全市掀起。进一步营造创建氛围，统一全市人民思想，调动全市人民自觉参与创城的积极性。市委宣传部、市文明办组织各新闻媒体，抓住群众关注的热点、难点问题，深入报道创城工作进展情况，省、市新闻媒体刊播全市创城稿件1 000多条，刊播专题、专栏200多个，刊发专版20多个，为创城工作营造了浓厚的舆论氛围。

配合"两城联创"工作，市文明办与市创城指挥部联合举办了“文明瞬间”摄影大赛，收到专业摄影师、摄影记者和热心群众投送摄影作品700余幅，择优刊登40幅。通过“红镜头、黑镜头”的直观对比，弘扬和鞭挞了创城过程中涌现的好人好事和存在的不足，强有力地支持了“两城联创”工作。

市文明办围绕“两城联创”工作，编辑《长春文明简报》22期，出版了《长春文明》季刊4期，向省文明办、中央文明办报送创建信息736条，其中，被省文明网采用64条，被中央文明网采用21条，被其他新闻媒体采用34条，及时宣传了全市“两城联创”活动进展情况和取得的成效。

【公民思想道德建设】 道德楷模评选。市文明办从“两城联创”工作实际出发，把道德典型评选与提高市民素质、推动创城工作结合起来，设计策划了“学道德楷模，树文明风尚，促两城联创”主题活动。活动从8月初到10月，分为典型征集、命名表彰、学习宣传三个阶段。各地各部门共推荐社会公德、职业道德、家庭美德方面的先进典型115名。从中择优遴选出50名作为“长春市公民道德楷模”候选人，将他们的简要事迹在市各新闻媒体公布，通过网上投票、在社区设立集中投票点和群众自发投票等方式，广泛征求社会各界人士及广大市民群众的意见，投票评选活动引起社会各界高度关注，共收到群众投票30多万张。经市公民道德楷模评选小组认真评选，评出30名“长春市公民道德楷模”。9月中旬，市文明办、市创城指挥部联合召开了“长春市公民道德楷模命名表彰大会”，对30名公民道德楷模进行了命名表彰。

按照中央文明办、省文明办《关于在“公民道德宣传日”评选表彰全国道德模范的通知》精神，市文明办积极做好向中央及省文明办推荐全国公民道德模范候选人工作，共向上级推荐全国公民道德模范候选人9人，经全国范围内评选，长春市推荐的二道区国税局职工刘国江被授予“全国道德模范”荣誉称号，王洪军、王春艳、高宣文获得“全国道德模范提名奖”。

道德典型宣传。《长春日报》、《长春晚报》、长春人民广播电台、长春电视台等市媒体，纷纷在重要版面和主要栏目，设置了“学道德楷模、树文明风尚”专版、专栏，利用一个半月的时间，每天刊登和播放道德楷模的先进事迹，使道德楷模事迹传遍千家万户。

2007年9月20日是全国第五个公民道德宣传日。市文明办把“学道德楷模、树文明风尚、促两城联创”作为道德宣传日的主题，通过宣传30名长春市公民道德楷模的事迹，感染和激励更多的市民群众向道德楷模学习、努力争做道德楷模，自觉投身到道德实践中。9月20日，集中宣传活动在全市同时拉开帷幕，朝阳区以“长春市公民道德楷模”的事迹为主要内容，制作280块宣传板、标语牌、宣传画，组成了500米长的宣传长廊，将文化广场装扮如同节日一般，市民纷纷驻足，学习道德楷模的先进事迹；在东盛大街、人民广场、胜利公园，由二道、南关、宽城区组成的宣传队采取发放文明礼仪宣传单、街头文明礼仪知识宣讲、发放向道德楷模学习倡议书等方式向市民进行公民道德和文明礼仪宣传，倡导市民自觉做到爱国守法、明礼诚信、团结友善、勤俭自强、敬业奉献。绿园区、农安县、汽车产业开发区等其他县(市)区、开发区也开展了形式多样的公民道德主题宣传活动，将全市公民道德宣传活动推向新高潮，为创建文明城市、构建和谐长春打造了良好的社会氛围。

规范市民行为。一是针对随地吐痰、乱抛杂物、随地便溺等严重影响城市形象的顽疾，在市民群众中开展以“三管”（管住嘴、管住手、管住腿）为重点的文明行为规范宣传教育。相关部门密切配合，加强对“门前三包”、重点场所的管理监督，在全市确立人民大街、南湖大路两条严管街路，各城区、开发区选树两条示范街路，并与相关部门签订责任状，切实把“三管”活动落到实处。二是开展“无交通违法，无交通事故，文明走路，文明乘车”活动。以各城区、开发区为单位，在市民巡视员的努力配合下，对闯红灯，违规停车、乱鸣车笛、抢路占道等不文明行为进行监督。每周一、周二对新民大街、亚泰大街等18条参赛街路、90个公交站点进行了重点检查督导，配合交通部门，参与交通协管工作。目前，市民交通安全意识有所提高，文明走路的良好习惯正在养成，在主要街路公交车首发站均能排队上车，尊老爱幼文明乘车现象在全市随处可见。三是与新文化报社联合开展“城市文明，春天大行动”。活动分三方面内容，一方面，于3

月份，为了弘扬在公交车上为老、弱、病、残、孕主动让座的精神，开展了“赞美卡”活动，设计制作了3 000张“赞美卡”，上面写有感谢和赞美让座人的话语，免费发放给乘车的老人，由老人们发给主动让座的市民；第二方面是于4月份，针对部分市民在乘车过程中不能做到自觉排队的现象，开展了“文明乘车你我他”活动，采取百姓投票的方式，在全市范围内选出10个“麻烦站点”，在这些站点的附近征集30名老年志愿者，作为文明乘车义务协管员，在上下班高峰时期维护乘车秩序；第三方面是于5月份，针对在早晚上、放学高峰时段，部分机动车驾驶员与过街学生抢行，学生的安全受到威胁的实际，开展了“等让牌”活动，组织部分临街学校同学，设计制作了形式各异的“等让牌”，在学生过街时将“等让牌”举起，机动车驾驶员就会自觉等让。“城市文明，春天大行动”系列活动的开展，对促进市民文明行为习惯养成，起到了积极的促进作用。现在，公交车上主动让座、乘车自觉排队、机动车驾驶员主动等让过街行人的文明之风业已形成。在2007年长春市举办的第六届亚冬会和第三届东北亚博览会期间，长春市民文明、礼让、谦和、热情的精神面貌给各地来宾留下深刻印象，纷纷盛赞长春是“美丽之城、文明之城”。11月6日，在全国首届最具幸福感城市评选当中，长春市获得“最有人情味城市”荣誉称号，这也是长春市精神文明建设取得的又一丰硕果实。

【群众性精神文明创建活动】文明社区建设。结合以往工作经验，制订了《创建和谐社区考评细则》，把“创和谐社区，建温馨单元，当文明家庭”竞赛活动作为全年社区建设的重点工作，运用评比竞赛的形式推动社区精神文明创建水平。活动中，各基层社区能够紧密结合社区群众思想实际，着眼于群众需求，着眼于提升社区居民文明素质，开展了丰富多彩的群众性创建活动。朝阳区在全区社区内开展了“公德驿站”活动，活动采取讲道德故事、评道德人物、开设道德宣传专栏等方式，大力弘扬发生在群众身边的道德典型，引导社区群众多做好事，多为他人着想，多为社区建设做贡献。还运用群众自发投票的方式，定期评选出小区内各类“道德人物”，如敬老爱老典型、家庭和睦典型、绿化美化典型、爱护公物典型等等，让社区群众有所学、有所比、有所争，在日常生活中形成以讲道德为荣，违背道德为耻的良好风气。绿园区青年路街道东方社区，在每个居民楼道内设置了便民箱，为居民的日常生活提供了方便。

“文化进社区”活动。市文明办将社区群众文化建设作为文明社区创建的重点，通过组织开展群众喜闻乐见的文化活动，丰富市民群众文化生活，加强居民之间的沟通交流，为构建和谐长春营造良好社会环境。7月份，承办了“歌和平，舞和谐”全省首届社区文艺展演，来自全省9个市（州）代表队的150余名社区群众演员登台献艺。长春市选送的舞蹈《长白鼓韵》、群口快板《和心俱乐部》、京剧《都有一颗红亮的心》分获金、银、铜奖，少儿舞蹈《北京的金山上》以及服装表演《社会和谐人欢乐》获优秀奖，长春市获得优秀组织奖。

8月份，长春市的社区群众文化工作得到了中宣部、中央文明办的高度关注。10月12日，中央电视台在长春市成功录制了大型文艺节目《激情广场——“四进社区”群众文化特别节目》。长春市道德楷模、好市民、

长春市朝阳区湖东社区选送的舞蹈《长白鼓韵》

长春市公民道德楷模中秋茶话会

市民巡视员及部分群众代表等近万人观看了演出。由全市各行业代表组成的志愿者方阵、文明单位方阵、保洁员方阵、夕阳红方阵与演员们同台赛歌。由长春市推荐选拔的《我爱我家》、《夸长春》、《长白鼓韵》等节目，充分展示了长春市群众文化活动亮点和作为文化名城的精神风貌。配合"两城联创"工作，市文明办组织了"真情奉献，爱心回馈——慰问保洁员专场文艺演出"，运用最优美的舞姿和甜美的歌声向全市保洁员送去最美好的祝福，表达了全市人民对保洁员为创城付出的辛勤努力的感激之情。

文明单位，文明窗口评比竞赛。围绕改善民生这一主题，以百姓生活密切相关的窗口行业为重点，发挥机关工委、国资委、建委、旅游局等行业主管部门作用，开展了"创文明处室、建和谐机关、做优秀公仆"活动、"提升为民服务质量，做人民满意公仆"、"百城万店无假货"和创建"文明风景旅游区"活动；开展了"春城文明的哥、文明巴士"评选活动，评选出百名春城文明的哥、23条春城文明巴士线路和百名春城公交形象大使，涌现出了市公民道德楷模聂永军、文明标兵线路—孙倩车队等一批具有代表性的先进典型，有效地带动了全市文明单位、文明窗口创建工作。年内，完成了对长春净月潭国家重点风景名胜区及全市17个国家级文明单位和先进单位预检自查工作，全部通过了省文明办检查验收。6月份，市文明办、市创城指挥部与相关单位共同组织开展了"文明管理工地"创建活动，制订下发了《文明管理工地创建活动实施方案》，组织召开了文明管理建筑工地动员大会，组织市建委等6个部门对全市重点建筑工地进行了不间断的检查，对工地泥土外带、噪声扰民等影响市容建设、影响百姓生活的不良现象进行了整改，推动了"两城联创"工作的开展。

文明村镇创建。为了更好利用城市文明，优化资源配置，市文明办组织国家、省、市、县（市）区级文明单位与全市行政村开展了结对共建活动。一是制订下发了《2007年开展"共建和谐文明新村"活动实施方案》，对开展"共建和谐文明新村"活动认真进行部署，计划用2年～4年左右的时间，帮助结对共建的行政村达到市级文明村的标准。二是按照共建有主题、结对有目标、援助有任务的要求，开展跨区"点对点"式结对共建，年初以来，全市共有589个各级文明单位与497个村开展共建活动，重点以国道、省道和铁路沿线所在地的村屯、乡（镇）以及市政府确定的新农村示范点开展共建活动，充分发挥这些村屯的辐射和带动作用，形成区域连片文明创建新格局。实现对接的文明单位为行政村解决生产生活困难，投入资金近亿元。同时，市文明办还组织开展了"文明生态村"创建活动、"乡容村貌综合整治"活动，采取乡镇领导包片、乡干部包段、村干部包屯、部门包村的办法，对农村的"五乱"现象进行了清理整治，农村基础设施得到了根本改善，实现了道路硬化、村屯绿化、环境净化和整体美化，消除了火灾隐患，形成人与自然和谐共处的新格局。

军（警）民共建社会主义精神文明。为了赢得全市驻军对长春市"两城联创"工作的支持，组织全市驻军单位开展了"支持两城联创，建设第二故乡"活动，并对全市156对军（警）民共建单位提出了"树立长春就是故乡观念，以实际行动支持创城"的要求。各驻军单位纷纷响应，先后有2万多人次参与驻地公益性建设，主动承担了社区整治环境，清运垃圾、建筑残土、美化街路、清理社区居民楼道等急难险重任务，为“两城联创”目标的实现贡献了力量。选树宣传共建典型，通过报纸、广播、电视、文明简报宣传了绿园区西新镇、朝阳区南湖街道、宽城区柳影街道等一批共建典型。在纪念中国人民解放军建军八十周年时，组织驻长16家军师级部队（武警）召开了全市军（警）民共建工作座谈会。

未成年人心理健康教育剧展示

【未成年人思想道德建设】 未成年人成长社会环境建设。市文明办围绕未成年人成长环境优化工程、法制教育工程、基地建设工程和“问题家庭”未成年人帮教扶助工程做工作，切实为未成年人健康成长创造良好的社会环境。在实施“未成年人成长环境优化工程”中，组织各系统、各部门、各单位共同参与，加大文化市场整治力度。下半年，以“清理整顿校园周边书亭专项行动”会议为契机，加强对校园周边书亭、网吧的管理，严厉查处违规经营不健康书籍，网吧、营业性歌舞厅、酒吧违规接纳未成年人的行为，坚持开展“扫黄打非”集中行动，保护未成年人身心健康，营造了有利于青少年成长的文化环境。在推进“基地建设工程”中，做到整合设施资源，加强基地建设工作力度。目前，全市未成年人活动场所和各类教育基地420个。其中，爱国主义教育基地42个，科技教育基地10个，教育实践基地12个，各级各类少年宫12个，社区未成年人活动场所274个，全市有50所中小学操场向社区开放，成为未成年人活动的新场所。

开辟未成年人心理健康教育新途径。市文明办在认真分析当前未成年人思想道德建设状况的基础上，形成了“以未成年人心理健康教育作为加强和改进未成年人思想道德建设工作的突破口”的工作思路。3月份，成功召开了全市未成年人心理健康教育活动成果展示暨首届“阳光杯”优秀校园心理剧表彰大会，编印了《长春市未成年人心理健康教育活动成果展示暨首届“阳光杯”优秀校园心理剧表彰大会材料汇编》，新华社、中国教育报、吉林日报、吉林人民广播电台、吉林电视台、长春日报、长春人民广播电台、长春电视台等20多家新闻媒体进行了宣传报道。市未成年人心理健康教育工作得到了中央文明委、省、市领导的充分肯定。9月13日，中央电视台“焦点访谈”栏目组在长春市拍摄录制了未成年人心理健康教育专题节目，并于10月12日播出。9月18日，中央人民广播电台记者对长春市心理健康教育工作进行深入采访，并在该台《新闻纵横》栏目中播出，在社会上产生了强烈反响。为加强未成年人思想教育提供了宝贵的经验。

（吴　军）

党政机关

党 政 机 关

中国共产党长春市委员会

【概况】 2007年,中共长春市委坚持以科学发展观为指导,认真落实市十一次党代会精神,牢牢把握经济社会发展中的主要矛盾和关键环节,集中力量加以推进,全市各项工作均取得了十分可喜的成绩。

经济实现快速发展。坚持把项目建设作为经济工作的重中之重,大力开展"项目建设年"活动,全力推进工业、农业产业化、现代服务业、城市建设、民生5大类20个组团91个基础性、全局性、战略性重大项目。部署实施了九个月招商引资攻坚战,组织党政经贸代表团赴南方发达城市集中开展了考察、推介和招商,成功承办和举办东博会、汽车节、消夏节、光博会等各种展会,广泛开展招商活动,取得了丰硕成果。通过强化责任、统筹调度、联合督检等措施,集中精力推进项目建设,各县(市)区、开发区、全市各部门抓发展的热情更高,抓项目的干劲更足,抓招商的力度更大,一批大项目相继落地,各项主要经济指标均实现高速增长。全市地区生产总值完成2 089亿元、增长17.7%,全口径财政收入完成284.5亿元、增长35.1%,规模以上工业总产值完成2 839.8亿元、增长33.9%,全社会固定资产投资完成1 350.6亿元、增长42.1%,工业投资增长71.3%,全社会消费品零售总额完成778.3亿元、增长16.8%。这些主要经济指标的增幅在全国副省级城市中均位居前列。

民生行动计划全面落实。把改善民生作为党委、政府工作的重点和"第一追求",出台市委、市政府民生工作《意见》,实施《2007年民生行动计划》,全面完成10大类94项民生工作任务,赢得了群众的认可和社会各界的广泛好评。城乡居民收入稳步提升,城市居民人均可支配收入和农民人均纯收入达到12 811元、4 780元,分别增长12.8%、6.7%。全年共计开发就业岗位10.5万个,通过实行即时就业援助,实现了"零就业"家庭动态为零。非公经济组织参加社会养老保险专项行动全面展开,全年新增养老保险14万人。棚户区改造全面推进,拆除建筑面积386.8万平方米,超额完成百万平方米回迁工程,当期回迁率达到100%,实现三年改造任务两年完成。实施了薄弱校改造、贫困学生帮扶等重点工程,促进了城乡教育的均衡发展。通过实施"百万农民进新农合"和"百万居民进医保",使覆盖城乡居民的基本医疗保险制度初步建立,得到国家有关部门的充分肯定。

城建重点工程进展顺利。坚持城市发展与产业发展良性互动,把城市建设放在更加突出的位置,全面推进大铁北改造、南部新城建设和城市重大基础设施建设,为加快发展提供了强有力地支撑和保障。大规模基础设施和社会事业建设使铁北地区面貌明显改观,大铁北改造取得阶段性成果。经过反复论证和积极工作,南部新城规划初步完成,核心区建设开始启动。综合科技文化中心、长吉快速铁路、四环路、城市出入口改造等一批城市重点基础设施工程相继开工建设,年度建设目标全面完成。全市累计投入资金130多亿元,实施新建续建工程57项,新增绿化面积300公顷,进一步展现了城市大建设、大变化时期的新面貌。在全市范围内推行了精细化城市管理,整个城市更加干净、整洁、有序。

和谐长春建设稳步推进。加强宣传思想工作,深入开展"两城联创"和多种形式的群众性精神文明创建活动,市民道德素质、城市文明程度进一步提升。加快发展教育、科技、文化、卫生、体育、计划生育等各项社会事业,进一步丰富了人民群众的精神文化生活。第六届亚冬会在长春成功举办,进一步展示了长春的美好形象。人大常委会立法、监督职能不断强化,人民政协参政议政、民主监督作用充分发挥,群众自治制度日益完善,群众性普法教育深入开展,有力地推进了民主法制建设进程。深入推进平安长春建设。

党的建设扎实有效。围绕加强中共党的执政能力和先进性建设,中共长春市委深入开展“和谐班子”创建活动,各级班子齐心协力抓发展的氛围更加浓厚;认真落实中央关于保持共产党员先进性四个长效机制,基层党组织和党员队伍建设取得新成效;积极稳妥地推进干部人事制度改革和组织制度创新,建立了体现科学发展观要求的县(市)区领导班子和领导干部综合考核评价办法;在中组部和省委组织部的直接领导下,圆满完成了省级人大、政府、政协领导班子换届考察试点工作;深入开展党风廉政建设和反腐败斗争,加大涉软案件查处力度,在全市机关广泛开展了“查找改”活动,党风政风进一步好转。在抓好全市党的建设的同时,高度重视市委常委班子自身建设,不断健全市委常委会议事决策制度,向社会公布市委常委班子纪律作风建设“八项承诺”,做到了自觉接受全市人民的监督。

【中国共产党长春市第十一次代表大会】 会议于2007年2月7日举行。会议听取和审议了中共吉林省委常委、长春市委书记王儒林同志代表中国共产党长春市第十届委员会所作的题为《立足富民强市 更好更快发展 全面完成老工业基地振兴历史性任务》的工作报告;选举产生中共长春市第十一届委员会和纪律检查委员会;动员全市党员干部和广大群众,深入贯彻落实科学发展观,为全面完成老工业基地振兴历史性任务而努力奋斗。

【中共长春市委十一届一次全体会议】 会议于2007年2月10日举行。会议听取了中共吉林省委常委、长春市委书记王儒林同志代表新当选的市委常委会所作的工作报告。

全会选出了新一届市委常务委员会和书记、副书记,批准了市纪委一次全会选举产生的新一届纪委常委会、纪委书记和副书记。新一届市委班子一定不辜负省委和中央对新一届班子的厚望,一定不辜负广大党员干部和人民群众的信任和期望,恪尽职守,认真负责,努力工作,团结和带领全市人民把长春的事业推向新的历史阶段,把长春这座城市建设得更好。

【中共长春市委十一届二次全体会议】 会议于2007年11月27日举行。会议听取和审议了中共吉林省委常委、长春市委书记高广滨同志代表市委常委会所作的题为《深入贯彻落实党的十七大精神 全力推进长春老工业基地振兴》的工作报告。会议的主要任务有两项:一是市委常委会向全会报告2007年工作;二是深入贯彻党的十七大和省九次党代会以及省委九届三次全会精神,结合长春实际,研究部署明年工作和今后一个时期的奋斗目标。

(李卫国)

【组织工作】 2007年,市委组织工作按照年初全市组织工作会议确定的“一条主线”(迎接、学习、贯彻党的十七大)、“三项重点”(加强领导班子思想政治建设、巩固和发展先进性教育活动成果、大力推进人才强市战略)、“三项统筹”(统筹抓好干部教育、干部人事制度改革、干部监督等三项工作)和“一个建设”(组织部门自身建设)的工作思路和总体要求,紧紧围绕服务和保证项目建设、改善民生等经济社会发展中心任务,找准结合点、切入点和着力点,充分发挥职能作用,较好地完成了工作任务。

领导班子和领导干部队伍建设得到进一步加强。把领导班子和领导干部队伍建设作为推动全市经济社会更好更快发展的关键,选准有效载体,采取切实措施,不断强化思想政治建设,增强执政能力,整体提高领导班子和领导干部队伍建设水平。一是认真开展“和谐班子”创建活动,按照省委统一部署,结合长春市班子建设实际,制订下发了《关于开展创建“和谐班子”活动的实施意见》,扎实开展“和谐班子”创建活动,着力解决班子不和谐、不团结的问题,全力打造团结、为民、务实、清廉的班子,在各级班子形成了“团结干事、和谐共事、按章办事”的良好氛围。二是切实加强以贯彻民主集中制为重点的制度建设,组织召开了市管班子民主生活会,开展批评与自我批评,进一步规范领导班子决策和工作程序。在执行好现有制度的基础上,建立与班子建设需要相适应的新制度,在实施决策重大事项议事规则的同时,完善落实好理论学习、情况通报、联系群众、民主监督等制度,针对县(市)区领导班子换届和领导班子配备改革后的新情况,建立完善领导班

组织工作"围绕大局更好发挥作用"专题研讨会

子配备改革后的领导体制和工作运行机制奠定了基础。三是不断强化领导干部作风建设,教育干部进一步思想解放,牢固树立发展意识、机遇意识、忧患意识、争先意识。积极开展项目建设跟踪考核,制订下发了《县(市)区、开发区项目建设跟踪考核办法》、《在重点工作运行中跟踪了解重点领导班子的试行办法》,重点对县(市)区、开发区14个项目建设作战单位进行跟踪考核。四是大力加强领导班子组织建设,突出抓好"一把手"队伍建设,选准配强"一把手",特别是结合市人大、政府、政协换届,加强市直部门领导班子建设,重点配好经济工作部门、社会管理部门、公共服务部门的领导班子,选配一批善于领导科学发展,熟悉社会建设和管理的优秀干部,积极做好年轻干部、女干部和党外干部的选任,改善班子结构,增强整体功能。五是努力完善后备干部管理教育工作,针对去年县(市)区领导班子换届后、后备干部队伍急需补充调整的实际,采取组织推荐和结构面试的方式,集中选拔了一批后备干部。继续实施后备干部"五个一批"挂职锻炼工作,在选派工作思路上,注意突出贴紧中心、服务全市工作大局,紧紧围绕全市经济和社会发展,立足改革、发展、稳定大局,从有利于培养锻炼优秀年轻干部、推进工作出发,结合项目建设年、创建国家卫生城、维护社会稳定和城区经济建设等全市中心任务需要,共选派了35名年轻干部分别到项目建设年办公室、信访部门、创建卫生城办公室和城区进行挂职锻炼。

党的基层组织建设水平得到整体提升。坚持巩固和发展先进性教育活动成果,切实做好保持共产党员先进性经常性工作,进一步提高了全市基层党建工作水平,基层党组织的创造力、凝聚力和战斗力有新的增强。一是扎实推进中央和省、市委长效机制文件的贯彻落实。研究制订了《关于进一步建立健全服务党员工作体系,做好服务党员、联系群众工作的意见》、《关于加强流动党员信息管理工作的意见》等制度性文件,与之前制订的《关于建设健全保持共产党员先进性长效机制的意见》等一系列长效机制文件一起,初步形成了既符合上级精神又体现长春特色、既具有现实可操作性又有利于长期坚持、既独自成章又彼此关联的党建工作制度体系。深入10个县(市)区、4个开发区、23个市直部门和84个基层单位,对贯彻落实长效机制进行了集中检查,全面了解掌握情况,发现解决存在的问题,通报了检查情况,推动了长效机制文件的贯彻落实,得到中组部和省委组织部的肯定,中组部《组工信息》反映了长春市贯彻中央四个长效机制文件的工作动态。二是切实加强了农村基层党组织建设,突出村级领导班子建设,结合年初的村党组织换届,制订下发了《关于做好村党组织换届选举工作的实施意见》,对党组织换届的任务、形式、程序、具体内容都提出了明确要求,有效规范了换届工作,保证了村党组织换届任务的顺利完成。积极创新农村基层组织设置形式,全面推行党员合作社、支部+公司、党员服务队等10种富民模式,依据新农村建设需要和农村产业结构调整的实际,把基层党组织建在产业链上,鼓励和支持党员干部领办创办新经济组织和服务组织,大力推进农村党员干部转型,找准农村党建与经济建设的结合点,农村基层党组织创新工作经验在全省党的基层组织建设工作会议上进行了交流。狠抓农村基层干部培训,围绕增强村党组织书记“双带”能力，举办了全市部分优秀村党组织书记培训班，拓宽了思路，开阔了眼界，提高了能力，取得较好实效。开展党员干部带头领办创办致富项目活动，制订下发了《关于深入开展农村党员干部带头领办创办致富项目活动的实施意见》和《关于认真做好在项目建设中发挥基层党组织和党员作用工作的意见》等文件，积极扶持“项目支书”、“项目党员”，推动社会主义新农村建设和项目建设的深入发展。三是大力推进了街道社区党建工作，高质量地完成了市委换届选举、省九次党代会代表推荐选举和十七大代表的酝酿推荐工作。指导社区党组织换届工作，制订下发了社区党组织换届工作指导意见，对社区党组织换届选举工作进行了调度和督查指导，全市318个社区党组织全部完成了换届选举工作。深入开展“学习谭竹青，做建设和谐社区带头人”活动，营造了浓厚的党建工作氛围。全面推进非公党建工作，坚持一手抓组建，一手抓党组织作用发挥，重点抓好规模以上非公企业党组织组建工作，从市直部门选派了68名企业党建联络员，深入企业开展党建工作。配合省委组织部、省总工会，筹备召开了开展党工共建工作现场会，推广了长春市在小型零散非公企业建立联合工会、实行工会主席职业化的经验。四是不断完善党员教育管理，在全市广泛开展了“两服务、两承诺”活动，即上级党组织为下级党组织、党员服务和承诺，党组织、党员为群众服务和承诺，在全市推广了党员承诺制。进一步完善党员服务体系，坚持寓教育管理于服务之中，全面推开党员服务体系建设，通过在县（市）区抓示范点，以点上经验推动面上工作。加强了流动党员的管理，按照中组部和省委组织部要求，积极做好流动党员活动证的发放、管理和使用工作，全市发放《流动党员活动证》6 171个，保证各级党组织及时掌握流动党员流动去向，有针对性地做好管理服务工作。建立流动党员信息员制度、流动党员管理台账和信息库，掌握了流动党员的自然情况和流动去向，实现了流动党员动态管理。扎实做好现代远程教育试点工作，建成1 554个远程教育终端接收站点，覆盖了86%的行政村，把党员远程教育的工作重心由“建”向“管、学、用”转移，探索开展远程教学活动的组织模式和教学方法，切实发挥了现代远程教育作用，实现了农村党员干部教育培训方式的新跨越。

人才队伍开发建设和人才工作不断推进。一是健全人才工作机制制度，召开全市人才工作领导小组2007年第一次会议，根据成员单位职能分工和人员变动情况，进行了及时的充实调整，进一步加强了对人才工作的组织领导，强化了牵头抓总职能，明确了职责分工，整合了工作力量，完善了全市人才工作的领导体制。下发《关于进一步发挥在长专家等高层次人才作用的意见》等五个文件，进一步激发和调动了高层次人才参与长春市经济社会发展的积极性。二是大力推进人才项目建设，创新人才项目建设模式，举办了2007年全市人才项目工作启动仪式，向全市下发了《长春市人才项目指导计划》，召开县（市）区、市直重点人才项目工作部门的项目申报培训会，培训项目负责人、联系人40人次。加强人才项目制度化建设，实行项目督导检查、年度执行情况报告和项目重大情况通报等制度，使项目建设逐步实现规范化、制度化。长春市人才项目工作受到了省委的表彰，市人才办被评为全省唯一的市州级先进人才办，在全

组工干部认真学习党的十七大精神

省人才服务农村项目总结表彰大会上，长春市作了典型发言。三是扎实开展社会工作人才队伍建设。制订了《2007年全市社会工作人才队伍建设工作总体安排》，提出全年社会工作人才队伍建设工作的指导思想和阶段任务，成立专题调研组，由部领导带队，深入开展实地调研，进一步明确了社会工作人才队伍的内涵界定，掌握了全市社会工作人才队伍现状、存在的问题及原因等，初步提出了建立科学有效地社会工作人才评价体系、激励机制、使用机制、培养培训机制、投入机制以及加强组织领导等方面的对策措施。全市社会工作人才队伍建设工作取得了阶段性成果，并在省里进行了经验交流。四是深入开展人才服务项目活动。根据项目建设需要，按照“对应基础、着眼创新、整体布局和分类试点”的原则，由分管副部长带队，深入到驻长中省直企业、大专院校和县（市）区、开发区开展人才工作调研，进行特色及创新性工作试点。在此基础上，研究制订了《关于进一步创新人才工作、为重点产业和项目建设提供人才保证的意见》，围绕项目建设重点难点问题，组织高新产业、工业经济、现代服务业、农业产业化等领域的专家学者到县（市）区、开发区项目建设现场进行集体会诊，加大为项目建设提供人才服务力度，为91个重大项目建设培养、引进各类人才。截至目前，采取“订单培养”模式，为汽车、玉米深加工、轨道客车、光电子信息、生物医药等重点产业培养各类人才71万余人；着眼重大项目建设需要，确立76个

省委组织部副部长李耀民和市委常委、组织部长杨子明为党员服务站揭牌

重点扶持人才项目，引进高端人才598人，其中，领军人才120人，从美、德、意、俄等国引进外国专家23人，为全市重大项目建设提供了有力地人才保证和智力支撑，直接拉动社会投资3亿多元，预计直接经济效益可达60亿元，间接经济效益可达248亿元。五是不断加大人才工作的宣传力度，启动了专家建言活动，广泛征集在长各级各类专家对全市经济社会发展的建议，充分发挥专家作用，营造了各类人才为经济社会发展献计献策的浓厚氛围。组织新华社、中国评论杂志社、香港大公报、凤凰卫视、吉林日报等新闻单位对市人才工作领导小组2007年第一次会议、人才项目启动仪式进行了现场采访，进行了全方位的宣传报道，在全社会引起了较好的社会反响。

干部教育、干部人事制度改革和干部监督工作。一是以加强干部能力建设为目标，干部教育培训力度进一步加大。突出理论武装，抓好党校主体班次培训，充分发挥党校主渠道作用，加大了干部调训力度，共抽调150名干部参加了党校县局级领导干部、后备干部、市直机关处长等三个主体培训班次的培训。围绕热点难点问题，全面抓好各级领导干部在职自学，不断拓展干部在职学习的渠道和途径，注意发挥干部网络学校作用，下发了《关于2007年干部网络学校培训和在职自学安排的通知》，对县局级领导干部、市直机关处长、后备干部参加网络学校和县局级领导干部在职自学做出了安排。坚持开办双休日干部学校，围绕市委、市政府中心工作热点难点问题举行专题报告会，开办干部“文化大讲堂”、“城市发展论坛”，深化和拓展干部学习，领导干部素质大幅度提高。切实加强干部教育培训的宏观管理，研究制订了《长春市“十一五”干部教育培训规划》，对未来五年全市的干部教育培训工作做出了部署。二是以深入学习贯彻一系列法规文件为着力点，干部人事制度

改革稳步推进。抓好干部人事制度改革政策法规的宣传学习，重点抓了中央一系列法规文件的贯彻落实，加大“一法、一纲要、三条例、十三个法规性文件”的宣传力度，组织领导班子成员特别是新进班子成员和党委主要负责同志，深入学习干部工作有关政策规定，熟悉掌握基本要求并在工作中严格贯彻执行。全面规划干部人事制度改革工作，制订了《关于进一步深化干部人事制度改革的实施意见》，对今后五年全市干部人事制度改革进行了规划，明确了今后一个时期干部人事制度改革的基本思路、目标任务和对策措施。研究出台新的改革措施，对中央出台的党政领导干部辞职制度进行细化，结合长春市实际，研究制订《县局级领导干部辞职制度实施办法（试行）》。认真落实省里即将出台的规范干部管理等方面的新制度，着重搞好对扩大民主、改进考核、解决能下、加强监督和有效激励等重点难点问题的深入研究探索，开展县（市）区干部任期制试点工作，对激发干部队伍活动问题进行了深入研究，取得了一批课题研究和实践探索成果。认真抓好《公务员法》的贯彻实施，会同市人事局，完成了市、县、乡三级6大类部门4 225名公务员的登记审核工作，顺利通过省委组织部的审批。积极与省委组织部沟通协调，妥善解决了公务员登记过程中的遗留问题，组织95名没有登记人员进行了考试。三是以突出有效防范和健全机制为着眼点，干部监督工作得到进一步规范。加强干部选拔任用工作监督，加大对《条例》执行情况的监督检查力度，对县（市）区和市直部门干部选任情况进行了集中检查，及时通报检查情况，督促搞好整改。同时，坚持监督关口前移，严格执行《吉林省市（州）、县（市、区）党委提拔干部讨论任用前审核暂行办法》，全面实行了干部选拔任用任前审核，县（市）区提拔任用干部，事先都要经市委组织部审核。认真做好12380举报电话受理工作，加大查核督办力度。强化对领导干部的监督，重点实施防范性的经济责任审计，把对领导干部的离任审计与任期、任中、专项和年度经济责任审计结合起来，制订了2007年领导干部经济责任审计计划，向审计部门下达16名领导干部经济责任审计委托书。强化领导班子和领导干部自我监督、自我教育，提高领导班子民主生活会质量，制订了市委常委班子专题民主生活会方案，会同市委办公厅筹备召开市委常委班子民主生活会；与市纪委联合下发《关于召开市委管理领导班子专题民主生活会的通知》，并对县局级领导班子民主生活会报告单进行了认真的审核把关，参加了10个县（市）区和28个市直领导班子的民主生活会，进行了具体指导。突出对领导干部作风状况的监督，认真贯彻胡锦涛在中央纪委七次全会的讲话精神，着力加强对领导干部作风状况的监督，认真落实领导干部谈话制度、述职述廉制度、诫勉和函询制度、报告个人有关事项制度等各项管理监督措施。定期分析领导干部队伍的作风状况，抓住与领导干部作风密切相关的关键环节。充分发挥各方面监督的积极作用，把干部行为置于全过程、全方位监督之下，形成领导监督、班子内监督和群众舆论监督相结合的监督机制，进一步增强了监督合力。

（杨小兵）

【宣传思想工作】 2007年，全市宣传思想工作认真按照中央和省市委的统一部署，始终遵循“贴得紧、跟得上，有用、有效、有

5月23日市文艺界举办“为长春而歌”纪念毛泽东《在延安文艺座谈会上的讲话》发表六十五周年暨长春市德艺双馨文艺工作者颁奖晚会

作为"的总体要求,努力在服务长春老工业基地振兴和推动长春市加快发展、改善民生、建好城市、促进和谐中找准位置、发挥作用,各项工作整体推进、亮点纷呈。

紧紧围绕迎接宣传贯彻十七大这条主线,深入推进理论武装工作,制订并下发了《2007年全市干部理论学习的安排意见》。市委理论中心组围绕加强党的作风建设、关注民生构建和谐长春、学习胡锦涛"6.25"讲话、十七大精神等,进行了六次集中专题学习。全市各级党委理论中心组和各级领导干部通过在职自学、调研、座谈、专题辅导及网上培训等多种形式开展学习活动。会同市直机关党工委开办"干部讲坛",举办了4场专题报告会。十七大召开后,按照中央和省委要求,迅速召开全市宣传部长会议,对学习宣传贯彻十七大精神做出部署。举办理论骨干培训班,召开社会各界学习十七大精神系列座谈会、研讨会。充分发挥专家学者、领导干部和基层理论骨干的作用,组织理论宣讲团,深入基层开展宣讲活动,使十七大精神家喻户晓、深入人心。组织高校专家学者报告团,深入开展十七大精神在高校的"三进"工作。发挥现代媒体的传播优势,精心组织开展"贯彻六中全会精神,推动和谐长春建设"、"喜迎十七大"、"学习胡锦涛"6.25"讲话精神"理论宣传活动,用基层党组织和广大党员干部落实科学发展观的生动事迹,印证科学理论,诠释科学理论。在广播、电视、报纸、网络开设"贯彻落实十七大精神"等理论专版、专题、专栏、

第六届亚洲冬季运动会火炬传递点火仪式

网页,通过权威解读、专家访谈,交流学习体会、刊发理论文章等形式,全方位、多视角、高密度地宣传和解读十七大精神,促进了干部群众对十七大精神的理解和把握。通过科普讲座、专家咨询、现场答疑等方式,深入开展社科理论宣传普及工作,拉近了理论与群众的距离。制订了《2007年度哲学社会科学研究重点课题规划》,把理论研究的重点放在服务全市中心工作和大局工作上,放在研究和解决改革发展稳定亟待解决的重大现实问题上,确定了20余项课题作为研究重点。编辑出版了《学习贯彻胡锦涛总书记讲话精神,推进长春更好更快发展》、《长春经济社会发展重大问题研究》等理论文集。组织完成了"培育和壮大长春服务业"这一重大问题的调研,形成了《长春服务业发展报告》文集,代市委市政府起草了《关于加快发展服务业的实施意见(草案)》。围绕推动汽车主题公园建设进行了认真调研,形成了《关于长春国际汽车公园规划建设有关情况的报告》,为市领导决策提供了科学依据。举办了第五届博士生学术年会,组织了第三届长春市社会科学优秀成果评奖活动,促进了理论与实践的结合。

牢牢把握更好更快发展的主题,努力贴紧跟上市委市政府的中心工作和大局工作,着力在服务中求有为、求实效,为加快发展、改善民生、建好城市、促进和谐营造了良好舆论氛围。以迎接十七大为契机,组织市直媒体全面宣传了十六大以来长春市经济、政治、文化、社会建设以及党的建设取得的新进展和新成就。围绕宣传贯彻党的十六届六中全会和省市党代会精神,对全市各条战线、各项事业取得的新成绩和新突破进行了多层次、全方位的宣传报道。围绕贯彻落实科学发展观,广泛宣传了各地各部门明确发展的目标任务,在推进经济结构调整、招商引资、项目建设、城乡区域经济协调发展等方面取得的新成果和新经验,扩大了正面宣传的影

响力。以“落实科学发展观，推动更好更快发展”为主题，大力宣传实施“五大战略”、建设“三大中心”、“六大名城”和“九大基地”、做强“三大板块”、发展“十大产业”的重要部署和目标任务；大力宣传长春市在推进加快发展、改善民生、建好城市、促进和谐等方面工作的创新思路和务实举措。以“关注民生，共创和谐”为主题，大力宣传长春市民生大会、民生行动计划、“百万居民进医保”、棚户区改造、新农村建设等重点工作的进展情况。以“推进重大项目建设”为主题，大力宣传“项目建设年”活动的重要意义、目标任务、重大项目进展动态，营造了有利于推动重大项目建设的良好氛围。以“两城联创”为主题，对创建国家卫生城、全国文明城工作进行了持续、深入、高密度、高质量的宣传报道，为提升市民素质、推动工作开展、树立城市形象提供了强有力的舆论支撑。在第六届亚冬会的筹备和举办期间，有力地指导和推动亚组委宣传部和新闻中心工作，精心策划和组织了高水平的对内对外宣传报道，为长春成功承办亚冬会作出了突出贡献，受到了中央和省市领导的充分肯定。同时，成功组织了市第十一次党代会和市人大、市政协等重要会议以及车博会、汽博会（汽车节）、消夏节、冰雪节、民博会、书市等大型会展活动的宣传报道。据统计，市直各媒体共刊播经济类稿件18 000篇（条）以上，刊播专访、言论、评论400多篇，有力地配合了中心工作和重点工作的开展。健全完善了《落实新闻宣传口径制度》、《新闻媒体重大事项报告制度》以及《新闻例会制度》，使新闻舆论宏观管理制度得到进一步规范和强化。研究制订了《关于进一步加强和改进新闻阅评工作的意见》，进一步明确了新闻阅评工作的目标、范围、方法、队伍等。通过编写《报道注意》、《要事快报》等形式，及时传达上级要求，提高了舆论引导水平。积极做好突发事件的报道，避免了渲染和炒作。精心策划并组织了人情味城市、城市清雪等专题宣传，得到了市委、市政府领导的高度评价。

着眼于弘扬时代精神和长春城市精神，积极探索新时期加强改进典型工作的规律，建立和完善典型工作机制，全市的典型工作实现了突破和创新。总结了荣获国家科技发明二等奖的一汽工人王洪军同志的先进事迹，代市委、市政府起草了《关于开展向王洪军同志学习活动的决定》。以“学习王洪军精神，做长春发展的主人”为主题，在朝阳、二道、德惠、榆树等市区及高校、教育系统举办王洪军同志先进事迹报告会10余场，召开17次系列座谈会，在社会上产生了强烈反响。通过刊播王洪军同志先进事迹，推出系列评论、系列专版，跟踪报道活动动态等形式，从不同角度宣传王洪军同志的先进事迹、解读王洪军精神，推动了向王洪军同志学习活动的深入开展。据统计，市直各新闻媒体围绕学习活动，共刊播各类消息、言论、通讯、访谈文章共700多篇（条），推出各类专版15块，为开展学习活动营造了良好舆论氛围。召开了全市学习王洪军经验交流会，命名一批王洪军式人物，激励和引导各行各业、各条战线的人们在各自的岗位上忠于职守、勇于创新、甘于奉献，形成“学先进、赶先进、创先进”的生动局面。召开了典型宣传工作专题会议，就做好《我们的榜样》大型媒体宣传活动进行全面部署。从劳模中筛选出一批扎根基层、吃苦耐劳、无私奉献的先进典型，组织市直各媒体进行集中采访，受到了社会和群众的广泛好评。制定并下发了《长春市典型宣传工作管理办法》，对典型的推荐、申报、选树、宣传等各个环节，都提出了明确要求。建立了“理论学习”、“创业先锋”、“公民道德建设”、“精神文明建设”典型库，实行动态管理，定期更新，把典型工作纳入常态化、规范化轨道，扩大典型工作的覆盖面和影响力，初步形成了典型工作的长效机制。

落实中央和省、市委关于对外宣传工作的总体要求，积极整合外宣资源，拓展外宣渠道，丰富外宣内容，完善外宣机制，构建大外宣格局，长春的知名度和影响力进一步增强。以振兴老工业基地、建设“六大名城”、打造特色长春为主题，精心组织全国“两会”、第六届亚冬会、“汽车节”、东北亚博览会等重大对外宣传战役。成功举办了“2007冰雪亚运长春行”、“百名记者看车城”集中采访活动，“中国，有座城市叫长春全国诗歌大赛”新闻发布活动，协调众多中直、境外、网络媒体进行了深度报道、专题报道和重点报道，积极向外界宣传展示了长春的良好形象和投资环境。开展了“长春商机无限”新闻先行系列宣传推介活动，促进了长春市在“珠三角”、“长三角”及新加坡等地开展的境内外招商活动。组织中直及境外驻长媒体、省市直新闻单位对香港经贸代表团来长春市访问进行积极的宣传报道,促进了长春市与香港的经贸合作。通过积极协调当地主流媒体、组织召开新闻发布会、刊发招商引资专题稿件、跟踪报道招商活动等方式,积极为九台市赴温州、宁波等五城市开展大规模招商引资活动、榆树市在北京开展的“投资环境说明会暨投资项目签约仪式”、农安县在广州召开的“吉林省广东工业园项目建设新闻发布会暨项目推介对接活动”提供有效服务,起到了很好的对外宣传效果。召开全市网络文化建设与管理工作会议,成立网络文化建设和管理领导小组,建立和完善了网络评论和网络监察机制,强化了网上宣传和管理。完善新闻发布制度,初步形成由市政府新闻发言人、市政府组成部门及直属机构新闻发言人、各县(市)区和开发区新闻发言人组成的三级新闻发布机制,规范了新闻发布工作。

贯彻全市民生工作会议精神,围绕提升创业素质、拓宽创业渠道、强化创业服务,深入推进“全民创业、振兴长春”实践活动,全市上下人人参与创业、人人支持创业的良好局面进一步形成。会同市劳动和社会保障局、长春晚报社联合印发《助力民生·2007全民创业推进计划》,指导基层开展全民创业活动。开办“创业大讲堂”,在《长春晚报》共推出27个专版,开办6期创业培训班。举办了“全民创业论坛”,积极引导全民创业活动深入健康发展。以《全民创业导刊》为平台,积极介绍创业政策和信息,宣传创业典型,进一步加强对全市全民创业实践活动的指导。组织开展第三届“创业先锋”评选活动。通过基层推荐、民主考核、专家评审、媒体公示的方式,从基层推荐的候选人中确定了32名“创业先锋”。召开了“创业先锋”命名表彰暨先进事迹报告会,组成“创业先锋”事迹报告团,深入榆树市、德惠市、朝阳区、南关区等进行巡回报告,教育和引导群众关心、支持和参与全民创业,促进了全民创业的深入开展。努力为全民创业搭建平台,会同省、市有关部门联合组织开展了“‘万名国企下岗员工进民企’创业就业大型专场对接会”,“创业就业服务大篷车”活动,通过向群众送信息、送岗位、送项目、送技能,使万余名下岗员工实现了再就业,形成了以创业带动就业的良好局面。

坚持全面客观、敏锐迅捷的原则,突出服务大局、服务决策的理念,积极开展舆情信息的收集、整理和上报工作。建立了覆盖全市的横向到边,纵向到底的舆情信息网络。组建了以宣传思想战线为主导,以高校、企业、社区和乡镇为基础,以基层党员干部和专家学者为重点的信息员队伍。组织召开全市舆情信息工作会议暨舆情信息员培训班,对舆情信息工作做出全面部署,对舆情信息员进行了业务培训,提高了队伍素质。制定《信息工作联席制度》、《信息要点下发制度》、《信息直报点工作制度》、《信息工作日常考核制度》等相关工作制度,以制度保证工作任务的落实。长春市的信息工作作为中宣部信息直报点,年初以来,累计向中宣部、省委宣传部和市委办公厅报送信息1 500多条。其中,被中宣部采用200余条,被省、市采用约近千条。在中宣部舆情信息直报点工作座谈会,市委宣传部作了题为《把加强领导贯彻到舆情信息工作的始终》的典型发言,并在中宣部《业务信息》上全文刊发。中宣部对长春市舆情信息工作给予了高度评价,中宣部业

王洪军同志先进事迹报告会现场

务通讯以《融入中心，服务大局，不断提升舆情信息工作整体水平》为题，介绍了长春市开展舆情信息工作的经验做法。新增设了《舆情专报》和《长春舆情分析》两个载体，抓住涉及全市中心工作的社会评价，涉及社会热点、突发事件的苗头性、倾向性问题，涉及群众切身利益的带有普遍性的思想动态，由“点”及“面”综合研判，由“表”及“里”深入分析，为领导决策提供借鉴和参考。年初以来，围绕改善民生工作、重大项目建设、招商引资热潮等重点工作和几起突发事件，编发《舆情专报》21期、《长春舆情分析》10期，其中，“农村普法教育”、“净化校园周边环境”等信息，受到了省、市领导的批示和肯定。

（崔　健）

【政策研究】　2007年，政策研究部门围绕中心、着眼大局、服务决策，深入实际调查研究，做了大量深入细致的工作。

围绕全市经济社会重大问题开展调研。市委、市政府政策研究室把服务决策作为首要职责和基本任务来抓，围绕加快发展、改善民生、建好城市、促进和谐的总体要求，积极为领导当好高参、做好服务，形成一批有分量、有价值的调研成果。一是围绕加快发展，开展区域经济、产业发展等重大课题研究。完成《长春市土地资源状况分析》，《开发区投资效益情况的分析研究》等课题。围绕长春市服务业提档升级，积极开展生产性服务业的研究，提出加快长春市生产性服务业的意见和建议。进行创新型城市的研究，形成《关于建设创新型城市的研究报告》。积极参与市委十一届二次全委会的筹备工作，对全市产业及项目发展情况进行全面的调研，提出“做大做强在国内有竞争力的产业、形成多元支撑的产业体系、走一条工业强市、服务业兴市的发展道路”等关于产业推进的建议，受到市领导的高度重视，为市委、市政府科学谋划今后一个时期的经济发展奠定了基础。同时，先后完成《长春市重点经济指标的比较分析》，《长春市与厦门等六城市经济发展的比较分析》以及大成集团、玉米产业园区、总部经济等相关资料搜集、整理和研究，为领导决策提供科学依据。二是围绕改善民生，开展民生发展相关问题的调查研究。从市民政局、劳动局和社会保障局等相关部门抽调6名处长，历时5个月时间，日夜兼程，起草了20多万字的《全市民生报告》，对民生工作涉及的十七个方面问题进行全面的调查、梳理和分析，提出下一步的工作措施，为全市民生工作的扎实开展和全面推进奠定了基础。三是围绕建好城市，开展城市空间布局等重大问题的调查研究。按照省里的要求，对长春城市发展方向、空间布局、产业摆放等相关问题进行分析和研究，形成《关于建设长东工业新区的研究报告》、《南部新城发展构想》等专题研究报告。对今后一个时期全市城市发展、产业空间布局等问题提出建议，其中关于“建立长东工业新区”等建议进入市委、市政府决策。四是围绕促进和谐，开展和谐社会建设重点课题的调查研究。起草《市委、市政府构建大就业格局的意见》；组织相关部门开展《长春市规范中小学办学体制改革政策研究》；总结绿园区大营子村建设社会主义新农村经验材料。

2007年初，市委、市政府把摸清全市民生的基础状况、查找民生工作存在的主要问题的调研工作交给了市委、市政府政研室。为了抓好这项工作，政研室抽调精干力量，专门成立了民生课题组，并深入到市直部门和东北四市进行专题调研，提出了今后一个时期民生工作的总体目标、对策措施和主要任务，制订《长春市2007年民生行动计划》。为全面推进全市民生工作、加强民生工作的组织领导，于2007年10月18日成立由崔杰市长为组长的长春市民生工作领导小组，领导小组办公室设在市委、市政府政策研究室，新增两个处级职数和两个行政编制，负责日常民生工作的落实和调度。《2007年民生行动计划》中涉及的10大类94项实事全部得到落实。其中有些工作取得突破性进展，“百万居民进医保”、“百万农民进新农合”等重点工作提前超额完成任务，城镇医保覆盖面由40%提高到78%，新农合覆盖面由50%提高到85.1%，走在全国同类城市前列。同时，初步形成了民生工作体制，民生工作已经摆上各级党委和政府的重要工作日程。

创新调查研究方式方法，提高调研工作的质量和效率。一是积极配合相关部门联合调研，形成大调研的工作局面。市委、市政府政研室配合市委组织部、宣传部、纪检委，机关党工委、发改委、财政局、房地局、环保局等，共同完成《关于培育和发展长春服务业的调研报告》、《市委、市政府关于进一步加强软环境建设的实施意见》、《关于落实科学发展观、加强环境保护的实施意见》、《长春市支持文化事业及文化产业发展若干配套政策》、《关于进一步激活长春二手房市场的若干意见》、《长春物业管理条例》、《关于做大做强长春慈善事业的研究报告》、《关于加快发展物流业的研究》、《关于加快长春企业上市步伐的研究》、《关于构建大党建工作格局的考察报告》、《关于长春市农民工问题的研究》、《关于新时期地方财政加大对民生投入的对策研究》等一批重点课题。二是进一步加强横向协作，形成开放调研的工作机制。不断加强和巩固与省决策咨询委、东北师大、市委党校等单位的协作关系，搭建一个行政研究机构与大专院校、科研院所合作的平台。特别是切实加强东北"三省四市"的紧密联系，2007 年东北"三省四市"党委政研室主任会议由长春市委、市政府政研室承办，于 9 月 26 日 ~ 28 日在长春召开。本届会议的主题是：关注民生，和谐发展。辽宁省委、黑龙江省委、吉林省委和沈阳市委、大连市委、哈尔滨市委政研室主任和相关人员及长春市委、市政府政研室全体干部出席会议。三是继续实行激励推动机制，充分调动各县（市）区、各部门的积极性。2007 年 6 月 25 日经市直各部门和各县（市）区党委、政府推荐并由省、市专家组成的评审委员会认真评选，决定对 124 个优秀调研成果及共青团长春市委员会、市民政局、榆树市委、宽城区委、经济技术开发区、净月经济开发区等 6 个 2006 年度全市调查研究工作组织奖获得单位予以表彰。市拿出近 30 万元给予表彰奖励，并将获奖优秀课题汇编成集，选送优秀调研课题参加省、市社会科学界成果选评。

（赵乃玉）

【统战工作】 2007 年，市委统战部以十七大精神团结、凝聚统一战线力量，认真贯彻全国、全省统战工作会议精神，紧紧围绕"项目建设年"，发挥优势，体现特色，争取人心，凝聚力量，实现了常规工作有创新。

发挥统战优势，服务项目建设年。加大经济统战工作服务项目建设年力度。以"广交朋友、联络感情、交流合作、实现共赢"为宗旨，加强了招商引资工作力量投入和工作机制建设，广邀港澳台同胞和海外侨胞来长考察投资兴业。一是推介招商。牵头组成统战系统有关单位、市政府有关部门参加的招商团队，赴东南亚及港澳台地区叩门招商，拜会当地华人华侨领袖、工商界人士，举办项目推介会，宣传长春的产业优势、政策优势和资源优势，扩大了长春在当地的影响。二是以会聚商。与有关部门联合举办了不同规模、不同层次的经贸洽谈会，主要有："海外华商长春行"投资洽谈会、长春—泉州经济合作项目洽谈会，邀请了印尼中华总商会主席陈大江，素有"民间外交大使"之称的印尼侨领唐裕，以及福建省泉州籍等 580 余位海内外有影响、有实力、有声望的企业家先后来长，签约 21 个项目，合同总金额达人民币 131.5 亿元；长春市县域招商项目引资暨项目建设推介会、长春民营企业家"双阳行"投资合作洽谈会，向上海、福建、山东等十多个外埠商会推介长春市五县（市）区涉及农产品深加工、医药、建材等近百个重点大项目，组织长春市和外埠商会的 30 多位民营企业家赴双阳区实地考察投资，签约 4 个项目，合同总金额达 1.9 亿元，促进了县域经济与外埠企业的合作。组织吉林大学归国留学人员赴

长春项目建设年"海外华商长春行"投资洽谈会

九台市就实现科技成果转化，促进农业增产、农民增收进行对接座谈，积极谋求校企结合，更好地服务于“三农”。三是服务亲商。加强对已引进项目的跟踪服务，不断扩大外商在长的投资规模和领域。召开了在长台商恳谈会，帮助在长台商解决企业发展存在的问题，鼓励他们担当推介长春的“信使”，吸引更多的台商来长投资。台湾蓝天集团“百脑汇”项目又增资2亿元，并决定投资6.4亿元在朝阳区建设五星级凯悦酒店，广东香江集团金海马家居广场项目隆重开业，推进了全市重大项目建设。

中共长春市委党外人士座谈会场

引导民营企业参与助力民生活动。召开了部分民营企业家代表“关注民生、促进和谐”座谈会，鼓励民营企业家进一步增强社会责任感，自觉参与公益事业助力民生工作，更好地服务和谐社会建设。协调有关单位举办了第四届“千户民企安置万人就业”招聘会，有1 037户民营企业提供11 630个岗位，32 000余人次参与洽谈，意向签约9 087人。促成了市台商协会为二道区英俊镇海金小学校舍建设捐资人民币15万元，长春泉州商会捐资10万元为双阳区5个贫困户修建新房等义举。市光彩事业促进会获得了中国光彩事业促进会“光彩事业组织奖”。

组织统战成员为改善民生献计出力。召开了市政府主要领导与民主党派负责人高层次小范围专题议政会，各民主党派、工商联分别就促进全民健身事业发展、加强乡村公路建设、推动教育公平、加强农村公共卫生体系建设、关注农副产品安全和发展民营经济等民生问题提出建议，为政府出台惠民政策、实施民生计划当参谋，得到了市政府主要领导的肯定，促进了决策科学化、民主化。

做好党外人士政治安排，多党合作和政治协商建设稳步推进。圆满完成了市政协、市人大换届党外人士安排工作。按照上级统战部和市委的要求，在各级党委和各有关方面的重视支持下，本着“统筹兼顾、全面安排”的原则，对推荐人选进行了认真筛选和考核，把人选的政治素质作为最重要的标准严格把关，全面听取各方面意见。总体上看，新一届政协530名委员的年龄、知识结构更加合理，整体素质也有了明显提高，体现了先进性、代表性、广泛性的统一。

推进多党合作、政治协商制度化、规范化建设。围绕加快发展、改善民生、城市建设、促进和谐等事关长春市振兴发展的重点热点问题，协助市委召开了与各民主党派工商联负责人的高层次小范围专题议政会、政情通报会、征求意见会、季谈会8次。参政议政的形式、内容、效果都取得了新的创新和突破。特别是把季谈会的内容安排为围绕宽城区铁北大开发建言献策，使季谈会更具有针对性和实效性。

支持和协助各民主党派、工商联和统战团体进一步加强自身建设。通过举办培训班、报告会等，开展了以“学习贯彻党的十七大精神”为主题的学习教育活动，在民主党派成员中产生了积极影响；积极为民主党派机关参政议政创造条件，市级民主党派、统战团体机关经费、人员和办公条件得到较大改善，参政议政热情进一步增强。

贯彻党的民族宗教政策，维护社会和谐稳定。加强民族宗教界代表人士政治引导工作。通过经常联系走访，培养感情，了解掌握思想动态和政治取向，教育和引导民族宗教界代表人士拥护党的领导，坚持独立自主自办的原则，发挥民族宗教界促和谐、保稳定的积极作用，使民族宗教界代表人士服从服务于发展大局的意识不断增强。

不断推进宗教团体及其领导班子建设。在全市宗教团体继续开展以"坚持思想政治学习好、坚持独立自主自办原则好、坚持民族团结社会稳定好、坚持引导信教群众参与振兴长春实践好、坚持奉献回报社会好"为主要内容的"五坚持"竞赛评比活动,推广了宽城区的作法,对开展不平衡的县(市)区和宗教团体有针对性地进行了指导,宗教团体和信教群众社会责任心和责任感明显增强,引导宗教与社会主义社会相适应取得了阶段性成果。

做好民族宗教界的稳定工作。强化牵头协调机制,建立了涉及民族宗教新闻稿件送审制度,进一步规范了有关民族宗教问题的宣传报道。协调各有关部门有效防范和打击了境外利用宗教进行的渗透活动。及时稳妥地消除了梵蒂冈"宗座牧函"事件在长春市天主教界的消极影响;协助有关部门妥善化解了多起因土地补偿等问题引发的宗教界上访事端,切实维护了社会稳定。

加强党外代表人士队伍建设。着眼于统一战线的长远发展,与组织部门配合,开展了无党派代表人士、新的社会阶层人士和全市副处级以上党外干部调查摸底,发现和掌握了一批政治素质好、业务能力强、有发展潜力的新人物,进一步充实壮大了党外代表人士队伍。开展了有针对性的学习培训。制订了《2007年~2011年长春市统一战线教育培训规划》,发挥市社会主义学院培训阵地的作用,以座谈会、研讨会、报告会等形式,提高统战干部和党外代表人士的素质和能力。全年,举办了党的十七大精神辅导报告会、当前两岸关系形势报告会、非公经济代表人士《全市经济形势和招商引资政策报告会》和《企业发展战略报告会》、统战干部礼仪形象讲座等一系列活动,完成了无党派代表人士培训班等重点班次9期,440人,进一步增强了多党合作的认识和合作共事的自觉性。

加强分类指导,基层统战工作趋向活跃。深入市级民主党派机关、侨联、爱国宗教团体和部分高校、民营企业、台资企业开展工作调研,根据不同情况进行分类指导,提出了明确意见和要求,使基层统战工作内容形式更加丰富,特色更加鲜明,实效更加突出。发挥各类典型示范作用。召开了全市高校统战工作现场会,推广了东北师范大学民主党派工作经验,推动了高校统战工作的开展。通过整合资源,统战成员在社区建设和管理以及社会公益事业中的优势和作用得到进一步发挥。

统战宣传工作。成立了由统战部、宣传部、市内各主要新闻媒体组成的市统战宣传工作领导小组,建立了联合工作机制,进一步明确了"突出围绕中心、突出特色工作、突出统战优势"的指导思想,把统战宣传纳入全市宣传工作规划中,保证了对重点工作及时、全面的报道。在《长春日报》开办了4期"统战聚人心,合力促发展"专栏,策划了统一战线助力民生、海外华商长春行等多个专版,宣传规模、宣传形式和次数比以往有了较大增加和改观。为适应统战工作社会化的需求,建立了"长春统一战线"和"长春台办"两个工作网站,与中央统战部网站实行了链接,扩大了社会宣传面,实现了统战宣传、交流的新格局。全年,在各新闻媒体宣传报道统战工作近30次。《中国统一战线》、《统战纵横》、《当代长春》、《春潮》等党刊党报上发表各类稿件和消息100余篇次。再次被中央统战部评为宣传工作先进单位。

(王庆军)

【老干部工作】 截至2007年底,长春市共有离休干部7 603人。其中,红军时期5人;抗战时期391人;解放战争时期7 207人;享受地厅级以上待遇的318人;享受县(处)级待遇的4 079人;一般干部3 162人;分布在机关的1 520人;事业单位的2 808人;企业单位的3 275人。全市现有专兼职老干部工作人员1 775人。所属事业单位有长春市企业离休干部管理服务中心、长春市直属机关老干部管理服务中心、长春老年大学、长春市老干部活动中心、长春市关心下一代工作委员会。

进一步落实了老干部的政治待遇。2007年,按照中央和省市委的部署,积极组织开展了老干部管理工作。第一,年初,请崔杰市长为老干部作了经济形势通报,460余名离退休干部参加了通报会。第二,举办了全市离退休干部春节联欢会,全市副局级以上离退休干部800余人参加了联欢活动。第三,走访慰问老干部,春节前,各级老干部工作部门分别走访慰问了老干部,并送去了慰问金和慰问

全市老干部工作会议

品。此外,还专门走访慰问了生活困难和患病住院以及卧床的离退休干部500多人。第四,举办了四场老干部政治理论学习专题报告会,先后进行了"党的十六届六中全会精神、建设社会主义新农村、科学发展观、党的十七大精神等四个专题的辅导,1 500余人次的老干部参加了辅导报告。特别是十七大召开后,市委老干部局及时下发了《关于认真学习贯彻党的十七大精神的通知》,对老干部学习贯彻十七大精神进行了部署,组织了专门的报告会,在市委组织部的支持下给每个老干部党支部和副厅级以上老干部发放了4本学习资料,价值4万多元。第五,组织原市级老领导和副厅级以上老干部先后参观了汽车产业开发区、市公安交通指挥中心、伊通河风景带和社会主义新农村建设。第六,组织副局级以上退休干部46人到北戴河进行了健康休养。第七,接待来访老同志300多人次,来信50多件,电话来访上千人次,合理解决和处理了老同志提出的各种问题,保持了老干部队伍的稳定。

进一步加强了离退休干部党支部建设。2007年,全市有离休干部党员5 392人,老干部党委11个,党总支5个,党支部272个,党小组623个。基本上做到了组织健全、制度健全、经常开展组织活动。

市委老干部局举办了一期老干部党支部书记理论培训班,专门对中组部《关于进一步加强和改进离退休干部党支部建设工作的意见》进行详细学习解读,并安排市委办公厅离退休干部党支部、长春市教育局老干部党支部、朝阳区教育局老干部党支部在培训班上介绍党建工作经验,全市离退休党支部书记50余人参加了培训。通过政策解读,树立典型,进一步推动了全市老干部党建工作的开展。农安县委老干部局成立了老干部党员联络站,将全县老干部党员分成17个活动小组,制定了《农安县老干部党员联络站的有关规定》,并举办了两期联络站组长暨党员骨干培训班。朝阳区积极搭建老干部党建活动平台,通过组织"争做永不退休的共产党员"、"发扬传统厉行节约从我做起"、"构建和谐社会人人有责"三项活动,极大丰富和活跃了老干部党建活动,紧紧地把党员凝聚在党组织周围,在新的形势下进一步加强了老干部党建工作。

重新组建企业离休干部党组织。市企业离休干部管理服务中心接收老干部党员1 500名,按照边接收、边组建老干部党组织的要求,已经组建了74个离休干部党支部,155个党小组,保证了老干部党员都过上正常的组织生活。对转入社区的174名企业老干部党员的情况进行了调查摸底,准备动员这部分老干部把组织关系转回来,确保这部分老干部党员不流失在社会,真正生活在组织之中。

进一步落实了老干部的生活待遇。随着机关规范补贴,老干部也都提高了养老金。为了及时把老干部的待遇落实到位,针对企业离休干部集中管理服务中心老干部人数众多的实际,与社保公司联系,采取特事特办的办法,请他们到管理中心现场办公、现场审批,在规定的时间内把老干部提高部分的养老金及时发到了老干部手中。

在市领导的高度重视下,又较好地解决了市直老干部反映较大的医疗方面的问题。一是提高了老干部的医疗统筹标准,由2006年的8 800元~17 000元,提高到11 000元~18 000元。二是为老干部设立了个人门诊账户,标准为每人每年2 400元,按季度存入老干部个人账户,解决了老干部看病、买药不方便的问题。三是较好地解决了机关事业单位处级及以下离休干部住干部病房问题，在市中心医院、硅谷医院和市中医院开设了部分病房专供这部分老干部住院使用，在以上病房紧张调剂到其他干部病房时，也不再收取个人承担的30元床位费。通过出台以上政策，解决了老干部看病不方便和部分老干部住干部病房难的问题。

进一步推进了企业离休干部集中管理服务工作。按照省里提出的年底前全部完成企业离休干部接收工作的要求，积极推进接收工作，并不断完善管理服务工作，企业离休干部集中管理服务工作水平进一步提高。一是采取切实可行措施，大力推进接收工作。对市直企业能收缴的费用已经收完，能抵押的资产都做了抵押，接收工作已经进入尾声的实际，及时向市政府提出了接收与缴费分离，即老干部局负责接收，国资委负责收缴费用的建议。市直完成接收的企业离休干部达到了2 105人，基本完成了接收工作。

结合实际，区别对待，积极推进县(市)区企业离休干部集中管理工作。5月，专门深入到各县(市)区了解情况，督促指导，并几次召开专门会议听取工作进展情况汇报。县市区的企业离休干部集中管理模式主要有两种，一是接收到老干部局管理，二是由企业主管部门管理。朝阳、南关、宽城、绿园、二道五个城区的企业离休干部都集中到老干部局管理。其他五个县市区或接收到老干部局管理，或在企业主管部门管理，都达到了

全市经济形势通报会

省里提出在年底前实行集中管理的要求。二是及时转移工作重点，集中管理服务工作水平进一步提高。按照一边接收，一边做好管理服务工作的要求，指导全市集中管理工作适时从接收工作转向规范管理工作上来。市企业离休干部管理服务中心在管理服务中重点抓了三项工作。①制订和完善了12项管理服务制度，推进了管理服务工作的规范化。②明确了管理责任。每个老干部都确定了包保责任人，建立了联系卡，要求工作人员在接收前必须到老干部家走访一次，年龄大、行动不便、家庭有困难的老干部要保持经常联系，凡住院必须到医院看望，每位处长负责联系一个老干部党支部。③严格执行各项行之有效的制度。一年来，多次组织政治理论学习、专题报告会、参观考察、座谈讨论和丰富多彩的文体活动，凡重大节日都走访慰问老干部还组织到北京、大连等地看望了易地安置的32名老干部，送去了慰问信和每人300元慰问金。真正做到了老干部的事情有人管理，老干部的活动有人组织，老干部的各项待遇有人落实，确保了管理服务工作的平稳有序进行。不论是接收到老干部局管理的，还是在企业主管部门管理的，都做到了有人管理，有活动场所，各项待遇得到较好落实。三是积极做好接收中直企业离休干部工作。按照吉厅字19号文件精神，积极做好接收中直企业离休干部各项准备工作，及时提出了具体的接收意见，经市政府专题会议研究同意，印发了长厅字[2007]1号文件《关于做好中央驻我市国有改制和破产企业离休干部管理服务工作的通知》。现已完成长春消防器材厂12名企业离休干部的接收工作。

不断加强老干部阵地建设，进一步提高了老年大学、老干部活动中心、关心下一代工作水平。老年大学和活动中心是老干部活动阵地。通过活动的开展，更好地为社会主义精神文明和和谐社会建设服务。一是举

办了全市老干部迎新春联欢会，800余名老干部参加了活动。二是举办了长春市离退休干部第三届“长寿杯”门球赛，全市有18支代表队130余人参加了比赛。三是举办了长春市第十六届老年书画展，展出作品400余幅，近千人参观了展览。四是省市联合举办了全省离退休干部“夕阳杯”才艺大赛，长春市在比赛中获得了1个金奖、1个银奖、2个铜奖的好成绩。各县(市)区和市直各部门也积极组织老干部开展各种活动，据不完全统计，每天到活动中心(室)站参加活动的老干部达2 400多人，全年共开展各种大型活动200余次。

长春老年大学的工作取得了新进展。一是大力开展校园文化活动，举办了长春老年大学第三届老年艺术节，长春老年大学第四届才艺大赛。二是利用所学知识服务社会，承担了一场市精神文明办委托的慰问环卫工人的文艺演出，一场首届中国长春汽车艺术节的文艺演出，参加了中央电视台激情广场走进长春社区的文艺演出。三是积极创造条件开展国际交流活动，举办了中韩书画作品展览。此外，还积极开展老年教育研究工作，经科委立项的《长春市老年教育现状与对策研究》课题已经完成报告，正在通过市科委论证。2007年，成立了长春老年教育中心和长春老年大学书画院。6月份，九台市又挂牌成立了老年大学，全市10个县(市)区中已有朝阳、双阳、农安、九台四个县(市)区成立了老年大学。

市委书记高广滨、市长崔杰分别为《长春市关工委成立十五周年经验汇编》题词，“发挥余热，关心下一代”、“老少携手，共创和谐”。2007年11月，中国关工委副主任闵振环专程到长春市参观了朝阳区南湖街道和清和街道关工委工作，并听取了工作汇报，对市关心下一代工作给予了高度评价。

(于长胜)

【信访工作】 2007年，全市共接待受理群众来信来访，与去年基本持平。根据到市1 407批次集体访的统计，要求解决工资和养老保险、医疗保险的问题，占51%；要求解决城市开发建设、回迁安置、物业管理和公共服务问题，占21%；要求解决土地征占补偿、权属纠纷、承包资格等问题，占12%；要求解决企业改制引发的上访问题，占5%；经济、劳资、民事纠纷引发的上访问题，占5%。

积极做好矛盾纠纷排查化解工作。一是抓好矛盾纠纷的源头防治工作。2007年，长春市在调处和化解上狠下工夫，确保社会稳定。全市各级各部门树立和落实科学发展观和正确的政绩观，正确处理改革发展稳定的关系，采取有效措施，认真解决与群众生产生活密切相关的实际困难和问题，真心实意的为群众解难事、办实事、做好事。积极从政策源头上进行防范，防止因政策出现偏差或执行不力引发矛盾纠纷。努力推动相关政策的统一、衔接，防止不同群体之间因利益差异产生矛盾。二是抓好矛盾纠纷的排查工作，确保问题发现得了、发现的早。长春市健全和完善了矛盾纠纷排查制度，把定期排查、集中排查、重点排查有机结合起来，形成制度，长期坚持，确保排查工作经常化、制度化。同时在时间上、空间上、内容上加大排查密度，确保了横到边、纵到底，不留死角，不出现空档，决不放过任何可能影响稳定的苗头和问题。对出现的影响社会稳定的重大矛盾纠纷，特别是越级集体访、重大群体性事件快速响应。三是抓好矛盾纠纷的化解工作。长春市建立了矛盾纠纷的“大排查、大化解”的工作格局。在力量上，坚持有关部门共同参与，齐抓共管，形成合力；在手段上，坚持多措并举，多管齐下，将矛盾化解与人民调解、司法调解、行政调解结合起来，将法律、经济、行政、教育等多种手段结合起来，综合施策、综合治理。认真梳理群众反映强烈的问题，逐项、逐人、逐案建立台账，妥善研究解决办法。对突出的矛盾纠纷，做到了急事急办，并加强了防范控制，严防发生大规模集体上访和群体性事件。全年共排查出信访隐患问题181件，实际化解120件。四是开展领导带案下访活动，确保问题解决在基层、化解在当地。市委每个常委包一个地区、每个副市长包分管战线的包案制度。从7月份开始，每位包案领导都满怀热情的带着问题深入基层，到实地为群众解决实际问题和困难，努力消除不安定因素。做到了领导带头把活动开展好、落实好。真正使“领导带案下访活动”成为倾听群众呼声、解决群众诉求的过程，成为转变工作作风、为民排忧解难的过程。在市级领导表率作用的带动下，各县(市)区、开发区采取超常措施，改善工作方式方法，切实解决重大信访问题。据不完全统计，全市“领导带案下访活动”共下访165人次，解决实际问题225件。有明确处理意见113件，正在调查处理69件。

全面开展百日信访攻坚战。为解决长期制约长春市信访形势的突出问题，从根本上扭转信访工作的被动局面，确保党的十七大会议期间社会稳定，按照市委、市政府统一部署，长春市从7月9日起开展了为期百日的信访攻坚战。一是明确解决信访突出问题的任务和责任。市联席会议办公室对年初以来发生的群众来市到省集体访反映的问题进行梳理，把没有及时办结或已经结案群众没有息访的181件信访事项，作为攻坚战的主要目标任务，组织主管部门或涉事单位逐件进行研究解决。经过分解，落实了31个单位的查办责任和37个单位的属地稳控责任。经过集中时间、集中力量进行办理，现有120件已经报结，办结率69%。有34件有较大进展，其中，历史遗留的煤气设施不配套问题、原供热单位弃管问题、居民小区二次供水问题、无籍房产权证办理问题、国企改制遗留退休人员医保问题等，已经纳入市政府整体解决规划，并制订了实施方案，将会从根本上得到解决。有7件需要移送新的责任单位，有6件无政策不能解决，有14件正在跟踪督办。二是集中复查群众进京上访突出的问题。通过对年初以来群众进京非正常上访人员进行全面清理，把265人列为复查复议对象，在向责任单位进行交办的同时，分解落实了属地党委、政府稳控责任。要求逐件确定是否有道理应当解决，是否有实际困难应当救助，确定解决时限，确定稳定控制措施，落实分管领导包保责任。通过采取领导亲自审定、专题研究讨论、深入现场考察、解决生活困难、开办法制教育班、依法训诫处罚等方式方法，使信访攻坚战工作收效显著。其中，对144件交办事项重新进行了复查复议，使157人的问题结案并息访，有47人思想受到教育和触动达到相对稳定，对134人无理缠访落实了稳定控制责任。三是集中督促查办上级要结果信访案件。攻坚战把及时办结中央联席会议办公室、中央政法委交办信访事项和省联席会议挂牌督办案件，提高办结率、提高息访率作为任务目标之一，统一抓好责任落实。在办理中，认真区分有理访和无理访界限，有针对性研究解决措施和意见。为解决涉法涉诉信访案件比重大、老户多的问题，政法系统加强了对信访案件复查复议工作指导，逐人逐案进行审查，从已经判定为无理访的案件中找出了一批有理成分案件，对促进问题解决和息访起到了关键作用。据统计中联办交办案件107件，属于市管辖案件64件，办结率100%；中政委交办案件20件，结案率为90%，其中涉法涉诉问题息访率82%。

加强信访部门自身建设。2007年为使信访工作迈上一个新台阶，全市信访机构不断加强自身建设。面对当前信访工作任务越来越重，处理难度越来越大，不断提高信访干部的业务素质和工作能力，已经成为信访部门重要课题。在日常工作中，各级信访部门认真传达贯彻国家、省有关会议精神，深入学习最近出台的新政策、新法规，经常召开信访业务研讨会，探讨信访热点、难点问题，通报排查不稳定因素，并就信访疑难问题进行研究，商讨解决办法。此外还组织干部不定期深入基层单位，变上访为下访，使许多信访问题真正解决在基层。

（赵岩松）

【档案工作】 2007年，长春市档案工作深入推进“信息化带动、社会化服务、规范化建设、制度化管理、人性化关怀”的总目标，深入贯彻科学发展观，紧密围绕全市中心工作，突出和谐，服务民生，为长春市的经济和社会发展做出了应有贡献。

服务民生，全面提升档案工作执政为民的能力。开展档案信息进社区活动。为人民群众查询政府公开信息和已公开现行文件提供便利是档案部门服务民生的重要任务。市档案局与市民政局联合印发了《关于开展档案信息进社区活动的通知》，在五个城区实施“档案信息进社区、方便百姓查文件工程”，要求全市凡能登录互联网的社区，都要与长春档案信息资源网实施链接。市档案局为此在网站上搭建了开放档案信息、政务公开信息和现行文件“三位一体”的信息检索平台。到2007年底，全市已有153个社区完成了这项工作，实现了普通百姓在社区内即可进行相关信息的网上查询。

建立健全为民生服务的档案数据库体系。市档案馆以民生需求为出发点，2007年建立了全市干部任免、职称评定、公务员及录用干部等专题数据库，录入信息20余万条，与此前建立的工人调配证、农转非、毕业生报到证、复转军人安置等专题数据库一起，逐渐形成了一套为民生服务的档案数据库体系。截至2007年底，市档案馆接待查档8 035人次，其中为2 112名丢失档案的职工查到工人调配档案，为他们补办个人档案、办理养老保险和低保提供了有效证明材料。绿园区档案馆建立水库移民档案数据库，接待查档移民近2万人次，出具移民证明7 000多份。

市档案局的同志为群众提供档案咨询服务

开展农村农业档案“一网三站”建设工作。“一网三站”是为“三农”提供档案服务的农业农村科技档案信息网、农民建档用档服务指导站、农业科技信息传递站、农业现行文件查阅咨询站的简称。为了服务新农村建设、服务广大农民朋友，市档案局按照省档案局要求，开展了农业农村档案“一网三站”建设试点工作。7月在绿园区城西镇召开了“全市农业农村档案工作暨‘一网三站’建设经验交流会”，在全市推广农业农村档案工作暨“一网三站”建设经验，为全面开展农业农村档案工作“一网三站”建设奠定了基础。

以发展为第一要务，努力实现长春市档案工作争先进位。圆满完成国家传统档案数字化试点工作任务。2006年底国务院信息化工作办公室和国家档案局确定长春市档案馆为传统载体档案数字化试点单位，是16个试点单位中唯一的市级综合档案馆。市档案局（馆）把完成试点工作作为2007年工作的重中之重。一方面扎实开展馆藏档案数字化工作。完成8万件馆藏档案的整理鉴定工作，录入档案18.3万条，数字化处理档案22万页，建立了20余万条的全市干部任免等4个专题数据库。另一方面尝试将数字化试点工作向基层延伸。成立“档案信息资源馆室共建共享”研究课题组，分别在净月开发区进行“应用网络版档案管理系统对区直各单位进行网上归档”试点，在市直机关6个部门和绿园区开展“电子文件在线接收与数字化档案室”试点，以实现从档案的来源上根本解决进馆档案数字化问题，实现室藏和馆藏档案的数字化对接和档案信息资源馆室共享。5月，长春市档案局作为全国档案界代表，参加了在韩国首尔召开的首届中韩数字档案管理研讨会，并作了专题报告。9月在“全国档案信息资源开发利用试点工作总结会”上，长春市档案局题为《以需求为导向、重在利用的档案数字化实践》的发言，受到了广泛关注和好评，国家档案局局长杨冬权给予了充分肯定。

结合实际全面落实国家档案局8号令。国家档案局以8号令颁布的《机关文件材料归档范围和文书档案保管期限规定》是一项重要规章，涉及到全市各个部门依法开展档案工作。市档案局组织全市市直各单位、开发区和中直重点单位档案部门负责人和档案人员240余人进行了集中学习培训，将《文件材料归档范围和文书档案保管期限表》的审批，纳入档案行政审批事项，从而加大了贯彻落实的力度，全市96个市直单位文件材料归档范围和文书档案保管期限表的修订和审批工作全部完成，使这项工作走在了全省前列。

档案行政管理手段取得重要突破。市档案局十分重视《国家档案局关于加强对基层单位档案工作监督、指导的意见》（以下简称《意见》），接到文件后，立即采取了三项措施：一是迅速将《意见》转发各县（市）区档案

市档案局纪念《档案法》颁布二十周年在市工人文化宫门前举办《长春“印”迹》展览

局，市直机关、市属单位和驻长中省直单位，要求组织贯彻落实。二是于8月10日至9月28日，由全体班子成员带队，组成4个检查组，对全市93个市直单位、4个开发区、10个县（市）区进行了档案行政执法检查，具体落实《意见》要求。此次检查对全市基层单位档案工作起到了重要的监督和推动作用，也为今后进一步完善档案行政管理工作提供了较全面的基础资料。三是检查结果在全市进行通报，要求有问题的单位限期整改，并将这次执法检查情况专门上报市委，秘书长钱万成在报告上批示，要求市直机关岗位责任制办公室在2008年目标责任制检查中将档案工作列入一项，以引起各部门对此项工作的重视。这是近几年来在档案工作监督指导手段方面取得的重要突破。

服务全市重点工作取得新成绩。市档案局始终把为全市中心工作和重点工作提供档案服务作为工作重点，2007年因积极为亚冬会提供服务，被市委、市政府评为贡献单位。

档案馆基础工作全面提升。深入贯彻省档案局“四个基地”（档案存储基地、加工基地、交流基地、教育基地）建设要求，不断夯实档案馆基础工作，加快了档案馆现代化步伐，提高了档案人员整体素质和业务能力。双阳区、南关区以全省区级馆第2、第3名的好成绩，荣获“四个基地”建设3A馆称号，九台市顺利通过2A馆的验收；长春市档案馆、绿园区档案馆顺利通过3A馆的复查。

开发馆藏资源，举办《长春“印”迹》展览。2007年市档案馆从馆藏档案中精选了部分长春市旧政权和其他社会组织遗存的图章印模，进行精心整理、编辑和制作，推出了《长春“印”迹》专题展览，并于9月5日作为长春市纪念《档案法》颁布二十周年宣传活动的主要内容在市人民广场展出。展览在市民中引起了很大反响，撤展时甚至出现了群众要求展览延时的情况，多家媒体也对展览做了报道。之后展览又分别在市委、市人大常委会和市政府办公楼内展出，得到市领导的肯定和鼓励。

（刁艳梅）

【市委党校】 教学工作。2007年党校共开办党员领导干部培训班14期，培训学员1 750名；开办国家公务员培训班16期，培训学员2 130名，全年共培训学员3 880名。党校在拓展培训规模的同时，紧紧抓住教学这一中心环节，加大教学改革力度，采取有效方法，教学质量得到了明显提高。在党员领导干部培训内容上，以学员需求为导向，以能力培训为目标，以解决现实问题为重点的主要内容。教学布局上，基本形成了以“理论、知识、能力、党性”四统一的培训目标为统领、以传统优势学科为依托、具有党校特色、符合干部培训要求的教学体系，适时地对教学内容和专题进行调整、充实和更新，开设教学专题55个，新专题保持在40%以上。党的十七大闭幕后，围绕党的十七大精神的学习、宣传和贯彻，迅速设置相关专题，使党的十七大精神及时进课堂。紧紧围绕市委中心工作，结合长春经济社会发展和和谐长春建设的实际，设置教学内容、拟定教学专题，聘请市级领导、专家学者做市情讲解和辅导。还针对学员知识需求不尽相同的情况，开设专修课程。在国家公务员培训中，针对不同学制、班次和培训对象，合理安排教学内容，并把奉献精神、公仆

2007 年上半年县局级后备干部培训班

意识和依法行政能力作为公务员培训重点。

稳步推进了现代培训教学方法。一是采用了专题研讨教学法，重点突出了三个结合，即研讨与所学的相关理论相结合；研讨与学员工作部门的实际相结合；研讨与自己的思想、工作实际相结合。二是采用了案例分析教学法，有利于调动“教”与“学”两方面的积极性，实现教员的理论优势与学员的实践优势的互补，达到了教学相长的目的。三是采用情景模拟法，通过“角色”演练，以及教师对学员所扮角色的讲评，使学员开阔了思路，积累了实践经验，从而提高了工作能力。授课教师普遍使用课件教学，增强了授课的表现力和影响力，提高了课堂教学效果。

在教学管理上，择优选聘教师，配强教学阵容。在教学组织上，积极尝试项目式、模块式教学，打破了专业和学科界限，以教学模块作为教学基本单位，同一模块内专题之间相互联系，从而使教学模块成为一个有机的整体。在学员管理上，既严格要求，从严管理，又充分体现以人为本，对学员负责的原则，关心和爱护学员，努力解决学习中遇到的困难。同时，通过访贫问苦、捐资助学、拓展训练、警示教育等形式，提升学员思想道德素质和党性修养，使管理活动和教学活动密切结合，成为加强管理的有力保障。

科研工作根据地方党校、行政院校的职能和特点，突出科研为教学服务，为地方党委和政府决策服务的正确方向，形成了以市情研究为重点，以课题和调研报告为主要形式，以提供教学支撑和决策咨询为主要目标的基本思路，不断强化科研在教学中的基础地位和支撑作用，积极推进教学——科研——咨询一体化。为了配合市委的中心工作，2007 年党校把民生问题作为研究的重点，选派教研人员参加市政研室等部门组织的调研活动，党校教研人员独立完成了长春市农民工生存状况方面的调研，提交了颇具价值的调研报告，得到市领导和有关部门的好评。此外，还以民生问题为主题，召开了全市党校系统理论研讨会，进一步引导和推进全市党校系统教研人员对民生问题的研究。

（唐竹林）

【党史工作】 2007 年，市委党史研究室围绕“以史鉴今、资政育人”和服务中心，在党史研究、

1 月 26 日全市党史工作会议

中国共产党长春市第十届委员会执政实录

资料征编、党史资政、宣传教育及自身建设等方面做了许多卓有成效的工作。

资政研究。完成了《中国共产党长春市第十届委员会执政实录》的编写出版工作。该书是党史研究室落实长春市十一次党代会精神，开展资政研究、全面反映十届市委五年工作、为长春重大项目建设作贡献提供智力支持的一项重点任务。全书分上下两卷，设10个栏目，共150万字，是集资料性与文献性于一体的文献。经过十个月的努力，联系协调上百家单位共同书写，整理归纳几百万字的初始资料，细致对照各类组织文件，反复校稿、交叉审稿。于12月下旬由长春出版社出版发行。

资料征编。一是完成了《中国共产党长春历史》二卷20多万字的初稿。编纂二卷是一项需要几年时间才能完成的任务，2007年，市委党史研究室遵循“内外结合，以内为主”的原则，共召集编写组会议6次，按计划完成初稿20多万字，加大了编纂力度。二是完成了《中共长春党史人物传》第十四卷的修改审定工作。党史人物传是党史研究室出版系列资料丛书的重要工作内容。按照“边征集、边修改”的原则，2007年市委党史研究室继续开展此项工作，共征集稿件40余篇，40万字，完成了修改审定工作。

党史刊物。一是完成了《春潮》党史刊物1期～6期的编辑发行工作。《春潮》是党史研究室开展资政研究、对外进行党史宣传教育的重要载体。2007年主要对建设和谐社会、宣传党的十七大和市十一次党代会精神等热点话题组织专题文章进行研讨；结合抗日战争爆发七十周年、建国五十八周年等一些重大事件开辟专栏，激励人们牢记历史；充分利用工作动态专栏以及彩页宣传版宣传长春市党史系统一年来的工作。二是完成了《长春大事记》1期～12期的征集编写工作。《长春大事记》是记录长春市党的活动的重要内部资料，每月编写一期，供市委和各部门领导参阅。

工作交流。1月26日市委党史研究室召开全市党史工作会议，安排全年任务和《长春市2006年～2010年党史工作规划》，使工作高起点起步。5月初，开始筹备吉林省中西部地区第七次党史工作协作会，经过一个月的认真准备、周密部署，于6月11日在长春如期召开。长春、吉林、四平、白城、松原、辽源等市党史部门领导及长春市党史工作者参加了会议。会上，六市及部分县区代表发言，就党史工作成果、地方党史正本二卷及各地《2006年～2010年党史工作规划》等议题进行了交流，会议取得了成功。7月18日，借榆树市委党史网站开通之际，在榆树市召开了长春市党史室主任上半年汇报会，参观了小乡齐殿云展览馆，推动了下半年工作的落实。

革命遗址普查。为进一步发挥革命遗址和烈士陵园对党员、干部和人民群众特别是青少年进行爱国主义和革命传统教育的作用，根据省委党史研究室《关于开展吉林省革命遗址普查的通知》和《长春市人民政府关于加强文化遗产保护工作的意见》精神，长春市委党史研究室于2007年3月中旬开始在全市范围内开展了普查工作。共勘查了50余处革命遗址和烈士陵园，整理和收集了一批珍贵的图文资料，还对加强保护、合理开发利用等提出了建设性意见和建议。

（陈　磊）

【机关党的工作】　2007年，机关党的工作围绕全市中心任务，以促进发展、改善民生、城市建设、构建和谐为重点，以“机关建设年”为主线，以“创一流队伍、建和谐机关”主题活动为载体，大力加强机关党的思想建设、组织建设、作风建设、文化建设、机制建设、队伍建设，在理论教育、服务中心、党务干部队伍能力建设、保障机制建设上取得新突破，使机关党的各项工作有了长足进步。

服务发展有新贡献。按照市委“机关建设年”的部署，结合市直机关实际，开展了“创一流队伍，建和谐机关”主题活动，制订了安排意见，明确了活动内容。为进一步激发机关各级党组织和广大党员为项目建设建功立业的热情，积极推进“为重大项目做贡献”主题活动的深入开展，制订了实施方案，在《长春日报》头版开辟了为重大项目做贡献、献计策专栏，市直机关为重大项目建设取得的新经验，献出的金点子在各大媒体屡见不鲜，为全市各级机关做出了表率。继续深化了机关党建工作服务中心实例评比活动，在机关工作目标责任的任务分解上，明确了市党代会和市政府工作报告中提出的服务发展、促进和谐、改善民生的各项重点内容，加大了考核的赋分比重。通过开展形式多样的主题活动和采取规范有效的保证措施，市直机关服务发展的成果不断丰富，保障中心工作的水平不断提高。

党员素质有新提高。在强化对各单位理论中心组学习的指导、督查和考核的基础上，坚持完善理论学习研讨制度、处以上干部论文评审制度、专题辅导制度、学习考核制度。围绕形势任务需要和机关干部实际需求，选取事关全局、干部关心、百姓关注的题目，开设了“市直机关干部讲坛”，组织3 800余名机关党员干部参加了培训辅导。以召开理论学习座谈、邀请专家辅导、开展征文活动、刊发理论专版、举办骨干培训等多种形式，认真学习贯彻落实党的十六届六中全会、十七大、省市党代会精神和市委“为重大项目建设做贡献”的要求。深入开展了向王洪军同志学习，组织千名党员干部观看影片《小巷总理》，举办“台海形势报告会”和“陈纯同志先进事迹报告会”等活动，使学习型机关建设活动深入推进，机关党员干部的思想理论素质和道德修养明显提高，投身全市中心工作的积极性、主动性和创造性不断加强。

队伍建设有新加强。按照“班子健全、制度落实、教育经常、管理严格、监督有效、作用明显”的标准，深入开展了创建“规范化党支部”活动，有效地推动了机关基层组织建设。同时，加大了对直属党组织换届选举工作的指导力度，对年度计划发展对象全部实行了超前考察和交叉考察。围绕提升党务干部的素质与能力，组织举办了“清华高端培训班”和“学习贯彻十七大精神，构建和谐机关”理论骨干培训班，取得了良好效果。在市直机关党内“创先争优”活动进行总结评比活动中，并首次推选、评比出了“市直机关先进基层党组织标兵”和“市直机关优秀共产党员标兵”，召开表彰大会予以宣传表彰，并发出了《为“重大项目建设”建功立业倡议书》。经积极推荐，市国税局共产党员刘国江在“全国道德模范”评选工作中，被评为“全国道德模范”。

机关作风有新变化。以整肃机关纪律、规范机关管理、提高工作效能为重点，从督查市直机关各部门工作纪律、行为仪表、服务质量、工作效能入手，加强机关党员干部纪律作风的养成教育，共集中开展了7次纪律作风明查暗访。建立了短信群发系统，定期向机关处以上干部发送廉政短信，进行警示教育。以《中共中央纪委关于严格禁止利用职务上的便利谋取不正当利益的若干规定》颁布及省纪委召开电视电话会议为契机，组织了集中学习教育和自查自纠活动。与市纪委、市信息产业局联合举办了《行政公务员处分条例》网络答题、与市司法局联合组织了普法考试，取得了较好的学习教育效果。在市直机关每个部门建立了一个党风联系点，从十个方面加强对联系点的监督检查，督促联系点建立制度、健全机制，逐步建立决策、执行、监督相分离的制约机制。通过不懈努力，使机关作风有了明显改变，使服务质量有了明显改进，使党群关系有了明显改善。

文化建设有新起色。通过相继开展机关干部棋类比赛、羽毛球比赛、篮球赛、书画展和外语知识大赛等趣味性、实效性较强的文化体育活动，组织举办“机关健康知识讲座”、“提升女性魅力，梳理美丽人生”专题讲座，活跃了广大干部职工的文化生活。认真总结了近两年来和谐机关建设工作的经验与做法，召开了“机关建设现场经验交流会”，进一步调动了各部门创建和谐机关的热情。深入开展了“创建文明机关、争当优秀公仆”活动，对市以上40家文明单位与行政村结对，并登记造册，大力营造“两城联创”的浓厚氛围。为密切党组织与基层党员干部、群众的联系，广泛开展了“党组织关爱党员、党员服务群众”活动，成立了“市直机关党员服务中心”，继续开展了市直机关城市扶困、包保在乡老兵和“代理妈妈”等活动，倡导和组织了机关各级党组织和党员干部“心系新农民、共建新农村”的“三送一建”活动，努力实现以文化建设推进机关建设，以机关建设促进社会和谐。

（陈　刚）

【保密工作】 2007年，市保密工作以认真学习贯彻上级保密工作会议精神为主线，切实将国家有关保密工作的方针、政策落实到基层。一是3月5日召开市委保密委员会会议。听取了2006年工作汇报，讨论并通过了市委保密委员会2007年工作要点，对抓好全年的保密工作提出了明确的要求。二是组织召开全市保密工作会议。3月14日，召开了县（市）区暨市直单位保密工作协作组组长单位会议，会议传达了上级保密工作会议精神，对落实年度保密工作任务做出具体安排。三是注重发挥保密工作协作组的桥梁和纽带作用。全市19个保密工作协作组都分别运用了不同的方式和方法开展活动，认真传达上级保密工作精神，围绕各单位在保密工作中遇到的新情况、新问题进行研究和探讨，达到沟通情况、交流经验、发现问题、指导工作的目的。

以深入开展形式多样的保密宣传教育为媒介，不断增强涉密人员的保密法制观念。一是积极开展“五五”保密法制宣传教育答题活动，提高保密法制宣传教育的广泛性和普及性。2007年是“五五”普法教育深入发展的一年，根据《长春市“五五”保密法制宣传教育规划》的任务和要求，5月10日，部署了“五五”保密法制宣传教育第一次答题活动，印制试卷2万张，并在保密教育网上刊登，供开展答题活动时下载，整个活动结束后，共收回答卷32 165份。其中，参加答卷的市级领导干部34人，局级领导干部857人，处级干部5 037人。市直机关所有单位全部参加了这次答题活动，95%以上的单位都组织了全员参加。市教育局、长客股份有限公司、五五研究所等单位结合自身实际，开展保密教育宣传周活动，不断增强保密法制宣传教育力度收到较好效果。二是发挥保密信息网站的作用，拓宽保密法制宣传教育渠道和形式。为更好地发挥保密法制宣传教育网的作用，对“长春市保密法制宣传教育”网站不断进行更新和加载，积极反映各单位开展保密工作动态，传播保密法律知识和常识。共加载工作动态65项，保密法律知识和常识32项。全年网站信息量约已达50万字，点击率已达8.15万人次。收到较好的社会效果。三是运用多种形式为各单位开展经常性的保密法制宣传教育提供教材。首先，在6月份，编辑了《国家工作人员保密知识手册》共106个问题。主要内容包括：保密工作基本常识；国家秘密的确定、变更和解密；对外交流工作中保密知识；计算机信息系统的保密知识；国家秘密载体的管理；泄露国家秘密的责任。印制一万册，免费提供给各单位，达到市直机关干部人手一册，保证企事业单位保密教育用书。其次，深入开展形象化保密教育。年初，订购《神圣的使命》、《手机》等8部保密教育片，自行复制130部，免费为单位提供教育片。市委党校将保密教育纳入领导干部培训教育之中，安排专门课时播放保密教育片，使900多名领导干部受到一次深刻教育，增强了保密意识。三是保密制度建设常抓常新。根据中央和省委保密委员会2007年工作要点的安排，认真学习推行定密责任制度试点省、市先进经验的基础上，对市推进定密责任制度工作进行了有益的尝试，在定密责任制度建设中，各产生国家秘密的单位确定了定密责任人，进一步落实了保密组织、保密行政管理人员和涉密业务人员的定密责任。

以加大监督检查力度为手段，提高保密工作的管理水平。以互联网为载体，加强上网信息保密检查的经常性。为了做好政务信息公开保密审查工作，除了要求各单位建立政务信息公开保密审查制度，开展上网信息保密审查工作外，加大了对各单位门户网站上网信息的检查搜索频率，增加了上网检查的时间，并指派专人专管专项登记。全年已累计上网检查300多次，重点检查了80多个单位政务公开信息4 500多条，没有发现泄密问题。市司法局等有关单位为确保上网信息不涉密，专门制订了“局长、处长、发布信息人员”的三级保密审查制度，从制度到工作程序上确保上网信息的安全。

（计晓庆）

长春市人民代表大会常务委员会

【概况】 2007年，市人大常委会坚持以邓小平理论和“三个代表”重要思想为指导，以科学发展观为统领，认真贯彻党的十六大和十七大精神，全面落实市十一次党代会和市十二届人大五次会议决议，紧紧围绕加快发展、改善民生、构建和谐的大局，认真履行《宪法》和法律赋予的职责，充分发挥地方国家权力机关的作用，为促进和保障长春市“十一五”规划的实施和建设和谐长春做出了积极的贡献。

以促进经济发展和构建和谐长春为重点，努力提高立法质量。市人大常委会认真贯彻执行《立法法》，坚持“立、改、废”并重的原则，紧紧围绕全市的中心工作，积极行使地方立法权。一年来，共审议制定地方性法规3件，修订地方性法规3件，废止7件地方性法规和规范性文件。参与国家及吉林省11件法律法规（草案）的征求意见工作。积极做好规范性文件备案审查工作。根据《监督法》的有关规定，起草了《长春市人大常委会规范性文件备案审查工作流程》，对市政府的3件规章进行了审查备案，对县（市）区人大常委会报送的31件规范性文件进行了登记、分送和处理。为保证立法工作任务的顺利完成，切实提高立法质量，市人大常委会坚持提前介入法规起草工作，并通过新闻媒体和人大网站向全社会征求法规（草案）修改意见，广泛听取人大代表、立法顾问、市民和专家学者的意见。市人大常委会还加强了立法的统一审议工作，加大了地方立法工作的协调力度，加强同省人大常委会、市政府有关部门的立法协调工作，保证了立法工作的民主性、科学性和规范性。

以关注民生和促进“一府两院”开展工作为重点，切实增强监督实效。一年来，市人大常委会按照围绕中心、突出重点、依法监督、讲求实效的思路，加强了对“一府两院”的法律监督和工作监督。开展了对《中华人民共和国农产品质量安全法》的执法检查。听取并审议市政府有关工作情况的报告，并开展了多项视察工作。

以推进长春老工业基地振兴为重点，积极行使重大事项决定权。市人大常委会会议审议通过了《长春市人民代表大会常务委员会关于设立中国长春汽车节的决定》，为更好地拉动汽车相关产业，促进长春经济又好又快发展起到了积极作用。

以加强代表建议的督办为重点，努力做好代表工作和换届选举工作。一年来，市人大常委会始终把密切联系代表，发挥代表作用作为一项基础性工作，努力为代表依法履行职务创造条件、提供服务，较好地发挥了人大代表在管理国家和社会事务中的作用。市人大常委会及有关专委会加强了对闭会期间代表活动的指导，加强了代表的学习培训。市人大常委会努力提高代表议案和建议办理工作质量，对代表大会议案进行了认真督办，促进了议案的落实。有关专门委员会对全部代表建议进行了集中分类整理，按照工作程序逐件交办，有效地提高了代表建议的转办质量和效率。市人大常委会认真做好换届选举工作。市人大常委会及有关专门委员会进行了大量深入细致地调研，提出了关于换届选举工作意见的报告，并作出了关于市十三届人大代表名额分配和选举有关问题的决定。在换届选举中，市人大常委会坚持依靠党的领导，充分发扬民主，严格依法办事，认真组织，妥善安排，保证了换届选举工作的顺利进行。召开了全市政情通报会，及时向代表们通报了全市上半年全市经济社会发展情况。坚持市人大代表列席常委会会议制度，全年共有76位市人大代表列席了常委会会议；继续办好《代表建议快报》，全年共出刊4期，及时向“一府两院”领导传递有关工作建议，推动了相关工作的开展。

以完善制度和转变作风为重点，不断推进自身建设。一年来，市人大常委会认真抓好常委会组成人员和机关的自身建设，努力提高议事水平和工作效率。常委会认真组织常委会组成人员学习邓小平理论和“三个代表”重要思想，全面落实科学发展观，牢固树立党的观念、大局观念、法制观念和群众观念。市人大常委会按照市委的要求，开展了加强领导干部作风建设活动，增强了党员同志的宗旨意识和责任意识。举办了《中华人民共和国各级人民代表大会常务委员会监督法》讲座，按照监督法的要求，对常委会议事规则进行了修改和完善；制定了听取和审议专项工作报告、监督计划和预算执行情况、组织执法检查和规范性文件备案审查工作流程，制订了《长春市人大常委会2007年立法、执法检查、听取审议专项工作报告计划》，进一步依法规范了监督工作。市人大常委会积极组织公民有序地参与人大工作，共有85位公民旁听了市人大常委会会议。市人大常委会进一步密切了与国内兄弟城市人大常委会以及各县（市）区人大常委会之间的工作交流和联系，促进了工作的开展。

【制定地方性法规】 2007年，市人大常委会全年共审议制定法规6件，修订法规3件。①2007年1月26日长春市人民代表大会常务委员会发布第49号公告。《长春市城市房屋安全管理条例》经吉林省第十届人民代表大会常务委员会第三十二次会议于2007年1月12日批准，自2007年5月1日起施行。②2007年3月31日长春市人民代表大会常务委员会发布第52号公告。《长春市企业负担监督管理条例》经吉林省第十届人民代表大会常务委员会第三十三次会议于2007年3月27日批准，自2007年5月1日起施行。③2007年4月2日长春市人民代表大会常务委员会发布第53号公告。《长春市城市公共汽电车客运管理条例》经吉林省第十届人民代表大会常务委员会第三十三次会议于2007年3月27日批准，自2007年5月1日起施行。④5月30日长春市人民代表大会常务委员会发布第54号公告。《长春市人大常委会关于修改〈长春市城市房屋拆迁管理条例〉第十六条第二款的决定》经吉林省第十届人民代表大会常务委员会第三十五次会议于2007年5月2日批准，自公布之日起施行。⑤10月11日长春市人民代表大会常务委员会发布第55号公告。《长春市人大常委会关于修改〈长春市酒类专卖管理条例〉的决定》经吉林省第十届人民代表大会常务委员会第三十七次会议于2007年9月28日批准，自公布之日起施行。⑥10月11日长春市人民代表大会常务委员会发布第56号公告。《长春市伊通河城区段管理条例》经吉林省第十届人民代表大会常务委员会第三十七次会议于2007年9月28日批准，自2007年11月1日起施行。⑦12月6日长春市人民代表大会常务委员会发布第57号公告。《长春汽车产业开发区条例》经吉林省第十届人民代表大会常务委员会第三十八次会议于2007年11月30日批准，自2008年1月1日起施行。⑧12月7日长春市人民代表大会常务委员会发布第58号公告。《长春市物业管理条例》经吉林省第十届人民代表大会常务委员会第三十八次会议于2007年11月30日批准，自2008年1月1日起施行。⑨12月7日长春市人民代表大会常务委员会发布第59号公告。《长春市人大常委会关于修改〈长春市人民代表大会常务委员会议事规则〉的决定》经吉林省第十届人民代表大会常务委员会第三十八次会议于2007年11月30日批准，自公布之日起施行。

【法律监督】 2007年，市人大常委会围绕法律法规的实施情况进行了监督。6月份，市人大常委会会议听取并审议了市政府关于《中华人民共和国食品卫生法》贯彻执行情况的报告。建议市政府要积极研究探索适合长春市食品卫生安全监督管理工作的有效模式，切实保证监管一致，食品卫生监管工作要向广大农村地区倾斜，加强农村地区食品卫生安全监管队伍建设。

8月份，市人大常委会对全市实施《中华人民共和国农产品质量安全法》的情况进行了执法检查，重点检查了蔬菜生产和流通领域产品的质量安全。建议市政府要进一步增强全社会农产品质量安全意识，加大投入保障力度，从严把质量检测关入手，不断提高农业和农民组织化程度和执法水平，同时要继续推进基地建设，加强农产品源头管理，保证市民吃上放心的农产品。

市人大常委会还配合完成了省人大常委会对长春市贯彻《中华人民共和国道路交通安全法》、《中华人民共和国义务教育法》和《中华人民共和国环境影响评价法》情况的执法检查，促进了这些法律、法规的贯彻执行。

【工作监督】 2007年，市人大常委会按照围绕中心、突出重点、依法监督、讲求实效的思路，加强了对“一府两院”的工作监督。常委会会议审议了市政府关于2007年国民经济和社会发展计划及预算上半年执行情况的报告、关于2006年市本级预算和其他财政收支情况的审计工作报告，审查并批准了2006年财政决算。

4月份，市人大常委会会议听取并审议了市政府关于公安机关“抓基层、打基础、苦练基本功”工作情况的报告。建议市政府要大力加强公安队伍正规化建设，着力提高民警队伍整体素质，针对工作中存在的薄弱环节，切实解决实践中遇到的困难和问题。

8月份，市人大常委会会议听取并审议了市政府关于新型农村合作医疗情况的报告，提出了审议意见，建议市政府要进一步提高认识，加强领导，切实加强农村医疗卫生服务能力与水平建设，建立健全长效资金监管机制，保障新型农村合作医疗制度安全平稳运行。

8月份，市人大常委会会议听取并审议了市政府关于全市棚户区改造进展情况的报告，提出了审议意见，建议市政府要加强舆论宣传，全力推进拆迁和回迁安置工作，确保回迁居民住得起、住得好，要科学调整城市空间布局，同时在改造过程中要注意对城市历史文化的保护。

8月份，市人大常委会会议听取并审议了市中级人民法院关于人民陪审员工作情况的报告。建议市中级人民法院要进一步提高对人民陪审员制度重要性的认识，大力提高人民陪审员队伍的整体素质，加大管理工作力度，努力解决工作中遇到的困难和问题，积极探索完善人民陪审员制度的新途径。

【长春市第十二届人民代表大会第五次会议】 长春市十二届人民代表大会第五次会议于2007年2月12日至15日召开。大会听取和审议了长春市人民政府工作报告，审查批准了长春市2006年国民经济和社会发展计划执行情况的报告与2007年国民经济和社会发展计划；审查了长春市2006年预算执行情况的报告和2007年预算；批准了长春市2006年本级预算执行情况的报告和2007年本级预算。听取和审议了长春市人民代表大会常务委员会工作报告、长春市中级人民法院工作报告、长春市人民检察院工作报告。会议以举手表决的方式，分别通过了对上述报告的决议。会议通过了接受祝业精辞去长春市市长职务的决定，会议通过了接受李发锁辞去长春市第十二届人民代表大会常务委员会秘书长职务的决定，会议选举崔杰为长春市市长，闻弘为长春市第十二届人民代表大会常务委员会秘书长，选举吕子军、孙超、丁绍伦为长春市第十二届人民代表大会常务委员会委员。

大会期间，代表提出议案135件，其中2件被确立为大会议案，交由市政府办理，并向市人大常委会报告办理结果。其他议案按照本次会议代表议案处理办法及议案提交截止时间的决定，转作代表建议、批评和意见，交由市有关机关或组织办理。474名代表出席了本次大会。法律规定的列席人员和市人大常委会决定的列席人员及10名省人大代表列席了本次会议。

【长春市第十三届人民代表大会第一次会议】 市十三届人民代表大会第一次会议于2007年12月9日至15日召开。大会听取和审议了长春市人民政府工作报告；审查和批准了长春市2007年国民经济和社会发展计划执行情况与2008年国民经济和社会发展计划草案的报告及2008年国民经济和社会发展计划；审查和批准了长春市2007年预算

市十二届人大五次会议

执行情况和2008年预算草案的报告与2008年本级预算；听取和审议了长春市人民代表大会常务委员会工作报告、长春市中级人民法院工作报告、长春市人民检察院工作报告。会议以举手表决的方式，分别通过了对上述报告的决议。会议以无记名投票方式选举祝业精为长春市第十三届人民代表大会常务委员会主任，冯占祥、宛祝平、李发锁、龙华、卢友富为副主任，闻弘为秘书长。选举崔杰为长春市市长、姜治莹、李伟、郑文芝、王学战、钱龙生、高学章、李福春为副市长。选举宋利菲为长春市中级人民法院院长，徐明为长春市人民检察院检察长。会议还选举了长春市出席吉林省第十一届人民代表大会代表。

会议期间，代表提出议案73件，其中4件被确立为大会议案，交由市政府办理，办理结果向市人大常委会报告。其他议案被作为代表建议批评和意见，交由有关机关和组织办理。497名代表出席了本次会议。法律规定的列席人员和由市人大常委会决定的列席人员列席了本次会议。

【长春市第十二届人民代表大会常务委员会】 1. 第十二届人民代表大会常务委员会第三十一次会议。2007年2月5日市十二届人大常委会举行第三十一次会议。会议共有6项议题：(1)听取和表决市人大常委会代表资格审查委员会关于补选市十二届人大代表的代表资格的审查报告；(2)听取和表决《长春市人大常委会2007年工作要点(草案)》；(3)审议通过市十二届人大五次会议主席团和秘书长名单(草案)；(4)审议通过市十二届人大五次会议决定列席人员名单(草案)；(5)审议通过市十二届人大五次会议常务主席名单(草案)，副秘书长名单(草案)，大会日程(草案)；(6)人事事项。

经常委会会议审议表决，通过了《长春市第十二届人民代表大会常务委员会代表资格审查委员会关于对补选的市十二届人大代表资格审查结果的报告》；《长春市人大常委会2007年度工作要点》；市十二届人大五次会议主席团和秘书长名单(草案)；长春市第十二届人民代表大会第五次会议决定列席人员名单；市十二届人大五次会议常务主席名单(草案)，副秘书长名单(草案)和大会日程(草案)；《长春市第十二届人民代表大会常务委员会委员职务的决定(草案)》。

2. 第十二届人民代表大会常务委员会第三十二次会议。2月26日市十二届人大常委会举行第三十二次会议。会议共有2项议题：(1)审议表决《关于提请审议废止〈长春市人民代表大会常务委员会关于规章备案审查程序的规定〉等四件规范性文件的议案》；(2)审议表决人事任免事项。经常委会会议审议表决，通过了《长春市人民代表大会常务委员会关于废止〈长春市人民代表大会常务委员会关于规章备案审查程序的规定〉等四件规范性文件的决定》，会议还通过了人事任免事项。

3. 第十二届人民代表大会常务委员会第三十三次会议。4月24日至25日市十二届人大常委会举行第三十三次会议。会议共5项议题：(1)审议《长春市伊通河城区段管理条例(草案)》；(2)听取和审议《市政府关于市十二届人大五次会议议案办理方案的报告》；(3)听取和审议《市政府关于公安机关"抓基层、打基础、苦练基本功"工作情况的报告》；(4)审议《关于提请修改〈长春市城市房屋拆迁管理条例〉第十六条第二款的议案》；(5)人事任免事项。

经常委会会议审议表决，通过了《关于市十二届人大五次会议议案办理方案的报告》、《长春市人大常委会关于提请修改〈长春市城市房屋拆迁管理条例〉第十六条第二款的决定》、《长春市第十二届人民代表大会常务委员会关于接受刘实同志辞去长春市副市长职务的决定》、《长春市第十二届人民代表大会常务委员会关于接受刘庆海同志辞去长春市第十二届人民代表大会常务委员会委员职务的决定》，会议还通过了人事任免事项。

4. 第十二届人民代表大会常务委员会第三十四次会议。6月27日至29日市十二届人大常委会举行第三十四次会议。会议共6项议题：(1)审议《长春汽车产业开发区条例(草案)》；(2)审议表决《长春市伊通河城区段管理条例(草案)》；(3)审议表决《关于提请修改〈长春市酒类专卖管理条例〉的议案》；(4)听取和审议市政府贯彻执行《中华人民共和国食品卫生法》情况的报告；(5)审议表决《关于设立中国长春汽车节的议案》；(6)人事任免事项。

经常委会会议审议表决，通

过了《长春市伊通河城区段管理条例(草案表决稿)》、《长春市人大常委会关于修改〈长春市酒类专卖管理条例〉的决定(草案)》、《长春市人民代表大会常务委员会关于中国长春汽车节的决定》、《长春市第十二届人民代表大会常务委员会关于接受李龙熙同志辞去长春市副市长职务的决定(草案)》、《长春市人民检察院关于报请许可对犯罪嫌疑人李长洪采取强制措施的报告》,会议还通过了人事任免事项。

5. 第十二届人民代表大会常务委员会第三十五次会议。7月24日市十二届人大常委会举行第三十五次会议。会议共1项议题:人事任免事项。经常委会会议审议表决,通过了人事任职事项,决定任命潘显政、冯强为长春市副市长。

6. 第十二届人民代表大会常务委员会第三十六次会议。8月28日至31日市十二届人大常委会举行第三十六次会议。会议共13项议题:(1)审议《长春市物业服务管理条例(草案)》;(2)审议表决《长春汽车产业开发区条例(草案)》;(3)审议表决《关于提请修改〈长春市人民代表大会常务委员会议事规则〉的议案》;(4)市政府关于长春市2007年国民经济和社会发展计划上半年执行情况及下半年主要工作安排的报告;(5)听取和审议市政府关于2006年财政决算和2007年预算上半年执行情况的报告;(6)审查批准长春市2006年财政决算;(7)听取和审议市政府关于2006年度市本级预算执行和其他财政收支情况的审计工作报告;(8)听取和审议市中级法院关于人民陪审员工作情况的报告;(9)听取和审议市政府关于开展新型农村合作医疗工作情况的报告;(10)听取和审议市政府关于棚户区改造工作情况的报告;(11)审议市政府《关于长春市与法国蒙特勒依市缔结友好城市的议案》,审议表决《长春市人大常委会关于长春市与法国蒙特勒依市缔结友好城市的决定(草案)》;(12)审议市政府《关于长春市与柬埔寨马德望省缔结友好城市的议案》,审议表决《长春市人大常委会关于长春市与柬埔寨马德望省缔结友好关系的决定(草案)》;(13)人事任免事项。

经常委会会议审议表决,通过了《汽车产业开发区条例(草案表决稿)》、《长春市人大常委会关于修改〈人民代表大会常务委员会议事规则〉的决定》、《长春市人民代表大会常务委员会关于批准长春市2006年决算的决议》、《长春市人民代表大会常务委员会关于长春市与法国蒙特勒依市建立友好城市关系的决定》、《长春市人民代表大会常务委员会关于长春市与柬埔寨马德望省建立友好关系的决定》,会议还通过了人事任免事项。

7. 第十二届人民代表大会常务委员会第三十七次会议。10月9日市十二届人大常委会举行第三十七次会议。会议共3项议题:(1)审议表决《长春市人民代表大会常务委员会关于长春市第十三届人民代表大会代表名额和选举问题的决定(草案)》;(2)听取市政府关于格林巴利综合症事件应急处理情况的报告;(3)听取市政府关于新立城水库藻类治理及城市用水保质保供工作情况的报告。经常委会会议审议表决,通过了《长春市人民代表大会常务委员会关于长春市第十三届人民代表大会代表名额分配和选举有关问题的决定》。

8. 第十二届人民代表大会常务委员会第三十八次会议。10月30日至31日市十二届人大常委会举行第三十八次会议。会议共有5项议题:(1)审议表决《长春市物业服务管理条例(草案)》;(2)听取和审议市政府关于贯彻执行《关于加强净月潭风景名胜区生态环境保护的决议》情况的报告;(3)听取和审议市政府《关于历史建筑和历史文化街区保护工作情况的报告》,表决《长春市人民代表大会常务委员会关于加强历史建筑和历史文化街区保护的决议(草案)》;(4)听取和审议市人大常委会执法检查组关于检查《中华人民共和国农产品质量安全法》贯彻执行情况的报告;(5)人事任免事项。经常委会会议审议表决,通过了《长春市物业管理条例(草案表决稿)》、《长春市人民代表大会常务委员会关于加强历史建筑和历史文化街区保护的决议》,会议还审议通过了人事任免事项。

9. 第十二届人民代表大会常务委员会第三十九次会议。12月3日至4日市十二届人大常委会举行第三十九次会议。会议共有10项议题:(1)听取关于召开长春市第十三届人民代表大会第一次会议的意见,表决关于召开长春市第十三届人民代表大会第一次会议的决定草案；(2)审议和表决市人大常委会代表资格审查委员会关于市十三届人大代表的代表资格的审查报告；(3)听取和审议市政府关于市十二届人大五次会议议案办理情况的报告；(4)听取和审议拟提请市十三届人大一次会议审议的长春市人民代表大会常务委员会工作报告(审议稿)；(5)审议通过市十三届人大一次会议主席团和秘书长名单草案；(6)审议通过市十三届人大一次会议常务主席名单草案，副秘书长名单草案，大会日程草案；(7)审议决定市十三届人大一次会议列席人员名单；(8)审议关于市十二届人大五次会议代表建议、批评和意见办理情况的报告(书面)；(9)审议长春市人大常委会五年(2003～2007)立法规划执行情况的报告(书面)；(10)人事任免事项。

经常委会会议审议表决，通过了《关于召开长春市第十三届人民代表大会第一次会议的决定》、《市人大常委会代表资格审查委员会关于市十三届人大代表的代表资格的审查报告》、《长春市人大常委会工作报告(审议稿)》、长春市十三届人大一次会议主席团和秘书长名单草案、长春市十三届人大一次会议常务主席名单草案、长春市十三届人大一次会议副秘书长名单草案、长春市十三届人大一次会议大会日程草案、长春市第十三届人民代表大会第一次会议决定列席人员的名单，会议还分别通过了人事任免事项。

【视察工作】 2007年，市人大常委会围绕全市中心工作，有目的、有计划地开展了一系列视察。市人大常委会开展了对城市重点工程建设、轻轨工程建设、北郊污水处理厂建设、加强净月潭生态环境保护决议的执行情况及公安机关“三基”工程建设情况的视察，提出了建议和意见，促进了政府相关工作的开展。

市人大常委会对城市建设工作进行视察

【调研工作】 市人大常委会把调查研究作为一项基础工作常抓不懈。市人大常委会及各专委会围绕项目年建设、贯彻落实《监督法》、农村春耕生产、新农村法制建设、税收工作、宗教工作、民办教育地方立法、市商业银行工作等情况，深入开展了专题调研，为市人大常委会依法履行职权提供了依据。

【代表议案和建议】 2007年，市人大常委会努力提高代表议案和建议办理工作质量。市人大常委会听取审议了《市政府关于市十二届人大五次会议议案办理方案的报告》，有关专门委员会对市十二届人大五次会议确定的2件大会议案进行了认真督办，促进了议案的落实。市十二届人大五次会议期间，市人大代表对各方面工作提出建议、批评和意见共135件。市人大常委会确定5件内容关系全局、人民群众反映强烈的代表建议作为重点督办建议，由有关专门委员会督促办理。有关专门委员会集中时间对全部代表建议进行了集中分类整理，按照工作程序逐件交办，有效地提高了代表建议的转办质量和速度。市人大常委会继续完善了代表建议网上办理工作，切实提高了办理工作的效率和质量。市人大常委会开展了优秀议案、建议的评选活动。评选出5件优秀议案，14件优秀建议，并对优秀议案、优秀建议的领衔代表进行了表彰和奖励。

【全市政情通报会】 2007年7月23日市人大常委会召开全市政情通报会。会上，副市长姜治莹代表市政府向代表通报了2007年上半年全市经济社会发展情况，对下半年经济形势进行了分析，并通报了下半年要突出做好的10项主要工作。市人大常委会、市中级人民法院和市人民检察院以书面形式分别对上半年工作情况作了通报。通过听取政情通报，保证了人大代表及时、全面地了解市人大常委会、市人民政府、市中级人民法院、市人民检察院上半年工作进展情况、面临的形势和任务，促进了代表知情、知政，更好地履行代表职责。

【任免工作】 市人大常委会坚持党管干部原则与人大依法任免有机统一的原则，认真贯彻执行地方组织法和常委会人事任免办法的规定，依法履行职责，全年共任免本级国家机关工作人员60人次。其中，市人大常委会7人次，市政府8人次，市中级法院43人次，市检察院2人次。

【信访工作】 2007年，市人大常委会高度重视人民群众来信来访工作，把办理人民群众来信来访、倾听群众呼声作为加强监督、维护和谐和稳定的大事来抓。通过接访和处理信访，教育和引导信访人员以理性、合法的形式表达自己的诉求，妥善处理各种利益关系。坚持实行常委会领导干部接待群众制度、信访工作责任制、"一府两院"的信访交办制度、公检法三机关人员信访接待日制度和市人大代表接访制度。及时通报情况，分析动态，定期反馈，严格督查。把群众利益诉求纳入制度化、规范化、法制化的轨道。一年来，共接待和受理群众来信来访5 470件次，完成全国人大常委会和省人大常委会交办的需要报告办理结果的信访件171件，促进了依法行政，公正司法，化解了社会矛盾，帮助群众解决了许多实际困难和问题，维护了社会和谐和稳定。

【宣传工作】 2007年，市人大常委会把宣传工作列入重要的议事日程，制订了宣传工作计划，切实加强了人民代表大会制度宣传。综合运用报纸、广播、电视、网络等多种媒体样式，开展形式多样的宣传报道，增强了宣传效果。人大常委会密切了与新闻单位的联系与沟通，加大人大宣传报道的针对性。开展了"长春市第十一届宣传人大制度好新闻"评选活动，组织参加了省宣传人大制度好新闻评选活动，有一批优秀作品获奖，组织召开了8次新闻发布会，及时向社会通报了市人大常委会工作信息。

（贾冬梅）

长春市人民政府

【概况】 2007年，长春市政府全面落实科学发展观，团结和带领全市各族人民，全力实施振兴战略，着力解决老工业基地长期积累的矛盾和问题，认真履行职责，圆满完成任务，取得新突破。

2007年，全年实现地区生产总值2 089.0亿元，按不变价格计算，比上年增长17.7%。全市一般预算全口径财政收入284.5亿元，增长35.1%。实现规模以上工业总产值2 839.8亿元，增长33.9%。完成固定资产投资1 350.1亿元，增长42.1%。城市居民人均可支配收入达到12 811元，比上年增长12.8%，农民人均纯收入4 780元，比上年增长6.7%。城市恩格尔系数为32.9%，农村恩格尔系数为41.6%。全市人民正逐步过上更加宽裕的生活。

深入开展项目建设年活动。全力推进5大类、20个组团的91个基础性、全局性、战略性的重大项目建设。工业投资实现重大突破，完成工业固定资产投资608.6亿元，比上年增长63.9%，占全部固定资产投资的比重达到45.1%。全力实施招商引资九个月攻坚战，强力引进和培植重大产业项目。先后开展20多次不同规模的招商活动，实际利用内资增长20%、外资增长20%。工业经济快速发展，规模以上工业产值增速达到33.9%，比上年净增699.8亿元，创历史新高。实施品牌战略，创中国驰名商标3个、中国名牌5个。

新农村建设扎实推进。农业生产克服严重干旱影响，生产粮食75亿公斤。新建园艺特产之乡5个、无公害和绿色食品基地3 000公顷、城区菜田2 000公顷。新建标准化牧业小区101个，规模饲养的比重达到60%以上，畜牧业产值占农业总产值的比重达到50.3%。新农村建设试点工作扎实推进，6个镇、136个村增加到省、市、县三级试点行列。乡容村貌综合整治活动全面展开。23万农民饮水安全问题得到解决。新建村屯道路2 284公里。县域经济快速发展，四县（市）和双阳区实现地区生产总值632.5亿元、财政收入19.7亿元,分别增长13.1%和36%。

加快发展现代服务业。现代物流业营业收入达到532亿元,增长21%。旅游业实现收入178亿元,增长20%。全市金融机构本外币存款余额达到2 598.3亿元、贷款余额达到2 451.9亿元,分别增长8.4%和11.7%。房屋施工面积2 010.1万平方米,增长48.6%。商品房销售508.5万平方米,增长30.4%。空置面积下降0.2%。成功承办东博会,举办汽博会、汽车节、消夏节、冰雪节、光博会、房交会、民博会等各类展会130项,进一步提高了长春的知名度和影响力。

城市承载能力不断提升。完成了南部新城城市设计和控制性详细规划,中央商务区一批重大项目开始启动。铁北改造全面推进,三环以内路网框架和基础设施配套基本形成,区域行政中心初具规模,启动建设了一批棚户区改造和社会公益性项目。高新区基本完成102国道以北区域基础设施建设,向南快速发展。经开区基本完成老区开发建设,开始集中向兴隆山方向发展产业开发。净月生态城建设进展顺利,综合科技文化中心等一批重大项目开工建设。汽车区基本完成环城高速内起步区基础设施建设,启动建设一批重大汽车项目。

改善民生工作取得重要进展。出台并实施了《2007年民生行动计划》,向全市人民承诺的94件实事全部落实。"百万居民进医保"、"百万农民进新农合"和"百万平方米回迁工程"提前超额完成攻坚目标。全力推进社保扩面征缴,新增养老保险14.5万人、失业保险5万人、城镇基本医疗保险130万人、工伤保险13万人、生育保险32万人。启动被征地农民养老保险工作。优先解决零就业家庭、4 050人员、残疾人就业问题,开发就业岗位10.5万个,实现了零就业家庭动态为零,城镇登记失业率控制在3.5%以内。提高了城区低保标准。建立了农村义务教育学校经费保障机制。县(市)职教中心建设全面启动。组织城市教师、医生到农村开展支教、支医活动,38个社区卫生服务中心建成达标。全市人均体育用地达到2.06平方米,基本实现居民出行10分钟内就可到达一处健身场所的目标。

强化公共服务和社会管理。公共突发事件反应和处理能力进一步提高。面对正月十五突发特大雪灾和双阳区出现格林—巴利综合征、新立城水库爆发藻类等重大公共事件,迅速反应、周密组织、科学应对,有效保证了城市正常运转,把损失降到最低程度,得到国家、省和社会各界的高度评价。安全生产、产品质量和食品安全等监管工作进一步强化。依法治市工作得到切实贯彻。加强"平安长春"建设,着力完善社会治安防控体系,深化打黑除恶斗争,严厉打击严重刑事犯罪,命案破案率达到91.5%。严厉打击交通肇事逃逸等违法犯罪行为。加大对金融诈骗、制假贩假和地下传销活动的专项打击,打掉制贩假证、假发票团伙56个。坚决打击邪教组织,全面落实社会治安综合治理措施,人民群众安全感进一步增强。从立足解决问题入手,认真受理群众来信来访,一些多年积累的深层次矛盾逐步化解,和谐稳定的社会局面更加巩固。

政府自身建设不断加强。自觉接受人大法律监督、工作监督和政协民主监督,广泛征求人大代表、政协委员和各民主党派、无党派人士对政府工作的意见、建议,接受各级人大代表、政协委员视察49次,办理人大代表议案2件、建议129件、政协委员提案289件,办理水平进一步提高。充分发挥市长公开电话的载体和平台作用,广泛征求市民对政府工作的意见和建议。深入推进政务、村务和厂务公开,群众和社会各界的知情权得到进一步满足,被评为全国政务公开工作先进单位。在政府机关广泛开展"查、找、改"活动,查自身存在的突出问题、找产生问题的主要原因、提出并落实改进措施。实施精细化管理,促进政府工作全面创新。在政府各部门积极倡导"有旗必夺"和"全省站排头,全国争一流"的创先争优精神,激发广大公务员的热情和干劲,服务全市经济社会发展的能力进一步提升。

(孙迎伟)

【政府常务会议】 4月10日,召开第五十八次常务会议。讨论《长春市人民政府关于市十二届人大五次会议议案办理方案的报告》(讨论稿)、《长春市伊通河城区段管理条例(草案)》、《长春市人民政府2007年规章制定计划》(讨论稿)、《长春市人民政府关于公安机关开展"三基"工程建设工作情况的报告》(讨论稿)、听取《关于2006年冬季我市城镇退役士兵安置工作情况的汇报》(讨论稿)。

4月29日,召开第五十九次常务会议。讨论《中共长春市委 长春市人民政府关于进一步加强民生工作的意见》(讨论稿)、讨论《中共长春市委 长春市人民政府关于推动旅游产业又好又快发展的意见》(讨论稿)、讨论《长春市旅游业管理办法(草案)》、讨论《长春市建设工程造价管理办法(草案)》、听取《关于长春市非煤矿山企业安全生产情况的汇报》(讨论稿)、《关于授予穆斯卡先生为"长春市荣誉市民"称号的请示》。

6月7日,召开第六十次常务会议。讨论《长春市人民政府关于设立"中国长春汽车节"的议案》(讨论稿)、《中共长春市委 长春市人民政府关于落实科学发展观加强环境保护的实施意见》(讨论稿)、讨论《长春市汽车产业开发区条例(草案)》、《长春市酒类专卖管理条例(修改草案)》、《长春市人民政府关于贯彻执行〈中华人民共和国食品卫生法〉情况的报告》(讨论稿)、讨论《长春市养老服务机构管理办法(草案)》。

8月7日,召开第六十一次常务会议。讨论《长春市物业服务管理条例(草案)》、《长春市人民政府关于棚户区改造情况的报告》(讨论稿)、《关于调整长春市住房公积金缴存比例的方案(草案)》、《长春市人民政府关于2006年度市本级预算执行和其他财政收支情况的审计工作报告》(讨论稿)、《长春市人民政府关于2006年市财政决算和2007年预算上半年执行情况的报告》(讨论稿)、《长春市人民政府关于2007年国民经济和社会发展计划上半年执行情况及下半年主要工作安排的报告》(讨论稿)、《长春市人民政府关于开展新型农村合作医疗情况的报告》(讨论稿)、听取《关于双阳区格林—巴利综合征聚集发病事件应急处理工作情况的报告》(讨论稿)。还讨论《关于长春市与法国蒙特勒依市建立友好城市的请示》(讨论稿)、《关于长春市与柬埔寨马德望省建立友好城市的请示》(讨论稿)、和听取《关于近期市长公开电话运行情况的汇报》(讨论稿)。

10月12日,召开第六十二次常务会议。讨论《长春市人民政府贯彻执行〈关于净月潭风景名胜区生态环境保护的决议〉情况的报告》(讨论稿)、《长春市城镇居民基本医疗保险试点实施方案(草案)》、《长春市城市供热管理办法(草案)》、《关于解决当前供热突出问题的意见和建议》(讨论稿)、《长春市历史遗留未登记居住房屋确权工作的实施意见》(讨论稿)、《关于城区居民住宅楼二次供水设施改造的实施意见》(讨论稿)、《关于解决燃气行业历史遗留问题的实施意见》(讨论稿)、《关于解决我市历史遗留超期回迁问题的报告》(讨论稿)、《关于城市规划的历史建筑和历史街区保护工作的情况汇报》(讨论稿)。

11月2日,召开第六十三次常务会议。讨论《长春市散装水泥管理办法(草案)》、讨论《长春市城市建设档案管理办法(草案)》、讨论《长春市人民政府关于公布现行有效政府规章目录的决定》(讨论稿)、讨论《长春市人民政府关于废止〈长春市房地产抵押管理办法〉等33部政府规章的决定》(讨论稿)、《关于聘任刘野先生为市政府经济顾问的请示》(讨论稿)、《关于授予加藤义雄先生为"长春市荣誉市民"称号的请示》(讨论稿)

11月26日,召开第六十四次常务会议。讨论《政府工作报告》(讨论稿)、《长春市人民政府关于十二届人大五次会议议案办理情况的报告》(讨论稿)、《关于长春市2007年国民经济和社会发展计划执行情况与2008年国民经济和社会发展计划草案的报告》(讨论稿)、《关于长春市2007年预算执行情况和2008年预算草案的报告》(讨论稿)。

12月18日,召开新一届政府第一次常务会议。讨论《中共长春市委 长春市人民政府关于加快推进新型工业化实现工业经济跨越发展的意见》(讨论稿)、《长春市服务业发展规划(2008~2012)》(讨论稿)、《长春市2008年民生行动计划》(讨论稿)、《长春市民生规划纲要(2008~2012)》(讨论稿)、《中共长春市委 长春市人民政府关于加快推进农产品加工业发展的意见》(讨论稿)、《关于进一步规范以市政府名义开展表彰奖励活动的具体意见》(讨论稿)。

(赫　军)

【民生工作】 2006年末,中共长春市委市政府从解决人民群众最关心、最直接、最现实的利益问题出发,把改善民生作为施政的最高准则,市政府政研室牵头成立全市民生工作状况大调研课题组，起草《长春民生报告2007》。在此基础上确立了长春市民生工作的基本思路，创新民生工作方式，召开全市民生工作会议。在全国率先提出以《民生行动计划》，推动民生工作，成立了民生工作领导小组并设置专门机构“民生工作办公室”。《人民日报》、《光明日报》、《经济日报》等新闻媒体给予全方位的报道。2007年“百万农民进新农合”、“百万居民进医保”等一大批民生重点工程取得突破性进展，向全市人民交出了一份满意的答卷。

民生调研。2006年末长春市委市政府抽调专门力量，责成政策研究室牵头，民政、劳动、社保等众多部门参与的全市民生工作大调研，对长春市民生工作的现状、存在的问题、15个副省级城市的相关情况以及下一步的对策进行深入细致的研究。经过4个多月的辛勤工作，分析研究了从2001年到2006年底长春市的民生状况，形成了长达20万字的《长春民生报告2007》。报告的内容体涉及到劳动就业、社会保险、社会救助、司法救助、社会福利、文化教育、医疗卫生、人口计生、收入消费、城市管理、人居住房、生态环保、民族宗教、社情民意、公共安全、财政税收、农民工17个方面。是长春市有史以来的第一次对全市民生基本情况进行的全面系统、深入细致的大盘点。通过调研，确立了长春市民生工作的基本思路，即民生工作必须要从最基础的工作抓起、从最具体的问题抓起、从最困难的群体抓起；不能对长春的民生状况估计过高，解决民生问题是一个历史性过程，原有的问题解决了就一定会有新的问题出现；经济发展了并不意味着民生问题的解决；民生的改善必须要强调党委、政府的作为等等。正是这些民生工作理念的形成，为长春市民生工作指明了方向、奠定了基础。

召开民生工作大会。2007年5月10日，长春市召开了在长春电台、电视台进行了现场直播民生工作会议。会议确定，2007年长春市将把提升民生整体水平，作为各级政府的重大战略任务，把解决困难群体的民生问题、改善中低收入人群的民生状况作为主要方向，强化政府主导，增加财政收入，加大推动力度，夯实民生保障基础，构建完善的民生工作体系，确保民生工作取得新突破，民生状况得到新改善，民生水平实现新提高。会议出台了《中共长春市委、长春市人民政府关于进一步加强民生工作的意见》和《长春市2007年民生行动计划》两个文件。

民生行动计划。在民生工作大会上出台的全国第一个以政府名义发布的民生工作专项计划《长春市2007年民生行动计划》这个文件明确了长春市2007年民生工作的主要任务，具有很强的指导性和操作性。这项计划，是市委、市政府在广泛征求各方面意见的基础上，经过反复研究论证，认真筛选确定了就业、社会保障、卫生、扶弱助困、教育、文化、生命健康、环境、利民惠民、治安等10个方面的问题，根据需要与可能，制定了具体的、可考量的94项惠民措施。集中反映了广大人民群众的迫切要求。促进就业行动计划是以实现充分就业为目标，以扩大就业规模、提高就业质量为重点，全面实施创业带动、政府购岗、技能培训、劳务输出等重点工程，多渠道、多形式地促进就业；社保扩面行动计划是以实现社保全覆盖为目标，以扩大城乡居民参保面为重点，集中开展非公经济组织参加社会养老保险专项行动，全面启动“百万居民进医保”攻坚战，建立和完善

长春市民生工作会议

农村社会保险制度，扩大参保范围；卫生保障行动计划是以建立覆盖城乡居民的基本卫生保健制度为目标，以公共卫生、社区卫生、农村卫生工作为重点，巩固和扩大新型农村合作医疗试点成果，强化社区"六位一体"服务功能，切实加大惠民医疗政策措施的落实力度，解决好看病难、看病贵问题；扶弱助困行动计划是以建立多层次、广覆盖的城乡社会救助长效机制为目标，以扩面提标、分类救助为重点，对弱势群体和特殊人群积极开展各类救助，大力发展社会福利和慈善事业，使贫困人群和特殊群体都能充分享受到经济社会发展成果；教育均衡行动计划是以办好人民满意教育为目标，以促进城乡、校际、群体、职普均衡为重点，全面实施城乡对接、薄弱校改造、素质教育提升、贫困学生帮扶等重点工程；文化繁荣行动计划是以不断满足群众日益增长的文化需求为目标，以丰富群众文化生活为重点，广泛开展文化进社区、进校园、进乡村、进厂矿活动，整合各种社会资源，加强基础设施建设，不断丰富城乡居民文体生活；生命健康行动计划是以保障城乡居民的生命健康为目标，以提高食品、药品、饮水安全为重点，集中开展打击制假、贩假专项整治行动，启动农村改水等重大项目建设，构筑人民群众生命健康的安全屏障；环境提升行动计划是以提高人居环境质量和水平为目标，以加强基础设施建设和强化治理整顿为重点，积极开展创建国家级卫生城活动，集中开展空气污染、噪声扰民、市容环境等专项整治活动，切实加强生态设施建设，为城乡居民提供良好的生产、生活环境；利民惠民行动计划是以便民惠民为目标，以满足群众基本生活需求为重点，进一步完善廉租房制度，建立多层次的住房保障体系，着力解决市民住房、出行等重点问题，不断改善市民的生活条件；平安长春行动计划是以构建安定和谐的社会环境为目标，以确保安全生产、社会稳定为重点，深入开展"综合治理、平安创建"活动，构建城市安全管理网络，进一步增强城乡居民的安全感。

民生机构设置。2007 年 10 月 18 日，长春市成立了民生工作领导小组。市长崔杰任组长，常务副市长姜治莹任副组长，组员由市委副秘书长刘波、市委市政府政策研究室副主任姜保忠以及相关业务局局长共 44 人组成。领导小组下设办公室，主任由姜治莹兼任，副主任由刘波、姜保忠兼任。办公室设处长副处长各 1 人，工作人员 2 名。民生工作办公室主要职责是：承担市民生工作领导小组日常工作；负责起草市政府年度民生工作报告，制订全市年度民生工作行动计划和任务分解书；指导、组织和协调全市民生工作；综合汇总全市民生工作情况，向市政府常务会汇报；负责全市年度民生工作大会及民生工作调度会会务工作；负责全市民生工作任务完成情况跟踪调研，对全市民生发展中出现的重点、难点和热点问题进行专题研究；负责全市民生工作表彰事宜；承办市委、市政府交办的其他工作任务。

（韩永春　兰立光）

【政府法制工作】 2007 年的政府法制工作，是在发展社会主义民主政治、构建和谐社会、推进政府管理创新的背景下进行的。面对新形势、新任务，以贯彻落实《全面推进依法行政实施纲要》为主线，以推进依法行政、建设法治政府为目标，切实加强政府法制建设，各项工作都取得了新进展、新成效。

贯彻落实《全面推进依法行政实施纲要》。2007 年，市政府把贯彻落实《纲要》摆上政府法制工作的首要位置，着力推进《长春市关于贯彻落实全面推进依法行政实施纲要的意见》的落实。一是督导各县（市）区政府和市政府各部门，对《意见》中的四个方面 29 项主要任务进行了分解，明确了抓落实的责任主体和措施要求。市政府应急办、政务公开办、市财政局、市监察局、市审计局等单位牵头落实的任务进展较快。二是建立了依法行政报告制度。市政府连续两年以书面形式向省政府和市人大常委会报告了长春市的依法行政情况；各县（市）区也认真执行依法行政报告制度，九台市、榆树市、朝阳区、绿园区、宽城区政府分别向本级人大常委会报告了依法行政工作。三是加强法制培训和宣传。在市委党校和有关县（市）区继续举办《纲要》培训班，共培训法制工作人员和行政执法人员1 400人。同时，结合全市行政执法人员资格确认及换发行政执法证，对全市约23 000名行政执法人员进行了培训考试。以国务院《纲要》颁布三周年为契机，开展多种形式的《纲要》及相关法律知识的宣传、咨询活动。市政府各部门共发放宣传单 3 万份；榆树市设立四个宣传点，悬挂标语100余条；九台市组织1 000余名行政执法人员上街宣传。四是认真开展依法行政考评工作。市法制办代市政府对各县（市）区、各部门依法行政落实情况、抽象行政行为、具体行政行为和法制机构建设等四个方面的工作进行了考评，并把考评结果纳入了市直机关岗位目标责任制考评，市直10个部门因行政败诉、行政执法责任制度不落实等问题被扣减分数。

建立行政执法责任制工作。2006年以来，市政府按照国家有关文件要求，制发了《长春市推进行政执法责任制实施方案》，全面推行行政执法责任制。通过对行政执法主体、执法依据、具体行政行为的审核，共取消9家单位的行政执法主体资格，取消过期或者不适当的行政执法依据86件；共确认市本级具有行政执法主体资格的部门496个，归集现行有效的法律、法规和规章等行政执法依据1 207件，梳理具体行政行为5 629项；完成了《长春市政府行政机关执法职责综览》汇编并刻制光盘，向社会公布。督促和指导各行政执法部门分解行政执法职权、明确执法责任、建立行政执法责任制度。市劳动保障局、国土资源局、交通局、卫生局、质监局、工商局等部门工作开展得较好。在市一级行政执法责任制工作推开后，各县（市）区的推行行政执法责任制工作全面展开，榆树市、双阳区、朝阳区、绿园区基本完成了相关内容的清理审核，开始着手行政执法职权分解等工作。严格行政执法责任追究。2007年，市政府对两个行政执法单位违反执法程序的责任案件进行了查处，下发了督查通报；根据反映，向有关部门下发行政执法质询书2份，使问题得到了及时解决。2007年，市政府办公厅与市中级法院建立了定期通报行政败诉案件的机制，加强了错案分析和源头预防及整改工作。

立法工作和制度建设。2007年，紧紧围绕经济建设及社会关注的焦点、热点问题来开展立法工作。按照年初确定的地方性法规和政府规章计划，全年共组织起草、审核了《长春市伊通河城区段管理条例》、《长春汽车产业开发区管理条例》、《长春市城市物业管理条例》和《长春市酒类专卖管理条例》（修订）等4部地方性法规草案，出台了《长春市养老机构管理办法》、《长春市旅游业管理办法》、《长春市建设工程造价管理办法》、《长春市城市供热管理办法》、《长春市城市建设档案管理办法》、《长春市散装水泥管理办法》等6部政府规章。此外，还审核发布了《关于加强体育设施管理的通告》等18件政府通告，办理了省法制办征求意见函29件。按照国务院办公厅《关于开展行政法规规章清理工作的通知》（国办发〔2007〕12号）要求，市政府办公厅下发了《关于开展政府规章清理工作的通知》（长府办函〔2007〕28号），市法制办会同政府各部门，对1992年以来制定的政府规章进行了清理，保留政府规章57部，废止33部，拟修改12部。清理工作结束后，将清理结果及时上报国务院法制办，并以市政府第25、26号令的形式发布。

行政执法监督工作。一是按照省法制办的要求，开展了全市行政执法人员新一轮换发行政执法证工作，共换发新证件12 000余个；对新上岗的1 000余名行政执法人员进行了考试，合格后发放了行政执法证。同时，还完成了行政执法督查证的审核换发工作。为加强对行政执法人员的管理和信息储备，研发了“长春市法制信息管理系统”，

长春市政府法制工作会议

对全市行政执法人员进行电子化管理。这套系统以市政府法制办为中心,各执法部门为节站点,构成了长春市法制信息的电子化网络。二是加强了对规范性文件的监督。本着"有件必备、有备必审,有错必纠"的原则,市政府一边健全制度,一边加强监督指导,积极抓好规范性文件备案监督工作。对10个县(市)区进行了检查,对市直重点部门进行了抽查。据统计,全年各县(市)区、各部门共向市政府报备的规范性文件175件,比2006年增长50%以上。此外,市政府办公厅批转给市政府法制办审查把关的规范性文件24件。三是深入开展规范行政处罚自由裁量权工作。这项工作是长春市软环境建设的需要。省政府法制办专门到长春市进行了调研和指导,市政府为积极推进这项工作,对市工商局、药监局、卫生局等工作做得比较好的部门总结了经验,并于年末组织召开了规范行政处罚自由裁量权研讨会,有50多个部门参加了会议。四是开展了行政执法检查和专项检查。市政府专门下发了执法检查通知,一方面对全市14个县(市)区、开发区进行了行政执法检查,另一方面,对市行政执法局、市水利局、市环保局的9个基层单位进行了专项执法检查。这两次检查共查阅卷宗700余份,对400余名行政执法人员进行了考试,针对检查出来的问题,及时下发了通报,提出了具体整改意见。此外,还加强了对重大行政处罚案件的备案审查,审核了各部门报备的243件重大处罚案件;进一步落实行政机关到企业检查的许可制度,审核下发了15个部门到企业检查的通知书。

相对集中行政审批权改革工作。近几年来,市法制办与有关部门配合,在清理行政审批事项的基础上,以政务大厅为重点,进一步完善和落实行政许可相关配套制度,不断深化行政审批制度改革。2007年重点抓好两项工作:一是进一步进行行政许可项目的清理和规范。学习外地的做法,对原有365项行政许可项目进一步清理并进行"捆绑式"压缩整合,清理整合后,全市的行政许可项目将减少到110项。同时在规范上,将原有审批办结时限再压缩1/3,对审批流程进行重新细化。二是深入推进相对集中行政审批权改革。这项工作从2006年开始进行,在调研的基础上,成立了第一批行政审批办公室,共有23个部门。2007年,对第一批成立审批办的23个部门的行政许可项目进行重新审定,并开始第二批20个部门审批办的组建工作,经过调研,本着"成熟一家批准一家"原则,目前,已有17个部门通过验收,已按相关审核程序市编办审批。第二批审批办成立后,长春市成立审批办的部门可达到40个。进一步推进和完善了"一门受理、并联审批、统一收费、限时办结"的行政审批模式。

行政复议、经济仲裁工作。认真贯彻落实中办、国办《关于预防和化解行政争议健全行政争议解决机制的意见》(中办发〔2006〕27号)和国家、省有关行政复议工作会议精神,努力做好新形势下的行政复议工作。2007年,全市共受理行政复议案件472件,办结395件,其中市本级受理44件,办结33件;接待有关规划、拆迁、房屋所有权证、劳动教养、土地权属争议等方面的群众来访、咨询400多人次。以案促改,在7月份市政府召开的机关建设情况通报会上,市政府对2005年以来发生的21件撤销和行政机关自撤的行政复议案件进行了分析和通报,同时还通报了行政诉讼、廉洁自律等方面存在的问题。按照省里要求,加强了县(市)区行政复议机构建设,经人事编制部门批准,各县(市)区政府都挂上了行政复议机构的牌子,并开展工作。榆树市在省行政复议工作会议上介绍了经验。加强行政复议基础工作,下发了《加强行政复议应诉备案统计工作的通知》,进一步对各单位提出要求,实现了全口径案件的及时统计上报。加强了行政复议工作的指导,深入到有关县(市)区和部门40余次,对全市行政复议工作情况进行了调研分析,下发了工作通报。

仲裁事业不断发展。2007年,通过走访企业宣传推行仲裁法律制度,与45家汽车行业企业签订了仲裁承诺书,新聘任仲裁宣传联络员170名。筹建了长春计算机行政仲裁中心,已建立6个仲裁工作站。努力提高仲裁裁决的质量和效率,全年共受理案件245件,结案194件,标的额达4.76亿元。在办案中,加大了调节工作和快速结案的力度,调解率为38%,快速结案率为50%。

健全政府法制部门和部门法制机构。为切实推进依法行政,市政府不断加强和完善政府法制机构,努力增加人员编制和增拨专项资金,积极改善办公环境,市政府法制办继内部增设依法行政指导处后,2007年又新增设综合调研处,行政编制由2001年机构改革时的24名增加到31名。同时,市政府推进了县(市)区法制机构建设,榆树市法制局成为本级政府的一级部门,九台市法制局、双阳区法制办成为本级政府的二级部门,其他县(市)区法制机构也进一步得到加强和理顺,在政府办设有专门科室,对外都加挂了法制办(局)牌子。市政府各部门中,有28个部门设立了专门机构。全市共有专兼职政府法制工作人员近300人。

(王凤翔)

【人事工作】 2007年,市人事工作以服务全市经济社会发展大局为核心,以人才队伍建设为重点,全面实施人才强市战略,大力提高服务水平,全面提升工作效能,各项工作取得了新成绩。

《公务员法》实施工作。(1)扎实开展公务员登记审批备案工作。坚持依法登记原则,完成了全市政府系列公务员的登记审批备案工作。通过登记审批备案的公务员21 560人,占全市公务员总数的97.34%,依法对部分县(市)区的375名工作人员确定为暂不登记人员。对全市137名试用期内的新录用公务员进行了暂缓登记。积极做好公务员登记遗留问题处理工作,按照上级相关文件精神,915名遗留问题对象中,有512人参加了省里组织的统一考试,403人按照有关规定补办了相关手续。完成了对通过审批备案公务员个人信息的系统录入工作。(2)正式启动参照《公务员法》管理单位的审核工作。全面部署了对全市事业单位参照公务员管理单位的申报工作。完成了对市直部门103家申报参照管理单位材料的审核工作。(3)继续开展大规模培训公务员工作。开展了公务员九种通用能力培训工作。全年共培训公务员12 982人,参加国家、省对口培训7人。加强了对公安、检法、司法、工商系统公务员培训的指导调度工作。(4)大力加强公务员激励机制建设。进一步规范和理顺了全市奖励秩序。根据国家和省相关规定,结合长春市表彰奖励工作实际,提出了规范全市行政奖励工作的意见,清理各级各类表彰奖励489项。下发公务员行为规范平时量化考核工作日记1.3万本。完成了市直机关公务员年度考核审核备案和奖励证书验印工作。代政府起草了《关于开展省内站排头、全国创一流活动的意见》。

专业技术人才队伍建设。(1)积极争取国家和省高级人才研修项目。分别向国家人事部、中国科学院和省人事厅申报了3个项目,共获经费资助22万元。(2)大力开展选拔推荐学术技术带头人工作。组织开展了“新世纪百千万人才工程”国家级人选选拔推荐工作、第二批吉林省拔尖创新人才人选选拔推荐工作,分别向国家人事部和省人事厅推荐了3名和23名人选。组织召开了2006年度享受国务院特殊津贴人员和第七批享受市政府特殊津贴人员表彰大会,表彰奖励了8名2006年度享受国务院特殊津贴人员、49名第七批享受市政府特殊津贴人员。坚持向全市支柱、主导和重点产业专业技术人员倾斜的原则,选拔表彰了40名第七批优秀青年大学毕业生。与市人才办联合组织了33名专家赴新疆休假疗养活动。(3)加强留学回国人员服务工作。向国家人事部推荐了3项留学人员科技项目,获得3万元资助经费。作

市领导视察市属事业单位公开招聘笔试现场

为协办单位，组织有关部门和企事业单位参加了第十届中国广州留学人员科技交流会。(4)加强高层次人才培训和专业技术人员继续教育工作。围绕长春市支柱、主导和重点产业对人才的需求，不断拓宽开发高层次人才渠道，举办了畜牧业高级人才赴国务院发展研究中心无锡培训基地学习考察班等培训班，培训各类高层次人才400人。强化专业技术人才能力建设，指导企事业单位和继续教育基地开展培训工作，全年培训专业技术人员和事业单位职员10万人。

长春市享受2006年国务院特殊津贴和第七批享受市政府津贴人员表彰大会

农村实用人才服务。(1)加强协调，形成农村人才资源开发的强大合力。协调召开了市直机关涉农部门工作会议，对全市农村实用人才培训工作进行重新分工，建立了省市一致的农村实用人才培训新机制。(2)加大培训选拔力度，不断提高农村实用人才素质。协调相关涉农部门，培训各类农村人才30万人次。选送16名优秀农村人才参加了学历教育。扎实开展农村乡土拔尖人才选拔工作，对各县(市)区、开发区推荐的57名候选人进行了认真审核，组织成立乡土拔尖人才专家评审会，确定50名农村实用人才为第四批预选的乡土拔尖人才。(3)不断加强农村实用人才评价体系建设。向符合条件的1 840名农村实用人才颁发了《农村实用人才证书》。为14名农村实用人才评定了高级农民职称，为216名农村实用人才评定了中级以下农民职称。

人才服务工作。(1)落实人才引进政策，深入全市支柱、主导和重点产业的用人单体，了解人才需求情况，进行全程跟踪服务。为企业急需人才办理人才居住证。为进入长春市企业工作的16名研究生发放生活补贴19.2万元。为皓月、亚泰等12家企业对接成功563人。组织人才招聘团赴天津参加了“环渤海地区人才智力交流洽谈会”，达成意向协议150人。组织企业开展吉林省第四批人才开发资金申报工作。坚持把毕业生就业作为落实民生工作的大事来抓，组织开展了高校毕业生“三支一扶”工作。为4 672名高校毕业生办理了协议，为2 215名毕业生办理了报到手续，为8所市属中专毕业生近5 000人发放了就业报到证。全市大中专毕业生就业实习基地发展到18家，320名高校毕业生在实习基地进行就业见习。不断拓宽引才渠道，全年共引进各类人才12 000人。(2)人事争议仲裁工作取得新进展。健全人事争议仲裁组织机构，建立了仲裁员联系制度，全市各级人事争议仲裁机构的专兼职仲裁员达300人。加大培训力度，人事争议仲裁员的业务水平和办案能力有了明显提高。全年共接待处理人事争议案件73件。(3)市场配置人才的基础性作用得以充分发挥，人才合理流动的机制渐趋成熟。市人才市场实现了“办公设备电脑化、信息管理自动化、信息发布网络化、信息查询微机化”，根据实际需要积极开展了公益性招聘会、专场招聘会、大型招聘会。举办了“全国知名企业大型人才招聘会”、“中国长春汽车节大型人才招聘会”、“关注民生大型公益性人才招聘会”、“长春市重大项目大型公益性人才招聘会”等特色人才招聘会，取得了较好的社会效益。继续加强信息网络建设。“长春人才网”作为全省最大的专业性人才网站，新增了招生广场、网站联盟等7个网络栏目，办理网上会员单位2 400家次，访问量达到1 500万人次，与全国11个省市网络实现了招聘联盟。“毕呈推荐工作站”为2 200名求职登记人员推荐上岗信息5 000多条。大力扶持民营人才中介服务机构,新成立了9家民营人才中介服务机构。人事代理等各项工作取得了明显成效。

事业单位人事分配制度改革。

(1)进一步完善事业单位人员聘用和岗位管理制度。初步建立了事业单位岗位设置管理信息数据库。对未实行全员聘用制的市属事业单位进行了重点攻坚收尾,市属事业单位人员聘用工作全部完成,为1 954名工作人员办理了首签聘用合同鉴证手续,为3 677人办理了合同续签和变更鉴证手续,为218人办理了职员非领导职务晋升手续。全面启动了各县(市)区事业单位人事制度改革。通过召开部署会、培训会、调度会、座谈会、汇报会等多种形式,积极推动县(市)区人事制度改革工作,南关、朝阳、宽城、二道、绿园、榆树、九台等市、区的聘用制入轨工作全部结束,县(市)和双阳区所属的2 861家事业单位,已完成聘用制入轨的有2 318家,占县(市)区应完成总量的81%。

(2)坚定不移地实施事业单位面向社会公开招聘制度。全面落实《事业单位公开招聘人员暂行规定》(国家人事部第6号令),制定下发了《关于在全市各城区实施事业单位公开招聘制度的通知》(长人联字[2007]1号)。组织了两次面向社会公开招聘考试,103家事业单位提供了246个岗位面向社会进行公开招聘。进一步完善了事业单位人才引进"绿色通道"制度。共为事业单位补充工作人员491人,其中,通过考试补充369人,通过考核补充122人。新补充的491名工作人员中,硕士研究生196人,占招聘人数的34.4%,本科生247人,占招聘人数的50.4%。

(3)全面实施公务员工资和事业单位收入分配制度改革。对市直各部门、县(市)区各主管部门600多名工资业务人员进行了系统的政策、业务培训,为本轮工资制度改革奠定了良好的基础。全市除25家单位因未经审批参照公务员管理的696人外,其他机关、事业单位全部完成了工资制度改革和工资套改工作。完成审批工资套改的市直机关12 858人、事业单位29 986人、离退休人员19 404人。积极做好规范市直机关津贴补贴和事业单位增加绩效工资额度工作,在较短时间内完成了对市直机关、事业单位各类人员规范津贴补贴所需资金测算工作。组织召开了全市规范市直机关津贴补贴工作会议,完成了市直机关12 448人规范津贴补贴的审批工作。在全市几年来开展事业单位内部分配制度改革工作的基础上,结合市直机关规范津贴补贴工作,按照新的工资体系中绩效工资的构成内容,对全市334家事业单位年度绩效工资总额进行了审核。

(4)深化职称制度改革。推进中小学教师系列专业技术职务"评聘结合"改革,进一步规范"评聘结合"改革的范围对象、实施进程、竞聘程序以及改革涉及的相关问题,指导全市中小学开展专业技术职务"评聘结合"工作。圆满完成了2007年职称评审工作,共评审通过高级职称1 309人,中级职称1 025人。为会计、经济、卫生等系列(专业)130人认定了中级专业技术资格。

其他各项人事人才工作。(1)军转安置工作,健全和完善企业军转干部解困和维稳工作长效机制。2007年全市共接收安置军转干部464人,其中,计划分配331人,自主择业133人。举办了长春市第23期军转干部培训班,组织计划分配军转干部参加了全省公务员资格考试。经市委、市政府批准,下发了《关于做好2007年军队转业干部、随军随调家属安置工作的意见》。按照公开、公平、公正的原则,完成了公务员岗位的录取工作,按照"专业对口、量才适用"的原则,完成了军转干部进入事业单位的指令性分配工作。继续做好自主择业军转干部的管理和服务工作,进一步规范了自主择业军转干部退役金核算与发放制度,做好医疗保险、冬季采暖费报销、档案管理、再就业等工作。进一步健全和完善企业军转干部解困和维稳工作长效机制,根据长春市实际社会平均工资水平,适时调整了企业军转干部生活补贴标准,按照足额发放了冬季取暖费补贴。严格落实企业军转干部重点工作对象的"五包"责任制,坚持执行对县(市)区及各大集团公司所属企业的稳控督查制度,把矛盾解决在基层。全年接待企业军转干部上访1 000多人次,成功化解5次串联进京上访和6次到省上访事件。(2)工资计划和福利工作。完成了2007年度市直机关、事业单位除教育系统外282家、4.4亿元工资总额的核定审批工作,审批临时用工

3 815人、工资总额4 291万元。完成了对市直机关、全额拨款事业单位全口径2007年度福利费的预、测算和收缴工作。开展了市直机关公务员第二轮健康体检工作，健全了《长春市市直机关公务员健康档案》。组织四批市直机关、全额拨款事业单位400名优秀在职人员开展了异地疗养活动。(3)退休干部管理服务工作。认真落实退休人员的政治待遇、生活待遇。特别是对涉及退休干部切身利益的退休金、生活补贴、节日补贴、采暖费等，做到了及时、足额发放。努力做好退休干部住房货币补贴工作，为符合住房货币补贴条件的96名退休人员发放了172.9万元的住房货币补贴。(4)人事教育考试工作。加强制度建设，狠抓考风考纪，开展网上报名免费服务业务。全年组织各类人事考试报名45项，报名人数达30 711人；组织各类考试13次，参考人员28 722人。发放各类专业技术资格证书、合格证书和卫生专业成绩单10 051个。(5)人事信息统计工作。完成了《2006年机关、事业单位工作人员工资统计报表》、《2006年事业单位管理人才、专业技术人才资源统计报表》、《2006年企业经营管理人才、专业技术人才资源统计报表》的统计、汇总及上报工作。补充、更新了全市机关、事业单位工作人员数据库，总入库19.3万余人。(6)认真抓好政务公开工作，大力加强局内网站建设。成功承办了国家人事部"人事人才公共服务体系建设研讨会暨2007年科研年会"，受到国家人事部、省、市领导和与会代表的一致好评。认真做好人大代表建议和政协委员提案回复工作，对8项人大建议和7项政协提案进行了认真回复，做到回复率100%、满意率100%。认真做好信访工作，通过市长公开电话承办群众上访63件，接待群众单访70多批次，反馈率与办结率均达到95%以上。全年没有越级上访事件的发生。

（刘新宇）

【编制工作】 2007年，长春市机构编制工作进一步深化行政管理体制改革和行政审批制度改革，积极稳妥地推进事业单位改革，切实加强和改进机构编制管理，推进机构编制工作创新，不断提高机构编制工作的整体水平。

继续深化行政管理体制改革。配合有关部门着力推进政府部门行政审批权相对集中改革工作，在发改委等8个部门单独成立行政审批办公室，在公安局等10个部门加挂审批办牌子，并就两批进行审批相对集中改革部门的改革实施情况进行跟踪检查和督促落实；按省部署全面完成环保职能机构编制改革调整工作，对城区、开发区环保管理体制进行改革，上划环保机构及人员编制；调整加强了社区卫生管理、农村卫生管理、安全生产执法检查等机构；加强公安队伍正规化建设，调整了市公安局机关、直属机构和派出机构的机构编制；按省统一部署，推进县(市)公安机构改革，会同市委组织部、市公安局对四个县(市)公安机关的机构、领导职数进行了重新规范和明确；优化职能配置，继续推进政法机构改革，将市检察院渎职侵权处更名为渎职侵权局，内设侦察处和综合指导处；为加强全市社区矫正试点工作，成立了长春市社区矫正工作办公室，增设社区矫正工作管理处和安置帮教工作管理处；调整了县(市)行政执法机构，充实加强了城区行政执法工作力量；完成市直机关新增行政编制分配工作，对县(市)区行政编制的分配和落实情况进行督查；将城区国土分局、规划分局、绿化办、财政驻厂员等机构的编制理顺为行政编制；就社会管理、公共服务、重点产业发展等有关部门编制进行了调整加强；配合完成了军队转业干部年度安置工作。

继续推进事业单位机构改革工作。补充完善模拟分类改革方案，做好相关调研和准备工作。稳步推进部分事业单位体制改革和事转企工作。按照国家有关深化文化体制改革和水利工程管理体制改革的有关精神，完成了长春日报社领导体制、机构编制调整和市石头口门水库管理局管养分开管理体制改革涉及的编制核定等工作；加强民生工作相关事业单位职能、机构和编制，落实全市民生工作会议提出的工作任务，完成了市儿童福利服务机构的批准设立和编制测算核定工作。调整加强了市急救中心的机构编制，指导城区开展了社区卫生服务机构编制核定等工作；加强事业单位领导职数管理，对市直41个副局级以上事业单位和群团组织领导职数进行了清理核定，并按程序重新报省编办批准；配合全市软环境建设，集中清理、规范全市中介机构，对其中部分不符合经济社会发展需要、职能弱化、任务单一的事业单位进行了整合或撤销;认真做好事业单位法人登记工作,坚持动态监管与静态监管相结合,进一步强化对事业法人单位的监督管理,推进了全市农村社会福利机构登记试点工作。

机构编制监督检查工作取得了阶段性成果。以规范县(市)、区机构编制为切入点,按照国家和省的工作部署,会同市委组织部对县(市)、区机构设置、领导职数核定和干部配备情况进行了检查审核。进一步规范了县(市)、区党政群部门和事业单位机构设置,清理违规机构157个,确定需履行报批手续的机构30个,减少超标准核定的领导职数379名;根据中央编办和省编办的要求,在全市范围内开展了机构编制专项检查和清理工作;规范了机构编制违规违纪举报受理工作,认真查处违规案件;组成督察组对乡镇机构编制执行情况和中央为解决公务员登记有关问题专门下达的行政编制分配情况进行了专项督查。

(陈贵锋　任雪松)

【外事工作】　2007年,全市外事工作重点围绕第六届亚冬会、俄罗斯中国年等重大国际性活动,确保各项外事工作任务得以圆满完成;同时切实加强因公出国审批和管理,提高服务质量,积极做好全市重要团组的出访工作和国外来访团组的接待工作,深入开展对外友好交流与合作;不断拓展工作领域,开展领事认证等业务,促进了全市外事工作扎实开展。

圆满完成亚冬会的国际联络工作。2007年第六届亚冬会筹备工作进入实质性操作,亚组委国际联络部整体迁移至市外办,由市外办独立承担该部工作。作为亚组委的重要组成部门,国际联络部承担着大量的对外联络、邀请、协调、报批、注册、翻译等工作,起着重要的桥梁纽带和组织作用。

亚冬会期间,多次组织亚组委团组出国考察、交流、参会,为成功举办亚冬会积累了经验。经过艰苦努力,邀请到亚奥理事会全部45个成员国家和地区的奥委会参会,实现了亚奥理事会全部成员在冬季运动史上的首次大团圆。邀请人员的层次也得到大幅提高,经过努力,伊拉克副总统、科威特NOC主席艾哈迈德·法赫德亲王、约旦奥委会主席胡塞亲王、文莱王子均率团来长参赛参会。参与了胡锦涛总书记、温家宝总理、国家体育总局局长刘鹏、省委书记王珉、省长韩长赋等会见亚奥理事会主席谢赫·艾哈迈德·法赫德和副主席霍震霆等亚奥理事会重要官员及国际奥委会委员的礼宾接待任务,以及第六届亚冬会组委会欢迎招待会、中国奥委会欢迎招待会等重要宴请活动。组织并承担了亚冬会开闭幕式以及团长会议等的陈述翻译工作,牵头组织了总部酒店、团部酒店、裁判员酒店和外国记者接待等全面工作。协调亚冬会组委会相关部门密切配合,全面负责300多位各国际组织成员和各国贵宾、17个代表团团部人员以及200多位裁判人员和近百名各国记者的接待工作。先后组织了亚冬会6次团长例会和26次注册会议。派员全面参与了亚冬会组委会体育部和志愿者部的邀请、组织等各项工作,圆满完成了亚冬会所有裁判员和技术代表的邀请工作以及志愿者的选拔、培训和安排工作。开展了亚冬会网络宣传工作,市外办外语网站共发布亚冬会各类信息23万余字。

认真做好出国审批管理工作。制发了《关于从严控制一般

外交部授权长春市政府外事办开展领事认证业务新闻发布会

性出访团组的通知》、《长春市因公护照颁发收缴管理办法》和《长春市因公护照颁发收缴管理实施细则》，加强了对全市因公出访团组，特别是党政机关人员出访团组的审核审批，加大了对因公护照收缴和管理的力度；起草了《2007年长春市涉外突发事件趋势分析及主要对策》和《关于长春市加强境外非政府组织在长活动及我市民间组织参加国际非政府组织活动管理工作协调领导小组工作实施方案》，制订了涉外突发事件预案，对境外非政府组织和国际非政府组织活动加强了管理。

为全市因公出访团组和人员特别是招商引资团组和人员提供优质服务。全年共办理审核审批因公出国（境）团组382批，2 476人次，颁发护照1 046本，办理因公出访签证187批963人次，办理因私劳务团组签证250批1 420人次；办理外国人来华邀请审批92批282人次。为42人次市级领导出访团组办理了报批手续，为全市赴菲律宾、新加坡、俄罗斯、美国及香港地区等13个大型招商引资团组提供了便捷有效的服务。同时加强了与外国驻华领事馆的交往，接待了外国驻华领事馆官员共计15人次。

从上半年开始，为民营企业人员申办APEC经济体商务旅行卡。获得APEC商务旅行卡的人员可在三年之内凭此卡前往澳大利亚、新西兰、文莱、印度尼西亚、韩国、菲律宾、马来西亚、泰国、日本、新加坡、越南、智利、秘鲁和巴布亚新几内亚共计14个经济体国家，不必另行申办入境签证，这将极大地方便民营企业人员前往这些国家开展经贸合作和人员交往。

从2007年1月1日起，正式开展了领事认证业务，为全市居民和企事业单位的出国公证文书办理领事认证。全年共认证各类文书4 072份，代办驻华使馆认证191份，为全市各阶层对外交往提供了便利条件。

全面推进对外友好交往与合作。进一步巩固了与老友城的友好关系。与加拿大温泽市、斯洛伐克日利纳市分别签署了友好交往计划及合作声明。进一步加强了与日韩友城的交往，组织市代表团赴日参加了第九届中日韩友好城市大会。继去年成功组织第一届“让市民走进日本韩国友好城市”民间交往活动后，10月中下旬协调市政府组织选拔28名长春市市民，包括教师、个体经营者、离退休干部等，由市委常委、副市长冯强率团再次对日韩友好城市进行了民间友好访问。此次市民团先后访问了韩国尉山市，友好联系城市日本千岁市、札幌市和金崎町以及友好城市日本仙台市。市民团受到了日韩友好城市市长、议长、町长的亲切会见，并与当地市民进行了联欢活动，气氛融洽，反响良好。达到了以民促官，巩固并扩大对外交往的目的。

新建友城工作进展顺利。积极争取长春市与法国蒙特勒依市和柬埔寨马德望省建立友好城市关系和省友好关系，已将相关材料上报外交部。8月，协助崔杰市长率长春市代表团访问了法国蒙特勒依市，签署了两市交往议定书及补充协议。同时，与墨西哥下加利福尼亚州的墨西加里市和蒂华纳市建立了稳固的联系，初步确定与蒂华纳市建立友好城市关系。11月初，派长春市代表团赴蒂华纳市访问，并签署两市结好意向书，争取2008年正式结好。与哈萨克斯坦的阿拉木图市取得联系，并组织安排两市市长签署了建立友好合作城市的协议，填补了长春市在中亚的交往空白。

推进对日本高层交往。以“汽博会”、“东博会”、“第六届中日经济工作会议”等重要活动为载体推进对日本高层交往。协助高广斌书记、崔杰市长等市领导会见了丰田汽车株式会社董事长张富士夫先生、日本驻华大使宫本雄二先生、金崎町町长高桥先生等。安排市委副书记李树国率团赴日本参加了长春市与日本福冈的首航仪式，拜会了福冈市市长。

大型活动成效明显。积极筹划、组织长春市“俄罗斯中国年”活动。作为长春中俄“国家年”活动领导小组办公室，制订了长春市“中国年”活动工作方案，组织长春市代表团参加了在莫斯科举办的“中国年”活动开幕式，以及在俄罗斯海参崴举办的“第十一届海参崴旅游交易会”等活动。9月5日至9日，市委常委、常务副市长姜治莹率团对俄罗斯乌兰乌德市、切尔内市和白俄罗斯明斯克市进行了友好访问。此次访问长春市代表团还与乌兰乌德市有关方面成功举办了“长春日”活动，并达成5项合作协议。

11月21日～24日，邀请白俄罗斯明斯克市副市长率政府代表团及经贸、文化代表团一行94人访问长春市，并协助该代表团在长春市举办了“明斯克日”活动。高广滨书记、崔杰市长会见宴请了明斯克市代表团。期间举办了明斯克市政府招待酒会,经贸推介会、明斯克图片展及“明斯克日”闭幕式暨文艺演出,协助该代表团参观了一汽、伪满皇宫、雕塑公园。通过此次活动,进一步加强了两市之间的了解与友谊,促进了双方的交流合作。

积极开展第三届夏季“达沃斯”活动的申办工作。与“达沃斯”(世界经济论坛组织)取得联系,成功邀请到“达沃斯”驻中国首席代表蒋睿杰先生来长春进行实地考察,省委常委、市委书记高广滨和市长崔杰会见了蒋睿杰,就长春举办“达沃斯”论坛进行了洽谈。协调安排蒋睿杰先生参观了一汽大众、轨道客车、皓月集团和大成玉米等企业,考察了道路交通、航线等城市基础设施建设,以及香格里拉等酒店宾馆。考察结果令蒋睿杰先生比较满意,同时也对长春市相关方面提出了一些建议和意见。

全面参与了“消夏节”、“汽博会”“东北亚博览会”以及“2008 年国际雕塑展”、“世界雕塑大会”等大型活动的邀请、协调、组织和服务工作。联系、组织吉林大学、东北师大、吉林俄语学院等在长高校外国教师、留学生 200 人,出席“首届长春消夏节”开幕式及相关活动;做好“首届长春汽车节”外宾的邀请、接待工作,邀请日本丰田汽车公司等厂商及部分友好城市代表参会;全力配合省及相关部门,完成“第三届东北亚投资贸易博览会”的招商招展任务,共邀请外商及重要外宾约 200 余人参会,完成预订国际展位 6 个;积极推进“2008 年国际雕塑展”及“世界雕塑大会”的邀请工作,与世界 30 多个国家或地区(大多为未建交)联系,落实雕塑展及世界雕塑大会参展参会事宜。

积极促进合作及援助项目。由日本国际交流基金会在长投资1 500万日元的“中日文化活动中心”项目进展顺利,地点设在长春市图书馆,12 月动工(2008 年 4 月峻工)。协助长春市与日本三菱东京日联银行股份有限公司签署了业务合作协议书,为长春市招商引资服务。邀请美国 CEO 俱乐部代表团来长访问。在长期间,协助该代表团与长春经济技术开发区、汽车产业开发区等进行了商务交流和项目对接,涉及贸易、农业、汽车零部件、新型能源等领域。协助崔杰市长在访欧期间,就吉林吉发实业公司引进 500 只捷克种鹅项目,与捷克有关公司达成合作意向。

积极争取国外援助。充分利用日本领事馆的“利民工程”项目,为二道区四家乡杂木小学争取到1 000万日元的校舍改建项目,此项目已于 8 月动工(12 月竣工)。积极向澳大利亚驻华使馆申请小额援助项目,为双阳区聋哑学校争取到 5 万元人民币直接援助项目,用于该校危房改造。

在促进对外友好交往方面,协助市政府授予长春诺迪维公司的总经理高友远和长春香格里拉大饭店总经理穆斯卡先生为“长春市荣誉市民”。成功举办了第七届“飘雪的冬季,共同的家园”外国人才艺表演晚会。为活跃长春文化市场,促进中外文化交流,邀请了奥地利皇家交响乐团和俄罗斯国家芭蕾舞团来长进行演出。

进一步加强对港及东南亚的交往工作。对港工作,6 月 26 日至 30 日,接待了由香港贸发局林天福总裁率领的香港高层商贸合作团访问长春市,协助该代表团汽车零部件团组、基建旅游团组和医药团组参加了“第四

“我爱你长春”第七届中外文化交流文艺晚会

届汽车零部件展洽谈会”和“长春－香港合作交流会”等活动，考察了汽车产业开发区、一汽模具公司和净月潭开发区等。协助安排崔杰市长，姜治莹常务副市长和林天福总裁参加了“香港经贸团媒体见面会”。会同香港贸发局、长春市委统战部成功举办第一期“长春市民营企业家赴港培训班”，由市工商联组织长春市有实力、有对外合作与上市融资意向的民营企业赴香港参加培训学习，共有12名民营企业家赴香港进行了为期5天的培训。

4月末，协助安排长春市市长助理、长春经济技术开发区主任黄文华率团参加第二届“2007香港国际汽车零部件展”。此次参展长春市订了10个展位，共有10户企业参展。展会期间，协助长春市代表团举行了“中国长春汽车及零部件项目推介会”，拜会了香港贸发局董事会主席林天福和香港总商会方志伟总裁。考察了香港大成生化科技公司、香港新进科技公司和香港TDK公司等企业，就化工和汽车电子等领域合作事项进行了洽谈。香港《文汇报》、《大公报》、《香港商报》、台湾东森电视台、香港亚洲卫视等多家海内外媒体对长春市代表团此次参展活动进行了大量报道。

东南亚工作。为拓宽东南亚交往渠道，7月，组织了以市政协副主席殷丽依为团长的长春市代表团对东南亚和香港进行了为期12天的访问。期间，拜会了印尼中华总商会、泰国中华总商会、香港中华总商会、香港中华厂商联合会、香港贸发局及新加坡易联控股有限公司主席吴锦江，并与部分企业和商会代表举行了交流会，进一步推介了长春市的招商引资工作。

8月末与市工商联共同举办了“海外华商长春行”活动，邀请到印尼中华总商会主席陈大江等来长参会，此次活动共邀请到100余人来长参会。

进一步强化外语网站工作。市外办外语网站独立承担了2007年第六届亚洲冬季运动会组委会官方网站的全部策划、信息采集、编审、翻译、审校等工作，累计完成信息发布量23万字（中文）；完成了第六届亚冬会组委会全部赛会手册翻译审校工作（15册）。英语网站完成了2003年开通以来的首次改版工作。2007年外语网站新增了“嘉宾访谈”、“语言服务台”、“政策法规”和“网上互动、民意采集”、“中俄科技园”、“第三届东北亚投资贸易博览会”、“日本文化周”等栏目。更新了100项2007年长春市对外招商项目以及2007年长春市会展计划和长春旅游等栏目。全年发布信息量160余万字，网站点击率逐年提高。

（朱东来）

【侨务工作】 2007年，长春市侨务工作立足侨政工作职能，扎实工作，创新进取，较好地完成了全年各项工作任务。

侨务扶贫工作。解决散居社会贫困归侨侨眷生产生活问题，是2006年全国人大常委会会同国务院侨办进行侨法执法检查工作的一个重点。年初，根据国务院侨办和吉林省侨办的部署，市侨办对全市10个县（市）区的1 200多户，3 500多名散居城镇归侨侨眷的生活状况进行了一次摸底调查工作。通过这次调研，掌握了全市82户285名年人均收入低于968元贫困线标准的贫困归侨侨眷的基本情况，并有重点、有针对性的对2007年侨务扶贫工作进行了调整。主要是通过三种方式来解决散居城镇的贫困归侨侨眷生产生活问题。一是通过走访慰问，帮助长期患病，丧失劳动能力，在房屋回迁、子女升学方面有困难的贫困归侨侨眷解决临时性、突发性等生活困难问题。2007年全市各级侨务部门共走访了散居在城镇的贫困归侨35户，帮扶房屋回迁2户，子女升学3人，有临时性困难的5人以及长期患病的5人，共用侨务扶贫资金2万元。二是积极争取国务院侨办和省侨办的支持，推动基层侨务扶贫工作的开展。充分地利用国务院侨办领导来吉林省慰问贫困归侨的契机，积极争取省侨办安排国务院侨办领导来长春市慰问，同时主动要求省侨办对长春市侨务扶贫工作进行检查。春节前夕国务院侨办赵阳副主任和吉林省侨办韩国玉副主任先后分别到二道区、榆树市进行了走访慰问，在对市侨务扶贫工作给予充分肯定的同时，对优先解决散居城镇贫困归侨侨眷纳入最低生活保障问题做了重要指示。二道区、榆树市侨办根据有关文件精神，为符合条件的15户贫困归侨侨眷，办理了最低生活保障。三是充分利用侨务三项扶贫活动，提高贫困归侨侨眷自主就业的能力，重点解决归侨侨眷下岗职工再就业问题。2007年市侨办把侨务三项扶贫活动重点放在职业技能培训上，采取以下有效措施。扩大培训名额和范围，把归侨侨眷子女也纳入到培训范围之内；加强对参加培训人员进行选择培训技能的指导，提高培训效果；为参加培训人员提供就业指导服务。通过这三项措施，极大地调动了归侨侨眷下岗职工的积极性，取得了良好的效果。共有38名归侨侨眷职工报名参加了培训，20人已经完成培训，共用培训经费2.2万元。

努力争取侨务捐赠。侨务捐赠工作是侨务工作为社会经济发展服务的重要组成部分，对促进社会发展、构建和谐社会具有十分重要的意义。2007年市侨办进一步加大了开拓侨务捐赠工作渠道的力度和受捐项目的推荐工作。一是继续通过国务院侨办和省侨办渠道向海外华侨华人慈善基金会推荐捐赠项目。二是继续做好已经向长春市捐赠的海外华侨华人慈善基金会和捐赠人的工作，建立长春市接受海外捐赠渠道。三是利用15个副省级侨务工作协作机制，扩大与海外华侨华人慈善基金会的联系。先后选择了双阳区、德惠市、农安县等6个学校和医疗单位，组织了3个小学校舍改建项目，3个乡镇卫生院改造项目，分别上报给国务院侨办和省侨办，通过他们向海外华侨华人慈善基金会推荐。同时，还通过宁波、杭州、温州等侨乡侨办把这些项目推荐给海外捐赠人。并与香港应善良基金会、香港轩辕基金会等慈善机构建立了联系。经努力，争取到香港同胞彭容基捐赠20万人民币，用于德惠市毛家村小学校舍改建项目。

积极构建侨务引智工作平台。为了进一步加强市侨务引智工作，贯彻国务院侨办实施“海外人才为国服务计划”，2007年市侨办进一步加大了侨务引智的工作力度。

首先，根据市人才办公室面向社会征集“长春市重点人才项目”的通知精神，积极组织申报了“建立长春市国际高层次人才开发引进服务平台”的人才项目，经专家组初审和复审，此项目被评为全市2007年至2008年“全市重点人才扶持项目”。依托这个项目，在全市十大产业的20户重点企业建立了引进海外智力重点对口服务单位，聘请了20名人才需求信息员，初步建立起全市开发、引进国际高层次人才的网络和信息交流平台。

其次，通过国务院侨办工作渠道，建立开展侨务引智平台。通过积极争取，国务院侨办在长春市举办了“第三期华侨华人专业人士回国创业研习班”暨“长春市医药行业项目对接会”，主题是“创业、辅导、合作、共赢”。共邀请到来自美国、加拿大、英国、奥地利、日本、法国、澳大利亚、俄罗斯等8个国家的34名有意愿回国创业的华侨华人专业人士参加培训。同时推出54个具有自主知识产权的高新技术项目与市企业进行项目洽谈和对接。本次活动共有7位华侨华人专业人士与我市企业和医疗单位签订了9个医药、医疗合作项目，另有4个项目达成意向性协议。

不断推动社区侨务工作。继去年国务院侨办和省侨办相继召开社区侨务工作表彰会后，2007年底长春市在朝阳区召开了全市社区侨务工作现场会，会上长春市在全国受表彰的先进集体和个人分别介绍了开展社区侨务工作的经验和体会。通过树立典型有力地推动了社区侨务工作的开展。上半年，朝阳区、二道区、一汽集团等单位在所辖社区内选择了4个社区建立了社区侨务工作站，同时，通过省侨办推荐，绿园区银融社区被国务院确定为第一批“全国侨务系统社区侨法宣传角”社区，5月29日，受国务院侨办委托，省市侨办在银融社区举行了“侨法宣传角”揭牌仪式，并在社区开展了侨法宣传日活动。

认真做好侨务信访工作。全年共接待侨务信访案件60件（次），性质以房屋动迁、经济纠纷和生活困难为主，结案率达到80%。完成2007年度长春市高考、中考三侨考生身份认定，共认定27名高考考生和7名中考考生，并在长春外事网上进行公示。

（朱东来）

【地方志工作】 2007年地方志编委会较好地完成了全年各项工作目标任务。

2007年，年鉴工作按年初工作目标分解的要求，完成了初审、复审、终审、校对、印刷等五项工作流程。及时掌握内容的变化，严格把好年鉴的质量关。2007年版《长春年鉴》在编撰的指导思想上落实科学发展观，在编撰内容上体现科学发展观，栏目设计上突出地方特点，精心设计《长春年鉴》的类目、分目、条目。扩大了《长春年鉴》的信息含量，年鉴文字量达到110多万字，彩页达到40多版。

2007年是《长春年鉴》创刊二十周年，开展了二十周年庆祝活动。在2007年版《长春年鉴》中，突出了《长春年鉴》创刊二十周年的成长轨迹的图片，收集了1988年至2006年度《长春年鉴》并已制作光盘出版。

2007年全市第二轮修志工作、县(市)区志审稿工作、业务指导工作和出版专志专著工作有序进行。按照年初工作目标责任制的要求，已完成市志7卷本247章的全部初稿(《综合卷》27章，《政治卷》49章，《第一产业卷》27章，《第二产业卷》57章，《第三产业卷》40章，《教科文卫体卷》43章，《城乡建设卷》42章)。在已上报的初稿中，经审查有50%以上达到合格初稿标准，计124章。审查《长春市郊区志》，共计42万字，12月份审查《宽城区志》，计60万字。年内组织落实了经委、海关、盐业、石油管道运输(长吉输油部分)、供销社、典当(财政局部分)、会展等行业编纂任务。召开了“全市落实两个条例暨人物志工作会议”、修订人物入志标准，印制“两个条例”和传达全省市、州志办主任会议精神提纲。以政府办公厅文件下发了“关于做好第二轮地方志编纂工作的通知”。召开了政治口协调会和“城市标志”篇的工作会，督促了政治部类稿件的编写进度，对“城市标志”的“人物”篇和“大事记”篇进行调整和落实任务。全年共审查、校对、验收《高教志》、《供销志》、《林业志》、《水利志》、《标准计量志·地震志》、《市区道路志》、《长春市军事志》、《建筑业志》、《水产志》、《奋进乡志》、《民主党派志》、《政协志》、《统计志》计13部志稿，其中印刷出版9部第一轮出书：《高教志》、《供销志》、《林业志》、《水利志》、《标准计量志·地震志》、《城市公共交通志》、《长春市军事志》、《建筑业志》、《水产志》。

积极做好读志用志和资料管理工作。资料管理工作本着为社会服务、为现实服务的精神，为省内外、市内外有关单位和部门及各类人员提供了资料查阅工作，有效发挥了地方志、年鉴的史料作用，为读志用志和有关政策决策、市情研究等提供了重要的资料依据。2007年完成了省方志馆长春市情展室布展工作，配书200多本，文字展板《长春市概况》、图片展板全部完成。

(齐丽颖)

【接待服务工作】 2007年全年共接待来长视察、考察、参观学习的团组598批，5 543人次。其中，党和国家领导人13位，随行126人；省(部)级领导138位，司局级领导553位，接待了太原市、合肥市、兰州市、西藏自治区、武汉市、牡丹江市等大型党政代表团26个。超大型团组57个。全力以赴，精心安排，参与完成了前来参加第六届亚洲冬季运动会开幕式的胡锦涛总书记一行，参加亚冬会闭幕式的温家宝总理一行的接待任务；完成了全国人大常委会副委员长何鲁丽、韩启德、盛华仁、蒋正华，全国政协副主席罗豪才、王忠禹、原中央政治局常委、国务院副总理李岚清、原全国政协副主席赵南起、杨汝岱，中共中央政治局委员、中央书记处书记、中宣部部长刘云山，中共中央政治局委员张德江等领导先后来长视察工作的接待任务；完成了中共中央组织部地方人大、政协换届试点工作组的接待任务。

圆满地完成了国际航空公司、“普能能源科技有限公司、台塑重工股份有限公司”、万域国际投资集团有限公司、韩国GC-ZG公司亚太总部首席执行官、上海浦发银行、民生银行、兴业银行、香港唯冠集团、香港南益集团、香港和昌集团、中国国家电网公司、苏宁电器、中国黄金集团等特殊团组的接待任务。给予了特殊的重视和礼遇。收到了很好的效果。

在全市大型会展各项活动中，圆满地完成了“2007年中国长春净月潭冰雪旅游节”、“第二届中国(长春)国际光电子信息技术博览会”、“首届汽车节暨第六届国际汽车博览会”、“吉林省第三届东北亚经济贸易博览会”、“首届长春消夏节暨2007中国热气球精英赛”、“海外华商长春行经济洽谈会”等13项全市会展活动组委会交给的重要接待任务。发挥了组织、指导、协调作用，为这些大型会展活动的成功举办做出了贡献，受到组委会领导的好评和广大来宾的赞誉，被吉林省政府授予：“吉林省对外开放先进单位”。市政府授予会展业“先进单位”。

(聂福荣)

中国人民政治协商会议长春市委员会

【概况】 2007年市政协工作机构为：提案委员会、经济科技委员会、人口资源环境委员会、文化教育卫生体育委员会、社会法制民族宗教委员会、港澳台侨和外事委员会、文史资料委员会；办事机构办公厅下设秘书处、人事处、行政处、老干部处、指导协调办公室；办事机构研究室下设办公室；设机关党委。2月11日，政协长春市第十届委员会召开第五次会议。会议选举祝业精为主席，增补殷丽依为副主席。12月9日，政协长春市第十一届委员会召开第一次会议。会议选举张元富为主席，管树森、薛康、宋勇、孙丰月、方曙光、张晓华、张红星为副主席，石坚为秘书长和86名常务委员。十一届委员会由中国共产党、中国国民党革命委员会、中国民主同盟、中国民主建国会、中国民主促进会、农工民主党、九三学社、无党派爱国民主人士、总工会、妇女联合会、青年联合会、共青团、科学技术协会、工商业联合会、台湾同胞联谊会、归国华侨联合会、农林界、经济界、文学艺术界、科学技术界、社会科学界、教育界、体育界、新闻出版界、医药卫生界、对外友好团体、少数民族、宗教界、特别邀请人士共29个界别组成。

市十一届政协主席张元富讲话

【市政协常委会议】 （1）市政协十届二十次常委会议于2月12日召开。会议分两个阶段进行。第一阶段，听取了各讨论组对《政府工作报告（协商稿）》及其他报告讨论情况的汇报；审议并通过了关于拟增补祝业精、殷丽依为政协长春市第十届委员会委员的建议；审议并通过了关于接受张绪明同志辞去政协长春市第十届委员会主席职务和毛连方同志辞去政协长春市第十届委员会副主席职务的提议；协商提出并通过了祝业精同志为政协长春市第十届委员会主席候选人、殷丽依为副主席候选人；协商提出了市政协十届五次会议选举办法（草案），市政协十届五次会议总监票人、副总监票人、监票人建议名单，市政协十届五次会议决议（草案），并将以上事项印发各讨论组进行讨论。第二阶段，听取了各讨论组对十届二十次常委会第一阶段各项议程讨论情况的汇报，并对以上议程内容分别进行了表决通过，决定提请市政协十届五次会议第三次全体会议审议通过；听取了石坚秘书长作的市政协十届五次会议综合情况的报告。（2）市政协十届二十一次常委会议于3月21日召开。会议传达了全国人大十届五次会议精神和全国政协十届五次会议精神。审议通过了长春市政协2007年工作要点。通报了长春市政协十届委员会主席、副主席，秘书长、副秘书长工作分工情况。听取了长春市政协提案委员会关于市政协十届五次会议提案审查情况的报告。（3）市政协十届二十二次常委会议于7月16日召开。会上，7位委员和专家代表调研组对长春市循环经济发展问题作了专题发言，并就如何发展循环经济提出了意见和建议。姜治莹副市长通报了长春市上半年经济社会发展情况，并就长春市循环经济发展作了讲话。祝业精主席就长春市循环经济发展问题作了讲话。石坚秘书长宣读了关于同意毛连方同志辞去政协长春市第十届委员会委员职务的报告。（4）市政协十届二十三次常委会议于11月22日召开。会议审议通过了政协长春市第十届委员会常务委员会工作报告（征求意见稿），政协长春市第十届委员会常务委员会关于五年提案工作情况的报告（讨论稿），政协长春市第十一届委员会委员建议名单，政协长春市第十一届委员会第一次会议方案（草案）、议程（草案）、日程（草案），大会秘书处工作机构及各组负责人名单(草案),大会主席团、秘书长、副秘书长建议名单,大会提案委员会组成人员建议名单,会议编组原则和召集人产生办法。通过了市政协十届四次会议以来优秀提案和先进提案承办单位表彰决定、2007年度优秀委员活动小组表彰决定。祝业精主席对常委们五年来的履行职能情况做了总结。(5)市政协十一届一次常委会议于12月14日召开。会议审议通过了政协长春市第十一届委员会副秘书长建议名单,各专门委员会主任、副主任建议名单,办公厅主任建议名单,研究室主任建议名单。

【学习贯彻十七大精神】 市政协组织机关全体干部认真收看胡锦涛同志代表十六届中央委员会作报告的实况转播。组织部分政协委员召开座谈会,委员们畅谈学习感想和体会,并表示要把十七大精神贯彻到工作实践中去。就如何全面学习和领会十七大报告精神,市政协主席祝业精指出:要通过全面学习,充分认识十七大的历史方位;充分认识高举中国特色社会主义伟大旗帜这一历史性决策的重大意义;充分认识新时期近三十年改革开放宝贵经验的精神实质;充分认识科学发展观的重大意义和科学内涵;充分认识报告中关于经济、政治、文化、社会建设的部署为发展中国特色社会主义指明了方向;充分认识报告新提法、新表述对发展马克思主义的新贡献;充分认识为什么要以和怎样以改革创新精神推进人民政协工作。强调政协工作要始终关注发展、关注民生、关注和谐,为长春市经济建设、政治建设、文化建设、社会建设贡献力量。市政协机关开展了"学习十七大,党在我心中"主题征文活动并召开座谈会,机关青年干部结合自身学习和工作,围绕十七大报告,畅谈对党的认识和学习报告的体会,提高了机关干部政治素养和理论水平,推进了政协机关思想作风建设。

【专题调研】 市政协把发展循环经济列为重点调研课题,采取集中与分散相结合的方式,在集中听取各部门情况介绍后,各调研组根据子课题分头开展调研考察。在搜集大量资料和实地调研考察的基础上,召开常委会议,分别从促进农村循环经济发展、以循环经济理念建设汽车产业园区、开发玉米伴生资源建构循环共生产业集群、城市固体废物循环利用与综合管理、建立宏观支撑体系推进循环经济发展、构建长春市资源循环利用系统、培育与循环经济发展相适应的公众意识等方面为促进长春市发展循环经济建言献策。

市政协把促进发展创意产业列为一项重要调研课题,利用2个多月的时间组织部分政协委员、专家学者及企业家,联合朝阳区政协开展调研考察,并召开专题研讨会,为朝阳区率先发展创意产业建言献策。组织委员专家对《朝阳区建设长春市中央创意区10年规划纲要》进行了论证,提出大量具有较高价值的意见建议,朝阳区已根据该规划进行创意产业项目的招商活动。

为了解和掌握长春市农村文化建设现状,研究农村文化出现的新情况、新问题,市政协组织部分委员专家组成调研组,深入到农村采取实地查看、听取汇报、座谈讨论等方式,对农村文化建设情况进行专题调研,对适应和满足新农村文化发展需要提出切实可行的意见和建议,有力地推进了新农村文化建设。围绕改善金融环境,组织政协委员和专家学者到高校、科研院所、金融机构以及政府相关部门进行充分、深入调研,并形成了调研报告,提出了很好的意见建议。针对长春市未成年人零犯罪社区的现状、未成年人零犯罪社区创建工作的情况及存在问题、社会各界参与未成年人零犯罪社区创建工作的情况开展调研,并形成调研报告报送相关部门。

【委员视察】 为了解长春市新农村建设进展情况,研究、探讨新农村建设中出现的新情况、新问题,进一步推动新农村建设,组织部分委员实地考察了双阳区齐家镇卧龙村、山河街道卢家村、八面石村、三专村和德惠市布海镇社会福利中心、长山村、升阳新村,听取副市长李伟关于长春市新农村建设情况的介绍。委员们充分肯定长春市新农村建设在村容村貌改造、基础设施建设、社会事业发展、民主政治建设、提高农民素质、拓宽农业产业、增加农民收入等方面取得的成果,并就进一步促进社会主义新农村建设提出意见建议。

组织委员视察市至爱老年医疗护理院和市社会福利院,了解全市养老机构建设情况和所面临的困难。视察后形成集体提案,呼吁全社会关注、重视和

祝业精主席带队视察社会主义新农村建设

支持老年福利事业发展，扩大老年福利的服务面，满足社会多层次的养老服务需求。组织委员视察长春市民政工作，听取民政工作的情况介绍，并就进一步做好养老机构建设、社会救助体系建设、社区工作等提出意见建议。组织委员对长春市医疗垃圾处理情况进行视察并召开座谈会，就如何做好医疗垃圾无害化处理工作提出可操作性的意见和建议。

组织委员到市公安局交警支队车辆管理所，朝阳区分局长久路、清和街道、桂林路派出所，以及二道区分局、刑警支队等单位实地视察，了解长春市公安机关在构建社会主义和谐社会、构建和谐长春、平安长春过程中“三基”工程建设情况，委员们对这项工作给予高度评价，提出很好的意见建议。

组织委员和专家对文庙文物保护情况进行视察，形成《关于加速恢复和扩建长春文庙文昌阁的建议》，并积极协调市政府相关部门促进这一问题的解决，南关区政府同意将九十九中学闲置的部分土地归还文庙复建文昌阁。

【推进项目建设年工作】 市政协发挥联系广泛的优势，积极参与全市“项目建设年”的招商引资工作。组织长春外埠工商人士联谊总会30余位企业家，参加绿园区举行的招商项目新闻发布会；组织20余位企业家参加在德惠市举办的东北粮油食品交易中心暨农业产业化项目推介会；邀请香港其士国际集团来长春洽谈绿园区棚户区改造项目，促成其与长春新星股份有限公司合作开发宋家洼51万平方米棚户区改造项目；继续跟踪服务2006年引进的香港德辉集团、山东鲁能集团投资二道区大型棚户区改造项目；组织部分外埠工商人士对吉林省粤商工业园筹建情况进行视察，实地考察工业园选址的周边环境，并召开座谈会，积极为粤商北移、促进广东和吉林两地合作建言出力；与长春外埠工商人士联谊总会广东分会接待了广东省经贸考察团，并举行了吉林省广东工业园正式签字仪式；市政协主要领导与有关委员40余人对长春市重大工业项目进行视察，形成《关于视察全市重大工业项目若干建议》。

【提案工作】 市政协十届五次会议共收到提案343件，经审查立案308件，分别送交市委、市政府等有关部门办理。为有效促进提案办理工作，市政协与有关部门协调重点采取集中面复的形式办理委员提案，分别召开工商局、公安局、行政执法局、卫生局、房地局、交警支队、司法局、国资委、民政局、环保局等10个部门的提案集中办理面复会，对150余件提案向委员当面答复，取得良好效果，委员们表示满意。组织召开提案工作座谈会，围绕做好提案工作、改进工作方式方法、提高提案质量、进一步发挥提案成果作用等进行深入研讨，深化了对提案工作的认识。

【反映社情民意信息】 市政协共征集社情民意141条，编发《社情民意专报》17期，有11期被市委《今日要情》采纳，7期被市政府《信息专报》采纳。其中“有效控制菹草疯长，保护南湖生态安全”的信息得到市政府高度重视，分管副市长王学战作出批示，要求相关部门采纳政协建议，立即组织实施，有效控制了南湖菹草的疯长。

【立法协商】 根据立法计划安排，圆满完成对《长春市伊通河城区段管理条例》(草案)、《长春市酒类专卖管理条例》(修订草案)、《长春汽车产业开发区条例》(草案)、《长春市物业管理条例》(草案)的立法协商工作。参加立法协商座谈会的30余名委员专家,提出了很好的修改意见建议以及相关的依据、理由。

【征集出版文史资料】 为丰富长春历史文化,市政协组织委员专家及相关力量,征集出版文史资料。向10个县(市)区政协征集60余本文史资料,从中筛选45本优秀文史图书,向全国政协文史工作会议推荐。同时精心组织、准备素材,参加全国政协文史工作成果展览。编辑出版《伊通河文明史》、与全国政协合作的《一汽发展历程》、《伪满洲国之首都规划》、《漂泊沉浮多少事——溥仪人生面面观》、《人生不如戏——郭奋扬、张晶的一生》、《往事存真》等6部文史资料。

【拓宽政协工作领域】 加强外埠工商人士联谊总会组织建设,进一步增强联谊总会的向心力和凝聚力。依托政协书画院,不断加强同书画界政协委员及知名人士交流,并有计划地在政协机关干部中开展书法讲座和书画展,提高机关书法爱好者的艺术修养。依托溥仪研究会,在研究交流中提升长春知名度,召开理事工作会议,编辑完成《溥仪国际学术讨论会文集》。剪纸艺术中心不断开展剪纸艺术交流和市场开拓工作,召开剪纸作品市场开发理论研讨会,举办王挺起剪纸作品展;与九台市政府联合在北京大观园举办剪纸作品展览,展出剪纸作品1 000余幅。依托孔子研究会,与吉林省孔子学会和长春文庙联合,开展公益性"国学大讲堂"讲座,广泛传播传统优秀文化,累计举办126期,听众达十万余人次;成功举行纪念孔子诞辰二千五百五十八周年暨"世界华人同祭孔"祭孔大典活动。

【宣传工作】 组织新闻媒体共34次对市政协工作进行宣传报道,在《人民政协报》、中国政协杂志、《协商新报》、《长春日报》等各级各类媒体刊发消息、通讯、理论文章120余篇,扩大了影响力和知名度。共编辑议政杂志6期,注意调动政协机关干部为杂志撰写、推荐文章。共制播政协论坛节目20期,加大对政协工作成果的挖掘和宣传。市政协门户网站(www.cczx.gov.cn)于9月21日正式开通,网站坚持"立足政协、服务委员,面向社会、搭建平台",拓展了政协履行职能的形式和渠道。

长春市政协网站正式开通

【政协自身建设】 市政协领导率机关有关人员到各民主党派、工商联及各县(市)区政协进行工作调研,了解并帮助解决编制、经费、车辆等方面问题,密切了市政协与各民主党派、工商联及各县(市)区政协的联系。召开县(市)区政协主席会议,围绕如何进一步发挥优势履职尽责、创新提案工作思路、提升提案工作质量、充分发挥政协委员主体作用等进行充分深入的交流。对机关办公楼进行维修改造,改善了办公环境。人民政协成立五十八周年(9月21日)之际,组织部分委员和机关全体同志隆重举行升国旗仪式,祝业精主席发表重要讲话,对于推动机关思想作风建设,继续开创政协工作新局面产生积极作用。

(胡永辉)

市纪委　市监察局

【概况】 中共长春市纪律检查委员会、长春市监察局(以下简称市纪委监察局)截至2007年底在职人员105人，内设13个厅(室)，另设机关党委；下属党风党纪电化教育中心和市经济发展软环境建设投诉举报中心2个事业单位。2007年，市纪委监察局认真贯彻落实党的十七大、中央纪委七次全会、省纪委八次全会和市第十一次党代会的部署，深入贯彻落实科学发展观，坚持反腐倡廉战略方针，紧紧围绕全市经济又好又快发展与构建和谐社会，认真履行职责，强化组织协调，扎实推进党风和反腐倡廉建设，各项工作都取得了新进展、新成效。

【纪委全会】 2月10日，中共长春市第十一届委员会第一次全体会议和市纪委第一次全体会议召开，会议选举产生了以市委常委刘实为书记的市纪委新一届领导班子。3月1日，市纪委召开第二次全体会议。市纪委常委会主持了会议。会议深入学习贯彻中央纪委七次全会、省纪委八次全会和市第十一次党代会精神，分析形势，统一思想，研究部署2007年党风廉政建设和反腐败工作任务。会议审议并通过了市委常委、市纪委书记刘实代表市纪委常委会所作的《全面贯彻战略方针，拓展源头防治领域，深入推进党风廉政建设和反腐败斗争》工作报告。市纪委委员，市委、市人大常委会、市政府、市政协及市中级法院、市检察院领导同志出席了会议。县(市)区党政主要负责同志，开发区、市直部门副局级以上干部，驻长中省直企事业单位和市直重点国有企业、重点民营企业党委书记参加了会议。

【监督保障】 (1)为全市91个重大项目建设提供监督保障。市纪委、监察局先后下发了《关于开展重大项目建设监督服务的实施意见》和《关于纪检监察机关深入开展监督服务重大项目建设工作的通知》，全市纪检监察机关共组织监督检查项目建设200余次，督促、协调解决审批效率低、不作为、乱作为等具体问题150多个，保证了项目建设的顺利进行。(2)为全市94项民生工作任务的落实提供监督保障。市纪委、监察局下发了《关于纪检监察机关监督推动民生工作任务落实的通知》，并层层分解责任、跟踪监督，仅市纪委、监察局就协调解决阻碍民生工作落实的问题20多个，促进了各项民生工作任务的落实。(3)为中央和省、市关于科学发展重大决策的落实提供监督保障。全市纪检监察机关立案查处土地违法违规案件13件，给予党纪政纪处分16人。会同有关部门开展了对环境保护法律法规落实情况的监督检查，对违法排污企业，限期整改18家，下达停业、停产通知21家，有力地促进了全市经济又好又快发展。

【作风建设】 (1)各级纪委积极协助党委组织开展"树新风正气、促和谐发展"主题教育。组织和督促各级领导班子通过召开理论中心组学习会、专题民主生活会等形式，统一思想，提高认识，为认真整改作风方面存在的问题奠定了思想基础。运用正反面典型开展教育，弘扬新风正气。市纪委总结宣传了南关区长通街道龙兴社区党委书记、社区主任路亚兰等4位同志的先进事迹，为广大干部树立了"看得见、摸得着"的学习榜样。针对发生在身边的反面典型特别是有关部门因作风问题产生的工作失误开展警示教育，增强了广大干部改进作风的自觉性和紧迫感。(2)着力查问题、抓整改。重点解决领导干部解放思想、改善民生、构建和谐、推动落实方面存在的突出问题。市政府各部门认真开展"查、找、改"活动，共查摆出各类问题1 060个，多数问题已得到解决，促进了领导干部作风的进一步转变。各县(市)区认真解决农村基层党风廉政建设方面存在的突出问题，共查处农村基层领导干部违纪违法案件99件108人，给予党纪政纪处分101人，促进了农村基层干部的作风建设。市纪委总结推广了榆树市"抓党风、带政风、促民风"、农安县"三刹三树"等经验。绿园区纪委还被中央纪委评为党风建设工作先进联系点。(3)积极探索了作风建设的长效机制。据不完全统计，仅市直部门就建立和完善有关制度360多项。长春市加强领导干部作风建设的做法和成效，先后两次在中央纪委召开的有关会议上做介绍。

【宣传教育】 (1)宣传先进典型。按照中央纪委和省纪委的部署，会同有关部门开展了"六个一"教育活动，加强了对广大党员干部身边先进典型的宣传，全市共组织各类报告会162场(次)。(2)开展警示教育。深入剖析近年来长春市发生的严重违纪违法案件，广泛开展了"讲案例、论危害、算成本、促自律"系列警示教育，其中组织党员、干部参观净月监狱警示教育基地6 000多人(次),使广大党员、干部加深了对腐败行为高成本、高风险的认识,进一步增强了拒腐防变的自觉性。长春市的系列警示教育活动获得了中央纪委反腐倡廉宣传教育工作专项奖。(3)加强党纪政纪条规和国家法律法规教育。会同有关部门组织市直机关12 000多人参加了《行政机关公务员处分条例》学习竞赛活动。(4)加强信息交流。长春市的纪检监察信息被中央纪委采用17条、省纪委采用36条,在市级以上新闻媒体刊发各类稿件500多篇,在长春电视台开办的党风廉政视点栏目播出54期,为深入推进反腐倡廉工作营造了良好氛围。(5)推进廉政文化建设。制订并以市委办公厅、市政府办公厅文件转发《中共长春市纪委、长春市监察局关于深入推进廉政文化建设的实施意见》。召开了全市廉政文化建设工作现场会,推广了市工商局朝阳分局等单位的经验,建成了一批廉政文化建设示范点。

【廉洁自律】 (1)重申了严禁党政机关、财政拨款事业单位超标准、超编制配备使用小汽车的要求,纠正了个别单位超标准配置使用小汽车问题。(2)狠刹收送现金、巧立名目大操大办借机敛财等歪风,对参与赌博或以变相赌博等形式收敛钱财的22名干部给予了党政纪处分。(3)认真落实中央纪委7号文件要求,并严肃查处了利用职务之便为请托人谋取不正当利益的案件。(4)加强国有企业党风建设,有关部门组织开展了国有企业领导人员"行为安全年"活动,促进了国有企业领导干部廉洁自律。

【抓源治本】 (1)深化干部人事制度改革。制定并实施了《市直领导班子和领导干部年度政绩考核评价办法》和《长春市县(市)区领导班子和领导干部综合考核评价试行办法》;继续推进事业单位用人制度改革,全市62家事业单位面向社会公开招聘录用298人。(2)深化行政审批制度改革。全市行政审批项目在365项的基础上,通过进一步清理、合并、整合,可减少60%;推进行政审批相对集中改革,全市42个部门的行政审批办公室已组建完成;完善重大项目审批"绿色通道"制度,全面实行重大项目行政审批全程协办制;完成了市政务中心实行电子监察的准备工作。(3)深化财政制度改革。全年新增国库集中支付单位38家,对已纳入国库集中支付的124个预算单位全部实行了会计集中核算。(4)深化投资等领域的改革。成立了建管中心,起草了《长春市人民政府投资代建项目管理暂行办法》;积极研究制定改进和规范建设工程招投标工作的办法;全面落实经营性土地和工业用地使用权招标拍卖挂牌出让制度,全市共计出让土地201宗,面积802.57万平方米,总成交价款70.11亿元,实现土地纯收益32.83亿元。政府采购制度进一步完善,采购范围进一步扩大,吉林省政府推广了长春市政府采购工作的经验。

【监督制约】 (1)市委常委班子制定了关于加强自身作风建设的具体规定并公诸于众,带头自觉接受监督。(2)纪检监察派驻机构加强了对驻在部门的监督;围绕强化对部门领导特别是一把手的监督,在改进派驻机构领导体制和工作机制方面进行了探索;在双阳区进行了基层纪检监察机构整合力量、完善机制、强化监督的试点。(3)市纪委组织力量对市直有关部门落实党风廉政建设责任制情况进行了集中考核,对29人进行了责任追究;针对有关部门党风廉政建设存在的问题,与部门主要领导开展党风廉政建设专题谈话,促进了党风廉政建设责任制的落实。(4)认真落实党内各项监督制度。市纪委会同有关部门,对各县(市)区、开发区、市直各部门的领导班子民主生活会进行了全程监督,并提出整改建议。全市各级领导干部述职述廉2 643人次,开展询问质询26人次。针对市人大、市政府、市政协换届,市纪委对市直40个重点部门和单位的主要领导进行了专题谈话,维护了政治、经济和干部人事工作纪律。全市各级纪委共对91名领导干部进行了诫勉谈话,同下级党政负责人谈话302人次,任前廉政谈话383人次。认真落实领导干部报告个人有关事项的规定和党政机关县(处)级以上党员领导干部收入申报的规定,汇总了4 022名处级以上领导干部个人有关事项和收入情况,领导干部重大事项报告1 649人次,领导干部配偶子女从业情况登记245人次。(5)深入推进各项公开制度的落实。长春市政务公开工作被评为全国先进单位,并被确定为全国政务公开示范点。全市厂务公开和村务公开进一步规范，市直29个行业主管部门的170余家公共事业单位实行了办事公开。(6)一些基层单位以家庭助廉协会等形式，积极探索了对领导干部“八小时”以外进行监督的有效途径。

【查办案件】 (1)全市共受理群众检举控告2 980件(次)；全口径新立案件1 012件(涉及1 051人)，同比上升22.8%，其中，市纪委立案46件，同比上升84%，县(市)区纪委立案918件，同比上升17.24%，市直纪检监察机构立案48件，同比上升200%。新立案件中涉及县处级以上党员干部62件64人，占立案总数的6.13%，同比上升93.8%。结案981件，对1 005人进行了党政纪处理，其中，给予党纪处分879人、政纪处分171人、双重处分45人。通过办案为国家挽回直接经济损失1 455.58万元。严肃查处了市安全生产监督管理局原副局长王学民等一批重大违法违纪案件。(2)全市受理涉及商业贿赂问题的信访举报91件，立案查处77件，收缴违纪款240.6万元。(3)进一步加强案件管理，完善了四级“两规”安全保障机制。加强案件审理，严格监督把关，确保了案件质量。积极整合办案力量、创新办案组织形式，在市直部门组建了7个联合办案组。(4)加强信访举报工作，积极为查办案件提供案源，为加强和改进宏观、微观管理提出建设性建议，认真做好稳控工作。

【纠风治理】 (1)认真治理教育乱收费，严格规范学校服务性收费和各类代收费行为，立案查处18件，给予党纪政纪处分31人，清退不合理收费6.4万元，进一步清理和取缔了无证办学的“黑班”。同时，全市共落实农村义务教育保障资金1.8亿元，落实城市低保户子女义务教育经费200万元。(2)认真纠治医药购销和医疗服务中的不正之风，对医疗窗口单位明察暗访105次，直接整改行风问题108个。积极推进医药分业改革试点，市属重点医院全部推行了部分药品目录托管。落实医疗惠民政策，新型农村合作医疗实现了全覆盖。进一步整顿、规范药品生产流通秩序，全市共立案查处各类药品违法违规案件1 851件，收缴419.87万元。加强农村药品供应网络建设，建立村级药店754个。(3)严厉打击制售假劣农资等坑农害农行为，挽回直接经济损失729万元。

【软环境建设】 (1)对市直48个重点部门的350名处长进行了集中教育培训，进一步增强了服务大局、服务发展的意识。(2)组织协调有关部门深入开展清费减负，加强了对贯彻落实《企业负担监督管理条例》的监督检查。(3)组织协调有关部门严格规范行政执法自由裁量权，着力解决变相、隐性收费和罚款等问题。(4)组织协调有关部门认真清理评比达标表彰活动，全市共撤销205项，每年可减少经费支出2 947万元。(5)组织协调有关部门严格清理和规范中介机构，依法取缔68户。(6)加强执法监察，全市共立项65项，查出违法违纪金额1 785.47万元，挽回经济损失390.3万元，立案查处60件，给予党纪政纪处分58人。(7)建立了457个软环境监测点，形成了严密的软环境监督网络。(8)严肃查处涉软案件，全市受理涉软投诉举报933件，办结927件，办结率为99.36%；查处涉软和行风案件44件，给予党纪政纪处分52人。(9)深入开展政行风、软环境和“百名处长”民主评议，共评议出满意处长5名、不满意处长5名，对4名处长进行了提醒谈话；加强政行风热线工作，全年播出70期，解答群众咨询和反映的问题368件，解决具体问题63件。

(滕加鹏)

民主党派

【中国国民党革命委员会长春市委员会】 截至2007年底，中国国民党革命委员会长春市委员会(以下简称市民革)共有基层组织43个，其中总支委员会7个、支部委员会35个、小组1个。党员总数825名，其中具有中高级职称的724名，占党员总数的87.8%。各级人大代表和政协委员91名。

参政议政。2007年，市民革坚持以科学发展观为指导，围绕富民强市、实现全市经济社会发展新跨越、全面建设小康社会和构建和谐长春的目标，大范围、宽领域的开展参政议政工作。市民革主委宛祝平在中共长春市委、市政府举办的民主协商会上作的《关于有效整合亚冬会资源，促进我市经济社会和谐发展的建议》，受到中共长春市委、市政府的高度重视，崔杰市长指示政府相关部门逐条研究、认真落实,例如该建议提出的向社会开放中小学操场和体育设施的建议已经得到落实,全市已有60多家学校的操场和体育设施对外开放,社会效益显著;在崔杰市长与各民主党派负责人座谈会上,宛祝平主委就民生问题谈了4点建议,同样受到市政府的高度重视。在深入调研的基础上,市民革向市政协十一届一次全会提交了《关于精细化运用水资源,促进我市产业与民生和谐发展的建议》、《关于把长春城区建成国家级华语示范培训城的建议》和《关于大力加强我市农村文化建设的建议》。11月,市民革在市政协十届五次全会上的党派提案《关于推进长春市社区卫生服务的建议》被市政协评为优秀提案,受到表彰。

市民革党员中的各级人大代表、政协委员就全市在全面建设社会主义和谐社会、实现可持续发展和振兴老工业基地进程中所出现的热点、难点问题积极建言献策,仅在市"两会"期间他们就提交议案、提案、建议等47件,其中,党员费日晨领衔提出的《关于开展创建和谐社区活动的议案》在市人大十二届五次会议又被确定为大会议案;副主委徐秀强在市人大十二届四次全会上领衔提出的《关于设立中国长春汽车节的议案》作为大会议案被市政府采纳,市政府认为,"'汽车城'设立'汽车节',对于长春经济社会更好更快发展,具有重大而深远的意义"。6月29日,市人大十二届四次常委会正式批准了市政府关于设立"中国长春汽车节"的方案,7月15日~22日长春市成功举办了"首届中国长春汽车节"活动。在2007年1月相继召开的市人大代表、市政协委员优秀议案、提案、建议表彰会上,市民革和党员中的人大代表、政协委员在"两会"四次全会上提出的议案、提案、建议多件获奖,并打破了市人大历史上个人在届内提出的大会议案数量和议案、建议获奖数量的纪录。此外,全年共收集各类社情民意信息130余件,向有关部门反映社情民意112件。党员中的各级特邀(约)监察员、检察员、审计员不辱使命,认真履行职责,积极参与有关执法检查活动,充分履行了参政议政、民主监督职能,受到有关部门好评。

祖国统一工作。2007年市民革密切关注台海两岸形势,积极探索新形势下开展祖统工作的新途径,以经济统战为主要内容,工作方式实现了由单纯亲情型向亲情加经济型的转变,不断加大海外联谊工作力度,祖统工作又取得了新成果。市民革注重对祖统理论方针政策的学习和研究,结合两岸形势认真学习中共中央对台工作精神,特别是学习了胡锦涛同志在新形势下发展两岸关系的四点意见和《反分裂国家法》,增强了祖统工作的责任感和使命感。

2007年,市民革台胞、台属及有海外关系党员已达202名,占党员总数的1/4。一年来,他们围绕"做好台湾人民工作"这一核心,自觉参与祖统和海外联谊工作,在向海内外发布招商引资信息的同时,组织赴新加坡、韩国、港台等地经贸招商团4个,接待美国、韩国、新加坡和港台等海内外客商8批88人次,协议引进项目10个、资金35亿元。其中,由市委会直接组织的3期53人次的赴台经贸招商团不辱使命,大力宣传了长春市的经济政策和发展优势,在台湾引起了强烈反响;市民革党员姜万秀多次赴韩国,参与协调了韩长赋省长赴韩国商务访问的接待事宜,并引进接待了以韩国经济财团副总裁和社长为首的40余名企业家到长考察;促成了新加坡吴锦江先生的新加坡易联科技股份有限公司与净月旅游开发区共同成立新城发展有限公司,该公司将投资兴建东北亚国际金融中心的建设项目,8月份召开了第一次董事会,9月份举行了"小东沟"土地挂牌仪式,崔杰市长亲自为吴锦江先生颁发了"长春市荣誉市民"证书;经市民革党员祁伟的多方努力,促成了美国喜多国际(金融)控股集团在我市宽城区投资兴建美国制造工业园(长春)有限公司的建设项目,美国汽车零配件公司项目正在建设之中;党员阮启来引进香港德辉集团成立了"长春市鲁辉开发建设有限公司",投资二道区棚户区改造工程。从市民革口径统计,全年完成招商引资额5.28亿元,超额完成了中共长春市委统战部下达的招商引资任务。

2007年市民革还举办了"中秋茶话会",30余位重点台胞、台属会聚一堂,热切表达了"反对分裂,渴望统一"的心愿,赴台经贸招商团成员讲述了赴台感受和成果,增加了市民革党员对台湾现状的感性认识。全年向党员播放台情资料片12次,340人次收看了电视,为市民革继续有针对性地做好祖统工作奠定了基础。

社会服务。按照中共长春市委统战部关于大力开展“千人牵手”活动的统一部署，市民革积极探索为社会服务的新形式。

市民革成立的“民革北方城市旅游宣传协作网”已成为民革社会服务工作的重要载体。一年来，市民革作为秘书长城市，积极参与、协调“协作网”活动，做了大量工作，取得一定成绩，得到民革中央和民革省委的肯定。2007年的“协作网”活动由民革白山市委主办，7月和10月分别在白山市和成都市举办了“民革北方十城市旅游宣传摄影展”。吉林省政协副主席、民革吉林省委主委修福金和民革中央副秘书长何丕杰分别出席了这两次活动，两位领导充分肯定了“协作网”工作的重要性和取得的效果。一致肯定“协作网”活动是在新形式下更好发挥民革组织优势，紧密围绕当地党委、政府中心工作开展社会服务工作的一种新探索，是贯彻“坚持以人为本、树立全面协调、可持续发展观，促进经济社会和人的全面发展”的具体实践。两次展出约有3 000余人参观了摄影作品。市民革积极筹备并参与了“协作网”活动，共展出摄影作品70余幅，并对长春的风土人情、旅游产业政策作了重点介绍，为全市建设“现代化国际区域中心旅游城市”加大了对外宣传力度。

在民革市委支持下，市民革各基层组织开展了各具特色的“扶贫济困”活动：如东北师大总支继续开展“探亲工程”、助学、就医等系列活动，并将活动列入支部的活动计划，“八一”节与驻长某高炮旅举行了军民联欢，并为指战员送去了节日礼物；南关区总支在副主委韩庆敏的带领下捐款1万元，为该区的环卫工人购买了劳动保护用品，并结合对环卫工作的调研提出了《关于在南关区设立环卫工人节的建议》；市直支部的董丛文为双阳区太平镇白杨树村的28位60岁以上的老人交纳了新型合作医疗费，该支部的李朝农、吴云香常年资助一名孤儿，他们的事迹被多家媒体报道；党员曲忠林、王建昭、姜万秀等利用自己所办企业、学校解决了3 000余名下岗职工再就业问题。

市民革党员立足本职、服务社会，许多党员在本职工作中取得了骄人的成绩。东北师大音乐学院舞蹈系主任刘炼教授编导的舞蹈《进城》参加了2007年中央电视台春节晚会并获奖。吉林大学南岭校区市民革党员专家济济，全年发表论文20余篇，其中2篇SCI，主编教材1本，承担国家863项目3个、省级项目3个，获得发明专利5项，其中，徐涛获得中国汽车工业三等奖，董心、朱伟民获得了吉林省高等学校优秀教材奖；在民革吉林省委为纪念民革成立六十周年演讲比赛活动中，韩笑和赵杰分获全省一等奖和三等奖。

市民革统战理论研究工作也取得一定成绩，向民革省委理论中心组提交论文7篇。

自身建设 2007年是市民革的机关建设年，按照搞好政治交接的具体要求，努力提高广大党员和机关干部的思想政治素质。市民革主要领导在主委会、常委会和各种学习会上，深入学习中共十七大、民革十一大和中共长春市委十一届二次全会精神，自觉把文件精神与实际工作结合起来。市民革主委宛祝平撰写了《传承和发扬民革老一辈的光荣传统是搞好政治交接的关键》；副主委高仁立在市民革举办的各层次十七大精神学习会上，多次作了十七大精神辅导讲座；中共长春市委十一届二次全会召开后，市民革及时召开了座谈会，并把座谈会的内容整理成《坚决贯彻中共长春市委十一届二次全会精神，努力把市民革工作推上一个新高度》的心得，发给新闻媒体。

由市民革主办的《长春民革》，不断在内容和形式上进行创新，突出了民革特色，拓宽了发行渠道，弘扬了“启迪思想，指导工作，关注现实”的办刊宗旨，成为市民革加强党员思想政治工作的载体，受到广大民革党员的欢迎。同时，他们还注重加强了与长春电视台、长春电台、《团结报》、《协商新报》等省内外多家媒体的联系，加大宣传力度，拓宽宣传渠道，提高宣传工作的质量和效率。

市民革积极组织党员参加各类有益社会活动，开阔党员的视野，了解国家和社会的变化，感受中国改革开放三十年的成果。除市委会统一组织的活动外，各基层组织也举办了丰富多彩的活动。

在组织建设上，进一步规范了组织发展工作，严格按照《民革章程》和《各民主党派中央组织发展座谈会纪要》精神，坚持宁缺勿滥原则，严把入口关，注重发展高层次人才，对新的社会阶层人士的发展，严格按程序报民革省委和中共长春市委统战部审核。全年共发展新党员45名，均符合有关规定。

注重后备干部队伍建设，继续培养在民革吉林省委组织的"百人工程"后备干部建设活动中推荐的90余名后备干部；在全省副厅级干部公开招考中，市民革机关干部黄耀河取得了笔试、面试双第一的好成绩。还通过举办新党员培训班、推荐骨干党员参加相关培训等方式，加大培训力度，使党员整体素质得到增强。

（崔发明）

【中国民主同盟长春市委员会】截至2007年底，中国民主同盟长春市委员会（以下简称市民盟）共有基层组织36个，其中，盟委17个，总支5个，直属支部14个，盟员总数1 903人，其中，具有高、中级职称的1 799人，占盟员总数的94%；50岁以下的盟员975人，占盟员总数的51%；平均年龄54.3岁；担任各级人大代表22人，各级政协委员70人。

认真履行参政党职能，积极为构建和谐社会建言献策。主委孙丰月在与崔杰市长二次座谈中，先后提出了《关于尽快发展长春市停车产业的建议》、《大力发展长春市企业自主研发能力的建议》，受到了市委、市政府主要领导的充分肯定。在市政协十届五次全会上，市民盟提交了《关于加快发展长春市城市专业物流配送的建议》、《关于长春市交通运输管理体制改革的建议》、《关于借鉴外地经验、促进长春市农产品加工业发展的建议》、《关于加强我市电子垃圾处理的建议》和《关于提高长春自主创新能力的建议》5份提案。其中前四项提案在6月底前分别收到了市交通局、人事局、行政执法局、发改委和农委的办理答复件，部分建议得到有关部门的吸纳和落实。《关于加快发展长春市城市专业物流配送的建议》被评为优秀提案。

市民盟为更好地履行参政党地方组织的职能，成立了参政议政专家组，聘请韩秋红等15位盟员为特聘专家；制订了专门工作委员会工作制度和市民盟参政议政专家组工作制度，使盟的参政议政工作逐步规范化、程序化。年内，市民盟完成《关于发展循环经济引领长春工业经济转变增长方式的建议》，《关于尽快发展长春市停车产业的建议》，《关于全面推进我市和谐社区建设的几点建议》等四份市委调研课题。特聘专家韩秋红教授在韩长赋省长召开的一次座谈会上，作了《从社区建设看构建和谐社会》的发言，得到省长的充分肯定。年内市民盟共完成社情民意50条，其中《关于实施"促进民营经济腾飞"计划的若干建议》得到王珉书记批示，《关于食品加工业禁止销售和使用"硝盐"的建议》被李斌副省长批示，省政协选用。

加强理论学习，坚定政治信念。市民盟始终把加强学习当作一项政治任务来自觉完成，继续以实现政治交接为主题，强化各级班子建设。领导班子系统学习了中央统战部统发〔2007〕11号文件《关于开展以坚持走中国特色社会主义政治发展道路为主题的"政治交接学习教育活动"的几点意见》，充分认识了政治交接在民主党派自身建设中处于统领的重要地位，并成立政治交接学习教育活动领导小组，提出市民盟搞好政治交接学习教育活动的方案。

十七大召开后，市民盟及时下发《关于认真组织学习贯彻党的十七大精神的通知》，号召盟的基层组织和广大盟员学习党的十七大精神。随后召开"学习十七大精神，展望美好明天座

市民盟参政议政特聘专家聘任仪式

谈会”。其座谈发言在《长春盟讯》中摘要刊载。11月，国务院新闻办公室发表《中国的政党制度》白皮书，市民盟印发人手一份组织全体机关干部认真学习。

2007年市民盟加强了盟内外宣传与信息交流工作。加快《长春盟讯》出版进度，同时不断提高办刊质量，编印出版《长春盟讯》4期；编制了市民盟十二次代表大会换届专刊，多渠道、多角度地采编报送信息；更换了长春市民盟信息展板，更新了长春市民盟简介、长春籍盟员代表性人物照片及简介等信息。为扩大宣传盟组织的影响，积极对外信息交流，向省民盟、长春统战、协商新报投稿件25篇，对宣传民盟形象，扩大社会影响产生了积极的作用。

加强组织建设，确保薪火传承。2007年市民盟组织建设健康有序，发展态势良好。编制完成了《基层干部工作手册》、《盟员通讯录》。年内发展新盟员91人，其中“双高”（高职称、高学历）人员58人。3月份，市民盟召开2005年~2006年度先进基层组织和优秀盟员表彰大会。民盟吉林农业大学等14个基层组织荣获“先进基层组织”，洪杨等92位同志荣获“优秀盟员”称号，刘大有等12位同志荣获“优秀盟务干部”称号，孙长占等20位同志荣获“特殊贡献奖”。年底，市政协、市人大相继换届，10位盟员当选为市人大代表，25位盟员被安排为市政协委员，圆满地完成了盟内政治安排任务。

市民盟举办基层负责人培训班，传达全盟“十大”精神，邀请省民盟领导作政治交接主题教育辅导报告，并就如何做好基层组织负责人，如何加强基层组织建设进行了培训；举办盟务工作论坛，从理论和实践的结合上探寻做好盟务工作的途径和办法，收到良好效果。在市民盟的倡导下，吉大盟委在全市率先实现了基层组织电子盟务管理，利用网络技术扩建盟组织内的联系平台，完善与盟员进行交流的途径和机制，使基层管理工作实现了质的飞跃。

市民盟注重参与的广泛性，注重地方组织与基层组织的互动，努力为基层构筑活动平台。解决部分基层组织活动困难的状况，设立了“季度沙龙”；由基层组织承担调研课题；实施“百项点子工程”；注重横向交流，组织部分基层主要负责人赴哈尔滨、大连学习考察，异地交流基层工作经验；9月份赴宁波参加全国十五个副省级城市第三次盟务工作联席会议；市民盟常年坚持为盟内80岁以上老盟员过大寿，坚持盟内走访，增强了盟组织的凝聚力。

以活动为载体，全面促进盟的各领域工作。春节前策划组织了2007年全市盟员春节联欢会；3月份，妇委会组织召开了“关爱社会 关爱教育”主题座谈会；4月份，在青年工作委员会倡议下，盟市委参与组织盟员，自愿集资，在汽车产业开发区营建“长春市民盟青年林”，80余名盟员参与青年林植树劳动，共植树830棵。吉林日报、长春电视台等多家媒体跟踪采访报道，此举得到了有关领导的充分肯定，树立了民盟的良好社会形象。6月末，省民盟、市民盟在文化广场共同主办了“庆祝香港回归十周年文艺演出”，歌颂“一国两制”在祖国统一大业中的成功实践。

继承优良传统，积极服务社会。市民盟积极开展扶贫帮困、送温暖、献爱心等社会公益活动，将社会服务落到实处。继续参与“千人牵手”活动；盟内实施了“一、十、百、千”工程，开展“三下乡”活动。春节前组织盟内书法家、医疗人员等到德惠市米沙子镇五家子村为农民送春联、义诊并慰问当地贫困户，送去大米、白面、豆油等生活物资；妇委会连续多年积极倡导女盟员捐资助学，现已资助长春师院多名品学兼优、家境贫困的女大学生，资助累计金额达1.8万元；积极到农村开展社会调查，并形成《关于落实“两免一补”政策后农村中小学教育问题》的调研报告；与省女劳教所实施合作共建，举办“迎中秋、送温暖、畅和谐”专场演出，并捐献图书300余册。

为落实中共长春市委统战部招商引资工作的总体要求，市民盟积极行动，招商引资工作取得重大成果。上半年吸引加拿大雷克技术有限公司（LYCC TECHNOLGY INC.）投资成立独资企业《雷克汽车供暖系统（长春）有限公司》（Llyco Automotive Provides Warm System（Changchun）Inc.），引进项目投资总额共计2 500万美元。年底，该企业产品上市后，市民盟还协助雷克公司举办了“雷克送温暖、交警暖民心”大型公益活动，向市交警支队捐献10台驻车加热器（价值10万元人民币），解决了部分交警冬季执行任务面临的一些实际困难，交通之声广播电台直播了活动盛况，取得了良好的社会效益。

（王　霆）

【中国民主建国会长春市委员会】 中国民主建国会长春市委员会(以下简称市民建)，机构设置为3处1室，即组织处、宣传处、调研处、办公室。编制11人。截至2007年底，共有基层组织23个，其中，总支部13个，支部10个，直属小组3个。会员总数为976人。全年发展会员44人。

参政议政。本会在充分调研基础上，经十一届二次常委会研究，2007年向市政协十届五次会议报送五份团体提案：1、《关于长春市创建国家科技兴贸出口创新基地的建议》；2、《关于加强我市中小企业民间融资管理的建议》；3、《关于加快我市中药产业发展的建议》；4、《关于加快我市农村公共服务体系建设的建议》；5、《在推进社会主义新农村建设中应注重提高农民文化素质的建议》。其中，《关于长春市创建国家科技兴贸出口创新基地的建议》在市政协全会上作了大会发言。目前，上述五份团体提案都得到了市政府相关部门答复和落实。其中，关于创建出口创新基地的建议，被市政府采纳，在市商务局的积极运作下，国家商务部已于2007年12月17日正式批准长春市为国家第二批出口创新基地。

2007年4月，本会通过扎实的调研立项工作，把党和政府及人民群众关心的民生问题作为调研工作的重点，共确定了5个调研课题。这些调研课题是：1、《关于我市城市建筑节能状况的调查报告》；2、《关于进一步优化我市职业教育发展环境的调查报告》；3、《关于我市生物产业发展现状的调查报告》；4、《关于长春市加快农民征信体系建设的调查报告》；5、《关于改善我市留守儿童现状的调查报告》。在完成上述五个专题调研课题组的调研工作后，本会于2007年11月底以市民建团体提案的形式，正式报送市政协十一届一次全会。其中，《关于加快推进我市城市建筑节能工作的建议》在这次全会上作了大会发言。

2007年4月19日、9月27日和11月14日，市委书记高广滨、市长崔杰分别主持召开了三次自上任以来高层次小范围座谈会，直接听取各民主党派针对长春市又好又快发展和民生方面存在问题的意见和建议。市民建在经过广泛征求意见和深入调研的基础上，分别提出了题为《关于解决我市乡村断头路问题的建议》、《发展乡村工业增加农民收入》、《对长春市社会经济发展的建议》共三份参会建议材料。上述建议，有的已得到了高广滨书记、崔杰市长和相关部门的采纳，有的正在研究处理中。

2007年初，市民建继续在广大会员中开展了每人反映一份社情民意或统战信息活动。截至2007年12月底，共反映社情民意和统战信息159份。

社会服务。积极落实民建中央和省民建关于开展“思源工程”活动的工作部署，2007年4月5日，开展了为吉大管理学院12名品学兼优的贫困大学生捐资助学活动。市民建会员在这项活动中，共捐款25 000元。“六一”儿童节前夕，妇委会组织女会员开展了为双阳区双营子回族乡的市回族中学初一学生献爱心捐资助学活动，让学生们愉快地度过了人生最后一个儿童节。在这次捐资助学活动中，市民建女会员向该校分别捐赠了68套价值7 500元的新课桌椅、近千册价值8 000余元的学习辅导资料和价值1 000元的学习用品。另外，妇委会4名骨干成员还向4名贫困的优秀学生每人捐助了300元的助学资金。11月15日，本会响应民建中央关于组织“国际科学与和平周”相关活动的号召，开展了为双阳区齐家镇长泡村农民送科技知识下乡活动。为农民送去了一批优秀科普读物，还为村民讲授了水稻高产栽培技术，受到广大村民的欢迎。

一年来，市民建在社会服务工作方面取得了一定的成绩，特别是在捐资助学、支农扶贫、安置就业和社会培训等方面，实现了较大的社会效益。其中，南关区总支部、朝阳区总支部和能源支部等基层组织分别做出了突出的贡献。

招商引资。2007年作为项目建设年，市民建采取走出去和请进来的方式和做法，先后与深圳、福州、厦门等国内经济发达地区的民建组织建立了联系。年初，派出专职干部带着长春市招商引资项目手册前往这些地区，这些资料受到当地民建组织领导和企业家会员的重视和欢迎。通过积极主动的工作，现已到位资金3.3亿元人民币（其中：城建支部2.3亿元、二道区总支部0.8亿元、能源支部0.2亿元）。

组织建设。为了抓好基层组织量化考核工作，重新修订了

《市民建基层组织考核工作纪实手册》和《量化考核标准》。4月12日，召开了全市基层组织负责人会议，对这项工作进行了全面部署。

4月1日，完成了现有6个专委会的调整工作。通过这次调整，一大批年富力强的骨干会员进入了专委会，有的还走上了专委会的领导岗位。调整前共有专委会委员202人，调整后委员减少为140人。通过调整，人员进一步精干了；平均年龄也由调整前的54岁下降到45岁。调整后专委会成员年轻了9岁，具有大学本科以上学历的委员112人，占全体委员总数的80%，具有高级职称的委员75人，占全体委员总数的54%。新的专委会成员具有年轻化、知识化、专业化等特色。

新调整的专委会充分发挥了参政议政职能机构的积极作用，主动承担了2007年参政议政五个重点课题。参政议政工作从调研课题的质量、层次的变化到参与人数的增加，都标志着本会参政议政整体水平有了明显的提高。

一年来，继续贯彻落实民建中央关于组织发展工作的具体要求，认真考核，严格把关，积极吸收高层次、有代表性人士入会。尤其是在吸收非公有制经济的代表性人士入会方面，根据形势发展及会务工作的需要，加强了入会前的考核工作，对申请者的相关条件和非公有制经济的代表性人士的企业规模提出了具体要求。改进了以往的做法：首先，变“守株待兔”为主动出击，上门主动联系符合条件的发展对象；其次，变办公室考核为上门考核，掌握第一手情况和资料，把好会员入口的第一关；第三，发展会员标准由虚变实，经过主委会研究，确定了非公有制人士入会的具体标准；第四，严格执行具体工作标准，扎扎实实做好组织发展工作。通过努力工作，共有54名符合入会条件的经济界人士已成为市民建的新会员。这些新会员具有职务高、职称高、学历高等特点，为各基层组织和专委会充实了一大批工作骨干。

在培养、选拔和推荐后备干部的过程中，遵循民主集中制的原则，充分发挥会内民主，倾听基层组织意见。在向中共长春市委统战部推荐本会代表性人士过程中，综合考虑了年龄、学历、单位职务、会内职务等多方面因素，并结合同期进行的专委会换届工作实际，共推荐了37名本会代表性人士，为今后会内外各类干部选拔工作提供了充足的后备干部储备。2007年，市民建还开展了人大代表和政协委员等人物推荐工作。按照严格的工作程序，本着公开、公平、公正、透明的原则，经过认真深入细致的工作，45名参政能力较强的代表人士被选拔上来、推荐并当选为全国、省、市人大代表或政协委员。

加大宣传力度。2007年初，市民建网站进入了试运行阶段，重点加强了网站的日常维护和稿件上传管理等工作。有效地完善了本会宣传工作的载体，受到了广大会员的关注。现已收到了预期的效果。

机关建设。2007年4月，进一步做好了机关各项制度的完善和修订工作，重点抓了各项制度的落实和执行，通过调整机关干部工作岗位，全面调动了专职工作人员的积极性。为了使机关的管理工作更加规范、有序，市民建对机关个别岗位进行了调整。通过调整，调动了机关干部的工作积极性，机关出现了团结、和谐的新气象。按照市核算中心要求，定期分析经费使用情况，保证机关各项工作正常有效运转。还通过进一步完善机关联系基层组织制度，密切了机关与基层组织和广大会员的联系。基层组织开展活动，机关干部在积极参加的基础上，还主动协助基层组织做好服务工作，受到基层组织的好评。

（张芝红）

【中国民主促进会长春市委员会】 截至2007年末，长春市民进共有基层组织35个，其中，民进榆树市委会1个，总支委员会11个，支部21个，小组2个。会员总数为1 049人。其中，教育、文化、出版界的会员862人，占总数的82%；具有中高级职称的会员有984人，占总数的94%；女会员502人，占总数的48%。会员平均年龄51岁。会员中，各级人大代表20人，政协委员101人，其中，全国人大代表1人，全国政协委员1人。机关现有编制11人，在岗8人。内设两处一室。

认真学习贯彻党的十七大精神。大会闭幕之后，市民进及时开展了学习和贯彻党的十七大精神的一系列活动。领导班子及时进行学习和贯彻。10月27日，召开主委会议进行学习，并提出：深入学习贯彻党的十七大精神，是市民进当前和今后一个时期首要的政治任务。发动基层组织进行学习和贯彻。市委会发出了《关于学习贯彻中国共产党第十七次代表大会精神的通知》，要求市民进各基层组织高度重视、广泛动员，通过学习贯彻活动，高举中国特色社会主义伟大旗帜，把思想和行动统一到党的十七大精神上来；全面贯彻落实科学发展观，为全市经济建设、政治建设、文化建设和社会建设贡献力量。召开骨干会员大会宣讲党的十七大精神。11月22日，市民进召开骨干会员大会，聘请长春市宣讲团成员、市委党校的王健教授作了关于学习党的十七大精神专题报告。王健教授联系国际、国内的实际，从"旗帜、道路、目标"三个方面，准确地解读了"高举中国特色社会主义伟大旗帜，以邓小平理论和'三个代表'重要思想为指导，深入贯彻落实科学发展观，继续解放思想，坚持改革开放，推动科学发展，促进社会和谐，为夺取全面建设小康社会新胜利而奋斗"这一党的十七大报告主题。

履行职责，做好参政议政工作。积极参与市里高层次议政活动。2007年，市民进的参政议政工作与以往每年相比，工作量较大、任务也较重，特别是各民主党派负责人曾三次参加市里高层座谈会和议政会，与市委、市政府主要领导共议长春市的建设与发展，以及如何解决好全市的民生问题。先后提出的关于《合理配置教师资源，尽快促进教育公平》、《关于提高我市农村义务教育质量的建议》、《关于我市文化建设的建议》和《关于今后几年我市交通问题的建议》等具有代表性的意见和建议，受到了市委、市政府的好评。其中，关于城乡之间教师交流工作，市教育部门已经组织实施。做好市政协大会发言和提案工作。由于市政协换届，2007年召开了两次政协大会。年初，在市政协十届五次大会上，市民进以"建立和完善长春市失地农民就业社会保障体系"为题作了大会发言。同时提交了4份党派提案，其中《关于我市失地农民就业社会保障的建议》和1名个人提案被评为优秀提案。在市政协换届之前，市民进召集会员中新一届市政协委员进行座谈，就履行职责、撰写提案等提出了具体要求。市政协十一届一次大会于12月召开，会员中的市政协委员积极提交个人提案。市民进以"我市应大力发展高端绿色食品产业"为题作了大会发言，并提交了4份党派提案。"关于给我市中小学教师减负的建议"和"关于发展经济适用住房，解决中低收入群体住房问题的建议"等党派提案，以及会员中一些市政协委员提出的关系民生问题的个人提案，受到了多家媒体记者的采访，并给予报道，在社会上反映很好。开展调研工作，积极反映社情民意。年初，市民进确定了4个调研题目，并分别成立了调研小组。一年来，通过深入实际进行调研，先后写出了《关于长春市民间组织发展情况》、《关于长春市食品安全状况》、《关于长春市人口老龄化问题》和《关于我市医药销售市场问题》等4个调研报告，报给市委统战部。根据省民进《关于我省省属师范院校专业设置及就业状况分析》调研要求，市民进先后在东北师范大学和长春师范学院进行了调查与分析，并写出了调研报告，报给省委会。市民进还以《关于绿藻威胁长春南湖水质的情况反映》、《关于加强对我市加油站的监督与管理的建议》作为社情民意，及时地反映给市政协，对市里有针对性地开展工作，起到了积极的作用。

加强自身建设，努力提高素

纪念人民大街诞辰一百周年座谈会

质。思想建设。根据省委会部署,市民进积极开展以“坚持走中国特色政治发展道路”为主题的政治交接学习教育活动。制订并下发“学习教育活动方案”;召开骨干会员大会,结合学习贯彻党的十七大精神,请省民进驻会副主委段维智同志对搞好政治交接学习教育活动作了动员讲话。在此之前,组织基层会员做了《政治交接学习教育活动摸底调查问卷》工作。市委会还下发文件,号召广大会员结合本职工作学习中共中央总书记胡锦涛同志6月25日在中央党校的讲话精神,广大会员思想政治素质有所提高。市委会注意搞好日常的宣传教育工作,坚持办好每季一刊的《长春民进》,丰富了宣传教育内容,扩大了宣传教育覆盖面,提升了民进组织在社会上的影响力。组织建设。一是加强领导班子建设。年初,主委会议讨论修订了市委会领导班子成员的工作职责、议事规则、学习制度和培训制度,确定了工作分工。二是调整市委会各专门委员会。把参政议政骨干充实到各专门委员会,并召开各专委会负责人会议,明确了工作职责。三是加强基层组织建设。先后成立了长春理工大学支部、吉林农业大学支部和净月开发区支部;分别举办了新会员和骨干会员培训班,对新会员进行会章会史、中国政党制度以及多党合作运作方式的教育,对新担任基层组织负责人的骨干会员,采取讲课和经验交流的方式,强化自身建设。四是做好组织发展和后备干部培养工作。围绕主体多层次发展,注重吸收以热爱民进组织为前提,政治素质好、层次高、有代表性而且参政议政能力较强的人员入会,全年共发展新会员62人。通过基层推荐、市委会进行综合考核,确认了一批后备干部队伍,为有重点地进行培养和选拔做了积极的准备工作。2007年市人大、市政协换届,市民进积极与市委统战部和省委会沟通情况,主动联系会员所在单位党组织,在推荐一批素质高、代表性强的会员中,有26人成为市政协委员,其中,副主席1人,常委4人;有5人被选为市人大代表,其中常委1人。机关建设。年初,市民进为建设一个团结协作、讲求实效、遵章守纪的学习型、服务型的和谐机关,积极建立健全机关各项规章制度,注意提升机关干部的思想素质和业务水平,提高工作能力和工作效率。在原有的基础上,经过修改,进一步完善了机关的工作、学习等10项46条具体的规章制度。下半年,党派机关办公楼装修后,更新了部分办公设备,改善了办公条件。

以文化教育为主开展社会服务。开展扶贫帮教和送医下乡活动。经市委会联系,由南关总支为双阳区比较贫困的杨家小学捐赠了40台电脑,市委会为双阳区的林家小学捐赠了桌椅、沙发等学校办公用品。朝阳总支为本区的贫困学生捐款3 000元人民币、捐赠学生校服100多套。吉大总支先后组织二院支部和三院支部会员中的一些专家、教授,赴九台市、双阳区等地的农村进行义诊200多人次。开展庆香港回归十周年活动。为了对少年儿童进行爱国主义教育,宣传“一国两制”取得的伟大成就,弘扬中华民族文化,市民进于“七一”前夕在长春市图书馆举办了庆香港回归十周年全国儿童美术展。省委会、市政协、市委统战部等领导出席了开幕式。展览持续一周,来自香港及内地十多个省市少儿创作的1 000多幅作品,吸引了全市近3 000名少年儿童及家长前来参观。这次画展作为庆祝香港回归十周年系列活动的一部分,省市多家媒体争相报道。纪念人民大街诞辰百年活动。人民大街在长春人心中的地位不仅仅是一条街,而是长春城市历史发展的浓缩和人文情怀的体现。7月5日,市民进与长春晚报社共同举办了“纪念人民大街诞辰一百周年”座谈会。与会的专家、学者和市民进老会员等,就如何看待人民大街历史遗存和民族情感、城市规划以及借鉴外地经验改造和建设等问题,进行了认真的讨论和分析。《长春晚报》以图片和文字形式进行了详细的报道,在全市引起了强烈的反响。认真搞好招商引资工作。2007年是全市的“项目建设年”,招商引资是实现“项目建设年”目标的重要保证。市民进积极参加市委统战部“服务振兴长春,加强经济统战,推动招商引资”活动,并下发了《关于深入开展招商引资活动的通知》,要求各总支、支部围绕中心,服务大局,发挥会员联系广泛的优势,群策群力,做好招商引资工作。同时,结合市民进2007年评先创优表彰活动,提出了对积极开展招商引资工作的基层组织和会员给予奖励。经过努力,完成了2007年招商引资工作任务。

（李　峰）

【中国农工民主党长春市委员会】 中国农工民主党长春市委员会（以下简称市农工党）现有基层委员会1个、总支委员会3个，支部委员会16个。党员607人，其中：具有高级职称的349名，占党员总数的57.5%；具有中级职称的231名，占党员总数的38%，平均年龄46.8岁。担任各级人大代表和政协委员52人。机关现有专职干部8人。

认真履行参政党职能。2007年，市农工党积极围绕中共长春市委、市政府的中心工作建言献策，做了大量富有成效的工作。一是重点做好中共长春市委、市政府高层次小范围座谈会的调研工作。为了拿出高质量的建议，从3月下旬开始，市农工党就“我市农村公共卫生体系建设”等三方面的问题深入到市政府有关部门及各县（市）区，通过召开座谈会，发放调查问卷等形式进行实地调研，形成了三份高质量的调研报告。在市政府召开的高层次小范围座谈会上，市农工党提出的一些建议，得到了政府高层领导的高度重视和肯定。其中，关于农村防保员待遇的建议当场得到了郑文芝副市长的答复和解决。二是积极开展专题调研活动。按照农工党吉林省委《关于在全省开展城镇居民医疗保障调研的通知》精神，市农工党就此问题开展了专题调研。组织骨干成员就长春市城镇居民基本医疗保险实施情况，先后到长春市劳动和社会保障局、朝阳区等进行调研，发放调查问卷160份。经过大量详实细致的调研后，形成了

农工党长春市委到朝阳区敬老院捐赠药品

《长春市城镇居民基本医疗保险情况的调研报告》。其中，“必须同步推进‘医疗、医药、医保’三项改革；加快三项保险制度的整合”等建议受到农工省委的高度评价并采纳到农工省委的调查报告中。三是认真做好政协提案工作。通过政协这个平台参政议政是民主党派履行职能的一项重要工作。一年来，市农工党组织党内的专家学者、政协委员针对全市经济社会发展的重大问题，人民群众关心关注的热点、难点问题选准课题，深入调研。与此同时，还组织政协委员积极撰写委员提案。年初，在市政协十届五次会议期间，向大会提交团体提案3份，委员个人提案40多份，本次会议提案的数量和质量以及立案数都较以往有了很大的进步。其中，《关于利用世界银行贷款，推进我市城市建设的几点建议》得到了市发改委的高度重视，他们根据提案中的建议，到沈阳、大连等城市进行调研。《关于强化在用车辆尾气监督管理的建议》，被评为长春市政协十届五次会议以来优秀提案。另外，为了做好市政协十一届一次会议的大会发言和团体提案，市农工党还就“优先发展公共交通”、“全民创业”等问题开展调研，并向市政协十一届一次全会提交了三份团体提案。

认真搞好政治交接，努力加强思想建设。根据农工党中央和农工党吉林省委《关于开展“以坚持走中国特色政治发展道路为主题的政治交接学习教育活动”的通知》精神，市农工党开展了以政治交接学习为主要内容的主题教育活动。一是及时下发了通知，对活动的内容和步骤做了具体的安排；二是召开了新老领导班子政治交接座谈会；三是积极组织农工市委会机关干部和部分党员参加了农工吉林省委和省社会主义学院联合举办的政治交接学习教育活动培训班，实地考察并学习了农工党上海市徐汇区委会开展政治交接学习教育活动的先进经验；四是举办了政治交接骨干成员

培训班。通过一系列活动，使广大成员进一步深化了对走中国特色社会主义政治发展道路的认识，增强了政治责任感。五是认真学习贯彻中共十七大精神。首先向基层组织下发了学习中共十七大精神的通知；举办了学习中共十七大精神报告会，并组织成员参加了农工省委中共十七大精神专题辅导报告会；召开了市农工党理论中心组学习十七大精神座谈会。通过广泛深入学习，全市广大党员充分认识到十七大的科学内涵、精神实质和全面建设小康社会这一目标的新要求。进一步增强了走中国特色社会主义政治发展道路的信心和决心。七一前夕，为庆祝中国共产党成立八十六周年和香港回归十周年，市农工党与农工省委共同举办了大型联欢活动。省市农工党成员同台演出了一场精彩的节目，用歌声抒发了对中国共产党和对伟大祖国的热爱。六是积极构建立体辐射的宣传网络，进一步做好宣传工作。市农工党通过抓好宣传工作网络和队伍建设，加强与宣传部门、新闻媒体的沟通与协调，取得了一定的成绩。一年来，向中共长春市委党史征集二处提供市农工党发展史等近2万字的文字材料和图片。在《前进论坛》、《协商新报》、《议政》、《长春日报》和《长春统战》等刊物上发表文章、信息共60余篇。此外，还进一步拓展社会宣传的平台，突破性地运用省级广播媒体，深入报道了市农工党在参政议政工作中所取得的新成果。

切实加强组织建设。市农工党从保证组织工作的连续性出发，加强了后备干部队伍建设和组织发展工作。一是重新构建了层次鲜明的梯级后备干部队伍，向农工党吉林省委和市委统战部推荐16名高层次代表性人士；完成了农工党新一届省委委员的推荐考核工作；积极配合市人大、市政协换届，向市人大和市政协推荐我党的优秀人才。二是认真抓好组织发展工作。通过进一步完善市委会指导下的基层组织需求式协商发展的模式，以发展代表性人物为重点，将触角广泛延伸到医药产业领域，积极挖掘和培养懂得医药产业发展、管理的专门人才加入农工党组织。并主动拜访，积极引进需求式高层次人才，填补了市农工党人才结构方面的空缺，全年共发展党员37名。

2007年，市农工党为了充分履行参政党职能，更好地为大局服务，新班子上任伊始，首先从完善工作机制入手，成立了参政议政等四个专门工作委员会，分别制订了专委会工作制度，并落实了市委会领导下的机关干部专委会包保负责制。各专委会分别召开了工作会议，组织了专委会活动。在市委会的几次大型活动中，各专委会都发挥了不可或缺的重要作用。

积极开展社会服务工作。市农工党把医疗服务工作的重点确定在解决人民群众尤其是社会弱势群体的看病难、就医难的问题上，先后到舒兰市、辽源市、朝阳区敬老院、一汽等开展义诊活动，义诊人数达1 600余人(次)。其中，市农工党组织吉大二院医护专家到舒兰市亮甲山乡东贤村为当地农民进行健康普查、义诊活动，免费为160位当地村民做了心电、血尿生化检验，耗资4万元，并且将化验结果一一对农民进行了反馈。另外，还向村民们捐赠了近8 000元的药品。按照农工中央的统一部署，积极开展了“国际科学与和平周”活动。11月14日，市农工党组织专家到朝阳区敬老院，为39名孤寡老人进行义诊，并送去生活用品和近2 000元的药品。

市农工党围绕长春市“项目建设年”的总体目标，按照市委统战部年初对招商引资工作的具体部署，充分组织和动员全市农工党员，为大项目建设和招商引资牵线搭桥。党员冯国芝赴法国考察期间，经多方沟通达成总投资31 775.3万元，年处理25 000吨废油再提炼项目。该项目采用国外先进设备和技术、工艺流程。该项目技术目前在世界同行业中处于领先地位，在国内尚属空白。另外，市农工党完成吉林省大秦智能科技有限公司等7 500万元人民币项目。

(娄国斌)

【九三学社长春市委员会】 截至2007年底，九三学社长春市委员会(以下简称市九三学社)有基层组织66个；其中，委员会9个，支社51个，小组6个，社员总数1 329人，其中有中国科学院院士2人，博士生导师30人。具有高级职称的905人，占成员总数的67%，平均年龄52岁。市级以上人大代表7人，市级以上政协委员41人。机关现有专职干部9人。

建设团结和谐的领导班子。2007年是九三学社长春市第十二届委员会开展工作的第一年，首要任务是建设“和谐班子”，提高“四种能力”。社市委共召开5次常委会,每次常委会议程之一是政治理论学习,一年中常委会成员学习了《坚持走中国特色社会主义政治发展道路》、《政党关系和谐是构建和谐社会的重要内容》、《韩启德主席在九三学社中央换届工作暨社务工作会议上的讲话》。学习传达了中共长春市第十一次代表大会精神和长春市政协十二届五次会议精神。在组织集中学习的同时,社市委研究室还制订了理论学习计划,组织自学。这些学习活动提高了社市委领导班子成员的“四种能力”和综合素质,促进了班子的团结。在学习的基础上,社市委还建立了民主议事制度、社市委重大事项报告等制度,按照“集体领导、民主集中、会议决定”的原则,对班子成员做了内部分工,凡涉及到社市委重大决策,班子都要认真讨论,始终做到按制度办事、按规则议事,按原则处事。

在政协会议上做好参政议政工作。在市政协十届五次会议上,社市委做了《关于充分开拓第一资源推动长春经济又好又快发展的建议》的发言,该提案由市政协交给市委组织部办理。6月14日市委组织部对这项提案进行了答复。答复中指出:“根据提案的建议,在今后工作中,我们将赋予科技副职抓好重大科技项目和重点产业发展的职责。近期部里组成调研组赴县(市)区、开发区就此问题进行专题调研。”在此次会议上,以社市委名义提交了3份提案,成员提交了35份提案。在市政协十一届一次会上,社市委组织了《关于长春市农村政策性金融存在问题与改革的建议》大会发言。以社市委名义提交了2份提案,成员提案30份。

市九三学社委领导慰问王玉池

在小范围、高层次座谈会上参政议政。2007年小范围、高层次座谈会有3次。在召开座谈会前,社市委组织参政议政专家组、研究室进行认真准备。在3次座谈会上,社市委提出了《关于长春市建立农业产品质量安全朔源机制的建议》、《对长春市强化农村科技服务水平,促进新农村建设的建议》、《科学布局保证长春又好又快发展》、《抓好新农村建设中农村公共事业的建议》。这些建议都受到市委、市政府的重视,其中《关于长春市建立农业产品质量安全朔源机制的建议》,《长春日报》刊登了建议全文。

完成多项参政议政调研课题。2007年社市委共完成参政议政调研课题12项。其中《关于吉林省和长春市农村政策性金融存在问题与改革的建议》在2007年一季度中共中央召开的党外人士座谈会征求对金融工作的意见和建议时,该建议为社中央韩启德主席代表九三学社中央的建言提供了依据。社市委承担的长春市政府社会发展软课题《长春市三农问题研究和展望》通过了验收。书面向市委、市政府提出的建言《长春市经济社会发展的五项建议》,为市委、市政府领导科学决策提供了参考。

开展思想建设问卷调查。在社中央宣传部下发的[2007]第03号文件中,九三学社长春市委和九三学社长春市朝阳区委员会被确定为社中央思想建设工作定点调研单位,9月下旬,社市委按照社中央的工作部署,在社内选择了高教、医药卫生、科学技术等界别100名成员进行了《中共十七大前夕九三学社社员关心的社会热点难点重点问题问卷调查》,了解社员在中共十七大召开之前的思想动态,以及换届前后社员思想变化情况。问卷显示社成员对中共十七大的胜利召开充满信心;广大成员认为中国必须坚持走中国特色社会主义政治发展道路；认同各民主党派必须同中共亲密合作、同舟共济。

加强骨干成员理论学习。从5月份开始，社市委为提高骨干成员的思想政治素质和统战理论修养，有计划地组织理论骨干进行系统学习培训。学习的重点是：全面深刻理解中国特色政党制度，明确参政党性质、任务，从理论上对骨干成员进行一次系统全面的学习。通过学习建立了一支思想比较活跃的理论骨干队伍。

开展爱国主义和社的优良传统教育。2007 年年初，社市委转发了《九三学社中央关于进一步加强和改进思想建设的若干意见》，刻录了《王选同志先进事迹报告会》光盘，《长春社讯》刊登了闵乃本同志优秀事迹，组织广大成员开展学习。根据基层反馈的信息表明：王选、闵乃本同志的先进事迹和高尚品格，引起了广大成员的震动，宣传教育活动达到了预期效果。9月24日，社市委举行联欢会，50多个基层组织的300余名社员参加了大会，庆祝中华人民共和国成立五十八周年，纪念九三学社建社六十二周年。会议号召广大成员，在新时期要继承和发扬社市委的优良传统，不断增强责任感和使命感，通过履行参政议政、民主监督，做好自身建设和社会服务等工作，为构建社会主义和谐社会，为全面建设小康社会而不懈努力。

为纪念国庆五十八周年及九三建社62周年举办联欢会

组织建设稳步有序。按照社中央“人才强社”的指示精神，年内共发展新成员62名。举办一届新成员培训班，52人参加了培训。完成6个基层班子换届和调整工作。一批政治素质好、业务能力强的年轻成员走上领导岗位。2007 年是市政协、人大换届年，社市委向市委统战部推荐了29名预备人选。向社省委推荐15名省委委员人选。对社市委后备干部队伍进行了调整，充实社务工作骨干112名。基层组织坚持开展形式多样的活动，调动广大社员参与社务工作的主动性和积极性，增强社的凝聚力和向心力。年内有5个先进集体、5名优秀社务干部、66名优秀社员受到社省委表彰。

开展科技下乡活动。2007年社市委在九三双阳区支社的配合下，继续巩固和发展与双阳区奢岭街道九三村的帮扶关系，为该村引进市宏博生态园林公司的“生态苗木园区”项目，完成300万元投资，并带动当地苗木生产。2007 年，在社市委和双阳支社的共同工作下，九三村被双阳区列为全区首批社会主义新农村推进村。社市委发挥九三社员的人才优势，利用农闲和冬闲时节，加强对九三村农民主要劳动力的技能培训，重点提高农民创业能力，提高农民的科技意识，由体能型向技能型转变，重点发展地方种植业优势产业，增加技能型劳务输出，为新农村建设奠定经济基础。

招商引资工作有新进展。2007年社市委超额完成招商引资任务。其中内资6 570万元人民币，外资3 000万美元。

开展大型健康医疗义诊活动。按照九三学社中央关于开展第十九届中国“国际科学与和平周”活动通知精神要求，10月20日，社省委、社市委在举行大型健康医疗义诊活动，受到了长春市民的欢迎和好评。

（黄晓音）

人民团体

人 民 团 体

长春市总工会

【概况】 2007年是长春市经济快速增长、社会和谐稳定、老百姓得到更多实惠的一年,也是全市工会围绕中心、服务大局、维护职工合法权益取得较大成绩的一年。一年来,全市各级工会组织按照市委和省总工会的工作部署,突出重点、注重建设、求真务实、创新发展,全会整体工作水平得到新的提高,工会重点工作取得了突破性进展。

【扎实推进职工建功立业和素质建设工程】 召开了长春市第三十二届劳动模范表彰大会,表彰了过去五年全市各条战线涌现出来的劳动模范、先进集体和振兴长春老工业基地功臣。通过广泛开展向王洪军同志学习和"创学习型组织,做知识型、技能型职工"活动、举办长春职工发展论坛等有效形式,不断深化职工素质建设工程。市总工会会同有关部门联合下发了《关于在全市广大职工中开展向王洪军同志学习的决定》,与市委宣传部在全市举办王洪军同志先进事迹巡回报告,立项实施了王洪军式高技能人才创新团队建设项目。会同有关部门举办了长春"建工杯"第二届建筑业职业技能大赛、长春市"天使杯"护理知识大赛和长春市园林系统首届职业技能大赛。2007年,市总工会获得由国务院振兴办和全国总工会颁发的"振兴杯"劳动竞赛优秀组织奖。长春市绿园区环境卫生保洁处荣获全国职工职业道德建设"十佳单位"称号。

【困难劳模民生保障】 按照市委、市政府的部署,市总工会成立了课题组,对全市劳模民生状况进行系统调研,提出了解决问题的建议,市委、市政府根据市总工会的调研报告建立了困难劳模低收入补贴制度,确立了低收入补贴、免费提供市民基本医疗保险和住房回迁补贴三个行动计划,落实困难劳模民生专项资金400万元。市总工会被市委、市政府评为2007年度民生工作突出贡献单位。

【开展"名校义培"活动】 全年共培训农村中小学骨干教师220人,累计培训620名。目前,全市已有18所名校参与到此项活动中,培训教师已覆盖农村初高中70%以上学校。

【举办职工文体活动】 市总工会会同有关方面,先后举办了长春市第二十七届职工迎春桥牌比赛、长春市职工迎亚冬会火炬传递、长春市第五届职工净月越野接力赛、长春市职工迎奥运健步走等活动。市总工会自筹资金开工建设了面积为3.9万平方米的长春市职工文体活动中心,于2007年11月16日完成。

【改制企业职工民生问题专项调研】 组织机关83名干部,利用3个月的时间,对全市375户改制企业职工生产生活状况进行了全面调查,共涉及机械、加工、建筑、粮食等20个行业的235 061名职工,调查报告得到市政府主要领导同志充分肯定。

【加大源头参与和协调劳动关系力度】 召开了市政府与市总工会第四次联席会议,协调落实了解决困难劳模民生问题的相关措施。会同市纪委、市委组织部、市国资委等全市厂务公开工作领导小组成员单位,对全市50家企事业单位的厂务公开民主管理工作进行了督导。召开了全市借鉴ISO9000标准建立厂务公开民主管理体系经验交流会。长春市厂务公开领导小组及4家企事业单位被全国厂务公开领导小组评为推进厂务公开民主管理工作先进单位。继续开展"五最佳"评选活动,指导召开了重庆街道北安社区联合职代会现场会和清和街道小型民营企业普济医院首届一次职代会现场会。全市签订集体合同的企业为4 602家,区域性、行业性集体合同签订232份,涵盖1 791户企业。扎实开展了和谐劳动关系模范企业、工业园区创建活动,成立了"创建活动"领导小组和日常工作机构;制订下发了总体规划和实施方案；召开了全市创建和谐企业劳动关系总结表彰大会，有70家企事业单位和22名个人受到表彰。

【拓展和深化帮扶解困工程】 认真组织了"两节"送温暖活动。举办了省暨长春市总工会2007年送温暖活动启动仪式。组织开展了农民工平安返乡帮扶救助和为农民工拜年等活动。协调开展了新一轮市直机关领导干部与困难职工结对子帮扶活动，"两节"期间，全市共有600多名副局级以上领导干部深入到困难职工家中走访慰问。"两节"期间，全市各级工会共筹资800多万元；发放米面油400多吨，走访慰问困难企业916户，困难职工、劳模和农民工51 685人。加强了帮扶中心标准化建设。市总工会制订下发了《关于各级困难职工帮扶中心标准化建设的意见》；开展了"争当最佳帮扶人"活动；召开了全市工会帮扶工作现场经验交流会和纪念市总工会困难职工帮扶中心成立五周年大会；建立了困难职工"帮扶超市"。全年，市总工会困难职工帮扶中心共为困难职工提供职业介绍、技能培训、特困救助、信访接待、法律援助和农民工维权等各项服务3.2万人次；救助困难职工和农民工3 672人次，发放救助款物170多万元；无偿为困难职工和农民工提供法律援助82件，争取经济利益260多万元。深入开展了"金秋助学"活动。举办了省暨长春市总工会2007年"金秋助学"受助仪式；协调市直机关领导干部为困难职工子女提供了36 180元助学资金和价值6万余元的学习用品；与市检察院联合组织了100名检察官与100名困难职工子女结成助学对子；与省总工会联合举办了资助百名单亲困难女职工子女和百名"双特生"就学仪式，发放助学金7万元和价值3万余元的学习用品。在"金秋助学"活动中，全市各级工会共筹资208万元，发放助学款201万元，资助困难职工和农民工子女3 590人，切实维护农民工合法权益。全市各级工会从2007年7月份开始，利用3个月时间集中开展了保障农民工合法权益系列活动，共检查重点企业和工地1 080个，慰问农民工7 400多人，发放防暑降温用品8 183件，组织农民工健康体检2 688人，为农民工解决实际困难300多件，发放《农民工维权手册》10 000多册。市总工会被国家劳动和社会保障部、建设部、公安部和全国总工会授予全国农民工工资支付情况专项调查先进单位称号。联合四六一医院为5万名困难企业女职工提供了免费体检。全年，共组织7万多名职工参加了互助互济保障项目，为830名遭受意外伤害和患病职工支付110多万元互助金。

【协助政府做好就业再就业工作】 全年，各级工会共创造城镇就业岗位9 456个；安置城镇新就业人员4 290人；安置下岗失业人员再就业3 557人；为1 510名下岗失业人员提供职业技能培训，超额完成了市政府下达的就业再就业各项指标。市总工会被市政府授予全市就业和社会保障工作先进单位称号。市总工会还投入100万元资金开展小额扶贫借款，帮助困难职工自主创业。在全省工会帮扶下岗职工创业再就业工作表彰大会上，长春市有8家集体和24名个人受到表彰和奖励，市总工会荣获"帮扶创业再就业工作先进集体"称号。市总工会帮助零就业家庭实现就业的经验在2007年12月14日全国总工会召开的送温暖工作电视电话会议上作了介绍。

【"安康杯"竞赛活动】 加强了工会劳动保护监督网络建设，在1 113户企业中建立了工会劳动保护监督检查委员会。全年共参与39起职工因工伤亡事故调查处理，跟踪赔偿金额683万元，参处率达100%。通过与市安监局联合发文、检查、指导和表彰，有力地促进了"安康杯"竞赛活动的深入开展。目前，全市已有890户企业参与到竞赛活动中来，覆盖16 000个班组和60多万职工。组织动员全市近万个企业生产班组参加了"班组安全建设年"活动，有效地增强了职工安全生产意识。2007年，市总工会获得全国"安康杯"竞赛活动优秀组织奖。长春市有5家企业、10个班组和2名个人受到了全国总工会和国家安监总局的表彰。市总工会《关于加强全市非公有制企业安全生产工作的建议》被市政协评为优秀提案，引起政府有关部门的重视并给予答复。

【小型非公企业工会主席职业化工作】 市总工会制订下发了《关于公开招聘小型非公企业工会联合会主席人选暨开展党工共建活动的实施方案》。会同市委组织部、市劳动和社会保障局等单位成立了工作领导小组，面向社会公开招聘了小型非公企业党组织和工会组织工作者84名，目前已累计招聘100名。

【工会组建和农民工入会工作】 制订下发了《长春市总工会关于组织建设有关问题的意见》。通过重点抓百安居在长分店、麦当劳和肯德基等外企建会，有力地促进了全市建会工作。2007年，长春市新建工会组织929家，涵盖企业3 033家，新发展工会会员155 761人，超额完成了省总工会下达的目标任务，跻身全省组建工会和会员发展工作前列。通过与长春建工集团联合开展万名农民工入会活动以及成立区域性工会联合会，组建商场、楼宇工会等形式，广泛吸收农民工入会。截止到2007年底，长春市农民工入会人数达到8.5万人，比2006年增长了一倍。

【企业工会建设年活动】 市总工会制订了《长春市企业工会规范化建设工程实施方案》，开展评选百名模范工会干部活动，重点抓好改制企业工会整顿重建工作，全市有382家企业工会规范化建设验收达标。全年，市总工会举办各类业务培训班64期，培训工会干部2 476人次。召开了全市模范工会干部表彰大会，并授予10名模范工会干部标兵市"五一"劳动奖章。市总工会还投入40万元建立了工会干部权益保障金，用于保障和维护直属基层工会主席权益。

【工会机关建设】 市总工会组织全体机关干部认真学习党的十七大、市十一次党代会和十一届二次全会精神，在机关内深入开展了"创一流队伍、建和谐机关"、"我为项目建设做贡献"等主题实践活动。市总工会机关党委在市委召开的庆祝建党八十六周年暨"创先争优"表彰大会上作了经验介绍；市总工会获得"市直机关先进党组织"称号，连续7年被评为市直机关岗位目标责任制先进单位，被市委、市政府评为文明单位。

（杜宝同）

长春市妇女联合会

【概况】 2007年，全市各级妇联组织以科学发展观为统领，紧紧围绕全市中心工作，从解决妇女儿童民生问题入手，以发展激发活力，以维权促进公平，以服务凝聚人心，团结带领全市广大妇女，为构建和谐长春做出了积极贡献。

【妇女创业就业工作】 扎实推进"百万妇女创业行动"，积极参与长春经济建设。大力开展技能培训，突出开展手工制作技能培训，全年共举办41期下岗失业妇女技能培训班，培训下岗女工1 747人次；不断拓展就业渠道，通过举办下岗女工创业推介和手工制品展示，推出一批适合家庭创业项目，努力开发非正规就业岗位；开展了"春风送岗位"下岗失业妇女专场项目推介会，1 089人找到就业岗位和创业项目；召开巾帼建功事迹报告会，表彰了一批长春市星级家政服务员，激发妇女群众创业就业热情。全年共开发城镇妇女就业岗位3 100个，安置下岗失业妇女1 700人，超额完成市政府下达的目标任务。

【参与新农村建设工作】 以"双学双比"活动为载体，继续打造"乡土妇女人才"品牌，实施"七联七送七建，构建和谐新农村"行动，深化"共建新家园"活动。三级乡土妇女人才网络进一步健全，累计达到4 450名；开展了乡土妇女人才"双培双带"活动，依托乡土妇女人才建立基地76个，发展当地主导产业21个类别，建立新型妇女经济组织112个，带动365户贫困妇女脱贫；全年新增规模饲养户5 233户，规模大户发展到551户；开展外出打工妇女技能培训，培训外出打工妇女2.7万人（次），输出农村妇女劳动力1.5万人；为农村妇女典型创业提供资金支持，全市为农村妇女提供小额信贷资金共计2亿元；进一步整合社会力量，实施"七联七送七建，构建和谐新农村"行动，全市各相关部门积极参与，为农村和农民送科技、送岗位、送医疗、送图书、送项目、送资金、送法律，共捐赠图书20万册，发放无息帮扶资金62万元，捐赠各类物品价值21万元，得到全国妇联的高度评价。

【依法维权工作】 以实施"五五"法制宣传教育规划为重点，强化源头维护，促进社会公平与正义。广泛整合社会资源，举办"三八妇女维权周"活动，100多名巾帼司法顾问团成员现场开展法律咨询服务活动；开展司法顾问团与社区、村屯牵缘对接活动，及时为对接社区、村屯提供法律援助；召开了长春市巾帼司法顾问团总结表彰大会，60名政法战线工作者主动加入巾帼司法顾问团，扩大了妇女维权志愿者队伍；开展了“三关爱三走进”（关爱留守妇女儿童走进村屯、关爱打工妹走进民企、关爱女大学生走进校园）活动，帮助女性增强家庭和社会责任感。全年定期开通“冬律师维权热线”，处理4起典型案件，接待群众来信来访1 492件，组织司法顾问团成员为妇女群众开办法律讲座21次，送法下乡16次，参加咨询24次，万余群众受益，在全社会营造维护稳定、共建和谐的良好氛围。

【妇女民生问题】 以实施长春市妇女儿童发展规划为主线，深入开展有关妇女民生问题的调研，以实际行动维护妇女儿童合法权益。全面实施《两个规划》，开展妇女儿童发展重点难点问题的督导工作，推进妇女儿童与经济社会协调发展；协调工商、卫生等部门，对流通领域妇女儿童用品、儿童食品、文化用品、保健品及相关医疗机构进行专项执法检查，切实保障了妇女儿童的健康、消费权益；在全市范围内开展了妇女儿童民生问题专题调研，完成了长春市妇女民生状况调研报告、城市贫困青少年的情绪状态与心理健康调研报告、妇联系统社会工作人才队伍建设调研报告，制订了《长春市妇联2008年~2012年民生发展规划》，圆满地完成了市委、市政府交办的民生工作任务。

【“和谐家庭”创建活动】 以建设和谐长春为目标，强化宣传教育、舆论引导和文化服务，使妇女参与和谐社会建设的共同思想道德基础进一步巩固。坚持开展男女平等国策宣传，在全市妇女中开展“和谐家庭”创建活动，实施“和谐长春，家庭先行——百万家庭再创平安”大行动。“三八”节期间，举办“激情三月、唱响和谐——和谐在性别、和谐在家庭、和谐在社区、和谐在岗位、和谐在社会”系列主题活动，开展了“促进和谐、感动长春‘十大魅力女性’”评选表彰活动，倡导和谐理念，培育和谐精神，营造了和谐社会氛围。

【“三零示范社区”创建活动】 创建“零下岗失业妇女示范社区”、“零家庭暴力示范社区”、“未成年人零犯罪示范社区”活动受到高度重视，纳入了城区经济建设和社会发展总体规划。加强了对“三零”创建活动的指导、检查和考核，帮助、指导社区实现创建标准；邀请北京大学、东北师大及在长专家学者，举办社区妇女工作论坛，表彰“三零”示范社区创建达标单位，针对妇女就业创业、社区妇女工作在民生工作中的作用等问题，进行研讨、交流，推动了长春市社区妇女工作的创新发展。目前，全市综合达标社区77个，单项达标社区160个，成为全省社区妇女工作的创新载体。

【家庭教育工作】 切实担负起家庭教育的牵头职责，深化“双合格”主体活动，不断扩大家庭教育工作成果。创立“长春市家庭教育大讲堂”，广泛开展“家庭教育实践”活动，组织专家学者举办家教讲座和咨询，全年培训家长2万人（次），依托长春市妇女儿童活动中心未成年人安全自护教育体验基地，开展安全自护教育“三进”（进10所学校，10个社区、10个村屯）活动，提高未成年人安全自护意识，全年培训未成年人5万人（次）；组织开展了“代理妈妈”、“六走进”活动（即：走进军营、走进企业、走进党政机关、走进新农村、走进社区、走进外国友人），全年新代理贫困儿童500人；开展千名志愿者为孤残贫困儿童编织爱心毛衣的“恒爱行动”，共编织捐赠毛衣1 479件，展示了长春女性的社会责任感和奉献精神。

【妇联组织自身建设】 坚持“党建带妇建，妇建服务党建”，不断增强妇女工作活力。加强基层组织建设，扎实开展“三创建一提高”活动，村妇代会主任进“两委”比例分别达到85%和96%，均比上届提高20%；加强队伍建设，出台管理办法，举办长春市妇女干部培训班和各类专题培训班，召开组织工作推进会，切实抓好社区专职妇女干部的培训和管理，全面提高妇女干部的理论素养和实践创新能力；加大女性人才培养的工作力度，大力宣传各类妇女人才典型，人大女代表、政协女委员比例稳步提高；加强作风建设，以“强化五个意识、提高五个能力、建设五型班子”为目标，开展“和谐班子”创建活动，打造了具有凝聚力、向心力和战斗力的妇联领导班子。各大专院校、机关、党派妇委会和妇联团体会员，从妇女需求出发，注重妇女理论研究，开展多种形式的维权和公益活动，为全市妇女工作的开展增添了活力。

（李 笠）

共青团长春市委员会

【概况】 2007年共青团长春市委员会（以下简称团市委）机关现设组织部、宣传部、办公室、统战部、青工部、县区部、权益部、学校少年部、志愿者工作部和机关党总支10个职能部门。截至2007年12月31日，全市共有青年2 208 686万人（14周岁至35周岁），团员35.45万人，基层团委815个，团总支2 489个，团支部21 151个，专职团干部1 508名，基层团委兼职团干部1 501名。

【青少年思想政治教育工作】 坚持用“三个代表”重要思想和科学发展观构筑青年精神支柱，引导青年树立正确的世界观、人生观、价值观。1. 开展社会主义核心价值体系教育工作。2007年4月，组织全市广大青少年开展“青春和谐团旗红”纪念建团八十五周年系列活动，各级团组织通过座谈会、报告会、论坛、演讲比赛等形式，开展广大青少年团史教育、国情教育。围绕学习王洪军的先进事迹，向全市青年发出了《向王洪军同志学习的倡议》，联合吉林教育电视台开展了两期“向王洪军学习”青年论坛活动，取得了良好的社会反响。组织开展了“长春青年五四奖章”、“长春市十大杰出青年企业家”、“创业青年长春贡献奖”等评选表彰活动，倡导矢志创新、奋斗成才的时代精神。组织全市青少年开展了“纪念建军八十周年，团员青年走进军营”活动，为驻长部队送去十多场精彩的文艺节目，提高了广大青少年的拥军爱民意识。团市委还代表全市广大青少年向武警长春市支队送去了2万元的慰问金。2. 开展责任意识教育工作。结合宣传市十一次党代会精神，以“我与祖国共奋进、我与长春共发展”为主题，组织开展了“科学发展观与青年责任”青年代表座谈会、“长春青年和谐发展论坛”、“共植红旗林”等活动，有效地激发了全市青年建设长春的热情。围绕服务和谐长春建设，组织开展“长春青年成长观”系列论坛活动。在校大学生、国企青工、务工青年等青年群体围绕教育、婚姻、网络、职场、创业、消费等方面的人生问题进行激烈的思想碰撞和讨论，以引发当代长春青年对个人成长目的、成长过程、成长方式的深度思考。《长春日报》对活动进行了整版宣传。3. 推进大学生和未成年人思想道德教育工作。开展青年马克思主义者培养工程。结合宣传党的十七大精神的有利契机，在高校组建“校园马克思主义理论小组”，开展党的最新理论成果宣讲活动，培养忠实的大学生马克思主义者。4. 开展实践教育活动。联合市委宣传部等部门，先后开展了“三下乡”暑期社会实践、大学生试业见习行动等活动，引导大学生在实践中磨炼意志。开展体验教育工作。以少先队为主体，开展了“喜迎党的十七大、争做和谐好少年”系列活动，通过深化手拉手、雏鹰争章等内容，养成少年儿童的良好习惯。5. 全面开展成人仪式教育。举办了第五届长春市成人节系列宣传庆祝活动，推出了“成人节礼服设计展示大赛”、“法制大讲堂进校园活动”、“青少年读书演讲比赛”等9项大活动，引导青少年在活动中提高思想道德境界。

长春市纪念建团八十五周年暨优秀青年表彰大会

【服务经济发展建设工作】 1. 推进"青工技能振兴计划"。广泛开展青工技能竞赛工作。联合市建委、市劳动和社会保障局等部门开展以青年岗位能手评比、先进操作法竞赛、专项技术比武为内容的各类技能竞赛活动,吸引了60家大型企业团组织、300多名青工参与,有效地带动了广大青工"学技成才"的热情。2. 大力选报、推广创新创效成果。截至10月30日,各基层团组织共推报了长春房地集团改善热网项目等市级优秀节能创新成果42个。截至2007年12月31日,30%的项目已经在企业中推广应用,直接为企业创造了80多万元的经济效益。广泛开展"青年安全生产示范岗"创建工作。联合市安监局开展了"创建青年安全生产示范岗,争做青年安全生产卫士"活动,通过开展安全知识宣讲、生产事故分析等内容的安全培训教育活动,有效地提高了广大青工的安全操作水平。2007年,全市涌现出市级青年安全生产示范岗35个,省级青年安全生产示范岗9个,省级青年岗位能手11个。3. 推进"青春建功新农村"行动。围绕服务农村青年成长成才,深入开展青年农民技术培训工作。以"村村有能人"青年农民培训工程为抓手,联合涉农院校、涉农企业、涉农科研院所,通过对口培训、知识讲座等形式的培训,开办农产品加工、牧业养殖等6大类的农业科技培训班64期,举办各类农业科技报告、讲座120多场,累计培训农村青年上万人次。围绕服务农村青年转移致富,开展"农村青年转移就业服务周"活动,县(市)区团组织通过开展送职业技术到村屯、举办专场招聘会等活动,累计帮助3 600多名农村青年实现转移就业。围绕服务新农村文化建设,开展向"农家书屋"捐赠活动,动员32所在长高校大学生为九台市、榆树市的53个村捐建了"农家书屋",丰富农村青少年的文化生活。围绕服务农村青年增收致富,举行"青春建功新农村行动-百户青年农民千吨玉米订单签约仪式",成功协调吉粮集团以保底价格收购德惠市天台镇100户青年农民的1 000吨玉米,帮助农村青年建立了更加稳固、可靠的卖粮渠道。4. 推进青年创业就业工作。依托青年就业培训中心和5个分中心,举办了SYB培训、电脑知识、中医按摩、医疗护理、家政服务共5个项目的培训班,总计开班26期,培训青年4 000余人,帮助3 200余名青年实现就业,圆满地完成了市政府落实给团市委的再就业指标。不断加强长春创业青年俱乐部建设,发展新会员200余人次,建立了13个创业基地,累计开展活动50余期,2 000余人次从中受益,成功帮助25名青年开展创业。5. 着眼绿色、生态、宜居的城市环境发展主题,开展保护母亲河行动。组织1 700多名高校大学生参加"清洁长春、美化家园,争做文明市民"活动,清理了伊通河两岸8公里的白色垃圾。各县(市)区团委组织广大农村青年开展"清洁家园、清洁水源、清洁田园、清洁交通干道"的四清活动,有效地改善了乡村环境。6. 策划并实施了长春青年参与招商引资九个月攻坚"青春助力"专项行动。成立招商引智办公室,组织24位知名专家建立"青年科技专家服务团",为重大项目提供技术、管理等方面的智力支持;成立招商引资办公室,先后组织青年企业家赴欧洲、日韩、延边、温州等国家和地区,通过举办"长春招商引资重点项目推介会"的方式,大力宣传推荐长春,吸引外埠资金。为使招商工作取得实效,2007年10月,团市委联合市商

青春助力行动－台港澳(侨)青年企业家长春行经贸考察活动闭幕式

务局、市政协港澳委、市台办共同举办了“青春助力－台港澳(侨)青年企业家长春行经贸考察”活动,邀请31位台港澳侨青年企业家对净月、绿园等四城区进行了为期5天的经贸考察,成功促成净月开发区和长庚(控股)香港有限公司共同开发的动漫产业园项目、汽车产业开发区和江苏靖江华达汽配制造有限公司共同开发的年产150万套汽车用冲压件项目等10个项目签订意向性协议,协议总金额达43亿元。7.开展了千家青年文明号集体服务“项目建设年”示范行动。组织市水务集团、市电力集团、市政府采购中心等千余家青年文明号集体以简化办事程序、深入重大项目建设一线解决实际困难、开展以“青年文明号绿色通道行动”为主要内容的现场办公,教育引导机关、事业单位青年文明号集体增强服务全局的意识,切实为重大项目建设提供热情、周到、认真、细致的服务。

【服务精神文明建设工作】 1.举办亚冬会志愿服务总结表彰工作。2007年3月5日,团市委联合亚冬会组委会共同举办了“第六届亚冬会志愿者表彰大会”,对56个志愿服务集体和3 000多名志愿者以及200多名指导教师进行了表彰。编印了《“志愿长春”工作文件集》、《第6届亚冬会志愿者培训手册》,保障了志愿者工作的连续性。2.抓好志愿服务的基础性工作。2007年4月,根据志愿者工作发展的需要,团市委单独成立志愿者工作部,随即对高校、中学、社会团体和社区四个领域的志愿服务队伍情况、志愿服务工作情况进行深入调研,摸清了全市志愿服务工作发展的现状及存在的问题,并出台《长春市注册志愿者管理办法》、《长春市注册志愿服务组织管理办法》;依托市青年志愿者协会,建立长春市青年志愿者工作指导中心,整合了全市已有的57支志愿服务力量。2007年9月,团市委联合文明办、市民政局、市教育局共同召开了全市青年社区志愿服务工作推进会,有效地整合了文明办、民政、教育等8个部门的志愿服务力量和资源,共同下发了《关于加强长春市社区志愿服务工作的意见》,对未来几年志愿服务的方向和内容做了谋划,并确立了共青团在全市志愿服务工作中的主导地位。为承接好此项工作,从2007年10月起,团市委先后推出“社区志愿服务合作伙伴对接计划”和“社区志愿服务者招募计划”。经过两个月的努力,全市90%以上的社区实现了至少有一个志愿服务合作伙伴的目标,984名大中专学生成为社区志愿站的兼职工作者。3.开展创建国家文明卫生城宣传活动。2007年5月4日,团市委联合长春人民广播电台开展了“创建文明卫生城”青年宣传市民签名活动,近万名青年志愿者和市民参加了签名活动。组织100多支志愿者服务小分队,开展每周一次的社区健康讲座、“创卫”知识宣讲、清理野广告等社区环境净化、美化工作。4.成立专门的志愿者创城工作部。组织长春市高校的2 000多名青年志愿者,专门成立了志愿者创城工作部,建立了58支志愿服务队伍,推出了26项特色志愿服务项目,与全市的100多个社区签订了志愿服务协议。开展专项的创城服务。2007年6月,团市委联合市精神文明办、市爱卫办、城市晚报社等单位,共同开展了“两城联创”志愿者拍客行动。青年志愿者以城市主人的姿态,利用自己的手机累计拍摄、记录下了7 000多张城市不文明现象和行为。同时针对突出的问题,团市委组织专门的文明劝导志愿者进行了宣传劝导,取得了良好的效果。城市晚报社对拍客行动进行了全程跟踪报道,中国青年报社、中国新闻社对活动给予了极大的关注。

【服务青少年成长成才工作】

1.开展青少年维权和预防青少年违法犯罪工作。建立并开通“12355”青少年服务公开电话。以21家市未成年人保护成员单位和10个青少年服务中心为依托,利用“12345”市长公开电话强大的前后台受理网络,开通了“12355”青少年服务公开电话,面对全市青少年提供合法权益保护、心理危机干预等10项服务,建立了“电话受理→分类移交→专家解答→结果反馈”的快速反应体系。电话开通至今,已经接听各类电话咨询1 053次,受理侵害青少年权益案件30件。新华社、《中国青年报》、中央电视台等国家级新闻媒体对“12355”的相关工作进行了专题报道。为扩大“12355”的社会影响力,开展了“12355青少年维权大讲堂”巡讲活动,先后到农安县、榆树市等县市开展了10期“两法”宣传讲座活动,直接受众达到3 000人次。团中央书记处书记卢雍正来长调研时，对青少年“12355”服务公开电话工作给予充分肯定。2. 深化“未成年人零犯罪社区”创建活动。2007年4月初，团市委召开长春市2007年未成年人保护暨预防青少年违法犯罪工作会议。在全市选取了30个“未成年人零犯罪试点社区”，开展罪错青少年帮教、闲散青少年跟踪服务等多项社区预防专项工作。联合市委政法委、市综治办到二道区法院、宽城区法院检查《长春市预防青少年违法犯罪工作考核办法》落实情况。3. 开展青少年权益保护工作。发挥未成年人保护委员会的功能作用，全程跟踪、督办了“榆树市大岭镇林家村侯佳欣强奸伤害案”等3起严重侵害未成人权益的事件，维护了受害未成年人的权益。依托长春市少女救助中心、青少年心理危机干预中心等10家青少年维权分中心，先后救助先天性心脏病患儿22名，未成年妊娠少女40余名，流浪儿童60余名，受理各类青春期健康、法律维权咨询500余次。4. 开展弱势青少年群体帮扶工作。筹措200万元资金，建立了长春市首个关注青少年健康成长、帮助贫困学生的“长春市青联助学发展基金”。争取阿满食品有限公司、中国青年基金会、市台商协会、一汽大众经销商联合会等单位的支持，累计筹集各类奖、助学金100余万元，资助了280名品学兼优、家境贫困的学生。新建了2所希望小学。

【团的自身建设工作】 1. 系统化地推进团的基层组织建设工作。抓住全市2007年3月份村级党组织集中换届的有利契机，主动与县（市）区党委沟通，协调各县（市）区在村党组织换届时统筹考虑村团支部书记的配备问题；召开了全市城区团组织基层基础工作推进会，下发了《关于开展全市基层团组织集中统一换届工作的通知》，对基层团组织做好组织换届工作进行了规范和要求，截至2007年12月31日，全市已有66个乡镇、44个街道、1 248个村、233个社区完成了团组织换届工作，基层团的组织全面活跃。2. 探索基层组织建设新模式。根据2006年大调研工作的启示，团市委确立了加强团的基层基础性工作的目标，采取“差异化布点”的方式，推动不同领域团的基层组织模式创新。针对城市团员青年流动性、集中性的特点，建立了全市首个流动团组织－百川团委；根据物业公司青年员工管理的需要，在鸿城国际花园等小区的物业公司建立了团组织；针对民营企业，以先表彰“青年文明号集体”，后成立团组织的方法，探索民营企业建团，现已有长春会展中心酒店、英派斯健身俱乐部等8个民营企业建立了团组织；针对村级团组织瘫痪现象，团市委提出了“选好一个团干部，活跃一个团组织”的工作目标，采取“不计报酬村级团干部直选”等多种灵活的方式，配齐配强村级团干部。“差异化布点”的团建方法，使全市基层团组织建设工作取得了实实在在的效果，也得到了各方面的认可。《中国青年报》连续3次、在重要版面、大篇幅地报道了团市委的团建工作。3. 开展团干部培训工作。围绕提升团干部的业务水平，以“青春大课堂”为载体，举办了3期团干部业务培训班，邀请吉林大学行政学院彭向刚教授、哲学社会学院漆思教授等省内外知名专家学者，进行了《作风建设与团干部成长》、《从中国经验到中国模式－中国30年改革开放的回顾与反思》等专题的业务辅导培训。召开了团干部作风建设工作会，对团干部的作风建设提出了新要求。提出10万元经费，免费举行了2期乡镇、街道团干部基层基础知识培训班，累计培训团干部300余人次。各基层团组织也开展了团干部培训工作，团干部队伍业务素质有了进一步提升。4. 召开长春市第四次少代会。2007年4月末，召开了为期3天的长春市第四次少代会，选举产生了新一届少工委委员69名，为新时期少先队工作的发展奠定了良好的基础。青联、青企协作用进一步发挥。2007年，青联、青企协紧紧围绕“项目建设年、改善民生、构建和谐长春”等中心工作，相继推出了青联委员、青企协会员服务项目建设年活动、“爱心2007”系列公益活动、科技文化卫生“三下乡”活动、“北国冰雪同根情”中华青少年交流营等20余项丰富多彩的活动。特别是在“爱心2007”系列公益活动年中，广大青联委员、青企协会员累计捐款捐物总金额达300余万元，青联、青企协组织“人人献爱心、关心社会公益事业”的氛围正在形成。青联、青企协也被更多的优秀青年所向往。

（孙盛锋）

长春市青年联合会

【概况】 截至2007年底，长春市青年联合会（以下简称市青联）共设四个专门工作委员会，17个界别组，委员509人，常委138人。

【坚持用科学理论团结教育青年】 1.开展理想信念教育工作。坚持用社会主义核心价值体系指导青联工作，构筑青年强大的精神支柱，带领广大青年积极走在改革和发展的前列。以党的十七大召开为契机，通过组织座谈会、报告会、学习讨论等活动，引导委员和广大青年认清形势、坚定信念，把思想和行动统一到全市总体部署上来。在纪念建团八十五周年和“五四”运动八十八周年之际，开展了“2007年长春青年和谐发展系列论坛”活动，并在吉林教育电视台演播厅举行了“王洪军精神与青年成长”的总论坛。杰出青年代表杨国志、刘滨、于树忠、郑广燕分别代表工人、公安干警、医生、农民在论坛中作了主题发言。更邀请王洪军所在单位领导及教育专家、团市委领导与青年朋友们进行了现场对话与交流，同时也在全市青年中掀起学习王洪军精神的热潮。依托全新改版后的“长春新青年(www.cc54.cn)”网站，通过理论文章选登、网上学习讨论等形式、深入开展理论学习教育活动，在青年中营造了良好的理论学习氛围，持续掀起了理论学习的新高潮。2.加强人才培养和选树工作。为表彰、宣传外地来长创业杰出青年典型，优化来长创业青年的发展环境，激励广大青年创业建功、奋发成才，打造“青春创业”的城市名片，为长春经济更好更快的发展提供人才资源支持。联合长春市青年企业家协会、长春市经济委员会、长春市国家税务局、长春市地方税务局、长春市工商行政管理局、长春市工商业联合会、长春日报社、长春人民广播电台、长春电视台、长春晚报社等12家单位于4月28日在吉林省宾馆举行了第二届“创业青年长春贡献奖”评选活动，评选出牛利等12名获奖者。全力倡导了“尊重知识、尊重人才、尊重劳动、尊重创造”的社会风尚。在青年中营造创新成才的浓厚氛围。激励广大青年爱岗敬业、奋发有为。3.加强基础调研工作。2007年上半年，面向长春市创业青年组织长春市青年创业观调研活动。撰写了《关于长春市青年创业观的调研报告》，并荣获2007年度长春市优秀调研成果评选一等奖。通过本次调查及对问卷的统计分析，将青年创业者的隐性观念实体化，对来自不同地域的青年所产生的不同创业观进行比较分析，形成客观的科学的认识和掌握，为团市委和部门相关工作的开展提供科学性的依据和客观、详实的第一手资料，并通过正确评价调研结果，关注创业青年的共性与个性，了解青年创业的优势与瓶颈，着力于解决实际问题，就现实问题提出行之有效的建议与对策。2007年下半年，市青联主要围绕招商引资、捐资助学、发放助学金等活动开展的工作进行调研，并撰写了《长春青联2003年～2007年整合社会资源情况的调研》。青联利用这次大调研的机会，深入学习研究了关于整合资源方面的知识。在今后工作中将进一步发挥好服务平台的作用，提升青联组织的服务能力，壮大青联组织的实力，形成党政主导、部门支持、社会关注、工作活跃的良好格局。

【促进社会公益事业发展】 1.服务新农村，树立崭新的青联社会形象。2月份由青联委员组成的“三下乡服务团”一行20余人，在青联副主席景喜猷、屈英和的带领下，赴农安县万金塔乡开展“三下乡”活动。此次活动已经是长春市青联连续第12年开展“三下乡”活动。活动期间，由青联委员华软（长春）科技有限公司总经理苏成捐资建立的“长春青联爱心电脑屋”正式落户农安县万金塔乡陈家屯小学；由骨科、妇科、心血管科等青年医疗专家组成的医疗服务组为当地群众进行义诊服务；长春市青联文化界别组的委员们为当地群众挥毫泼墨，题写春联、作画百余幅。科技组委员们为百余名农民解答了科学种植养殖的知识，并赠送了随身携带的五百余份科技资料。本次“三下乡”活动，通过多种形式为农民朋友送去了温暖，把党和政府的关怀带给广大农民朋友，为构建社会主义和谐社会贡献了力量。2.奉献爱心，大力开展社会公益事业。为响应长春团市委鼓励进步青年奉献社会、弘扬新风的号召，青联组织委员们以关爱他人，回馈社会为目的，通过创设基金会、捐赠、资助等不同方式支持社会公益事业，关爱社会弱势群体，在全社会范围内树立关爱广大青少年的风尚，为广大青少年的成长成才营造良好氛围。5月份，按照年初工作计划，将委员在新年酒会上的捐款，全部用于筹建长春青联希望小学，完成了青联几代委员的共同愿望。希望小学建立后，委员们十分关注，在8月由旺旺集团捐助了价值6万元的食品；在11月份的揭牌仪式上，又送去了20台电脑、3千册图书、电视机、沙发、投影仪、卫星接收设备等。委员们表示，还将继续关注希望小学的建设，为下一代创造出更好的学习条件。5月中旬，青联委员、新艺行家具装饰有限公司总经理鲁延军向朝阳区永春镇中心小学捐赠了200套总值4万元的桌椅；6月底，与市台办、二道区联合组织策划在英俊镇捐赠建立了海金希望小学；10月份，委员刘广东为朝阳区永春镇捐赠2台电脑。青联委员们在投身经济建设的同时，热衷投身社会公益事业的进步，此举真正地发挥出了青年团队在构建和谐社会中的先锋作用。3. 关爱社会弱势群体，开展贫困学生资助、帮扶活动。5月中旬，举办了长春市青联助学发展基金会成立大会暨"田金运"助学金发放仪式。吉林东兴集团出资200万元作为助学发展基金的启动资金，基金会的建立意味着在共青团组织内首个关注青少年健康成长、帮助贫困学生就学的基金会正式成立。首批捐助了100名贫困孩子，每人得到1 000元助学金，第二批"田金运助学金"10万元于8月17日面向2007年参加高考的应届贫困大学生发放。此外，市青联副秘书长林三豹先生以夫人丁影的名义，设立了"丁影助学金"。资助5名大一新生，直到他们毕业为止，总计捐款额达5万元；委员刘广东个人出资2万元注入基金会，这笔钱已专项资助德惠市贫困学生。委员们用实际行动唤起了社会各界对青少年发展事业的关心，使青少年助学发展活动成为服务青少年成长成才的实事工程，成为各界人士奉献社会、弘扬新风的爱心工程，成为青少年切身感受党和政府温暖、感受社会关爱，立志成才、报效祖国的教育工程。在"2007爱心年"之末，为表彰一年来为公益事业作出积极贡献的爱心人士，评选出本年度青联慈善之星12人。

【积极参与长春市经济建设】为深入贯彻全市招商引资九个月攻坚行动动员大会会议精神，发挥青联、青企协组织优势，全面参与项目年建设年活动，推动长春实现更好更快发展，市青联、青企协联合市商务局、市政协港澳委、市台办共同开展了长春青年参与招商引资九个月攻坚——"青春助力"专项行动。围绕专项行动方案，市青联、青企协分别召开动员大会，全面落实"全市招商引资九个月攻坚"会议精神。先后开展了小分队招商，由市青联主席周贺带队分别赴日本、韩国，以及温州、山东等地开展招商活动，并举办了"长春市重点项目推介会"，宣传长春并搭建招商引资活动平台。开展"请进来招商"，在市青联副主席施家伦先生的建议并积极策划下，10月末，市青联、青企协联合长春市商务局等4家单位，共同主办了"青春助力行动——港澳台(侨)青年企业家长春行"经贸考察活动。邀请来自香港、澳门、台湾和海外的青年企业家共计31人，对长春市朝阳区、净月经济开发区等进行商贸考察，五天内促成长春净月经济开发区和长庚(控股)香港有限公司共同开发的动漫产业园区项目，长春市汽车产业开发区和江苏靖江华达汽配制造有限公司共同开发的年产150万套汽车用冲压件项目等到10个项目签订意向性协议，协议总金额达到43亿元。这次活动不仅吸引了大量港澳台(侨)青年企业家纷纷确定对长春投资的意向，也成功使长春市中筝集团与加拿大东北商会和厦门华荣泰集团有限公司达成成立中筝国际文化(加拿大)有限公司项目，帮助长春市的本土企业走向国外发展壮大，实现长春市共青团组织服务招商引资工作"请进来"、"走出去"的双重目标。此次活动是长春市共青团第一次直接接触经济工作，不仅开创了长春市团工作新的思路，为长春市招商引资开辟了新的途径，同时，也扩大了长春对外交流的影响力，提升了城市竞争力。

【创造性地开展外联工作】 1. 进一步巩固和发展同港澳地区青少年的友好交流。2月，举办了第六届"北国冰雪同根情"中华青年交流营活动。本次交流营活动正值第六届亚洲冬季运动会在长隆重开幕，澳门青年交流团的来访带来了澳门志愿服务工作的先进经验，对两地的志愿服务工作乃至青年服务工作都将起到极大的促进作用。本次活动同时预示着两地青年间的深厚友谊和美好的发展前景，对推动两地的友谊与交流将产生更加积极和深远的影响。2.积极拓展与海外青年组织交流渠道。4月初，长春市青联友好访问团赴欧洲进行友好访问。在德国，访问团与德国芙莱堡旅游经济促进会相关领导进行了友好交流，并就进一步加强两地青年组织交往签订了协议；7月5日至7月16日，应日本仙台青年会议所和韩国仙台青年会议所的邀请，长春青联代表团一行7人赴日、韩进行友好访问，与当地各行业青年进行友好交流，并与韩国蔚山青年会议所续签了友好协议。8月24日～26日，应延边州团委的邀请，对珲春市三国交界的防川、图们市口岸进行友好交流、考察。8月，委员卢火旺随中华青年联合会百人团赴日本进行了为期一周的考察交流活动；10月，青联副秘书长李耀宇随中华青年联合会百人团赴越南进行了为期十天的考察交流活动；11月，青联副秘书长林三豹随中华青年联合会百人团赴美国进行了为期十天的考察交流活动，并代表长春市青联组织与纽约企业家协会签订了友好交往协议。9月22日，越南胡志明共青团中央一行7人来访，在团中央国际联络部王维种处长陪同下，考察了长春青年再就业中心，并与受培训青年代表进行了交流。并考察了市青联常委苏立满先生创建的长春阿满食品有限公司。越南代表团成员均对阿满食品的制作流程、食品口感、员工素质、企业文化给予了高度评价。一年来，市青联着力拓展对外联络和出访渠道，先后选派委员代表出访日本、韩国、欧洲，开阔了眼界，增长了见识，加大了与国外青年组织间交流和联系，为长春市培养国际复合型人才作出了贡献。

【加强组织自身建设】 1.加强机制建设。在全面动员委员为社会提供服务的同时，注重提高为委员提供服务意识，以“联心、联谊、联志”为宗旨，通过开展界别组、专委会活动，增进委员沟通与了解，达到联谊的目的；通过规范界别活动，组织跨界别交流，开展委员沙龙等方式，全方位促进委员间交流。以交流增进感情、启迪智慧、促进事业，同时通过定期发放委员需求问卷，召开委员需求座谈会，了解委员发展状况，竭力解决委员事业发展上遇到的各种问题。2.加强阵地建设。不断丰富和完善长春市青联网站建设，拓宽青联委员网上交流渠道，全面、及时反映青联工作和委员动态，加大青联信息化工作力度，充分发挥其服务委员和指导会员团体的功能，适时新增委员之家，为委员提供更多沟通联络和活动开展的阵地。3.加强队伍建设。组织秘书处工作人员进一步加强学习，及时了解相关政策，提高业务素质，规范工作程序，提升服务意识，增强了秘书处的管理、服务、协调能力。提高了秘书处工作人员自身素质，加强业务能力锻炼，全力打造一支学习型、服务型、思考型、开拓型的青联干部队伍。

（程丽娜）

长春市工商业联合会

【概况】 截至2007年底，市工商联共有会员9 018名，同业公会、行业商会25个，基层分会81个，外埠商会4个，组织网络不断健全和延伸。

【经济服务】 1.项目服务。分别举办了“长春项目建设年‘海外华商长春行’投资洽谈会”和“县域招商引资暨项目建设推介会”，共邀请来自海内外华商企业80家、124人，举行专项洽谈10场次，推介对接项目100个，会议期间达成投资意向13个，金额33.19亿元。会后跟踪洽谈的签约项目6个，其中，厦门宝龙集团与宽城区合作的北站房现代商业地产开发项目，北京中实集团与净月开发区合作的商业旅游地产开发项目、与二道区合作的信息产业园开发项目，北京科瑞集团与经济开发区合作的汽车零部件整体整合投资项目、与旭阳集团合作的汽车零部件生产合资合作项目等都取得了积极进展。此外，各县（市）区工商联在招商引资工作中，共引进项目75个，签约资金总计56.8亿元。截至年底，全市工商联系统招商引资已到位资金26亿元。2.就业服务。配合有关部门举办了第四次“千户民企安置万人就业招聘会”和“民营企业送岗位进校园招聘周”活动。在“千户民企安置万人就业招聘会”活动中，全市工商联系统共组织民营企业累计3 703户，提供管理人才职位和再就业岗位累计39 942个，安置下岗职工和高校毕业生累计22 640人。3. 会展服务。为充分发挥行业商会的作用，市工商联支持并帮助古玩工艺品行业商会举办了“长春第二届奇石、古玩、艺术品展示交易会”，效果显著。

【商会服务】 1. 环境服务。通过吸纳公检法、国地税及政府相关部门有关领导加盟工商联做常委，注重加强沟通，加深了解，共同研究放宽民营企业发展环境；通过工商界人大代表、政协委员和各级工商联的积极呼吁，促使长春市民营经济发展的司法环境、税收环境和政策环境得到进一步改善。2. 培训服务。分别与市委组织部、市外办等部门联合举办了民营企业家赴香港、泉州、苏州、宁波、青岛等地专题培训班，先后有130位企业界人士参加培训。3. 政策服务。组织民营企业参加了“长春经济形势发展报告会”、“长春市招商引资发展创意产业高峰论坛”、“民企资本运营理论与实践报告会”、“吉林省民营经济腾飞论坛报告会”等，民营企业有3 500人参加，为民营企业掌握宏观政策、抢抓发展机遇、提升管理水平提供了系统学习平台。4. 信息服务。利用《商会简报》和市联网站，及时向广大民营企业传递国家的方针政策和相关信息，发布外地企业和本地企业寻求发展的项目需求；及时宣传各地民营企业的典型实例，为长春市民营经济发展提供了公共信息平台。

【参政议政】 全市工商联系统围绕长春经济建设和民营经济发展中的热点、难点问题，注重整合调研力量，深入开展调查研究，相继提出各种议案、提案43件，调研报告22篇，论文13篇。市工商联充分发挥工商联参政议政的独特政治优势，全力做好市政协十一届一次会议大会发言起草工作，形成了《立足新起点，实施新举措，加速推进民营经济转型升级步伐》的发言材料。认真落实省市民营经济三年腾飞计划，在调查研究的基础上，形成了《关于加快我市民营经济发展的几点建议》，并以此为基础，在市政府议政会上作了专题发言。此外，与市委统战部联合调研撰写了2篇调查报告，并作为重点调研课题上报中央统战部。

【思想政治工作】 1. 加强引导。通过组织党的十七大精神、和谐社会建设、企业的社会责任等各类主题教育活动，引导全市非公有制经济人士坚定党的信念，自觉履行社会责任。以推进农村文化建设为重点，引导民营企业参与新农村建设，组织民营企业家参与“农家书屋”捐赠活动，投资建设爱国主义教育基地，使捐资助学、技术扶贫成为民营企业参与新农村建设的重要途径。2. 政治推荐。届时市人大、市政协和省工商联换届，市工商联直接推荐市人大代表5名，市政协委员23名，省工商联执委21名、常委7名、会员代表50名；全市各级工商联共推荐市人大代表61名、政协委员93名。

【自身建设】 1. 组织建设。市工商联支持并帮助成立了天地十二坊商街商会、长春东北亚国际采购中心商会、礼品玩具商会、IT产业公会4个市场商会和行业商会，并通过统一办公、统一管理等办法推进规范化建设。全年发展新会员400名，截至目前，全市共有会员9 018名。2. 对外交流。市工商联组团赴沈阳、泉州、厦门、福州、长沙、合肥等城市工商联进行学习和考察，并接待了上海、武汉、南京、哈尔滨等城市工商联的来访。此外，组团出访了东南亚、香港、台湾等国家和地区，拜访了印尼、泰国、新加坡、香港等国家和地区的中华总商会及台湾工商建设研究会，并陪同市委统战部主要领导全程接待了印尼商界名流、有“民间外交大使”之称的唐裕先生。3. 机关建设。市工商联党组努力在把方向、强班子、带队伍、创环境四个方面狠下工夫，不断营造风正气顺的工作氛围、和睦和谐的工作环境，为机关干部谋事干事创造了有利条件。

（宋健立）

长春市台湾同胞联谊会

【概况】 截至2007年底，长春市台湾同胞联谊会（以下简称市台联）共有台胞110人，台属2.6万余人。基层组织3个。

【举办台情报告会】 市台联于5月23日召开理事扩大会议，台联理事及台胞台属骨干50余人就台湾局势及海峡两岸关系问题进行了学习。会上副会长魏春从台湾政局更加复杂动荡、“法理台独”危险性增加、2007年两岸关系的机遇与挑战等三个方面，详细介绍了2007年台湾政局及两岸关系走向。通过介绍和座谈交流，使大家充分认识到，2007年台湾政局因“立委”和所谓“总统”大选临近而引起激烈震荡；陈水扁为了一己和一党之私明显加快了“法理台独”的步伐；两岸关系在形势严峻的情况下既面临机遇，也面临挑战。使台联理事和台胞台属骨干对2007年台湾政局及两岸关系发展趋势有了基本了解，进一步增强了祖国统一的责任感和紧迫感。

【举办台胞台属骨干培训班】11月21日至22日市台联与市社会主义学院共同举办60余人参加的台胞台属骨干培训班。在培训班上，市委党校王健教授作了题为《高举旗帜，坚定信念，全面建设小康社会》的十七大精神辅导报告；市台联副会长魏春就《台湾当局推动“入联公投”问题》作了台情专题介绍。通过培训班学习，使大家对党的十七大精神有了更深的理解，一致认为胡锦涛总书记在十七大所作的报告，鲜明地回答了新时期我党举什么旗，走什么路、以什么样的精神状态，朝着什么样的目标继续前进的重大问题，为全面建设小康社会，加快推进社会主义现代化指明了前进方向，是我们党团结带领全国各族人民在新的历史起点上继续发展中国特色社会主义的政治宣言和行动纲领。台胞台属要进一步加深对十七大精神的学习和理解，并结合各自的工作实际抓好落实，为继续发展中国特色社会主义伟大事业贡献力量。同时，使大家进一步认清了陈水扁执意推动“入联公投”的实质是要实现“法理台独”，把台湾从祖国领土分裂出去，进而破坏和挑衅两岸关系，把两岸关系推向战争。对此大家表示一致反对，同时表示要利用自身有利条件，多做在台亲属的工作，共同制止陈水扁的“台独”行为，一旦“台独”事变发生，坚决拥护我国政府采取非和平手段解决台湾问题。

【传达学习中共长春市第十一届二次会议精神】 12月19日，市台联召开理事扩大会议，传达学习中共长春市第十一届二次会议精神。大家一致认为，中共长春市十一届二次全会是长春在新的历史阶段召开的一次重要会议，会议明确提出了未来一个时期长春老工业基地全面振兴的主要目标，突出了加快发展、改善民生、建好城市、促进和谐的主要任务，展示了未来长春经济社会发展的美好前景。市委高广滨书记在全会上的报告全面、客观地总结了长春市经济社会发展取得的成就，描绘了今后一个时期长春发展的宏伟蓝图。对此，大家倍受鼓舞，表示要牢固树立发展理念，充分发挥优势，在招商引资工作中做到“走上去，请下来”、“走出去，请进来”，抓出成效，为促进长春老工业基地又好又快发展和建设繁荣、和谐、开放、美丽的长春做出贡献。

【举办元宵节中秋节联谊活动】 利用传统节日举办联谊活动，对生活在祖国大陆的台胞台属有着特殊的意义。2007年3月4日，市台联同省台联、省台盟在夏威夷大酒店共同举办元宵节联谊会。市有关部门领导及台胞台属、台商代表150余人欢聚一堂，话统一、盼团圆，欢度元宵节。联谊会气氛热烈，欢声笑语此起彼伏。台胞台属和台商表演了自己准备的歌曲、舞蹈和器乐节目，开展了丰富多彩的趣味游戏，并进行了抽奖活动。联谊会充满欢乐、祥和、团圆的节日气氛。同年9月24日晚，市台联同省台联、省台盟在净月潭边避暑山庄举行迎中秋赏月晚会。在长台胞台属百余人围坐在净月潭边，赏明月，思亲人、盼团圆，共度中秋佳节。晚上6时30分，月圆如镜，潭水映月，台胞台属仰望空中的明月，朗诵一首首中秋怀乡思亲和企盼统一的诗句，唱起一支支美丽动人的歌曲，借此抒发对岛内亲人的思念之情。台胞台属们表示要在做好本职工作的同时，发挥与岛内有密切联系的有利条件，为祖国统一大业贡献自己的一份力量。

【举办台胞台属夏令营】 8月7日至9日，市台联在辽宁省桓仁县青山沟举办了30人参加的2007年青年台胞台属夏令营。夏令营活动十分丰富，营员们分别游览了桓仁溶洞——望天洞、虎塘沟景区、飞瀑涧景区，乘船欣赏青山湖的秀丽景色；进行了漂流、观赏了满族风情表演，还举行一次篝火晚会。夏令营使青年台胞台属既浏览了桓仁的山川景色，开阔了视野，又陶冶了情操，联络了友谊，增进了青年台胞台属之间的团结和凝聚力。营员们表示要努力学习科学文化知识，将来成为国家和社会的有用之才，为社会主义现代化建设和祖国统一大业贡献力量。

【台胞接待工作】 接待好来长探亲、旅游观光、经贸考察以及参加相关活动的岛内及海外台胞，是扩大两岸交流交往，做好台湾人民工作的重要途径。1. 2月7日至9日市台联接待了全国台联在长春举办的台湾大专学生冬令营，人数共80人。在长春活动期间分别参观游览了伪满皇宫博物院、净月潭森林公园、中国一汽集团公司、吉林大学地质博物馆以及同吉大学生座谈交流等。通过一系列的参观游览活动，使营员们亲身感受到祖国大陆北方壮丽的冰雪景观，亲身感受到祖国的发展与进步。台湾学生大都初次到祖国东北，因而见到“千里冰封，万里雪飘”的景色非常兴奋，在净月潭的雪雕面前纷纷拍照，流连忘返；在一汽集团营员们了解到长春是中国汽车工业的摇篮，中国一汽集团是全国规模最大，品种最全的现代化汽车科研生产基地，汽车年总产量占全国总产量的1/5后感到非常自豪。营员们还对吉林大学地质博物馆及恐龙化石展作了更进一步的了解。台湾大学生普遍反映：参加冬令营活动增长了知识，开阔了视野，进一步加深了对祖国大陆的了解。因而普遍增强了民族自豪感和向心力。2. 9月11日至13日接待了来长春探亲的台胞张清瑛女士一行4人。张女士现年87岁，曾于1991年和1996年两次来长探望弟弟一家，此次是张女士第三次来长探亲，同行的有儿子、儿媳和女儿。张女士在长春期间由机关和在长亲属陪同参观了伪满皇宫博物院、雕塑公园等，市台联副会长魏春还宴请了张女士一行及其亲属。在交流中近90高龄的张女士十分感谢市台联对其每次来长探亲都给予热情的接待和提供的帮助，赞叹长春和祖国大陆日新月异的变化。称台湾的经济发展已今不如昔，陈水扁执政八年已不得人心。

【召开台胞台属工作座谈会】 为加强同各基层单位的联系，交流信息，促进台胞台属工作开展。市台联于5月23日至24日，利用在双阳区召开理事会的机会，同时召开台胞台属工作座谈会。邀请各县（市）区、大厂、大学及有关单位对台干部参加理事会。并安排专门时间请对台干部相互交流本单位开展台胞台属和对台工作情况。宽城区、朝阳区、吉林大学、东北师大、一汽集团等单位对台干部作了重点发言，交流了本单位开展台胞台属工作的做法和经验，并对市台联工作提出了许多宝贵意见和建议。会议达到了沟通情况、凝聚共识、促进工作的目的。

【参与长春市台资企业调研工作】 为了掌握长春市台资企业情况，促进长春市台资企业健康发展，市委统战部于7月12日至19日组织三个调查组，对在长春市工商部门注册的100余家台资企业进行调研。市台联机关同志参加了调研，在时间短、工作量大、企业比较分散的情况下，逐一落实，圆满完成了部里交给台联的30余家台资企业的调研工作。

【完成台联界别市级人大代表和政协委员的推荐工作】 2007年底，市人大、市政协相继换届，市委对人大政协换届工作非常重视，专门下发了《关于市人大和市政协换届工作有关问题的意见》，对人大代表和政协委员的推荐作出了明确规定。市委统战部还专门召开了人大代表和政协委员推荐工作会议，市台联按照市委和统战部的要求，以高度的政治责任感和严谨扎实的工作，周密安排，精心组织，切实把台联界别的优秀人才推荐上去，按时保质保量地完成了台联界别市人大代表和市政协委员的推荐任务。

（徐　昕）

长春市残疾人联合会

【概况】 长春市残疾人联合会（以下简称市残联）按照“弘扬人道主义精神，发展残疾人事业，保障残疾人合法权益”的要求，研究制订了进一步加强残疾人工作的新举措。以大力提高残疾人基本生活水平和为残疾人服务能力为重点，整体推进，加快发展。2007年，完成了长春市残疾人事业“十一五”规划纲要规定的年度任务。

【就业工作】 继续实施以“自强就业助残行动”为载体，以按比例安排就业为主导，以社区就业为重点，实行集中就业和分散就业相结合的原则，进一步加大资金扶持和宣传力度。市政府办公厅下发了市残联等25个部门《关于切实做好残疾人就业工作的意见》的通知(长府办发[2007]13号)、市残联与市劳动和社会保障局、财政局联合下发了《长春市“扶残助业工程(2006年~2008年)”2007年度工作计划》的通知,在两个文件的指导下,残疾人就业工作抓住重点,措施得力,突破指标,超额完成任务。2007年,新增残疾人就业2 526人,完成任务数的126%;培训残疾人3 782人次,完成任务数的101%;新开发就业岗位1 618个,完成任务数的116%;征收残疾人就业保障金近4 000万元,完成任务数的320%。

【扶贫工作】 向省残联申报落实康复扶贫贷款项目3个,申请贷款总额600万元,落实270万元。制订下发了《2007年长春市创建残疾人扶贫就业基地活动实施方案》,7月27日,召开了全市残疾人扶贫就业基地建设工作座谈会,探讨长春市扶贫基地建设工作的路子和方向。通过对申请建立残疾人扶贫就业基地单位的考察调研,确立市级残疾人扶贫就业基地2个。与财政、民政、劳动和社会保障部门联合下发了《关于确定享受城区居民住院医疗保险补助的贫困残疾人标准的通知》,享受民政部门临时低保的残疾人,经劳动保障部门确认后,城区居民住院医疗保险费个人缴纳20%,其余80%由市、区财政按政策给予补贴。这项工作切实解决了贫困残疾人有病不能医治的实际困难,为贫困残疾人的生活提供了有力保障。

【危房改造工作】 2007年农村贫困残疾人危房改造工作是长春市民生计划的一项重要内容,长春市制订下发了《长春市农村贫困残疾人危房改造(项目)实施方案》,分配了指标。6月18日,在二道区英俊镇卫星村召开了全市城区农村贫困残疾人危房改造工作现场会,这次会议标志着长春市城区农村贫困残疾人危房改造工作全面展开。在“危改”工作实施过程中,安排专人对项目单位进行督促检查,发现问题及时纠正。2007年,长春市危房改造任务是600户。实际完成危房改造611户,完成任务102%。投入资金1 408万元,有1 038名残疾人受益。“危改”工程,不仅使贫困残疾人有了放心房,而且也让他们住上了舒心房。

【教育和盲人按摩工作】 为115名考入大专院校的贫困残疾学生及贫困残疾人子女发放了助残奖学金,共计23万元,保证了残疾人受到高等教育的权利。确定了2007年国家彩票公益金助学项目学校,并按照省下达的任务进行了分解,完成国家彩票公益金助学207人。其中,走读生107人,每人每年补助400元,寄宿生100人,每人每年补助900元,总计补助13.28万元。按照省里的要求制订了长春市《盲人按摩,妙手兴业活动实施方案》,开展了盲人医疗按摩人员中(初)级专业技术资格评审材料的报送工作。

【康复工作】 1. 白内障复明和用品用具供应服务工作。完成白内障患者复明手术3 989例(任务数3 980例),其中免费为贫困白内障患者手术1 169例(免费任务数1 093例。“彭年光明行动”完成711例、“视觉第一”光明扶贫行动完成458例);盲人定向行走67名;为187名低视力残疾人配用助视器;56名家长进行了培训;成立低视力康复部1个。大腿假肢装配73例;小腿假肢装配73例;矫形器装配19例;免费发放辅助器具5 360件。开展肢体残疾康复训练105名;肢残儿童矫正手术筛查54名,有25名肢残儿童进入了机构训练。全部完成任务指标。2. 残疾儿童康复工作。完成聋儿康复训练84名;对92名聋儿家长进行了聋儿康复知识的培训,对9名贫困聋儿进行了聋儿助听专项救助。完成智力残疾儿童康复训练任务105名,培训家长59名。3. 贫困精神病患者医疗救助工作。完成免费住院398名,完成任务数的100%;免费送药3 580名,其中,国家彩票公益金救助1 300人,省市救助2 280人,完成任务数的100%。2007年救助标准由原来每人每年2 400元,提高到3 600元,匹配经费22.5万元,全部落实到位。4. 社区康复工作。正在建设社区康复示范达标区6个;达标县(市)4个;创国家康复示范区两个。

【宣传文体工作】 1. 宣传工作。宣传工作以残联主要工作为重点,先后在省市各新闻媒体广泛、深入、密集的报道了“第十七次全国助残日”、“第八次全国爱耳日”、残疾人危房改造建设样板房现场会等9项活动。做到了“报纸上有字、广播上有声、电视上有影”。共发新闻稿件

132篇，刊出《长残信息》12期，长春电视台整点新闻播出手语节目20期。通过宣传扩大了助残的效果，使扶残助残的风气进一步弘扬，营造了扶残助残的社会氛围。在最近召开的全国残联宣传文化体育工作会议暨“两刊”杂志会议上，长春市残联被评为2007年全国“两刊”宣传工作市级先进单位。2. 文体工作。抓好竞技体育，依托社区和特教学校、福利企业发现人才、培养人才、输送人才。2007年5月，在昆明举行的全国第七届残运会、10月在上海举行的第十二届世界特奥会上，长春市残疾人运动员均取得了好成绩。共获得奖牌22枚，其中，金牌7枚、银牌8枚、铜牌7枚。2007年7月20日是“全国特奥日”，主题是“关注特奥运动，迎接上海世界特奥会。”围绕主题，于7月19日和20日分别在南关区龙兴社区、宽城区长盛社区开展了丰富多彩的“全国特奥宣传活动”，为智力残疾人提供了参与社会活动的机会，帮助智障人走出小家庭，走进大家庭。长春市有2名优秀残疾人代表，入选2008年奥运会火炬手传递工作。在2007年9月全国盲人歌手大赛中，长春市盲人歌手戴培新原创歌曲获大赛一等奖，演唱二等奖；盲人歌手谭晶获大赛演唱二等奖。

【组联和维权工作】 1. 维权工作。妥善处理了残疾人机动车车主集体上访问题。为了更好维护残疾人代步车的权益，解决残疾人机动车车主上访问题，与市交警支队联合为残疾人办理机动三轮车代步手续，现已为900名残疾人办理了残疾人专用牌照。2. 组联工作。根据市政府民生调研工作的要求，市残联完成了部分民生调研工作任务。调研报告和2007年民生工作白皮书按时上报市委、市政府政策调研室。根据国家、省残联文件要求，长春市在“十一五”期间要创建全国无障碍建设城市，积极协调有关部门，完成了文件资料的起草会签及“全国无障碍建设城市”的申报工作。针对有的地区出现办理残疾证管理不严的现象，于1月份出台了《关于进一步加强残疾人证管理的通知》，要求各级残联严格审查，专人负责。进一步加强了残疾人证的管理工作。

【残疾人福利基金会工作】 6月9日，中国残疾人福利基金会向长春市残疾人福利基金会捐赠图书，价值10万元，这些图书全部捐赠给南关区新春街道和平社区爱心阅览室。台北曹仲植基金会、长春市残疾人福利基金会按照1∶1的匹配，为长春市300名肢残贫困残疾人捐赠轮椅，总价值5.7万元。2007年共接受社会各界捐赠物资和资金总计54.8万元。基金会资金本着取之于社会，用之于残疾人事业的原则，为全市残疾人的康复、教育、就业、扶贫、解困投入资金31.8万元，为残疾人带来了实实在在的利益。

（张甜甜）

长春市红十字会

【概况】 长春市红十字会（以下简称市红十字会）编制6人。市红十字会理顺和健全基层红十字会管理体制，加强基层组织建设，目前，10个县（市）区红十字会机关事业编制总数31名。全部设有独立办公室，配备了电脑、传真、摄像机等办公设备，并在省红十字会的支持下，9个县（市）区都配备了救灾救援面包车。截止到目前，长春市红十字会有基层组织254个，其中，大中小学校86个，团体会员单位

纪念“五·八”世界红十字日宣传活动

128 个，其他基层组织 40 个；会员总数130 107人。

【博爱进万家】 为响应市委、市政府关注民生、改善民生的号召，市红十字会组织各县(市)区红十字会在元旦、春节期间开展“红十字博爱送万家”活动。市红十字会购买价值67 500元的大米向各县(市)区红十字会分拨，作为温暖专项物资发放到困难户家中，为长春市的贫困户送去了温暖和关爱，宣传红十字会弘扬“人道、博爱、奉献”的精神。

【纪念世界红十字日宣传活动】 5 月 8 日，市红十字会与省、区三级红十字会及市中心血站联合在市工人文化宫门前开展了“携手为人道”宣传纪念活动。组织医院为广大患者进行现场义诊和赠药活动。同时数十名志愿者身披授带发放无偿献血宣传单和预防艾滋病知识手册。

【开展社区健康服务活动】 为使众多的高血压患者摆脱长期服药所带来的经济和精神上的负担，市红十字会购买了不用任何药物的高科技专利“高血压治疗仪”，并在部分社区活动站、老年大学、老干部活动中心等具备此项公益活动条件的机构设立红十字会爱心健康服务站，招募了志愿者，免费为高血压患者提供此项“爱心健康”服务，同时向广大公众宣传普及相关的科学健康常识，免费发放《健康知识手册》，以增加对中、老年多发病症的防护意识。

【社会救济与募捐】 1. 6 月份双阳区突发格林巴利综合症，吉大一院陆续收治 36 例病患，市红十字会领导对患者十分关注并深表同情，疫情发生后，亲自深入调查之后拨专款 5 万元为他们提供了援助。2. 开展送技、送药下乡活动。筹备药品和大米等慰问物资，同时聘请精干的救护师，为九台市西营城镇石人村的农民举行了现场健康知识宣传和初级救护知识培训，此次活动深受农民欢迎。3. 根据相关规定，多次组织区红十字会工作人员和志愿者利用周末时间在市繁华地点为白血病患者进行募捐，同时给予 31 名白血病患儿 10 余万元的困难救助。在市政府的领导和支持下，转发了《继续开展“备灾救灾、救助弱势群体，构建和谐社会”募捐活动方案》。各县(市)区红十字会和开发区的工作人员热情高涨，认真组织、快速行动，在全市范围内开展了募捐活动，共收到募捐款 600 万余元，增强了各县(市)区红十字会的救灾、救助能力。

【现场救护培训】 为普及群众性现场救护知识，市红十字会共举办急救培训班 7 期，分别为吉大德固赛、西门子威迪欧、长瑞汽车公司等单位的 300 余名学员进行了现场急救心肺复苏和急救四大技术的培训，同时建立了一支经验丰富的师资队伍。

【宣传工作】 4 月，市红十字会建立并正式启动长春市红十字会网站，全方位的介绍了红十字会法律法规；红十字会起源；红十字会工作职能；入会要求，覆盖 10 个县(市)区红十字会开展活动情况介绍等内容，收到了良好的社会效益。为提升红十字品牌形象，构建红十字会宣传格局，长春市红十字会统一制作了募捐箱，在名门、香格里拉、中日会馆、火车站、长途汽车站、飞机场等人群聚集的地方设立 27 个募捐箱，通过新闻媒体，多次在《吉林日报》、《新文化报》、《长春日报》、《长春晚报》、《东北亚新闻》、《交通之声》等先后报道了关于摆放募捐箱的意义和管理，提升了红十字会的知名度。

(田俊秋)

长春市个体劳动者协会

【概况】 截至 2007 年末，长春市个体劳动者协会(以下简称市个体协会)有会员 129 011 户。协会工作人员 8 人。机构设置：办公室、宣传教育部、服务指导部、组织联络部、党委办公室。所属各县(市)区、直属协会 17 个。

【开展思想政治教育】 1. 继续在全市个体劳动者中深入开展以“八荣八耻”为主要内容的社会主义荣辱观教育活动。基层协会采取了印制宣传品张贴悬挂、召开座谈会、开展树新风竞赛活动等形式，收到了很好效果。2. 响应市委、市政府的号召，进行了“两城联创”宣传教育工作，坚持以“社会公德、职业道德、家庭美德”为重点，在个体工商户中深入开展精神文明创建活动，为长春市的“两城联创”作贡献。3. 开展了以构建社会主义和谐社会为宗旨的宣传教育活动。各协会从实际出发，组织会员慰问子弟兵、养老院和贫困户等。4. 组织会员认真学习贯彻党的十七大精神,协会党委花了1 500多元,购买了学习资料发给各基层单位。通过有效的思想政治教育,大大提高了广大会员的群体素质,涌现出了一大批思想觉悟高、经营理念新、诚实守信好、奉献精神强的优秀个体工商户。2007 年共有 100 名先进个体业户受到了市委、市政府的表彰。在国家工商总局和中个协组织开展的"全国文明工商户"评比活动中,朝阳区个体户翟沥青被评为全国文明工商户,并光荣进京参加了表彰大会。

【开展诚信教育】 为提升个体工商户和私营企业社会公信度,推进社会诚信体系建设,开展了第二个"7・18"诚信日活动。组织广大个体工商户和私营企业,采取不同形式,自行开展诚信宣传活动,全市共有近500 家企业和个体工商户参与了共度"7・18"诚信活动。7 月 18 日当天,市区 11 个基层协会集中在繁华商业街西安大路至重庆路路段,举行规模盛大的宣传活动。九台市、榆树市、农安县、德惠市、双阳区 等个体协会分别在所在地同时展开了宣传活动和授匾挂牌仪式。省市个体私营企业协会在香格里拉大饭店举行了诚信资格认定企业授匾和诚信资格标志使用授权仪式,长春市有53 家企业获得诚信资格认定,其中有 3 家企业荣获诚信资格标志使用授权。

【开展"光彩服务周"活动】 9 月 16 日至 9 月 22 日市个体协会在全市个体劳动者和私营企业中开展了以"志愿服务迎奥运"、"文明和谐促发展"为主题的"为民、利民、便民"和"优质服务、优惠服务、义务服务"的"光彩服务周"活动。各单位采取了多种形式,有的搞现场宣传活动;有的在繁华街路设立法律咨询处、义务理发处等服务项目;有的开展了优惠酬宾活动,所有的商品在批发价的基础上一律打八折;还有的深入社区和敬老院,慰问老人和贫困户等等,收到了很好的社会效果。

【为会员服务新举措】 按照"两扩大"(扩大服务领域、扩大服务受益面)、"三提高"(提高服务能力、提高服务层次、提高服务效益)的总体思路,逐步完善政策服务、信息服务、管理服务、维权服务的途径和方法,积极搭建服务平台,创建服务载体。2007 年具体办了三件事:1. 组织动员会员积极参加中个协与中央党校联合举办的高级经济管理研修班,从深层上提高会员的素质。2. 认真落实市个体协会出台的"十项服务措施",在已经确定的定点服务单位的基础上,进一步扩大了服务领域和服务的受益面。并在会员内部开展生活消费互惠服务。3. 为会员发展壮大创建平台。两次组织 200 多家企业参加了辽宁省昌图县、铁法市招商洽谈会;6 月份参加了中个协组织的西部经济洽谈会;10 月份组织基层协会秘书长带部分会员,共25 人参加了义乌全国小商品博览会并对华东五市进行了学习考察。

【会员基础建设】 1. 认真做好会员登记工作。基层协会普遍建立会员文字和电子档案,加强会员基本信息管理,全面掌握会员情况。2. 积极做好会员发展工作。把基层协会、基层分会建设作为重点,在稳定会员队伍的基础上,推进协会组织向新领域、新行业和农村延伸。2007 年,有 6 个基层协会分别建立了农村经纪人和农产品流通行业协会组织。3. 认真做好会员证发放工作,会员持证率已达到80%。

【强化自身建设】 1. 年初召开了理事扩大会议,研究部署 2007 年工作,制订了本级协会年度工作要点。2. 研究制订了《2007 年个体私营企业协会工作目标考核细则》,对工作任务进行了分解、量化,确定了完成时限,规定了考核标准,明确了责任部门和责任人。3. 按编制配齐配强协会秘书长和工作人员,根据工作需要科学合理的设置内部机构,建立健全协会工作制度,明确职责分工。4. 5 月 28 日至 5 月 30 日举办了基层秘书长培训班。各县(市)区、直属个私协会秘书长、副秘书长和部分党总支书记,共 22 人参加了培训。省个私协会、市工商局领导为培训班作了辅导报告。5. 11 月下旬至 12 月上旬,对所属 17 个基层协会,依据《工作目标考核细则》,进行了全面细致的检查考评。

【个体私营企业党建工作】 2007 年个体私营企业党建工作不断取得新的成效,党组织和党员队伍不断巩固壮大提高,政治核心

长春市个体协会党委举办积极分子培训班

作用和先锋模范作用明显增强。截至2007年末,市个体私营企业协会党委所属党组织共有46个,其中,党委1个;党总支8个;党支部37个。共有党员382人。1.积极稳妥做好组建工作。市区较大的集贸市场,凡是具备条件应该建立独立党组织的都已经建立了独立党支部。有1名~2名党员,不具备条件建立独立支部的都已经建立了联合支部。2.努力发挥党组织的作用。宽城区、绿园区、长江路经济开发区党总支、中东集团党委党支部每年度都制订工作要点,安排活动计划并认真组织实施。长江路开发区黑水路市场党支部坚持开展党的活动,注重发挥党小组的作用,树立党员形象,在广大个体业户中形成了很强的凝聚力和影响力。中东集团、佳林集团、登峰电器等私企党组织政治核心作用发挥的比较好,他们的突出特点是:党领导工会,党组织负责人同时又是工会主席,通过工会组织开展活动来发挥党组织的作用;企业主对党组织工作比较支持;党组织对企业主实施有效的组织监督。既对企业主本人按照普通党员来要求和管理,也对企业重大决策进行参与和监督,及时提出有价值的意见和建议,避免出现决策失误,给企业造成重大损失。3.加强了党员和党的积极分子队伍建设。①以主题活动为载体,教育和激励党员发挥作用。在基层党组织中普遍开展了"一个党员一面旗,我为党旗增光彩"、"党员挂牌服务"、"帮带工程"、"信誉杯"等活动,用党员的形象来影响和带动群众,增强党员责任感。②因势利导,有针对性地开展有效的积极分子培养教育工作。做到了"四个结合":与个体户和员工的思想政治状况相结合;与个体户和员工的经营特点相结合;与培养考察相结合;与群众监督相结合。通过有效的培养教育和严格的考察监督,切实把好第一道工作"关口",使培养教育工作真正取得实效。③搞好集中培训,提高积极分子队伍的思想政治素质。2007年7月,个体协会党委举办了积极分子培训班,侧重对积极分子进行"两基"教育,即党的基本知识和基本理论教育,共有40名积极分子参加了培训。4.认真做好组织发展工作。按照"坚持标准、保证质量、改善结构、慎重发展"的方针和原则,积极稳妥,严肃认真地做好组织发展工作。2007年发展25名新党员。在组织发展过程中,我们注重把握两个环节:①严格掌握标准。从确立积极分子到成为发展对象,协会党委都要进行考察把关。对每个发展对象都进行超前考察,严格审查必备的文字材料。②严格组织程序。整个发展党员工作都是严格按照《党章》、《发展党员工作细则》和上级组织部门要求去做的。在程序上严格按规定办,充分体现了发展党员工作的严肃性。

(刘国忠)

长春市消费者协会

【概况】 长春市消费者协会(以下简称市消协)编制为21人,现有工作人员7人,分为4部一室,即投诉部、消费指导部、组织联络部、市场监督部和办公室。市消协隶属于长春市工商行政管理局。2007年,市消协根据中国消费者协会关于在全国范围内部署开展"消费和谐"年主题活动指示精神,在努力营造"消费和谐"的市场环境,保护消费者合法权益方面,做了大量工作,取得了明显成效。

【开展"消费和谐"年主题宣传

活动】 1. 召开倡导新消费理念、促进和谐消费新闻发布会。为更好地宣传“新消费”、“消费和谐”年主题，使社会各界深入了解“新消费”、“消费和谐”年主题，市消协于3月6日召开了倡导新消费理念、促进和谐消费新闻发布会，对“新消费运动”和年“消费和谐”主题的涵义、重要意义及开展“新消费运动”和“消费和谐”年主题活动安排，向全市新闻媒体作了通报，进一步扩大了“新消费”、“消费和谐”年主题的社会影响。2. 开展了城镇消费维权状况调查。①为宣传、贯彻2007年“消费和谐”年主题，掌握、了解全国城镇消费维权形势和现状，明确今后的努力方向。②认真听取消费者和社会各方面对消费维权工作的意见和呼声，分析存在的问题、根源，探讨解决对策。③就保护消费者权益问题向政府及有关部门反映、建议，为推进中国民主法治建设、维护市场经济秩序、促进社会安定团结、提升消费维权工作力度和水平做出积极努力。3. 举办“消费与维权”专家论坛。邀请专家学者、政府有关部门、新闻媒体、企业和行业协会的领导及消费者的代表，就“消费与维权”年主题展开讨论，进一步明确“长春市消费领域不和谐因素和消费维权的现状”，各有关方面要根据法律的规定，认真履行各自的责任，不断改善消费环境，进一步做好消费者权益保护工作。4. 组织开展“3·15国际消费者权益日”宣传活动。“3·15”期间，市消协和各级消协组织采取多种形式，广泛深入地开展“消费和谐”年主题宣传活动。开展了大规模的送法下乡宣传，共出动宣传车80余台次，发放宣传小册子3万余册，宣传单5万余张；在“3·15”当天，全市各级消协组织与工商局一起，采取集中与分散相结合的形式，开展了隆重的宣传纪念活动，全市共设31个宣传点，现场展示假冒伪劣商品达1 000余个品种，现场解答消费者关于真假商品的鉴别，并对群众质疑的各种食品类商品进行现场检测；现场共向消费者提供咨询1.3万余人次，发放宣传册3万余册，宣传单5万张。其中，《交通之声》广播电台还进行了现场直播；向社会公布2006年消费维权案例12个，投诉热点10个。

【加大对商品和服务监督力度】

1. 开展了对长春市13个公共服务行业消费者满意调查活动以及母乳代用品市场消费者认知度调查等。根据调查体察评议中发现的问题，向长春市政府有关部门提出了建议，引起了有关部门的重视；并向有关企业提出了整改意见，对调查结果向社会进行了公布，加快了不和谐问题的解决。2. 在元旦、春节前，市消协联合中消协、省消协在各大新闻媒体发布4篇有关“购物返卷”评论文章，通过评论和正确引导，购物返卷现象得到有效遏制。3. 市消协组织20余家大型商品服务企业举办《消法》知识讲座和开展《诚信公约》宣誓活动，并定期召开消费者投诉情况通报会，及时督促企业进行整改。4. 开展了“儿童消费与环境”系列主题活动。揭露儿童消费环境中暗藏的不健康和不安全因素，对不过关和不负责任的儿童商品或服务进行查处，提示儿童消费中存在的盲点和误区，引导家长树立正确的儿童消费观，帮助儿童培养独立消费的判断能力和自我保护能力。5. 开展了“诚信经商”系列活动。针对投诉中反映出经营者在经商中不诚信问题，市消协分别以走访调查、报刊宣传同企业座谈形式来激励履行诚信职责。通过各项活动，对经营者进行教育和鞭策，对促进诚信经营，营造消费和谐的环境，促进社会和谐起到了积极作用。

【发挥新闻媒体舆论监督作用】

1. 市消协与各城区消协在吉林卫视《跨越》栏目做了一期“消费者维权之家”专题片，并在全国播放。2. 在省、市电视台制作“3·15”专题宣传片10个。3. 同新闻媒介合作开展了“远离消费隐患”，消费维权进社区、进部队、进校园、进景点等宣传活动。南关区消协对辖区儿家大型商场投诉情况进行通报；绿园区消协在百安居、北京华联、爱兵超市开展《消法》讲座和消费教育图片展活动；车站消协组织人员对超市、流动食品车进行全面检查；汽车产业消协与9家商场、超市建立维权信息通报制度，并利用移动短信平台宣传消费维权内容，九台市消协利用20天时间对“诚信单位”逐一检查。4. 根据投诉热点、难点及时向社会发布消费警示9条，消费提示10个。5. 开展“房地产诚信企业”推介活动。针对商品房投诉热点、难点问题，为加大对消费者在商品房消费中事前引导，督促企业诚信经营，市消协与市房协联合开展“房地产诚信企业”推介活动。

【开展消费维权救助工作】 1. 开展了构筑维权网络,推进“一会两站”建设工作。为更好构筑维权网络建设,市消协组织部分消协秘书长专程到蛟河市工商局学习“一会两站”经验,并在朝阳区消协召开现场会。目前已在全市基层工商所(分局)建立消费者协会分会116个,在136个大型商场(超市)、市场,191个社区,138个行政村,6个旅游景点,3个公园,1个二手车市场共建立消费者投诉站475个。2. 开展了业务培训工作。为适应工作的需要,组织各级消协对分会负责人、投诉站站长进行了培训。3. 规范了全市各分会消费维权工作,制订了考评细则,印制了《消费维权实用手册》,统一使用各种法律文书。4. 认真做好受理投诉工作,截至年底,全市消协系统共接受消费者咨询2万余人次,受理消费者投诉3 970件,办结率98%以上,为消费者挽回经济损失达350余万元,比2006年同期分别下降了34%和32%。

(钟　萍)

长春市归国华侨联合会

【概况】 长春市共有归国华侨1 130人,新归侨30人,侨眷5万人,基层侨联组织12个。2007年,市侨联按照中国侨联的总体要求,团结和联系长春市归侨侨眷和海外侨胞,紧跟时代潮流,扎实工作,围绕长春市中心工作,开拓“群众工作、维护侨益、参政议政、海外联谊”的新路子,为长春市的发展建设做出了贡献。

【拓展侨界群众工作】 2007年市侨联把群众工作摆在首位,不断创新,开展丰富多彩、形式多样的联谊活动,团结凝聚归侨侨眷,使侨联真正成为富有生机和活力的“侨胞之家”。1. 加强爱国主义教育,不断发扬归侨侨眷爱国主义的优良传统。2007年恰逢市侨联成立五十周年,为了宣传贯彻党和国家对侨界的关怀和爱护,弘扬归侨侨眷爱乡报国的赤子奉献精神,市侨联精心组织,细心筹备,召开了庆祝市侨联成立五十周年大会,推选表彰了侨界“爱乡报国促发展十佳个人”,编辑出版市侨联五十年纪念画册。并以此项活动为载体,在归侨侨眷中进行了广泛的爱国主义教育。全市归侨侨眷代表,港澳特邀委员共400人参加了庆祝大会。会议隆重而热烈,在长春市侨界和各界人士中产生了广泛影响。2. 发展和创新活动内容与形式,创造条件,组织归侨侨眷开展各项活动。2007年市侨联在实践中不断创新活动的内容与形式,开展了多种形式的联谊活动。以丰富多彩的活动团结凝聚归侨侨眷,着力提高春节、中秋、国庆等传统节日侨界联谊、联欢活动的实效,组织归侨侨眷举办各种团拜会、联欢会、茶话会,并向广大归侨侨眷及海外侨胞发出贺电,祝福大家节日快乐。通过开展座谈交流、外出参观、节日联欢、文艺演出等丰富多彩的活动,努力增强自身的凝聚力、向心力,在这些活动中全市归侨、侨眷欢聚一堂,同祝愿祖国好,同叙期盼祖国统一大业尽早实现之情。3. 发挥侨联委员及广大归侨侨眷的作用,募集捐款、奉献爱心。发挥民间优势,凝聚侨界力量投身公益事业;开辟“绿色通道”,为困难归侨、侨眷无偿提供法律援助,为侨界企业家提供及时的法律咨询;扶助侨界困难群众;发动“侨心助学”活动,资助贫困学子;实施“侨心工程”,为贫困地区捐资建校……。2007年通过市侨联及各基层侨联所募集的各项捐款捐物累计近50万元。侨联人用自己的爱心、诚心为党和政府分忧,为构建和谐长春作出了不懈的努力。

【依法维护侨益】 1. 想“侨”之所想,急“侨”之所急,全心全意为侨胞服务。2007年,市侨联共接待归侨侨眷和海外华侨来信来访60余人次。在信访接待工作中,市侨联主动热情,认真协调,对能协助解决的问题,立即予以解决,对一时不能解决的问题,耐心解释和宣传。深入开展“为侨胞服务送温暖”系列活动:市侨联深入基层,重点对贫困户进行调查、走访、慰问。春节前夕,走访部分归侨侨眷知名人士及归侨侨眷贫困户,对归侨侨眷贫困户予以妥善安排和生活补助,为其办理最低生活保障。协办解决了尹茂林等归侨侨眷的住房、生活经费、医疗费、子女升学、就业等实际问题。在走访慰问贫困归侨侨眷活动中,捐助贫困户7 000余元人民币及食品衣物等物品。以实际行动把党的温暖送到侨界群众中。当侨界人士的家中有婚丧嫁娶时都坚持到场。组织医务工作者为广大侨胞义诊200多人次；协助归侨兴办个体企业。帮助香港侨眷联系法律咨询，解决遗产问题。帮助海外留学人员联系回国就业问题。为海外华侨在长春的亲属解决各种困难，使其真实的感受到祖国的温暖。另外，市侨联根据市委、市政府的指示精神，认真处理脱钩企业遗留问题，召开多次企业职工代表会议，耐心做企业下岗职工的思想工作，稳定职工情绪，按照市委、市政府的要求做好职工情况调查，将全部下岗职工档案录入微机，形成材料并将其上报相关主管部门，以便为下岗职工办理相关手续。2. 依法维护归侨侨眷及侨商的合法权益。为了贯彻落实好《归侨侨眷权益保护法》和国务院《归侨侨眷权益保护法实施办法》，市侨联紧紧依靠各级统战、侨务部门和相关单位。进一步加强与各涉侨工作部门的沟通联系，通过召开归侨侨眷座谈会，侨务立法征求意见和处理涉侨案件等多种形式广泛宣传《归侨侨眷权益保护法》等政策法规和侨界历史，把侨联一家为侨服务、维护侨益转化为社会共同为侨服务、维护侨益，为侨胞排忧解难。相继为40多位回国创业的新归侨解决了创业中遇到的实际困难和生活中的具体问题。依法切实维护侨商的合法权益，全力为侨资企业排忧解难。不断提高为侨资侨属企业服务的能力和水平。抓典型、树形象，将一批有实力、有潜力、有号召力的侨资侨属企业紧紧团结在一起，政治上关心，政策上扶持，努力培养侨界企业家队伍。努力搭建侨资侨属企业与政府之间、与金融机构之间、与海外侨商之间的沟通交流平台，支持他们做实做大，做优做强。

【充分调动海内外侨胞积极性】 2007年市侨联号召各级侨联要围绕中心找准切入点，拓宽服务领域，把着力点放在调动广大归侨侨眷和海外侨胞积极性上来，为促进发展做出贡献。以“亲情、乡情、友情”为纽带，以“血缘、业缘、地缘”为网络，积极开展联络联谊活动。1. 扩大内联与外联，创造联谊新格局。2007年市侨联以“联”为基础，立足国内，面向海外，通过海内外“两个平台”，挖掘“两大资源”和“两大市场”的潜力，充分发挥“联”的作用，依靠感情、利益、事业、服务，凝聚侨心，集中侨智，发挥侨力。在全市归侨侨眷和港澳同胞、海外侨胞及海外友好人士中继续开展“千人联谊”活动，号召全市归侨侨眷向海外亲属和朋友宣传推介长春，并组团走出去，邀请海外侨胞来长考察，广开渠道，广泛联谊，推介宣传长春，扩大长春知名度，招商引资引智。2007年市侨联在拓展与海外华人社团联系的同时，加强与国内侨联组织横向联谊，进行了多次交流、学习、互访。建立了优势互补、资源共享的协作关系。2007年8月由市侨联主办召开了东北三省五市侨联协作会议，会上围绕侨联如何在东北三省老工业基地改造中发挥优势，进行了研讨。2007年9月，组织侨联机关班子成员和部分基层侨联干部参加省会中心城市侨联工作年会暨大中城市侨联工作经验交流会议，期间与各兄弟侨联建立了协作关系，优势互补，互惠互利，资源共享。为各城市的经济建设共同搭建信息、招商引资、引智、引技平台。2. 充分利用各种载体，开展招商引资、引智、引才工作。2007年，市侨联围绕市委、市政府中心工作及大型会展，充分利用电话、电子邮箱、传真等多种形式邀请海外华人华侨及国际友人来长考察参加活动。为配合大铁北改造项目，陪同美国高氏环球投资公司董事长高希仲两次考察大铁北改造项目，并考察了经济开发区玉米工业园区。陪同欧洲华侨日报社长陈文彬等一行，两次考察了经济开发区玉米工业园区开发项目。并与其达成了利用《欧洲华侨日报》、上海华侨网站等多种媒体宣传推介长春的协议。在陪同考察、接待宴请期间，市侨联充分利用民间往来的机会，不失时机地推介长春，为长春市招商引资、招贤引智牵线搭桥。直接或间接地带动海外侨胞、外国投资者到长春投资。市侨联黄文华主席现任经济技术开发区管委会主任，2007年带领全区干部职工以招商引资为主要渠道，实际利用内资50亿元人民币，外资6.9亿美元。

【积极参政议政】 市侨联紧紧围绕市委和市政府的中心工作，发挥“侨”自身的特点，组织侨界代表人士参政议政，就侨界关心关注的问题，积极反映侨情民意，为长春市发展献计献策。侨界人大代表、政协委员，深入到侨界群众中，加强调查研究，了解侨情民意，深入研究侨联工作与国家、地方经济社会密切相关的问题，积极参与涉侨法律法规的制定修改和有关调研检查活动，在参与人大代表视察、执法检查、局级干部评议等活动中，深入了解长春市经济发展，发挥侨联自身优势，为发展社会主义民主政治，反映侨界的建议和归侨侨眷海外侨胞的心声，为长春市建设东北老工业基地的振兴献计献策。省人大代表、市侨联主席黄文华参与起草了《关于举全省之力实施与一汽差异化整车发展战略的议案》和《关于进一步优化对外开放的发展环境》、《对我省发展汽车和农产品加工业的建议》等人大代表发言材料，并全部被省人大常委会《代表之声》简报2007年第2期、第6期、第33期以人大代表署名文章形式全文载用。

【加强侨联自身建设】 1. 坚持不懈加强侨联机关干部队伍建设，不断增强自身活力。不断加强机关自身建设，牢固树立为归侨侨眷服务思想，努力为归侨侨眷办实事。机关工作人员平时注意加强理论和业务学习，不断提高综合素质。先后为省市统战理论研讨会及统战刊物等撰写侨务政策、归侨侨眷先进事迹等方面的论文和文章10余篇。帮助归侨侨眷排忧解难，热情接待来信来访，定期走访慰问归侨侨眷。保持同各基层单位党委有关部门的联系和沟通，召开归侨侨眷工作座谈会，沟通情况，征询意见，共同开展好归侨侨眷工作。市侨联还注意加强同兄弟省市侨联的联系，相互交换侨联刊物和资料，每逢兄弟省市侨联召开换届大会、举办纪念活动等，市侨联都发去贺信或贺电，表示祝贺。从横向交流中学到了许多兄弟侨联的先进经验，促进了市侨联各项工作的开展。2007年，市侨联以建立“学习型、创建型、务实型”机关为目标，学习掌握《侨联章程》、《归侨侨眷权益保护法》，改进完善了“安全四防责任制”、“办公室管理”、“财务管理”等规章制度。进一步强化职能，改进运行机制，转变机关工作作风，不断增强为侨服务意识，提高执行党的侨务政策的水平。为提高现代化办公能力，组织机关工作人员参加市里举办的各种培训班。2. 加强侨联组织建设，健全侨联工作网络。2007年市侨联注意和发现侨界新的突出代表人物，与港澳华人华侨社团及长春市各区、大学、企业和统战部领导和侨联负责人沟通，深入了解在政治上有地位、经济上有实力、事业上有造诣的侨界代表人物，将其纳入侨联人才库。年初，指导农安县侨联换届。南关区也在2007年成立了侨联，全面完成了组建城区基层侨联组织的任务。朝阳区侨联2007年共为7位“三侨”子女提供服务。向海外华人华侨发出慰问信300余封。接待华人华侨28人次，通过侨联介绍引进华人华侨投资项目6个，到位资金140万美元。朝阳区侨联的“朝阳区侨情软件管理系统”，使全区归侨侨眷达到信息化管理，开创基层先河。在亚冬会火炬传递仪式上，区侨联副主席李维华是唯一一位代表侨界的火炬手。9月，组织侨资企业及归侨侨眷参加“龙子心长春行手拉手献爱心”为长春市龙子心希望学校捐款10万元。12月，在永春镇农丰小学举行了“朝阳区侨联捐资助学手牵手活动”启动仪式。在捐资助学、走访慰问贫困户等奉献爱心活动中共募集捐赠3万余元的物资。其基层组织南湖街道侨联组织成立了侨眷之家安老院、侨联120救助中心，为32户空巢老人家庭建立了联系卡。宽城区侨联春节前夕为南广街道特困户送去米、面、油等价值2万元的年货；同时为奋进乡一间村送去价值2万元的电脑、彩电、DVD、书籍、文具等物品；为山东安丘邦宁希望小学捐助1万元。区侨联主席高立春向长春市见义勇为基金会捐款10万元。二道区侨联为了加强爱国主义教育与装甲兵技术学院结成了共建对子，多次举行交流、学习、参观、联欢等军民共建互动活动。全年累计从事光彩事业捐赠物资2.13万元。绿园区侨联以青年街道银融社区侨联组织为典型，工作落在基层的实处，以点带面，带动全区的侨务工作，通过“侨法宣传月”、侨眷艺术品展览等多种多样的活动形式，与社区和百姓建立了良好而融洽的关系。侨联主席杜剑深入实际，了解情况，带领区侨联干部走访慰问困难侨眷侨属，倾听呼声，帮助困难侨眷侨属解决生活困难。南关区侨联全年共引进项目15个，完成招商引资任务5.1亿元。农安县侨联2007年为4户归侨侨眷办理了房屋拆迁补偿，低保，子女考学加分等最实际的问题。春节前深入到4户生活困难的归侨侨眷家中进行走访慰问，并送去了价值2 000余元的米、面、油等节日用品，为他们度过一个温馨、愉快的春节提供了物质保障。在捐资助学活动中捐赠5 000多元的物资及学习用品。为彻底解决县里多数归侨侨眷贫困,无固定职业的现状,县侨联认真思考,深入市场调研,决定开办侨园酱菜厂,目前,已投资10万余元,完成了前期工作,即将开工生产。一汽侨联春节前走访慰问归侨侨眷20余户,走访的重点是生活有困难的,在工作中做出贡献的科技人才,单位骨干力量,共发放慰问金1.3万元。节假日组织部分退休的归侨侨眷和社区工作站的工作人员参加野游等各种活动。开展了"爱一汽、献良策、做贡献"主题活动。引进一个汽车零部件企业现在注册资金800万元已经到位。吉林大学侨联归侨侨眷中拥有各方面的专家学者,结合社会主义新农村建设和构建和谐社会的目标,校侨联、校归国留学人员联谊会组织食品、医药、化学、植物、生物工程等多个学科的专家20余人,到九台市天景食品有限公司、金锣肉制产品有限公司考察调研,专家就种子培育、生产基地作物的管理、企业产品的种类、口味、生产工艺和原料的综合利用开发等各个方面都提出了有价值的意见和建议。还利用侨界优势,积极为国家实施"引进来"和"走出去"战略服务,2007年引进35万元美金约260万元人民币。春节期间探望了20多位归侨侨眷,中秋佳节组织归侨侨眷、台胞台属以联欢会的形式共度中秋佳节。帮助老归侨崔慧聪老师解决房产继承问题。为侨眷李载柔老师协调住院费用。东北师大侨联组织向老校友冯志远学习的活动以及赴辽宁参加中、小学寄宿制的调研活动。还组织9名同志参加了东北师大第二期统战干部理论学习班。组织参加学校党委统战部组织的统战系统乒乓球赛,由5人组成的侨联男队(其中有三位退休教师),获得亚军,女队获得第四名。组织庆国庆迎中秋联谊活动。在这些活动中,增进了大家的友情,在沟通中又互相结识了新朋友。

3.搞好新华侨、新归侨及其侨眷的普查工作。在没有资金,工作人员少的情况下,坚持进行侨情普查工作。在侨情普查的基础上,市侨联注意做好新华侨的社会安排和联络工作。发现、培育、树立海归派创业典型。对海外留学归国人员创业情况进行了调研。

【宣传工作】 市侨联把宣传工作紧密地与全市的中心工作及侨联的工作实际相结合,加强对《归侨侨眷权益保护法》及《归侨侨眷权益保护法实施办法》、《反分裂国家法》等侨务方针、政策及政治理论的宣传。通过会刊《长春侨联》及网站等各种媒体来反映侨界动态,宣传党和政府对侨工作方针等,大力弘扬侨界的优秀人物和事迹,加强对华人、留学人员爱国爱乡和支持祖国、家乡建设的宣传报道,从而推动侨联工作的开展。经吉林电视台、长春电视台、长春广播电台、《吉林日报》、《长春日报》报道的信息10余条。上报信息达29条。

(刘英佳)

地方军事

地方军事

长春警备区

【概况】 2007年,长春警备区在省军区党委和长春市委、市政府领导下,始终坚持用科学发展、安全发展理念统一官兵思想,坚持发挥党委班子集体领导作用,狠抓应急行动准备工作落实,不断破解部队建设难点问题,部队各项建设取得了长足进步。

1. 思想政治建设在凝聚力量中加强。始终把思想政治建设摆在首位,扎实抓好喜迎十七大和学习宣传贯彻十七大精神工作落实。年初以来,两级党委围绕作风建设、和谐理念、传统使命、核心价值等四个专题和胡主席“6·25”、“8·1”重要讲话,认真组织学习,进一步深化了对科学发展观科学内涵和精神实质的理解。党委机关开展“加强作风建设,促进安全发展”集中教育整顿,较好解决振奋精神、执行力不强等问题;紧贴形势任务,广泛开展“赞颂新成就,履行新使命,迎接十七大”主题教育,强化了官兵牺牲奉献意识。十七大召开后,采取读原文、与战区和省军区同步专题学习、领导宣讲辅导等方法,广泛开展体会交流、笔记展评、书画作品展等活动,迅速掀起学习宣传贯彻十七大精神的热潮,进一步坚定了旗帜就是方向的信念,深化了用科学发展观指导建设的理念,强化了党指挥枪的观念,对党的十七大召开的历史意义和重大作用有了更深刻的理解。认真贯彻《思想政治教育大纲》,结合实际改进教育方法和手段,《以务实作风抓好教育》的做法被总政《宣传简报》网络版和军区《政治工作通讯》转发。政治工作双拥共建、新农村建设、国防教育、计划生育、老干部服务管理和移交、新闻报道工作也取得新成绩。榆树市和农安县人武部支持新农村建设工作有特色,德惠市和九台市人武部国防教育形式多样、效果较好。警备区政治部被省军区政治机关评为先进政治部。

2. 应急能力在务实准备中跃升。认真贯彻胡主席和中央军委一系列重要指示,按照“往前赶、往实里抓”的要求,扎实推进应急行动准备节点任务落实。民兵分队应急、应突能力明显提高。警备区与市委、市政府联合下发《关于加强长春市民兵基层战备建设的意见》、《实施细则》及《应急行动准备检查验收实施方案》,绿园区人武部基层民兵战备建设试点任务完成好,10个县(市、区)人武部积极协调地方党委、政府,共投入资金475万元,11个应急连队、4.1万余件设施器材全部到位;全市310个基层武装部的80%、411个民兵营(连)部的60%正规化建设达标。各项准备进一步贴近实战。年内,围绕职能任务完善作战预案21份,完成作战及支前潜力调查,落实预备役军官登记统计,并按时完成10个心理战分队的组建任务。南关区人武部心理战组建训练的做法在省军区“军事斗争准备政治工作会议”上作了介绍。农安县和九台市人武部组织民兵搜捕暴徒行动受到市领导肯定;九台市民兵抗洪抢险准备工作落实,受到长春市政府表彰。针对性、适应性训练实效增强。年内组织2个人武部进行快速集结以及带战术背景的临战拉动训练,一汽集团民兵通信分队训练扎实。宽城区民兵高炮连参加省军区组织的民兵重点分队划区考核,取得总评第一名的好成绩;宽城区、二道区人武部民兵规范化训练受到省军区表彰。2人通过省军区优秀“四会”教练员素质认证考核,14人被省军区评为优秀“四会”教练员。警备区民兵武器仓库重点目标防卫训练科目在省军区“安全稳定工作交流研讨会”上作了汇报演示。在训练任务重、保障难度大的情况下,训练基地的同志积极而为,年度各项保障任务圆满完成。

3. 党委班子和干部队伍建设在改进作风中进步。以提高领导科学发展能力为根本,以改进作风为突破口,全面提高党委班子和干部队伍建设水平。按照省军区党委统一部署,组织警备区、人武部党委开展加强“五风”建设学习实践活动,抓住深化认识、党性分析、实践强化、破解难题、渗透结合等五个关节，着力解决思想浮躁，患得患失；学习流于形式，浅尝辄止；作风不艰苦，落实打折扣；拼搏精神弱化，工作干劲不足以及贪图安逸，自律不严等问题，强化了两级班子和干部的作风建设。加强党委“五风”建设的做法被沈阳军区政工网和《前进报》刊发。结合召开党委民主生活会，通过蹲点帮带、以考促建，提高了人武部班子抓落实的能力。注意抓好对征兵工作的检查监督，专门召开廉洁征兵工作会议，出台《关于做好征兵纪检监察工作的通知》，制定下发“十三条禁令”，签订廉洁征兵责任书，圆满完成3 190名兵员、120 名大学生的征集任务。朝阳区人武部注意加大宣传力度、注重提高兵员质量，征集大学生 69 名。坚持党委理财，财经预算管理、专项制度落实，警备区接受省军区党委专项考评获优秀成绩。有 1 个党支部和 2 名党员受到省军区党委表彰，警备区党委选树表彰2 个党组织和 14 名党员。双阳区人武部正、副书记被省军区评为“一对好书记”。党管武装工作有新成果，长春市委书记王儒林、双阳区委书记方曙光分别被省军区评为党管武装好书记、党管武装模范书记；朝阳区区长陈克信、双阳区区长李长明被省委组织部、省军区政治部评为支持国防建设好区长。始终坚持把岗位锻炼作为培养干部的基础性工作来抓。通过集中培训、机关代培、岗位练兵、定期考核等方式，着力提高干部履职能力。15 名人武部干部到警备区机关代培训练效果好，35 名教练员考核达标，11 名政工干部成为“四会”政治教员。1 人被军区评为“四会”优秀政治教员。

4. 基层基础建设在固强补弱中发展。坚持以协调发展、整体跃升为目标，扎实开展“双帮”活动，重点对 3 个人武部党委和 8 名干部进行具体帮建，注意围绕班子帮在建上、强化制度帮在严上、着眼素质帮在训上、突出主官帮在心上，促进了基层建设整体提高。绿园区人武部抓干部队伍建设敢于较真、要求严格；农安县人武部贯彻上级指示坚决、工作朴实，注重落实。机关和人武部着眼打基础，坚持软件、硬件一起抓，普遍开展“解难事、办实事”活动，解决退伍士兵上访、职工后顾之忧、干部学习成才、基础设施等困扰基层建设的难题。警备区还新建了3 300 平方米军官公寓房。朝阳区、南关区和宽城区人武部在改善住用条件上狠下工夫，办公环境发生了较大变化；榆树市人武部在生活、办公环境受限的情况下，注重抓好保密和安全等基础设施建设；二道区人武部缺少经费，仍然想方设法落实战备设施建设。一汽集团、开发区、铁路十三局武装部工作深入，各项建设平衡发展。典型选树有新突破，双阳区人武部被省军区评为标兵人武部，双阳区人武部政委李永军被省军区评为人武部主官标兵。

5. 安全发展在总结教训中推进。注意强化安全发展理念，不间断排查隐患，不间断纠正问题。发生办公计算机上互联网和车辆亡人事故后，警备区党委先后 5 次召开常委会、1 次召开全委扩大会解剖问题、总结教训；开展以“责任、纪律、落实”为主要内容的安全工作整顿，进行问题与隐患清理排查。着力解决移动存储载体和文件管理不正规；八小时以外人员管理不严格以及退休干部、职工、在外学习等边缘人员失管失控问题。还制定下发了《关于落实安全稳定工作责任的补充规定》，规范制度，明确责任。官兵在反思教训中安全理念和法规条令意识增强，部队从严治军水平有提高。警备区《立足自身，常抓不懈，努力提高重点目标安全防卫水平》的做法在省军区“安全稳定工作交流研讨会”作了介绍。

（张高寿）

【征兵工作】 长春市2007 年征兵工作，在上级兵役机关和市委、市政府、警备区党委的正确领导下，认真执行征兵政策，以保证落实程序、工作安全、廉洁自律、兵员质量为目标，坚持“党委管征”，狠抓廉洁征兵，较好地落实了上级关于征兵工作的指示精神。2007 年长春市的征集任务为3 190人，其中，为解放军征集2 010人，为武装警察部队征集1 180人。所征新兵中，在校大学生 111 人，高中（含中专、职高）毕业文化程度1 831人，初中毕业文化程度1 248人；共青团员2 102人。应征青年上站体检6 110人，合格3 879人，合格率为 63%。

1. 各级高度重视，组织领导坚强有力。组织召开了长春市征兵工作会议，传达了两级军区征兵会议精神，对长春市年度征兵工作做了部署。警备区党委召开了常委会议，专题研究征兵工作，明确了首长分工，落实了责任制。警备区和各人武部党委坚决贯彻省军区“党委管征、集体决策、全程监督、公开透明”的要求，加强对征兵工作的领导。市委、市政府高度重视征兵工作，把平时征兵准备工作纳入法制化、制度化的轨道，明确各级、各部门职责，统一了工作程序和方法。各县（市、区）党委、政府加大了领导力度，普遍采取签订责任状、实行一把手负责制的方法，确保了征兵工作的顺利进行。各级政府主要领导亲自挂帅，深入基层检查指导，研究解决工作中存在的矛盾和问题，在人力、物力、财力上给予全力支持，确保了各项工作落实。全市各级政府共划拨征兵经费100余万元。

2. 军地密切配合，宣传教育广泛深入。针对市场经济条件下适龄青年国防观念趋于淡化、应征入伍热情下降的实际，采取“一季征兵、四季教育”的措施，多时段、全方位开展宣传教育。在中小学校普遍建立了国防教育机构，制订国防教育规划，开展爱国主义和依法服兵役教育；充分利用电视台、电台、报纸、网络等媒体和设立咨询站、制作宣传板、发放宣传单等方式，上下一体；多维一体宣传《国防法》、《兵役法》，普及兵役知识，增强广大青年参军报效祖国的光荣感、责任感和依法服兵役的意识；深入厂矿、企业、学校、农户对适龄青年进行面对面宣传，帮助他们算清“经济账”、“前途账”和“成长教育账”，消除广大青年的思想顾虑。全市印制宣传单100 000份、制作宣传标语50 000多幅、张贴《兵役登记通告》8 000张，播发新闻20多次。为切实保证兵员的文化素质，各县（市、区）针对各类高校扩招，使可征集高文化素质适龄青年数量大量减少和在校大学生应征入伍积极性普遍下降的实际情况，结合兵役登记工作，派专人深入到村屯、厂矿、社区、高等院校，着重做了高中以上文化适龄青年和在校大学生的思想发动工作。从10月8日开始，长春市征兵办人员与5个市区征兵办人员一同深入到各高等院校，与院校沟通协调，得到了院校领导的支持配合，采取张贴宣传海报、在校园网络发布征兵工作信息、网络答疑等方式，宣传在校大学生的征集条件、到军营后的发展前景、入伍及退伍后的优待政策等。张贴《莘莘学子、报国从戎》海报800份，网络答疑600多条，有效提高了在校大学生的参军热情。

3. 严把关键环节，兵员质量明显提高。始终把保证新兵质量作为征兵工作的核心，努力在重点环节的把握上下狠工夫。各级兵役机关充分挖掘兵源潜力，改变以往坐等适龄青年到站登记的做法，采取开设固定兵役登记站与流动兵役登记站相结合、本人登记与亲属登记相结合的方式，较好地解决了漏登、错登、重登和农村青年不愿去登记的问题，促进了兵役登记工作的全面落实。严密组织体检工作，采取封闭体检站、预征青年编号、医生挂牌上岗等办法，坚持标准，准确认症，严格把关。适时掌握适龄青年的应征态度、思想动机和现实表现，实行县、乡、村三级政审、区域联审制度，有效防止了把有劣迹青年征入部队。把新兵的文化质量作为硬指标，积极发动高文化程度的青年应征，对在校大学生开设“绿色通道”，规定高中毕业以上不在基层淘汰，并优先体检，优先审批定兵。坚持集体定兵、择优定兵的原则，做到全面衡量，好中选优。2007年，为确保政审质量，继续实行了《应征青年政治审查责任书》制度，明确各级政审人员责任，确保了新兵的政治质量。

4. 强化纪检监督，廉洁征兵扎实有效。认真贯彻中央、总部和省军区有关廉洁征兵的指示、规定，坚持把廉洁征兵作为加强党风廉政建设的一项重要内容。召开了全市廉洁征兵工作会议，市纪检委、警备区纪委、市监察局、市征兵办联合下发了《关于认真做好征兵纪检监察工作的通知》，增强了各级领导和征兵工作人员的廉洁意识，强化了政策纪律观念。坚持把兵役机关廉洁征兵情况纳入警备区、人武部年度考核的一项重要内容，作为领导干部履行职责、衡量政绩的重要方面，增强兵役机关和直接责任人的“内动力”。完善监督和制约机制，警备区制定了《征兵工作人员“十三条禁令”》，普遍设立举报电话、举报信箱，设立部长、政委接待日，主动接受群众监督，形成人人关心廉政建设，人人充当廉洁征兵义务监督员的良好氛围。加大惩治力度，对违反征兵政策纪律的人和事，做到及时核查，坚决纠正、严肃处理，有效防止了滥用职权和搞暗箱操作，减少了违法违纪行为，有力维护了征兵工作的权威性和严肃性。

（霍秀田）

武警长春市支队

【概况】 2007年，武警长春市支队（以下简称武警市支队）以科学发展观为统领，按照“五句话”总要求和“强班子、抓基层、谋发展、保稳定”的总体工作思路，改进工作作风，狠抓工作落实，全年长春市支队所属固定执勤目标安全无事故，警卫分队成功处置群体性上访事件280起，共动用兵力13 760人次；临时勤务166起，用兵17 151人次，圆满完成了以执勤、“处突”和反恐为中心的各项任务。

【加强党委班子建设】 1.抓团结，“一班人”精力集中。新的党委班子组建后，自觉以部队建设为基础、以战友情谊为纽带、以党性原则为前提，不存私心、不争名利；坚持用科学发展观的眼光审视自己的工作热忱、审视自己的政治理论水平、审视自己的工作作风、审视自己廉洁自律等方面存在的不足和薄弱环节，始终把主要精力放在抓部队建设和完成本职工作任务上。2.抓民主集中制，党委科学民主依法决策的质量有提高。认真贯彻“十六字”原则，结合团以上党委贯彻民主集中制情况检查，组织班子成员认真学习了《党章》、《军队党委工作条例》、武警党委《关于加强长春市支队（团）以上党委民主集中制建设的若干规定》，修订完善了《长春市支队党委议事规则》、《长春市支队党风廉政建设措施》，反复分析查找了党委在贯彻落实民主集中制上存在的问题，进一步加深了对民主集中制科学内涵和基本要求的认识理解，增强了贯彻落实的自觉性和坚定性，提高了党委科学决策民主决策依法决策的能力。3.抓作风，基层整体建设质量有提高。认真落实《蹲点调研帮建规定》和武警吉林省总队“抓基层工作领导小组”会议精神，成立了“长春市支队抓基层工作领导小组”，定期召开会议，分析形势，制订措施。牢固树立了“基层第一，士兵至上”的思想，积极为基层排忧解难。2007年，共投资700余万元，解决基层饮水、洗澡、晒衣、营区绿化、文化设施配套等实际困难47件，“四项设施”完全配套率达到了50%，基本配套率达到了29%。

【干部队伍建设】 在干部队伍建设上，武警市支队始终贯彻“以人为本，严格管理、确保安全”的理念。1.加大了培训帮带力度。采取理论学习、专题辅导、讨论交流、答疑释惑等形式，对基层38名副职干部进行了为期10天的《纲要》培训。针对基层干部抓经常性工作不得法的问题，武警市支队采取任前谈话、以会代训、常委包干负责、机关蹲点帮建等形式，教育各级干部必须“一板一眼地办好每天必办的事情，一点一滴地抓好日常生活小事，一丝不苟地做好职责份内的事”，不断提高基层干部适应岗位需要和抓经常性工作落实的能力。制订了《长春市支队人才建设规划》，积极开展学历升级教育，组织110名干部参加全国计算机等级考试，55人提高了一级学历层次。选派72人参加武警吉林省总队预提中队主官和各类院校培训。2.加大了检查考核力度。采取网上点名与实地检查相结合的办法，对干部在位和履职情况进行不定时的跟踪检查和讲评，对存在问题的干部敢于严肃处理，对政绩突出的干部大胆提拔使用。武警市支队择优提升任用了38名干部，激发了干部靠素质立身的动力和紧迫感。结合党委机关事业心责任感教育和上半年工作总结，选树了9名爱岗敬业、乐于奉献的干部典型，进行大力宣扬，收到了强烈反响。3.加大了教育管理力度。修订完善了《长春市支队干部管理规定》，严格落实干部管理“五不准”规定，即：一不准干部私自开车；二不准乱拉关系；三不准私做生意；四不准进入不健康场所；五不准收战士金钱和礼物。对转业待安置和在外学习、培训、休假干部的管理上，采取了分级负责、每周分析形势、每半月打一次电话、每月发一次警示短信、搞一次教育等办法，层层签订了安全承包责任书，严格落实了责任制。

【落实经常性工作】 1.教育经常搞。在教育内容上，以“永远做党和人民忠诚卫士”为主题，制订了《长春市支队2007年全面素质教育计划》；在教育秩序上，实行归口管理，机关各业务部门安排临时性教育，由政治部统一部署；在教育时间和方式上，每周四由机关首长和基层干部依托电视会议系统进行授课。严格落实“支队级领导每季度要为部队作一次形势报告或上一次政治教育课”制度，形成了重大教育领导讲、专题教育专家讲、经常教育干部讲、随机教育人人讲的格局。先后3次邀请地方专家就学习贯彻科学发展观、朝核问题、增强事业心责任感进行专题辅导，支队党委常委均利用三级网或亲自到中队为官兵上课1次至2次。运用“三互”、“四会”、“双四一”等有效载体，深入开展了知兵爱兵、兵兵互助活动。建立了“心连心”服务热线，战士的心里话、烦心事可以得到及时解决，进一步畅通了民主渠道。继续完善、丰富了支队政治工作信息网，建立了远程教育平台，实现了资源共享。积极参加长春市公安系统警体运动会，并取得了5个第一名，6个第二名的好成绩，丰富了文化生活，调动了广大官兵争做党和人民忠诚卫士的坚定性和自觉性。官兵收缴反动宣传品和反动光碟37套，吉林省委、长春市委先后2次发函给予表扬，武警吉林省总队党委先后3次对支队官兵表现出的坚定政治立场和道德信仰给予通报表彰。2007年，长春市支队被长春市委、市政府评为“支持地方建设先进单位”，政治部主任段世明同志被吉林省评为“支持地方建设先进个人”，政委高峰同志被吉林省评为“拥政爱民先进个人”。2. 检查经常促。建立了每周安全工作“三个一”制度，即：每周分析一次安全形势、进行一次安全检查、开展一次安全教育，做到人员上常分析、事情上常研究、部队上常检查、思想上常教育、规定上常学习、隐患上常治理；建立了机关每天召开交班会、基层每天召开“碰头会”制度，汇报、分析当天部队执勤、管理和安全等工作形势，查找不足和隐患，部署工作；严格了检查组下部队“五必查”制度，即：中心工作必查、人员在位必查、内部关系必查、伙食账目必查、日常工作落实情况必查，逐步形成了人人、时时、事事、处处想安全、抓安全的长效机制。从6月初开始，成立了专职检查组，采取昼巡夜查的办法，重点对基层夏季安全防事故工作进行排查。同时，利用“四查”载体，先后在元旦、春节、五一、十一等重大节日和重要敏感时期5次在全部队开展“查安全隐患，促安全发展”活动，特别是在3月份开展的“自我揭露矛盾，促进安全发展”教育整治活动中，查找出影响安全稳定的各类隐患4个方面共110多条，并逐一治理解决。3. 重点问题经常抓。①在人员的管理上，着重抓好公勤人员、住院、探亲、休假等零散人员和单独执勤人员以及新兵、考生、个别人或重点工作对象的教育管理，特别是对“脱离组织、脱离教育、脱离视线”这“三脱离”人员，坚持经常过问、时时关注、人人负责，确保不出任何问题。②在枪弹管理上，按照“外部盗不走，一人取不出，动用能感知，应急有保障”的要求，对兵器室进行了改造，普及了红外报警、指纹锁等设备。召开了军械管理现场会，规范了兵器室开启程序、“三人三锁”、“五同”及武器擦拭的操作规程，确保了枪弹安全。③在车辆管理上，严格车辆派遣、使用程序，认真落实了“车场日”制度，规定任何时候动用大小车辆必须经支队主官批准，除执勤、检查部队用车外，任何车辆必须于晚7时30分前归场；对驾驶员队伍进行了集中清理整顿和驾驶技能考核，实行了持证上岗和“谁批准谁负责、谁派车谁负责、谁带车谁负责、谁驾驶谁负责”的责任制度，有效地提高了车辆安全系数。

武警长春市支队参加长春市公安局主办的警体运动会

【确保中心工作圆满完成】 1. 始终坚持中心居中。坚持中心工作的中心地位不动摇，始终把中心工作摆上党委议事决策日程，定期分析形势，查找解决问题；坚持“围绕中心抓建设、抓好建设保中心”的思想不动摇，牢固树立“一盘棋”思想，齐心协力保中心；坚持一切工作向中心聚焦，一切工作给中心让路，一切工作向中心服务的意识不动摇，不与中心工作争兵力、争精力、争财力，较好地服务和保障了中心工作。2. 经常分析研究执勤形势。党委机关坚持利用每日小交班、每周大交班、每季度“议中心”会议分析执勤工作形势，剖析执勤中“常见病”、“多发病”的成因，研究解决问题的措施和办法。基层党支部能始终抓住“饭碗工程”不放松，坚持做到每日在“碰头会”上分析执勤形势，查找执勤隐患，有力地促进了执勤工作的开展。3. 加强检查指导力度。建立了战备值班和勤务检查、汇报、讲评制度，对部队采取“五查”的办法，即：实地查与网络查、着装查与便衣查、公开查与突击查、蹲点查与面上查、首长查与机关查相结合的方法，对基层官兵履职尽责和执勤安全情况实施不间断检查。4. 着力提高执勤能力。根据武警吉林省总队的统一部署，4 月初，在全支队开展了为期 1 个月的执勤业务大练兵活动；从 5 月中旬开始，利用一个半月的时间分 4 批对全支队 520 名士官进行了岗位轮训；从 6 月 20 日开始，在全部队开展了“夏季执勤百日安全竞赛”活动，指导一线官兵认真抓好专勤专训、专哨专训、专勤专教、专勤专保工作，进一步提高了一线干部的组勤能力、一线哨兵的情况处置能力和一线部队的执勤能力。5. 认真贯彻总部中心任务网上集训精神。根据武警吉林省总队统一部署，组织各级官兵认真学习总部首长讲话精神，结合不同种类勤务有针对性地搞好研讨交流，进一步深化了集训成果，强化了中心意识、职责意识和使命意识。开展了警卫勤务治理活动，进一步正规了警卫部队勤务秩序；先后 3 次对机动分队和机关前指人员进行应急处置拉动演练，提高了应急反应能力。2007 年，长春市支队固定目标安全无事故，先后动用兵力 38 017 人次，完成了捕歼战斗任务 1 起、临时警卫勤务 67 起、押解勤务 103 起、押运勤务 40 起，妥善处置群体性上访事件 340 余起，成功处置目标单位和驻地居民火灾 4 起，挽回经济损失 100 余万元。2007 年，长春市支队先后圆满完成了胡锦涛、温家宝等党和国家领导人临时警卫任务，“9·11”捕歼战斗任务，第六届亚冬会、省市“两会”、东北亚博览会、省第九次党代会、市第十一次党代会、“中超”足球联赛、“情暖黑土地”大型文艺晚会和长春“消夏节”等安全保卫任务，受到了省市领导、目标单位和人民群众的高度赞扬。

武警长春市支队圆满完成“亚冬会”开幕式安全保卫任务

【正规“四个秩序”】 1. 抓好法规学习。采取根据任务随机学、结合本职侧重学、开展活动促进学等方法，扎实开展了条令学习月活动。9 月初，在全部队开展了从严治警“百日教育整治”活动，有力地促进了安全制度的落实。9 月份，在支队党委机关开展了以“遵章守纪、关爱生命、安全发展”为主要内容的专题教育整顿，采取集中学习与个人自学相结合，警示教育与查摆反思相结合的办法，组织全体干部认真学习了有关文件精神、胡主席关于以人为本、尊干爱兵、科学管理、安全发展的重要论述，学习了条令条例、武警部队《关于解决部队管理教育工作中“五个重点问题”的规定》等规章制度，积极引导各级深刻吸取教训，不断端正指导思想，改进工作作风和工作方法，深入查找了影响部队安全稳定的 4 个方面 21 条隐患，制订了符合实际的整改措施。通过学习教育，以人为本、安全发展的理念进一步确立。2.深化治理“五个重点问题”。①在人员管理上，着重抓好公勤人员、住院、探亲、休假等零散人员和单独执勤人员的管理。狠抓了“四个严禁”，即：严禁战士使用手机等通讯工具；严禁战士与地方人员乱拉关系；严禁到地方书店、音像商店购买、租借不健康书籍和音像制品；严禁官兵私自到地方网吧上网，确保了人员管理不失控，较好地促进了部队正规化管理。②在内部关系上，为每个中队建立了“心连心”服务热线，将支队长、政委、副政委和三个部门领导的电话公开，让战士直接跟领导建立联系，保证民主渠道畅通。始终注重解决好“三对矛盾”，坚持定期到基层中队征求官兵意见，4次到基层单位进行民主测评，解决内部关系问题3起，进一步融洽了内外关系。支队结合《武警部队基层密切内部关系规定》，组织机关、基层部队深入学习，并开展了为期一周的密切内部关系学习教育整治活动，要求干部战士切实遵守“十个严禁”、“八个不准”，收到较好的效果。③在车辆管理上：严格坚持“车况不好不派、驾驶员有思想情绪不派、驾驶员过度疲劳不派”的“三不派”原则，确保了车辆管理严格、使用正规。④在枪弹管理上：严格落实“三人三锁”制度，对执勤用枪坚持每周调换、擦拭一次；对动态中的押运、押解用枪，严格按照勤务组织程序对枪弹进行使用和保存，保证了枪弹不出任何问题。⑤在治酒问题上：明确规定“上班不喝酒，招待不酗酒，中队不见酒”的“三不”要求。3.加强检查督导。充分发挥“四查”长效机制作用，先后4次对部队安全防事故进行检查。支队组成由党委带队的3个工作组、带着177个“有没有”的小问题，对基层安全情况进行检查，查出和治理安全隐患7处，并制订了《加强部队安全管理30条措施》，有效确保了部队安全稳定。

【后勤保障工作】 1.下大力抓了后勤人才建设。采取统一计划、统一组织、分层培训的方法，先后4次对机关和基层后勤干部进行集中培训。对军械员、卫生员、驾驶员、炊事员、种养殖人员共180人进行了专业技能培训，培养了一大批能管会算，能种善养，能修能补的小行家、小能手。2.下大力抓了物资采购制度改革。参照武警吉林省总队机关物资采购程序，制订了《武警长春市支队物资集中采购办法》，编制采购预算，制订采购计划，完善采购措施。特别是在副食品的采购上，实行以往在农贸市场定购，现在一律到就近超市定购的办法，既保证了副食品的质量，又杜绝了跑、冒、滴、漏、超的问题，较好地把住了副食品价格、数量、质量三个关口。3.下大力抓了“四配套”建设。全年共筹集资金1 223.9万元，对17个中队不同程度进行了营房改造、营院绿化、完善了部分中队的学习、生活设施。通过努力，目前，四项设施配套的中队有11个，基本配套的11个，基本配套率分别占到了41%，使部队的基础设施建设日渐完善，为官兵圆满完成任务奠定了物质基础。4.下大力抓了后勤规范化管理。认真学习武警总部、武警吉林省总队后勤工作电视会议精神，严格按照《后勤规范化建设与标准及考核办法》，坚持对重大经费开支“每月看、适时议”，有效地避免了党委理财的盲目性。2007年，基层财务“三好五无”达标率为100%。长春市支队及基层中队均能将地方资助经费纳入预算、计划管理，用于支队的各项事业建设，收到了较好的效果。

（张　菁）

人民防空

【概况】 长春市人防办公室是长春市国防动员委员会常设办事机构，是全市人民防空工作的主管部门，现有机关行政编制38个，内设9个处室。一年来，全市人防工作针对新时期军事斗争形势，从自身实际出发，以打造“准军事化”机关为载体，以“长期准备、重点建设、平战结合”人防工作方针为指导，加快建设步伐，全面推进，较好地完成了各项任务目标。2007年，长春市人防办被国家人防办评为全国“准军事化”建设先进单位、全国人防工程建设先进单位和全国通讯报道先进单位。

【“准军事化”建设】 市人防办根据国家人防办和沈阳军区关于“准军事化”建设的要求，结合长春市人防工作实际，以建设一支“政治坚定、业务精湛、纪律严明、作风过硬、廉政高效”的准军事化队伍为目标，积极推行《东北地区各级人民防空办公室“准军事化”建设标准》，努力提高长春市人防“准军事化”建设水平，较好地实现了“政治思想坚定、团结坚强有力、业务技术精湛、组织指挥高效、办事勤政廉洁、办公环境优良”的建设目标，使机关建设呈现出了新的面貌，推动了人防工作的全面发展。

【组织指挥】 制订了城市人口疏散接收安置计划，确定了长春市的人口疏散接收地，对疏散对象、集结地点、交通工具和疏散路线进行了明确。根据《吉林省预防与应急处置日本遗弃化学武器预案》，配合市外办制订了相关预案，完成了应急处置“日遗化武”的配套工作。对全市群众防空组织进行了整组与训练，同时完成了防化专业队的科目训练。对全市一、二类重要经济目标进行了普查，并组织一汽解放有限公司等单位制订了防护方案。组织了全市人防工作的应急准备评估，形成了数据翔实的评估报告，并对应急准备方面存在的问题进行了整理，制订了详细的整改措施。双阳区建成了总投资达数百万元的人防应急救援指挥中心。

【通信警报】 继续加强通信警报基础设施建设，全市警报器的音响覆盖率达到96%。对原有与省军区联通的军线进行了扩容，进一步增强了通讯能力。采取引入社会资金的形式，完成人防通信楼通信电缆、数字程控交换机等通信设备的安装。加强了机线设备的维护管理，使长春市的人防基线设备始终处于良好状态，完好率达到92%，保证了通信畅通。同时，积极落实警报器三级管理制度，保障了警报器的良好使用状态。在“9·18”警报器试鸣活动中，全市警报器鸣响率达到了100%。加强了通信队伍的战备执勤和业务训练工作，圆满完成了战备值勤任务，沟通率、差错率等各项指标均达到要求标准。组织通信队伍在省内进行了一次不同方向的长途拉练，锻炼了通信队伍的野外架设、快速沟通、快速撤收等方面的应变能力，也检验了通信队伍在复杂电磁环境条件下的通信保障能力。

长春市城市防空袭领导机关研究性演习

【行政审批】 按照市政府的要求成立了人防行政审批办公室，将人防审批事项、依据、条件、数量、程序、期限等在政务大厅人防审批窗口和人防网站进行了公示，并编印成册发给行政相对人，接受行政相对人的监督，规范了人防行政审批。一年来，严格按照审批权限和审批程序进行审批，全市人防工程结建率达到87 %，建设率达到56%。同时，对涉嫌拆除人防工程的62家建设单位进行了审查，核准拆除人防工程8 711平方米。补建1 369平方米，收取补偿款1 013万元。

【防空地下室建设】 加强了对加固改造工程的管理力度，严格按照建设程序进行开、竣工报告审批和备案管理，全年完成投资数百万元，工程质量全部合格。严格按照规范要求对开工的结建工程实施质量监督，全年在监工程45项，对具备验收条件的结建工程组织了竣工验收，验收合格率达到了100%，确保了应建防空地下室同步配套建设。

【工程开发利用和维护管理】 全年新开发早期工程2项，人防工程利用率达到63%，实现产值（营业额）5.29亿元，税金2 270万元，利润6 515万元，平战结合收入1 272万元。加强了平战结合工程的安全管理，认真落实防火、防汛工作的各种保障措施和责任制度，始终把防火工作放到重中之重的位置。全年共组织了5次消防演习，对春华商城、人防商场、人防俱乐部等重点单位坚持定期检查，对发现的隐患及时整改，确保了人防工程全年安全无事故。加强了已建人防工程的维修维护，全年投入70万元，对南关体育室等30多项人防早期工程以及部分已建人防工程和各种设备设施进行了维修维护，人防工程维管率达到97%，完好率达到65%，全市人防工程保持了良好的使用状态。

【人防行政执法】 进一步完善了行政执法责任制，规范行政执法行为，严格行政执法程序，把法定职责分解量化到各个执法岗位，确保了执法人员权责一致。严格按照法定程序和行为规范，对人防易地建设费的收取和人防工程建设等方面的违法行为进行查处。全年共追缴陈欠结建费330万元；改建了2 674平方米的人防工程，涉及金额534万元，保护了人防合法权益。各县（市）区人防行政执法工作得到加强。邀请市人大常委会城建环保委、长春警备区和市法制办组成了联合检查组，对全市人防行政执法工作进行了全面检查。检查的主要内容是行政执法依据是否合法准确，行政执法程序是否合理规范，形成的处罚决定是否正确适度。从检查的结果来看，各地的维权意识普遍增强，行政执法水平有了进一步提高。

【人防宣传教育】 利用电视、报纸、人防网站等多种形式，全面宣传人民防空的法律、法规、相关人防知识和全市人防会议精神，增强社会公民的国防观念和人防意识，为人防事业的发展营造了良好的氛围。继续推进人防宣传教育"五进"活动。每月都向市，县两级党政领导寄送中国人民防空杂志和吉林国防报，组织人防活动均邀请省市有关领导参加，在市委机关报上长期刊载人防文章。全市共有305个社区组织了人防宣传教育活动，为人防事业的发展营造了良好的氛围，收到了较好的效果。全市96所中学全部开设了三防常识课，全年受教育学生人数达到了3.3万人次，进一步巩固了中学人防知识教育成果。人防教育基地建设继续加强。再次为"星星泉"人防教育基地购置了各种教学器材，通过联合组织女童夏令营等多种方式教育未成年儿童。2007年，在"星星泉"人防教育基地受到教育的儿童数量达到了5万名。

【计划财务】 认真贯彻《人民防空预算管理规定》，年度计划符合实际，各项支出论证充分，经费配置规范合理。认真落实"收支两条线"规定，进一步规范财经秩序，严肃财经纪律，严格执行各项经费使用规定。加强了人防资产管理，定期盘点人防资产，做到了账、卡、物相符，防止了国有资产流失，确保了资金的使用安全。经常开展人防系统内部财务检查，并自觉接受财政、纪检、审计等部门对人防财务管理工作的监督检查。

（陈英义）

政　法

政　　法

综　述

2007年，全市政法机关认真贯彻落实科学发展观，紧紧围绕长春老工业基地全面振兴，认真履行工作职责，有力维护了全市政治稳定和社会安定。

立足于服务全市发展大局，努力为经济社会更好更快发展提供保障　紧紧围绕市委“加快发展、改善民生、建好城市、促进和谐”的要求，强化服务大局的理念和举措。市委政法委出台了《全市政法机关为企业发展服务工作实施意见及考评办法》，成立了领导小组，推出了目标要求、工作措施和考评办法。市公安局出台了《为企业发展服务的若干意见》，解决重点难点问题246项，调整取消行政审批项目30项。市检察院出台了《关于为91个重大项目建设服务的规范性意见》。召开为企业发展服务经验交流会，推广市中级法院反贪局和一些基层院好的做法。两级法院出台了《为加强民生工作提供司法保障的实施意见》，主动为企业提供司法建议，积极为重点企业清缴欠款，选派骨干直接为大项目建设服务。市司法局出台了《关于为促进民营经济发展提供法律服务的实施意见》，加强企业法律顾问工作，加大为“三农”服务力度，开展“送法下乡”活动。

立足于维护社会政治稳定，全面推进平安长春建设　坚持把维护社会稳定作为政法机关的第一责任，以平安建设为主线，充分发挥政法机关在平安建设中的主力军作用。严密防范和严厉打击境内外敌对势力和邪教组织的违法犯罪活动，有力维护了国家安全。深入推进打黑除恶、命案攻坚、打击“两抢一盗”等专项斗争，增强了人民群众的安全感。全面提升群体性事件预控能力，确保了“亚冬会”等重大会事期间全市社会政治稳定。狠抓农村平安建设，强化对“社会人”、社会组织和虚拟社会管理，治安薄弱环节和区域得到加强。充分发挥社区专职治安员作用，加强群防群治力量，加大技防建设力度，社会治安防控能力日益提高。全面加强基层基础建设，完成了155个城区及农村派出所的办公用房建设和555个城乡警务室建设并投入使用，新建和改扩建人民法庭30个，新建基层司法所25个并投入使用，10个司法所达到了部级规范化标准。

立足于保护群众合法权益，努力解决百姓关注的热点难点问题　坚持把维护好人民权益作为政法工作的根本出发点和落脚点，着力解决人民群众最关心、最直接、最现实的利益问题，最大限度增加和谐因素。全力开展涉法涉诉信访攻坚战。案件息访率达57%，彻底解决了一大批多年难以解决的老大难问题，涉法涉诉进京访总量和位次明显下降和后移。加强调解组织建设解决社会矛盾。各级各类调委会发展到2 193个，人民调解员达到25 502人，共调解各类矛盾纠纷14 247件，调解成功率达98%以上。组织开展专项斗争解决关系民生的社会治安热点问题。开展了打击查处非法“六合彩”赌博、整治消防安全、实施“畅通工程”等专项斗争，整顿治安混乱地区，加强对文化娱乐、网吧、废旧物品收购等行业的管理。2007年长春市实现连续5年无重大火灾事故的目标。解决流动、释解人员社会管理问题。加强对“社会人”、有违法恶习青少年、吸毒、释解人员的管理，释解人员衔接率已达85%以上，帮教率达98%以上。开展人民法院“执行工作”专项执法检查，“执行难”问题得到有效缓解。

立足于提高政治业务素质，全面加强政法队伍建设　坚持以队伍建设促执法能力提升，全面加强思想政治和业务能力建设，政法机关形象得到进一步提升。以“树新风正气，促和谐发展”为主题，深入开展“纪律作风建设年”活动，着力解决群众反映强烈的影响政法机关和队伍形象的突出问题，对查摆出的八个方面3 300多条问题进行了全面整改，政法队伍的执法理念、纪律作风、执法能力有了明显好转，人民群众满意度不断提升。

认真开展“感动长春十佳政法人物”评选活动，有力提升了政法队伍的影响力和公信力。同时，加强了各级政法班子和队伍的思想政治建设、组织建设、能力建设和党风廉政建设，确保政法工作始终坚持正确的政治方向，始终坚持党对政法工作的绝对领导。在全市政法干警的共同努力下，长春市连续四年获得全省社会治安综合治理先进市，市民对社会治安的满意率达到了92%。公安机关在全省公安系统练兵比武竞赛中，获得团体总分第一名，指挥中心被公安部评为优秀指挥中心，行动技术支队、交警支队被公安部评为全国优秀基层单位，交通“畅通工程”评比在全国名列第三。二道区检察院被评为全国先进检察院。市中级法院审监庭被省高院评为全省法院审判监督工作先进集体，行政庭被省高院评为全省法院棚户区改造先进集体。市司法局被省司法厅评为“三争”活动先进集体，双阳区司法局等10个单位受到省司法厅表彰。长春市国家安全局某行动专案被国家安全部荣记集体一等功，五处被国家安全部荣记集体二等功。在中央政法委组织的全国社会主义法治理念统一考试中，长春市全省排名第一，在全省介绍了队伍建设和法治理念教育经验。

（赵亚军）

公 安

【概况】 2007年，全市公安机关以科学发展观为统领，紧紧围绕服务全市经济振兴、促进社会和谐稳定、推进民生工作的大局，以“抓班子、带队伍、保稳定、促发展”为主线，以争创全国一流公安机关和一流公安队伍为目标，扎实推进“三基”工程建设、平安长春建设和队伍正规化建设，切实履行巩固党的执政地位、维护国家长治久安、保障人民安居乐业三大政治和社会责任，实现了公安工作和队伍建设新跨越、新发展。

【队伍建设】 以学习贯彻“十七大”精神为载体，以“抓规范、促养成，强素质、练精兵”为核心，深入开展队伍建设年活动，广大民警“立警为公，执法为民”思想进一步夯实，正规化建设水平明显提升。探索建立抓班子、带队伍的领导责任机制，弘扬“有旗必夺、有誉必争”的争先创优意识，建立完善干部竞争上岗任用机制，进一步规范县（市）区公安机关规范机构设置工作，各级班子的凝聚力、战斗力明显增强。探索建立警察职业化训练机制，依托公安干校，健全“战训合一、轮值轮训”教育训练模式，促进全警“学五法”、“迎三考”活动不断深化，举办封闭式培训班62期，受训人数达5 526人。在全省组织的大练兵比武竞赛中，市局获得团体总分第一名和3个单项第一名。探索建立警营文化建设机制，组织“首届万名民警才艺大比拼”系列活动，百余民警被收录到全局人才库，成功举办了警体运动会和大练兵汇报演练，充分展示了长春市公安的良好精神风貌。探索建立内外结合的警务监督机制，严格落实“五条禁令”、“十不准”等规定，内务管理标准化、执法规范化、警务公开化水平进一步提高，公安机关形象明显改观。2007年，市局在全市政行风测评中名列第三位，7个分局在当地测评中排名第一。先后有15项工作在省厅业务考评中获得第一，17个单位获得国家级荣誉，21个单位获得省级荣誉称号，19个部门获得市级荣誉称号。探索建立从优待警和警务保障机制，进一步激发了广大民警的工作热情。

【“三基”工程建设】 全力推进基层队伍建设、警务信息化建设、社区警务建设、派出所用房建设“四大建设”，全市用于“三基”工程建设的专项经费累计超过8.5亿元，新建派出所办公用房155处，建筑面积达15万平方米，新建城乡社区警务室555个，新建或购置12个警种办公楼，共计15万平方米，警种、所队、办公用房得到极大改观。加快警务信息化建设，整合现有警务信息资源，搭建全局信息应用平台，公安网接入率达到93.1%，全局百人计算机拥有率达到65%，城区派出所达到100%。加大刑侦、技侦、网监等实战警种的科技投入。DNA检测仪等一批尖端警务设备已装备到位，网监、技侦科技水平达到全国二级建设标准。精简机关，充实基层，基层一线和实战单位警力占总警力的91%，派出所警力占县级公安机关总警力的53%。

【对敌斗争卓有成效】 大力加强信息网络、秘密力量和研判机制建设。集中开展以防范打击邪教组织反动宣传活动为重点的净网专项行动，始终保持主动进攻和严打高压态势。严密防范各类邪教和非法宗教渗透活动，专案工作取得重大突破。高度重视反恐、应急、处突基础建设，推进反恐基础调查和北京奥运会注册人员的背景审查工作。加强网上舆情控制和“两非”重点人员侦控，成功处置了一批利用互联网煽动非法集会事件。

【处突能力不断增强】 密切关注由人民内部矛盾引发的各类社会不稳定因素，建立日常排查、首脑机关看护和警种处突联动新机制，常态备勤警力达到600人，处突工作体系更趋系统规范。全面提升预防控制、现场处置和依法查处水平，成功处置群体性事件1 521起，75 000余人（次）。其中，50人和100人以上规模群体性事件的预警率均达到了95%以上，处置成功率达到98%以上。成功处置了省交通建设集团职工拦路等多起较大规模上访事件，受到省、市委、政府充分肯定。加大驻京工作组警力投入及重点区域巡控劝返力度，全力推进信访攻坚战，严格落实两级局长接待日制度，共受理信访案件1 326件，息访率达到86%。中央政法委、中联办、公安部三部门交办的37起案件，结案率、息访率均达到100%，市局信访工作连续10年被市政府评为先进单位。

【严打斗争深入推进】 组织开展春季严打整治攻势、“百日会战”、破案追逃攻坚会战、治理自行车被盗问题专项行动等严打斗争，推进打黑除恶、命案攻坚、打击“两抢一盗”、禁毒人民战争、“网上追逃”等专项斗争，共打掉黑恶犯罪团伙66个，破获各类刑事案件11 265起，抓获违法犯罪嫌疑人8 728名。刑事案件破案率稳中有升，其中，命案破案率达到93.4%，严重暴力案件破案率达到90%以上，重大有影响的恶性案件破案率达到95%。成功破获了九台市“5·10”残害幼女、农安县“2·24”杀死6人及农安县合隆镇“9·11”杀死6人、杀伤9人的恶性命案。严厉打击严重经济犯罪活动，成功侦办了“万里大造林”、“海天”非法集资等涉众型经济犯罪案件130起，为企业和群众挽回巨大经济损失。长春市治理自行车被盗问题专项斗争成效明显，被评为全国先进单位，刑侦绩效考评获全省9个单项第一名。

【防控体系日臻完善】 巩固发展“确保中心，巩固周边，封锁近郊，推动县市”的防控布局，建立覆盖城区480余个重点部位、620余个金融网点、城郊12个出城路口的巡控网络，全市街面巡控、社区守控、内部管控、人口查控、阵地秘控和技术监控等防控体系日臻完善，驾驭社会治安局势能力进一步增强。全市刑事发案保持平稳，多发性的盗窃案件稳中有降。完成了110指挥中心的升级改造，增设了警情分析和地理信息等13个系统，实现了110.119.122“三台合一，五级联网”，指挥和实战功能明显增强。倾力打造以可视监控为核心，覆盖主要街路、重点部位和出城路口的“天网工程”，已建成可视监控探头近万个。金融网点新增监控探头730余个，新增网络报警用户1 650个。通过实时监控，成功抓获现行违法人员420余名，预防盗抢案件123起、安全事故112起。

【管理服务效能明显提升】 发挥公安机关参与社会管理的优势，深入落实消防三级管理职责，重点抓好春、冬季节性防火和对“一通两易四用”的专项治理和整改，加强农村地区消防基础设施建设，消防工作四项指标同比2006年大幅下降，其中火灾总起数同比下降4.2%。长春市实现了连续5年无重大火灾事故的历史新突破。深入开展“畅通工程”和“争创平安县（市）区”活动，加大交通秩序专项整治力度，交通逃逸案件破案率为95.2%，交通事故死亡人数比2006年下降1.3%。巩固扩大了长春市“畅通工程”工作成果。建立重大会事、大型活动安全保卫工作机制，圆满完成“十七大”、亚冬会、东博会等各类安保活动221次，涉及中外宾客400余万人次，安全率达到100%。开展打击“黄赌毒”和“反扒”专项行动，加强对校园周边和长春火车站前等治安复杂区域、部位的管理整治，严厉打击张贴、散发非法广告和制售假证件、假发票违法活动。以“公正、快捷、便民、高效”为重点，设立了车辆管理、户政管理、出入境管理三个分中心，加强了政务网站的升级改版，访问量已达67万人次。市长公开电话共承办9 607件，按期回复9 607件，回复率达100%；按期办结9 510件，办结率达99%；经长春市政府抽查，群众满意率达98%。2007年共承办市人大代表建议

10件；承办市政协委员提案32件，承办省人大代表建议1件，做到办结率100%，满意率100%。连续五年被市政府、市政协评为提案、议案办理工作先进单位。

（邵云刚）

【交通管理】 2007年，长春市交警支队着力维护服务经济建设这个中心，紧紧抓住"一降两保"工作主线，以公安机关"三基"工程建设、深化畅通工程、创建平安畅通县（市）区等活动为有效载体，全面加强道路交通安全管理和公安交警队伍建设，认真履行工作职责，上下一心，群策群力，开拓创新，顽强拼搏，圆满地完成了全年工作既定目标，较好地稳定了道路交通安全形势。全年道路交通事故死亡614人，较2006年减少了8人。

狠抓秩序和安全管理，维护交通安全形势稳定工作取得新成果 按照公安部"一降两保"和"五整顿、三加强"的要求，交警支队认真查找畅通工程中的突出问题和薄弱环节，不断加强交通秩序管理和事故预防工作。

1. 以打击严重交通违法为重点，连续不断地开展交通秩序整顿活动。针对季节性、锋芒性的交通安全突出问题，开展了不间断的专项集中统一行动，圆满完成了"亚冬会"、春运、"五一"及旅游旺季、"东北亚经贸博览会"等道路交通安全保卫工作任务，相继组织开展了"治理机动三轮车"、"春季道路交通秩序"、"打击无牌无证和报废机动车"、"静态交通秩序"、"预防特大道路交通事故"、"精品街路交通秩序"、"冬季道路交通秩序"等一系列专项整治活动，采取灵活多样的管理措施，始终坚持依法管理，依法行政，广泛利用现代信息技术，不断加大对酒后驾车、闯红灯、越线行驶、超员、超载、超速和驾驶报废车上路行驶等严重交通违法行为的管理和打击力度，道路交通事故得到有效控制，取得了较好的社会效应。全年共处罚各类交通违法行为620 733件，罚款8 631.1万元，暂扣机动车5 987台次，扣留驾驶证1 899个，拘留107人。

2. 以遏制重特大交通事故为目标，开展针对性治理整顿活动。交警支队领导班子带领广大交通民警认真贯彻落实公安部"5·28"和"8·16"电视电话会议精神，紧密结合全市预防交通事故工作的实际情况，认真查找事故预防工作中始终存在的漏洞和薄弱环节，层层落实责任，明确工作重点，完善预防机制，营造浓厚宣传氛围，狠抓源头管理，强化监督考核，大力开展道路交通事故预防工作。支队有效针对事故"黑点"、危险化学品运输、7座以上客车等事故重点隐患和公路、县（市）区乡道路等重点区域，组织开展多项整治活动，有效清除容易引发道路交通事故的安全隐患，取得了较好的整治效果，仅2007年两次大规模专项整治，就集中查处交通违法行为为24.9万余件。

3. 圆满完成各种大型活动及警卫任务的交通安保工作。2007年度交通安全保卫任务较多，从先期踏查，到制订方案，到组织实施，支队都高度重视，精心组织，确保保卫对象的绝对安全。全年共完成党和国家领导人来长视察、重要外宾来长访问的交通警卫任务49次，其中，一级加强勤务2次（胡锦涛总书记、温家宝总理来长视察）；一级勤务1次（李岚清来长视察）；二级勤务18次；三级勤务13次。外宾任务15次，完成了省、市人代会、政协会等大型会议交通安全保卫任务10次、临时性会议勤务127次。完成了光博会、房交会、汽博会、民博会、东博会等大型展会活动62次。完成了冰雪节、第六届亚冬会、吉林省大学生运动会、中超足球联赛等大型文体活动的交通安全保卫任务30次。截至目前，共完成前导任务138次、动用前导车451台次。处置上访、突发事件20余次。总计出动警力23 000余人次。

4. 以驾驶人和机动车辆为管理源头，筑牢交通安全第一道防线。支队从提升考试设备的科技含量着手，实现了考试的全程计算机管理，对科目一——考试启用指纹识别系统，科目二、三增加身份证审核环节，杜绝替考问题。在科目二考试考场设立了能够供120名学员直接观看整个考试过程的群众监考区，主动接受群众监督，有效提高对新驾驶员的培训质量。为加强监管，实现了每个车辆检测线（站）都与车辆管理部门联网的管理模式，依法对机动车安全技术检验机构实行监督管理，严格控制只收费不检测、不按规定检测以及出具虚假检验结果等行为，保证检车质量，保证车辆安全技术状况良好。新车管理深化窗口建设，突出人性化服务理念，推出微笑服务、代办服务、引导服务，推行"限时办结制"、"延时服务制"、"首问负责制"、"业务退办制”、“一窗式、一站式”等服务承诺和做法，最大限度地让群众满意。

努力提高参与者文明交通素质，交通安全宣传工作取得新进展 支队把交通安全“五进”活动作为宣传教育的主要载体，积极探索交通宣传新途径，充分挖掘和发挥社会可用资源的积极作用，争取政府和相关部门支持，努力提高广大交通参与者文明交通素质，全方位、多角度开展交通安全宣传活动。

1. 积极争取各级政府和相关部门支持，推进“五进”深入开展。交警支队积极争取各级政府和局际联席会议成员单位的支持，有效开展形式多样、喜闻乐见的宣传活动，使交通安全宣传和法制宣传工作进社区、进企业、进农村、进学校、进家庭，把安全教育的触角延伸到社会的每一个细胞，形成了“人人关注交通安全，人人支持交通管理”的良好社会氛围。支队建立了宣传工作网络化管理及“五进”工作责任制档案。市区内十个交警大队把管辖区域分成74个网络，由49名宣传民警包片包干。目前，全市2 116个社区、农村、学校和机关企事业单位已全部进驻车宣民警，其中，达到模范管理水平的115个，进入甲级、乙级和丙级标准的分别为423个、635个和1 058个，实现了“五进”进入率达到100%的工作目标。

2. 广泛利用主题宣传活动，适时开展安全教育发动工作。2月，支队组织了春运交通安全保卫主题宣传活动，受教育群众达百万人次，保证了节日交通流高峰的交通安全顺畅。3月，以新车管所投入使用为契机，开展了车、驾管相关工作业务知识的广泛宣传。4月，交警支队和市邮政局联合推出了交通管理信息邮寄告知服务项目正式启动，交通参与者足不出户就可以得到免费邮寄来的本人及车辆的交管信息。5月，围绕“五一”黄金周交通安全宣传工作，支队开展了旅游旺季道路交通安全宣传系列活动，有效提升人民群众出行的交通安全意识。6月，交警支队组织“百长进企业，千警进万家”社会大调查活动，为政府关注和解决民生问题，画上了浓墨重彩的一笔。7月，支队精心筹划组建“的士110”警情信息车队，最大限度地发挥群众工作的作用，发挥出租车行业特有的优势，为社会治安的稳定、人民群众的平安出行服务。此项做法，央视《新闻联播》栏目进行了特别报道。8月，市政府在文化广场举行长春市集中整治交通违法行动、遏制重特大交通事故誓师大会，教育群众远离交通违法行为，远离事故隐患。9月，几次“警营开放日”活动，组织大批市民参观宣传现代化的交通管理设施。10月，“三让三规范”活动深入开展，特别以12条精品街路为样板，示范宣传推广活动在全市范围内全面铺开。

3. 强化参与者文明交通素质养成，提高交通宣传教育覆盖面。各级公安交通管理部门把提高群众文明交通素质作为交通安全管理的治本工程，广泛利用新闻媒体，充分发挥广播、电视、网络、报纸等媒体社会覆盖面广的优势，扎实开展交通安全宣传教育工作，在社会上形成了一轮又一轮的交通安全宣传工作高潮，市民文明交通素质普遍提高，遵章守法的自觉性普遍增强。全年，支队《交通警视》共制作节目144期，专题152个，消息290条，其中转送中央电视台《今日说法》栏目的《磁铁上的童年》和《共同关注》栏目的《车祸遗孤》在社会上引起了强烈的反响。《交通之声》直播支队长热线栏目48期，交通秩序热线

新组建的“的士110”警情信息车队

32 期,事故咨询处理热线 44 期。在国家级报刊发稿 9 篇,省级报刊发稿 325 篇,市级报刊发稿 815 篇。

4. 积极探索宣传新途径,深入开展交通问题社会大调查活动。为切实摸清全市关系民生的有关交通问题,公安交警部门开展了"百长进企业,千警进万家"活动。支队班子带领全体交通干警,走进企业、走进学校、走进农村、走进社区、走进家庭,结合各自工作岗位选择熟悉对象,紧紧围绕"关系民生交通问题"这一主题,采用召开座谈会、走访、问卷、设立咨询台和信箱等多种调查形式,深入社会基层单位和广大市民之中,广泛开展交通安全宣传教育,详细了解被调查对象对交通管理工作的意见和建议,客观全面地排查群众关心的交通管理实际问题。支队各级领导和干部,坚持边走访边整改,及时解决了一大批社会关注的民生问题,为政府关注民生工作画上了浓墨重彩的一笔。活动开展以来,共走访单位或社区 973 个,被调查对象7 000余个,回收群众填写的《关注民生所涉及的交通问题调查反馈表》1 876张,梳理出交通秩序管理、事故处理、车辆和驾驶员管理等民生关注的交通问题共 8 类,1 287件。

充分利用现代科学技术手段,交通管理智能化水平实现新突破 支队牢固树立科学技术是第一生产力的思想,认真贯彻落实公安部科技强警战略,围绕公安交通管理信息系统建设和应用,把现代信息技术广泛应用于交通管理之中,不断加强道路交通管理基础设施建设,努力提升科技应用水平。

1. 加强信息平台建设,以科技硬件水平推动管理信息化。支队组织开发了新的电子警察处理系统,实现了数据上传和交换,完成了计算机网络、重要数据库及车辆、驾管、违法、事故及数据传输系统安全保障、维护工作,建立了重要数据安全备份系统,实现了系统的安全管理,确保了办公自动化等主要计算机系统运行正常。目前,交警部门计算机数量增加到了 730 余台,在网使用的计算机数量达到干警总数的 80%。支队本着社会资源回归社会的总体原则,组织开发了机动车自选号系统,小型车发放号牌实现了自主选号。截至年末,共有 1.3 万台小型车车主挂上了自编自选的车辆号牌。

2. 加强交通监控前置,扩大交通管理控制覆盖。支队在城区主要街路选择制高点,安装高空监测设备,同时升级改进现有路口设备的功能,形成大范围的高空、路口和路面巡逻三位一体的管理控制网络,通过前置管理程序,增强工作的主动性。目前,对城区机动车交通违法监控覆盖率达到 90% 以上。修复和改进了全市 8 个公路检查站的卡点监控设备,完成吉林大路智能交通控制系统安装工程,努力把解放大路,吉林大路打造成通往机场的快速通道和空中走廊,完成朝阳区、南关区大队电视监控分中心安装工程,部分完成北郊考试场电视监控系统工程,支队智能交通管理迈上新台阶。

3. 加强城区道路交通管理设施建设,提高道路语言水平。支队对全市较大路口交通标志、监控设施、设备进行科学调整和整合,更换部分单点定周期的信号灯,城区主干道路交通流量调整和信号周期实现计算机控制和管理,有效提升道路语言水平。2007 年以来,全市新安装信号灯 26 处,人行信号灯 8 处,电子警察 47 处,永久性交通诱导标志 3 块,施划道路交通标线 1 190 556 延长米,总面积为 164 187平方米,增设各类交通标志面 126 面,更换交通标志 78 面,安装交通隔离护栏1 630延长米。

努力提高队伍整体战斗力,"三基"工程建设工作迈出新步伐 支队严格按照上级机关开展抓基层、打基础、苦练基本功的"三基"建设总体部署,以"一队、一所、一岗位"为重点,通过开展"查、找、改"活动、社会主义法制理念教育和考试,规范执勤执法、岗位练兵比武、"三考"等活动,进一步提高了队伍的实战能力。

1. 倾斜基层,加大投入,基层基础建设成效明显。2007 年,支队投入2 000余万元对二道区大队选址重建,即将竣工交付使用。北郊考试场二期工程也如期进行,它的建设使用,将使支队公安车管所基础建设水平再上一个新台阶。支队对合心、兰家以及双阳区两个中队办公用房建设也已开工建设,年内有望按计划完成。按照安龙泉中队的建设标准,支队投入 80 余万元,对长吉、富峰、皓月、长伊、长双五个公路中队进行了外观标志统一工作,交警中队外观标志统一率达到 100%。支队 2007 年还为一线民警新增加计算机 125 台,为一线共配备对讲机383台，配备新式反光背心103件。

2. 广泛开展教育练兵活动，民警队伍素质进一步提高。支队共举办13期专题培训班，先后对车宣员、法制员、事故处理员、网管员等共699余人进行了教育培训。专门组织了处级干部计算机培训班，对计算机使用进行专题培训。通过组织开展处级领导班子队列比赛，民警警务技能比赛、演讲比赛、素质极限考核等练兵竞赛活动，推动了大练兵活动的深入开展。通过各类教育培训，支队评选出72名执勤执法岗位业务能手，3名车管岗位业务能手，1名事故处理岗位业务能手，还评选出了4名执法标兵，1名车管业务标兵，为民警的全员练兵树立了榜样。支队参加省公安机关苦练基本功汇报表演，赢得了省级领导和上级公安机关的一致好评。

3. 强化监督考核，规范执勤执法活动全面推进。年初，支队组织有关部门研究制订了规范执勤执法方案，确定了由秩序、法制、政工、督导共同参与的落实监督体系。支队相关部门从各自职能入手，以强化督导检查，加大考核力度为手段，积极开展路面管理、事故处理及各窗口的规范执勤执法活动，取得了初步成效。2007年上半年，支队在路面民警中推广了南关区大队规范执勤执法的经验做法，下发了教育培训光盘，相关部门强化监督考核，目前，成效显著。法制部门从执法检查入手，对各执法单位的窗口工作进行了全方位的监督检查，使支队2007年执法水平有了新的提高，涉及交通事故上访案件上半年仅发生12件，比2006年同期下降了16.6%，2007年，全市共发生死亡逃逸事故79件，破获77件，侦破率达97.47%。

4. 强化队伍教育和管理，提升整体战斗力和水平。支队多次组织科级以上干部队务会，对各项中心工作进行部署，对队伍整体实施有效的教育和管理，提升队伍的凝聚力和战斗力。支队认真执行财务制度和纪律，例行节约，精打细算，开源节流，使有限资金发挥最大作用。支队班子认真落实党内生活民主集中制、重大问题集体讨论决策等制度，充分发挥班子整体战斗力。坚持从严治警和从优待警的原则，关心和爱护民警，在强化队伍从严管理的同时，努力解决民警工作生活中遇到的实际困难和问题。支队还抓住提升车管所服务这个重点，对车管所民警实施重点教育，落实公安部三十条便民利民措施及支队面向社会的公开承诺，打造水平较高的服务型车管所。

交警支队全面施行值日警官制度，副市长兼公安局长高学章给值日警官授牌

5. 加强相关基础建设和业务工作，完善管理机制建设。支队注重“一线警力”的投入，对警力进行优化配置，使基层警力占总警力的89.3%；完善干部选拔任用机制，在民主推荐的基础上，采取竞争上岗的方式，公开选拔任用干部；建立完善内务管理机制，全面加强基层所队的正规化建设，解决办公环境“脏、乱、差”等问题；完善监督制约机制，进一步拓宽警务监督渠道，聘请了执法监督员，支队还建立和完善了值日警官制度，提高执法工作透明度，解决了队伍监管不到位的问题。

（潘　东）

【消防工作】 2007年，长春市公安消防支队大力加强部队的全面建设，确保了全市消防队伍和火灾形势两个稳定，圆满完成了以防、灭火为中心的各项消防保卫任务。据统计，2007年全市共发生火灾7 449起，死亡14人，受伤12人，直接财产损失947.7万元，无较大以上火灾发生。与2006年同期相比，火灾起数下降5%，死亡人数下降36.4%，受伤人数下降29.4%，直接财产损失下降14.7%。实现了连续5年无重特大火灾事故发生的重大突破，为长春市经济发展、社会和谐稳定、人民安居乐业创造了良好的消防安全环境。

加大执法监督力度　确保全市火灾形势高度稳定　支队认真落实消防安全责任制，广泛开展消防安全大检查活动和消防专项整治行动。2007年，支队在各类消防监督检查活动中责令停产停业、停止使用274家，罚款金额244.1万元，行政拘留44人，4家重大火灾隐患单位全部整改销案，极大改善了全市的消防安全环境，实现了长春市无较大以上火灾事故“五连冠”。

1.抓执法，推进执法监督规范化。支队制订出台了《执法质量考评量化标准》，规范消防监督执法行为。实行“首办问责、限时问责、指导问责、程序问责”“四问责”制度，坚决杜绝敷衍塞责、推诿扯皮、不认真负责现象的发生。先后举办了火灾事故调查人员培训班、建筑工程审核和验收人员培训班，以及全体消防监督人员培训班，提高消防监督人员执法水平。实行基层自查、区域互查和上级督查的监督模式，支队还在全省消防部队率先成立了消防监督执法服务队，深入基层主动服务，推动了基层消防大队执法质量和执法水平的提高。

2.抓服务，推进服务地方全局化。支队进一步强化消防服务职能，强力推出四项服务措施：①针对2007年“项目建设年”，成立重点项目审批办公室，对投资超过3 000万元的915项重点建设项目登记造册，逐级落实责任，做到项项工程有人管，项项工程有人帮；②提前介入，上门服务，为建设单位提供优质服务和技术支持；③开辟审批绿色通道，采取超常规审批模式，对重点建设项目在新建、改建、扩建、装修工程审批设置直通通道，简化办事程序，缩短审批时间，提高工作效率。先后为96家在建项目主动提供消防服务，解决消防难题420余项，为企业节约资金约1 650万元。支队扶持“大项目”的做法在全省消防执法经验交流会上做了介绍；④做好重大活动消防安全保卫工作。支队共参加大型活动保卫48次，圆满完成了“亚冬会”、“汽博会”、“东博会”以及“党的十七大”的消防安全保卫任务。支队司令部、防火处在“亚冬会”消防保卫工作中成绩突出，被公安部各荣记集体三等功一次。支队还被长春市政府评为“2007年度会展业发展先进集体”，3人被评为先进个人。

3.抓宣传，推进宣传普及社会化。在巩固传统宣传方式的同时，支队不断探索宣传新思路。在抢占宣传新阵地中，与中央电视台联合策划完成了百辆志愿者车队巡城、四站地消防安全互动以及“中国骄傲—走进长春”大型公益晚会；在吉林电视台策划了消防夜查、消防演习、消防产品展示等多次现场直播活动；在报纸、电台、电视台开设《消防隐患曝光台》；在多家报纸和电台办专版、专栏。在创新宣传新模式中，举办了外国留学生进警营活动、企业家与消防警官角色互换“双体验”等活动；制作消防宣传公益广告；将消防宣传引入大型展会和重要活动，扩大消防宣传的影响力。在培育宣传新品牌中，朝阳区湖东社区的先进消防管理经验已报送至部局拟在全国推广；榆树市弓棚镇改善农村防火条件、普及村民消防知识、加强村庄消防管理的做法在全省多种形式消防队伍建设经验交流会上做了经验介绍。

加大岗位练兵力度　确保部队实战能力快速提升

1.立足实战练兵，提升部队作战能力。支队立足实战，党委参训议训，深入开展执勤岗位练兵活动。分别在农安县大队和特勤二中队组织召开了岗位练兵基础工作现场会；先后举办了特勤岗位人员培训班、基层指挥员和班长业务理论培训班、潜水员培训班、安全防护培训班、《公安消防队伍抢险救援勤务规程》培训班；吉林电视台《守望都市》栏目组免费为支队培训了16名中队摄像人员；相继开展了高层建筑、地下建筑、石油化工企业、人员密集场所、建筑倒塌、交通事故、易燃易爆事故等各类型灾害事故实战演练，并对松原市、辽源市、吉林市等三地进行了跨区域灭火演练实战；先后举办了“精武杯”三能业务比武和第四届“协作杯”体能对抗赛，并参加了总队首届业务“大比武”，获得了团体总分第二名；在全国消防部队开先河，成立了消防特战分队，在处置高速公路化学危险品泄漏事故中发挥了重要作用。

2.立足机制练兵，提升部队信息化作战能力。2007年6月，支队投资15万元为各大、中队购进了《消防灭火救援预案制作和管理系统》软件，应用于消防安全重点单位灭火救援预案资料库管理、火灾现场灭火作战指挥、灭火演习、灭火训练和火场总结等计算机辅助管理，实现了灭火救援预案管理网络化，战训基础工作大大加强。9月27日，长春市灭火救援战勤保障体系正式建立，市长崔杰亲自挂帅担任战勤保障总指挥。10月12日，吉林省跨区域消防应急处置暨战勤保障实战演练现场会在长春召开，长春市建立灭火救援战勤保障体系的经验在全省推广。支队实行全勤指挥制度，有效解决了实际灭火战斗中作战和后勤保障脱节的问题。

3. 立足技术革新，提升部队快速反应能力。支队大力倡导科技练兵，把科学思想、科学方法和技术手段、技术装备应用到练兵工作当中。创新并推广了训练前综合体能操，研发了消防车气压自动储存系统，研制了中队车库专用联动监控仪、头盔式呼吸器面罩，改良了单兵背负式传输设备中的摄像设备、改装了多功能消防摩托车，有效提高了部队的战时反应能力。

加大队伍管理力度　确保部队内部稳中强势发展

1. 注重制度管队。从制度入手，建立健全各项规章制度，使各项工作和管理有章可循、有规可依。从抓机关入手，规范机关干部的日常养成，实行日检查警容风纪、周点名、月升旗制度。从落实工作流程化入手，将工作进行量化，落实到部门，分解到科室和具体人员身上，对责任人、完成时限明确规定，每月总结，支队的生活秩序、工作秩序得到明显改观。

2. 注重教育引领。建立健全队伍管理教育形势分析制度，增强工作的针对性和预见性。定期召开队伍管理教育大会，适时进行纪律作风整顿。在重大节日、重大活动中，支队先后派出100余人（次）对部队进行督察指导，及时发现问题，及时解决问题，支队全年无行政责任事故和违法违纪事故发生，确保了部队高度稳定。

3. 注重典型培养。2007年，支队被省政府荣记集体二等功一次，共有5个单位荣获集体三等功，4人荣立个人二等功，48人荣立个人三等功，2人光荣当选2007“中国骄傲”，1人被公安部授予“全国优秀人民警察”荣誉称号，1人荣获省级“巾帼建功标兵”称号，2人被评为吉林省“八一”之星，1个单位被省政府授予“吉林省模范公安基层单位”荣誉称号，1个单位被授予“省级青年文明号”，1人被省公安厅授予“全省优秀人民警察”，荣誉称号，1人被市政府评为“见义勇为先进个人”，1人被公安部党组评为“优秀党务工作者”，有4个单位被省消防总队党组织评为“先进党组织”，5人评为“优秀共产党员”。得到了各级党委、政府的高度认可。

加大服务大局力度　确保后勤保障能力不断增强

1. 经费分级保障建设取得突破性进展。支队党委着眼部队长远发展，积极探索消防经费分级保障新思路，在支队积极努力下，2007年6月11日市政府将消防经费分级保障问题纳入了《市政府第45次会议纪要》中，为消防经费落户区财政提供了强力保证。支队实现了本级2007年经费基数增长388.3万元的目标。14个县（市、区）已全部将消防业务经费基数落户本级财政预算内予以保障。经费分级落户及基数的增长，为部队的长远发展和建设奠定了坚实的经济基础。

2. 营房维修改造建设取得突破性进展。为扭转基层部队营房落后的状况，支队投资216万元，新建了2 100平方米的南湖大路中队；投资703万元，改造装修了岳阳街消防中队，改建面积2 378平方米；投资500万元，将原办公楼改建为特勤大队，改造面积4 827平方米，新建多功能车库1 200.9平方米。同时，还投资1 100万元，对市区7个中队的危旧营房进行全面改造、装修，改造总面积达1.65万平方米，建成了学习、训练、休息、娱乐一体化的人性化营房模式，为基层官兵营造了拴心留人的良好环境。

3. 公共消防设施建设取得突破性进展。全市新建了兴隆山玉米工业园消防站、九台市经济开发区消防站、德惠市经济开发区消防站、团山街道消防站共4处消防站，总建筑面积9 551.55平方米，总投资1 893万元。有5处消防站完成了建设征地，总征地面积33 300平方米。各企业共新建消火栓25部，修复消火栓8部，消防水池16个。全市共有好用消火栓1 366部，消防水鹤79部，200立方米以上的消防水池127个，天然水源15处。

4. 消防装备器材建设取得突破性进展。为解决长春市消防装备载水量不足问题，市政府一次性投入809万元用于消防车辆建设,使一次装备载水量达到500吨。支队全年共购置消防战斗车辆25台、行政车辆17台,极大的改善了支队车辆装备结构,进一步增强了执勤备战实力,推进了部队灭火救援整体能力。

(林树坤)

检 察

【概况】 2007年,全市检察机关坚持以科学发展观为统领,紧紧围绕全市工作大局和检察工作主题,全面履行法律监督职责,切实加强自身建设,为促进长春经济又好又快发展、构建和谐社会做出了积极贡献。

【依法履行打击刑事犯罪职能】 一年来,两级院共受理提请逮捕刑事犯罪案件3 522件5 083人,经审查批准逮捕3 059件4 356人;受理移送审查起诉4 140件6 124人,经审查提起公诉3 775件5 592人。加强与公安、法院密切配合,严厉打击各类刑事犯罪,全力维护社会治安秩序。加强对职务犯罪重大案件公诉工作。认真贯彻宽严相济的刑事政策,对未成年人犯罪、初犯、偶犯、轻微犯罪案件和在校学生犯罪,慎用逮捕的强制措施,对符合从宽处理条件的52名未成年犯罪嫌疑人决定不批准逮捕。

【依法履行查办和预防职务犯罪职能】 两级院共立案查办贪污贿赂等职务犯罪194人,立案查办渎职犯罪86人,通过办案,挽回直接经济损失3亿余元。集中力量查办大案要案。立案查办贪污贿赂等职务犯罪大案126件,要案58件,大要案分别占立案总数的64.9%和29.9%。查办处级以上干部40人,厅局级以上干部1人,典型案件如德惠市市长李长洪受贿案等。立案查办渎职犯罪重大案件11件,特大案件13件。这些大要案件的查处,有力地震慑了犯罪,促进了党风廉政建设。深入查处重点领域、行业的职务犯罪。查办粮食、金融、教育、卫生等重点领域和行业职务犯罪63人,占立案总数的32.5%。认真贯彻中央关于治理商业贿赂的重大决策,积极参加治理商业贿赂工作。立案侦查涉及国家工作人员的商业贿赂犯罪案件62件。积极推进职务犯罪预防。加大预防职务犯罪宣传教育力度,市检察院继续与长春电视台共同开办《法治中国》电视专栏,在长春市部分公交线路上做预防职务犯罪公益广告,在监狱办警示教育基地。开展个案预防、重大工程项目预防和重点行业领域系统预防。特别是对水务集团污水处理厂等一批重大工程项目开展犯罪预防,对重大项目建设顺利进行,确保"工程优质、干部廉洁"发挥了重要作用。

【依法履行诉讼监督职能】 坚持有罪追究、无罪保护、严格依法、客观公正,全面开展对刑事诉讼、民事审判、行政诉讼和刑罚执行监督。加强刑事立案监督,要求公安机关说明不立案理由25件,通知立案19件。加强侦查和刑事审判监督,依法不批准逮捕679人,不起诉284人,纠正漏捕6人,追诉41人,对认为确有错误的刑事判决、裁定,提出抗诉6件。加强对刑罚执行和监管活动监督。严格执行《刑事诉讼法》的规定,重点加强对违法减刑、假释、暂予监外执行的监督,对监外罪犯监管执行情况开展了专项检察。对违法减刑、假释、暂予监外执行的,提出纠正意见108人次。开展安全防范检察,发现并纠正各类隐患156件。完善同步监督机制,做好纠防超期羁押的工作,保护被监管人的合法权益。加强对民事审判和行政诉讼活动的监督。受理各类民事、行政申诉案件153件,立案100件,对认为确有错误的民事行政判决、裁定提出或提请抗诉45件,发出检察建议22件。

【依法履行消除和化解社会矛盾职能】 认真贯彻落实宽严相济的刑事政策。对未成年人犯罪、初犯、偶犯、轻微犯罪案件和在校学生犯罪,依法从宽处理。共对符合从宽处理条件的116名未成年犯罪嫌疑人决定不批准逮捕。落实检察环节的各项综合治理措施,积极参加社会治安防控体系和"平安长春"建设。进一步做好涉检上访工作。受理各类信访1 419件,绝大多数做到了案结事了,息诉罢访,有效化解了人民内部矛盾,促进了社会和谐。到省上访的案件有较大幅度下降,没有出现进京上访问题。

【为长春经济发展创造良好软环境】 更新执法理念,夯实为经济建设服务的思想基础。市检察院请企业负责人介绍企业改革和发展情况，召开企业家座谈会，组织干警先后走访了20余家企业。召开了检察机关为经济发展服务经验交流会，使广大干警了解经济，熟悉经济，增进了同经济工作的感情，转变了执法观念，服务经济发展的自觉性得到了普遍增强。1. 立足发挥检察职能，克服“就案办案”、“孤立办案”倾向，努力实现为经济建设服务的最佳效果。①处理好打击和保护的关系。对于危害经济发展的犯罪案件严肃查处，决不手软。突出查办企业重组、改制和破产中私分、贪污、挪用公款等犯罪案件，国家机关工作人员滥用职权、玩忽职守造成国有资产严重流失等犯罪案件，努力为企业改革发展扫清障碍。同时，在查办案件中，充分考虑企业改革和发展的复杂性。注意区分工作失误与渎职犯罪的界限，拆借资金与挪用公款犯罪的界限，招商引资中合理的支出、奖励与行贿受贿犯罪的界限，把企业行为与经营者个人的行为严格区分开来。实行“正名制度”，对经查确属错告诬告的，及时向有关单位反馈，澄清事实，挽回影响，既打击了犯罪，又注意保护了企业领导和经营者改革发展的积极性。②处理好执法严肃性与执法方法灵活性的关系。在严肃执法，加大对破坏经济发展的犯罪行为打击力度的同时，注意办案方法的灵活性，坚持到企业办案做到“五不”、“两及时”和“三防止”，最大限度地防止和避免了因办案给企业发展带来负效应，实现“零干扰”。五年来，没有发生因办案影响企业经营发展的问题。2. 围绕市委工作部署，适时调整服务工作重点，契而不舍为经济社会发展服务。贯彻落实市院制订的长春市检察机关《关于为改革开放和老工业基地改造振兴服务的意见》、《为民营经济发展服务的规定》、《为国企改革发展服务的意见》、《关于服务“改造大铁北、建设北部新城”的工作意见》、《关于为净月生态城建设服务的意见》、《服务社会主义新农村建设的意见》和《关于为全市民生工作服务的工作意见》等一系列制度规范，采取了有针对性的服务措施。按照市委提出的“项目建设年”工作要求，市检察院制订了《关于为91个重大项目建设服务的规范性意见》，保证每一个重大项目都有两级院检察长和市检察院机关处以上干部负责联系，随时帮助解决困难和问题，受到项目建设单位的欢迎。3. 严格约束干警的行为。坚决防止检察干警个人到企业吃拿卡要报以及搞摊派、拉赞助等行为。向企业发放“检务监督卡”，在媒体上向社会公布了24小时开通的举报电话，真心诚意地接受企业和全社会监督。几年来，没有发生检察干警影响软环境的行为，真正做到“只服务、不添乱”，得到了企业的普遍认可。

【干部队伍建设】 始终把思想政治建设放在首位，紧密结合检察工作实际，深入开展社会主义法治理念教育，认真学习贯彻十七大精神，检察人员思想政治素质和职业道德素质不断提高。狠抓领导班子建设。在全市检察机关各级领导班子中大力开展创建“和谐班子”活动，大力营造心齐劲足、风清气正、干事创业的工作环境。市直机关党工委在市检察院召开了“和谐机关”创建活动现场经验交流会并介绍了经验。以执法办案第一线的检察官为重点，采取多种形式，大力开展正规化分类培训，在两级院普遍开展岗位练兵和业务竞赛活动，队伍专业化水平和法律监督能力不断提高。大力弘扬先进典型，向市委政法委推荐吴晓杰等4名“感动长春十大政法人物”。严明检察纪律，加强作风建设。深入扎实开展了“纪律作风建设年”活动，围绕纪律和作风方面存在的问题进行了认真查摆和整改，促进了全市检察机关纪律作风的进一步好转。加强队伍廉政建设。市检察院组织干警到监狱开展警示教育，不断强化干警的廉洁自律意识。继续办好《警钟长鸣》纪检监察刊物，及时刊载被查处的典型案件，对干警起到警醒作用。成立了检风检纪督查室，不定期进行明察暗访。坚持“治检先治长”，加强对各级领导干部的监督。市检察院专门召开两级院党组成员和机关处以上干部参加的廉政建设会议。市检察院在全国检察机关贯彻“条例”会议上介绍了经验。大力开展争先创优活动，基层院的信息化建设、规范化建设得到加强。

（焦成千）

审 判

【概况】 2007年，市中级法院以邓小平理论和“三个代表”重要思想为指导，认真落实科学发展观，努力践行“公正司法、一心为民”宗旨，法院各项工作取得新的进步，为促进经济发展、构建和谐长春提供了有力地司法保障。2007 年，全市法院共受理各类案件 64 826 件，审结 58 443件；其中，市中级法院受理各类案件8 776件，审结7 865件。

【依法严厉打击各类严重刑事犯罪】 坚持严打方针，依法严惩爆炸、杀人、抢劫、绑架、毒品等严重危害社会治安犯罪和黑社会性质组织犯罪、重大经济犯罪。全市法院共受理刑事一审案件4 781件，审结4 521件。市中级法院受理刑事一审案件 305 件，审结 291 件；市中级法院受理刑事二审案件 341 件，审结 329 件；受理减刑假释案件4 124件，全部办结。受最高法院指定管辖，审理了在全国有较大社会影响的原上海市社会保障局局长祝均一受贿、挪用公款、滥用职权等 9 案 11 人的社保基金案；审理了在省内有较大影响的徐伟等 23 名被告人故意杀人、绑架、组织领导黑社会性质组织犯罪案等。坚持宽严相济、慎杀少杀的刑事政策，加强刑事司法领域人权保护。

【妥善审理民商事案件】 切实转变审判指导思想，在坚持法律标准的同时，充分考虑当事人的实际情况，努力争取案结事了。注重加强调解，案件调撤率逐渐提高。坚持平等保护原则，妥善审理各类合同纠纷案件，依法维护经济安全和市场经济秩序；注重涉外民商事案件和知识产权案件审理，促进自主创新能力的提高，努力改善投资发展环境；加强涉军案件审理，切实维护军人军属合法权益。注意加强对基层人民调解组织的指导和人民调解员的培训，促进多元化社会矛盾纠纷解决机制的形成。2007 年，全市法院共受理各类民商事一审案件35 829件，审结 32 676件。市中级法院受理民商事一审案件 531 件，审结 467 件；受理民商事二审案件1 895件，审结1 731件。

【促进行政机关依法行政】 市中级法院充分发挥行政审判在解决行政争议、化解政府部门与百姓间矛盾方面的职能作用，依法拓宽行政案件受理范围，积极监督行政机关依法行政，切实维护行政相对人的合法权益。2007 年，全市法院受理行政一审案件 721 件，审结 623 件。市中级法院受理行政一审案件 34 件，审结 29 件；受理行政二审案件 125 件，审结 119 件。

【规范和加强执行工作】 深入开展执行工作机制创新和执行管理工作改革，建立了统一管理、统一指挥、统一调度的执行工作新机制，执行工作质效不断提高；制定相互监督、相互制约的操作规程，提高了执行工作的透明度和规范化水平，执行案件引发的信访问题逐渐减少；实行执行风险告知制度、执行登记制度，依法运用审计执行、听证执行、交叉执行、委托执行等措施，一批积案、难案得以执结。2007 年，全市法院共受理执行案件 16 726件，执结11 512件（含中止案件）；其中市中级法院受理执行案件 621 件，执结 397 件。

【加强调查研究】 市中级法院根据长春市工作重点确定调研专题，围绕大项目建设、民生工作等问题开展调研，走访政府有关部门、大型企业、县（市）、区及开发区，了解经济发展和社会需求，明确服务方向和重点。制订下发了《关于为民生工作提供司法保障的实施意见》。全市法院按照中院部署，认真贯彻《关于服务经济发展、促进国企改革的实施意见》、《关于为棚户区改造提供法律服务和保障的工作意见》，做好涉大项目建设、棚户区改造的拆迁、强迁工作，保证了全市法院服务中心工作依法、有序、高效地进行。

【完善服务措施】 组织法官深入重点棚户区，开展深入细致的法律、法规和政策宣传，努力争取把问题、纠纷解决在萌芽时期，最大限度地减少上访问题的发生；组织法官深入重点企业进行走访，举办专题讲座，帮助堵塞合同漏洞，积极为企业发展服务；成立专门合议庭，妥善审理涉国企改革和棚户区改造案件。从有利于党委政府科学决策，有利于有关单位和部门改进工作，预防和减少违法犯罪和各种纠纷发生，积极开展司法建议工作。

【建立沟通机制】 市中级法院与市政府建立了经常性情况沟通机制，定期召开会议，研讨、解决法律服务工作中存在的问题。2007 年，市中级法院与市政府建立了行政诉讼案件审理情况通报制度，每季度就全市法院行政案件审理情况进行评析，分析有关部门败诉的原因，提出司法建议。2007 年以来市中级法院围绕大项目建设和民生工作，参加市政府协调会10余次，及时有效地帮助政府有关部门解决了一些涉法问题。

【高度重视信访工作】 市中级法院把涉诉信访工作当成倾听群众意见的窗口，高度重视信访，建立全员信访格局，努力减少信访问题的发生；层层落实信访责任，加大信访工作责任追究力度；注重采取多种措施，强化对信访老户问题的解决。邀请人大代表、政协委员参与信访案件听证，强化解决信访问题的公信力，努力争取当事人对信访案件处理过程和结果的最大限度认同；强化领导包案，对重点信访案件全部由院长、副院长、庭长包案，包接访、包处理、包解决。通过这些措施，解决了相当一部分群众反映强烈的信访问题，全市法院涉诉信访总量比2006年下降25%，信访老户数量也逐渐减少，信访工作取得阶段性成果。

【实行便民利民措施】 实行立案大厅"一站式"服务，当事人可一次性办理所有立案手续，立案工作更加公开透明；向当事人发放诉讼风险告知、诉讼指南，引导当事人理性参加诉讼，有效地预防诉讼风险；组织法官深入田间地头巡回审案，就地办案，最大限度地为当事人参加诉讼活动提供便利。为确保下岗职工、病残人员、孤寡老人等经济确有困难的当事人打得起官司，两级法院对确有困难的当事人进行司法救助，减免诉讼费、执行费、鉴定费。对于拖欠农民工工资、拆迁纠纷、集资纠纷等涉及困难群体及集团诉讼的案件，在开展司法救助的同时，依法快审、快判、快执，努力维护当事人的合法权益。

【强化内部监督】 市中级法院始终坚持把审判监督特别是自我监督放在队伍建设的重要位置，努力构建教育、制度和监督三位一体的预防腐败体系。2007年，市中级法院组织全院法官和工作人员到净月监狱接受警示教育，先后3次召开党风廉政建设及全国法院系统违法违纪情况通报会，不断强化法官廉洁自律意识。强化内部监督的做法收到较好效果。

【创新法官考评机制】 在以往工作的基础上，2007年建立了法官审判质效评估体系。通过案件录入自动生成系统得出的审判数据，为考评法官审判工作提供了科学依据，审判质效评价更加科学规范，更具说服力，促进了法官自觉提升审判水平的积极性。

【创新司法宣传方式】 市中级法院在强化法官社会责任的同时，积极延伸审判职能，主动开展弘扬法治、宣传法治工作。加大力量自主创办的《百姓与法》电视专栏节目，从百姓关注的热点和难点问题出发，以叙述故事的形式，介绍实实在在的案情，配以百姓的评价和法律专家的点评，得到了社会各界的认可。长春电视台一、四套节目每周播出1期，社会反响越来越好。最高法院选取《百姓与法》部分节目，推荐到香港卫视播出。市中级法院还在《长春日报》、《新文化报》联办了法制专版，与长春电视台《城市速递》栏目、长春经济广播电台联办法制宣传节目，弘扬了社会主义法治，促进了广大市民知法、尊法、守法自觉性的提高。

【自觉接受人大监督】 不断完善人大代表、政协委员联络工作，主动倾听人大代表、政协委员意见。2007年，市中级法院就人民陪审员制度的贯彻实施情况向人大常委会报告情况并接受视察；就人大代表、政协委员关注和社会影响较大的案件，主动邀请人大代表、政协委员列席旁听；通过发出征求意见函和召开座谈会等形式，经常性地征求人大代表、政协委员对法院工作的意见和建议，不断改进法院工作。

【加强教育培训】 市中级法院扎实深入开展"纪律作风建设年"教育活动，认真动员部署，严格按活动方案进行学习教育、查摆及整改落实。还积极组织、鼓励广大法官参加多形式、多渠道的学习培训。市中级法院358名工作人员中，获得法学研究生以上学历的103人，法学博士学位的5人，在读博士生6人，市中级法院队伍学历水平不断提高。

【成功审结上海社保系列案】 上海社保系列案是一起政治敏感性很强，从中央到省、市各级领导以及社会各界都广泛关注的案件。根据最高人民法院指定管辖决定，长春中院对上海社保系列案件中的原上海社会保障局局长祝均一、原上海市宝山区区长秦裕、原上海市委副秘书长、办公厅主任孙路一等9案11名被告人进行公开开庭审理。并作出一审判决，被告人祝均一犯受贿罪、挪用公款罪、滥用职权罪，数罪并罚，判处有期徒刑十八年；被告人秦裕犯受贿罪，判处无期徒刑；被告人孙路一犯受贿罪，判处有期徒刑十五年。其他被告人分别被判刑。

【长春汽车产业开发区人民法院成立】　经最高法院批准，2007年1月18日，长春汽车产业开发区人民法院成立。作为长春市中级法院派出法院，汽车产业开发区法院的成立，适应了长春市经济发展的需要，是长春市法院发展进程中的一件大事，是汽车产业开发区成立以来的一件盛事。汽车产业开发区法院将紧紧围绕开发区建设中心任务，全面加强司法能力建设，积极履行《宪法》和法律赋予的职责，努力为汽车产业开发区建设做出贡献。

（刘彦吉　吴　丹）

司　法

【概况】　2007年，长春市司法局（以下简称市司法局）全面落实科学发展观，紧紧围绕构建和谐社会、建设"平安长春"这个大目标，继续坚持"抓基础、抓培训、抓发展、抓队伍，全面提高司法行政工作水平"的总体思路，充分发挥职能作用，努力为率先振兴长春、构建和谐社会提供优质法律服务、坚实法律保障、良好法制环境，各方面工作都取得了突出成绩。监狱劳教工作不断加强，教育改造质量稳步提高，实现"六个零"的安全管理目标，为维护全市社会稳定做出了积极贡献；法律服务工作全面发展，对维护和促进社会公平正义起到了积极作用，服务全市经济社会发展的水平进一步提高；法制宣传扎实推进，形式内容不断更新，活动载体不断丰富，全民法律素质和行政执法机关依法执政能力普遍增强；基层基础工作取得明显进展，硬件设施建设走在了全国司法行政系统的前列，为业务工作的开展创造了良好条件；各项改革扎实稳步推进，司法行政体制和工作机制得到不断完善，司法行政事业的生机与活力不断增强；队伍建设得到全面加强，整体素质不断提高，为做好司法行政各项工作提供了坚强保障。

【认真履行法律保障职能】　着眼建设"平安长春"，打造"平安监所"，长春市司法局把安全稳定作为首要任务，进一步完善了防控、排查、应急处置和领导责任四项机制，强化人防、物防、技防相结合的长效安全防范体系，加强警务督查，严查薄弱环节，确保了监管场所的持续安全稳定，连续实现了"六个零"（监所内重大事故、服刑劳教人员脱逃率、服刑劳教人员非正常死亡率、重特大安全事故及安全生产事故、法定传染病及重大食物中毒事件、民警受刑事处罚案件）的安全管理目标。坚持重在教育的方针，制定出台了《个别教育工作实施细则》、《服刑人员教育改造纲要》、《劳教人员教育矫治纲要》等一系列文件和规定，以母亲节、"五一"、"十一"等节日为契机，组织开展形式多样的主题教育、辅助教育和社会帮教活动，引导服刑劳教人员提升思想道德修养，树立遵纪守法观念。致力工作创新，加强监狱"三化"建设，努力创办劳教特色，扎实开展心理矫治、个别谈话教育、视频会见等活动，邀请专家学者进行"国学知识"讲座，开辟了教育矫治工作的新途径。坚持面向社会抓教育，争取各界支持，为各监所筹集图书近万册，满足了服刑劳教人员的精神文化需求。积极与慈善机构协调，筹集善款8 700元，解决了27名服刑劳教人员困难家庭的燃眉之急。加强生活卫生管理，与有关医疗单位建立稳固的协作关系，对2 000余名服刑劳教人员进行了艾滋病筛查、检测，对全体服刑劳教人员进行了结核病筛查、检测，为部分劳教人员办理了医保卡，保证了服刑劳教人员的身体健康。大力拓展和延伸教育改造领域，从关注民生的视角关注释解人员这一特殊群体，在全国监狱劳教系统率先成立了释解人员救助就业指导中心，在释解人员刚出监所的特定时间内免费为其提供住宿保障、就业指导和法律服务，使他们能够尽快适应社会、融入社会。全年对15名释解人员实施救助，安排7名释解人员就业，这一做法得到了司法部和省、市领导的充分肯定，省委书记王珉、省长韩长赋对此专门做出批示，对中心的成立给予高度评价。加大社区矫正和安置帮教工作力度，组建了社区矫正工作处和安置帮教管理处，积极探索安置基地建设的方法和途径，开展了刑释解教人员调查摸底和矫正对象衔接管理的摸底排查工作,为安置帮教和社区矫正工作全面开展奠定了坚实基础。

【积极预防和化解矛盾纠纷】 围绕构筑和谐长春、“平安长春”的“第一道防线”,坚持抓早、抓小、抓苗头,综合利用法律、政策、教育等手段,组织开展“纠纷防激化,调解创四无”活动,着力预防和化解各类矛盾纠纷。目前,全市各级各类调委会发展到2 193个,人民调解员达到25 436人,并在双阳区、二道区、绿园区、农安县建立了集调解、信访、综治“三位一体”的调解组织机构,在汽贸开发区建立了专业化调解组织机构,初步形成了以乡(镇)、街道调委会为基础,以村(居)委、社区调委会为辐射的三级调解组织网络体系。建立健全矛盾排查机制、重大社情报告制度、社会矛盾纠纷信息反馈机制和群体性事件快速反应机制,搞好矛盾纠纷源头预防,变被动调解为主动调解,变事后调处为事先防范,把矛盾纠纷化解在当地,解决在基层。年初以来,全市各级调解组织共调解各类矛盾纠纷14 247件,调解成功率达98%以上。在“创四无”活动中,防止民转刑案件50件,118人;防止群体性上访88件;制止群体性械斗40件;参与严打整治769人次;开展矛盾纠纷大排查954次。在做好传统类型民间纠纷调解的同时,注重参与城市建设、环境保护、劳动争议和涉及“三农”的热点、难点纠纷调解,扩大了人民调解工作的覆盖面。积极组织律师依法参与处理涉法信访和群体性事件,明确了律师参与信访的工作职责、程序和纪律,组织律师每周到市信访局接待室轮流值班,参与接待、解答群众涉法信访问题,引导群众依法上访,有效疏导、分流和化解矛盾纠纷,维护社会稳定。全年有40名律师参与处理信访案件110件,接待上访者218人次。

【拓展和规范法律服务】 坚持围绕中心、服务大局,整合律师、公证、司法鉴定等资源,积极为全市国企改革、项目建设、棚户区改造、新农村建设等中心工作提供优质及时的服务,使法律服务更加贴近党和政府的中心工作、贴近社会生活、贴近人民群众。2007年,律师、公证等法律服务机构为一汽集团等20个大项目、长春客车厂等209家国有企业改制和第六届亚冬会进行全程跟踪服务,取得了较好效果。1. 在律师工作上,针对“项目建设年”活动中可能引发的社会矛盾,或被拆迁弱势群体需要法律救助等涉及民生的热点、难点问题,成立了为“项目建设年”提供法律服务顾问专家团,设立了6个法律服务组,特事特办、急事即办。目前,全市各律师事务所对涉及项目建设年的案件,一律实行减免收费政策,优先予以办理。年初以来,全市律师共担任法律顾问704家,办理各类案件5 283件。2. 在公证工作上,围绕重点项目建设、知识产权保护、招商引资等广泛开展公证服务。年初以来,共办理各类公证60 835件。3. 在司法鉴定工作上,加强监督指导,制订出台了相关制度。年初以来,全市司法鉴定机构共办理案件397件。4. 在法律援助工作上,进一步扩大法律援助的社会覆盖面,努力做好残疾人、老年人、未成年人、妇女请求人身损失赔偿案件,开辟农民工法律援助“绿色通道”,把党的司法惠民政策落到实处。法律援助工作被列入市政府民生行动计划94件实事后,市司法局制订了《关于开展“法律服务和法律援助工作为构建社会主义和谐社会服务”主题实践活动实施方案》,全市法律援助机构以关注民生、最大限度为弱势群体提供法律服务为重点,积极开展工作。年初以来,办案1 090件,受援人9 013人次,解答法律咨询17 579余人次,代写法律文书2 472件,免收服务费510万元,挽回经济损失1 322万元,以14%的增速超额完成了市政府下达的“办理案件增长10%”的民生行动计划指标,有力地维护了弱势群体的合法权益。在办好148法律服务热线和长春司法网站方面,全年接听解答群众法律咨询5 200余人次,发布信息860多条。

【扎实开展普法依法治理】 围绕落实“五五”普法规划,以学习宣传《宪法》为核心,以“法律六进”(进机关、进乡村、进社区、进学校、进企业、进单位)为载体,制订了《推进农村民主法治建设构建社会主义和谐社会法制宣传月活动方案》,组织开展了“一学三讲”(学法律、讲权利、讲义务、讲责任)、“三八”妇女维权周、新农村建设法制宣传月、“百名法学专家百场报告会”、“12·4”法制宣传日等系列普法宣传活动,扩大了法制宣传教育的覆盖面,增强了法制宣传教育的吸引力,促进了全民法律素质的提高。年初以来,通过各种法

律师开展义务法律咨询活动

制宣传活动，共接受农民法律咨询2万余人次，发放《春耕生产相关法律法规知识问答》、《村民委员会组织法知识问答》、《妇女权益保障法知识问答》、《农民工法律知识实用手册》等与农民群众生产生活密切相关的“三农”法律书籍、法律宣传资料5.5万份，维权联系卡1.5万份，组织法学专家、律师编写了《公务员法律知识读本》、《农民工法律知识读本》、《青少年法律知识读本》、《妇女法律知识读本》等“五五”普法系列读本4万册。积极开展法治城市创建活动，“民主法治村”和“民主法治社区”创建工作进展顺利，促进了广大群众法律素质和依法维权意识的提高。目前，全市已涌现出民主法治村723个，占总数的43%，其中宽城区兰家镇蔡家村、德惠市郭家镇东岗村被评为国家级“民主法治示范村”，榆树市华昌街道南岗村、九台市卡伦湖镇任家村等9个村被评为省级“民主法治示范村”。深入企业、大专院校，开展“依法治企”和“依法治校”工作调研，为依法治理工作深入开展提供依据。

【切实加强基层基础建设】　大力加强司法所组织建设、业务建设和基础建设，夯实司法行政基层建设基础。加强司法所办公用房建设，着手建设的28家司法所已有25家投入使用。2007年，召开了长春市司法行政基层建设工作会议，市政府出台了《关于加强司法行政基层建设的意见》，为加强司法行政基层建设提供了政策保障。以此为契机，大力加强司法所规范化建设，理顺管理体制，建立健全了司法所业务工作制度和流程，10个司法所达到了部级规范化标准，全市基层司法所基本实现了县（市、区）司法局的垂直管理。强化基层司法行政业务职能，瞄准基层群众最关心、最直接、最现实的利益问题，积极为春耕生产、农业订单、劳务输出提供法律服务和法律保障。全年共开展“提供服务为‘三农’，法律维权伴你行”等大型送法下乡活动24次，在各乡镇举办了“农民工维权培训会”，累计发放宣传单75 700张，赠送法律书籍9 600册，发放法律服务联系卡32 429张，代理诉讼案件773件，代写法律文书1 940件，解答法律咨询4 077人次，为农民挽回经济损失78.2万元。

【稳步推进改革创新】　着眼增强司法行政机关发展活力，始终坚持把改革创新作为第一任务，开展了乡镇（街道）劳教工作警务室试点，司法部对警务室工作高度重视，派专人到长春市奋进劳教所进行调研，总结经验，促进了教育矫治水平的提高。在4个城区的5个街道开展了社区矫正试点，全年接收矫正对象32人，解除11人，重新违法犯罪率为零。2007年，司法鉴定、法律援助、法律服务监督、政务信息及信访、法制等五项工作荣获全省司法行政系统业务工作创新奖。市司法局着眼实现司法行政各项工作的整体推进，始终坚持把全面协调发展作为衡量工作的第一标准，在充分发挥职能作用的同时，全国司法考试组织工作不断成熟，理论研究工作不断活跃，对外宣传工作力度不断加大，法学研究工作不断进展，计财装备工作不断规范，老干部管理工作不断完善，对外交流工作不断加强，长春市司法行政机关的社会影响力和认知度不断扩大，司法行政各项工作呈现出良性互动、协调发展的生动局面。

【教育培训管理】　坚持政治建队伍、素质强队伍、作风硬队伍，不断提高干部职工维护和谐、促进发展、服务民生的能力和水平。做到“三个强化”:强化载体抓教育,扎实开展“三个代表”重要思想、科学发展观、构建社会主义和谐社会、社会主义法治理念等重要理论学习活动,组织开展了社会主义法治理念教育、“纪律作风建设年”,“树新风正气、促和谐发展”,“创建和谐班子”,“建和谐机关、创一流业绩”,“查找改”等载体教育活动,特别是荣立集体一等功后,在全系统广泛开展了“珍惜荣誉、查找不足、谋划未来”大讨论活动,评选表彰了“长春市十佳司法行政工作先进人物”,营造了谋事干事、奋力争先、再创佳绩的良好氛围和风正气顺、心齐劲足的生动局面;强化素质抓培训,以创建学习型机关为目标,采取集中培训和学历教育、岗位练兵等多种形式,全面提高监狱劳教人民警察、机关公务员和法律服务者三支队伍的综合素质;强化宗旨抓作风,坚持把改进作风、树立形象作为队伍建设特别是和谐班子建设的重要内容,积极开展警示教育。局处班子分别召开生活会,对照胡锦涛总书记倡导的“八种良好风气”以及省委书记王珉强调的“十要十不要”、“五个始终坚持”,认真开展批评与自我批评,促进了班子内部和谐。2007 年 5 月,市委、市政府专门召开大会对市司法局荣立集体一等功进行表彰奖励。

(何　涛)

城建　环保

城 建 环 保

综 述

2007年,是认真落实市十一届党代会目标任务的起始年,也是长春市加快推进建设事业改革与发展的重要一年。全市建设系统的广大干部职工紧紧围绕全市工作大局,以保障和改善民生为重点,以开展"查找改"、"项目建设年"和"两城联创"活动为载体,科学谋划,精心组织,克难攻坚,狠抓落实,各项工作都取得了新成效。

1. 规划和土地管理力度加大,引导调控作用进一步发挥

编制完成了《近期建设规划》、《城区工业集中区规划》以及部分专项规划和合隆等4个城镇总体规划,完成了适应土地出让和重点棚户区改造需要的控制性详细规划以及长春站综合交通换乘中心、哈大客运专线、长吉城际铁路、四环路等重点工程的规划。公布了首批历史建筑保护名录,依法查处了一批违反规划的建设项目,成功举办了中国东北当代雕塑邀请展。市区控制性详细规划已覆盖近期建设规划建设用地范围的80%,为城市建设管理提供了科学依据和调控手段。

加强了建设用地保障工作,新增建设用地空间2 536公顷,实际用地空间达到4 890公顷。加强了耕地保护,保持了耕地占补平衡。出让国有建设用地使用权1 579万平方米,成交额77.2亿元,土地纯收益39.48亿元。查处土地违法案件420宗,规范了土地市场秩序。

2. 基础设施建设步伐加快,承载与保障功能进一步完善

市政道路建设改造工程,九台路、新开河大街等15条道路和102国道跨人民大街桥、双阳东大桥等7座桥梁以及长农、长白、长郑、长吉北线城市出入口综合改造工程已竣工,四环路开工建设,南部新城乙2路和北部新城丙19路等9条道路、102国道跨永春河桥完成年度建设任务,改造了青年路、新民大街等17条道路,整治完善巷道和裸露地面620条(段)、56万平方米。

公路建设工程,省道榆江线榆树至天德段一、二级公路改建工程完成年度任务,县道哈永线三盛玉至永安三级公路竣工通车,102国道长春至德惠段一级公路改建工程前期工作已完成,建设乡村公路2 284公里、"城中村"道路100公里,改造农村公路危桥64座,凯旋公路客运站和榆树、德惠、九台上河湾客运站以及10个乡镇客运站完成建设改造并投入使用。

环境建设改造工程,北郊污水处理厂升级改造工程提前竣工投产,南部污水处理厂完成主体土建工程;改造了北十条、宋家等排水明沟;完成了三道垃圾场渗滤液处理工程;长春市有机废物处理中心投入使用,拆除废弃烟囱219座,整治不合格锅炉102台(套);裕华园拆迁与绿化工程完成年度任务,新建了北海公园和宽城中心公园,新植绿化

高广滨书记视察柳影路棚户区改造地块

街路25条，绿化改造街路19条、单位庭院和居住区25个，建设大块绿地144块，新增绿地300公顷。

公用设施建设改造工程，天然气西北环线工程提前竣工通气，改建供水管线20公里、排水管线77公里、燃气管线40公里，新增集中供热面积250万平方米；轻轨三期前期准备工作基本结束，新增、更新公交车175台，改造公交站务设施540套（座），开通了城市公交信息咨询平台，启动了南部新城公交场站建设。

室外照明设施安装工程，对人民大街、吉林大路与解放大路的亮化进行了完善提高，完成了亚泰大街等27条道路、南湖大桥等3座桥梁、两大区域的背街小巷以及吉大基础楼和儿童公园等8个楼体（公园）的亮化，安装各种灯具4.4万盏。

3. 建筑业发展较快，支撑与拉动作用进一步增强

完成建筑业总产值408亿元，实现增加值202.5亿元，分别比2006年增长18.6%和20.7%。施工企业发展到969家，从业人员达25万人。劳务分包企业占施工企业的比例由2006年的12%上升到16%。产值超亿元的企业由14家增至20家，完成建筑业产值占全市的51%。长春建工集团连续五年进入全国企业500强行列。长春市在市域外施工的建筑企业已达32家，在市域外完成的建筑业产值占全市的33.8%。对全市在建的1 517栋楼房进行全面检查，查处无证施工单位111家。建设工程招投标管理率、招投标率、公开招投标率、应监理工程监理率均达100%。“长春市建筑市场监管及信用平台”正式启动。建筑工程质量安全管理得到加强。有2项工程荣获国家鲁班奖，有18项工程在沈哈长三市优质工程观摩活动中荣获金杯银杯奖，重大安全隐患整改率达100%。制定并施行了《长春市建设工程造价管理办法》。城市规划区内建筑工程均设计使用新型墙体材料，建设节能住宅523万平方米。完善了农民工工资支付保障金制度，清理“双拖欠”2.82亿元。

4. 房地产业持续健康发展，市民群众的居住条件和环境进一步改善

完成房地产开发投资180亿元，施工面积1 280万平方米。拆除棚户区房屋建筑面积439.9万平方米，提前完成省下达的工作任务。实施了百万平方米回迁工程，建成回迁房134万平方米，回迁居民2.1万多户，当期回迁安置率达100%。商品房销售600万平方米，二手房成交280万平方米，分别比2006年增长45%和27%。公房出售86.5万平方米，住房货币分配1 400万元，11 531户住房困难家庭享受到政府的住房保障政策。全年归集住房公积金20.4亿元，发放住房公积金贷款11.4亿元。有212户居民的超期回迁、5 000户居民的燃气未开栓、8 000多户居民的供热和近1.5万户居民的临时供电等历史遗留问题得到解决。

5. 城市管理明显加强，市容环境质量进一步提升

加强了市容管理。建设了上海路等5条市容标准街路，对40条主要街路和222条次要街路的牌匾广告进行了专项整治。粉刷清洗陈旧楼宇482栋，拆除新建违法建筑514处。打击非法广告工作取得重大突破，打掉制售假证黑窝点56个，清刷覆盖非法广告40多万处。

加强了环境卫生管理。实行了垃圾密闭收集、密闭压缩式运输和有偿处理，城区39个街道全部实行大小保洁一体化。取消公厕入厕收费，延长73条

人民大街改造后景观

主要街路夜扫时间,79 条主次街路实行机械化清扫作业,接收 40 个弃管物业小区的环卫管理,环境卫生质量明显提高。

加强了市政公用行业管理。完善了市政设施巡查管理制度,加强了道路挖掘审批管理。依法授予 4 家民营公交企业 30 多条线路特许经营权,首批开通 5 条通宵车线路;开展了以打击非法营运为重点的专项整治,公交客运市场秩序明显好转。综合整治二次供水设施 400 处,接收、改造 20 个弃管小区的二次供水设施,解决了近 4 万人的吃水难问题。开展了建设领域的安全大检查,对安全隐患进行了及时整改。

加强了物业管理。认真实施新修订的《物业管理条例》,进行了社区、业主委员会、物业管理企业"三位一体"试点,开发企业与物业管理企业连带关系"剥离"试点和老旧散区及单体住宅"自治管理"试点。继续开展住宅小区(大厦)物业管理创优达标工作,新增国家物业管理示范大厦 1 个、省优秀小区(大厦)2 个、市达标小区 13 个。

6. 村庄整治扎实推进,村容镇貌进一步改变

全市村镇新建改建道路414 公里、排水管渠 153 公里、供水管线 41.5 公里。农村居民全部用上卫生厕所,榆树市、九台市、农安县通过了国家生态示范区验收,九台市卡伦镇被评为国家级环境优美乡镇。

7. 人防和防震工作迈出新步伐,防灾减灾体系进一步健全

加强了人防通信警报的基础设施建设,修建防空地下室 15 万平方米,人防工程维管率达 97%。完善了长春、榆树、双阳地震台监测基础设施,完成了市区活断层探测工作,观测资料达到"连续、可靠、及时、准确",为城市规划、建设和防震减灾提供了科学依据。

8. 自身建设取得新进展,服务水平进一步提高

自觉接受人大的法律监督、工作监督和政协的民主监督,办理人大建议、政协提案 149 件,办结率达 100%。充分发挥市城科会的"外脑"作用,紧紧围绕城市建设中的重大问题开展课题研究和咨询论证,决策水平进一步提高。广泛开展"查找改"活动,积极推进行政审批相对集中改革,加强了 12319 等建设系统的服务监督工作,有力推动了建设系统各项工作的开展。

回顾总结过去一年的工作,得到了许多有益的启示:一是始终坚持以科学发展观为指导,创新发展理念,转变发展方式,提高发展质量,是建设事业发展的前进方向。二是始终坚持服从服务于全市工作大局,努力为全市经济社会更好更快发展拓展空间、提供支撑、创造环境,是建设工作必须遵循的基本原则。三是始终坚持以人为本,高度重视民生、切实保障民生、着力改善民生,是建设工作的根本出发点和落脚点。四是始终坚持以改革总揽全局,积极推进体制、机制、技术和管理创新,是建设事业发展的强大动力。五是始终坚持调动全市上下特别是各县(市)区、开发区的积极性、创造性,主动争取国家和省的支持与指导,是不断开创建设工作新局面的有效方式。

(王嘉琳)

城市建设

【概况】 2007 年,长春市城乡建设按照振兴长春老工业基地的要求,全面落实科学发展观,端正建设工作指导思想,"围绕中心、服务大局,立足当前、着眼长远,以人为本、关注民生,积极而为、量力而行,统筹安排、科学发展",依据新一轮城市总体规划,全面推进基础设施建设,切实加强城市管理和环境整治,大力发展建筑业和房地产业,积极调整城市空间布局,不断完善城市功能,着力打造城市特色,城建经济实力显著增强,城市面貌发生巨大变化。

【市政重点工程】 2007 年,市政重点工程建设,按照市委、市政府的部署,紧紧围绕支持南部新城建设、铁北大开发、发展壮大支柱产业、各城区加快发展、开发区二次创业和创建国家卫生城、文明城等市中心工作展开,全年完成城市基础设施建设投资 26.26 亿元。主要实施了九大工程:1. 道桥新建工程。投资 18.53 亿元,完成了九台路、东岭南街、新开河大街等 15 条道路和 102 国道跨人民大街桥、102 国道京哈铁路立交桥等 7 座桥梁建设任务。城市道路对经济社会发展的支撑作用进一步增强。2. 道路大中修工程。投资 1.62 亿元,完成了青年路、新民大街等 17 条街路的大中修任务。3. 街路续建工程。投资 4 000万元,续建了东风大街、自立西街等 3 条街路。4. 道路维护工程。投资 0.73 亿元,共维护道路 582 条、桥梁 27 座,城市

道路完好率达到98%。5. 巷道和裸露地面整治完善工程。投资0.85亿元,共整治完善巷道和裸露地面620条(段)、56万平方米。至此,三环路以内巷道改造建设全部完成,城区裸露地面基本实现软硬覆盖。6. 城市出入口改造工程。投资2.3亿元,完成了长农、长白、长郑和长吉北线4个城市出入口的综合改造任务,共拆迁房屋11万平方米,铺装道路7万平方米,新增绿地56公顷。7. 环境治理工程。投资3 000万元,完成了北十条明沟和宋家明沟的拆迁。完成了三道和裴家垃圾场场区基础设施建设工程。8. 园林绿化工程。投资1亿元,共建设大块绿地142块,新植街路25条,绿化改造街路19条,改造公园3个。9. 室外照明工程。投资5 330万元,亮化街路77条、桥梁3座、场所9个、楼体3栋,共安装路灯14 268套。

【棚户区改造】 按照吉林省委、省政府关于棚户区改造工作(以下简称"棚改")的统一部署,长春市从2006年起对重点棚户区进行改造。2007年,在市委、市政府、市"棚改"领导小组及实施指挥组的正确领导下,棚户区改造实施指挥组办公室(以下简称"棚改办")、各城区政府、开发区管委会积极开展工作,认真履行职责,"棚改"工作取得了新的成绩。"棚改"工作完成情况。①2007年,长春市城区拆除棚户区房屋建筑面积385.8万平方米,占全年拆迁计划的112%,拆除房屋总户数39 960户。其中:拆除有照房屋85.4万平方米、19 422户,无照房屋196.9万平方米、20 213户,工企单位15.5万平方米、325家,违章建筑88万平方米、45 291处。四县(市)拆除棚户区房屋建筑面积57.3万平方米,占全年拆迁计划的143%,拆除房屋总户数6 084户。其中,拆除居民住宅房屋54.19万平方米、6 074户,工企单位3.11万平方米、10家。②市政府根据2006年末回迁的居民和2007年预计需回迁安置的居民情况,年初制订了《长春市落实百万平方米重点棚户区回迁房建设方案》。计划建设回迁房屋144.8万平方米、24 574套,竣工回迁房屋124万平方米、20 950套,当期回迁率达到100%。2007年末,回迁房实际施工168.7万平方米,竣工面积132.44万平方米,安置回迁居民21 139户。各县(市)棚改回迁房施工面积22.9万平方米,全部竣工,安置回迁居民2 406户。全年完成棚改投资71.4亿元。其中,城区完成投资62.4亿元,各县(市)完成投资9亿元。"棚改"工作中领导高度重视,把棚户区改造工作摆在主要议事日程。各城区、开发区按照市政府"棚改"工作的总体部署,成立了相应组织机构,编制棚户区改造区域规划、组织拆除违章建筑、积极开展招商引资、宣传利民惠民优惠政策、制订拆迁回迁计划。各县(市)委和政府领导既亲自挂帅、又亲自出征,深入实地踏查地块,组织研究"棚改"方案和实施细则,确定改造计划,落实规划,解决集体土地变更等问题,为棚户区改造工作顺利推进创造了良好条件。以区为主、市区联动,形成整体工作合力。以土地收储为主,强化土地收储功能,盘活土地资源。多渠道筹集资金,破解"棚改"资金难题。"棚改办"、国土资源局、财政局等部门多次协调省、市金融单位,为落实"棚改"资金不懈努力。两年来,城区"棚改"累计投入资金141.1亿元,其中,贷款61亿元,开发企业投入80.1亿元,较好地解决了"棚改"资金紧张问题。建立"绿色通道",提高工作效率和质量。为减少审批环节,提高办事效率,对列入市重点棚户区改造的项目实行会办制、简办制、领办制、督办制,建立了高效、便捷的"绿色通道"。对改造项目一律实行例会集中审批,对审批通过的项目保证24小时内下发《长春市重点棚户区改造建设项目审批"绿色通道通行证"》。取得"绿色通道通行证"的项目,到政务中心办理相关手续都有专人领办。两年中,市棚户区改造实施指挥组召开了19次集中审批会,共发放133个《绿色通道通行证》。突出工作重点,切实抓好回迁房建设工作。为确保被拆迁居民按时回迁,"棚改办"明确要求开发企业必须先建回迁房,后建商品房,不先建回迁房不准开工。在回迁房建设过程中,要求建设单位必须做到回迁房与商品房一同规划和设计,使用同种建筑材料,采用同种形式招投标确定施工单位。对"棚改"回迁房严把质量关,市质量监督检查站分别组织驻各区监督检查工作人员,对回迁建设项目逐一检查,除了检查主体工程外,还重点检查控制性指标落实情况,使回迁小区建设完全达到国家规定的建设标准。坚持以人为本,制定落实棚户区改造优惠政策。“棚改办”制订了《长春市重点棚户区改造实施意见》、《长春市棚户区改造项目住宅房屋拆迁补偿安置有关问题的暂行规定》、《长春市棚户区改造项目房改优惠政策暂行规定》、《长春市定销商品房管理暂行规定》等20多个政策性文件。市政府制定了一系列利民惠民的优惠政策。实施“棚改”工作以来，选择房屋安置的被拆迁居民，户均回迁房屋建筑面积比改造前增加20.4平方米；享受到的按建筑成本交纳费用的安置面积共计52.7万平方米，如果按市场均价2 500元/平方米计算，仅此一项就给予优惠9.5亿元；此外，通过照顾补偿，给予优惠2.4亿元。被拆迁居民的居住条件得到了明显的改善。坚持高起点规划、高标准建设，把好事办好，让群众满意。统一规划在项目建设上，坚持先地下后地上的原则，先搞好各种地下管网的规划建设，再搞好道路、绿化等建设，提高被改造地块的整体功能和环境质量，防止“棚改”后再变成新的棚户区。委托8个具有丰富经验的设计单位，通过对多个方案的比较选择，设计出3种回迁房户型(49平方米、55平方米、65平方米)的46套方案，保证被拆迁居民能够住上“满意房”。严格规定回迁房、定销商品房和廉租房的建设必须符合国家及地方建筑设计规范、规程的要求，保证房屋质量；同时兼顾环境建设，做到“改造一处，就要成为一处风景；改造一处，就要成为一个亮点；改造一处，就要成为新的经济带、文化带和景观带”。

【建筑业】 2007年，全市建筑行业广大干部职工按照科学发展观要求，以“又好又快发展”为第一要务，以打造“支柱建筑业”、“和谐建筑业”、“平安建筑业”、“节能建筑业”、“规范建筑业”和“诚信建筑业”为目标，抓体制创新、科技创新、质量安全、农民工权益、精细化管理，抢抓机遇，加快发展，较好地完成了各项工作任务。2007年长春市建筑业完成总产值408亿元，增加值202.5亿元，分别比2006年增长18.6%和20.7%；各类建筑施工面积1 929万平方米，比2006年增长1.6%；建筑业行业共纳税10.38亿元，比2006年增长28.1%，从业人员达到25万多人，同比增加3万人。建筑业增加值占全市GDP的9.6%，完全达到支柱产业5%的标准，建筑业的支柱地位进一步确立，建筑业经济运行平稳、健康。1.优化建筑施工企业结构，打造支柱建筑业。①截至2007年底，现有建筑施工企业984家，其中：施工总承包企业247家，专业承包企业539家，劳务分包企业198家。劳务分包企业由2006年底的105家增加到198家，同比增加近一倍，企业结构进一步优化。②建筑业总产值突破5亿元的企业达到30余家，其中特级、一级等骨干企业的建筑业总产值占60%以上，基本实现了总承包企业做大做强、专业分包企业做专做精、劳务分包企业做多做好的既定目标。③建筑业的快速发展还促进了长春市钢铁、建材、家具和装饰等众多行业发展，并成为德惠市、九台市、农安县的建筑劳务输出经济的重要增长来源。2.保护建筑农民工权益，打造和谐建筑业。①继续清理解决“双拖欠”，长效机制建设取得新进展。2007年，经过努力，长春市清理解决45亿元拖欠工程款、2.62亿元拖欠农民工工资，清理解决零星拖欠和“隐蔽性”拖欠2 056万元，正在协调解决拖欠工程款5 000多万元。继续实行农民工工资支付保证金制度；大力发展成建制劳务分包企业；积极引导企业和个人依法维权，在市中级法院专门设立了缓免诉讼费用的“清欠工程款法庭”；启动信用档案，联动把关，对发生拖欠等不良记录的单位建立138卷档案，并及时通告规划、房地产等部门，长效机制得到进一步巩固和完善。②努力提高建筑农民工素质，广泛开展了职业技能培训鉴定工作。全年培训鉴定建筑农民工2.3万人次，持证上岗率接近50%。由市建委牵头，与市劳动保障局、市总工会和共青团市委共同举办了“长春建工杯”第二届建筑业职业技能大赛，涌现出一批优秀技术能手，在全市建筑技术工人中形成了“比学赶帮”的良好氛围。③深入开展了建筑农民工医疗保险和建筑工地办业余学校活动，切实保障建筑农民工权益，多渠道提升建筑农民工的文化素质和业务素质。3.从勘察设计入手，重质量、抓安全，打造平安建筑业。①勘察设计及抗震方面。一是开展市政工程勘察设计招投标和初步设计审查工作。二是做好国家工程质量执法监督检查组的迎检工作，3项工程的结构设计得到了检查组的表扬。三是加强施工图审查机构管理，实施工程勘察前置审查制度。全年审查备案980项,总建筑面积505万平方米,依法吊销1家造成不良社会影响施工图审查机构。四是开展勘察设计企业资质检查工作。对110家房建、市政勘察设计单位进行资质检查,建议吊销了3家勘察设计企业。五是参编《长春市抗震减灾事业"十一五"规划》,与省厅共同举办"建筑抗震设计规范疑问解答培训班",完成抗震普查项目472项,面积401万平方米。②工程质量方面。一是严格贯彻国家法律法规和强制性标准,不断规范工程建设各方主体质量行为,督促各方建立质量保证体系,依法履行质量职责。二是加大棚户区改造工程质量监督力度,针对棚户区改造工程量大、工期短,有针对性消除住宅质量通病。三是加强日常管理,组织两个批次全市性质量大检查。针对工程质量,全年进行4 300余次定点检查和巡查,下发整改通知书904份,对发现的各类问题进行了处理或通报。由于采取了一系列的有效措施,2007年长春市没有出现重大主体结构和使用功能的质量事故。在"沈、哈、长"三市优质工程观摩检查评比中,有18项工程荣获金、银奖,还有68项工程获得长春市"君子兰"结构杯奖。建设工程质量总体上处于稳中有升的态势。③建筑安全生产方面。一是广泛开展以预防和控制高处坠落为重点的专项整治工作,加强了对"三宝"、"四口"、"五临边"及安全防护用品的管理,开展了安全大检查活动。共检查在建工程1 977项,消除各类隐患2 741条,其中重大隐患225条,停工整改工地79个,有效控制了事故的发生。二是推进安全质量标准化,加强施工现场管理。结合"创城"工作,推进安全质量标准化,进一步加强了施工现场封闭性管理,以及施工现场硬地化铺装、出入口洗车、材料堆放和生活卫生管理,在全市主要街路施工现场大力推广使用钢结构活动板房,对改善城市形象、提高企业信誉起到重要作用。三是加强安全制度建设,推进安全培训教育。建立了起重机械设备管理使用登记制度,严格规范企业安全生产条件。注重安全培训的针对性和实效性,在强化专业技能、政策法规培训的基础上,突出监理责任、施工方案和专项施工组织设计的安全培训,全年培训各类人员7 000多人次。2007年,长春市建筑业共发生11起一般性安全生产事故,死亡11人,虽然比2006年有所抬头,但安全生产形势基本稳定。这是在全市在建工程数量不断攀升、建筑规模不断扩大的形势下取得的,事故起数和死亡人数在东北三省四市中继续保持最低。在"三市联检"安全质量标准化活动中,长春市参检的23项工程中,有16项工程荣获金牌,7项工程荣获银牌。4. 抓好节能减排,打造节能建筑业。为推进长春市资源节约型、环境友好型城市建设步伐,按照国家建筑节能的总体要求,在建筑节能方面做了如下工作:一是认真贯彻落实《长春市发展应用新型墙体材料管理规定》,开展节能工程验收500项,面积312万平方米,认定新型建材厂家101家,新型建材产品认定170项。二是开展了技术咨询和建材产品检测工作。召开了混凝土小砌块推广应用和工程建设经验交流会。三是会同省建设厅开展了建筑节能检查工作,对773项工程的节能设计、施工、验收情况进行了检查,还组织检查组赴外县(市)检查,推进了外县(市)的节能工作。5. 整顿建筑市场秩序,打造规范建筑业。①工程招投标及市场交易方面。2007年,完成招标项目822项,总面积872万平方米,总投资94亿元,招标率和公开招标率均为100%。完成进场交易1 131项,建筑面积679万平方米,发布施工招标公告及中标公示575个标段,发布监理招标公告150项,办理邀请招标68项,直接发包205项。对长春市建设工程信息网进行了改版升级,为推行网上办公打下坚实基础。②在建筑市场行政执法方面。一是加大建筑市场执法监察力度。2007年,共检查在建工程1 517项(不含各开发区),工程报建率100%,工程办证率90.31%。对无证施工的111家单位进行了行政处罚;对发生安全事故的十多家施工企业、监理单位和近20名"三类人员"、监理人员进行了行政处罚。二是开展建筑市场集中治理整顿。对"双拖欠"、劳务分包、人员持证上岗情况逐个工地进行检查,在200多项备案工程中,未发生一起拖欠事件。三是针对工程质量和安全,执法监察支队与清欠办、质监站和安全站开展联合执法活动,将在建工程全部纳入到质量、安全保证体系中。③在工程造价管理方面。一是出台了《长春市建设工程造价管理办法》(市政府令第23号),标志着长春市工程造价管理走上了规范化、法制化轨道。二是规范了工程造价咨询企业和工程造价专业人员的执业行为，开展了执业行为专项检查和行业自律。2007年，全市工程造价咨询企业发展到55家，工程造价专业人员3 021人，完成造价咨询业务2007项，工程造价213亿元。三是完善价格信息体系建设，及时测算、公布了工程量人工成本和建筑工种人工成本等信息，提供动态材料、机械等市场价格信息22大类、131个品种、23.5万条目，基本满足了工程建设的需要。④在工程监理管理方面。一是监理规模日益扩大，监理市场更加规范。全年完成监理招标93项、合同备案208项。二是完成监理协会换届工作，先后出台了《长春市建设工程监理投诉处理试行办法》、《长春市建设监理评优试行办法》。三是加强行业自律，完善代理机构选择、投标报名、专业抽取、评标委员会和行业自律监督等环节，处理了3家违反《行业自律公约》的企业。四是开展了项目经理转临时建造师工作，完成4 000多名建造师初始注册。加强企业出长、入长管理，全年备案企业达到1 200多家次。建筑业统计实现网上报表，与市统计局联动把关，上报率达到80%以上。完成了5 000多名项目经理继续教育和8 000多名“三员”的培训教育工作。6.启动了信用监管平台，打造诚信建筑业。一是正式启动了“长春市建筑市场监管及信用平台”系统。将全市施工、监理、勘察设计、审图等1 500多家企业、3万多名执业注册人员全部纳入到信用管理之中，各项功能在全国处于领先水平。二是召开了信用体系推介大会，开展全行业信用等级综合评定活动。对9方市场主体1 500多家企业开展了全口径、全覆盖综合评定活动，目前，第一批诚信企业名单已向全社会通报。三是成立了信用管理临时办公室，设立建筑市场信用评价窗口。以信用为纲，将信用评价渗透到建筑管理的各个环节，通过信用锁定、“红、橙、绿”三色通道，实现“守信激励、失信惩戒”、“一处失信、处处受阻”功能，从而发挥了信用评价的纲举目张作用。

（王嘉琳）

【村镇建设】 2007年，通过市建委和各县（市）区建委（建设局）的共同努力，建设系统县域经济突破工作取得了较大的成绩，乡镇管理水平明显提高，以村容村貌整治为突破口的新农村建设工作正在有序进行，农民生产、生活条件正在逐步改善。

2007年，长春市有乡镇99个，其中，建制镇68个（国家级重点镇7个，省级重点镇9个），乡31个。建制镇人口41.89万人，镇建成区面积114.18平方公里，建制镇自来水普及率49.98%。全市村镇建设总投资17.66亿元，其中建制镇市政公用设施建设投资2.28亿元。2007年末实有住宅建筑面积1 170万平方米，人均住宅建筑面积26.72平方米；道路长度465.14公里，道路面积314.32万平方米（仅指镇区内道路）；排水管道长度50.57公里；路灯2 774盏；绿化覆盖面积609.8万平方米，绿地面积196.9万平方米；公共厕所216座。2007年建制镇市政公用设施建设投资1.96亿元，其中，道路桥梁1.17亿元，供水2 301万元，排水2 846万元，环卫582万元，园林绿化1 087万元。2007年，全市又有14个村被列为省级新农村建设试点单位，居全省首位。同时，还有23个村被列为市级新农村建设试点单位。

在小城镇管理上，制订了《长春市村庄整治实施方案》及《长春市村庄整治标准》，按照《长春市村庄整治实施方案》要求，年终对村庄整治试点单位进行了检查验收，使长春市的村镇建设整体管理水平进一步提升。在新农村建设工作中，市建委村镇处于7月对全市的省级社会主义新农村建设试点单位新农村规划工作进行一次全面检查，通过总结新农村规划编制中好的做法，逐步向其他市级试点单位推广。同时，陪同省建设厅村镇处，对德惠、九台、双阳、宽城、净月县（市）、区的省级新农村建设试点单位规划编制情况进行抽查，完成情况较好。村镇处还多次到市建委新农村建设帮扶单位——宽城区兰家镇广宁村调研、指导新农村建设工作，实地调查、了解新农村建设中遇到的问题。由于区划调整，广宁村划归长江路经济开发区管理，开发区管委会对广宁村发展的新定位与原广宁村新农村建设设想不一致，为此，村镇处多次与市新农办、宽城区、长江路开发区管委会、兰家镇进行沟通，并与市新农办、宽城区农业局、兰家镇到广宁村现场办公，协调处理相关事项，充分发挥帮扶单位应有的作用。在乡镇基础设施建设中，一方面深入乡镇、村屯指导基础设施建设工作；另一方面，配合省厅村镇处，对全市村庄小城镇污水、垃圾、饮用水污染等问题进行了专题调研，形成了调研报告，对一直困扰村庄和小城镇的污水、垃圾、饮用水安全等问题进行了较为深入的分析，为上级领导决策提供了翔实、准确的第一手材料。

（朱志龙）

城乡规划

【概况】 2007年城乡规划工作紧紧围绕加快城市化、工业化进程、加快城市建设发展等中心任务，发挥规划引导和调控城市建设发展的重要作用，较好地完成了城市规划的各项工作任务。

【城乡规划编制和基础测绘】 2007年的规划编制工作主要精力放在深化和细化规划上。完成了《长春市南部中心城区核心区城市设计》及《长春市南部中心城区核心区控制性详细规划》的成果调整；全面开展了《长春市中心城区全覆盖控制性详细规划》的设计前期工作；完成了长春铁路西客站站前区规划设计的方案征集活动；开展了《中心城区交通规划》编制的前期准备工作。完成城市北部平面控制GPS测量36个点、四等水准高程控制测量270公里、1:2 000航测测图480平方公里、1:1 000地形图修测72平方公里、1:500地形图修测39平方公里、利用快鸟数据编制长春市1:5 000电子地图60平方公里、长春市主城区控规设计用图50平方公里、土地储备用图18平方公里、市政府（建委）工程用图66平方公里、市重点BT建设项目测量22项等测绘任务。组织编制了《长春市基础测绘“十一五”规划》，对今后五年的基础测绘工作做出相应的安排。

【履行规划许可】 依照《行政许可法》要求，全年受理《建设项目选址意见书》规划行政许可1 012件；核发《建设项目选址意见书》648件；受理《建设用地规划许可证》规划行政许可1 063件；核发《建设用地规划许可证》613件，建设用地面积4 226.18公顷。受理《建设工程规划许可证》规划行政许可401件；核发《建设工程规划许可证》311件，建筑面积1 077.08万平方米。受理《建设工程竣工规划验收合格通知书》规划行政许可185件；核发《建设工程竣工规划验收合格通知书》171件，面积339.56万平方米。

【行业管理】 按照全省测绘工作会议精神，结合长春市测绘工作实际，把工作的重心放在强化法制观念、优化服务质量上。具体做了四方面工作：一是增强法制观念、规范审批程序。把省测绘局委托我局办理的测绘资质初审、区域地图编制出版的初审、独立坐标系统使用前的审批及建设厅委托办理的规划编制资质的初审四项工作的办事程序进行了细化，与局里的自动化办公平台合并，由窗口统一办理。二是增强服务意识、做好资质的初审和年度注册工作。共办理测绘资质初审两家、升级两家；办理年度注册77家。三是增强版图意识，加大地图市场的监管力度。对长春市内的大型商场、新华书店、市内主要街路等经常进行检查，做到及时发现问题及时解决。四是增强服务意识，积极配合业务部门工作。从5月份起先后陪同省测绘局的质量检查组、保密成果使用检查组、测绘资质年度注册符合性检查组对全市12个甲、乙级单位17次检查。4月底前完成了吉林省地图集所需资料的收集、整理、上报工作。

【开展规划秩序整顿】 自4月20日至5月10日，对2003年以来核发规划许可并经规划验收的建设项目进行实地检查。主要检查内容为建设项目在建筑使用性质、道路、绿化、应拆除建筑、停车位设置、周边环境改造、基础设施、社区服务用房、新增违法建筑等方面的规划执行情况。对违反城市规划情况作好详细记录，建立检查档案。对检查中发现的各类违法问题进行全面登记统计。在此基础上，对所存在的问题进行分类，根据相关部门的法定职责和法定权限，将有关问题移交给相关部门依法进行处理。

【规委会工作】 “长春市城市规划委员会”经市领导同意，市编委批复已经正式调整完毕。长春市城市规划委员会第一次工作会议于10月9日召开，会上原则通过了《长春市城市规划委员会章程》和南部新城核心区控规调整方案。还要求对人民大街高速公路收费站迁移规划方案、长春市火车站综合交通枢纽、西客站站前区规划方案等近期重大建设项目进行进一步研究和深化。

【实施改善民生行动】 按照市政府九次全体会议精神，重点开展了以下四项工作：一是开展了建设用地现状分析，综合考虑各城区土地利用情况，客观评价各城区生活、生产条件，重新定位各城区的发展方向，为将来旧城改造工作提供了科学依据。这是改善民生的重要前提。二是进一步加强规划研究和编制。在新一轮城市总体规划的框架内，开展了改善民生的系列讨论和相关规划研究的编制工作，主要有：开展了《长春市城市人口及空间布局研究》，编制完成了《长春市中小学教育设施专项规划》和《长春市环境卫生专项规划》，并完成了《长春市周边资源环境与城市生态规划大纲》的初步编制工作。三是完成了长春市确定的108块重点棚户区规划条件制定，明确了重点棚户区改造地块的现状情况及规划主要技术指标，核发了全部108项棚改项目规划条件。四是进一步推进社会主义新农村规划建设。组织召开了相关城区、开发区参加的“社会主义新农村规划调研会”，对各城区、开发区的村庄总体规划编制工作提出了指导意见。制定新农村规划编制技术导则等规划编制规范。编制完成合隆镇、永春镇、龙嘉镇、卡伦湖镇的总体规划。

【组织重点工程的规划编制】 2007年长春市相继提出一批国家或省部级城市建设的重大项目，如哈大客运专线、长吉城际铁路、轻轨四号线、长春站综合换乘中心、热电四厂、天然气西北环线、中部城市供水等项目。针对这些项目均具有投资建设规模大，对城市发展影响深远等特点，组织了哈大客运专线、长吉城际铁路方案论证的协调工作。组织完成了轻轨四号线、临河街改造、管线排迁方案的规划编制工作。确定了长春热电一厂、华能长春热电厂等两个电厂的选址。组织了长春站综合换乘中心的方案设计和论证。落实了天然气西北环线的最终路由方案。

（王国志）

城市管理

【概况】 2007年，全系统广大干部、职工锐意进取，勇于创新，合力攻坚，真抓实干，圆满完成了市容环卫管理和城管执法各项工作任务，市容环境卫生管理和城市管理行政执法工作都取得了新成果。

【市容管理】 以街路市容管理为重点，规范建设了上海路、宽平大路、延安大街、正阳街、东盛大街5条市容标准街路，街路整体景观和市容市貌得到全面提升。确定了人民大街、解放大路、吉林大路、南湖大路、自由大路5条街路为严管街路和重庆路为严管区域，市容管理长效机制初步建立。对23个擎天柱广告进行了高标准三翻式改造，对围挡广告和街路悬挂条幅等活动加强了管理，拆除违规牌匾广告7 467块，清除橱窗字22 567处，各类广告和街路宣传得到进一步规范。完成了50条街路陈旧楼宇粉刷清洗任务，粉刷清洗楼宇680栋、130.5万平方米，楼体粉刷清洗数量、质量创历史最高水平。依法打击非法广告工作取得辉煌成果。在违法行为定性、处罚标准、打击范围和数量上，实现历史性重大突破。公安部门共破获案件164起，打掉制售假证黑窝点56个，打处人犯399人，刑事拘留46人，治安拘留192人，教育训诫51人。组建了10支夜巡队和9支专业清刷队，配置13台专门车辆，购买21台专业设备，清刷覆盖非法广告40多万处。另外，还对531个非法广告进行了追呼停机。设置了407块公益信息栏，为市民提供信息平台。加强临时早、晚市场监管，基本控制了市场外溢，对农民进城卖秋菜进行定点规范管理。全年取缔马路市场51处，整治商家外溢4 799处，清理占道经营、占道加工、占道堆放18 748处，露天烧烤现象有所减少；对479个报刊亭进行了合理布局，全面更新；对591处修理摊点进行规范管理；对40个4 050早餐点经营行为进行了监督整改，有效提升了市容整体景观。总结推广了朝阳区环卫保洁人员兼管“门前三包”、南关区聘用专职协管员负责“门前三包”和开发区由业户设置专兼职人员进行“门前三包”管理的经验。各有特色的“门前三包”形式，都不同程度地发挥了市容管理作用。围绕大型会展活动，完成了亚冬会、东博会、汽博会等18项公益宣传以及市容环卫保障工作。配合专项行动，完成了创建国家环保模范城、国家绿化模范城和清理废品收购站、打击自行车盗抢、开展畅通工程、整治中高考期间噪声污染等项工作，受到省、市政府和相关部门的好评。

【环卫管理】 面对全年6场清雪任务，科学预案，快速反应，及时调度，积极应对，采取人工清雪与机械清雪结合、专业队伍清雪与街道清雪结合，雪中除雪、夜间清雪、先通后清措施，确保在最短时间内高质量地完成清雪任务，为保证市民出行和车辆通畅做出了突出贡献。特别是3月4日清除特大暴雪后，国务院应急办评价长春市的清雪工作创造了市区供气零影响、供电零跳闸、供水零破裂、有线信号零中断、学校零停课和交通零重特大事故的“六个零”的奇迹。在三环路以内开展垃圾不落地工程，撤销1 346个垃圾箱。采取一步工作法，垃圾密闭收集和密闭压缩运输，实现垃圾收集和运输同步对接。创新清扫保洁运行机制，城区39个街道全部实行了大小保洁一体化，背街小巷、楼间巷道管理逐步规范化。对73条重点街路、4个重点商圈延长夜扫时间，在79条主次干道开展了机械化清扫作业，对40条主要街路进行高压水冲作业，提高了街路洁净度。加强对建筑垃圾的监管力度，建立9个硬垃圾场，成立15个装修垃圾专业车队，固定专人对建筑工地进行监管。采取明察暗访，媒体曝光、严格处罚等措施，建筑垃圾乱倒乱卸行为得到有效遏制。设置203座免水冲公厕，设立141块公厕指示牌，对全市1 283座公厕进行了统一编号、统一标志，公厕全部免费使用，水冲公厕管理水平得到提高，旱厕清淘及时，定时消杀保洁，市民如厕难的问题得到极大缓解。将城中村、城乡结合部环卫纳入市区管理体系进行管理。城中村清扫保洁、收集运输由区环卫专业队伍负责，城乡结合部环卫由乡（镇）、街道组织实施，垃圾清运和厕所清淘由区环卫专业队伍有偿负责，从根本上解决城中村、城乡结合部环卫责任不清问题。对40个弃管物业小区环卫工作进行接管，接管的物业小区环卫有明显变化。6座垃圾转运站相继建成投入使用，通过对垃圾的压缩处理，体积减少，固液分离，提高了运输效率，降低了管理成本。4个开发区累计投资2 687万元，购置移动公厕29座，移动式垃圾转运箱21个，新增环卫和清雪作业车辆40台。三道垃圾场渗滤液处理项目竣工并试运行，三间有机废弃物处理中心投入使用，鑫祥垃圾发电厂二期改造项目正在进行，蘑菇沟垃圾场前期工程即将结束，垃圾、粪便无害化处理能力进一步提高。严格控制违法建筑，发现一处拆除一处，全年拆除新违法建筑3 598处、20多万平方米。对规划部门移交转办的62件违建项目，全部做到了依法处理；积极办理上级交办违建案件8起，做到了件件落实；全市统一指挥调度，组织了7次大型拆违联合执法活动，拆违面积54 230平方米，保证了重点工程、大项目建设顺利进行。积极配合棚户区改造、旧城改造和新城建设等中心任务，出动执法人员3万多人次，组织拆违配合拆迁337万平方米，为降低开发建设成本，扫清开发建设障碍做出了巨大贡献。仅净月开发区执法局就为项目开发建设节省近亿元资金。

【依法行政】 坚持依法行政，规范执法行为，全系统共办理行政处罚案件23 784件，未出现一件错案，案件质量明显提高，市局被市政府评为行政执法先进单位；认真做好行政执法层级监督工作，全年共办理行政复议案件20件，均按法定时限结案；深化改革，勇于创新，在2个区开展

全市打击非法广告成果展

了委托街道办事处综合执法试点工作;主动谋划,敢于突破,为依法打击非法广告提供了有力法律支撑;深入调研,对修改地方性法规和政府规章做了大量基础性工作。承办市人大代表议案、市政协委员提案28件,接办12345和12319转办458件,受理投诉举报电话26 000多个,办理来信39件,接待来访470人次,投诉办理工作满意率、反馈率达到100%。全系统未出现一起集体访和越级访事件。针对行业特点,强化制度约束,落实监督措施,盯住重要岗位、权力人,着力做好反腐败、党风廉政建设、软环境建设和预防职务犯罪工作,行业风气和队伍形象有了很大改观。

(刘绍群)

城市公用事业

【概况】 2007年,长春市城市公用行业认真贯彻落实全市民生工作大会精神,较好地完成了城市供水、燃气、公共交通等公用服务和生产供应工作任务,公用行业体制改革初见成效,基础设施建设步伐加快,服务水平和管理水平进一步提高。2007年底实有运营公交车辆为3 800标台,客运线路182条(不含轻轨),运营线路总长度为2 500公里,线路网长度1 180公里,日客运量为250万人次。其中,公共汽车日客运量为160万人次,出租车日客运量为90万人次。自来水管线总长1 691公里,城区日平均供水量约74万立方米,居民用水普及率为99%。燃气管线总长2 890公里,城市气化率96.39%。

【城市公共交通行业】 2007年,长春市城市公共交通行业继续深入推进公交行业的体制、机制改革,坚持用科学、发展、向上、和谐的工作思路和改革思维解决在改制和日常经营中遇到的一切问题。同时,公交行业努力降低油价上涨而增加的经营成本,加快公交设施建设,强化行业管理,提高服务质量,加快市场化进程,较好地完成了城市客运服务工作任务。1. 继续深化体制、机制改革。2007年,长春公共交通(集团)有限责任公司全面落实企业改制政策,推动主辅分离,加快无岗富余人员的身份置换工作。已完成长春公交医院、长春公交旅行社有限公司、长春市公共交通总公司车辆修配厂、长春市公共交通总公司车辆修配二厂四家辅助单位的改制工作,其他非主营单位的剥离也在积极进行中。2. 轨道交通初步形成规模效应。轻轨二期工程建成后,与一期工程连成一线,贯穿三个城区和三个开发区,特别是拉近了净月潭森林公园和长影世纪城与市中心的距离,逐步被市民群众接受,成为轻轨沿线市民出行的首选工具,初步形成规模效应。运营收入稳步增长,从2003年收入865万元,到2007年收入2 854万元,尤其是二期工程建成后,一期的客运收入从2006年的1 360万元,增长到2007年的1 974万元,年增长率45%。3. 筹备建设轻轨三期工程。轻轨三期工程已经完成工程国家立项,环评通过国家环保总局的审查,可研报告正在等待国家发改委的批复;初步设计已经完成,正在进行施工图设计;线路勘察已经完成,管线排迁和线路拆迁调查已经完毕,基本具备2008年全线开工的工程条件。4. 举办了长春市首个公共交通周及无车日活动。2007年9月16日~22日,市建委开展了"绿色交通与健康"为主题的长春市首个"公共交通周及无车日活动",22日为"无车日"。此次活动共安排了七项内容:即举行启动仪式暨志愿者签名活动,开展环保宣传,进行公交IC卡抽奖活动,举办市民评议公交日活动,开展宣传公交优先活动,组织自行车队宣传"绿色交通与健康"活动和组织"无车日"活动。这项活动旨在倡导绿色交通理念,号召市民选择步行、自行车、公共交通等绿色交通方式出行,将对净化城市环境产生积极的影响。5. 加强公交行业监管。2007年5月1日正式实施的《长春市城市公共汽电车客运管理条例》使公交行业管理有法可依。2006年新组建的长春市城市公共电汽车管理办公室认真履行工作职责,积极发挥监管职能,加强城市公交客运市场管理,稳定营运秩序,规范经营行为,对促进城市公交客运市场健康发展发挥了重要作用。6. 加快推进公交事业市场化进程。根据国家建设部《公用事业特许经营管理办法》精神,结合长春市实际,制定了《长春市城市公共汽电车客运线路经营管理评议标准》,起草了《长春市城市公共汽电车客运线路特许经营协议》标准文本,设立了《长春市城市公共汽电车客运线路经营者信用档案》,完成了30多条线路的审查工作。7. 抓好公交行业民生工作。开通城市公交信息咨询平台，启动南部新城公交场站建设。新增、更新公交车175台，改造公交站务设施540套（座），调整延长公交线路5条，新建公交候车亭40座，在500辆公交车上安装夜明线路标牌，在300辆公交车上安装语音报站器，根据客流和季节变化，调整公交夜班车营运车次和营运时间，方便市民出行。

【城市供水节水行业】 2007年，长春市进一步加大节水监管力度，加快城市供水设施建设，加强安全生产管理，提高生活饮用水质量，采取有力措施，积极应对突发公共事件，保证城市供水安全，维护了全市改革、发展和稳定的大局。1. 加强安全生产管理。长春水务集团按照“保证水质、科学供量、技术创新、节能降耗”的工作思路，巩固水厂基础工作，同时大力进行技术革新，降低制水成本，提高供水保障率，千方百计保证城市供水安全。投资改造生产净化系统，提升水厂净水工艺处理水平，保证水质满足国家居民生活饮用水卫生标准新要求；及时提供水质监测数据，水质检测能力不断提高。2. 提高污水集中处理率。北郊污水处理厂升级改造工程于2007年9月顺利竣工通水，工程建设得到国家和省的好评，日处理污水37万立方米，污水集中处理率提高到80%。3. 关注民生，着力解决市民吃水难问题。接收“三不管”泵站26座，解决了16 316户、57 105人的用水问题；改造供水管网20.4公里，综合整治二次供水设施400处，提高了二次供水水质管理水平；加强二次供水泵站管理，建立完善的管网档案资料，安装远程自动监控系统，提高了自管泵站运行质量；开展二次供水管网普查，制订了接收改造居民住宅楼二次供水设施方案，启动前期准备工作。4. 加强节约用水工作。①坚持开展节水宣传教育。市节水办配合省建设厅举行了全国节水宣传周活动在吉林省及长春市的启动仪式，省、市有关领导和近千名节水志愿者参加了活动。在市区主要街路张挂节水标语，发放节水宣传资料和传单，组织市民观看节水展板，参观节水示范工程，宣读节水倡议书。在长春理工大学开展节水知识竞赛和专题演讲。各用水单位积极响应，对干部职工进行节水宣传教育，增强全民节水意识。②加大计划用水监管力度。实行严格的用水计划审批程序，依据节水法规和行业用水定额标准，市节水办对上报的各单位年度用水计划指标逐一核定。2007年，未超计划用水的单位达80%，少数超计划用水单位也从内部找原因，不断挖掘自身节水潜力，节水积极性得到了很好保护和持续。③开展节水工作检查。对主要基建工程（工地）、较大商业卫生学校用水设施等单位的节水情况开展检查与指导，制止和纠正各类浪费用水行为200多起，指导督促安装更换非节水型器具1 800多件（套）。5. 妥善处置突发重大公共事件。2007年7月11日，新立城水库发现蓝藻等藻类繁殖，部分水体变绿。市委、市政府领导高度重视，立即上报省政府应急办，同时启动保障城市供水紧急预案，采取有效措施应对，实施“东水西调”，保持城市供水平稳。①综合治理，改善水库水质。一是人工整治。协调上游水库放流，补充清洁原水1 000万立方米；在水库上游流域实施人工增雨作业；借鉴圆明园治理经验，紧急调集冲锋舟，在库区水面巡回搅拌。二是生物防治。向水库大量投放鲢鱼，进行生物防治。三是加大污染源排查和整治力度。市政府印发了《长春市人民政府关于整治生活饮用水地表水源保护区污染源的通告》，对水源保护区内的污染源进行逐一排查，严肃查处无证排污和超标排污等违法行为。②全力保障，确保供水安全。一是减少第三净水厂从新立城水库取水量，由原日取水18万立方米降至7万立方米，由一、二、四净水厂补充供水缺口。二是调整取水方式，将全口径取水改为抽取中层水，以防止藻类进入水厂，并根据水质变化情况及时做出调整。三是在取水口周围设置浮动围堰阻隔藻类。四是第三净水厂增加加氯消毒、设置活性炭毡、活性炭吸附等预处理措施。五是责成市环保局、卫生局加大水质监测密度。六是组织专家进行论证分析。③统筹安排，保证居民供水。一是停止从新立城水库取水，由一、二、四净水厂为市区供水。二是从第一净水厂向第三净水厂调取10万吨水，沿途水用户用量为2万吨左右，其余8万吨供应原第三净水厂承担的供水区域。三是启动应急工程，提前运行第五净水厂配套工程长新街泵站。经过7天7夜的连续施工，紧急铺设连接长新街泵站至西部供水管网3.5公里管线，从东部调水，保证汽车厂、大成玉米等西部重要工业企业和居民用水。四是要求有自备水源的工业企业启动备用水源。五是进一步加强节约用水工作，防止水资源浪费。

【城市燃气行业】 2007年，长春市燃气行业加快燃气管网的改造，认真抓好节能减排，燃气市场进一步规范，针对冬季燃气供应紧张的情况，积极协调气源，保障了城市燃气供应。1. 加快燃气管网建设改造。改造燃气管网40公里，发展燃气用户3.3万户。2. 做好节能减排工作落实。长春燃气股份有限公司认真开展节能降耗工作，鼓励节能革新，征集节能降耗合理化建议63条，全年共节约资金337.76万元。对重点污染源东郊厂通过各种减排措施严格控制污染物排放，达到了减少环境污染，降低上缴排污费的效果。3. 加大燃气安全管理工作力度。健全安全管理体系，实行一把手负责制和责任追究制。完善安全风险应急预案，制订重点部位应急抢险预案。有效地减少了事故的发生。4. 较好地解决冬季燃气供应紧张问题。一方面积极协调气源，一方面采取“压工业、保生活”的办法，合理调度现有天然气，基本保证市区居民的生活用气。

【城市出租汽车行业】 2007年，长春市出租汽车行业管理深入贯彻国务院、省、市的有关要求，认真进行清理整顿，及时调整行业政策，规范企业经营行为，消除行业稳定隐患，严格依法行政，促进减负增收，行业管理与服务、精神文明建设尤其是稳定发展等工作都取得了新进展，全年完成代征代缴税费6 000余万元，出租车经营权使用率达到98%以上。1. 确保车辆更新质量，普及双语报站计价器。2007年是营运出租车辆报废下线的第二个高峰期。为保证更新质量，继续执行三厢四门、排量1.3升以上(含1.3升)车型不限、统一喷涂车身图案等更新标准，并通过强化外检把关，使更新车辆全部达标。先后出台多项优惠政策，已更新的3 800余台车辆中一汽轿车达到93%，初步形成了一汽轿车的品牌优势。此外，开发并普及了双语音双文字双语报站计价器，全市1.5万辆出租车已全部完成安装，不仅提升了行业形象，而且通过语音广告等形式，进一步提高了出租车的商业价值。2. 净化市场秩序。①实行部门联动，联合执法。市出租车管理办公室与公路交巡警、交通部门、民航公安分局、出租车派出所和站前治安分局共同清理非法营运车辆，强化举报非法营运奖励制度。②采取灵活方式、加大稽查力度。通过重点部位派驻稽查组、全天候执法等形式加强对非法营运的打击，先后8次会同城管支队并邀请新闻媒体、行业义务监督员、出租车企业代表、出租车司机代表总计260余人次，集中查处长春师范学院、八里堡等重点部位和线路的无证营运车辆。全年累计处理非法营运609余台次，并将100余台逾期不接受处理的非法营运车辆依法上缴市财政进行处理，有效地净化了市场秩序。3. 加大违法违规处罚力度。一方面，依法将处罚标准提高至5万元~20万元，实行非法营运车辆依法上缴财政制度。另一方面，实行取消违法违规营运人员经营资格制度。2007年共取消严重违规的3台车辆、7名出租车司机的营运资格，这是实行经营权有偿使用后首次取消经营权的使用资格。4. 整顿从业人员队伍。全年共查处索要高价、中途甩客、野蛮待客等违法营运行为10台次，返还车费3 000余元，同时在全市62家出租车公司开展了以清除私自转租、违规聘用司机为内容的专项清理整顿，整改清理私自转租、违规聘用司机的车辆150余台次。5. 加大石油补贴发放力度。成立了石油补贴发放工作领导小组，确定补贴对象和标准，通过媒体、网站查询系统、专线电话和专门窗口，对补贴政策进行广泛宣传，从12月1日开始到2008年2月，补贴对象持所需证件到银行指定地点领取，到2007年末总计发放6 092万元。6. 提高培训质量。按照建设部规定的报名培训条件，将驾龄年限明确为36个月；采用数码摄像技术和微机考核体系，强化了培训工作的把关和审核，提高了培训效率，杜绝了培训中的违规行为。发放培训告知单6 000余份，培训6 445人。

（王嘉琳）

房地产业

【概况】 2007年，长春市房地局全面贯彻科学发展观，深入开展“查找改”活动，着力落实民生计划,积极推进精细化管理,顺利实现了年度工作目标,房地产管理工作取得了新突破。

【民生工作】 以高度的政治责任感,精心组织,深入调查,积极协调,高效率、高质量地完成了6项民生工作任务。一是建设了19 145平方米、345套政府保障性住房,有偿提供给低保无房家庭和低保边缘家庭。二是购买100套廉租房,解决了低保家庭中"老、弱、病、残"无房户的住房问题。三是继续对低保家庭实行廉租房政策,其中,租金核减255户、实物配租100户、租赁住房补贴380户,截至年末,低保家庭中无房户及人均住房面积8平方米以下的住房困难户全部得到解决。四是在全市民生大会召开后,立即实行了免收小户型房屋交易手续费政策。五是为15个棚户区回迁住宅项目协调解决了配套热源,将98座小锅炉房并入了集中供热。城区新增集中供热面积200万平方米。六是配合公安部门对30多个旧区和新区楼道进行了亮化。

【房地产市场】 房地产市场秩序专项整治取得阶段性成果。商品房预售进一步规范。强化租赁合同登记备案管理,扩大租赁管理覆盖面,在全市所有工商服务大厅和省、市政务大厅设立房屋租赁"窗口";通过法律途径解决拒不办理房屋租赁登记备案证明和缴纳租赁手续费的行为,租赁管理方式有了新突破。调整房地产交易管理模式,按专业分类设置窗口,增设了综合咨询服务项目,设置了批量大户受理窗口。房地产交易与权属登记管理进一步规范。2007年房地产交易中心被建设部评为"全国房地产交易与权属登记规范化管理先进单位"。配合棚户区改造,开辟建设工程会签审批绿色通道,进一步完善会签审批程序。研究制定相关政策,加快解决未登记房屋问题。成功承办了房交会。参展规模、交易量和交易额均创历史新高。经过几年来的探索和实践,房交会成为全市品牌展会,并被第四届中国会展业高峰论坛暨全国会展年会评为"2007年度中国最具影响力的行业品牌展会"。房地产市场健康发展,推动全市经济快速发展作用日益突出。全年房屋交易量878.9万平方米、交易额232.5亿元,租赁登记备案面积270.9万平方米、租赁额9.7亿元。房地产交易额占GDP比例达到11.1%。

【住房制度改革】 调整公有住房出售政策,积极支持改制企业公房出售,妥善处理了企业公房出售遗留问题,协调解决了棚户区改造中居民房改问题。全年出售公房87万平方米。稳步推进住房货币分配,引导有条件的单位进行住房货币分配。全年实现住房货币分配1 461万元。加强房改专项资金管理,确保专款专用。不断扩大职工住房档案覆盖面,及时更新全市职工住房档案管理系统。

【物业管理】 大胆探索物业管理新体制,积极开展"三位一体"、"产权明晰"、企业剥离、"单体楼自治"四个试点,经过一年来的探求和实践,试点工作初见成效。在房地产业协会、开发企业会员中,开展销售房屋公摊面积及共用设施设备公示的诚信活动,取得了较好效果。加强棚户区改造回迁小区物业管理,按照"低标准收费、高标准服务、亏损由经营性房屋弥补"的原则,对8个棚户区改造回迁小区实施物业管理。继续开展创优达标活动,全市有15个大厦(小区)通过国家和省、市验收。加强法制建设,《长春市物业管理条例》于2008年1月1日施行。妥善处理了吉发广场、亚泰杏花苑、天裕新苑等20多个物业小区的突出问题,及时化解矛盾,维护了社会稳定。加强物业维修资金的归集和管理,全年归集2.23亿元,累计归集8.25亿元。物业维修资金管理中心被省建设厅评为"物业维修资金管理先进单位"。

【推进供热体制改革】 以推进供热体制改革为主线,以整顿规范供热市场秩序为重点,加快热电三厂等大型热源项目建设。实施了中心城区集中供热管网改造,启动了拆并分散采暖锅炉房工程。为棚户区回迁住宅项目协调解决了锅炉房建设问题,回迁供热全面落实。重新制定了《长春市城市供热管理办法》。研究整顿规范供热秩序的具体措施,着力解决供热质量不均衡,群众投诉多等问题。2007~2008采暖期前,妥善解决了城区供热突出的矛盾,全市供热形势明显好于历年,投诉率大幅下降。成功解决了欧风花园等社会反响强烈的供暖问题。本采暖期以来,收到锦旗30多面、牌匾十多块、感谢信20多封。中央电视台新闻联播和朝闻天下栏目报道了长春市保障供热的做法。市政府在保障资金、人员编制等问题上特事特办,给予了前所未有的支持。

【加强房屋安全管理】 制定出台了《长春市城市房屋安全管理条例》和《长春市城市房屋安全管理条例实施细则》。加强对随意拆改房屋结构及建地下室等行为的监管。完善了《长春市重特大房屋安全突发事故应急预案》。及时妥善处理了亚泰大街、辽宁路屋檐脱落伤人事故、绿园区卫生局宿舍阳台即将脱落、锦水路34号楼地下出现大面积空洞等多起突发事故。加强汛期危险房屋管理,及时排除安全隐患。房屋安全管理工作思路上的创新、应急处理突发事故工作得到了上级的认可,被省建设厅评为房屋安全管理先进单位,房屋安全鉴定中心被中国物业协会房屋安全鉴定委员会评为先进单位。

【议案办理工作】 承办人大代表建议、政协委员提案27件,办结率100%,利用房交会契机,邀请人大代表和政协委员集中面复,并参观房交会,得到了较好反响,连续多年被评为议案办理先进单位。一年来,接待群众个人访、集体访21批次、承办市长公开电话3 800余件,妥善处理了一些棘手的历史遗留问题,为维护社会稳定做了大量富有成效工作。

（王迎超）

环境保护

【概况】 2007年,长春市深入贯彻落实科学发展观,坚持预防为主、综合治理,全面推进、重点突破,切实加强环境监管,严格环境执法,着力推进主要污染物总量减排,认真解决制约经济发展和危害群众健康的突出环境问题,各项工作都取得了扎实成果,环境质量持续改善。

空气质量保持良好水平。烟尘控制区覆盖率达到100%,烟尘排放达标率在90%以上,工业污染源二氧化硫排放达标率100%。全年城区空气综合污染指数(API)为75;空气环境质量优良级天数340天,占总天数的93.2%;优级天数17天,占4.7%;良级天数323天,占88.5%;轻微污染19天,占5.2%;轻度污染5天,占1.4%;中度污染1天,占0.3%。空气中可吸入颗粒物年均值(PM10)99微克/立方米;二氧化硫年均值30微克/立方米;二氧化氮年均值38微克/立方米。

水环境质量有所改善。城区地表水体按功能区达标,石头口门水库水源地水质28项考核指标全部达标。城市主要集中式饮用水源地水质达标率保持100%。

噪声污染得到有效控制。区域环境噪声平均值控制在56.4分贝,道路交通噪声平均值控制在68分贝。

生态环境建设取得进展。新增自然保护区面积827.24平方公里,各类自然保护区达13处,面积达2 137.15平方公里,覆盖率达10.40%。

【环境质量】 1.空气环境:空气污染指数(API)年均值为75,二氧化硫年均值为30微克/立方米,二氧化氮年均值为38微克/立方米,可吸入颗粒物(PM10)年均值为99微克/立方米,空气质量优良级天数340天,优良率93.2%。2.水环境:城市主要集中式饮用水源地水质达标率保持100%,城区地表水体按功能区达标,重点工业污染源达标排放。3.声环境:区域环境噪声平均值控制在56.4分贝,道路交通噪声平均值控制在68分贝。4.生态环境:新增自然保护区面积827.24平方公里,各类自然保护区达13处,面积达2 137.15平方公里,覆盖率达10.40%。

【环境管理】 1.审批项目503个,涉及总投资287.48亿元,其中环保投资4.35亿元。办理立项环保预审5件,验收建设项目128个,项目总投资56.43亿元,其中环保投资8 202万元。环评执行率达100%。2.以“绿色信贷审核”为载体,加强“三同时”执行情况执法检查。现场检查建设项目2 448家次,核查建设项目509个;排查工业企业465家,实施绿色信贷审核226家。3.强化开发区环评管理,10个国家、省级开发区(工业集中区)完成区域环评审查,7个工业园区完成规划环评。4.强化项目清理验收管理。核实3 000万元以上投资项目300多个,清查省环保局委托验收项目205个。查处了一批长期以试生产为名生产,污染物不能达标排放的项目。

【大气污染防治】 1.加强新上供暖锅炉、除尘器环保审批监管,集中开展不合格锅炉专项整治。实施现场检查6 167人次，检查锅炉及环保设备1 592台套，环保设施正常运转率达97%，正常运转达标率为95%。全年治理不合格锅炉102台，拆除废弃烟囱219根。2. 对消耗臭氧层物质的企业进行了申报登记，建立了管理台账。严厉打击非法生产、使用、销售消耗臭氧层物质。完成了淘汰全氟氯烃和哈龙工作。3. 城区烟尘控制区覆盖率达到100%，烟尘排放达标率在90%以上，工业污染源二氧化硫排放达标率100%。

【水污染防治】 1. 深入落实“让松花江休养生息”政策措施，加强了流域和区域水环境治理。市政府成立了水污染防治工作领导小组。重点核查松花江流域污染源和列入《松花江流域水污染防治规划》的重点项目，污染防治设施正常运转率达90.7%。2. 开展了地表饮用水水源地环境保护规划编制基础数据调查，地下水污染现状调查，水源保护区污染源调查和城市用水安全调查。3. 集中整治饮用水源保护区工业排污口，清查威胁饮用水安全的污染隐患。检查市区污水排放企业1 679家、排污现场7 000余次、污水防治设施3 000余台次，纠正环境违法行为112次。取缔石头口门水库水源地一级保护区内违法排污单位8家，责令停产停业23家，拆除违法建筑2 245平方米。限期整改二级保护区的排污单位和个体工商户134家。4. 跟踪监测新立城水库藻类污染。7月11日，新立城水库发现藻类污染，立即启动环境应急预案，增加了监测频次和监测点位，实施了昼夜加密跟踪监测。采用现代提取技术测得藻毒素次生污染信息，攻克了藻毒素测定的技术难题。石头口门水库的28项考核指标全部达标，新立城水库因藻类污染导致8月~11月部分指标超标。

【噪声污染防治】 1. 有关部门联合执法，深入开展了生活噪声、工业噪声、建筑噪声和交通噪声专项治理，积极创建噪声达标区和安静小区。2. 加强了对餐饮娱乐场所、住宅小区、校园周边、建筑工地和主要街路噪声源的监督管理。3. 开展了“绿色护考”活动，在31个高考考点和18个中考考点派专人巡查，营造了良好的学习、生活和考试环境。

【危险废物安全监管】 1. 对相关企业、医疗机构、大专院校、科研院所等单位危险废物加强了监管。2. 实施危险废物申报和管理计划等制度，对52家化工企业及重点单位和28家电镀企业进行了排污申报登记，建立了危险废物管理档案。3. 对废弃物焚烧等17类二恶英类持久性有机污染物(POPS)污染源进行了全面调查，对21家单位的环境违法行为，下达了限期改正通知书或限期处理决定。4. 全程监管过境危险剧毒化学品，办理转移联单563份，转移危险废物7 749.2吨。

【核与辐射监督管理】 成立了长春市核与辐射监督管理站。完成了对10家单位放射辐射许可证的核验工作，开展了伴生放射性污染源普查，加强了重点放射源应用单位的监管，及时将废弃、退役的放射源送放射源废物库贮存。

【机动车排气污染防治】 成立了长春市机动车排气污染管理中心。市政府制定下发了《关于实行机动车环保检测的通告》(长府通告〔2007〕7号)，8月1日正式施行。3家机动车排气检测企业，通过省质量技术监督局的认证和省环保局委托，对5万余台(次)机动车实施了“简易工况法”环保检测。

【主要污染物总量减排】 1. 制订了全市主要污染物减排计划，对二氧化硫和化学需氧量总量减排指标任务进行了分解落实，对市区、4县(市)及双阳区进行了区域总量分配，对污水处理厂和重点工业污染源进行点源总量分配。2. 市政府与4县(市)、双阳区政府和一汽集团等111户重点企业和单位，分别签订了污染减排责任书。3. 强化了对重点企业和污染源的现场监管，加强了对减排单位的分类指导，建立了污染减排台账，督促落实减排项目和安装在线监测设施。4. 减排二氧化硫7 937吨，化学需氧量15 699吨，超额完成了2007年指标任务。

【环保专项整治行动】 1. 加强了重点行业的污染整治。对死灰复燃的“十五小”、“新五小”企业，糠醛、造纸等重污染行业进行了专项排查。2. 市政府督查室、市监察局、市环保局共同组成专项检查组，对榆树市、农安县、德惠市、九台市等4县

（市）排污企业和重点水污染源，进行了集中稽查、跟踪监测和挂牌督办。3. 加强了"土政策"的集中清理。对各县（市）区、开发区违反国家环保法律法规的错误做法和规范性文件进行了专项检查。清理出涉及"土政策"的文件16个，均下发文件予以纠正。4. 共出动执法人员1 800余人次，排查各类企业13 640家，排查违法企业221家，对违法单位罚款总额达106.12万元。

【污染源普查】 1. 建立健全了各级普查领导机构。市及各县（市）政府成立了污染源普查领导小组，普查工作办公室。2. 建立了基本单位名录，编制了重点普查及一般普查污染源底册；对9万余户企事业单位进行筛选审核，确定2.9万多家单位作为普查对象；完成了污染源普查清查工作。3. 开展生活源产排污系数研究和监测，建立清查企业、调查单位的名录，指导污染源单位整理原始记录和台账，完成了污染源普查监测工作。4. 在主要街路和广场，设立了4处污染源普查宣传牌。建立并开通了长春市污染源普查网站，及时发放了污染源普查工作简报。在相关媒体开展了污染源普查宣传。5. 开办了8期培训班，培训污染源普查指导员220人，培训普查员1 500人。

【生态保护和建设】 1. 编制完成了《长春市生态功能区划》、《长春市小康环保行动计划》。2. 加强了生态示范区、环境优美乡镇的创建和自然保护区的监管：确定九台市其塔木镇、上河湾镇；农安县龙王乡、杨树林乡；双阳区奢岭街道；二道区四家乡镇等6乡镇为省级环境优美乡镇试点单位。四家乡镇青山村申报为国家生态村试点单位。3. 榆树市、农安县、九台市顺利通过国家级生态示范区验收，九台市卡伦湖镇被评为国家级环境优美乡镇。

【政策法规和环境信访】 1. 参与制定和修改长春市地方性法规、规章20件。对基层环保部门进行了依法行政考评和行政执法检查。2. 举办了欧风小区供暖改造工程环评文件审批听证会，办理了麦当劳公司等2起行政复议案件。3. 举办了政协委员提案办理工作集中面复会，办理议案提案8件，逐件面复。4. 办理信访件125件，接待直接来访293人次。5. 办理市长公开电话转办单1 340件，均按要求调查处理上报答复。

【环保基础能力建设】 1. 集中开展排污申报登记。对城区的企事业单位进行全面普查，对排放污染物情况进行详细申报登记。2. 编制了《长春市环境信息系统技术方案》，升级了污染源地理信息系统（GIS）的数据库，环保网站共发布各类环境信息近800条。3. 投资60万元对空气、水质自动监测系统，投资860万元对化验室的设施进行了现代化建设。4. 与63户企业签订了80台（套）污染源自动在线监测设备安装合同，已安装完成22台（套），调试联网运行8台（套）。

【突发事件应急处置】 1. 代表吉林省参加了国家环保总局指挥的"2007年松花江流域跨界污染事件应急预案演练"。2. 参与了一汽集团重大危险源应急预案演练，轻轨公司危险化学品泄露事故应急演练。3. 妥善处理了长余高速公路甲苯泄漏事故、德惠市东四道街氨气泄露事故等2起突发环境事件。

【环境监测】 1. 围绕污染减排、政府环保目标责任制、全国城市环境综合整治定量考核、巩固国家环保模范城市成果和创建国家卫生城等重点工作，监测污染源383家（次），稽查监测81家（次），出具外检报告162份。2. 完成信访监测245次，出具监测报告245份，累计提供监测数据10余万个。3. 空气质量日报、预报、松花江水质周报上报率均达到了100%。

【环境规划与科研工作】 1. 与吉林大学合作，编制了《长春市生态功能区划》和《长春市农村小康行动规划》。2. 完成了《长春市生态功能区划研究》、《建设项目可持续利用评价》和《吉林省典型城市环境空气中悬浮颗粒物源解析的研究》等课题。3. 与东北师范大学合作完成了《长春市郊污灌农作物有害物质调查实用安全评价及污染状况研究》课题。

【环保模范城复检、城市环境定量考核和政府环保目标责任制考核】 1. 按照国家环保模范城新的考核指标体系，建立健全了32项指标档案，扎实推进各项迎检工作，顺利通过国家环保总局复查验收。2. 按照创建文明城、卫生城和环境综合整治定量考核要求，制订了城市环境综合整治计划，以目标责任书形式分解落实，主要指标处于全国重点环保城市前列。3. 对各县（市）区、开发区环保目标责任制完成情况进行了检查验收，对工作优异的进行了表彰奖励；接受了省政府环境保护目标责任制检查，长春市获得 2003 年～2007 年度总体考评一等奖。

【环保宣传教育】　1. 围绕纪念“4. 22”地球日、纪念“6. 5”世界环境日、办好亚冬会、建设净月生态城、巩固环保模范城市创建成果等专题，开办环保专栏，累计在驻长各新闻媒体发布稿件 500 余篇。2. 以“环境与经济发展”为主题，举办了第二届长春环境与发展论坛；以“污染减排与构建环境友好型社会”为主题，举办了吉林省暨长春市纪念“6. 5”世界环境日大会；以“实现环境保护历史性转变”为主题，集中培训 150 余名副局级以上干部和青干班学员；以“中国城市公共交通周及无车日”为主题，编印发放“节能减排与绿色交通”宣传材料。3. 开展环保公益宣传。组织环保文艺下乡活动，与市妇联、市房地局联合行动，开展了厨房垃圾油回收活动；在市区主要干线公交车体上制作大型公益广告，进行流动环保宣传。4. 组织开展了第六届中小学生“以纸换树”活动；“快乐拇指动一动，绿色家园我描绘”长春儿童绿色环保短信征集活动；开展了环保优秀课件评比活动。5. 新增创建市级绿色学校 84 所，创建市级绿色社区 7 个，中海·水岸春城小区被评为国家级绿色社区。

【环保队伍和机关建设】　1. 深入开展“查找改”活动。结合部门职责，从主客观两个方面入手，先后开展了 3 轮全方位的对照查摆，共梳理出 52 条意见和建议，归纳为 35 个问题。有针对性地制订并落实了 11 项整改措施和建议，着力解决了一批群众最关心、最直接、最现实的环境问题。2. 加强党风廉政建设。制定《党风廉政建设考核办法》，签订了《党风廉政建设责任状》，强化了政行风和软环境建设目标责任考核。全市环保系统在执法部门政行风测评中排在第一位，长春市环境保护局被评为软环境建设先进单位，在百名处长测评中名列前茅。3. 推进环保管理体制改革。各城区和经济技术开发区、净月经济开发区、高新技术产业开发区、汽车产业开发区环保部门及其所属事业单位整建制上划市环保局统一管理。

（王占龙）

国土资源管理

【概况】　2007 年，全市国土系统以“保护资源、保障发展、维护权益，服务社会”为重点，紧紧围绕经济社会发展的大局，积极保障供地，全面加强耕地保护和用地监管，大力推进土地市场建设，深入整顿规范矿产资源开发秩序，较好地完成了各项工作任务。

【耕地保护】　严格执行耕地保护地方行政首长负责制，层层签订责任状，把保护任务和措施落实到村、组、农民和具体地块上。严格执行《基本农田保护区动态监测制度》、《基本农田占补平衡制度》、基本农田“五不准”等各项保护制度，除国家规定的交通、能源、水利等重点项目外，杜绝其他任何类型用地占用基本农田。全年共补充耕地 987. 9 公顷，是 2006 年同期的 3. 9 倍。到 2007 年底，全市耕地保有量为 135 万公顷，基本农田实际保有面积为 117. 8 万公顷，保护率为 87. 2%。超过国家规定标准 0. 2%。

【新增用地】　全年共预审新增建设用地4 452公顷，征地2 024公顷，满足了长春市“项目年”建设的用地需求。通过修改乡级土地规划，为长春市增补用地空间2 536公顷，使汽车产业开发区、高新开发区北部园区、客车工业园等重大项目得以顺利落位。

【市场建设】　全年共出让国有土地使用权1 764. 8万平方米，实现土地出让合同成交额 82 亿元、土地合同净收益 42 亿元，同比 2006 年分别增长了 11% 和 35%。经营性用地收益增长迅速，全年共出让 522 万平方米，成交额61 亿元，同比增长 51%，实现土地纯收益 30 亿元，占全部土地总收益的 71. 4%；工业用地全部实现招拍挂出让，全年共出让 454 万平方米，成交额 8. 8 亿元，实现土地纯收益 1. 5 亿元，竞价出让比例显著提高；协议出让数量降幅较大，共出让 917. 3 万平方米，比 2006 年同期下降了 43. 7%，成交额 7. 7 亿元，收取土地出让金7.06亿元。此外，以划拨方式供地1 031.9万平方米，其中，棚户区改造用地525万平方米，同比增长近8倍；处置改制企业土地153宗285.3万平方米，收取土地出让金4.5亿元，其中以抄告单方式核算土地出让金4.37亿元。土地市场配置进一步优化。

【棚户区改造】 坚持政府主导实施工作思路，共投入资金33亿元，改造棚户区22块，拆迁居民20 135户，拆除地上物建筑面积224万平方米，超年初计划12%。投入资金14.96亿元，实施回迁房建设项目17个，开工总建筑面积135.8万平方米，其中回迁住宅建筑面积118.9万平方米，可安置居民20 700户。滨河风尚家园、建民街爱心嘉园、柳影家园、东荣家园、珍珠湖家园、常欣家园、一汽六中家园等13个回迁房项目全部竣工，回迁面积115.4万平方米，17 500户棚户区居民已如期回迁。

【法制监察】 在国土资源部、监察部等部委的统一部署下，先后开展了查处土地违法违规专项行动、卫片监测、土地执法百日行动等一系列土地执法行动，在纪检、公安、法院等有关部门的支持配合下，全年共查处违法用地526宗，面积856万平方米，其中违法占用耕地382万平方米。共立案511起，结案510起，结案率接近100%。共移送公安机关18宗，建议纪检监察机关处理28人，提请法院强制执行120宗，用地秩序进一步好转。

【矿政管理】 矿产资源开发秩序明显好转，查处无证开采40起、越界开采7起，无证勘查开采案发生率同比下降了64.3%，矿业权违法违规案件发生率已降至1.5%。矿山企业的规模化和集约化水平显著提高，矿山总数由2006年底的501家减至446家，超额完成了全年的工作目标。采矿权市场建设进一步完善，共有偿出让采矿权346家，收取采矿权价款479万元，市场化水平显著提高。矿产资源储量动态监测工作稳步推进，共签订矿产资源储量动态监测协议186份，月监测、季监测、年度监测制度得到落实。地质灾害防治工作收效明显，会同气象局开展地质灾害气象预报预警3次，实施了《长春市二道区三道煤矿地质灾害调查评价》项目，稳妥处理了地质灾害险情和灾情，全年没有发生人身伤亡事件。加强矿山生态环境恢复治理，严把矿产资源开采立项关，全年共收取矿山生态环境恢复治理备用金831万元，为全面开展矿山生态环境综合治理创造了条件。

【服务民生】 进一步规范征地管理，"两公告一登记"和征地听证制度得到严格落实，农民知情权、参与权得到充分保障。对农民个人建房审批全面实行公示、公开，年内共审批新建3 541户，翻建5 776户，其中危房改建3 973户，农民居住条件得到了较好改善。乡镇国土所标准化建设全面完成，共投资760万元，新购办公场所11个，大修办公场所2个，城区所辖的13个国土所全部达到标准。

【地籍管理】 积极保护土地使用权人合法权益，大力推进城镇住房用地登记发证工作，全面推行土地分割登记制度，有效地解决了群众办证难问题。对新增住房用地，做到了开发一宗、验收一宗、分割一宗，实现了由被动管理向主动管理的转变。全年共完成土地变更登记16 000件，土地抵押登记1 100多件，土地证书查验2 500件，土地分割登记12万件，土地登记覆盖面进一步加大。

【国土信访】 全年共发生国土信访案件204起，同比减少28%，其中，到省访42起，占全年信访总量的21%，同比减少43%，进京访23起，占总量的11%，同比减少61%。驻京驻省接访、局领导包案等制度得到较好落实，局领导包保的12宗信访案件已全部息访。派驻北京的10批接访组，共劝返进京信访案件30起97人次，有力维护了十七大等重大政治节日期间的社会稳定。

【廉政和行风建设】 开展治理商业贿赂专项活动，建立惩防体系，业务工作和廉政建设实现同步运行、同步落实。开展廉政文化"六个一"活动，共组织参观反腐图片展160人次，到北郊监狱等警示教育基地进行"现身说法"教育370人次，参加党课和廉政教育辅导课人数达到520人次。加大检查、指导和案件督办力度，共开展各类监督检查、明察暗访5次；受理软环境投诉举报10件，全部办结；受理各类纪检监察信访举报11件，了结3

件，立案8件，已结案7件，司法机关正在查处1件，予以党纪政纪处分8人，组织处理1人，制度化管理机制已经收到实效。按照"谁主管谁负责"、"管行业必须管行风"的原则，明确任务，落实责任。加强政务公开平台建设，通过采取设立公开栏、意见箱、干部评议等方式，广泛征求基层同志的意见和建议，充分保证了基层干部职工的参与权、监督权。加强电子政务建设，对国土资源门户网站、触摸屏和大屏幕查询系统进行更新，群众投诉、查询更加方便、快捷。组建行政审批办公室，进一步规范审批运行机制，窗口服务环境得到进一步改善。到2007年底，窗口共受理申请4 294件，全部按规定时限发件，无一投诉，被评为本年度优秀窗口管理单位。

（高　庆）

园林绿化

【概况】 2007年，长春市园林绿化局继续本着"增绿量，上水平，抓管护，出精品"的方针，积极贯彻市委、市政府对绿化工作的部署，紧紧围绕民生工作目标，带领全市园林系统干部职工破难题、挖潜力，团结协作，稳步推进，开展了园林绿化建设管理工作，圆满地完成了全年各项工作任务。

【园林绿化建设】 全市新增绿地面积300公顷，完成大块绿地建设144块，新植街路25条，绿化改造街路19条，改造绿地20块，补植街路666条。总计栽植乔木10万株，灌木104万株，模纹13万平方米，清运残土33.7万立方米，回填营养土33.8万立方米。义务植树635.24万株，建义务植树造林基地51块，绿化村屯110个，县城新增绿地32.88公顷，绿化公乡路160公里，绿化江河堤防43.8公里。

【园林绿化管理】 1. 绿化抚育管理工作。各单位对所辖街路、游园、广场的乔木、亚乔木进行春季和秋季两次涂白，同时，开展了枯死树清除、枯死枝清理工作。继续采用四角支撑的方式，保护新植树木。加大了树木的施肥、浇水、打药等养护管理工作力度，提高了树木成活率。2. 绿线管理、树木砍伐、移植审批工作。进一步加强了管理，根据工程进度，采取审批前拍照存档、验收时进行录像存档等方式，对绿化建设实施跟踪监督，使绿线管理真正落到实处。全年共办理新建、改建、扩建项目的绿线审批手续146件。根据《长春市城市绿化管理条例》，严把树木砍伐审批关，坚持原则，尽最大努力减少树木砍伐，全年共办理树木砍伐审批手续72件。3. 园林植保工作。①病虫害防治工作。春植期间对12个单位、76批次、40多个品种共计22万余株的苗木进行了检疫，检查出危险性病虫10余种，及时制止了危害性病虫对长春市的入侵，从源头上为长春市的园林绿化工作把住了关口。对市内几条主要街路的杨柳树烂皮病发病情况进行了调查，根据病害发生的不同情况，重点对人民大街、解放大路、自由大路、亚泰大街等4条主干道上的6 000余株杨树，采取喷涂杀菌剂和树木疏理剂的措施，使杨树烂皮病发病率和死亡率大幅降低。为了预防日本松干蚧疫情，对全市黑松进行春、秋两次普查，共调查树木17万株次，销毁177株被侵害树木，及时避免了日本松干蚧在长春市的进一步扩散和蔓延。继续对市区内黑松街路进行蚜虫、红蜘蛛等虫害防治工作，全年共防治街路8条，防治树木8 000余株。根据发生期和发生程度的不同，对其他各种类型病虫害进行了防治。全年防治树木总计近34余万株次。②预测预报工作。在全市建立预测预报点13个，共监测病虫害500余种，其中重点监测70余种，对影响较大病虫害的监测基本上做到了准确、及时。通过《植保》简报及时发布测报信息，全年共发布病虫害信息200余条。4. 公园管理工作。①枯枝落叶还林工作。针对长春市公园现状，重点进行了枯枝落叶还林工作。从2007年开始，两年内全市所有公园园路的行道树、疏林孤树都要形成树穴，树穴内用枯叶和树屑完全覆盖，林下所有不能长草的地面全部用粉碎过的枯叶覆盖。②环境卫生工作。按照市"创建国家卫生城市"工作指挥部2007年创卫重点十项整顿工作的要求，结合局属各公园实际情况，制订了《公园环境卫生整顿治理方案》。各公园对照标准对厕所、水面进行了自查、整顿和治理。各公园领导分工明确，制度完善，实行了定岗、定人负责制，组成了专业清洁队伍，公园环境卫生水平大幅度提高，得到了广大游人的赞誉。③商服工作。加强了商服网点的管理和游乐设施的安全检查工作,杜绝了各类事故的发生。④冰雪节活动。为了办好2007中国长春冰雪旅游节,南湖公园和胜利公园分别举办了冰雕雪雕展和彩灯游园活动。⑤清除菹草工作。6月中上旬,面对南湖菹草疯长情况,动员、调动了1 800人次,出动船只200只,车辆15台,展开了清除菹草大会战。5天共清理水草3 000吨,清理总面积近10万平方米。⑥公园受奖情况。2007年2月,长春世界雕塑公园同北京颐和园、苏州拙政园等20个全国历史名园一同被国家建设部评为首批“国家重点公园”,这是对长春市公园建设和管理的最高褒奖。

【公园建设】 裕华园建设工程于2007年4月初开始动工,预计两年内完成。共栽植21个品种、6 582株树木,栽植完的树木完成架杆、浇水、修剪、打药等工作,清残土21 900立方米,回填土29 456立方米,完成投资570万元。长春公园改造工程前期工作,完成项目可行性评审工作和环评论证工作,计划项目34项。春植树木26万株、草坪35万平方米,完成仓库、车库和锅炉房建设,完成投资1 557万元。动植物公园改造工程前期工作,完成可行性研究报告的编制工作、环境影响报告的论证和项目审批工作,计划项目46项。栽植各类树木2.3万株,完成投资397万元。南湖公园植树3 647株(其中乔木531株,灌木3 116株),补植绿篱900延长米,种植草坪10 120平方米;胜利公园植树24 509株(其中,乔木1 628株,灌木22 781株,藤本100株),栽植绿篱5 350延长米,种植草坪39 700平方米;世界雕塑公园植树10 482株(其中,乔木8 469株,灌木2 013株),种植草坪、白三叶51 000平方米,栽植绿篱500延长米;长春公园植树22 165株(其中,乔木6 180株,灌木15 985株),栽植绿篱12 894延米,种植草坪35万平方米;动植物公园植树23 479株(其中乔木1 660株,灌木21 819株,),栽植绿篱1 000延米,种植草坪10 000平方米;儿童公园植树8 122株(其中乔木1 109株,灌木7 013株),栽植绿篱510延米,种植草坪25 000平方米。

【庭院小区绿化】 2007年初,对单位庭院和小区绿化的基础情况进行了调查摸底,全市1 000多个单位庭院实现了普遍绿化,被国家、省、市命名的“园林式”精品庭院26个,“园林式”先进庭院98个、“园林式”庭院386个;建设了一批精品“园林式”居住小区,全市居住区绿地达标率达92%以上。按照《长春市人民政府办公厅关于加强居住小区和单位庭院绿化建设的通知》要求,认真开展了“绿化模范小区”和“绿化模范单位庭院”的评选工作,通过督促检查以及召开现场会等形式,小区、庭院绿化有了新的进展。2007年,长春市每个城区完成了2个单位庭院的新植绿化、10个单位庭院和5个居住区绿化改造建设任务。

【义务植树】 省会绿化委员会办公室组织了多种多样的义务植树活动。4月13日,省市党政军负责同志,率先与500多名机关干部一起,在净月潭国家森林公园进行植树,共栽下白桦、枫树等树木1 400多株。4月20日,近千名来自长春市内各大专院校、党政机关和各行各业的优秀青年在长沈公路出口处,进行“红旗林”植树活动,共栽植杨柳树1 200余棵。4月21日上午,“家庭林”活动在伊通河风光带上正式展开,有上百个家庭自带工具踊跃参加,共栽植杨柳树460多棵。4月22日上午,在长春世界雕塑公园举办了首次种植“爱情林”活动。4月24日,组织了第七个“吉林新闻记者林”植树活动,共栽植火炬、海棠树700多棵。4月26日,吉林省军区官兵700多人,在裕华园开展了种植“八一”林活动,共栽植白桦、山杏、冷杉等树木5 000多棵。从4月16日到4月30日,驻长的省军区、某集团军、长春飞行学院、装甲兵技术学院和武警省部队共6 000余名官兵,分5次到伊通河植树,共植树4万余株。

【绿化工程验收评比】 长春市绿化专家组对2007年新植街路、绿地进行验收,成活率达到92%,评审出精品工程51项,精品面积占新增绿地面积的57.3%,创造了长春市绿化精品数量最高纪录。1.2006年精品工程复查情况。2006年是长春市近几年绿化精品工程数量最多的一年,也是后期养护管理任务最重、难度最大的一年。经专家组复查,按照《长春市绿化精品工程标准》衡量,认定2006年的69项绿化精品工程均保持较好,全部通过复查。2.2007年绿化工程评比情况。按照评比标准,专家组全面衡量、统一打分,从数量、质量、管护三个方面对各单位2007年的绿化工程逐一进行了验收。①“绿量”验收情况。绿园区新植绿地38块，新植街路6条，新增绿地面积241 012平方米；宽城区新植绿地19块，新植街路9条，新增绿地面积125 450平方米；朝阳区新植绿地24块，新植街路2条，新增绿地面积106 120平方米；南关区新植绿地21条，新植街路4条，新增绿地面积95 993平方米；二道区新植绿地17条，新植街路3条，新增绿地面积84 660平方米；市直绿化管理处新植绿地15条，新增绿地面积45 298平方米；双阳区新植绿地10条，新植街路1条，新增绿地面积24 205平方米。②精品工程评选结果。二道区6项，面积89 400平方米，分别是：二道区政府西侧绿地（5块）、社科院对面绿地、民丰街至乐群街绿地（3块）、东盛大街与吉林大路交会处绿地、吉盛小区绿化工程和滨河小区绿化工程。朝阳区9项，面积78 481平方米，分别是：新民广场绿地、南湖大路游园绿地、繁荣路南湖医院绿地、卫星路理工大学绿地、前进广场绿地、长影绿地、卫星路分车带绿化、南湖中街绿化工程和南湖新村绿化工程。南关区7项，面积76 696平方米，分别是：轻轨某集团军绿地、省地税绿地、大华绿地、桂林路绿地、南环城路2号绿地、家园南路绿地和繁荣路绿化工程。绿园区9项，面积62 350平方米，分别是：晨光花园绿地、景阳大路与春城大街交会处绿地、花莲路绿地、万福街绿地、天嘉公园墙外绿地、120急救中心绿地、青萍路绿化工程、洋浦社区绿地和长纺小区绿化工程。市直绿化管理处10项，面积58 681平方米，分别是宽平大路与开运街交会处东绿地、开运街福苑小区门前绿地、亚泰游园、工农游园（西侧2个）、工农游园（东侧2个）、卫星路中央分车带绿化工程、卫星东路绿化工程、市委绿化工程、城科所绿化工程和市政府绿化工程。宽城区7项，面积37 851平方米，分别是：芙蓉桥绿地、伪皇宫北门绿地、台北大街西绿地、东九条绿地、青年路分车带绿化工程、东长新街绿化工程和亚泰大街绿化工程（小南大街——北三环）。双阳区3项，面积9 344平方米，分别是：亿阳大厦绿地、西广场东绿地和建龙花园门前绿地。③养护管理评比结果。第一名：朝阳区、市直绿化管理处、南关区、二道区；第二名：绿园区、宽城区；第三名：双阳区。

【园林科研】　1.科研课题研究工作。课题《抗寒月季组培研究》，顺利通过了继代培养、生根和栽培试验阶段，掌握了整个组织培养技术操作流程，顺利地扩繁、定植4 000株，生长状态良好。课题《东北地区彩叶树种引种驯化技术研究》，2007年2月7日被吉林省政府确认为“吉林省科学技术成果”，获“吉林省政府2007年科学进步三等奖”。课题《景天科优良种类筛选及应用研究》，是长春市科技局立项课题，引进优良品种14种，近20 000株，通过观测和繁殖技术研究，掌握其扩繁方法、生物学特点、应用方式和品种筛选工作。课题《中红杨区域化栽培试验》，是国家林业部课题，进展顺利，各项观测数据均已记录完毕。2.新品种引进工作。共引进北京红叶杨、红枫杜鹃，红花柽柳、金枝白蜡、红秆玫瑰、宿根夏菊、攀援寒地月季、地被月季和红花月季等9个新优品种进行试验，合计14 100株。3.新品种嫁接试验研究工作。长白红梢柳是观赏价值很高却难移植、难繁殖的乡土树种，多年来该树未得以应用。2007年，采取高位嫁接的办法，筛选了多种砧木进行试验，取得理想数据，嫁接成活近千株乔木和灌木，为2008年规模化发展奠定了基础。4.扩繁工作。扩繁乔木8 355株（其中胸茎4cm～6cm粗的金叶榆7 250株，长白红梢柳825株，俄罗斯红叶李280株），灌木6 400株（灌木状金叶榆2 400株，抗寒月季4 000株）。

【创建“全国绿化模范城市”】

按照市委、市政府的要求，积极开展创建“全国绿化模范城市”活动，通过多种宣传形式，形成浓厚的氛围。8月底，全国绿委会检查团对长春市“全国绿化模范城市”创建工作进行检查验收，检查团的评语是：长春市的整体绿化数据指标均达到或超过全国绿化模范城市规定的标准，基本实现了绿阴护夏，红叶迎秋，环境优美，生态良好，其创城工作和城市绿化的建设模式可供东北、西北和其他地区的城市学习和借鉴。2007年11月30日，接到全国绿委会正式通知，长春市被全国绿委会评为“全国绿化模范城市”，创建“全国绿化模范城市”工作取得圆满成功。

（王文涛）

开发区

2008 长春年鉴

CHANGCHUN ALMANAC

开 发 区

综 述

2007年，是长春开发区经济发展再创辉煌的一年。各开发区始终坚持以科学发展观为指导，以和谐开发区建设为目标，以项目建设、招商引资和环境改善为重点，团结拼搏，开拓进取，克难攻坚，扎实工作，发展速度、投资规模、经济效益、综合实力得到全面提高，投资环境、创新水平、承载能力、服务能力得到全面改善，为全市经济和社会实现更好更快地发展做出了重要贡献。全年开发区实现地区生产总值1 323.4亿元，同比增长31.6%，占全市地区生产总值的63.3%。实现工业增加值691.6亿元，同比增长28%，占全市工业增加值的89.8%。实现全口径财政收入193.4亿元，同比增长25%，占全市一般预算全口径财政收入的68%。完成固定资产投资887.8亿元，同比增长68.7%，占全市固定资产投资总额的65.8%。实际利用内资完成278亿元，同比增长32.7%，占全市实际利用内资总额的85.1%。实际利用外资完成16.5亿美元，同比增长30%，占全市实际利用外资总额的97.6%。

项目建设扎实推进，工业投资实现新突破。项目建设是开发区发展和建设的重中之重。各开发区按照全市项目建设年的总体部署，统一思想，加大力度，强化措施，狠抓落实，经过一年的努力，项目数量、投资规模、工业效益创下历史新高。一是在建项目数量创下新高。全年开工项目1 304个，是2006年的2.3倍。其中，工业项目956个，占73.3%；非工业项目348个，占26.7%。全年共完成工业投资530.2亿元，同比增长96.4%，占全年固定资产投资总额的59.7%。在22.02平方公里范围内完成了工业项目摆放，超计划3.52平方公里，每公顷平均投资强度达到2 377万元。二是新建项目数量增多。在已开工的956个工业项目中，新建项目614个，占64.2%，完成投资281.7亿元；续建项目342个，占36 %，完成投资232.1亿元。三是投资规模大。投资3 000万元以上项目526个，占工业项目总数的55%；投资亿元以上项目203个，占21.2%；投资10亿元以上项目26个，占2.7%。四是重点项目多。全市开发区列入全市五大类、20个组团、91个重大项目目录共计58个，占63.7%。其中，总投资14.3亿元的一汽大众平台零部件项目、总投资12.2亿元的锦湖轮胎项目、总投资19亿元的中兴20万辆SUM项目、总投资6.2亿元的恒力专用汽车年产1.88万辆特种车项目、总投资12亿元的大唐热电三厂项目、总投资10亿元的长虹工业园项目进展顺利。五是主导产业项目突出。全年新开工汽车及零部件项目261项，占已开工工业项目总数的27.3%，完成投资179.9亿元；农产品加工项目182项，占19%，完成投资128.5亿元。六是非工业项目进展顺利。在已开工的348个非工业项目中，新建项目281个，占80.8%；续建项目67个，占19.2%。总投资30亿元的北方汽贸城已经完成16万平方米主体工程，并正式对外发售；总投资10亿元的省科技文化中心综合馆项目现已完成地下部分建设；总投资4亿元的中国农业科技东北创新中心已经建成并投入使用；总投资17.4亿元的现代农业博览园项目已完成主辅馆主体封闭，计划明年8月份承担农博会展会任务；总投资180亿元的长春汽车新城项目正式启动，建成后将使长春西部成为具有汽车文化独特风格的城市副中心。

招商引资势头强劲，项目储备有新进展。按照全市九个月招商引资攻坚战的总体要求，各开发区紧紧抓住国内外产业升级、资本转移和规模扩张的有利时机，充分利用汽博会、东博会、京津鲁、厦洽会等经贸活动的有效载体，营造招商氛围，创新招商理念，改进招商方式，完善招商载体，提高招商质量。一是“走出去”招商硕果累累。先后有十几个开发区赴“长三角”、

“珠三角”、“环渤海”等地区举办投资说明暨重点项目推介会，此间，共签约项目83个，计划投资达68.1亿元。二是商会招商成效明显。各开发区充分利用市里举办的“海外华商长春行”、“港澳台(侨)青年企业家长春行”等活动的有利时机，加强与在长和外埠行业组织的联系沟通，使吉林省广东工业园、长春台湾工业园、吉林上海工业园等项目在开发区规划建设。三是园区招商全面推进。专用车产业园、荣兴新能源科技产业园、吉林动漫游戏原创产业园、汽车电子产业园、汽车模具工业园等重点产业园区已经挂牌启动，玉米工业园、医药产业园、软件园等一批重点产业园区前景看好。此外，一批新建重点产业园区也陆续开始建设，温馨鸟服装工业园正式奠基，轨道交通装备制造产业园、农业机械园正式挂牌，长春建材工业园项目全面启动。四是以商招商全面看好。各开发区充分发挥自身的产业优势，以产业集聚吸引外资，以重点企业引进项目，使开发区产业的竞争力得到进一步加强。截至目前，全市开发区共储备项目516个，其中，投资3 000万元以上项目385个，亿元以上项目123个。

基础设施建设加快，招商硬环境发生新变化。环境建设是招商引资和项目建设的关键。各开发区始终坚持一手抓招商，一手抓基础设施建设，下力气改善投资环境，不断提高环境的承载力。全年共完成基础设施投资94.5亿元，建设和完善“五通一平”以上配套面积约40.3平方公里。在基础设施建设过程中，一是继续坚持BT、BOT等市场化运作模式，不断加大对基础设施建设的投入。在2007年启动的35个基础设施建设项目中，有80%的项目是由社会投资完成的。二是积极拓展融资渠道，认真解决建设资金短缺问题。市政府共争取到农发行贷款8亿元，全部用于开发区和工业集中区的基础设施建设；有5个开发区和工业集中区共申请开行软贷款9亿元，其中已到位6.83亿元，全部用于基础设施建设。三是积极盘活土地资源，最大限度地提高土地利用率。各开发区眼睛向内、把提高土地利用率作为一项重要工作，通过采取资产重组、设备更新、技术改造等形式盘活存量资产，提高土地收益。四是企业孵化器(标准厂房)建设进展顺利。全年共有18个开发区和工业集中区启动了企业孵化器(标准厂房)建设，规划占地面积300万平方米，建筑面积150万平方米，计划总投资70亿元，年底实际完成107.1万平方米，实现了市政府确定的100万平方米企业孵化器(标准厂房)建设任务。

发挥比较优势，全面提升自主创新能力。随着开发区建设的不断深入，发挥比较优势、提高产业层次、实现科技创新成为各开发区工作的重点。高新区坚持以发展高新技术产业和高端服务业为重点，以提高主导产业的集聚力和创新力为目标，努力培育一批具有重大支撑作用的大集团、大企业和大项目。到年底，高新区新认定的高新技术企业20户，高新技术企业动态保持674户，实现高新技术产值500亿元，同比增长15%。经开区高新技术企业审批取得积极进展，10户企业通过高新技术企业审查和认定，全区经认定的高新技术企业达到91户。净月区围绕着生态城建设大力发展创意产业、现代商贸、总部经济等高端服务业态，全力打造以知识型、创新型、生态型为主的高端产业集群，不断加大科技投入力度，对39个科技创新项目给予了资金扶持。

加大软环境建设，提升整体服务水平。为了确保项目建设年活动深入扎实地开展，各开发区启动了软环境建设“直通车”、“大提速”等项工程。一是完善软环境制度建设。通过建立软环境工作联系点、企业沙龙、定期走访、现场办公、聘请监督员等形式，加强与重点企业和重点项目单位联系沟通，认真听取意见和建议，切实解决企业开工建设过程中存在的突出问题，加强对征地拆迁、资产清查、政府采购等重大经济活动进行的有效监督。二是进一步调整和完善政务大厅功能。坚持公开、公正、公平原则，积极推进政务公开，简化审批手续，规范工作流程，形成投资服务大厅、经营服务大厅、中介服务区和商务休闲服务区“两厅两区”的板块式服务体系，构建起项目建设的快速绿色通道，为项目建设搞好服务。三是充分发挥驻区机构作用，建立健全服务机制，搭建起服务建设发展的新平台。各开发区广泛推行了“感动式服务”、“保姆式服务”和“一条龙服务”模式，建立了项目领导包保制、全程代办制、跟踪服务制等行之有效的制度。通过加强服务环境建设，实现让投资者在服务效率上感动，在服务质量上感动，在服务细节上感动的“三感动”目标，形成了心往一处想，劲往一处使，团结一心抓投资、齐心协力上项目的良好氛围。四是加强组织机构建设，对招商部门、项目服务部门等重点进行整合重组，把主要力量向一线部门倾斜，集中优势兵力克难攻坚。进一步推进用人制度、分配制度和公车制度改革，弘扬“求新、求快、求实、求精”的开发区精神和艰苦创业、团结拼搏的发展理念，有效增强了干部队伍的战斗力和执行力。五是认真解决征地难、拆迁难、安置补偿难等问题，从规范征占地行为和依法征地的要求出发，不断创新征地拆迁和安置补偿方式，加快推进和谐开发区建设。

（曹　维）

长春高新技术产业开发区

【概况】　长春高新技术产业开发区（以下简称高新区）于1988年5月经吉林省人民政府批准建立，1991年3月经国务院批准为国家高新技术产业开发区。高新区位于长春市区西南部，与长春至大连高速公路相连接，与市政府新建行政中心相毗邻，是长春市西南部城区的核心区域。2007年，高新区辖区面积由2006年的49.76平方公里扩大到80.53平方公里（102国道以北集中新建区21.01平方公里，102国道以南28.75平方公里，超达北区30.77平方公里），建成区面积21平方公里。高新区辖6个社区、7个行政村，户籍人口68 000人。截至2007年底，高新区累计实现技工贸总收入6 353亿元，利税972亿元。技工贸总收入、利税总额从1991年的1.6亿元、0.25亿元，分别增加到2007年的1 427亿元和177亿元，年平均增长速度分别为52.9%和50.7%。1993年以来，高新区先后三次被国家科技部评为“先进国家高新技术产业开发区”。

长春高新区2007年经济发展指标完成情况表

指标项目		单位	2006年完成	2007年完成	比2006年增长%
技工贸总收入		亿元	1 002	1 427	42.42
工业总产值		亿元	950	1 414	48.84
国内生产总值（GDP）		亿元	263	399	51.71
实现利税		亿元	145	177	22.07
出口创汇		万美元	25 000	15 913	-36.35
实际到位外资		万美元	45 023	51 054	13.40
引进内资		亿元	34.21	43.56	27.33
土地出让		万平方米	232.30	175.13	-24.61
企业发展	新发展外商投资企业	户	18	29	-
	认定高新技术企业	户	54	23	-
	总收入超50亿元企业	户	2	2	-
	总收入超10亿元企业	户	8	10	-
	总收入超亿元企业	户	52	57	-
	技术改造投资总额	亿元	40	54	35
	社会固定资产投资总额	亿元	124.73	166.30	33.33
主导产业技工贸总收入	先进制造技术领域	亿元	858.98	1 250.31	45.56
	光电领域	亿元	11.28	23.74	110.46
	生物医药领域	亿元	18.09	19.98	10.45
	信息技术领域	亿元	17.19	17.41	1.28
	新材料领域	亿元	31.97	38.24	19.61

高新区新建一景

【主要经济指标】 2007年，高新区实现经济总量(技工贸总收入)1 427亿元，实现工业总产值1 414亿元，实现国内生产总值(GDP)399亿元，分别比2006年增长42.42%、48.84%和51.71%；实现利税177亿元，全口径财政收入106亿元，分别比2006年增长22.1%和29.2%；社会固定资产投资总额166.3亿元，技术改造投资总额54亿元，分别比2006年增长33.33%和35%。实现高新技术产品产值550亿元，比2006年增长20%。技工贸总收入超千万元企业202户，超亿元企业57户，超10亿元企业10户，50亿元企业2户。

【招商引资与大项目建设】 2007年，高新区新认定高新技术企业23户，新发展外商投资企业29户。年内17户被取消高新技术企业资格。截至2007年底，区内高新技术企业累计674户。实际引进内资43.56亿元，实际利用外资5.1亿美元，比2006年分别增长27.33%和13.40%。台湾唯冠集团光电产业园、修正生物医药产业园等一批5亿元~10亿元以上大项目落户高新区。年内新建、续建工业项目161个，计划总投资279亿元，完成投资103亿元。其中，续建工业项目37个，总投资85.2亿元，完成投资44亿元；新建工业项目124个，总投资193.8亿元，完成投资59亿元。投资规模在亿元以上的工业建设项目53个，总投资225.6亿元，完成投资76.1亿元。全年完成固定资产投资166.2亿元，比2006年净增42亿元，增长33.9%。年内新建总投资8 000万元以上项目18个，投资总额47.8亿元。

2007年高新区新建重点大项目一览表

单位：万元

序号	项目名称	项目承担企业	总投资	建设进度
1	30万吨乳制品	吉林省乳业集团广泽有限公司	59 300	全部完工
2	汽车前端框架等	长春诚泰汽车部件有限公司	8 500	完成厂房主体施工
3	自动化设备等	长春超维科技集团有限公司	10 000	主楼、三个车间完工
4	企业整体搬迁	吉林东光集团有限公司	48 000	建筑基础完工
5	汽车离合器总成	长春一东离合器股份有限公司	29 000	建筑基础完工
6	扩大规模建新厂房	吉林大华机械制造有限公司	12 000	1.5万平方米厂房完工
7	修正医药园	吉林修正药业集团股份有限公司	100 000	6万平方米厂房完工
8	中科英华产业园	长春中科英华股份有限公司	55 000	建筑基础在建
9	新建厂房及设施	长春欧亚鞋业有限责任公司	10 000	部分厂房完工
10	冻 干甲肝疫苗	长春长生科技股份有限公司	40 000	狂犬疫苗等投产
11	冻 干水痘减毒疫苗	长春天坛生物制品有限公司	10 000	全部完工
12	汽车配件制造	长春赛德汽车配件制造有限公司	9 000	打桩完工
13	光电编码器厂房等	长春禹衡光学有限公司	12 000	全部完工
14	纳米二氧化肽自清洁玻璃	长春迪高实业有限公司	9 550	完成场地平整、暂舍搭建

续表

序号	项目名称	项目承担企业	总投资	建设进度
15	创业孵化产业园	吉林省高新创业孵化有限公司	8 000	8 层主楼起 5 层
16	汽车排气系统	广岛(长春)汽车部件有限公司	21 800	厂房主体完工
17	生物酶	吉林省奇键生物技术有限公司	13 000	全部完工
18	厂房整体搬迁	长春三友专用汽车制造有限公司	23 000	厂房及内部装修完工
	合计		478 150	

【土地管理与拆迁】 ①土地出让。高新区挂牌出让经营性用地 186 公顷。年内计划收缴土地出让金 3.7 亿元,实际收缴 4.76 亿元。②节约、集约利用土地。收回吉林吉飞光纤光缆有限公司、长春东方票证印务有限责任公司、长春中科英华股份有限公司、吉林电信公司长春分公司闲置土地 11.6 万平方米。受理国有土地使用权等项登记 273 宗,分割登记4 370户。受理用地审批 90 余件,土地变更登记 200 余宗,抵押注销登记 80 余宗。③依法拆迁。建立实施居民拆迁"六公开"(许可手续公开、补偿标准公开、工作程序公开、工作人员公开、安置房源公开、补偿物量公开)、工企拆迁"五公开"(评估和拆迁公司招投标公开、评估标准公开、物量公开、听证会议公开、最终补偿款额公开)制度,工作结果逐项张榜公布。根据规划用地需要,全年拆迁王和屯、邵家屯、拉洛屯 3 个村屯 10 个生产小组居民 1 051户,拆除建筑总面积 15 万平方米,补偿总金额7 755.38万元。拆迁工业企业 22 户,拆除建筑面积 7 万平方米,补偿总金额 1.38 亿元。清理出建设用地 11 万平方米。建立拆迁工作监督机制和联合执法机制,年内组织联合执法行动 6 次,依法强制拆除违章建筑 130 余处,建筑面积 1 万多平方米。

【新区基础设施建设】 2007 年,高新区基础设施建设,主要以 102 国道以北的"精细工程"和 102 国道以南的"框架工程"为重点。全年完成基础设施投资 20 亿元,比 2006 年增长 30%。年内完成 102 国道以北 5 条共 2 万平方米道路中修、翻修工程,亮化道路 57 条,新铺设道路方砖 8 万平方米。新增公共绿地 40 万平方米、庭院绿地 22 万平方米,区内总绿化面积 410 万平方米,人均绿地面积 70 平方米。完成 102 国道以南 28.26 平方公里区域的控制性详规,修建超越大街、硅谷大街延长段等道路 13 条,电力、供水等配套工程建设全面展开,共铺设水、电等各种管线14 700延长米。

【企业孵化与基地建设】 ①孵化思路创新。2007 年,高新区提出创业孵化与产业孵化相融合的企业孵化新思路,依据区内产业特色,把生物医药、光机电、现代农业和创意产业作为加速企业孵化、培育产业群体发展的主要方向。年内制订出"生物医药产业集群"发展规划,被国家科技部列为全国 50 个试点地区之一;同时在科技创业服务中心实施"创业导师计划",通过创业导师促进规模企业与中小企业协作,推进形成产业联盟。创业中心被国家科技部列为"创业导师计划"全国 10 个试点单位之

省委书记王珉视察高新技术企业吉林环宇公司

一,被中国科协确定为“海外智力为国服务行动计划”示范基地,被吉林省政府确定为吉林省创新创业示范基地和吉林省中小企业社会化服务示范机构。②大学科技园建设。2007年5月9日,长春理工大学科技园在高新区揭牌正式成立。长春理工大学科技园建成孵化场地3.9万平方米,孵化科技型企业15户,建成省部级工程中心3个,吉林省中小企业公共服务平台2个,企业研发中心1个。高新区与吉林大学联合创办的吉大科技园累计入园高技术企业80多户。中俄科技园一期3万平方米的综合孵化大厦和标准厂房竣工,俄罗斯和白俄罗斯代表处入驻园区。③企业孵化成果。全年新孵化科技型中小企业76户,归国留学生创办企业20户。年内孵化毕业企业32户,其中,技工贸总收入超千万元企业28户,超亿元企业4户。征集创业项目270个,其中有发明专利的100项。截至2007年底,孵化基地面积累计14.48万平方米,孵化中小企业累计800余户,其中214户被认定高新技术企业。高新区“创业孵化产业园”被科技部列为全国创业孵化基地建设示范工程。

长春荣兴新能源科技产业园落户长春高新区

【软环境建设】 2007年,高新区全面实施软环境建设“直通车”和“大提速”两个品牌工程。①走访调查征求意见。发放《软环境监督卡》和《高新区软环境建设征求意见表》各1 000份,新建软环境工作联系点20个,对294户企业进行走访,帮助企业解决困难和问题200余件。②健全、完善监测点制度。制订实施《长春高新区经济发展软环境监测点工作实施方案》。在重点企业、教育、医疗、科研院所等单位设立监测点18个,年内对监测点企业和单位进行逐户走访,对监测点联络员逐一进行培训。③加强监督员队伍建设。重新修订《长春高新区软环境义务监督员工作规范》,进一步明确义务监督员权利、义务和监督形式。召开软环境义务监督员座谈会,征询软环境建设意见和建议50条。实行投诉跟踪服务回访制度,全年收到涉软投诉6件,全部得到妥善处理,满意率100%。④清理达标评比。制订实施《长春高新区清理评比达标表彰活动工作方案》,对2000年以来的评比达标表彰活动进行全面清理。⑤规范和完善政务大厅工作流程。继续推行首问负责、挂牌服务和工作无缺位等制度,派专人对软环境监督投诉窗口实行职能监督。调整完善政务大厅功能,形成投资服务大厅、经营服务大厅、中介服务区和商务休闲服务区“两厅两区”的板块式服务体系。大厅审批窗口增加到44个,省市赋予高新区的160项行政审批和服务事项全部纳入窗口,实现专线审批。⑥开展民主评议软环境和政行风工作。通过定向问卷调查、服务对象评议以及日常检查等方式,对具有行政审批职能的8个部门和单位,以及34名窗口工作人员进行考核评议,在依法行政、办事效率、政务公开、工作作风、廉洁自律、服务态度六个方面,综合满意率达95%以上。

【兴建高新区超达北区】 2007年7月1日,市政府第51次专题会议研究决定,将南起宽城区与经开区用地边界,北至太平村北边界,东起102国道、西至伊通河(规划中的北湖)东部边界由高新区代管。将太平、兴华两村总面积22.91平方公里,整建制划归高新区,打造长春东北部工业集中区。同时,原属苗苗集团的国有农用地7.86平方公里一并划归高新区管理。为落实专题会议精神,高新区管委会于

2007年8月1日，决定成立超达北区管理办公室，主要职能是综合协调处理园区前期规划、建设、管理等有关经济社会事务，以及重大项目招商引资和投资服务工作。2007年底，太平村、兴华村土地、房屋、人口及经济发展状况的调查摸底工作全部完成，初步完成超达北区及其周边43.66平方公里区域规划编制工作，完成7条交通干道修建规划。完成超达北区区域环境影响评价大纲编制，并通过省环保局审批。

【长春软件园建设】 2007年，长春软件园企业实现总收入41亿元，比2006年增长28 %。企业规模不断扩大。在350户软件企业中，技工贸总收入超亿元企业5户，超千万元企业30余户，产业规模占全省软件产业80%以上。截至2007年底，累计有8户企业入选国家规划布局内重点软件企业，6户企业入选国家火炬计划软件产业基地骨干企业。全省规划布局的13户重点软件企业中，长春软件园占10户。技术创新能力明显增强，园内企业拥有软件著作权600余项，已登记的软件产品500多个，软件研发总投入近2亿元。15户企业通过ISO90001认证，6户企业通过CMM/CMMI评估。企业国际化水平有较大提升，软件外包业务进一步扩大，全年企业出口总额500万美元。年内先后有简伯特(大连)有限公司、北京新思软件技术有限公司、大连奥斯达科技发展公司等国内知名软件外包企业落户长春软件园。

【改善民生】 ①加强劳动争议仲裁和劳动保障监察。年内接待并处理劳动信访73件，立案处理劳动争议35件，涉案标的475万元；接待并处理劳动监察投诉178件，立案处理127件，为农民工追讨工资450余万元。②构建和谐劳动关系。企业劳动合同签订率达95%，用工投诉案件结案率、农民工工资当期支付率、移交退休人员社会化管理率均达到100%。③抓好再就业工程。全年创造就业岗位1 589个，新增就业1 242人；组织劳务输出560人；解决零就业家庭比率100%。组织下岗失业人员参加职业技能培训511人次，培训就业率达70%。④改善教育环境。累计投入教育资金1亿元，改善教育布局和办学条件。年内为区属3所中小学更新部分教学装备，免费配备送班车；引进省属改制学校，吉林省第二实验学校高新学校在新区建成。为贫困学生减免学杂费和书本费，全区适龄儿童就学率100%。⑤推行城镇居民社会保障。辖区居民住院医疗保险参保8 803人，区内中小学生全部实现应保尽保。采取农民个人零缴费、财政保底的措施，全面启动新型农村合作医疗试点，2007年参合人口8 743人。工伤保险参保4 000人，其中农民工3 000人。城市低保户全部办理城镇居民家庭医疗保险，缴纳医疗保险资金14.1万元。⑥建立和完善城乡困难群众最低生活保障制度。辖区符合低保条件城市困难居民总计235户、490人，全年发放低保资金95万元，分类施保率100%。农村低保户134户、344人，发放低保金7.6万元。为区内低保户减免采暖费12.1万元。为193名弱势人口和1 016名流动人口进行生殖健康检查。⑦开发住宅小区，确保农民回迁。投资1.2亿元，新建农民回迁楼8万平方米，安置农民1 187户，拆迁农民及时回迁率100%。⑧结合“创城”开展环境综合整治。先后投资2 145万元，建立高新区卫生管理中心，新增果皮箱600个，购置运输专用车2台，洒水车和机械化清扫车各1台。投资1 300万元，开展社区卫生服务机构达标建设，初步形成区、乡、村三级公共卫生服务网络，卫生服务覆盖率100%。投入50万元，改造区内集贸市场3个。投资500万元，为林园小区24栋农民回迁住宅进行基础设施改造；投资80万元，对鸿泰弃管小区进行综合整治；在主要街路增设公交站点26个。

【吉林动漫游戏原创产业园奠基】 2007年6月28日，“吉林动漫游戏原创产业园”揭牌仪式暨奠基典礼在高新区举行。该项目由吉林艺术学院动画学院出资建设，实行市场化运作，商业化运营。项目设在高新区内吉林艺术学院动画学院，面积6.4万平方米，总投资约3亿元人民币。

【修正生物医药产业园奠基】 2007年7月3日，修正生物医药产业园揭牌暨奠基典礼在高新区举行。该项目位于高新区南部，占地25万平方米，总投资6.8亿元，建设周期为两年。产业园以生物医药制造业为主，包括年生产蜜环菌、猴头菌、冬虫夏草、灵芝、云芝等真菌类生物发酵产品(共1万吨);海洋生物提取物、中药现代化二次开发相关品种的浸膏、12种道地药材提取物;饮片加工产品;18种剂型、400多个品种的中西药制剂产品。预计达产后年产值35亿元,利税9.5亿元。

【锦湖轮胎长春工厂一期工程竣工】 2007年7月27日,锦湖轮胎长春工厂一期工程竣工,同时二期工程签约。该厂由锦湖韩亚集团投资兴建,主要生产子午线轮胎,是截至2007年韩国在吉林省投资规模最大项目,占地23万平方米,投资总额1.57亿美元。省市领导出席竣工及二期签约仪式。竣工仪式后,锦湖韩亚集团与长春高新区签署二期工程建设协议。二期工程竣工达产后,将形成年产630万条轮胎的能力,可满足一汽以及东北地区汽车行业的配套需求。

(张莉远)

长春经济技术开发区

【概况】 长春经济技术开发区(以下简称长春经开区)位于长春市区东部,距长春火车站7.8公里,距长春口岸机场14.8公里,距长春龙嘉国际机场15公里,距铁路货站2公里。经济技术开发区是一个外延式的开发区,是1992年7月由中共长春市委、市政府决定兴建的,同年10月进入省级开发区序列,1993年4月4日被国务院批准为国家级经济技术开发区。首期规划面积30平方公里。2000年7月6日,根据《吉林省人民政府关于调整长春经济技术开发区区域范围的批复》(吉政函[1995]180号),长春市政府把三道、黎明、杨家3个村调整给长春经济技术开发区管辖;2003年9月5日,经长春市政府第13次常务会议决定,将宽城区兴隆山镇及所辖的朝阳、隆东、新农、安龙、毛家5个村和二道区的金钱、分水2个村划归长春经济技术开发区代管。目前,经济技术开发区辖区面积112.72平方公里。2007年,南部建成区的宏声、宏明、乐东、靠山4个村经市政府批准撤消了行政村建置,大榆树、小河沿子、宏丰、红星、曙光已通过撤村方案。全区现辖10个行政村、20个社区;3所中学、16所小学。全区人口约22万。

【主要指标】 2007年,长春经开区实现了和谐、快速发展。全面落实科学发展观,开拓创新,扎实工作,经济呈现出速度加快、结构优化、效益提高、活力增强的良好运行态势,实现了经济社会又好又快发展。全年完成地区生产总值260亿元,工业增加值184亿元,工业总产值620亿元,全口径财政收入39亿元,一般预算全口径财政收入26.88亿元,实际利用外资7.06亿美元,实际利用内资51.08亿元人民币。

2007年主要经济指标与2006年同期对比表　　单位:亿元

经济指标	2007年	2006年	增　幅	备　注
地区生产总值	260	194	30%	
工业增加值	184	133	38.3%	
工业总产值	620	445	39.3%	
全口径财政收入	39	34.1	14.4%	
一般预算收入	26.88	20.4	31.6%	
实际利用外资	7.06	5.57	26.8%	单位:亿美元
实际利用内资	51.08	42.5	20.2	

【经济运行质量】 支柱产业支撑作用增强。汽车及零部件产业保持旺盛的增长势头,实现产值312亿元,同比增长25.9%;粮食深加工产业继续保持增长势头,实现产值176.2亿元,同比增长10.5%;现代服务业在消费型增长、政策倾斜等因素作用下,呈现加速发展的良好态势,实现增加值56亿元,同比增长30%。骨干大企业带动作用显著,61户重点工业企业实现产值537亿元,占全区工业总产值的86.6%;10户新投产企业产能得到释放,实现产值16.8亿

元,同比增长78.2%;17户技改企业作用初显,新增产值19.6亿元。

经济运行质量明显提高。一是全口径财政收入和一般预算口径财政收入占GDP的比重分别达到15.3%和10.2%,同比分别提高了2.3和0.7个百分点;二是市列工业企业利润大幅增长,同比增长45.7%,市列工业总产值占市直属工业的50%,成为全市除一汽之外最大的工业经济增长点;三是工业企业产销两旺,产销率达到102.1%,同比高出0.6个百分点;四是节能减排效果明显,规模以上工业万元产值综合能耗1.096吨标煤/万元,同比下降4.6%,在全市各县(市)区、开发区中降幅最大;五是企业开拓国际市场能力增强,实现出口6.3亿美元,同比增长36%;六是名牌兴企战略成效显著,吉粮集团"米"字大米获得中国名牌产品称号,"温馨鸟"、"吴太感康"被认定为中国驰名商标,还获得了省著名商标4个、市知名商标7个;七是高新技术企业审批取得积极进展,10户企业通过高新技术企业审查和认定,全区经认定的高新技术企业达到91户。

【招商引资】 围绕全市"项目建设年"活动,长春经开区层层分解任务指标。全年建设项目184个,其中,总投资3 000万元以上的项目94个(含总投资1亿元~5亿元的30个,5亿元~10亿元5个,10亿元以上5个),完成固定资产投资159亿元,同比增长46%,其中工业投资101亿元,同比增长120%。大成20万吨化工醇等28个项目已经建成投产,项目全部达产后,可新增年产值854亿元,利税60亿元,达产后产值超百亿元项目6个。无论是项目数量、投资规模,还是开工率,都刷新历史记录。

围绕长春市开展的"招商引资九个月攻坚行动",长春经开区制订出台了《招商引资九个月攻坚行动方案》及全员招商等6个配套办法,新增奖励资金150万元专项用于奖励全员招商有功单位,调动了全区上下的招商积极性,全区形成了"人人想招商、人人抓招商、事事为招商"的浓厚氛围。到年底共储备项目206个,签约3 000万元以上项目60个,投资总额142亿元,其中:工业项目44个,投资总额77亿元。制订出台了《鼓励工业企业扩能办法(试行)》,经对全区400户规模以上工业企业调查摸底,103户企业已经初步确定扩能。有11家企业实现了增资扩股,注册资本增资7 084万美元,投资总额增资8 812万美元。

【园区建设】 长春经开区所属的长春玉米工业园区(空港开发区)基础设施进一步完善,招商引资和项目建设取得突破。全年共洽谈项目80个,签约项目14个,投资总额15.63亿元,新建、续建工业项目12个,大成100万吨化工醇225万吨玉米加工项目土建工程基本完工;德莱高纯度氨基酸项目完成实验厂建设和办公楼冷封闭,车间完成基础工程;大成20万吨化工醇、米高钾肥等7个项目如期投产。

按照市政府关于与一汽集团实现差异化生产的总体部署,长春经开区成立了专用车产业园区。中国汽车工业协会命名园区"中国长春专用车产业基地",并与长春经开区签署了共建协议。长春经开区组织编制完成了长春专用车产业发展规划,明确了园区发展目标和功能定位。一年来,共引进大项目8个,其中超亿元的项目4个。恒力工业园年产5 000辆专用车项目建成投产,已生产700余辆;200万只铝轮毂项目已完成厂

5月12日长春赛德购物中心举行奠基仪式

房设备安装及公用设施建设。中兴长铃汽车二期项目已开工建设,冲压车间已实现冷封闭,焊接及总装车间完成基础工程。三一重工、北方现代重工、吉林恒宇力工程机械、长春程程汽车零部件、台湾六合机械等项目正在办理开工手续,华翔汽车、皮尔金顿、奥托立夫等企业正在选址。

【发展环境】 本着"南区完善提高,北区加速配套"的原则,长春经开区连续两年加大了基础公建投入,在2006年投入21.2亿元基础上,2007年又投入17.3亿元完善了原有的基础设施配套,并新增配套面积2.8平方公里。新修扩建道路16条,打造了高标准迎宾路,新建和续建二次变电所3座、锅炉房5座,新增绿地30万平方米,实施了101省道扩建、会展中心大小综合馆等全市重点工程建设,其中小综合馆在工期压缩的情况下,精心调度,保证了在东博会期间如期投入使用。加大了创城投入,完成了北海公园建设,对破损道路进行改造、翻修,铺设了道路方砖,改善了环卫设施,完善了8个回迁小区的基础设施建设,对118栋弃管楼卫生进行了托管。此外,还对城市管理中容易回潮和反复的问题,保持高压态势,加大了市容环境、公共场所以及"五小"(小饭馆、小理发店、小浴室、小旅店、小歌舞厅)行业的行政执法力度,城区面貌焕然一新。

本着规划指导建设的原则,有效发挥了规划在建设中的龙头作用,分区规划通过市政府审查,空港保税物流园区控制性详细规划正按程序向市政府报批。在国家宏观调控偏紧的形势下,完成预审审批面积694公顷,存量国有土地6平方公里。本着"预防为主、防治结合"的原则,加大了环境保护力度,严把项目审批关,项目环评执行率达100%。拆迁工作实行了政府采购机制,坚持依法拆迁、按时拆迁,得到了群众的理解和支持,保证了拆迁进度,为项目的及时落位创造了条件。

长春经开区获"跨国公司最佳投资的开发区"荣誉称号

【模式转型】 长春经开区积极探索发展模式转型,实施了三个转变:即从总体开发向特色开发转变、从生产制造基地向科技创新基地转变、从单纯依靠行政管理向管理服务转变,得到了国家商务部的充分肯定。推进了ISO9001:2000质量体系运行工作,提高了各项工作的规范化、标准化水平。推行了覆盖机关、事业单位和驻区机构的网上办公系统,提高了行政效率。实施了目标责任制考核机制,保证了中心工作的有效落实。开展了服务型政府机关建设和"查找改"活动,全区上下为企业服务的积极性明显增强。继续实行了重点项目调度会制度、领导联系重点企业制度、定期召开重点企业座谈会制度,软环境工作"月查月报"等制度,实现了各项服务的无缝隙覆盖,赢得了驻区企业的广泛好评。

在商务部2006年投资环境综合评价排名中,长春经开区在54个国家级经济技术开发区中从上年的第18位晋升至第15位,上升了3位;在中部9个国家级经济技术开发区中从上年的第3位晋升至第1位,靠自身的实力提前实现了排序前移的目标。在中外跨国公司CEO圆桌会议上,荣获了由中国国际跨国公司研究会、联合国全球契约组织、联合国环境规划署联合颁发的"跨国公司最佳投资的开发区"称号。

【财政支撑能力】 长春经开区税收的稳定增长成为财政增收的有力保障。以组织收入为中心，长春经开区加强了对利税大户的协调和服务工作，促其增产增收，全区税收收入比上年同期增加了6.5亿元，增长了30%。重点纳税企业带动作用明显，年纳税超千万元企业达到42户，上缴税金16.2亿元，占税收总额的58%。第三产业迅速发展，尤其是建筑及房地产市场活跃，提供的地方税收比上年提高了近10个百分点。通过挖掘税收漏点、盘活部分存量土地和国有资产等方式，增加区级收入3亿元。

长春经开区加强资金的调度，全区预算内和预算外的资金得到了统一管理，保证了重点项目的资金使用，做到了财政收支平衡。财务结算工作以规范运作为目标，加强了各项管理，做到了制度完善、运作有序。

长春经开区广开门路，积极筹措开发建设资金，协调国家开发银行、长春市商业银行、浦东发展银行到位贷款13亿元，开发建设资金不足的问题得到有效缓解。12月，长春经开区又有14亿元贷款通过了国家开发银行贷委会审批，为2008年的开发建设奠定了基础。

【民生工作】 长春经开区把民生工作放在与经济建设同等重要位置，编制了《长春经济技术开发区民生工作“十一五”规划》，出台了《长春经济技术开发区2007年民生行动计划》，财政列支民生专项资金3.48亿元，完成了10大类87项民生工作任务。城乡居民收入稳步提高，农民人均收入增长12%。长春经开区累计举办各类型人才招聘会53场，创造城镇就业岗位3 733个，城镇新增就业人数3 143人，为1 260人办理了灵活就业补贴，安置转非劳动力就业1 540人，财政出资300余万元开发公益岗位681人，实现了“零就业”家庭动态为零，开发区人才中心被命名为“吉林省人才市场建设先进集体”。长春经开区实施了“百万农民进新农合”和“百万居民进医保”的“双百”工程，覆盖城乡居民的基本医疗保险制度初步建立；开展了“万户民企进社保”、“扩大社会保险覆盖范围”两个专项行动，城镇居民医疗保险、养老保险、工伤保险分别扩面28 700人、10 817人和3 460人。新征地农民基本养老保险工作取得新进展，为569名被征地农民办理了养老保险手续，有467人已领取养老金。

长春经开区新型社区管理模式初步形成。全年财政投入1 150万元，重点解决了社区用房、办公经费、工作人员工资等问题；全区18个社区建立并完善了各项基础工作，并积极有效地开展了工作，得到了居民的普遍认可；完成了2个社区卫生服务中心、4个社区卫生服务站的标准化建设，社区卫生覆盖率达到95%。

长春经开区全面推进撤村建居工作，解决了“169”困难借款终止、债权债务处理、集体经济组织成员身份确认、村干部安置、集体资产量化分配、自理口粮户等困扰多年的一系列难题。宏明等四个试点村已得到市政府批复正式实施撤村，剩余五个村的撤制工作正在按计划进行。

长春经开区积极开展教育人事制度改革，实施了调出离岗人员分流和中层干部竞聘上岗，教学质量稳步提高。稳定工作构建了新体制，成立了区、街道（镇）、社区（村）三级人民内部矛盾调处网络，继续实施警务进社区（村），大量的社会矛盾得以化解，平安经开建设深入推进，社会治安明显好转。文化、体育、计生等各项社会事业得到了长足发展，长春经开区被评为“全省人口和计划生育工作先进单位”。

（田中华）

长春净月经济开发区

【概况】 净月开发区成立于1995年，原名长春净月潭旅游经济开发区，2006年3月6日第四批通过国家发改委审核，并更名为长春净月经济开发区。开发区位于长春市区东南部，距市中心人民广场18公里，地处吉林省东部山地向西部草原过渡地带，属长白山余脉的低山丘陵山地，半湿润季风气候区。开发区幅员478.7平方公里，辖三个整建制镇、两个街道和伪满皇宫博物院、汽车文化园，含净月潭国家重点风景名胜区、新立湖国家水利风景区，常住人口14.6万人。净月潭景区先后被批准为国家重点风景名胜区、国家森林公园、国家生态示范区、国家AAAA级旅游景区、国家文明风景旅游区示范点、国家水利风景区和吉林省旅游度假区、吉林省生态旅游示范区。

【经济总体运行】 2007年，是净月开发区成立的第十二年，也是贯彻落实“十一五”规划的第二年。一年来,开发区管委会紧紧围绕建设“净月生态城”的总体目标,充分把握全市开展“项目建设年”的有利契机,深化改革创新,提升运行质量,优化发展环境,开发区保持了高位运行、提速增效、亮点纷呈的良好态势。全区所有指标全部超额完成预期目标,取得了历史性的新突破,比“十五”计划最后一年的2005年有大幅度的增长。地区生产总值完成192亿元,同比增长20%,是2005年的1.5倍;全口径财政收入完成13.2亿元,同比增长54.3%,是2005年的1.8倍;固定资产投资完成152.7亿元,同比增长38.8%,是2005年的2倍;可支配财力突破10亿元大关,达到10.6亿元,同比增长50.9%,是2005年的2.1倍。

【招商引资和项目建设】 2007年新签约项目投资大、质量好、门类全,创历史最高水平。全年新签约生态科技商务中心(EBD)、东万国际现代物流商贸园区、国际生态高科技产业园区等项目59个,签约总金额842亿元,是2006年的3倍,相当于过去5年的总和,其中,投资10亿元以上项目33个、亿元以上项目26个。原计划用两年时间完成的小合台工业区2平方公里工业项目招商空间指标,仅用半年时间就全部完成,创全市工业项目招商速度历史之最。

项目建设快速推进。2007年有一大批对开发区具有带动和支撑作用的龙头项目进展顺利,部分已建成投入使用,为开发区发展注入了新活力。固定资产投资、工业项目投资、工业项目摆放空间等3项指标提前2个月超额完成市里下达的计划任务。全区共开工项目90个,其中,新建项目33个,续建项目57个。其中:省科技文化中心综合馆项目全面启动,在长春市同期列入省“十一五”规划的三大项目中,进展最快、效率最高、成效最好。现代农业博览馆项目克服了规划标准高、施工难度大、时间要求紧的困难,一主一辅两个展馆完成暖封闭,正在进行内部装修,室外多功能展区全面开工建设,可确保2008年8月份农博会前如期交付使用。香港新进汽车电子、美国万国卡车、韩国现代客车、华业玫瑰谷等项目正在有序建设。

项目落位保障有力。在全市率先开展土地利用总体规划修编,进一步拓展了建设用地空间。加强建设用地报批工作,全年共完成审批15个批次、310公顷,审批总量居长春市四大开发区之首,占长春市审批总量的1/4,成功破解了项目用地瓶颈问题。依法规范土地征收方式,制定了净月开发区征收土地补偿安置实施办法》,全年共完成征地885公顷,拆迁房屋82万平方米,分别是上年的2.4倍和1.6倍,为项目建设创造良好条件。加大行政执法力度,全年查处违法违章建筑物533处、7.7万平方米,构筑物38处、3万平方米,违规栽植的多年生植物22公顷、140万株,查处率较上年有明显提高。组织开展联合执法行动56次,组织维护项目现场秩序13次,对20多个影响项目建设的“钉子户”实施强拆,违法违章行为得到有效遏制。

【城市建设】 委托国内外知名规划机构开展生态城概念规划的编制工作,为净月开发区的高水平建设提供了科学指导。加快基础设施建设。投入资金7.2亿元,开展了新城大街二期、福祉大路西延长段、小合台“两横两纵”、彩宇广场等32项基础设施工程,新增城市配套面积5平方公里。优化城市景观环境。对福祉大路进行全面改造提升,对净月大街绿化带进行重新设计建设,打造了代表净月城市形象的生态精品街路;对重点街路的沿街建筑环境进行综合整治和立面改造,进一步改善了城市形象;开展了森林公园轻轨车站弧形广场、福祉大路三角广场等生态空间以及9条街路的绿化建设,新增绿地面积29.7公顷。加强旅游景区环境建设。伪满皇宫加强环境整治和综合管理,被评为国家首批5A级旅游景区,分别获得全国文物系统和旅游系统先进集体称号,东北沦陷史陈列馆《勿忘九·一八》展览荣获全国博物馆十大陈列展览精品奖;净月潭国家森林公园清除了与景区形象不和谐、低档次的游乐项目,对环潭路进行了整修,对标志、标牌、标线进行重新设置,景区形象全面改观,荣获国家重点风景名胜区综合整治优秀单位称号;汽车文化园全面推进七大重点项目建设,精心打造了全国最大的汽车营销中心、最具特色的汽车博览馆等项目,成为净月开发区乃至全市城市建设中的新亮点。

【生态环境建设】 加快净月潭退耕(村)还林工程。全年共投入资金1.3亿元,完成植树造林3.06平方公里、林相改造5平方公里和5处矿山复绿工程。积极开展水系治理工程。投入资金3 800万元对已有70年历史的净月潭大坝进行了维修、加固,完成了伊丹河、鲶鱼沟治理等水利工程,深入开展净月潭小流域综合治理,营造了良好的区域生态小气候。目前,水库蓄水量达2 600万立方米,是19年来的最高水平。加强景区生态保护力度。全年两次实施季节性封山,病虫害防治率达100%,连续25年实现无森林火灾。城市环境建设深入推进。对33家违法排污单位进行限期整改,"蓝天工程"覆盖面拓展到13平方公里,顺利通过IS014000环境管理体系认证复检。经过多年的不懈努力,净月开发区被评为全省七个"十年绿化美化吉林大地先进区"之一。

【社会建设】 以创建国家卫生城工作为载体,加强市容环境卫生建设,开展系列专项整治行动,取得了明显成效。教育事业蓬勃发展,完成退耕还林小学建设,全面改善中小学办学条件,教育督导工作在全市开发区组名列第一。计划生育工作有效开展,全面完成了市里下达的工作指标。医保、社保扩面和"新农合"工作快速推进,序时进度在全市城区和开发区中名列前茅。就业工作成效突出,全年安置就业1.6万人次,超额完成年度计划。社区建设水平全面提高,全区16个社区全部达到市级示范社区标准。加大科技投入,对39个科技创新项目给予资金扶持。农村工作稳定有序,各项农村政策得到有效落实,农业产业结构调整不断深化,防汛工作准备充分、安全度汛,新建乡村公路18.4公里,农民人均纯收入达到6 500元,比2006年增长14%。依法行政和文明执法意识明显提高,全区无行政执法错案发生。安全生产监督管理力度加大,全区无重大安全事故发生。国有资产清查工作有序开展,人事局宾馆改制顺利完成。完成新立城水库库区1 624名移民的普查登记和身份确认工作。安置回迁居民628户。信访和市长公开电话工作全面加强,全年共处理群众投诉71件,有效地维护了社会稳定。净月开发区获得"长春市十大民生突出贡献单位"荣誉称号。

【党建和精神文明建设】 基层党组织建设扎实有效。成功召开全区第六次创先争优总结表彰大会,对全区43个先进集体和233名优秀党员、党务工作者进行表彰;顺利完成所有行政村、社区的党支部及"两委"换届选举工作;发展新党员95人。全区有12个党组织、16名同志受到省市委表彰。软环境建设不断深入。认真开展"查、找、改"活动,深入贯彻"感动式"服务理念,营造了良好的发展环境。内部机制创新不断深化。全员聘任制推广到镇、街道科级以下工作人员,在全区教师队伍中实行评聘结合的新机制,对机关工作人员工资进行适当调整,形成了激励与制约相结合的有效机制。对外宣传工作力度加大。全年召开大型新闻发布会15次,组织大型采访活动80余次,发表新闻、图片2 000余条(幅)。廉政建设有效加强。深入开展反腐倡廉警示教育,加强对财政投资项目的审核,严格执行政府采购制度,认真查处违法违纪案件,有力地配合和促进了中心工作。精神文明建设成效显著,全区有21个单位和18名同志获得市以上精神文明荣誉称号。群团工作有序开展,成功召开了开发区第一次团代会,工会、妇联等工作扎实有效。

（贺国峰）

长春汽车产业开发区

【概况】 长春汽车产业开发区(以下简称汽车区)是中共长春市委、长春市人民政府与一汽集团合作共建的省级开发区,2005年9月正式成立。汽车区位于长春市区西南部,东起普阳街、长沈铁路,南接公主岭市范家屯镇,西至西新开河,北到景阳大路、支农路、长春西湖。幅员118.59平方公里,共管辖2个街道(10个社区),10个行政村。区内总人口22.6万人,其中非农人口19万人。

【主要经济指标】 2007年,汽车区完成地区生产总值136亿元,同比增长58.1%;全口径财政收入完成13.6亿元,同比增长34.6%;实际利用内资完成45亿元,同比增长122.9%;实际利用外资完成1.6亿美元,同比增长149%;固定资产投资完成155亿元,同比增长43.5%。从总体看,汽车区经济发展非常迅猛,仅用两年时间,GDP、财政收入、固定资产投资实现翻番,实际利用内资增长9倍，利用外资增长近3倍。

【战略规划】 根据战略发展需要，对“三翼”发展布局进行了全面深化和完善。围绕提升城市环境质量和水平，完成了一汽建成区改造规划。按照产业布局，全面深化了核心区、长沈路商贸金街、新物流园区规划设计，完善了汽贸园区、特色产业园规划布局。围绕一汽“十一五”、“十二五”发展战略，新规划了一汽动力总成、模具、零部件等园区。同时，根据开发建设进程需要，完成了绕城高速公路以外6平方公里新区规划，为2008年全面启动绕城高速外开发建设做好前期准备。

【招商引资和项目建设】 2007年是汽车区招商引资和项目建设攻坚年。依托一汽联动招商、专业园区特色招商，使招商引资和项目建设取得重大突破。年内，新引进项目107个，其中，工业项目66个，商服项目41个，亿元以上项目44个，计划总投资219亿元，预计可实现产值427亿元。特别是一汽集团的14个扩产增量项目将全部在汽车区落位，计划总投资83亿元。全年新开工项目58个，年底22个项目实现主体封闭，19个项目建成投产。总体看，2007年，汽车区招商引资实现了规模大、质量好、建设快，引进项目数量比2006年翻了一番。

随着项目建设快速推进，特色产业园区建设也取得了积极进展。汽车模具工业园，新引进模具企业8家，年内有16家企业建成投产；汽车电子工业园初具规模，国家级汽车电子产业园区正式挂牌，长虹工业园、香港凯利光电、台湾上富汽车电子等项目已实现主体封闭；凯达工业园，已进驻企业33家，年内20个项目建成投产；专用车生产基地，万荣改装车、湖北双龙专用车、扶桑改装车及繁荣客车底盘等项目全面开工建设；汽贸园区中国北方汽贸城，完成一期25万平方米工程，并全部发售完毕，2008年正式营业；长沈路商贸金街，5个汽车4S店项目开工建设，初步形成了汽车精品贸易区域。核心区建设正式启动，引入上海置业集团进行整体项目开发，计划用3年左右时间建成长春西南城市副中心。

韩长赋省长在汽车开发区视察

【基础设施建设】 坚持“整体推进，逐步完善”思路，全面加强基础设施建设。2007年，汽车

中国北方汽车贸易城一期工程主体竣工

区累计投入建设资金5.5亿元，启动64项基础设施工程。加强路网建设，新建、续建主次道路8条，总长34.6公里，完成了警备路、永春河、富裕河等三座桥梁建设，起步区主要干线道路已全面贯通。大力实施亮化美化工程，完成了起步区内13条道路、2个广场的绿化美化，栽植树木11.2万株，绿化140万平方米，实施了起步区新建街路的亮化、路牌及交通标志设置工程，形成了独具特色的景观街路。进一步完善配套设施，完成了临时电线路5公里、供水管网25公里、天然气管网1.5公里、供热管线12公里、通信管线187公里，改造了17公里220千伏高压线路。起步区17平方公里基础设施建设任务已基本完成。

【服务一汽】 始终把服务一汽工作摆到突出位置。围绕改善厂区生产生活环境，全年投资1亿元，为一汽办好十件实事。拓宽了文明、文光、安康及三号门前道路，改造了锦程大街东段，新建了振兴路、革新路、自立西街，美化了6条街路人行步道，使厂区交通更加便捷；实施了飞跃路和奔驰路农贸市场改造工程，完成了锦程农贸市场、50街区市场、革新路、奔驰路等大的拆迁项目，进一步改善了厂区生活环境；建设了6处停车场和安庆路停车位，新增停车位1 400多个，有效缓解了职工停车难问题；对东风、锦程、创业三条大街两侧生活区建筑外墙进行了粉刷，实施了东风大街彩化亮化工程，形成了独特街区、街路景观；改造了8个物业小区，启动了武装部炮厂迁移工作，有效提高了居民生活质量。围绕服务一汽生产发展，进一步拓展“绿色通道”服务，简化程序，提高效率。积极与一汽对接，在规划、土地上为一汽未来发展预留足够的空间。同时，在构筑产业服务平台上进行积极的探索，正在谋划建立汽车文化发展中心、汽车人才培训中心、汽车信息咨询中心，通过平台建设全面推动一汽及汽车产业快速发展。

【民生工作】 汽车区坚持“以人为本、和谐发展”，全面推进民生工作。积极推行城镇居民医疗保险工作，2007年社会参保人员达到24 866人，中小学生参保13 943人，超额完成市里下达的参保任务。全面完成了新型农村合作医疗工作，参合农民34 473人，参合率达到100%。扎实开展就业工作，培训城镇失业人员7 000人次，创造城镇就业岗位2 118个，城镇新增就业人数2 055人。加强失地农民教育培训，建立了农村劳动力资源数据库，免费培训1 500余人次，安排富余劳动力600多人。支持发展农村集体经济，创办集体企业11家，增加了农民收入。积极改善农村交通条件，新建村村通公路20公里。做好拆迁农民回迁工作，完成30万平方米农民回迁楼建设，安置回迁农民2 047户，并为农民减免物业费和采暖费。加大教育投入，启动了学生营养配餐中心、六中综合实验楼、九中操场、兴顺路学校等一批教育设施建设工程，开展了创建“全国区域教育发展特色示范区”活动。2007年汽车区中高考再创历史佳绩，长春市中考状元出自汽车区，中考高分段比例在全市各中学中名列前茅，高考升学率进一步提高，实现了北大等知名高校零的突破。农村中小学在实行“两免一补”政策的基础上，投入300多万元全部免除了学生书本费、体检费、交通费等费用。深入推进扶弱助困工作，投入270万元解决了低保户、伤残军人等特殊困难群体的生活问题，完成慈善“双日捐”和红十字会捐款260多万元。

【体制改革与创新】 通过创新体制与机制，健全完善服务体系。调整管委会内设机构，对招商部门进行了重组，将原来的三个招商机构合并为一个招商局，集中力量形成了合力。成立了人才劳务交流服务中心和项目建设服务中心，增强了服务功能。坚持改造、提升、发展的理念，积极推进汽贸园区改造，对股份公司、经贸总公司、国展中心等国有资产进行整合重组，完成了股份公司、物业公司的国企改制工作，搭建了园区发展新平台。积极推进工资收入分配制度改革，完成了机关、街道和事业单位职工工资收入调整工作。不断健全服务机制，坚持公开、公正、公平原则，积极推进政务公开，建立了规范有序的政务环境。加强服务环境建设，推出了“感动式服务”，建立了项目全程代办制和上门服务制度，努力实现让投资者在服务效率上感动、在服务质量上感动、在服务细节上感动的“三感动”目标。充分发挥了驻区机构作用，搭建了服务建设发展新平台。积极培育汽车区文化，深入开展了“三创新，四满意，建设和谐汽车区”、

"查找改"活动,进一步弘扬了"求新、求快、求实、求精"开发区精神和艰苦创业、团结拚搏的发展理念,有效地增强了干部队伍的战斗力和执行力。

(刘忠全　牛　平)

长江路经济开发区

【概述】　2007年,是长春长江路经济开发区(以下简称长江路开发区)由单一以IT业为主的商贸流通区,向以商贸服务业、工业制造加工业和现代物流服务业为主的综合性开发区转变的起步之年,也是在基本完成起步区的老商业街恢复、重塑、再造和理顺两次扩容区管理体制后,全面步入第二次扩容区建设发展的起始之年。在新形势、新任务、新体制、新机制和新成员比较多的情况下,认真分析内外部形势,抢抓机遇,克难攻坚,全力提升商贸园区经济总量,加快推进工业物流园区基础设施和配套设施建设,采取"几步并做一步走"的超常规发展策略,边规划,边建设,边招商,各项工作全面启动,较好地完成了年初确定的目标和任务。

【经济运行】　2007年,长江路开发区综合经济指标统计的范围,由2006年的9.2平方公里(含开发区的起步区和第一次扩容划入开发区的宽城区的站前、新发、南广、东广、群英五个街道)增至到第二次扩容区的45.2平方公里(新增兰家镇二、三产业、兰家工业园区、东北亚物流园区)。全年实现地区生产总值53.55亿元,完成全年目标计划111.6%,比2006年增长26%。其中,实现第二产业增加值9.3亿元,完成全年目标计划103.3%,比2006年增长24%;实现第三产业增加值44.5亿元,完成全年目标计划113.5%,比2006年增长28%。实现全社会固定资产投资48.2亿元,完成全年目标计划128.1%,比2006年增长63%。实现全口径财政收入8.16亿元,完成全年目标计划107%,比2006年增长31.3%。经济的良好运行,特别是可支配财力的大幅增长,为长江路开发区基础设施和重点工程建设提供了有力支撑。

【重点工程】　2007年,长江路开发区正式接管"二次扩容"区,即兰家工业园、东北亚物流园。这样,长江路开发区就形成"一区两园",一区是长江路开发区。"两园"是第一次扩容区,即围绕长春火车站的周边区域9.2平方公里,称谓商贸服务园区;第二次扩容区(即兰家工业园,东北亚物流园),36平方公里,称谓工业物流园区。商贸服务园区是城市建成区,工业物流园区是新开发的区域,是城市郊区,属于城乡结合部,除有几条陈旧的乡村道路外,基础设施、配套设施基本是"一张白纸",也没有一个完整的规划。在前期规划、立项、要件报批以及融资等条件尚不完全具备的情况下,为了确保实现开发区的工业物流园区建设发展的总体目标,长江路开发区管委会从"零"开始,在实践中探索,在总结中创新,在创新中发展,边规划,边立项,边报审,边建设,全面启动了工业物流园区的基础设施、配套设施和重点工程建设。

(1)基础设施建设:2007年,在工业物流园区修建了"一纵三横"4条道路,总长18.4公里,面积43.2万平方米,总投资23 279万元,其中:一纵:北凯旋路。长8 604米,宽32米,面积27.5万平方米。南起长春市规划的北四环路,北至兰家镇张乡药屯。总投资16 400万元。一

省委常委、长春市委书记高广滨在长江路开发区视察

横：富盈路。长3 700米，宽16米，面积5.92万平方米。西起长农公路（302国道585公里处），东至长白铁路。总投资2 381万元。二横：兴旺路。长2 960米，宽16米，面积4 736万平方米。西起长农公路（302国道588公里处），东至长白铁路。总投资2 117万元。三横：北兴路。长3 140米，宽"米，面积5 024万平方米。西起长农公路（302国道591公里处），东至长白铁路。总投资2 381万元。

（2）配套设施建设：与路网建设同步，工业物流园区内的上水道、下水道、供电、供暖、煤气、有线电视、通讯等配套设施加紧建设，全年实现总投资1.96亿元，基本达到了"七通一平"的目标要求，为招商引资和项目落位创造了较好的硬环境。

（3）重点工程建设：重点工程快速推进，农民新居、投资大厦、企业创业孵化基地如期落成。

农民新居一期工程全面建成。以社会主义新农村建设为重点，投资7 500万元，在兰家镇邱家村建设了占地4.8万平方米，建筑面积6.3万平方米的15栋农民新居，现已有690户农民搬入新居。

开发区投资大厦全面竣工。以行政和投资服务为重点，投资2 600万元，在兰家镇邱家村建设了占地面积1.2万平方米，建筑面积1.1万平方米的投资大厦，2007年12月28日，长江路开发区管委会已先期进入新址办公。

企业创业孵化基地建设全面启动。按吉林省人民政府（以下简称省政府）和市政府的要求，结合长江路开发区实际，从2007年5月开始，分别在兰家镇郭家、广宁、姜家村建设了3个企业创业孵化基地，占地面积18.8公顷，建筑面积9.4万平方米，当年投资1.8亿元，为各类企业和创业人员搭建了投资创业平台。

【招商引资】 2007年，长江路开发区招商引资工作的重点进行了转移，从以吸引商品要素、培育终端市场，建设商贸服务园区为重点，转向以吸引工业制造加工业、现代物流服务业，建设工业物流园区和吸引、培育企业总部经济区为重点。由于工业物流园区建设刚刚起步，基础设施和配套设施建设尚未到位，区位地价缺乏优势，产业发展处于规封阶段，招商引资工作明显处于劣势。一些成形的大项目、好项目在选择住址时，大都不愿意到这里来落户，使长江路开发区招商引资工作难度加大。在这种背景和情况下，长江路开发区管委会领导亲自带头，主管部门主动出击，全体员工一齐上阵，采取"走上门，请进门"和组团到"长三角"、"珠三角"地区推介的招商方式，取得了招商引资工作新突破。2007年，长江路开发区共计引进内资30亿元，完成全年目标计划108%，比2006年增长65%。

2007年，长江路开发区总部经济企业得到了快速发展，在驻区企业和物业管理单位的紧密配合下，引进总经销、总代理和房地产开发企业总部105个，注册资金9.3亿元。初步实现了"一区两园"双轮驱动的发展目标。

【项目建设】 2007年，是长春市开展的第一个"项目建设年"。按照市里的统一要求，工业项目必须落位在开发区和工业集中区。宽城区委、区政府把长江路开发区作为全区工业项目承载地，任务十分繁重，压力很大。为了加快推进项目建设，长江路开发区建立了项目落位服务体制、服务机制。一是成立了长江路开发区项目落位审批领导小组，下设办公室，专门负责项目衔接、审批管理和服务。二是制订了审批、办结、服务制度和《项目审批工作流程》，提出了"能够立等即办的马上办理；需要协调的一般项目3日内完成初审；重大项目7日内完成初审"的时限要求。三是建立了项目包保责任人跟踪责任制，每个项目都有一名管委会领导包保，都有责任单位和包保责任人具体跟踪服务。由于服务到位，管理规范，措施得力，项目建设得到了快速推进。2007年，在长江路开发区工业物流园区落位工业项目36个，投资13.64亿元。物流项目4个，投资3.38亿元。其中，投资5 000万元以上项目有8个，投资亿元以上项目有2个。

【拆迁工作】 2007年，长江路开发区把拆迁工作作为开发区建设的先导和前卫工程，按照基础设施和重点项目建设的需要，在规划的被拆迁户情况纷繁复杂，各种矛盾相互交织，拆迁工作管理人员较少的情况下，长江路开发区学习借鉴其他开发区的做法和经验，结合实际，先后出台了《长春长江路经济开发区辖区范围内符合新建房条件村民的房屋安置管理办法》、《长春长江路经济开发区辖区范围内“危倒房屋”拆迁安置管理办法》、《长春长江路经济开发区拆迁补偿管理办法》和《长春长江路经济开发区地上建筑物翻建、扩建、改建管理办法》等政策性文件。并与兰家镇所属各村紧密配合,采取政策先行、广泛宣传、逐户谈话、耐心疏导等多种方式,全力以赴进行拆迁工作。全年共计拆除地上物359个,面积31万平方米,全面完成了拆迁任务,确保了基础设施和重点工程建设顺利进行。

【土地管理】 2007年,长江路开发区以加强土地规划和管理工作为重点,对长江路开发区正式接管的工业物流园区以前的土地出让和使用情况进行了全面摸底调查,在此基础上,加强了用地指标的调整、落实和报批工作,使土地资源管理和使用工作步入规范化、科学化渠道。2007年,长江路开发区共有可开发土地指标241公顷(其中,2006年批准135公顷,2007年批准116公顷),加上村屯改造置换的土地,可利用土地指标达到350公顷,基本保证了2007年基础设施建设和项目建设用地。

为了加强土地管理,促使土地增值。2007年,长江路开发区加强了土地收储交易工作,对两次扩区区域进行现场踏查、数量整理、图表整理,选定了12宗地块进行收储。其中,工业物流园区4块,商贸服务园区8块,为下步土地招、拍、挂交易打下了基础。

【步行街区】 2007年,长江路开发区以“创建国家卫生城”和创建“国家文明城”(以下简称两城联创)为重点,加强了长江路步行街区综合管理。一是加强了保洁工作。对长江路步行街除坚持每日的经常保洁外,每十天全面清洁路面一次,保证路面整洁,没有死角,营造了整洁的购物环境。二是加强车辆管理。针对个别车辆乱停乱放现象,指派专人看管,确保车辆有序停放。三是重点整治占道经营、违法经营现象。四是规范广告牌匾,对长江路步行街两侧广告和牌匾进行了严格治理,拆除了一些非法和不符合规定的广告牌匾,确保环境整洁美观。五是开展了“灭四害”活动,认真指导长江路步行街区域的物业管理单位和门市房科学的灭“四害”。六是对长江路步行街的公共设施进行了全面维修改造,进一步完善了功能,消除了安全隐患,美化了街路环境。七是继续举办季节性展会。2007年,在长江路步行街举办各类展会13个,年销售额达2.5亿元,起到了吸引商流、物流、人流的作用,进一步提高了长江路步行街的影响力和知名度。八是开展健康教育培训。组织长江路步行街各物业管理单位负责人参加了健康教育培训,提高了入区企业和业户健康意识,各物业管理单位还结合学到的培训内容,创办了健康教育宣传栏,开展了内部培训。通过这些基础性的工作,为“两城联创”工作做出了一定的贡献。2007年,长江路步行街经省、市有关部门多次检查,都给予较好的评价。

【投资环境】 2007年,长江路开发区在全面推进基础设施和配套设施建设,着力打造投资硬环境的同时,把经济发展软环境建设作为促进区域经济发展的重点工作之一,以全力打造吸引投资的“洼地效应”和营造良好投资环境为重点,进一步加大了软环境建设工作力度。一是重新调整了长江路开发区软环境建设工作领导小组组成人员,健

省、市有关领导及上海市有关方面领导在长江路开发区研究建立上海工业园区问题

全和完善了软环境建设工作组织领导体制。二是从转变干部群众思想观念入手,结合全市开展的"查、找、改"活动,不断提升投资环境理念,强化大局意识、服务意识和法制意识。三是服务措施日益完善,服务领域和层面不断拓展。实行了领导项目包保责任制、24小时工作承诺制、特事特办服务制。四是进一步健全了管理、监督、查处机制。实行了每月一次的软环境建设例会,重新聘请了软环境监督员,增设了软环境投诉举报点,开通了开发区软环境建设举报网站,加强了对涉软案件查处力度。通过紧紧围绕开发区快发展、大发展的总体要求,牢牢把握影响建设发展的主要问题和关键环节,抓服务,抓效率,强化服务措施,健全管理制度,不断营造了长江路开发区"发展无门槛、服务无红灯、部门无关卡、一切为客商"的良好发展环境。2007年末,开发区软环境办公室通过发放《2007年度长江路经济开发区软环境建设民主测评表》和走访驻区大企业的方式,对开发区管委会机关各部门及驻区市直派出机构进行了民主测评。测评结果,"满意率"平均达96.5%,驻区企业和群众对长江路开发区经济发展软环境建设整体上是认可的。

(刘显忠)

对外经济贸易

对外经济贸易

综　述

【概况】 2007年是实施"十一五"规划的重要一年,长春市商务局坚持以科学发展观总揽全局,紧紧抓住国家振兴东北老工业基地的重大机遇和长春市加快发展的有利契机,以全面发展开放型经济为目标,坚持对内放开与对外开放并举,"引进来"和"走出去"结合,扩大总量与优化结构统一,在更大范围、更宽领域和更高层次上参与国内外的产业分工和经济合作,不断提升全市经济的开放度和竞争力。努力实现投资、出口、消费三驾马车齐头并进,圆满地完成了全年工作任务。全年实际利用外资16.9亿美元,同比增长20%。实际利用内资327亿元,同比增长29%。其中利用省域外资金131.5亿元,同比增长60.4%。进出口完成69.3亿美元,同比增长32.9%。其中出口15亿美元,同比增长38.7%。对外劳务承包营业额实现2.4亿美元,同比增长41.3%。

【招商引资】 全面调动社会各界参与项目建设,全力开展声势浩大的全市招商引资9个月攻坚行动,筹划、储备了一批关系全局的重大项目。继续以高新技术产业开发区、经济技术开发区、净月经济开发区和汽车产业开发区四大开发区为龙头,形成强有力的招商引资工作平台,扩大招商引资规模。引进世界500强企业6户,国内500强企业7户。新引进内资超8 000万元和外资超千万美元大项目占实际利用内资和合同外资额的80.3%和69%,项目质量稳步提高。组织了市级境内外大型活动28项,签订投资项目228个,项目投资总额1 365.7亿元。接待来访团组135个,签订协议57.15亿美元。坚持以工业为主导,走城市化、工业化双轮驱动发展道路。新批工业项目实际利用内资和合同外资分别占总额的50%和57.7%,工业引资额占全市工业固定资产投资的1/3以上,外资对长春市工业拉动作用明显。四大主要产业实际引进内资和合同利用外资占总额比重均达30%,产业集聚效应突出。积极创新招商方式,中介招商有了新进展。进一步落实了招商引资目标责任制,加大了对重大活动、重点项目的组织、调度和跟踪服务。同时积极开展了招商引资培训工作,提高了招商引资人员整体素质。进一步完善了审批服务"绿色通道"制度,投资发展软环境不断得到改善和提高。

对外贸易

【概况】 进出口总量实现新突破,增速5年来最高,高出平均增速10个百分点。出口连续实现单月过亿美元,创历史最高水平。全力营造良好的外贸发展环境。建立了部门联合工作机制和机关"一处联百企"制度。开展了长春市外贸企业出口信用担保公司的筹建工作。为166户企业争取到1 200余万元资金支持。大力培育外贸主体力量,新增外贸经营企业214户,有出口实绩企业突破600户。民营企业出口始终保持40%以上增速,占出口企业户数一半以上。积极培育行业出口龙头企业,15户重点企业出口同比增长52.2%。加强国际市场开发,先后在法国、俄罗斯、乌克兰、菲律宾等国举办10余次经贸活动,签订协议5 000多万美元。邀请境外来访经贸团组36个,签订合同1 610万美元。与20个国外行业组织、商会建立了合作关系。对俄罗斯、非洲和东盟出口同比增长178%、80%和65%。汽车及零部件产品对俄贸易打破多年沉寂局面,取得实质性突破。一汽、万荣等一批汽车零部件企业和大成集团打入独联体国家及乌克兰市场,仅汽车类产品2007年就对独联体出口1亿美元,同比增长2倍以上。出口商品结构进一步优化。工业制成品、机电产品出口同比增长38.1%和71%;玉米出口比重由过去占50%以上降为15%,根本扭转了玉米一品独大的被动局面。组织参加了"东博会"、

"广交会"、"华交会"、"高交会"等重点展会,为企业拓展商机,开拓国内外市场创造了良好条件。"一汽"、"德大"、"皓月"、"大成"等自主品牌得到了发展壮大。

对外经济技术合作

【概况】 积极开发利用口岸资源,不断提升服务功能,改善长春空港的国际航线结构,全力以赴地开展了新航线开发工作。开通了长春至日本福冈国际航线、长春至韩国江原道旅游包机航线以及长春经北京至法兰克福、莫斯科、新加坡等3条国际中转航线。国际航线已达18条。进一步规范了外派劳务市场,加大了对外经公司的管理力度,提高了经营主体按合同及相关规定执行项目的自觉性和约束力。进一步理顺了外派劳务基地的业务关系,加强了培训力度,外派劳务的技术含量不断提高。积极推动企业赴境外开展经营活动。有4户企业在卡塔尔、韩国、加拿大、澳大利亚和澳门特别行政区设立了公司,3户企业设立了境外办事处,中方总投资215.5万美元。分别组团赴日本、韩国及中东地区拓展业务,推进了项目进展。

(崔鸿翔)

2007年长春市出口商品主要出口国家统计表 单位:万美元

出口国家	出口金额	同比%	主要出口商品
韩国	24 322	33.47%	玉米13 909,发动机零件850,糙米761
日本	23 567	24.88%	控制仪器及装置3 116,玉米2 820,汽车零件1 657
美国	11 919	10.28%	汽车零件1 062,赖氨酸酯及盐911
俄罗斯	8 064	178%	机动自卸车1 734
德国	6 177	83.03%	柴油机零件1 281,葵花子510
马来西亚	5 401	9.36%	玉米4 454,冻牛肉366
越南	4 676	276.94%	公路牵引车1 423,柴油货车1 214
荷兰	3 522	-24.68%	赖氨酸酯及盐1 211,淀粉残渣394
英国	3 413	-1.23%	橡胶轮胎346,赖氨酸酯及盐336
比利时	3 288	122.38%	赖氨酸酯及盐2 112,饲料添加剂230

长春海关

【概况】 长春海关为正(厅)局级建制,辖吉林省内珲春、延吉、图们、吉林、集安、临江、长白、长春经济技术开发区8个正处级隶属海关和延吉、珲春、图们、长白、集安5个正处级缉私分局。其中,珲春海关所辖的长岭子是吉林省唯一的对俄口岸,其他边境海关下辖各口岸均为对朝口岸。长春海关机关现有内设机构17个,并分别在长春龙嘉国际机场、一汽场站和邮局设有现场办事机构。全关区现有人员833人,其中缉私局民警126人。

海关领导参加政行风热线直播

2007年，在总署党组的领导和吉林省委、省政府的指导、关心下，长春海关全面贯彻落实年初全国海关关长会议、全国海关党风廉政建设和反腐败工作会议精神，按照海关工作16字方针和队伍建设12字方针要求，明确“一条主线、四个突出”的工作思路，即以科学发展观和科学治关理念为主线，突出和谐海关建设，突出综合治税轴心，突出领导干部作风建设，突出内强素质，紧密结合关区实际，真抓实干，较好地完成了全年各项工作任务。全年关区税收实际入库70.74亿元，其中，征收关税23.82亿元，进口环节税46.92亿元。全年关区审核接受进出口报关单6.42万张，同比增长3.2%。全年关区共监管进出口货物239.4万吨，同比下降6.7%，监管进出境货物总值50.96亿美元，同比增长27.1%。全年关区监管出入境人员102.2万人次，同比增长7.4%。监管进出口运输工具16.5万辆（节、架）次，同比下降9.7%。监管邮递物品10.07万件，同比增长3.4%。监管印刷品、音像制品50.97万件，同比增长3.9%。全年关区缉私部门共立涉嫌走私犯罪案件22起，同比下降26.7%，案值14 441.89万元。抓获走私犯罪嫌疑人37人。立案调查行政违法违规案件87起，案值1.68亿元。罚没收入实际入库191万元，同比下降37.8%。

【支持地方经济发展】 2007年，长春海关在连续3年出台3个支持东北老工业基地振兴10项措施基础上，再次出台了第四个10项措施。年初，关党组成员组成3个调研小组，分别深入到延边等5个市、州，与地方政府和有关部门、重点企业进行沟通和座谈。在充分调研的基础上，长春海关汇总制订了《长春海关支持东北老工业基地振兴第四个10项措施》。第四个10项措施更加注重解决企业提出的热点和难点问题，结合海关通关监管工作，拿出了具有可操作性的通关保障措施，得到了广大企业的普遍欢迎。2007年，长春海关积极把握吉林省经济发展的趋势，加大了对汽车、化工和节能降耗三类产业的服务扶持力度，收到了良好成效。一是继续围绕“一汽”进行监管模式创新，在完善“快速通关辅助管理系统”基础上，对特殊进出口货物实行集中报关，对“一汽”配套生产企业给予相同的便捷措施。二是对吉化公司重大项目引进设备的特殊通关要求，采取上门服务方式，合理简化手续，予以集中办理。三是协调兄弟海关，促成吉林铁合金厂保税仓库投入运营，解决了企业进口裸装矿石难以快速转关的问题。四是积极协调总署综统司和主要口岸海关快速反馈统计数据，为实现全省外贸进出口额突破百亿美元大关的目标任务做出了应有的贡献。针对锦湖轮胎、通钢集团等吉林省重点建设项目，长春海关积极协调，主动帮助企业解决税款缴纳等方面存在的困难，就省内重点企业的疑难问题请示沟通，保证了企业进口设备顺利投入生产。2007年，长春市先后举办了亚冬会、东博会、汽博会、“中俄国家年”等一系列活动，长春海关积极为参展客商提供便捷通关服务，圆满完成了系列展会的监管任务并先后被吉林省政府授予了亚冬会“集体三等功”和东博会各联检单位中唯一的“吉林省对外开放突出贡献单位”称号。

【构建反走私立体防线】 2007年，长春海关缉私部门以执法质量建设年为契机，制定了《长春关区缉私部门刑事执法质量考

开通区域通关

核评议实施细则》,全面加强和改进缉私执法工作,保证了全年办案质量的稳步提高。全年关区共立案侦办走私犯罪案件22起,案值1.44亿元,偷逃税款0.22亿元,抓获犯罪嫌疑人35名。立案调查行政违法违规案件87起,案值1.68亿元,涉嫌偷逃税款和涉及税款合计0.26亿元。同时,缉私部门根据关区反走私斗争形势的新变化,加大打击毒品走私力度,全年共立案侦办毒品案件13起,缴获冰毒1 680.2克、鸦片180克。

【推广新型区域通关模式】 2007年,长春海关在成功升级H2000通关系统基础上,在与大连、满洲里、沈阳和北京海关之间,推广应用了“属地申报,口岸验放”通关监管模式。区域通关改革成果最大程度地满足了企业的多元化通关需求,有效地促进了通关效率的提高。长春龙嘉国际机场国际航班数量再创新高,单周航班最高达到65架次。全年,长春关区共监管进出境航班3 740架次,同比增长22.91%。

【深入推进关务公开】 2007年,长春海关进一步加强关务公开工作,调整了关务公开领导小组及其办公室,完善了关务公开内容和方式,对各业务现场关务公开工作进行了检查。同时,长春海关坚持抓好纠风工作,继续保持了民主评议政行风,连续3年获得吉林省执法类部门前四名的好成绩。在省直机关百名处长评议活动中,仅有13名参评处长问卷满意率在85%以上,长春海关的3名处长全部名列其中。

【准军事化纪律部队建设】 2007年,长春海关深入贯彻全国海关准军事化纪律部队建设工作会议精神,全面开展岗位练兵和“十佳百优”评比活动的部署,扎实推进内强素质阶段各项工作。6月份,召开了关区准军事化建设工作会议,成立了岗位练兵活动领导小组,确定了“全面部署,分期推进,以点带面,促进提高”的工作思路,下发了实施方案,成立了政治、工作、业务3个工作指导组,形成了上下齐抓共管的岗位练兵工作大格局。长春海关突出统计、缉私等部门的“先行”作用,及时总结经验。通过开展岗位练兵活动,长春关区干部政治、业务素质进一步提高,队伍纪律作风进一步改善。

(费红伟)

长春海关2007年主要业务情况表

项　目	单　位	全年累计	同比增长%
税收实际入库	亿元	70.74	-2.3
关税	亿元	23.82	-6.9
进口环节税	亿元	46.92	0.2
进出口报关单	张	64 272	3.2
进口报关单	张	28 990	-17.4
出口报关单	张	35 282	29.7
进出口货运量	万吨	239.4	-6.7
进口货运量	万吨	162.8	-14.7
出口货运量	万吨	76.6	16.3
进出口货值	亿美元	50.96	27.1
进口货值	亿美元	39.91	23.0
出口货值	亿美元	11.05	44.5
进出境运输工具	辆节架	165 049	-9.7
进出境集装箱	箱次	73 778	-8.5
转关货物	万吨	2.7	21.4
实有加工贸易生产企业(电子账册)	个	21	50.0
实有加工贸易生产企业(纸制账册)	个	359	1.1

续表

项　目	单　位	全年累计	同比增长%
备案加工合同数(纸质手册)	份	1 265	-12.7
备案加工合同金额(纸质手册)	万美元	57 486.6	0.9
结案合同	份	374	-20.8
保税仓库注册实有	个	6	20.0
保税仓库入库货物	吨	116 147	938.6
保税仓库入库货值	万美元	4 847.6	312.2
进出境人员	人次	1 026 200	7.4
进出境邮递物品	件	100 786	3.4
进出境印刷品及音像制品	件	509 714	3.9
立案涉嫌走私犯罪刑事案件数	起	22	-26.7
立案涉嫌走私犯罪刑事案件总值	万元	14 441.89	1 405.6
抓获犯罪嫌疑人	人	37	76.2
立案走私违规及其他违法行政案件数	起	87	13
立案走私违规及其他违法行政案件总值	万元	16 786.26	-26.9
罚没收入实际入库	万元	191	-37.8

农 业

农　业

综　述

2007年，全市上下认真贯彻落实中央和省、市关于农业和农村工作的决策部署，扎实推进新农村建设、积极发展现代农业，大力发展农产品加工业，加快推进农村劳动力转移就业，农民收入实现了较快增长，农业和农村经济保持了良好的发展势头。全市一产增加值实现200亿元，同比增长8.6%；农民人均收入实现4 780元，同比增长6.7%，在农民收入构成中，粮食及其他种植业收入占38%，牧业收入占27.5%，工资性收入占28.5%，政策性补贴收入占6%。

农业生产稳步发展　粮食总产量达到75.5亿公斤；蔬菜基地建设稳步推进，累计完成蔬菜基地建设面积5 819公顷，城区蔬菜生产总面积达到17 200公顷。

农产品加工业发展迅速　全市农产品加工业实现产值530亿元，同比增长20.4%。其中，规模以上企业实现产值375.8亿元，同比增长27.9%；新建续建3 000万元以上的农产品加工项目63个，完成固定资产投资99.8亿元，同比增长99%。1.构建了较大规模的龙头企业群体。目前，全市农产品加工企业发展到2 000多家，拥有国家级农业产业化重点龙头企业10户；省级以上重点龙头企业38户，市级以上重点龙头企业96户。年产值超亿元的企业31户，超10亿元的企业6户，超百亿元的企业1户。2.打造了覆盖全市的十大加工系列。依托资源优势和良好的产业基础，全市初步建成了肉鸡、肉牛、生猪、肉鹅、鹿业、乳制品、玉米、大豆、稻米、蔬菜等十大产品加工体系。3.形成了较强的发展后劲。覆盖全市的十大加工系列，现已形成年加工肉鸡2亿只、肉牛70万头、生猪1 000万头、肉鹅4 000万只、鹿产品65万盒、乳品40万吨、玉米450万吨、大豆120万吨、稻米45万吨、蔬菜10万吨的能力。

农产品流通渠道进一步拓宽　全市127家农产品市场实现交易额236亿元，同比增长7.3%，榆树市弓棚子生猪、五棵树黄牛、九台市波泥河花卉苗木、双阳区鹿产品等十大产地批发市场设施装备进一步改善，经营规模进一步扩大，辐射和带动作用进一步增强，成为全国性或区域性农产品交易中心；全市农村合作经济组织发展到1 050个，会员发展到16.2万人；组织市域农业和食品企业积极参加国内外各种农产品展洽会、农业博览会，促进了长春市农产品流通；积极开展了创名牌活动，目前，长春市已拥有省级以上名牌农产品503种，国家级名牌产品24种，有100多种名牌产品销往国内大中城市和世界30多个国家和地区；“长农网”建设日益完善，作用发挥明显，现已形成三网合一（电话网、互联网、卫星网）、四位一体（电话查询及固网短信服务、网站建设及网络信息服务、农民培训及远程教育服务、智能化系统集成及专家系统服务）的农业信息服务体系，全市10个县（市）区建立了农业信息中心，8个县（市）区建立了星火科技网，乡镇全部建立了农业信息服务站，全部安装了智能化农业专家系统软件，有72个乡镇建立了网页；批发市场、涉农企业注册286个与农业部网站直接连通的“一站通”站点，为农民免费发布农产品供求信息；以农村经营大户、经纪人、龙头组织为重点，发展各类网络终端2 500个；全市各级农业部门、涉农企业、农产品批发市场配备农业信息员520人，农村信息传递系统初步形成。

农产品质量安全检测水平不断提高　全市无公害农产品执行标准达到300项。长春市农产品质量安全检测中心，承担起全市农业投入品、无公害农产品、绿色食品和有机食品的质量检测任务。各大龙头企业、大型批发市场、超市、农贸市场和各类生产基地也陆续建立了农产品质量检测室（站），市、县、企三级质检体系基本形成。积极开展了无公害农产品和绿色食品生产基地认定和产品认证工作。全市已认定无公害蔬菜生产基

地2.2万公顷，认定无公害蔬菜产品434个，绿色食品生产基地达到50个，绿色产品总数达到136种；积极开展食品安全专项整治工作，将全市农产品大型批发市场全部纳入了质量安全监测范围，并加大对农药市场监管和蔬菜农药残留的监测力度，杜绝了高毒农药的违规生产、销售，使农产品生产基地、农业标准化示范区使用违禁农药的问题基本得到解决，蔬菜农药残留超标率进一步下降，省里对长春市抽检3次，蔬菜质量平均合格率达97.1%，始终位于全省各市州第一位；国家抽检了4次，蔬菜质量平均合格率为93.3%，位于全国37个大中城市中上水平。

劳务输出态势良好　全市转移输出农村劳动力102.5万人次，比2006年增加7.5万人次，输出人数占农村劳动力总数的比重达到52.3%。在输出的农村劳动力中，技能型输出达到34万人次，占输出总量的34%，比2006年增加5.4万人次。全年实现劳务收入38亿元，比2006年增加6亿元。农民工资性收入在农民人均收入中的比重超过28.5%，成为农民增收的重要来源。以“阳光工程”为载体，培训农村劳动力3.2万人次，农村劳动力转移和培训正在向基地化、专业化和品牌化方向发展。

农村综合改革逐步深化　积极开展村级债务化解工作。配合省里在榆树市、九台市、农安县搞好化债试点工作。加大惠农政策落实的监管力度。2007年，全市落实粮食直补和综合直补资金总计11.6亿元。开展了针对惠农政策落实情况的检查工作。对四项补贴政策（粮食直补、良种补贴、农机补贴、综合补贴）、农业三项技术（测土配方施肥、田间灭鼠、生物防治玉米螟）补贴、农村税费改革转移支付、退耕还林补贴、农村劳动力转移阳光工程培训补贴以及新农村建设试点村镇补贴等专项资金的发放、使用情况，进行了专项检查。切实加强农民负担监管。对全市10个县（市）区的16个乡镇、32个村农民负担情况进行了大检查，减轻农民负担工作总体形势较好，农民负担总体水平明显下降。积极开展农业政策性保险试点工作。榆树、农安、德惠、双阳四县（市）区成为长春市农业政策性保险首批试点，参保面积60万公顷，其中，玉米57万公顷、水稻2万公顷、大豆1万公顷。积极推进农村土地流转工作。全市流转土地面积6.6万公顷，占耕地总面积的6.1%；流转土地的农户10.1万户，占农户总数的10%。全市5个县（市）区开展了农村土地承包纠纷仲裁工作，受理案件130件。其中，调解达成协议14件，仲裁裁决116件。

农资市场秩序得到有效规范　以打击假冒伪劣产品为重点，在全市范围内开展了整顿和规范农资市场活动。共检查企业260个，整顿市场135个，立案查处并结案45件，查获假劣农资2.6万公斤，取缔非法窝（摊）点4个，罚没金额42万元，挽回经济损失171万元。

新农村建设扎实开展　试点范围进一步扩大。全市新农村试点镇从10个扩大到16个，试点村由31个扩大到167个，落实了新农村建设帮扶任务，试点村镇的新农村建设都取得了可喜成果。这些试点村镇新修建道路602公里，打深井622眼，改造住房2 436户、村卫生所16所、中小学校9所，修建敬老院11处。组织开展“乡村清洁行动”。在全市开展了以“五清、四改、三整治”为主要内容的“乡村清洁行动”，重点完成村屯环境整治任务。全市广大农村共清理私搭乱建1.4万处、粪便垃圾252万立方米、占道经营3 180处；养殖大户退院出村2 000余户；建立垃圾集中堆放点1万处；新改建卫生厕所6万多个，乡容村貌综合整治收到明显成效。全面启动实施农民教育培训工程。启动了农民夜校建设、农民教育培训师资库组建及教材编写等项工作。在2006年基础上，完成了400个农民夜校建设任务。市、县、乡三级新农村建设总体规划（2008年～2012年）编制工作基本完成，试点村镇的村屯规划全面完成。加强了农村基础设施建设和教育、医疗卫生、文化、社会保障等社会公益事业建设，农民享受社会发展的权益得到进一步保障。实现了“村村通”水泥（油）路的目标；解决了40万农村人口的饮水安全问题；农村常住人口新农合参合率达到93.57%。

（高清深）

种植业

【概况】　2007年，长春市种植业发展克服了严重的伏旱、秋吊影响，粮食生产获得了丰收，种植结构和品种结构逐步优化，粮、经、饲三元种植结构日趋合理。农业科技贡献率、农机装备水平不断提高，农业综合生产能力逐步增强，农业效益逐步提升。

【粮食生产】 粮食总产量达到750万吨。其中，玉米产量为72万吨，同比增长4.3%；水稻产量为159万吨，同比增长23.3%；大豆产量为20万吨，同比减少39%。

【结构调整】 全市粮食作物播种面积为1 020 703公顷，同比增加13 773公顷。其中，玉米种植面积为720 298公顷，同比增长4.1%；水稻种植面积为160 534公顷，同比增长2.9%；大豆种植面积为84 561公顷，比2006年分别减少18%；其他粮食作物播种面积为55 310公顷，同比减少5.8%。园艺特产之乡发展到25个，比2006年增加5个，以这些特产乡镇为中心，形成了覆盖多个乡镇的绿色瓜菜、西红柿、鲜食葡萄、"三辣"、烤烟、马铃薯、花卉苗木等十大园艺特产基地，总面积发展到13万公顷。

【农业科技】 开展科技进村入户工程。全市共举办各种类型及规模的培训班3 808场次，印发各类科技资料、技术方案和政策法规宣传单160万份，送录像带、光盘430盘、举办科技大集15次、赠送科技图书1.5万册、总受训人数达125万人次、科技人员下乡490人次。加强农业科研攻关。全市共有11个新品种被评为省优质专用农作物品种；长农16新品种获得国家植物品种；新审定品种3个，分别是大豆长农20、高油大豆长农21、22。同时加大了科技项目的申报力度，共申请国家及省市科技奖励6项，有4个项目获奖，其中《长农系列高油大豆新品种选育与推广》获农业部中华神农科技奖三等奖，《论发展中国家和地区农民数字鸿沟问题》获吉林省科技情报一等奖。

【农业机械化】 全市农机总动力达到305万千瓦，比2006年增加10万千瓦，拖拉机保有量近11万混合台（其中，25瓦以上拖拉机6 300台），配套农机具达到30万台套，同比分别增长3%、4%和1%，机具的配套比达到1∶2.74。全程农机化示范区在2006年14个、总面积5 746公顷的基础上，榆树、德惠、九台、农安四县（市）又各新增了一个全省玉米全程机械化示范区建设点。其中，榆树市2万公顷、德惠市1.06万公顷、九台市1.06万公顷、农安县0.67万公顷，总计4.8万公顷，占全省玉米示范区面积的45%，总投资额达1 656亿元。借助国家加大农机补贴的政策机遇，提高农机化整体水平。全市争取购机补贴资金700万元，购买拖拉机211混合台，配套农具149台，插秧机99台，水稻收获机38台，玉米收获机7台，带动农民投资1 700万元。全市完成机械春耕整地4.8万公顷，比2006年增加近3.4万公顷，其中水田春整地全部实现了机械化；机播种面积达到57.8万公顷，比2006年增加6 666.7公顷；机械插秧面积19 333公顷，比2006年增加了近1 333公顷。

（高清深）

林 业

【概况】 2007年，全市上下深入贯彻《关于加快林业发展推进生态建设的决定》精神，从长春市生态林业建设的实际出发，坚持工程带动和见缝插绿相结合的发展思路，精心组织，狠抓落实，较好地完成了植树造林任务，全市森林资源管护力度进一步加大，林木、林地等森林资源得到有效保护，实现了长春市24年无重大森林火灾发生的目标。

【植树造林和营林生产】 2007年3月30日，长春市政府召开了省会绿化委员会第十一次全委会暨长春市创建国家"绿化模范城市"动员大会，会上各县（市）区负责同志与崔杰市长签订了造林绿化责任书。为抓好会议精神的贯彻落实，市林业局、各县（市）区又分别召开了会议，对2007年造林绿化工作做了进一步部署，利用报纸、广播、网站等新闻媒体广泛宣传了退耕还林、农防林更新改造、城郊申报制造林、日元贷款造林等政策。进一步调动了全市广大干部群众植树造林的积极性。2007年，全市共投入植树造林资金7 500万元，投入造林绿化苗木1 100万株，完成营造林5 236公顷，超年计划的4.7%。同时完成封山育林工程围栏15万延长米（其中生物围栏7.8万延长米），完成其他宜林地造林1 145公顷，重点工程补植及重新造林3 000公顷，绿化公（乡）

路及江河堤防里程总长200公里，义务植树650万株。按林种分：防护林2 222公顷，用材林338公顷，特用林58公顷，经济林52公顷。按所有制分：公有经济造林437公顷，非公有经济造林2 233公顷。完成迹地更新983公顷，四旁植树265万株；完成封山育林1 583公顷，年末实有封山育林面积6 500公顷；完成幼林抚育作业面积69 258公顷/次，实际面积64 483公顷；成林抚育面积14 849公顷，中、幼龄林抚育3 515公顷；育苗面积388公顷，其中本年新增育苗面积118公顷；当年生产苗木10 460万株。（详细内容见附表1）年内，实现林业总产值328 434万元。其中，第一产业产值111 048万元，第二产业产值149 732万元，第三产业产值67 654万元。（详细内容见附表2）

【农田防护林更新造林】 2007年，农安县、榆树市、德惠市、九台市和朝阳区承担了农防林更新改造任务。在农防林更新改造中，这5个县（市）区认真按照《吉林省农防林更新造林技术规程》，严把农防林更新造林苗木质量关，做到了统一造林苗木标准，统一专人调运，杜绝了未检疫、低洼地、病虫害、密度大、不适宜品种的苗木上带造林。特别是榆树市在农防林更新造林中认真采取了专业队造林、地膜覆盖、强剪侧枝不截头等措施，进一步提高了农防林更新改造质量。2007年，全市共新造农防林带1 105条，面积983公顷，超年度计划的20%。通过农防林更新改造，长春市的农田防护林结构更加合理。

【城郊高标准生态林工程建设】 2007年，为进一步加强长春市周边生态环境建设，继续实施了城郊申报制造林，共完成城郊申报制造林600公顷，超年度计划的20%。投入资金180多万元，对环城绿化带工程进行了完善，先后补植地块76处，面积59.82公顷，补植柳树、樟子松、丁香等苗木87 000余株；建排水泵站6座，修过路涵洞6座，挖排水沟8 000余延长米，整地40多公顷，对林带内发生的病虫害树木进行2次药物防治，清理被压树、小老树、死树1.3万株，使环城绿化带工程呈现出了新的风貌。

【工业园区和开发区造林绿化】 为配合市政府做大做强县（市）区经济，推进全市工业化和城市化进程，提高开发区和工业集中区的造林绿化水平，实现长春市争创绿化模范城市的建设目标，市林业局在认真指导各开发区（工业园区）抓好绿化规划设计，搞好绿化美化的基础上，向全市5个城区开发区投入造林绿化补助资金150万元（每个开发区补助30万元）。

【新农村造林绿化】 按照长春市委、市政府社会主义新农村建设动员大会精神的要求，市林业局进一步加大村屯绿化的工作力度，以柳、榆、杉、松和花卉为主要绿化材料，搞好村屯绿化，为了积极支持社会主义新农村、镇示范点建设，市林业局向全市9个城区新农村试点村镇提供造林绿化补助资金45万元（每个城区新农村建设试点5万元），进一步改善了村容村貌和生态环境。2007年，全市共绿化村屯260个。

【非公有制林业】 在非公有制林业的发展上，长春市继续深入贯彻国家、吉林省加快林业发展的决定精神，用政策引导和激励社会各界参与造林绿化，在“谁造谁有、合造共有和谁经营、谁受益”的政策指导下，进一步明确了民营林业经营者是今后长春市造林绿化的主体；民营造林者除享有与国有、集体林业的同等权利外，还享有林木采伐的优先审批权。据统计，2007年，长春市86%的造林（带）地块由民营个体完成，非公有制人工造林面积2 233公顷，占全年人工造林面积的83.6%。

【森林资源管护】 为有效控制森林资源的消耗，经吉林省林业厅同意，长春市成立了森林采伐设计队，对森林资源采伐实行了统一管理，集中调动，规范作业。加强了林木采伐审批制度的落实，严格执行了林木采伐限额和计划。加强了征占用林地审批，认真执行征占用林地审核程序和补偿标准，积极落实了还林计划。2007年，全市共审批征占用林地项目26个，均做到了严格按要求和程序审批。特别是在农博园、玉米工业园区、汽车产业开发区、吉林省中西部城市供水工程等重点项目林业占地审批中，长春市林业局与相关设计部门提前介入、积极服务，及时解决占地规划设计中出现的问题，保证了重点项目的顺利实施。扎实开展了严厉查处和打击破坏森林资源的专项斗争，全年共查处林业行政案件402起，刑事案件80起，处理行政违法相对人400名，收缴木材339立方米。结合“爱鸟周”活动的开展，悬挂爱鸟宣传条幅100条，集中打击非法捕鸟8次，取缔非法鸟类交易市场1处，查获非法倒卖国家一级野生保护动物蜂猴案件1起，解救蜂猴2只。

【森林防火】 2007年3月23日、9月24日先后召开了长春市春季、秋季森林防火动员大会，对全市森林防火工作进行了专题部署；进一步加大了森林防火宣传，全市共张贴《吉林省人民政府森林防火命令》8 000份，发放各种森林防火宣传单60 000份，张贴标语25 000条，出动宣传车300多台次；对防火预案进行了完善，各级层层细化并认真落实了森林防火责任制和规章制度；特别是在森林防火戒严期和“清明”、“五一”、“十一”期间，各县(市)区认真落实森林防火责任制，对重点防火区域，做到了分片包干，严防死守，先后组织搜山400多次，查处违反防火规定者150多人，收缴火种400多个，确保了年内无重大森林火灾事故发生。

【森林病虫害防治】 2007年，长春市继续以日本松干蚧为重点，进一步加大了林业有害生物的防治力度，全年共防治杨树烂皮病、杨树溃疡病、青杨天牛、青杨脊虎天牛、杨锦纹急丁虫、兴安落叶松鞘蛾、微红梢斑螟等病虫害面积15 228公顷(其中，兴安落叶松鞘蛾10 108公顷，杨树枝干害虫5 120公顷)。为了有力地控制日本松干蚧的扩散蔓延，分别于5月18日、8月24日召开了全市防控日本松干蚧工作会议，对日本松干蚧防控工作进行了认真的部署，并积极组织双阳区、净月开发区、二道区、九台市全力以赴地开展了防治工作，市政府先后投入1 000多万元，购置苦参碱、氧化乐果、敌敌畏等药剂40吨，组织各县(市)区及园林、交通、铁路等相关部门实施了综合治理。2007年，共防治日本松干蚧7 404.3公顷，其中，打孔注药4 035.8公顷，喷雾1 483.5公顷，放烟1 740公顷，生物防治145公顷，清林1 188公顷，有效地压低了虫口密度，长春市日本松干蚧防控工作取得了阶段性成果。

【科技造林】 长春市社会、经济的迅速发展，对林业建设提出了新的、更高的要求，赋予了新的任务。为增加林业科技含量，提高造林绿化质量，长春市加大了科学造林培训力度，大力推行造林实用技术的应用。2007年1月，在双阳区举办了由九台市和城区林业部门的营林科(站)长、乡镇林业站、国有林场业务人员参加的杨树大苗造林技术培训班，聘请了省、市林业科研、设计和生产单位的专家授课，重点讲授杨树苗木品种识别、育苗、造林、病虫害防治和农防林造林设计等知识，培训业务人员104人。其他未参加市里统一组织培训的榆树、农安、德惠三县(市)结合实际，在春季造林前进行了乡、村造林技术培训。据初步统计，2007年，全市共培训各级各类技术人员1.2万人次，其中培训业务骨干1 200人次。为提高造林成活率，各县(市)区在造林中积极推广应用造林实用技术，特别是在农防林更新改造中广泛应用了泥浆造林、地膜覆盖、吸水剂沾根等技术，造林成活率达95%。各县(市)区针对杨树优良品种苗木短缺的实际，加强了育苗基地建设，2007年，新增育苗面积118公顷。

【林业队伍建设】 2007年，按照市委、市政府“建设学习型领导班子、建设服务型机关”的要求，市林业局党组较好地坚持了理论中心组学习制度，认真学习了树立科学发展观、构建社会主义和谐社会、胡锦涛总书记在中央党校“6·25”讲话、党的十七大报告等内容，进一步增强了加快林业发展的紧迫感和责任感。在机关建设中，林业局把行风建设、软环境建设同机关建设结合起来，进一步增强了林业行政运行和权力运用的透明度，组建了林业行政审批处，实行了“一口对外，一条龙办理”，提高了效率，方便了群众；坚持对党员、干部进行先进性教育、公务员素质教育、政行风教育和爱岗敬业教育，积极开展“为社会主义新农村建书屋”、“代理妈妈”、“双日捐”和为困难群体捐赠棉衣被等活动，机关干部事业心和责任感得到进一步增强；严格建立并认真落实了工作目标责任制，林业部门的工作效率和服务质量得到进一步提高。截至2007年12月30日，按单位性质分，全市林业共有单位167个，其中，国有经济单位167个，事业155个，机关12个；按单位类别分，共有农林牧渔业单位155个，其中，国有林场20个，国有苗圃9个，林业工作站114个,木材检查站3个,病虫害防治站5个,其他4个;公共管理和社会组织12个。2007年在册林业职工3 378人,在岗职工3 363人,其中专业技术人员647人。(详细情况见附表3)

(张建军)

2007年长春市林业生产情况统计表

附:表1　　　　单位:公顷、万立方米、万株

项目 单位	人工造林总面积	其中:2 670 用材林	经济林	防护林	特用林	公有经济造林	非公有经济造林	农防林更新改造面积 总计	迹地更新	人工造林面积	四旁植树(万株)	育苗面积 总计	本年新育	苗木产量(万株)	年末封山育林面积	其中本年新封面积	成林抚育面积	中幼龄林抚育面积	幼林抚育 作业面积(公顷/次)	实际面积	年末母树林	年末种子园
全市总计	2 670	338	52	2 222	58	437	2 233	983	983		265	388	118	10 460	6 500	1 583	14 894	3 515	69 258	64 483	202	76
九台市	246	133		113		133	113	133	133		100	13	13	10 000	4 000	583	500	400				
榆树市	221	4		217		4	217	211	211			15	15	60			219					
德惠市	261			261			261	200	200			15	5	50			13 109	2 501	1 737	1 737		
农安县	600			600		64	536	430	430		150	110	60	300					5 040	1 798		
朝阳区	15			15			15	9	9		2						340	320	60	26		
宽城区	10			10			10					30	5				40	30				
南关区																						
绿园区	120			120			120				3	60	20				200		697	390		
二道区	217	20	27	170		48	169				10	140		50								
净月开发区	307	179	25	45	58	98	209								500	500	406	184	1724	532	202	76
双阳区	650	2		648		90	560								2 000	500	80	80	60 000	60 000		
其他单位	23			23			23															

2007年长春市各县(市)区林业总产值情况统计表

附:表2　　　　单位:万元

项目 单位	林业总产值	第一产业产值 总计	涉林产业合计	林业系统非林产业	第二产业产值 总计	涉林产业合计	林业系统非林产业	第三产业产值 总计	涉林产业合计	林业系统非林产业
长春市	328 434	111 048	110 248	800	149 732	149 532	200	67 654	65 054	2 600
九台市	12 780	6 380	6 380	600	5 100	4 900	200	700	200	500
榆树市	15 588	11 530	11 530		3 200	3 200		858	858	
农安县	10 434	5 959	5 909	50	3 695	3 695		780	780	
德惠市	13 900	10 541	10 541		2 559	2 559		800	800	
朝阳区	35 032	17 032	17 032		5 000	5 000		13 000	13 000	
宽城区	19 350	10 768	10 618	150	8 582	8 582				
南关区	45 018	22 018	22 018		20 000	20 000		3 000	3 000	
绿园区	16 063	3 756	3 756		4 812	4 812		7 495	5 395	2 100
二道区	10 808	1 198	1 198		8 860	8 860		750	750	
净月开发区	38 553	7 956	7 956		6 996	6 996		23 601		
双阳区	19 563	11 965	11 965		6 670	6 670				
其他单位	91 345	1 345	1 345		80 000	80 000		10 000	10 000	

附：表3

2007年长春市各县（市）区林业机构及人员情况统计表

单位：个、人、元

项目＼单位	单位个数	单位性质				单位类别									年在册职工及其他人员工资								
		合计	企业	事业	机关	农林牧渔业	国有林场	国有苗圃	林业工作总站	木材检查站	病虫害防治站	其他	经济单位合计	公共管理和社会组织	在册职工总数	在岗职工总数	在岗职工年工资总额	专业技术人员	下岗待安置工人数	离开本单位仍保留劳动关系人员	其他从业人员	年末实有离退休人员数	离休人员年工资
全市合计	167	167		155	12	155	20	9	114	3	5	4		12	3 378	3 363	30 019 615	647		15	11	886	9 981 711
九台市	26	26		25	1	25	5	1	17	1	1			1	996	996	5 230 000	148				159	2 050 000
榆树市	33	33		32	1	32	3	2	26	1				1	333	333	1 825 981	102				105	688 000
农安县	32	32		31	1	31	3	3	23	1	1			1	745	745	4 560 939	125				118	505 000
德惠市	25	25		24	1	24	1	1	20		1	1		1	272	272	2 948 860	49				77	917 298
朝阳区	5	5		4	1	4			4					1	19	19	456 000	12					
宽城区	2	2		1	1	1			1			1		1	28	28	840 000	6					
南关区	2	2		1	1	1			1					1	2	2	48 000	1					
绿园区	5	5		4	1	4			4					1	20	20	480 000	18				12	350 000
二道区	6	6		5	1	5	1		4		1			1	73	73	1 752 000	13				36	51 765
净月开发区	9	9		8	1	8	2		5			1		1	189	174	3 693 808	58		15	1	116	1 412 600
双阳区	17	17		16	1	16	5	2	8			1		1	592	592	4 341 800	56				224	2 567 096
其他单位	5	5		4	1	4			1	1	1			1	109	109	3 842 227	59			10	39	1 439 952

畜牧业

【概况】　2007年，面对生猪价格上涨、生猪存栏量一度下降和动物疫病压力加大的严峻形势，注重强化措施，真抓实干，使畜禽总量、畜产品产量稳步增长，规模化、标准化生产水平明显提高，牧业产业地位日益突出，实现了畜牧业更好更快地发展。截至年末，全市生猪发展到1 247.3万头；肉牛发展479.4万头；肉羊发展159.5万只；鹿存栏20.9万只；奶牛存栏5万头；家禽发展4.4亿只。肉类总产量174.9万吨；禽蛋产量34.8万吨；奶类产量8.9万吨。全市畜牧业产值实现176.2亿元，牧业增加值实现91.1亿元，分别占农业总产值和农业增加值的51.7%和45.2%；畜牧业人均收入达到1 843元，同比增长2%，占农业收入的41.1%。

【畜产品加工和项目建设】　把畜产品加工业作为工作的重中之重来抓。分解目标，定期调度，加强指导和服务，至年末，全市畜产品加工业固定资产投资到位资金达10亿元，畜产品加工业实现产值150亿元，增长33%。皓月公司、华正集团和德莱鹅业三个重点建设项目进展顺利。皓月集团100万张皮革加工项目，一期工程年产50万张蓝湿革的生产线安装完毕，污水处理工程完工；德莱鹅业利用鹅羽绒生产氨基酸项目，办公楼、试验场已竣工，油脂厂正在建设；华正集团2万吨熟食加工项目建成。其他项目进展较快。皓月公司的生物制品车间土建完成；广泽乳业30万吨乳制品加工新厂区建设已竣工，并正式投产；长双鹿业鹿产品科研、加工项目，综合科研楼、质检中心装修完毕，加工车间装修已近完成；修正药业鹿产品深加工项目，办公楼主体完成，制剂车间基本完成；金财乳业5万吨乳制品加工项目已竣工投产；农安县成达1.5亿只肉鸡屠宰加工项目，已完成前期投资1亿元，50公顷征地手续已经办理完毕；榆树市天佑血清蛋白饲料项目，完成投资2 000万元，已试车生产。

【牧业小区建设】　依靠政策扶持，扎实推进牧业小区建设。2007年，长春市十二届人大五次会议确定了《关于加快健康畜禽养殖基地建设的议案》，一年来，市政府以办理议案为契机，加大资金和政策扶持力度，扎实推进健康畜禽养殖基地建设。到2007年末，新建市级标准牧业小区101个，全市牧业小区总数达到了570个。为促进牧业小区的发展，编制了《全市2006年～2010年牧业用地总体规划》，为畜牧业发展在土地使用上预留了空间。筹划并启动了九台市现代牧业园区建设。上半年完成了项目的前期论证和设计，到9月九台市政府已投入2 600万元，完成了园区水、电、路等基础设施建设。努力提高牧业小区的管理水平和科技含量。在对小区建设、生产指导和服务的基础上，不断加大对小区的管理。对已经建成的牧业小区进行评审，实施了挂牌管理。

【畜禽繁改工程】 在抓好10大种畜禽基地建设同时，对优良肉种牛、奶牛、肉鹅的引进、繁育和双阳梅花鹿的保种给予了重点扶持。投入2 200万元对长春优质肉牛繁育中心和吉林科龙公司的肉牛繁改工作给予扶持；投入900万元对双阳梅花鹿保种给予扶持；投入280万元对肉鹅进行品种改良。吉林省长春优质肉牛繁育中心和科龙公司两个肉牛繁改企业牛舍建设进展顺利，肉种牛的引进工作正在进行。广泽乳业引进澳洲优良品种奶牛项目6月份已经入栏3 000头，争取省财政补贴资金250万元已到位。同时，大力推广猪、牛、羊人工授精技术和牛胚胎移植及性别控制技术。一年来，全市猪、牛、羊人工授精分别完成22.3万例、36.2万例和1.9万例，牛胚胎移植和奶牛性别控制技术分别完成20例和52例，进一步提高了长春市畜产品的质量水平。

【生猪生产】 面对2006年生猪生产下降的严重形势，在开展调查研究的基础上，组织人员深入到各县(市)区和小区、养户，帮助分析生猪生产形势，宣传国家对生猪生产的扶持政策，努力调动养户补栏的积极性。同时，认真抓好国家关于生猪生产各项扶持政策的落实。在对全市可繁母猪和后备母猪进行调查摸底的基础上，对全市31.3万头母猪予以1 313万元的补贴，对母猪进行保险。同时，进行了生态养猪试点和关键技术的研究，7月通过了专家论证。在试点的基础上，加大了推广力度。目前，应用生态养猪技术的小区和大户已发展近50个，建舍150多栋，饲养规模达5万多头。有效促进了全市生猪生产的发展。

【动物防疫】 有效控制了重大动物疫情的发生。2007年，生猪生产形势严峻，高致病性猪蓝耳病疫情压力较大。面对这一形势，全市上下加大力度，市(区)县两级财政共投入1 100万元用于动物防疫，使防疫工作收到了良好效果。重点是抓好动物春、秋防工作。市(区)县、乡、村四级，层层签订了防疫目标责任书。坚持经常性的查漏补注，全市牲畜口蹄疫、禽流感、猪瘟、鸡新城疫等重大疫病免疫率全部达到了100%。狠抓高致病性猪蓝耳病的防控。8月集中组织开展了“高致病性猪蓝耳病防控月”活动，共下发疫苗372万毫升，对可繁母猪、后备母猪和仔猪进行了全面免疫。积极开展消毒灭源。全年共使用各种消毒药155吨，消毒圈舍1.2亿平方米，冷库13万平方米，有效控制了疫病传播途径。同时，加大疫病监测力度。以五大疫病免疫抗体监测和人畜共患病病原学监测为重点，广泛开展流行病学调查，监测面达到了100%，确保了长春市在全国生猪疫情比较严重的情况下没有疫情发生。

【行政执法和畜产品安全】 执法力度不断加大，动物产品质量和安全水平不断提高。1.强化宰前宰后检疫。实行专人专责制度，严格查证验物，强化对进厂动物的临床健康检查，严禁病害动物进厂，对动物宰后应检部位全部进行检查，屠宰检疫率为100%。严格无害化处理措施，共检出各类病害动物41头(只)，全部进行了无害化处理。2.加强准入管理。全年共受理申请进长生产企业16家，经审核准入9家，对190家准入企业进行了产品报检(验)，有效防止了不合格动物产品流入长春市。3.加大监督检查力度。①加大肉品安全管理力度。在加强日常监督检查的同时，重点开展了肉品安全专项整治月活动。全市各级畜牧监督机构共检查农贸市场(超市)、冷库、餐饮单位、饲养场等1 400多家次，处理各类违法案件50多起，有效保证了市民用肉安全。②开展了兽药、饲料市场的专项整治活动。对制假重点品种、重点区域组织专项执法检查和打假行动，依法取缔、捣毁黑窝点2处，处罚了4家粗制滥造企业。重点开展了兽药、饲料产品的质量监测。全年共抽取兽药样品60个，饲料样品120个。经检验，合格率均在91%以上。③配合农业部做好肉品和饲料质量检测工作。2007年，农业部质检中心在长春市进行了四次肉品质量安全监测抽检，分三个批次采集了480个样品，只有一个样品磺胺类药物超标。8月至9月配合国家饲料办，进行了饲料“蛋白精”专项抽检，共抽检365个样品，并送交农业部检测。4.加大种畜禽管理力度。认真开展了配种站点、种畜禽场验收工作。全市经验收合格的配种站点1 258家，种畜禽场142家；取缔不合格配种站点32家，从源头上保证了畜产品的品质和质量。

【管理服务体系】　加快改革步伐，注重抓好全市兽医管理体制改革的后续工作。畜牧局成立了防疫监督处。健全和完善了动物卫生监督执法体系、动物疫病预防控制技术支撑体系和畜禽产品质量安全管理体系。新的职能机构运行良好。加强服务体系建设，着力组建牧业经济合作组织。市和各县(市)区组织成立了生态养猪协会，筹备了养牛协会、宠物协会和兔业专业合作社。各协会充分发挥会员分布广、信息灵、与外地联系紧密的优势，积极为畜牧业生产提供各项服务。

【畜牧展会】　为促进全省和长春市畜牧业的健康快速发展，2007年8月，由省牧业局和市政府联合主办了“首届中国吉林牧业暨国际宠物业博览会”。期间，长春市抽调得力人员积极做好牧博会的招商招展、会务组织、展会宣传等各项筹备工作。并会同省牧业局组织开展了“牧业经济发展高峰论坛”和“吉林省暨长春市牧业经济环境与发展情况推介会”。在推介会上介绍了长春市牧业经济发展的基础、优势和经验做法，对宣传长春、大力提高长春市牧业经济的知名度，起到了积极的促进作用。

(张众人)

蔬菜业

【概况】　2007年，长春市蔬菜播种面积8.9万公顷，蔬菜总商品量33.9亿公斤，蔬菜总产值35.7亿元。其中，城区蔬菜播种面积2.3万公顷，蔬菜总商品量6.7亿公斤，蔬菜总产值7.8亿元。

【蔬菜生产】　2007年，长春市蔬菜生产在遇到了严重干旱的情况下，通过稳定面积，加大科技措施，强化管理等，实现了蔬菜稳产增收。全市蔬菜播种面积达8.9万公顷，其中保护地蔬菜播种面积14 681公顷，占总蔬菜播种面积的16.5%。在夏菜定植期和秋菜生产中，为应对严重干旱带来的不利影响，采取了增施有机肥、地膜覆盖、育苗移栽等多项措施，确保了夏菜、秋菜的稳产增收。全市夏秋菜生产面积6.8万公顷，实现产值18.4亿元。

【蔬菜基地建设】　2007年，在宽城区、二道区新开发菜田2 000公顷，其中，宽城区1 500公顷，二道区500公顷。在新菜田区打电机井28眼，深水井86眼，修砂石路23公里，安装高压线路14.06公里，低压线路11.1公里，变压器42台。

【建立无公害蔬菜生产记录档案】　为了从生产源头抓好蔬菜质量，2007年，在宽城区奋进乡、兰家镇，绿园区城西镇等三个乡镇建立了农户蔬菜生产记录档案，实行基地农户生产记录制度。全市还对到期的无公害蔬菜产品进行了复查换证申报，并新认证无公害蔬菜产品73个。到2007年底，全市共认定无公害蔬菜基地69个，无公害蔬菜基地规模达到22 400公顷，认证无公害蔬菜产品507个。

【有针对性地开展蔬菜科技培训】　2007年，市、区、乡各级共举办各类蔬菜科技培训班31个，达3 500人次。为使广大农民掌握蔬菜新技术，尽快致富奔小康，长春市农业委员会组织人员编写了《特菜栽培200问》和《无公害蔬菜加工储藏200问》两本科技丛书，总计9.6万余字，由吉林省科技出版社出版发行。

【蔬菜产品】　2007年，长春市开展了农产品质量安全专项整治行动，将蔬菜批发市场100%纳入质量安全监测范围，建立完善市场准入制度，实行定期抽检，严禁并加大查处农产品生产基地、农业标准化示范区使用违禁农药，蔬菜农药残留超标率进一步下降，国家规定禁用的甲胺磷、对硫磷、甲基对硫磷、久效磷、磷胺等5种高毒农药已从市场上消失。2007年全年蔬菜农残检测整体合格率由2006年的89%上升到93%以上，提高了4个百分点。同时，加大了对地产蔬菜的质量监管，地产蔬菜合格率明显提高。2007年9

月下旬，秋菜上市前重点抓了秋菜质量检测工作，共检测秋菜样品398个，农残合格率达到99.5%，进一步确保了市民食用安全。

【市农委增设蔬菜处】 根据长春市蔬菜管理机构设置现状，在市十二届人大三次会议《关于加快我市无公害蔬菜基地建设的议案》中提出："加强蔬菜管理部门的机构建设，设立蔬菜处，增加编制，配齐人员，核拨经费，配备交通工具，使无公害蔬菜基地建设真正有人抓，有能力抓，抓出实效"。经市编委批准于9月，由市农委市场信息处调剂3人，市农办调剂1人，共4人，成立了蔬菜处。蔬菜处的主要职能：编制蔬菜产业化建设的中长期发展规划和年度生产计划，并指导组织实施；指导蔬菜基地建设和管理，促进发展无公害蔬菜、绿色蔬菜和有机蔬菜；指导蔬菜新技术的研究、引进和推广；负责蔬菜标准化生产管理工作等。

（张宝贵）

水　利

【概况】 2007年，全市水利共完成投资1.28亿元，完成农田水利基本建设工程量443.86万立方米，超额完成旱田节水灌溉面积112千公顷，完成氟病区自来水井218眼，管网建设工程363处，解决安全饮用水人口23.42万人，征收水资源费2 900万元，在全面提升长春市的防汛抗旱及水资源保障等两大能力的同时，各项水利水产事业得到长足发展。

【抗旱工作】 2007年长春市干旱少雨，出现了严重的春旱和伏旱。4月份全市降水量13.3毫米，远远满足不了春耕播种之需要，致使250千公顷岗地出现缺水、缺墒现象。针对旱情长春市积极发动群众采取坐水种等各项措施，全市共投入抗旱机电井5 000眼，机动运水车辆6.8万台次，抗旱用油5 100吨，用电90万千瓦时，投入抗旱人数60万人次，投入抗旱资金960万元，基本实现了春播一次拿全苗。6月份全市降水量仅16.6毫米，比历年同期92.4毫米少75.8毫米，而且均集中在6月3日前，加之居历史同期第一位的持续30摄氏度以上高温天气，致使全市出现严重伏旱。据各县（市）区报告，6月份全市共有632.33千公顷农田出现旱情，其中轻旱面积319.89千公顷，重旱面积312.29千公顷，干燥面积0.15千公顷。针对严重的旱情，于6月23日启动了全市抗旱预案Ⅱ级干旱预警，全市各级防办进入紧急抗旱值班状态，由防办领导上岗带班，指定专人24小时负责抗旱值班，密切跟踪旱情发展态势，按时向省防办和有关部门报送旱情报表及旱情报告。各县（市）区全力抗旱，6月份累计投入抗旱人数29.1万人次、抗旱机电井8 500眼、机动抗旱设备2 700台套、机动运水车辆40 800辆、抗旱用电5 363万千瓦时、用油7 190吨、抗旱资金8 198万元。

【防汛工作】 2007年长春市虽然干旱少雨，但汛前依然按照"有汛无汛按有汛准备、大汛小汛按大汛准备"的原则，扎实全面地开展了各项防汛准备工作。1.先后召开了长春市防汛委员（扩大）会议、石头口门水库汛期联防委员会议，充分做好防汛动员工作及各项工作的落实。2.对辖区的水库、江河堤防、涝区等防洪除涝工程进行了全面检查，对发现的问题登记造册，制订了修险措施，落实了修险任务，并以汛前检查报告的形式上报省防汛指挥部和市政府有关部门，利用一周时间对问题较多的小水库和城区的所有小型水库进行了排查，针对各自存在的问题提出了具体的整改措施和度汛方案。3.积极筹措资金，组织人力对重点险工险段、病险工程进行了修复。市政府安排3 485万元专项资金对饮马河石头口门水库下游至饮马河第二松花江回水堤险段进行整治、加固，工程涉及农安、德惠、九台三个县（市），治理塌岸6处、砂基段3处，改建涵洞6座，土方填筑4处总长71.9公里。4.依法落实了各级行政首长包堤、包库、包险工段的责任人，并登记造册，进行备案，明确了第一责任人和各级责任人的主要职责，市政府有关领导按照职责分工，对石头口门水库、长春市城区防洪等重点防洪工作负总责，同时，还落实了重点小型水库的包保责任人，并报省水利厅备案。5.市本级和各县（市）区均按要求储备了抢险物资。全市共储草袋21.35万条，编织袋476.8万条，麻袋33万条，铁线381.3吨，木桩2 341立方米，全市共组织抢险队伍14.26万人，市本级储备的抢险编织袋15万条，防汛指挥艇1艘，冲锋舟2艘，帐篷100顶，救生衣1 000件，救生圈500个，尖锹1 000把，镐200把，担架150副，行军床750个，铁线40吨。6. 进行防洪演练，宣传防汛预案。全市19座大中型水库、德惠市二松五大围堤和长春市、九台市、双阳区、德惠市4个有防洪任务的城区都编制了防洪预案，并且每年都根据变化情况进行修订。为检验预案的可操作性，使预案更具科学性，7月24日，市水利局对德惠市第二松花江五大围堤防洪预案进行了实战演练，7月27日，对《伊通河长春市城区防洪应急预案》进行了宣讲，力争做到相关区域家喻户晓，人人皆知。7. 加强值班值宿工作。从6月1日起，各级防办进入临战状态，实行24小时值班值宿制度。对各县（市）区水库报汛人员进行了报汛业务培训，确保水情、汛情及灾情的报告不迟、不漏、不错、不瞒。汛期，市气象部门多次发出暴雨蓝色预警，市领导及各级防汛部门领导及时上岗到位，亲自部署防御暴雨各项措施，各级防办加强值宿工作，及时传递雨、水、工情信息，有效减轻了暴雨灾害损失。

【水库移民工作】 新中国成立以来，国家兴建了一大批大中型水库，在防洪、发电、灌溉、供水、生态等方面发挥了巨大效益，有力地促进了国民经济和社会发展，大中型水库移民为此做出了重大贡献和牺牲。目前，水库移民的生产生活条件依然普遍较差，有相当多的移民仍生活在贫困之中。为帮助水库移民脱贫致富，促进库区和移民安置区经济社会发展，国家出台了大中型水库后期扶持政策（国发[2006]17号），长春市于2006年7月31日成立了长春市水库移民后期扶持工作领导小组，领导小组下设办公室。移民办成立以来，努力做好各项移民工作，每天都耐心地接待来访群众，为来访者解答政策，直到来访者满意为止，尽量把矛盾消化在基层，2007年先后4次召开移民工作会议，布置任务，组织、督促各区移民办做好各项移民工作，经过各级移民办的努力，全市移民登记工作及移民身份界定工作已基本完成，下一步将认真组织编制好大中型水库移民项目扶持实施方案和后期扶持规划，充分利用好国家的惠民政策，改善移民生产、生活条件。

【水利管理体制改革】 按照国务院、省政府有关改革文件精神，坚持把发挥现有水利工程综合功能，提高工程管理水平作为水利工作的重要内容来抓，逐步实现从建设为主向建管并重、长效管理转变。从水利工程管理体制改革入手，进一步加强水利管理工作，提高全市水利工程信息化和现代化水平，提升工程防洪和水资源调度管理能力，规范和强化涉水事务的管理，提高依法行政水平。年初，组织石头口门水库管理局有关人员学习新立城水库和双阳区的水管单位体制改革工作经验和做法，结合本单位实际进行人员和经费测算，指导编制完成了《石头口门水库水管体制改革实施方案》，协调推进石头口门水库改革工作。8月末，改革方案报送市编办和市财政局。经过多次协调市财政局、编办等单位，完成了石头口门水库改革方案的申报、审批工作。

【伊通河城区段防洪工程】 对伊通河的工程建设，市委、市政府确定了“一年完成两年工程建设任务，达到上、中、下三段蓄水，全面完成防洪工程建设任务”的总目标。截至年底，上段维修加固工程除第七标段外全部完成砼外罩、墙后反滤料回填、帽石砌筑和步道铺设等施工任务；截止到6月30日，上段补充段工程共完成河道清淤61.5万立方米、土方开挖82 530m^3、土方回填21 850m^3、浇筑砼15 639m^3、铺设反滤18 625m^3，完成投资2 945万元；中段亚行工程进入收尾阶段，双阳排涝站、兴华岛拦河闸副闸工程于6月30日前完成全部施工任务，中段除电力安装工程、水土保持工程正在继续施工外，其余工程全部进入结算、验收工作；中段自由大桥至长春大桥栏杆、步道工程、兴华岛挡土墙加高工程已经完成全部建设任务；自由大桥至长春大桥护岸维修工程已经全部竣工并已通过验收；完成了为河道临时蓄水用的荣光桥下游的拦河坝工程；下段于6月21日完成了铺设5 798米的堤顶路工程；完成了东天街、南岭、经纬路三座排涝站工程、四化输水洞工程的工程评审工作。

【中型水库安全鉴定】 2007年，全面完成了长春市16座中型水库安全鉴定工作。根据省水利厅的统一部署，汛前对辖区各类水库进行全面普查，特别是有险情的水库要进行安全鉴定，彻底查清本地水库安全状况。通过召开专门会议，重点对九台市柴福林、五一和榆树市向阳、于家四座水库安全鉴定工作进行了详细部署，春节过后，组织由水文、水工等六个方面专家组成技术小组，对四座水库安全鉴定结论进行全面咨询和评审，确定四座水库为三类险库，从而彻底查清了全市水库安全状况，全市水库安全普查工作全部完成。

【净月潭水库除险加固工程】净月潭水库除险加固工程主体工程完成了大坝两端岸坡花岗岩砌筑，原坝顶路面拆除，栏杆柱底梁基础浇筑，路灯基础开挖及坝顶路基铺筑，共完成投资1 873万元。

【饮马河堤防加固工程】 该项工程是全市重点水利工程项目，是维护社会稳定，支援三个县（市）新农村建设的重要举措，为此，2006年和2007两年市里共投入5 000万元，建设23个项目，需完成土方216万立方米，石方14 200立方米，混凝土6 300立方米，可使饮马河堤防防护标准达到20年一遇标准，连同2006年项目在内，包括九台市9项，德惠市7项、农安县2项在内的18个单项工程开工建设，建设内容包括堤防护岸、堤防砂基治理、涵洞工程等，到2007年7月15日主汛期到来前，主体工程全部完成，没有影响工程度汛。汛后开始了堤防土方加固建设。

【农村饮水工程】 按照省政府对农村饮水安全工作的要求，长春市加大了领导力度，各级党委和政府的主要领导均把这项工作摆在重要的议事日程，在成立组织领导机构的同时，政府一把手亲自挂帅，主管领导具体抓，层层落实责任。崔杰市长、李伟副市长多次听取汇报，榆树市和农安县水利局的所有工作人员，都投身于农村饮水安全工程建设之中。9月23日，农安县的农村饮水安全工程建设全部结束，建设工程共打机电井102眼，建设自来水管网、建设管理房及安装除氟设备258处，铺设管路1 858公里，开挖土方278.7万立方米，完成工程投资7 967万元。全县水源含氟量超标的347个自然屯、3 100农户、12.1万人都吃上了安全可靠的自来水，比计划多完成1 700人。榆树市农村饮水安全工程于10月25日全部完成，解决的人口数是11.32万人，共打水源井116眼，管网安装105处，完成机井供水管理房121处，铺设管路1 060公里，完成工程投资8 640万元。

【柴户张水库综合整治工程】柴户张水库位于饮马河水系伊通河中上游的左侧支流柴户张钩上，为小（二）型水库，该水库由上、下两个水库组成。上库始建于1958年，坐落在长春市人民政府新址西侧；下库修建于上世纪60年代70年代，坐落在长春市人民政府新址南侧。工程老化失修，已为病险库，结合城市景观依据水库设计，实施水库综合整治工程。工程于2006年12月1日开工，2007年10月完工。综合整治后的水库总库容为45.54万立方米，其中：上库为7.26万立方米、下库为38.28万立方米。上库正常高水位为220.92米，相应库容5.75万立方米，相应水面面积3.5公顷；下库正常高水位为213米，相应库容22.56万立方米，相应水面面积10公顷，最大水深6.7米，平均水深2米。完成工程主要建设内容有：水源引水管、溢流坝、土坝、水库清淤、河道开挖、跌水坎、输水洞、曲桥双亭、沿湖环路、卵石护岸和环湖路灯等项工程，工程总投资1 315万元。

【“引松三期”供水工程】 长春市“引松三期”供水工程是吉林省中部城市群调水工程的重要组成部分，调水量的60%是解决长春市的近期需水要求，因此长春市承担了大部分的工作任务，联系市设计院组织县（市）区提供水资源规划等基础调查资料，配合省里对规划报告进行多次的修改和完善，形成《吉林省中部城市引松供水工程项目建议书》，并通过水利部的审查之后上报国家发改委审批。在积极争取国家对项目建议书审批的过程中，省里决定对各支线工程进行先期开工建设，为了加快支线工程建设，省政府决定先行启动长春市玉米园、农安县和德惠市3条支线，提前解决长春市玉米工业园、农安县和德惠市的缺水问题，以促进受水区的经济发展。为了加快工程进度，长春市配合省里对三条支线的路由走向和征地拆迁等工作与当地政府及群众进行进一步协调和落实。年末，长春市玉米工业园征地拆迁工作已经结束，并完成了泵站基础主体工程建设。农安支线在农安县内的征地拆迁工作基本完成，涉及城区、开发区范围内的征地拆迁工作正在协调落实当中，但泵站基础工程已经开工建设，德惠支线的改线方案设计基本完成。

【石头口门水库水源地建设与管理】　为有效解决水库的主要污染问题，加强水源保护，按照松花江流域水污染治理规划的要求，水库开始着手准备石头口门水库水源地污染治理工程项目，计划将水库189.5米以下范围内无增容围堤保护部分的土地全部征用，退耕还林还库，共征地821公顷，绿化造林672公顷；将水库一级保护区即190米以下范围内无增容围堤保护部分的居民全部迁出，涉及287户，1 329人，拆迁房屋27 288平方米；沿水库一级保护区界线设置界碑80个、界桩1 360个、警示标牌20个及防护隔离栅30.46公里；对一级保护区内的1户企业进行关闭搬迁；对二级保护区内污染较重的5家企业的排污口进行治理；对沿库及入库河道两侧的垃圾、近水住户的生活垃圾进行处理。一期工程于2006年6月开始筹备。经过勘测调查，2006月10月完成了环境影响报告书的编制工作，2007年4月开始用地预审准备，并编制完成了移民方案及可行性研究报告，上报省发改委。2007年5月23日，省发改委以吉发改审批字[2007]285号文件对一期工程进行了批复，确定总投资为0.66亿元，工期3年，主要内容包括：水源地划界立标，设置界碑80个、界桩1 360个、限制性(解说性)标牌20个，防护围栏30.46公里；一级保护区征地98.61公顷(范围从高程188.25米至188.45米)；居民搬迁287户(范围从189.2米至190米)，1 329人，拆迁房屋27 288平方米；一级保护区关闭搬迁企业1家，清理垃圾2.2万吨。在一期工程的准备过程中，市水利局积极开展二期工程可研的编制和项目准备，主要包括一级保护区征地723.17公顷(范围从高程188.45米~189.5米)，植树造林672公顷，对5家污染企业采取污控及治理措施，计划投资4.34亿元。石头口门水库溢洪道改造及橡胶坝工程直接关系到水库运行安全，是长春市2007年的重点安全工程项目，上半年，完成了水库溢洪道改造及橡胶坝工程设计、报批和建设资金落实工作，工程建设资金为1 793.3万元，7月10日完成建设任务，确保了汛期运行安全。

【农田水利基本建设工作】
2007年秋冬农田基本建设全市清淤灌涝区沟道总长度为817.3公里，完成土方量269.26万立方米，其中，灌区沟道277公里、土方116.5万立方米；涝区沟道540.3公里、土方152.76万立方米。整修饮马河、沐石河、松花江、新凯河、伊通河等部分堤防111.5公里，土方161.6万立方米。除险塘坝50座、土方13万立方米。总土方工程量443.86万立方米。

【水土保持工作】　东北黑土区水土流失综合防治第一期工程长春市的两个项目区包括农安、九台、二道三个县(市)区。2007年在长春市水土保持生态建设总体规划的基础上，按照国家水土保持技术规范标准，完成了《东北黑土区水土流失综合防治第一期工程——松花江流域吉林省农安县松花江沿岸项目区可行性研究报告》、《东北黑土区水土流失综合防治第一期工程——松花江流域吉林省农安县松花江沿岸项目区——八叉沟小流域初步设计报告》、《长春市伊通河南段防洪工程水土保持方案报告书》、《伊通至辽源段高速公路工程水土保持方案报告书》等报告的编制工作。继黑土地保护试点工程在长春市的榆树市刘家镇实施后，2007年长春市以“高标准、高质量、高效益”完成了《东北黑土区水土流失综合防治第一期工程——二道区莲花山项目区》的建设，同时为了扩大治理面积争取国家资金，于2007年10月份完成了《国家农业综合开发黑土地综合治理项目》二道区项目区的可研报告，已上报国家待批。2007年长春市共治理水土流失面积1 372公顷。其中，坡耕地治理工程，地埂植物带297公顷，保土耕作164公顷，梯田102公顷；沟道治理工程，修建塘坝1座，干砌石谷坊30座，柳石谷坊39座，沟头防护10处；道路和林草工程，修作业路1公里，营造水土保持林507公顷，经济林99公顷，种草87公顷，封育治理工程面积102公顷，苗圃10公顷。

【水资源二次评价工作】　水资源二次评价工作是一项非常重要基础性工作，它能进一步摸清长春市水资源家底，是科学规划，管理水资源的重要依据。到10月末，完成了水资源分区、计算分区的划定，各种表格样式、地图等制作工作，基本资料的收集与整理、水文数据统计，及野外工作任务。

【渔业水产】 2007年市渔业环境监测工作开始试运行，分别在榆树市、农安县、德惠市、九台市等地进行水样采集，对长春市水域污染情况进行监控。同时采集组还先后赴拉林河、饮马河、伊通河、波罗湖、石头口门水库、新立城、德惠市夏家店渔场等地采集水样进行化验，建立了2007年渔业水域水质检验数据库，完成了2007年度《长春市重点渔业生态环境监测报告》，上报国家农业部。年初，长春市对省里下达的2007年渔业生产计划指标及2007年水产技术推广项目计划指标进行了分解，并制订了具体工作措施，采取定期检查（月报、半年报）等办法，跟踪全市渔业生产进度，督促渔业生产单位的任务落实。截止到10月底，市区成鱼产量为930吨，实现渔业产值5 300万元，鱼种产量为25吨；完成无公害池塘商品鱼标准化健康养殖推广面积6.7公顷，每公顷产6 000公斤，公顷效益7 500元以上；都市休闲渔业收入3 100万元（含垂钓业及渔业旅游经济收入）；仅石头口门水库春季就投放苗种250万尾，入夏以来，捕捞鲤、鲫鱼和名优鱼类鳊花、鳌花、吉花、河虾为主，全年捕捞产量达820吨。

（韩成龙）

各县（市）除涝、治碱、水保、人畜饮水情况

市县别	易涝面积	除涝面积（千公顷）				水土流失面积	水土流失治理面积（千公顷）			小流域治理	盐碱耕地面积	盐碱耕地改良面积	人畜饮水需解决量		人畜饮水已解决量	
	（千公顷）	合计	3－4年	5－9年	10年以上	（千公顷）	合计	水平梯田	水保林	（千公顷）	（千公顷）	（千公顷）	万人	万头	万人	万头
总　计	352.51	342.11	6.63	75.57	259.91	653.15	283.71	18.15	238.5	27.32	41	15.87	106.152	19.828	41.841	5.6795
城　区	31.45	29.2	0.09	7.69	21.42	196.95	86.03	2.69	80.58	12.88			19.992	7.458	6.951	0.9095
朝阳区	2.51	2.51		0.26	2.25	10.31	6.65	0.2	6.45				0.5	0.32	0.218	0.0465
南关区	0.26	0.26		0.19	0.07	5.5	5		5				1.672	0.18	0.296	0.05
宽城区	3.92	2.42		0.82	1.6	4.58	4.13		4.13				4.2	0.588	0.497	0.013
二道区	2.66	2.21	0.02	1.12	1.07	22.15	9.93	1.05	7.66	0.67			3.13	2	1.02	0.045
绿园区	5.65	5.65		3.36	2.29	4.2	3.21		3.21				0.94	0.17	0.94	0.17
双阳区	15.61	15.31	0.07	1.85	13.39	123.49	40.36	1.18	38.11	12.04			5.5	2.76	3.66	0.525
净月开发区	0.84	0.84		0.09	0.75	26.72	16.75	0.26	16.02	0.17			4.05	1.44	0.32	0.06
榆树市	86.8	86.8	2.27	18.78	65.75	163.41	54.07	0.21	53.86	0.62	1	1	38.46		14.48	
农安县	90	90	1.11	10.72	78.17	104.44	40.07	1.69	35.39	2.02	40	14.87	34.06	8.2	11.93	0.6
德惠市	98	98		31.82	66.18	78.31	37.84	2.84	23.38	9.27			6.09	1.74	3.04	1.74
九台市	46.26	38.11	3.16	6.56	28.39	110.04	65.7	10.72	45.29	2.53			7.55	2.43	5.44	2.43

灌区效益及管理情况一览表

灌区名称	所在地点（县.市）	水源名称	灌溉形式	本年引提灌溉水量	每公顷毛用水量（米³/公顷）	设计灌溉面积（千公顷）							有效灌溉面积（千公顷）							实际灌溉面积（千公顷）							旱涝保收面积（千公顷）
						合计			其中：				合计			其中：				合计			其中：				
						计	水田	旱浇	机电站		机电井		计	水田	旱浇	机电站		机电井		计	水田	旱浇	机电站		机电井		
									处	面积	处	面积				处	面积	处	面积				处	面积	处	面积	
甲	乙	丙	1	2	3	4	5	6	7	8	9	10	11	12	13	14	15	16	17	18	19	20	21	22	23	24	25
总　计	10 623			183 660.4		326.94	225.1	101.84	868	161.24	10 050	114.01	234.78	183.58	51.2	810	89.06	10 050	100.48	139.926	127.63	12.296	769	50.708	10 303	74.873	105.09
城　区	2 019			17 849.4		40.17	26.61	13.56	170	14.56	1 874	17.29	33.65	23.14	10.51	170	11.49	1 874	16.06	23.486	17.62	5.866	147	5.785	2 604	12.776	21.81
朝阳区	231			971.4		3.43	2.07	1.36	4	0.18	245	3.01	3.19	1.83	1.36	4	0.13	245	2.9	1.626	1.36	0.266			225	1.626	0.83

续表

灌区名称	所在地点(县.市)	水源名称	灌溉形式	本年引提灌溉水量	每公顷毛用水量(米³/公顷)	设计灌溉面积(千公顷)							有效灌溉面积(千公顷)							实际灌溉面积(千公顷)							旱涝保收面积(千公顷)
						合计			其中:				合计			其中:				合计			其中:				
									机电站		机电井					机电站		机电井					机电站		机电井		
						计	水田	旱浇	处	面积	处	面积	计	水田	旱浇	处	面积	处	面积	计	水田	旱浇	处	面积	处	面积	
甲	乙	丙	1	2	3	4	5	6	7	8	9	10	11	12	13	14	15	16	17	18	19	20	21	22	23	24	25
南关区	44			360		1.35		1.35	11	1.07	25	0.28	1.02		1.02	11	0.74	25	0.28	0.48		0.48	11	0.2	25	0.28	0.72
宽城区				1 170		4.26	2.18	2.08	33	2.97	106	0.92	3.38	1.76	1.62	33	2.25	106	0.88	1.74	0.81	0.93	33	1.315	106	0.4	2.88
二道区	219			1 442		2.4	1.54	0.86	13	1.02	224	1.22	2.07	1.35	0.72	13	0.97	224	0.93	1.52	1.1	0.42	13	0.44	224	1.03	1.59
绿园区	248			3 870		6.51	0.36	6.15	45	2.82	186	3.3	5.19	0.3	4.89	45	2.23	186	2.63	5.01	1.76	3.25	45	0.9	186	2.18	2.6
双阳区	1 132			9 066		18.07	18	0.07	45	3.68	981	7.83	15.63	15.61	0.02	45	2.94	981	7.71	12.01	12.01		45	2.42	1 754	6.7	10.71
净月开发区	145			970		4.15	2.46	1.69	19	2.82	107	0.73	3.17	2.29	0.88	19	2.23	107	0.73	1.1	0.58	0.52		0.51	84	0.56	2.48
榆树市	4 240			34 740		87.05	74	13.05	394	36.76	3 331	37.35	69.95	61.21	8.74	385	25.27	3 331	37.26	40.99	37.89	3.1	385	8.513	3 271	29.707	13.22
农安县	1 224			8 348		73.49	10.78	62.71	14	37.04	1 148	27.97	36.34	9.82	26.52	11	5.99	1 148	15.76	6.11	6.11		4	1.45	1 148	2.84	36.34
德惠市	920			97423		83.17	72.4	10.77	209	59.18	1 125	22.86	60.54	55.96	4.58	163	37.14	1 125	22.86	51.13	47.8	3.33	158	28.81	795	22.64	15.4
九台市	2 220			25 300		43.06	41.31	1.75	81	13.7	2 572	8.54	34.3	33.45	0.85	81	9.17	2 572	8.54	18.21	18.21		75	6.15	2 485	6.91	18.32

江河堤防累计达到情况

市州县市区	合计			主要江河									一般江河									本年新增堤防长度		堤防绿化累计长度(公里)
				松花江流域			辽河流域			其他流域			松花江流域			辽河流域			其他流域					
	堤防长度(公里)	保护耕地(公顷)	保护人口(万人)	堤防长度	保护耕地	保护人口	堤防长度	保护耕地	保护人口	堤防长度	保护耕地	保护人口	堤防长度	保护耕地	保护人口	堤防长度	保护耕地	保护人口	堤防长度	保护耕地	保护人口	主要江河	一般江河	
合　计	1 854.2	232 083	89.15	667.99	114 880	48.56				303.6	24 333	16.9	882.61	92 870	23.69									491.86
城　区	226.8	22 920	13.65	123.19	11 850	7.75							103.61	11 070	5.9									40
朝阳区	15	2 800	1.2	15	2 800	1.2																		10
南关区																								
宽城区	20.6	2 000	0.9	20.6	2 000	0.9																		
二道区	6.1	1 820	0.9	6.1	1 820	0.9																		
绿园区	24	5 650	1.35										24	5 650	1.35									24
双阳区	161.1	10 650	9.3	81.49	5 230	4.75							79.61	5 420	4.55									6
净月开发区																								
榆树市	344.6	28 333	20.9	41	4 000	4				303.6	24 333	16.9												129.1
农安县	532	62 300	15.8	62	10 100	4.36							470	52 200	11.44									177.05
德惠市	567	98 050	25.9	258	68 450	19.55							309	29 600	6.35									145.71
九台市	183.8	20 480	12.9	183.8	20 480	12.9																		

工 业

工 业

综 述

2007年,长春市工业以"提速增效"和"项目建设年"活动为载体,加快推进结构调整步伐;突出总量扩张,不断提高工业增长质量;全面实施民营经济三年腾飞计划;狠抓节能降耗和煤矿安全生产。全市工业呈现出快速、均衡的运行态势,主要经济指标创历史最高水平。

工业生产 2007年,长春市国有及年销售收入500万元以上非国有工业企业完成产值2 920.9亿元,比2006年同期增长33.9%,产值增速是全市工业历史上发展最快的一年,超过增速最快的1992年31.5%增幅2.4个百分点。按类型划分:轻工业完成产值484.4亿元,增长23.5%,重工业完成产值2 436.5亿元,同比增长39.3%。按所有制划分:内资工业企业完成产值1 347.6亿元,同比增长29.9%,其中,国有工业完成产值758.4亿元,同比增长27.7%,集体工业完成产值20.2亿元,同比增长22.4%;股份合作制企业完成产值2.4亿元,同比下降68.8%,股份制企业(内资)完成产值215.8亿元,同比增长14.8%;港澳台商投资企业完成产值59.1亿元,同比增长39.7%;外商投资企业完成产值1 514.1亿元,同比增长42.7%。按隶属关系划分:中央工业完成产值1 766.4亿元,同比增长34.3%;省属工业完成产值127.4亿元,同比增长39.4%;市及市以下工业完成产值1 027.1亿元,同比增长39.8%。在市以下工业中:市直工业完成产值189.0亿元,同比增长23.7%;县(市)区属工业完成产值838.0亿元,同比增长44.0%。

经济效益 2007年,长春市国有及年销售收入500万元以上非国有工业企业实现销售收入2 528.2亿元,同比增长61.8%;实现税金335.4亿元,同比增长23.8%;实现利润186.2亿元,同比增长147.2%。其中,国有企业实现销售收入718.1亿元,比2006年增长26.6%;实现利税93.6亿元,比2006年增长138.8%;实现利润54.9亿元,比2006年增长523.9%。集体企业实现销售收入19.7亿元,比2006年下降15.7%;实现利税2 627万元,比2006年下降12.4%;实现利润-2 231.5万元,比2006年减亏44.4%。股份合作企业实现销售收入2.2亿元,比2006年下降74.9%;实现利税1 885.4万元,比2006年下降51.5%;实现利润913.3万元,比2006年下降59.1%。股份制企业实现销售收入212亿元,比2006年下降41.6%;实现利税14.8亿元,比2006年下降52.7%;实现利润7.5亿元,比2006年下降49.7%。外资企业实现销售收入1 169.4亿元,比2006年增长32.3%;实现利税194.7亿元,比2006年增长94.3%;实现利润105.8亿元,比2006年增长139.9%。国有控股企业实现销售收入1 593.3亿元,比2006年增长23.5%;实现利税254.1亿元,比2006年增长93.8%;实现利润135.4亿元,比2006年增长249.8%。全市规模以上工业企业总计1 020户,其中,盈利企业793户;亏损企业227户,比2006年增加15户;亏损额16.9亿元,同比增亏64.1%。2007年,按月报口径计算,长春市国有及年销售收入500万元以上非国有工业企业经济效益综合指数达到239.8%,同比增加67.8个百分点;工业产品产销率达到95.6%,同比减少0.3个百分点;工业资金利税率为17.0%,同比增加4.8个百分点;成本费用利润率达到7.7%,同比增加4.0个百分点;流动资金周转次数达到2.4次,同比提高0.3次;产成品资金占用139.5亿元,同比增加63.1%。

2007年长春市30户盈利大户盈利额统计表

企业名称	实现利润(万元)	比2006±%
一汽－大众汽车有限公司	675 326.9	238.7
中国第一汽车集团公司	518 243.3	564.9
长春大成实业集团有限公司	180 098.4	105.8
一汽丰田(长春)发动机有限公司	42 128.6	131.8
吉林亚泰水泥有限公司	36 189.0	61.5
西门子威迪汽车电子(长春)有限公司	34 723.8	170.8
福耀集团长春分公司	25 813.5	63.4
吉林烟草工业有限责任公司	21 112.1	47.7
天合富奥汽车安全系统(长春)有限公司	18 010.6	62.9
长春大合生物技术开发有限公司	17 348.3	60.6
吉林省吴太集团感康药业有限责任公司	16 181.3	76.8
长春一汽四环汽车股份有限公司	15 006	－8.0
长春轨道客车股份有限公司	14 285.1	182.1
长春塔奥金环汽车制品有限公司	12 534.8	28.2
长春西博汽车塑料技术有限公司	12 305.3	－
长春德尔福－富奥江森高新科技有限公司	12 156.2	－
吉林省长春皓月清真肉业股份有限公司	12 151.3	－51.7
长春博泽零部件有限公司	11 613.0	－
佛吉亚(长春)汽车部件系统有限公司	11 285.0	－
长春生物制品研究所有限公司	11 089.1	208.4
长春英利汽车部件有限公司	9 108.9	176.0
长春佛吉亚排气系统有限公司	7 813.1	27.4
长春玉成淀粉糖有限公司	7 731.9	－
长春奥托立夫贸鸿汽车安全系统公司	7 354.9	12.3
一汽光洋转向装置有限公司	7 302.2	－28.6
长春华润生化股份有限公司	6 529.4	53.4
长春热电发展有限公司	5 910.2	16.7
长春轿车消音器厂	5 903.0	85.8
伟巴斯特车顶系统(长春)有限公司	5 372.7	19.7
吉林龙华热电股份有限公司	5 260.0	－

重点产业　2007年，全市汽车及零部件、食品加工、光电子信息、生物医药、材料制造和能源等六大产业均保持了较快的增长速度，完成产值2 611.9亿元，占全市规模以上工业总产值的比重为92%。其中，汽车及零部件产业完成产值2 017.9亿元，同比增长36.2%，占全市比重为71.1%；食品工业完成产值376.2亿元，同比增长28.0%，占全市比重为13.3%；生物医药产业完成产值44.3亿元，同比增长33.2%，占全市比重为1.6%；光电子信息产业完成产值29.9亿元，同比增长32.1%，占全市比重为1.1%；材料制造业完成产值79.2亿元，同比增长17.4%，占全市比重为2.8%；能源工业完成产值64.4亿元，同比增长18.7%，占全市比重为2.3%；其他行业完成产值227.9亿元，同比增长50.2%，占全市比重为8.0%。

重点企业　2007年，全市产值超亿元工业企业户数达到174户，同比增加37户。其中，30户重点企业完成产值2 176.9亿元，比2006年增长32.1%，占全市工业总产值的76.7%；净增加产值529.6亿元，占全市净增加产值的73.6%。

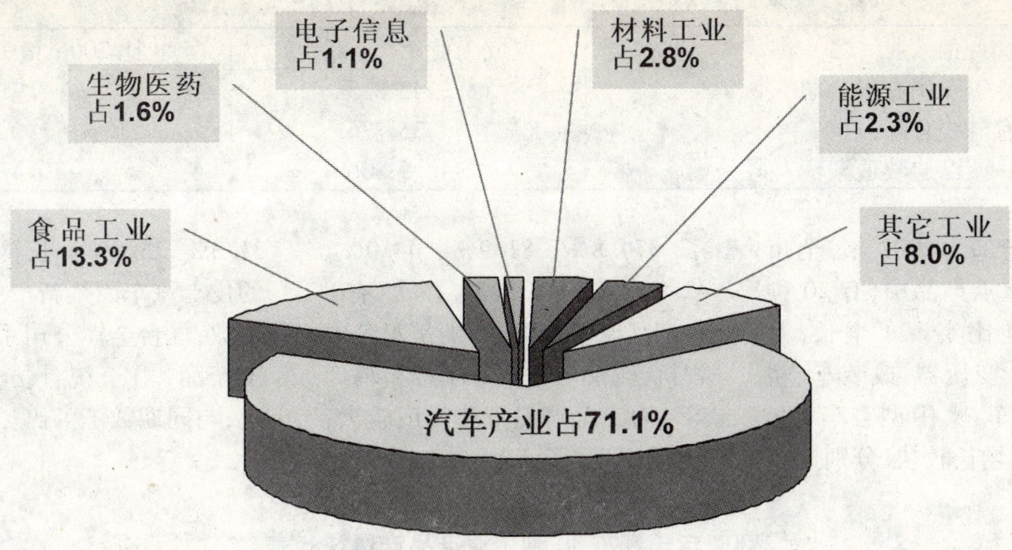

2007年长春市30户重点工业企业产值完成情况

企 业 名 称	完成工业产值(万元)	比2006年±%
一汽大众公司	9 639 220	39.7
一汽集团	6 843 216	28.5
大成玉米开发有限公司	1 560 102	14.9
一汽四环股份有限公司	528 917	24.9
长春皓月清真实业股份有限公司	309 756	54.2
长春轨道客车股份公司	458 973	49.0
吉林亚泰水泥有限公司	330 595	32.6
吉林德大有限公司	167 629	-16.8
一汽天合富奥汽车安全系统长春有限公司	230 697	46.1
西门子威迪欧汽车电子(长春)公司	234 719	52.6
玉溪红塔集团长春卷烟厂	159 835	22.7
山东金锣集团九台肉类联合加工厂	210 495	69.4
吉林东光集团有限公司	115 428	20.0
长春发电设备有限公司	74 832	0.2
长春汽车改装有限公司	73 961	9.3
一汽四环制品有限公司	68 010	11.9
福耀集团(长春)有限公司	68 747	16.4
长春力得(奥奇)汽车塑料涂装有限公司	91 408	56.2
长铃集团	58 019	3.3
长春塔奥金环汽车制品有限公司	61 987	10.6
长春旭阳工业(集团)股份有限公司	73 069	42.6
李尔长春汽车内饰件系统有限公司	63 120	25.1
北车集团长春客车厂	52 833	18.8
长春百事可乐饮料有限公司	52 737	19.5
吉林省吴太集团感康药业有限责任公司	55 870	26.4
长春海拉车灯有限公司	60 356	40.6
一汽光洋转向装置有限公司	54 706	33.5

续表

企业名称	完成工业产值(万元)	比2006年±%
一汽杰克赛尔空调有限公司	43 813	7.7
长春市灯泡电线有限公司	35 736	1.9
长春长客—庞巴迪轨道车辆有限公司	9 806	-70.4

重点产品 2007年,全市30种工业重点产品中,有20种产品产量同比实现了增长,其中,汽柴油、变压器、改装车、轿车、中重型车、大中型客车等6种产品产量增长较快,分别达到了374.8%、81.9%、44.0%、42.9%、33.8%和36.1%。有8种产品产量下降,特别是彩色电视机、轮胎、汽车离合器和鸡肉等4种产品产量下降幅度较大,分别下降了97.4%、41.9%、31.3%、25.0%。长铃集团生产的皮卡汽车因是新产品,没有同期数;九台金锣公司系列生猪加工产品,由于统计方式发生变化,与同期数不可比。

2007年长春市30种工业产品产量统计表

序号	产品名称	计量单位	年产量	比2006年±%
1	中重型货车	辆	152 970	33.8
	其中:重型货车	辆	94 925	62.0
	中型货车	辆	58 045	4.1
2	轿车	辆	578 301	42.9
	其中:马自达轿车	辆	57 677	22.0
	高尔夫轿车	辆	4 399	-69.2
	红旗轿车	辆	4 909	-17.9
	捷达轿车	辆	209 867	19.4
	奥迪轿车	辆	99 974	28.8
	宝来轿车	辆	62 218	60.2
	开迪轿车	辆	645	-79.6
	速腾轿车	辆	77 623	109.0
	奔腾轿车	辆	25 894	466.9
	迈腾轿车	辆	35 095	-
3	大中型客车	辆	10 384	36.1
4	轻型货车	辆	31 478	0.9
5	改装车	辆	6 158	44.0
	其中:汽车改装公司	辆	5 445	50.2
	万荣汽车公司	辆	713	9.7
	三友汽车公司	辆	0	0
6	皮卡汽车	辆	1 469	-
7	铁路客车	辆	949	-11.1
	其中:铁路客车	辆	570	-11.8
	城轨客车	辆	54	45.9
	地铁客车	辆	325	-15.4
8	摩托车	辆	158 557	9.9
9	轮胎	万套	117.7	-41.9
10	汽车保险杠(力得)	件	757 000	6.2

续表

序　号	产品名称	计量单位	年产量	比2006年±%
11	汽车油箱	只	371 033	12.2
	其中:考泰斯公司	只	286 047	17.5
	吉阳公司	只	22 364	13.8
	汽车油箱公司	只	62 622	-7.5
12	汽车离合器	万套	92.9	-31.3
13	汽车安全玻璃	万平方米	540.8	16.2
	其中:福耀集团	万平方米	465.4	18.5
	皮尔金顿	万平方米	75.4	3.7
14	汽车座椅	台份	220 203	22.8
15	猪产品(金锣)	吨	56 367	-
16	牛肉(皓月)	吨	91 770	4.4
17	鸡肉及制品(德大)			
	其中:鸡肉	吨	78 209	-25.0
	食用油	吨	0	
	豆粕	吨	0	
	饲料	吨	327 910	-11.5
18	饮料	吨	255 952	7.6
	其中:百事可乐	吨	179 576	16.0
	可口可乐	吨	76 376	-8.1
19	啤酒	千升	327 428	8.4
	其中:农安	千升	168 817	29.9
	双阳	千升	126 405	-11.5
	榆树	千升	32 206	9.6
20	彩电	万台	0.6	-97.4
21	淀粉及制品(大成)			
	其中:玉米淀粉	吨	1 500 716	7.7
	变性淀粉	吨	114 806	6.3
	淀粉糖	吨	1 300 758	19.8
	赖氨酸	吨	340 878	17.5
	蛋白粉	吨	94 582	11.3
	玉米油	吨	65 790	9.7
	饲料	吨	368 578	2.4
22	煤炭	吨	2 608 200	-3.2
	其中:煤炭集团	吨	1 013 800	16.5
	双顶山	吨	420 361	-9.9
	营城矿业	吨	586 965	6.7
23	数控机床	台	55	3.8
24	变压器	台	262	81.9
25	油漆	吨	9 953	4.6
26	卷烟	万箱	24.6	6.2

续表

序　号	产品名称	计量单位	年产量	比 2006 年 ± %
27	棉纱	吨	6 793	-0.9
	棉布	万米	1 099	-22.1
28	水泥	万吨	1 359	17.3
	其中:亚泰水泥	万吨	1 189	12.3
	鼎鹿水泥	万吨	171	70.5
29	汽柴油	吨	49 488	374.8
	其中:汽油	吨	23 549	377.6
	柴油	吨	25 939	372.4
30	发电量	万千瓦时	1 327 550	6.5
	其中:一热电公司	万千瓦时	81 502	1.0
	二热电公司	万千瓦时	258 842	-0.6
	热电发展公司	万千瓦时	291 587	17.9
	龙华热电公司	万千瓦时	552 745	3.6

工业投资　2007 年,长春市委、市政府在全市范围内开展了“项目建设年”活动,并确定由市经委全面负责全市工业项目投资建设的推进、协调、服务工作。市经委会同全市 14 个县(市)区、开发区和项目建设单位,以重点项目为带动,加强管理与协调服务,狠抓项目计划落实、前期工作和新项目开工建设,全市工业项目建设扎实推进。2007 年,全市在建工业项目1 256项,其中,2006 年结转续建项目 299 项,新开工项目 957 项。全年全市共建成或部分建成投产工业项目 378 项,其中亿元以上项目 41 项。富奥江森汽车内饰件、西门子汽车电子、吉林正业集团 180 万头生猪屠宰及肉制品加工、蒂森克房伯激光拼焊板、米高钾肥等项目已经建成或部分建成投产,逐渐开始发挥出新经济增长点的作用。另外,一批县(市)区的创业孵化基地标准厂房项目也相继竣工,县(市)区合计建设完成 105 万平方米标准厂房,有 68 户企业确定入驻,有 61 户企业表示了入驻意向。2007 年,全市工业投资实现高速增长,圆满完成全年 608 亿元的指标任务。全年累计完成工业投资 608.6 亿元,是 2006 年全市完成工业投资(354.8 亿元)的 1.7 倍,创历史同期最高水平;完成投资比 2006 年同期增长 53.1%;完成工业投资占全市全社会固定资产投资比重达到 45.1%。

技术创新　2007 年,全市工业企业组织实施了一批产业技术开发项目、重点新产品开发项目、科技成果转化项目、关键技术引进消化吸收和再创新项目、企业技术中心创新能力建设等专项。形成了一批关键技术和拥有自主知识产权的新产品,新获得一批名牌产品和著名商标称号。2007 年,全市完成新产品产值1 347.6亿元,同比增长 25.3%。

1. 在技术创新方面。一汽、长客、长铃 3 户国家级企业技术中心和大成、生物制品研究所等 33 户省级企业技术中心,共完成新产品、新技术、新工艺开发项目 749 项,被受理专利申请 402 项(其中发明专利 75 项),获省级以上自然科学、技术发明或技术进步奖 135 项。长客股份公司生产的我国首列 200km/h 国产 CRH5“和谐”号动车组上线运营,一汽研发的具有完全自主知识产权的解放 CA6DM 柴油机、直喷(GDI)发动机、CA6DL 电控共轨柴油机的点火装置等三款系列发动机装车运行,标志着长春市在重点行业和重点领域的核心研发技术又取得了新突破。同时,部分企业技术中心与北大、清华等高校建立合作关系,签订了 14 项技术开发合同。

2. 在名牌产品方面。全市又有解放载货汽车、CRC 轨道客车等 5 个新产品获中国名牌产品称号;有东光离合器总成、汇峰主从动锥齿轮等 24 个产品获吉林省名牌产品称号。全市 76 户企业累计有中国名牌产品 8 种,吉林省名牌产品 89 种

3. 在驰名商标方面。全市

又有“德大”、“温馨鸟”、“感康”3件获中国驰名商标称号；有“福春”、“蜂巢”“广泽”等19件获吉林省著名商标称号。全市86户企业累计有中国驰名商标3件，吉林省著名商标90件。

民营经济　2007年，吉林省政府在全省提出开展民营经济三年腾飞计划活动。长春市按照省政府的总体要求，结合实际，全面实施做大做强型企业、龙头带动型企业、成长型企业发展工程，以点带面，加快了民营企业“产业航母”的培育和骨干企业的发展步伐。搭建了创业孵化平台，围绕全市民生行动计划，通过“筑巢引凤”、“产业招商”、“产学研结合”、“公司和业户共建裂变式”等模式，实施了11个创业孵化器建设，完成投资8.2亿元，建成各种厂房综合服务设施55.8万平方米，入驻企业258户。丰富了各种基地平台，建立了“朝阳区汽车零部件产业基地、大成玉米粮食深加工产业基地、双阳区生物制药、文化印刷产业基地、绿园区模具、纺织产业基地等一批适应各类民营经济发展的工业集中区和产业基地，全市各类基地达到了33个。中小企业融资环境得到改善，新增担保公司3户，积极争取到国家开行软贷款并到位1.5亿元，使全市担保机构资本金达到10亿元，合作银行发展到8家，贷款担保品种拓展到15种。特别是针对中小企业和创业者，新设立了2亿元创业小企业小额“贷捷利”贷款业务，有力地支持了中小企业和民营经济发展。2007年，全市民营经济三年腾飞计划的第一年工作开展顺利，实现主营业务收入2 913.2亿元，同比增长31%，完成省下达目标计划的102%；实缴税金61.6亿元，同比增长32%，完成目标计划的102.7%；民营企业户数达到40 570户，同比增加2 216户，达到省下达的目标计划，其中，规模以上企业户数达到1 499户，同比增加64户，完成省下达目标计划的104.5%；个体工商户达到29.35万户，同比增加3 500户，完成省下达目标计划的101.2%；从业人员达到133.11万人，同比增加2.11万人，完成省下达目标计划的101.6%。

人才培训　2007年，全市围绕推进民营经济三年腾飞计划的实施，广泛开展了职业经理人、中小企业信息化、创业辅导、安全管理等内容的培训。

1. 举办了以提高素质和能力为特点的职业经理人培训，全市216名企业管理人员参加了学习和培训。

2. 开展了办公自动化、企业物流管理、进销存管理系统、人力资源管理系统等方面内容的中小企业信息化培训，共有1 562户企业的2 053名专业人员参加了八个班次的培训。

3. 与清华大学远程学堂长春中心联合举办了有100名中小企业管理人员参加的清华大学工商管理总裁班，提升了成长型企业和产业集群企业管理团队的领导力、创新力和企业的竞争力。

4. 组织各县（市）、区中小企业局及千户成长型企业经理62人，参加了吉林省“千户成长型中小企业政策讲座”班，组织6名成长型企业高层经营管理者赴青岛参加“自主创新与企业竞争力提升”专题培训班。

5. 举办了长春市“万名创业者万名小老板”首期培训班，民营企业老板及有创业愿望、渴望学习相关知识的社会各界近200人参加了此次培训。

6. 举办了两期创业孵化基地相关知识培训班，培训85人次。同时，组织88名煤矿管理人员参加了企业安全生产及国家相关政策、法规学习培训班。举办了各县（市）、区主管人员及企业零部件企业管理人员参加的汽车发展研讨班和重点项目负责人培训班等。2007年，全市面向中小企业和民营企业共培训各类人员6 924人次。

资源节约与综合利用　2007年，全市积极推行循环经济模式，调动企业的积极性，动员企业加大技术改造，回收和利用固体废弃物。长春第一热电厂、第二热电厂的电场粉煤灰、工业炉渣及煤矸石等工业废弃物得到充分利用，环境效益、经济效益、资源效益十分突出。同时，全市向国家申报了10项资源节约与综合利用项目，其中，亚泰集团申报的两个项目获得国债补贴资金3 500万元；长春佳辰公司、榆树四海公司污水治理项目、长房集团建筑节能项目下达了正式投资计划，共计获得专项补贴2 160万元；长春皓月清真实业有限公司、金锣集团（九台）有限公司、农安石化厂污水治理项目完成了所有报批手续；长春大成玉米有限公司、吉林德大有限公司污水治理等项目的可行性研究报告完成了初稿。2007年，全市工业企业综合利用取得较好效果，回收利用电厂粉煤灰、工业炉渣、煤矸石等固体废弃物140万吨，全市实际综合利用量超过了产生量，环境效益、经济效益、资源效益明显；全年全市在综合利用产品方面实现减免税达5 000万元。

工业节能降耗　2007年，全市狠抓工业节能降耗工作目标责任落实，全年重点对中国第一汽车集团、吉林亚泰集团水泥有限公司、吉林德大有限公司、吉林亚泰集团鼎鹿水泥有限公司、福耀集团（长春）有限公司、皮尔金顿汽车玻璃有限公司等20个重点耗能企业进行了能源审计，企业针对发现的问题制订了整改措施。同时，全市还对中国第一汽车集团、吉林亚泰集团水泥有限公司、长春大成玉米有限公司、长春轨道客车股份公司、吉林亚泰集团、长春皓月清真实业有限公司等25户重点工业企业及部分商业企业、政府机关、设计部门等共计129户企业、单位进行了专项检查。2007年，全市万元工业增加值综合能耗实现1.505吨标煤，比2006年1.56吨标煤减少了0.052吨标煤，同比下降3.5%，完成了省政府下达的目标任务。

淘汰“五小”　2007年，全市加大了小钢铁、小水泥等“五小”高污染高耗能企业淘汰工作力度，对36家小钢铁、小水泥（高耗能）企业开展了鉴别工作。甄别出吉林亚泰集团水泥有限公司等8户企业为允许类企业；九台华达水泥有限公司等12户企业为限制类；长春市鹏源机械厂等2户地条钢生产企业为淘汰类生产企业，并对14家无证生产经营地条钢的高耗能企业予以取缔。

煤矿安全生产　2007年，全市牢固树立安全发展理念，坚持“安全第一、预防为主、综合治理”的方针，以有效控制各类事故为根本，认真落实各级煤矿安全责任制，围绕“一通三防”和瓦斯专项治理、煤矿防治水和特殊时期煤矿安全生产，积极开展煤矿安全专项整治和安全生产隐患排查治理，全面推进煤矿质量标准化建设，强化安全监管体系，深化煤矿整顿关闭工作，加大设备更新改造投资力度，认真抓好煤矿职工安全教育和培训，全面提高从业人员的安全生产意识和业务素质，加强矿山应急救援中心队伍建设，全面加强煤炭行业技术指导和监督管理。全市煤炭安全生产形势基本稳定。2007年，全市煤矿累计发生各类事故3起，死亡3人，事故起数和死亡人数分别比2006年同期下降70%和72%，未发生重特大以上事故。

减轻企业负担　2007年，全市深入开展了“双百工程”（百名法律人才、百名管理人才服务企业）活动，为企业提供法律咨询281件，受理诉讼非诉讼案件7件，为企业挽回经济损失近2 200万元。同时，依据《长春市企业负担监督管理条例》，围绕群众反映大、制约经济发展的重点、难点问题，特别是在重点解决“三乱”问题方面，开展了有针对性的规范整理，全年为企业减轻负担9 700万元。

（郭建华）

交通设备制造业

【中国第一汽车集团公司】　中国第一汽车集团公司是中国特大型企业。其整车产品涵盖了国内汽车市场所需的全部车型。一汽总部设在吉林省长春市，在东北、华北和胶东、西南、华东形成布局合理的生产基地，以及在国内汽车行业领先的产品开发和工艺材料开发的技术中心。一汽现有分公司3家，全资子公司28家，控股公司16家。其中，包括一汽解放汽车有限公司、富奥汽车零部件有限公司等全资子公司和一汽轿车股份有限公司、天津一汽夏利股份有限公司、一汽四环股份有限公司等上市公司及一汽——大众汽车有限公司、天津一汽丰田汽车有限公司等中外合资企业。

中国第一汽车集团公司主要经营数据

汽车销量（辆）	1 435 982	轻型客车	33 575
其中		微型客车	32 912
轿车	11 130 48	微型卡车	18 208
重型载货车	96 247	主营业务收入（亿元）	1 885
中型载货车	58 763	实现利润（亿元）	118.3
大中型客车	9 934	实现利润（亿元）	309.6
轻型载货车	73 295		

资产负债表

单位:万元

项目	金额	项目	金额
资产总额	13 169 233	其中:流动负债	8 385 868
其中:流动资产	7 983 736	少数股东权益	2 095 003
其中:应收账款	407 134	所有者权益总额	4 095 721
存货	2 385 119	负债和所有者权益合计	13 169 233
负债总额	9 073 512		

备注:以上财务指标为集团公司年度财务决算数

企业改制重组和结构调整 结合集团公司实际,为加快实现改制改革的目标,加强对集团公司相关企业改制工作的组织和领导,积极、稳妥、规范地推进改制工作,经集团公司总经理办公会研究决定:成立了中国第一汽车集团公司改制领导小组和中国第一汽车集团公司改制工作小组。

1. 主辅分离工作:①富奥公司(第三批)的改制方案于2007年4月19日获得国资委批准。经过半年多的努力至年底,富奥公司的改制工作已基本完成。2007年,集团公司完成富奥公司主辅分离辅业改制人员安置工作,共安置各类人员16 378人。②组织集团公司第四批主辅分离、辅业改制报批方案。经集团公司研究决定,将建工公司、嘉信公司等共40余家企业纳入集团公司第四批主辅分离辅业改制范围。并形成改制方案,于9月初上报给国家三部委,目前已经获得批复。

2. 集团建设中的重组与结构调整①为适应一汽总体结构战略调整的需要,根据国家有关国企改制改革的有关法律法规,经与有关方的洽谈协商,一汽已将所持全资子公司——中国第一汽车集团公司四平专用汽车厂的产权按法定程序全部有偿转让给四平新长征投资有限公司,转让企业已于2007年4月17日在当地工商管理部门完成了企业变更核准登记工作,变更后的企业在新股东的组织下已经开始了恢复性的生产经营活动。②四川专用汽车公司为一汽集团公司的参股公司。一汽集团公司将依据国家《公司法》、该公司《章程》和一汽集团公司对参股公司管理的有关规定,规范处理与该公司的相互关系。完成四川专用车厂增资扩股改制的收尾工作,拟定并发布《关于四川专用车厂增资扩股改制为集团公司参股公司的通知》。③为完善集团公司全面预算管理体系,规范和加强集团公司全面预算管理工作,保证集团公司年度生产经营目标的实现,按国资委《中央企业财务预算管理暂行办法》的要求,并根据尚未成立"集团公司财务经济委员会"的实际情况,经研究决定暂成立"中国第一汽车集团公司预算委员会"。④为贯彻落实国家"十一五"关于加快自主品牌建设发展规划,加快集团公司自主品牌战略实施,推动自主体系的快速发展,强化集团公司对自主品牌建设工作的领导和支持,引导和促使优秀人才加入,经集团公司总经理办公会讨论,决定成立集团公司红旗自主品牌建设工作领导小组和工作支持组,并根据工作需要,决定在一汽轿车股份有限公司(简称轿车公司)组建红旗事业部专事红旗品牌经营活动。⑤开拓俄罗斯汽车销售市场,提高一汽产品在俄罗斯的售后服务保障能力,依据《商务部关于同意设立一汽(莫斯科)销售有限责任公司的批复》(商合批(2007)610号)的文件精神,中国第一汽车集团进出口公司出资在俄罗斯莫斯科市注册成立了新的独资公司,一汽(莫斯科)销售有限责任公司。⑥为实施集团公司轻型车发展规划,充分利用轻型车生产资源,发挥规模优势,加强对轻型车开发、采购、生产、销售等主要经营环节的统一管理,实行全新的体制、机制和运营管理模式,支撑集团自主百万辆目标的实现,促进一汽轻型车事业的快速发展,组建一汽轻型汽车有限公司。为给轻型车公司体制创新、机制创新提供一个宽松的政策环境,支持轻型车快速发展,需对现行的集团公司对子公司的管理方式有所突破,对其6个方面给予特殊政策。⑦根据集团公司的发展战略,为更好地适应集团公司资本运营和资产结构调整的需要,进一步加强对集团公司非主营业务资产管理,盘活存量资产,促进集团公司所属辅业企业、集体企业改制改革的顺利进行,组建资产经营公司。依托一汽集团的产业背景,拓展资产经营和资本运作业务，运用市场化手段构筑资产收储处置平台、企业（产业）培育平台、产权交易支持（产权交易）平台、资本运营平台；资产管理：资产处置；清欠；产权经纪及参股股权管理。资产经营公司在运作过程中加强对经营风险的控制和防范，严格按照国家国有资产管理和集团公司的相关规定进行运作，确保国有资产的保值增值。资产经营公司已参与集团拟划转给资产经营公司股权的认定工作，协调理顺资产经营公司与相关企业的工作关系。

人才队伍建设　围绕集团公司“十·一五”发展战略和集团重点项目用人需求，以建设“目标明确、体系分布科学、专业结构合理、层次结构配套”为人才队伍结构优化目标。对各体系、系统人才的现状进行了综合分析，同时完成了集团公司研发体系专业技术管理岗位人才队伍现状分析，建立了第一汽车专家人才考核制度。开展了集团公司首次“高级专家、优秀科技人才”评聘工作，共有226人被评为第一汽车高级专家，510人评为优秀科技人才。充分利用国家、省、市的激励政策，积极推荐、选拔国家、省、市各种荣誉称号的专家人才。2007年集团公司获得国家荣誉（奖励）9人，获得行业荣誉（奖励）63人，获得省级荣誉（奖励）16人，获得市级荣誉（奖励）12人，具体荣誉称号如下：“第八届全国技术能手”2人，“机械工业技能大师”6人，“机械工业突出贡献技师”26人，“机械工业技术能手”31人，“第九批吉林省有突出贡献中青年专业技术人才”4人，“吉林省拔尖创新人才”12人，“长春市第四批有突出贡献专家、优秀专业技术人才、优秀高技能人才”6人，“第七批享受市政府特殊津贴人员”4人，“长春友谊奖”2人。

技改工程　基建技改工程。2007年全集团基建技改投资计划51项，计划投资48.43亿元，实际完成投资40.85亿元。全年完成基建技改工程项目验收27项，项目批准总概算42.71亿元，实际完成投资16.34亿元。完成投资中已转固定资产15.83亿元，转入其他资产0.13亿元。

1. 解放换代卡车驾驶室冲压模具项目。由一汽技术中心和国外设计公司联合设计的换代卡车具有动力性能好、舒适、视野开阔的优点，是具有世界级水平的高端重卡，有良好的市场前景。模具寿命为100万辆，完全能够达到年产12万辆纲领需要。

2. 车身厂驾驶室焊装车间技术改造项目。新建成的焊装线，主要针对J6产品进行规划和设计，能满足J6的6个系列十多个品种驾驶室的混流焊接生产。制造工艺瞄准国际卡车生产的先进水平，是一条集经济性、先进性于一体的合作开发项目，达到国内卡车制造先进水平。生产纲领和近期达到的生产能力。实现了设计的10万辆的生产纲领，生产节拍128秒/辆。

3. 车身厂中重型驾驶室涂装线技术改造项目。新建涂装车间承担解放品牌5种现生产平头车驾驶室及6种换代车型驾驶室的涂装任务。具有国际水平，满足多品种混流生产的要求。新建的驾驶室涂装线，主要针对解放品牌中重型卡车驾驶室产品进行规划和设计。能满足现有解放全系列卡车的涂装生产需要，使解放卡车的涂装生产跃上了一个新的台阶。工艺水平、装备水平、涂装质量等方面在国内外卡车生产企业中处于领先水平。

4. 车身厂改造长头车车头油漆线为非金属件涂装线项目。

一汽轻型汽车有限公司挂牌仪式

改造原长头车车头油漆线用于换代产品的非金属件涂装。以J6产品为主的驾驶室非金属外装饰件，年设计纲领2万辆份。总概算496.65万元。

5. 车身厂数控打孔机及等离子切割机项目。在工艺上是目前最先进的数控冲孔设备。

6. 铸造公司发动机缸体铸件技术水平升级改造工程项目。工艺装备技术水平：采用的静压造型机/线、气压保温浇注机、冷芯制芯中心、机械手式抛丸机等工艺及设备是目前世界上铸造行业中最先进的。

7. 大连柴油机分公司提高CA6DE系列柴油机气缸盖生产能力及加工质量技改项目。具有良好的动力性、经济型、冷起动性能、长寿命、低排放、低油耗、低噪音等性能特点，动力性、经济性、可靠性与排放指标达到国际先进水平。

8. 铸造公司镁铝合金压铸基地建设工程项目。产品水平和工艺水平，镁基地按高起点建设，设备可以满足汽车产品的要求，工艺水平已达到国内领先水平，为今后一汽集团镁合金压铸生产奠定了基础。

9. 解放公司大连柴油机分公司CA6DE系列柴油机技术改造项目。产品水平：动力性、经济性、可靠性与排放指标达到国际先进水平。工艺水平：项目主要针对缸体生产线和凸轮轴生产线进行改造，通过引进数控技术专用组合机床以及技术领先的清洗机、数控外洗和国际先进的检测设备，提高了生产效率和产品质量，工艺水平达到国内先进水平。

10. 车身厂车架纵梁点焊钻孔搬迁项目。

科技成果　2007年，一汽解放第五代奥威重型系列商用车及其重型柴油机自主开发获国家科技进步二等奖；CA6SEl、CA6SF2欧Ⅲ系列多点电控天然气发动机开发获中国汽车工业科技进步二等奖、吉林省科技进步二等奖；汽车发动机CAE研究应用获中国汽车工业科技进步二等奖；驾驶室翻转扭杆弹簧材料及强化工艺研究获中国汽车工业科技进步三等奖；车架用高强度钢板的研制开发及应用研究获中国汽车工业科技进步三等奖、吉林省科技进步三等奖、长春市科技进步一等奖；近终形易切削汽车用齿套材料和工艺研究、车身刚度灵敏度分析获中国汽车工业科技进步三等奖。

产品开发　2007年，完成和进行的中重型商用车整车开发7个平台101个车型。完成和进行的轻微型整车开发5个平台6个车型。完成和进行的乘用车整车开发4个平台4个车型。完成和进行的总成开发9个发动机、5个变速箱、6个车桥、2个汽车电子。全年进行的技术开发项目中，集团级9个，中心级31个。全年完成专利申请103项：完成试制整车153辆；完成重要台架试验96 061台时；完成道路试验里程5 102 687公里。

自主创新　一汽坚持科技进步，使企业经受住了市场的考验，企业科技水平和核心竞争能力全面提升。实施“1233”投资战略。其中“1”是建设一个具有自主、持续开发能力的技术中心；“2”是指建立完善采购、销售两个网络，提高采购水平和营销能力；第一个“3”是指集中精力干好发动机、变速箱和桥三大总成：第二个“3”是指集中精力提高焊接、油漆和总装三大工艺水平。一汽相继开发了17个平台58个系列的920种车型，申报国家专利180项，专有技术55项。一汽集团已建立了以技术中心为主体，其他事业体共同参与的从产品策划、产品设计、生产准备到生产、质保、采购、销售、服务的全过程支撑自主发展的一汽大研发格局。形成了长春、天津、无锡、青岛互为补充的研发网络，搭建了产品技术、开发技术、基础技术和制造技术并重的科技架构，形成了“生产一代、开发一代、准备一代”的产品研发格局。大研发体系使一汽产品开发具有了体系化的支撑能力。一汽紧跟世界先进技术进行产品的自主创新，从国内首台四气门车用重型柴油机CA6DL——奥威动力投产，解放J5平台产品的形成，到具有世界水平的解放J6下线，一汽持续向市场推出了他们的成功之作。其中，“解放第五代奥威重型系列商用车以及重型柴油机”分别获得2007年度国家科学技术进步二等奖，成为国内汽车行业首次以整车形式获得的最高奖项的产品。专注于发动机、桥、变速箱三大总成研发的投资战略，使三大总成的研发居于国内领先水平。建设“规模百万化、管理数字化、经营国际化”的新一汽战略实施后，一汽便开始集中投资建设一个具有自主、持续开发能力的技术中心。在发动机研发方面，完成了从1升到13升排量的轿车全系列发动机布局；在

解放 J6 重卡投放市场

商用车方面，自主开发的系列柴油机在国内处于领先水平。2007 年 7 月 15 日，一汽自主研发的汽油直喷（GDl）发动机点火成功，实现了中国轿车汽油机技术成功与国际先进水平的接轨。在变速箱研发方面，一汽自主开发了领先的一汽品牌商用车和乘用车自动变速器产品。填补了自主知识产权产品的空白。解放 J6 采用的 10209 变速箱及 AMT 技术的产品，与世界先进水平同步，领先国内同类产品 20 年。在车桥研发方面，一汽开发的车桥覆盖从轻型车、中型车、重型车到客车的全系列，其中 300 轮边减速桥、485 贯通桥、498 单级减速桥在产品的承载、传扭、速比范围、制动力、噪声和效率等方面的指标领先于国内同类产品。

走向海外　一汽集团进出口公司对外出口贸易机构设有 9 个海外办事处和 2 个国内办事处。与世界上 100 多个国家和地区建立了贸易合作关系，在 17 个国家和地区设立了贸易公司或代表处，成为一汽集团走向国际市场的桥梁和纽带。2007 年，完成进出口贸易总额 18.47 亿美元，同比增加 36.41%；整车出口 28 823 辆，同比增加 43.89%；零部件出口 1 亿美元，同比增加 33.48%。

1. 进出口公司继续深化“聚焦战略”，明确市场战略主攻方向。继续深化独联体市场，销售同比增长 128.79%。加强中南美洲，南部非洲的市场力度，中南美洲同比增长1 021.26%；南部非洲同比增长 64.72%。市场集中度超过 70%。出口产品聚焦于经济型乘用车和中重型卡车，在新兴市场方面比较有竞争力，轿车出口7 337辆，同比增长 208.23%；中重型卡车出口 5 697辆，同比增长 242.16%，占出口总量的比重逐步放大。

2. 开拓海外市场，寻求加强海外网络的建设力度。2007 年进出口公司先后成立了俄罗斯办事处、俄罗斯销售公司、墨西哥办事处、韩国办事处，对支持整车、零部件的出口起到了积极的作用。同时在俄罗斯寻找机会建立组装厂，进一步扩大集团公司在海外市场的影响和市场进入的深度。

3. 建立分工协作，优势互补的团队。秉承“充分沟通、真诚合作、一面旗帜、共创未来”，“ONE TEAM ONE DREAM ONE FAMALY”的互赢理念，调动双方的积极性。先后建立了天津一汽加进出口公司、解放加进出口公司团队，为集团公司产品走向国际打下了良好的协作基础。

4. 积极对经营方式进行创新，采用深入终端用户等直销方式，把终端用户请过来等让客户能够最直观的对集团公司产品有所认识的方式，加强产品在用户群中的认知度。同时指挥前移，亲赴重点市场，现场办公，现场解决问题。抢占市场先机，不放过任何一个机会。

5. 加大对集团零部件的扶持力度，出口贡献度明显提高。2007 年进出口公司加大对零部件出口的扶持力度，总成出口明显提速。利用政策性资金支持铸造公司增加机加工能力；支持车轮公司、车桥公司提高技术水平，2007 年实现车轮、车桥、驾驶室出口超过千万美元。同时零部件出口的集团内部资源占有率从 2003 年的 7.42% 提高到 2007 年的 73.67%。零部件出口已成为部分企业销售的重要渠道和利润的重要来源。2007 年零部件出口首次突破 1 亿美元。

积极选树时代先进楷模　2007 年，大力宣传国家科技进步二等奖获得者王洪军事迹。在一汽集团内开展学习王洪军活动，不仅丰富了“自主创新强一汽，和谐共享富员工”主题实践活动内容，而且调动起全体员工学技术、练技能、岗位成才的积极性。还调动了广大职工岗位创新的积极性，使创新成果层出不穷，全年实施了107 066项技术创新成果，节创价值8 233.7万元。

（王　亦）

【长春轨道客车股份有限公司】

2007年末，长客股份公司职工总数9 242人。其中，具有高级专业技术职称420人、中级职称594人；高级工人技师58人、中级技师245人。设有19个行政管理部室（新增设了铁路客车服务部、城轨客车服务部，证券部和董事会办公室合属）、1个研发中心、1个分公司、1个全资子公司、1个合资公司、2个控股子公司、10个直属生产单位。固定资产原值22.45亿元、净值14.32亿元；设备总数为4 390台（套）。生产用地57.29万平方米。全年共完成新造车949辆，其中，国内铁路客车420辆，国内城轨车358辆，出口车171辆。实现销售收入46.21亿元，较2006年增长22.4%；实现利润1.44亿元，较2006年增长174%；实现劳动生产率50.61万元/人·年，较2006年增长30.4%。

改革改制　公司有效整合内部资源，以满足产品技术升级和结构调整要求，提高市场应变能力。撤销了木工厂和电镀车间，设立了内饰件厂；撤销了第一车体厂三车间，将其并入二车间；撤销了转向架厂配件车间，设立了新产品车间和机加车间；撤销了第一装配厂装配一车间、二车间，成立了车电车间、装配车间，并将第一装配厂的物流管理职能并入采购部；撤销了试验车间，成立了调试车间；在审计监察部设立了法律事务室，在孟加拉、斯里兰卡、澳大利亚三个国家设立了驻外服务机构。在投资管理方面，公司在长春轨道交通装备制造产业园区内购置了约170万平方米土地，既满足了“高速列车工程试验中心”建设，也为未来发展预留了空间。为增强企业活力，转换经营机制，提高经济效益，公司对铸锻业务进行了公司化改造，于2007年12月18日在长春市工商局注册设立了全资子公司——长春长客铸锻有限责任公司。

企业管理　公司紧紧抓住管理薄弱环节，从完善内控机制、规范管理秩序、严格落实责任等方面入手，开展了大量富有成效的工作。1. 在财务及成本管理方面。①加大了资产清查力度。②不断加强对设计成本、材料成本、能源管理、费用管理等关键环节的控制，有效地降低了成本费用支出。③不断改进、完善预算管理体制，建立多级预算管理，采取按贡献式损益表等方法，形成了会计科目、责任中心和项目三位一体的预算体系。④通过利用国家拨款、银行贷款、开具银行承兑汇票等方式多方筹措资金，确保了200km/h动车组项目所需设备、工装、工具等必要投入，同时有效压缩了非重要性投资，使有限资金发挥了最大作用。⑤积极推进标准化技术管理工作，制定下发了60多项技术标准，并在人员培训、招投标管理、软件二次开发等方面围绕标准化开展了大量工作，有效降低了设计及制造成本。⑥通过采取与金融机构合作共同制定外币保值方案等措施规避汇率风险。⑦通过争取低息贷款和降低保函税率等优惠政策，节省资金1 100多万元。⑧充分利用国家税收优惠政策，实现所得税费用为零，同时大大降低了增值税、城建税、教育费附加等费用。⑨不断加大执法效能监察力度，全年共完成执法效能监察项目217项，涉及金额3亿多元人民币。2. 在人力资源管理方面。继续推行领导干部任期目标和年度工作目标责任制，加大中干考核交流调整力度。全年考核了38个直属单位的276名中层领导干部。依据考核结果，调整交流44人，解聘或免职5人，诫勉谈话2人，新聘任18人，进一步优化了领导干部队伍结构。为适应200km/h动车组生产和城轨车扩能需要，通过双向选择、竞聘上岗，分别从铸钢、锻工、动力、冲压等单位为动车组和城轨车等重点工序调剂378人。积极争取北车集团公司支持，继续加大人才引进力度，共接收大中专及以上毕业生1 000多人，其中，博士生3人、硕士生40人、本科生122人，补充核心技术操作工人859人。以200km/h动车组为重点理顺管理职能，探索实行了定员定额工作模式，制定了200km/h动车组车体、转向架、装配、调试及部分城轨车工时定额，不仅为人员调配、工资分配和成本核算提供了基础数据，也很好地解决了全新产品的分配难题。同时调整了培训激励政策，积极推进资质认证和持证上岗，强化装配工序的岗位培训，全年开展多技

能、岗位技能、持证上岗等各类培训班225个，培训各类员工1.7万多人次。3. 在质量管理方面。针对200km/h动车组生产和运行中出现的问题，继续加大开工前评审、首件检验、NCR管理、工序巡检、记名制作业管理以及对图达标等工作的力度，同时在部分城轨车项目上也推行了时速200公里动车组质量控制模式和方法，导入了国际一流企业质量管理理念，进一步夯实了质量管理基础。年内，通过了GB/T19001－2000质量管理体系监督审核、DIN6700焊接质量体系、ISO10012:2003测量管理体系复评认证。4. 在信息化建设方面。抽调业务骨干成立了SAP项目组，通过招标确定了实施商，完成了部分中级培训，构建了SAP系统环境，该项目已进入需求调研与蓝图设计阶段。技术信息化平台和办公自动化系统建设也取得新进展。

生产发展情况　2007年正是公司200km/h动车组生产和交付的关键时期，由于受到诸多客观和主观因素的制约，致使前期生产时断时续，无法形成批量能力。同时面临着城轨车、出口车与动车组交叉生产，原材料、能源价格上涨以及资金紧张等多重危机。在困难和挑战面前，全体员工充分发扬了“知难而进、迎难而上，永不退缩、永不言败”的精神，千方百计突破各种制约瓶颈，始终坚持质量和进度兼顾、效益和效率统筹、消化技术和提高管理并重的原则，用科学的作业计划统领全局生产，主动化压力为动力，较好地完成了各项经营任务，保持了“三大市场”的强势地位。全年共完成国内铁路客车420辆，国内城轨车358辆，出口车171辆，各项指标均创历史最高水平。公司荣获全国“五一劳动奖状”；CRC牌轨道客车产品在两次获得“吉林省名牌产品”称号后，9月，又被评为中国名牌产品，并受到了国家、省市政府的表彰和奖励。

新产品新技术自主开发　年内，通过引进消化吸收，自主开发了200km/h不锈钢动车组头车、16辆长编组200km/h卧车/座车、250km/h综合检测车；根据用户需求，开发设计了深圳24辆A型地铁车、沈阳1号线地铁车、北京13号线加车、100%低地板轻轨车、天津滨海加车、长春轻轨车等6个城轨车型和孟加拉米轨客车、伊朗60辆单层卧车等多个出口项目；与外方联合设计开发了北京机场线直线电机地铁车和澳大利亚不锈钢双层客车项目；完成了回送车及一些重要部件的设计开发工作，其中自主研制的高性能隔热车窗已被唐客公司出口项目采用。通过派出大量技术人员赴唐客参与CRH3型动车组的消化吸收和制造工作，初步建立起了时速300公里动车组研发制造平台。推进了“高速轨道客车研发平台建设项目”的实施，开展“高速列车系统集成国家工程实验室”的申报和筹建工作。与相关高校合作的“转向架技术与动力学”、“动车组空气动力学与密封技术”等科研课题获得较大进展。围绕企业专有技术，申报了60多项专利。

技术引进消化吸收和国产化工作　引进法国阿尔斯通公司技术、自主生产的200km/h动车组在料件供应紧张、版本升级频繁、技术支持不到位、调试周期严重不足等异常艰难的情况下，竭尽全力，突破了试制交车关，于2007年4月初交付3组国产化CRH5型动车组，满足了“4·18”全国铁路第六次大提速北方线用车需要。质量整改是引进消化中的关键环节，公司以确保安全运营为前提，以狠抓产品质量为主线，以彻底整改为目标，为彻底解决生产、调试和运营中存在的技术问题，督促阿尔斯通并与之共同补做了大量相关试验，完善了多项技术方案，为车辆尽快稳定、成熟奠定了基础。至年底，共收到外方技术转让文件125批16 155份；完成欧洲培训78个团组299.75人月；完成技术支持295.5人月。目前，已上线的20组国产化动车组运行状况良好，制造工序得以全面理顺，稳定交车能力正在形成。

市场营销　公司全面调整营销策略，重兵投入、全力出击。在国内铁路客车市场上，取得了1列(8辆)250km/h综合检测车订单；2列(16辆)“长白山”号动车组以及6辆25T型样板车实现了销售。在国内城轨车市场上，取得了国内五个既有线车辆增购项目：北京5号线42辆车、北京10号线36辆车、北京13号线112辆车、天津滨海线36辆车和重庆单轨24辆车。同时开拓了城轨车新市场，获得上海地铁6、8号线项目170辆车订单、全面进入高档车市场；深圳地铁二号线60辆车项目，是公司首次大批量进入A型车市场。合资企业——长春长客庞巴迪公司取得了上海7号线192辆车项目订单。国内城轨车市场上实现签约8个项目672辆车，合同总金额达46.4亿元。在国际市场上，取得了泰国BTS48辆地铁项目、伊朗马沙德60组70%低地板轻轨项目及新西兰50台转向架项目，签约额共计15亿元。全年“三大市场”累计取得908辆车订单，合同总金额达61.6亿元。此外，实现中标的有北京地铁2号线144辆增购车、深圳地铁二号线后150辆A型车、深圳地铁3号线144辆B型车、德黑兰地铁1－2号线455辆车、伊朗阿瓦士地铁130辆车以及伊朗160辆双层客车等6个项目。

售后服务　年内，为改进和加强售后服务管理，公司决定自12月29日起，撤销市场一部售后服务处和市场二部售后服务处，设立公司直属的铁路客车服务部、城轨客车服务部。铁路客车服务部负责铁路客车、动车组的售后服务工作，隶属于公司铁路客车营销主管领导，下设服务处、技术处；城轨客车服务部负责城轨客车售后服务工作，隶属于公司城轨客车营销主管领导。售后服务机构按售后服务区域设置服务站。铁路客车售后服务部在全国除西藏、台湾以外，17个铁路局设立了服务站，出口铁路客车分别在巴基斯坦铁路总部的拉合尔，孟加拉首都达卡，斯里兰卡首都斯里兰卡，设立了服务站。在不断完善已有铁路客车的规章制度基础上，根据200km/h动车组的检修、维护需要，编制了“200km动车组入库检修工作程序”等制度，规范8种专用表格，以保证200km/h动车组的正常运行。为不断提高服务水平和质量，进行200km动车组知识技能的集中系统培训35人/10天。“4·18”全国铁路大提速，公司生产的三列200km/h动车组正式在京哈线上运行，为此，专门组建了200km/h动车组北京、沈阳、长春、哈尔滨服务站，并配置了专用库房、办公室及现代办公设备，信息传递实现了网络化、电子化、数据化和图像化。全年主要完成全国18个铁路局所属60个车辆段以及出口铁路客车质保期内共计6 872辆铁路客车的售后服务工作。受理铁道部、集团公司电报或通知20份、各路局及客户信函或传真45份、反馈的信息46份、接收并执行公司技术部门通知200余份。组织完成国内路局226辆、国外100余辆，新造铁路客车的整备、调试、试运及开通服务。完成17个铁路局60个车辆段4 769辆客车的技改项目施工。按铁道部及北车集团公司要求，组织150人，分8个批次对4 769辆客车重点项目及部位进行普查。为沈阳两列“长白山”210km/h动车组提供相关质保备品备件的发送，及上线运行检修服务。配合200km/h动车组项目建立了“调试售后组与ATSA公司质保服务组”，组织了100人次员工和用户接受ATSA公司专家培训。并监督和督促ATSA公司派专家到北京、沈阳、长春三个服务站，为200km/h动车组提供有效的技术支持。城轨客车售后服务部在长春、重庆、北京、天津、伊朗德黑兰设有五个服务站。公司为各服务站配置了微机、数码照相机等办公设施，基本实现无纸化办公，确保传递信息的及时性和准确性。全年主要完成了30辆伊朗双层客车、301辆伊朗德黑兰地铁、158辆北京地铁、116辆天津地铁、40辆轻轨车的售后服务工作，完成了天津滨海116辆轻轨车的定修任务。受理用户工程联系单或传真12份。

基本建设与技术改造　强化硬件能力建设，全年共完成固定资产投资1 098项，投资额近5亿元。其中完成设备更新改造项目221项，涉及金额6 055万元；完成了1 634台套设备采购任务，涉及金额2.6亿元；完成新建、改造、大修等基建项目约18万平方米，涉及金额1.1亿元。全年工艺布局调整，累计完成了85台套设备的安装，完成设备搬迁198台套，并顺利投入使用。为满足技术升级及产品结构调整要求，以200km/h动车组、300km/h动车组和澳大利亚双层客车项目为重点，进行了较大范围的工艺布局调整和改造，不锈钢车体生产线扩充到两条、铝合金车体生产线可以满足三个项目并行生产，城轨车的油漆、装配和静调达到了月产50辆的能力。进一步优化场地配置，对细线线束预组、大线下料、车端连接器预组、底架线槽组装等场地进行了扩建及调整；对装配单位工序和台位采取了定置管理；对工装、工具进行了重新检查和补充。

温家宝总理再次视察公司　2月4日，中共中央政治局常委、国务院总理温家宝第二次来公司视察。重点视察了200km/h动车组装配现场。视察中，董事长董晓峰汇报公司按照“引进先进技术、联合设计生产、打造中国品牌”的要求，在铁道部的统一领导下，正在生产的高速动车组有：与阿尔斯通合作生产的200km/h动车组、与西门子合作的300km/h动车组。总理高兴地说："以前在欧洲坐过，今后可以在国内乘坐了"。董事长接着详细汇报引进过程中的相关情况。总理指示"关键就是要把技术消化、吸收好，有能力再创新。"董事长保证："一定要在京沪高速铁路开通前生产出自己研发的300km/h动车组，创造我们的民族品牌，保证京沪高速开通运营。"总理说："人民群众也希望你们生产出自己的车。"总理每到一处，都是亲切与员工握手并问候。看完200km/h动车组内装，总理欣然为公司签名并与现场的员工、劳模合影留念。当工作人员提醒总理时间到了，总理意犹未尽："我们就能看这些吗？"，工作人员说只能看这些了。总理说："希望你们成为国内最好的车辆厂。"张曙光局长说："他们现在已经是国内最好的了。而且有决心和西门子、庞巴迪、阿尔斯通比，代表中国人的志气。"总理幽默地说："那我就给你们再重加个定语，希望长客股份公司成为世界上最好的轨道客车制造企业。"

2月4日，温家宝总理参观长春轨道客车股份公司时，向公司董事长董晓峰等了解技术引进等项工作

4·18大提速 CRH5闪亮登场 4月18日，举国注目的全国铁路第六次大提速正式实施。长春－北京的D24次列车作为长春发出的第一列提速车，沈阳局专门在长春站举行了隆重的首发仪式。首发车辆D24次列车是公司研制的CRH5"和谐号"动车组。6时50分，首发仪式开始；7时13分，吉林省副省长牛海军宣布发车，长春－北京"和谐号"D24次列车平稳启动，驶离长春站。公司董事长董晓峰亲自乘坐动车组，检验车辆运行情况。乘坐此列车旅行的乘客，有很多是专程赶来乘坐和感受着"和谐号"动车组给他们带来的新奇和快乐。13时29分，CRH5"和谐号"顺利抵达北京。公司董事长董晓峰接受了多家新闻媒体采访时，高度赞扬了全体员工在力保4·18、奋战高速车过程中，顾全大局、无私奉献拼搏精神。动车组在4·18大提速第一天驶出251km/h的最高速度。

倾力打造长春轨道交通装备制造产业 8月20日，北车集团公司总经理崔殿国、公司董事长董晓峰与吉林省和长春市的有关单位领导实地考察了"长春轨道交通装备制造产业园区"，

动车组

对规划进行了分析，并磋商环线开发、征地等问题。下午，集团公司总经理崔殿国与长春市人民政府签署了战略合作备忘录。11月15日，长春轨道交通装备制造产业园揭牌暨高速列车工程试验中心奠基仪式隆重举行。吉林省、长春市及北车集团领导、公司董事长董晓峰等为长春轨道交通装备制造产业园、高速列车工程试验中心揭牌、奠基。会上，奚国华副总经理代表北车集团公司郑重承诺：积极支持长春轨道交通装备制造业的发展建设，有选择地吸引和带动上游产业链的制造企业入园建厂，全面整合客车产业链条，发挥大公司对中小企业的带动和辐射作用，为工业园区形成产业聚集效应发挥更大的推动作用。吉林省、长春市政府为充分发挥本地资源优势，高屋建瓴地提出了“依托长客股份公司和长客厂打造长春轨道交通装备制造产业”的宏伟构想，并与中国北车集团公司签订了战略合作协议，相继出台并将继续出台许多相关财政、税收等优惠政策。12月18日，公司与长春市绿园区人民政府正式签署建设“高速列车工程试验中心”协议。协议明确了项目目标、内容、进度及双方分工等内容。该项目也是北车集团公司和公司提升研发和试验能力的重要举措。工程试验中心拟建于长春轨道交通装备制造产业园，一期工程主要建设城轨车辆动调环行试验线、调试整备厂房、铁路联络线，二期工程主要建设高速动车组环行试验线。预计2008年8月一期工程建成投入使用。试验中心建成后，公司研制的高速动车组将在这里完成各项试验。

党群工作　为促进党建工作与生产经营有机融合，公司党委按照“创新求变、有作为，发挥不可替代作用”和“统一认识、准确定位、理解需求、发挥作用”的总体要求，深入开展了“四好”班子创建活动和“树立新理念、塑造新形象”专题教育活动。制订了《党委工作条例》、“十一五”党建规划，重新修订了民主集中制建设三项制度，举办了“企业进入战略转折时期如何做好党务工作”的专题研讨活动。配合生产经营开展了践行“三句话”职业操守和《整顿作业秩序、净化作业环境》活动。配合《“四好”班子创建活动实施方案》，组织领导干部学习《卓有成效的管理者》。加强党组织自身建设。新党员发展中，各类骨干的比例达71%。积极开展以“民主评议党员、民主评议党支部”为内容的“双评”活动，推动了党员队伍建设和党支部建设。为提高全体专兼职党支部书记的素质与能力，进行了一个半月的业务培训。为加强企业文化制度建设，制定下发了《长春轨道客车股份有限公司职工行为规范暂行规定》等制度。为深入挖掘企业文化内涵，开展了各种形式的学习研讨交流及提炼分解基层单位工作理念的活动，总结了很多精细工作案例，拍摄了《为企业形象增辉》专题片。为进一步展示企业形象，围绕技术引进和自主创新，开展了多侧面、多角度的宣传活动，在新华社、《经济日报》、《光明日报》、中央电视台等20余家中央及地方新闻媒体刊（播）发新闻稿件60余篇。开展了“树典型、选尖子、抓样板”活动，充分发挥先进典型的示范引导作用。加强党风廉政建设，修订完善了《党风廉政建设考核细则》。组织学习胡锦涛在中纪委七次全会上的重要讲话，倡导领导干部尽责、自律、干事、干净。修订完善了领导干部年度及任期目标工作内容。全年考核中层领导干部276名，调整交流44人，解聘（免职）5人。同时学习中央及北车集团公司反腐倡廉工作会议精神，40个单位2 200多名党员和重点岗位人员观看反腐倡廉电教片，进行了300余人次的党风廉政谈话。受理信访举报26件，排查案件线索7件。加大执法效能监察力度，确定了动车组技术引进、技术改造、配件采购、基建工程、信息化建设软硬件采购等五大类重点监察项目，完成具体项目217项，提出建议23条，节约资金3 100余万元。公司工会紧紧围绕生产经营中心，深入开展了“完成200km/h动车组，精工细作打造精品，攻坚克难立项攻关”立功竞赛活动和评选“十佳能工巧匠”、“十佳质量标兵”、“百名岗位能手和质量明星”等活动。抓住职工维权这个重点，组织召开一届三次职工代表大会，44项提案均有落实或反馈；借鉴ISO9000国际质量管理模式推动厂务公开民主管理工作制度创新，完善厂务公开民主管理工作制度，组织编制了《长客股份公司厂务公开民主管理手册》和《长客股份公司厂务公开民主管理程序文件》。举办了借鉴ISO9000国际质量管理体系完善厂务公开民主管理工作培训班。厂务公开项点由原来的13项拓展到包括年度生产经营重大事项，改革改制制度，干部选拔任用，重大资产购置处理等19个大项，40个小项的公开体系，公司荣获"全国厂务公开民主管理先进单位"称号。切实维护职工利益，认真做好春节走访慰问"送温暖"、职工安康保险、职工疾病疗养和职工困难补助等工作。为提高职工综合素质，组织开展了"新理念、新形象、新作为"征文和故事大赛；努力实践"创建学习型组织、争做知识型职工"，组织开展了第三阶段职工读书自学活动；举行了"感动长客"庆"三八"女职工表彰会；开展"城轨杯"职工篮球赛、"迎国庆"职工游泳比赛等文体活动，极大地丰富职工业余文化生活。公司团委开展了青年文明号和青年安全生产示范岗创建、青年科技论文征集、青工技术比武等活动。同时开展了首届"长客股份公司十大杰出青年"评选、首届"精工杯"小品剧大赛、"一本书一份情共建和谐长春"图书捐赠等活动。贯彻落实集团公司党委下发的《关于进一步加强和改进共青团工作的意见》，制定完善共青团各项工作制度，完成基层团组织换届工作。

（刘玉芬）

机电轻化工业

【经济运行】 截至2007年12月末，列入市工业国资公司经济指标统计与考核的30户工业企业完成工业总产值345 469万元，比2006年增长37.28%；销售收入完成303 299万元，比2006年增长8.6%；实现利润10 950.9万元，比2006年增长2.5倍。其中改制后的维鸿东光电子公司、三友汽车零部件公司、吉阳公司、数控机床公司、三鼎变压器公司等企业，产值、销售收入、利润等指标保持年均增长10%～20%以上。

【招商引资】 市工业国资公司在实施国企改革的同时，不断扩大招商引资，实施企业资产重组，推进技术进步，调整产品结构，取得了积极效果。2007年6月由御香苑控股集团投资，对长春钢铁总厂实施搬迁改造，以5 000万元注册吉林省长龙钢铁有限公司。一期工程计划投资2亿元，达产25万吨。截至2007年12月底，新钢厂建设已初见成效，已经投入1.7亿元，完成土建11万平方米，厂区主体工程全部完工。并进行设备安装，预计2008年6月可试生产，并为原钢铁总厂职工提供900个就业岗位。四川长虹工业园项目已完成新公司注册，并于2007年7月18日在长春汽车产业开发区举行开工仪式。该项目总投资10亿元，一期工程占地11万平方米，建筑面积4.6万平方米，计划生产电视机机顶盒，GPS汽车导航系统和电视机及家用、汽车电器产品，计划2008年三条生产线可试投产，创产值8亿元，5年后达产产值为50亿元。

【国企改革】 截至2007年12月末，市工业国资公司48户国有工业企业，已经完成37户（其中破产24户，双退出13户），未完成改革程序11户，改革程序完成但存在遗留问题的10户。未完成破产程序的11户企业中，其中破产重组8户（拖拉机厂、钢铁总厂、冷弯型钢总厂、光学仪器总厂、三友模具公司、二机床厂、虹桥电器厂、量具刃具厂），破产关门3户（印刷厂、钟表总厂、化工五厂）。改革程序已经完成，但存在遗留问题的有10户（一机床厂、水箱厂、微电子厂、搪瓷厂、陶瓷总厂、染织公司、卫生材料厂、一皮鞋厂、高新织布厂、二针织厂）。未完成及存在遗留问题的企业预计2009年上半年完成。

（刘铁钧）

农产品加工业

【概况】 2007年，全市农产品加工业围绕"十大龙型产业"实施投资拉动、项目领跑、名牌带动战略，全力推进十大加工体系建设，农产品加工业继续保持快速、持续、稳定的良好发展态势。2007年全市农产品加工企业已发展到2 000多家，规模以上企业155户，市级以上农业产业化"重点龙头企业"96户。全市农产品加工业实现产值530亿元（全口径），同比增长20.4%，其中规模以上企业实现产值376亿元，占全市工业经济比重的13.4%，同比增长28%，已经成为名副其实的继汽车产业之后的第二大支柱产业。

【加速推进项目建设】 多年来，长春市农产品加工业坚持"大发展要有好项目，快发展要有大项目"的观念，始终把重点项目建设作为转变经济发展方式、推动产业升级结构优化的重要举措来抓，项目建设取得了显著成效，已连续多年新建、续建项目开工建设30个以上。2007年，全市农产品加工业新建、续建、扩建3 000万元以上重点项目63个，实际完成投资99.5亿元，同比增长99%，项目建设已成为长春市农业产业化经营实现跨越式发展的重要支撑和优势领域率先突破的重要载体。通过几年来的建设，部分产业和优势领域的规模和水平已进入到国内外先进行列。大成集团玉米加工能力达到290万吨，2007年实现产值156亿元，成为亚洲最大、世界第三的玉米深加工企业，加工水平处于世界前列；集团产品由淀粉扩大到变性淀粉、淀粉糖、氨基酸和玉米化工醇等四大系列产品。赖氨酸生产能力已经超过美国、日本和德国等跨国企业，跃居世界第一位，淀粉、变性淀粉和淀粉糖生产能力位居国内第一位。集团的主要产品已经在国内市场占据主导地位，出口销售量逐年增长，产品远销欧美和东南亚等60多个国家和地区，占有比较大的市场份额。皓月集团肉牛屠宰加工能力达到50万头，是亚洲第一大肉牛屠宰企业，牛肉出口量占全国的一半；2007年主产业实现销售收入349 956万元，实现利润14 631万元；屠宰肉牛39.9万头，比2006年同期增长5%；生产各类清真熟食制品7.8万吨，比2006年同期增长13%；生产饲料20.2万吨，比2006年同期增长19%。全市肉鸡年屠宰加工能力达到2亿只、生猪年屠宰加工能力达到850万头、肉鹅年屠宰加工能力达到2 000万只，也都处于国内先进水平。

【促进产业向集群发展】　为将长春市资源优势转化为产业优势，实现优势资源向优势产业集中，优势产业向优势区域集聚，全力推进以农业产业化经营为主的十个工业集中区建设，实现集群式发展。为加快集中区基础设施建设，2007年，市政府以财政承诺、商业银行担保的创新模式，实现工业集中区利用农发行贷款5.7亿元，大力兴建基础设施，取得了明显成效，建设道路108万平方米，铺设给排水管网11万延长米，路灯1 317套等。通过基础设施建设，改善了集中区投资环境和条件，加快了集中区招商引资步伐，2007年十个工业集中区招商引资落位新建项目68个，总投资252亿元，全部项目达产后预计可新增产值312亿元，可初步形成具有长春特色的农业产业化经营集群和龙头企业带动型的生产基地。在强化基础设施建设的同时，着力抓基地建设，狠抓“第一车间”，积极开展“公司＋农户”、“农村经济组织牵头联办”、“龙头企业自办”等多种形式，大力发展基地建设，为农业产业化经营的发展提供稳定、充足的原材料。目前，全市已建成玉米、水稻、大豆规模化、标准化生产基地40万公顷、绿色食品生产基地8万公顷；建成牧业小区469个。

【“千亿增产”工程】　2007年，中共长春市十一届二次全会围绕农业产业化经营提出了农产品加工业“千亿增产工程”，未来五年发展目标是：到2012年全市农产品加工业实现新增产值1 000亿元，年均递增30%，总量达到1 360亿元；培育出3个产值超百亿元的企业，20个产值超10亿元的企业，50个产值超亿元的企业，形成龙头企业群体。为了鼓励和促进产业发展，重点对农产品加工业集中区建设和农产品基地建设扶持，同时，设立农产品加工业扶持专项资金，对农产品加工企业新增固定资产投资贴息，龙头企业升级进位、龙头企业组建研发中心等多项奖励措施，支持农产品加工企业实现跨越式发展，力争经过5年的建设与发展，真正把长春建成全国著名的农产品加工基地，打造成“中国食品工业名城”。

（于长志）

中小企业

【概况】　截至2007年末，全市中小企业实现主营业收入2 913亿元，同比增长31%，其中，城区中小企业完成1 743亿元；规模以上中小企业完成936亿元；工业企业完成318亿元。实缴税金完成61.6亿元，同比增长32%，其中，城区中小企业完成43.8亿元；规模以上中小企业完成21.9亿元；工业企业完成9.6亿元。全市中小企业总户数达到29.35万户，同比增加2.35万户；其中，城区中小企业总户数达26.5万户；规模以上中小企业有1 499户，工业企业487户。从业人员达到133.11万人，同比增加8.11万人，约占全市从业人员总数的3/4多，其中，城区中小企业119.8万人；规模以上中小企业54.8万人；

工业企业9.6万人。利润总额达134亿元，同比增长24%，其中，城区中小企业达到86.3亿元；规模以上中小企业达到41亿元；工业企业完成9.8亿元。实现现价总产值1 794亿元，其中，城区中小企业完成968亿元；规模以上中小企业完成632亿元；工业企业完成201亿元。出口交货值完成6.9亿元，其中，城区中小企业完成5.2亿元；规模以上中小企业完成4.3亿元；工业企业完成3.2亿元。固定资产投资完成689.9亿元，同比增长47.8%，其中，城区中小企业完成411.6亿元；规模以上中小企业完成314.5亿元；工业企业完成187.6亿元。

【发展领域】 全市中小企业利用区域优势，全面拓宽发展领域，已经形成了门类齐全的中小企业发展体系，参与了国民经济的80多个产业。从构成看，一产主要是农林、畜牧、养殖业。二产集中在农副食品加工业、医药制造业、机械制造业、新兴建材等行业。中小企业在三产中发挥了主体作用。在餐饮、商贸、市场、装饰装潢、服装加工、汽车运输、家政服务、纯净水、洗浴、美发美容等近20个领域具有主导地位。新兴三产中，计算机服务业、软件业、社区服务业中小企业占有主体地位。教育、卫生、体育等行业中小企业也在积极参与，同时，随着国家对中小企业市场准入的放宽，很多中小企业开始着手进入电力、电信、石油、煤炭等垄断行业，有些中小企业在尝试打入公共交通、污水垃圾处理等市政公用事业和基础设施的投资、建设和运营，有些中小企业进入教育、医疗、文化、体育、教育等社会事业的非营利性和营利性领域，有些中小企业发起设立金融中介服务机构，积极参与银行、证券、保险等金融机构的改组改制。

【招商引资】 加大招商引资工作力度，促进中小企业引资重组。坚持“走出去，请进来”的方针，积极吸引国际、国内资本与中小企业进行引资重组。1. 组织好中小企业参加“中博会”等全国性产品、项目的展示、展销活动。2. 加大推介和宣传力度，采取媒体推介、组团推介等方式，积极向国内外投资者推介中小企业产品、项目等。3. 组建中小企业营销联盟机构，采取合股经营或联营联销等形式，通过代理、加盟、联销、分销、代销方式，改进企业营销策略，拓宽产品销售渠道。

【企业改革】 深化企业改革，加快中小企业改制重组和制度创新。坚持多种形式并举，突出重点，因地制宜、因企施策，进行分类指导。1. 对有条件的中小企业进行产权制度改革，实行股份合作制、公司制、兼并、破产、拍卖、出售等；对暂时不具备条件的企业，可以先进行经营权的委托，实行承包、租赁、委托经营等，待条件成熟时再进行产权制度改革；对重复建设、产业结构不合理、严重污染的中小企业要进行整顿和关、停、并、转，对资不抵债、没有发展前景的中小企业实施破产；鼓励各类中小企业，特别是非公有制企业兼并、收购公有制中小企业。2. 充分发挥职工参与企业改革的积极性和创造性，引导职工选择、接受能够适合和促进企业发展的改革形式；鼓励企业经营者持大股、鼓励业务骨干多持股，促进股权的合理流动和优化重组；要积极吸收和充分利用职工出资和社会法人出资，实现产权多元化，建立合理有效的中小企业法人治理结构。3. 深化了企业劳动用工制度和分配制度改革，建立新型劳动关系，鼓励技术、管理等要素参与收益分配，不断增强了企业活力。

【全民创业】 科学设计制订长春市“创办小企业、开发新岗位、促进广就业”工作方案，明确目标，加大宣传，营造氛围。通过加强创业辅导师和创业孵化基地建设，以及举办创业培训会、对接会、洽谈会等形式，使全市全民创业工作有序展开。目前，已形成以朝阳区“三个基地”、“四种体系”、“四圈十街”为载体的全民创业整体格局；南关区的创业街路、商务楼宇、“千店工程”等创业模式；宽城区的“推进四方创业”、产业推动创业样式；二道区铁艺、木材、印务及物流产业集群的创业特色形式；绿园区、长春经济技术开发区、双阳区等县（市）区、开发区的创业“一把手”工程，极大促进了全民创业的深入开展。

【县域突破】 加快推进县域突破战略步伐，促进县域经济快速发展。各县（市）、区中小企业是全市中小企业工作的重点和难点，也是保持全市稳定大局的关键。1. 积极扶持并引导各县（市）区围绕当地资源优势和企业特点，培育和发展吉林德大集团、山东金锣集团九台肉类联合加工厂等龙头企业，努力形成公司+基地+农户的产业链，不断构建农工商、贸工农、产销一体化的产业化经营格局，真正使县域经济成为了促进全市经济发展的重要力量。2. 以优势行业为依托，依托长春市的人才、资金、技术和产品等有利条件，不断向园区集聚，优化产业结构，走专业化、集约化、规模化发展的道路，形成了支撑县（市）区发展的工业产业群。3. 采取积极措施加大招商引资力度，继续推进工业园区建设，进一步完善基础设施，鼓励在园区内投资建厂，形成有特色的产业格局和企业群体，使各县（市）区中小企业向“专、精、特、新”方向迈进并逐步成为了带动区域经济快速发展的新的经济增长点。4. 围绕服务农业和服务农民，健全、完善促进第三产业发展的各种政策和机制，鼓励和引导各种经营主体，特别是个体私营业主投资县（市）区，积极发展第三产业，促进流通服务业、科技和信息服务业、特色旅游业等的快速发展，以增加就业岗位，增强县（市）区的发展活力，努力实现了县（市）区经济整体推进，公有、非公经济共同发展的目标。

【品牌工程】　实施品牌工程是加快和带动中小企业加快发展的重要基础。1. 实施强大工程。挑选年销售收入超亿元、或上缴税金超千万元的企业，针对其发展情况，进行具体问题具体分析，鼓励做强做大，实现三年翻番。重点培育中东、远东、皓月、长瑞等企业集团，快速做强做大，带动全市中小企业上规模、上水平，打造一批“产业航母”，如远东集团，在现有四个商业区的基础上，又科学规划了再建两个商业区，三年内发展营业收入千万元以上的企业达100户，百万元以上的达1 000户，万元以上的达10 000户，实现营业收入增长一倍半。同时，大力树立这些集团和样板企业，起到带动中小企业腾飞发展的作用。2. 实施成长工程。依托各级开发区和工业集中区，利用优惠政策，从资金、技术、人才、项目等方面加大扶持力度，把长春市成长型企业进行准确的定位，立足该企业现有的状况，对2004年以来营业收入在500万以上的企业，进行逐一分析，针对这类企业主要特点是企业增速快、经济效益好、市场前景广、科技含量较高，发展成大型企业时间短的特点，挑选和确定375户成长型企业，对其发展战略、发展目标等内容进行规划，满足成长过程的需求，解决成长过程中存在的问题，帮助快速发展，促进成长型企业做强做大。3. 实施龙头工程。依托长春市重点产业，重点培育以长瑞公司、吉林正业、鸿达科技集团等为代表的、具有极强发展空间和潜力的、省里百强企业排名前5位、甚至在全国具有一定竞争实力的中小骨干企业，针对这类企业是行业中规模最大、竞争优势明显、产品市场占有率较高、产业关联度较大、行业带动发展能力强的特点，按行业进行指导服务，充分发挥其在行业里的龙头作用，以带动整个行业平稳有序的向前迈进，帮助解决存在问题，做强龙头企业。4. 实施创业工程。根据资金、人才、科技和区域等优势，发动全市各级、各阶层的人士开展创业，培育好一批区域创业型、资源创业型、人力创业型和资金创业型小企业。市里各县（市）区要建设好创业街路，农村实行“一乡一业”、“一村一品”的方式，大力发展小企业。针对创业企业规模小、抗风险能力差，处于发展初期的特点，实施创业孵化基地工程，为创业者提供最低租金、最低费率、一站式服务环境，在政策上给予鼓励扶持，促进创业发展，力争三年内初步建成15个市、县（市、区）和乡镇、街道三级创业孵化基地，健全创业基地孵化网络。

【服务平台】　搭建服务平台推动中小企业加快发展的重要载体。1. 搭建创业孵化平台。大力创办各行各类孵化器，坚持统筹规划，合理布局的原则，选择基础设施好，产业优势、资源优势、科技优势明显，与大专院校、科研院所联系紧密的场所，依托大企业，利用园区，整合资源，提供低成本或无成本服务，采取政府推动，市场化运作，为新创办的小企业提供各行各类服务的形式，搭建起有利于存活、发展的服务环境和空间环境的制度性、公益性、智能化的服务平台，重点抓好汽车及零部件产业园、君子兰创业基地、大学生创业园、远东商业培训中心、光电子产业园、高新区技术产业开发区的创业服务中心等创业孵化平台建设，充分发挥其作用，为企业集群发展奠定基础。2. 搭建产业集聚平台。把全市从事各大产业的企业进行整合，集约发展。结合长春市及各县（市）区特色产业和市场需求，积极引导中小企业以资金、产品、技术和品牌为纽带进行联合重组,向长春市重点产业集聚,实现产业层次和结构优化上的新突破,形成长春特色的产业集聚区。要全力抓好汽车及零部件集群、君子兰产业集群、双阳梅花鹿产业集群、二道区铁艺产业集群等建设。依托长春市汽车及零部件产业优势,大力发展汽车零部件产品生产,汽车物流、汽车科研等,全力推进汽车及零部件产业出口基地建设,全面落实汽车出口退税政策,重点培育长春汽车及零部件这一省级民营经济产业聚集区,尽快把长春市打造成国际汽车城。要抓好君子兰花卉产业基地,科学制订规划和政策,采取有效措施发展君子兰产业,重点培育长春君子兰产业这一省级民营经济产业聚集区。同时,要抓好二道区物流产业集聚区发展,争取更多企业落户集聚区,促进物流产业有较大进展,从而带动全市中小企业快速发展。3. 搭建公共技术平台。在产业集中度较高或具有一定产业优势的地区,重点围绕汽车、农副产品、医药、光电子等优势产业和区域特色,构建为中小企业提供技术开发、试验、推广及产品设计、加工、检测等公共技术支持系统,全力扶持汽车产业技术平台、君子兰产业技术平台、大成集团食品加工业技术平台和天药集团技术平台建设等建设,培育各类技术服务机构,为长春市重点产业发展提供技术支撑,为企业技术援助、自主创新、品牌创建提供服务,解决产业或区域企业面临的共性和关键性技术问题,促进中小企业技术创新,加快产业升级,增强产业竞争力。4. 搭建法律维权服务平台。依托长春市软环境办、长春市中小企业法律维权服务中心等相关部门,依法维护中小企业合法权益,提供有关法律法规咨询,协助中小企业处理各种法律业务和诉讼事务,为广大农民工和在长外地企业提供创业过程中维权服务和法律服务,进一步营造良好发展环境,促进中小企业更好更快的发展。

【公共服务体系】 公共服务体系是中小企业加快发展的重要保障。1. 建立融资体系。充分利用证券市场和产权交易市场,开拓新的融资渠道,加强与金融机构的合作,扩大信贷支持规模。充分利用长春市现有14户担保机构,充分发挥其功能作用,年内担保资本金要达到8.5亿元,担保能力达到25亿元。在政策允许的情况下,充分利用民间资本,下岗职工的小额贷款,以及社区扶持等,帮助企业解决贷款。利用长春市现有的环境和产业等条件,引进发达地区的企业和资金进驻长春市,促进中小企业发展。以企业招商、以行业招商等种种方法活化资金,以解决企业的资金瓶颈问题。2. 建立人才体系。针对企业发展急需人才,充分利用长春市大专院校多的优势,将对现有人才进行挖掘引进,包括挖掘大型企业培养出来的人才,引进大专院校培养的人才,广开渠道,对外招聘人才,还可以厂校挂钩,联合起来定向培养人才,提高中小企业素质。针对企业需求,发布人才供给信息,对企业需求的特殊人才,利用猎头公司,加大引进力度。同时,提高企业经营者的驾驭市场、管好企业、推动发展的能力,并大力推广成功经验。支持机关干部、事业单位、高校等部门人员,离岗创办企业或到企业工作,2007年选派200名党政机关和事业单位人员到中小企业服务。也要高薪聘用特殊人才和专业能人到企业,带动企业发展。还要把走出去发展的长春人召回来,带着资金、带着先进经验、带着成功做法,带动长春中小企业发展。3. 建立培训体系。充分利用国家、省和市相关政策,发挥协会和中介组织的积极作用,利用各类中小企业服务平台,采取校企联合培训、委托培训和企业自身培训等方式,集中有效开展全方位培训。要积极推广蓝梦集团、中东集团、中韩模具等技能培训和专业培训的成功做法,也可结合实际,到基层、到农村进行具体专门或专业培训。重点抓好项目策划与包装、企业营销、中介组织人员、中小企业管理服务人员、参观展览培训等专项培训。同时,还培训职业经理人200人,职业技能培训1 000人,创业小老板培训3 000人,通过这些培训,为企业发展提供强有力人力支撑。4. 建立政策体系。全市各级党委、政府高度重视关心中小企业发展,加大对中小企业的扶持力度,市里主要领导经常听取中小企业工作情况汇报,积极深入中小企业调研。并出台了《关于进一步加快民营经济发展的决定》,设立长春市中小企业奖励资金,每年财政拨500万元,以奖励和补贴方式扶持发展,已形成了较完备的政策法规支撑体系。

【发展环境】 1. 服务环境。全市各级党委、政府高度重视关心中小企业发展，加大扶持力度，市里主要领导经常听取中小企业工作情况汇报，积极深入调研，了解情况，帮助解决问题和实际困难，如近年来帮助中东、正业等集团协调解决许多难题。每年召开全市中小企业工作总结表彰大会，宣传部门大力宣传发展中小企业的政策方针，营造良好发展环境。2. 政策环境。中小企业要腾飞发展，政策要先行。必须结合国家和省关于鼓励支持中小企业发展的政策，针对全市中小企业发展实际，力争在最大限度地放宽市场准入（初创小企业三年内零税率、零费率）、融资、税收、人才、市场开拓和服务体系等政策扶持方面有新突破，出台更加优惠和切实可行的鼓励发展政策，并保障落实到位。3. 组织环境。完善组织机构，成立长春市促进中小企业腾飞发展工作领导小组，由市长任组长，常务副市长和分管副市长任副组长，市里相关部门为成员单位，下设办公室，设在市经委（中小企业局），明确具体工作到处室，责任到人，绩效挂钩。实行领导包保重点企业制度和招商引资目标责任包保，市级领导每人包保1户营业收入超亿元、税收超千万元的大企业，市直有关部门包保1户成长型企业，其他重点企业按照属地划分原则由县（市）区和开发区领导和相关部门包保，由市直机关工委考核各部门和县（市）区、开发区工作。市经委主任（中小企业局局长）与分管主任签订工作目标责任合同，分管主任与各相关处长、处长与处室干部签订工作目标责任状，实行省局、市委、市政府下达的各项指标，每一项完成一票否决制，其他职能争先进位，全面落实岗位责任，同时，建立了相关处室包保各县（市）区和项目的工作机制。

（刘志刚）

君子兰产业

【概况】 花卉产业在中国是一项新兴的朝阳产业，发展迅猛，方兴未艾。长春市花君子兰作为一种品格独特的花卉，市场潜力巨大。长春是中国君子兰的发祥地，有60多年群众养兰历史。1998年以来，长春君子兰连续在国内外花展中获得大奖，在国际国内具有较高的知名度和美誉度。2000年，被国家林业局、中国花卉协会命名为“中国君子兰之乡”，发展君子兰花卉产业是长春市“十一五”期间重点发展的九大基地和十大产业之一。截至2007年末，君子兰产业贡献产值25亿元，标准温室面积达到60万平方米，养兰1.2亿株左右，从业人员5万多人，其中规模养户2 200多户。形成了兰家、一汽、雁鸣湖、新月、宏大兰地、英俊等20个规模生产基地。是国内君子兰生产、销售、传播、繁育的中心和最大的产业聚集区。产业的发展带动了周边盆、土、肥、草帘等相关配套经济的延伸，并培养了一支数量庞大的专业经纪人队伍，为社会富余人员提供了广泛的就业门路，是全民创业和就业的最有效载体。

【优化产品质量】 市场销量逐年上升。长春是中国君子兰的发祥地，文化底蕴丰厚深远，至今仍保存着大胜利、油匠、染厂等十几个原始品种的基因资源。长春兰以叶片细腻油亮、颜色反差明显、纹路出筋、长宽比理想、株型挺拔充满刚度、花箭修长、花形大方的特点被广泛认可，在国内外树起一面“引领”的大旗。有世界君子兰看中国，中国君子兰看长春的美誉。据中国花卉

长春君子兰

协会的最新统计，君子兰的销量已排到国产年销花的首位，两节期间带箭的君子兰更是被抢购一空。在北京、天津、上海、广州、乌鲁木齐等30余个主要城市均有长春君子兰的市场，可以明显感受到市场需求的快速增长。

【健全服务体系】 行业自律初见成效。积极搭建各类服务平台，先后成立了长春市君子兰协会、君子兰学术专业委员会、长春创业君子兰研究所和长春创业君子兰销售公司等服务体系，现已发展各类会员单位接近350个。正在借鉴发达国家行业服务体系在运行机制上的一些成功经验，按照“民办、民管、民受益”的原则，发挥各类服务平台在产业发展中的作用，开展花卉技术培训，新产品鉴定、技术开发、价格听证、项目评估、行业统计、市场开拓、产业调研以及国内外交流与合作等工作。

【舆论宣传工作】 城市名片焕发生机。充分利用电台、电视、报纸、网络等宣传工具和有效渠道，采取全方位、多角度的宣传形式，通过一篇篇观点鲜明，内容翔实，文采飞扬，分析鞭辟入里的新闻报道、专访为君子兰产业的发展营造浓厚的舆论宣传氛围和思想支持。目前，广大干部、群众的热情高涨，各地的客商也纷至沓来，北京、沈阳、大连、大庆的养花户积极要求落户长春。北京万泰集团、温州鑫田集团、长春英俊集团、长春宏大公司等一批企业也纷纷加入到君子兰的产业化进程中来。通过参加国内外的博览会、世界君子兰年会等形式，与国内外的君子兰爱好者，以及君子兰国际协组织开展广泛的交流与合作。

【产业项目建设】 位于宽城区兰家镇，总投资2亿元，占地40公顷的长春兰家君子兰花卉产业园宏大种兰基地项目，占地面积20公顷的一期工程已经完工，建成标准温室155栋。位于合隆经济开发区内，总投资6 800万元，占地面积40万平方米的长春君子兰花卉合隆产业园项目已开工，项目建设内容为标准温室、研发中心、培训中心、展示中心、营销中心、配送中心、实训基地。项目将购置设备572台套，建设标准温室500栋，年产君子兰2 000万株。位于二道区长新东路以北、广德街以西、伊通河河堤路以东、以南区域，总投资2.4亿元，占地面积12万平方米，建筑面积约7万平方米的长春君子兰花卉交易中心项目已经启动。规划三个功能区，一是君子兰花卉展示交易区，二是绿色餐饮区，三是用于仓储、配送、信息发布、服务管理等功能的物流配送区，2009年完成全部工程建设。位于宽城区君子兰公园内，总投资3亿元，占地9万平方米的长春国际君子兰文化花园项目，已与宽城区达成合作协议，建设以君子兰为主题的专业市场，目前，正在请同济大学设计建设方案。这批项目的相继建成投产，将进一步加快长春君子兰的产业化进程。

【产业科研开发】 依托东北师范大学、中科院沈阳生态研究所、吉林农业大学、长春应用化学研究所等高等院校和科研单位，聘请从事植物、遗传、包装、土建专业的专家、学者以及具有一定实际经验的养花户，采取市场化运作的方式建立起花卉科技研发服务体系。重点开展君子兰组织培养、无土栽培技术、长效生物肥、药用价值研究、花期控制等课题的研究与推广。

【产业市场开拓】 按照统一、开放、竞争、有序的市场体系要求，加强花卉市场的培育和建设，为广大养兰人、爱兰人和喜兰人提供一个交易、交流、传递信息的区域性平台。鼓励企业、养兰户、营销户及专业合作组织积极向外拓展市场。与广州花卉博览园、深圳麒麟山庄、深圳荔枝园等单位联合举办长春君子兰展销活动，建立起规模适度的长春君子兰年销花基地，将其作为一个窗口，开展长春君子兰花卉展销、租赁以及土壤、肥料、病虫害防治等方面的技术咨询和售后服务工作，并向周边的香港、澳门以及东南亚地区辐射。

【培育龙头企业】 龙头企业是君子兰花卉产业发展的核心。把龙头企业的建设作为发展花卉产业化的重中之重，放在更加突出的位置来抓。在实际工作中，本着“扶大、扶强、扶优”的原则，优先扶持长春市宏大兰地君子兰养植有限公司、长春君子兰养植培育有限公司、长春英俊集团、长春创业君子兰销售公司、长春创业君子兰研究所等一批企业，逐步培育成为附加值高、规模大、带动能力强、外向型的具有较高知名度的龙头企业。通过企业的品牌、技术、市场和人才优势，把分散的、小规模的生产经营组织起来，并采取公司加养户、契约加服务的产业化经营模式，统一种苗、统一标准、统一技术、统一防治、统一收购，进一步实现规模化、组织化、产业化的发展。

（方　伟）

烟草业

【概况】　长春市烟草专卖局（公司）是政企合一单位，担负长春全市烟草市场管理和烟草销售任务，是全国烟草行业36家重点商业企业，吉林省最大的卷烟批发企业，同时也是省、市政府重点税源单位和纳税A级企业。市局（公司）内设办公室、财务管理处、人事劳资处、监察审计处、安全保卫处、专卖监督管理处（稽查支队、专卖稽查中心）、思想政治工作处、企业管理处（督察考评中心）、信息中心、营销中心、配送中心、服务中心等12个职能部门；在榆树市、农安县、德惠市、九台市各设一个局（分公司）；在二道区、南关区、朝阳区、宽城区、绿园区、双阳区共设6个分局（营销部）、在市本级设有特业分局（营销部），全局（公司）共有各类人员1 100人。2007年，企业被评为“吉林省公众形象最佳单位”和“百姓口碑最佳单位”。

【经济运行】　2007年，市烟草专卖局（公司）广大干部职工以科学发展观和行业共同价值观为统领，认真落实全省烟草工作会议精神，以全面争创一流为目标，以提高盈利能力为中心，以优化销售结构为主线，实现了经济跨越式发展。1. 综合效益水平大幅提升。全年销售卷烟24.87万箱，超计划3.6%，同比增长4.5%；全年实现利润5亿元，超计划22%，同比增长91.6%；全区费用率为6.02%，同比降低了0.53个百分点；总资产贡献率为60.17%，国有资产保值增值率为134%，成本费用利润率为20.34%，销售利润率为16.84%，四项指标均位居全省前列。2. 卷烟经营结构进一步优化。卷烟单箱收入首次突破万元大关，达到10 445元，同比增长23.1%；单箱毛利2 555元，同比增长49.4%；一、二类比重由2006年的17%提高到现在的28.8%，同比增长11个百分点。低档烟销售比重27.3%，同比增长8.1个百分点。“抓两头压中间”的工作思路得到了进一步落实。3. 品牌培育工作效果显著。按照“市区重结构，农村保销量”的工作思路，采取了全方位、分梯次的品牌培育方法，逐步形成了符合长春市场实际的品牌架构，实现了品牌经营的规模效益。全年销售百牌号卷烟24.7万箱，占总销量的99.8%；战略联盟企业卷烟销量达23万箱，占总量的90%以上，实现毛利6.3亿元，占总毛利的97%。其中，销量在4万箱～5万箱的品牌有2个，销量超过1万箱的品牌4个，销量在1 000箱～5 000箱的品牌有6个，这12个品牌的销量占全年总量的近70%，品牌集中度进一步提高。4. 烟叶生产经营措施有效。烟叶系统通过落实科技兴烟措施，加大烟农扶持力度，积极推进基础设施建设，推动了烟叶生产经营的有序开展。一年来，共与2 752户烟农签订了烤烟种植面积3 660公顷，合同收购量16.37万担，并与上海等9家大型卷烟工业集团签订了16.17万担的销售合同，基本达到了产销平衡。截至12月末，收购工作已经按计划全部完成，已调拨烤烟10万担，占销售计划的61%，烟叶可实现利润3 152万元。

【机制改革】　2007年进行了两项重要的机制改革。1. 三项制度改革和订单供货改革。三项制度改革按照省烟草专卖局（公司）的统一要求，先后在2007年4月份和12月份进行了两次改革，涉及到了市烟草专卖局（公司）的各个层面，也是与全体员工切身利益联系最紧密、变革程度最深的改革。通过改革，规范了以签订劳动合同为主要内容的用工机制，逐步解决员工的身份不平等和能进能出问题；完善了以工资收入为主要内容的分配机制，理顺了岗位价值与岗位收入的关系；健全了以工作绩效为主要内容的考核机制，打通了收入升降通道。通过改革在全体员工中形成了“要提升，靠竞争，要选职，靠素质，要晋级，不靠资历靠能力，不靠感情靠实绩，不靠关系靠民意”的新观念，对激发大家奋发向上的工作热情，焕发企业活力起到了积极的促进作用。2. 订单供货是营销领域的一次重大变革。通过营销系统近半年时间高强度的工作和3个月的试运行，于2007年7月1日实现了正式运行，并初步建立了订单供货的总体框架；在公司内部各级营销组织之间、客户经理与商户之间、品牌经理与企业之间建立了互动预测体系，形成了订单采集流程；分商户自报、客户经理预测、公司最后核定需求三个步骤确定需求数量，形成了卷烟采购流程；坚持公正、公平、公开的原则，由分公司、营销部制定投放标准，报营销中心审定后实施，形成了供货流程。在具体实施过程中，市烟草专卖局（公司）相继出台了《预测管理办法》、《市场经理预测管理办法》、《客户经理预测操作管理办法》、《货源公开投放实施方案》等多项管理制度，并在全面推广动销台账的基础上，在300名重点诚信商户中设立了智能终端机，进一步理顺了信息采集渠道，保证了各项流程作用的有效发挥。

【网络建设】 2007年长春市烟草专卖局（公司）的网络建设水平得到全面提升。1. 努力提高了物流配送工作效率。在突出“效益效率优先”的前提下，继续推行定额管理，组织相关人员进行了大规模的物流成本核算，理顺了出库、分拣、配送的内部环节，对原有的配送线路进行了第三次全面整合，进一步优化了送货线路，由过去的固定送货改为现在的弹性送货模式，提高了配送车辆满载率，精简了配送车辆，降低了网络运行成本。全年单箱配送成本只有97.23元，低于全国平均水平。2. 切实加强了三线四员队伍建设。通过三项制度改革，优化了客户经理队伍。目前，全市客户经理平均年龄为29.7岁，大专以上学历达69%。全方位、多层次的培训活动，促进了三线四员岗位技能的提升。3. 提升了信息化建设水平。通过不断加强和完善信息化软硬件建设，增强了信息技术对企业各项工作的支撑能力。一年来，全市共更新了170台计算机，提高了企业办公自动化水平；增添了170台掌上电脑，为客户经理提供了高效实用的操作工具；对现有V3系统的升级改造，提升了呼叫中心的工作效率。信息化建设在卷烟营销、专卖管理、物流配送、企业管理中的技术支撑作用日益凸现。4. 加大了服务投诉处理力度。成立了处理客户投诉受理工作小组，建立了以督察考评中心、纪检监察牵头，专卖、营销、配送全力协助的工作机制，强化了责任追究制。实行了政行风建设义务监督员制度，与市长公开电话联网，向社会各界公开投诉电话，畅通了客户投诉渠道，使客户投诉回复率达到100%，大大提高了客户满意度。

【专卖管理】 2007年长春市烟草专卖局（公司）围绕“企业要发展，专卖要先行”的指导思想，专卖市场管理工作成效显著。1. 专项整治，提高了控制市场能力。各级专卖管理部门针对制售假烟的易发地和高峰期，分别开展了“两节期间清理整顿市场专项行动”、“突击清理早（夜）市、烟酒行、综合市场专项行动”和“冬季清理整顿卷烟市场专项行动”，对重点部位、重点问题实施全面监控、重点解决。全年共出动人员25 000人次，出动车辆21 000车次，办理案件211起，端掉贩藏假烟黑窝点32个，收缴假冒商标卷烟5 300件，涉案金额1 260余万元。2. 联合办案，提高了执法的威慑能力。通过积极落实“四部门联合办案”机制，市公安局在市烟草专卖局（公司）设立了卷烟打假工作办公室，派驻公安干警配合开展专卖打假工作，在抓侦破、破网络、端窝点、堵源头等方面充分发挥了公安干警的优势，形成了执法合力。为加大宣传攻势，在3·15当天，公开销毁了假冒商标卷烟、各种原辅材料200多件，烟丝一万公斤，标值500余万元，并组织多家新闻媒体跟踪报道，震慑了不法分子的非法气焰。3. 突出重点，提高了案件经营能力。通过“打源头”与“抓大案”并举，在经营网络案件上有了重大突破。“4·23”网络案件案值115万元，两名主犯已判刑。“9·21”网络案件案值112万元，两名犯罪嫌疑人已批捕。“10·12”案件案值210多万元，涉案29人全部归案，2人批捕。4. 加强内管，提高了专卖队伍监督能力。以开展“自律经营年”活动为契机，调整、完善了专卖内管规章制度，加大了两烟生产经营的重点监管，特别强化了对购销环节合同、卷烟分配和落地销售等环节的监管，保证了卷烟购销环节的“三个百分之百”，有效防止了各种违规违纪行为的发生。

【内部管理】 长春市烟草专卖局（公司）2007年加大了监督制约措施，使企业管理工作有了明显进展。1. 充分发挥了内管制度的规范制约作用。以内管工作制度化、规范化为目标，对现行规章制度进行了全面梳理和完善，重新调整和制订了各项管理制度，形成了《纪检监察再监督制度汇编》，涵盖了企业管理的各个层面，并进一步突出了重点部位、重点环节的监管，提高了内管工作的可操作性。2. 充分发挥民主监督管理作用，重大事项严格审议、严格把关，保证决策的科学民主，增强了局务公开的透明度。3. 充分发挥纪检监察的再监督作用。建立健全了《党风廉政建设责任制追究办法》及考核办法，积极开展警示教育活动，并与两级班子和重点部位负责人签订了党风廉政建设责任状。为发挥纪检监察部门职责优势，在提高制度执行力上下工夫。4. 充分发挥同级审计的监督制约作用。围绕专项资金使用，市烟草专卖局（公司）制订了工作方案，分别对专卖、烟叶专项资金进行了全面清查，并依规及时作了整改，通过了国家局、省局的检查验收。结合清产核资工作，先后完成了柳河县、榆树市烟叶公司资产和经营状况的审计，为与烟叶并账做了充分准备。5. 充分发挥机关处（室）的管理作用，使日常管理工作有序开展，保证了中心工作的顺利推进。

【企业文化建设】　2007 年企业文化建设取得可喜成就。1. 开展了“以领导干部为重点的‘两个至上’在岗位”主题实践活动，加强了两级班子建设。围绕两级班子建设，市烟草专卖局（公司）及时出台了《“以领导干部为重点的‘两个至上’在岗位”主题实践活动实施方案》，系统学习了“两个至上”行业价值观的理论知识，撰写体会文章 14 篇。结合学习体会，两级班子及时开展了“五查五看”活动，找准了工作中存在的问题，明确了整改措施，并及时向干部职工做了通报。活动的开展，明确了工作方向和重点，促进了工作作风的转变，有力地推动了领导干部队伍建设。2. 注重“三个转化”，提高了员工队伍素质。根据形势的变化要求，市烟草专卖局（公司）对原有的企业文化体系做了完善和提炼，并结合三项制度改革修订了《员工道德守则》和《员工行为细则》，设计完成了长春烟草主题歌曲和“一切为你”的服务品牌形象和内涵，加快了行业建设步伐。3. 丰富了企业文化载体，塑造了企业良好形象。通过为员工体检、组织旅游、开展各种寓教于乐的文体活动，增强了企业的凝聚力；通过加大对外宣传工作力度，开展各种形式的扶贫济困活动，进一步树立了烟草企业“讲责任、讲奉献”的良好社会形象。一年来，在全市各类媒体宣传 150 余次，出资捐助各项公益活动 50 余万元。

（吕　维）

供电业

【概况】　长春供电公司是吉林省电力有限公司所属的国家大型一类企业，担负着长春市区及四个县（市）111.4 万客户的供电任务，供电面积 2.06 万平方公里，2007 年公司售电量达到 92.69 亿千瓦时。目前，公司拥有 11 座 220 千伏变电所，总容量2 829兆伏安，输电线路 40 条，线路回长1 078.83千米；151 座 66 千伏变电所（含农电 103 座），总容量3 793.6兆伏安，输电线路 134 条，线路回长 2 601.44千米；平泉、东郊、长春等 220 千伏一次变和市内所有的 66 千伏变电所实现了无人值班。2007 年，是长春供电公司实施“十一五”规划的关键一年，也是构建和谐长电、推进公司全面协调可持续发展的关键一年。是公司两个文明建设喜获全面丰收的一年。

【稳步推进管理体制改革】　为适应电力市场的发展要求，2007 年，长春供电公司本着尊重历史、尊重现实、平稳过渡、着眼未来的原则，稳步实施了三项改革。1. 在高标准完成“三个中心”硬件建设试点任务的基础上，在全省率先进行了“一部三中心”的组建，对营销系统各部室进行了整合和优化，实现了职能明晰、管理集约、数据集中、一口对外。2. 按照扁平化、专业化的方向，实施了机关管理体制改革，优化组织结构，精简管理人员，建立运转高效的管理体系。通过在全公司范围内进行公开竞聘，一批学历高、素质好、有业绩、能力强、肯钻研的员工竞聘到重要岗位，使机关整体素质得到提升。3. 实施全员竞聘上岗，人力资源的配置更加合理，实现了平稳过渡。

【狠抓安全生产责任落实】　以 2007 年 12 月 31 日 24 时为标志，公司胜利实现安全年目标，打了一场漂亮的安全生产翻身仗。全年没有发生重伤及以上人身事故；没有发生重大及以上电网事故；没有发生重大及以上设备事故；没有发生有人员责任的一般电网、设备事故；没有发生误操作事故；没有发生火灾事故；没有发生负同等责任的重大及以上交通事故；没有发生对社会造成严重影响的事故；顺利完成了“春、秋检”，提高了设备健康水平；进一步健全和完善了各项安全生产规章制度，规范了管理；扎实开展了反事故斗争，通过开展带电清扫、防外力破坏、治理设备隐患、“反措”落实月活动和建立事故应急预警机制，有效预防各类事故的发生；全面完成了大修技改工作任务，提高了电网技术装备水平；出色完成了“亚冬会”等重大保供电任务，履行了供电企业的社会责任；积极开展了安全生产“百问百查”等活动，进一步夯实了安全生产基础，安全生产“可控、在控、能控”水平得到提高。

【加大电网建设投入】 2007年是“十一五”长春电网建设的第二年，也是老工业基地建设发展的崛起之年。电网建设和改造规模之大、投资之多前所未有，长春电网实现了全面提速。其中，按照里程碑计划，完成了220千伏北郊、九台一次变扩建工程；66千伏光机、绿园、清河、湖西、东岗、亚泰变电站新建工程；正阳一次变66千伏送出，长关、长泉线路等10余项电网建设重点项目。同时，根据长春市2006年实际负荷增长情况和地方经济未来发展的需要，完善了“十一五”长春电网发展规划，科学谋划了长春电网建设规模。2007年6月11日，吉林省电力有限公司与长春市人民政府签署了《关于推进长春电网“十一五”建设发展的协议》，共谋发展大计，长春电网迎来了蓬勃发展的春天。

【不断深化用电营销管理】 2007年，长春供电公司在电费双结零、售电量创历史、民生打品牌等工作上思路新、节奏快，为公司利润指标的完成、为电网企业责任的践行做出了突出贡献。广泛开展了营销“3421”工程，基本实现了80%台区达到“六无一规范”的目标；全面开展增供扩销月活动，售电量近5年来首次突破两位数增长；电费储值卡、机关电费代收、社区联合缴费服务机构等举措有力促进了电费回收，同时也提升了公司的形象。公司培树了“王乐电力抄收服务队”品牌，文明诚信的服务方式和精细高效的服务流程得到推广。

2007年，公司胜利实现安全年目标，安全生产“可控、在控、能控”水平得到提高

【优质服务】 2007年是国家电网公司“优质服务年”，长春供电公司出台并实施了《2007年民生工作目标及行动计划》，设立专项扶贫基金，为30余户居民解决供电难题，配合政府解决黑楼道灯近万个，解决临时带正式用电1.4万户；《真诚电力》栏目搭建了企业与客户间真情互动的平台；首次邀请5家主流媒体举行了用电市场管理新闻发布会，主动暴露管理矛盾、正面疏导新闻舆论，促进了历史遗留问题的解决；客户工程进行业扩流程再造，由69项业扩工程流程改革为8项重点工作流程，主动加压将高、低压客户供电方案答复时限分别缩短为8天和3天；首次实现部分业务跨区办理，赢得了客户的真诚赞誉。

【农电工作】 2007年，长春市农电工作保持全省领跑。全面推广标杆管理，从6个农电单位到基层143个班组深入开展互动对标，有四家农电公司五项管理经验被省农电公司树为标杆，进入了典型专家库并在全省推广；继续深化“三新”战略。140个支农小分队和36支党员服务队、4 300多台水田变压器等全力支持农村排灌，9个电气化乡、28个电气化村目标全面实现;以“送戏下乡”、安全亲情防护网、安全贤内助为代表的安全文化富有特色,以“无缺陷示范台区”试点创建为代表的管理文化富有成效。实现农电安全年目标。

【多种产业】　进一步强化了多种经营管理部对全公司多种产业的指导职能,为规范多经发展奠定了基础。长电集团继首次承揽的500千伏通化至东丰线路工程正式竣工交付使用之后,又一举中标合松500千伏60公里线路工程,高电压等级线路工程施工能力跃上了一个新的台阶;历时3年的苏丹麦洛维送电线路工程顺利竣工,标志着集团在国际市场上取得了重要业绩;同时集团也加紧了对俄罗斯市场的开拓步伐,已与俄方有关方面进行了协商谈判,前景看好。长电地产开发的天地十二坊商街盛装开幕,国商、沃尔玛等商业巨头纷纷入主,为区域发展创造了美好前景,为长春市经济发展注入了活力。物资储运公司、招标公司、监理公司以及外市(县、区)多经企业积极理顺企业法人治理结构,探索改制方向,规范用工行为,谋划发展蓝图,不仅保持了员工队伍的稳定,同时为多经企业持续健康发展打下了基础。

【精神文明建设】　长春供电公司“大政工”格局初步形成,和谐长电建设顺利推进。公司《党建及政工一体化实施办法及考核细则》出台,实现了部署、管理、考核的三统一,形成了上下互动、横向互补、科学高效的工作体系。党风廉政建设突出新主题。以作风建设为主线,组织了专题讲座、警示教育、两级班子专题民主生活会及内外监督员会议,收到了很好效果。公司开展的效能监察项目连续两年获得国家电网公司一等奖。文明创建工作迈出新步伐。顺利通过了全国文明单位复查;“快乐文化”品牌的提炼和推广进一步深入。企业呈现出政通人和的良好局面。

（韩　哲）

2007年经济技术指标统计表

指标名称	单　位	实际完成	与2006年比增减
售电量	亿千瓦时	92.69	+11.42
供电可靠率	%	99.880	+0.003
综合线损率	%	5.33	-0.24
售电平均单价	元/千瓦时	565.93	+5.53

医药业

【概况】　长春市食品药品监督管理局负责对长春市药品和医疗器械的研制、生产、流通、使用实施行政监督和技术监督,负责食品安全综合监督、组织协调和依法查处食品安全重大事故。全面完成了全年任务。

【药品市场监管】　全年共立案查处各类违法违规案件2 436件,其中,假劣药品案件294件,大案要案8件。在对药品市场进行全面整治的同时,重点突出“六抓”。1. 抓重点单位。根据日常监督检查、群众投诉举报、企业诚信度、产品风险程度等情况,确定重点监督单位。向35户高风险药品生产企业派驻了驻厂监督员。对4户不按GMP要求组织生产的企业,依法建议省局收回了药品GMP证书,并在全市范围内予以通报。对6家违规医疗器械生产企业和13家不按GSP要求经营的企业给予了停产停业整顿处罚。对2家经改造仍达不到生产工艺要求的医疗机构制剂室,建议省局撤销了《医疗机构制剂许可证》。2. 抓重点品种。先后开展了处方药管理、中药材、中药饮片专、中加西和高值耗材、血液透析粉、一次性使用无菌产品等专项整治。进一步加强含麻醉药品的复方口服液和盐酸曲马多制剂等高风险药品的监管,除9家符合条件的药品零售企业外,依照标准取消了其他药品零售企业的经营资格。3. 抓重点环节。认真开展药品批准文号现场核查,按时完成了62户药品生产企业注册品种研发原始资料现场封存工作,对62户药品生产企业和6个药品研发机构注册的1 000多个品种进行了现场核查,企业主动撤回注册申请或退审的260件。对77家药品生产企业的4 481个药品批准文号进行了认真清查,企业主动撤销药品批准文号201个。对118个二类医疗器械产品、14个三类医疗器械产品注册进行核查,对提供虚假注册申报材料的企业,吊销或建议吊销了产品注册证。4. 抓难点问题。集中整治药品流通环节中挂靠经营、超方式和超范围经营难点问题,对药品批发企业2 300名销售人员进行重新登记、审核,初步建立了药品批发企业销售人员数据库。对13家"出租柜台"、零售搞批发和批发企业"走票子"的企业依法给予处罚。5. 抓热点问题。对群众反映强烈的药品广告问题加强监督,进一步完善药品广告监测和移送制度,加大对电视、广播、报纸等媒体的监督力度,责成专人,设立专机,对药品广告进行全方位监管,全面开通了"药品打假在线"。对检查发现的162条违法药品广告,全部移送工商部门查处。6. 抓认证企业跟踪检查。按照GMP、GSP认证标准,对35户药品生产企业、50户批发企业(含4户连锁企业)、350户县以上零售企业、330户乡镇零售企业进行了跟踪检查。

【行业自律】 召开了整顿和规范药品市场秩序大会、药品生产企业法人会议、医疗器械流通和注册产品专项整治工作会议、药品批准文号清查工作会议、处方药管理专项整治会议等多次专题会议,动员和部署专项整治工作。全市所有药品生产企业的法人代表参加会议并与监管人员当场签订责任书,明确企业第一责任人责任,强化企业第一责任人意识。开展安全生产宣传月活动,提高企业全员安全意识。采取召开员工大会、开展知识竞赛、张贴宣传标语等形式,宣传相关法律、法规、规章和GMP知识,进一步强化了企业全员安全生产意识、质量责任意识,推动了企业安全管理和生产质量水平的提高。开展自查自纠,强化自我约束。组织药品生产企业和医疗器械生产、经营企业进行全面自查自纠,全市83户药品生产企业、126户医疗器械生产企业和768户医疗器械专营(兼营)企业,在活动中主动改正8个类别的90多个问题,新增设备、岗位共投入100多万元。企业自律意识明显增强。

【长效机制建设】 出台了《关于进一步加强含麻醉药品的复方口服液和盐酸曲马多制剂等四类高风险处方药品管理的规定》、《关于新开办药品零售企业审批标准的规定》、《关于药品零售企业法人等许可事项变更的规定》、《新开办药品零售企业审批工作细则》等规范性文件,药品零售企业管理工作更加规范。与卫生行政部门协调,制定并实行《长春市乡镇卫生院规范药房标准》和《长春市农村卫生室规范药房标准》,对乡镇卫生院和村卫生室的管理职责与人员培训、设施与设备、购进与验收、陈列储存与养护、调剂与使用等环节进行规范。制定了《长春市医疗机构和计划生育服务机构购进、使用医疗器械监督管理规定》,对防控假冒伪劣产品进入使用环节,提高用械安全起到积极的保障作用。

【药害突发事件】 2007年3月末,在全国范围内发生了假药人血白蛋白事件,在查处过程中,长春市食品药品监督管理局组织严密、行动迅速、应对准确、措施到位,充分体现出了处置突发药害事件的能力。事件发生后,一天内,35个检查组全部到位并立即展开工作。一方面,本着"绝不漏掉一个涉药单位,绝不放弃一条涉药线索,绝不放过一个嫌疑人"的工作态度和"不留盲点,不留死角"的工作原则,采取从源头到终端梯次推进的办法对流入长春市的假药人血白蛋白进行全面追查。同时,与公安、卫生部门取得联系,请求公安部门配合案件协查,卫生部门通知所有医疗机构的人血白蛋白暂时停止使用待查。另一方面,发挥快速检验作用,由市药品检验所配制了人血白蛋白现场初筛标准试剂,并对检查人员进行现场初筛技能培训。通过对标示13个厂家生产的35个批号的人血白蛋白进行全现场初筛,发现标示4个厂家生产的6个批号的人血白蛋白疑似不合格,经省药检所检验,全部确定为假药,为全省乃至全国的假药人血白蛋白查处工作提供了有力依据。共检查药品经营企业2 281户、医疗机构2 696家,查处假药人血白蛋白1 816瓶,初筛、送检、封存150瓶,涉及4个厂家10个批号的假药,立案调查的案件21件,对国家局公布的13个批号和省局公布的21个批号的假药人血白蛋白的经营、使用情况全部查清,做到每件都有追踪,每瓶都有着落,全市没有发生一起因使用假药人血白蛋白造成的伤害事件。

【食品安全综合协调】 1. 加强组织机构建设和制度建设。食品安全监督管理委员会成员单位由原来的33个发展到37个，监管合力进一步加强。制订了《长春市2007年食品安全专项整治方案》，从整体上把握整治的重点品种和重点环节。制发《长春市食品安全十一·五发展规划》、《长春市2008年～2012年食品安全民生发展规划》、《长春市食品安全监督管理委员会关于加强农村食品安全工作的意见》、《长春市贯彻落实〈全国食品安全宣传教育纲要〉实施意见》等一系列规范性文件，促进全市食品安全工作规范运行。2. 加强日常监督和联合执法。对重要节假日、重大活动期间，重大食品安全事件，由食安委统一部署，统一组织联合执法检查。全年共组织元旦、五一、十一等联合执法检查9次，累计出动人员3万多人次、车辆5 000多台次，检查食品生产经营企业（单位）6.4万家次，依法组织查处了“农安县黑羊肉”事件、78线水果批发市场部分人员食物中毒事件。3. 开展食品安全“三进”活动。采取分层次、分类别的方式，在全市开展食品安全进农村、进学校、进社区活动。编制食品安全宣传教材，对7所试点学校教师进行全面培训，食品安全进校园活动已全面铺开。与中国食品质量报社合作，向42个社区、10所学校、10个机关、10家医院赠送报刊。4. 扎实推进农村食品安全工作。2007年，全市各县（市）、双阳区82个乡镇已全部建立了以乡镇一把手为组长的“食品安全综合监管领导小组”，1 555个村建立了由村党组织书记或村主任担任站长的“食品安全协管站”，每个村民小组都有一名以上的信息员。9月份，食安委办组织相关部门对各县（市）、双阳区的农村食品安全工作开展情况进行专项督查。农村食品安全逐渐步入制度化、规范化轨道。5. 加强应急处理工作。2007年，各相关部门、各县（市）区相继制定了应急预案和操作手册，对重大食品安全事故的预警、报告、响应等重要事项做出了详细规定，形成了市与县（市）区，相关部门上下衔接，左右相通的应急预案体系。6. 组织开展县（市）、双阳区食品放心工程综合评价。2007年11月份，市食安委办公室组织以农委、质监、工商、卫生、商务等相关部门对各县（市）、双阳区的食品放心工程开展情况进行综合评价。

【“查找改”活动】 市政府第九次全体会议后，全局上下高度重视，迅速行动。先后召开班子会和处长会，进行部署。共整理出5个方面23个问题，其中，自身已经解决和正在解决的有19个，需要市政府统筹解决的有4个。市政府已将免除村级药店税费等问题予以解决。需要自身短期内能解决的问题已全部解决。有力地推动了食品药品监管工作的深入开展。

【全方位建设】 1. 加强班子建设，带动队伍建设。通过开展创建和谐班子活动，深入贯彻落实市委关于《“树新正气、促和谐发展”主题教育的实施意见》的要求，局班子从加强班子建设和解决食品药品监管工作薄弱环节入手，积极开展批评和自我批评，增进了友谊，增强了合力，进一步提升领导班子驾驭全局能力，在班子中营造出民主、和谐、团结、干事的良好氛围。班子和谐团结产生了强大的凝聚力和战斗力，带动了全系统队伍素质的整体提高。根据工作需要，按照《干部选拔任用条例》规定，对全系统9名干部进行了调整、轮岗和提拔。对4名处级后备干部进行了任职，并通过民主推荐、组织考核、班子集体讨论的方式，补充了5名局级后备干部。2. 加强党风廉政建设，打造清正廉洁的队伍。认真学习和贯彻落实中纪委七次全会、省纪委八次全会、市纪委二次全会精神，坚持标本兼治、综合治理、惩防并举、注重预防的方针，全面推进党风廉政建设和反腐败工作，在全系统广泛开展法律、法规学习和职业道德教育。以“两G”认证工作为切入点加强内部监督。完善防腐倡廉制度体系、教育长效体系和监督机制。以规范制约权力为重点，认真落实党内监督各项制度。3. 加强依法行政建设，强化政务公开。以“提供行政审批优质高效服务”为主题，积极开展建设服务型窗口活动，进一步加大行政审批改革力度，简化审批程序，压缩审批时限，同时全面公开审批项目标准。全年共受理审批事项1 322项，办结率100%，90%以上在规定时限的一半时间内办结，以“制度最佳、程序最简、时间最短、服务最优”，受到服务对象的广泛好评，被市政府评为“优秀窗口单位”。4. 加强信息化建设，提高快速反应能力。建成了药品安全手机短信平台，并向药品生产、经营企业、医疗器械生产及专营企业发布药害突发事件通告、日常监管信息、最新政策法规、药品不良反应监测信息等，进一步提高了药品监管的快速反应能力。

【治理商业贿赂】 重点做到“三个结合”。1. 治理商业贿赂工作与药品市场专项整治相结合，进一步规范药品销售人员行为和药品购销渠道。2. 治理商业贿赂工作与企业自查自纠相结合，增加企业自律意识，自觉抵制商业贿赂行为。3. 治理商业贿赂工作与纠正医药购销中不正之风工作相结合，加强对药品批发生产、批发企业和医疗机构药品购销的监管。确定系统内部治理商业贿赂4个重点环节，10个重点岗位，涉及重点人员95人，企业确定重点岗位5类，300余个。全市治理商业贿赂工作在全省药监系统检查中，被评为优秀单位，受到市治理商业贿赂领导小组办公室高度评价。

【医药产业】 坚持“通过规划、引导基地公共平台建设，扶持企业重点项目建设，提高全市生物医药自主创新能力及企业核心竞争力”的总体工作思路，坚持以两个基地建设为重点，加强对企业的帮扶和指导，加快公共平台建设，深入推进招商引资。全市生物医药工业实现产值115亿元，同比增长31.28%；实现销售收入107.4亿元，同比增长38.34%；实现利润7.69亿元，同比增长15%；实现利税9.8亿元，同比增长13.18%。连续6年以超过30%的速度快速增长，生物医药产业继续保持健康快速发展的良好势头。1. 国家生物产业基地建设取得突破性进展。以公共平台建设为基础，加强对基地建设的宣传、规划、引导、服务。对公共平台和企业重点项目建设给予全过程、全方位的服务，全年为企业服务解决的具体困难问题近百件。12个公共平台项目中，已有生物反应器及药物开发工程中心、中药处理中心、医药彩印中心3个平台项目已经建成投入运行。实验动物繁育与实验中心、疫苗研发工程中心、生物酶工程技术中心等9个平台项目全部开工建设。国家商务部批准长春为国家医药出口创新基地。2. 固定资产投资力度进一步加大。修正集团长春高新生物医药园项目完成投资1.7亿元；长生生物科技公司白百破疫苗车间项目完成投资1.2亿元；金赛药业人生长素扩产项目完成投资5 000万元；吉林省奇健生物技术公司生物酶项目完成投资5 000万元；大明辐照灭菌集团公司辐照灭菌装置项目完成投资2 000万元；富春药业固体制剂车间改造项目完成投资4 000万元；金源北方新型医用材料项目完成投资6 000万元。加上平台项目投资和企业资产重组投资，累计共完成固定资产投资8.2亿元。3. 招商引资工作取得突出成效。先后组织企业赴欧洲、俄罗斯、香港、台湾、东南亚及长三角、珠三角等地开展了招商引资活动。公共平台、新产品产业化、资产重组等82个招商项目，引起国内外医药界和大财团的高度关注。与40多家国内外企业进行了接触性洽谈，签订意向协议18个，与北京基因药物研究所、台湾医药研发基金会等12家客商进行实质性洽谈，签订合作合同6个。美国东方生物科技有限公司、古巴政府、日本宫越、香港北大方正公司等10家公司已在长春投资建厂。累计引进意向投资48.4亿元人民币，已到位资金3.4亿元人民币。4. 长春医药产业知名度进一步提高。成功举办中国长春第5届医药健康产业博览会，在规模、参加人数、交易额等方面都大大超过了历届，标志着长春市的医药健康产业博览会越来越得到全国医药行业的认可，在业内也越来越具影响。

（赵景军）

民营经济

民营经济

综　述

2007年，在市委、市政府的正确领导下，经过全市广大民营经济工作者的积极努力，全市民营经济在发展中，抢抓各种有利机遇，不断采取各种有效措施，积极加强项目建设、产业集群、全民创业、人才培养、品牌工程、服务体系、环境保障等各方面的工作，使全市民营经济整体保持较快的增长势头，呈现出良好的发展态势。截至2007年末，全市民营经济实现主营业收入2 913亿元，同比增长31%；上缴税金61.6亿元，同比增长32%；民营企业户数达40 570户，同比增长5.8%；个体工商户达29.35万户，同比增长8.7%；从业人员达133.11万人，同比增长6%。同时，全省民营经济增加值是6 069亿元，长春市占到了全省的48%；全省中小企业暨民营经济实缴税金181.18亿元，长春市占到了全省的34%；全省民营企业达76 547户，长春市占到了全省的53%；全省个体工商户达86.32万户，长春市占到了全省的34%；全省中小企业暨民营经济从业人员达到324.66万人，长春市占到了全省的41%。全市民营经济取得的巨大成绩不仅调动了全市上下发展民营经济的积极性和主动性，更极大地鼓舞了全市民营经济工作者的工作热情和干劲，推动了全市经济更好更快发展。总体看，全市民营经济在活跃市场、消除短缺经济、扩大社会投资、增加出口、增强国民收入、提供税收、增加就业岗位、促进社会和谐发展和稳定进步等诸多方面都起到了积极促进作用。全市民营经济已实现了突破性发展，民营经济总量和其他各项经济指标均已占全省总量的较大比重，民营经济已经成为全市国民经济发展的重要组成部分，成为地方经济、百姓经济、民生经济、就业经济和富民经济。民营经济发展工作在全省范围内已走在了各地区的前面，为全省经济又好又快发展和社会全面进步做出了重要贡献。

【概况】　截至2007年末，全市民营经济实现主营业收入2 913亿元，同比增长31%，其中，城区民营经济完成1 743亿元；规模以上民营经济完成936亿元；工业企业完成318亿元。实缴税金完成61.6亿元，同比增长32%，其中，城区民营经济完成43.8亿元；规模以上民营经济完成21.9亿元；工业企业完成9.6亿元。全市民营经济总户数达到29.35万户，同比增加2.35万户，其中，城区民营经济总户数达26.5万户；规模以上民营企业有1 499户，工业企业487户。从业人员达到133.11万人，同比增加8.11万人，约占全市从业人员总数的四分之三多，其中，城区民营企业119.8万人；规模以上民营企业54.8万人；工业企业9.6万人。利润总额达134亿元，同比增长24%，其中，城区民营企业达到86.3亿元；规模以上民营企业达到41亿元；工业企业完成9.8亿元。实现现价总产值1 794亿元，其中，城区民营企业完成968亿元；规模以上民营企业完成632亿元；工业企业完成201亿元。出口交货值完成6.9亿元，其中，城区民营企业完成5.2亿元；规模以上民营企业完成4.3亿元；工业企业完成3.2亿元。固定资产投资完成689.9亿元，同比增长47.8%，其中，城区民营企业完成411.6亿元；规模以上民营企业完成314.5亿元；工业企业完成187.6亿元。

【发展质量】　长春市民营企业在科技领域有着得天独厚的条件，民营经济在传统领域迅速发展的同时，积极向高科技领域和新兴三产拓展，在电子信息、生物制药、新材料、环保等行业成长起一批发展潜力较大的企业，至2007年末，一批民营高科技企业和产品在全国、有些在国际上已处于领先地位，全市民营经济发展质量和发展速度显著提高。一是发展质量不断提升。依托长春市科技优势，民营科技企业快速发展。鸿达的指纹识别系统，当代信息字迹鉴别系统等8项产品，达到同类产品先进水平;金鹰电脑公司的粮库软件系统等10余项处于国内同类产品领先水平;迪瑞的尿液检测仪器和试剂,海王的生物制药等高科技产品发展潜力巨大,市场前景广阔。二是科技含量不断提高。长春吉联、爱普特环保、高才农业、迪瑞等企业在电子信息、生物医药、新材料及农业产业化等重点高新技术领域有较重大创新成果,科技人员占企业职工总数的18%以上,高新技术产品与技术性收入占企业当年总收入的39%以上,具有大专以上学历人员占企业职工的35%以上,每年用于高新技术产品开发研究、应用推广技术的经费占企业总收入8%以上。在产学研结合上,民营企业建立技术研发中心33个,占全市的三分之二。吉大正元、金赛药业、吉联商软等民营企业建立博士后工作站,充分发挥科技企业优势和作用。

【发展领域】 长春市民营企业利用区域优势,全面拓宽发展领域,已经形成了门类齐全的民营经济体系,参与了国民经济的80多个产业。从构成看,一产主要是农林、畜牧、养殖业。二产集中在农副食品加工业、医药制造业、机械制造业、新兴建材等行业。民营经济在三产中发挥了主体作用,2007年,三产中的民营经济完成增加值达670亿元。在餐饮、商贸、市场、装饰装潢、服装加工、汽车运输、家政服务、纯净水、洗浴、美发美容等近20个领域具有主导地位。新兴三产中,计算机服务业、软件业、社区服务业民营经济占有主体地位。教育、卫生、体育等行业民营经济也在积极参与,同时,随着国家对民营经济市场准入的放宽,很多民营企业开始着手进入电力、电信、石油、煤炭等垄断行业,有些民营企业在尝试打入公共交通、污水垃圾处理等市政公用事业和基础设施的投资、建设和运营,有些民营企业进入教育、医疗、文化、体育、教育等社会事业的非营利性和营利性领域,有些民营企业发起设立金融中介服务机构,积极参与银行、证券、保险等金融机构的改组改制。

【发展特点】 2007年,长春市民营经济发展态势良好,呈现较为突出特点,主要是:1. 经济总量快速增长。长春市民营经济的发展从80年代末起步,初期呈缓慢增长态势,进入90年代后期开始加速发展,近几年来,全市民营经济发展进入加速增长期。一是营业收入快速递增。2001年全市民营经济营业收入为445亿元,2007年完成主营业收入2 913亿元,年均增长20%以上。二是实缴税金增长逐步加快。2001年全市民营经济实缴税金8.9亿元,2007年实现缴税61.6亿元,年均增长50%以上。三是从业人员数量不断增加。2001年全市民营经济从业人员为84.3万人,2007年末将达133.11万人,年均吸纳3万人以上就业。全市年销售收入超亿元的民营企业100户,年销售收入超千万元的421户,年销售收入500万元以上的工业企业487户。其中有些民营企业如金豆集团、迪瑞集团等民营企业每年产值和销售收入翻一番。2. 发展质量不断提升。依托长春市丰富科技资源,民营企业很快形成了科技创新能力强、科技成果转化快的优势,民营科技企业快速发展。截至2007年末,全市民营科技企业发展到2 787户,占全市民营企业总户数的8%,实现产值325亿元,占全市民营经济总产值的10%。品牌体系建设已初见成效,皓月集团荣获国家驰名商标,已成为全国农牧食品行业龙头企业;德惠市被中国食品工业协会授予"中国食品名城"的光荣称号,成为全国继河南漯河市之后第二个、全国县级市第一个获此荣誉称号的城市。同时,君子兰产业发展大力推进,君子兰品牌已逐渐再现昔日辉煌。3. 骨干企业效果明显。围绕长春市重点产业,快速发展起一批有竞争力的民营企业。到2007年末,形成了以高新内饰件、华航集团和长久实业等为龙头的252家汽车产业和现代物流集群;以德大、皓月和金锣等为龙头的167家农产品加工产业集群;以吉联商软、鸿达科技和长白实业等为龙头的221家光电子信息产业集群;以迪瑞集团、金赛药业和西点药业等为龙头的122家生物与医药产业集群;以二道伊通河、绿园区雁鸣湖等为龙头的25大君子兰花卉产业基地。2007年,皓月集团产值突破50亿元,大成集团产值突破150亿元。骨干企业2007年实现产值970亿元,极大地带动了全市民营经济的快速发展,对推动全市十大产业发展和全市经济发展步伐起到重要促进作用。4. 集群经济初具规模。长春市民营企业项目建设工作和投资力度不断加大,2007年全市民营固定资产投资为689.9亿元，同比增长47.8%，其中，长春农用车项目、华凯轻型车项目、君子兰产业园等项目投资均超亿元以上。同时，积极加大汽车及零部件产业集群、君子兰产业集群、双阳梅花鹿产业集群等集群建设，通过协调和积极努力，汽车及零部件和君子兰产业集群已列入全省十大产业集中区，快速推进我市产业集群发展。5. 资源作用充分显现。长春市是农业大市，有丰富的农产品资源。民营经济具有在这个领域发展的实力和优势，民营企业利用这一资源，大力发展农副产品加工业，农业产业化规模企业发展到156家，产值近450亿元，已经在粮食、蔬菜、乳品、酒类、畜牧业等十多个农副产品加工产业占有主体地位。一批农业产业化龙头企业正在形成。大成集团的玉米、德大公司的鸡、皓月公司的牛、正业集团的猪、金锣集团的火腿肠、广泽公司的乳品、吉发集团的鹅肥肝、金源公司的土豆淀粉等都已达到相当的规模，广泽乳业每年投入近千万元开拓市场，进行广告宣传，创建企业的品牌，现在广泽的乳品在省内已经具有很高知名度，产品已经销往辽宁、黑龙江等全国各地。农业产业化企业使长春市的农产品资源优势转化为市场优势，提高了农产品的附加值，增加了农民收入。皓月的牛肉、正业的猪肉在全市已经具有很好的信誉，商品供不应求，品牌效应非常明显。6. 区域优势充分发挥。长春市是一个区域性中心城市，有健全和完善的城市功能，民营经济发展需要这样的环境和条件，并很快融入其中，在全方位、多领域发挥作用。全市民营企业在第一、二产业中快速发展，发挥了重要作用。在三产中已经产生了中东集团、正业集团、远东集团等资产和销售收入10亿以上，纳税千万以上的民营企业。出租车行业民营企业的拥有量达到90%以上。中东、华正、崇智、远东等市场，时代服饰广场、好旺角、长春卓展、国贸中心等商业零售企业都有一定的知名度。中介领域中财务、税务、商标代理、律师事务所、信息咨询、评估等中介组织共约800家，涵盖47个领域；全市民营协会建立了30多个行业分会，积极促进民营经济发展，在全市经济发展中发挥了重要作用。7. 招商引资快速推动。长春市处于东北的中心，地理位置较为优越。随着城市软硬环境的不断优化，很多国内知名民营企业看中长春市的区位优势，纷纷到此投资兴业。外埠在长民营企业迅速融入全市经济活动中，并且发挥越来越重要的作用。现在省内已有很多发展到一定规模的民营企业向长春聚集发展，有的企业还把总部搬迁到长春市。外埠在长民营企业快速发展，如九台金锣公司纳税成为当地财政的重要来源，其他如修正药业、华龙公司、通威饲料、华润啤酒、三九生物、锦丰实业等都是全国知名的民营企业。8. 社会贡献不断增加。全市民营经济自2001年至2007年7年里，营业收入增长了6.6倍，实缴税金增长了6.9倍，从业人员数量增加48.81万人。民营企业的从业人员已占到全市从业人员总数的75%以上，成为安排就业和农村剩余劳动力的主渠道，对缓解国企下岗职工、大学毕业生、农村剩余劳动力及部队转业兵带来的压力，起到了重要作用。民营企业还积极参与扶贫、助学、抗击洪水、援助地震灾区等社会公益事业，捐款捐物几年里累计达2.8亿元以上。

【腾飞工作】 为加快吉林老工业基地建设和振兴，促进全省民营经济又好又快发展，完成省政府给长春市确定的腾飞目标任务，全市上下在充分提高认识、全面分析形势的基础上，坚持分类指导、积极培育、强化服务、整体推进的原则，在责任落实、平台建设、服务体系、措施保障等方面，突出思路创新、内容创新、工作创新，不断加快企业成长步伐，促进民营经济规模总量上的腾飞；积极搭建发展平台，促进民营经济的集约化发展；积极参与和推进国有企业改革，壮大民营经济队伍；狠抓项目建设，促进民营经济新的增长；推进全民创业，推进全市民营经济的发展，确保2007年腾飞工作目标的全面实现。改变以往促进民营经济发展没有主次抓、笼统无序抓的做法，在充分利用长春市的资源和产业优势，积极谋划、引进一批资源加工型、配套型和外向型项目的基础上，采取分类指导的方式，实施培育“做强做大型、成长型、龙头带动型、创业型”四类企业发展工程，促进大中小企业全面、协调发展，不断加快企业成长步伐，促进民营经济规模总量上的腾飞。培育一批做强做大型企业，重点培育中东、皓月、长瑞、吴太等产值超亿元的企业集团，促其迅速做强做大,带动全市民营经济上规模、上水平,打造一批“产业航母”。主要采取助力方式,创造良好环境,尽快形成一批在国内外有影响力和竞争力的大型企业。扶助一批成长型企业。启动了实施成长型企业培育工程,对进入全省计划的259户成长型企业从资金、技术、人才、项目等方面加大扶持力度,利用开发区和工业集中区地域优势和优惠政策,促进成长型企业不断壮大。259户成长型企业完成主营业务收入、上缴税金、实现利润等指标同比均有大幅增长。培育一批龙头带动型企业。依托全市重点产业,大力扶持培育以汇锋集团、轿车消声器厂、长春金锣、广泽乳业、吉联商软、金豆集团等为代表的民营骨干企业,延长产业链条,增加在当地财政起支撑作用的纳税大户,打造产业龙头;依托长春市科技和品牌优势,培养一批以当代信息、鸿达科技、温馨鸟等企业为代表的在国内外科技领域技术领先、品牌知名、发展前景好的优强企业。抓好创业型企业。着眼于解决就业问题,对劳动密集型民营企业,从创业政策、创业资金、服务信息等方面给予大力扶持。同时,积极鼓励民营企业与大企业协作配套优势互补,实现专业生产,品牌经营,向“专、精、特、优”方向协调发展。

【项目建设】 狠抓项目建设,促进民营经济新的增长。为实现民营经济腾飞,以结构调整和优化升级为主线,以工业项目建设为中心,市经委着力推进“项目建设年”活动深入开展。2007年全市民营经济项目共有1 075个,总投资额815.6亿元。为历史同期最好水平。其中,500万元~1 000万元的项目125个,投资8.4亿元;1 000万元~5 000万元的项目548个,投资135.4亿元;5 000万元~1亿元的项目231个,投资136.8亿元;亿元以上项目171个,投资535亿元。对项目的跟踪、调度和落实,采取了“四定、一保”的有效措施,即对各县(市)区、开发区的项目“定处室”、“定人员”、“定期限”、“定责任”专门负责,最终实现“保进度”。其中,绿园区落位民营经济项目140个(工业项目115个、地产项目15个),新引进落位工业园区100个工业项目,现已全部开工,完成工业固定资产投资21.7亿元,占全年预期目标的52.5%。重点项目的开工建设强有力地推动了民营经济的发展。

【国企改革】 积极参与和推进国有企业改革,壮大民营经济队伍。“十五”期末,全市共有558户国有企业完成了各种形式的改革。盘活有效资产223.8亿元,安置职工22.9万人。近年来,长春市又有211户国有企业改制为民营企业,如长久实业、第一光学仪器、印刷机械、长运集团、中远集团、长瑞冲压件等企业。在国有企业改制过程中,民营企业的参与,使改制后企业焕发了生机和活力,如中东、皓月、福耀、升汇等集团积极参与房地产、药品经销、木材、劳保用品、纺织、化工等行业国有企业改革,以及通过招商引资,盘活了如长拖、长铃、衡器、铁塔等国有企业,拓宽了民营企业发展空间。今后长春市还将继续引导民营企业积极参与国有企业改革,通过组织民营企业参与国有企业改革洽谈会、对接会等办法,拓宽参与的领域和行业,推动国有企业改革步伐,形成新的发展机制,解决大量国有企业下岗职工再就业问题,促进经济发展和社会稳定。同时,整合闲置企业,盘活存量资产,形成新的增长点,促进全市民营经济腾飞目标的实现。

【全民创业】 推进全民创业,促进民营经济全面发展。在市委、市政府正确领导及各职能部门的全力配合下,2007年,全市继续深入开展“创办小企业,开发新岗位,促进多就业”活动,以创业促就业、搭建创业平台、培养小企业家为目标,通过进一步放宽政策、改善环境,努力构建平等竞争、充满活力的创业机制和全方位的创业服务体系,使各类创业主体在创业活动中,各显其能、各展其才,以创业带动就业、推动了民营经济发展,开创了创业环境优良、融资畅通、服务体系完善、扶持政策到位的创业工作新格局。2007年全市建设孵化基地的总体目标是建设标准厂房100万平方米。各县(市)区政府,为民营经济发展,在搭建平台上投入了大量的精力、物力和财力,推进了民营经济的快速发展。创业孵化基地建设取得了阶段性成果,到2007年末,全市规划建设和已具雏形的创业孵化基地22个,占地面积390.03万平方米,建筑面积203.76万平方米,实际完成建筑面积121.11万平方米。其中,工业孵化基地17个,规划占地面积301.82万平方米，建筑面积159.26万平方米，实际完成建筑面积93.36万平方米。全部由县（市）区完成的非工业孵化基地5个，规划占地面积88.21万平方米，建筑面积44.5万平方米，实际完成建筑面积27.75万平方米。至2007年底，工业孵化基地入驻企业68户，协议入驻61户，入驻率达到53.0%，可安置就业13 300人，达产可实现产值58.3亿元。非工业孵化基地入驻企业520户，入驻率80%，已安置就业3 000人，预计达产可实现产值1.75亿元。全市新创办中小企业2 216个，新增个体工商户23 500户，新增就业人数2.11万人，创业基地达53个，培训人员1.39万人次以上。

【平台建设】 积极搭建发展平台，促进民营经济的集约化发展。借鉴高新、经开两个开发区的成功经验，市经委（中小企业局）采取多种方式为民营企业搭建发展平台。第一，拓展开发区平台。主要做了两方面工作：一是完善省级开发区建设。到2007年底，长春市共有国家级开发区2个，省级开发区10个，省级工业集中区8个，规划控制面积1 866.87平方公里，建成区面积214.34平方公里，已进入企业6 505户。其中，绿园、二道、双阳等区争取省级开发区6个，新增土地220平方公里，已进入企业1 820户。二是扩大原有经济开发区地域范围和规模。如：宽城区把南广、站前、东广、新发、群英等5个办事处和一个兰家镇纳入经济开发区范围，增加面积45.2平方公里。组建省级开发区的，可享受土地出让金返还80%以及增值税在100万元以上的企业，增值税当年可按区级留用收入50%的资金额度对企业进行奖励等政策。第二，搭建产业集聚平台，培育壮大产业集群。结合长春市及各县（市）区的区域特点、产业基础和市场需求，围绕汽车及零部件、君子兰、双阳梅花鹿、二道区物流和铁艺等产业搭建平台，科学规划和有计划地推动小企业向集群方向发展，实现产业层次和结构优化上的新突破。其中的重点：一是培育长春汽车及零部件省级民营经济产业聚集区，大力发展汽车零部件产品生产、汽车物流、汽车科研等，全力推进汽车及零部件产业出口基地建设，培育1 000亿级汽车及零部件产业集群，尽快把长春市打造成国际汽车城。二是培育长春君子兰产业省级民营经济产业聚集区，突出建设两个基地，一建设占地10公顷、总投资2 000万元的长春市兰家君子兰花卉产业园宏大种兰基地。二建设占地50公顷、总投资8 000万元的长春市二道区君子兰产业基地。同时，建设占地6.7公顷、总投资1.4亿元长春君子兰花卉交易中心和面积1万平方米、总投资1.27亿元的中国长春现代农业博览园·君子兰展览中心。培育100亿级君子兰产业集群。三是培育二道、宽城物流产业集群，利用优惠政策，加大引导力度，发挥区域优势，大力发展。培育50亿级物流产业集群。四是培育市场集群，努力抓好四季青综合市场、中东生产资料市场、江山装饰装潢材料市场等特色综合市场集群。五是发展商业集群，依托已有的远东批发、重庆路、桂林路、红旗街等商业集中区，完善提升特色街路，形成产业、企业和创业者的区域性和群体性发展。2007年，长春市城区已完善和提升了各种特色街路74条，总长147公里，聚集民营企业及个体工商户9 710户。其中，朝阳区完善和提升各种特色街路42条，总长120公理，聚集企业及个体工商户900户；南关区14条创业路、8条专业街，总长16公里，聚集企业及个体工商户2 400多户，仅岳阳街的地板一条街，聚集企业及个体工商户即达163户，年实现营业收入约1.6亿元；二道区临河街的铁艺一条街，聚集企业及个体工商户110户，年实现营业收入约1亿元。这些街路共安置下岗人员1.5万余人。六是发展楼宇经济，全市共有大型商务楼88幢，总建筑面积130万平米，入驻企业2 000余户，营业额达100多亿元，纳税6亿元。长春市民营经济已形成了具有长春特色的发展模式，形成了以万荣集团、高新内饰件、汇锋集团、华航集团和长久实业等190余家企业为龙头的汽车产业和现代物流集群。以大成、皓月、正业和金锣等150余家企业为龙头的农产品加工产业集群。以吴太集团、西点药业和跨海药业等110余家企业为龙头的生物医药产业集群。以吉联商软、金鹰电脑和长白实业等180余家企业为龙头的光电子信息产业集群。目前聚集区、工业集中区年底营业收入超亿元以上企业达到100户，其中，综合集团3户（中东、远东、正业）、工业29户、商业68户；10亿元以上企业

8户;50亿元以上企业1户、100亿元以上企业1户。第三,建立各种基地平台。长春市结合实际,建立了一批适应各类民营经济发展的工业集中区和产业基地,为民营企业提供更为广阔的发展空间。如:朝阳区的汽车零部件产业基地;大成玉米的粮食深加工产业基地;双阳区的生物制药、文化印刷产业基地;绿园区的模具、纺织产业基地等。到2007年末为止,全市各类基地共有33个,计划投资35.9亿元,占地1 604万平米,建筑面积962万平米。这样有特色的基地建设为进一步争取省级开发区奠定了基础,也为民营经济的发展创造了有利条件。

【政策落实】 经过精心组织,积极筹备,召开了全市民营经济工作表彰座谈会。会议的目的:一是总结过去一年全市民营经济工作;二是为鼓励民营经济加快发展,按照市委、市政府《关于进一步加快民营经济发展的决定》的规定,坚持高标准、严要求的原则,评选出各类各层次的先进民营经济典型;三是研究部署今年民营经济发展工作任务。会上,在全市范围内评选出长春市十佳创业名星、长春市名牌产品名星企业、长春市著名商标名星企业、长春市技术创新名星企业等在两大支柱、三大主导和五大重点产业领域中优秀民营企业。会后,市经委(中小企业局)召开3个民营先进奖项专项座谈会,进行典型经验介绍,就大会和政策落实情况征求意见,提出建议,搭建起企业与政府、企业与企业互动、交流、学习、发展、服务的平台,更好地为企业服务。

【市场开拓】 积极强化民营企业市场开拓服务力度,增强民营企业发展实力。一是招商引资取得较好成果。积极组织民营企业赴国内外发达地区和国家招商引资,组织民营企业参加第四届中国国际中小企业博览会,我市民营企业在本届"中博会"上共签下逾千万元项目9个,贸易金额近13亿元,共有近4 000家企业与长春市中小企业实现场内外洽谈合作,与日本、韩国和国内广东、山东、江苏、浙江、福建、湖南、湖北、上海、北京等近20个国家和地区,签订销售和合作合同,合作领域较去年更加广阔。尤其是宇阳、阿满食品、示范水处理、仓海实业、吉韩模具等企业均有较大收获。同时,全市民营企业积极参加长春农业博览会、中国·吉林东北亚投资博览会等各种展会,实现招商引资。二是积极组织民营企业参加在青岛召开的民营企业新技术交流和新产品展览会,有针对性地包装民营企业名优新特产品,为民营企业开拓市场,搭建交流合作平台。三是积极开展民营企业名优特新产品和著名商标、名牌产品及市场开拓等工作,对全市民营企业的名优特新产品进行调查摸底,为汇编整理"长春市民营企业名牌产品介绍"做准备,按照省局做强做大1 000户成长型民营企业的工作部署,组织全市30户企业申报省民营企业重点研发机构,6户企业申报民营企业信息化示范点。

【服务体系】 完善社会化服务体系,建立有效的多渠道保障。不断完善社会服务体系建设。全市民营企业协会及各类专业委员会已达23家,民营中介组织800多家,涵盖财务、税务、法律、咨询、培训、评估、认证等18个门类。民营担保公司相继成立。第一,强化融资服务。长春市已建立各种担保机构20户,其中民营资本出资的担保机构为13户。20户担保机构资本金总额已达到10.3亿元,可为企业提供50亿元的贷款担保,至三季度末,全市担保机构累计为7 117户中小企业和个体经营者提供了贷款担保,累计担保贷款资金总额41.9亿元,担保余额为11.7亿元。2007年,在融资方面进行大胆创新和尝试,拓宽了融资渠道。一是针对创业者和小企业,由市经委(中小企业局)、市农村信用合作社联合营业部、市中小企业信用担保有限公司、省中东信用担保公司,联合推出了针对小企业和创业者小额贷款担保的"贷捷利"合作项目,小额贷款总额约为2亿元,每笔额度为1 000元~30万元,手续办理时限,最短为半天工作日,最长为10天,此贷款具有额度小、周期短、审批程序少、时间短、担保方法灵活多样、贷款服务对象多等特点,可为更多的中小企业提供小额贷款,解决企业实际问题。二是加大了银企合作的力度。采取各种办法和金融部门进行合作,企业也通过"请进来、走出去",包装项目、签订合同,赢得金融部门对民营企业的支持和帮助,通过开发行、农行和其他商业银行共融资7.1亿元,其中,绿园区在开行争取贷款3亿元,朝阳区争取金融机构贷款2.3亿元,九台市争取金融机构贷款0.8亿元。三是采取大厂帮小厂,一厂帮多厂等方式实行互相担保,以及采取行政式或通过亲情与友情帮助民营企业找有一定经济实力的企业或个人担保融资等方式,融资3 600多万元,这方面二道区做的较好,用这种方式帮助融资408万元。四是建立中小企业暨民营经济发展基金,近几年,长春市每年拨款500万元作为发展民营经济专项基金。2007年,长春市拿出2 000万作为工业经济发展专项基金。为进一步加大对民营企业在资金方面的支持力度,各县(市)区政府在这方面也都有较大突破,六区四县共拿出919万元建立专项基金。其中,朝阳区219万元、宽城区200万元、经开区500万元。同时,还力争多渠道、多形式地争取上级部门的资金支持。积极向国家申报年产5万吨秸秆压缩饲料等4个项目,获得资金支持210万元;向省申报中小企业贴息34项,获得资金支持556万元。第二,强化技术服务。在产业集中度较高或具有一定产业优势的地区,构建为中小企业提供技术开发、试验、推广及产品设计、加工、检测等公共技术支持系统,全力扶持汽车产业、君子兰产业、大成集团食品加工业和天药集团技术平台建设,培育各类技术服务机构,为企业技术援助、自主创新、品牌创建提供服务,解决产业或区域企业面临的共性和关键性技术问题,促进中小企业技术创新,加快产业升级,增强产业竞争力。一是培育申报了长春光电编码器技术研发测试中心等5个国家、省级中小企业公共技术服务平台。二是红光实业等9户有自主研发能力和潜能的企业,作为研发机构建设的重点通过了省局验收。三是开展科技企业对接推进科技成果转化工作。其中由长春市示范水处理设备厂孙世范发明的节约型电子水处理器,已经和长春市地兴腐植酸厂正在洽谈合作中,协商联合生产推向市场。四是推动中小企业技术创新基础性服务工作,目前已建立了256户技术创新企业及项目情况档案。第三,强化信息服务。“中国中小企业长春网”运行良好,已在十县(市)区内实现联网,扩大了覆盖区、完善了信息服务功能。2007年对委内资源进行了整合,实现了“五网合一”。加强了政府与企业沟通和联系的桥梁,为准确快捷地为企业服务,指导和引导企业全面提升企业管理水平和竞争力,搭建了信息平台。长春市259户成长型企业约有40%的企业有自己的网站,约有70%的企业有自己的网页,约有90%的企业有自己的电子名片。其中榆树市为强化信息服务,投资近10万元,完善了榆树市中小企业网站,免费为企业提供信息,免费为中小企业上网宣传,榆树市中小企业上网达到三分之二。第四,强化法律维权服务。依托长春市软环境办、长春市中小企业法律维权服务中心等相关部门,依法维护中小企业合法权益,提供有关法律法规咨询,协助民营企业处理各种法律业务和诉讼事务,为广大农民工和在长外地企业提供创业过程中管理服务和法律服务。重点实施了以为企业提供咨询服务为主要内容的“双百工程”。市经委(中小企业局)组织百名企业管理人才、百名法律人才,有针对性地为企业提供管理和法律咨询服务,推动中小企业健康快速发展。长春市已有130多家企业与管理人才和法律人才签约,建立了长期咨询服务的合作关系。2007年共为企业代理诉讼非诉讼案件5件,为企业解决疑难法律问题7件,提供咨询46件,为企业提供法律培训和讲座3次,培训人数350人。第五,强化管理咨询服务。全市共有中小企业服务中心15个,服务站所36个,各类中介机构800余户,已经形成了全市民营中小企业服务网络。在全市十大产业领域重点建立健全了30个左右行业协会,引导协会为企业发展诊脉、开展培训和“专精特新”产品评定工作。指导企业自创品牌,组织企业申报了3个国家名牌产品、驰名商标和20个省名牌产品、著名商标以及3个国家免检产品等工作,对获得省级以上著名商标、驰名商标、名牌产品和国家免检产品的企业予以一定的奖励。支持民营企业开展进出口贸易,组织企业积极参加“东博会”、“中博会”、青岛APEC技展会和香港中小企业国际市场推广日等国内各类展销会、交易会、洽谈会等活动,为企业参加境外展览会、国际市场宣传推介、开拓市场等提供大力扶助。

【人才培养】 市经委(中小企业局)同市委组织人才工作处合作,建立人才信息库,强化人才服务。针对企业需求,发布人才供给信息,对企业需求的特殊人才,利用猎头公司,加大引进力度。特别是为支持机关干部、事业单位、高校等部门人员，离岗创办企业或到企业工作，还与组织部联合选派了177名党政机关和事业单位人员到成长型民营企业中服务。同时，还将建立人才评估机构，做到有什么样的企业就用什么样的人才，用什么样的人才就培养什么样的人才，做到人尽其才，人尽其用。同时，积极强化培训服务。围绕"万户小企业、万名小老板"培育计划，全市建立和完善了52个创业培训基地，充分利用国家、省和市相关政策，发挥协会和中介组织的积极作用，采取校企联合培训、委托培训和企业自身培训等方式，集中有效地开展全方位培训，特别是市经委（中小企业局）积极推广蓝梦集团、中东集团、中韩模具等技能培训和专业培训的成功做法，引导企业结合实际，到基层、到农村进行具体专门或专业培训。全年各级政府出资，利用集中培训、分期指导等方式，对各类人员实行免费培训。全市共组织培训班194期，培训31 569人次。其中，创业者培训12 878人次，企业经营管理者培训6 249人次，职业技能培训10 102人次，孵化基地相关知识培训82人，创业小老板培训180人，职业经理人培训200余人。通过培训，大大提高了民营企业经营者的整体素质和管理水平，提高了各类人员管理技能和专业技能。

【发展环境】 采取有力措施，积极优化民营经济发展环境。一是出台和完善民营经济发展政策。继续贯彻落实市委、市政府《关于进一步加快民营经济发展的决定》，以及市财政、工商、税务等24个部门有关促进民营经济发展优惠政策的同时，重点对58条优惠政策进行了修改补充，增加了13条。各县（市）区也结合本地实际，在贯彻市委市政府发展民营经济政策基础上，又有针对性地提出了"降低创业门槛"、"创业奖励"、"政策环境"等新的135条优惠政策。同时，各职能部门相互配合，不断提高服务水平，把发展民营经济的优惠政策有效地落到了实处。二是在优化软环境方面，长春市推广了朝阳区一站式办公，办公联网自动化、办事公开化，建立为企业服务的"联系卡"和热线电话；公安局为企业在银行提款护航，民警休息日登门为企业检车；经济开发区项目审批缩减工作日，海关简化购买发票程序；农安县规定的"企业宁静日"等好的做法。三是加大宣传力度。在广播、电视、报纸等媒体上设专栏，大力宣传党和国家鼓励、支持和引导民营经济发展的方针政策，及时总结先进经验，形成有利于民营经济发展的良好社会环境和舆论氛围。四是优化政务环境。全市民营经济发展工作部门按照职能分工，落实责任到处室和个人，深入企业调研，了解企业发展存在的问题和企业运转中的需要，2007年全年到企业和县（市）区调研百余次，帮助解决多个大小问题。政府相关部门加大对县（市）区民营经济工作的督促检查工作，形成上下联动、全方位民营经济服务的工作机制。五是优化诚信服务环境。全市上下向广大民营企业宣传创业，依法经营，积极开展民企诚信守法活动，树立良好的社会企业形象，借鉴发达地区民营经济守法经营典型，积极开展学习和宣传，为下一步评定民营诚信守法企业做准备。

【组织保障】 加强责任落实，建立有效的组织制度保障。成立了由市长任组长，常务副市长和分管副市长任副组长，由市经委、统计局、工商局、国税局和地税局等相关部门为成员单位的长春市促进民营经济腾飞工作领导小组。在市经委（市中小企业局）设立了具体工作办公室，建立了定期调度会议、通报情况、解决问题和定期统计发布信息的工作协调机制和联席会议制度。加大目标责任制落实。将省里下达的民营经济主营业务收入、实缴税金、企业户数、规模以上企业户数、个体工商户、从业人员、创业指数等六项指标，分解到各县（市）区、开发区的业务主管部门，市政府与15个县（市）区、开发区签订了完成民营经济指标包保责任书。建立激励约束机制。长春市把发展民营经济纳入政府重要工作日程，市委、市政府明确提出全市民营经济三年腾飞目标是刚性指标、是硬性任务，各责任单位必须保质、保量、按时完成，年终考核各部门和县（市）区、开发区年度民营经济腾飞目标完成情况，实行一票否决。贯彻落实中小企业统计报表制度。民营经济统计工作点多、线长、面广，根据省统计局、中小企业局的联合文件《关于进一步明确民营经济腾飞统计工作有关问题的通知》和《吉林省中小企业统计报表制度》精神，长春市及时召开了长春市中小企业统计年报工作会议，明确了抓实基础工作，按照规定的上报期次、时间方式，定期组织调度和数据录入、如期上传报表；确保统计年报真实性、准确性和及时性；维护年报统计数据的严肃性；统计年报完成情况及相关指标完成情况作为创先评优考核的重要依据等要求。

【存在问题】 应该说，尽管长春市民营经济近年来发展较快，但与发达地区比较，还存在很大差距，薄弱环节和主要问题也很突出：一是在总量上。纵向比，主营业务收入在全省的龙头地位不动摇，占全省主营业务收入的48.9%。横向比，主营业务收入在副省级城市和东北四城市中排位仍为靠后。二是在规模上。许多地方都拥有一批固定资产和年销售额达几十亿、上百亿的大企业，而长春市固定资产超过10亿元的民营企业仅5家。三是在结构分布上。二产弱小的问题还很突出，2007年，二产的主营业务收入仅占全部民营经济主营业务收入的31.7%。四是各行业发展不平衡。有资质等级建筑业和批发零售业发展最快，规上工业、服务业、民营交通运输业增速高于平均水平，限额以下批发零售住宿和餐饮业、批零个体、规以下工业和无资质建筑业增速较缓低于平均增速。经过认真分析，主要原因是：一是政策落实不到位。应该说，国家、省和市出台的促进民营经济发展政策很到位，有的相关部门虽然也出台了促进民营经济发展的相关政策，但没有落实到位。各职能部门在落实政策、促进企业发展方面，还需进一步加强大局意识、服务意识和创新意识，形成更加有利于民营经济快速发展的政策环境和社会环境。尤其是一些站、办、所具体工作人员根本就不知道本部门制定了哪些促进政策，更不用说落实和执行。另外，在对促进民营经济发展政策的宣传上不到位，老百姓和初创业者根本就不知道有哪些鼓励发展民营经济的政策。二是融资难仍是制约发展瓶颈。民营企业融资难的问题仍没有得到有效的改善。应继续加大政府资金对民营企业发展支持力度，国家、省及外地基本都设立了民营经济发展基金。如：烟台市财政每年投入2 000万元，云南投入1个亿，沈阳投入2个亿，深圳市则在五年内拿出70亿帮助民营企业提速，相比之下，长春市在这方面力度偏小。金融机构对大中小企业在贷款审批方面，执行同一标准，加之审批时间较长，使得小企业很难得到银行资金的支持。对民营企业在贷款利息和税收方面缺少优惠政策。三是服务体系不完善。全市社会化服务中介机构数量较少，服务层次较低，服务内容单一，公共服务、技术信息、管理咨询等服务平台建立不完善，一定程度造成企业人才缺乏、技术创新能力弱、名牌产品少、产品市场竞争力不强等，尽管有个别服务组织在行业中有一定促进作用，但行业带动效果不强，整体促进民营经济发展能力较弱。四是统计体系不健全。国有企业改革转为民营企业后，工商部门的企业注册代码却不变，使得民营经济统计数据与实际有差距。现行统计制度，只能反映长春市民营经济总量指标和各县（市）区规模以上指标完成情况，无法反映各县（市）区规模以下指标完成情况，也就是不能反映县（市）区全部民营经济指标完成情况，使责任制落实及考评没有科学依据。五是工作协调难。发展民营经济是一项庞大的系统工程，需要上上下下、方方面面的共同参与来完成。作为发展民营经济的主管服务部门，在实际工作中，需要牵头协调各个方面、各个层面，一些部门因其本部门利益，或是应付对付或是根本不予支持，工作开展难度相当大。六是企业素质有待提高。全市民营企业行业间发展不平衡，而且没有把长春市的科技、资源、地域、产业等优势成分发挥出来。同时，长春市民营企业大多数是家族式企业，现代企业制度建立不完善，产权结构不合理，缺乏科学管理，市场竞争力不强，有的企业诚信度低，自律性差，等等，企业整体素质尚需进一步提高。

【未来发展】 虽然2007年全市民营经济发展取得了可喜可贺的成果，但后两年的任务仍很艰巨，市经委（中小企业局）将继续认真贯彻落实全省加快民营经济腾飞计划，围绕各项经济指标任务，充分地利用经社会各界努力而形成的全市民营经济良好的发展基础和环境，积极应对面临的挑战和存在的问题，全力推动民营经济又好又快发展。基本思路是：按照省委、省政府统一部署和要求，在市委、市政府的领导下，进一步解放思想、提高认识、落实责任、强化措施、加大力度、扎实工作，全力推进全市民营经济发展步伐，确保全年目标任务顺利完成,用新思路、新举措、新成果,为全省民营经济三年腾飞做出更多、更大的贡献。主要预期目标是:2008 年预计实现主营业务收入3 690亿元,同比增长 26.7%;上缴税金 78.64 亿元,同比增长 27.7%;民营企业户数达44 580户,同比增长9.8%;其中,规模以上企业达1 710户,同比增长 14%户;个体工商户达 31.44 万户,同比增加 7.1%;从业人员达 142 万人,同比增加 6.8%;创业指数达到 6.86。为保证全市民营经济的腾飞指标的顺利完成,将积极采取有效措施,全力以赴做好发展工作,促进民营经济腾飞。

1. 制订2008——2012 民营经济发展规划。组织各县(市)区从发展基础、发展目标、指导思想、重点产业、重点项目、新的民营经济增长点、主要措施等方面因地制宜分别制订五年民营经济发展规划,在此基础上结合"十一五"规划形成长春市 2008——2012 民营经济发展规划。

2. 召开全市民营经济工作会议。按照民营经济腾飞的总体要求,做好民营经济主营业务收入、实缴税金、企业户数、规模以上企业户数、个体工商户、从业人员等指标的分解,拟定全市民营工作会议筹备工作方案、综合评比方案、领导讲话、表彰决定、提出百户民营企业扶持计划、产业集群建设指导意见等,精心安排召开全市民营经济工作会议,做到精益求精、力求实效。

3. 继续实施企业培育工程。在企业发展扩大总量上花大力气,下苦功夫,采取分类指导的方式,继续实施培育"做强做大型、成长型、龙头带动型、创业型"四类企业发展工程,促进工、商、建、运、服大民营企业全面协调发展。在培育做强做大型企业工程中,选树"50 强民营企业",带动全市民营经济上规模、上水平;在扶助成长型企业工程中,实施"百户民营企业扶持计划",促进成长型企业不断壮大;在培育龙头带动型企业工程中,选树 30 户"行业排头兵民营企业",带动工、商、建、运、服各行业快速发展;在培育创业型企业工程中,选树 40 户民营"创业明星"企业,推动全民创业向纵深发展。

4. 推动民营经济产业集群发展。完善汽车零部件、君子兰两个列入省计划的产业集群,重点培育二道物流、大成玉米、皓月畜牧皮革、双阳梅花鹿业、北方中草药、动漫创业园、净月百艺园和二道铁艺等产业集群发展。引导城区建设特色街路,发展楼宇经济,引导农村实行"一乡一业"、"一村一品"的方式,推动中小企业向集群化发展。

5. 继续实施创业孵化基地工程。对 2008 年 100 万创业孵化基地标准厂房建设目标进行分解,加大指导协调力度,加大招商引资力度,加大服务设施建设力度,加大企业生成力度,促进民营经济不断发展。

6. 继续深入开展全民创业活动。一是继续深入开展"创办小企业,开发新岗位,促进多就业活动";二是继续实施"万户小企业、万名小老板"培育计划;三是抓好创业基地建设。

7. 继续抓实项目建设。特别要缓解成长型民营经济发展资金不足问题,推动企业技术进步和创新,推进民营经济服务体系建立和发展,实施项目跟踪,充分发挥专项资金的企业效益和社会效益,促进民营经济健康发展。

8. 进一步健全民营经济统计体系。针对当前民营经济发展中统计资料不及时、不准确、不规范的现实,切实加强对民营经济统计信息渠道的疏理。建立中小企业管理部门与统计、工商、税务等相关部门民营经济统计信息沟通渠道,坚决贯彻落实省统计局、省中小企业局《关于进一步明确民营经济腾飞统计工作有关问题的通知》精神和《吉林省中小企业统计报表制度》,切实把民营经济统计工作抓在手上,放在心上,真正把工作做实、做细、做好。充分发挥民营经济统计在指导民营经济发展中的重要作用。

(刘志刚)

乡镇企业

【概况】 截至 2007 年底,全市乡镇企业201 303户(含个体工商户),其中,集体企业 118 户、股份合作企业 3 户、联营企业 13 户、有限责任公司2 185户、股份有限公司 77 户、私营企业 23 934户、港澳台商投资企业 8 户、外商投资企业 20 户、个体工商户174 945户。按国民经济行业划分(不含个体工商户),农林牧渔业企业5 533户;工业企业 13 036户,其中,采矿业 198 户、制造业12 828户、电力燃气及水的生产和供应业 10 户;建筑企业 487 户;交通运输仓储业1 517

户;批发零售业2 348户;住宿及餐饮业939户;居民服务、其他服务业和娱乐业1 315户;其他类型企业1 183户。全市乡镇企业(不含个体工商户)实现总产值7 050 184万元,增加值2 009 879万元,实现税金150 882万元,从业人员414 429人。

【规模工业】 2007年,全市乡镇工业企业13 036户,实现增加值1 525 502万元,上交税金116 294万元,从业人员239 769人。其中,规模以上企业364户,实现增加值692 497万元,上交税金63 025万元,从业人员53 393人,分别占全市乡镇工业企业的2.8%、45.4%、54.2%、22.3%。

【出口创汇】 2007年,全市共有乡镇出口企业24户,实现出口交货值6.8亿元,同比增长66%。其中,年出口交货值500万元(含500万元)以上企业9户,实现出口交货值5.6亿元,同比增长152%,其中畜产品占全部出口额的80.5%,达5.5亿元,同比增长223%。

【固定资产投资】 2007年,全市乡镇企业(不含个体工商户)完成投资2 291 431万元(其中,新建项目完成1 850 771万元,改建项目完成168 700万元,扩建项目完成198 702万元,其他项目完成73 258万元)。资金来源:自有资金1 409 191万元,引进资金654 801万元(其中外资35 663万元),国家及有关部门扶持资金56 953万元,金融机构贷款120 129万元,其他资金50 357万元,分别占投资总额的61.5%、28.6%、2.5%、5.2%、2.2%。用于购置固定资产2 060 736万元,占投资总额的90%。固定资产投资1 000~5 000万元项目346个,5 000万元以上的项目131个,其中1亿元以上项目56个。

【园区建设】 到2007年底,全市乡镇企业各类园区22个,年末园内实有企业数5 414户,从业人员61 523人,分别占全市乡镇企业(不含个体工商户)的20.5%、14.8%。

【社会贡献】 2007年,全市乡镇企业从业人员达41.4万人,占全市城镇单位从业人员的48.2%;全市农民人均纯收入的35%是乡镇企业提供的,比2006年提高2.6个百分点;四个县(市)乡镇企业实缴税金均占四县(市)税收总额的70%以上。

【科技教育】 2007年,全市开展创名牌产品活动,引导企业不断加大科技创新力度,提高乡镇企业产品的技术含量和质量水平。部分有条件的乡镇企业已建立了技术创新中心和研发机构。皓月集团、龙洋集团、春莲集团和德莱鹅业4户企业的研发机构被农业部确定为国家农产品加工业企业技术创新机构。长春市禾丰米业有限公司等7户企业被评为全省乡镇企业创名牌产品重点企业。充分发挥乡镇企业家协会的作用,培育新型乡镇企业家。双丰集团董事长崔贵等15人,被评为"全国乡镇企业家",吉林省陆路雪食品有限公司总经理胡长明等14人,被评为"吉林省新型乡镇企业家"。开展乡镇企业职工蓝色证书培训和职业技能培训、鉴定工作。全市共建立了长春市、双阳区和农安县三个乡镇企业职业技能培训鉴定工作站,有23人取得了国家职业技能评审员资格证书。2007年,对807名6个工种的乡镇企业职工进行了职业技能培训及鉴定,对792名乡镇企业职工进行了蓝色证书培训,并获得了2007年度全省职业技能鉴定工作先进单位称号。

【对外交流】 2007年,长春市分别于6月初和10月中旬组织部分县(市)区局长、乡镇企业家带着项目和产品到长江三角洲、珠江三角洲地区进行了两次考察交流活动;11月份又组织部分乡镇企业赴延吉市参加了全国农产品加工企业技术对接会。通过对外交流活动,使企业家开阔了视野,拓宽了交流渠道,推动了长春市乡镇企业到沿海发达地区进行招商引资、招贤引智工作,促进了乡镇企业又好又快发展。

【"创业杯"竞赛】 2007年,按照省里的部署,长春市成立了以主管市长为组长,副秘书长和农委主任为副组长的"创业杯"竞赛领导小组,不断加大乡镇企业工作力度,层层落实责任,积极开展乡镇企业各项工作。年底,长春市人民政府以全省各(市)州排名第一的成绩,获得了全省乡镇企业"创业杯"奖,九台市、榆树市政府和德惠市经济局还分别获得省乡镇企业"创业杯"奖和"创业杯"组织奖。

(关　敏)

交 通

交　　通

综　述

2007年沈阳铁路局长春站发送货物121.5万吨，其中，发送粮食35.6万吨、煤1.6万吨、石油0.2万吨、钢铁5.8万吨、化肥农药2.8万吨、饮食烟草16.3万吨、医药品13.8万吨、集装箱33.2万吨；长春车务段各站发送货物937.7万吨，其中，发送粮食542.1万吨、煤64.5万吨、石油12.5万吨、焦炭87.3万吨、钢铁3.5万吨、化工品16.1万吨、饮食烟草34.5万吨、化肥农药7.7万吨、集装箱85.4万吨；铁路货物到达长春站492.4万吨、其中，煤257万吨、石油46.5万吨、钢铁67.9万吨、矿建1.6万吨、粮食22.9万吨、化肥农药22.1万吨、集装箱23.4万吨；铁路货物到达长春车务段各站1 315万吨，其中，煤770.8万吨、石油21.4万吨、钢铁96.2万吨、矿建77.5万吨、化肥农药124万吨、集装箱86.2万吨等；旅客发送量长春站为1 489.9万人、长春南站29.3万人、小南0.9万人。南航吉林分公司有执管A320系列飞机12架，经营航线总数达50余条，中国际（地区）航线12条，完成运输总周转量24 451.77万吨公里，旅客运输量164万人次，货邮运输量1.9万吨。长春市邮政局全年实际完成业务收入41 900万元，增长14.56%，收入同比净增值5 325万元，创历史新高，其中，邮务类、速递物流类、金融类三大业务板块累计实现业务收入31 413万元，分别占总收入的31%、15.6%、51.4%。省民航机场集团目前已开通航线76条、通航城市54个、保障机型20余种。2007年，集团共保障航班31 065架次，完成旅客吞吐量3 431 297人次，货邮吞吐量36 481.6吨，同比分别增长11.96%、17.27%、27.33%。

2007年，沈阳铁路局深化管理体制改革，调整生产力布局，实施大面积提速，推进铁路事业发展。长春站推出长春经济吸引区以运输汽车、铁路客车、粮食、木材、煤炭、化工、医药、建材、石油、钢铁等为主要货运服务项目，以日常旅客、出境、国内旅游、会展、节日旅游旅客运输为主要客运服务项目，为东北老工业基地振兴和长春市经济发展做出贡献。吉林机场集团与北京BGS公司合资成立吉林空港航空地面服务公司。与北京博维航空设备管理有限公司签订《长春龙嘉国际机场设备维修维护专业化重组终止协议》，对北京博维航空设备维修吉林分公司的资产、财务、人员等进行接收，吉林机场集团薪酬体系改革，基本实现了“劳酬一致”和“同岗同酬”的薪酬目标。长春市邮政局坚持以加快发展推进改革，以深化改革促进发展，着力于体制和机制创新，从实际出发，实行管理扁平化、快速反应市场、提高经营绩效，实现经营体制改革平稳过渡。营业体制改革在整合资源、提高效率、强化管理、促进经营等方面发挥积极作用，专业化经营体制改革从理顺专业职能、强化市场开发、深化专业核算入手，积极稳妥地推进并完成速递市县一体化经营；体制改革和物流、报刊零售专业省市合一实体化建设工作。

长吉城际铁路新建工程：2007年投资计划2亿元已全部完成。工程招标已完成，主要完成征地拆迁，为2008年的全面开工建设做好了准备工作。长双烟铁路新建工程：2007年部投资计划9 883万元已全部完成，完成铺轨70公里。2007年南航吉林分公司引进的一架A319型飞机，延吉基地综合办公楼落成启用。长春龙嘉国际机场一期工程全部竣工，并开始进行二期扩建的各项准备；延吉机场完成了全向信标更新、给排水管网改造、巡场路改造等改扩建工程；长白山机场完成了飞行区场道工程、航站楼及其他附属设施主体工程，并进行内部装饰。2007年长春市邮政局新增和改造32处网点，撤销邮政支局19个，裁撤农村局所15处。加强投递网建设，成立净月投递部、幸福二路投递部，改造14个投递室，优化了营投网点邮路，整合投递段道，成功实现邮政营业系统与邮区中心系统互联互通。

2007年长春站实现无责任较大及以上事故9 064天；无一般B类及以上事故1 009天；无责任人身重伤及以上事故728天；长春工务段实现了无一般D类事故164天、一般C类事故8 950天、一般B类事故8 489天、一般A类事故21 606天；无较(重)大事故21 606天。无道口责任一般(重大)路外伤亡事故9 132天，无责任一般(重大)火灾爆炸事故21 606天；长春北站实现无责任行车一般A类事故6 099天；无责任行车一般B类事故6 099天；无责任行车一般C类事故6 099天；无责任行车一般D事故680天；实现了安全年，连续12个月被路局评为一类单位。15年来，南航吉林分公司始终坚持安全第一、预防为主的方针，累计保证安全飞行33万小时。长春机场实现了飞行安全49周年、空防安全14周年；延吉机场荣获民航总局“2007年度机场安全金爵杯”，全年吉林机场集团安全生产总体平稳。启动了“三标一体”综合管理体系认证项目，安全管理逐步与国际标准接轨。长春机场和延吉机场分别通过了民航总局组织的航空保安审计和安全审计。

2007年长春市邮政局业务结构和增长方式实现新的转变，应对金融市场和经营环境的新变化，对各类业务实行分类指导，邮政经营领域不断扩大，业务发展增长点越来越多，代理保险业务、基金业务、彩票业务、长春日报发行、各类账单业务、小额抵押贷款等业务实现较大增幅。以市场为导向，立足于大营销，着力于大项目，集中掌控大营销项目52项，成功开发40项，报刊发行业务在长春师范大学、吉林大学等图书馆中文期刊采购招标中取胜，与各图书馆签订意向性合同金额608万元；重点强化专兼职客户经理队伍建设，调整专业营销力量，为经营发展提供保证。吉林民航机场集团新增航线29条，新通航城市8个。长春龙嘉国际机场首次开通经北京中转的国际通程航线，同时国内航线网络布局也日趋完善，增加了海航、国航、南航等公司运营的航线，开通了昆明、成都、乌鲁木齐等城市的定期航线和不定期包机航线。长春龙嘉国际机场联合深圳航空公司推出“货物快速中转”业务，缩短了长春出港货物的中转时间，实现了地空运输一体化，同时积极构建普货派送网络，与全国50余家代理人签订普货派送协议。南航正式加入世界航空联盟组织——天合联盟，成为国内首家加入航空联盟的航空公司。南航吉林分公司与吉林省旅游局、长春市旅游局、吉林市旅游局、长白山保护开发区管委会旅游局、吉林北大湖滑雪场、长春净月潭经济开发区管委会等单位联合主办“吉林省旅游航空冰雪产品联合推介会”。推介会从12月11日开始，推介会上，首先由吉林省旅游局对省内旅游景区、冰雪项目等进行了详细介绍，同时南航吉林分公司对南航航线网络产品进行了讲解，有效地把航空与旅游结合到一起，实现了淡季产品营销目标，提高淡季航班收益水平。

长春市邮政局党政工团立足本职岗位，始终努力保持和调动广大员工的积极性、创造力，广泛深入地开展各种形式的思想教育、员工培训、文化生活、小家建设活动，增强全体干部职工思经营、想办法、快发展的责任意识；长春市邮政局通过省、市文明办复检审核，被继续认定为全国文明单位，被授予“全国厂务公开民主管理先进单位”；卫建支局被评为长春市青年文明号，同志街支局被评为长春市五四红旗集体，信息中心被评为吉林省青年安全生产示范岗，红旗街支局被评为吉林省青年文明号信用建设示范单位；函件广告局荣获全国邮政系统营销“创百优”劳动竞赛优秀营销团队、全国精品库建设第一名。

(孙健鹏)

铁　路

【概况】　长春站为东北铁路重要枢纽之一。吉林省内铁路以长春为中心，有长大(长春至大连)、长哈(长春至哈尔滨)、长图(长春至图们)、长白(长春至白城)等铁路干线向四方辐射。2007年，沈阳铁路局继续加大对吉林省铁路建设的投资，深化管理体制改革，调整生产力布局，实施大面积提速，推进铁路事业发展。长春经济吸引区以运输汽车、铁路客车、粮食、木材、煤炭、化工、医药、建材、石油、钢铁等为主要货运服务项目，以日常旅客、出境、国内旅游、会展、节日旅游旅客运输为主要客运服务项目，为东北老工业基地振兴和吉林地方经济发展做出贡献。2007年，长春境内铁路运输业单位仍有8个。长春铁路办事处为沈阳铁路局派出机构。主要负责协调组织落实地方党委、政府布置的任务。因长春铁路办事处地处吉林省政府所在地，专门规定长春办事处负责协调组织落实吉林省委、省政府布置的任务。同时，负责检查督促铁路局授权范围内的基层站段安全生产工作、紧急情况下事故救援的组织协调工作、安全生产事项的协调工作、安全生产情况的评估工作以及社会养老保险、离退休人员管理、信访、国防动员等事项的协调服务工作。2007年，长春铁路主要运输指标完成情况：长春站发送货物121.5万吨，其中，发送粮食35.6万吨、煤1.6万吨、石油0.2万吨、钢铁5.8万吨、化肥农药2.8万吨、饮食烟草16.3万吨、医药品13.8万吨、集装箱33.2万吨；长春车务段各站发送货物937.7万吨，其中，发送粮食542.1万吨、煤64.5万吨、石油12.5万吨、焦炭87.3万吨、钢铁3.5万吨、化工品16.1万吨、饮食烟草34.5万吨、化肥农药7.7万吨、集装箱85.4万吨；铁路货物到达长春站492.4万吨、其中，煤257万吨、石油46.5万吨、钢铁67.9万吨、矿建1.6万吨、粮食22.9万吨、化肥农药22.1万吨、集装箱23.4万吨；铁路货物到达长春车务段各站1 315万吨，其中，煤770.8万吨、石油21.4万吨、钢铁96.2万吨、矿建77.5万吨、化肥农药124万吨、集装箱86.2万吨等；旅客发送量长春站为1 489.9万人，长春南站29.3万人、小南0.9万人。2007年长吉城际铁路新建工程投资计划2亿元已全部完成。工程招标已完成，主要完成征地拆迁，为2008年的全面开工建设做好了准备工作。长双烟铁路新建工程2007年投资计划9 883万元已全部完成，完成铺轨70公里。长春站站址在吉林省长春市宽城区长白路5号，邮编130051。长春站在长大线上衔接长哈、长图、长白线，是集客、货、运、装为一体的综合性特等站。站场为横列式，以下行正线为界划分为上行场、下行场、客车场和调车场（北调车场、西调车场），担当四平、哈尔滨、吉林、白城四个方向客货运输任务。日均办理辆数1 350辆左右，图定日均接发列车494列（其中，旅客列车142列，货运列车352列）。站内主要行车设备包括上下行正线各1条，吉林正线1条，到发线19条，编发线16条，牵出线4条，段管线53条；手动道岔142组，电动道岔260组，脱鞋道岔9组；减速顶1 722顶，调车机5台。行政机构设办公室、安全路风监察科、技术科、计划财务科、劳动人事科、收入科、教育科、武装部等8个科室；下设客运、售票、货运、运转、乘务5个车间，24个班组。党群机构设党群办公室，包括党委办公室、工会、团委。车站现有职工1 548人，其中干部130人，工人1 418人，技术人员38人（其中，中级职称15人，初级职称23人）。

2007年，长春站运输收入完成102 703.5万元，较年度计划多完成9 535.5万元，增长10.2%。其中客运收入完成90 354.2万元，较年度计划多完成7 413.2万元，增长8.9%；货运收入完成12 349.3万元，较年计划多完成2 122.3万元，增长20.8%。4月18日，长春至北京间开行D24/3次动车组。9月28日，长春客车库电气集中联锁改造后正式开通使用，结束了建站100年来手扳道岔的历史。2007年，长春站旅客发送量完成1 485万人，较年计划多完成86万人，增长6.1%；货物发送量完成121.5万吨，较年计划多完成22.5万吨，增长22.7%。货车停留时间完成17.0小时，较年计划压缩0.5小时。中转时间完成6.3小时，较年度计划压缩1.2小时。净载重完成51.6吨，较年计划多完成0.2吨。截至2007年12月31日，长春站实现无责任较大及以上事故9 064天；无一般B类及以上事故1 009天；无责任人身重伤及以上事故728天。

【长春北站】 地处吉林省长春市东三环路宽城区奋进乡，邮政编码：130052，车站中心位于长春枢纽京哈线1 011.922Km处，衔接长图、长白线，为单向混合式二级四场，站场全长5.8Km，隶属于沈阳铁路局。长春北站始建于1988年，成立于1992年12月28日，全部开通使用于1999年8月9日，按技术作业性质为区域性编组站，主要承担哈尔滨、棋盘、四平、大安北方向货物列车改编作业和中转技术作业，同时担负直通货物列车装载检查和长春地区枢纽车流集散、编解任务。2006年6月20日，运输组织结构调整后，车站主要承担直通列车货物装载检查工作，以及长春、长春东、大安北、棋盘小运转、区段小运转货物列车编解作业。长春北站现有正线3条，到发线24条，编发线6条，分类线13条，换装线2条，禁溜线2条，迂回线1条，安全线2条，机待线7条，机车走行线1条，机车出入库线5条，牵出线2条，站内道岔350组，减速器23组，可控停车器54台，调车机1台，信号楼4个、遥信楼1个、驼峰楼1个、半自动化驼峰1座。车站是一个新兴的编组站，行车设备技术先进，现代化水平较高，科技含量大，现有设备为：半自动化驼峰系统；TMIS系统实现信息共享网络化；联锁系统实现微机化；货车车号自动识别及货车超偏载监测、检测系统；TDCS调度指挥管理系统。固定资产原值2 912万元。车站行政机构设办公室、安全科、技术科、统计科、人事科、教育科、财务科；党群部门有党办、工会；车站下设运转车间、货检车间。2007年末，全站共有职工415人，干部44名，现场行车人员280人，2007年车站日均办理13 851辆，其中有调办理1 279辆，日均到发列车234列，中转时间1.8小时，全年开行重载组合列车557列，拆组列车372列。2007年下半年工作量大幅攀升，特别是11月30日日勤，小班办理10 562辆，打破了2005年2月15日小班办理10 097辆的历史纪录。同时有调量创去年“6.20”以来历史新高，日均有调辆达到1 526辆，较2006年同期多644辆，12月3日有调办理2 304辆，达到“4.18”以来的最高峰。日均解编列车55列，创去年“6.20”以来历史新高，较2006年同期多解编27列。在此情况下，下半年中转时间依然累计控制在1.8小时，运用车完成285车，各项运输指标均创历史最好成绩。截至2007年12月31日，车站实现无责任行车一般A类事故6 099天；无责任行车一般B类事故6 099天；无责任行车一般C类事故6 099天；无责任行车一般D事故680天；实现了安全年，连续12个月被路局评为一类单位。

【长春车务段】 地处京哈干线，管辖38个车站，其中二等站3个；三等站9个；四等站23个；五等站3个。哈大干线电气化区段车站21个，为双线四显示自动闭塞，长图、陶榆、长白支线17个车站为单、双线半自动闭塞。管内营业里程485.2公里，其中哈大干线276公里；长图、陶榆、长白三条支线计209.2公里。共有专用线247条，货物线71条，配有调车组车站30个，简易驼峰1座，固定调车机4台。段机关设在长春市，地址为人民大街81号，邮编130051。车务段行政机构设办公室、安全路风监察科、技术和统计科、客货管理科、收入科、职工教育科、劳动人事科、财务计划科、武装部9个科室；党群机构设党委、纪委、工会、团委，党委设党群办公室。全段共有职工2 434人，其中管理干部199人，技术干部55人。全段21个站位于京哈提速通道，提速里程约占全局三分之一。为确保“4.18”提速安全，全面清理了各项规章、制度，制订了动车组行车办法和安全卡控措施，集中技术力量修订完善了《站细》，培训提速区段干部职工1 828人次。协调地方政府和有关单位解决了十家堡、米沙子、沃皮等5个车站货场长期无法封闭的老大难问题，根治了扶余站“44户”居民经由站内出入的安全隐患，实现了提速通道中间站全封闭管理。在安全生产经营考核中，有8个月被路局评为一类单位。全年货物发送吨累计完成937.8万吨，较年计划830万吨多完成107.8万吨；旅客发送人累计完成496.3万人，较年度计划541万人少完成44.7万人；客运收入累计完成8 751.8万元，较年度计划8 352万元超399.8万元；货运收入累计完成74 038.4万元，较年度计划64 450万元多完成9 588.4万元；运输总收入累计完成82 790.2万元，较年计划72 802万元多完成9 988.2万元；除旅客发送量，其余各项指标均超额完成。

【长春客运段】 段址在长春市长白路21号，邮编130051。长春客运段负责担当长春、吉林、乌兰浩特、通化、图们、白城至北京、广州、西安、上海、齐齐哈尔，临江、集安，白河、阿尔山、牡丹江、营口、丹东、呼和浩特、大连、青岛等60对列车的乘务工作，其中，直通列车21对（包括动车组2对，跨局直达列车1对，跨局特快列车3对，跨局快速列车7对，跨局普快列车8对，跨局普慢列车1对）；管内列车38对（包括管内特快3对，管内快速14对，管内普快8.5对，管内普慢12.5对）。段行政机构设办公室、安全科、乘务统计科、收入科、材料科、教育科、路风监察科、计财科、劳动人事科、武装保卫科、退管办，共有11个科室；

共有16个车队,380个班组。设党群办公室。党委下设21个党总支、242个党支部、党员3 215名。全段共有职工9 708人,干部740人,技术人员97人,工人9 029人。固定资产原值8 192.75万元,折旧2 930.33万元,净值5 262.41万元。

主要生产经营任务完成情况:2007年旅客输送量为5 531.33万人次。全年共完成军临42列,运输老兵273批,21 725人;新兵625批,32 114人;专运任务46次,重点任务运输31趟次;旅游专列12对、18趟次;临客40对、1 283趟次;车辆加减挂256辆、2 336辆;支南车体整备21列、347辆。餐营收入完成3 872万元。运输收入完成18 709万元,完成计划的102.7 %。4月18日,开行D23/4动车;开行乌兰浩特—呼和浩特1820次旅客列车。截至12月31日,实现安全生产655天。

【长春车辆段】 段址位于吉林省长春市辽宁路939号,地处哈大干线700公里处,主要承担客车车辆检修、运用职能。管理跨度以长春为中心东至图们529公里,西至赤峰673公里,北至白城333公里,南至通化401公里。全段配属客车2 023辆,其中软卧车140辆、软座车30辆、硬卧车626辆,硬座车926辆,发电车49辆,行李车135辆,餐车93辆,邮政车13辆。全段共承担68对115组旅客列车的基地检修和乘务工作。段有各种机械设备751台,其中,金属切削设备52台、锻压剪削设备31台、动力设备69台、电器设备173台、起重运输设备159台、工作炉及热处理设备4台、木工设备16台、试验设备161台、工程机械设备5台、杂项设备81台。按类别分A类设备581台、B类设备173台、C类设备97台。固定资产250 336.51万元。

行政机构下设办公室、安全科、调度科、技术科、人事科、财务科、材料科、教育科、质检科、武装保卫科,共10个科室;1个驻段验收室;设长春、吉林、通化、通辽、白城、赤峰六个运用车间及检修车间、设备车间共八个一线车间,108个班组。设1个党群工作办公室。全段共有职工3 898人,干部253人,技术人员83人,工人3 645人。2007年全年完成客车段修570辆,完成客车辅修2 357辆。同时,全面开展了基础设施建设,积极配合兄弟站段围绕动车组过渡停留方案,完成了接触网及运用库三道大门改造工程,安装了站场广播及报警系统,并新增一处移动式接触网和一套临时地面电源;完成了修车库暖气大修,解决了修车库散热器腐蚀严重等问题。

【长春供电段】 段址位于吉林省长春市宽城区松江路395号,邮编130051。担负着沈哈、平齐、通让、长白、白阿、长吉、四梅、陶榆、开丰9条线133个站的生产、生活供电维修管理任务。段管辖范围:京哈线南至开原分界点上行801.665km处,下行802.080km处。北至蔡家沟分界点1 172.00km,长吉线11.8km龙泉至兴隆山36号干外1米,平齐线454.05km泰来——街基间114号杆北1米处,通让线北332.12km处,太阳升配电所受干36号杆外1米处,南至太平川配电所出口外1米,白阿线白城至阿尔山。全段主要设备:电力设备的换算公里为11 724km,电力线路3 637公里;其中架空线路2 697公里,电缆线路940公里。变配电所89座(包括箱变);变配电装置1 333面;变压器1 404台,变配电所(包括车间变)188座,投光灯塔2 061座。供电的设备换算里程为2 538.4km,其主要设备有6座牵引变电所,38个RTU箱,284个远动开关。运输设备50台(其中,汽车36台、轨道车10台、放线车1台、平板车3台)。固定资产原值150 097.49万元,净值79 685..96万元。行政机构设办公室、安全调度科、劳动人事科、财务科、教育科、材料科、验收室、技术科、武装部9个科室;长春、四平、德惠、白城、太平川、郑家屯、大安北7个电力车间,长春、四平、德惠3个供电车间,检修、动力设备、大修、抢修四个生产车间,共14个车间,86个班组。设党办、工会、团委。全段共有职工1 573人。干部147人,技术人员99人,工人1 426人。2007年运输有权支出64 331.45万元,实际支出64 505.39万元。计划供电损失率9.15%,实际供电损失率9.14%。

截至2007年12月份,电力技术指标按计划全部完成。全段完成受电量8498万度。供电损失率计划10.94%,实际完成10.94%;力率计划90%,实际完成97.7%;负荷率计划53%,实际完成66.7%;利用率计划22%;实际完成34.6%。电力线路合格率计划85%,实际完成

93.9%;变配电设备合格率计划85%,实际完成93.9%。供电跳闸次数标准为0.104/百万千瓦小时,实际发生次数为0.03/百万千瓦小时。截至2007年12月31日,实现无责任重大、大事故653天;无责任一般事故36天;无责任人身重伤及以上事故653天;无责任火灾653天。

【长春工务段】 段址在吉林省长春市宽城区凯旋路382号,邮政编码:130052。管辖京哈线上下行977km~1 172km,其区间包括大屯、长春南、长春、团山堡、长春北、一间堡、米沙子、沃皮、布海、德惠、达家沟、姚家、陶赖昭、团山、蔡家沟、扶余共16个车站;长图单线0km~12km,长图2线0km~3.605km,其区间包括长春东、龙泉、龙泉北;长白线由小南车站10#道岔为起点至133km为单线,另团山堡至小南间为复线区段,双线区段共计6.13km,其区间包括小南、东城子、小合隆、华家、开安、农安、柴岗、哈拉海、王府、七家子共10个车站;陶榆线0km~55.393km,其区间包括五棵树、刘家店、闵家屯、榆树4个车站。主要担负上述四条干线的线桥养护维修任务。线桥设备有正、站、段、岔特线共计977.392km,其中正线615.358km。道岔1 172组,其中正线道岔313组。道口141处。桥隧涵总换算长9 710m,其中桥梁197座/5 356m,涵渠302座/1 365m,其他(建筑物、河调、灰坑)2 989m。有机械设备285台。其中,各种机床18台、发电机组4台、190型液压捣固机6组、直式捣固镐72台、双头扳手10台、单头扳手26台、双向轨缝调整器25台、道岔打磨机9台、仿型打磨机7台、直轨器12台、发电机(10千w)17台、直流电焊机14台、探伤仪26台、运输设备39台(含汽车19台、轨道车9台、拖车11台)。固定资产304 138万元。

行政机构设劳动人事科、计划财务科、安全科、职工教育科、技术科、材料科、办公室、武装部共8个科室;10个线路车间及探伤、运输、检修、旧线测量、长春桥梁车间、德惠桥梁车间、道口车间、线路检查中心,计18个车间,97个工区。设党群工作办公室。全段共有职工2 206人。其中,干部144人,技术人员45人,工人2 062人。

生产任务完成情况:整治冻害442处,补充石碴24 487.5m³,更换Ⅲ型枕66根,更换Ⅱ型枕249根,更换69型枕480根,矫直硬弯钢轨200处,补充缺少零配件1 864个。对线路道岔进行了全面攻坚整修,完成线上几何尺寸调整2遍780km,道岔整修214组,道岔捣固206组,钢轨打磨65km,道岔打磨206组,短轨焊复459处,路基冻害整治208处,全面整修线路外观390km,线路标志刷新1 097个,曲线要素全面核对251处。以桥梁车间为主力,全线安设地锚拉杆,曲线安设247条/10 021根,道岔安设160组/1 403根,长春北站Ⅳ场峰下安设62根。京哈线封闭网累计完成:网桩加固392公里,安设支撑2 300根,长春南轻轨新设封闭网7.2公里,封闭网加高125.48公里。并进行了春、冬季植树会战,共植树18 520棵。优质完成了正线综合修1 201.8公里,站专线维修197.8公里,正线到发线道岔维修439组,线上焊接钢轨300根,无缝线路焊接轨缝523个,焊补锰钢辙叉150个,更换再用钢轨332根,更换新钢轨80根,更换新辙叉130个,更换新夹板320个。矫直钢轨硬弯803处,道岔大螺栓改锚290个,轨条修理354处。长白线更换Ⅲ型枕3 000根,长春、长东车间的站专线更换再用砼枕6 400余根。全年完成大机清筛13 970km;小机清筛20km;人工清筛7km:道岔清筛68组;道岔大修52组;公铁并行防护桩新设2 655公里,加固4.2公里。桥梁综合修44.4座/1 593.8米,涵渠综合修67座/1 448.2米。"必检桥"6座,必检涵9座。2007年1-12月份,部局轨检车、动检车共检查正线12 446km,其中,优良10 301km,优良率82.77%;合格2 145km,合格率17.23%;各类Ⅲ级病害17个。截至2007年12月31日,实现了无一般D类事故164天、一般C类事故8 950天、一般B类事故8 489天、一般A类事故21 606天;无较(重)大事故21 606天。无道口责任一般(重大)路外伤亡事故9 132天,无责任一般(重大)火灾爆炸事故21 606天。

【长春电务段】 段址所在地吉林省长春市汉口大街23号,邮编:130051;管辖范围:承担着京哈、通让、长白、平齐、白阿、长图、陶榆、平梅八条干支线1 738.60km、121个车站的信号设备养护维修任务,换算道岔组数20 215.992组。现有职工1 770人,其中,干部249人,工人1 521人。全段共有女职工333人。职工队伍文化结构：大专以上315人、中专614人、高中604人、初中以下237人。下设9个科室（办公室、人事科、财务科、技术科、安全科、质检科、教育科、材料科、党群办公室），17个生产车间（长春、四平、公主岭、扶余、德惠、长北、松原、大安北、白城、乌兰浩特、郑家屯、太平川、四平驼峰、机车信号、长春检修、长春修配、中修车间），1个电务试验室，1个维护中心，129个班组。管辖设备：信号机4 783架；联锁道岔3 107组；转辙机3 704台；轨道电路4 857个；道口113处；TDCS设备126个站楼；驼峰7个场；机车207台。固定资产总产值：85 048万元。主要生产经营指标完成情况：信号设备综合合格率达到98.86%，设备优质率达到79.83%。完成年总产值：18 141万元。全年共完成玻璃山等9个站中修任务，完成监护道口接近通知距离延长改造50处、提速道岔改钩锁大修55组、配合工务道岔大修74组，完成五棵树、三江口、长春车辆段客车库等8个站场大修改造和四平站直通场及南、北平齐复线改造工程。完成了永宁、舍伯吐、农安、乌兰浩特站扩能改造施工。全年直接费用支出1 368.5万元，间接费用支出693.7万元，经营管理实现预期目标。全年共考评一级干部385人次，考评三级干部323人次，考评失格干部93人次，有132人次进入再就业站培训，考评出一级职工3 822人次，考评三级职工3 173人次。全年举办ZPW2000A、TDCS等各类培训班32期，培训人员1 741人次，举行技术表演赛6期，提高了职工素质和应急处理能力，在路局电务处举办的技术比武中取得了较好成绩。段获铁道部科技创新火车头奖杯。截至2007年12月31日，实现无行车重大大事故21 602天，无责任人身死亡事故21 602天，无责任重伤事故16 980天，无火灾事故21 602天，实现了安全年。

（张耀锟）

交通公路运输

【概况】 2007年是长春市公路交通事业取得丰硕成果的一年，各项交通工作都取得新的进展。交通基础设施建设取得新的突破，道路运输服务能力全面提高，交通行业管理明显加强，有力地促进了全市经济和社会的发展。2007年，全市交通基础设施建设完成全口径投资21.1亿元，超计划目标15.9%。其中，公路建设投入17.5亿元，养护工程投入2.2亿元，运输场站建设投入0.5亿元，其他投入0.9亿元。到2007年末，全市公路总里程达18 501 807公里。其中，国道630 311公里，省道456 429公里，县道1 499 857公里，乡道4 190 931公里，专用车道34 347公里。在公路总里程中，高级次高级路面10 078 697公里，有路面里程10 170 868公里，晴雨通车里程14 098 088公里；在等级公路中，高速公路278 697公里，一级公路376 774公里，二级公路820 607公里，三级公路2 324 389公里。长春通往周边主要城市和各县（市）区基本用高等级公路相连，市区主要公路出口全部达到一级公路标准，100%的乡镇和97.5%的行政村45%的自然屯通了油路、水泥路。全市公路网密度达88.58公里/百平方公里。一个城乡相连、四通八达的公路网络基本形成。到2007年末，全市共有公路客运站点128个。其中，一级站5个，二级站5个，三级站7个。共有公路客运线路1 163条。其中，跨省线路78条，跨市线路159条，跨县线路177条。全市共有营运货车50 287台，营运客车8 607台，其中公路营运客车2 099台，2007年共完成货运量10 464万吨，货运周转量289 548万吨公里；完成客运量5 565万人，完成客运周转量390 236万人公里。到2007年末，全市机动车维修企业达1 761户，维修总能力305万辆（二级维护作业以上）。初步形成了以一批重点企业为骨干，多种经济成分并存，经营门类齐全，网点布局趋于合理，经营面覆盖全市，辐射全省，经济效益和社会效益同步增长的市场格局。全市共有驾校56所，年培训能力15万人，基本满足了社会需求。

【路网工程建设】 2007年，全市交通系统完成了国道102线长春至德惠段73公里一级公路改建工程施工图编制等前期工作；完成了省道榆江线榆树至天德段52.8公里一、二级公路改建工程年度计划；县道哈永线三盛玉至永安10.9公里三级公路竣工通车；省管项目长春至松原高速公路及辅路征地拆迁工作基本完成，其连接线亚泰大街北出口4公里城市道路完成各项前期工作;国道102线长春至四平段长春境内征地拆迁工作全面完成。

【农村公路建设】　2007年,在全市基本实现村通水泥(油)路的基础上,继续推进农村公路建设向村屯发展。全市计划新建村屯道路500公里,实际完成2 284公里,为年度计划的4.6倍,全市通水泥(油)路的行政村和自然屯的比率分别达到97.5%和45%。其中,榆树市通水泥(油)路的村、屯分别达到100%、65%,九台市分别达到99.6%和60%。全面完成了99.85公里"城中村"道路建设任务。

【运输场站建设】　2007年,完成了交通部、省政府批准规划建设的国家级公路主枢纽建设项目,也是省市重点公路基础设施建设工程长春凯旋公路客运站。于2007年10月建成并正式投入运营,成为全省一流、东北最大的公路客运枢纽。在东北三省工程建设质量评比中获得金奖。完成了榆树市公路客运中心站、德惠市客运站、九台市上河湾客运站和九台市货运站改造工程。农安物流园区二期工程完工并投入使用,占地面积1万平方米,建筑面积1.3万平方米,总投资1 200万元。

【民生行动计划】　2007年,长春市交通局编制了年度民生工作计划和今后五年规划,对列入2007年全市民生行动计划的交通项目,建立了目标管理,责任落实,定期调度,重点督查的推进机制,确保了各项民生计划的完成。除列入全市民生行动计划的农村公路建设、凯旋公路客运站建设按计划完成外,计划解决农村断头路240公里,实际完成281公里;计划改造农村危桥41座,实际完成64座;计划新建10个乡镇客运站和新开辟25条公路客运线路全面完成。同时,在农村公路重要节点设立标志标牌3 606块,完成了8个农村渡口改造任务。

【运输市场管理】　2007年,平稳顺利地完成了撤销客运南站、客运北站和对1 723条客运线路的调整。市、县两级交通部门研究调配运力,注重源头管理,积极拓展便民措施,深入开展优质服务,圆满地完成了假日旅客运输工作。2007年,全市完成客运量5 570万人次,为2006年的106%。

加大了打击非法营运"黑车"力度,调整理顺了运管体制,组建了6个运输管理稽查大队、12个中队,充实加强了一线执法力量,实行日常检查和集中查处相结合,会同公安、交警、建设等部门联合执法,上下联动,密切配合,严厉打击非法营运"黑车"等违法经营行为。2007年,查处非法、违法车辆7 899台次,取缔"黑车"233台,全市道路运输市场经营秩序明显好转。加强了机动车维修和驾驶员培训诚信管理,依法经营行为进一步得到规范。由南关区政府出场地,交通部门管理,在亚泰大街南端建立了停车场,使城乡结合部待租货车占道经营的问题得到初步解决。

【公路养护管理】　全市完成干线公路养护工程56.5公里,县级公路养护工程250.5公里,文明样板路建设649公里。干线公路好路率由2006年的78.7%提高到81.5%。深入开展市区公路出口环境秩序整治。成立了城市公路出口路政综合治理大队,加大公路出口路政管理力度。在各主要公路出口共清理边沟累计195公里;清理骑路市场6处、占道经营29处;清理非公路标志86块,拆除违章牌匾146处,公路出口卫生状况和环境秩序明显好转。

【公路收费管理】　以强化公路通行费月票管理,规范审批程序,治理私放"人情车"、"特权车"等行为为重点,加强了公路收费管理。采取有效措施遏制了车辆绕道逃费行为。在农安县、榆树市等地方政府重视协调下,对多处私设公路收费站予以取缔,车辆通行费收费额明显增加。全市共收取车辆通行费12 251万元,比年度计划提高36.2%。

【水上交通安全治理】　2007年,各县(市)区和有关乡镇政府,认真落实渡口渡船安全管理责任制。长春市、县两级海事部门深入开展渡口渡船整治,检查渡口24道,检验船舶145艘,新办理船舶登记75艘,培训船员185人,船员适任操作考试110人,新改建船舶5艘。进一步加强了南湖、净月潭及县区重点水域的水上交通安全监督检查,全市水上交通安全状况明显改善。

【交通依法行政】 围绕全面提高交通依法行政能力、行政执法水平和执法队伍素质，进一步推行交通行政执法责任制，完善了《行政执法责任制考核评分标准》，细化了交通行政处罚自由裁量权，开展了交通行政执法检查，推行了交通行政许可、处罚案卷评查制度，对交通行政执法主体、执法依据、执法程序、行政许可和处罚案卷制作进行了严格规范，全市交通行政执法水平明显提高。

【交通体制改革】 全市交通系统坚持把交通发展与改革创新相结合，不断推进交通体制改革。一是推进农村公路养护管理体制改革，初步建立了以县级政府为责任主体的农村公路养护管理体制。二是积极推进国有交通企业改革。长春路桥建设集团公司、长春市物资供应处、长春市公路监理办公室已基本完成改制任务，实现了国有资产退出和员工国有身份转换。各县（市）区的交通国企改制全面推进。三是推进交通行政审批相对集中改革。制定了交通行政审批相对集中改革实施方案，经市有关部门批准，组建了交通局行政审批办公室；制定了集中行政审批流程和相关制度，设立了交通行政审批大厅，为交通行政审批相对集中改革的全面实施打下良好基础。

【行风建设】 长春市交通系统以“文明在交通”活动为载体，广泛开展创建学习型行业、“青年文明号”和“巾帼建功立业”等多种形式的精神文明创建活动，不断增强全系统凝聚力、创造力和职工队伍开拓进取精神。不断加强党风廉政建设，认真贯彻落实党风廉政建设的有关规定，建立并不断完善“三位一体反腐倡廉”格局，积极推进具有交通特色的反腐倡廉体系建设。不断加强交通软环境建设，深入开展公路“三乱”专项治理，完善了社会监督网络和快速反应机制，保持了治理“三乱”工作常抓不懈的态势。长春市交通局荣获交通部治理公路“三乱”工作先进单位，继续保持省级文明单位的荣誉称号，长春市公路客运总站荣获交通部全国交通行业“巾帼文明岗”荣誉称号。

（夏晓波）

民用航空

【概况】 吉林省民航机场集团公司（以下简称吉林机场集团）是首都机场集团公司的全资子公司。主要经营国际、国内航空运输业务，担负着经营机场、保证安全的任务。下辖长春龙嘉国际机场、延吉机场和长白山机场（建设中）。现有员工2 147人，资产总额26亿元，已开通航线76条、通航城市54个、保障机型20余种。2007年，集团共保障航班31 065架次，完成旅客吞吐量3 431 297人次，货邮吞吐量36 481.6吨，同比分别增长11.96%、17.27%、27.33%。

【航空安全】 长春机场实现了飞行安全49周年、空防安全14周年，延吉机场荣获民航总局“2007年度机场安全金爵杯”，全年吉林机场集团安全生产总体平稳。启动了“三标一体”综合管理体系认证项目，安全管理逐步与国际标准接轨。构建安全管理体系（SMS），围绕安全管理机构、目标和培训等方面搭建起安全管理的基本框架。建立风险控制机制，安全防范关口前移，全年未发生因机场责任造成的飞行事故。实施安全专项整治，加大隐患排查力度，重点针对机坪运行、鸟害防治和不停航施工等薄弱环节，着力解决影

2007年11月5日，吉林省委书记王珉视察长白山机场建设工程

响安全运行的突出问题，全年投入资金5 000多万元。以民航安全审计为契机，规范运行管理，提高机场安全裕度。长春机场和延吉机场分别通过了民航总局组织的航空保安审计和安全审计。建立了重大运输保障任务联动机制，圆满完成第六届亚洲冬季运动会、第三届东北亚博览会和党的“十七大”期间机场的安全保障任务。

【服务质量】 长春龙嘉国际机场荣获2007年度“全国文明机场”称号，同时获得“最佳服务质量机场”、“最佳餐饮服务机场”和“最佳候机环境机场”三个奖项。吉林机场集团积极导入服务测评体系，实施精细化管理，确定顾客满意度指数，通过每季度对所属机场服务质量全方位测评，发现问题及时整改。完善各类应急处置预案，做好特殊情况下旅客的服务保障。改进服务短边项目，增加机场餐饮、商贸和贵宾室等场所的设备设施，机场配套服务功能日臻完善，旅客满意度不断提高。全年吉林机场集团未发生一起旅客有效投诉事件。

【市场开发】 实施整体营销战略，市场开发取得实效。全年新增航线29条，新通航城市8个。长春龙嘉国际机场首次开通经北京中转的国际通程航线，同时国内航线网络布局也日趋完善，增加了海航、国航、南航等公司运营的航线，开通了昆明、成都、乌鲁木齐等城市的定期航线和不定期包机航线。在客运市场的拉动下，吉林机场集团货邮吞吐量快速提升。长春龙嘉国际机场联合深圳航空公司推出“货物快速中转”业务，缩短了长春出港货物的中转时间，实现了地空运输一体化，同时积极构建普货派送网络，与全国50余家代理人签订普货派送协议。2007年长春龙嘉国际机场货邮吞吐量保持两位数增长。延吉机场通过加大市场开发力度，货邮吞吐量保持38.72%的快速增长。

【基础设施】 长春龙嘉国际机场一期工程全部竣工，并开始进行二期扩建的各项准备，12月份扩建指挥部完成了机场航站楼及站坪扩建项目的可行性研究报告；延吉机场完成了全向信标更新、给排水管网改造、巡场路改造等改扩建工程；长白山机场完成了飞行区场道工程、航站楼及其他附属设施主体工程，并进行内部装饰。为确保长白山机场奥运会前通航，吉林机场集团成立了长白山机场运行筹备办公室，积极开展飞行程序设计、机场使用手册撰写、人员机构设置和航班航线开发等各项准备。

【改革发展】 首都机场集团公司宣布取消吉林机场集团董事会，聘任张军同志为吉林机场集团总经理，同时任命张军同志为吉林机场集团党委书记；解聘阎欣同志吉林机场集团总裁职务；按照首都机场集团公司关于机场专业化公司“进、改、退”的部署，与北京BGS公司合资成立吉林空港航空地面服务公司。与北京博维航空设备管理有限公司签订《长春龙嘉国际机场设备维修维护专业化重组终止协议》，对北京博维航空设备维修吉林分公司的资产、财务、人员等进行接收；按照首都机场集团的安排，完成了吉林机场集团薪酬体系改革，基本实现了“劳酬一致”和“同岗同酬”的薪酬目标。

【备战奥运】 长春龙嘉国际机场和延吉机场是2008年奥运会备降和火炬传递机场。为确保安全工作万无一失，吉林机场集

中国民用航空总局副局长高宏峰与吉林省副省长在加快吉林省民航发展会议纪要签字仪式上签字

团采取积极措施，建立健全奥运保障组织机构，成立奥运保障工作领导小组，制定了《奥运航班备降保障方案》和《奥运火炬接力传递保障方案》以及各种应急预案。建立奥运航班备降保障联动机制，协调各驻场单位，加强奥运航班备降保障的沟通与配合。组织奥运备降航班应急保障模拟演练，提高机场应急处置能力。加强员工培训，提高业务技能。完善机场安全保障设备设施，确保奥运期间机场安全。

【春运运输生产】 2月3日至3月14日，吉林机场集团圆满完成春运保障工作，运输生产再创新高，实现了两个历史突破。2月24日，长春龙嘉国际机场单日保障航班突破86架次，机场旅客吞吐量突破10 030人次。在历时40天的春运中，吉林机场集团共保障航班3 570架次，完成旅客吞吐量375 092人次，货邮吞吐量3 615.6吨。其中，长春龙嘉机场共保障航班2 830架次，完成旅客吞吐量299 561人次，货邮吞吐量3 340.4吨，同比分别增长30.9%、24.7%和40%；延吉机场共保障航班740架次，完成旅客吞吐量75 531人次，货邮吞吐量275.2吨，同比分别增长37.5%、36.8%和56.1%。

【启动综合管理体系认证项目】 3月14日至12月，吉林机场集团启动以质量管理体系、环境管理体系、职业健康安全管理体系为标准的一体化综合管理体系项目。截至12月份，项目已完成前期调研、内审员培训、运行管理手册和综合管理手册编写、双体系批准发布及运行、内部审核等工作。预计2008年4月将进行第一次外审。

【重新修订长春龙嘉国际机场总体规划】 4月至12月，吉林机场集团启动了《长春龙嘉国际机场总体规划》修编项目，上海华东设计院承担此次修编工作。10月18日，召开了《长春龙嘉国际机场总体规划（初稿）》审查会，相关修编工作仍在继续推进，预计2008年6月将全部完成。

【长春龙嘉国际机场办理国际中转联程业务】 6月21日，长春海关、首都机场海关、中国国际航空股份有限公司三家联合签订国际航班国内中转业务监管联系配合协议。该协议的签署，标志着长春龙嘉国际机场可以开展长春经北京至莫斯科、法兰克福、新加坡、洛杉矶航线便捷的国际航班国内中转业务。旅客在长春直接实现候机、中转，不需要再到北京办理中转出境手续。

（祖若珣）

【南航吉林分公司】 2007年，元月5日，南航吉林分公司与第六届亚冬会组委会签约仪式隆重举行。分公司总经理周岳海在仪式上致辞并表示公司将继续为各界友人提供安全、优质、便捷的服务，协同组委会办好此次亚冬会。分公司副总经理刘纯代表吉林分公司与第六届亚冬会组委会签约。签约结束后，长春市市长祝业精为吉林分公司颁发了“航空运输类唯一合作伙伴”和“第六届亚冬会特殊贡献单位”荣誉证书。

2月7日南航吉林分公司新引进一架A319飞机，飞机号6168，在长春龙嘉国际机场着陆，正式加入吉林分公司机队，南航吉林分公司的空客系列飞机数量达到12架。本架飞机于2月8日正式投入运营，首航执行CZ6373/4长春—大连—深圳航班任务。

绵阳市政府举行隆重的欢迎仪式，庆祝吉林分公司长春—绵阳—昆明航线正式开通。5月3日，分公司长春—绵阳—昆明航线正式开通。中午12时，绵阳市政府举行了隆重的欢迎仪式庆祝首航成功。绵阳市副市长李亚莲代表绵阳市政府讲话，并向分公司赠送了内容为“木棉花开科技城，一线造福南北人”的锦旗。分公司贾玉新主席携营运部经理张卫东、地服部经理曾征、办公室刘铁、党群工作部刘莹一行五人到绵阳参加了庆祝仪式。贾玉新主席代表南航吉林分公司致词，并向李亚莲副市长赠送了飞机模型。贾玉新主席还接受了当地媒体的采访。当晚8点，分公司党委副书记叶权力，办公室主任李朝武等领导在龙嘉国际机场迎接绵阳市考察团。

2007年新增航班1.2007年5月3日起，开通长春—绵阳—昆明（往返）航班，每周四、日，CZ6447/8；2.2007年7月18日起，开通长春—西安—乌鲁木齐（往返）航班，每周二、三、六，CZ6445/6；3.2007年6月15日起，开通长春—福冈—长春航班，每周一、五，CZ6543/4；4.2007年4月2日起，开通延吉—沈阳—光州(往返)航班,每周一、五,CZ6547/8。

7月5日至6日,刘绍勇总裁率领集团、股份主管安全经营、财务、服务和工会工作的有关领导一行10人来吉林分公司检查指导工作。工作组在第一天下午分成四个小组,分别与分公司安全、经营、财务、服务口的三级单位负责同志进行了座谈,分析探讨了吉林分公司当前运行的现状,征求大家有关"安全、效益、服务、转型"的意见和建议。刘绍勇总裁在晚上听取了周岳海总经理代表分公司党委所做的工作报告。6日刘绍勇总裁一行到龙嘉国际机场视察分公司的运行情况,并对一线员工进行了慰问。此次刘绍勇总裁对吉林分公司的工作给予了充分的肯定,并对今后的工作做了重要部署。

南航吉林分公司成立十五周年。吉林分公司成立于1992年8月8日,公司成立之初仅执管运—5型和运——7型飞机,仅有15条国内航线。15年中,吉林分公司抓住发展机遇,不断开拓进取,先后历经从国产运—7型到MD—82型飞机、从MD—82型到空客A320系列飞机的两次全面的机型置换,已执管12架空客飞机,航空运输生产取得长足发展,经营航线总数达50余条,其中国际(地区)航线12条。1992年,吉林分公司运输总周转量仅为322.52万吨,发送旅客6.9万人,货邮发送量458.6吨;2006年,吉林分公司完成运输总周转量24 451.77万吨公里,旅客运输量164万人次,货邮运输量1.9万吨。2007年,吉林分公司共有员工2 251人,其中劳务制员工640人,有飞行人员140余人,机务工程维修人员328人,签派执照人员28名,94%以上的管理人员具有大专以上文化程度。已获批准的维修项目包括A321机型2C检和A319/320机型1C检(含)以下,以及A320系列换发、结构修理、探伤和近50项附件修理工作。15年来,吉林分公司始终坚持安全第一、预防为主的方针,累计保证安全飞行33万小时。

9月18日下午,吉林省人大唐宪强副主任一行10余人在分公司领导的陪同下来到SOC视察工作。唐宪强副主任一行参观了SOC大厅、机组和乘务准备室以及视频讲评室,详细询问了签派放行、机组准备和航班动态监控的过程,充分肯定了运控工作的重要性,并鼓励分公司为吉林省的经济和社会发展作出更大贡献。9月18日下午,吉林省人大唐宪强副主任一行在分公司领导的陪同下来到吉林分公司维修厂机库视察工作。维修厂领导就机库功能和使用情况向唐副主任进行了详细介绍,并请唐副主任登上停放机库门前刚刚结束定检工作的空客飞机驾驶舱,朱副总对驾驶舱资源向领导进行了讲解。视察中,唐副主任对吉林分公司的快速发展给予了充分肯定,强调了机务维修工作的重要性,并鼓励分公司进一步做好各项安全工作,在为吉林省的经济发展提供稳定和谐的社会环境上做出更大贡献。

吉林分公司开展特色服务,庆祝南航联盟日。11月15日,南航正式加入世界航空联盟组织——天合联盟,成为国内首家加入航空联盟的航空公司。加入天合联盟标志着南航将登上国际航空联盟的大舞台,为南航迈向国际化提供了一个与国际接轨的一流标准,这是公司国际化战略的重要举措,是公司实现由线性航空公司向国际化规模网络型航空公司转型的重要步骤,是实现南航可持续发展的"加速器"为庆祝南航"联盟日",吉林分公司客舱部在CZ6145、CZ6541、CZ6341进京、进沪、进穗的航班上进行了重点宣传,在CZ6343航班上开展了主题宣传系列活动。这次宣传活动让旅客更进一步了解了南航和天合联盟,扩大了南航的国际影响力、知名度和品牌效应,也向中外旅客证明了南航的实力和美好的前景,成为旅客首选南航的新的亮点和见证。

为进一步落实股份公司淡季产品推介会议精神,解决淡季客源不足问题,为扩大市场需求,提高航班收益,更好地利用长白山、北大湖等旅游资源,促进吉林省冬季冰雪旅游的推广,南航吉林分公司与吉林省旅游局、长春市旅游局、吉林市旅游局、长白山保护开发区管委会旅游局、吉林北大湖滑雪场、长春净月潭经济开发区管委会等单位联合主办"吉林省旅游航空冰雪产品联合推介会"。推介会从12月11日开始,历时4天,包括吉林省、长春市政府领导,南航股份公司领导、南航各分子公司、营业部相关人员、各地旅游企业负责人以及新闻媒体记者在内120余人参加。推介会上,首先由吉林省旅游局对省内旅游景区、冰雪项目等进行了详细介绍，同时南航吉林分公司对南航航线网络产品进行了讲解，有效地把航空与旅游结合到一起。对吉林省内主要旅游景点，长春净月潭滑雪场、吉林北大湖滑雪场、长白山旅游景区进行了实地考察，不仅亲身感受到了吉林冰雪的魅力，而且对当地的住宿、餐饮、交通等方面有了深刻了解，以便整体包装旅游产品。同时南航各分子公司、营业部航线管理人员纷纷表示，为配合好旅行社组团计划，他们将在市场开发初期，在座位保障和航线价格上给予支持，力争与旅行社一起将吉林省航空冰雪旅游产品推广出去，实现股份公司淡季产品营销目标，提高淡季航班收益水平。

（张　强）

信息产业

信 息 产 业

信息产业

【概况】 2007年,长春市信息产业局以全面推进长春国家光电子产业基地建设和实现光电信息产业发展质量与发展速度双突破为目标,以提高光电信息产业对全市GDP贡献率和惠及民生为宗旨,以项目建设年、招商引资9个月攻坚战和"查找改"活动为载体,统筹规划,科学布局,开拓创新,全面完成了市委、市政府确定的产业发展目标和工作任务,实现了光电信息产业与信息化建设又好又快发展。全年光电信息产业产值超过220亿元,同比增长26%。其中,电子信息产品制造业完成产值100亿元,同比增长33.7%;软件业实现主营业务收入35亿元,同比增长25%;信息服务业实现销售收入85亿元,同比增长18.1%。

【产业推进】 进一步完善了产业发展动态监测平台,建立了产业和园区运行情况的数据统计系统,为及时掌握、跟踪基地和产业发展状况,提供技术支撑;搭建企业创业和能力孵化平台,为企业初期发展提供良好的载体,降低企业初期运营成本;搭建人才培养和创新能力培训平台,解决了长春市光电信息人才由单一型向综合型、适用型转变的平台不足问题;搭建了企业间交流与合作的平台,通过举办论坛、展会、研讨会建立长效工作机制;进一步完善了承接国家、省对长春市光电信息产业支持平台,以基地公司为母体,采取股份制形式,按光电子、汽车电子、消费类电子、软件外包等四个领域建立平台载体,为助力产业发展提供有效支撑。全市光电信息产业共建设项目123个,计划总投达130亿元,年内已完成投资47亿元。其中,行业重点项目23个,被列入全市91个重大项目有4个,51个项目获得国家、省、市相关部门支持,无偿支持资金2 850万元。全市光电信息企业已发展到594家,光电信息产品达600种,其中拥有自主知识产权产品530种。

【产业基地建设】 按照依托现有基础、突出产业特色,发展产业群,营造引进环境,建立创新体系的原则,加快建设长春国家光电子产业基地的步伐,支撑产业发展的综合平台初步形成。与中科院长春光机与物理所共同搭建的光电子企业创业孵化中心现有入住企业18个;启明汽车电子工程技术中心被省科技厅确定为省级工程中心;长春国家光电子产业基地软件与服务外包创业培训中心,已为长春市软件企业培养ITO业务主管40人;依托吉林大学、长春软件园搭建光电子、汽车电子嵌入式软件实验平台工作得到国家信息产业部的资金支持;光电子工程技术中心平台项目可研与环评工作已经完成。国家发改委6月份在长春召开了国家高技术产业基地发展研讨会,对长春

2007年6月15日,第二届中国(长春)国际光电信息技术博览会在长春国际会展中心隆重开幕。

国家光电子产业基地建设给予充分肯定。依托长春国家光电子产业基地申报的长春国家汽车电子产业园区获国家信息产业部批准。6月14日正式授牌。

【信息化建设】 以协调发展、惠及全民作为信息化建设的思路，全面部署并推动了全社会共同推进政府信息化、经济信息化、社会信息化建设。电子政务方面，完善了移动政务网络平台，开发了政务互动系统，加强了政府与市民的实时互动和沟通的手段；建设了政务大厅网络平台，推进了行政事务网上审批的基础性建设；开设了“百件实事网上办”专题网页，实现了百姓日常生活、办事的网上办理；推出了长春信息港新版，强化了长春信息港作为政府门户网站的功能。电子商务方面，按照整合资源、搭建平台、引导应用的思路，重点加快企业信息化建设。依据全市经济发展的重点产业，搭建汽车、光电信息、农副产品等电子商务交易平台，助力产业发展。社会信息化方面，金融税控收款机共享试点工作进展顺利，在全国率先布放机具，并进行试运行；搭建了全市统一的社区网络平台，提高了社区组织的服务能力；搭建了全市企业基础信息共享交换平台，提高企业基础信息的共享水平。2007年全市通信光缆总长度达到14 800皮长公里，固定电话用户288万户。

【招商引资】 以项目建设年和招商引资9个月攻坚战为契机，调整工作思路，创新工作方法，建立了招商引资目标企业数据库、项目数据库、工作记事数据库系统，搭建了国际化的中介顾问网络。依托汽车产业配套优势，引进了香港新进科技总投资1亿元的汽车电子制造服务项目；签约启动了日本日立、瑞萨总投35亿日元（分4年投入，2007年投4亿日元）的智能交通项目；引进了与美国A123公司合作的汽车混合动力电池项目；推进了韩国INN公司与启明公司的车载终端项目；正在推进韩国泰星电装、营和特电子公司总投资8 000万的汽车传感器、控制器项目。依托研发优势，推动了香港华刚集团与光机与物理所希达光电的合作；香港光电协会与长春理工大学的合作；欧盟光电与长春光电协会的合作；美国PTG与高新区的合作；引资达2亿元，实现了引资引智并举。同时就盘活北彩、华禹有效资产，发展平板产业，与台湾盟图科技、长春酞晶光电技术有限公司（OTFT）、香港雅高资金管理公司进行了深度接触，盘活方案正在制订中。依托人才基础，推动了与美国简伯特、日本北海道软件协力会、日本爱知县软件协力会、韩国信息处理中心在软件与服务外包方面的合作。从事服务外包的知名外资企业美国简伯特、印度QAI已进入长春市。依托政府引导，长春国家光电子产业基地股份有限公司与韩国法拉电子合资总投资1 100万的法拉电容器和特种锂电池项目开工达产；与香港奕达的合资建设平台项目，港方资金100万美元已全部到位；与长春吉联软件合资注册5 000万元的国基软件科技公司，推动软件与服务外包项目正式启动；长春信息中心与微软（中国）共建长春信息化应用平台项目已经签约。全年签署光电信息类合资合作协议45个，签约金额达61亿元。

2007年8月1日，长春市举行市直机关工作目标责任制考核系统开通发布仪式。

【第二届光博会】 2007年6月15日至17日，以“科技之光，引领未来”为主题，以“加强交流合作，促进科技创新，加快产业发展”为宗旨，在长春国际会展中心举办了第二届中国（长春）国际光电信息技术博览会。在各方的共同努力下，组织有序、工作高效，达到了预期目的，取得了成功，并荣获“2007 中国最具影响力的专业品牌展会”称号。6月15日，第二届中国（长春）国际光电信息技术博览会在长春国际会展中心隆重开幕。国家信息产业部部长王旭东、国家发改委副主任张晓强，省市领导王珉、王儒林、高广滨、牛海军、崔杰、祝业精、姜治莹、钱万成、钱龙生出席开幕式。开幕式由副市长钱龙生主持，国家信息产业部部长王旭东宣布光博会开幕。国家发改委副主任张晓强、长春市市长崔杰分别代表国家有关部委和主办方为光博会致辞。本届光博会会展面积10 580平方米，375 个展位。光电子参展商占80%、汽车电子占5%、软件、动漫占15%，展出展品涵盖了光电仪器、仪表与设备、光电器件与材料、汽车电子、软件和动漫等领域，其中自主技术产品占85%以上。参加展商128 家企业，其中，国内企业 117 家，境外企业 11 家，日本瑞萨公司、日本日立公司、韩国泰星电装公司、韩国营和特电子公司、香港华刚光电子零件有限公司、香港新进科技公司、香港光电协会、印度 QAI 公司等世界知名企业参加了本届光博会，为展会带来了新的活力，提高了展会的国际化水平。期间，安排了一系列论坛和研讨活动，从政策、技术等方面系统探讨了推进光电信息产业发展问题。

（谢华庚）

无线电管理

【概况】 落实“加强管理、保护资源、保障安全、健康发展”的方针，加强频率资源管理、无线电台（站）管理和无线电干扰查处，强化服务意识，坚持求真务实作风，为维护空中电波秩序、促进社会经济发展、保障国家安全发挥积极作用。

【通信保障】 以“加强重要时期、重点行业、重大活动、重点工程建设、公众通信网的五项保障工作”为基础，进一步完善无线电干扰申诉的快速反应机制和突发事件处理预案，做到及时准确地查找和排除干扰，为全市无线通信安全提供全面保障。在“元旦”、“春节”、“两会”、“五一”、“十一”及“十七大”等节假日和重大活动期间，在省监测站的统一安排下联合对无线广播电视频段开展监听、监测共计2 160小时，确保长春市广播电视节目的正常播出，有效地防范了“法轮功”邪教组织对无线广播电视进行干扰破坏活动，为维护全市社会和政治稳定做出了积极贡献。出色地完成了第六届亚冬会无线通信保障任务。

【频率和台站管理】 申请设台单位15 家，指配频率 16 个，新增电台 117 部，包括中转台 1 部、移动台105 部、外语教学台1 部、数传电台10 部；申请报废单位23 家，收回市管频率 36 个，报废电台 272 部，包括中转台 9 部、移动台 236 部、地球站 13 座、数传电台 14 部。全面启动《长春市无线电台站设置规划》的制定工作，加强对“三高”地点站址的管理，消除安全隐患，维护通信秩序，满足城市发展需要。完成了全市无线电台站数据清理登记工作，对全市各设台单位的频率使用和台站设置重新审核登记，完善无线电台站管理数据库，核发电台执照，建立科学指配频率和规范台站管理的新的工作机制。

【行政执法】 积极推行“阳光政务”，规范办事程序，按照行政许可法律文书办理无线电频率指配、设置和无线电台站审批、无线电管理费收缴、无线电干扰查处等项事务。会同吉林省无线电管理委员会办公室和长春市公安局对长春市无线电对讲机（含手持机、车载台、基地台）进行全面的清理整顿。实现了行政许可办结率 100%、超期办结率 0%、行政执法案件办结率100%、罚款率20%以下、无线电干扰申诉办结率 100%、超期办结率 20%以下、收费比率 80%以上的工作目标。

（谢华庚）

邮 政

【概况】 2007 年是中国邮政实现政企分开，步入公司化运营的开局之年。长春市邮政局面对复杂多变的市场环境，艰巨繁重的工作任务，坚持以科学发展观为统领，以维护全体员工切身利益为已任，加大市场开拓力度，推进企业改革深化，强化经营环节管理，提高邮政服务水平，经济运行呈现持续快速健康发展的良好势头，全面完成年度收入、收支差额和职工收益三大指标任务，全年实际完成业务收入41 900万元，增长14.56%，收入同比净增值5 325万元，创历史新高。

【邮政业务】　邮政业务实现超常规发展，邮务类、速递物流类、金融类三大业务板块累计实现业务收入31 413万元，分别占总收入的31%、15.6%、51.4%。业务结构和增长方式实现新的转变，长春市邮政局积极应对金融市场和经营环境的新变化，对各类业务实行分类指导，邮政经营领域不断扩大，业务发展增长点越来越多，代理保险业务、基金业务、彩票业务、长春日报发行、各类账单业务、小额抵押贷款等业务实现较大增幅。以市场为导向，立足于大营销，着力于大项目，2007年长春市邮政局集中掌控大营销项目52项，成功开发40项，如亚冬会、人大政协会、校园包裹、汽博会、金色童年个性化邮票、交通告知通知单等。报刊发行业务在长春师范大学、吉林大学等图书馆中文期刊采购招标中取胜，与各图书馆签订意向性合同金额608万元。2007年长春市邮政局明确提出县(市)邮政局要自我加压，争先进位，实行"市县联动"，四县(市)和双阳区邮政局共实现业务收入增长15.84%，收入增幅首次超过全省县局平均增长水平。双阳、榆树、九台3个县(区)局的增幅排名进入全省前10位，位列第4、7、9位。重点强化专兼职客户经理队伍建设，调整专业营销力量，为经营发展提供保证。长春市邮政局专职营销人员占从业人员比重从2006年的7.5%调整到10.22%。

【经营体制改革】　长春市邮政局坚持以加快发展推进改革，以深化改革促进发展，着力于体制和机制创新，从实际出发，实行管理扁平化、快速反应市场、提高经营绩效，实现经营体制改革平稳过渡。营业体制改革在整合资源、提高效率、强化管理、促进经营等方面发挥积极作用，2007年业务收入比2006年增长12%。专业化经营体制改革从理顺专业职能、强化市场开发、深化专业核算入手，积极稳妥地推进并完成速递市县一体化经营体制改革和物流、报刊零售专业省市合一实体化建设工作。深化三项制度改革，开展营业、储蓄和速递一体化改革后各领导岗位和支局(所)长等岗位的竞聘调整工作，加大市局和县局间的干部交流力度，进一步完善以"积分制"为主要形式的员工绩效分配工作。

【精细化管理】　长春市邮政局按照邮政体制改革和市场竞争的要求，积极谋求各项管理工作的规范化、制度化和精细化。积极推进财务三算管理，加强全面预算对企业经营管理活动的控制与监督，在各职能部门和专业局建立以收入、成本和相关费用归集、结算、考核为主要内容的责任中心预算管理体系，损益核算界面清晰，责任明确。有效控制运营成本，支出增长水平低于全省平均增长水平。加强人力资源管理水平，通过省市、市县一体化改革以及撤并网点等方式，全区实现减编280个。优化网络管理，2007年新增和改造32处网点，撤销邮政支局19个，裁撤农村局所15处。加强投递网建设，成立净月投递部、幸福二路投递部，改造14个投递室，优化了营投网点邮路，整合投递段道，成功实现邮政营业系统与邮区中心系统互联互通。

【邮政服务】　长春市邮政局注重形象建设，邮政整体服务工作有了新的改善。通过开展文明办公、文明生产"双文明"活动，美化办公和服务环境。对中层干部和管理人员提出着装及办公要求，提升办公形象，提高办事效率。2007年继续开展城市营业、投递规范化服务星级达标活动，并对全市邮政营业局所、投递室和函件商函投递室进行达标验收。通信服务质量有了明显提高，总包邮件损失率、延误率、给据邮件损失率均为0。2007年维修更换局所牌匾21处，更新安装信筒箱55处，维修信筒箱51处，增加电子化支局20处。消除农村段区投递沿线自然屯报刊订阅空白点2 368处，消灭率达98%。全年用户满意度为95.5分。

【和谐企业建设】　长春市邮政局党政工团立足本职岗位，始终努力保持和调动广大员工的积极性、创造力，广泛深入地开展各种形式的思想教育、员工培训、文化生活、小家建设活动，增强全体干部职工思经营、想办法、快发展的责任意识；开展"树新风正气、促和谐发展"主题教育活动，职工思想政治工作、党风廉政建设、企业文化建设和民主管理等各项工作不断深入，职工收益和福利日益得到重视，年初行政与工会签订的《集体合同》项目全部兑现，职工年人均收益增长10%以上，全局上下形成了干群和谐、共谋发展的良好氛围。紧紧围绕企业经营工作，开展了业务培训和营销技能培训，对管理人员开展了拓展训练。2007年共举办各类培训班54期，培训人员3 915余人次，266人参加了8个岗位20个项目的职业技能鉴定。长春市邮政局通过省、市文明办复检审核，被继续认定为全国文明单位，被授予"全国厂务公开民主管理先进单位"和"2006年吉林省最佳职工代表大会"；卫建支局被评为长春市青年文明号，同志街支局被评为长春市五四红旗集体，信息中心被评为吉林省青年安全生产示范岗，红旗街支局被评为吉林省青年文明号信用建设示范单位；函件广告局荣获全国邮政系统营销"创百优"劳动竞赛优秀营销团队、全国精品库建设第一名。

（江　琳）

通　信

【概况】 2007年，中国网通（集团）有限公司长春市分公司面对复杂激烈的市场竞争，紧紧围绕"转型突破"这一主题，坚持以经营为中心，全力提升企业价值，使公司各项工作取得了可喜成绩，企业经济效益稳步提高，品牌影响力日益扩大，在激烈的市场竞争中保持了企业的行业领先地位。

【通信业务】 1.转型业务成倍增长。IDC业务、114导航、宽带商务、新视界、宽视界、ICT等业务实现突破发展。集团公司重点推广的信息服务新业务如企业名片、网络广告、BGP、企业优先报号等均增长10倍以上。2.数据业务快速发展。通过亲情在线、宽带嘉年华等经营政策使宽带用户保持快速增长；在宽带内容发展上，通过附中网校、宽娱网等IP增值服务，逐步向内容+接入叫艮务过渡，2007年中国网通长春市分公司门户网站点击率由日均8.5万次上升到12万次，增幅达41%。全年累计发展宽带用户22.4万户，宽带用户累计达34万户。3.传统业务稳步发展。在固话业务发展中，采取建设新建小区、楼宇，推广亲情1+、农村大众套餐等保有政策；全地区累计发展固定电话用户21.8万户，在网量达到145.4万户；五县（市）区大众电话普及率稳步上升，渗透率由年初的9.1%上升到35%。全年累计发展小灵通30万户，小灵通百户普及率达18.2%。4.信息站建设初具规模。全年累计开通224个信息站，在1 088个村、屯建立代办点，服务站村屯渗透率达89%，渗透率居全省9地市之首。农村宽带用户由2006年末的7 900户，猛增到1.7万户。四县（市）和双阳区全年累计发展宽带用户4.34万户，用户总量达到7.71万户，宽带村普及率达到37%，同比增长7.3%。

【通信能力】 2007年，在省公司的大力支持下，全年建设投资达3.75亿元，新增AD设备总容量15.2万线，新增交换设备总容量7.2万门，新建管道300孔公里，新设电缆、光缆15.3万对公里和3.6万芯公里。2007年全区平均网络接通率达98.7%，高于年计划0.02%，一级干线传输网电路可用率100%。

【服务水平】 2007年重点实施了预约服务，将装移机全部纳入预约管理，实现客户申办业务4小时内预约上门时间，客户竣工

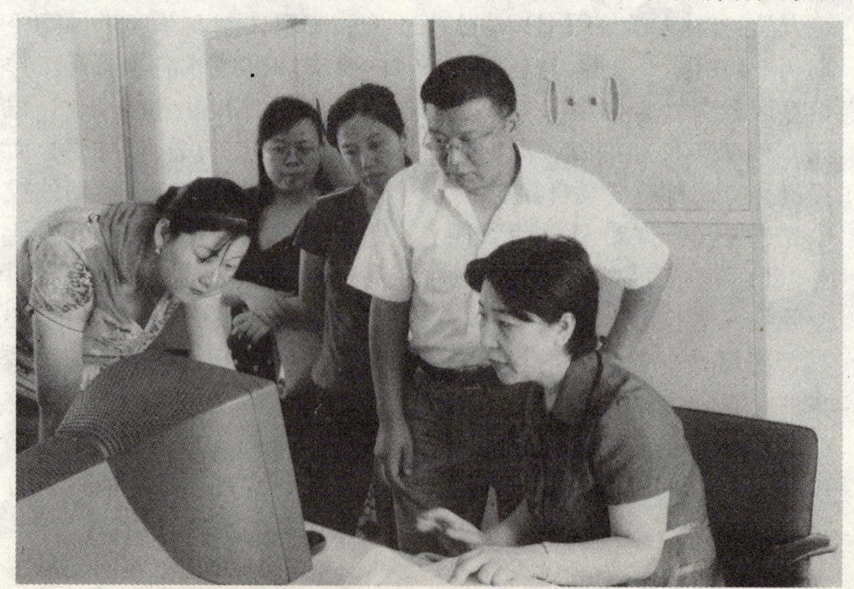

预约服务工作组下基层指导工作

3天后做100%自动回访。预约服务的开展,有力提升了公司整体服务质量,装移机客户满意度提升了1.4%。2007年11月《人民邮电报》在头版显著位置报道了公司预约服务的开展情况。通过对窗口服务进行明查暗访和影像回放教育、开展“沟通零距离、满意在网通”等活动,使窗口服务得到较大改善。2007年在集团对北方十省的157个营业厅和55个其他运营商营业厅的服务质量暗访中,公司一匡街营业厅和明德路营业厅受到集团表扬。在省通信管理局对各电信运营商组织的“窗口评优帮差”活动中,公司被抽查的德惠、农安和人民广场等3个营业厅取得好成绩。2007年重点对客户投诉进行整治,开展了“投诉处理规范化整顿活动”,对前台服务、后台支撑、投诉处理规范和投诉处理流程、问题协调解决机制等进行全方位的规范整顿,收到明显效果。全年客户投诉量同比下降45%,达到省公司控制的投诉率小于0.35‰的目标值。

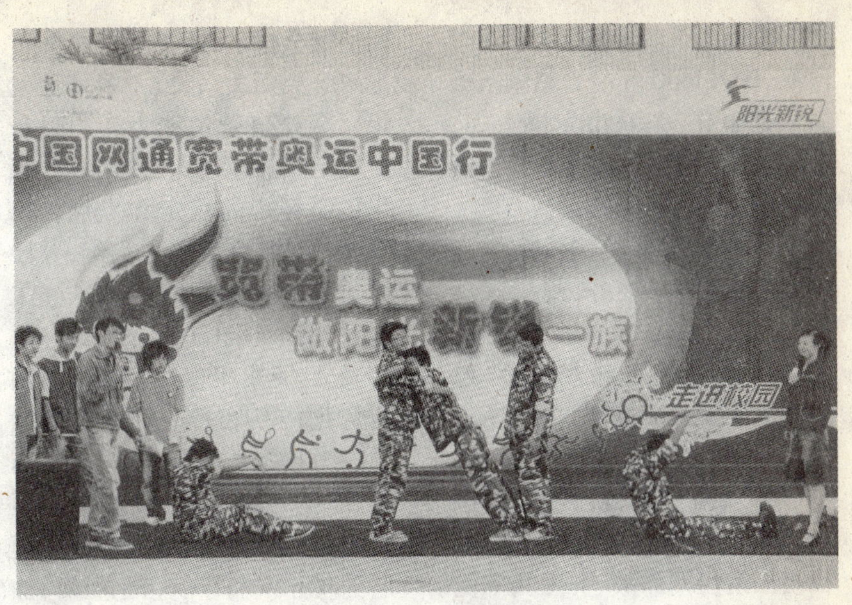

中国网通宽带奥运中国行走进校园活动

【企业管理】 财务、计划建设、物流采购实现ERP流程管理,9月份ERP系统上线运行,标志着公司整体管理水平达到一个新水平。2007年市分公司迎接了国家税务总局、国家审计署、普华会计师事务所、集团和省公司内部审计等6项重要审计检查,全部达标。安全生产管理工作成效显著,全年火灾、火险事故率、职工因公死亡、重伤事故率、企业内重大设备损毁事故率、企业内重大交通责任事故发生率和企业内职工违法犯罪率全部为0,荣获市“安全防火先进单位”、“交通安全管理先进单位”和“全市企业内保工作第一名”称号。打击盗窃电缆专项斗争取得显著成果。在市公安局支持和参与下,公司成立专项斗争办公室,4个月破案447起,避免盗窃未遂案件190起,使案发数由月均202起下降到73起。

【精神文明建设】 相继开展了“精神文明建设达标”、“向王树明学习,争做网通优秀员工”等活动,2007市分公司继续保持“全国文明单位”称号,王树明同志被评为长春市“十佳道德楷模”,支撑共享中心被评为集团公司“青年文明号”,公司再次荣获省“五一劳动奖状”,3名员工被评为市级劳动模范。

（李光辉）

【移动通信长春分公司】 2007年,中国移动吉林公司长春分公司严格执行省公司工作部署,以经营工作为中心,以KPI指标为导向,坚持“发展是第一要务”思想不动摇。大力开发农村市场,巩固、发展城市市场,积极扩大用户规模。创新经营模式,全面实施属地化管理。拓展营销渠道,提高市场掌控力。发挥服务优势,强化差异服务,有效提高收入和市场占有率。加强基础维护,搞活网络优化,建立强劲网络体系。深化精细管理,落实绩效考核,提升短木板项目。加强精神文明和政治文明建设,推进企业各项工作的全面发展,超额完成了省公司下达的各项主要KPI指标。巩固了市场领先优势,实现了企业发展的新跨越。长春分公司全年累计实现业务收入24.33亿元,完成年计划的103.76%;收入市场占有率达到49.85%,高于目标值2.35%;用户市场占有率达到68.55%,高于年目标值2.24%;掉话率全年累计完成0.80%,优于省公司挑战值0.10%;网络接通率全年累计完成94.60%,优于省公司挑战值1.60%。顺利通过“全国文明单位”、“全国用户满意服务”、“全国用户满意企业”复检以及ISO9001质量管理体系、ISO14000环境管理体系重新认证工作，荣获市先进党委、市国资委先进纪委、省五四红旗团委等15项荣誉称号。

1. 坚持以经营工作为中心和“发展是第一要务”思想不动摇，积极巩固城市市场，大力拓展农村市场，导控市场竞争，稳步提升收入和用户两个市场份额。坚定加快发展理念，强调“新用户、新业务、新话务”的拉动作用。充分发挥自有渠道和社会渠道协同作战、资源共享优势，全力巩固城市市场。深入民工聚集地、校园、军队、餐饮娱乐等场所开展现场营销活动，有效抢占新增用户市场。通过“幸福家庭服务计划”等多种营销手段，稳定在网高端客户。切实加大农村市场开拓力度，抓住秋收后农村市场发展的黄金季节，创造性地开展市场营销活动，落实农村信息化“百千万”工程，收到良好营销效果，有力地拓展了农村市场。以深度覆盖为重点，拓展完善营销渠道，强化渠道控制能力。积极建设网吧渠道、报刊亭移动客户服务站，目前均已形成放号、售卡能力。完善市区指定专营店网点布局，抢占店中店建设资源，加强校园动感地带专营店覆盖。完成农村90家乡镇专营店建设工作，基本实现了农村渠道的合理布局。2007年，长春市具备营业终端的营业网点已达216个，非营业终端接入的特约代理点3 691个，形成了网格化、立体化的社会渠道网络布局。强化代理商销售行为管理，最大限度地挖掘社会渠道营销能力。在酬金使用上，遵循分层分等管理原则，根据市场变化调整酬金标准，通过酬金杠杆平衡两个层面关系，最大限度地发挥社会渠道营销能力。加强行业应用产品规模化推广力度，强化集团客户的稳定和发展。以发展、回流、维系用户为纲，开展城市盲点和集团空白点排查工作，利用个性化心机、优良号码发展、回流集团客户。加速集团信息化产品和行业应用产品的推广力度，重点开展了省工商局、地震局等15个行业应用项目。积极参与省政府政务大厅电子政务系统等信息化项目，加快政务信息化建设步伐。积极拓展SI合作营销渠道，通过业务演示会和产品推介会促进集团信息化产品推广。完善集团客户分层服务体系，加大对省级78家重点集团客户包保服务力度，利用重要集团客户的示范作用，提高公司在集团客户中的影响力。在省内率先为一汽、省工商局等大型企业提供跨区集团服务，针对重点集团托收客户开展话费回馈活动，有效稳定了在网集团客户，增强集团客户粘性。强化新业务营销推广，拓展营销渠道，全力发展新业务。通过组合营销，加大新业务捆绑发展力度。利用校园迎新、知名歌手高校个人演唱会等活动契机，在动感地带客户中推广彩铃、无线音乐俱乐部等新业务。锁定目标客户，开展精准营销，通过网吧、校园代理大力发展飞信业务。推广与节日主题相关的短信、彩铃、彩信业务，通过节日效应拉动新业务发展。加大自有渠道和社会渠道新业务宣传推广力度。通过新业务体验区和彩铃坊，丰富新业务营销推广手段。搭建0531258精准电子营销平台，提高营销成功率。完善店员积分管理与应用，强化合作伙伴信用积分管理，实施合作伙伴优胜劣汰机制，重点在校园、网吧、报刊亭、卡品代销点、集团发展新业务社会直销渠道，推广各类新业务。以稳固中、高端客户为出发点，充分利用各种资源加大包保力度，提升中高端客户忠诚度。充分利用营销资源，开展积分兑换手机、积分兑换话费、缴费回馈等活动，从营销政策上稳定和捆绑用户。利用节假日对中高端客户开展关怀活动，举办音乐会、高尔夫球赛、开办全球通VIP讲堂，从情感、文化、知识等角度为中高端客户提供差异化服务，增进与客户的情感沟通，提高客户满意度和忠诚度。

2. 快速响应市场需求，强化承载能力建设，持续优化网络，提升网络综合质量。以客户感知为中心，以市场发展需要为重点，强化网络规划与建设。开通市区全网EDGE功能，开展高速铁路等重点项目和旅游景点专项覆盖。通过快速、高密度的建设工作，提高了网络承载能力。在日均话务量较去年同期增长44%的情况下，有效缓解了网络拥塞问题。进一步加强了网络深度覆盖水平，解决话务热点居民小区、高档商业区及办公区、大学校园的网络覆盖问题，为业务发展提供了强有力支撑。全员参加“人人争当网络质量监督员活动”，形成了人人关注网络质量、人人关注客户感知的良好氛围。大力开展技术创新，在天线隐蔽技术、铁塔替换方式、工程离线割接、构建非对称双频网等方面全面突破，大幅度提高了建设进度和覆盖效果。加强话务预测和分析，确保重要活动和重大节日网络稳定、高质量运行。强化网络投诉管理，实施网络投诉处理前移，建立突发投诉处理流程，完善快速响应处理机制，提高网络投诉现场解决能力，提升用户对网络质量的感知。围绕市场需求加大支撑力度，开通机务与业务间沟通协作的绿色通道，实现信息充分共享和对业务的高效支撑。解决市场部门提出的网络问题，为各类市场宣传活动提供网络咨询和传输保障。

3. 坚持观念转变，加强服务创新，建立以客户为导向的服务管理体系，提升客户满意度。

以客户感知为衡量标准，努力实现服务重心前移。细分服务层面，细化服务标准，明确服务规范，以绩效考核为杠杆提升服务工作。全面推进“沟通100营业厅”客户服务管理体系建设，推行营业厅5S管理，切实改进营业厅服务短木板，提高窗口服务质量。强化投诉的分析监控，加强突发性投诉和升级投诉管理，贯彻“首问责任制”，明确各部门分工和受理权限，建立投诉事先预警、快速响应的良性工作机制。利用“315”、“517”等营销契机，以“诚信服务，满意100”为主题，开展“客户意见征集”、“总经理接待日”、“全球通VIP讲堂”等系列活动，有效提升了客户满意度。完善检查控制体系，制定并下发了《2007年生产服务检查办法》，规范二、三级日常检查项目。以KPI为导向，围绕经营、运维工作重点开展检查工作，严格考核，保证各项制度、流程全面有效执行。

4. 深化精细管理，量化绩效考核，加强企业文化建设，提升企业综合管理水平。加强企业内部精细管理，深入实施“管理提升年”活动，优化管理弱项短板，完善岗位数据库内容，推进班组建设，提升企业整体战斗力。深化全面预算管理，根据生产单位指标，调配各项生产资源，做好预算分析、分解与落实，使全面预算管理真正成为全员预算管理，保证公司绩效目标顺利实现。按照SOX内控手册要求，梳理现有业务流程，进行穿行测试和缺陷改进，加强了SOX法案404条款的遵循工作。积极协调沟通、密切配合，顺利通过国家审计署专项审计调查和国、地税联合检查。深化人力资源管理，启用绩效管理电子系统，制定《长春分公司绩效管理实施细则》，强化绩效管理过程控制，建立以KPI指标为导向的绩效考核体系，公正、公平、客观地评价员工绩效。深化党建工作，积极宣传贯彻党的“十七大”精神，推动了“十七大”精神在企业内部的落地实施。积极推进企业文化理念宣贯，增强员工对企业文化的认知和认同。积极履行公民职责，推进社会信息化建设步伐。加强企业内部审计工作，强化企业风险控制。深入开展党风廉政建设和反腐倡廉工作，开展专项效能监察，提升企业管理效能。加强工会建设，丰富民主管理内容，积极开展多种形式的劳动竞赛，激发广大员工工作热情。开展拔河比赛、保龄球比赛等多种文体活动，活跃员工文体生活。广泛开展服务明星、青年岗位能手评选活动，选树先进典型，以点带面，促进员工整体素质提高。高度重视安全生产工作，重预防、抓漏洞、补隐患、明责任，全年无重大生产责任事故发生。加强后勤保障工作，保证办公环境的整洁、绿化。改进食堂伙食，大幅度提升员工满意度，增强企业凝聚力。认真做好离退休员工管理工作，开展了各项有益活动，使离退休员工老有所乐。2007年，公司保持了持续、快速、健康发展的良好局面，在未来的发展中，公司要在党的“十七大”精神指导下，认清形势，明确职责，解放思想，创新求变，努力提升企业综合能力，确保企业健康、和谐、持续发展。

（张丹虹）

综合经济管理

综合经济管理

发展计划管理

【概况】 2007年,长春市发改委围绕全市中心工作,认真落实科学发展观,积极主动谋大事、议大事、抓大事,求真务实,开拓进取,较好地完成了全年各项目标任务。全市主要计划指标顺利实现,其中,地区生产总值完成2 089亿元,同比增长17.7%;三次产业比重为9.6:50.2:40.2;人均生产总值达到3 750美元;一般预算全口径财政收入284.5亿元,增长35.1%;完成固定资产投资1 350.1亿元,增长42.1%;实现社会消费品零售总额778.3亿元,增长16.8%;完成进出口总额69.4亿美元,增长32.9%;城市居民人均可支配收入和农村人均纯收入分别为12 810.9元和4 780元,增长12.8%和6.7%。

【编制中长期规划】 2007年,组织编制完成《长春市未来五年经济和社会发展规划》、《长春市2008——2012年民生规划》、《长春市2008——2012年服务业发展规划》、《长春市未来五年产业推进计划》、《长春市未来五年工业推进计划》、《长春市2008——2012年节能减排规划》,对全市重点行业领域的发展基础和环境进行全方位分析,研究提出未来五年发展思路、奋斗目标及发展重点,为市委、市政府在产业发展、城市建设、改善民生等方面提供决策依据。

【制订年度计划】 年初,综合考虑十五个副省级城市计划制定情况,结合长春实际制订2007年年度计划,完成《关于长春市2006年国民经济和社会发展计划执行情况与2007年国民经济和社会发展计划草案的报告》;年度中期完成《长春市2007年国民经济与社会发展上半年计划执行情况和下半年主要工作安排的报告》;年末完成《关于长春市2007年国民经济和社会发展计划执行情况与2008年经济社会发展计划安排的报告》。在目标制订上,与“十一五”规划相衔接,并体现新一届政府提质增速的施政意图,提出“两个高于”的指导思想;在内容阐述上,与政府工作报告相衔接,起到内容补充、背景说明和专项细化的作用。

【经济监测预测】 继续实行月统计、季分析的经济监测制度,对全市经济运行进行适时监测预测。完成一季度和上半年经济运行分析报告,着重对第三季度经济运行进行分析。针对全市经济向好的大背景,对2008年经济发展的宏观环境、总体趋势进行客观判断,提出“明年全市经济会继续在合理、稳定、较快的增长区域内运行”;在此基础上,提出“围绕发展产业,要突出发展工业,重视发展现代服务业;围绕发展城市,要突出解决交通瓶颈制约,重视基础设施建设;围绕发展民生,要突出扩大社会就业,重视增加城乡居民收入”的基本思路。

【重点领域改革】 全市经济、政府、农村、社会四大领域改革全面推进。1. 经济领域改革。对工业、商业、建设三个资产经营公司进行资产清查审计,对非经营性资产进行调查摸底;对部分已下达资产处置批复的企业下达企业改革补充批复;明确厂办大集体改革试点的总体目标和基本原则,形成《长春市厂办大集体改革实施方案》。出台《关于鼓励支持和引导个体私营等非公有制经济发展的实施意见》,设立市级财政中小企业专项扶持资金。完善网上技术市场,上网交易企业已达2万多家。开展工业用水和农业用水定额管理试点,提高差别电价加价标准,在4个县(市)区开展工业用地市场化配置改革试点。2. 行政体制改革。全面清理51个市级部门的非行政许可项目,实施政府投资项目管理办法,企业投资项目网上备案系统正式运行;用于民生和社会事业发展的支出占财政支出的比重达61.9%,市本级集中采购目录达到34项;制定《长春市事业单位机构和人事制度改革的意见》及系列配套文件,出台《关于推进行业协会改革与发展的若干意见》；建立健全应急预案体系，制定出台《突发公共事件总体应急预案》以及38项分类应急预案。3. 农村改革。制定出台全面推进农村综合改革和加快乡镇机构改革等7个政策文件和配套办法，全市93%的乡镇完成乡镇机构改革；组建856家不同类型的农民专业合作社，127个村完成股份合作制改革，4个县（市）区完成机构改革任务；在4个县（市）区开展公保试点，共有12类品种、1.7万户农户和3个农场参加政策性农业保险。4. 社会领域改革。2007年起全市城乡义务教育阶段中小学生全部免除学杂费，继续实施农村中小学"四项工程"建设制度，完成食宿改造工程30万平方米，为3万名贫困学生免费提供爱心营养餐，安排专项资金达3.7亿元；启动德惠、双阳及城区新农合试点工作，实现农村全覆盖，在全国率先将城镇职工基本医疗保险参保范围以外的全体城镇居民纳入了保障范围，在四个县（市）区开展改革试点，实行社区卫生服务机构药品统一配送，实现"同城同价"；完成市直11个基层单位新一轮领导干部聘任工作，在全市范围内实施"万场演出进农村"、"万场电影下农村"、"百万册图书送农村"的文化下乡"三万工程"，启动农村电影体制改革试点；出台就业和社会保障方面的8个政策文件，实现医疗保险和养老保险全覆盖。

【重大问题研究】 2007年，市发改委开展主体功能区调研，在确保强化生态建设、环境保护的前提下，争取使全市更多的区域列入重点开发的框架之内，为日后的发展留足空间。在省委、省政府提出设立长—吉—图开放带动试验区之后，经过多次调研、反复论证，提出长春市在资本、土地、劳动力等要素市场建设、国有企业重组、对外贸易、财税体制改革、社会事业领域体制改革、城市管理体制改革、社会分配制度改革、干部人事制度改革等方面进行先行先试的想法，并重点建设空港、陆港、物流保税区、出口加工区等。结合全市中心工作，加强重点、热点问题的调研。完成《关于改善长春城市交通的调研报告》、《关于改造大铁北的调研报告》、《关于我市社会主义新农村沼气建设的调研报告》等20多篇调研报告。其中，《关于推进重大项目建设的若干意见》、《关于进一步加强民生工作的意见》、《加快长春市现代物流业发展若干意见》以市委、市政府正式文件下发。

【项目建设】 2007年，全市总投资3 000万元以上项目超过1 000个，其中亿元以上项目450个左右。1. 筹划开展项目建设年。对沈阳、成都等地开展项目年活动情况进行调研，结合长春实际提出开展项目建设年的相关建议，一系列项目建设年活动的推进措施和办法，以市委、市政府文件形式下发。2. 项目推进。筛选出915个3 000万元以上项目作为完成固定资产投资任务的支撑，同时把省下达的固定资产投资任务进行层层分解，以签订责任状的方式下达到县（市）区、各开发区和市直各部门共14个作战单位。依据"能够左右未来发展、投资规模大、科技含量高、市场前景好、经济效益高、带动能力强"的原则，筛选出5大类20个组团91个重大项目实施领导包保。3. 项目审批。实施"绿色通道"制度，将符合产业政策、投资方向、城市总体规划、土地利用规划的项目，全部纳入绿色通道范围，统一审核、集中审批。牵头组织土地、规划、环保、建委、经委等部门联合行动，每周五用一天时间，对需要办理前期工作手续的项目进行集中调度、集中督办，协调解决各种问题。4. 项目资金。2007年全市建设项目到位资金1 327亿元，为同口径固定资产投资的109.1%，同比增长47.1%，高于投资增速5个百分点。从资金结构来看，自筹资金到位1 023.9亿元，增长71.4%；银行贷款到位115.7亿元，增长20.1%，比全市平均增速低37.5个百分点；利用外资到位18.9亿元，同比下降44.1%。5. 项目调度。建立基层分片包保联系制度，一周一调度、一月一统计，随时掌握项目建设进展情况；各处室深入作战单位，对联系点内所有续建项目和新开工项目进行录像，跟踪项目进展情况，在局域网上建立电子文档，做到有项目建设地点、有投资规模、有形象进度、有影像资料。

【队伍建设】 以开展"查找改"活动为契机，强化教育，注重培养，突出提高，扎实推进干部队伍建设。1."查找改"活动。委党组先后召开党组会、委务会和全体机关干部大会，对查找改活动进行层层动员和精心部署。活动中，坚持自查自找与外促外帮相结合、个人查找与集体查找相结合、解决问题与促进工作相结合,从“工作最难推、群众反映最大、自身最突出”的问题入手,深挖细找、真查实改,认真梳理在“部门职责、精神状态、思想作风、遵纪守规”四个方面的19个问题,特别是针对谋大事谋全局能力不强、抓大项目水平不够、工作方式方法不新等方面问题,制订了整改措施,工作中逐一加以改进。2. 党风廉政建设。先后开展创建“规范化党支部”活动、“迎新春、建和谐”大联欢活动、“党组织关爱党员、党员关爱群众”活动、党组织评议党员和党员相互评议的“党内双评”活动、庆祝建党86周年党日活动、看项目促发展主题实践活动、送知识送技术送温暖建书屋的“三送一建”活动、扶贫帮困献爱心活动、《公务员处罚条例》、《行政处罚法》法律知识考试,警示教育活动和各项文体活动等。将党风廉政建设责任制纳入工作日程,坚持民主集中制,实行一岗双责,班子成员率先垂范,严格执行有关规定,严禁机关干部利用手中职权谋取私利。3. 队伍管理。在提高素质上,坚持以抓学习促进提高,组织全体机关干部定期学习党的路线、方针、政策,学习党的十七大精神,学习经济理论和业务知识,开阔视野、提高抓项目建设的能力和水平;在队伍管理上,坚持靠制度规范行为,结合实际和新形势的需要,不断完善各项制度,使干部队伍管理工作不断规范;在用人导向上,坚持以政绩论英雄,真正重用那些想事干事、干事成事的人。2007年,在坚持公正、公平、公开的原则下,市发改委提拔2名副处长,在社会招录3名干部充实到委属事业单位。

（刘百军）

统　计

【概况】 自长春市统计系统全面实行垂直管理以来,市统计局与各城区分局、县(市)统计局并肩携手走过一年多极不平凡的改革之路。作为全国统计系统垂直管理的先行者,长春市统计局承载着中国统计事业改革和发展的重要责任。2007年,市统计局以“双基”建设为核心,深化统计体制改革,加快统计法制和信息化建设,积极创新统计方法制度,各项统计工作都取得了新成绩。

【统计管理体制改革】 统计系统实施垂直管理运行一年来,统计工作实践充分表明,这项改革在体制上确保了国家、省、市统计政策法规和统计方法制度的贯彻执行,防止和减少了外界干预和影响,维护了统计部门合法权益。在机制上,有效地行使了统计管理职权,整合统计资源,重点解决统计发展进程中突出矛盾和问题。1. 统计的权威性得到巩固和提高。一是各级统计部门充分发挥评价和监测机制,为地方经济的发展提供了大量的科学数据和建议,并被各级地方政府采纳。2007年长春市委、市政府从全市实际出发,开展了“项目建设年”“民生服务年”等重要活动。一方面,市统计局围绕这些重点工作积极献计献策,提供了大量科学、准确的统计分析报告,对市领导的科学决策起到了重要作用。市委、市政府主要领导先后两次在全市经济运行季度调度会上明确宣布,今后市委、市政府将统计部门提供的数字体系作为考核各县(市)区、开发区的政绩依据;另一方面,市统计局根据省委提出的未来5年全省经济发展的总体目标,结合长春市实际情况,前瞻性地完成了《对长春市2011年主要指标目标值测算

市统计局张威局长陪同省统计局领导检查农普现场

及建议》的课题研究，市委、市政府主要领导阅后给予充分肯定，责成有关领导和部门以此为蓝本进行深入研究，并作为市委、市政府确定下届政府规划目标的重要参考。各城区分局、县（市）统计局也充分发挥监测职能，为地方政府发展经济提供咨询和建议。很多报告被签批，很多建议被采纳。例如：双阳区统计分局撰写的《双阳区2007年第一季度经济运行情况及全年走势分析》一文，分析全面、及时、客观，对指导工作有帮助作用。二是积极参与地方政府重大决策。2007年上半年，市统计局配合中组部和吉林省委组织部完成了市人大、市政府、市政协领导班子换届考核所需数据报送工作。为此，市统计局协调市直各有关部门，收集、整理、测算、分析了长春市所辖10个县（市）区的有关数据上千笔。按照四县（市）、六城区两个板块进行排序，分别进行文字分析和说明。此项考评，是长春市统计局第一次直接参与和配合中组部换届考核工作，充分表明党和国家对统计工作日趋重视和高度信任，统计的权威性在垂直管理之后得到前所未有的提高。2. 统计工作的社会环境明显改善。随着统计改革和统计工作社会环境的进一步改善，全市各级统计部门与各级政府部门之间的关系更加密切。垂直管理以后，市局紧紧围绕市委、市政府确定的全市“发展杯”竞赛这一战略目标，以责任考核为契机，拓宽与部门横向沟通的渠道，初步建立了部门统计工作管理的新模式，逐步建立了部门统计工作巡查制度、统计业务指导制度和统计数据评估制度。从运行的实际情况看，各级部门都能给予积极配合，并主动要求建立联审、联议制度，共同向地方党委、政府提供部门统计数字。

【统计服务】 1. 扎实推进“双基”建设。一是配合省统计局完成关于县级数据质量管理升级达标工作，市统计局根据省局具体要求，对县区局多次进行监督检查、考评，确定等级。二是市、县两级统计局都针对乡镇、街道统计工作延伸问题进行了有益探索，并取得了初步成效。绿园区统计分局在得到本区政府大力支持的基础上，已在该区的工业集中区设立了独立统计所，增编增人、增经费，并已开展工作。2. 积极参与市委民生问题调研工作。2007年，民生工作作为市政府中心工作之一，备受社会各界广泛关注，市统计局汇集全局之力参与到民生统计和研究工作中，并与劳动、保险、民政等相关部门密切配合，整理和提供了大量相关统计资料，提出了《民生综合统计指标体系（初稿）》，得到了市委市政府有关领导的表扬。3. 积极发挥统计监测机制。2007年，市统计局首次将“三大板块”纳入统计监测范围，向市委、市政府提供了“三大板块”主要指标完成情况及排序，并针对区域经济发展的特点做出分析和评价。2007年，市统计局与市发改委、市经委合作，对全市重点、重大投资项目，特别是对亿元以上重点工业项目进行全程跟踪监测，并在2007年3月份召开的全国房地产联网直报会上，获得了全国联网直报先进单位荣誉称号，受到国家统计局的表彰。

【统计方法制度改革】 1. 完成全市统计数字体系并轨，与全省数字体系相统一。2007年，长春市统计局以“经普”数据为基数，开展了对各县（市）区及开发区实行属地核算的试算工作，从年初就开始实现并轨，顺利完成由市口径向省口径数据的过渡。两套数据的并轨，这是市统计局

全市统计工作会议

实施垂直管理后取得的最直接、最有益的成果。2. 完成对县(市)区、开发区GDP数据的评估工作。按照省统计局要求,长春市统计局通过“一看、二查、三核算”的方法对全市14个县(市)区、开发区的GDP数据进行了全面检查、评估。3. 逐步建立和完善服务业、金融业和能源统计制度。一是建立健全服务业发展指标体系考评办法,制定了实施方案。按照“科学、统一、全面、协调”的原则,市统计局制定了《长春市服务业发展指标体系及考评办法》和《长春市服务业发展指标体系考评实施方案》,从而更好地监测和评估长春市服务业发展。二是市统计局积极与银监会、证监会、保监会等行业主管部门加强工作联系,完善金融业统计报表制度。针对近年来金融业规模不断扩大,在第三产业中所占比重逐年上升的特点,市统计局对原有的金融业报表进行了修改和完善,重新制定了金融业季度报表表式。三是进一步完善能源统计制度,制定全市及分县区能源消费量测算方案。长春市全社会能源消耗总量数据已从无到有,为今后计算和考核全市GDP和分行业增加值的能源消耗量奠定了基础。4. 积极开展民营经济统计试点工作。2007年,市统计局在南关区开展了民营经济统计试点工作,初步探索出在全市开展此项工作的方法和路径,进而为完善该项制度和方法,全面开展调查打下良好的基础。

【统计普查、调查】 1. 认真抓好农业普查工作。农普是去年长春市统计局的重点工作之一。2007年,农普已基本完成了全部调查工作,正进入资料开发和利用阶段。一是市、县两级统计局在调查过程中,强化全程质量控制机制,把普查的各个步骤细划成15节点,每个节点都制定了全过程的质量控制流程,确保普查登记质量。二是认真做好普查数据与日常数据的衔接。三是高质量完成农普数据处理工作。2007年,市县两级统计局都建立了指挥调度、技术保障、业务答疑三大保障系统,确保数据处理顺利进行。九台市和榆树市统计局,实行包乡包片,责任到位,确保普查数据质量。九台市还自行开发了普查录入审核程序,降低了差错率。2. 圆满完成劳动力抽样调查任务。2007年,市统计局在全市范围内共抽查69个调查小区,比2006年增加了43个,涉及全市10个县(市)区和高新、汽车两个开发区,共1万多人。这次劳动力调查得到了全市各城区分局和县(市)统计局的大力支持和配合,调查员和调查指导员培训参加率和合格率均达到100%。通过市县两级统计部门共同努力,长春市顺利通过省局质量验收,并获得好评。2007年,市统计局圆满完成了投入产出调查的选点工作。

【统计法制建设】 一是市统计局积极组织统计干部参加依法行政培训班,进一步增强统计队伍的法律法规意识。二是通过电台、报纸等媒体大力宣传《统计法》知识,强化全社会的统计法制意识。三是积极转变统计执法理念。由过去注重扩大统计执法范围和影响,向注重提高执法效果和质量转变。执法检查也由过去的“普查”向“重点检查”转变。市统计局根据各专业统计工作和统计数据质量的基本情况确定检查对象,对重点对象进行重点检查。双阳、绿园分局在统计执法过程中加大力度,对个别违法违规单位进行了行政处罚和经济处罚。到2007年底,市统计局联合各县(市)区统计局重点检查了1 065户企业和单位,发现违法行为案件37件,其中,10件受到警告,27件受到通报批评,并针对1户拒报企业,按照《处罚法》、《统计法》的有关规定纳入执法程序,开始立案调查。通过对这些统计违法行为的处理,进一步优化了统计工作环境。

【统计信息化建设】 2007年,市统计局把统计信息化建设当作全年重点工作之一。一是进一步完善全市统计内外网站的建设,利用先进的应用软件、专业技术、管理方法,为统计内网和互联网用户提供了信息查询服务,并对长春市统计信息政府网成功实施了改版。二是狠抓信息系统安全工作,提高信息安全事件应急反应速度。三是积极推动办公方式转变。利用网络视频会议系统,开展全系统实时教育培训,推广辅助办公系统的应用,初步实现公文管理、政务信息管理、信息发布服务、执法管理、档案查询管理、人力资源信息及机关事务管理等办公和事务管理的信息化。从多角度,多层次提高统计服务信息化水平。

(刘　刚)

国有资产管理

【概况】 2007年,市国资委巩固国企改革成果,实现国资委系统工作重心由国企改革攻坚向集中精力谋发展转变。

【国有经济运行态势】 1. 资产质量明显提高。改革使企业历史债务和社会负担大大减轻,共核销企业金融债务85亿元,偿还职工劳动债权24亿元,盘活有效资产280.3亿元。改革后企业平均资产负债率降低了47个百分点,资产质量相应提高,企业规模趋向合理。截至2007年末,市直21户所出资企业资产总额901.1亿元,资产负债率79.4%,所出资企业中,国有资产总额152亿元,近80%的国有资产分布在社会公用领域,国有资本的控制力进一步增强。2. 经济效益大幅提高。2007年末,所出资企业可实现利润2.6亿元。旭阳集团全年完成工业总产值7.3亿元,同比增长42.7%;实现销售收入7.4亿元,同比增长47.3%;实现利润4 000万元,同比增长300%。欧亚集团发展实现历史性跨越,经济效益实现历史性突破,2007年销售收入首次突破百亿元大关,实现100.03亿元,同比增长49.7%;完成利润1.3亿元,首次突破亿元大关,同比增长41.1%;上缴国家税金1.14亿元,首次突破亿元大关,同比增长51.1%。3. 公用企业经济效益与社会效益并举,较好地履行了社会责任。水务集团集中力量解决市民吃水难问题,综合整治二次供水设施400处,并积极配合政府妥善处理新立城水库爆发的蓝藻公共危机。天然气公司积极扩张环网辐射,高标准完成了四大重点工程建设,特别是作为长春市重点民生工程之一的"西北环线天然气管道工程",承载着为一汽集团和西北城区输送天然气能源的任务,工程征地范围广,施工难度大,时间要求紧,仅用不足2个月的时间,保质保量地完成了任务。热力集团不断拓展供热面积,响应政府号召接管小锅炉,不但解决了居民供暖难题,同时极大地控制了城区冬季供暖污染排放问题。轻轨公司实现了一期二期工程的贯通运营,全年客运量实现1 307万人次。房地集团积极参与市百万平米棚户区改造项目的开发管理,并接收了所有棚改回迁小区的物业管理任务。公交集团在燃油涨价成本提高的情况下,克服重重困难,保证各线路的正常营运,并根据市民出行需要,不断调整公交线路,开通了首批通宵公交车,在省内乃至全国都引起了很大反响。燃气控股公司在原材料价格不断上涨的情况下,积极进行技术改造,努力降低成本,保证了煤气供应的稳定充足。建工集团开展的"百万农民工入工会"活动,树立了建筑企业良好的社会形象。城开集团在进一步理顺资产关系的基础上,积极开展融资活动,全年到位贷款近20亿元,保证了全市基础设施建设项目的开工和兴建。

【资本扩张能力】 欧亚集团迈出了域外建店第一步,成功实现了"中三星"战略布局和目标。旭阳集团立足企业发展战略布局,一年内完成了4户企业的资源整合和搬迁改造,使主业更加突出,企业核心竞争力得到增强。在市政府的支持下,长拖集团在与香港骏升公司合资重组的基础上,2007年12月又由市国资委出资1亿元人民币组建了长拖农业机械装备集团有限公司,注册资金2亿元人民币,迈出了长春市农业机械装备制

长拖农业机械装备集团有限公司拖拉机厂

造业整合和扩张的关键一步。国投公司成立以来，在全力为推进国企改革服务的同时，积极参与企业重组，释放资本运营功能，盘活苗苗集团和陶瓷厂土地及长铃宾馆资产，既为企业解决了难题，又获得了资产升值的收益，在发挥投融资功能和资本运营方面迈出了可喜的一步。

【国资监管】 1. 国资监管基础性工作不断巩固。一是进一步健全监管机构。经编办批准，国资委成立了监事会工作机构，明确了机构职能，为进一步完善企业监事会制度，发挥派驻监事的作用，更有效地保障国有资产出资人权益奠定了制度基础。二是国有资产清查工作进一步深入。利用一年时间，基本理清了资产关系极为复杂企业存在的问题，为下一步理顺资产关系奠定了基础。严格规范了资产损失核销程序，对企业申报的289笔证据不足的损失核销账目未予确认，涉及金额7 789万元，尽最大可能减少了国有资产损失。三是国有产权管理进一步加强。完成了所出资企业产权登记及统计调查工作，全面掌握了产权制度改革后全市国有资产的总量、布局和形态，为进一步加强国有产权管理奠定了基础。规范资产处置，实现资产变现最大化。产权交易市场不断完善，吉林长春产权交易中心为长春市改革企业入场交易提供了规范服务。国有不良资产通过进场公开挂牌实现了平均40%的增值。如重庆路门市房转让项目，通过电子竞价，每平方米成交均价达6万元，创造了长春市门市房交易的最高纪录。2. 企业领导人员管理工作取得新进展。指导轨道交通公司、旭阳集团及长拖农机装备集团完成了董事会换届和组建工作。通过派出外部董事、独立董事进入董事会，提升了董事会的运行质量；通过减少董事会与经理层人员的重叠，使决策层与执行层有效分离，进一步突出了董事会作为公司治理核心的权威性；建立了董事会专门委员会和工作机构，为确保董事会决策更加趋向合理提供了制度条件。在教育培训方面，通过举办培训班、专题讲座，组织赴沿海发达地区及境外学习考察，进一步提高了企业经营管理者和后备人才的整体素质。3. 业绩考核和薪酬管理稳步推进。全面落实完成了2006年经营业绩考核和兑现工作，对签订《资产经营责任书》的企业，经过专项审计和对影响经营业绩的各项因素进行分析、确认，兑现了奖惩。加大了对企业领导人员薪酬及职工工资的调控力度，合理规范薪酬及工资标准，对不合理的薪酬和工资收入项目进行了规范和纠正。加强了企业工资增长指导线管理，对具备条件的企业按指导线标准进行了增资。

长铃中兴组装线

【国企改革收尾工作】 2007年的国企改革收尾工作有很大难度。市国资委系统上下齐心合力，使收尾工作得以顺利进行。1. 多渠道筹集改革资金，落实退休人员权益保障。收尾工作的主要内容是落实企业改革前退休人员的权益保障，最大难题依然是成本缺口资金的筹措。通过国投公司这一平台，2007年承接土地收储资金划转、资产变现、商业银行融资等筹集资金3.31亿元，企业变现资产2 873万元，参与操作了26亿元的企业金融债务化解，有效解决了成本缺口压力。在协调政府妥善解决退休人员采暖费问题的同时，又对退休人员参加医保问题实施了全面政策覆盖。2. 不回避矛盾，积极解决先期改革企业遗留问题。2007年，市国资委系统接待的上访量与以前相比有较大幅度攀升，主要原因是不同改革时期的政策有差异、操作中政策落实不均衡、受财力所限一些权益未进入当期改革成本，以及改革批复中已明确的权益在改革后企业未能落实。在处理改革遗留问题上，工业、商业两个资产经营公司和建工集团以极强的责任感付出了艰辛的努力。这些遗留问题错综复杂，有的甚至没有头绪，上访职工情绪又很难控制。在这种情况下，大家不抱怨不推诿，一户一户地摸底，一件一件地理清问题，耐心接待来访职工，承受了很大的压力和委曲，以严谨的高度负责的工作态度，为政府减轻压力，为职工解决难题，为遗留问题的解决趟出了路数，取得了较好的成效。

【国企党建工作】 党建工作的方式方法不断改进。在总结党建工作经验和充分调研的基础上，制定实施了《党建工作年度指导纲要》，开展了国企党建工作指导、调研、培训、提高的“主题年”活动，取得了显著成效。巩固和完善了先进性教育的长效机制，在新党员发展上更加注重把优秀专业技术人员、生产经营一线优秀青年职工吸收到党组织中来。加强了对在岗党员、流动党员、离退休党员的分类管理。对党委书记、组织部长、组织员、支部书记、入党积极分子分别进行了培训，提高了党务工作者队伍的整体素质。特别是各级党组织，充分运用党内“创先争优”活动这一有效载体，创造性地开展活动，有力促进了企业改革、发展和稳定工作。宣传思想政治工作的实效性不断增强。以贯彻落实科学发展观和党的十七大精神、推动企业进一步发展为主线，选树先进典型，创新宣传载体。结合学习王洪军先进事迹活动，深入挖掘了一线职工中的先进典型，在企业营造了“学先进、做先进”的浓厚氛围。围绕长春市“两城联创”，开展了丰富多彩的创建活动。窗口单位通过开展“争做文明单位、争创文明窗口、争当岗位明星”等活动，进一步提升了服务理念，提高了服务水平，树立了良好的企业形象。探索建立企业文化建设工作机制，把企业文化建设和思想政治工作有机结合，为企业健康、持续发展注入新的动力。惩防并举，党风廉政建设进一步强化。围绕中心工作，进一步完善了教育、制度与监督并重“三位一体”的惩治和预防腐败体系。深入推进治理商业贿赂专项工作，开展了对不正当交易行为的自查自纠活动和以“评廉述廉”为主题的班子民主生活会及廉政测评活动，并将活动情况载入廉政档案，为建立长效机制打下良好基础。深入开展了效能监察，全年效能监察立项28个大项，涉及金额达20余亿元，节约资金9 600余万元。受理信访举报案件380件，挽回经济损失46.7万元。

（欧阳丽宇）

工商行政管理

【概况】 长春市工商行政管理局下辖6个城区分局，对榆树、德惠、九台、农安等4县（市）工商局实行垂直领导。现有16个内设机构，11个直属机构，17个派出机构和10个群众团体及事业单位；全系统共有106个工商行政管理所；干部职工总数2 601人，其中公务员2 025人，事业编制人员379人，工勤编制人员197人。

2007年末，全市登记注册的内资企业（不含个体私营）9 479户（其中法人企业4 558户），比2006年同期减少31.62%；注册资本（金）791.61亿元，同比增加3.52%。其中，国有企业1 744户，集体企业3 167户，股份合作企业223户，公司4 340户（其中法人公司1 641户），其他企业5户。当年新登记内资企业491户，注册资金总额27.24亿元。其中，国有企业33户，集体企业35户，股份合作企业2户，公司491户。

全市外商投资企业523户，比2006年同期降低47.86%；投资总额42.62亿美元，同比降低19.25%；注册资本28.48亿美元，同比降低13.70%。外方注册资本16.40亿美元，占注册资本总额的57.58%，同比降低4.57个百分点。其中，中外合资企业289户，中外合作企业24户，外资企业210户。年内新注册外商投资企业61户，投资总额5.33亿美元，注册资本3.23亿美元。其中，中外合资企业27户，中外合作企业4户，外资企业30户。

全市个体工商户13.90万户，比2006年同期增长4.67%；从业人员22.32万人，同比降低0.80%；注册资金36.58亿元，同比增长36.19%。当年开业个体工商户39 168户，从业人员7.70万人，注册资金14.20亿元。全市私营企业2.89万户，同比增长0.69%；私营企业雇工20.37万人，同比增长2.62%；注册资本金总额462.83亿元，同比增长31.10%。当年开业私营企业7 468户，雇工3.75万人，注册资本金51.80亿元。

【服务社会主义新农村建设】 积极扶持农村市场主体发展。制定了《关于积极支持社会主义新农村建设的实施意见》，出台37条政策措施，积极引导农民从事个体经营。年内新登记农村个体户15 072户，同比增长89.6%；登记注册农民专业合作社197户，注册资本总额2 000多万元。针对农村个体户分散、交通不便等实际情况，各农村工商所下乡为6 000余户农村个体户进行上门验照。深入开展红盾护农专项执法行动。突出重要农资商品，检查农资经营企业和业户4 154户次，整顿农资市场81处，检测农产品32个品种96个批次，检查出不合格农资产品22个批次，查处制售假劣农资案件728件，案值1 672万元，为农民挽回经济损失780多万元。积极推进合同帮农工作。在农安县局、德惠市局开展"订单农业"试点，培育了10处"订单农业"基地，指导农民与德大、天景等11户农业产业化龙头企业签订"农业订单"合同38万份，订单金额40.7亿元，纠正不合理或不完善条款719项，调解"农业订单"争议和纠纷9起。全市订单农户发展到18.1万户，吸纳农村劳动力27.5万人，为农民增收1亿多元。新培育发展农村经纪人1 412人，提供各类产销信息170条。加大商标兴农工作力度。帮助特色农产品申请商标注册，指导榆树北植油厂注册了"北植"植物油、德惠农民刘晓梅注册了"过山窖"蔬菜等45件农产品商标。加大地理标志培育力度，确定了"九台饮马河"、"双阳梅花鹿"等7件地理标志重点培育对象。

【促进市场主体素质提高】 引导和扶持个体私营等非公有制经济发展。在农安、榆树和双阳进行了服务民营经济发展试点，深入民营企业开展调研，寻找支持民营经济发展的切入点和着力点。引导个体户做大做强，对于具备条件的指导其向公司方向发展，全年新登记一人有限责任公司1 721户，注册资本总额12亿元，同比分别增长204%和90%。推进实施商标战略。建立和完善三级联动的商标培育工作机制，完善驰名著名商标储备库，根据企业不同情况实施分类指导、梯次推进。召开了全市驰名著名商标推进工作会议，举办6期由县(市)区领导及企业负责人参加的商标知识培训班，在新闻媒体开展了商标知识系列宣传活动。多次深入重点企业，帮助做好申报准备工作。年内先后有"德大"、"温馨鸟"、"感康"等3件商标同时被认定为中国驰名商标。新推荐认定吉林省著名商标91件、长春市知名商标45件，商标战略工作实现了历史性突破。加大对驰名、著名商标和奥运会标志等重点商标专用权的保护力度，查办各类商标侵权违法案件206件，其中涉外商标侵权案件23件。先后查办了5件侵犯"奥运标志"案、21件侵犯"一汽"商标专用权案。重点打击集贸市场内的商标侵权违法行为，查处了侵犯"蓝带"啤酒、"欧米加"手表、"鳄鱼"服装商标专用权的30余起违法案件，查扣侵权商品总值120多万元。深入开展"守合同、重信用"创建活动。按照上级工商局的要求，认真开展"守合同、重信用"企业评定活动，严格把握评定标准，当年有73户参评企业被吉林省工商局批准认定为"AAA企业"，其中15户

市工商局服务社会主义新农村建设

企业被国家工商总局评为“守合同、重信用”企业。有125户企业被评为长春市“守合同、重信用”企业。认真贯彻国家产业发展政策。按照国家宏观调控和节能减排、安全生产的要求，严把准入关，对41件涉嫌高耗能、高污染的登记申请予以驳回，先后查办了26件无照非法冶炼钢材、铜、铝案件。参与了对长春市水源地一级保护区内186户排污企业的治理。查办了21起非法经营化学危险品案件。清理取缔小砖窑、小煤窑、小矿山、小作坊115户。

【解决事关群众利益的突出问题】 认真落实就业再就业优惠政策。积极鼓励、引导和扶持个体私营经济加快发展，全年新创造就业岗位2 310个，安置下岗职工再就业4 039人。配合有关部门组织3万户个体工商户参加医疗保险工作。全年共为下岗失业人员、高校毕业生、退伍军人从事个体经营减免登记和管理费合计578.09万元。积极推进消费维权网络建设。在各工商所建立消协分会116个，在137个商场(市场、超市)、191个社区、138个行政村、9个旅游景点共建立消费者投诉站475个，在全市大型市场、商场、超市悬挂500块“12315”公益宣传牌和引导提示牌，向社会发布消费警示9个、消费提示10次，到大型商场、旅游区、展会、部队、中小学进行现场维权服务宣传。认真受理解决消费投诉。“12315”指挥中心全年共受理投诉举报电话48 814个，全部分转办理，办结率达到98%，群众满意率达到95%以上。在规定时间内妥善处理并反馈了中央电视台“3.15晚会”现场转办的5件申诉和2件举报。各级消协组织共受理消费者投诉3 970件，办结率100%，为消费者挽回经济损失340余万元。

【开展食品安全整治工作】 认真完成食品安全整治目标。按照上级工商局的部署，组织开展了“关注民生、红盾行动、食品市场整治百日会战”行动，将专项整治任务细化落实。要求县城以上食品市场、超市100%建立进货索证索票制度，乡镇、街道和社区食杂店100%建立食品进货台账制度，对发现无照经营食品的小食杂店、小摊点全部予以取缔。检查各类市场211个、食品经营主体14 235户次，取缔无照经营食品728户，查处各类制售假劣食品案件142件，捣毁食品制假窝点16处。利用食品质量快速检测设备，检测食品72个品种4 620个批次，清理下架不合格食品10.9吨。受理和处理消费者食品方面的申诉举报185件，为消费者挽回损失21.4万元。全面落实食品安全监管责任制。严格落实“所管片、人管段”的“网格化”管理模式，对全市17.42万个市场主体全部建立了经济户口，在116个工商所的管辖区域内划分了622个监管责任区，落实监管责任人。层层签订流通领域食品安全责任书1.25万份，确保食品安全监管人员、区域和责任“三落实”。深入开展“农村食品市场整顿年”活动。在双阳分局召开两次食品监管现场会，组织处级干部和部分工商所长，观摩检查了10个县(市)区11个工商所的食品安全监管工作。各农村工商所检查了179户食品经营企业和9 338户食品经营户，下达399份限期整改通知，取缔“黑窝点”、“小作坊”11处。

【有针对性地开展专项整治】 开展虚假违法广告专项整治。加大对药品、医疗、保健品违法广告的整治力度，共检查各类医疗广告4 764条次、药品广告

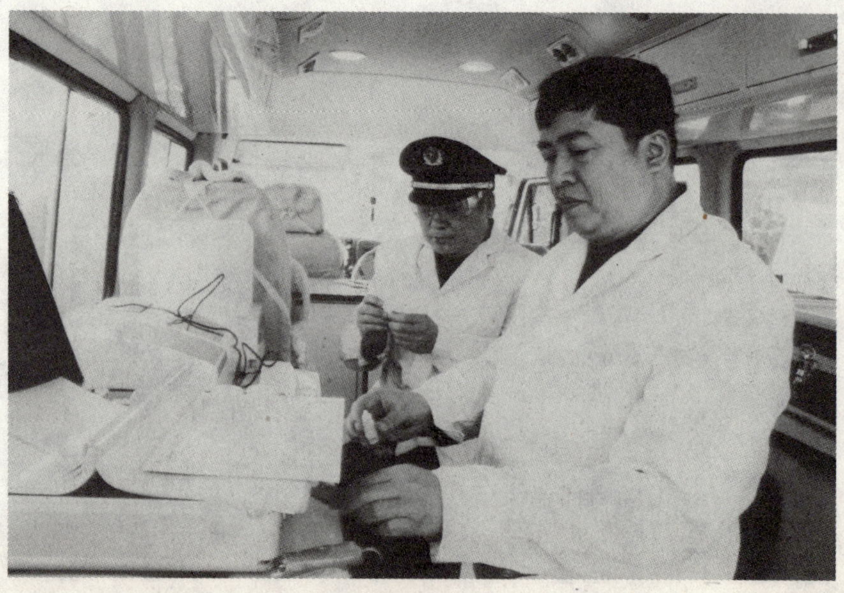

开展食品安全检测

5 024条次、保健品广告2 752条次，查办广告违法案件77件。同时对媒体广告实行24小时监控，监测媒体广告4.7万条次，纠正违规发布广告267条次。组织广告经营单位开展自查自纠，通过设立专职广告审查员，实行广告三级审查签发制度，使媒体医疗广告违法率明显下降。开展商业贿赂专项治理。围绕国家确定的15个重点领域，强化检查，深挖案源，在查处金融、公证、电信等行业商业贿赂方面实现了新突破，共查办案件22件，案值174万元。重点查办了高校在办理学生保险时收受商业贿赂案、啤酒销售企业采取回购瓶盖方式进行商业贿赂案等一批典型案件。加强与检察、公安、卫生等部门的协调配合，先后查办了5件药品购销及医疗服务行业商业贿赂违法案件，收缴罚没款100.6万元。积极探索治理商业贿赂的超前防范、定期回访和分类监管等长效机制。开展打击传销专项执法行动。召开全市打击传销工作会议，建立了政府牵头、区域监管、部门协调的打击传销工作机制，制定并落实打传联席会议制度、办案协作制度、突发事件应急处理制度等打传工作制度。查办各类传销案件28起，取缔30多个传销窝点，解救遣返参与传销人员2 800多人次。深入开展“打传销、反欺诈、共建和谐社会”主题宣传活动和“无传销校园、无传销社区(村屯)、无传销楼堂馆所”创建活动。

【规范重要商品市场秩序】 加强粮食和陈化粮市场监管。制订整治方案，与粮食部门联合对全市粮食市场进行清理，重点打击以次充好、短斤少两、哄抬物价等违法行为。全面复查粮食加工企业主体资格，取消了3户企业的购买陈化粮资格。对54户销粮企业新出库的67笔合同、共计16.5万吨陈化粮和经长春市中转的1.07万吨陈化粮进行了全程跟踪监管，查办1起非法倒卖陈化粮案件。加强成品油市场监管。抽检了157家加油站370个批次的成品油质量，查办销售不合格成品油案件39件。取缔无照经营成品油业户10户，收缴罚没款66.9万元。对2处加油站冒用“中国石化”标志案进行了查办。查处取缔无照经营违法活动。加大市场巡查力度，重点查办了经营药品、医疗器械、化学危险品和金属冶炼等危害群众身体健康和公共安全的大要案件，共查办无照经营案件3 572件，案值1.27亿元，收缴罚没款1 457.1万元。

【开展企业信用分类监管】 持续进行企业信用信息管理工作试点。全市登记的市场主体经济户口总量已达174 327户，其中，内资9 230户、外资647户、私营企业27 795户、个体工商户136 572户。建立数据采集录入、传输更新和质量保障制度，开展登记注册网上督查，先后对22 098户内资企业、85 753户个体户进行了网上督查，纠正各类问题1 388件。加强企业信用信息联网。按照国家总局要求，按时保质保量上传更新数据，联网数据覆盖全部县区局。目前可以通过国家总局内网查看全国黑企业数据库，通过OA系统查全省企业信息，实现了登记信息的资源共享。在国家总局对企业信用分类监管和联网应用检查时受到肯定。实施企业信用分类监管。根据年度企业年检结果，将现有市场主体划分为：A级27 186户、B级1 813户、C级8户、D级7 494户。探索实现经济户口管理、工商所责任分区和企业信用分类监管的互连对接，绘制了基于网格化管理模式的电子地图，巡查人员及责任区定

长春市打击传销专项行动电视电话会议

点定位，实现了经济户口与工作责任区的高度统一。

【全面推行政务公开】 加快信息化建设步伐。在不断完善升级业务软件管理系统的基础上，开发了经济户口责任区电子地图，探索推行网上登记，设置登记核名网上初审专栏，对外资企业首次实现了网上申报、网上年检。提高网络办公水平，通过内部办公网进行信息传递、收发文件、反映工作成果、公布政策法规。提高政务公开工作水平。规范政务公开载体，升级改版市局网站，对全系统政务公开内容进行调整完善，重新确定了主动公开信息、依申请公开信息和免于公开信息的具体内容。市局和各直属、派出机构已全部集中办理行政许可项目。结合精细化管理，规范和深化了基层政务公开工作。落实“一字工作法”。开展了“市场准入规范年”活动，在各级登记服务窗口全面推行“一字工作法”。坚持“窗口一站式”办公模式，所有登记审批事项一个窗口进出，实行一站式办公、一条龙服务。落实“一审一核制”规定，压缩审批环节，实行内部流转，提高办事效率。在各级登记服务窗口设置登记示范文本，便于群众参照，做到了“示范一文本”。不断提高登记人员业务素质，印制登记事项告知单，实现“告知一口清”。

【加大执法监督力度】 认真落实行政执法责任制度和《执法过错责任追究办法》，细化为5个方面26项规定。严格执行案件集体研究制度，加强案件审核把关，全年审核案件170件，责令退回重新调查21件。梳理出行政执法主体140个，行政执法职权406项，编制完成了《长春市工商系统行政执法依据》，为基层依法行政提供了依据。制定了《行政处罚自由裁量暂行规则》，确保执法人员依法行政，正确行使执法自由裁量权，营造宽松和谐的发展软环境。在市政府召开的全市推行行政执法自由裁量权经验交流会上作典型发言，受到市政府领导的肯定。探索实行行政指导工作。深入重点改制企业现场指导，帮助一汽实业总公司等100多户厂办大集体顺利完成改制工作。推行培育驰名著名商标“量身订制”服务，深入企业帮助整理申报文件，规范申报手续。深入企业和农户，宣传政策，全程指导，推进“订单农业”工作的深入开展。切实加强企业登记档案建设和行政处罚案卷评查。积极开展听证和复议工作。全年共进行行政许可、行政处罚听证5次，受理复议案件2件，通过积极调解，化解争议，2件复议案件申请人全部自行撤销。

【廉政建设】 积极构建三位一体反腐倡廉工作体系。加大警示教育力度，与检察机关签订预防职务犯罪协议书，聘请检察官进行6次预防职务犯罪教育。层层签订党风廉政建设目标责任书，落实党风廉政建设一岗双责和责任追究制度。加大监督工作力度，市工商行政管理局为6个城区分局统一配备了纪检委书记，选派105名同志专门负责工商所党建和纪检监察工作。强化班子遵纪守法监督。认真贯彻《关于严格禁止利用职务上的便利谋取不正当利益的若干规定》，加大自查工作力度，制作对照检查表，全系统党员干部人手一份，处级干部和县（市）局班子成员填写的有关信息，由市局纪委统一存档，定期对照检查。开展工商廉政文化建设。组织开展了多种形式、多项载体的工商廉政文化建设活动，在朝阳分局开展了廉政文化建设试点工作，取得了明显成效，受到了省局和市纪委的充分肯定。市纪委在朝阳分局召开了现场观摩会，并在全市推广。强化基层述职述廉。在农安县局开展向监管服务对象述职述廉工作试点，并在全系统铺开。各工商所长向监管服务对象代表报告工商所服务发展、依法行政、监管维权、党风廉政建 设等情况，评议结果作为对工商所工作和所长个人绩效考核的重要内容。加大违纪行为查办力度。全年共受理信访案件17件，全部按要求认真答复和妥善处理。全面开展效能监察，下发监察建议书5件，加大对违纪违规行为查处力度，立案调查干部违纪案件2件，对4名干部给予党政纪处分。

（杨俊天）

物 价

【概况】 2007年，长春市价格工作以控制物价上涨为中心任务，综合采取法律、行政、经济等手段，继续深化价格改革，加强价格调控监管，大力整顿价格秩序，规范市场价格行为，确保了长春市价格总水平的基本稳定，促进了经济平稳、健康、较快发展。全年价格总水平控制在3.7%,在全省处于较低水平。

【市场价格监管】 1.2007年长春市市场价格走势。从商品价格上涨类别上看,人民生活必需品和部分生活资料价格全面上涨是这次涨价的主要特征。国家对居民消费价格指数监测的类别为八大类262个基本小类,600多个品种,全国监测的户数为12万户居民。在全部监测品种中,价格上涨的品种为66个,下降的73个,持平的123个。从上涨类别分析,食品涨价最为突出,前9个月,食品价格累计上涨10.2%,拉动居民消费价格总水平上升3.7个百分点;10月份,食品价格同期比上涨15.8%,拉动居民消费价格总水平上升5.7个百分点,11月份,食品价格同期比上涨16.2%,拉动居民消费价格总水平上升5.83个百分点。第一,猪价飙升是食品价格上涨最直接原因。2007年4月下旬起,猪肉价格不断上升,至8月份涨至最高。前9月猪肉价格累计上涨68.8%,推动价格总水平上升1.3个百分点,对居民消费价格总水平影响程度高达40%。10月份猪肉价格同期比上涨58.3%,11月份同期比上涨69%。猪肉价格上涨的同时,还带动了牛肉、羊肉、禽肉副产品价格上涨,其中牛肉前9个月同期比平均上涨了30.3%,10月份-11月份同期比分别上涨了57.9%、59.9%,畜肉副产品前9个月同期比平均上涨了34.4%,10月份-11月份同期比分别上涨了31.2%、34.9%。第二,油脂价格前9个月累计上涨25.9%,影响居民消费价格总水平上涨0.3个百分点。从4月份开始油脂价格波动明显,至9月份,散装豆油涨至9.66元,同期比上涨38.0%,5L九三大豆油涨至53.00元,同期比上涨39.5%;5L鲁花花生油涨至108.68元,同期比上涨36.4%;猪板油涨至13.58元,同期比上涨171.6%,10月份油脂价格较为稳定,略有小幅上涨。到11月份,食用植物油及动物油脂价格都有较大幅度的上涨,其中食用植物油价格比上月上涨8.3% ,同期比上涨30.2%,植物油制品价格比上月上涨1.8%,同期比上涨35.1%,动物油价格比上月上涨10.7%,同期比价格上涨1倍以上。上述价格变动影响油脂类价格比上月上涨6%,比上年同期上涨32.6%。第三,前9个月粮价10.7%的涨幅中99.7%属上年翘尾涨价因素。粮价上涨影响居民消费价格总水平上涨0.3个百分点。9月份,市场每公斤散装大米价格已涨到3.40元,富强粉涨到3.20元,河套雪花粉涨到5.80元,同期比分别上涨了6.3%、6.7%、16%,粮食制品冷面涨到4.00元,同期比上涨66.7%。10月份、11月份散装大米价格与9月份基本持平。12月初面粉价格比11月份略有上涨,上涨2.74%。第四,装修材料、房贷利率上涨。2007年建房及装修材料、人民币存贷款利率6次上调拉动,使前9个月居住价格上涨4.5%。其中,建房及装修材料价格上涨7.6%,房屋贷款利率上涨10.7%。居住价格上涨拉动居民消费价格指数0.6个百分点。10月份、11月份居住类比上年同期比上涨了5.9%。2007年的生产资料价格走势最主要的特点是成品油价格上涨幅度较大,影响深远。国际市场油价持续大幅度上涨、国内成品油与原油价格倒挂加剧引发的供求矛盾日益突出。成品油调价后,国家对出租车及城市公共交通补贴政策也随之执行。2. 加强市场价格监测预警。针对市场价格的变动情况,在市场巡视、预警报告、应急值班、跟踪监测等方面进行了必要的完善和准备。组织人员到市内各大农贸市场和超市了解价格变化情况,并进行跟踪监测反映,及时向政府报告,并对长春市生猪的养殖情况、购销渠道进行专题调研,向市政府有关领导进行汇报并提出建议。同时启动了市场价格异常波动工作预案,加强了对关系国计民生的重要商品价格动态监测和趋势分析预测,重点加强了对粮食、植物油、主副食品、工业生产资料、农业生产资料、日用工业品、重要生活资料、房地产、汽车等重要商品价格的监测预测。实行了价格监测日报告制度,增加了监测品种,加大了市场监测的频率和力度。从5月27日起至年末,每天向国家、省发改委和市政府上报监测数据,共派人实地采价345人次,上报监测数据30 225笔。对本地区的价格热点、难点问题和突发价格异常波动事件进行跟踪监测和深入分析,共向国家和省报送价格动态信息179篇。每周向政府领导报送价格监测,每月撰写价格监测报告,共编辑长春价格监测报告12期,编辑长春价格监测84期,编辑价格情况反映31期,为政府决策提供了第一手资料。完善了价格监测发布制度。在《长春日报》、《新文化报》、长春电视台、长春广播电台、《东亚经贸新闻》等新闻媒体上发布主副产品和蔬菜价格信息,发布农副产品价格信息58 800笔,发挥了价格信息指导生产流通和合理引导消费的作用。3. 加强市场价格监管。一是妥善应对。全市各级价格监督检查机构,集中精力,加强市场价格监管,全面落实《应对价格异常波动工作预案》要求,跟踪市场价格变动情况,根据不同时期价格上涨的突出问题,全面落实检查任务。成立了食品价格专项检查领导小组,研究制订了检查工作方案。对检查区域和日常工作进行了具体分工和细化,做到分工明确、落实责任、一级抓一级,层层抓落实。二是加强市场价格巡查。采取市区联合检查的方式,出动50余人,组成20个检查组,对全市范围内的45家超市、农贸市场、生猪屠宰点、制品加工企业及饭店等价格执行情况进行检查。对市场乱涨价行为始终保持高压态势。三是狠抓落实。加强对各有关部门和各城区价格主管部门的业务指导,加强督促检查,确保稳定物价政策的贯彻落实。在各部门的共同努力下,全市市场供应和物价水平基本稳定,没有出现商品抢购和脱销断档现象。4. 强化价格调节基金征管工作,发挥价格调节基金的调控作用。2007年共征收价格调节基金1 238.6万元,使用价调基金1 359万元。主要用于长春市城区蔬菜生产基地建设。其中用于市城区蔬菜生产基地建设项目120万元,用于绿园区蔬菜基地建设500万元,用于宽城区蔬菜基地建设200万元,用于市城区生猪屠宰补贴200万元,用于长春市蔬菜中心批发市场补贴120万元,用于长春市果品批发中心100万元。此外,市发改委继续实施价调基金准备金制度,从每年征收额中拿出30%用作准备金,以应对重大自然灾害、疫情和市场出现的价格突发事件。

【价格改革】 1. 合理制定农业生产资料价格。出台了化肥、种子价格的具体作价办法,维护了生产者、经营者及消费者的合法权益,为农民减轻负担9 400万元。2. 出台了成品油价格。按照国家省统一部署,分两次调整了成品油价格。及时与有关部门沟通,做好各项调价准备工作,深入加油站在零点进行监督检查,较好的完成了各项任务。3. 确定了资源价格改革的总体思路。在自来水价格改革方面,以制定阶梯式水价为突破口,在供热价格改革方面以制定供热退费办法和以热表计费方式为重点,在燃气价格方面,以确保基本稳定为前提,合理确定人工煤气、天然气价格比价关系为出发点的工作思路。

【整顿收费秩序】 编制完成了2007年《长春市行政事业性收费项目和标准》、《长春市涉农收费项目和标准》。清理整顿了建筑行业行政事业性收费。规范了教育、医疗收费和党政机关办班收费。清理了生猪饲养、屠宰、销售过程收费。全面开展了经营服务性收费调查清理工作。落实了物业服务明码标价制度,规范物业服务收费行为。审核制定了停车场收费标准。重新审核并下发了医用废物处置收费标准。

【价格监督检查】 1. 加大执法力度,严厉打击价格违法行为。2007年,组织开展了教育、医疗、涉企、涉农等专项价格检查,共查处价格违法案件69件,查出价格违法金额900余万元,收缴罚没款金额370万元,给消费者退款64.8万元。进一步巩固了清费减负成果,降低了企业和群众的费用负担。2. 组织开展了价格欺诈行为专项检查。全市共出动670人次,检查110家商业、服务业企业,对27家商业促销企业不履行价格承诺、虚构原价等价格欺诈行为进行了检查处理,印制了5 000册《倡导价格诚信禁止价格欺诈》小册子,向广大消费者和商业企业免费发放。通过媒体公布了十类价格欺诈行为警示,引导企业加强价格自律,倡导价格诚信,企业价格行为得到有效规范。3. 强化价格服务职能,深入开展价格服务进万家活动。近年来,在全市先后组织开展了"价格服务进社区"、"价格服务进学校"等一系列"价格服务进万家活动"。去年,深入开展了价格服务进农村活动。加强和完善"价格服务进农村"三级价格监督网络的基础建设。长春市在农村乡镇和社区建立了470个群众价格监督站,聘请了1 500名群众价格监督员,基本形成了覆盖城市和农村的群众价格监督网络。涉农价格和收费公示制度已经普及,重新修订了《长春市涉农收费目录》,全市共在17个乡、141

个村、17个站（所）设立涉农价格和收费公示板158块，发放《涉农价格和收费手册》10万份。制定和完善农村价格监督服务站工作制度。开展了价格监督员业务培训。建立了农村价格服务信息平台。利用手机发送和通过报纸、电视、电台等新闻媒体定期向农民提供价格、收费政策信息，受理涉农价格、收费政策咨询，引导农业生产，促进农民增收。4. 开展了公用电话收费专项整治工作。联合有关部门对全市公用电话收费进行了集中整治，对存在高收费问题的公用电话代办点进行了严肃处理，并进行了公开曝光。对公用电话收费进行了公示，公用电话乱收费问题得到有效遏制。

【价格认证成本调查】 价格评估认证领域不断拓宽，工作质量不断提高，全年以来共完成价格鉴定和价格认证7 016件，价格鉴定和认证金额8 133万元。农产品成本调查和成本监审工作深入开展。完成了2006年长春市主要蔬菜生产成本收益、饲养业主要品种生产成本收益、花鹿茸生产成本收益、玉米、水稻生产成本收益调查。完成了民办中等职业教育、医疗废弃物处理、蒸汽供热3个行业21项定调价成本监审项目，为规范长春市定调价管理机制起到积极的作用。

【自身建设】 2007年，价格部门坚持内强素质、外树形象，以培养和造就一支政治思想坚定、业务精通、作风过硬、纪律严明的干部队伍为目标，进一步加强了思想、纪律、作风和廉政建设，增强了凝聚力和战斗力。1. 开展政治思想教育，提高人员素质，树立正确的人生观。认真学习、刻苦钻研邓小平理论和“三个代表”的重要思想，以人为本，用科学的发展观统领各项工作，以建立和谐社会作为工作的出发点和落脚点，在平时的工作学习生活中，不断坚定理想信念，提高运用党的基本理论武装头脑，用党员党性的标准观察问题、分析问题、解决问题，发挥主观能动性。2. 在业务学习上，不断的更新业务理论知识，立足岗位，积极主动，围绕建立和谐社会，求真务实，理性思考问题，把全处工作融入社会的大局中，奉献在前，名利在后，兢兢业业，任劳任怨，真心实意为群众服务，实行自我更新，自我发展，自我提高，为长春市探索新形式下的新路子主动出新主意、想新办法，走出一条发展改革的新路子，真正发挥出党员的先进性。自觉树立把人民利益放在第一位，勇于探索，开拓进取的创新精神；清正廉洁，勤政为民的公仆精神；依法行政，扎实工作的敬业精神。以学习活动为载体，破除“主仆错位”的思想，树立正确的权力观。3. 提高办事效率和服务质量，实行了“首问负责制”、“首办负责制”和“三优承诺制度”。不仅要做到主动服务、热情服务，而且要严格服务时限，规范服务用语，实行高效率、全方位服务。4. 树立价格部门良好形象。宣传有关收费政策。比如利用“3. 15”宣传日，编制了《百姓消费价格指南——教育及医疗收费篇》，共8 000册，积极宣传收费政策；高考、中考来临之际，价格部门利用新闻媒体，在报纸、广播、电视公示了高考、中考收费项目和标准，通过这些工作，宣传收费政策，树立价格部门良好形象。5. 深入收费单位中去，做实实在在的工作。对45个行政事业收费部门进行一一核定收费项目、收费依据、收费标准，对违反国家、省有关政策的收费坚决制止，对收费部门存在的问题进行调查研究，形成书面材料向领导汇报。对规范长春市行政事业性收费做实实在在的事，干实实在在的活。廉洁奉公，服务热情抓好民生工作，进一步转变了机关工作作风。

（吴丽娟）

质量技术监督

【概况】 2007年，对长春市质量技术监督局是非常不平凡的一年，是挑战最大、任务最繁重的一年，也是全市质监系统战斗力不断增强、作用力不断提升、影响力不断扩大的一年。一年来，全局坚持以邓小平理论、“三个代表”重要思想和科学发展观为指导，以依法行政、严格把关、保障安全、服务经济、促进发展为目标，认真履行部门职责，全面完成了产品质量和食品安全专项整治任务，质量管理、计量监管、标准化工作、特种设备安全监察、食品监管、认证认可、法规、维护市场经济秩序等各项行政业务工作都取得了突破性进展，在促进质量技术监督事业不断发展壮大的同时，不断增强服务地方经济社会发展的有效性。

【产品质量和食品安全专项整治工作】 自8月份产品质量和食品安全专项整治工作开展以来，按照国务院、省市政府和国家总局、省局的统一部署和要求，迅速制定落实方案，层层建立领导机构，明确目标责任，完善制度体系，建立工作机制，加强组织领导，为专项整治工作扎实开展提供了有力保证，并取得了预期效果。截至到2007年底，全系统共出动执法人员3 800人次，查处各类案件900余件，涉案金额227.65万元，捣毁食品制假黑窝点11个。长春市质量技术监督局承担的3个100%的工作目标已全部完成。全市现有食品生产加工企业3 901户，其中，应获食品生产许可证企业775户，已100%获证，并在产品上加贴了QS标志，获证企业食品检验合格率达到100%；具备卫生许可证和营业执照的食品小作坊551户，已100%签订了食品质量安全承诺书；证照不全食品生产小作坊2 648户，已报当地政府建议采取相应措施加强监管或取缔。全市家用电器、劳动防护用品等10类涉及人身健康安全重点产品生产企业121家，其中，生产许可证企业37家，3C认证84家，全部建立了质量档案。长春市质监全面完成了整治任务，顺利实现了整治目标。德惠市质监局代表长春市质监局顺利通过了吉林省质监局和国家质检总局的检查验收。作为整治工作的牵头部门，长春市质监局承担了长春市专项整治领导小组办公室的工作，各县(市)区质监局(分局)承担了当地相应领导机构办公室的任务，很好地发挥了参谋助手、综合协调和主力军作用，为专项整治工作的扎实推进做了大量卓有成效地工作。到2007年末，涉及其它6个部门承担的11项100%的工作目标也已经全部完成。德惠市政府代表长春市政府顺利通过了国务院和吉林省政府的检查验收，并得到了充分肯定和一致好评。

【质量管理】 坚持提高质量、扩大数量、加大力量的原则，切实加大了名牌工作力度，以市政府名义制定出台了《长春市“十一五”期间争创中国名牌产品实施意见》，强化了对名牌产品的奖励措施，调动了企业争创名牌的积极性。开展了重点产品质量状况调查，制订了争创2007年度中国名牌和吉林省名牌产品计划，加快了名牌战略实施步伐。2007年，长春市共有5家企业的5种产品被评为“中国名牌产品”，即：中国第一汽车集团公司“解放”牌载货汽车、长春禹衡光学有限公司“禹衡”牌光电编码器、长春轨道客车股份有限公司“CRC”牌轨道客车、吉林省长春皓月清真肉业股份有限公司“皓月”牌鲜冻分割牛肉、吉林粮食集团米业有限公司“米”字牌大米，2007年全市拥有中国名牌产品已达到8种。“铸诚”防盗门等24户企业的26种产品被评为吉林省名牌产品，全市共有80个企业的88种产品获得“吉林省名牌产品”称号。加强了对名牌产品的后续监管，在确保名牌产品的质量，提高名牌产品效益和市场竞争力方面切实加大了力度，取得了明显成效。深入开展了群众性质量管理活动、质量兴市活动和名优企业、名优产品宣传活动，使企业的质量管理不断跃上新台阶，提高了全市整体质量管理水平。以市政府名义下发了《长春市质量兴市活动方案的通知》，成立了质量兴市活动领导小组，充分发挥报刊、广播、电视、网络等媒体的作用，大力宣传质量兴市成果，及时揭露并曝光制售假冒伪劣产品行为，宣传普及食品安全知识，大力宣传优质产品和优秀企业，正确引导消费。2007年，共在长春市各主要新闻媒体发布各类新闻报导203余条(次)，在全社会形成了抓质量兴市的浓厚氛围。扎实开展了“三提高(技术进步水平、质量保证能力、产品质量效益)，二争创(名牌产品、质量管理先进企业)”活动。以市质监局名义下发了《关于在全市企业中开展“三提高，二争创”活动的方案》，共有31户企业列入2007年开展“三提高，二争创”活动计划。参与“三提高，二争创”活动的205户企业，全部建立了电子档案。

【质量监督】 按照国家质检总局《关于2006年深入组织开展农资专项打假的通知》精神，长春市质量技术监督局对全市化肥生产企业的产品进行了专项监督抽查检验，共抽取了六县(市)区的16家企业的16批次化肥产品，合格16批次，合格率100%。开展了眼镜产品监督抽查，共抽查制配镜企业30户，抽取样品30批次，检验合格26批次，合格率86.7%。全年共定期监督检验产品2 255批次，合格率86.6%，比2006年提高了2.8个百分点；监督抽查产品225批次，合格率83.1%。对定期检验和监督抽查不合格产品，加大处理力度，认真督促企业整改，促进了产品质量提高。与长春晚报合作推出《长春质量报告》，对桶装饮用水专项监督抽查结果进行了公布，对百姓关注的汤圆、地板等产品质量及相关知识进行了深入细致的报道，正确引导了消费。

【整顿和规范市场经济秩序】

加大了产品质量监督抽查力度。认真贯彻全国质量工作会议、国务院产品质量和食品安全专项整治工作会议精神，以食品、农资、制配镜等产品为重点，组织开展了对白酒、酱腌菜、豆制品、元宵、播种机、化肥、眼镜等七类产品的监督抽查工作，共抽查175户企业生产的270个批次产品，合格242个批次，抽样合格率为89.63%。认真组织实施了产品质量定期监督检查工作。按照"合理规划、统一审批、分别实施、加强检查"的原则，在全市产品质量定期监督检查计划基础上认真组织实施定检计划，完成率100%。共抽检334家生产企业生产的403个批次产品，合格333个批次，合格率82.63%。深入开展了打假专项战役。集中开展了严厉打击食品黑窝点和使用非食用原料生产加工食品违法行为，出动执法人员621人次，检查食品生产企业279家，未发现违法行为。全面开展了食品无证查处工作。对全市生产糖果制品、茶叶、葡萄酒及果酒、啤酒、黄酒、酱腌菜、蜜饯、炒货、蛋制品、可可制品、焙炒咖啡、水产加工品、淀粉及淀粉制品等13类食品生产企业进行了全面检查。深入开展了农资专项打假行动。认真组织开展了对化肥、农药、水泵、机动脱粒机、汽油机、饲料粉碎机、棉花加工机械等7类农资产品获证生产企业的清查，全市共清查企业29家，其中，有3家动力脱粒机企业无证生产。开展了"农资打假下乡"集中宣传日活动，现场接待咨询达1 000多人次，散发各种宣传单2 000多份。在农资打假活动中，共出动执法人员1 188人次，对辖区内的29家农资生产企业进行了检查，并检查农资销售企业477家。查处违法案件2件，建议吊销营业执照2家，抽检产品42批次，为农民挽回经济损失20.7万元。

【标准化工作】　切实加强了标准备案和采标工作。全年共完成标准备案211项，完成4户企业15种产品采标验收工作，保证了相关企业及时申报中国名牌产品。标准化数据库建设初步完成，共有1 610户企业信息被录入，录入标准2 045个，其中，国家标准522个、行业标准270个、地方标准49个、企业标准1 204个。加大了农业标准化推广力度。共申报国家农业标准化示范项目15个，并及时申报了项目任务书。九台市绿色水稻基地精优米业有限公司绿色水稻标准化示范田达到1 200公顷，预期示范户数由641户扩展到1 280户，经过三年的示范每公顷产量达到8 000公斤，每户每公顷增加收入2 500元，社会效益每年总收入增加200万元。完成了长春果品批发市场、长春清真皓月肉牛批发市场标准化市场建设前期验收工作，编写整理了适合长春市农业标准化工作的农业标准体系目录1 000多项。加强了服务标准化工作。申报国家服务标准化试点项目14个。加大了对科研项目的支持力度，与长春市企业相关的首个标准科研项目——"高烯烃液化石油气做车用燃料可行性"，在长春市质量技术监督局的大力支持下，顺利通过国家科技部验收，并获得国家标准委肯定。

【计量监管】　按照"计量为民"的要求，切实加强了民生计量工作。加强了计量专项监督检查工作。共检查亚冬会组委会指定的有关宾馆、酒店29个，餐饮单位32个，超市5个，参茸经销单位15个。检查在用计量器具236台，发放计量法律法规宣传手册130册，对存在违法行为的单位下达责令整改通知书48份，责令更换不合格计量器具15台，帮助、指导有关单位改正其它计量问题50余件次。"五一"长假期间共出动计量执法人员1 376人次、出动车辆122台次、检查餐饮店56个、加油站63个、检查出租汽车计价器1 246台、检查集贸市场及超市31个检查眼镜制配场所24个。在春耕播种期间，下发了《关于开展农资商品计量监督检查的通知》，共检查各种农资定量包装商品1 200余批次，检定各类计量器具2 300余台。开展了免费检测服务活动。在"315"国际消费者权益日期间，与长春交通之声广播电台、吉林电视台守望都市栏目和东亚经贸新闻报社共同开展了"计量'315'免费检测居民在用三表活动"，免费为长春市城乡居民检定电能表194

块，合格率为99.5%；水表110块，合格率为92.7%；燃气表合格70块，合格率为91.4%。在"66"全国爱眼日期间，开展了"'关注视力、共享光明'长春市'青少年爱眼、护眼'行动"，组织编辑印制了爱眼护眼保健指南宣传手册4万册，为60名贫困学生发放了免费验光配镜爱心卡，开展了技术咨询、免费检测、维修、清洗等服务。切实加强了计量节能和计量法规宣贯工作。与市经济委员会、发改委、房地局供热办及市热力集团有限公司进行多次沟通协调，为开展企业节能量化评价和供热计量试点进行了前期的准备工作。加强了计量法律法规和计量知识的宣传报道工作，共在长春日报等8家新闻媒体进行近30余次的宣传报道。在"520"世界计量日期间，利用新闻媒体通过图文并茂的形式开展了大型的计量消费警示宣传活动。加强了对计量投诉举报的查处工作。全年共接到消费者有关计量方面的咨询、投诉和举报50余次，现场处理有关加油站及加气站计量不准、用电及用水等计量不准、商品缺斤少两等计量方面问题20余次，维护了消费者利益。

【食品质量安全监管】 严格把好食品质量安全市场准入关。到2007年底，全市共有684户食品生产加工企业获得食品生产许可证756张，其中肉制品51、饮料90、食用植物油30、大米340、小麦粉5、酱油49、食醋34、其他157。加强了食品质量安全监管。与各县（市）区质量技术监督局（分局）签订了《2007年食品安全监管工作目标责任书》，进一步落实食品安全区域监管责任制。对全市液态奶生产加工所有7户企业进行了监督检查和抽查，均无复原乳生产使用情况，液态奶包装和标识符合规定，无"早产奶"问题。开展了食品生产加工环节风险监控工作，对葡萄酒生产企业进行了专项监督检查，全市共有获得食品生产许可证葡萄酒生产企业33户，其中，处于季节性停产的企业11户，废业1户，获证未生产的企业1户，正常生产的企业20户，进一步摸清了底数，为有效开展监管工作奠定了基础。加强了对获证企业的后续监管。与获证企业签订了《食品安全责任书》、《食品安全承诺书》，对不能保证产品质量的生产加工企业进行了查处。认真落实食品小作坊各项监管措施。按照食品安全区域监管责任制的要求，在全市划分了70个监管区域，落实了135名监管人员和1 136名乡镇协管员，明确了监管责任。指导各县（市）区质监局（分局）制定了《食品生产加工小作坊基本质量安全卫生条件》，统一制定了《食品质量安全监督手册》，包括原料进货台账制度等7项制度和5种台账，免费发放给小作坊业户，同时指导监督食品小作坊建立原辅材料进货索证索票制度，严格记录原辅材料使用台账和产品供销台账，保证原材料来源和产品去向可查，确保一旦发生食品安全问题，可有效追踪溯源。不断完善了食品安全监管长效机制。先后制定了《食品生产加工环节质量安全监管制度》、《原辅材料进货台账制度》、《长春市质量技术监督局重点案件挂牌督办制度》等七项规章制度，进一步完善了《食品质量安全监管手册》、《食品生产加工监管指南》，并将一系列规章制度印制3 500份（套）统一下发到食品生产企业及小作坊，收到了较好效果。

【特种设备安全监察】 加强了节日期间特种设备安全检查工作。共对415家锅炉使用单位进行了检查，发现存在安全隐患的锅炉46台，对不具备整改条件隐患极大的11台锅炉进行了行政查封，清退无证上岗人员46人，督促完成锅炉定期检验及安全附件校验46台次。共检查压力容器使用单位85家，对其中19家单位提出了行政整改意见，查封了3家使用单位的压力容器，清退无证作业人员29人，督促完成容器检验及安全附件校验19台次。对56家电梯使用单位进行了检查，下达安全指令书20份，督促检验电梯11家，查封电梯3台。在高层电梯使用单位建立了事故预案，并进行了演练。完成了亚冬会期间安全检查工作。成立了检查领导小组，共对26家指定单位进行了检查，共检查各种设备373台，其中锅炉63台、压力容器112台、机电类198台。共监督整改36项次，补办使用登记117台，办理操作人员证13个，完成定期检验46台，停用设备4台，监护运行设备4台，确保了亚冬会期间特种设备的安全运行。认真开展了"五一"劳动节、"六一"儿童节和暑假期间安全检查工作。对客运索道、大型游乐设施、土锅炉的使用、气瓶充装、商场电梯等重点行业、重点设备进行了重点检查。共对9家公园的索道及游乐设施120多台(件)、36家商场酒店的电梯、42家气瓶充装单位、56家锅炉使用单位的特种设备使用情况进行了检查。对存在隐患的监督整改,对不能整改的坚决停止运行,确保了特种设备安全生产。开展了气瓶充装管理安全检查。全年完成钢瓶定期检验数量达到9万只,液化气钢瓶定期检验率达到85%以上,工业气瓶定期检验5万只以上,实现定期检验率99%以上。组织开展了吉林省监察数据库的清理和检验软件的使用学习工作,配合吉林省质监局开展了特种设备许可证单位抽查工作,完成了22家许可证单位的年度检查工作。认真查处投诉举报案件。共处理市长公开电话及举报49次,及时组织有关人员深入现场进行调查处理。会同有关部门对长春市绿园区西新乡7家豆腐房使用的非法锅炉进行了集中整治,对一家安全隐患极大的乙炔气瓶充装黑站予以了取缔,有效地打击了违法行为。全市特种设备事故率控制在预定目标之内,无重大、特大事故发生,为构建平安长春、和谐长春做出了重要贡献。

【基层基础建设】 按照吉林省质监局的统一部署,扎实开展了以县级局为重点的“基层基础建设年”活动。到2007年末,5个县(市)局共新建扩建实验室面积达到1 750平方米,购置仪器设备32台(套),购置执法和检测用车8辆,累计完成投资1 001.1万元。各县级局的工作环境、执法装备明显改善,检验检测能力进一步提升,服务企业、服务基层的主动性明显增强,各项工作都取得了新进展。城区各分局加大了队伍建设和管理服务力度,在专项整治等各项工作中认真履行了职责,圆满完成了各项任务。2007年,四县(市)质监局和双阳分局的罚没收入达到400万元,较2006年的280万元增长42.3%,行政事业性收入达到1 500万元,比2006年的1 200万元增长25%。

【法制工作】 切实加强对行政执法工作的监督指导,开展了以案卷评比为主要方式的执法监督检查,通过实地评阅执法案卷,形成了质监系统案卷质量管理机制,有效地推动了质监系统文书制作水平和行政执法水平的提高。进一步完善了案件审理程序,健全完善了《长春市质量技术监督局案件审理委员会成员及工作职责》、《长春市质量技术监督局行政复议委员会成员及工作职责》、《长春市质量技术监督局行政执法错案追究责任制度》等执法监督方面的规章制度,规范了行政处罚审批环节操作步骤,在办案人员调查取证之后,行政处罚告知之前填报《行政处罚审批表》,进一步完善执法监督机制,更好地发挥了行政执法监督工作的有效性。严格执行《吉林省质量技术监督系统行政处罚自由裁量权暂行规定》,规范了行政自由裁量权的运用,通过对行政自由裁量权的监督指导,避免了“小案大办”、“大案小办”及人情案、错案的发生,全系统未发生行政复议、诉讼败诉案件。组织全系统408名行政执法人员参加全省质量技术监督系统开展的集中换证培训3次,累计培训时间达12课时。组织408名行政执法人员参加省局换证考试1次,全部通过考试,取得合法的行政执法岗位资格。组织答复了6件人大代表建议和政协委员提案,围绕全局中心工作开展了4个方面的宣传报道,累计宣传稿件100余篇/次。2007年被长春市委、市政府评为“三五”普法、“四五”依法治市先进集体。

【技术机构建设】 国家汽车零部件监督检验中心(长春)完成了价值600万元检验仪器设备的安装调试工作,新建4 000平方米实验室已全部投入使用,检验项目由2006年的232项增至现在的500余项,并全部通过国家认可,实验室综合能力显著提升。市产品质量监督检验院投资96万元购置了用于食品、化工检验用的检测仪器设备23台/套,硬件建设更加完善,检验检测项目已经达到1 000余项,2007年底顺利通过了国家实验室复审,受到国家质检总局和认监委的好评。市计量检定测试技术研究院新建6项社会公用计量标准,现已累计建标84项,可对长春市150类计量器具开展检定工作,对240余种计量器具开展校准工作,检测领域进一步扩大。投资40多万元,新购置了一批高精计量检测仪器,大大地提升了技术实力与检测手段。长春特检中心投资60万元购置检验检测仪器设备,增强了检验能力,并积极拓宽外埠检测领域,获得了较好的经济效益。市标准化信息研究院从强化自身管理入手，大力加强窗口建设，并在政务中心所有窗口单位中因服务质量最好、工作效率最高而赢得了社会各界的广泛赞誉。由其建设的“CCl2365”质量诚信网站，在全市61个部门网站考核评选中列第14位。到2007年底，全系统实现全口径收入10 085.83万元，比2006年增加1 946.73万元，增长率为24%。其中行政事业性收入达到5 900.97万元，比2006年增加839.21万元，增长率为17%。

【党风廉政建设和政行风建设】 深入开展了“创建和谐班子”活动，各级领导班子在增强团结、发扬民主、科学决策以及解决自身问题能力方面有了新的提高。切实加强了基层党组织建设，思想、组织、作风建设步入了制度化、规范化轨道。通过开展“创一流队伍，建和谐质监”、学习贯彻十七大精神等主题教育活动，广大干部职工的业务素质、工作能力和大局意识明显增强，取得了解放思想、启发思路、转变作风、创新工作的实际效果。党风廉政建设责任制进一步落实，治理商业贿赂专项工作和“清理评比达标表彰活动”不断深化，软环境和政行风建设取得了明显成效。集中开展了“清理评比达标表彰专项活动”，全市质监系统6个学(协)会、5个直属事业单位、5个分局和5个县(市)区局学(协)会和社团组织，均不存在主办、合办、承办评比达标表彰活动的问题。重点开展了治理商业贿赂《对不正当交易行为进行自查自纠检查评估》活动，所属15个单位对自查自纠检查评估的总得分是93.5分，综合评定在“好”以上，得到了长春市纪委检查验收组的充分肯定。组织市局机关相关处长和分局局长共18名同志参加了市委组织部和市纪委联合举办的“全市经济软环境建设重要岗位负责人学习培训班”，将国家总局“五个严禁”、吉林省软环境建设“十不准”、省质监局“五条禁令”和长春市软环境建设“十条高压线”印制成《软环境建设廉政卡片》1 495个，发放到全系统每个职工手中。转发最高人民检察院渎职侵权检察厅和国家质检总局监察局联合印制的《预防涉及质量监督检验检疫渎职犯罪手册》1 500余册。加强了对各县(市)区局(分局)软环境和政行风监督检查，10个县(市)区局软环境建设和政行风工作实现了整体位次提升，有7个单位在辖区政行风评议中排在前5名。2007年，长春市质监局被市委、市政府评为民生工作先进集体。

(朱凌娜)

安全生产监督管理

【概况】 2007年，全市的安全生产工作，紧紧围绕经济社会发展大局，结合长春市安全生产工作实际，不断加大监管工作力度，深入开展安全检查、隐患排查和专项整治等工作，有效防范了各类伤亡事故的发生，实现了安全生产形势的持续稳定。全年发生生产安全事故37起，同比上升2.8%；死亡43人，同比上升4.9%；直接经济损失865.88万元，同比下降10.83%。发生道路交通事故3 698件，同比上升8.1 3%；死亡614人，同比下降1.2%；伤4 269人，同比上升25.82%；直接经济损失1 354.34万元，同比下降0.24%。发生消防火灾事故7 449起，同比下降2.45%；死亡14人，同比下降33.34%；直接经济损失920.2万元，同比下降1 3.86%。累计发生各类事故11 184起，同比下降1.01%；死亡671人，同比下降2.05%；伤4 269人，同比上升25.26%；直接经济损失3 140.42万元，同比下降9.64%。各类事故死亡人数未突破省政府下达的年度控制指标。

【加强安全生产基层和基础工作】 2007年，通过不断加强安全生产基层和基础建设，保证了安全生产工作的顺利开展。一是加强机构建设，依法规范行政执法工作。在各级党委、政府的高度重视下，重点加强了各级安全监管机构建设，增加了人员编制和机构，加大了资金装备投入，初步实现了机构、人员、资金、装备“四落实”，为安全监管工作开展提供了重要保障。按照“关口前移，重心下移”的要求，进一步明确了县(市)区(开发区)安全监管职权，对监管对象实行属地、分级管理。开展了规范安全生产执法程序工作，对执法文书进行统一印制，定期开展执法监督检查，有效提高了安全监管工作质量和水平。二是注重完善应急救援预案，不断提高应急救援能力。结合安全生产应急救援工作实际，组织对安全生产事故灾难应急预案和危险化学品、非煤矿山行业两个部门预案做进一步充实完善。监督指导各县(市)区(开发区)修订完成了本地区的安全生产应急救援预案。组织开展应急救援演练70余次,锻炼了队伍,提高了实战能力和水平,增强了市民的安全意识和防灾避险能力,收到了预期效果。2007年发生的两起危险化学品泄漏事故中,有关部门及时启动应急救援预案,对泄漏事故进行及时、妥善处置,避免了事故的进一步蔓延扩大。三是重视开展重大危险源普查,认真落实监控措施和手段。组织开展重大危险源普查登记工作,实行重大危险源信息网上申报登记,建立了覆盖全市的重大危险源信息管理系统。通过普查,全市共有重大危险源716个,其中,危险化学品和烟花爆竹636个、城市燃气51个、民爆器材3个、煤矿23个、尾矿库2个、金属与非金属矿1个。分别指导重大危险源所在单位建立健全了安全管理制度和重、特大事故应急救援预案,落实了监控措施和监管人员,确保了对重大危险源的有效监控。

【深化安全生产监督管理】 在重点行业和领域开展安全生产隐患排查治理专项行动,是国务院为加强安全生产工作而作出的一项重大决策,是完成安全生产"落实年"、"攻坚年"任务的重要举措。为此,长春市从2007年5月份开始至年底,开展了为期7个月的隐患排查治理专项行动,取得了明显成效。一是认识到位,动员广泛。各县(市)区(开发区)、各部门对隐患排查工作高度重视,列入重要的议事日程,主要领导亲自挂帅,认真组织,周密部署。分别召开专门会议,制定详细的工作方案,成立专门的领导机构,认真组织动员、安排部署隐患排查治理专项行动。利用"安全生产月"等系列活动,面向社会,广泛宣传隐患排查治理的重要意义和作用、排查治理的重点和方法步骤等,形成强大的舆论声势。重视发动和依靠群众的力量,广泛开展群众性的隐患排查治理活动,动员广大干部职工人人找隐患,人人查问题,人人为加强安全生产出谋划策。二是重点突出,责任明确。按照上级要求,结合长春市实际,进一步明确了隐患排查工作重点,即以煤矿、道路交通、非煤矿山、危险化学品、烟花爆竹、建筑施工、机械制造等为重点行业;以基础薄弱、工作相对落后、事故多发县(市)区为重点地区;以骨干企业、安全基础比较薄弱企业和已发生事故企业为重点,组织开展隐患排查工作。由于隐患排查治理涉及多个行业领域,按照"条块结合、分口把关"的原则,注重协调相关部门发挥职能作用。安全监管部门按照职责分工,对于直管行业,积极组织开展隐患排查行动。对有主管部门的行业领域,主动支持,积极配合。需要以市安委会办公室出面协调的,认真帮助协调解决。在全市建立了政府、部门、企业、从业人员四级隐患排查负责制。三是措施具体,收效明显。为保证隐患排查工作收到实效,重点分三个阶段开展隐患排查。第一阶段是企业自查自改;第二阶段是县(市)区(开发区)和有关部门督查;第三阶段是"回头看"再检查。按照全市的统一部署,各县(市)区(开发区)和有关部门结合各自实际,采取多种形式落实隐患排查治理工作任务,采取有针对性措施,积极排查、整改各类安全隐患,收到了一定成效。隐患排查治理专项行动期间,在企业组织开展自查自改工作的基础上,全市共组成各类检查组200余个,抽查整治各类安全隐患7 800余项,下达隐患整改通知书1 700余份,对46户非法生产经营业户进行了关闭取缔。通过开展隐患排查治理专项行动,企业普遍强化了安全管理工作,进一步落实了主体责任,加大了安全生产资金投入,强化了安全生产基础工作,有效提升了事故防范能力。

【不断强化事故预防能力】 各级安全生产责任制的有效贯彻落实及企业干部职工、全民安全意识的普遍提高,是减少事故、提高预防能力的重要手段。重点加强了三个方面的工作。一是不断加强安全生产宣传教育和培训工作,注重提高企业干部职工和全民的安全生产意识。组织开展安全生产教育培训工作,健全完善培训工作程序和制度,加大培训工作的宣传力度,不断扩大培训工作覆盖面。2007年,共对1万余名企业主要负责人、安全管理人员、特种作业人员和烟花爆竹零售业户进行了集中培训。组织开展"安全生产月"活动,采取多种形式,在全市大张旗鼓地宣传安全生产法律法规和安全常识。在人民广场周边举办"安全生产月"咨询日,组织各区(开发区)安监局、交警支队、消防支队、建工集团等几十个部门和单位上街宣传,营造了浓厚的安全舆论氛围，提高了企业干部职工和全民的安全生产意识和事故防范能力，推进了安全生产宣传教育工作的深入开展。二是组织签订安全生产工作目标责任状，认真落实各级安全生产责任制。坚持把实行安全生产目标管理作为落实安全生产责任的首要任务。2007年年初，组织各县（市）区政府、开发区管委会与市政府签订安全生产工作目标责任状，对安全生产任务进行细化、量化，下达年度控制指标。各县（市）区政府（开发区管委会）逐级签订安全生产工作目标责任状，层层落实各级安全生产责任。根据量化考核指标，开展阶段性考核和综合评比，推进了安全生产责任制的深入贯彻落实，增强了各县（市）区政府（开发区管委会）、有关部门和单位抓好安全生产工作的积极性、主动性。三是组织开展建设项目安全设施“三同时”审查，从源头上防范各类伤亡事故的发生。坚持把安全设施“三同时”审查工作作为重点，采取措施，狠抓落实，严把准入关。开展了建设项目安全设施“三同时”普查工作，组织有关人员和专家多次深入到企业，提供“三同时”审查验收前的咨询服务，帮助企业改善安全生产条件。对建设项目的设计审查、工程施工和竣工验收工作，实行全过程跟踪监督服务。2007年，安监部门受理在建和拟建危险化学品储存、采石及政府性投资建设项目42项，认真履行“三同时”审查手续，从源头上落实安全生产保障措施。

【创新安全监管方式和手段】随着安全生产形势的不断发展变化，安全监管方式和手段也需要不断创新，以适应安全生产形势发展变化的需要。一是组织开展安全质量标准化工作，不断提升企业的安全管理水平。推进安全质量标准化工作，是加强安全生产“双基”工作、落实企业主体责任、建立安全生产长效机制的根本途径。长春市把安全质量标准化作为加强安全生产的一项重要基础性工作来抓。按照“以点带面、整体推进”的工作思路，要求各县（市）区（开发区）至少选择1户企业进行安全质量标准化试点，在全市确定45户危险化学品和烟花爆竹批发等重点高危企业进行推广，依据有关规定和标准，规范企业的安全生产基础建设。开展了烟花爆竹批发企业库房整改达标活动，召开现场会，总结推广农安县烟花公司新库房建设工作经验，规范烟花爆竹批发企业库房改造工作。按照全市的统一部署，各县（市）区（开发区）开展了各具特色的安全质量标准化工作。净月开发区开展了创建安全生产管理“达标企业”评定挂牌工作；南关区开展了普遍落实“1117”规定（一个安全生产责任制、一个事故应急救援预案、一套安全操作规程、企业内部安全管理7项制度）工作，不断规范企业的安全管理工作，提高了企业的本质安全水平。二是实行安全生产承诺制度，进一步明确企业的主体责任。实行安全生产责任承诺制，主要是针对企业存在的安全生产问题，由原来的被动接受变为主动整改，规范企业的安全生产行为。长春市在采石场及砖瓦厂试点推广了安全生产承诺制度，组织企业签订安全生产承诺书，明晰企业在安全管理、现场作业、设备管理、制度建设及事故报告等方面的责任和任务，监督企业严格履行安全生产承诺，推进了企业安全生产主体责任的落实，有效防范了安全生产事故的发生。部分县（市）区按照试点做法，在其他行业也试行了安全生产承诺制度，取得了一定成效。

（修　锐）

财政　税务　审计

财政　税务　审计

财　政

【概况】　2007年，全市各级财政部门和广大财政干部职工全面贯彻落实科学发展观，狠抓增收节支，着力改革创新，严格依法理财，财政收入实现了较快增长，重点支出得到有力保障，圆满地完成了各项财政工作任务，财政改革和发展取得了新的成绩。2007年，长春市全口径财政收入完成284.5亿元，比2006年增长35.1%，为1994年分税制改革以来最高增幅。比2006年增收73.9亿元，接近2000年全年的收入水平。其中，市本级全口径财政收入完成118.5亿元，比2006年增长32.9%；区级全口径财政收入完成149.4亿元，比2006年增长36.7%；四县（市）全口径财政收入完成16.6亿元，比2006年增长36.5%。全市财政支出完成181.6亿元，比2006年增长23.8%。其中，市本级财政支出69.5亿元，比2006年增长16.8%；区级财政支出62.7亿元，比2006年增长38.3%；四县（市）财政支出49.4亿元，比2006年增长18.0%。

【收入征管】　各级财政部门积极采取措施，加大组织收入力度，强化预算执行分析，加强与国税、地税部门的沟通和协调，落实收入征管责任制，确保了税收收入稳定增长。财政部门协调各非税收入征管部门，进一步改进和完善非税收入征管方式，开展行政事业性收费、罚没收入、土地出让收入等专项检查，确保非税收入足额缴入国库和财政专户，增加了政府财力，财政实力进一步增强。

【财政改革】　扩大部门预算编制的范围和规模，将上年结转资金、预算外资金、津贴补贴和调资增支等资金纳入部门预算。选择工商局等5个部门预算提交人代会各代表团审议，增强了预算透明度。调整了预算支出定额标准，预算编制时间进一步提前。扩大会计集中核算和国库集中支付范围，将市自考办等15家二三级预算单位纳入集中核算管理，对集中核算的124家预算单位全部实行了国库集中支付。加快了非税收入管理改革，将净月、经开、高新和汽车等4个开发区土地出让收入全额纳入市级财政管理，提高了政府宏观调控能力。深化政府采购改革，制定《长春市政府采购工作规程》等制度，为规范政府采购行为提供了制度保障。简化追加采购预算的审批方式，压缩采购执行时限，提高了采购效率。市本级共完成实际采购金额80 000万元，节约资金6 400万元。加强工资统一发放管理，扩大了发放范围和规模，建立了统发人员指纹身份识别系统。加快财政信息一体化建设步伐，财政门户网站、办公系统实现升级，财政核心业务软件上线运行，实现了财政业务办理的网络化、信息化。推进财务总监委派

市财政局党组书记、局长卢友富

制度改革，财务总监作用进一步发挥。推行政府投资项目代建制，加强投资项目的财政财务管理。

在第五届吉林省会计知识大赛中长春市获得团体组第一名

【财政保障】 财政部门以科学发展观为指导，积极发挥职能作用，多渠道筹措资金，全力支持长春市经济和社会发展。在重点工程方面，确保了轻轨、伊通河城市防洪、长春科技文化中心、会展中心、铁北养正高中等全市重点工程的资金需要，多渠道筹措城市建设资金，加快了棚户区改造、城区道路网改造等城市基础设施建设。在“三农”方面，加大投入力度，重点支持了农田水利基础设施建设、绿色食品基地建设、畜牧业及农业产业化龙头企业发展；全面落实各项惠农政策，发放粮食直补、农资综合补贴和良种补贴13 289万元，促进了粮食增产和农民增收。拨付资金273万元，对饲养能繁母猪的农民和生猪屠宰企业给予补贴；全面实施了农村义务教育经费保障机制改革，市本级安排农村义务教育补助资金1 560万元，比2006年增长20%，促进了农村义务教育发展；新型农村合作医疗试点范围扩大到所有城区，各级财政筹集新农合基金2 220万元，部分城区启动了医疗费报销程序，投保农民开始受益。在国企改革方面，争取国家和省资金39 770万元，推动厂办大集体改革试点；拨付财政补贴资金5 700万元，支持了公交集团、煤气公司等公用企业发展；争取和拨付专项资金7 350万元，支持了外贸企业发展和中小企业技术创新。社会保障方面，筹措和安排资金，确保了养老保险金、失业保险金及时足额发放。落实再就业各项政策，市本级拨付再就业资金14 289万元，用于公益性岗位补贴、社会保险补贴、职业培训和介绍补贴等；安排专项资金800多万元，为城市居民医保扩面创造了条件；提高了相关政策补助标准，优抚对象标准提高3.67%－34.94%，低保标准从205元提高到245元，保证了优抚对象和低保人群不受物价上涨而影响生活水平；支付工资套改资金9 263万元、津贴补贴资金41 305万元，兑现了市直行政事业单位工资制度改革政策；拨付补贴资金11 398万元，缓解成品油价格上涨对城市公交客运等行业的影响。在教育文化卫生事业方面，市本级安排教育支出83 334万元，争取上级教育专项资金4 196万元，确保了教师工资及津帖补贴的发放，支持了教育事业发展；投入资金295万元，支持了文化精品演出、文化艺术周等群众文化活动；投入资金955万元，支持了社区公共卫生服务体系建设，提高了社区医疗服务水平。此外，筹措资金6 724万元，较好地落实了民生行动计划和“查找改”活动的新增资金。

【财政监督管理】 落实市委办公厅、市政府办公厅印发的《关于进一步加强财政管理的通知》精神，制定了加强办公车辆、出国经费等管理规定，严格加强车辆、出国经费管理；对1 244户行政事业单位实行资产清查，初步摸清了全市行政事业单位国有资产家底；对全市186户行政事业单位执行清理整治“小金库”、领导干部职务消费改革等情况进行了检查，对查出的违法违纪问题进行了纠正和处罚；加强政府采购监督管理，审查招标文件135件，对65个项目实施现场监督；加大投资评审力度，评审提报值25.1亿元，审减资金3.4亿元，节省了建设资金；开展了《会计法》执行情况检查，加强会计代理记账机构管理，提高了会计信息质量。

【财政自身建设】 围绕完善职能，精心组织“查找改”活动，认真查摆存在的问题，分析问题主要原因，注重问题的整改，全面推进了工作，提高了工作效率和服务质量。围绕干部管理，开展了四期业务专题培训，增强了干部为民理财、依法理财的能力；加强党风廉政教育，增强了干部廉洁从政意识，提高了拒腐防变能力。围绕绩效考评，继续完善目标责任制考核，增加网络考核比重，加大检查力度，提高了工作效能。围绕机关党建，加强了干部政治学习，通过开展创建规范化党支部、为重大项目做贡献等活动，加强了基层党的建设。围绕信息化管理，加大了财政信息一体化建设，财政核心业务软件基本开发完成，财政综合办公系统实现升级改造。

（杜　鹏）

国　税

【概况】　长春市国家税务局下辖6个城区局，5个开发区局，4个县（市）局，58个基层税务所。市局机关内设13个行政处（室），1个直属机构（稽查局），5个事业单位。全系统在职干部2 887人。2007年末，长春市国家税务局共有管户109 214户，其中：国有企业2 292户，集体企业3 448户，私营企业36 046户，外商企业1 328户，个体户60 228户。

【税收收入】　2007年全市国税系统共组织税收收入181.18亿元，比2006年增收46.18亿元，增长34.2%，完成年度计划的119.1%。年初，对全市2007年税收收入情况进行预测，向各单位分配税收计划。加强税收分析，加强重点税源管理和欠税管理。在全省率先提出了“零新欠”工作目标。9月份，召开全市“零新欠”经验交流会，对欠税管理中的“以票控欠”、“事前监控”等多项成功经验在全市进行推广。全年清理新欠3 002万元，压缩陈欠8 079万元，新欠发生率为0.028%，比2006年同期下降了0.262%，新欠发生率实现历年最低水平。

【依法治税工作】　分三个阶段开展豁免东北老工业基地企业历史欠税工作，豁免税额1 837 307 996.56元。开展税收执法检查和执法监察，组织操作培训，开展税收执法管理信息系统软件试运行工作。加强案源受理，认真贯彻落实大要案查办管理制度，规范协查工作。抓好专项检查和大案要案的查处，开展对食品药品生产企业、石油石化企业、电力企业、重点税源企业、电信通信、房地产等企业的专项检查。全年全市共检查2 052户，查补税款17 726万元，滞纳金1 297万元，罚款535万元。做好重大案件审理、税务行政复议工作。审理共查补税款5 564万元，加收滞纳金1 109万元，罚款1 488万元。开展税法宣传教育。开展第16个全国税收宣传月活动。长春市常务副市长姜治莹在《长春日报》发表宣传署名文章，打造税收宣传月创新项目。长春市经济技术开发区国税局“税收管理员博客”活动，分别被总局和省局评为优秀创新项目，长春市南关区国税局推出“娃娃学税法”活动，被省局评为优秀创新项目。

【税政管理工作】　流转税管理。全面推行货运发票税控系统、防伪税控废旧物资开票系统，推行增值税防伪税控一机多票系统，加强增值税重要数据的管理工作，提高重要数据指标在全省的排名。深入开展成品油零售单位增值税纳税评估，医药制造业和汽车零部件及配件制造业纳税评估，加强机动车辆税收“一条龙”管理纳税评估工作。做好扩大增值税抵扣范围退税管理工作，全市共有扩大增值税抵扣范围企业2 605户，累计抵退税额为57 698万元。所得税管理。

市国税局史铁军局长在第十届副省级省会城市会议上致开幕词

全年组织入库企业所得税19.19亿元，比2006年同期增长121.34%。落实振兴东北老工业基地企业所得税优惠政策，增强企业发展后劲。落实下岗失业人员再就业、高新技术企业、新办三产等税收优惠政策，支持民营经济发展。国际税收管理。全年组织入库涉外税收收入977 340万元，同比增收249 118万元，增长34.21%。开展涉外企业所得税汇算清缴，对62户外商投资企业进行所得税纳税调整，调增实际应纳所得税额1 968万元。开展涉外企业所得税纳税评估、涉外税务审计、涉外税收反避税工作。开展税收情报交换，全年共制作向美、日、韩、加、澳提供的自动情报124份。进出口税收管理。全年共受理319户出口企业退（免）税，共审核办理退（免）税11亿元。严格代理证明及免税证明等各种单证的开具，全年共为69户企业办理免税证明1 456笔，为25户企业开具其它单证34份。车辆购置税管理。全年完成收入6.33亿元，比2006年同期增长31.33%，增收1.51亿元。运行新版《车辆购置税征收管理系统》，提高工作效率。制定车购税征管业务流程，提高车购税征管科学化、精细化管理水平。

市委、市政府领导到市国税局视察工作

【税收征管工作】　开展税源管理专项调查。编制近10万字的专项调查工作方案，制定《税源管理专项调查组织领导制度》等7个配套制度，组织开展3次大规模的培训工作。近10个月的税源管理专项调查，共调查、评估、稽查9 321户，补缴税款、滞纳金、罚款27 271万元。加强普通发票管理。开展普通发票核查，严厉打击利用普通发票偷税的违法违章行为。在长春市北方市场、中东大市场、欧亚卖场开展了集贸市场普通发票开具系统的试点工作，为普通发票奖励制度实施做好准备工作。配合市政府对二手车流通行业进行整顿和规范。加强个体税收征管。全年个体税收共入库11 019万元，比去年同期增收512万元，增长4.57%。完善综合征管软件V2.0管理，全年共向省局报送数据修改单382份。下发《主要征管指标完成情况通报》共12期，全市14个征收单位的申报率、入库率均达到99.99%。加强税控装置管理、积极推行金融税控收款机。加强对税控器具的管理，与长春市质量技术监督局实行了统一签封，建立加油站税收专人管理制度，加强对加油站的纳税评估，实行代储油、倒库油、自用油的审核管理，减少税收征管漏洞。加强金融税控机的推广工作。按照《长春市金融税控收款机共享试点工作方案》（长府办发〔2006〕59号）要求，确定第三方运营商及金融税控机供应商，6月份正式开展税控机试点推广工作。开展对漏管户、非正常户的清理工作。全年共清理企业纳税人1 716户，个体工商户10 095户，非正常820户，跨区迁移530户。

【党风廉政建设】　加强领导班子建设。开展对基层单位领导班子巡视和年度考核，加强领导干部廉洁从政教育，召开专题民主生活会，学习贯彻胡锦涛同志在中央纪委七次全会上的重要讲话精神。加强党风廉政建设。落实党风廉政建设责任制，4月份，组织开展以“树新风正气，促和谐发展”为主题的“党风廉政教育月”活动。举行党风廉政教育月专题辅导会，大力开展预防职务犯罪教育，组建由专家、学者、系统内廉政典型组成的廉政讲师团，邀请省软办、吉林大学、省国税局同志举办三场专题讲座，出版发行《税收路上多珍重——税务人员预防职务犯罪警示教育读本》。召开全系统预防职务犯罪专题理论研讨会,开展向勤政廉政典型学习活动。在德惠市国家税务局召开全系统政行风建设工作现场会。组织开展软环境和政行风内部评议活动,开展执法检查和执法监察。加强干部教育培训工作。全年共计组织科所长任职培训、新会计准则培训等培训班7个,培训521人次。加强精神文明建设、思想政治工作。认真组织“创建文明机关,当好人民公仆”活动,宣传、学习全国道德模范刘国江的事迹。加强《党章》、十七大精神的学习贯彻。开展以“树社会新风、建和谐吉林”为主题的道德实践活动,以“八荣八耻”为主要内容的社会主义荣辱观的学习教育。加强国税文化建设。开展学习应用税务礼仪系列活动。开展读书活动,开展“讲述身边故事 解读文化理念 感悟人生真谛”征文活动,优秀作品汇编成《税月有痕》。

【机关工作】 承办第十届全国副省级省会城市国税工作交流会。进行2个月筹备工作,8月22日,会议在吉林省南湖宾馆召开,来自沈阳、哈尔滨、济南、南京、杭州、武汉、广州、成都、西安、长春等十个城市国家税务局的领导及与会代表共60余人参加了会议。机关政务工作成绩较好。政务信息工作,市局分别被市委、市政府评为信息工作模范单位、标兵单位。办理人大代表、政协委员议案,信访、市长公开电话交办事项、群众意见,及时反馈,满意率100%。市局被市委市政府评为机要交换工作先进单位,被授予“保密工作先进单位”。机关事务管理运转规范。加强应急管理,举行办公楼消防事件应急演练。完善制度,开展节能降耗。加强机关财务管理,强化内部审计,建立健全内部监督制约机制。切实加强固定资产监管,保证国有资产的使用效益。

(姜红星)

地　税

【概况】 2007年,长春市地方税务局下辖4个县(市)局、6个城区局、5个开发区局、6个直属局(所),内设13个职能处室和3个事业(社团)单位,有干部职工2 482名,负责长春地区117 337户纳税户的地方税收征管工作。全年全市地税系统共组织全口径税收收入773 582万元,完成年初计划的106.19%,超收45 082万元,按自然口径比2006年增收186 644万元,增长31.8%。

【强化组织收入工作】 1. 科学合理地编制年初计划并抓好安排落实。结合长春实际,在综合考虑各项增减收因素、经济因素和一次性收入因素的基础上,又充分考虑经济对税收贡献能力,合理确定基数,保持税收与经济协调增长;科学评价房地产业、餐饮娱乐业等特殊行业的税源潜力;合理安排清欠目标、政策因素拉动的税种增收指标(土地使用税、车船税等);同时,突出考虑税源结构问题、地方小税种征收水平和占收入20%以上特大型企业比重等情况,及时了解、掌握各征收单位计划安排和落实情况、税源变化和重大政策变动等情况,保证年度税收计划及时安排落实到位。2. 加强收入定期调度工作。密切关注收入动向,及时了解各单位、各税种、各行业的收入变化和动态,关注重点分局、重点税源的收入变化和动态,掌握经济、征管、税收政策调整等因素对税收收入的影响,及时反映组织收入工作中出现的新情况和新问题,全面测算各项征收因素和政策因素对全年组织收入的影响,准确预计全年收入完成情况。3. 深入抓好税收分析工作。加强对收入进度出现异常单位调查、督促、指导工作;运用宏观税负、弹性系数等指标分析、评估税收与经济发展总体上是否协调增长,进一步提高税收分析的准确性和深入性;对各阶段收入情况进行及时的总结和分析;按月收集、整理收入变化的重大因素,充分运用档案资料对收入情况进行连续、系统、深入的分析,确保收入进度正常、稳定。

【税收征管及信息化工作】 1. 较好地完成了省级数据大集中试点工作,税收信息化有了新的进展。为了确保省级数据大集中试点工作成功,市局召开了由各县(市)区局、各直属单位主要领导、分管领导,征管、税政、计会、信息部门及市局机关全体干部参加的上线工作动员大会,对上线前的各项准备工作进行了动员和详细安排。同时,市县两级局都成立了上线领导机构和工作机构,为推动大集中工程奠定了坚实的组织领导保障。同时,严格实行系统上线工作的计划管理。根据《综合征管系统实施方案》的要求和上线准备工作需要,制定了数据清理、培训、宣传三个办法,要求各部门、各单位必须严格按照上线工作计划,逐项开展工作,为上线工作的有序开展提供了规范。另外建立高效畅通的上下沟通渠道,切实做好上线前期业务准备,制定下发《长春市地税局数据清理工作办法》,规定了数据具体的清理内容、清理范围、方法。通过以会代训的方式进行部署和辅导,深入基层局检查督促落实情况,使大量数据问题解决在了数据迁移之前。数据迁移完成后,又组织了数据的分类比对工作,确保了新系统初始数据的质量。经过周密安排部署,7 月 1 日凌晨,全系统全面启动运行新综合征管软件。经过 5 个纳税申报征收期,从软件受理、处理业务和网络设备运行现状看,整个系统运行基本是稳定的。2. 扎实有效,深入落实税收管理员制度。为把税收管理员制度落到实处,市局一方面指导基层税收管理员按照工作流程和岗位职责有效开展税源管理。另一方面,采取多种办法指导各征收局按照科学化、精细化管理要求,建立和完善税收管理员相关配套制度。通过明晰工作职责,使税收管理员及时掌握纳税人各种涉税动态信息,系统掌握纳税人履行纳税义务的情况,不断提高税源管理水平。有的局紧密结合税收工作实际,运用管理员工作平台,及时处理未申报、未入库、勾稽关系比对异常,基础信息异常,文书传递异常等预警信息,促使管理员在催报催缴、掌握纳税人动态信息、正确执行征管工作流程等方面做了大量扎实而具体的工作。通过实施税收管理员等一系列配套管理制度,从执法责任检查和征管质量抽查情况看,不仅所有的征收单位税源管理机构调整落实到位,管理员数量大幅增加,而且大多数管理员管户责任感明显加强,户籍巡查制度得到有效保证,登记率、纳税申报率、税款遵期入库率、欠税入库率都有了一定程度的提高,漏征漏管现象明显减少。3. 突破难点,深化和提高纳税评估工作水平。在总结高新局、朝阳局纳税评估工作经验的基础上,着力探讨在信息化支撑能力较弱条件下,怎样利用人机结合有效发挥人的主观能动性开展评估工作。有针对性地解决一些干部认为没有专业评估软件就不能开展评估工作的偏见,排除了思想障碍,理清并拓宽了干部的工作思路,奠定了纳税评估工作的思想基础,使纳税评估工作尤其是专业评估工作全面有效开展起来。与此同时,通过调研和召开座谈会的形式,就评估资料及卷宗的形成反复征求基层意见,最终得到规范统一,并得到省局认可。各基层局全年共评估企业1 357户,开展约谈 294 人次,入库税款及滞纳金1 993万元。4. 强本固基,坚持不懈抓好税收征管基础工作。进一步加强纳税人户籍管理工作。全市有 12.9 万户纳税人被纳入综合征管系统,其中,税务登记证户 11.7 万户,经抽查办证率全局达到 96.43%。机外管户基本取消,实现了微机控管。针对纳税人户籍信息经常变化造成数据信息失真等问题,各基层局通过强化税收管理员定期巡回管理责任,适时修正纳税人变化的信息,以保证综合征管系统中的户籍信息真实可靠。同时加大清理漏征漏管户力度,全年清理漏征漏管户 3 475户,入库税款 140.6 万元。5. 加强了纳税人日常申报管理和税款入库工作。依托综合征管系统,加强了对征收单位遵期纳税申报率的调度和考核,通过认真分析并查找一些征收局纳税申报率低的原因,督促改进工作,提高质量。全局税款遵期入库率平均达到 90%。6. 切实加强了征管档案管理工作。针对档案建设上存在的应建档而未建档,保管不慎,毁损、丢失等情况十分严重等一些问题,坚持征管档案建设要与税收征管工作同步进行的原则及标准,始终不渝地规范基层局征管档案建设。经过抽检,各局征管档案管理水平普遍有了新的提高。有的局不仅重视纸质文档资料的管理,同时对数据档案还以光碟刻录的形式进行了归档。档案完整率最高达到 98.25%,比往年增加了 6.2 个百分点。有的还把纳税评估卷宗作为征管档案检查评比内容,以此推动纳税评估工作的开展。7. 加大力度,积极做好防欠压欠工作。坚持"向欠税要收入,向管理要收入",把压缩陈欠,防止新欠作为税收征管工作硬指标来对待。不断加大管理工作力度,督促检查基层局严格执行《欠税管理办法》中关于入库欠税必须实行滞纳金配比原则,全局共课征滞纳金 1 448万元。加强欠税数据管理,利用更新软件之机,将所有欠税全部迁入新的综合征管系统,同时清理虚增欠税,保证机内数据真实、可靠。加强保全和强制等“两项措施”实施过程中的法律指导,确保措施采取的及时、合法、有效。各局依法采取税收强制执行措施207户次,入库欠税、滞纳金及罚款275.9万元。8. 搞好试点,积极推行“一卡通”和电子申报方式。为适应税收管理现代化和纳税申报多元化需要,试点推广个体户缴税“一卡通”方式,市局制定并下发《长春市地方税务局“缴税一卡通”实施办法》及《长春市地方税务局在全市定期定额个体工商户中推行“缴税一卡通”实施方案》,5、6月份选取了宽城、经济技术开发区局进行了试点,在成功的基础上,于7月份在县市区局进行推广。全年定制13 112户,扣划税款累计1 398.2万元,成功率为71.8%。另外,积极推行电子申报方式,在高新局选取46户企业作为试点,92名企业办税人员通过征前培训,2008年初,电子申报工作正式开始。9. 强化基础,发票的日常管理得到加强。依托新的征管软件,进一步完善了发票计划印制、库存管理、调拨发售等各项工作。全年印制统印发票4 179.4万份,比2006年同期增加了14.6%。向各分局调拨发票300多次。审批订印冠名发票151户次,印制各类冠名发票1.5亿份,比2006年同期增加了15.9%。发票抽兑奖工作水平有了明显提高。在总结以往经验的基础上,进一步完善了发票抽奖活动的形式和内容,与长春电视台城市速递栏目和万达国际电影城共同合作,使《岁税平安,喜从天降》专栏节目形式更加新颖,内容更加丰富,在质量上提高了一个层次。4月1日,全省税收宣传月发票抽奖活动邀请了省市局领导和企业代表参加,使宣传月发票抽奖现场宣传活动取得了圆满的成功,并被省局评为税收宣传月优秀奖。全年共组织发票抽奖活动22期,发票输入量180余万份,比2006年同期增加了114万份,增长了173%,尤其是改变了抽奖形式以来,发票抽奖信息输入量迅速增加,平均每期信息输入量超过了12万份,比2006年平均每期输入量增加了两倍多,取得了良好的社会效应。强化应用,发票管理信息化建设稳步推进。具体落实并实施了全国公路内河货运发票税控系统和省局组织开发的发票信息管理系统的推行工作,对全地区75户货物运输业自开票纳税人、10个代开中介机构、14个代开税务机关进行了公路内河货运发票税控系统软件的安装和使用操作的培训,并跟踪了解用户机具使用和税务机关受理申报情况,及时解决反映出来的实际问题。同时完成了全地区1 713台建安、销售不动产两个行业税控装置的升级,调整变更信息3 000余次。另外,积极做好金融税控收款机试点推广的前期准备工作,按照市政府关于推广使用金融税控收款机试点工作的要求,对金融税控收款机机具的管理、使用、售后等业务进行了认真的研究,先后草拟了有关的业务流程、工作流程和税控装置管理办法等,为试点工作的全面实施做好了充分的准备。制定《金融税控收款机试点实施方案》、《税控装置管理办法》发票票样、草拟售后服务协议、发票缴销办法、试点公告、宣传单,代省局起草配备金融税控收款机后台管理系统平台的请示等,并与省局、市府、第三方运营商等进行多方的沟通和协调工作。强化规范,打击发票违法行为成效显著。共受理举报案件174起,查处144起,罚款15万元,结案率82%;日常检查共158起,审理158起,累计罚款235.4万元,经审理委员会审理的案件7起。有力打击和有效遏制了发票违法行为,增强了纳税人依法用票的自觉性,维护了税法尊严和税收秩序。

【依法治税工作】 1. 规范税收执法,推进依法治税进程。完善税收执法工作制度。为了进一步规范税收执法行为,确保税收各执法环节严密、具有操作性,以减少税收执法的随意性,重新起草了《税务行政处罚自由裁量权操作规范》,对税收执法行为进行了进一步规范。扎实开展税收规范性文件清理。根据省局《关于开展税收规范性文件清理工作有关问题的通知》精神,全市两级地税机关对建局以来制发的所有税收规范性文件进行了一次全面清理,对失效废止文件和条款予以明确,市局以《长春市地方税务局关于发布已失效或废止税收规范性文件目录的通知》形式上报省局并下发各基层单位执行。2. 强化税收执法监督工作,提高执法水平。认真开展执法解剖工作。年初下发了《长春市地方税务局关于开展2007年全市税收执法考评和税收执法检查的通知》,制定了具体工作方案,在基层局全面自查的基础上,市局采取分组抽签的方式确定三个执法剖析工作对象——宽城区局、高新区局和农安县局，并抽调基层业务骨干30人组成三个执法剖析工作组，分别对三个单位2006年~2007年上半年的税收执法情况进行了为期一个月的解剖检查。此次剖析主要围绕税收法制、税政管理、税收征管、发票管理、票证管理五个方面组织实施，剖析结束后对各单位的总体执法现状给予了客观评价，对剖析暴露和发现的43项执法问题进行了原因分析，并提出了整改具体要求。另外，为了切实解决税收执法屡查屡犯的问题，把此次执法剖析与过错责任追究有机结合，对剖析过程中暴露出的执法问题，市局分别下发税收执法监督处理决定书，限期整改纠正，并进行过错责任追究。对此次执法剖析工作在全系统进行通报。认真开展重大税务案件审理工作。落实《重大税务案件审理实施办法》，加强对系统重大税务案件的监督审查，及时纠正执法违法和不当行为，为化解税收执法风险提供了制度保障。据统计，全系统全年审理重大税务案件共计112件，市局先后受理基层单位提交审理的重大税务案件7件，提高了税收执法水平。3. 强化税务稽查，推进依法治税进程。对254户企业进行了专项检查，有问题113户，错漏面44.49%，全年查补各税合计1 574万元，滞纳金350万元，罚款8.2万元。同时，加大税务案件查处力度，共查处各类举报案件37件，查补税款、滞纳金和罚款合计270万元，其中，定性偷税4件，移送公安机关追究刑事责任的案件2件，起到了打击了涉税违法犯罪行为，规范纳税秩序的目的，提高了税务稽查威慑力。4. 认真落实税收优惠政策，促进经济发展。认真落实国企改革税收优惠政策。全市两级地税机关能够主动加强与国资部门的日常工作联系，适时交换工作信息，搞好相关工作对接。特别是在办理有关涉税事项过程中，建立了国企改制特事特办工作机制，最大限度提高办事效率，严格执行相关工作程序和制度，如国企改制审核确认工作流程、资产处置发票开具集体例会、延期缴纳税款审核上报、税收事项审核确认、税收事项请示回复和改制企业涉税档案管理等程序和制度。积极支持下岗职工再就业。为16 566户企业和个体办理了再就业税收减免手续（其中，企业322户，个体16 234户），共为各类企业及下岗失业人员减免地方税收18 902万元，免收税务登记证工本费71万元。市局被市政府评为全市支持就业再就业工作先进单位。积极支持城市棚户区改造。对1 868户棚户区居民因拆迁而重新承受普通住房减免契税3 095 684元（面积为122 167.84平方米）；对2户房地产开发企业参与棚户区改造偿还原拆迁面积房屋部分（5 908.58平方米）暂免营业税及附加403 000元，对2户房地产开发企业参与棚户区改造免征土地使用税394 912元。

【税收服务工作】 1. 理顺了税收服务与相关部门的业务关系。市局下发了《长春市地方税务局关于税收服务科岗位职责设置的调整意见》，对税收服务基础工作等进行了科学的、细致的划分，把原来纳税人办理相关事宜由征管、服务大厅两家来完成的工作，规划为由税收服务部门一家来完成。2. 进一步加强全系统的软环境建设。按照长春市委、市政府对深化改善经济发展软环境工作的总体部署，结合系统的工作实际，开展了“阳光政务”、“诚信服务”活动，制定了《2007年长春市地税局改善经济发展软环境工作实施方案》、《2007年税收服务及软环境建设工作要点》、《税收服务软环境建设工作任务分解表》等工作制度和工作要点，努力营造一个良好的税收服务软环境。3. 积极推行办税公开。为了进一步增加税收服务的透明度，各基层局采用灵活多样，有利于纳税人知情、纳税人办税和纳税人监督的形式，在办税大厅内设立触摸屏、显示屏、公告栏、办税指南、示意图等措施；进一步建立和完善了办税公开制度建设，建立了主动公开和依法申请公开制度、办税公开备案制度和评议制度、办税公开工作责任追究制度等，明确了办税公开的职责、内容、标准和程序；进一步健全包括办税公开在内的纳税服务规范和纳税服务质量考核评价体系，完善涉税事项依法办结制度、限时办结制度、咨询事项限时答复制度，使办税公开成为规范纳税服务的有机组成部分，贯穿于税收征管的各个环节。组织各基层局向纳税人发放了“纳税指南”6 900多本；“12366”纳税服务热线咨询问答手册5 100多本；税收服务宣传画200多张，从而进一步扩大了办税公开工作。4. 深化税收宣传，营造良好的工作氛围。认真组织开展了税收宣传月活动。按照抓早、抓好、抓出成效的原则,制定下发了今年的税收宣传月活动方案,利用半个月时间编辑印制了12万份长春地税纳税指引系列宣传资料,投放到全市17个办税服务厅供纳税人阅览,并通过邮局发放到市五大班子和政府各部门主要领导。为营造税收宣传的浓厚氛围,与长春电视台联系,利用宣传月开始的一周时间,在该台黄金时段播放税收宣传标语口号;同时,在市中心文化广场大屏幕进行常年宣传。4月1日,与长春电视台《城市速递》联合录制发票抽奖特别节目——第16个税收宣传月启动日暨税收知识有奖问答活动,省市8家新闻媒体进行广泛报道,取得了极好的宣传效果。在市局办公室的指导下,各单位先后开展了税收宣传进军营、进学校、进企业活动,在电视台举办税收知识大赛,举办各种类型的税收政策辅导班,充分利用报刊、广播电视、网站、移动通讯、大型广告牌等媒体进行了集中宣传。切实抓好日常宣传。主要是围绕全市地税工作会议召开、年所得12万申报、数据大集中、车船税、土地使用税新政出台等重要事项进行及时宣传。全年在各级各类新闻媒体发稿累计达577篇,其中,国家级29篇,省级121篇,市级以下427篇。市局被省地税局评为2007年税收宣传月活动先进单位,《岁税平安、喜从天降》发票抽奖活动等3个项目被评为优秀项目。

【干部队伍建设】 1. 强化系统领导班子建设。对全系统21个基层单位领导班子及其79名班子成员进行了考核考廉,对考核中发现的问题,市局党组成员分别面对面对基层班子进行了情况反馈,并进行了提醒谈话,促进了基层班子建设。另外,按照《领导干部选拔任用条例》,市局机关通过竞争上岗,提拔了1名处长,6名副处长,反响良好。2. 加强干部队伍思想教育和业务培训。全系统以开展系列读书活动为载体,开展了预防职务犯罪自查自纠等一系列教育活动,教育引导广大干部坚定信念,立党为公,立足本职,敬业奉献。同时,深入开展了干部业务培训工作,上半年的干部培训工作是近几年来人数最多、效果最好的一年,在组织系统干部参加省局举办的培训班基础上,市局集中组织了综合征管软件系统、税收法制、纪检监察等5次较大规模的培训班,培训人数达2 600多人次,促进了干部队伍整体素质的提高。3. 深入开展了党风廉政建设。把党风廉政建设和反腐败各项工作纳入岗位目标责任制之中,落实了"一岗双责";开展了廉洁自律教育。组织全系统党员干部在认真学习廉洁自律有关规定的同时,再次深入开展了"人要如何做?权应如何用?法该如何执"为主题的大讨论,教育引导各级领导干部算好政治账、经济账、人生账和家庭账,严防"四条高压线",强化廉洁自律意识,增强自身免疫力;对照"三个不准",严格落实了领导干部配偶、子女从业的有关规定,各级领导干部对照"三个不准"的规定,认真开展了自查自纠活动;严明制度,规范干部的行政行为。市局党组在严格执行各项廉政建设制度的同时,又新制定了"8条禁令",不断从制度上约束干部的执法行为。同时对票证管理进行了执法监察,对发现的问题进行了相应处理。

(孟凡明)

审　计

【概况】 市审计局内设14个处(室)、2个局属事业单位。公务员编制106人,实有人员101人。2007年,市审计局以"三个代表"重要思想为指导,全面落实科学发展观,围绕中心,服务大局,创新思路,突出重点,科学管理,认真履行审计监督职责,审计质量不断提升,党风廉政建设进一步加强,审计事业有了进一步发展。全年对113(户)项目实施审计。其中,财政财务收支审计31户,国际金融组织贷款项目审计7户,行政事业单位财务收支审计40户,其他企业财务收支审计5户,重点建设项目审计7户,专项资金审计11户,审计调查12户,经济责任审计26人。通过审计,查出违规金额158 408万元,管理不规范资金110 826万元,应归还原渠道资金49 594万元,应调账处理29 493万元,应上交财政金额26 207万元,已上缴财政735万元,已归还原渠道资金2 399万元,其中,应查补税款7 410万元,已缴税务机关529万元。向司法机关及有关部门移送处理案件线索8起,涉及资金768万元。

【审计重点更为突出】 按照"全面审计,突出重点"的工作方针,市审计局注重抓住主要矛盾,以重点突破,推动整体工作,为领导决策服务,为经济发展服务。围绕财政资金的使用和管理,对24个市直部门的年度预算执行情况进行了重点审计,有效规范了预算收支管理和财政分配秩序;围绕干部监督管理和党风廉政建设,先后对26位党政领导干部进行了经济责任审计,加强了对权力运行的制约和监督;围绕人民群众关心的热点、难点问题,有计划地组织开展了针对民生的养老、失业保障专项资金审计及殡葬管理、新农村建设资金审计,促进部门规范管理,最大程度地发挥了资金的使用效益;围绕基础设施一体化建设,进一步深化政府投资项目审计。完成了对长春市全民健身中心基建项目、长春市图书馆基建项目、长春市热力有限公司热电二厂供热管网项目、长春市供水管网改造工程项目、长春市铁北老工业区改造市政基础设施工程项目及长春市城开集团路网建设工程项目的审计,确保了市政府资金使用的安全高效。

【审计领域更为宽广】 在突出抓好专项审计的同时,市审计局积极顺应经济发展、建设发展的新形势,努力拓展和延伸审计工作领域。针对"新农村建设"问题,分别进行了农村公路建设资金、新型农村合作医疗资金和教育"两免一补"资金的专项审计调查,保障了国家惠民政策的落实到位;针对群众反响较大的教育收费问题,先后开展了对市第十一中学、市自学考试管理办公室等单位审计,进一步规范了收费行为,维护了人民群众的切身利益;针对社会各界高度关注的基本医疗保险统筹基金收支情况,积极摸清情况,掌握实情,为市委、市政府及时科学决策,发挥了重要的参谋作用;针对各开发区用地单位欠缴土地出让金的问题,积极进行审计调查,为顺利推进城市建设发挥了积极作用;针对帮扶国有企业做强、做大的问题,2007年对市水务集团、公交集团和煤气公司三个大型公用企业进行了审计,引导和帮助企业规范财务管理,增强企业以法经营、自我提高的能力,真正做到审计监督寓于服务之中。同时,还积极探索效益审计方法,开展了市农业综合开发资金使用情况的效益审计。

【审计机制更为健全】 市审计局在依法查处违纪违规问题时,一方面注重严格执法,敢于坚持原则,继续加大了对审计案件线索的移送力度,按照工作程序,通过《审计移送处理书》的形式,已向司法机关及有关部门移送处理案件线索6起,涉及人员8人,涉及资金736万元;另一方面又注重细致服务,对审计中发现的制度建设、财务管理、账务处理等问题,坚持从"三个有利于"出发,切实发挥"审、帮、促"作用,重在促进和提高被审计单位的规范化制度管理,得到了被审计单位的充分理解与支持。同时,也能从宏观角度注重目标实现成果的利用与转化。转变思维方式,及时总结审计工作的经验和方法以及审计监督中发现的问题。加大了《长春审计信息专报》和《长春审计要情专报》的报送力度。力争与党的大政方针、与市委、市政府的要求"同期声",真实地反映基层在贯彻落实党的路线方针政策中遇到的问题。有质量地报送了关于长春市开发区国有资产管理、农村建设资金管理、社保资金管理及街道、乡镇房屋租赁存在的问题等信息及要情。

【审计手段更为先进】 2007年,在创新审计组织方式、创新审计技术方法等方面做了一些开拓性工作,积累了有益经验。工作中,从长春市实际出发,上下协同作战,密切配合,使审计重点和审计监督的切入点逐步突出、逐渐明确,不断拓展思维方式。积极推进审计项目组织管理创新,有效整合审计资源。积极推广先进的审计技术方法,推进金审工程建设,探索了信息化环境下新的审计方式;为有效推进计算机技术在审计工作中的运用,专门举办计算机审计专题培训,达到了学习与提高的目的。加强了审计专网与局域网建设。

【审计管理更为规范】 加强班子建设,提高班子整体工作能力和水平。积极开展"查、找、改"活动和"创一流,争排头"活动,干部职工创先争优意识逐步增强。进一步强化跟踪督查,制定实行审计决定督查制度等,促进提高了审计工作能力和机关建设水平。加强党风廉政建设,坚持"外抓审计纪律,内抓机关管理",强化各种活动的有效性,加大了现场监督比重,审计队伍廉政建设效果明显。以建设"学习型机关"活动为载体,加强机关党建工作。

(吕金忠)

商 业

商　业

商业流通

【概况】　2007年,长春市商业流通呈现了良好的发展态势。全市社会消费品零售总额778.3亿元,同比增长16.8%,批发零售业实现增加值214.5亿元,比2006年增长13.7%。

【规范商贸零售业】　1. 全面开展零售百货店分等定级工作。按照商务部要求,全面启动了零售企业(百货店)分等定级工作,成立了由市政府副秘书长任组长的零售企业(百货店)分等定级工作领导小组,制定了《长春市零售企业(百货店)分等定级工作方案》,编制了《分等定级工作手册》,召开了新闻发布会。15家符合条件的百货店中有10家进行了申报,并且对照商务部操作手册进行自查和整改。2. 围绕节假日经济开展系列活动,促进市民消费。在"黄金周"及重大节假日期间,市商务局积极协调城建、工商等相关部门,全力为商家提供配套服务,组织商业企业开展了各具特色的扩大销售活动。仅消夏节购物之夜,15家大型零售企业就实现销售额近亿元。3. 首次组团参加商务部主办的2007中国食品博览会并取得丰硕成果。11月,市商务局组织了皓月、德莱鹅业、长春卷烟厂等10户代表不同种类的知名食品企业参加。参展企业签约32项,意向签约额超亿元。当地主流媒体对参展企业进行了采访报道,为地产商品打入国内外市场搭建了平台。4. 积极做好流通业节能降耗工作。按照国家和省市要求,成立市流通业节能降耗工作领导小组,编制下发了长春市流通业节能减排规划,制订了具体的实施方案。5. 做好行业的评选认定工作。确认和复核了历年评定的长春市商贸行业的"全国青年文明号"、"省级青年文明号"和"百城万店无假货"示范店。并推荐吉林亚泰富苑购物中心营业一部为全国青年文明号。

【餐饮服务业建设】　1. 全面推进"绿色早餐"网点建设工作。在总结朝阳区"绿色早餐"试点经验基础上,2007年上半年在全市推广绿色餐点网点建设。已陆续对各城区上报的146户早餐网点进行实地检查,并针对申报企业提出了具体的改进要求,并会同各城区对申报企业按照标准进行初步验收。对年底达到建设标准,经市、区两级商务主管部门和市财政局验收确认合格的早餐企业,给予政策及资金扶持,并免费加挂"绿色早餐"牌子。2. 继续抓好社区商业工作。继续申报国家级商业示范社区,市商务局组织各城区按照商务部下发的《关于加快我国社区商业发展的指导意见》及《商务部办公厅关于开展全国社区商业示范社区评审工作的通知》要求,抓住新区开发和旧城改造的机遇,完善新社区商业服务功能,优化老社区商业结构布局。并在此基础上积极组织申报国家级商业示范社区。长春市已有重庆路北社区等5个社区被商务部评为国家级商业示范社区。2007年市商务局对各城区上报的21个示范社区材料分别进行审核,9月份,经吉林省商务厅推荐,宽城区贵阳社区等3个社区已报商务部进行国家级商业示范社区的评审。另有10个社区于年底通过吉林省商务厅审核成为省级商业示范社区,基本完成长春市"民生计划"中关于社区商业工作2个社区达到国家级商业示范社区,10个社区达到省级商业示范社区标准的工作目标。3. 启动第二批餐饮企业的酒家酒店评审工作。市商务局启动长春市第二批酒家酒店等级评定工作。并在9月份组织6户餐饮企业及各城区相关部门负责人参加了国家酒家酒店评审员第十六期培训班,进一步壮大了长春市酒家酒店评审员队伍,也为下一步开展全市第二批酒家酒店等级评定工作奠定了基础。4. 振兴老字号工作。根据《商务部办公厅关于继续开展"中华老字号"认定等工作的通知》的要求,市商务局在2006年申报工作的基础上,经过考察、了解,继续组织榆树大曲集团等7户企业开展

2007年“中华老字号”申报工作，并已报商务部审批。5. 深化长春市公共服务中心建设工作。以中心为依托，在对实施“一键通”项目的可行性进行调研的基础上，制订实施方案，实行市场化运作，引进社会资金，参与实施“长春市老年自动求助系统”即“一键通”和“安保自动求助”两个项目的建设工作，目前项目已在南关区部分实施，效果良好。6. 成功举办“2007长春美食文化节”。为了进一步活跃大众美食生活，促进餐饮业发展，2007年8月，市商务局举办了首届“2007长春中华美食节”活动。本次活动主题鲜明，内容丰富，按照政府引导、专业承办、企业合作的市场化运作原则，以“相约美食节，欢乐在长春”为主题，旨在弘扬中华美食文化，推进餐饮文化交流，展示大众餐饮名品，使长春市民不出家门就可以品尝到来自全国20多个省市的200余种风味小吃，受到百姓好评。7. 继续搞好行业调研。市商务局对长春市商贸服务业的发展状况、存在问题以及如何继续推进商贸服务业发展进行了调研，完成了《长春市商贸服务业发展情况调研报告》。

【城乡流通网络体系建设】 1. 进一步做好商业网点建设工作。一是根据年初制订的长春市2007年商业网点建设指导意见，在各城区申报的基础上，通过实地考察，并报请长春市市场建设管理领导小组审批，全年新成立大型农贸市场5个。二是对长春家乐福商业有限公司等13户外资(合资)企业进入长春市提出了符合网点规划的意见，促进了商业网点的合理布局。2. 做好市场建设管理的调研工作。一是对二道区规划的物流园区内钢材、木材、石材、陶瓷等12个大型市场项目进行了调研，撰写了调研报告，提出了指导意见，并积极做好跟踪服务工作。二是根据人大代表、政协委员提出“在城区开设早晚便民市场”的议案、提案，进行了调研和探讨，在对长春市现存的30处早晚市场调查摸底的基础上，起草了《关于在城区开设早晚便民市场的建议》。三是在国家《城市商业网点条例》未出台前，结合长春市实际起草了《长春市城市大型商业项目听证办法》，并先后向市政府报送了《关于实行城区大型商业项目听证制度的紧急报告》、《关于城区大型商业项目尽快实行听证制度的特急报告》。由于没有上位法的支撑及相关部门意见的不一致，听证制度暂不能实行，为此，又起草并向政府报送了《关于大型商业网点建设管理实行联席会议制度的请示》，建议对大型商业网点建设管理实行联席会议制度，以加强对大型商业网点建设与布局的指导、协调和管理。四是根据市政府2007年度立法调研计划，市商务局组织市法制办、公安局、工商局、国税局、地税局等单位相关处室负责同志赴上海、昆明等城市，对二手车流通管理工作进行调研，起草了《关于长春市二手车流通管理规定的立法调研报告》。3. 继续推进“万村千乡市场工程”建设工作。一是年初完成了2006年度全市“万村千乡市场工程”(550个“农家店”,7个“配送中心”项目)验收总结，按照国家补贴标准，获得专项补贴资金275万元。二是组织动员、积极申报2007年度“万村千乡市场工程”建设项目，全市共计划建设“农家店”500个，新建商品配送中心3个。已完成对上述“配送中心”和“农家店”的验收工作。4. 深化“双百市场工程”建设工作。为了更好地完成2007年度的“双百市场工程”建设，认真组织企业申报，在对参报的7户企业严格按照国家规定的推荐标准逐一考察后，筛选出吉林华正农牧业开发股份有限公司等3户企业，经由吉林省商务厅报送商务部，已获得批准。并推荐老昌食品公司、阿满食品公司及长双鹿业集团等3户企业参与2007年“双百市场工程”建设。

【特种行业管理】 1. 全市再生资源清理整顿工作。再生资源清理整顿工作是长春市2007年“两城联创”10项重点工作之一，市商务局承担着牵头组织任务。制定了详细的《清理方案》、《考核验收方案》，起草了下一步全市亭、站、场三级建设及从业人员的八统一四规范的《构建全市再生资源回收体系实施意见》。协调和沟通召开20余次专题会议。全市清理无照经营回收站点近876个，强制拆除二环路以内站点212个，538个回收站点自动撤出三环路以外。2. 典当业管理。一是按照吉林省商务厅《关于对全省典当行业进行检查的通知》(吉商市场字[2006]92号)要求，联合市公安局、长春市典当行业协会对全市25家典当行进行了集中检查，共涉及业务经营、当票使用、从业人员资格及安全防范措施等方面共15项内容，对发现的问题提出了限期整改意见。二是完成了25户典当企业2006年度年检工作。三是经过严格审查,向商务部报送2户新设立典当行的相关材料,现已获得《典当经营许可证》。四是依法做好典当行业的日常监管工作,指导企业按季度在网上向商务部典当管理系统报送相关信息和数据。3. 拍卖业。加强对拍卖企业的日常管理和拟成立拍卖行申请材料的审核,长春市2007年新获批成立拍卖企业1户。4. 老旧汽车报废业。一是进行了2005年度报废汽车补贴资金的审核发放工作,目前累计473.8万元的补贴资金已基本发放完毕。二是根据国家及吉林省新的规定和要求,进一步加强了长春市报废汽车业的监管,建立了报废车监管数据库,实行相关数据月报制度。5. 二手车市场管理工作 。根据《长春市人民政府办公厅关于整顿和规范二手车流通行业的通知》(长府办发[2006]50号)文件精神,为加强长春市二手车交易市场管理,规范二手车交易行为,在长春市二手车管理领导小组的领导下,牵头组织公安、工商、税务、法制等部门,开展了规范二手车交易市场专项整治工作。6. 租赁业。通过长春市建筑器材租赁行业协会,加强对建筑器材租赁行业的信息掌握和行业管理。长春市建筑器材租赁行业协会现已成为长春市商业联合会的会员单位。

(刘义春)

肉品管理

【概况】 2007年,长春市肉品管理工作以"巩固放心肉、扩大满意肉"为中心任务,以强化领导和依法行政为保证,以有针对性地、创造性地围绕产销全程实施质量战略为举措,严格管理,强化服务,扎实推进,圆满完成了各项工作任务。一年中,受吉林省委托,先后接受国务院、国家商务部检查16次,均获好评。为吉林省肉管工作在全国专项整治中获得优异成绩作出了应有的贡献。

【提升屠宰质量】 根据国家商务部和吉林省商务厅精神,长春市组织开展了猪肉质量专项整治和生猪屠宰专项整治工作,有效地规范了肉品市场经营秩序,屠宰质量进一步提升。一是进一步推进标准化建设。按照《吉林省畜禽屠宰管理条例》、《长春市肉品管理条例》和专项整治要求,针对3个薄弱环节继续推进企业标准化建设。第一,进一步推进了长春市城区牛屠宰企业标准化建设。针对民族食品公司等牛屠宰企业标准化建设相对滞后的实际,市、区肉管办亲临企业,指导其按标准加速整改,该企业计划投资200万,目前已投资50万,面貌已发生较大变化。第二,进一步推进薄弱县(市)区屠宰企业标准化建设。针对双阳区原综合屠宰场厂房陈旧,设施落后的实际,双阳区政府和市、区肉管办亲自指导和帮助企业异地改建,该企业投资1 000多万元异地改建后,规模显著扩大,生产设施先进,屠宰种类齐全,为县级屠宰企业标准化建设增添了样板。第三,进一步推进了乡镇屠宰企业标准化建设。针对部分乡镇屠宰企业标准化建设水平偏低的实际,加大整改措施。目前,长春市81个乡镇屠宰企业都实现了吊挂和电麻屠宰,有的乡镇屠宰企业实现了半机械化屠宰。二是进一步强化了品质检验工作。依据国家和省相关规定,长春市从2006年10月份开始,在全省率先推行了《肉品品质检验合格证》制度,2007年又深入开展了肉品品质检验达标活动。畜禽品质检验做到了"四强化":即强化宰前检验,严格实行索证登记;强化检验力量,严格按规程检验;强化人员管理,严禁非屠宰人员在生产时进入屠宰车间;强化产品出厂制度,确保产品质量,出厂肉品必须有检疫合格证和市肉管办统一监制的具有防伪功能的检验合格证。实践表明,实行这个制度,有利于强化畜禽屠宰厂的管理,提高产品生产质量;有利于市场查证验物监管,提高商品经营质量;有利于对假冒伪劣商品予以有效防范,是确保肉品安全的有效举措。2007年5月份和10月份,长春市组织各畜禽屠宰企业的检验员参加了吉林省定点办组织的检验员培训班。长春市肉管办还组织全市生猪屠宰企业对社会郑重承诺,保证不屠宰病害、注水畜禽;保证对发现的病害、注水畜禽及时进行无害化处理;保证出厂产品质量达标。通过以上措施,长春市畜禽屠宰加工企业出厂肉品质量不断提升。三是进一步强化了屠宰质量管理。通过深入调研,座谈,组织全市生猪屠宰企业统一建立规范了"畜禽入厂登记、肉品品质检验、产品流向、肉品召回、无害化处理"等5项管理制度和与之配套的5个登记簿，并由长春市肉管办出资对5项制度和登记簿统一印制，发至企业施行，使长春市生猪及肉品质量管理更全面、更深入、整齐化一开展。

【提升肉品运输质量】 从2006年开始，为不断提升畜禽肉品运输质量，长春市以城区为重点，以"育名厂、树名店、创名牌，实行绿色运输"为宗旨，以"统一车型、统一样式、统一标识，统一编号、统一发放《通行证》"为措施，实行了畜禽肉品运输专项整治，使全市的肉品专用车都达标配备，运输质量显著提高。2007年，长春市结合专项整治，对强化肉品运输管理又推行了两个延伸：一是向所辖县（市）、区延伸；二是向外埠入长的企业延伸。通过管理的延伸，全市的肉品运输，从市区到县城，从本地到外埠，肉品专用车全部达标配备，整齐化一，肉品运输又取得新成效，肉品运输质量进一步提升。

【提升肉品经营质量】 2007年，结合专项整治，长春市不断提升肉品经营质量。一是引导企业创品牌，壮品牌。肉类企业品牌意识不断增强，名优企业、名优品牌队伍日益壮大，皓月、德大等龙头企业又分获"中国名优品牌"、"中国驰名商标"等殊荣。二是继续推进"肉品挂牌销售"。2005年以来，长春市首先在城区指导畜禽屠宰、熟食加工企业和涉肉市场以"育名厂、树名店、创名牌，引导绿色消费"为宗旨，坚持不懈地开展和不断推进"肉品挂牌销售"活动，取得了很大的成效。2007年，市肉管办把这项工作向所辖县（市）区延伸，各县（市）区都选择部分规模大、管理好的屠宰企业和零售网点率先推进，使"肉品挂牌销售"在更大范围开展。全市肉品经营质量取得新提升。

【规范外埠肉品入长】 近年来，伴随市场经济的蓬勃发展，外埠企业肉品相继入长。2007年，长春市依据《长春市肉品管理条例》，以"放心肉"为前提，进一步强化了外埠屠宰企业肉品入长管理。主要是对其严把"企业标准化建设、肉品生产质量、肉品运输和销售条件等"4关，对申请入长的外埠企业都派专业人员亲临现场审验，对完全达标者方批准入长。2007年长春市先后引进了千喜鹤、北大荒、高金、黑龙江雨润等5家生猪屠宰企业肉品，都符合准入标准。

【确保肉品市场安全】 长春市肉管办组织各肉管委成员单位、各级肉管部门密切配合，严格执法，在重大节日期间和两次专项整治活动期间，市肉管办和各区肉管办公布举报电话，认真受理举报案件，并组织相关部门，集中力量，对供长的20多家屠宰厂、70多家乡镇屠宰企业、50多家熟食加工厂和130多家肉品销售市场进行了全面的检查，并在网上公示企业检查情况。在检查过程中，对企业和市场管理上的不足之处及时给予指导，未发现有严重违法违规生产经营现象，长春市畜禽屠宰进点率达到100%，乡镇畜禽屠宰进点率也达到100%，出厂肉品合格率达到100%；"两证、两章"出证率达到100%。通过严格检查，进一步规范了肉品经营行为，净化了肉品市场，保证了市民的用肉安全。

【确保市场供应】 从2007年4月份开始，全国的猪肉价格呈明显上涨趋势，特别是进入5月份以后，长春市生猪供应数量明显减少，价格突涨，生猪日上市量由日常的3 000头（正常需求）最低减少到2 100头左右，毛猪价格由4月份的9.60元/公斤最高上涨到15.6元/公斤，白条猪价位大幅上升，由4月份的12元/公斤最高上升到19.6元/公斤。根据长春市政府部署，5月下旬以后，长春市为平抑猪肉价格上涨，采取了多项积极的应对措施。一是采取了日监测。从5月21开始，对长春市供长畜禽屠宰企业及主要农贸市场肉品登市量和价格进行日监测，并上报吉林省商务厅、吉林省畜禽屠宰定点管理办公室和长春市政府。通过生猪屠宰加工企业和零售市场，对生猪的登市量、毛猪、白条猪及零售价格实行日监测，做到对猪肉市场变化情况及时掌握，心中有数。二是稳定生猪屠宰费。召开专门会议，组织城区生猪屠宰企业做到了在生猪供应较大波动期间屠宰费保稳定，不提价。三是组织屠宰企业加大自宰量。号召生猪屠宰企业组织人员直接收猪，屠宰方式由原来的基本代宰改为代宰、自宰并举，通过自宰有效抑制住了屠宰量的大幅下滑，在猪肉供应的最困难期也确保了市场稳定。并于春节前，在正常供应基础上，组织储备生猪400吨投放市场，使节日猪肉供应货丰价降。四是开展储备。长春市肉管办根据2007年生猪肉品供应及价格情况，按照国务院及省政府的部署，在市场异常波动和重大节日期间，为保证全市猪肉的基本供应，制定了《猪肉及肉品储备的工作预案》。向政府呈报了《关于做好肉品储备维护肉品价格稳定的紧急请示》和《关于开展生猪及肉品储备的工作汇报》。并根据吉林省商务厅部署，推荐生猪储备基地，搞好生猪储备。先后考察了吉林阔源牧业有限公司、德惠国安牧业养殖基地等生猪活储基地，并向吉林省商务厅申报，由省厅进行了考察。并安排中央储备肉和省级储备肉供应长春市场。五是肉管部门严把肉品质量关。长春市肉管办及时转发了国家商务部等5部委下发的《关于加强肉品质量安全管理的紧急通知》和吉林省商务厅的通知，并多次召开会议，要求各肉管委成员单位各负其责，要求各区严格管理，加大对市场检查频次，严把屠宰、运输、销售关口，确保上市肉品安全、放心。自8月下旬以后，长春市猪肉供应日趋好转，生猪日供应量由2 100头左右上升到2 900头左右；猪肉价格有一定下降，很好地满足了需求。

（夏艳新）

供销社经济

【概况】　截至2007年末，长春市供销合作社联合社（以下简称市供销社）辖有5个县（市）区供销社，9户直属企业和124个乡镇供销社。市供销社系统有法人单位222个。其中，地（市）级以上53个；县（市）区以上45个；乡（镇）124个。有产业活动单位396个。其中，地（市）级以上164个；县（市）区以上47个；乡（镇）185个。主要经营农业生产资料、农副土特产品、废旧物资回收、日杂百货、五金电器、家具、干鲜果品、副食品、建筑及装潢材料、仪器仪表及机械、医药、煤炭等。在册职工10 366人。其中，在岗职工1 109人；离岗职工9 257人。有离退休人员8 084人。市供销社系统商品购进总额完成92 547万元，比2006年增长5%。实现商品销售收入93 723万元，比2006年增长5%。商品交易（批发）市场交易额实现203 682万元。盈亏相抵后实现利润119万元，比2006年增加35万元。市供销社系统用于农业产业化投资总额2 509.9万元，通过农业产业化经营实现利润总额497万元，上缴国家税费84.2万元。现有社员144 585户，订单农户26 462户。有试验示范田284.5公顷，进行测土配方施肥883公顷。为农民提供技术培训5 444人次，提供咨询服务1 220人次。

【社有企业改革】　按照《吉林省人民政府关于实施国有企业妥善处理下岗职工劳动关系，促进再就业试点工作的指导意见》（吉政发[2004]29号）、《长春市人民政府关于深化市供销社直属企业改革的意见》（长府发[2004]53号）、《长春市人民政府关于县（市）区供销社系统改革的意见》（长府函[2005]62号）和《长春市供销社关于直属企业改革的实施办法》（长供业[2005]2号）的有关规定和要求，市供销社系统加快了社有企业产权制度改革步伐。1. 深化市供销社所属企业改革。经市审计局、国资委、土地局等部门推荐，通过考核，市供销社聘请11家有资质的审计和评估事务所，对11户直属企业资产进行了全面审计和评估。审计和评估结果经确认后，市供销社认真组织直属企业测算改制成本，制定了各单位《企业改制方案》和《职工安置方案》，并积极协调市政府改革领导小组办公室，在市国资委、财政局等有关部门的大力支持下，落实了各项改革优惠政策，完成了34处公企房划转、24处商业和仓储用地土地抄告单办理等各项工作，先后解决了银行债务化解、职工身份买断、职工养老保险和医疗保险关系接续、下岗职工生活费发放、退休职工医疗保险缴纳和离休老干部档案移交、退休职工采暖费补贴实行财政转移支付、困难企业拖欠社保费等问题。从总体上看，市供销社所属企业改制工作已经结束。市供销社所属企业共化解银行债务6亿元；理顺职工劳动关系10 212人。其中，离休86人；退休2 826人；职工买断7 300人（并轨前买断3 000人；实施并轨3 000人；按长府发[2004]53号文件买断1 300人）。11户市直属企业实施了产权制度改革，按照《公司法》的要求，新组建9家有限责任公司。2. 深化县（市）区供销社所属企业改革。县（市）区供销社本着因地制宜、先易后难、循序渐进的原则，依据企业资产状况，在做好职工思想工作、保持社会稳定的基础上，通过改组、改造、破产等措施，对具备条件的所属企业进行“两个置换”和“三项制度”改革,并以现有的资产进行打折还贷,直到2004年吉政发[2004]29号文件出台后,县(市)区供销社所属企业改革才进入实质性操作阶段,集中解决了债务化解、职工身份买断、退休人员养老保险关系接续等问题。县(市)区供销社所属企业共化解银行债务16亿元;理顺职工劳动关系25 920人。其中,实施并轨18 636人;并轨前买断7 284人。5县(市)区供销社所属企业的退休人员全部接续了养老保险关系,除九台市、双阳区外,榆树市、农安县、德惠市供销社大部分职工接续了养老保险关系。182户县(市)区供销社所属企业实施了产权制度改革,按照《公司法》的要求,新组建66户有限责任公司。

【“新网工程”和“两协一专”建设】 1.“新网工程”建设。根据《中共中央、国务院关于积极发展现代农业,扎实推进社会主义新农村建设的若干意见》(中发[2007]1号)和省政府有关文件精神,市政府于2007年1月25日研究决定,成立推进“新网工程”建设协调领导小组,由副市长李伟任组长,副秘书长孙英利任副组长,市供销社、发改委、科技局、商务局、财政局、建委、农委、文化局、卫生局、体育局、工商局、药品监管局、政府发展研究中心等13个部门负责人为成员。“新网工程”建设协调领导小组下设办公室,办公室设在市供销社。市供销社主要负责“新网工程”建设规划的制订、工作指导、调度及监督检查等工作,并负责协调相关部门。为推进“新网工程”建设,按照“新网工程”建设确定的基本原则、主要目标和重点措施,市供销社采取了领导分片包干的办法,并抽调精干力量,利用2周的时间,对11户市直属企业、97户县以上企业、124个基层社进行了全面的调研。同时,充分发挥各地有影响力的农产品经纪强人以点带面的作用,通过经营理念、经营方式、管理手段的创新,加强与大型生产或经营企业的联合与合作,构建农业生产资料、农副产品、日用消费品和烟花爆竹、再生资源、医药等5个连锁经营体系,建设农村社区综合服务中心,稳步推进“五个体系、一个中心”建设。2.“两协一专”建设。市供销社系统坚持为“三农”服务宗旨,充分发挥带动农民进入市场的服务功能,积极参与推动农业产业化,构建农村流通现代化,引领农民走合作经济道路,为农业生产发展、农村经济繁荣和农民增收致富做出了积极贡献。加强农村合作经济组织协会和农产品经纪人协会建设。根据合作制的性质和原则,坚持为农服务的宗旨和办社方向,市和县(市)区以及乡(镇)农村合作经济组织协会和农产品经纪人协会充分发挥组织、指导、协调、服务和监督的职能作用,一是对各乡(镇)有影响力、号召力、知名度高、效益丰厚的农产品经纪人进行登记造册;二是引导农产品经纪人在带动周边农户发展上做文章;三是与农产品经纪人互通经济信息;四是努力寻求农村经济发展的新路子;五是积极吸引农产品经纪人加入到“两协”中来;六是加强农产品经纪人培训。各级“两协”现入会农户4 186户,主要分布在种、养、加领域,助农增收1 292.3万元;共培训农产品经纪人920人,有420人取得了劳动部颁发的等级证书;评选出42名农产品经纪强人;培育10名“百名经纪人”、10户“百户专业协会”。专业合作社进一步得到发展和完善。围绕当地特色农业、主导产业等区域经济优势,采取多种方式,把从事各种农产品生产、销售和加工的农民,通过发展专业合作社的方式组织起来,把分散的农户小生产带入千变万化的大市场,并不断扩大专业合作社规模,吸引农民广泛参与,增加了农民收入。市供销社系统共发展各类专业合作社65个,实现销售收入238.4万元,入社农户2 980户,帮助农民实现收入143.04万元。

【储备销售和供应工作】 1.化肥储备和销售。搞好化肥储备和销售是供销社系统服务“三农”、构建农村流通现代化工作的重点。为搞好农资商品储备和销售,市供销社实行了化肥销售10日报告制度,疏通了信息交流渠道。市、县两级农业生产资料公司从发挥经营主体地位和作用入手,全面实行了总经销、总代理等经营方式,积极组织质优价廉的化肥;采取延伸经营网点、延长经营时间、预约送货等服务方式,保证农民的即时需求;设立打假热线,全面实行“放心”工程和信誉卡制度,坚持不提价、不抬价,杜绝有问题化肥进入市场。2007农业年度,市供销社系统供应化肥33.8万自然吨。2.烟花爆竹储备管理和供应。按照省、市政府的总体部署和要求，市供销社下发了《关于加强烟花爆竹安全经营管理工作的实施意见》，加强了对烟花爆竹管理和供应工作的组织领导，落实了工作责任制，对烟花爆竹经营部门提出了明确意见和要求。在节日供应期间，积极配合安全生产监督管理部门严把进货关，坚持从定点厂家进货，坚持不进超大药量的烟花爆竹，以保证消费者的人身安全；及时报样、送检，从严落实商品出入库的安全管理制度；加大市场跟踪检查力度，实行防伪标识，保证居民在春节期间喜庆的需求。2007 年春节期间，市日杂总公司烟花爆竹销售额1 800万元。3. 防汛物资储备管理和供应。按照市委、市政府对防汛工作的具体要求，根据省、市防汛抗旱指挥部的总体部署，市供销社立足于抓早，制定了防汛物资储备供应预案，在汛期前，对市棉麻土特产品总公司储存的15 万条编织袋质量进行了检测；进入汛期后，落实责任人和责任制，实行 24 小时值班制度，为长春市防汛调度提供了有力组织保障，保证了防汛物资储得进、调得出。

【市场建设】　1. 城区市场建设。为了保证长春市民能够吃上安全、放心的水果，加强了长春果品批发市场“无公害农产品行动计划”和“放心果”工程建设，先后派专业人员到沈阳、哈尔滨等地进行考察、学习。借鉴兄弟城市果品市场的经验做法，制订了《长春果品批发市场无公害农产品检测实施方案》，在各方面的大力支持下，解决了配置果品检测设备。在抓好果品、钢材、旧物等市场经营服务工作的同时，加强了市棉麻土特产品总公司钢材市场建设。该市场已初具规模，市场占地面积 6 万平方米，招商已达 70% 以上，为市供销社市场建设开辟了一个新的增长点。2. 农村集贸市场建设。充分利用现有场地和经营设施，采取自建、联建、合建等形式，发展各具特色的农村集贸市场，使之成为农民进入市场的桥梁和纽带。同时，大力引进连锁、配送等新的经营方式，把已经变现的村级分销店重新整合到供销社服务体系中，形成贯通城乡的市、县、乡、村 4 级市场网络，有效地促进了农产品流通。市供销社系统共有各类农村集贸市场 37 处，总占地面积121 600平方米，营业面积56 540平方米，年交易额实现 1.6 亿元。

【社有资产监管】　为加强社有资产经营与管理，促进社有资产保值增值，根据国家法律、法规和《供销合作社章程》规定，按照《公司法》的要求，市供销社成立了长春供销兴合资产经营有限公司，代表市供销社行使社有资产出资人职能，并依据全国总社《供销合作社社有资产监督管理暂行办法》（供销财字［2004］18号），结合市直属企业的实际情况，针对社有资产经营管理，制订了《长春市供销合作社联合社社有资产管理办法（暂行）》，为保证社有资产保值增值提供了法律依据。长春供销兴合资产经营有限公司成立后，对直属企业改制后的剩余资产进行了清查，摸清了企业剩余固定资产状况，并与企业共同建立了固定资产台账，建立健全了社有资产管理制度。在直属企业筹措改制成本、处置社有资产过程中，市供销社加大了监管力度，由市供销社委托和聘请具有评估资质的社会中介机构，对社有资产进行评估作价，财务、审计、纪检等部门全过程参与，评估结果经市供销社确认后，到市产权交易中心进行挂牌交易，使社有资产变现过程更加合理、规范。

【做好稳定工作】　1. 高度重视信访工作。对待信访问题，市供销社领导一直给予了高度重视，积极建立信访工作长效机制，协调联动，齐抓共管，形成了畅通、有序、务实、高效的信访格局。在对待群众来访时，市供销社主要领导、主管领导和负责信访的同志不躲、不推，亲自处理信访事项，在耐心、细致地做好解释和说服工作的同时，多次召开主任办公会议，重点研究解决群众合理诉求等问题。市供销社共接待群众来访 91 起、近1 000人次；受理市长公开电话 55 件，比2006 年同期下降 100%，每件信访基本都得到了较好的解决。2. 积极做好职工劳动保障工作。一是继续抓好企业并轨后续保障工作。对企业养老保险接续、医疗保险参保、解除协议签订、档案移交等情况加大了检查力度，对职工劳动债权进行了重新认定，指导改制后的企业与职工重新建立了劳动关系。二是做好退休职工管理工作。多次协调市财政局、社保局、国资委等部门，通过财政拨款的形式，为2 826名退休职工办理了采暖费补贴手续；

积极协调市医保中心，寻求到了最佳参保途径，为2 600名退休职工办理了医保。三是做好军转干部管理长效机制工作。认真落实党和国家的各项军转政策，随时掌握军转干部的思想动态，认真做好军转干部数据库管理和长效机制等工作。2007年，为军转干部下拨解困资金103万元；为64名军转干部解决调高待遇标准资金24万元。四是做好扶困工作。针对困难企业和困难职工的实际情况，市供销社做了大量的调查研究和考察工作，并积极协调市扶困办，争取得到他们的帮助和支持。已为200名特困职工办理了特困证；为企业协调到扶困资金20万元。五是做好再就业工作。认真学习国家和省市有关再就业的文件精神，及时为下岗职工提供政策咨询、业务指导、就业信息等服务，并积极协调市劳动部门，努力拓宽下岗职工再就业渠道。3.加强社会治安综合治理和安全生产工作。年初，市供销社召开了市直属各公司主要领导参加的社会治安综合治理和安全生产工作会议，并与市直属各公司签订了《社会治安综合治理领导责任承包书》，落实了社会治安综合治理和安全生产工作责任制。同时，按照有关部门的要求，制定了《2007年春季防火工作方案》，在市直属各公司自检、自查的基础上，按照标准对所属市场等重要经营场所进行了检查或抽查，消除了安全隐患，防止了各类责任事故的发生。

（许　光）

粮食流通

【概况】 2007年，长春市的粮食工作紧紧围绕全市中心工作，以深入开展“查找改”活动为契机，按照加快推进粮食流通体制改革步伐，加强粮食宏观调控手段，加大粮食市场监管力度，确保粮食市场稳定和安全的总体思路，认真组织，狠抓落实，各项工作都取得了较好成绩。国有粮食购销企业产权制度改革进展顺利；宏观调控能力和应急保障能力进一步提高；依法管粮工作得以稳步推进，粮食各项事业得到长足发展。

【体制改革】 2007年是国有粮食企业产权制度改革的关键一年，市粮食局按照吉林省粮食局和长春市政府的要求，紧紧围绕全省粮食局长会议和省政府[2006]33号文件精神，不断加强对全市国有粮食购销企业产权制度改革的业务指导，粮改工作得到稳步推进。全市5个县（市）区的改革方案都已全部制订完毕，其中农安县、九台市的改革方案已经省粮改办批准，改革正在实施当中；德惠市的改革方案政府正在审批中；榆树市、双阳区的改革方案也已形成，但由于改革困难较大，暂未上报。截至2007年末，全市已有85个粮库的职工全员解除劳动关系，再次分流人员2 358人。

【市场监管】 加强粮食市场监管，维护正常的粮食市场秩序，是《粮食流通管理条例》赋予粮食部门的一项重要职能。为此，长春市粮食局紧紧抓住《粮食流通管理条例》颁布实施三周年这一契机，深入开展了《条例》的学习和宣传活动。一方面组织人员深入到城区有影响力的商业网点和粮食经营企业，发放和张贴《条例》宣传画和宣传手册，全市共发放和张贴了500张宣传画和200册《条例》宣传手册。另一方面，组织机关及直属企事业单位干部职工开展《条例》知识答题竞赛和征文活动，通过开展《条例》颁布实施三周年学习宣传活动，在全系统营造了浓郁的学习氛围，提高了全社会对《条例》的认知度，为提高依法经营和推进依法管粮进程起到了良好的促进作用。与此同时，长春市粮食局还狠抓了粮食流通信访案件的查处工作。分别查处了反映长春市郊区泉眼粮库在收玉米期间超标准提取化验扦样问题，以及非法倒卖陈化粮案件。粮食收购期间，长春市粮食局还积级开展了对粮食收购市场的监督检查，特别是一、四季度，新粮上市前后，长春市粮食局及时地组织人员深入粮食收购企业和乡（镇）村屯，广泛开展粮食流通监督检查，打击欺行霸市、价格欺诈等行为，有效地维护了粮食生产者和经营者的合法权益。为了提高全市成品粮油市场质量，确保城乡居民消费安全，市粮食局按照省粮食局的安排，对城区成品粮油市场经营情况进行调查，初步掌握了城区成品粮油经营企业销售和库存周转的情况，为吉林省粮食局出台市场监管的有关政策提供了依据；同时，市粮食局还积极与市工商局配合，认真研究进一步加强成品粮市场的监管问题，共同组织到先进省、市学习，形成考察报告，提出了具体监管意见，目前已经市政府批准，此项工作将在2008年全面启动。

【宏观调控】　2007年，为了确保长春市城区的粮食安全，长春市粮食局采取了积极有效的措施，通过提高仓储能力、加强粮食信息监控等措施，有效地提高了粮食宏观调控能力。一是新建6栋平房仓，提高了仓储能力。年初以来，通过长春市粮食局争取资金和企业自筹资金相结合的办法，先后落实了东湖粮库和齐家粮库的平房仓建设任务，全年新增仓容3.6万吨，至2007年底，6栋平房仓的建设任务已全部完成，并投入使用。二是进一步完善了粮油信息监测网络。为充分发挥粮食部门的参谋助手作用，及时准确了解、掌握全市粮食供需情况和粮食市场价格走势，2007年，长春市粮食局在5个县（市）区已建立28个粮油信息监测点的基础上，又在城区新增了15个成品粮油监测点，使监测系统能够及时掌握粮食市场动态，跟踪市场变化。2007年4月以来，长春市的副食品价格发生了较大的变化，长春市粮食局的价格监测系统，为政府调控市场、科学决策发挥了重要的作用。三是认真开展了社会粮食供需平衡调查。按照吉林省粮食局的要求，长春市粮食局在全市范围内组织开展了供需情况调查，建立了固定的城乡居民粮情调查点和统计台账，了解居民每个月和每季度用粮的品种及数量，保证了调查数据的准确性和连续性，为国家粮食宏观调控和政府科学决策提供了依据，为确保城乡粮食安全奠定了基础。

【粮食购销】　在坚持对粮油市场购销价格进行监测的同时，通过长春市农粮网和长春市粮食局信息网向全市乡镇和粮食入市收购企业发布粮食市场购销价格信息，使国有粮食购销企业和广大农民能够准确地把握粮食市场的价格走势，企业避免发生新的亏损，农民有个好的收益。据统计，2007年全地区共收购新粮442万吨，其中，国有粮食购销企业收购171万吨，非国有企业收购271万吨。

【应急保障】　为了提高《长春市粮油应急预案》的实战性和有效性，长春市粮食局组织力量，对应急粮源、加工、运输、放销窗口等要素进行了逐一落实和确定，对突发事件发生时的应急供应的具体工作程序以及供应办法进行了规范。同时，组织有关人员编制了电子版的粮油应急预案模拟演练片，先后请吉林省粮食局和长春市政府及市政府应急办的有关领导多次修改后，于2007年12月26日，长春市政府应急办和长春市粮食局联合组织了长春市城区粮油应急预案模拟演练。长春市政府粮油应急供应指挥部的组成单位的有关负责同志及各县（市）区有关人员和长春市粮食局处以上干部参加了模拟演练。吉林省粮食局领导及有关处室负责同志参加了演练。这次演练通过采取情景模拟、人机对应，辅之以视频、音频等方式，分别模拟启动了黄、橙、红三级粮油应急预警预案。通过模拟演练，进一步明确了各成员单位在应急情况下的职责和任务，熟悉了市场预警监测、预案启动程序、应急措施提出、新闻发布、申请动用中央、省级储备粮的程序，有效地提高了储备粮的调运、应急加工、供应网点在应急条件下的反应能力，为确保城区粮油应急保障和安全奠定了良好的基础。

【粮食安全】　为了确保库存粮食的安全，长春市粮食局在认真总结以往工作经验的基础上，狠抓了安全防火、安全生产及库存粮食的日常保管。一方面，市粮食局以开展“一符四无”粮仓建设活动为载体，不断加强国有粮食购销企业安全储粮各项制度的落实，督促企业搞好粮食的安全储存，特别是要解决好夏季防虫、防潮、防霉变、防库房渗漏等问题，确保库存粮食安全渡夏渡汛，切实提高国有粮食企业仓储管理水平，避免出现坏粮事故。另一方面，认真抓好安全生产和四防安全工作。年初就层层签订责任状，明确任务，落实责任。平时不断加强值班、值宿的管理，充分发挥远红外预警系统的作用，扎扎实实地提高了企业的安全管理水平。并继续推行安全生产作业事前告知制度，加强安全生产管理，严格安全生产操作程序。有针对季节的变化制定四防安全工作方案，落实消防和粮情检测的各项责任制，加大火灾隐患的整改力度，通过采取切实有效的措施，全年未发生坏粮和生产事故。

【科学储粮】　为了增强全市种粮农民科学储粮意识，提高储粮水平，长春市粮食局和各县（市）区粮食局积极开展了送“送科学储粮知识下乡”宣传活动。开展此项活动是贯彻国家粮食局“十一五”粮食科技发展指导意见和吉林省粮食局关于开展粮食产后减损工作部署的具体措施。为增强广大农户科学储粮意识，提高科学储粮技术，减少粮食产后损失，长春市粮食局会同各县（市）区粮食局认真谋划“送科学储粮知识下乡”的宣传活动，加强对该项活动的组织领导。4月份，市粮食局组织人员到九台市和双阳区的3个村屯进行实地调研，具体了解农户粮食产后损失情况，增强了做好粮食产后减损工作的紧迫感。5月份，派出人员到省粮食局在舒兰市平安镇举办的粮食科技周活动现场学习观摩。经过市、县两级粮食局的精心准备，从9月18日开始，相继在九台市西营城镇、榆树市黑林子镇、德惠市大青嘴镇、双阳区鹿乡镇组织开展了“送科学储粮知识下乡”宣传活动。宣传活动采取领导讲话、发放科学储粮技术资料、摆放科学储粮知识展板、专家接受农民咨询和媒体报道的方式进行，各地的活动现场都摆放了36块宽1.5米、高2米的科学储粮知识宣传板，向广大农民发放了5万份科学储粮知识宣传单，市、县两级粮油监测站业务技术人员接受了农民的储粮技术咨询。这次宣传活动立足科学发展，面向广大农户，突出舆论宣传，取得了较好的效果，深受广大农民欢迎，大约有3 000多名农民踊跃参加了现场宣传活动。通过开展“送科学储粮知识下乡”宣传活动，有效地增强了全市广大农户科学储粮意识，对改善农户的储粮条件，促进社会主义新农村建设有着十分重要的意义。

【放心粮油】 实施放心粮油工程，认真开展放心粮油评比活动，是提高粮油质量，关注民生的一项重要举措。为此，市粮食局从年初开始，就把开展放心粮油评比，促进放心粮油进社区作为重点，不断扩大评比范围，有效促进了放心粮油活动的深入开展，为城乡居民提供了更多的放心粮油产品。上半年，市粮食局从获得首批放心粮油称号的企业中，选出10个单位授予首批进社区经销放心粮油产品的企业。年底前，又组织开展了长春市第二批放心粮油产品、放心粮油店的评比工作，放心粮油活动的开展，越来越受到社会的关注和欢迎。

【招商引资】 为了贯彻落实市第十一次党代会确立的“项目建设年”，市粮食局年初就把加大招商引资力度，切实抓好粮食产业项目建设作为一项重要工作目标。要求各县（市）区粮食部门要紧紧抓住国有粮食企业产权制度改革的有利时机，充分依托现有粮食储备库，整合有效资源，完善物流产业基础设施，吸引和鼓励社会多元经济主体参与物流项目建设，实现投资主体和经营主体“两个多元化”，发展壮大粮食现代物流产业的工作目标。全市各级粮食部门紧紧围绕这一中心任务，不断加大招商引资力度，全市粮食产业化项目建设取得了较好成效。2007年4月26日，由市粮食局和德惠市人民政府联合举办了“东北粮油食品交易中心暨农业产业化项目推介会”，德惠市人民政府与福建缪氏集团已就“东北粮油食品交易中心”项目签署了意向性合作协议，并就有关引水工程、天然气工程、棚户区改造、城市整体开发等综合开发项目签署了意向性协议，各类项目开发洽谈工作正在协商当中。此外，农安县粮食局与大连松源公司拟在农安县哈拉海粮库投资建设粮食物流中心，项目建设已获批准，2007年底前资金已到位1.65亿元。

【行业协会】 为加强粮食行业管理，促进粮食行业的发展，市粮食局在组织成立长春市粮食行业协会的基础上，又于2007年6月22日筹备建立了长春市粮食行业协会稻米分会。稻米分会共吸纳30户稻米加工和销售企业入会，稻米分会的成立为长春市稻米产业的发展奠定了良好的基础。2007年7月份，市粮食局充分发挥粮食行业协会在展会中的作用，组织了长春市行业协会稻米分会部分会员，先后参加了国家粮食局在辽宁省盘锦市组织的稻米展会和国家粮食局在长春市举办的国际玉米博览会，展示了长春市粮食企业的产品和信誉，收到了较好的效果。同时，长春市粮食行业协会还积极为企业建立产销合作关系搭建服务平台，玉米博览会获得优秀组织奖。

（刘成军）

旅游业

旅游业

旅游产业

【概况】 全年接待国内外游客1 607.2万人次，同比增长16%；实现旅游总收入182.84亿元，同比增长23%，占全省旅游总收入的53.8%。其中，接待入境游客首次突破20万人次大关，实现旅游外汇收入8 930万美元，同比分别增长32%和33.9%；接待国内游客1 587万人次，实现国内旅游收入176.04亿元，同比分别增长16%和23%。旅游业发展成为长春市支柱产业的趋势日益明显。

【项目建设年】 2007年，市旅游局按照创建"中国最佳旅游城市"的要求，以中外游客和广大市民满意度为标准，充分利用全市项目建设年的有利契机，全力推动旅游产品建设和旅游基础设施建设。年初，根据《实行旅游重点工作责任制的实施意见》，将项目建设任务目标分解到各县（市）区，并制定了相应的奖惩办法，与各县（市）区签订了责任书。同时，建立了旅游项目统计体系和旅游项目备案制度，坚持"一季度一调度"，不断加强项目建设过程中的检查与督导，起到了很好的保证作用。2007年全市共开工建设重点旅游项目46项，其中续建旅游项目25项，新建旅游项目21项，固定资产投资累计达到38.8亿元，超额完成固定资产投资任务。高标准建设和改造了雕塑公园、天嘉公园、牡丹园、南湖公园和儿童公园，雕塑公园被评为国家重点公园。伪满皇宫博物院三期建设项目已经完成，汽车文化园的汽车博物馆暨展销中心已建成使用，双阳区的东华庄园和御龙温泉项目主体工程竣工。九台市石头口门景区基础设施、净月开发区科技文化园、农博园、朝阳区长影不夜城和盛世广场、二道区回龙河山庄等一批重点旅游项目建设进展顺利。

【规划修编工作】 为适应旅游产业的快速发展，2007年，市旅游局启动了《长春市旅游发展总体规划》修编工作。在组织市内旅游专家开展调查研究，进行规划前期专项子课题研究的基础上，相继完成了投标单位资质审核、各投标单位投标方案的评审，通过公开投标的方式确定了《规划》编制单位。目前，《规划》大纲的论证评审已经完成。这项工作的深入开展，将使长春市旅游发展的目标、思路、布局更为清晰，资源得到更为合理的利用和开发。

【政策法规建设】 2007年，颁布并实施了《长春市旅游业管理办法》，有力地保障了广大旅游者和旅游从业人员的合法权益，为旅游产业发展提供必要的法治环境。起草了《关于推动旅游产业又好又快发展的意见》，《意见》从十六个方面内容进一步明确长春市旅游产业的总体发展思路、目标和具体的政策措施，为长春市旅游产业发展提供了

消夏节热气球表演

强有力的政策保障。该《意见》已经市政府常务会和市委常委会审议通过，并将以市委、市政府文件形式下发。制定并下发了《关于对接待海内外旅游者有突出贡献的旅行社实行奖励的暂行规定》，极大地提高了旅行社的经营积极性，各旅行社主动进行宣传促销，大力招徕海内外旅游者，各项旅游经济指标增长明显。

【首届长春消夏节】 2007年，市旅游局坚持民生取向，经过精心策划，成功地举办了国内第一个消夏节，这是长春市旅游活动的又一个创新。历时100天的首届长春消夏节，以“相聚清爽长春、放飞夏日梦想”为主题，22项主体活动丰富多彩，贴近百姓，服务市民，吸引游客。在消夏节的带动下，文化消夏、体育消夏、商业消夏等各种专题消夏活动纷纷涌现，形成了一个巨大的“泛旅游”产业链。消夏节期间，长春市共接待国内外游客665万人次，实现旅游收入75亿元。消夏节被市政府评为“2007年长春市优秀会展项目”。

【冰雪节与亚冬会】 2007中国长春冰雪旅游节开幕式当天参加赛事活动的人数达到了3 000多人，是参赛人数最多、最为隆重的一届。冰雪节期间，全市共接待国内外游客663万人次，实现旅游业总收入63.64亿元，分别比2006年增长30%和43%；共有8个项目签约，利用资金217亿元人民币，是上届冰雪节签约总额的2倍。2007年1月，第六届亚洲冬季运动会在长春市举办，为长春市带来了巨大的客源和商机，使长春市的冰雪旅游迅速升温。共有45个代表团派出了1 300多名运动员参加了本次亚冬会，包括官员、新闻媒体和观摩团等，参会人数达到了5 000余人。亚冬会期间，共有20万人次现场观看了各类比赛及开、闭幕式，全面推进了长春市冰雪旅游经济的快速增长。大型旅游活动期间，全市饭店、宾馆、招待所全部爆满，景区、旅行社、餐馆、购物店、酒吧、夜总会、洗浴、二人转演出等生意兴隆，人气旺盛。节庆会展活动激活了长春市旅游市场，拉动了消费，消夏节、冰雪节等节庆活动已经成为长春市重要的旅游品牌。冰雪节被市政府评为“2007年长春市优秀会展项目”，被全国旅游节事活动高峰论坛评为“2007年度中国十大优秀节庆活动”。

冰雪节主题雕塑

【宣传促销新突破】 针对现实和潜在的客源市场，组织境内外重要新闻媒体，采取有效形式对长春市旅游产品进行大量的宣传推介。针对重要客源市场，组织重点旅游企业和有关单位，先后赴马来西亚、新加坡、美国、日本、韩国、台湾等国家和地区；北京、厦门、深圳、广州、呼和浩特等城市参加旅游交易会或旅游促销新闻发布会，向公众和旅行商推介长春市的旅游产品，在重要节庆会展活动举办期间，利用央视新闻媒体展开强势宣传，利用这些会展平台采取多种途径向国内外公众和旅行商推介长春市的旅游产品强势旅游促销宣传。2007中国长春冰雪旅游节暨瓦萨国际滑雪节开幕式在央视国际频道和新闻频道进行了现场直播，并在两个频道的各个时段以新闻形式滚动播报相关情况。本届冰雪旅游节期间，长春市旅游网站点击率超过了哈尔滨，中央电视台曾报道“南部的三亚、北部的长春，成为今年全国冬季游客流量最大的两座城市”。首届长春消夏节期间，中央电视台“新闻联播”对本届消夏节的开幕式进行了报道，央视新闻频道对开幕式活动部分精彩内容进行现场直播,并就长春市消夏节的创意对崔杰市长进行专题采访。同时,央视国际频道和新闻频道都对消夏节相关活动进行了跟踪报道。央视国际网站对整个开幕式活动和狂欢夜活动进行了全程网上直播。强势旅游促销宣传,极大地提升长春旅游的知名度,使长春旅游走向了世界。

【旅游市场整顿】 根据国家、吉林省旅游局整顿和规范旅游市场秩序的要求,市旅游局针对旅行社及其营业部、出境旅游市场和导游队伍,在全市范围内开展了专项检查。有力打击了旅行社超范围经营、购物欺诈等违法违规活动,严厉查处了"黑社"、"黑车"、"黑导"及外地旅行社驻长办事处。有效净化了旅游市场,营造了竞争公平、服务优质的旅游环境,进一步促进长春市旅游服务质量的提高,为长春市举办大型节庆会展活动提供良好的旅游环境,保证了长春市旅游业持续、快速、健康发展。全年共受理旅游投诉40件,处理有效旅游投诉34件,全部结案,为游客挽回经济损失2.7万元。

【行业队伍建设】 2007年,长春市新增旅行社34家,星级饭店4家;新审批导游人员538人;完成了伪满皇宫博物院5A级景区、莲花山滑雪场4A级景区和吉林省自然村3A级景区的评定工作;长春皓月集团被评为全国工业旅游示范点;新增"农家乐"旅游示范点15家,使全市"农家乐"总数达到40家。旅游服务设施建设的加强,提高了长春市旅游接待水平,中外游客和广大市民的满意度明显增强。2007年,市旅游局在旅游行业开展了"诚信旅游在长春"主题活动,使长春旅游的服务质量和信誉得到极大地提升,市旅游局荣获了长春日报评选的"2007年度百姓口碑最佳单位"称号和吉林日报评选的"吉林人民满意的金牌形象使者"称号。举办了"伪满皇宫博物院"杯第二届中国长春导游大赛,来自旅行社、景区(点)、大中专院校、机关、企事业单位和社会各界400余名导游员和旅游爱好者参加了比赛,树立了长春市导游人员的良好形象,推动了导游员队伍整体素质的提升。召开了"创建绿色旅游饭店工作动员会议",促进了长春市建设资源节约型和环境友好型社会的进程。启动了"创佳"工作,完成了国家旅游局交给长春市的最佳绿色旅游城市预测评工作,长春市成为全国仅有的4个"中国最佳旅游城市"观察员城市之一,得到了国家旅游局的好评。长春市被全国会议旅游工作会议组委会评为"中国十佳会议旅游目的地"。

(赵富强)

长春市2007年度旅游重点项目及基础设施投资表 单位:亿元

县(市)区	项目名称	项目内容	计划总投资	项目进度	完成投资
一、续建项目					
朝阳区	富苑.盛世城	商业地产.超市	20	主体已封顶	2.55
	南湖公园改建	园内绿化、船台维修	1.2476	游泳区改造已经展开	0.3
九台市	新丽小康示范村	民俗公园等	2.5	二期工程	0.7
	石头口门景区配套设施	配套设施	0.1	基础设施	0.04
朝阳区	盛世王朝商务会馆	宾馆酒店餐饮服务业	0.04	完工	0.04
净月潭	大顶子山综合开发	高级住宅、别墅、会馆	21	主体工程施工	5.7
	汽车文化公园	汽车博物馆暨展销中心	2.2	主体工程已完工,现内部装修中	0.649
	伪满皇宫博物院改造		2.3		0.156
双阳区	双阳湖东华庄园项目	建设双阳湖国际会议中心、宾馆、鹿文化博物馆、休闲娱乐中心、湖滨别墅、道路等基础设施	3.49	完成双阳湖国际会议中心宾馆主体建筑10万平方米,水泥道路,主体正在进行内部装修	1.79

续表

县(市)区	项目名称	项目内容	计划总投资	项目进度	完成投资
	长春吊水壶国家森林公园旅游开发项目	溶洞改造、森林别墅、五百罗汉雕塑、停车场、百子戏弥勒、人工湖、大佛、野狼谷、射击场、宾馆、冰瀑布开发等	2.87	原溶洞改造、森林别墅、道路、五百罗汉雕塑、停车场、商场、百子戏弥勒、人工湖、大佛、野狼谷、射击场等	0.15
	长春龙湖生态园项目	度假村、种、养殖场公用工程服务性工程	1.64	完成外部水泥道路,景区内路网完成基础完成种养殖各类建筑	0.1
	长春积德泉酒文化度假村项目	旅游景区、购物区、农业旅游区、动物观赏景区、休闲娱乐景区	1.2	休闲广场、洗浴宾馆完工	0.4
	嘉来宝生态旅游开发项目	游泳馆、垂钓馆、水上摩托训练场、停车场、别墅区射击场、滑翔飞机跑道等	1.03	游泳馆、垂钓馆、跑狗场水上摩托训练场、停车场、滑翔飞机跑道等	0.5
榆树市	五棵树湛江寺	天王殿、大雄宝殿、地藏殿等殿建设	0.148	完成建设任务	0.108
	小乡齐殿云纪念馆、接待中心装修项目	展馆装修、展品购置、中心扩建等	0.03	完成建设任务	0.022
	小乡旅游区文化中心	浮桥、凉亭、花坛的修建等	0.02	完成建设任务	0.015
	雷劈山装修项目	客房装修等	0.003	完成建设任务	0.002
德惠市	半拉山庙	宗教观光	0.15		0.15
二道区	回龙河山庄	休闲娱乐会馆	1.5	建设宾馆、洗浴	0.45
	莲花山滑雪场	滑雪及竞技比赛		基础设施(污水处理)建设	0.015
	莲花山度假村	娱乐、健身		旅游大客车、拖牵	0.013
绿园区	金都大酒店	星级酒店	3		0.4
农安县	太平池旅游度假区	水陆开发	2.5	影视基地、修路	0.355
	黄龙辽金文化城	辽塔游园	2.1	选址、征地、拆迁	0.1 408
	波罗湖湿地	申报国家级湿地	1	购船、种草、盖楼	0.039
南关区	新天地购物公园	购物、娱乐	0.3	地下超市已完工	0.3
	续建项目小计		70.3 686		15.0 848
二、新建项目					
朝阳区	海洋世界	海洋馆项目	2.7		0.08
九台市	八台岭民俗文化村	配套设施	0.1	基础设施	0.03
	绿野湖畔水上不夜城	游泳馆、饭店、宾馆等	0.35	完成	0.35
净月潭	退耕还林	退耕还林、退耕造景	18.2	完成	4.8
	净月潭基础设施建设		12.5		7.25
	现代农业博览园		3.5		5.6
宽城区	宽城区中心公园	公园	0.4	基本完工	0.4
双阳区	御龙温泉项目	重钢阳光温室,7 433.13平方米温泉酒店、停车场	2	完成重钢阳光温室,温泉酒店主体、水泥道路、绿化等	0.25

续表

县(市)区	项目名称	项目内容	计划总投资	项目进度	完成投资
双阳区	碧海山庄度假村	宾馆、娱乐中心、网球场、狩猎场等	0.3	主体建筑已全部完工	0.22
	吉林省长春市联发赛鸽中心	赛鸽养殖中心、游客休闲中心生态园等	0.25	全部完工交付使用	0.25
	奢岭新民农家乐园	垂钓场、宾馆娱乐室、观光园等	0.15	全部完工交付使用	0.15
	齐家曙光民俗村	朝鲜族特色房、村民娱乐中心、道路改造	0.1	全部完工交付使用	0.1
榆树市	五棵树清真寺建设	清真寺	0.029	完成建设任务	0.029
	小乡王中华生态园建设项目	饭店、山药材种植	0.008	完成建设任务	0.008
农安县	农安县人民公园	修路、建门楼	0.4	征地、拆迁、修路	0.1 805
二道区	建东宾馆	建设五星级饭店	5	地上15层、地下2层	4
	萨满欢乐园	休闲度假		萨满八景	0.015
	鸵鸟山庄	休闲、娱乐	1	山庄主体、基础设施建设	0.004
南关区	夏威夷酒店	星级酒店	0.08	装修改造已完工	0.08
	新建项目小计		47.067		23.7 965
	项目总合计		117.51		38.881

2007 年长春市新增“农家乐”旅游示范点名单

名称	位置	餐饮、住宿设施	娱乐设施
小乡“旅游区”	榆树市土桥镇东南部皮信村	小乡接待中心能容纳200余人住宿、就餐	小乡纪念馆、齐殿云墓 、水上乐园、生态园
雁鸣山庄	农安县城西北,距县城12公里	日接待100人次	垂钓、卡拉OK、棋牌室、台球桌和健身器材;篝火晚会、徒手摸鱼、森林寻宝和狩猎
德惠市高城子水库	德惠市松花江镇高城子村	能容纳12 000人	游泳区、垂钓区和水库餐厅
九台市绿野湖畔北方水上不夜城	九德公路12公里处	八座别墅、10余间客房,一次能容纳300百余人就餐	水上自行车、汽艇、游泳、篝火晚会、烤羊、卡拉OK、水上餐厅
明达生态园	九台市苇子镇	同时容纳200人就餐、娱乐	游泳、保龄球、深水浴、棋牌和卡拉OK
盛田山庄	二道区劝农山镇腰站村	共有主客房500平方米,日接待游客120人次	观赏鱼塘、果园、特色养殖观赏区、山野果采摘区、餐厅、凉亭、花卉蔬菜大棚、停车场
润泽园	位于二道区劝农山镇太安村。	共有主客房600平方米,日接待游客150人次	果园、人工湖、特色种植观赏区、餐厅、别墅、停车场等

续表

名称	位置	餐饮、住宿设施	娱乐设施
长春生态农业花卉产业园	绿园区皓月大路8公里处	园区日接待能力约300人,年接待能力达10万人。	自耕采摘、垂钓、欣赏采购名优花卉、生态果蔬
长春积德泉酒文化度假村	双阳区奢岭街道办事处,长清公路16.8公里处	日接待600人次	餐饮、棋牌、卡拉OK、住宿、采摘、洗浴、烧烤、动物观赏、生存训练、会议、垂钓
鳞慧绿色生态园	双阳区平湖街道办事处城郊村	日接待500人次	餐饮、娱乐、棋牌、卡拉OK、住宿、采摘、垂钓
府沅农家美食乐园	双阳区二路公交车终点东300米处	日接待200人次	餐饮、娱乐、棋牌、卡拉OK、采摘、垂钓
朱旮旯家	双阳区平湖街道办事处双湾村4社	日接待100人次	餐饮、娱乐、棋牌、卡拉OK、住宿、采摘、垂钓
羊圈农家乐园	双阳区山河街道办事处羊圈村	日接待300人次	餐饮、娱乐、棋牌、卡拉OK、住宿、采摘、垂钓
新民农家乐园	双阳区奢岭街道办事处新民村六社	接待能力:200人	垂钓、卡拉OK、有线电视、棋牌
华大钓鱼台度假村	双阳区奢岭街道办事处奢岭村郭平屯	接待能力:200人	垂钓、卡拉OK、有线电视、棋牌、梅花鹿观赏

会展经济

会展经济

【概况】 2007年,长春市共举办各类会展活动130项。其中,展览67项,节、会、演、赛63项。实现会展业直接收入9.98亿元,带动其他相关产业收入92.5亿元,分别比2006年增长18%和21%。会展工作在全国性评比中获得多个大奖。在第三届中国会展文化节、第三届中国会展业高峰论坛、第四届中国会展(节事)财富论坛暨年度中国会展产业年度颁奖盛典上,长春市获得全国性大奖共17项(其中,城市4项,展会6项,企业1项,个人6项)。2007年长春市会展业发展特点:1. 市委、市政府重视程度提高。继市委十届七次、八次全会把会展经济列入突出要发展的产业之后,会展经济的地位进一步提升。市政府切实强化了对会展经济的领导,纳入政府工作和国民经济的重要日程。会展业的发展,也得到了社会各界的关注,市人大、市政协及各有关方面均给予了应有的重视和大力支持。首届中国长春汽车节的成功举行,就是人大、政协共同关心的结果。2. 规模和层次继续呈上升趋势。2007年,无论是冰雪节、汽博会、房交会、民博会等传统项目,还是汽车节、消夏节、玉博会等新开发的项目,都非常注重层次和品位,国际化、市场化水平有了明显的提高。特别是一些重点会展项目在国内外的影响进一步扩大,效益显著,不仅极大地提升了自身的价值,也有效地促进了相关行业的发展,为长春市带来了良好的经济效益和社会效益。3. 企业主体作用明显增强。一是主体发育迅猛。全年,全市共创办会展企业和为会展业配套服务企业5家,其中专业展览公司4家,相当于原有专业展览公司总数的1/4。特别是长春市会展集团的组建,标志着会展业的企业化运作将进入新的发展阶段。民营会展企业作用明显,为会展经济的发展注入了生机和活力。二是企业竞争意识和竞争能力提高。在办展过程中,企业纷纷拿出看家本领占领市场,提高自身素质,增强竞争能力,应对问题的能力也大幅提高。4. 会展项目开发势头不减。2007年全市共开发和引进的会展项目26个,是历年来最多的一年。市直各部门、单位的办展办会积极性进一步增强,各行业主管部门纷纷策划、筹备与本行业相关的展会活动,不仅使会展经济发展的空间进一步加大,而且有效地优化了会展业结构。特别是玉米产业博览会、消夏节等一批符合产业发展方向和市民需求的项目亮点频生,对增加长春市会展业发展的后劲产生了重要影响。5. 展、会、演、节、赛"五路"突进。各方面在重视发展展览的同时,也注重培育节庆、会议(论坛)等活动。2007年以"冰雪节"、"汽车节"、"消夏节"为代表的节庆活动共有21项,影响扩大、特色突出、效益显著。同时,以展引会、以会促展工作取得了新发展,以《中国汽车·长春论坛》为代表的有影响的会议(论坛)42项,都在一定范围内引起较大反响;同时,举办了一系列演出、赛事活动,丰富了全市人民群众的文化生活,促进了会展形态的多样化。6. 季节性特征突出。全市举办的192项会展活动中,大部分集中在5月~9月4个月中,共举办各类活动148项,占全年全部活动的77.1%。其中7月、8月、9月3个月尤为突出,共举办各类活动99项,占据全年活动的50%。最高峰出现在9月份,共举办活动54项,占全年活动的近三成。这一情况表明,长春市会展业发展的主要潜力在11月至次年3月间,要紧紧围绕长春市的气候特点和区位条件,在开发冬季项目上做文章。7. 规范化管理成为主题。分解细化并实施了《长春市展览业管理办法》,通过采取有效措施,强化了会展行业的市场管理;召开了全市会展业协会三届一次理事会,出台了《长春市会展业行业自律公约》,使长春市会展业的规范化进程又向前迈进了一步。

【会展业影响力】 2007年,先后有宁波、长沙、石家庄、昆明、厦门等国内同类城市对长春市会展业的发展进行了考察,并对长春市会展工作给予高度评价。会展工作获得的荣誉也随之增多。在第三届中国会展文化节、第三届中国会展业高峰论坛、第四届中国会展(节事)财富论坛暨年度中国会展产业年度颁奖盛典上,长春市共获得17项全国性大奖,占2004年~2007年4年中累计获得的31个奖项的一半以上,也是同类城市中获奖最多的城市之一。作为全市会展行业的主管机关,市政府还于2007年2月专门发出《关于嘉奖市贸促会(会展办)的通报》,对市贸促会(会展办)的工作予以通报表彰,表明长春市会展工作越来越被政府、社会等各方面所认可。

2007年长春市主要会展活动

1. 展览展示类

【第二届长春奇石古玩艺术品展示交易会】 于2007年5月22日在欧亚卖场会展中心举行。本届展会由长春市人民政府主办,由长春市工商联承办。展会以“长春文化,文化长春”为主题,以“传承历史、繁荣经济”为宗旨,韩国、俄罗斯、缅甸、蒙古,香港、台湾等国家和地区以及福建、云南、新疆等近30多个省、市、自治区600余家展商的100万个特色商品被选购收藏,创造了同类展会历年来销售的最好成果。展会期间,销售总额达9 000万元人民币,客流超过100万人次。展会充分体现了“运作市场化、布局多元化、展品特色化”的特点。尤其是市场化运作,是成功举办本届展会的亮点之一,开启了一条用市场打造文化的通路。本届展会本着“搭建展示交流平台,丰富城市文化内涵,促进行业快速发展”的总体思路,有效地丰富了人民群众业余文化生活,促进了旅游产业、文化产业的繁荣和发展。

【第二届中国(长春)国际光电信息技术博览会】 于6月15日开幕,历时3天,6月17日圆满闭幕。本届光博会由信息产业部、吉林省人民政府、长春市人民政府共同主办,由长春市信息产业局、长春市科技局、长春市发展和改革委员会、中国国际贸易促进委员会长春市分会具体承办。“科技之光,引领未来”是本届光博会的主题。共有来自国内外的128家企业参展,展出面积共1.2万平方米,自主技术产品占85%以上,特装修展位超过70%,专业观众3万余人次。信息产业部部长王旭东等相关部委的领导,省委省政府、市委市政府的主要领导出席开幕式及相关活动。日本瑞萨公司、日立公司,韩国泰星电装公司、营和特电子公司,香港华刚光电子零件有限公司、新进科技公司等110家境外企业参展,极大地提高了展会的国际化水平。展会期间,还安排了“国家光电子、微电子、软件产业基地及软件出口基地发展研讨会”、“信息化助力新农村建设论坛”、“亚洲投资联盟项目研讨会”等多项高水平的配套活动,并达成了一批经济技术合作项目的意向。

【2007年长春房地产暨相关产品展示交易会】 于2007年6月16日~22日在长春国际会展中心举行。本届房交会由长春市政府、长春市房地局主办。通过7天的展览展示,共实现房屋暨相关产品交易总额20.24亿元,同比增长2.2倍,创历届房交会交易额最好成绩。其中房屋成交总额为20.03亿元,同比增长2.3倍。为了带动相关产业,展会还吸纳了节能材料、家居装潢、建材卫浴等10余类万余种相关产业产品。场馆布局由单一的商品房住宅展销馆拓展到包括二手房展销馆、物业公司展示馆、办事机构服务馆、房地产相关产业产品展销馆、家用汽车展区(包括外广场)在内的六大馆区,不仅体现了专业化、标准化,而且大大提升了长春市房展会的知名度和影响力。

【第四届中国(长春)国际汽车零配件展洽会】 于2007年6月29日~7月2日在长春国际会展中心举行。本届汽配会由中国贸促会、中国汽车工业协会、中国汽车工程学会和长春市人民政府主办,由长春市贸促会、长春市汽车产业开发区管理委员会承办。展会以“合作、交流、发展”为主题,以“环保、节能、科技”为宗旨,共设标准展位600个,展览面积6万平方米,成为中国东北地区最具影响力的品牌汽配展会。本届汽配展经济效益突显,展会期间,总成交金额达437.2万元人民币,共签订合同金额2 610万元人民币。香港贸发局总裁林天福亲自率团参加本届汽配会,成为各界参展人士关注的焦点。以“人力资源推动行业发展”为主题的“2007中国长春汽车后市场发展论坛”，得到业界专家的高度重视，无论对汽车配件行业还是对中国汽车工业，以及长春汽车产业的发展，都具有深远的意义。

【第五届中国（长春）国际汽车博览会】 于2007年7月13日~7月22日在长春国际会展中心举行。本届汽博会是由中国国际贸易促进委员会、中国汽车工业协会、中国汽车工程学会和长春市人民政府共同主办，由中国国际贸易促进委员会长春市分会、长春汽车产业开发区管理委员会承办。本届汽博会的主题是：科技创新、节能环保。展会在前几届的基础上又有新的突破，展出面积达到14万平方米，参观人数达72万人次。共销售汽车3 610台，其中，乘用车销售3 020台，商用车销售590台，招商引资项目8个，签订金额15.8亿元。中国（长春）国际汽车博览会已成为与北京、上海齐名的三大车展之一，在国内是继上海之后第二个获得国际展览联盟（UFI）认证的专业汽车展览会。本届汽博会主要特点：一是参展品牌更全。在中国及海外市场占有一定市场份额的乘用车及商用车生产企业合计99家全部参展，参展品牌涵盖42家国际及国内合资生产企业、37家国内乘用车生产企业和30家卡车、特种车、客车及军事车辆生产企业所生产和即将生产的全部车型。二是展出面积更大。展出规模从上届的12万平方米发展到14万平方米，大众展团、奥迪展团、丰田展团、奔驰、宝马、奇瑞、华晨等众多企业，其展出面积都达到了200%~400%的增长。三是参展车型更新。戴姆勒-克莱斯勒集团的迈巴赫品牌首次登录长春车展；大众集团是长春车展历届展会中参展规模最大的参展商之一。四是民族品牌所占比重更加突出。42家民族品牌汽车生产企业，在本次汽车博览会上参展面积占据半壁江山。五是汽车文化与汽车运动更加丰富。除了文艺演出、论坛等富有深刻文化内涵的活动外，“老爷车展”、“汽车特技表演”、“汽车性能演示”、“汽车越野挑战赛”等都给观众以全新的感受。

汽博会室外展场

【第十二届长春书市】 于2007年8月25日~9月3日在长春南岭体育场举行。本届书市以“读书、创新、和谐、文明”为主题，是市委、市政府确定的大型文化和会展活动之一，并被列入2007年民生工程，也是长春市市长代表市政府向全市人民承诺的94件民生实事之一。本届书市坚持了“注重图书品位，树立品牌形象、规范市场行为、引导读者消费”的原则，提出新书、重点书、畅销书比例必须达到70%左右。现场还设立了纪念中国人民解放军建军八十周年图书展区、2007年最新图书展销区、古旧图书展销区等，展示了长春市的文明程度。书市期间，销售各种出版物150万册（盘），销售额达1 367万余元。

【第四届中国（长春）民间艺术博览会】 于2007年8月25日~8月30日在长春欧亚卖场会展中心举行。本届民博会由长春市人民政府主办，中共长春市委宣传部、长春市文学艺术界联合会承办。展会以“民间艺术传承与长春发展共荣”为主题，共展出15大类上万种艺术产品，总规模588个标准展位，参观人数达151万人次，总成交额7 648万元，并有6个项目签约，达成意向性合作金额3 300万元，堪称中国民间艺术成果的一次大集合、大展示、大检阅，展区面积由上届的近3 000平方米发展到6万平方米，与天津民博会、深圳文博会并称为“中国民间艺术三大展会”。应广大参展商和市民的要求，举行闭幕式后，又持续展出了2天时间。本届民博会在展场面积、展位数量、销售额、民间艺术品等方面，都远远超过了前三届，民博会也为民间艺术与人民群众的相通、相融找到了最佳契合点，使民博会真正成为艺术的巡礼、文化的盛宴、百姓的节日。

【欧盟五十年展】 由中国人民对外友好协会、欧盟驻华代表团主办，吉林省文化厅、吉林省人民对外友好协会承办的“欧盟五十年展”于2007年9月1日在长春市图书馆隆重举行。吉林省人大副主任刘淑莹、长春市副市长冯强、中国对外友协欧亚部主任何及锋、欧盟驻华代表团副团长溥马克等有关领导出席了剪彩仪式。开幕式前，欧盟驻华代表团副团长溥马克先生接受了市外语网站的专题采访。“欧盟五十年展”由欧洲联盟欧洲委员会驻华代表团主办并组织制作，于2007年在中国的一些城市进行巡展。该展览曾首先在中国对外友协成功开幕。其后，在北京大学和上海图书馆举办，长春图书馆是此次巡展的第四站。此次展览的主要内容有：欧盟概况（欧盟创始条约、欧盟成员国组成、欧盟标志、欧盟地图）；欧盟机构（欧盟理事会、欧洲议会、欧洲委员会、欧盟法院）；经济一体化（统一市场、统一货币）；今天的欧盟（生活天堂和旅游胜地、创新的欧洲、富强的欧洲）；欧洲创始人（欧洲历史、欧洲团结的梦想、欧洲之父）；欧洲——全球事物的参与者（欧盟——商业和贸易伙伴、参与国际事物的欧盟）；中欧关系（大事记、欧洲合作）；城市和古迹等。并且，配有连续放映长度为20分钟的宣传短片，为中英文两种版本。展览持续至9月16日结束。“欧盟五十年展”恰逢第三届中国吉林·东北亚投资贸易博览会的召开之际，为增进欧盟与吉林的了解，密切相互交往，开展全方位合作提供了重要平台和难得机遇。

【第三届中国吉林东北亚投资贸易博览会】 于2007年9月2日~6日在长春国际会展中心举行。本届东博会由商务部、国务院振兴东北地区等老工业基地领导小组办公室、吉林省政府等共同主办，是国内规模较高的国际性会展活动之一。展会期间，设置汽车及汽车零部件、食品（农副产品）、高科技（电子）、医药四大展区，特装比例达43%。其间，包括吉林省投资环境说明暨对外合作项目发布会和汽车及汽车零部件、石油化工等10个专题对接会在内，共举办重大活动52项，组织参会企业3 169户，推介1 044个项目，洽谈了881个项目，接待洽谈客商1.3万余人次，对外贸易成交额达4.1亿美元，比上届增长了6.8%，其中，出口成交额3.2亿美元、进口订货0.9亿美元，化工、医药保健和轻工纺织等产品成交量列前三位。国内贸易成交额12.7亿元人民币，比上届增长了10.0%，其中，销售12.3亿元、采购0.4亿元，化工、食品和医药等产品成交量居前三位。由国务院批准的东北亚经贸合作高层论坛是本届展会的最大亮点，东北亚六国经贸高官首次齐聚长春，从战略的高度和前瞻的角度，就区域合作进行了深入的对话与交流。国务院副总理曾培炎在论坛上作主旨发言，对东北亚地区之间的合作提出了加强基础设施建设、深化产业领域互利合作、完善区域合作机制的3点建议，受到与会各国代表的普遍认同和积极响应。

【2007中国国际玉米产业博览会】 于2007年9月22日~24日在长春国际会展中心举行仪式。本届展会由国家粮食局、长春市政府、吉林省粮食局主办，是一次“谋求产业发展、促进产业交流”的专业盛会。展会期间，吸引了吉林、黑龙江、辽宁、北京、河北、山东、河南、安徽、浙江、江苏、陕西、上海、广东、海南等14个省市的140家国内外著名企业及科研单位参展，展品涉及玉米种子、玉米燃料、玉米加工机械、玉米仓储及运输设备等100个品种，展出面积7 000平方米。展会期间成立的全国粮食行业的第一个玉米行业组织——中国粮食行业协会玉米分会，为今后玉博会的传承和发展建立了系统的组织体系，确立了良好的工作体制和运行机制。展会期间还销售粮食92.8万吨，成交金额10.8亿元人民币，取得十分显著的经济效益和社会效益。

2. 会议论坛类

【第一届吉林财富论坛】 由东亚经贸新闻报社、吉林省企业家协会、东北师范大学企业发展研究所、吉林省社科院经济研究所、搜狐网共同主办，于2007年2月8日在香格里拉大饭店隆重举行。尤其是“吉商创富榜”暨“十佳最受尊敬企业公民行为”的评选使论坛推向了高潮。一汽集团、中国石油天燃气股份有限公司吉林石化分公司、吉林省长春皓月清真肉业股份有限公司等50家吉林省内知名企业获得“吉商创富50强”的荣誉称号，长春欧亚集团股份有限公司等10家企业获得“十佳最受尊敬企业公民行为”大奖。首次“吉商创富榜”活动在社会上引起了强烈的反响，并得到了专家、学者、企业家等社会各界的广泛关注与参与。复旦大学经济学院副院长、经济学博士李维森，北京师范大学经济学院教授、金融系主任贺力平，中国人民大学经济学院教授杨万东等国内知名专家学者纷纷对此次活动给予了高度评价。

【中国汽车·长春论坛2007峰会】 于2007年7月14日在吉林省长春市举行。峰会由中国汽车工业协会、中央电视台经济频道、中国经济时报社、吉林省人民政府、长春市人民政府主办，中国经济时报社、中国长春汽车节执委会、长春市社会科学院承办，以“倡导节能环保 推进自主创新”为主题，从全球汽车产业的发展趋势出发，探讨新形势下中 国汽车产业的发展对策，推动中国汽车工业的发展。全国人大常委会副委员长盛华仁出席了开幕式并讲话，原国家机械工业部部长何光远、吉林省副省长陈伟根、长春市市长崔杰致辞。中国汽车工业协会会长、上汽集团董事长胡茂元、一汽集团总经理竺延风讲话。出席峰会的还有汽车界著名专家、国内外汽车城市市长、汽车行业组织代表、著名企业首席执行官和高级管理人员。中国工程院院士、吉林大学汽车学院名誉院长郭孔辉、国家科技部调研室主任胥和平、清华大学汽车研究所所长陈全世、国务院发展研究中心产业经济研究部博士王忠宏、广州市副市长陈明德、武汉市副市长孙亚、一汽集团副总经理秦焕明、上海汽车工业集团副总裁肖国普、北京汽车工业集团董事长徐和谊、浙江吉利控股集团常务副总裁杨健、奇瑞汽车销售公司副总经理金弋波等就相关议题做主旨演讲，重点就后WTO时代的中国汽车发展趋势、如何提高自主创新能力、推进节能环保汽车、城市交通可持续发展等重大议题进行深入研讨，并对城市交通可持续发展提出框架构想和发展思路。本届论坛是中国提出建设创新型国家，实施“十一五”发展规化以来首次举办的“规格高、影响大、重实效”的汽车高层论坛，是专门研究、探讨汽车行业发展的一次学术交流盛会，对于振兴中国民族汽车工业，加快长春国际汽车城建设都具有重要意义。

中国汽车·长春论坛2007峰会

【中国科协第五届博士生学术年会】 由中国科协、长春市人民政府共同主办，于2007年8月28日~31日在吉林大学隆重召开。中国科协党组书记、常务副主席、书记处第一书记邓楠同志亲临年会开幕式并做了重要讲话。中共吉林省委副书记王儒林代表省委、省政府致辞。本届年会以“增强科技人才素质，促进创新人才成长”为主题，坚持以科学发展观为指导，以贯彻落实科教兴国、人才强国和可持续发展战略为指针，通过组织开展学术交流活动和大力传播科学思想，激发了与会者的创新灵感，活跃了学术思维，加强了学习和交流，对促进长春市科技与经济发展相结合，学术交流服务于经济建设，人才培养与智力支撑和社会需求相适应等方面收到了良好的效果。本届年会共邀请两院院士7位、知名专家3位,参会博士生194位,在长高校、科研院所博士生和各界代表2 500多人参加了大会及相关活动。通过知名专家做主题学术报告、组织参会博士生开展学术交流与研讨、聘请院士专家现场点评、举行人才招聘信息发布会与科研成果推介会和参观考察等活动,搭建了学术交流、引进人才与智力、科研成果产业化和产学研相结合的平台,繁荣了学术交流,开拓了高层次人才交流渠道。

【东北老工业基地区域发展论坛】 由辽宁、吉林、黑龙江、内蒙古三省一区政协共同举办,于2007年8月23日在长春拉开帷幕。本次论坛继续坚持“促进区域合作、推动共同振兴”的宗旨,以“协同、合作、共兴”为主题,重点围绕实施《东北地区振兴规划》深入研究、建言献策。全国政协常务副主席王忠禹,吉林省省委书记王珉,吉林省省长韩长赋,国务院振兴东北办主任张国宝,省委副书记王儒林,省委常委、秘书长马俊清,副省长矫正中出席论坛。全国政协有关部门领导同志杨崇汇、王占、邵奇惠、马国良以及三省一区政协领导同志参加了论坛。开幕式上,王忠禹代表全国政协向大会致贺词。王珉代表吉林省委、省政府对会议的召开表示祝贺。国务院振兴东北办主任张国宝围绕开创振兴老工业基地工作新局面发表了讲话。有关委员、专家还进行了主题演讲。来自三省一区政府、政协有关部门负责同志、专家学者出席了论坛开幕式。东北老工业基地区域发展论坛已经分别在辽宁省和内蒙古自治区成功举办了两次。论坛提出的建设大连大窑湾保税港和把蒙东五盟市列入东北地区振兴规划等许多意见、建议,已经被国家及有关部门采纳并付诸实施。该论坛在推动区域合作和加快东北地区振兴方面,已经发挥了作用,并取得了显著成效。

【东北亚经贸合作高层论坛】 于2007年9月2日下午在长春国际会展中心小综合馆开幕。本届论坛主题是“打造经济合作平台,构建繁荣和谐东北亚”,目的在于通过东北亚各国和世界各国和地区之间的交流扩大东北亚区域合作。东北亚六国经贸高官首次齐聚长春,从战略的高度和前瞻的角度,纵论合作大势。论坛由吉林省省长韩长赋主持,中共中央政治局委员、国务院副总理曾培炎做主旨发言。蒙古国副总理门·恩赫塞汗,俄罗斯总统驻远东联邦区全权代表依斯哈科夫,柬埔寨国务大臣占蒲拉希,联合国工发组织总干事云盖拉,朝鲜贸易省副相李龙男,日本经产省审议官丰田正和,韩国产业资源部本部长洪锡禹,泰国商务部副部长谢捷魁,罗马尼亚经贸旅游及自由职业部国务秘书费尔迪兰德·纳吉,塞尔维亚国家及自治政府管理部国务秘书夫维斯加·木里奇和中国国务院副秘书长张平,中国国务院振兴东北办主任张国宝、副主任宋晓梧,建设部副部长齐骥,商务部副部长魏建国,国务院研究室副主任宁吉喆,国家能源办副主任林念修,中共吉林省委书记王珉等出席论坛。来自联合国组织、欧盟、东北亚各相关国家的代表和中国商务部、国务院振兴东北办的有关负责人就服务及货物贸易与物流产业发展,金融合作与投资发展,法律服务与知识产权保护三个议题进行了发言。联合国工业发展组织总干事云盖拉、欧盟驻华使团副大使米查尔等还就南南合作与东北亚区域经济合作,区域合作与全球贸易等话题做了专题演讲。论坛参与者普遍看好东北亚经济发展前景。

3. 节庆活动类

【2007中国长春冰雪旅游节暨净月潭瓦萨国际滑雪节】 于2006年12月1日~2007年3月4日在长春举行,横跨圣诞节、元旦、春节和元宵节等4个节日,历时94天。由长春市人民政府、中国滑雪协会、吉林省旅游局和瑞典诺迪维国际发展公司主办。本届冰雪旅游节以“冰雪亚运、激情瓦萨”为主题,共开展了冰雪体育、冰雪旅游、冰雪文化、冰雪艺术等大型系列活动35项,接待国内外游客663万人次,实现旅游业总收入63.64亿元,分别比2006年增长30%和43%;冰雪旅游节期间共有8个项目签约,合同利用资金217亿元人民币,是上届冰雪旅游节签约总额的2倍。国外参赛运动员达1 100人,来自世界25个国家和地区。开幕式当天参加瓦萨赛事的人数达到了2 800多人,是历届冰雪旅游节参赛人数最多,最为隆重的一届。2007中国长春冰雪旅游节暨净月潭瓦萨国际滑雪节招商

引资经贸洽谈会，共有来自美国、德国、瑞典、韩国、新加坡，香港等28个国家和地区的160多名中外客商参加了本次经贸洽谈会。本届冰雪旅游节的成功举行，为提升长春市国际知名度，发展冰雪经济，促进全市旅游经济的快速增长，起到了重要的推动作用。

【首届长春消夏节】 由吉林省旅游局和长春市人民政府主办，于2007年7月8日~9月8日在长春举行。本届消夏节以“相聚清爽长春，放飞夏日梦想”为主题，充分利用长春市清爽避暑这一气候优势，通过举办2007中国热气球精英赛等20多项主题活动和100余项分项活动，极大地丰富和活跃了市民和国内外游客的文化生活，全面推动了夏季旅游产品建设，有效地带动了长春市夏季旅游经济的快速发展。消夏节期间，全市共接待国内外游客665万人次，实现旅游业总收入75亿元。从消夏节的策划到各项活动的实施，都引起了国内各大媒体的关注。市政府主要领导带队在北京人民大会堂吉林厅举行了消夏节暨热气球精英赛新闻发布会，国家体育总局、国家旅游局领导到会并讲话，在京40余家中央和地方媒体出席了新闻发布会，在国内媒体迅速形成了集中报道之势。央视一套和新闻频道、国际频道进行了为期15天的广告宣传。开幕期间，央视等多家媒体进行了跟踪报道，并给予了高度评价，央视网站还进行了网上直播。国家旅游局纪检组长王军称：长春消夏节拉动内需同时，把旅游观光引领到了休闲度假的新领域。

消夏节热气球表演

【首届中国长春汽车节】 由吉林省政府、长春市政府共同主办，于2007年7月15日~22日在长春举行。本届中国长春汽车节是一次特色突出、内涵丰富的汽车文化盛会。节庆期间，成功举办了首届汽车节开幕式文艺晚会、汽车博物馆开馆仪式等一系列节庆活动，汽车模特大赛、书画大赛等一系列文化活动，汽车越野挑战赛、短道拉力赛等竞技活动，汽车专业技术论坛等交流活动，充分展示了长春市深厚的汽车文化底蕴，营造了浓郁的汽车文化氛围，参与各项活动的市民突破150万人次。

4. **重要赛事**

【第六届亚洲冬季运动会】 1月28日，第六届亚洲冬季运动会在长春五环体育场开幕，历时8天，于2月4日圆满闭幕。胡锦涛主席出席开幕式并宣布开幕，温家宝总理出席闭幕式并宣布闭幕。这是长春市首次举办如此规模和层次的体育盛会。本届亚冬会是亚洲冬季运动史上规模最大的冰雪赛事，是亚洲奥林匹克大家庭45个成员在亚冬会上的首次大团圆。其中26个国家和地区的802名运动员参加了5个大项、10个分项和47个小项的比赛，是亚冬会历史上参赛代表团最多、运动员最多的一届。结果，中国、日本、韩国、哈萨克斯坦瓜分了全部金牌：中国19枚，日本13枚，韩国9枚，哈萨克斯坦6枚；依次位居奖牌榜第一、二、三、四位。第六届亚冬会共有45个国家和地区奥委会报名参加，注册总人数3 071人，是亚洲冬季运动史上规模最大、参加国家和地区最广、参赛运动员最多、观众人数最多的一届冰雪体育盛会。亚奥理事会对本届亚冬会给予了很高的评价，认为长春亚冬会为亚洲冬季运动创造了一个新纪录，中国成绩创历史最佳。亚奥理事会副主席霍震霆出席闭幕式并致辞。闭幕式上，举行了亚奥理事会会旗交接仪式，长春市市长祝业精将会旗交给亚奥理事会副主席霍震霆，霍震霆再将旗帜交给了第七届亚冬会主办城市——哈萨克斯坦阿拉木图市市长。来自阿拉木图的艺术家们随后献上了5分钟带有浓郁哈萨克斯坦特色的文艺表演。第七届亚冬会将于2011年在阿拉木图举办。此后，长春市群众艺术馆献上了名为《永恒亚洲》的文艺演出。文艺演出共分《欢腾的土地》、《多情的冰雪》、《金色的祝福》及《不眠的亚洲》等四个部分，以“团结、惜别、永恒”为主题，通过最具特色的中国“年”文化和极富东北风情的中国民族文化展示，向亚洲朋友致以最美好的新春祝福。

（贾海涛）

长春市会展业2004年~2007年全国性行业评比获奖情况一览表

序号	获奖时间	获奖对象	奖　项	评奖活动名称	获奖地点
1	2004.3	长春市	2003年度中国最竞争力会展城市	中国会展财富论坛	杭州
2	2005.7	长春市	2004年度中国最佳会展城市	首届中国会展文化节	郑州
3		汽博会	2004年度中国领先专业展会		
4		张凤林	2004年度中国会展业十大新闻人物奖		
5	2006.4	长春市	2005年度中国最佳办展环境城市	第三届中国会展财富论坛	南京
6		汽博会	2005中国展会100强		
7		东博会	2005中国展会100强		
8		电影节	2005中国节庆50强		
9		张凤林	2005中国会展产业贡献奖		
10	2006.7.23	祝业精	2005中国会展业特别贡献奖	第二届中国会展文化节暨	长春
11		长春市	2005中国宏观管理最佳会展城市	2006中国会展年会	
12		第四届汽博会	2005中国服务质量最佳展览会		
13		教育展	2005中国品牌推广最佳展览会		
14		会展中心	2005中国硬件设施最佳展览场馆		
15	2007.1.12	长春市	2006年度中国最具影响力会展城市	第三届中国会展业高峰论坛	上海
16		汽博会	2006年度中国最具影响力的行业品牌展会		
17		农博会	2006年度中国最具影响力的专业品牌展会		
18		东博会	2006年度中国最具影响力的政府主导型展会		
19		会展中心	2006年度中国最佳会展场馆		
20		刘　实	2006年度中国会展业十大新闻人物		
21		宋丽华	2006年度中国会展业十大风云人物		
22		张凤林	2006年度中国会展业十大杰出贡献奖		
23	2007.3.30	长春市	2006年度中国会展业十大会展城市	第四届中国会展节事财富论	南昌
24		汽博会	2006年度中国会展产业品牌展览30强	坛暨年度中国会展产业年度	
25		宋丽华	2006年度中国会展产业贡献奖	颁奖盛典	
26		李中闯	2006年度中国会展产业十大理论人物		
27	2007.7.28	长春市	2006年度中国（软件环境）最佳会展城市	第三届中国国际会展文化节	深圳
28		冰雪节	2006年度（服务质量）最佳展览会	暨2007中国会展年会	
29		汽车零部件展洽会	2006中国（品牌推广）最佳展览会		
30		宋丽华	2006年度中国会展业十大新闻人物		
31		长春市	城市推介最佳特色奖（会展城市展演）	文化节颁奖晚会	

（贾海涛）

金融　保险

金融　保险

综　述

截至2007年末，全市金融机构本外币各项存款余额2 598.4亿元，同比增长8.4%，全年新增存款201.5亿元，同比少增159.8亿元；本外币各项贷款余额2 452亿元，同比增长11.7%，全年新增贷款257.2亿元，同比少增65.3亿元。银行业截至2007年末，长春市辖区内共有银行类金融机构12家，包括工商银行、农业银行、中国银行、建设银行四大国有或国有控股商业银行，交通银行、光大银行、浦东发展银行3家股份制商业银行，国家开发银行、农业发展银行两家政策性银行，一家新近揭牌的覆盖全国城乡的商业银行——邮政储蓄银行，一家省级股份制商业银行——吉林银行，一家农村信用合作社联合社。银行业金融机构网点1 119个，从业人员24 556人。证券业长春市共有19家上市公司，其中，国内主板17家、香港主板1家，创业板1家。证券公司2家(1家综合类，1家经纪类)，驻长证券营业部40家。伴随证券市场的蓬勃发展，长春市上市公司呈现了良好的发展势头，一批优质上市公司市场价值显著提升，一批上市公司积蓄了很强的发展潜力。截至2007年底，长春市上市公司总股本87.68亿股，总市值达到1 456.67亿元，累计融资147.72亿元。其他金融业截至2007年底，长春市辖区内共有保险公司18家，其中，财产险公司9家(含法人机构1家)，人身险公司9家。截至2007年底，全市保险业实现保费收入49亿元，同比增长25.4%。驻长春市共有华融、长城、东方、信达4家金融资产管理公司；期货公司5家；风险投资公司2家；担保公司20家；典当行20户；财务公司2家；基金公司2家；信托机构2家；银联公司1家，POS终端4 100余台。2007年长春市金融业在实现整体平稳运行的同时，表现出如下特点：1.长春市的金融服务格局正在进一步优化。域内各金融机构积极进取、开拓创新，为促进长春市快速健康发展贡献了力量。四大国有及国有控股商业银行提升质量、寻求突破，经营业绩显著；股份制及区域性商业银行励精图治、积极创新，市场份额不断增大；开发银行、农业发展银行及农村信用社与长春市合作更加密切，政策性金融有力支撑了长春市的基础设施、基础产业发展。2007年，长春市辖区内新成立了吉林德惠长银贷款有限责任公司；邮政部门经国家批准开始办理储蓄银行业务；长春市商业银行更名为吉林银行，吸收合并了吉林市商业银行和辽源市城市信用社，由单纯的城市商业银行转变为省内的跨区域商业银行。民生银行、兴业银行等域外金融机构纷至沓来，截至2007年底，韩亚银行和招商银行已向监管部门申请设立长春分行。因此，在2008年长春市的金融框架中将迎来新的金融机构主体，包括第一家外资银行机构——韩亚银行；邮储银行将正式开展商业银行业务，缓解农村资金紧张和农民贷款难的问题，进一步加大邮储资金的支农力度，提高农村金融服务的覆盖面和满足度；中信银行、招商银行等银行经过2007年对长春市多次的考察后，也有望在2008年成功进驻长春设立分行和开展业务。2. 货币信贷特点突出，表现在居民储蓄余额下降、中长期贷款增加较快。截至2007年末，全市金融机构人民币居民储蓄存款余额为1 202.1亿元，同比增长2.3%，增幅低于2006年同期8.5个百分点，创2002年以来历史同期最低；2007年全年新增储蓄存款27.5亿元，增量仅为2006年同期的23.9%，储蓄分流趋势明显。同时，与股票市场的活跃密切相关，居民储蓄存款活期化趋势较为明显。2007年，全市金融机构新增人民币活期储蓄存款16亿元，占比为58.4%，比2006年同期提高14.9个百分点。截至2007年末，全市金融机构短期贷款同比增长2.2%，增幅较2006年同期下降4.8个百分点。全年新增贷款22.9亿元，同比少增27亿元；在投资和个人住房贷款等因素的拉动下，全市金融机构中长期贷款同比增长20.5%，增幅高于人民币贷款平均增速9个百分点。新增中长期贷款250亿元，是全部贷款新增额的1.01倍，其中，新增基本建设贷款132.4亿元，同比多增106亿元，新增个人住房贷款23.1亿元，同比多增21亿元。3. 企业上市工作顺利开展，东北证券上市为长春市直接融资市场勇破坚冰。东北证券已于2007年8月份成功借壳上市，打破了几年来长春市甚至全吉林省没有企业上市的坚冰。启明信息、奥普光电已将材料上报中国证监会，预计2008年在深交所挂牌上市；长春鸿达、汇锋齿轮也正在积极为上市工作准备材料。长春市区域内共有37户企业进入了“吉林省重点培育百户拟上市企业”名单，现已有9户企业完成辅导，2户企业正在制作申报材料，准备2008年上报国家证监会。2007年以来，长春高新区开展了“非上市高新技术企业股份代办转让试点”的工作，制订了《长春市人民政府关于扶持非上市股份有限公司进入代办股权转让系统专项资助办法》、《长春高新技术产业开发区非上市股份有限公司进入代办系统进行股份转让试点风险处置应急预案》等相关配套政策，正在争取成为国家扩大的第一批“试点”单位。4. 全市深入开展打击金融诈骗行动，整顿与维护辖区金融秩序。按照省委、省政府要求，2007年，长春市深入开展了集中打击金融诈骗专项整治行动。行动伊始，就成立了高规格的行动联席会议作为领导机构，市委政法委、公安、检察院、法院、监察、司法、审计、信访、市委宣传部、金融办等部门及驻长各金融单位的一把手成立打击金融诈骗联席会议，全力侦破了一批非法对公众集资案件，相关部门制订了《长春市应对非法集资应急预案》等，较好地稳定了长春的金融秩序，保护了投资者的安全。

（方　旭）

人民银行

【概况】　中国人民银行长春中心支行是中国人民银行的派出机构，根据中国人民银行的授权，承担贯彻执行国家有关法律、法规、方针、政策及总行的有关政策规定；负责在辖区内贯彻执行中央银行资金、存款准备金、再贴现、利率等有关货币信贷政策，监督管理金融市场；防范化解辖区及全省系统性金融风险，维护地区金融稳定；分析、研究辖区及全省宏观经济金融形势，为总行的货币政策决策提供政策建议和依据；负责管理全省金融统计工作及信贷征信业务，推动建立社会信用体系；管理全省货币发行、现金管理和反假人民币业务；管理全省人民银行系统的会计财务、支付结算业务，负责对大额资金异常流动的监测；管理全省外汇、外债和国际收支业务；管理全省国库业务、科技和安全保卫工作；依管理权限负责辖区人事、内审、党群等工作；承办总、分行交办的其他事项等职责。2007年，长春市金融机构认真执行国家金融宏观调控政策，紧紧围绕吉林老工业基地振兴和社会主义新农村建设等中心任务，主动加强信贷政策与产业政策的协调配合，全年金融运行总体保持平稳较快的发展势头，企业资金总体宽松；贷款较快增长势头逐步减缓，宏观调控效应进一步显现；银行经营效益继续好转，管理能力进一步增强。

【长春市金融运行总体情况】截至2007年末，全市金融机构本外币各项存款余额2 598.4亿元，同比增长8.4%，全年新增存款201.5亿元，同比少增159.8亿元；本外币各项贷款余额2 452亿元，同比增长11.7%，全年新增贷款257.2亿元，同比少增65.3亿元。金融运行的主要特点是：1. 人民币各项存款总量平稳增长，但增速明显放慢。截至2007年末，全市金融机构人民币各项存款余额为2 553.3亿元，同比增长9.3%，增幅同比下降7.1个百分点，但高于全省平均水平2.2个百分点；全年新增存款214.9亿元，占全省新增存款的60.7%，同比少增112.9亿元，同比增量、增速连续5个月低于2006年同期水平，人民币存款增长总体呈现回落趋势。从人民币存款结构看，储蓄存款下降较多，企业存款增长较快。2007年末，全市金融机构人民币居民储蓄存款余额为1 202.1亿元，同比增长2.3%，增幅低于2006年同期8.5个百分点，创2002年以来历史同期最低；2007年全年新增储蓄存款27.5亿元，增量仅为2006年同期的23.9%，储蓄分流趋势明显。同时，与股票市场的活跃密切相关，居民储蓄存款活期化趋势较为明显。2007年，全市金融机构新增人民币活期储蓄存款16亿元，占比为58.4%，比2006年同期提高14.9个百分点。与储蓄存款增速回落相反，全市金融机构企业存款快速增长。2007年末，全市人民币企业存款余额达862.8亿元，比年初增加177.9亿元，同比多增64.3亿元，增长26.3%，增幅同比提升5.8个百分点，创2002年以来的历史新高。主要是全市企业经济效益持续提高、两金占用有所回落和银行信贷支持力度不断加大等因素作用下，企业资金流动性增强。

2. 人民币贷款适度增长，信贷结构进一步优化。截至2007年末，全市金融机构人民币各项贷款余额为2 407亿元，同比增长11.4%，增幅低于2006年同期5.7个百分点，较最高点(2月份)回落6.8个百分点；2007年全年新增贷款246.8亿元，同比少增67.2亿元，贷款增长呈现“先扬后抑”态势，央行宏观调控措施对抑制贷款过快增长发挥了较为显著的作用。从投向看，支持重点突出，信贷结构继续优化。其一，对实体经济部门的信贷投放增加较多。截至2007年末，全市第一、二、三产业新增贷款22.8亿元、44.1亿元和130.4亿元，同比增长44.3%、9.3%和8.5%。其中，农业贷款余额60亿元，较年初增加2亿元。农村信用机构仍是信贷支农的主体，截至12月末，农村信用社新增农业贷款12.8亿元，是全部农业贷款增量的6.4倍。其二，积极支持重点建设项目建设和社会发展的薄弱环节。截至12月末，人民币基本建设贷款余额691.5亿元，比年初增加15.4亿元，同比增长26.4%，较2006年同期提高16.8个百分点；截至12月末，全市金融机构国家助学贷款余额5.2亿元，同比增长27.2%，支持4.5万贫困大学生就学。全年累计发放小额担保贷款10 597万元，累计发放7 016人。分期限看，短期贷款增势有所放缓，中长期贷款强劲增长势头不变。受季节因素及各金融机构贷款规模控制因素影响，短期贷款增幅有所回落。截至2007年末，全市金融机构短期贷款同比增长2.2%，增幅较2006年同期下降4.8个百分点。全年新增贷款22.9亿元，同比少增27亿元；在投资和个人住房贷款等因素的拉动下，全市金融机构中长期贷款同比增长20.5%，增幅高于人民币贷款平均增速9个百分点。新增中长期贷款250亿元，是全部贷款新增额的1.01倍，其中，新增基本建设贷款132.4亿元，同比多增106亿元，新增个人住房贷款23.1亿元，同比多增21亿元。分机构看，信贷投放不平衡，地方金融机构和政策性银行成为贷款投放主体。2007年，国有商业银行、股份制商业银行、政策性银行和地方金融机构分别新增人民币贷款49.6亿元、12.4亿元、97.8亿元和85.1亿元，占全市新增贷款的20.1%、5%、39.6%和34.5%。在宏观调控背景下，各类金融机构贷款增速均有所放缓，而地方性金融机构仍保持较强的贷款增长势头，与2006年同期相比，增幅达38.5%，其中农村信用社新增贷款44.3亿元，同比多增7.1亿元，增长53%，增速居各金融机构之首。从信贷投放的效果看，金融运行质量明显提高。主要金融机构不良贷款余额为332.6亿元，不良率16.2%，同比下降1.33个百分点，全市金融运行质量明显改善；2007年，全市新增本外币贷款占全省金融机构贷款增量的比重达58.5%，贷存比也高于全省平均水平13.6个百分点，全市经济对信贷资金的吸纳能力不断增强。

3. 外币存款持续负增长，外币贷款大幅上升。截至2007年末，全市金融机构外币存款余额6.2亿美元，比年初减少1.3亿美元，同比下降19.4%，延续了自6月份以来持续7个月的负增长态势。主要是受人民币升值预期的影响，居民持有外币的意愿下降。截至2007年末，外币储蓄存款同比下降27.9%，比年初减少1.2亿美元。另一方面，随着企业对人民币升值的逐步适应和避险理财意识的加强，外币贷款呈大幅上升态势。截至2007年末，全市金融机构外币贷款余额6.2亿美元，同比增长20.9%，增幅同比提高48.1个百分点，比年初增加0.5亿美元，同比多增1.5亿美元。

4. 经营业绩快速提升，改革效应开始显现。2007年，全市金融机构本外币业务实现利润32.1亿元，同比增盈15.7亿元，增长99.4%；其中，人民币业务实现利润33.2亿元，同比增盈18.4亿元，增长124.3%。分机构看，全市各家金融机构普遍实现减亏增盈。其中，国有商业银行的增盈幅度最大，2007年实现利润154万元，同比增盈5.4亿元。地方金融机构效益大幅改善，实现盈利6.6亿元，同比增盈 1.7 亿元，增长 34.7%。全市金融机构盈利快速增长，一是得益于金融机构改革步伐的加快和经营机制的转变；二是得益于存款的分流使商业银行利息负担减轻；三是得益于贷款的快速增长使商业银行的利息收入增加。

【金融运行应关注的几个问题】

1. 关注金融机构存贷款期限结构失衡现象。当前长春市金融机构存贷款期限结构严重失衡的现象仍然存在。2007 年末，全市中长期贷款与短期贷款的同比增速分别为 18.8% 和 2.2%，中长期贷款增速高于短期贷款 16.6 个百分点。近年来，长春市金融机构人民币中长期贷款的增长速度始终高于短期贷款，增速的最大差距甚至达到 26.9 个百分点以上。中长期贷款的长期快速增长，导致其在各项贷款中所占比例不断提高，从而使得银行信贷资产的期限结构呈现长期化趋势。截至 12 月末，全市金融机构中长期贷款余额占全部贷款的比重为 59%，较 2006 年同期提高 4.2 个百分点；与此同时，金融机构存款的短期化趋势越发明显。截至 12 月末，全市活期与定期存款同比增速分别为 10% 和 9.9%，活期存款增速高于定期 0.1 个百分点。2007 年以来，除个别月份外，活期存款始终以高于定期存款的增速增长，活定期增速差最大达 23.6 个百分点，远远高于历年同期水平。信贷资产的长期化趋势和资金来源的短期化趋势导致金融机构信贷资金的期限匹配错位，在这种不合理的存贷期限结构下，一旦客户大量提取存款，银行很难在不受任何损失的情况下将其资产变现以满足流动性要求，从而产生流动性风险。

2. 地方性金融机构信贷风险集中，流动性趋紧。受国家信贷调控政策影响，长春市信贷投放的主体已由商业银行转变为政策性银行和地方金融机构，其中，农村信用社的贷款增长尤为迅速，截至 12 月末，同比增长 53%，高于全市人民币贷款平均增速 41.6 个百分点，2007 年新增贷款 44.3 亿元，占全部贷款新增额的 17.9%。贷款规模的迅速扩张，必然导致贷款风险向地方金融机构集中。加之 2007 年人民银行 10 次上调存款准备金率，累计上调 5.5 个百分点，锁定地方金融机构资金约 24.1 亿元，导致地方金融机构的流动性更为趋紧，农村信用社超额准备金率下降到 4.9%，拆借资金余额已达 5.3 亿元，其潜藏的支付风险不容忽视。

3. 关注中小企业融资难加大问题。在国家宏观调控背景下，金融机构将收缩信贷总量，银行信贷门槛也会相应提高，贷款发放条件将更加严格，而在资本逐利性的驱使下，商业银行新增贷款更容易向大项目、大企业集中，造成中小企业贷款难度加大。另外，票据融资由于其便利性，已成为中小企业流动资金需求的重要融资渠道，但在宏观调控压力加大的情况下，各金融机构通常会首先压缩较为灵活的票据贴现业务，以满足规模控制的要求。4 季度以来，全市票据融资业务呈急剧下滑态势，融资量下降 9.7 亿元，同比多降 15.3 亿元，2007 年全年融资量减少 22.9 亿元，总量仅较 2006 年增长 11.3%，增幅同比下降 51.1 个百分点。票据贴现业务的萎缩将进一步加剧中小企业融资的难度。

（杨胜利）

工商银行

【概况】　中国工商银行股份有限公司吉林省分行营业部（以下简称工行吉林省分行营业部）前身为工商银行长春市分行，成立于 1984 年，1998 年机构改革后，由计划单列市分行变更为省分行营业部，2005 年工商银行股份制改造全面完成后，更为现名。2007 年是中国工商银行在内地和香港成功完成“A + H”股同步上市后第一个完整的会计年度。一年来，工行吉林省分行营业部顺应现代金融企业竞争发展要求，巩固传统业务发展优势，加快金融产品创新步伐，不断提高对客户的服务能力和服务水平。截至 2007 年年末，各项资产总额 630 亿元，不良贷款余额较年初下降 3.5 亿元，实现拨备前利润 9.8 亿元，资产质量和经营效益得到稳步提升，经营规模保持长春地区银行同业首位。

【传统业务】　2007 年，吉林省分行营业部新开立结算账户 4 045 户，年末结算账户总数较年初净增1 289户。在全年信贷投放规模偏紧的条件下，强化个性化营销，重点支持电力、交通等行业优质客户。截至 2007 年年末，本外币各项贷款（含票据贴现）余额 266.7 亿元。按贷款品种统计，法人客户贷款228.6亿元，个人客户贷款29.7亿元，票据贴现余额8.4亿元，票据贴现余额占全部贷款的比重有所上升。按贷款期限统计，短期贷款118.3亿元，中长期贷款148.4亿元，短期贷款余额较年初下降5.1亿元，中长期贷款余额较年初增长3.7亿元。在股票市场持续出现牛市行情的影响下，各项存款增速放慢。截至2007年年末，本外币各项存款（含同业存放款项）余额607.4亿元。按存款品种统计，对公存款209亿元，储蓄存款365.7亿元，同业存款30.73亿元，多年来首度出现储蓄存款余额较年初下降的情况。按存款期限统计，活期存款292.2亿元，定期存款284.5亿元，活期存款占全部存款的比重较年初提高4.23个百分点。

工商银行与长百大楼举行牡丹长百联名卡合作签约暨首发仪式

【中间业务】　2007年，工行吉林省分行营业部快速拓展中间业务规模，使中间业务和新业务成为拉动总体利润提升的助推器。在确保银行卡、电子银行业务客户覆盖率的前提下，确定上门收款、现金管理、网上银行、电子商务、企业年金、第三方存管、代理基金及保险、对公理财产品等八大主打产品，紧紧围绕目标客户和市场，促进新兴业务产品类型结构不断优化，产品收益不断提高。采取为目标集团客户量身定制现金管理综合金融服务方案及举办产品推介会等措施，成功与亚泰集团、浦发银行等客户签订了现金管理服务协议，为通钢集团、欧亚集团开办了资金归集业务，为平安寿险开办了同城代理收款业务。通过投标取得了省电力集团的年金账户管理人资质，成功获得全省年金业务的最大一单。顺应资本市场发展态势，适时高调推出实物黄金销售业务。以第三方存管业务推行为契机，针对证券客户和个人投资者客户进行了重点营销。全年新增个人理财金客户2 865户，销售个人理财产品76亿元，实现代理基金业务收入8 200万元，各项新兴业务收益水平实现全面增长。

【电子银行】　2007年，吉林省分行营业部在全面提升103个营业网点服务功能的同时，强化了以电子银行为代表的虚拟网点分销渠道建设。电子银行服务功能更加完善，网上银行除可办理账户管理、账务查询、转账汇款、网上缴费等业务外，新推出电子速汇、第三方存管、网上贷款、网上黄金、网上基金等热门金融服务产品，提高了客户对电子银行的依存度。全年新增企业网上银行1 715户，个人网上银行10.9万户，企业电话银行384户，个人电话银行4.1万户，手机银行1.5万户，有效缓解了营业网点客户排队现象。

【风险管理】　2007年，工行吉林省分行营业部全面风险管理工作进一步深化。通过健全内控体系，完善管理制度，降低管理成本，实现了管理增效。全年共开展内部审计项目54项，审计检查覆盖面达100%，确保了连续3年无经营管理案件和较大差错事故。在加速不良贷款清收处置的同时，着力扭转偏重现实风险、忽视潜在风险，偏重风险处置、忽视风险控制，偏重风险审议、忽视风险管理的弊端，重新修订完善风险管理委员会工作规则，调整风险管理范围，提升风险管理水平，克服信贷资产隐性风险释放带来的巨大压力，实现了不良贷款余额和占比较年初双下降。

【优质服务】　2007年是工商银行总行确定的“优质服务年”，按照总行工作部署，吉林省分行营业部从激励机制建设、业务流程简化、网点布局调整及行风队伍建设等四个方面着手，全面提升服务质量。一是制定印发《2007年服务工作实施方案》，将优质服务继续纳入行长经营目标考核，建立一把手负总责、分管行长主抓、党政工青相结合的领导体系和服务与经营相结合、服务与管理相结合的管理机制；二是加强业务人员服务技能培训。在全辖范围内遴选634名优秀人才，组建成立334人的个人金融专业客户经理队伍、110人的法人信贷客户经理队伍和190人的机构与结算专业客户经理队伍，并通过进行了有针对性的专门业务培训，提高员工业务素质，促进服务能力和服务质量提升；三是成立法人客户营销中心，改造个人金融业务流程，提高整体服务效率；四是根据长春市整体规划，对全辖103家网点进行服务功能定位。组建成立2个财富管理中心、18个贵宾理财中心、51个理财中心、32个金融便利店，以满足不同层级的客户需求。通过采取以上措施，工商银行的社会美誉度进一步提升。

【队伍建设】　2007年，工行吉林省分行营业部党委制定下发了《关于全面加强党的建设工作的实施意见》，要求全行党员领导干部进一步加深对党风建设和队伍建设的重要性和紧迫性的认识。通过深入开展“十七大”会议精神学习活动，加强了基层行党委组织建设。本着提升全员业务技能和培养核心人才的方针，全面推进学习型银行建设。以满足业务发展需要为前提，陆续开展了新入行大学生培训、二级支行行长培训、国际业务从业人员培训、《物权法》学习等一系列培训，有效提高了从业人员的素质和技能。按照工商银行总行人力资源管理提升项目统一部署，成立了由总经理负责的项目领导小组，确保了岗位工资、绩效工资分配制度改革的全面启动和平稳推进。2007年，工行吉林省分行营业部被推荐为总行“学习型组织先进单位”，农安支行和金程支行被推荐为总行级文明单位。在长春地区的行风测评工作中，工行吉林省分行营业部保持了领先地位。

（季　雁）

农业银行

【概况】　截至2007年末，中国农业银行吉林省分行营业部全辖有员工4 018人，所辖19个支行，其中，城区14个，外县（市）区5个；下辖基层营业网点157个，其中城区106个，外县（市）区51个。

【经营思想】　做到十个坚持：坚持从严治行的方针，进一步抓好制度建设和执行力落实；坚持以清收盘活为重点，进一步抓好“止血”工程和挖潜工程；坚持逐步恢复银行的基本功能，进一步增强“造血”能力；坚持不懈抓好高端优良客户的营销，进一步改善资产负债结构；坚持稳健经营，进一步发展个贷和中小企业贷款业务；坚持在突出重点的前提下，进一步保持各项业务的平衡发展；坚持在有效控制风险的前提下，进一步开拓创新；坚持以干部调整和机制建设为手段，进一步调动各级干部和广大员工积极性；坚持以提高员工综合素质为目标，进一步抓好岗位培训；坚持成本效益原则，进一步抓好网点整合和网点建设。

【服务“三农”】　积极开展服务“三农”调研工作，组织召开了多个层面座谈会，与当地各级政府领导、农行各个层面以及部分个体工商户、农户进行座谈，比较详细地了解了县域经济对金融产品的需求及资金需求总量。在此基础上，形成了《对省营“面向三农、商业运作”的调研报告》。

【组织体系改革】　针对部分支行管理人员多，经营人员和一线柜员短缺、岗位工作量不饱和、人浮于事等问题，对部分城区支行实施“瘦身”，科学调整岗位结构，合理确定人员编制，人岗适配性得到提高；在银行卡部和国际业务部继续实行管营合一模式的基础上，个人业务部向管营合一模式过渡，组建个人业务营运中心。

【分配制度改革】　完善了市场营销人员创效计价表、全员创效计价表、大额存款计价表、大额贷款计价表、个贷业务计价表、各种中间业务计价表，对窗口柜台人员实行业务量工资含量考核，发挥能人效应。通过一系列分配机制改革，有效激发了全辖各个层面的积极性与全员创效的积极性。

【网点改造】　共升格、迁址、更

名机构网点6个,撤消1个;装修改造网点42个,打造了一批精品网点。

【存款业务】 受股票市场持续走高,基金销售持续火爆等因素影响,各项存款较年初下降27.1亿元,其中,储蓄存款较年初下降2.7亿元,对公存款较年初下降24.4亿元(如果考虑社保21.9亿元,协议存款8亿元两个因素,对公存款上升5.5亿元)。为扭转各项存款不断下滑的不利形势,制定了提升公关层次、发挥能人效应、开展存款竞赛、探索存贷挂钩、第三方存管业务、开展"秋之祝福"营销活动等应对措施,在一定程度上缓解了各项存款持续下滑的局面。

【贷款业务】 新增贷款18.8亿元,其中,法人客户贷款新增17.2亿元,个人客户新增贷款1.6亿元。对优良客户新增贷款10.5亿元,占新增贷款的61%。

【中间业务】 实现中间业务收入10 106万元,同比增长4 488万元,增幅80 %。银行卡业务采取"零售业务批发做"的营销模式,大力开展针对集团客户的营销,银行卡总量突破167万张,当年发卡44万张;消费额实现21.8亿元;卡存款余额29亿元;银行卡中间业务收入实现4 852万元,占整个中间业务收入的48%;卡存款余额占活期储蓄存款的45%;卡增量、消费额、卡存款、业务收入四项指标同比增长26%、69%、33%、32%,市场份额分别为35%、30%、25%、27%。实现代理保险业务收入589万元,同比增长99万元,占全省份额42%。国际业务实现国际结算量22 045万美元,结售汇业务量15 412万美元,外汇理财业务147万美元,实现外汇收入289万元。代销基金31亿元(申购、认购23亿元,赎回8亿元),手续费收入3 248万元,占整个中间业务收入的32%。

【清收盘活】 全年累计清收信贷类不良资产52 032万元,完成省行全年计划的86.64%,其中,清收不良贷款本金33 287万元,清收表外利息18 745万元。累计清收非信贷类资产8 399万元,完成省行下达计划的232.6%。全年累计处置抵债资产53户,处置抵债资产22 192万元,实现变现收入9 263万元。

【股改准备】 为保质保量完成不良资产认定与追究工作任务,统筹规划,合理分工,稳步推进,在工作量极大、情况极其复杂的情况下,在规定的时限内完成了不良资产认定与追究工作。保质保量按时完成法律尽职调查工作。较好完成土地房产确权和处置工作。拟带入股份制公司需确权的房产165处,土地151宗,已完成确权房产150处,土地129宗,完善率分别是90.91%和85.43%。

【争先创优】 曙光支行林业厅客户营销组、银行卡部教师卡产品研发组等5个重大贡献奖单位或个人;人民大街分理处和丛宇等12个特殊贡献奖单位或个人;同时评选出十佳优秀客户经理;十佳规范化服务先进单位;十佳分理处主任、十佳会计主管、十佳大堂经理、十佳营销能手、十佳清收能手、十佳护卫队员、十佳优秀柜员。

(陈　宇)

吉林银行

【概况】 吉林银行是中国银行业监督管理委员会于2007年10月10日批准,由长春市商业银行更名,并吸收合并吉林市商业银行、辽源市城市信用社而设立的股份制商业银行(BANK OF JILIN CO. LTD,简称吉林银行),是吉林省内唯一一家省级股份制商业银行。吉林银行第一届董事会第一次会议选举田学仁同志为吉林银行董事长,董事会聘任唐国兴同志为吉林银行行长。10月26日,吉林银行举行成立大会,省委书记王珉、省长韩长赋为吉林银行揭牌。吉林银行总行设在长春市,业务覆盖长春、吉林、辽源3个城市,现有营业网点215个,在岗员工4 099人。吉林银行目前股本总额为34.22亿元。其中,国有股20.78亿元,占总股本的60.73%;企业法人股10.63亿元,占总股本的31.06%,自然人股2.72亿元,占总股本的7.95%;其他0.09亿元,占总股本的0.26%。截至2007年末,吉林银行总资产为526.23亿元,各项存款余额为473.55亿元,各项贷款余额为329.07亿元,不良贷款率为3.46%,资本充足率为9.51%。

【业务范围】 为进一步提升吉林银行竞争力,吉林银行大力吸收公众存款;发放短期、中期和长期贷款；办理国内结算；办理票据的承兑与贴现；发行金融债券；代理发行、代理兑付、承销政府债券；买卖政府债券；从事同业拆借；提供担保；代理收付款项及代理保险业务；提供保管箱服务；办理地方财政信用周转使用资金的委托存贷款业务；经银行业监督管理机构批准的其他业务。

【打造流程银行】 2007年11月30日，吉林银行与北京正信嘉华管理顾问有限公司，在长春市举行了流程银行建设项目签约仪式。围绕省委、省政府提出的跨区域发展和上市经营的战略目标，吉林银行把整合资源和管理作为提升核心竞争能力和可持续发展能力的首要工作。作为国内同类银行中首家提出流程银行建设的吉林银行，积极着眼银监会有关内控指引、加强内控管理和风险控制，着眼银监会领导倡导的流程银行建设，打造现代商业银行的模式。流程银行建设项目自正式启动以来，在行领导的大力支持下，在各部门的全力配合和帮助下，根据建设要求和整体进度安排，借鉴国内外先进银行的经验，按照流程银行的理念和方法，对公司治理、发展战略、组织架构、人力资源、IT系统、业务流程等方面进行了梳理和完善。12月15日，流程银行建设首次对本行中层以上管理人员进行了发展战略理念和组织架构理念方面的培训。同时，吉林银行以建设流程银行为契机，打造学习型银行。流程银行建设是一项重要战略举措，也是一个长期的、艰巨的变革过程，伴随着流程银行建设的深入，还需要在IT系统、企业文化、合规管理、经济资本等方面进行完善和提高。下一步将逐步开展IT核心业务系统优化、经济资本和合规风险管理等模块的工作，最终把吉林银行打造成有特色的、先进的流程银行。

【打造社区银行品牌】 2007年12月中旬，吉林银行决定对零售银行业务实施全面改革，整合与零售业务有关的各业务条线和资源，组建社区银行部。社区银行部下设零售贷款、银行卡、理财、客户服务和综合管理中心，实行准事业部制管理。8月20日，长春市社会养老金发放业务正式由吉林银行受理。11月19日，吉林银行开通小额支付系统通存通兑业务，方便客户办理个人支付结算业务，拓展金融服务渠道。该业务是指个人客户通过代理行依托小额支付系统，对本人或他人在开户行开立的人民币个人存款账户实时办理资金转账、现金存取和账户信息查询业务。社区银行利用自身的网点优势，以“便民一卡通”为纽带，通过实现储蓄网点365天统一营业时间，为客户办理储蓄业务提供时间上的方便；联网核查公民身份系统，为办理银行账户等相关业务提供了权威、便捷的技术手段；完善管理制度，降低经营风险，履行社会责任的同时，有利于减少因账户假名或匿名造成的经济纠纷，遏制金融欺诈，维护资金的安全。吉林银行在实施金融服务进社区工程的同时，大力发展零售业务，努力打造社区银行品牌。

吉林银行宽敞舒适的营业环境

【业务发展】 吉林银行以股东利益最大化为根本任务，坚持依法、合规、稳健经营，努力实现效益、质量、规模协调发展。按照现代商业银行的标准，科学设计组织架构，再造业务流程。在经营机制建设上，逐步实行扁平化管理、事业部经营、条线型管控、团队式营销和客户制核算。按照公司业务经营重心上移、零售业务经营平台下移和小企业银行业务流程化的总体设想，建立健全各项规章制度，完善激励考核机制，构建专业化、集约化、科学化的运营模式。此外，省银监局王洪志副局长与吉林银行唐国兴行长亲临吉林德惠长银贷款公司，为布海镇十三家子村村民发放了贷款，贷款总金额达67万元。12月7日，吉林银行与韩国韩亚银行举行业务合作意向签约仪式。12月19日，吉林银行与长春市卫生局举行授信贷款3亿元签约仪式。12月28日，吉林银行与中国网通（集团）有限公司吉林省分公司签署科技战略合作协议。长春大经路支行承办新的中间代理业务品种——全市出租车燃油补助发放业务。吉林银行自合并以来继续传承城市商业银行、城市信用社经营机制灵活、决策高效和贴近市场的竞争优势，继续坚持服务地方经济、服务中小企业和服务广大市民的宗旨。截至2007年末，长春市属企业在吉林银行的贷款余额达到110亿元以上，占吉林银行全部贷款总额的34%，这些贷款主要用于支持长春市的市政基础设施建设、国有企业改革、工业园区建设和土地收储。吉林银行将竭尽全力把资金投入到地方经济建设上来。吉林银行将努力打造合规文化，对新的业务产品、流程，实行事前的合规准入；实施全面风险管理，按照分级管理、差别授权、动态调整的原则，建立授权授信制度和统一的客户信用评级体系；按照统一领导、垂直管理的原则，建立独立的内部审计组织架构和工作模式；切实控制和防范信用风险、市场风险、操作风险。随着支付系统升级换版和财税库行横向联网系统上线运行、吉林银行客户服务系统和远程集中式ATM运行监控系统的开通，以及与省公安厅“金融治安保卫管理信息系统”的建立，吉林银行进一步完善了高效运作、风险控制。在未来发展中，吉林银行将兼顾好规模和收益的关系，统筹好当前利益和长远目标的关系，综合考虑风险和资本约束的关系，抓住机遇，整合资源，强化内控，科学发展，以优秀的团队、高效的服务、持续的产品创新及先进的科技平台，努力提升吉林银行的内在品质和市场竞争力，争取3年至4年时间，实现跨区域发展和上市经营的目标。

（崔星迪）

农村信用社

【概况】 截至2007年末，全辖设有机构282个，其中，法人机构8个，包括市级联社1个、县级统一法人联社7个；非法人机构274个，包括信用社151个，分社72个，储蓄所51个。全辖拥有员工4 485人，其中，无固定期限合同工4 111人，固定期限合同工294人，临时工80人。全部员工中，具有高级技术职称的14人，中级技术职称的212人，初级技术职称的424人，共有专业技术职称人员650人，占比14%。市农村信用合作社资产总额2 436 620万元，同比增加708 743万元，其中，各项贷款余额1 277 619万元，同比增加442 681万元。负债总额2 312 570万元，同比增加670 015万元，其中，各项存款余额1 822 205万元，同比增加572 761万元。所有者权益124 050万元，同比增加38 728万元，其中，股本金148 555万元，同比减少531万元；股本金总额中，投资股78 016万元，同比增加19 686万元，占比52.5%，同比提高13.4个百分点。市农村信用合作社总收入178 964万元，同比增加73 953万元，增幅70.4%；总支出135 641万元，同比增加58 109万元，增幅74.8%；实现盈余43 323万元，同比增盈15 844万元，增幅57.7%。截至2007年末，实现净利润43 323万元，其中，利润补亏18 952万元，占净利润的43.7%；股本金分红6 422万元，占净利润的14.8%；提取一般准备金8 459万元，占净利润的19.5%；未分配利润4 745万元，占净利润的11%。截至2007年末，应付利息余额24 318万元，同比增加11 293万元，应付利息备付率3.35%，同比提高0.75百分点，高于当年一年期定期存款加权利率0.15个百分点。呆账准备金余额42 491万元，呆账准备金率达2.83%，同比提高1.51个百分点。全年增加呆账准备金29 761万元，其中当年提取23 971万元（按省联社统一要求提取23 455万元，自身计提516万元），已置换不良贷款本息转入增加5 790万元。全年减少呆账准备金32万元，用于核销抵债资产损失。按人民银行计算口径，资本充足率14.26%，同比提高3.17个百分点；按银监部门非现场监管计算口径，资本充足率5.66%，同比提高3.65个百分点。

【筹集资金】 通过打造精品网点，特别是外县（市）进城建点等措施，资金组织工作实现新突破。2007年，各项存款余额182.2亿元，按可比口径，比年初增长71.7%。

【拓展信贷市场】 全年累计发放贷款154.6亿元，比2006年增长34%。一是农村信贷市场份额进一步扩大，累放农业贷款81.3亿元，占各项贷款累放的52.6%，比2006年增长32%。户均贷款达到13 200元，比2006年增长41.9%。贷款农户63.6万户，比2006年增长4.9%。农村金融服务阵地进一步巩固，服务“三农”的作用得到充分发挥。二是稳步进军中小企业市场，面向中小企业、个体工商户开发信贷产品。2007年，全市累计发放中小企业贷款33.5亿元，比2006年增长36%。各项贷款余额127.8亿元，比2006年增长53%。

【专项票据兑付】 积极推进产权制度改革，提升管理水平，适时启动了九台市申请筹建农村商业银行和环城学习杭广发先进管理模式试点工作。特别是除环城外，其他6家联社专项票据成功兑付，共获得9.6亿元票据资金及757万元票据利息，为进一步提升管理水平和加快发展提供了坚实的基础。

【送金融知识进农家活动】 通过评、减、调、送、提，评定信用户17.6万个，占贷款农户36%。3 000余人次参加送金融知识下乡活动，聘请监督员300人，发放宣传单200万份。农村信用环境有效改善，吉林农信的品牌效应迅速显现，吉林农信社会形象深入人心。

【深化薪酬改革】 深入推行绩效工资制，全面导入以业绩论英雄、以贡献论奖赏的管理理念。将个人业绩、个人利益以及集体利益紧密挂钩，促进业务规模及利润水平持续提高。2007年，考虑增提拨备因素，全市人均创利14.3万元，同比增长172%。

【推进稽核工作】 认真落实省联社“五查一整改”工作部署，重点查处触犯“十条高压线”违法违规行为，严格排查“六种人”，共查出违规问题76 097件，涉及金额21.4亿元，纪律处分73人次，经济处罚1 146人次，罚款35.7万元。

【队伍和企业文化建设】 清退农村信用代办员209人，劳动关系置换540人，稳妥解决历史遗留的农村信用代办员顶岗问题。长春市区内新招录网点窗口服务人员105人。“三定”工作在德惠联社成功试点后，在全市稳步推进。与长春金融高等专科学校联合办学，培训员工314人。开办信贷、财务、银行卡业务等各类培训班7个，累计培训员工1 000余人。开展春日阳光行动、企业文化巡演解读等活动，深入推广企业文化，新形象、新标识、新品牌获得社会认可，树立了良好企业形象。同时，加强“一刊一报一网”建设，共出刊《长春农信》12期，《工作动态》106期，门户网站发布信息900多条。通过举办乒乓球、演讲比赛等活动，丰富员工生活，激发员工工作热情。特别是在全省演讲和业务技术比赛中均获得团体第一名。而且加强安全防范意识，积极开展“三防一保”建设，突出重点部位、重点环节、机构和人员的防范，实现全年安全经营无事故。

【经营效益】 克服央行10次上调存款准备金率、6次上调存款利率影响减收增支近1亿元的因素，实现利润4.3亿元，加上增提拨备2.4亿元，同比增盈4亿元，增长148%，利润补亏1.8亿元。

（姜海滨）

教 育

教　　育

高等教育

【概况】　截至2007年末，全市共有高等学校40所。其中，全日制普通高等学校24所，军事院校2所，民办院校4所，独立二级学院10所。有国家重点实验室9个，省部委级重点实验室74个；国家级有突出贡献专家学者57人，省级有突出贡献专家学者516人，市级有突出贡献专家学者24人；享有国家级政府特殊津贴的有954人；有中国科学院院士17人，中国工程院院士5人；有硕士学位授权点613个，硕士生指导教师4 494人；有博士学位授权点297个，博士生指导教师1 097人，博士后流动站47个；全市高校共有专任教师16 153人，其中，教员744人，助教2 595人，讲师4 720人，副教授4 257人，教授2 394人；在校生人数295 943人，其中，专科生39 075人，本科生223 443人，硕士生26 591人，博士生7 172人；全年全市普通高校招收学生86 544人，毕业生人数65 870人；现职校级领导193人，平均年龄53岁。

【教育教学工作】　全市高校牢固树立科学发展观，贯彻“巩固、深化、提高、发展”的教育方针，坚持以人为本的办学理念，树立现代大学理念，突出办学特色，优化教育结构，合理配置教育资源，切实提高了教育教学水平和人才培养质量，努力实现了高等学校教育教学工作的又好又快发展。1. 推进大学文化建设，突出办学特色。全市各高校积极加强大学精神文化、制度文化及环境文化建设，结合新形势下国家对人才培养的新要求和本校的发展实际，以突出办学特色和自主创新能力为立足点，切实提高高校教学质量和办学效益。东北师范大学进一步加大教育资源的整合力度，树立现代大学办学理念，逐步完善了本科教育、研究生教育和继续教育三大教育体系。人才培养功能进一步拓展和提高，“尊重教育”的理念得到了确立和深化，为基础教育服务的办学特色更加鲜明。2007年2月，温家宝总理到东北师范大学视察，对学校为基础教育服务的办学特色给予了充分肯定。从此，该校把建设“未来教育家的摇篮”作为新的发展目标，开始全面实施“教育家培养工程”。同时，学校积极探索免费师范生的培养方案和实习、就业等相关配套方案，成立了校院两级本科教务委员会，在新生入学时开展了政策导引、典范导引、学习生活导引、职业情境导引和师魂导引等5方面系统性教育活动，启动了“本科教学质量与教学改革工程”。全校有1 529名免费师范生已经投入到紧张的学习生活当中，并100%签署了免费教育协议书。2. 深化教育教学改革，创新人才培养模式，全面提高人才培养质量。全市高校以提高教育教学质量为核心，围绕素质教育和创新人才培养，结合学科特点，坚持走内涵发展和特色发展的道路。教育部本科教学水平评估是事关高校改革和发展的重要机遇，全市各高校将评估工作作为学校工作的重中之重，以迎评促建工作为契机，全面实施“高等学校教学质量与教学改革工程”，加强教学管理，全面提高教学质量和人才培养质量。2007年吉林农业大学、长春师范学院、长春税务学院、长春中医药大学、长春工程学院顺利通过了国家教育部专家组的评审，为学校的进一步发展打下了坚实的基础，有效地促进了教学质量的提高，初步达到了“以评促建，以评促改，以评促管，评建结合，重在建设”的目的。这些学校将进一步明确学校办学定位，拓宽专业，注重实践、倡导创新，凸显办学特色，不断深化教学改革，强化教学管理、推进素质教育，切实提高教学水平和人才培养质量，有力促进了本科教育教学水平的提高。随着科学发展观的贯彻落实，各高校质量意识进一步提高，呈现规模、质量协调发展态势，各高校通过深化教学改革、强化实践特色，使高等教育教学工作取得了明显成效。吉林大学以“质量工程”建设为龙头，科学调整教学模式和管理模式,完善课程体系建设规划,着眼于学生创新精神和实践能力的培养,稳步实施大学生创新计划。2007年度吉林大学学生在各类竞赛中屡获佳绩。荣获2007年全国大学生数学建模竞赛国家级一等奖3项、二等奖4项,省级一等奖14项,二、三等奖共27项;在全国大学生电子设计竞赛中,获得国家级一、二等奖各1项,吉林省一等奖4项,二、三等奖共11项;在第二届全国大学生广告艺术竞赛中,获国家级二、三等奖各2项,国家级优秀奖10项;在ACM国际大学生程序设计竞赛中,获得亚洲级预选赛7个奖项;在全国大学生智能汽车邀请赛中,获得国家级一等奖2项。吉林大学在人才培养模式实验区建设上,新增国家级人才培养模式创新实验区2个;新增国家级实验教学示范中心2个。同时,还积极组织做好质量工程各项目推荐申报工作,完成了国家级教学团队、特色专业建设点、人才培养模式实验区、双语教学建设等项目的申报工作,以"质量工程"推进人才培养质量的不断提高。3. 实施人才强校战略,优化师资队伍结构,高层次人才培养体系逐步完善。教师队伍是办好高等学校的主体,是高等学校提升自身综合实力、打造一流学科、培养一流学生、产出一流科研成果的关键。全市高校适应新形势、新任务的要求,改革和完善教师管理制度,着力造就和引进一批学术和教学名师,注重提升教师的实践能力和创新能力,充分发挥优秀专家学者、学科带头人在教育教学、科学研究和学科建设中的主导作用,让兼具学识魅力和人格魅力的优秀教师队伍不断壮大,为学校的学科建设、科学研究和教学质量的提高提供有力保障,推进人才强校战略的实施。吉林大学通过实施《吉林大学2006—2010师资队伍建设规划》,师资队伍结构有了明显的改善,整体实力得到增强。2007年新增教师202人,84%以上具有博士学位,比2006年提高了20个百分点,新增教师本缘率有所下降。截至2007年底,吉林大学教师总数为4 415人,其中具有高级职务教师2 432人,具有研究生学历的教师占教师总数70.3%,具有博士学位的教师占教师总数36%。教师队伍年龄结构进一步年轻化,大部分学科形成了较为合理的教学、科研梯队。基本形成了一支结构较为合理,规模适当,素质优良,具有发展潜力的教师队伍。在2007年中国科学院院士遴选中,任露泉教授被遴选为中国科学院院士。滕利荣教授、张福贵教授、李玉林教授获第三届高等学校教学名师奖。陈启军教授、孙洪波教授的科研团队入选"长江学者与创新团队发展计划"。崔田教授、王悦教授被聘为长江学者特聘教授,易英飞教授被聘为长江学者讲座教授。张宗彧教授等18人入选教育部新世纪优秀人才支持计划。池元吉教授、刘德斌教授入选中央马克思主义理论研究和建设工程项目首席专家。徐家宁教授获宝钢教育基金优秀教师特等奖。在教学团队建设工作中,吉林大学还有7个教学团队被确立为吉林省首批优秀教学团队,其中,"法学理论"教学团队、"国家哲学学科人才培养基地"教学团队被评为首批国家级教学团队。4. 加强学科专业建设,构建优势学科群,不断增强学校的核心竞争力。学科专业建设水平是衡量高校教育教学质量和水平的主要标志,加强学科专业建设是增强高等学校核心竞争力的重要内容。全市高校坚持以学科专业建设为主线,不断调整学科布局,构建优势学科群,在专业建设、课程体系优化、教材建设等方面,进行了有益的探索和实践,尤其是课程内容的改革和现代化教学手段的改革实践成果显著。吉林大学有重点扶植建设精品课程30门,其中,有9门课程被评为2007年度吉林省精品课程,5门课程被评为2007年度国家级精品课程。吉林大学在特色专业申报工作中,遴选出36个吉林省第一类特色专业建设点、21个国家级第一类特色专业建设点;在第二类特色专业建设点评审中,有6个专业被列入国家重点建设专业,每个专业分4年国家共投入建设经费80万元。长春理工大学电工电子实验教学中心被评为国家级实验教学示范中心,成为全国13个国家级实验教学示范中心之一,也是吉林省省属高校中唯一的国家级实验教学示范中心。光电信息工程等5个专业被评为国家级特色专业建设点,应用光学课程被评为国家级精品课,计算机组成原理、中国现当代文学史2门课程被评为吉林省精品课,材料现代分析与测试技术等6门课程被评为吉林省优秀课程。长春大学《聋人美术本科人才培养模式创新实验区》被确立为2007年度国家"人才培养模式创新实验区”建设项目;针灸推拿学、机械工程及自动化被确立为国家“第一类特色专业建设点”,会计学、电气工程与自动化被确立为省级特色专业。长春师范学院,“合唱”、“世界通史”两门课程被评为省级精品课程;教育学等6门课程被评为省级优秀课程;《结构式体育与健康教程》、《科学教学导论》2部教材获得吉林省高等学校优秀教材二等奖。吉林体育学院,运动训练专业、体育教育专业被批准为国家一类特色专业建设点,民族传统体育专业被批准为吉林省高等学校特色专业建设点。《竞技教育学》、《人生设计》、《运动解剖学与环境》3部教材分别获吉林省普通高等学校优秀教材一、二、三等奖。吉林工程技术师范学院对应“职业技术教育学”等7个校级重点学科成立了7个学科型研究所,使学科建设依托研究所开展工作,并取得标志性成果,即职业技术教育研究中心被确定为首批吉林省高校人文社科重点研究基地,“服装设计与加工吉林省高等学校工程研究中心”被确定为首批吉林省高等学校工程研究中心重点建设立项单位。“机械设计制造及其自动化”、“市场营销”2个专业被评为国家第一类特色专业;“服装设计与工程”等4个专业被评为省级特色专业。

5. 拓展国际交流合作领域和空间,切实提升高等教育的国际化水平。全市各高校继续推进高等教育的改革开放,积极争取与国外大学和科研机构进行交流与合作的机会,建立校际友好合作关系,大力提高高等教育的对外交流与合作水平,长春市高校的国际化程度和国际竞争力持续攀升。2007年度,吉林大学在拓展国际交流合作空间工作中取得新的成绩,在与18个国家和地区的78所院校和科研机构保持密切校际交流关系的基础上,与瑞典斯德哥尔摩大学等13所大学新签署了校际交流协议或交流项目协议,提升了交流关系的层次。同时,稳定发展与韩国、日本等国家大学的密切伙伴关系。继续加强对港澳台地区的交流,特别是与台湾地区交流取得了突破性进展,连续5届成功举办台湾学生“北国风情”冬令营活动,现已发展成为教育部对台交流工作中的一个品牌项目。2007年,吉林大学共获得国家外国专家局972万元经费资助,比2006年增加了108万元。有3个基地获得国家“高等学校学科创新引智计划”支持,3个项目获得国家“海外名师引进计划”支持。全年共派出交流人员686人次,共接待各类来访团组90余个。在国际学术交流方面,吉林大学共主办或承办国际学术会议21场,涉及政治、经济、哲学、国际关系、人口学和医学、信息科学、地球科学等学科,参会的中外专家累计2 600人次,全年共接待外国留学生2 361人。2007年,东北师范大学共与美国、加拿大、日本、韩国等23所大学签订了友好合作协议,与西班牙巴伦西亚大学共建孔子学院。长春理工大学的国际交流与合作日益扩大,先后派出300多名教师前往美国、英国、日本、德国、俄罗斯等20多个国家攻读学位、进修学习或参加国际学术会议。可承担中国政府奖学金来华留学生培养项目,并设有吉林省对外汉语教学培训中心,已有14个国家的留学生在校进行学历学习或语言进修。学校同俄罗斯圣彼得堡技术大学等20多个国家的90多所大学或科研院所建立了友好合作关系,在俄罗斯建有1所孔子学院。吉林建筑工程学院积极开展国际学术交流,通过联合办学、学者互访、人员培训等形式,与美国、日本、俄罗斯、加拿大、德国、阿根廷、韩国、新加坡、乌克兰等国家的高校及科研机构建立了密切联系,上百名外国专家学者来学校访问交流。

6. 加强校园基础设施建设,不断提高和改善办学条件,形成更具活力的办学环境。良好的办学环境是高等学校提高教学质量、增强科研实力的必要条件。为适应高等教育事业长远发展需要,各高校进一步改善办学条件和校园环境,在加强原有校园环境设施建设、管理、维修和改造的基础上,千方百计筹措资金,积极推进新老校区的建设,不断加大对公共基础设施和教学科研基本建设的投入力度,使学校的校园面貌得到了明显的改善,为学校的快速、健康、可持续发展提供了坚强有力的保障。2007年,吉林农业大学3.1万平方米的图书馆和1.3万平方米的室内体育运动场馆正式投入使用。完成了总建筑面积达4万多平方米的文科楼、理科楼、国际交流学院的规划设计工作。投入9 000余万元进行教学基地建设,并在双阳区奢岭镇新建了畜牧基地。投资近千万元,对俱乐部、旧图书馆、学院办公楼等15项基础设施和校园广场、道路等进行了全方位的维修改造,生态化、园林化校园建设取得新进展,校园环境更加优美。长春师范学院共有11 000平方米教学楼、9 400平方米文科实验楼、39 500平方米教学综合楼及附属用房建设3个工程项目已基本完成建筑任务。同时,还进一步加大了教学仪器设备的投入,完成采购项目23项,总采购额近2 000万元;图书馆完成加工招标图书16 845种170 995册;建成生物标本室、模拟法庭、社会工作实验室、科学探究实验室、化学药品库,历史旅游导游实验室等,改善了教学条件。吉林工商学院机构整合搬迁之后,把一部分闲置的办公用房改造成学生教室和宿舍,共计7 206平方米;改造了原有电话系统,实现了3校区电话联网;投资200多万元进行了校园网络建设,可实现学院网络宣传、网上办公一体化;进行了图书馆的系统升级,实现3校区图书的资源共享。另外,还完成了礼堂、学生公寓、学生食堂、办公楼、锅炉房、采暖管线等大、中、小维修项目102项。吉林建筑工程学院为进一步拓展办学空间,满足办学规模不断扩大的需要,新校区一期工程于2007年建设完成并投入使用。

【科研工作】 1. 创新科研体制机制,不断提高科研立项的数量和质量。全市高校积极探索科研体制机制改革,不断加强科研工作能力,全面推进了科技创新体系的建设。吉林大学2007年度共承担各级各类科研项目261项,获资助经费1 226.33万元,其中,承担各级各类纵向科研项目217项;承担横向科研项目44项,其中,马克思主义理论研究和建设工作首席专家项目2项,国家社科基金重大项目1项,国家自然科学基金重点项目1项,教育部重大项目2项,有66项成果获吉林省第七次社会科学优秀成果奖,其中,著作类一等奖3项、二等奖5项、三等奖6项,论文类一等奖14项、二等奖22项、三等奖16项。长春理工大学在研项目573项,2007年新增科研立项193项。其中,新立项国家自然科学基金项目3项、国防863计划项目2项、国防863创新基金项目2项、国防基础科研项目2项、武器装备预研专用技术项目2项。东北师范大学启动了“十一五”哲学社会科学行动计划建设项目、科技创新平台建设计划项目,共立项74项,获批国家自然科学基金资助项目36项,教育部人文社会科学研究项目30项。2. 积极发挥科研优势,全面促进产学研结合。2007年,全市各高校积极开展科研工作,促进科技成果转化,科研产业工作持续发展,迅速实现了产学研合作向整体性、长期性、战略性合作的跨越。吉林大学结合国家振兴东北老工业基地计划,以省校合作为契机,充分发挥学科、人才和科学研究等方面优势,建立吉林大学与地方经济发展紧密结合的协调机制,与省内企事业单位开展多方位、多层面的科技合作,加快科技成果转化的力度。2007年,吉林大学承担一汽联合行动计划4项,国拨经费560万元,发表关于地方建设发展问题的研究论文50余篇,出版《吉林省民营中小企业创业激励机制问题研究》专著1部。2007年9月,成立了吉林省汽车零部件研究开发中心,标志着吉林省汽车产业向自主研发的方向又迈出了坚实的一步,有利于提高全省汽车零部件企业的自主创新能力,从而为吉林省的汽车工业,乃至全省的经济腾飞做出贡献。同时,吉林大学不断加快吉林大学科技园的建设步伐,为入园企业提供优质服务。吉林大学科技园26.2万平方米的集中孵化区建设全面展开,已建成科技园大厦、金源北方新材料基地、长春赛纳纳米漆基地及长春东荣绿色食品基地共约9万平方米,尚有中国黄金工程技术中心、长春海外学人创业园吉林大学科技园基地等近15万平方米工程在建设中。吉林大学科技园现有入园企业80余家,注册资金达5.2亿元,一些入园企业已呈现出良好的发展前景,2007年实现产值2.4亿元,利税4 000余万元;入园企业共申请专利147项,获得批准59项,为地方经济又好又快发展做出了贡献。吉林工程技术师范学院充分发挥吉林省职业教育研究中心省级智库的功能和作用,认真完成了2007年重点项目研究、学校改革实验、生均培养成本调研、师资科研能力培训、课程开发等重点工作。获批省教育厅“职业教育为振兴吉林老工业基地服务政策体系建设研究”、“中国近现代职业教育思潮研究”全省重大招标项目立项。设计并建立了全国第一家“中国现代职业教育史馆”;设计并正在建设全国第一个“中国职业教育发展数据库”;与东北师范大学出版社联合成立了“职业教育教材研发中心”;与吉林省妇联联合成立了

“吉林省妇女职业教育研究中心”。3. 立足学科专业优势，推动科技成果新突破。全市高校充分发挥学科建设在促进教学和科研融合方面的龙头作用，立足学科专业优势，科技成果取得新突破。吉林大学2007年新增国家重点实验室1个，国土资源部重点实验室1个，新增国家级实验动物中心1个，教育部工程研究中心2个，吉林省工程实验室4个，吉林省工程研究中心6个，吉林省科技创新中心6个。2007年度获科学技术奖励66项，其中，参与获得国家科技进步奖二等奖1项，以第一完成单位获得省部级一等奖9项，二等奖23项，三等奖23项。被SCI收录论文数为1 165篇，发表EI论文975篇，ISTP计523篇。长春理工大学2007年科研项目结题33项、验收17项、鉴定10项。组织申报各类科学成果奖励70项，获市级以上科研成果奖励17项，其中，国防科学技术二等奖2项、三等奖1项；吉林省科技进步一等奖1项、二等奖1项、三等奖4项；兵器集团科技进步二等奖1项、三等奖3项；吉林省社会科学优秀成果奖2项，并首次获得著作类一等奖。申请专利22项，获得专利授权13项，其中，国家发明专利授权10项、实用新型专利授权3项。发表学术论文481篇。1篇论文被评为首届“中国百篇最具影响优秀国内学术论文”，该奖项代表着中国科技论文的最高水平。4. 注重拓展科技合作与交流，提高承接重大科研项目能力。各高校积极转变校企合作模式，注重学术交流与探索，以多学科学术团队为主体开展科研合作项目，进一步提高学校承接重大科研项目的能力。长春理工大学承办了“2007年先进激光技术发展与应用”全国研讨会，协办了“2007IEEE机电一体化及自动化”国际会议，参加了“第十八届全国激光技术学术会议”、德国慕尼黑“Photonics Congress 2007”会议、亚洲光子学大会等一批高水平学术会议，展示了良好的学术形象，扩大了国际学术影响，通过交流提高了学术水平。全年与企业签订技术合同14项，创造经济效益147万元；校办企业实现销售收入323.3万元，上交学校利润39.7万元；与长春数控机床有限公司签订了专利技术实现产品化合同书2项，获得专利技术使用费20万元。吉林农业大学2007年承办了第八届海峡两岸菌物学学术研讨会、全国食品生物制造及功能性食品资源开发论坛、吉林省畜牧兽医学会、2007学术年会暨吉林省第二届青年科学家论坛和吉林省园艺主导产业发展论坛等国家级、省级大型学术会议。吉林大学有多名专家学者被吉林省、长春市党政机关、司法部门和企事业单位聘为咨询委员或顾问，经常以参加座谈会、举办讲座、提交咨询意见等方式，为省、市政府提供决策咨询服务。

【宣传思想工作】 1. 全市开展了“走进长春高校”系列宣传活动。2007年4月份至7月份，利用长春电视台、长春日报、长春晚报、长春人民广播电台、长春信息港等媒体，对吉林大学、长春理工大学、吉林艺术学院等在长高校党建、教育教学、精神文明建设、服务地方经济建设等方面取得的成果进行了集中宣传，全面加强了对高校的宣传力度。2. 成功举办了长春市第五届大学生运动会。为响应党中央开展“亿万学生阳光体育运动”的号召，落实《公民道德建设实施纲要》，检阅长春高校大学生思想政治教育工作、校园文化建设、精神文明建设和军训教育工作成果，2007年成功举办了由38所高校4万多大学生参加的市第五届大学生田径运动会暨大学生军训成果检阅仪式。本次活动既展示了各高校全力推进素质教育，不断加强思想政治工作、对外宣传工作和精神文明建设的丰硕成果，也展示了大学生积极向上、团结拼搏的良好精神风貌。充分体现了“育人为本，德育为先”的理念和“团结、拼搏、友谊、交流、文明、和谐”的宗旨，得到了省、市相关部门领导及高校师生的高度赞扬和充分肯定。3. 继续抓好理论中心组学习工作及“送理论下基层”活动。2007年，各高校能够通过开展民主生活会、举办报告会、中心组学习经验交流会、撰写理论文章等形式深入开展学习活动。充分发挥高校理论中心组的示范带动作用，提高高校领导干部的理论水平。市高工委调阅了高校理论中心组学习笔记，组建了第十届“长春高校专家、学者报告团”，在为市委和市政府提供决策咨询服务的同时，组织部分专家、学者深入社区、农村、企业、部队开展“送理论下基层”活动，推动全市理论学习的深入开展。4. 引导师生树立了正确的舆论导向。各高校发挥党团组织的作用，分层次抓好学生党支部、党小组的理论学习,抓好学生辅导员、学生党员、学生干部的理论学习。同时,发挥高校专家学者的作用,对重大理论问题进行深入剖析,积极开展有针对性的学术交流和研究,为师生员工及时学习党的路线方针政策,了解学校政治生活大事提供良好平台,引导广大师生树立正确的舆论导向。

【学生工作】 1. 加强大学生思想政治工作队伍建设,把大学生思想政治工作落到实处。2007年,市高工委进一步探索了做好“三育人”、“成人、成才、成功”、“创业、创新、创造”教育和学校、社会、家庭三位一体的思想政治教育工作格局和长效机制,建立了第三批“大学生思想政治教育工作联系点”,对于及时了解各高校学生思想动态,把握思想脉搏,有针对性地加强思想政治教育和心理疏导工作起到了非常重要的作用。同时,组织全市高校结合大学生思想政治教育的实际,积极发挥各级党团组织的作用,开展了社会主义核心价值体系和向方永刚、孟二冬、张尚昀和“十佳大学生”等先进典型学习以及“百部爱国主义教育电影进校园”活动,举办了由30多所高校、1 200多名大学生参加的王洪军先进事迹报告会。以大学生思想政治工作为中心,规范制度,强化管理,发挥“两课”的主渠道、主阵地的作用,不断提高“两课”的教学质量,加强“两课”教师业务素质培养,加强大学生思想政治工作队伍建设,组织培训班和研讨班进行学习,进一步提高大学生思想政治工作的水平,把加强和改进大学生思想政治教育工作作为紧迫的战略任务来抓。在学生思想政治工作中,以理想信念教育为主要内容,以学风建设为重点,坚持把德育教育放在首位,全面实施素质教育。2. 强化主题教育活动的载体作用,营造良好的育人环境。各高校开展一系列教育活动,加强了思想政治教育阵地建设,取得了显著的成果。长春理工大学针对重大节日、纪念日期间以理想信念教育、爱国主义教育、思想道德教育和素质教育为重点,以培养学生全面发展为目标,开展形式多样的教育活动。举办了“五月朝阳”活动,“阳光体育运动”,“清洁校园、美化长春,争做文明大学生”等主题实践活动,按照“精神文明建设育人工程”规划启动了“五个坚持”活动,成功推出大学生思想教育互动演播节目——《对话》,积极探索大学生思想政治教育工作的新途径,促进了学生思想道德素养和文化心理素质协调发展,为大学生成长、成才营造良好的育人环境。长春师范学院加强校园人文环境建设,营造健康向上的文化氛围。学校把贯彻、落实社会主义荣辱观作为思想道德建设的基础性工作,大力开展宣传活动,利用学院院报、橱窗等舆论工具,使“八荣八耻”基本道德深入人心;以“五四”、“十一”、“一二九”等一系列纪念日为契机,开展“弘扬民族精神,全面建设小康社会”为主题的爱国主义教育活动,“八荣八耻”主题团日活动,取得了很好的效果。3. 拓宽经济困难学生资助渠道,加强毕业生就业指导工作。全市高校十分重视对特困大学生及大学毕业生的思想教育工作,不断加强对贫困学生资助帮扶力度,抓好奖、贷、勤、助、补、减工作,积极构建毕业生就业指导和服务体系,培育就业市场,拓宽就业渠道,使毕业生就业率得到了稳步提高。吉林大学建立健全了“全程化、全员化、专业化、信息化”的就业指导服务体系,不断提高对毕业生就业指导的服务水平,毕业生就业率稳步提高。2007年度共接待用人单位1 800多个,组织中小型校园招聘会800余场,有约12万人次参加招聘会,签订就业协议12 000余份。组织完成了2007届毕业生春季就业市场和2008届毕业生就业市场各项工作。在特困生帮助方面,不断加强助困基金的管理力度,2007年为1 173名同学通过绿色通道办理了入学手续,设立助学金60余万元,发放副食补助937.3万元,减免学费150万元。发放临时困难补助160万元,2 300余人获得补助。2007年新申请助学贷款2 656人,金额1 643.6万元,续贷10 100人,金额5 458.27万元。长春理工大学建立健全资助制度,加强资助体系建设。2007年度共有1 153名学生申请国家助学贷款,申请额为506.13万元;为161名家庭经济困难毕业生减免学费53.05万元;为家庭经济困难学生发放了生活用品,为2007级家庭经济困难学生发放御寒衣物。同时,该校积极引进社会资金并做好管理和使用工作。引进了大普光学助学基金、建信金色励勤助学金等社会性资助基金60余万元,通过社会性助学金的引进,使全校253名家庭经济困难学生获得资助。在毕业生就业指导工作方面，通过开设就业指导课程、出版就业指导报等方式，面向学生广泛开展就业指导工作。适时修订就业指导教学大纲，派出8名教师参加了全国就业指导培训。在就业形势严峻的前提下，大力宣传，广泛联系，大量收集用人信息，为毕业生顺利择业提供了良好的环境，先后派出14支小分队，举办了300余场校内招聘会，较好地完成了2007届毕业生就业工作，本科生一次性就业率达到90.6%。组织召开了2008届毕业生就业工作研讨会，牵头召开了省属高校就业联合体工作研讨会，并联合召开了2次大型招聘会，9月~12月共组织4次大型供需见面会，4次集团、地区组团的中型招聘会，80余场专场招聘会，为2008届毕业生顺利就业奠定了坚实的基础。4. 深入开展大学生心理健康教育咨询工作，创建心理健康教育新模式。长春理工大学深入开展大学生心理健康教育与咨询工作，面向2004级~2006级学生开设心理健康教育选修课，组织10余场专题讲座。参与录制了吉林电视台宣传心理咨询中心的专题节目。在大学生中开展心理测评工作，面向全校学生开放心理测量，对2007级新生进行了心理普查、建档。加强了心理健康活动和心理支援团的建设，并多次组织专题活动。在各学院确立心理健康辅导专员，不断提高辅导员队伍对大学生心理问题的辨别能力和心理危机干预能力。长春师范学院建立学生心理健康档案和高危人群预警机制，2007年被评为全国“大学生心理健康教育先进单位”。吉林工程技术师范学院加强大学生思想教育及心理健康教育工作，增强思想教育、心理健康教育的针对性和实效性。开设了《大学生心理健康教育》、《实用咨询心理学》、《大学生安全教程》、《军事理论课教程》四门选修课程及心理咨询短信互动平台，并以学术报告会、形势报告会、主题班会等多种形式，加强大学生思想教育及心理健康教育。

【精神文明建设工作】　1. 开展“树文明新风，建和谐校园”主题实践活动。对2006年度“高校文明杯”竞赛活动暨“十佳大学生”、“十佳班集体”进行了总结和表彰，对2007年度“高校文明杯”竞赛活动进行了安排和部署，以“高校文明杯”竞赛活动为主要内容的精神文明创建活动，已成为长春各高校精神文明创建工作的主要载体。2007年9月底全市高校精神文明建设工作研讨会上，在长高校围绕创建文明校园、“两城联创”、军（警）民共建等活动进行了广泛深入地研讨，推动了和谐校园建设。目前，已对38所高校及4个附属单位的创建活动进行了检查和验收。2. 开展“争做文明单位，争创文明窗口，争当岗位明星”创建活动。长春高校把这一活动作为加强高校精神文明建设、加强师德师风建设的一项重要工作，全面开展了各种评比竞赛活动，表彰了一批典型。其中，吉林大学教授、博士生导师孙正聿、长春工程学院教授张文作为长春高校典型参评“长春市道德楷模”，孙正聿当选，张文获提名。吉林工程技术师范学院贯彻落实《公民道德建设实施纲要》和《教育部关于进一步加强和改进师德建设的意见》，深入开展精神文明创建活动。3. 积极参与全市的“两城联创”活动。开展了“万名大学生志愿者进社区”和“清洁长春、美好家园，争做文明市民”大讨论活动，举办了以“创文明卫生城，迎大学生运动会，做文明大学生”为主题的“长春高校万名大学生长跑宣传及摄影展览活动”，在长36所高校10 000名学生参加。在迎接和举办亚冬会以及参与“激情广场大家唱”节目录制过程中，大学生志愿者踊跃参与，无私奉献，为活动的成功举办做出了重要贡献。4. 校园文化建设丰富多彩。吉林大学充分发挥学生组织繁荣发展校园文化的主力军作用，成功举办“阳光体育运动月”、第五届“校园文化节”、第十七届“先锋论坛”大学生辩论赛和首届研究生校园文化节系列活动等1 000余场，极大地丰富了学生的校园文化生活。鼓励和吸引学生积极投身科技和学术创新，组织开展了吉林大学研究生第二十一届“精英杯”学术成果大奖赛、2007年雅鹿吉林大学大学生研究基金、大学生科技创新基金的立项评审工作和第三届吉林大学学生“学术之星”评选等活动。5. 社会实践及大学生科技创新活动。开展了“我为乡村伙伴捐一册书”、“万名大学生志愿者进社区”等主题实践活动。2007年长春理工大学派出校团委辉南县“科技兴农”社会实践服务团、光电工程学院“延边朝鲜族自治州和龙市崇善镇”社会实践小分队、电信学院“国家广电总局五二三台”等6支社会实践小分队，通过文化宣传、法律宣讲、家电维修、支教扫盲、爱心捐助、社会调研、参观学习等多种形式，广泛开展暑期社会实践活动。学校团委被评为2007年度吉林省大中专学生志愿者暑期“三下乡”社会实践杰出团队、2007年度吉林省大中专学生志愿者暑期“三下乡”优秀组织单位。5名学生在2007年度吉林省大中专学生志愿者暑期“三下乡”社会实践百篇调查报告评选中获奖，2名教师被评为2007年度吉林省大中专学生志愿者暑期“三下乡”先进个人。长春大学组织的5支社会实践服务团被评为吉林省优秀团队，2支社会实践服务团被评为吉林省“校村服务计划”优秀团队，3人的社会实践报告被评为省优秀调查报告，5人被评为省先进个人，3人的社会实践报告被评为省优秀调查报告。全市各高校把“荣辱观”教育融入了大学生思想政治教育和校园文化建设中，积极倡导学生开展社会实践活动，吉林交通职业技术学院“长青藤”志愿者协会，作为唯一一所大专院校的青年志愿者协会，被团市委正式认命为2007年第六届亚洲冬季运动会青年志愿者服务队。全市各高校积极培养大学生创新、创作、创业意识，以全国“挑战杯”计划竞赛为载体，努力培养复合型、创造型人才。2007年，长春理工大学成功承办吉林省2007年“挑战杯”大学生课外学术科技作品竞赛，进一步提高了学生的创新意识、创新精神和创新能力。选送到吉林省“挑战杯”竞赛的11件作品全部获奖，其中1件作品获得吉林省特等奖，3件作品被推荐参加第十届“挑战杯”飞利浦全国大学生课外学术科技作品竞赛决赛并全部入围，荣获全国一等奖1项，全国三等奖2项。长春理工大学被共青团中央评为“全国优秀组织单位”。吉林农业大学在2007年的吉林省大学生课外学术科技作品竞赛中，有7部作品获得奖项，2部作品在全国“挑战杯”竞赛中获三等奖，数学建模比赛取得省级一等奖2项，二等奖2项，三等奖2项。学校被评为优秀组织标兵奖，并荣获大赛“优胜杯”。吉林工程技术师范学院在吉林省大学生“挑战杯”科技竞赛中荣获奖项7项，学校荣获优胜杯和优秀组织奖，在全国“挑战杯”科技竞赛中荣获铜奖1项。6. 积极开展和推进军民共建工作。市高校工委充分发挥长春高校科教实力雄厚的优势，协调军地双方，在吉林大学、吉林农业大学、长春理工大学和长春工业大学，建立了集教育培训、课题研究、项目开发、信息服务于一体的综合性的“信息化人才”培育基地，使人才培训点对点的“单一连线”模式升级为集中统一的“基地化”结构，初步形成了高级复合型、技能操作型、项目研发型等军事人才培养新模式。长春理工大学切实加大力度、扩大广度，力争军民共建落到实处、见到行动、收到效果。理学院在保持与65301部队共建的同时，又与吉林省军区65815部队长春油料供应站结为共建单位。经管学院与朝阳区消防支队联合组织了校园防火演习。机电学院组织新生和省军区独立营全体教官开展了歌咏比赛、寝室内务卫生比赛、篮球赛等丰富多彩的共建活动。长春工业大学专门抽调科研人员组成技术革新小组，无偿为共建部队研制了“充气便携式军用帐篷”，还成立了高科技民兵预备役分队，进行高科技国防军事训练，为部队开办专科、本科和研究生三个层次的学历教育，先后有近200名部队官兵分别参加了机电一体化、材料工程、电气自动化等专业的学历教育。

【安全保卫和政治稳定工作】2007年全市高校继续加强对校园政治动向的分析和把握能力，抓好敏感时期、敏感事件的处理工作，提高应对重大突发事件的能力，健全突发事件应急处置机制，做好敏感期学校的政治稳定工作。加强校园网络监控和管理，密切注意网上动态，控制敏感信息、及时删除有害信息。加强保密工作，推动了保密工作科学化和规范化。高度重视信访工作，加强思想政治工作，积极化解矛盾，防止矛盾激化，确保学校政治稳定。加强安全防火工作，强化防范措施，各高校加大投入，配置相关的消防灭火器材，采取各种形式进行防火宣传，多次为学生举办安全防火知识讲座和防火器材使用演习，在全市高校师生的共同努力下，安全保卫工作无重大事故，保证了高校各项工作的顺利进行。启动安全文明校园创建活动，优化了校园环境，推进了校园平安建设进程。

（崔　静）

2007 年高校教学、科研队伍情况一览表(表一)

单位:人、个

学校	学科带头人		享受政府特殊津贴			突出贡献的专家学者			硕士学位授权点	硕士生指导教师	博士学位授权点	博士生指导教师	博士后流动站	院士数		重点学科		重点实验室	
	国家级	省级	国家级	省级	市级	国家级	省级	市级						科学院	工程院	国家级	省级	国家级	省部委级
吉林大学	19	78	590	0	8	47	388	8	278	2 443	191	737	30	16	4	19	78	6	24
东北师范大学			184	239	3	4	53	0	142	522	75	233	11	1		5	21		23
吉林农业大学	0	3	48	0	0	2	19	6	51	279	17	31	2	0	0	3	10	0	9
长春理工大学	2	8	35	0	2	0	15	2	44	476	11	61	4	0	0	1	12	1	4
长春工业大学	0	9	29	0	1	1	12	0	35	355	0	11	0	0	0	0	9	0	1
长春税务学院	1	7	2				2	3	20	96		2					8		
吉林建筑工程学院			5			1	3	2	12	58							4		2
长春中医药大学		8	33				16		22	117	3	18					8	1	5
长春大学			11			2		3		31		2					1		1
长春师范学院			7				4	2	6	47							2		
吉林工程技术师范学院			1				3										1		1
吉林艺术学院			10				3		5	70							3		
吉林体育学院	1			1			1		4	22							2	1	1
长春工程学院																	1		2
吉林工商学院		1								9		1							
吉林华桥外国语学院										7									
吉林建筑工程学院城建学院		1	4				1			9		1			1				1
吉林艺术学院动画学院			2																
总计	23	115	961	240	14	57	520	26	619	4 541	297	1 097	47	17	5	28	160	9	74

2007 年在长高校概况一览表（表二）

单位：岁、人

学　校	现职校级领导数					在校学生数					招生数					毕业生数					专任教师数					
	均龄	男	女	党员	其他	计	专科	本科	硕士	博士	计	专科	本科	硕士	博士	计	专科	本科	硕士	博士	计	教员	助教	讲师	副教授	教授
吉林大学	51.1	10	1	11	0	58 068	1 465	37 577	13 274	5 752	16 543	598	9 190	5 211	1 544	20 673	834	11 053	7 521	1 265	6 136	0	340	1 644	1 290	1 153
东北师范大学	51.4	9	1	9	1	21 574		14 495	6 094	985	6 074		3 580	2 146	348	6 038		4 024	1 710	304	1293		114	395	431	353
吉林农业大学	50	8	0	8	0	17 967	453	15 869	1 492	153	4 852	173	4 093	545	41	3 987	564	3 090	319	14	1 031	140	217	316	241	117
长春理工大学	49.4	9	0	9	0	19 357	1 347	15 083	2 676	251	5 804	749	4 064	934	57	5 512	685	4 216	596	15	1 006	0	211	354	307	134
长春工业大学	53	8	0	8	0	17 504	4 034	12 435	1 305	0	6 066	2 362	3 220	484	0	4 684	1 096	3 241	347	0	905	0	172	314	318	101
长春税务学院	54	7		7		10 525		9 872	653		2 745		2 496	249		1 977		1 842	135		998	458	106	131	136	85
吉林建筑工程学院	53.6	8		7	1	9 634	992	8 406	236		2 793	539	2 172	82		2 113	264	1 806	43		624		134	237	170	83
长春中医药大学	53	4	2	6		6 706	380	5 731	564	31	1 685	44	1 400	229	12	2 192	810	1 200	171	11	457	12	104	121	145	75
长春大学	50	8		8		12 549	746	11 803			3 677	316	3 361			2 818	273	2 545			697		210	229	180	78
长春师范学院		6	1	6	1	18 788	4 009	14 743	36		6 016	2 065	3 915	36		4 832	863	3 969			1 076	64	295	268	347	102
吉林工程技术师范学院	50	7	1	7	1	8 328	1 015	7 313			2 435	485	1 950			1 662	351	1 311			511	55	128	165	133	30
吉林艺术学院	55.5	6		6		7 976	678	7 024	274		2 122	194	1 822	106		2 984	481	2 444	59		564		209	163	149	43
吉林体育学院	54	4	1	5		6 217		6 217			1 709		1 709			1 090		1 090					144	87	116	29
长春工程学院	53	8		8		14 173	2 061	12 112			4 064	1 043	3 021			3 562	1 043	3 021			755		166	241	281	67
吉林工商学院	52	6		6		13 600	13 000	600			4 084	3 484	600			3 117	3 117				471		90	156	193	32
吉林华桥外国语学院	50.5	5	1	5	1	6 805	408	6 397	23	0	1 815	46	1 769			1 353	369	984			284	12	159	53	27	9
吉林俄语专修学校	50	5	1	4	2	2 031	1 321	710	0	0	721	460	261	0	0	343	343	0	0	0	100	9	56	26	3	2
长春汽车工业高等专科学校	52	3		3		5 312	5 312				2 098	2 098				1 569	1 569				192	17	26	55	94	
吉林司法警官高等职业学校	53	4		4		2 035	2 035				874	874				196	194				129	41	9	33	43	3
长春大学光华学院	60	5		5		7 531	431	7 100			2 437	199	2 238			858	41	817			392		144	104	81	63
长春东方职业学院	73	7		7		1 449	1 449				664	664				172	172				112	1		3	31	77
长春理工大学光电信息学院	50	6	1	7		6 799		6 799			2 070		2 070			1 146		1 146			286	0	98	70	92	26
吉林建筑工程学院城建学院	54	4	1	5		7 705		7 705			2 290		2 290			1 080		1 080			472	10	144	118	156	44
吉林艺术学院动画学院	52	10	2	8	4	6 601		6 601			1 471		1 471			1 958		1 958			331	135	56	41	66	33
吉林建筑工程学院建筑装饰学院	45	6	3	9		6 979		6 979			1 900		1 900			1 034		1 034			628	320	134	65	75	34
吉林农业大学发展学院	52	7	2	7	2	8 946	945	8 001			2 885	583	2 302			1 078	199	879			387	88	100	80	78	41
东北师范大学人文学院	60.5	8		8		8 272	45	8 272			2 136		2 136			770	226	544			430		97	148	75	110
松花江大学	51	1	3	3	1	1 300	958	342			530	429	101			260	149	111			74	32		12	25	5
总计	53.07	179	21	186	14	314 731	43 084	238 186	26 627	7 172	92 560	15 530	48 623	10 022	2 002	70 702	12 856	45 836	10 901	1 609	17 229	808	2 890	4 988	4 604	2 496

2007年长春市高校科研教学成果获奖情况一览表

学　校	获奖名称	获奖项目	获奖等级
吉林大学	中国石化协会发明奖	农业废弃物稻壳全利用技术	三等奖
吉林大学	中国石化协会发明奖	基于SERS的痕量分析原理和应用技术	二等奖
吉林大学	教育部发明奖	高交互性教学工具的研制与教学信息化系统的创建	二等奖
吉林大学	教育部科技进步奖	基于多点数字化调形原理的板料成形创新技术与设备开发	一等奖
吉林大学	中国商业协会科技进步奖	基于多维数据融合技术网络多路音视频服务器	一等奖
吉林大学	中国商业协会科技进步奖	网络管理数据整合平台	二等奖
吉林大学	中国商业协会科技进步奖	商业流通领域中的智能决策支持系统	二等奖
吉林大学	吉林省科技进步奖	谐波信号参量与方向估计理论的研究及其在无线定位与控制中的应用	一等奖
吉林大学	吉林省科技进步奖	新一代超高压技术与超高压相变的研究	一等奖
吉林大学	吉林省发明奖	聚醚醚酮酮树脂的制备及应用技术	一等奖
吉林大学	吉林省科技进步奖	智能计算建模及应用研究	一等奖
吉林大学	吉林省科技进步奖	松花江流域突发性污染诊断及修复技术研究	一等奖
吉林大学	吉林省科技进步奖	高性能、功能性聚合物及其纳米复合光学材料的制备与性能研究	一等奖
吉林大学	吉林省科技进步奖	神经瘤性残端痛的综合治疗	二等奖
吉林大学	吉林省科技进步奖	乙型病毒性肝炎基因治疗的研究	二等奖
吉林大学	吉林省科技进步奖	嗜热酶分子工程及应用基础研究	二等奖
吉林大学	吉林省科技进步奖	新型骨科生物降解可吸收材料的应用基础研究及临床应用	二等奖
吉林大学	吉林省科技进步奖	吉林省油页岩资源评价与综合开发利用研究	二等奖
吉林大学	吉林省科技进步奖	金属硫蛋白基因多态性与2型糖尿病的相关性	二等奖
吉林大学	吉林省科技进步奖	CT机影像质量保证技术与规范的研究应用	二等奖
吉林大学	吉林省科技进步奖	抗氧化微量营养素抗自身免疫胰岛损害的分子生物学研究	二等奖
吉林大学	吉林省科技进步奖	燃气发动机、整车关键技术研究与开发及推广应用	二等奖
吉林大学	吉林省科技进步奖	从分子到材料的化学微观过程的理论探索	一等奖
吉林大学	吉林省科技进步奖	复杂冠状动脉病变的介入治疗及心功能保护	二等奖
吉林大学	吉林省科技进步奖	细胞因子mRNA表达及TNF-α抑制剂在肺纤维化诊治中的应用与评价	二等奖
吉林大学	吉林省科技进步奖	人参皂甙Rh2治疗人脑胶质瘤的实验研究	二等奖
吉林大学	吉林省科技进步奖	组合化学技术在创新药物研究开发中的应用	二等奖
吉林大学	吉林省科技进步奖	前臂三种组织瓣移位术的系列研究	二等奖
吉林大学	吉林省科技进步奖	休克时不同脏器损伤及人参二醇皂苷抗损伤作用与机制研究	三等奖
吉林大学	吉林省科技进步奖	野生资源菱角标准化研究	三等奖
吉林大学	吉林省科技进步奖	可降解输尿管支架的实验设计与动物实验研究	三等奖
吉林大学	吉林省科技进步奖	脑出血急性期的病理及中药治疗的实验研究	三等奖

续表

学校	获奖名称	获奖项目	获奖等级
吉林大学	吉林省科技进步奖	电通透在肿瘤治疗中的作用	三等奖
吉林大学	吉林省科技进步奖	复合矫治弓丝的研发与临床应用	三等奖
吉林大学	吉林省科技进步奖	吉林西部碱化沙化土地防治研究	三等奖
吉林大学	吉林省科技进步奖	20(S)－原人参二醇对肝癌的治疗作用及其机理的研究	三等奖
吉林大学	吉林省科技进步奖	基因工程血管抑素(Vasostatin)治疗视网膜新生血管疾病的研究	三等奖
吉林大学	吉林省科技进步奖	葡萄膜炎的发病机制及中药规范化治疗的研究	三等奖
吉林大学	吉林省科技进步奖	多腔体集成式压电泵及其应用技术	三等奖
吉林大学	吉林省科技进步奖	军需1号野大麦牧草品种选育及应用技术研究	三等奖
吉林大学	吉林省科技进步奖	西洋参地上资源——西洋参茎叶皂苷的开发利用研究	三等奖
吉林大学	吉林省科技进步奖	手术风险评估系统(ORAS)的研发与应用	三等奖
吉林大学	吉林省科技进步奖	东北红豆杉中紫杉醇与环糊精包合作用的研究	三等奖
吉林大学	吉林省科技进步奖	错合畸形的计算机辅助诊断系统建立	三等奖
吉林大学	吉林省科技进步奖	牙列缺损颧骨种植修复的基础研究	三等奖
吉林大学	吉林省科技进步奖	实验性癫痫后脑损伤机制及基因治疗探讨	三等奖
吉林大学	吉林省科技进步奖	球囊或支架结合弹簧圈治疗颅内宽颈动脉瘤	三等奖
吉林大学	吉林省科技进步奖	脑出血血肿周围组织损伤机制的研究及治疗新策略	三等奖
吉林大学	吉林省科技进步奖	细胞凋亡和基因调控在急性心肌梗死发生与逆转中的作用及药物干预	三等奖
吉林大学	吉林省科技进步奖	集成电路及器件检测和诊断方法的研究	三等奖
吉林大学	吉林省科技进步奖	新型生物骨组织材料的制备与应用	三等奖
吉林大学	吉林省科技进步奖	侧方淋巴结清扫在直肠癌根治中的应用	三等奖
吉林大学	吉林省科技进步奖	全国油页岩资源评价	二等奖
吉林大学	吉林省科技进步奖	LPG、CNG汽车关键技术研究与开发	二等奖
吉林大学	国家人口和计划生育委员会第四次人口科学奖	伪满时期中国东北地区移民研究——兼论日本帝国主义实施的移民侵略	一等奖
吉林大学	吉林省第七次社会科学优秀成果奖	西方文明的危机与发展伦理学——发展的合理性研究	一等奖
吉林大学	吉林省第七次社会科学优秀成果奖	重思公司资本制原理	一等奖
吉林大学	吉林省第七次社会科学优秀成果奖	伪满时期中国东北地区移民研究——兼论日本帝国主义实施的移民侵略	一等奖
吉林大学	吉林省第七次社会科学优秀成果奖	朴素地追问我们自己的问题和希望——中国哲学、西方哲学和马克思主义哲学会通的基础	一等奖
吉林大学	吉林省第七次社会科学优秀成果奖	中日现代化起点的比较研究	一等奖
吉林大学	吉林省第七次社会科学优秀成果奖	老山汉墓女性墓主人的种族类型、DNA分析和颅像复原	一等奖
吉林大学	吉林省第七次社会科学优秀成果奖	论我国自然资源产权制度改革	一等奖
吉林大学	吉林省第七次社会科学优秀成果奖	关于刑事责任的若干追问	一等奖

续表

学　校	获奖名称	获奖项目	获奖等级
吉林大学	吉林省第七次社会科学优秀成果奖	理解代表——关于代表的正当性与代表方式合理性的分析	一等奖
吉林大学	吉林省第七次社会科学优秀成果奖	服务型政府:当代中国政府改革的目标模式	一等奖
吉林大学	吉林省第七次社会科学优秀成果奖	中国城镇居民消费行为变异的四个假说及其理论分析	一等奖
吉林大学	吉林省第七次社会科学优秀成果奖	虚拟经济与实体经济之间关联性的计量检验	一等奖
吉林大学	吉林省第七次社会科学优秀成果奖	中国期货市场功能及国际影响的实证研究	一等奖
吉林大学	吉林省第七次社会科学优秀成果奖	吉林省全民创业体制机制问题研究	一等奖
吉林大学	吉林省第七次社会科学优秀成果奖	以人为本的德育本体论解读——兼论由“民本”思想影响的德育到“人本”德育的历史性发展	一等奖
吉林大学	吉林省第七次社会科学优秀成果奖	社会转型与大学的回应	一等奖
吉林大学	吉林省第七次社会科学优秀成果奖	农机作业委托系统中介人问题的制度经济学解说	一等奖
吉林大学	吉林省第七次社会科学优秀成果奖	《论衡》同义词研究	二等奖
吉林大学	吉林省第七次社会科学优秀成果奖	金宋关系史	二等奖
吉林大学	吉林省第七次社会科学优秀成果奖	中国私营资本原始积累	二等奖
吉林大学	吉林省第七次社会科学优秀成果奖	西方政治思想史:从柏拉图到约翰·密尔	二等奖
吉林大学	吉林省第七次社会科学优秀成果奖	旅游文化学	二等奖
吉林大学	吉林省第七次社会科学优秀成果奖	马克思的政治理论及其路径	二等奖
吉林大学	吉林省第七次社会科学优秀成果奖	“现代性”的反省与马克思哲学研究纵深推进的生长点	二等奖
吉林大学	吉林省第七次社会科学优秀成果奖	老年人口养老意愿的社会学分析	二等奖
吉林大学	吉林省第七次社会科学优秀成果奖	城市居民对社会不平等现象的态度研究——以长春市调查为例	二等奖
吉林大学	吉林省第七次社会科学优秀成果奖	中国古代诗歌“以悲为美”探索三题	二等奖
吉林大学	吉林省第七次社会科学优秀成果奖	从落拓文人到报界闻人——对晚清职业报人的群体透视	二等奖
吉林大学	吉林省第七次社会科学优秀成果奖	史识:中国现代文学史研究的灵魂	二等奖
吉林大学	吉林省第七次社会科学优秀成果奖	靺鞨诸部与渤海建国集团	二等奖
吉林大学	吉林省第七次社会科学优秀成果奖	一物二卖的救济与防范	二等奖
吉林大学	吉林省第七次社会科学优秀成果奖	东北资源枯竭型城市接续产业发展问题	二等奖
吉林大学	吉林省第七次社会科学优秀成果奖	当前各国金融监管体制安排及其变革:兼论金融监管体制安排的理论模式	二等奖
吉林大学	吉林省第七次社会科学优秀成果奖	美国国有企业发展及其近期私有化改革研究	二等奖
吉林大学	吉林省第七次社会科学优秀成果奖	效率违约理论研究	二等奖
吉林大学	吉林省第七次社会科学优秀成果奖	论知识产权法定原则——兼论我国知识产权制度的创新	二等奖
吉林大学	吉林省第七次社会科学优秀成果奖	官员问责的政治逻辑、制度建构与路径选择	二等奖
吉林大学	吉林省第七次社会科学优秀成果奖	中国公共行政改革面临的十重困境	二等奖
吉林大学	吉林省第七次社会科学优秀成果奖	19世纪俄国村社制度下的农民生活世界——兼论近三十年来俄国村社研究的转向	二等奖

续表

学　校	获奖名称	获奖项目	获奖等级
吉林大学	吉林省第七次社会科学优秀成果奖	西风东渐与中日知识分子的回应	二等奖
吉林大学	吉林省第七次社会科学优秀成果奖	人力资本“均化”与中国经济增长质量关系研究	二等奖
吉林大学	吉林省第七次社会科学优秀成果奖	新型农村合作医疗制度的制约因素与发展对策	二等奖
吉林大学	吉林省第七次社会科学优秀成果奖	吉林省民营经济企业诚信问题研究	二等奖
吉林大学	吉林省第七次社会科学优秀成果奖	政府上网后吉林省政府信息政策和管理策略研究	二等奖
吉林大学	吉林省第七次社会科学优秀成果奖	走进恩格斯——《自然辩证法》探索	三等奖
吉林大学	吉林省第七次社会科学优秀成果奖	复仇·报复刑·报应说——中国人法律观念的文化解说	三等奖
吉林大学	吉林省第七次社会科学优秀成果奖	公共组织理论研究	三等奖
吉林大学	吉林省第七次社会科学优秀成果奖	公共财政的政治学分析	三等奖
吉林大学	吉林省第七次社会科学优秀成果奖	俄罗斯银行体制与信贷企业研究	三等奖
吉林大学	吉林省第七次社会科学优秀成果奖	税收质量研究——国家间的比较与反思	三等奖
吉林大学	吉林省第七次社会科学优秀成果奖	中西社会信任的制度比较	三等奖
吉林大学	吉林省第七次社会科学优秀成果奖	辽西区夏至战国时期文化格局与经济形态的演进	三等奖
吉林大学	吉林省第七次社会科学优秀成果奖	蛋形瓮研究	三等奖
吉林大学	吉林省第七次社会科学优秀成果奖	被书写的判逆:质疑“娜拉精神”	三等奖
吉林大学	吉林省第七次社会科学优秀成果奖	明代的密疏:下情上达的一种特殊方式——以题本、奏本为参照	三等奖
吉林大学	吉林省第七次社会科学优秀成果奖	国内区域中心城市财政问题研究	三等奖
吉林大学	吉林省第七次社会科学优秀成果奖	新世纪的东亚区域货币合作:中国的地位与作用	三等奖
吉林大学	吉林省第七次社会科学优秀成果奖	范式转换:新制度经济学的科学革命	三等奖
吉林大学	吉林省第七次社会科学优秀成果奖	在中国建设服务型政府的理论基础	三等奖
吉林大学	吉林省第七次社会科学优秀成果奖	论全球治理中和谐世界的构建	三等奖
吉林大学	吉林省第七次社会科学优秀成果奖	核心能力的构成维度及其特性	三等奖
吉林大学	吉林省第七次社会科学优秀成果奖	现代金融学理论的疏漏与分歧	三等奖
吉林大学	吉林省第七次社会科学优秀成果奖	吉林省农村全面小康社会进程分析	三等奖
吉林大学	吉林省第七次社会科学优秀成果奖	美国中央情报局在中国西藏的准军事行动新探(1949－1969)	三等奖
吉林大学	吉林省第七次社会科学优秀成果奖	论我国沿边开放城市的区域职能缺失	三等奖
吉林大学	吉林省第七次社会科学优秀成果奖	公共卫生应急体系系统信息网络建设研究	三等奖
吉林大学	长春市第三届社会科学优秀成果奖	论罪刑法定的实现	一等奖
吉林大学	长春市第三届社会科学优秀成果奖	“现代性”的反省与马克思哲学研究纵深推进的生长点	一等奖
吉林大学	长春市第三届社会科学优秀成果奖	教科书模式与多元化、个性化的学术要求	一等奖
吉林大学	长春市第三届社会科学优秀成果奖	WTO·有限政府·现代经济法	一等奖
吉林大学	长春市第三届社会科学优秀成果奖	理解代表——关于代表的正当性与代表方式合理性的分析	一等奖

续表

学　校	获奖名称	获奖项目	获奖等级
吉林大学	长春市第三届社会科学优秀成果奖	虚拟经济与实体经济之间关联性的计量检验	一等奖
吉林大学	长春市第三届社会科学优秀成果奖	西风东渐与中日知识分子的回应	一等奖
吉林大学	长春市第三届社会科学优秀成果奖	吉林省引进俄罗斯智力资源的现状与对策	一等奖
吉林大学	长春市第三届社会科学优秀成果奖	国有经济资源优化配置系统论	二等奖
吉林大学	长春市第三届社会科学优秀成果奖	18—19 世纪俄国城市化研究	二等奖
吉林大学	长春市第三届社会科学优秀成果奖	城市居民对社会不平等现象的态度研究——以长春市调查为例	二等奖
吉林大学	长春市第三届社会科学优秀成果奖	官员问责的政治逻辑、制度建构与路径选择	二等奖
吉林大学	长春市第三届社会科学优秀成果奖	服务型政府:当代中国政府改革的目标模式	二等奖
吉林大学	长春市第三届社会科学优秀成果奖	以人为本的德育本体论解读——兼论由“民本”思想影响的德育到“人本”德育的历史性发展	二等奖
吉林大学	长春市第三届社会科学优秀成果奖	关于积极引进台湾中小企业群的建议	二等奖
吉林大学	长春市第三届社会科学优秀成果奖	西方建筑史	三等奖
吉林大学	长春市第三届社会科学优秀成果奖	公共财政的政治学分析	三等奖
吉林大学	长春市第三届社会科学优秀成果奖	注册会计师审计制度的经济学分析	三等奖
吉林大学	长春市第三届社会科学优秀成果奖	中日现代化起点的比较研究	三等奖
吉林大学	长春市第三届社会科学优秀成果奖	中国古代诗歌“以悲为美”探索三题	三等奖
吉林大学	长春市第三届社会科学优秀成果奖	百韵五言长律嬗变考述	三等奖
吉林大学	长春市第三届社会科学优秀成果奖	笔名与时代——晚清报人笔名探析	三等奖
吉林大学	长春市第三届社会科学优秀成果奖	语言功能与聋儿语言获得的性质及途径	三等奖
吉林大学	长春市第三届社会科学优秀成果奖	被书写的判逆:质疑“娜拉精神”	三等奖
吉林大学	长春市第三届社会科学优秀成果奖	中国对外直接投资战略的理论思考	三等奖
吉林大学	长春市第三届社会科学优秀成果奖	当前各国金融监管体制安排及其变革:兼论金融监管体制安排的理论模式	三等奖
吉林大学	长春市第三届社会科学优秀成果奖	论我国自然资源产权制度改革	三等奖
吉林大学	长春市第三届社会科学优秀成果奖	平等机会委员会与平等权利保护——香港的经验	三等奖
吉林大学	长春市第三届社会科学优秀成果奖	论全球治理中和谐世界的构建	三等奖
吉林大学	长春市第三届社会科学优秀成果奖	中国金融结构和经济增长的关联性分析:理论与实证	三等奖
吉林大学	长春市第三届社会科学优秀成果奖	中国城镇居民消费行为变异的四个假说及其理论分析	三等奖
吉林大学	长春市第三届社会科学优秀成果奖	中国金融风险预警研究	三等奖
吉林大学	长春市第三届社会科学优秀成果奖	我国潜在经济增长、通货膨胀与宏观经济态势的关联性研究	三等奖
吉林大学	长春市第三届社会科学优秀成果奖	现代金融学理论的疏漏与分歧	三等奖
吉林大学	长春市第三届社会科学优秀成果奖	略论中国古代档案法规发展分期	三等奖
东北师范大学	吉林省第七次社会科学优秀成果奖	中国对外贸易结构论	一等奖

续表

学　校	获奖名称	获奖项目	获奖等级
东北师范大学	吉林省第七次社会科学优秀成果奖	现代政治学分析基础	一等奖
东北师范大学	吉林省第七次社会科学优秀成果奖	语言符号任意性研究——索绪尔语言哲学思想探索	二等奖
东北师范大学	吉林省第七次社会科学优秀成果奖	现代化的特殊性道路——沙皇俄国最后60年社会转型历程解析	二等奖
东北师范大学	吉林省第七次社会科学优秀成果奖	人民币国际化探索	二等奖
东北师范大学	吉林省第七次社会科学优秀成果奖	马克思主义中国化的理论轨迹	二等奖
东北师范大学	吉林省第七次社会科学优秀成果奖	学校文化管理	二等奖
东北师范大学	吉林省第七次社会科学优秀成果奖	日本侵华教育全史(第一卷)	二等奖
东北师范大学	吉林省第七次社会科学优秀成果奖	中国上古祭祀文化	三等奖
东北师范大学	吉林省第七次社会科学优秀成果奖	美国人力培训与就业政策	三等奖
东北师范大学	吉林省第七次社会科学优秀成果奖	城市社区建设与管理	三等奖
东北师范大学	吉林省第七次社会科学优秀成果奖	现代性与教育	三等奖
东北师范大学	吉林省第七次社会科学优秀成果奖	道德教育的伦理谱系	三等奖
东北师范大学	吉林省第七次社会科学优秀成果奖	国际后期中等教育比较研究	三等奖
东北师范大学	吉林省第七次社会科学优秀成果奖	“这本书的出版”与向心结构理论难题	一等奖
东北师范大学	吉林省第七次社会科学优秀成果奖	“道统”的自立愿望与朱子学在日本的际遇	一等奖
东北师范大学	吉林省第七次社会科学优秀成果奖	现代化进程中的农民问题与中国社会政治稳定	一等奖
东北师范大学	吉林省第七次社会科学优秀成果奖	中国农村基础教育:问题、趋势与对策建议	一等奖
东北师范大学	吉林省第七次社会科学优秀成果奖	文学的审美属性——以卡夫卡的《变形记》为例	二等奖
东北师范大学	吉林省第七次社会科学优秀成果奖	中国区域经济增长收敛吗?	二等奖
东北师范大学	吉林省第七次社会科学优秀成果奖	国有商业银行股份制改造中引入战略投资者问题分析	二等奖
东北师范大学	吉林省第七次社会科学优秀成果奖	会计准则性质的再思考——博弈均衡制度观的视角	二等奖
东北师范大学	吉林省第七次社会科学优秀成果奖	世界观教育基本矛盾论析	二等奖
东北师范大学	吉林省第七次社会科学优秀成果奖	中国共产党与马克思主义中国化	二等奖
东北师范大学	吉林省第七次社会科学优秀成果奖	近年来共和国史研究视点回顾	二等奖
东北师范大学	吉林省第七次社会科学优秀成果奖	基础教育新课程设计中的课程审议——一种实践理性的研究方式	二等奖
东北师范大学	吉林省第七次社会科学优秀成果奖	高中信息技术课程实施阶段的教师课程认同研究	二等奖
东北师范大学	吉林省第七次社会科学优秀成果奖	全球化视域下的基础教育均衡发展	二等奖
东北师范大学	吉林省第七次社会科学优秀成果奖	中国基础教育改革的理性诉求	二等奖
东北师范大学	吉林省第七次社会科学优秀成果奖	义务教育实施二十年的反思及前瞻	二等奖
东北师范大学	吉林省第七次社会科学优秀成果奖	常与非常——张爱玲《传奇》叙事之结构模式	三等奖
东北师范大学	吉林省第七次社会科学优秀成果奖	阿炳及《二泉映月》研究述评	三等奖
东北师范大学	吉林省第七次社会科学优秀成果奖	一词多义现象的历时和认知解析	三等奖

续表

学 校	获奖名称	获奖项目	获奖等级
东北师范大学	吉林省第七次社会科学优秀成果奖	"乌如卡吉那改革"真实性质疑——拉旮什城邦行政档案研究札记	三等奖
东北师范大学	吉林省第七次社会科学优秀成果奖	失地农民的权益损失与保障机制分析	三等奖
东北师范大学	吉林省第七次社会科学优秀成果奖	振兴东北老工业基地金融支持的路径选择	三等奖
东北师范大学	吉林省第七次社会科学优秀成果奖	试析我国农村经济弱势群体的特征	三等奖
东北师范大学	吉林省第七次社会科学优秀成果奖	建设节约型社会需要处理好的"三大关系"	三等奖
东北师范大学	吉林省第七次社会科学优秀成果奖	完善公用事业价格监管方式	三等奖
东北师范大学	吉林省第七次社会科学优秀成果奖	论我国汽车工业可持续发展的对策	三等奖
东北师范大学	吉林省第七次社会科学优秀成果奖	近二十年新中国历次五年计划研究综述	三等奖
东北师范大学	吉林省第七次社会科学优秀成果奖	如何认识当今世界出现的"反经济全球化"现象	三等奖
东北师范大学	吉林省第七次社会科学优秀成果奖	人口流动与农村基础教育可持续发展	三等奖
东北师范大学	吉林省第七次社会科学优秀成果奖	农村义务教育课程改革的价值取向——兼论农村教育必须坚持为"三农"服务	三等奖
东北师范大学	吉林省第七次社会科学优秀成果奖	学前儿童欺骗及欺骗策略发展的研究	三等奖
东北师范大学	吉林省第七次社会科学优秀成果奖	动态范式中基于客体的返回抑制	三等奖
东北师范大学	吉林省第七次社会科学优秀成果奖	主动公民教育	三等奖
东北师范大学	吉林省第七次社会科学优秀成果奖	树立教师服务观	三等奖
东北师范大学	吉林省第七次社会科学优秀成果奖	文化与人格关系研究的若干问题	三等奖
东北师范大学	吉林省第七次社会科学优秀成果奖	论教授委员会制度的本质——"教授治学"	三等奖
东北师范大学	长春市社会科学优秀成果奖	中国农村基础教育:问题、趋势与政策建议	一等奖
东北师范大学	长春市社会科学优秀成果奖	走向行动定向的儿童研究:国内外儿童福利政策研究及启示	二等奖
东北师范大学	长春市社会科学优秀成果奖	振兴东北老工业基地金融支持的路径选择	二等奖
东北师范大学	长春市社会科学优秀成果奖	阿炳及《二泉映月》研究述评	二等奖
东北师范大学	长春市社会科学优秀成果奖	学前儿童欺骗及欺骗策略发展的研究	三等奖
东北师范大学	长春市社会科学优秀成果奖	论教授委员会制度的本质——"教授治学"	三等奖
东北师范大学	长春市社会科学优秀成果奖	失地农民的权益损失与保障机制分析	三等奖
东北师范大学	长春市社会科学优秀成果奖	完善公用事业价格监管方式	三等奖
东北师范大学	长春市社会科学优秀成果奖	QFII 投资中国内地证券市场的实证分析	三等奖
东北师范大学	长春市社会科学优秀成果奖	国有商业银行股份制改造中引入战略投资者问题分析	三等奖
东北师范大学	长春市社会科学优秀成果奖	日本诗学概论	三等奖
东北师范大学	长春市社会科学优秀成果奖	近年来共和国史研究视点回顾	三等奖
东北师范大学	长春市社会科学优秀成果奖	从"能否思想"到"有无意义"——西方哲学真实蕴涵的再思考	三等奖
东北师范大学	长春市社会科学优秀成果奖	论汽车工业旅游资源的开发利用——以中国第一汽车集团公司为例	三等奖
东北师范大学	长春市社会科学优秀成果奖	马克思主义中国化的理论轨迹	一等奖

续表

学　校	获奖名称	获奖项目	获奖等级
东北师范大学	长春市社会科学优秀成果奖	中国上古祭祀文化	二等奖
东北师范大学	长春市社会科学优秀成果奖	美国城市郊区化研究	二等奖
东北师范大学	长春市社会科学优秀成果奖	基督教文化与西方文学传统	二等奖
东北师范大学	长春市社会科学优秀成果奖	教育的伦理精神	三等奖
东北师范大学	长春市社会科学优秀成果奖	现代性与教育	三等奖
东北师范大学	长春市社会科学优秀成果奖	现代教育原理	三等奖
东北师范大学	长春市社会科学优秀成果奖	优质学校的理解与建设	三等奖
东北师范大学	长春市社会科学优秀成果奖	中国银行业反垄断问题研究	三等奖
东北师范大学	长春市社会科学优秀成果奖	利益分配、矛盾冲突与协调发展	三等奖
东北师范大学	长春市社会科学优秀成果奖	人民币国际化探索	三等奖
东北师范大学	长春市社会科学优秀成果奖	现代化的特殊性道路	三等奖
东北师范大学	长春市社会科学优秀成果奖	古代两河流域楔形文字经典举要	三等奖
东北师范大学	长春市社会科学优秀成果奖	日本大正时期政治思潮与知识分子研究	三等奖
东北师范大学	长春市社会科学优秀成果奖	三线建设研究	三等奖
东北师范大学	长春市社会科学优秀成果奖	郑德荣文存(三卷)	三等奖
东北师范大学	长春市社会科学优秀成果奖	东西方生育文化比较研究	三等奖
东北师范大学	长春市社会科学优秀成果奖	感知中国	三等奖
东北师范大学	第五届吴玉章人文社会科学奖	《钦定八旗通志》	优秀奖
东北师范大学	吉林省优秀教材奖(专著类)	信息技术教学应用研究	一等奖
东北师范大学	吉林省优秀教材奖(专著类)	马克思主义哲学若干重大问题讲解	二等奖
东北师范大学	吉林省优秀教材奖(专著类)	中国对外贸易结构论	三等奖
东北师范大学	吉林省优秀教材奖(专著类)	哲学与人性的观念	三等奖
东北师范大学	吉林省优秀教材奖(教材类)	邓小平理论和“三个代表”重要思想概论	一等奖
东北师范大学	吉林省优秀教材奖(教材类)	实用生态工程学	一等奖
东北师范大学	吉林省优秀教材奖(教材类)	结构化学	一等奖
东北师范大学	吉林省优秀教材奖(教材类)	非线性动力学	一等奖
东北师范大学	吉林省优秀教材奖(教材类)	常微分方程	一等奖
东北师范大学	吉林省优秀教材奖(教材类)	西方古典著作导读	二等奖
东北师范大学	吉林省优秀教材奖(教材类)	马克思主义哲学原理	二等奖
东北师范大学	吉林省优秀教材奖(教材类)	土壤地理学原理	二等奖
东北师范大学	吉林省优秀教材奖(教材类)	中国教育发展史纲	二等奖
东北师范大学	吉林省优秀教材奖(教材类)	生物新课程教学设计与案例	二等奖

续表

学　校	获奖名称	获奖项目	获奖等级
东北师范大学	吉林省优秀教材奖(教材类)	西方经济学教程	二等奖
东北师范大学	吉林省优秀教材奖(教材类)	基因工程原理与技术	二等奖
东北师范大学	吉林省优秀教材奖(教材类)	化学课程与教学论	二等奖
东北师范大学	吉林省优秀教材奖(教材类)	音乐课程与教学论	三等奖
东北师范大学	吉林省优秀教材奖(教材类)	数据库技术及应用——Access	三等奖
东北师范大学	吉林省优秀教材奖(教材类)	学校教育心理学	三等奖
东北师范大学	吉林省优秀教材奖(教材类)	数学课程与教学论	三等奖
东北师范大学	吉林省优秀教材奖(教材类)	结构式体育与健康教程	三等奖
东北师范大学	吉林省优秀教材奖(教材类)	电子线路	三等奖
东北师范大学	吉林省优秀教材奖(教材类)	现代健美教程	三等奖
东北师范大学	吉林省优秀教材奖(教材类)	大学写作教程	三等奖
东北师范大学	吉林省科学技术奖科技进步奖	菰 DNA 渐渗诱导水稻遗传和表观遗传变异的分子机理研究及育种应用	一等奖
东北师范大学	吉林省科学技术奖科技进步奖	多金属氧酸盐的功能化及理论研究	一等奖
东北师范大学	吉林省科学技术奖科技进步奖	松花江水污染应急科技对策与决策支持系统综合研究	一等奖
东北师范大学	吉林省科学技术奖科技进步奖	高性能、功能性聚合物及其纳米复合光学材料的制备与性能研究	一等奖
东北师范大学	吉林省科学技术奖科技进步奖	吉林西部受损草地裸碱斑改造新技术及黄花苜蓿新品种引种研究	二等奖
东北师范大学	吉林省科学技术奖科技进步奖	受损河流近自然修复技术	二等奖
东北师范大学	吉林省科学技术奖科技进步奖	城市化综合水平评价体系的构建与应用研究	三等奖
东北师范大学	吉林省科学技术奖科技进步奖	军需 1 号野大麦牧草品种选育及应用技术研究	三等奖
东北师范大学	高等学校科学技术奖自然科学奖	大维随机矩阵理论及其应用	一等奖
吉林农业大学	国家自然科学奖	黏菌代表类群系统研究	二等奖
吉林农业大学	吉林省科学技术进步奖	春玉米(超)高产高效关键技术研究与示范	一等奖
吉林农业大学	吉林省科学技术进步奖	人参等 10 种大宗药材标准提取物及特色产品生产关键技术研究与开发	一等奖
吉林农业大学	吉林省科学技术进步奖	松花江流域突发性污染诊断及修复技术研究	一等奖
吉林农业大学	吉林省科学技术进步奖	优质糯玉米新品种“吉糯 3 号”选育与推广	二等奖
吉林农业大学	吉林省科学技术进步奖	禽流感防控关键技术研究	二等奖
吉林农业大学	吉林省科学技术进步奖	高油高产高效大豆新品种选育及应用	二等奖
吉林农业大学	吉林省科学技术进步奖	多功能蓄水保墒系列耕作机具的研制与推广	二等奖
吉林农业大学	吉林省科学技术进步奖	长白山榛果资源综合利用及产业化开发研究	三等奖
吉林农业大学	吉林省科学技术进步奖	鹅卵泡抑制素融合表达蛋白提高产蛋量研究与应用	三等奖
吉林农业大学	吉林省科学技术进步奖	高淀粉玉米新品种“吉品 7 号”选育与推广	三等奖
吉林农业大学	吉林省科学技术进步奖	猪生长激素单克隆抗体制备及应用研究	三等奖

续表

学　校	获奖名称	获奖项目	获奖等级
吉林农业大学	吉林省科学技术进步奖	优质肉牛规模化生产技术试验示范	三等奖
吉林农业大学	吉林省科学技术进步奖	土壤胡敏素组成与结构特征研究	三等奖
吉林农业大学	吉林省高校自然科学研究优秀成果奖	种质资源创新与品种选育研究	二等奖
吉林农业大学	吉林省高校自然科学研究优秀成果奖	多重耐药大肠杆菌多重耐药机制及多重耐药抑制剂的研究	三等奖
吉林农业大学	吉林省高校自然科学研究优秀成果奖	有机肥优化土壤微域环境和改善作物品质机制研究	三等奖
吉林农业大学	第三届长春市社会科学优秀成果奖	吉林省发展畜产品加工业的经济学思考	三等奖
吉林农业大学	中华农业科技奖	吉林白鹅三个品系的选育	三等奖
吉林农业大学	辽宁省科学技术奖	辽宁绒山羊常年长绒型新品系选育	一等奖
长春理工大学	2007 年吉林省普通高等学校优秀教材奖	光学原理教程	一等奖
长春理工大学	2007 年吉林省普通高等学校优秀教材奖	机械工程基础	一等奖
长春理工大学	2007 年吉林省普通高等学校优秀教材奖	应用模糊数学方法	二等奖
长春理工大学	2007 年吉林省普通高等学校优秀教材奖	红外物理	二等奖
长春理工大学	2007 年吉林省普通高等学校优秀教材奖	光通信技术	二等奖
长春理工大学	2007 年吉林省普通高等学校优秀教材奖	商法学	三等奖
长春理工大学	2007 年吉林省普通高等学校优秀教材奖	红外光学系统	三等奖
长春理工大学	2007 年吉林省普通高等学校优秀教材奖	电子技术 EDA 实践教程	三等奖
长春理工大学	吉林省第七次社会科学优秀成果奖	社会资本与社会和谐	著作类一等奖
长春理工大学	吉林省第七次社会科学奖	影响网络安全性的因素辨识、评价与分析	优秀成果奖
长春理工大学	吉林省科学技术奖	分布式医学图像分析与处理平台的研究开发	一等奖
长春理工大学	吉林省科学技术奖	新构形法高精度硬齿面插齿刀研制	二等奖
长春理工大学	吉林省科学技术奖	50W 大功率 808nm 半导体列阵组侧泵 YAG 激光器研究	三等奖
长春理工大学	吉林省科学技术奖	二级管泵浦的被动 Q 开关 YAG 激光器	三等奖
长春理工大学	吉林省科学技术奖	纳米抛光新工艺理论与试验研究	三等奖
长春理工大学	吉林省科学技术奖	高分子薄膜双向拉伸过程本构模型构造方法及数值模拟技术研究	三等奖
长春理工大学	第三届长春市社会科学奖	商 法 学	优秀成果奖
长春理工大学	第三届长春市社会科学奖	吉林省中药产业竞争力培育研究	优秀成果奖
长春工业大学	第十届吉林省教育科研优秀成果奖	论文《论构建与实施高校创业教育体系》	一等奖
长春工业大学	第十届吉林省教育科研优秀成果奖	论文《知识管理对构建教学情境的启示》	一等奖
长春工业大学	第十届吉林省教育科研优秀成果奖	论文《评优之后防逆转，整改提升责更大》	一等奖
长春工业大学	第十届吉林省教育科研优秀成果奖	论文《反思性教学在高师数学教学中的运用》	二等奖
长春工业大学	第十届吉林省教育科研优秀成果奖	论文《论高校素质、创新、创业教育的三位一体协调发展》	二等奖
长春工业大学	第十届吉林省教育科研优秀成果奖	论文《高校思想政治理论课主体性教学的践行范式》	二等奖

续表

学　校	获奖名称	获奖项目	获奖等级
长春工业大学	第十届吉林省教育科研优秀成果奖	论文《构建大学英语"教改"与"学改"模式研究》	二等奖
长春工业大学	第十届吉林省教育科研优秀成果奖	论文《运用"拉动式"管理方式提高教务管理质量》	二等奖
长春工业大学	第十届吉林省教育科研优秀成果奖	论文《诊所法律教育：价值、目标与方法》	二等奖
长春工业大学	第十届吉林省教育科研优秀成果奖	论文《美国社区学院的办学特点与启示》	二等奖
长春工业大学	第十届吉林省教育科研优秀成果奖	论文《开展教育技术培训，培养一流教师队伍》	三等奖
长春工业大学	第十届吉林省教育科研优秀成果奖	论文《高校如何以培养目标变化为导向进行课程体系改革》	三等奖
长春工业大学	第十届吉林省教育科研优秀成果奖	论文《知识经济与高等学校教育改革研究》	三等奖
长春工业大学	第十届吉林省教育科研优秀成果奖	论文《数据结构立体化教材建设》	三等奖
长春工业大学	第十届吉林省教育科研优秀成果奖	论文《关注语言形式，提高二语习得效率》	三等奖
长春工业大学	第十届吉林省教育科研优秀成果奖	论文《对职业教育特色发展的探析》	三等奖
长春工业大学	吉林省科学技术发明奖	梅花鹿鹿茸多糖类复合物的提取纯化方法的研究	二等奖
长春工业大学	吉林省科技进步奖	汽车车身性能分析中材料性能的研究	二等奖
长春工业大学	吉林省科技进步奖	三维网状超分子化合物提纯药物有效成分研究	三等奖
长春工业大学	吉林省科技进步奖	精密铸钢件表面防脱碳的研究	三等奖
长春工业大学	吉林省科技进步奖	树脂交换法分离β盐母液中2－萘磺酸钠新工艺研究	三等奖
长春工业大学	长春市社科奖	《高校实践教学管理研究》	专著类二等奖
长春工业大学	长春市社科奖	《民营企业二次创业的机遇、挑战与对策》论文	论文类三等奖
长春工业大学	吉林省社科奖	《可持续发展论》专著	专著类二等奖
长春工业大学	中国人民解放军科学技术进步奖	电弧熔覆技术在装甲装备维修保障中的应用	三等奖
长春工业大学	长春市科技进步奖	精密铸钢件表面防脱碳的研究	二等奖
长春工业大学	长春市科技进步奖	汽车线束总成分布式计算机自动检测系统	二等奖
长春工业大学	2007年省级精品课程	软件工程	
长春工业大学	2007年省级精品课程	有机化学	
长春工业大学	2007年省级优秀课程	微机原理及应用	
长春工业大学	2007年省级优秀课程	国际金融	
长春工业大学	2007年省级优秀课程	电子商务实务	
长春工业大学	2007年省级优秀课程	机械设计	
长春工业大学	2007年省级优秀课程	高分子物理	
长春工业大学	2007年省级优秀课程	焊接成型原理	
长春工业大学	2007年度普通高等教育精品教材	《数据结构（C＋＋版）》	
长春工业大学	2007年国家、省特色专业建设点	机械工程及其自动化专业	
长春工业大学	2007年国家、省特色专业建设点	高分子材料与工程专业	

续表

学　校	获奖名称	获奖项目	获奖等级
长春工业大学	2007年国家、省特色专业建设点	自动化专业	
长春工业大学	2007年国家、省特色专业建设点	金属材料工程专业	
长春工业大学	2007年省特色专业建设点	化学工程与工艺专业	
长春工业大学	2007年省特色专业建设点	计算机科学与技术专业	
长春工业大学	2007年省特色专业建设点	材料成型及控制工程专业	
长春工业大学	2007年吉林省优秀教学团队	自动化教学团队	
长春工业大学	2007年国家人才培养模式创新实验区	电气工程及其自动化专业人才培养模式创新实验区	
长春工业大学	2007年国家级规划教材	数据结构(C++版)	
长春工业大学	2007年国家级规划教材	冲压成型工艺与模具设计	
长春工业大学	2007年吉林省普通高等学校优秀教材	Authorware7.0多媒体制作教程	一等奖
长春工业大学	2007年吉林省普通高等学校优秀教材	金融工程	一等奖
长春工业大学	2007年吉林省普通高等学校优秀教材	工厂供配电	二等奖
长春工业大学	2007年吉林省普通高等学校优秀教材	数据结构(C++版)	二等奖
长春工业大学	2007年吉林省普通高等学校优秀教材	新编经济管理基础	三等奖
长春工业大学	2007年吉林省普通高等学校优秀教材	市场营销学	三等奖
长春工业大学	2007年吉林省普通高等学校优秀教材	可持续发展论	三等奖
长春工业大学	2007年吉林省普通高等学校优秀教材	高等数学	三等奖
长春税务学院	吉林省高等教育学会第十届优秀成果奖	《素质教育——理论与方法》	二等奖
长春税务学院	吉林省高等教育学会第十届优秀成果奖	《对我国会计学教材改革的探讨》	三等奖
长春税务学院	吉林省高等教育学会第十届优秀成果奖	《提高大学生英语口语能力新探索》	三等奖
长春税务学院	2007年省级教育技术成果奖	在信息专业课程教学中构建学生基本能力和核专业能力	论文类一等奖
长春税务学院	2007年省级教育技术成果奖	建构主义理论指导下的大学英语网络教学尝试	论文类三等奖
长春税务学院	2007年省级教育技术成果奖	关于学生英语应用能力培养的研究	论文类三等奖
长春税务学院	吉林省高校社会科学研究优秀成果奖	信息革命对劳动过程和价值理论影响问题研究	一等奖
长春税务学院	吉林省高校社会科学研究优秀成果奖	振兴吉林省老工业基地与发展非公有制经济研究	二等奖
长春税务学院	吉林省高校社会科学研究优秀成果奖	财经院校学生外语应用能力培养研究	二等奖
长春税务学院	吉林省高校社会科学研究优秀成果奖	国际劳务市场状况调查与吉林省劳动力资本输出	三等奖
长春税务学院	吉林省高校社会科学研究优秀成果奖	振兴吉林财税政策研究	三等奖
长春税务学院	长春市第三届社科优秀成果奖论文类	品牌竞争态势与品牌培育对策研究——吉林省食品行业品牌竞争态势的实证分析	二等奖
长春税务学院	长春市第三届社科优秀成果奖论文类	加快自然垄断行业的规制改革	三等奖
长春税务学院	长春市第三届社科优秀成果奖论文类	国有控股公司董事会的决策行为风险研究	三等奖

续表

学校	获奖名称	获奖项目	获奖等级
长春税务学院	长春市第三届社科优秀成果奖论文类	试论中国当代经济体制转变中的政治思维方式	三等奖
长春税务学院	长春市第三届社科优秀成果奖论文类	限制公共权利滥用的对策研究	三等奖
长春税务学院	长春市第三届社科优秀成果奖著作类	马克思劳动价值理论与当代现实	二等奖
长春税务学院	长春市第三届社科优秀成果奖著作类	中国未来粮食安全论	三等奖
长春税务学院	长春市第三届社科优秀成果奖著作类	中国股份合作制新论	三等奖
长春税务学院	长春市第三届社科优秀成果奖咨询成果类	关于积极引进台湾中小企业群的建议	二等奖
长春税务学院	长春市第三届社科优秀成果奖咨询成果类	关于吉林省“建设社会主义新农村”农民抽样调查情况的报告	三等奖
长春税务学院	吉林省第七次社会科学优秀成果评奖著作类	马克思劳动价值理论与当代现实	二等奖
长春税务学院	吉林省第七次社会科学优秀成果评奖著作类	中国未来粮食安全论	三等奖
长春税务学院	吉林省第七次社会科学优秀成果评奖论文类	内部控制环境的探讨	一等奖
长春税务学院	吉林省第七次社会科学优秀成果评奖论文类	关于鼓励国家开发行积极参与东北国有企业改制的建议	一等奖
长春税务学院	吉林省第七次社会科学优秀成果评奖论文类	关于吉林省“建设社会主义新农村”农民抽样调查情况的报告	一等奖
长春税务学院	吉林省第七次社会科学优秀成果评奖论文类	加快自然垄断行业的规制改革	二等奖
长春税务学院	吉林省第七次社会科学优秀成果评奖论文类	我国城镇居民消费过度敏感性的实证检验与经验分析	二等奖
长春税务学院	吉林省第七次社会科学优秀成果评奖论文类	品牌竞争态势与品牌培养对策研究——吉林省食品行业品牌竞争态势的实证分析	二等奖
长春税务学院	吉林省第七次社会科学优秀成果评奖论文类	加强我国的生物技术知识产权保护	三等奖
长春税务学院	吉林省第七次社会科学优秀成果评奖论文类	我国农业保险的难点和对策	三等奖
长春税务学院	吉林省第七次社会科学优秀成果评奖论文类	吉林省农业经济增长与就业增长的特征及其相关性研究	三等奖
长春税务学院	吉林省第七次社会科学优秀成果评奖论文类	论马克思主义中国化的成功经验	三等奖
长春税务学院	吉林省第七次社会科学优秀成果评奖论文类	浅论政府营销与区域经济的发展	三等奖
长春税务学院	吉林省第七次社会科学优秀成果评奖论文类	休闲研究的方法论思考	三等奖
长春税务学院	吉林省第七次社会科学优秀成果评奖论文类	吉林省人口发展战略研究报告	三等奖
长春中医药大学	吉林省科技进步奖	合募配穴针法理论与临床应用研究	二等奖
长春中医药大学	吉林省科技进步奖	两头尖及其有效成分的基础和应用研究	二等奖
长春中医药大学	吉林省科技进步奖	运用滋阴清热治疗口腔粘膜病的机理临床实验研究	三等奖
长春中医药大学	吉林省科技进步奖	胆肠舒胶囊的研制与开发－以苦辛通降法从胆论治慢性泄泻的中药新药	三等奖
长春大学	第三届长春市社会科学优秀成果奖	清代费雅喀人的宗教信仰	论文类三等
长春大学	第三届长春市社会科学优秀成果奖	区域新兴工业化模式及吉林省工业省建设研究	咨询成果类三等
长春大学	吉林省科技进步奖	玉米膳食纤维系列食品的开发研究	三等奖
长春师范学院	吉林省高校自然科学研究优秀成果奖	低成本智能型移动通讯频带交互调制器的开发研究	一等奖
长春师范学院	吉林省高校自然科学研究优秀成果奖	蓝色电致发光材料咪唑化合物电致法官器件组装	二等奖

续表

学　校	获奖名称	获奖项目	获奖等级
长春师范学院	吉林省高校自然科学研究优秀成果奖	鲜淫羊藿有效成分分离提取及结构鉴定研究	二等奖
长春师范学院	吉林省高校社会科学研究优秀成果奖	吉林省建设全面小康培养创新性人才的对策研究	一等奖
长春师范学院	吉林省高校社会科学研究优秀成果奖	汉代学制研究	二等奖
长春师范学院	吉林省高校社会科学研究优秀成果奖	原始活态文化萨满教透视	二等奖
长春师范学院	吉林省高校社会科学研究优秀成果奖	清政府对朝鲜政策研究	二等奖
长春师范学院	第三届长春市社会科学优秀成果奖	清代中朝关系中的司法制度	二等奖
长春师范学院	第三届长春市社会科学优秀成果奖	萨满领神仪式与青春期危机	二等奖
长春师范学院	第三届长春市社会科学优秀成果奖	卡特政府对华政策的形成	三等奖
长春师范学院	第三届长春市社会科学优秀成果奖	清代女性词中女性意识的觉醒	三等奖
长春师范学院	第三届长春市社会科学优秀成果奖	汉代学制研究	三等奖
长春师范学院	第三届长春市社会科学优秀成果奖	人口老龄化带来的法律问题	三等奖
长春师范学院	“山花奖”民间文艺成就奖	富育光	
长春师范学院	“山花奖”民间文艺学术著作奖	《多维学术视野中的萨满文化》著作类	
长春师范学院	吉林省第六届自然科学学术成果奖	《豚草发生地土壤昆虫群落结构及动态》	二等奖
长春师范学院	吉林省第六届自然科学学术成果奖	《A New Type of Single Helix Coordination Polymer with mixed Ligands[M2(phen)2(e,a－cis－1,4－chdc)2(H2O)2]n(M＝Co and Ni;phen＝1,10－phenanthroline;chdc＝cyclohexanedicarboxylate)》	二等奖
长春师范学院	吉林省第六届自然科学学术成果奖	《仿生材料学研究进展》	三等奖
吉林艺术学院	第六届中国科学家教育家6企业家论坛评选	论文《需在舞蹈艺术教育中强化人文素质教育》	一等奖
吉林艺术学院	论文《和谐社会与图书馆服务创新》		三等奖
吉林艺术学院	第二届中国戏剧奖·小戏小品奖暨2007全国小戏小品大赛”	小品《一瞬间》	中国戏剧奖
吉林艺术学院	第二届中国戏剧奖·小戏小品奖暨2007全国小戏小品大赛”	小戏《泥人》	中国戏剧奖
吉林艺术学院	获“珠江钢琴”全国高校音乐教育专业钢琴教师演奏与交流活动双钢琴演奏	钢琴比赛	C组一等奖
吉林艺术学院	全国高等教育声乐专业中获教师美声组	声乐比赛	三等奖
吉林艺术学院	首届中国美术教师艺术作品年度奖素描组	作品《荒诞之日》	银奖
吉林艺术学院	首届中国美术教师艺术作品年度奖数码动画组	影像作品《十年》之一(数码动画)、之二(数码设计)	铜奖
吉林艺术学院	首届中国美术教师艺术作品年度奖数码动画组	作品《恋恋花季》	铜奖
吉林艺术学院	首届中国美术教师艺术作品年度奖版画组	版画《泥泞的雪》	优秀奖
吉林艺术学院	第34届国际比基尼小姐大赛(中国东北赛区)	舞蹈设计	舞台导演奖

续表

学　校	获奖名称	获奖项目	获奖等级
吉林艺术学院	金钟奖乐队	指导创作乐队	银奖
吉林艺术学院	金钟奖组合	指导学生《阿里朗》《小河淌水》	铜奖
吉林艺术学院	舞动中华·全国群众舞蹈展演(金舞奖)活动	指导作品《喀纳斯》	最佳编导奖
吉林艺术学院	CCTV 模特大赛全国十佳、东北赛区	指导学生李佳	冠军
吉林艺术学院	第 34 届国际比基尼小姐大赛(中国赛区)	指导学生张育旗	冠军
吉林艺术学院	中华魂青少年风采国际展示活动获吉林省区声乐类青年组	指导学生张军霞	一等奖
吉林艺术学院	第六届全国新人新作歌手选拔大赛民族唱法专业	指导学生魏鸿波歌唱比赛	三等奖
吉林艺术学院	2007 年中国国际单簧管萨克斯艺术节	指导学生作品德沃夏克《第九交响曲》	艺术指导奖
吉林艺术学院	第三届全国校园才艺选拔活动	指导作品《草原赞歌》	优秀指导老师奖
吉林艺术学院	纪念香港回归十周年	指导学生舞蹈《开门红》	最佳优秀指导老师奖
吉林艺术学院	获 2007 艺术人才电视选拔活动	指导学生独舞《舞狮娃》	优秀园丁奖
吉林体育学院	吉林省普通高等学校优秀教材	《竞技教育学》	一等奖
吉林体育学院	吉林省普通高等学校优秀教材	《人生设计》	二等奖
吉林体育学院	吉林省普通高等学校优秀教材	《运动解剖学与环境》	三等奖
长春工程学院	吉林省科技进步奖	基于免疫遗传算法的电力系统安全稳定运行的软件开发及应用	吉林省科技进步二等奖
长春工程学院	吉林省科技进步奖	进水口拦污栅锈蚀\堵塞对发电水头影响的研究	吉林省科技进步三等奖
长春工程学院	中国首届实践教学方案设计大赛	长春工程学院实践教学方案与考核纲要 19 例	团体二等奖
长春汽车工业高等专科学校	中国职业技术教育学会二等奖	《满足企业需要的职业教育培训一体化模式的改革与实践》	二等奖
长春汽车工业高等专科学校	全国第四届高职高专实用英语口语大赛	全国第四届高职高专实用英语口语大赛	一等奖
长春汽车工业高等专科学校	全国大学生电子设计竞赛(本科组)	全国大学生电子设计竞赛(本科组)	二等奖
长春汽车工业高等专科学校	全国大学生电子设计竞赛(专科组)	全国大学生电子设计竞赛(专科组)	二等奖
长春汽车工业高等专科学校	全国大学生数学建模竞赛(吉林赛区)	全国大学生数学建模竞赛(吉林赛区)	一等奖

续表

学　校	获奖名称	获奖项目	获奖等级
长春汽车工业高等专科学校	全国大学生数学建模竞赛(吉林赛区)	全国大学生数学建模竞赛(吉林赛区)	二等奖
长春汽车工业高等专科学校	吉林省大学生程序设计大赛	吉林省大学生程序设计大赛	二等奖
长春汽车工业高等专科学校	第二届中国汽车服务营销技巧大赛(北京赛区)	第二届中国汽车服务营销技巧大赛(北京赛区)	冠军
长春汽车工业高等专科学校	全国多媒体课件制作大赛	《数控英语》(高职高专组)	优秀奖
长春汽车工业高等专科学校	全国多媒体课件制作大赛	《可持续发展社会的新道德》(高职高专组)	三等奖
长春汽车工业高等专科学校	全国多媒体课件制作大赛	《读零件图》(中职组)	二等奖
长春汽车工业高等专科学校	全国多媒体课件制作大赛	《文言文阅读及教学参考》(中职组)	特等奖
长春汽车工业高等专科学校	全国多媒体课件制作大赛	《文言文阅读及教学参考》(中职组)	最佳艺术效果奖
长春理工大学光电信息学院	国际企业管理挑战赛(中国赛区)	国际企业管理挑战赛(中国赛区)	金奖、新秀奖、中国赛区第5名
长春理工大学光电信息学院	全国大学生广告设计大赛(吉林赛区)	全国大学生广告设计大赛(吉林赛区)	二等奖1项,三等奖10项
长春理工大学光电信息学院	东北三省大学生数学建模大赛	东北三省大学生数学建模大赛	一等奖1项,二等奖3项
长春理工大学光电信息学院	吉林省大学生电子设计大赛	吉林省大学生电子设计大赛	二等奖1项,三等奖1项
长春理工大学光电信息学院	吉林省优秀课程	《电子技术基础》、《高等数学》、《大学物理》	
吉林农业大学发展学院	吉林省普通高校优秀教材二等奖	应用文写作教程	省级
吉林建筑工程学院	吉林省科技进步奖	松花江流域突发性污染诊断及维修技术研究	一等奖
吉林建筑工程学院	吉林省第六届自然科学学术成果奖	用TTC与INT－电子传递体系活性表征重金属对污泥活性的影响	一等奖
吉林建筑工程学院	吉林省科技进步奖	系列化多元净水处理技术与设备的研究开发	二等奖
吉林建筑工程学院	吉林省科技进步奖	独塔无背索轻轨斜拉桥施工技术	二等奖

续表

学 校	获奖名称	获奖项目	获奖等级
吉林建筑工程学院	吉林省第六届自然科学学术成果奖	边支承现浇空心板设计计算与软件实现	二等奖
吉林建筑工程学院	吉林省第六届自然科学学术成果奖	人工湿地污水处理技术	二等奖
吉林建筑工程学院	吉林省第六届自然科学学术成果奖	寒冷地区空气源热泵应用研究	二等奖
吉林建筑工程学院	吉林省第六届自然科学学术成果奖	Network Communication Technolog - Based Restricted Electronic Measuring and Monitoring System	二等奖
吉林建筑工程学院	吉林省第六届自然科学学术成果奖	人工湿地污水处理技术	二等奖
吉林建筑工程学院	吉林省第六届自然科学学术成果奖	寒冷地区空气源热泵应用研究	二等奖
吉林建筑工程学院	吉林省第六届自然科学学术成果奖	Network Communication Technolog - Based Restricted Electronic Measuring and Monitoring System	二等奖
吉林建筑工程学院	吉林省科技进步奖	配筋砌块砌体剪力墙新型结构体系工程设计应用研究	三等奖
吉林建筑工程学院	吉林省第六届自然科学学术成果奖	中高层配筋砌体剪力墙工程结构设计与软件开发	三等奖
吉林建筑工程学院	吉林省第六届自然科学学术成果奖	长春某大厦能耗模拟与节能分析	三等奖
吉林建筑工程学院	吉林省第六届自然科学学术成果奖	燃气分户采暖耗气量的预测研究	三等奖
吉林建筑工程学院	吉林省第六届自然科学学术成果奖	具有远程监控的变频供水系统	三等奖
吉林建筑工程学院	吉林省第六届自然科学学术成果奖	预应力技术 在大型水池中的应用	优秀奖
吉林建筑工程学院	吉林省第六届自然科学学术成果奖	轻钢骨混凝土剪力墙延性的非线性有限元分析	优秀奖
吉林建筑工程学院	省级精品课	土木工程材料	
吉林建筑工程学院	省级精品课	高等数学	
吉林建筑工程学院	省级精品课	流体力学	
吉林建筑工程学院	省级优秀课	建筑美术	
吉林建筑工程学院	省级优秀课	大学物理实验	
吉林建筑工程学院	省级优秀课	大学英语	
吉林建筑工程学院	省级优秀课	土力学	
吉林建筑工程学院	省级优秀课	工程合同管理	
吉林建筑工程学院	省级优秀课	技术经济学	
吉林建筑工程学院	国家级特色专业	给水排水工程专业	第一类
吉林建筑工程学院	国家级特色专业	建筑学专业	第一类
吉林建筑工程学院	省级特色专业	土木工程专业	
吉林建筑工程学院	省级特色专业	艺术设计专业	

基础教育

【概况】 2007年全市现有小学校1 631所，在校学生453 611人，专任教师36 334人，年招生数为75 054人，毕业生81 979人，适龄儿童入学率99.98%。普通初中288所，在校学生266 872人，专任教师18 001人，年招生数为84 295人，毕业生96 510人，适龄学生入学率99.96%。普通高中75所（含完全中学），在校生148 373人，专任教师7 288人，年招生数为47 268人，毕业生47810人。特殊教育学校9所，在校生1 580人，专任教师338人，年招生数为116人，毕业生161人。各类幼儿园768个，在园幼儿100 762名，专任教师4 359人，年招生数为61 065人，毕业生40 817人。

【高中新课程实验】 按照教育部要求，自2007年秋季开始，长春市普通高中全面进入新课程改革实验。市教育局提前谋划，积极准备，上半年组织了部分市直高中校长和县（市）区教育局的主管同志，到课改实验先行地区的广东省和江苏省进行了考察学习。开展了长春市吉林省普通高中新课程实验样本校确认工作，确定了长春市省级高中课程改革实验样本校14所。起草了《长春市普通高中新课程实验工作实施意见》，在“先培训，后上岗；不培训，不上岗”的原则指导下，完成了对教育管理者、培训者和广大教师的新课程通识培训、学科培训和教材培训。下半年，市教育局印发了《长春市普通高中新课程实验工作实施意见》，建立高中新课程实验样本校联系制度，开展了经常性的课改课程开放活动，组织教师观摩、交流，深化了省示范高中与农村高中的“联帮促”活动。高中新课程实验启动后，市教育局采取了“全程监控＋数字化管理”的管理模式，初步构建了具有长春特色的普通高中新课程管理体系。

【农村办学模式改革】 市教育局牢牢把握农村教育面向农村、服务农业、致富农民的办学方向，不断深化农村初中办学模式改革，积极构建升学、就业、务农培养人才的立交桥，为当地经济和社会发展培养有用人才，有效地增强了学校凝聚力。深入推进5种主要的办学模式，使每位学生都能掌握6项农村实用技术；进一步深化教育教学改革，扩大实践课比例，推进研究性学习进程，形成农村初中教材、师培、课程建设的本地特色，编写地方教材60余种；继续大力加强市级、区级实践培训示范基地建设，市政府投资近千万元为农村初中建设了49个“两高、两化、两服务”（高科技、高效益，管理科学化、经营规范化，为教学服务、为三农服务）的实践示范基地；利用农村初中优质教育资源，主动开展对农民的培训工作。

【优质资源校与薄弱校捆绑对接工作】 制订《长春市关于进一步推进义务教育发展的若干意见》（修订稿），全市确定了72对“捆绑式”发展重点帮扶对子（优质资源校72所，薄弱校78所；帮扶对子城区38对，外县（市）区34对）。所有义务教育阶段的优质资源校，省、市直属校、各县（市）区优质资源校全部与本区域内相对薄弱学校结成了帮扶对子，结对双方根据薄弱校的实际情况签订为期3年的发展规划及协议书，在教育教学一体化管理、捆绑式评价、教师培训、集体备课、网上教研、教师转任交流、骨干教师农村支教等多方面进行全方位的对口支援

长春市教育局选派80名校长及有经验的教师支援农村教育

与合作,不断拓宽优质教育资源的辐射面。

【中小学办学体制改革】 为推进长春市基础教育均衡协调发展,市教育局按照深化改革、有退有进、加强规范、稳步推进的原则,分步实施改制学校的清理整顿工作。市委、市政府对办学体制改革工作高度重视,组织相关部门分三组赴江苏、安徽等地区进行了实地考察。各县(市)区及时制订整改方案,最后确定了独具长春特色的办学体制改革新思路。10 所改制校继续深化办学体制改革,7 所改制学校全部退回公办学校,14 所改制校限期进行整改并做好退回公办的准备工作。

【中小学招生工作】 2007 年的招生工作始终坚持讲政治、讲政策、讲稳定的原则,克服了重重困难,圆满地完成了招生工作。长春市城区共招收23 245名小学新生,26 606名初中新生;妥善安排 233 名军人子女入学。宽城区共有 987 名学生参加了电脑派位工作,没有发生一起集体上访事件,学生、家长和学校都非常满意,稳定了社会秩序。

【确保农民工子女接受义务教育】 2007 年,在各校学位非常紧张的情况下,想方设法将来长春打工的6 800名农民工子女全部安排到相对就近的公办学校就读,使长春市的农民工子女真正享受到了和城市孩子一样的待遇。市教育局继续开设了绿色通道,不设任何门槛,进一步加强对农民工子女入学的宣传工作,重点研究了农民工子女进城入学后的经费补偿问题。截至 2007 年末,长春市共接收农民工子女27 764人,占城市在校生的 11.4%。

【做好农村留守儿童工作】 市教育局开展了农村留守儿童问题情况的调研工作,内容包括:农村留守儿童在学习、生活中出现的问题(含教育、经济生活、安全、家庭、社会、自身等等)、农村留守儿童出现问题的原因、农村留守儿童需要哪些方面的帮助和解决哪些方面的问题。9 月,以市政府的名义出台了《关于我市农村留守儿童工作的意见》,建立了一套保障农村留守儿童合法权益的工作机制,发挥教育部门的牵头作用,协调相关部门齐抓共管,广泛开展关爱活动。

【推荐生改革工作】 2007 年,加大了推荐生改革工作的力度,实现了四个扩大:一是继续扩大推荐生指标数,在 2006 年 50% 的基础上再扩大 10%,2007 年达到占统招生计划数的 60%。二是扩大接收推荐生学校的数量,在 2006 年 9 所的基础上,2007 年增加了 6 所,共计 15 所。三是扩大推荐生范围,拿出高中计划内自费生总数的 30% 作为推荐生,依据 5 项测试结果推荐入高中。四是继续扩大外县(市)区推荐生指标数,达到占统招生计划数的 20%。按比例把所有名额分配到所有的初中学校,尤其体现向薄弱学校倾斜,充分体现均衡原则。

【中考命题工作】 为确保 2007 年中考命题工作顺利完成,将优秀人才选拔到中考命题人员的队伍中来,市教育局加大了改革力度,从 14 个县(市)区中公开选拔优秀人才。首先研究制订了《建立中考命题人员人才库选派方案》。经过学校申报、区教育局初审、专家组认定、综合素质测试、网上公示等程序,来自 8 个县(市)区的 21 所初中学校和 6 个进修学校的 47 名(含 1 名高中教师)优秀教师和基层教研员被聘为 2007 年中考命题教师。为确保命题质量,长春市实行了命、审分开制度。整个命题工作,从 5 月 28 日起至 6 月 24 日止,共历时 28 天,圆满结束。中考结束之后,社会各界普遍反响良好,广大教师和学生一致认为 2007 年的中考题难易适度、贴近生活、充分体现了新课程改革的精神和特点。

【减轻中小学生过重课业负担】 为真正落实市政府民生计划,保证为中小学生创设一个良好的学习环境,市教育局对中小学校教育教学的各个相关环节进行了认真的调研和分析,要求各中小学全面贯彻教育方针,严格遵循教育教学规律,认真推进素质教育的实施,采取措施和办法,切实减轻中小学生过重课业负担。出台了 13 条减负措施,具体、明确、实实在在,改革力度大、操作性强,在全社会引起了强烈反响。

【强化民办幼儿园管理】 为加强民办幼儿园管理,市教育局出台了《长春市民办幼儿园管理暂行办法》,在管理人员配备、相关部门职责、办园条件、审批程序、保教工作及管理等方面做了新的明确规定。建立了职责明确、密切配合、联合执法的管理监督机制,对现有民办幼儿园进行全面检查评估,对不符合办园条件要求的限期整改,整改后仍不合格的坚决取缔。各县(市)区教育行政部门、卫生部门按照管理规定的要求,将民办幼儿园的审批、登记注册工作与幼儿园的常规管理、督导评估紧密衔接起来,通过全过程的规范化管理,保证和促进民办幼儿园的健康发展。

【民族中小学教育教学】 市教育局以少数民族学校"三语"教学为突破口,提高少数民族学校的教育教学质量。组织全市民族中小学"三语"基本功竞赛,组队参加全省"三语"基本功竞赛。长春市少数民族学校"三语"教学的整体优势明显,长春朝中在2007年高考中,有3名同学考出了全省文科第一、第三、第五的好成绩。2005级新疆生(高二)实行了民汉混班教学的模式,在两个民汉混班的新疆生当中,组建了自主管理小组,这一新的管理模式为全国新疆班管理模式提供了典范,为长春市今后民汉混班工作提供了经验。

【特殊教育工作】 以长春市特殊教育学校为依托,积极为全市特殊教育学校创设开展信息技术教育的条件,加强特殊教育学校计算机、多媒体和辅助残疾人学习软件等信息技术设施设备的配置和建设,充分发挥信息技术的优势和作用,逐步实现特殊教育信息化教学方式的变革。长春市特教教师的专业技能在国家和省各级比赛中获奖,长春市特教学生在第十二届世界特殊奥林匹克运动会上取得优异成绩,为国家争得了荣誉。

(戚廷超)

技工教育

【概况】 2007年,长春市共有技工学校有25所(含6所民办学校,1所股份制学校)。其中,国家级高级技工学校3所,技师学院4所,省部级技工学校6所。在校学生21 264人,其中,城市学生7 019人,农村学生14 245人,有高级技工班学生437人。技工学校总占地面积近60万平方米。共有教职员工1 088人,文化理论课教师541人,其中高级讲师167人,讲师168人;实习指导教师247人,其中,高级实习指导教师35人,"双师型"教师428人。全市技工学校专业设置达到84个。2007年招生9 585人,毕业生6 268人,就业率98%。

【合理规划布局】 高标准重点抓好10所技工学校建设工程,进一步改善重点技工学校的办学条件。抓紧抓好重点技工学校城乡联合办学覆盖面,全面开展城乡一体化联合招生,促进城乡衔接,通过努力,基本形成了集团化办学雏形。适度扩大民办技工学校的办学规模,在抓好现有民办技工学校基础上,对具有较强实力,要求申办技工学校的社会实体或企业,所开设的专业起点高,具有发展潜力的传统专业或新职业,给予积极扶持。推动办学思想转变,实行优质化办学,深化人才培养模式改革,大力推行工学结合、校企合作的办学形式。

【深化教育改革】 以长春市产业结构调整和产业升级的需要为出发点,及时调整和不断优化技工学校的专业设置,全市规划重点发展的10所技工学校基本建立覆盖长春市汽车制造、机械制造、生物制药、光电子制造、现代服务业等产业的骨干专业。深化技工学校教学改革。适应经济社会发展需要,根据市场需求,进一步调整课程设置和教学内容,继续实行"模块式"、"一体化"教学改革,试行"学分制"改革试点,加强实践教学环节和职业能力培养。教研教改工作。各校按照培养目标要求,抓紧抓好课程教材改革工作。开展了省、市专业带头人教研教改课题研究活动,组织了精品教材讲义的评选活动和以"让教法更贴近学生"为主题的教师教学法评优活动。

【重点落实三个计划】 1. 低保家庭适龄子女就业技能培训计划。认真落实吉林省劳动和社会保障厅、财政厅、民政厅《关于下发〈吉林省城乡低保家庭适龄子女就业技能培训计划实施办法〉的通知》(吉劳社培[2007]128号)文件。全市培训任务1 520人,其中城镇700人。市劳动和社会保障局、财政局、民政局联合成立了工作领导小组,制定了实施方案,分解了任务指标,明确工作任务。全年培训城乡低保家庭适龄子女1 661人,当年就业610人。2. 教师素质提升计划。充分利用省、市规划的公共师资培训基地并与国内外教育机构联系,培养重点学校重点专业骨干教师和专业带头人。组织部分技工学校28名教学骨干到香港理工大学培训，组织13名技工学校校长参加清华大学培训，组织40名技工学校教师到华东师大培训，组织23名技工学校机械技术理论课教师到天津中德职业学院培训。在省劳动和社会保障厅指导下继续开展“双师型”教师培训认证工作，“双师型”教师达标率为90%以上。在省劳动和社会保障部门指导下，做好技工学校教师资格证书认证工作。按照省厅下发的《全省职业教育师资及管理人员培训工作规划(2004－2010)》学历达标规划要求，开展远程教育培训工作。进一步完善了职业培训师资人才库。3.实训基地建设计划。充分利用国家职业教育专项基金和教育费附加等经费渠道，加快实训基地建设。2007年落实教育费附加900万元，落实国债资金600万元，主要用于部分公办重点技工学校改善办学条件。

（李　钢）

职业与成人教育

【概况】 2007年，全市有中等职业学校108所，在校生9.3万人，其中，教育部门所属职业学校83所(公办、行业、企业42所，民办40所)，在校生6.7万人；劳动部门所属技工学校25所，在校生2.6万人。全市各类职业培训机构161个，国家、省级重点职业(技工)学校26所。2007年，长春职业技术学院被国家教育部、财政部列为国家重点建设的100所示范性高等职业院校立项单位，成为长春市高等职业教育发展的里程碑。全市中等职业学校教职工7 033人，其中，专任教师4 535人，专业教师2 562人，兼职教师739人，“双师型”教师553人。开设交通运输、装备制造、信息、农业等13大类112个专业，基本涵盖长春市国民经济和社会发展的各个领域。

【实训中心建设】 全市职业教育实训中心建设全年设备总投入达到6 284万元，其中15个重点打造的实训中心设备全年累计投入5 184万元。完成了利用奥地利政府贷款4 150万元采购实训设备项目的论证、审批、采购等十几项手续的办理工作，大大提高了长春市职业教育的实训装备水平。依托长春市机械工业学校完成了长春市制造业技能人才实训中心建设，建筑面积2.5万平方米，资金总投入8 000万元，其中设备投入3 000万元，可同时容纳1 500人实习实训，大大提高了长春市中等职业教育服务经济社会发展的能力。

【县(市)区职教中心建设】 依托各县(市)、区职教中心，打造农村职业技能人才培养培训中心。5月9日，市政府在农安县召开了全市县(市)区职教中心建设和农村职业教育发展现场会，出台了《关于加强县级职教中心建设，推动农村职业教育发展的指导意见》和《关于加强农村职业教育师资队伍建设的指导意见》。农安县、德惠市职教中心已投入使用，九台职教中心建设已基本完成；榆树市职教中心建设已完成征地5.3万平方米；双阳区在原有基础上，进行了基础设施的完善。农安、德惠、九台3县(市)职教中心建设的完成，为长春市中等职业教育增加占地面积11万平方米，增加建筑面积7.6万平方米，提高承载能力5 000人，为长春市农民教育培训、农村劳动力转移培训、农村社区教育、创业教育、科技推广等提供了有力的支撑。12月份，吉林省政府在农安县召开了全省县级职教中心建设现场会，进一步推动了县级职教中心建设的步伐。

【加大贫困学生的资助力度】 免费接收因家庭困难未升入高中段学习的城市低保、特困家庭1 135名初中毕业生到各职业学校就读。利用国家助学专项资金457万元资助职业学校贫困学生4 570人，市教育局投入100万元“教育券”专项资金，资助贫困学生2 000人。各职业学校通过奖、助、勤、补、捐、减免学费等形式资助家庭贫困学生。全市职业学校受到资助的学生达11 842人，占学生总数的20%。下半年，国家实行新的助学金制度，共有2.5万名农村学生和城市低保家庭学生获得了每生每年1 500元的助学金。

【教师培训工作】 实施2007年国家、省师资培训计划，选送97名教师参加了国家级培训，108名教师参加了省级培训。依托清华大学举办了全市数控、机械加工专业教师和德育管理干部培训班，81人参加了培训。举办职业学校班主任培训班，400多名班主任参加了培训。举办职业学校科研人员培训班,500多人参加了培训。全年累计完成了专业教师市级以上培训2 500人次,强化了职业学校教师的全员校本培训。分层次、分批次的培训,取得了明显的成效,师资队伍的整体水平有了很大提高。

【长春市职业教育教学改革项目实验】 通过公开招标,确定了半工半读、学分制、教学模式改革、人才培养模式改革等14个方向50个实验项目,对项目实验逐一进行了论证,对全体参加实验人员进行了全员培训,并组织专家进行责任分工、跟踪指导。项目管理小组对项目实验进行了全过程的调度、监控和指导,分阶段听取了汇报并作了抽查。各基层学校积极性高,领导重视,项目成员认真工作,项目实验研究工作取得阶段性成果。11月中旬,市教育局对50个实验项目进行全面检查、评比,对成果显著、指导性强的予以表彰,共投入资金139万元,分启动资金和阶段奖励资金两次拨付,对项目实验提供支持。这种边探索研究边实践应用的做法,调动了职业学校教师教育科研的积极性,也推动了职业学校的内涵建设,提高了职业学校的教育教学质量。

【职业教育技能月活动】 各职业学校普遍在4月或5月在校内举办了技能月活动,强化技能训练,举办技能大赛。长春职业技术学院、长春市二中专、吉林省水利水电学校等二十几所学校开展了技能月总结展示开放活动,全市集中在文化广场进行了展示。组织学生开展了学生技能大赛,代表吉林省参加了在重庆举办的第二届全国职业学校学生汽车、服装、信息、电子、机电专业技能大赛,在30多个代表队中获团体第八名,5个单项的金牌,得到国家和省里的充分肯定。

（戚廷超）

2007年6月1日国际儿童节,吉林省省长韩长赋,省委常委、长春市委书记高广滨到南岭小学看望农民工子女

德育教育

【概况】 2007年,长春市教育局深入贯彻落实中央8号文件精神,着力培养学生良好的思想道德素质和健康的心理素质,积极探索适合中小学生发展特点的教育方法,紧紧抓住学校、家庭、社会这3个环节,创设多种载体,进一步增强青少年爱国情感,树立正确的理想信念,培养健康人格,促进他们全面发展,学校德育工作取得了可喜成效。

【中小学行为规范示范校创建活动】 中共长春市委宣传部、长春市文明办、长春市教育局联合在全市开展了“长春市中小学行为规范示范校”创建活动。两年来的创建活动推进了长春市基础道德教育的创新和发展,创建过程中也不断涌现令人欣喜的成果。在创建活动中,各地各校遵循教育规律,运用科学的教育理念,抓住一条主线,开展行之有效的创建活动。把爱国主义教育、民族精神教育、荣辱观教育等比较高远和抽象的内容具体化,化远为近,化大为小,化虚为实。比如十一高中的“树人教育”、雷锋小学的“道德银行”、刘家小学的“责任教育”等,都让学生看得见,摸得着,做得来。充分调动了学生的积极性,变“要我做”为“我要做”。与此同时,各校还把创建工作与学校的中心工作结合起来,与日常的德育工作结合起来,与长春市的“创城”工作结合起来,使创建工作不脱离实际,扎扎实实。

【中小学生心理健康教育】　针对心理健康教育途径单一、实效不强的情况，长春市教育局探索出开展心理健康教育的6个途径，即：开设心理健康教育课或讲座，提高学生的心理健康意识；开展心理咨询活动，不断解除学生的心理问题；以校园心理剧为载体，开展同伴心理互助；坚持在学科教学中渗透心理健康教育，促使学生的心理品质在潜移默化中发展；开展丰富多彩的心理健康教育活动，增强学生的心理体验；家校联手，形成关注孩子心理健康发展的合力。促进了心理健康教育工作的全面开展，确保了学生心理品质的健康发展。2007年3月，长春市委宣传部、长春市文明办、长春市教育局、长春市新闻出版局在二实验中学共同举办了长春市中小学首届"阳光杯"优秀心理剧的征集和评选活动，扎实有效地推进了心理健康教育工作，使中小学生的心理品质得到了健康和谐的发展。2007年10月12日，中央电视台《焦点访谈》栏目以"培育健康心灵"为题，对长春市教育局的心理健康教育作了专题报道。《光明日报》、《人民日报》、《中国教育报》、中央人民广播电台等国家主流媒体都对长春市中小学心理健康教育进行了报道，社会反响很好。

【实践教育活动】　紧紧围绕全市创建国家卫生城市和全国文明城市这一工作大局，2007年4月长春市教育局联合长春市委宣传部、市文明办、团市委、市妇联共同举办了在长春市中小学中开展"讲卫生、做主人、强素质、作贡献"主题实践活动。活动从中小学生的身心发展和成长特点出发，通过主题班会、演讲比赛、征集论文等形式进行大讨论，为两城联创献计献策，同时加大学校健康教育力度，营造了浓厚的创城氛围，为长春市"双城"创建做出了应有的贡献。

【素质教育基地建设】　将东北师范大学自然博物馆作为吉林省科普教育基地、长春市中小学素质教育基地，免费接待中小学生集体参观，为长春市中小学课外科技活动提供了方便条件。仅2007年，就有万名中小学生参观了东北师范大学自然博物馆。举办长春市中小学生"爱祖国、爱家乡、爱自然"科普系列活动启动仪式，将课堂延伸到社会，延伸到实践基地。

【课题研究】　为进一步提高德育的科研水平，发挥长春市未成年人思想道德教育研究会的作用，由王树彬局长主持的吉林省教育科学"十一五"规划重点课题《构建未成年人思想道德教育机制的研究》，于2007年5月在朝阳区实验学校召开了总课题开题大会。这一课题参加的实验区有13个，实验校100所，共审批子课题208项。经过1年多的研究，在三大机制的构建上都有不同程度的突破。例如德育课程的开发、行为规范养成教育、德育评价和班主任队伍建设等热点、难点问题均有重大突破。各区校子课题的研究也都取得了不同程度的成果。

（戚廷超）

教育科研

【概况】　2007年长春教育科研工作主要围绕"不断提升科研水平，更有效地实施科学的教育"这个主题而展开。制定《长春市教育科学"十一五"规划课题指南》。根据《长春市教育科学"十一五"规划课题管理办法》，按照教育科研注重实际、时效和效益的原则，经过反复论证和评审，长春市首批立项"十一五"规划课题265项，其中重点课题50项。

【以主导课题带动科研工作的整体推动】　2007年市教育局投入200万元启动了50个职教研究项目。由市教育局副局长周国韬主持的"十一五"期间长春市主导课题"心理健康教育研究"原是"十五"期间省级重点课题，现已列入国家教育科学规划重点课题，参研学校近百所，在已取得多项重大成果基础上，已经发展到开展校园心理剧阶段。2007年2月，由市委宣传部牵头联合召开了长春市未成年人心理健康教育活动成果展示暨首届"阳光杯"优秀校园心理剧表彰大会，此项成果受到教育部和中央文明委高度重视。2007年5月18日和10月12日，《光明日报》和中央电视台《焦点访谈》节目分别以《让灿烂的花季远离成长的烦恼》和《培养健康心灵》为题进行了报道。由教育局局长王树彬主持的长春市市级主导课题《构建未成年人思想道德教育机制的研究》已进入研究实施阶段，该课题带动参研课题208项。市级主导课题《适应经济和社会发展的中等职业教育就业市场开发策略研究》，由市教育局副局长梁国超主持，2007年被长春市科技局批准为长春市软科学研究规划项目。

【名师的示范效应和引领作用】 从2005年起，长春市陆续推出《长春市教育家群》、《长春市名校长教育思想与实践》、《长春市名教师思想集萃》等系列丛书。在2007年第二届全国中小学科研成果交流会上推出了《长春教育家群》系列丛书，该书收入了15位长春市名校长的教育思想以及教育、教学研究成果，引起了巨大反响。

【推广科研成果】 为了使长春教育科研成果能够在更广的范围转化推广，2007年4月，长春市承办了第二届全国中小学科研兴校成果交流会。来自全国各省市、吉林省各市州及长春地区的科研专家学者、骨干教师500余人参加了这次会议。大会就科研兴校议题以论坛形式进行了广泛交流，长春市有8所学校在会议上进行了交流和展示，受到与会专家的一致好评。

（戚廷超）

教育行政

【概况】 2007年，市教育局认真贯彻落实全省教育工作会议和市十一次党代会精神，以办好人民满意教育为主线，全面推进素质教育，继续深化长春教育综合改革，巩固基础教育优势，大力发展职业教育和民办教育，加强教育内涵建设，促进了各级各类教育加快发展、协调发展，各项工作都取得了新进展。

【优化教育资源】 一是启动农村九年一贯制学校建设规划的编制工作。针对长春市当前农村学校布局分散，办学效益低的现实问题，市教育局将在农村逐步实行九年一贯制寄宿学校。上半年市教育局组织相关人员去沈阳、武汉等地实地考察农村九年一贯制寄宿学校建设情况，学习经验。同时到各县（市）区农村中小学校及所在乡（镇）调研，掌握第一手资料。二是开工建设“长春市养正高级中学”。为解决铁北区域内40万居民没有优质高中的问题，市教育局通过将长春市第十二中学、长春市第四中学整合并异地建设方式组建养正高级中学，该工程4月28日动工，11月10日举行了落成典礼。三是继续做好校园美化和绿化工作。2007年市教育局投入200万元，对城区226所中小学中的100所学校进行绿色生态学校建设。

【支援农村教育】 通过选拔考试，确定城区80名校长及有经验的教师支援农村教育，8月份支教队员已全部到位。组织了农村学校200名校长到城市接受免费培训。同时，市教育局还安排了350名农村教师到县级以上学校进行2个月的脱产研修，组织845名市级以上骨干教师与1 000多名青年教师结成师徒对子，66名特级教师和省学科带头人进行教学开放。继续开展“千人进城”活动，组织各级骨干教师开展送课下乡活动，通过各种方式对农村教师进行全员培训。

【实施农村义务教育经费保障机制】 2007年，长春市农村义务教育学校全部实行经费保障机制改革，解决了农村义务教育学校最基本的公用经费需要。加大对非改制学校公用经费的补助，年补助总额达到约1 250万元。

2007年11月10日长春市养正高级中学落成庆典

【开展文体活动】　成功举办了“长春市中小学生第十四届‘千童之声’演唱会”、“长春市中小学生第十四届管乐大赛”，展示中小学校艺术教育成果。召开了“长春市中小学（幼）第八届艺术系列大赛”和“长春市第十七届少儿艺术系列大赛”，挖掘优秀艺术人才。举办了长春市中小学生球类比赛、长春市中学生运动会。举行了全市阳光体育运动启动仪式及60家学校体育场馆向社会开放启动仪式，召开了全市高一新生军训成果汇报表演大会。

【干部队伍建设】　一是抓能力培训。上半年，以组织实施新课程能力培训为重点，组织校长分赴课改实验区进行学习，举办了地区新课程校长通识培训，为高中实施新课程做好充分准备。二是抓干部交流。继续实行校长公开选拔、中层干部竞争上岗、优质学校校长到薄弱学校任职等制度，4月份，一次性交流提拔干部69名，为学校的发展增添了活力。三是抓和谐班子建设。以创建“和谐班子”活动为载体，抓好与“树新风正气，促和谐发展”主题教育的有机结合。

【教师队伍建设】　一是抓机制。以特级教师评选为契机，试行新的人才评选机制，成立专家评审组深入申报人员单位进行实地考察，做到师德、师能和实绩相结合。同时，跟踪指导双阳区管理体制改革，并进行宣传推广，为全市改革做好准备工作。二是抓培训。适应高中新课程改革需要，组织了全市237名高中初始年段的教师参加国家级高中新课程改革培训，相关人员已全部完成了省级通识培训。组织了第二届“骨干教师专业发展论坛”。全市共有3 000余名教师听取了论坛。举办了中学心理教师课程培训班。并做好一类城市语言文字工作国家评估前的各项工作。三是抓交流。全市确定了首批交叉任教教师442名，对人员、学校和岗位进行了明确。8月下旬交叉任教人员已经全部到位。

【规范发展民办教育】　印发了规范民办教育发展的系列文件。畅通监督投诉渠道，加大对违法、违规办学行为的打击力度，改善了民办学校办学秩序，2007年关于民办学校及社会乱办班的投诉举报，较2006年同期相比下降了44%。

【行风建设】　一是进一步完善教育系统“三位一体”反腐倡廉整体工作格局，研究制定了《长春市教育局2007年反腐倡廉重点任务分解落实的实施意见》，共成立了治理教育乱收费、规范办学、规范招生等14个领导小组，明确责任。二是与长春市纠风办联合组成检查小组，认真开展春季收费检查工作。三是进一步拓宽群众监督渠道，2007年，长春市教育局在长春教育网上全面公开了省市直属中小学校、全市所有改制校和参加联评各学校共计84所学校现行的收费项目和收费标准，广泛接受社会和群众监督。四是进一步拓展联评范围，在按照省里要求推荐28所学校参加全省联评的基础上，把全市其他所有改制校全部列为市级重点联评单位，有效地促进了教育行风建设。

【创建平安校园】　安全是学校压倒一切的大局，市教育局继续开展“平安校园”创建活动，为教育改革和发展，创造良好的外部环境。在安全工作上，做到了“六到位”。一是领导到位。成立了应急管理办公室，将综合治理、应急管理、学校安全和信访等工作统一归口管理，加强了对学校安全工作领导的力量。二是工作部署到位。编写了20个安全管理制度和17个应急预案，汇编成册下发全系统所有学校。组织召开了全市教育系统综合治理、应急管理、安全、信访暨创建“平安校园”工作会议。三是教育到位。把普及安全防护基本知识纳入课堂教学。所属学校均聘请消防干警为消防辅导员，使消防安全教育进入校园。开展“千名法制副校长进千校，宣讲安全自救知识”主题活动。推行了安全工作形势分析制度。四是培训到位。组织直属学校校长进行安全教育培训，提高了校长队伍抓学校安全工作的领导能力和素质。开展了全系统消防演练暨聘请消防辅导员启动仪式，多家媒体进行了报道。五是检查到位。联合市公安局、市交警支队、市消防支队、市房地局、市卫生局卫生监督所，开展了以“查、帮、建”为主要内容的学校安全工作检查。六是依法治校工作到位。召开了“长春市第二批依法治校示范校总结表彰大会”，评选出“长春市依法治校示范校”42所。

（戚廷超）

科 学

科　学

科学技术

【概况】　2007年，长春市科技工作紧紧围绕“大发展、快发展”这一中心任务，落实《长春市中长期科学与技术发展规划纲要》各项部署，实施“双百”工程，启动重大科技专项，推进国际科技合作，强化创新能力建设，全市科技创新和高新技术产业发展迈上了新的台阶。高新技术产业产值实现1 240亿元，增长22.7%。全社会R&D投入达到36亿元，增长15%。专利申请量达到3 418件，同比增长27.5%，其中发明专利1 117件，同比增长38.8%。技术市场交易额达到15.3亿元，增长14.8%，占全省总额的87%。列入国家和省级项目为365项，获得科技经费1.41亿元，是地方财政科技投入的3.3倍。

【组建产学研技术创新联盟】　2007年市科技局以组建创新战略联盟（以企业为主体，以市场为导向，由高校院所参与，通过合同和制度的约束，使联盟成员单位明确在实施重大科技专项中的目标、任务和责任）的方式启动了高性能稀土镁合金、玉米生化关键技术及产业化、疫苗及基因工程药物等3个重大科技专项，共列入21个项目。预计到2010年，长春市稀土镁合金、玉米生化、疫苗及基因工程药物产业链将基本形成，项目完成后至少可实现销售收入96亿元。

【“双百”工程】　2007年，在实施“科技成果转化百亿增值工程”方面，共支持了21项，政府投入资金990万元，引导企业投入2.09亿元，项目达产后可实现销售收入96亿元，利税18亿元；在实施“长春市科技创业风险投资促进百户企业快速发展工程”方面，由于5 000万元的科技创业风险投资引导资金没有落实，市科技局对项目进行了储备。受理项目124个，对31个重点项目进行了调研。

【国家创新基金联审试点城市】　2007年，为了争取更多国家、省的科技资金支持，长春市在科技资源有限的情况下设立专项资金实施市科技型中小企业技术创新计划，鼓励、培育、支持和促进长春市科技型中小企业技术创新创业。同时，申报国家创新基金项目的命中率排全国前列，被科技部列为2007年创新基金国家与地方联审试点城市。截至2007年底，通过市科技局分两批推荐国家创新基金项目共28项，其中“点阵模块全彩色LED超高均匀度显示屏”等19个项目获得国家创新基金支持，获得无偿资助1 545万元。

【科技惠及民生工作】　2007年，市科技局通过实施社会发展计划，重点支持解决市民普遍关心的交通不畅、社会治安、食品药品安全等民生问题；实施农业科技计划，抓好农业星火科技专家大院建设工作。全年新建6个专家大院，使全市专家大院达到39个。推广农业先进适用技术412项，有2个村被列入科技部首批社会主义新农村科技示范村；大力开展农业科技培训活动，推进农业实用科技的普及和传播，共组织大豆宽窄行密植高产栽培技术、农村经纪人培训等各类科技培训班253期，培训农民3.3万人次；大力发展绿色农业，努力解决百姓最关心的“吃得放心，吃得科学”的问题；在设立绿园区科技特派员试点的基础上，又将朝阳区和双阳区列入计划。至2007年年底，全市有3个区共下派了科技特派员56名，全面铺开了科技特派员工作。

【对外开放】　长春中俄科技园经过一年多的建设已初具雏形，注册成立了有限责任公司，以灵活的经营机制，把政产学研等各种创新要素结合在一起，并被科技部正式批准为“长春国际科技合作与创新园”，科技部每年支持500万元，连续支持3年。年底前，已完成1.4万平方米基础设施主体框架工程。俄罗斯、白俄罗斯在中国常设技术市场落户长春中俄科技园，入驻企业达到8户，形成产值1.5亿元。长春光学合作研发基地被科技部批准为国家级国际科技合作基地。中德共建的“长春激光加工工程中心”建设进展顺利，长春理工大学自购CO_2激光切割/焊接一体机进入安装与调试阶段。

【创新创业环境】 在已经建成的3个服务平台基础上，2007年新开通运行了“中俄、中德国际科技合作网络平台”、“大型科学仪器设备共享平台”和“市政府与科技企业信息互动平台”；成功举办“2007年第八届中国(长春)计算机通信产品博览会”，参展企业达300多户，销售总额7 600余万元；成功举办“第二届上海长春科技创新项目推介会”，集中推介了115项来自上海、东北技术转移联盟及长春市的高新技术项目，合同金额达2.97亿元，可拉动产值达11.2亿元；民营科技企业孵化器大厦土建主体工程按时完工。

【知识产权创造与保护环境】 通过加强知识产权宣传培训工作，全社会知识产权保护意识明显提高。市知识产权局通过举办培训班和讲座、开展纪念“4·26世界知识产权日”大型活动、在新闻媒体设立“保护知识产权宣传周”专栏、知识产权进社区活动等形式，努力向全社会传播知识产权保护知识。全年共举办培训班和讲座12次，培训3 000余人，在新闻媒体发表宣传稿件30多篇；进一步强化知识产权行政执法工作力度，加强对各种展会、大型商业集散中心的专利执法工作。在光电博览会等大型展会进行现场执法，会同市工商局、新闻出版局等，在全市20多个大型商业企业开展了冒充专利检查，并与市农委开展了清理农机市场冒充专利产品和假冒他人专利产品专项行动；建立了知、警、企知识产权保护长效合作机制，与市公安局联合确定了全市首批知识产权警企协作重点保护企业56户；积极推进企业专利成果转化工作。开展了专利产业化示范企业工作，确定了24户示范企业，并在工作上给予支持和指导。2007年年底，国家知识产权局的专家组按照“国家知识产权示范城市评定指标”对长春市进行了评定，并正式授予长春市为首批“国家知识产权工作示范城市”。市知识产权局被国家人事部和知识产权局授予“全国知识产权系统先进单位”。

（李岩良）

防震减灾

【概况】 2007年，长春市的防震减灾工作坚持以科学发展观为指导，深入贯彻全国和全省防震减灾工作会议精神，继续坚持预防为主、防御与救助相结合的方针，坚持防震减灾工作与经济建设一起抓，进一步加强地震监测预报体系、震害防御体系和紧急救助体系建设，地震监测微观观测手段完全实现了数字化，城市综合抗御地震能力得到了提升，防震减灾综合评比继续蝉联全省第一名。

【法制建设】 积极推进防震减灾法制建设，建立健全依法行政工作制度。制定了《长春市地震局行政执法责任制度》、《长春市地震局执法程序和重大处罚备案制度》、《政务公开制度》、《行政许可制度》以及《规范性文件备查备案制度》等共计30余项制度和措施，按要求制定了各项行政许可文书和行政执法文书，保障了依法行政的顺利开展。根据工作需要，成立了依法行政、行政执法责任制工作领导小组，案件审理委员会和政务信息公开工作领导小组，两个领导小组办公室都设在局震害防御处，具体负责全市地震系统依法行政、行政执法、案件审理以及政务信息公开等各项工作。重新核定了长春市地震局行政执法项目。收集梳理了各项行政执法依据，并按照《中华人民共和国防震减灾法》、《长春市地震安全性评价管理条例》等法律法规所赋予的权限，对现有行政执法职权进行了科学的分解，责任落实到人。加强了行政执法队伍建设。建立了《长春市地震局执法人员培训制度》。制度规定在全系统内推行地震执法人员岗位培训制度，各单位每年应至少开展一次地震法规培训活动。行政执法人员必须接受有关法律业务培训，经考核合格后，方能申领执法证书。否则不得安排上岗执法。组织开展了"法律六进"活动，进一步提高了地震系统干部职工防震减灾法律意识增强社会主义法治观念，提高了依法行政能力和水平。组织全系统执法人员认真学习了《中华人民共和国防震减灾法》、《行政许可法》等相关法律法规；并分3批参加了市法制局举办的行政执法和依法行政法制培训班。组织机关处级以上人员参加了普法考试，机关全体人员参加了《保密法》和《公务员处分条例》考试和竞赛。重视做好行政执法监督工作。一方面向市政府申请增加人员编制数，同时指定局秘书处负责行政复议以及行政执法监督等工作。建成了长春市地震局法制信息采集系统数据库。该数据库的建立，不仅可以适时跟踪、采集与地震执法工作相关的信息来源，而且实现了对执法队伍的动态管理，提高了工作效率。采取每年一度的全面检查监督和阶段性检查监督相结合的方法，加强防震减灾执法检查和监督。检查和监督的内容主要是看行政执法程序是否合法；行政执法决定的内容是否合法、适当；行政执法文书是否真实、规范；是否依照法定权限、程序和期限处理矛盾纠纷；是否存在依法应当受理行政复议申请而不受理、未依法审理行政复议案件、不按法定期限提交书面答复和有关证据材料的情况。行政执法责任制是否落实到位，是否存在违规收费、越权审批的情况。"五五"普法规划制定情况。各建设单位执行《中华人民共和国防震减灾法》以及《长春市地震安全性评价管理条例》等法律法规的情况。6月22日，市人大常委会副主任李发锁和主任会议顾问吴大勇同志，率城环委领导和委员一行12人，对全市防震减灾工作进行了视察，市人大和城环委领导在视察中表示，要依法为长春市防震减灾工作提供支持，地震部门要继续与发改委等部门配合，对必须作安评的工程，提出意见，先管起来，推进地震执法工作，逐步将安评管理纳入基本建设管理程序；市人大领导希望各级政府和地震主管部门，要认真落实防震减灾"十一五"规划，继续争取多渠道的资金投入，适时进行地震监测设备的升级换代，加强地震宏观观测基础设施建设，提高地震监测预报水平，做好地震应急和宣传工作，巩固防震减灾工作成果，为长春市经济又好又快地发展做出新的贡献。

【监测预报】　对地震速测速报中心台网进行了检修，完善了相应功能，提高了地震三要素的确定精度；榆树地震台完成了子台和中心台的信息节点安装工作，新安装网络服务器；新安装了WYY－1型气温、气压、雨量综合测量仪等气象三要素观测设备，并实现网络传输；双阳地震台完成了测震摆房的建设。各县（市）区对地震宏观观测站点的建设都进行了规划，而且有不同程度的加强。南关区科技局重新改建了市动植物园的宏观站，为明星观测动物进行了揭牌仪式。九台卢家和榆树土桥地下水观测站的井房也得到了修缮。双阳地震台长水管观测质量在全国获得第二名，榆树地震台地电和大地电场获得优秀。依托长春信息港，建设了长春市地震局网站，局内相关信息及时在网上发布，大大提高了信息传播速度。将信息资料传输系统工程建设纳入"十一五"重点建设项目。重视做好地震活动与地震前兆信息的分析与处理。2005年7月25日桦甸查干花5.1级和2006年3月31日前郭5.0级地震发生后，市地震局加大了对地震活动与地震前兆信息的分析和处理的力度，加大了调数的密度，由过去每周调集台站数据一次改为每日一次。加强了对历史数据的整理和入库工作，目前地下水位原始记录图纸的扫描归档工作已经结束，该项工作的完成，对深入分析长春市地下水连续观测数据提供了可靠的保障。加强了对数据信息的深入处理和挖掘，以多角度、多参数来分析数据，增强异常的可信度。加强观测资料质量管理，对地震监测和观测资料的质量进行严格把关，年初组织所属地震台、站参加了全省2006年度观测资料质量评比，所有参评手段均获得优秀以上成绩。双阳地震台监测手段获得全国第三名。根据《中华人民共和国防震减灾法》的规定和中国地震局的有关要求，制定了长春市短临预报、震情跟踪及会商制度。根据此前在前郭查干花5.0级地震应急工作中积累的经验总结，对上述方案和制度进行了进一步的修改和完善，使其更加适应当前紧张震情的需要。建立异常报告登记制度，将责任落实到人头，并先后到朝阳区乐山镇、德惠市米沙子镇等地进行地下水异常的核实；对绿园区锦程学校教学楼晃动进行了现场核实，根据现场调查和实地考察，确定了此次晃动为孤立事件，与地震无关，平息了学校师生的不稳定情绪。对台站上报的异常进行反复分析、处理和会商，形成书面落实报告存档。强化震情观念，加强数据分析处理及震情跟踪监视。严格执行日常工作制度，责任落实到人，及时对数据进行处理和分析，遇有异常及时核实和上报。立足本职，为中心服务，1月16日，召开了亚冬会期间地震趋势会商会，邀请了省内地震专家，通过对省内，特别是长吉两市地震监测手段的认真分析、会商，形成了会议纪要，为亚冬会在长春市胜利召开起到了保障作用。起草了《长春市地震概况及近期地震形势》、《2007年长春市地震趋势分析及主要对策》、《2006年度长春市地震局应急工作评估》等书面材料，分别上报主管市长和市政府应急办公室。加强与周边地区的业务联系和信息沟通，积极参与和建设松嫩平原地震联防协作区地震趋势会商机制；召开地区会商会并认真准备会商报告，认真参加全省会商会。

【震害防御】 在总结“十五”工作的基础上，编制了长春市防震减灾“十一五”规划，组织召开了针对“十一五”项目的专家论证会，经市政府同意，与市发改委联合下发了《关于下发〈长春市防震减灾“十一五”规划〉的通知》（长发改地区联［2007］330号）。“长春市隐伏断裂探测与地震危险性评价”工程项目，完成了初勘阶段的11个子项目和详勘阶段的全部工作任务，并通过了国家的验收。这一工作成果，已把长春市区地下隐伏断裂及其活动性搞清，建立了三维地震地质信息系统，划出了市区地震危险系数场，为城市建设和规划提供科学的依据。加强乡镇民居抗震设防工作，逐步实施农村民居地震安全工程。开展了农村民居地震安全相关基本情况调查。通过调查，掌握了全市农村基本情况（包括农村地理环境、人口总数及其大致分布、农民收入等经济社会发展基本情况等），摸清了农村民居的主要建筑结构类型、建筑材料、施工工艺等基本情况，为下一步工作的顺利开展奠定了良好的基础。与建设部门联合制定了《长春市农村民居地震安全工程实施意见》，对长春市实施农居工程的指导思想、工作目标和原则以及主要任务和保障措施等作出了具体规定，并以市政府办公厅的名义下发各级政府及相关单位具体落实。此外，为了推动和保障农村民居地震安全工程的顺利实施，还将农村民居地震安全工程建设纳入《长春市防震减灾十一五规划》，并在“十一五”期间安排了农居安全工程示范项目。

【应急救援】 编制了《长春市地震预警机制方案》，该方案包括信息监测与预报，预警预防行动，预警支持系统等几个部分，对长春市出现地震异常时的临震应急反应将起到积极的指导作用。修订了《长春市地震应急预案》。修订后的预案包括总则、组织指挥体系及职责、预警和预防机制、应急响应、后期处置、保障措施、宣传培训和演习、附则等8个方面的内容，系统、详实地对地震应急工作进行了明确规范，是长春市从容应对破坏性地震袭击的有效保障。上述两个“预案”已获市政府批准实施。各县（市）区地震应急预案编制工作已基本完成。完成了地方抗震救灾指挥部联络数据、地方政府系统联络数据、地震系统联络数据、灾情速报网络等地震应急数据及全市防震减灾基本情况的收集上报工作。各县（市）区政府以及驻长各大型企事业单位也按照要求，分别制定或修订了各自的地震应急预案。地震应急物资储备作为一项重点工作已纳入防震减灾“十一五”规划，具体工作正在筹备当中；组织开展了长春市地震应急数据收集工作。收集内容主要有：各级政府地震应急预案制订情况，各级政府抗震救灾指挥机构设立情况，各级政府抗震救灾指挥部联络数据，各级政府系统联络数据，地震系统联络数据，灾情速报网络等地震应急数据；重点监视区大中城市（包括长春市、九台市、德惠市、榆树市)的房屋状况、人口分布、重大次生灾害危险源分布、生命线工程分布、大型厂矿分布、医疗救护和消防力量等有关数据资料,包括有关的地质构造图,行政区划图等图件。这些数据的取得为建立长春市地震应急数据库积累了宝贵的资料。建立了长春市地震突发事件应急处置专家库。全局应急可用车辆已达6台,购置了8套计算机,专门用于应急指挥系统的计算机等硬件设备已经到位,为迅速有效地开展地震应急救援工作奠定了基础。开展了应急救援工作的定期检查,加大了地震应急演练力度,全年共参加和举行应急演练3次。4月23日,由副局长唐祝林带队,参加了吉林省地震局组织的地震快速应急反应演习,做到了在第一时间内到达演习现场,受到了省地震局领导的高度评价;此外,市地震局还联合朝阳区科技局、长春市星星泉防震减灾宣教基地分别于7月25日和7月27日组织了两次教学性的地震应急演练,收到较好效果。

【社会动员】　依据国家地震局《地震群测群防工作大纲》并结合本地实际,加大地震宏观测报网点建设力度,初步构筑起市、县、乡三级地震宏观观测测报网。建立了长春市市、县、乡三级地震应急通讯网络,保证了震情灾情的快速传递。以长春市信息港为依托,构筑起全市地震科普宣传网。与市妇联联合建立的星星泉地震宣教基地已上报中国地震局,争取纳入国家宣教基地。2007年又投入10万元对地震体验平台进行了进一步改造和维护,改造后的基地全年宣传教育达5万多人次,发挥了非常好的宣传教育效果。有关防震减灾教育基地建设项目已经列入了长春市防震减灾“十一五”规划。制订了长春市2007年度防震减灾宣传工作计划,并以局发文件形式印发至各县(市)区科技局和局属各单位。计划确定了2007年宣传工作的指导思想,重点部署了4个方面的工作。制订了长春市地震系统“法律六进”活动实施方案。根据这一方案,长春市地震系统“法律六进”活动共分工作部署、组织实施、检查验收三个阶段进行,将于2010年结束。该方案已印发至各县(市)区科技局和局属各单位。在系统内组织开展了“百家网站奥运相关法律法规知识竞赛”活动。于9月初将有关文件转发到局机关各处室及局属各台站、中心。接到文件后,各单位快速行动,于9月20日前便组织本单位的职工参加了这次竞赛,圆满地完成了任务。组织开展了纪念“7·28”唐山大地震宣传周系列宣传活动。为搞好这次活动,市地震局专门召开会议,研究确定了宣传主题和宣传形式,拟订了宣传活动方案,并对各县(市)区科技局和局属各台站和中心的宣传工作做出了具体的安排部署。宣传周期间,市地震局联合各县(市)区科技局共同组织开展了防震减灾知识“进三园”(进家园、进校园、进公园)系列宣传活动。本次活动全市共分为10大片区,重点安排了8个板块的宣传活动。10大片区即长春市的10个县(市)区,8个板块分别为地震应急演练、地震科普知识竞猜、评选防震减灾小宣传员,地震模拟体验、动物明星观测员挂牌、防震减灾科普知识图片展、防震减灾宣教片展播以及社区志愿者文艺演出等8个群众喜闻乐见的活动板块,这些活动的开展,吸引了众多的市民驻足观看,活动达到了预期目的。在这次防震减灾宣传周活动中,全市共展出防震减灾知识图片展板100余块,悬挂条幅30余幅,解答公众咨询1 000多人次,改造完成并启动运行一个防震减灾教育基地,新建地震宏观观测基地一个,组织社区干部群众观看防震减灾知识电教片10余场次,举办各类模拟地震应急演练3次。吉林电视台、长春电视台、吉林日报、长春日报、长春晚报、新文化报、城市晚报、新闻网等多家新闻媒体对本次活动进行了报道,收到了很好的宣传效果。活动结束后,吉林省地震局还专门调阅了此次活动相关资料,并作为典型材料向国家局进行了推荐和申报。

(王春光)

科学技术协会

【概况】　2007年,长春市科协系统全体工作人员坚持为经济协调和可持续发展服务,为提高全民科学素质服务,为科技工作者服务,广泛深入开展科学普及、学术交流、国际科技交流与合作和科技咨询与服务,全面加强科技工作者之家建设,为推进长春经济更好更快发展做出了应有贡献。在中国科协和中共长春市委、市政府的领导下,圆满顺利地完成了承办第五届博士生学术年会的各项任务，取得了预期的效果。本届博士生学术年会提出的具有显著特点的新鲜形式，即举办博士生就业信息发布会和科研成果推介会，把博士生学术年会交流的学术专业与长春的重要产业有机地结合在一起的做法，丰富和创新了会议内容。第五届博士生学术年会坚持以科学发展观为指导，以贯彻落实科教兴国、人才强国和可持续发展战略为指针，以“增强科技人才素质，促进创新人才成长”为主题，把促进长春科技与经济发展、引导学术交流服务经济建设、努力使人才培养与智力支撑和社会需求相适应作为出发点，突出为长春经济建设服务理念，充分利用学术交流平台，为地方经济建设和社会发展服务。通过组织开展学术交流活动，大力传播科学思想，激发创新灵感，活跃学术思维，相互学习借鉴，促进创新型人才成长。利用本届学术年会的会议和人才资源，组织了“博士生就业信息”和“科技成果推介”发布会。

【项目建设年】 根据市委、市政府“项目建设年”的工作要求，认真研究和全面部署工作。一是在全市企事业单位开展了“金桥工程”活动，下发了《关于开展2007年度“金桥工程”立项申报工作的通知》，要求各级学会（协会）、研究会、企事业科协、县（市）区科协组织，积极地行动进来，动员和发动全市广大科技工作者面向经济建设主战场，广泛开展群众性的创新服务、技术服务、合作服务和国际交流活动，为科技与企业、科技与乡村、科技成果向现实生产力转化“牵线”、“搭桥”，以增强长春市企业自主创新能力、推动经济发展和促进科技成果向现实生产力的快速转化，为长春市经济社会更好更快发展服务，全年上报“金桥工程”7项；二是在全市企事业单位开展了“讲理想、比贡献”竞赛活动。下发了《关于做好申报“讲、比”竞赛活动项目的通知》，围绕项目建设年工作和科技创新活动要求，组织动员广大科技工作者，紧密围绕企业结构调整、产品升级、节能减排、提高生产效率和技术创新，大力开展献技攻关活动，促进科技人员队伍优化，不断提高企业的技术创新能力，为推动企业健康发展做贡献；三是为了抓好和加强企业的科协工作，推动“讲理想、比贡献”竞赛活动的开展。召开了全市企业科协工作座谈会，会上传达了中国科协邓楠书记《在全国企业科协工作会议上的讲话》精神，转发了中国科协《关于加强企业科协工作的若干意见》和中国科协、发改委、科技部、国资委联合发的《关于在企业深入开展“讲理想、比贡献”活动的意见》，会上相互交流了企业科协工作方面经验和做法，研究探讨了解决存在问题的办法和措施，提出了下一步开展企业科协工作意见和建议；四是起草完成了《关于加强企业科协工作促进企业成为自主创新主体的意见》，拟与市经委、市发改委、市科技局和市国资委联合下发；五是继续开展技术咨询工作。全年共走访20个科研院所，“四技”活动完成技术交易合同15项，完成合同额300万。组织参加“华罗庚杯”全国少年数学竞赛，长春市取得个人1金、3银、4铜，团体总分第七名的好成绩。建设科普画廊。农村科普一站、一栏、一员建设工作基本就绪，采取市场化运作和科协投入的方式，在全市120个乡镇建设了标准科普画廊120处，1 000延长米，科普画廊覆盖了每个乡镇，其中市科协投资了20万元。组织百场科普讲座。组织专家团在全市各城区、各乡镇举办了100场科普讲座，受众达5 000余人。召开长春市科普惠农工作表彰大会。市委常委、宣传部部长王振华、市政协副主席崔玮德、市委宣传部副部长吴鸿韬、市政府副秘书长唐晓明和各县（市）区主管科协工作的领导、部分乡、镇领导和科普惠农工作先进集体和个人，共计300多人参加会议。会上，对11个科普惠农工作先进集体和20位科普惠农工作先进个人进行表彰，先进集体和个人做了经验介绍，这次会议对进一步推动全市科普惠农工作产生了积极影响。举行新农村百业科技致富带头人培训学校开学典礼，成立了培训学校和10所分校，建全了乡镇辅导站组织体系，聘请了50位专家组成的专家组。全年组织培训共4期，先后培训新农村百业科技致富竞赛大王、能手、农技协骨干约400人。

【科学普及工作】 1. 认真抓好《全民科学素质行动计划纲要》工作，全面推进科普工作。根据上级科协的工作部署，结合长春市建设创新型城市的要求，以落实《全民科学素质行动计划纲要》为主要目标，不断提高全体市民的科学文化素质。①切实履行市《全民科学素质行动计划》领导小组办公室的职责，协调部门推动工作落实。组织召开了全市全民科学素质行动计划领导小组办公会议，全面安排部署2007年长春市全民科学素质行动计划工作安排，召开了2次会议，听取工作汇报，研究确定工作方案，稳步推进了全市《全民科学素质行动计划》工作。②充分利用科普活动周，大力开展科普宣传。活动周期间，安排了科普大篷车巡展、举办了“节水在我身边”的水实验活动、进行了全国中小学生机器人竞赛获奖者的机器人现场表演、承办了全国科普日暨吉林省科普周长春文化广场科普文艺晚会，也组织了各县（市）区开展相应的活动，全市参加科普活动周总人数达3万人次。③投资5万元，组织编写百本科普图书，免费向广大市民发放。④开办“科学小宝库”节目。启动了大众传媒科技传播能力建设工程，与交通文艺台联合开办“科学小宝库”节目，每天中午12时20分播出，就老百姓关心的衣、食、住、行、健康、保健和青少年心理卫生、妇科常见病等方面知识进行讲座。⑤组织参加全省中、小学生科幻动画竞赛，全市有20个项目在参加全省比赛中获奖；组织参加全国机器人大赛，长春市取得了1金1银6铜的好成绩，并获得优秀组织奖。2. 举办新农村百业科技致富带头人培训班。为建设社会主义新农村提供智力支持和人才保证，培养一大批觉悟高、懂科技、善经营的新型农民，通过开展农民科技培训，提高农民科技素质，帮助农民增收致富，推动农业产业结构调整和向现代农业快速转型。①举行了长春市农民科学素质行动启动仪式暨新农村百业科技致富带头人培训学校开学典礼及第一期培训班。市全民科学素质行动领导小组成员单位的领导、各县（市）区主管科技工作的领导、各县（市）区委组织部、科协、农业局、妇联的领导、新农村百业科技致富带头人培训工程专家组成员、新农村百业科技致富竞赛大王、能手、农技协骨干约100人参加了本次活动。启动仪式上，表彰了有突出贡献的农业专家，颁布了长春市农民科学素质行动计划方案。原中国科协副主席、现任中国青少年科技辅导员协会理事长刘恕同志为与会人员做了《韩国新农村建设经验》的辅导报告；②成立培训学校。学校根据农民的需求，安排教学计划，科学合理办班，在重点突出、特色鲜明、成效显著上下功夫，花力气。在培训方式上采取了灵活多样的形式，农闲时集中学，农忙时分散学，关键理论、操作技术重点学，常规性知识和技术随时学，边学习、边实践，注重理论与实践相结合，充分利用现代教学手段，如录像片、VCD等科技音像和远程教学等，使学员听得懂、看得清，强调教学质量。重视实习基地建设，结合新技术、新品种的推广应用，根据需要组织学员进行参观、交流、观摩、现场示范等多种形式，开展教学活动；③是认真总结长春市科普惠农工作取得的成绩和经验，表彰一批农村科普工作中有突出贡献的先进集体和个人，进一步了推动农村科普工作深入开展。

【建设科技工作者之家】“海外智力为国服务行动计划”活动不断深入，成效显著。1. 继续组织长春市海外归国科技工作者参加“海外智力为国服务行动计划”活动，2007年上报中国科协“海外智力为国服务行动计划”项目11项，其中有8个项目列为2007年度中国科协“海外智力为国服务行动计划”入选项目。2. 认真总结开展“海外智力为国服务行动计划”情况，上报了开展“海外智力为国服务行动计划”以来的成果，受到中国科协充分肯定，长春市科协被中国科协评为“海外智力为国服务行动计划”活动先进单位，并在表彰大会上作了经验交流发言。3. 在市科协的努力下，长春海外学人创业园被中国科协评为“海智计划”工作基地，全国仅有3家。开展“海智计划”活动以来，市科协充分利用现有资源的潜力，把长春海外学人创业园作为长春市“海智计划”工作基地，利用其完善的服务功能和配套体系，为海外留学及归国人员提供良好的创业服务，3年来，共吸引76名海外学人归国，创办科技企业62家，上报的“海智计划”项目44项，入选44项，有8项被中国科协评为试点项目，18个项目被中国科协海智办评为重点项目。4. 筹备并组建了长春市科协国际交流专家组。为了发挥科协社会团体的桥梁和纽带作用，加强同海外科技团体及科技工作者联系，保持与国外及港澳台科技团体和科技人员的友好往来，促进科技交流与合作，拓宽民间国际交流活动的开展，吸引海外科技工作者为国服务，2007年4月10日，召开了长春市科协国际交流专家组成立大会。专家组由长春市的知名专家学者组成,共26位。

【学会建设】 学会组织是科协组织的基础,是科协开展各项工作的依靠力量。2007年,市科协对学会工作提出了坚持为经济社会发展服务、为提高全民素质服务、为科技工作者服务,加强自身建设,立足创新,突出重点,规范服务的要求,引导学会改革,促进学会发展,支持学会工作主动融入长春市经济社会发展的实际,积极探索为社会服务的途径,不断强化学会服务功能,组织开展星级学会评比活动,推动学会工作不断上水平,先后有7个学会被推荐上报中国科协,参加全国星级学会评比。与此同时,拟定了《长春市学术成果奖评审与管理暂行办法(讨论稿)》和《长春市科协学术项目管理办法》(试行),积极支持和鼓励学会通过开展有偿科技服务等形式,搭建"学术成果转化"平台,规范学术交流。目前,全市学会(协会)、研究会共55个。

【博士生工作】 1. 2007年8月29日~9月1日,第五届博士生学术年会在长春市举行。学术年会共邀请两院院士7位、知名专家3位,参会博士生194位,提交学术论文220余篇。中国科协党组书记、常务副主席、书记处第一书记邓楠同志、国务院学位办等国家有关部门领导和吉林省、长春市领导亲临大会开幕式,在长高校、科研院所博士生和各界代表2 200多人参加了大会及相关活动,参会人员总数达2 500多人。学术年会设立1个主会场、5个分会场,历时3天,中科院院士杨福家、两院院士师昌绪先后为大会作主题学术报告,参加学术交流与研讨的博士生共60位,聘请了10位院士和专家对博士生学术交流进行了现场点评。举行了人才招聘信息发布会与科研成果推介会,组织参会博士生参观考察了长春光机所、长春应化所及大型企业。学术年会有效地搭建了学术交流、引进人才与智力、科研成果产业化和产学研相结合的平台,繁荣了学术交流,畅通了高层次人才交流渠道,促进了青年高端人才特别是创新型人才的成长。2. 组织举办了"博士生就业信息发布会"。会前,向全国220名博士生及驻长高校和科研院所的在读博士生发出了人才求职信息通知300份,向驻长的科研院所、大专院校和企事业单位发出了人才需求信息通知50份,先后收回人才求职信息96份,人才需求信息27份。这次信息发布会汇集了全国20个省市自治区、28所大学、科研院所的96名博士毕业生和在读博士生的求职信息。长春市科研和企事业单位共27家,其中包括中国科学院长春光学精密机械与物理研究所、吉林亚泰(集团)股份有限公司、长春生物制品研究所、中国第一汽车集团公司技术中心、华为技术有限公司、长春皓月集团、吉林省科技馆等。在为期半天的活动中,27家单位的代表和近400名博士生参加了洽谈。在洽谈中,需、求双方共达成意向协议78项。3. 组织召开了博士生"科技成果推介发布会"。邀请了省、市中小企业局、长春高新技术产业开发区、长春经济技术开发区、长春净月旅游开发区和长春汽车产业开发区等单位共同参与承办。围绕全市的经济发展战略,结合长春市要突出和加快发展的几大产业及其相关产业,确定了机械与汽车工业、光电信息技术与光电产业、化学与化工、农业与林业4个研讨专题,在博士生代表中和大专院校、科研院所中征集了优秀科研成果343项,从中选出148项进行重点推介发布。科技成果推介会上，轨道机车车辆称重台及测量系统、汽车钢板成型轧辊送粉、激光熔覆 Co－Wc 陶瓷的研究、轿车用新型系列压铸铝金与铝合金强化技术及产品开发、采用人造金刚石工具对铝合金件进行压加工的新工艺、发动机缸孔表面缺陷检测技术、玉米 ω－6 软胶囊、低热量玉米性多糖膨润片、车道控制器及等级公路和停车场电子收费系统、高效微量元素添加剂、大豆新品种吉农 24 号等 10 余个项目受到青睐。

（刘晓明）

社会科学

【概况】 2007 年，市社科联（社科院）先后完成了市、院（会）、社团三级课题共 14 项。其中，市级课题一项，在市委宣传部的指导下完成了《长春市现代服务业发展》课题的主报告，还代市委、市政府拟定了《加快长春市服务业发展实施意见》的草稿；院（会）级的课题 9 项：主要有《大力推进长春市城市化和现代化进程问题研究》、《我市民营经济发展需要解决的若干问题》、《加快长春元宵业产业化》、《制约我市农民收入因素及增收措施研究》、《长春市公民道德建设现状及对策分析》等。社团级的课题有 4 项：如何发展长春市职业技术教育、人才开发、城市建设和财政体制改革探讨等。这些课题从长春市经济社会发展的实际需要出发，突出了应用性和可操作性，得到了相关部门的好评和采纳，对推动长春市更好更快发展起到了理论指导和建言献策的积极作用。2007 年市社科联（社科院）承办了长春市第三届社科优秀成果评奖。并组织召开了隆重的颁奖大会，对评奖材料和获奖成果详细归档，对在申报工作中表现突出的单位和个人进行表彰等，出色地完成了各项工作，对调动长春市社科工作者参与和谐长春建设的积极性起到应有的效果。2007 年，社科联（社科院）还为市政协提供了《控制粮食深加工规模，确保粮食安全的建议》等报告和提案；为市直机关党工委完成了《机关和谐文化建设研究》专题报告；配合市文明办组织了“文明长春建设”研讨会；为市委宣传部组织了“学习王洪军”系列座谈会和专题稿件；参加了市委组织的十七大精神宣讲团、专访论坛；承担了市委组织部人才办关于“长春市服务业人才现状”调研任务；配合市委党史研究室完成了“抗日战争时期长春有关资料”的调查整理工作。社团管理有新的措施。目前，市社联所属的团体会员单位有 68 家，会员 5 万多人，门类齐全，遍及全市各行各业，地位越来越重要，作用也越来越大。对所属社团进行管理是市社科联的主要职责。从 2006 年下半年开始，社科联（社科院）在全市社科系统组织开展了“标准化社团创建活动”，经过半年的试行，2007 年进一步修改完善了标准化社团的条件，制定了科学有效的考核办法，从思想建设、业务建设、组织建设和基础设施建设 4 个方面加大了对所属社团的管理、指导、考核力度，经过努力，目前，所属社团已有 2/3 达到标准化的要求，做到了基础设施完备，组织健全，活动丰富多彩，职能发挥到位。社科联及时组织了检查评比、进行了表彰和经验交流，典型推广，使之更科学、更规范。同时，加大对社团骨干的培训力度，全年组织了 4 次 200 多人参加的培训、交流、考察活动。“标准化社团创建”活动使社科联找到了社团管理的新的有效载体，激发了社团的活力，增强了社团的组织能力、创新能力和活动能力，提高了社团的凝聚力、影响力和为大局服务意识，也找到了一条保证了社团健康发展的路径，截至 2007 年底，市社科联所属的社团已有 12 家被评为全国的先进社团。在刊物编辑上，2007 年编辑《长春社科要报》12 期，70 余篇，13 万多字。《长春社会科学》杂志 2007 年出版 6 期，60 余万字。继续编撰长春地方文献丛书，《盛京时报长春资料选编》清朝卷已出版。2007 年完成了民国卷 60 万字的书稿整理工作。2007 年，市社科院（会）主办的“长春社科网站”不断完善，长春社科“人才库”、“信息库”更加充实，服务应用的范围也越来越大。对内，社科网站面向全市社科界和所属社团发布信息、指导工作，深受基层欢迎；对外，社科网站宣传长春、发表成果、经验，在全国北方社科网站的点击率是最高的。

【科研工作】 2007 年，市社科联（社科院）社科规划项目继续坚持理论联系实际，以服务地方经济社会发展的实际需要为原则，坚持“以我为主”科研方针，确定了长春市公民道德建设现状及对策分析、制约长春市农民收入增长的因素及增收措施、长春市农业产业化进程、长春市民营经济发展需要解决的若干问题、大力推进长春市城市化和城市现代化进程等9项科研课题，向院内及在长高校科研院所、地方有关单位、部门公开招标，得到广大专家学者的响应。2007年，继续完善学会课题立项机制，鼓励各社团参与课题竞争。围绕长春的中心工作，结合社团的特点，确定了长春职业教育、人才建设等几项课题，面向学会招标，得到各社团的响应。调动了长春市社科工作者的积极性和参与热情，也培养、锻炼了基层社团科研队伍。服务业发展问题是长春市主要领导非常关心的问题。市社科联与宣传部共同组建了“长春服务业发展”课题组。课题组由吉林大学、长春税务学院、吉林省社科院及市社科联（社科院）等单位和部门的7位人员组成，由姜殿军主席任组长，具体工作由科研处和编辑部负责。经过4个月的调研，反复研讨论证，数易其稿，终于完成了这一课题，并上报市委、市政府主要领导和相关部门，对于长春市如何做大做强服务业具有重大的指导意义，受到上级领导和有关部门的高度评价。在此报告的基础上起草的《关于长春市服务业发展实施意见（草案）》报市政府常务会讨论。2007年下半年，承担了《关于机关和谐文化建设问题的研究》课题，对当前中国机关文化建设领域存在的主要问题及其形成原因进行了深入的探讨。同时主动申请长春市人才发展规划课题，并承担了《长春市服务业人才现状》课题，预计2008年结项。

【第三届长春市社科优秀成果评奖】 在总结前两届评奖工作经验的基础上，经过半年多的认真工作，通过四级评审，从1 000余项申报成果中评选出164项优秀成果，其中，著作类和音像制品及电子出版物类优秀成果一等奖8项，二等奖16项，三等奖56项；论文类及咨询成果类一等奖12项，二等奖24项，三等奖84项，总奖金额度达到40余万元。这些成果经《长春日报》向群众公示，于11月份召开了颁奖大会。本次评奖与以往两届相比，获奖成果研究地方经济建设的更多，应用性更强，转化率更高、地方科研人员的成果所占比例更大。对调动全市社科工作者的积极性，繁荣发展长春社科事业起到了极大的鼓舞作用。

【科普宣传】 为进一步贯彻中共中央《关于进一步繁荣发展哲学社会科学的意见》，2007年的科普活动，围绕“人文·科学·和谐”这一主题，坚持贴近实际、贴近生活、贴近群众的原则。2007年科普宣传主要采取了以下几种形式：一是继续搞好面向市民的现场咨询，与省社科联共同以“人文·科学·和谐”为主题，组织30多个社团，200多名专家、社会工作者，走上街头广场，现场解答群众关心的问题，散发科普材料。现场气氛热烈，深受市民欢迎；二是编辑科普宣传手册，结合社会热点问题，2007年市社科联编写了和谐会建设、关注民生问题、家庭理财、儿童教育4个方面内容的宣传手册，共10多万字，4万册，通过多条渠道送到机关、学校、企事业单位、社区和农村，在公交车上免费向乘客发放；三是利用新闻媒体，开展科普宣传，在报纸上开辟专栏，在电视上录制专题，在电台举办互动直播节目，聘请知名专家、学者写文章，讲知识，回答听众提问，效果和反响良好；四是开展丰富多彩的活动，如勿忘“九一八”专题书展，科普读物推荐，青少年社科知识竞赛，数码摄影作品展览等等，吸引了大量市民参与；五是组织大型专场报告，邀请省委宣传部副部长弓克在朝阳实验中学以“人生纲常新论”为题，为全校2 000余名师生做了精彩演讲，帮助青少年树立正确的价值观、人生观。2007年，市社科联（社科院）与市文化局、市图书馆配合，坚持每月1次，全年12期“城市热读讲座”活动，就文明城市建设，市民文明素质提高，文艺作品赏析，学习兴趣培养，社科著作解读等内容，邀请专家学者、名人现场演讲答问，受到了广大市民特别是青少年的热烈欢迎。

【社团管理】 为贯彻落实中央、省、市关于进一步繁荣发展哲学社会科学意见精神，加强社科类社团的制度化、规范化建设，长春市社科联下发了《关于开展创建标准化社团活动的通知》，并于2006年初召开了长春市社科联所属社团创建标准化社团活动的动员大会，组织各社团开展创建工作。为推动创建工作顺利健康发展，2006年7月在辽宁省桓仁县召开了创建标准化社团工作会议，就如何开展创建标准化社团工作进行了交流和研讨。2006 年下半年至 2007 年初，结合《实施办法》要求各社团先进行自我评估，上报自评表。同时成立了由优秀社团秘书长组成的标准化社团考核检查小组，并于 2007 年 3 月 14 日至 4 月 20 日深入社团进行评估考核。经过考核验收，截至 2007 年 4 月 30 日，完成了对所属社团的考核检查工作。截至 2007 年末，长春市社科联所属社团共有 64 个（官办社团 52 个；民办社团 12 个），其中，有 38 个社团在本次考核中验收合格，达到了标准化社团要求，占总数的 2/3 以上；有 16 个基本合格社团；有 8 个不合格社团。检查结果表明，各社团能够响应号召，严格执行各项要求，把标准化考核作为工作主线，在原有基础上努力改进，并取得一定成效。据统计，创建活动开展后，各社团就创建活动召开工作会议、理论研讨会 80 余次，培训活动 50 余次。社团工作更加制度化、规范化、科学化。

【一报一刊一史一论】　即《要报（领导参阅）》，《长春社会科学》、《地方史文献丛书》以及“市长会议”论坛文集。2007 年编辑《要报》12 期，70 余篇，共 13 万字。《要报》继续围绕长春市中心工作，发表了专家学者和实践工作者研究长春历史和现实问题的文章，特别是关于民生、城市建设等方面的应用性和对策性文章，为长春市经济发展和社会进步服务提供了智力支持和决策参考，受到市领导和有关部门的肯定。《长春社会科学》围绕党和政府的中心工作，出版了“社会主义和谐社会建设”、“长春市民生工作”、“长春服务业发展透视”、“学习十六届六中全会和十七大精神”等专栏，成为社科知识宣传普及、社科成果应用转化的阵地，深受社科工作者的重视，在社会各界有着很大的反响。全年编辑出版 6 期，60 余万字。编辑地方文献丛书。在清朝卷的基础上，采用手抄、电脑录入等方式，编辑整理了民国卷（1912—1915）的长春史料，整个书稿约 60 万字左右，为 2008 年出版此书奠定了基础。完成市长会议论坛文集电子版。第十二届世界冬季城市市长会议论坛文集编辑完成之后，根据长春市外事办公室的要求，市社科联（社科院）完成了论坛发言人录音的刻录工作，并完成了文集的中英文电子版编辑整理工作，插入了演讲者发言时的多媒体图片。这些素材被长春外事网所转载，扩大了文集的影响。

（刘　薇）

文化

文　化

文化艺术

【概况】　2007年，长春市文化艺术工作坚持“二为”方向、“双百”方针和“三贴近”原则，团结奋斗、开拓创新，艺术创作生产不断加强，群众文化活动丰富多彩，民生文化得到改善，文化市场繁荣有序，文物博物、图书馆建设得到推进，文化事业和文化产业健康发展。截至2007年末，全市共有文化机构207个，其中，文艺表演团体9个、艺术表演场馆17个、公共图书馆12个(总藏书量285万册)、群众文化事业机构135个、文化艺术科技科研机构2个、文化市场管理机构11个、文物事业机构5个、博物馆2个、其他机构14个。市文化局直属文化机构28个，其中，文艺表演团体3个、艺术表演场所5个、电影放映场所6个、公共图书馆2个、群众艺术馆2个、博物馆1个、文化艺术科技科研机构2个、文化市场管理机构1个、文物事业机构1个、其他机构5个。全市有文物保护单位286处(其中，省级38处、市级100处、县级148处)。各类文化经营场所2 470家，其中，互联网上网服务营业场所937家(连锁58家)、文化娱乐场所420家、演出场所43家、音像制品经营场所1 057家、保龄球馆(室)6家、古玩书画店7家。市区内文化经营场所1 544家，其中，互联网上网服务营业场所657家(连锁58家)、文化娱乐场所126家、演出场所27家、音像制品经营场所721家、保龄球馆(室)6家、古玩书画店7家。

【文化体制改革】　2007年，市文化局按照2005年12月21日市政府文化体制改革专题会议精神，认真组织、积极协调，继续推进长春市电影发行放映公司及所属电影院(人民影视娱乐城、儿童电影院、红旗电影院、解放电影院、前进电影院、长江影都)、长春市演出公司、长春市美术广告公司、长春市文化局房产管理所4家首批文化体制改革试点单位的改革。完成了《长春市文化局首批改革试点单位改革实施方案》的报批，市政府办公厅正式批转；市政府召开了首批文化体制改革调度会，解决了房屋租赁合同等一些棘手问题，重新进行了改革成本测算等相关工作。完成了市直11个基层单位新一轮领导班子聘任工作，深化了内部机制改革，激发了活力。探索研究了专业艺术表演团体的改革。

【专业艺术生产】　1. 重新复排了以人性关怀为深刻主题的话剧《九路汽车》，在申报参加由中共中央宣传部等5部门组织的“第五届全国优秀剧目展演”中，从全国74台申报剧目中脱颖而出，作为最后入选的32台优秀剧目之一，进京参加纪念中国话剧诞辰100周年暨中共中央宣传部等5部门组织的“第五届全国优秀剧目展演”。在对《九路汽车》进行修改中，聘请了国家话剧院一级导演吴晓江、著名舞美设计师中央戏剧学院教授刘杏林和著名舞台灯光设计师、中央戏剧学院教授胡跃辉作为该剧的主创人员，调整演员阵容，明晰戏剧结构和进一步挖掘该剧的人性关怀的深刻主题。4月11日和13日在中国儿童剧场演出两场，荣获全国优秀剧目二等奖，该剧还获得吉林省委宣传部第十届精神文明建设“五个一工程”优秀剧目奖。2. 创作生产了《小时工》等6部等戏剧小品，组织参加了吉林省第三届二人转·小戏小品比赛，6个节目全部获奖。其中，长春话剧院的话剧小品《小时工》获得剧目一等奖，小品《卖鸡》获剧目二等奖，哑剧小品《血染的风采》获得剧目三等奖；长春评剧院的戏曲小品《煮石头》获得剧目二等奖；榆树市二人转剧团的拉场戏《转运珠》获剧目一等奖；双阳区评剧团的拉场戏《拱地头》获剧目一等奖。

【城乡文艺演出】　坚持政府主导、市场化运作、公益与准公益性相结合，积极开展舞台演出活动，活跃城乡舞台。启动了“长春市文化局2007年艺术精品系列演出”活动，成功举办了盲童孙岩“点亮心灯”个人钢琴独奏音乐会、俄罗斯圣彼得堡大剧院“超越时空”大型歌舞晚会、内蒙古民族歌舞剧院《天堂草原》歌舞晚会、理查德·克莱德曼钢琴音乐会、意大利钢琴家乔万尼·维塔莱蒂钢琴独奏音乐会，“长春·明斯克日”白俄罗斯民间歌舞晚会共6台7场精品演出，丰富了市民的精神文化生活，培育了演出市场。紧紧围绕全市中心工作，组织开展了第十一次党代会、迎台塑重工集团投资考查等综艺演出。国庆节前后，举办了“‘喜迎十七大、欢歌颂春城’城乡系列公益巡演活动”，组织实施了优秀剧目展演，为长春市5个城区群众进行5场专场演出，组织实施了文艺直通车“走进基层、走进新农村”巡演活动，为长春市5个县(市)区的群众进行了14场演出，丰富了群众精神文化生活，营造了浓厚的节庆氛围。开展了“儿童课本剧进校园”活动，为未成年人演出10场。

广场文艺演出

【群众文化活动】 以假日、传统节日和重大纪念日为载体，以广场文化活动为龙头，引领群众性文化活动广泛开展。围绕春节、元宵节、端午节等传统节日，开展了春联征集展览、灯迷竞猜等丰富多彩的文化活动。举办了“和谐之声”、庆祝省委第九次党代会胜利闭幕等大型广场文艺演出；开展了“和谐欢乐真情长春”系列大型公益演出、广场社区露天电影晚会、组织和承办了千人古筝演奏会、“激情广场”进长春等大型群众文化活动，提升了城市文明形象。为全市青少年开展了“多读好书、引领成长”系列活动和少儿艺术赛事。启动了农村数字电影放映试点工程，在3个试点县(市)乡镇放映数字电影12 000余场，惠及百万普通百姓。开展“打造欢乐庄稼院，先进文化百村行”系列活动，已进入100个村屯，演出100场，培育10个文化大院，丰富了农民文化生活，培育了农民精神家园。各县(市)区文化部门、文化机构广泛开展了广场文化活动，民营文化单位积极参与群众文化活动，逐步形成了覆盖广泛的活动体系。组织开展群众性文化活动2 200场，广场文化活动230场，有近百万群众参与到了活动中来，《人民日报》、中央电视台和省市多家媒体对群众文化活动进行了宣传报道。

【文化市场】 市文化局召开了长春市文化市场管理工作会议，进一步明确了娱乐场所管理要求，规划了网吧总量和布局。制定和完善了《文化市场及文化产业工作量化考评细则》等5项制度，依法清理了文化行政审批项目并对全市文化市场执法人员进行了法规知识培训。围绕“世界知识产权日”，开展了“音像市场知识产权保护法律宣传周”活动和文化市场“百日安全整治”行动，规范了文化市场秩序。按照市政府《关于对影吧(影视旅店)、网吧、游戏厅等场所进行专项整治的通告》的部署及要求，协同工商、公安、消防等部门，重点对大学周边的上述场所进行了专项治理，有力打击了违法经营行为；配合市扫黄打非办公室依法取缔了长江路科技城非法音像出版物市场。对全市网吧进行了全面检查，依法吊销了5家网吧经营场所的《网络文化经营许可证》。据统计，共组织出动执法人员4.2万人次，检查网吧等经营场近8 600家次，受理各种举报案件400余件，销毁非法音像制品15万张(盒)，取缔非法音像制品摊点110家、没收赌博游戏机130台，净化了文化市场。

【第五届长春文化艺术周】 2007年8月31日至9月6日第三届东博会期间,举办了第五届长春文化艺术周。活动期间,举办了优秀专业剧目演出6场,即“第五届长春文化艺术周”开幕式暨长春市文化局2007年艺术精品系列演出—蒙古族歌舞乐《天堂草原》专场演出、杂技专场晚会、评剧经典唱段演唱会、话剧《九路汽车》专场演出、二人转和戏剧小品获奖作品专场晚会,儿童课本剧展演;在文化广场组织举办了大型广场群众文艺演出7场,“和谐长春,美好家园”—社区优秀文艺节目汇演、“跳出青春舞出美”长春图书馆女子修养学堂专场演出、“动感长春”—长春街舞比赛优秀节目展演、“和谐卫士赤子情”专场文艺演出、“树新风正气,促和谐发展”专场文艺演出、朝鲜族风情歌舞专场演出、第五届长春文化艺术周闭幕式专场文艺演出;邀请专家学者为主讲嘉宾,举办了以“城市文化与城市文化建设”为主题的报告会和以“民生与文化”为主题的论坛会;举办露天电影晚会放映数字电影1 148场,在市区设立了20个露天放映场所,放映280场数字电影,在农安县、德惠市、九台市3个试点县市乡镇放映868场数字电影。成功举办了一届千名文化工作者直接参与、千场系列文化活动、10个县(市)区百万群众受益的文化盛会,极大地丰富了群众精神文化生活,提升了城市文化品位,促进了长春市文化的发展繁荣,为推进大项目建设提供了优质的文化服务。

第五届长春文化艺术周评剧专场演出

【文化产业】 重点将民营电影、古玩经营、电子娱乐等行业纳入培育发展项目。培育发展了“东北古玩艺术品大厦”,填补了长春市古玩艺术品市场的空白;重点培育了电影放映产业,在2006年成功培育长春万达国际电影城有限公司等3家影院的基础上,2007年新发展了新天地购物公司“经典数字电影院”,有效激活了长春电影放映市场;培育发展了2家二人转演出场所,4家电玩娱乐场所和16家连锁网吧,壮大了文化产业规模。截至2007年底,文化产业固定资产投资达到0.895亿元,长春市下达的指标为0.32亿元,超额完成179%;文化行业总收入达到2.85亿元,长春市下达的指标为2.3亿元,超额完成约24%。2007年8月,按吉林省政府和长春市政府要求,协调组织7个国有文化单位和4个国营文化企业共16个参展交易项目,成功参加了“2007中国东北文化产业博览交易会”,签约项目3 500万元。

【公共图书馆建设】 市直两个公共图书馆馆藏文献量稳步增加,新增纸质和电子文献5万余种、近10万余册,办理各种读者证件4.6万个,流通人次约123万;专题数字资源建设扎实,完成了创业动态、原创作品等12个数据库的建设,加工数据1.4万条,开通了小蜘蛛创业信息网和荷塘未成年人阅读网;以市直2个图书馆为中心,在榆树市五棵树等村镇建立了6个图书分馆,在城区所辖街道、社区等基础单位建立了4个图书馆分馆,在朝阳区等城区建立3个图书馆分馆,全年共建立了13个图书馆分馆,延伸了图书服务领域;开展了“城市热读”讲座及征文等读者活动近300余次,吸引了14万余名读者参与。

【文化遗产保护】 贯彻落实《国务院关于加强文化遗产保护的通知》和《长春市人民政府关于加强文化遗产保护工作的意见》,进一步加强文化遗产保护工作。妥善处理了伪满市立病院旧址（吉林大学第二临床医院）等5处文物建筑的维修和改造，较好地保护了文物建筑的历史原貌；配合基本建设，对长吉高速铁路沿线等地段开展了文物调查，对长双烟铁路亚泰水泥厂支线进行了考古发掘；完成了长春市第六批省级文化保护单位的推荐增补工作，向省文物局推荐5处历史文化遗存；参加了吉林省第6届考古学会学术研讨，有7篇学术文章获得优秀以上奖。经省政府批准，长春市又增加19处省级文物保护单位。首批挖掘整理了28项非物质文化遗产项目，其中农安黄龙戏等8个项目经省级评审，进入省级非物质文化遗产名录。

【民生行动计划】　完成了《长春市文化局民生问题调研》，制定了《长春市文化局2007年民生行动计划》、《2008年民生行动计划和未来五年民生文化发展规划》。按《长春市2007年民生行动计划》要求，科学谋划、落实责任、全力推进，圆满完成了农村数字放映电影1万场、群众文化活动2 000场、“欢乐庄稼院·先进文化百村行”（走进100个乡镇、组织100场演出、培育10个文化大院）系列文化活动、公益性读书讲座40场、建设图书馆分馆13个、低票价艺术精品演出6场、第五届长春文化艺术周共3项7件民生实事。2007年5月，《人民日报》、中央电视台以及省市多家媒体对长春市的文化活动进行了宣传报道。2007年7月中旬，长春人民广播电台、电视台对长春市民生文化进行了深入采访和报道。2007年12月底，长春市文化局被评为全市民生工作先进单位，长春市文化局副局长于伟民同志被评为全市民生工作先进个人。

【文化基础设施建设】　2007年，为丰富城乡群众精神文化生活，长春市政府投入100万元，新购了两台流动舞台车，为送戏下乡，丰富和活跃城乡群众精神文化生活创造了条件；配合长春市宽城区铁北大开发，长春市在宽城区启动了建筑面积8 000平方米的长春市图书馆铁北分馆和建筑面积4 000平方米的宽城区文化馆两项公共文化基础设施建设工程。长春市政府两次召开专题会议，听取长春市文化局对文化设施建设的思路，研究文化设施建设问题，长春文化大厦正式列入政府工作报告。按国家有关要求和标准，长春市首批确立了5个乡镇综合文化站建设项目。长春市文化广场、长春市朝阳区、宽城区、南关区、二道区、绿园区和汽车产业开发区的7个广场演出舞台建设列入《长春市2008年民生计划》之中。这批文化基础设施项目的建设和确立，为改善文化基础设施，促进长春市文化大发展大繁荣夯实了坚定的基础。

（朱向阳）

文化交流

【概况】　2007年，长春文化交流工作坚持服务国家外交大局，主动参与国际文化交流与合作，不断扩大对外文化交流领域和国际商演市场份额，继续坚持“走出去与请进来相结合”的原则，大力宣传长春特色文化，吸收外来有益文化，进一步提高长春市民族文化产品和服务，进一步提升了长春的国际影响力、竞争力，丰富了群众文化生活，繁荣了文艺舞台，为世界文化交融与发展作出了积极贡献。

【杂技国际交流】　长春市杂技团作为对外文化交流的先锋，多次到世界各国进行巡回演出，传

明斯克友好交流日白俄罗斯民间歌舞晚会

播民族先进文化。2007年，长春市杂技团受邀受派到英国、俄罗斯、美国、斯里兰卡、马尔代夫，台湾等国家和地区进行了演出交流。2007年，长春市杂技团派出两支演出分队，分赴美国和英国进行了10个月的演出，全年国外演出共计892场，较好传播了民族先进文化，进一步开拓了杂技国际演出市场。参加在北京国际杂技滑稽展演评奖活动，滑稽秀《抢椅子》获得第一名的好成绩。

【图书馆国际交流】 2007年3月，长春市图书馆赴日本参加了由国际日本文化研究中心举办的“关于‘满洲’学问题的再研究国际学术研讨会”，并在会上作了《关于中日“满洲国”文学研究》和《长春图书馆馆藏旧“满洲”时代文献情况介绍》的发言。同年8月19日，长春市图书馆代表团赴南非参加“第73届IFLA大会”，访问了埃及亚历山大图书馆，加强了图书馆之间的国际交流与合作。2007年7月，欧盟驻华代表团新闻信息处新闻官员Michael Jennings先生和钟娜女士在全国对外友协欧亚部等有关人员的陪同下，就9月初“东北亚博览会”期间举办欧盟成立五十周年展览事宜到长春市图书馆会展中心进行实地考察。2007年9月1日，为纪念罗马条约签订五十周年，加深中国人民对欧盟的了解，由中国人民对外友好协会、欧盟驻华代表团主办，吉林省文化厅、吉林省人民对外友好协会承办，长春市图书馆在一楼大厅协办了“欧盟五十年展”。2007年11月22日，由白俄罗斯明斯克市政府主办的明斯克市图片展在长春市图书馆开幕，明斯克市副市长吉坚科夫，长春市委常委、副市长冯强等出席图片展开幕式并剪彩。

【国际艺术精品引进】 为培育长春演出市场，培育市民高雅艺术品位，提高审美观，丰富和活跃市民精神文化生活，广泛汲取世界优秀文化艺术成果，2007年，成功举办了俄罗斯圣彼得堡大剧院“超越时空”大型歌舞晚会、理查德·克莱德曼钢琴音乐会、意大利钢琴家乔万尼·维塔莱蒂钢琴独奏音乐会，“长春·明斯克日”白俄罗斯民间歌舞晚会。这些演出让广大市民不出“家门”就能欣赏到国际精品艺术，丰富了市民的精神文化生活。

（朱向阳）

文学艺术

【概况】 2007年，长春市文学艺术界联合会（以下简称市文联）机关内设机构为：办公室、协会工作部、组织联络部。所属文艺家协会有：长春作家协会、长春美术家协会、长春书法家协会、长春音乐家协会、长春摄影家协会、长春戏剧家协会、长春电视艺术家协会、长春民间文艺家协会等。所属事业单位为：长春书画院和《意林》杂志社。市文联在第六届亚洲冬季运动会上，荣立集体三等功；被评为2007年度全市会展经济工作先进单位；承办的第四届中国（长春）民间艺术博览会被长春市政府评为优秀会展项目，被中国会展业高峰论坛大会组委会授予“2007中国最具影响力的行业品牌展会”。

【“三下乡”活动】 1月13日，新春佳节来临之际，市文联组织30多人，来到二道区四家乡杂木村，为当地群众义务写春联、送剪纸、拍照片、赠书籍。书画家共书写春联上千幅；作家赠送书籍500多本；摄影家拍摄全家福照片300多幅；还有活灵活现的剪纸作品，都被农民贴到了大门上、窗户上，每位艺术家身边都围满了热情的农民。市文联“三下乡”活动已经坚持了15年。它体现着党和政府的温暖，体现着作家、艺术家关注农民、关注农村文化建设的情怀。

【举办长春市文学创作与文学批评研讨会】 1月19日，由市文艺理论委员会和长春作家协会联合举办的“长春市文学创作与文学批评研讨会”在长召开。长春市中青年骨干作家、文学理论批评家、学者共50余人参加会议。会议对长春市文学创作的现状作了比较全面的梳理和归纳，对长春市文学创作存在的缺陷与不足进行了深刻的反思与探讨，对今后文学创作与文学批评的走向提出了明确的思路和想法。与会者认为，长春作家要走出长春、走出吉林，以更加宏观的思考方式来创作；应该在观察生活上下功夫，创作出更多有冲击力的精品；要关注民生，把个人生活与大众生活结合起来，与时代的变化结合起来。

【举办亚冬会文化活动】 为扩大第六届亚洲冬季运动会宣传

和影响，弘扬奥林匹克精神，营造人人关心、支持和参与亚冬会的浓郁社会氛围，按照亚冬会宣传及文化活动总体工作方案部署和要求，市文联举办亚冬会文化活动。1月25日，第六届亚冬会书画名家笔会在长春香格里拉大饭店举行。这次亚冬会书画名家笔会是由亚冬会组委会主办、市文联承办，是第六届亚冬会系列文化活动之一。笔会上，书画家们创作了近百幅书画作品，表达他们对亚冬会的关心和支持，林百石、朱辰、许占志合作的《丰瑞吉祥》；王淮、甘雨辰、孙维国、赵经武、高晓虎合作的《魂系长白》；戴成有、张建华、孔敬国、朱辰、张大光合作的《金猪贺岁》3幅巨型国画分别赠送给亚奥理事会、中国奥委会和第六届亚冬会组委会，其他作品分别赠送给亚洲各国奥委会。一幅幅精美的书画作品，展示了长春书画家深厚的文化底蕴和独特的艺术风格，表达了他们情系亚冬会的真挚情感。1月27日，由亚冬会组委会主办，市文联、长春摄影家协会联合承办的第六届亚冬会“奥林匹克与亚冬会摄影图片展”在吉林省博物院举行。本次摄影展展期为5天，共展出摄影作品100幅，作品主要以冰雪运动内容为主，形式多样、不拘一格，既有场馆项目、户外项目，又有专业体育竞技和市民自由体育活动，静态写真、虚实结合，长焦距、广焦距镜头呈现出不同的喜人、感人、育人的效果，突出了“魅力、运动、超越、艺术”的主题，一幅幅摄影作品记录了中国北方人民冬季体育运动的精彩瞬间。本次活动是第六届亚冬会系列文化活动之一，旨在更好地宣传长春、宣传亚冬会，将奥林匹克体育精神融入每一位市民心中，把长春的新风貌传递到亚洲各国。

【组织送文化进军营】 2月4日下午，长春书法家协会组织长春市30余位知名书画家来到空军航空大学飞行训练基地，用最能代表中华民族传统文化的书画艺术，向基地的官兵们表达新春佳节的问候。长春书法家协会理事会全体成员，著名书法家、长春书法家协会顾问周昔非、吴自然以及部分美术家参加本次活动。

【征集影视剧本活动】 2月末，市文联长春电视艺术家协会，为繁荣长春电视艺术发展，激发广大专业、业余作者的创作热情，发现、培养长春影视人才，开始面向社会征集影视剧本。本次征集剧本题材围绕和谐社会建设和社会主义新农村建设，力求弘扬主旋律，以反映现实生活和对生活的思考为重点，作品要求贴近生活、贴近实际、贴近群众，提倡多样化，鼓励题材内容和表现形式的创新与探索，优秀剧本可放宽题材限制。共征集剧本206部(集)，其中陈岩松20集电视剧《新农村爱情》已推荐给北京金地影视公司。

【送欢乐下基层活动】 3月3日起，中国文联、中国美协组织艺术家开展“送欢乐、下基层”赴长春慰问采风活动。艺术家们把温暖和欢乐送到了基层，慰问群众，奉献爱心，也收获了感动，收获了惊喜。中国文联副主席、中国美协分党组书记刘大为，中国文联国内联络部主任夏潮带领李荣海、于志学、冯绪明、梅启林、吴涛毅、张文华、袁武、王梦湖、狄少英、李保民、汤立、刘树允等国内知名美术家和长春部分艺术家参加了此次活动。3日下午，慰问采风团和长春文联艺术家来到了九台市卡伦镇李家店小学，向这里的小学生们捐赠校服和2万元慰问金。在创作笔会上，艺术家们纷纷泼墨挥毫进行创作，将自己的作品和才华奉献给长春这块土地和这里的人民。《北国雪趣图》、《雪域放牧图》、《金猪送福》等一幅幅佳作饱含艺术家们对祖国山水和各族群众的深情。

【召开文联二次全委会】 4月11日，市文联第六届委员会第二次全体会议在长春宾馆举行。会议补选市委常委、宣传部长王振华为市文联主席。会议总结了市文联2006年工作情况，对2007年的工作进行了部署。市委常委、宣传部长王振华在会上结合长春市实际，就进一步贯彻落实第八次全国文代会精神和第十一次党代会精神，更好地发挥文艺的精神动力作用和进一步做好文联工作提出要求。王振华指出，市文联的工作要紧紧抓住加强和谐文化建设这个主题，广大文艺工作者要增强和谐文化建设的责任意识，市文联要把广大文艺家和文艺工作者紧紧团结起来，增强凝聚力和向心力，要充分发挥文联自身优势，通过组织、策划各种活动，积极建设、广泛传播和弘扬和谐文化。同时，王振华强调，和谐文化的建设要有长春特色，要让和谐的文化理念、和谐的文化精神成为长春特色文化的灵魂，把中华民族关于“和合之道”、“天人合一”、“和而不同”等和谐思想的精华，与长春开放包容、仁和厚重、自强不息、永不言败的长春人精神有机融合，使之成为有长春特色的和谐文化的重要内涵，充分发挥文化对经济和社会发展的巨大内驱力，促进长春更好、更快发展。

【“和谐春天”摄影 剪纸 少儿书画大赛】 4月12日至16日，由市文联、长春欧亚卖场有限公司主办，由长春摄影家协会、长春民间文艺家协会、长春书法家协会、长春美术家协会承办，欧亚卖场“和谐春天”摄影、剪纸、少儿书画大赛在欧亚卖场举办。剪纸大赛共征集到剪纸作品400余幅，其中100余幅优秀作品在欧亚卖场展出。在剪纸大赛现场，剪纸艺术家曹继红、王挺起、姜世闻、梁铭、于英、徐鸿雁、李长霞、石靖奇、李松、洪玉芹、郑玉梅及剪纸爱好者100余人，进行现场剪纸比赛，现场创作剪纸作品200余幅，并评出一、二、三等奖18名，优秀奖50名。摄影作品共征集到500余幅，现场展出100余幅，并评出一、二、三等奖8名和50名优秀奖。在少儿书画大赛现场，900余位少年儿童现场创作书画作品900余幅，并评出书画金奖各10名，银奖各20名，铜奖各40名。

【首届长春童话寓言文学奖】 4月26日，长春作家协会主办的首届长春童话寓言文学奖颁奖大会在长春图书馆院士厅举行。该奖项是继长春文学奖之后，长春市又一项重要的文学奖，也是长春文学史上首次设立的单项奖。在本次评奖中，共评出成就奖4人、一等奖5部、二等奖7部、三等奖10部以及优秀奖12部。获得成就奖的分别是：资深老作家陆景林、著名寓言家吴广孝、儿童文学作家高帆、李满园。

【长春国际动漫数字娱乐艺术节】 5月1日至5日，由China-Joy组委会、省文化厅、市文化局、市文联、市少工委等单位主办的“长春国际动漫数字娱乐艺术节暨ChinaJoyCosplay总动员东北赛区预选赛”在长春欧亚卖场举行。本届动漫艺术节，其中包括漫画、动画片、flash全国征集大赛获奖作品展示、展播，2007年ChinaJoyCosplay总动员东北赛区预选赛，国际漫画精品展览，大学生DV影像大赛获奖作品展播，国际动画片展播，动漫模仿秀体验区和现场漫画秀等10项内容。与前两届动漫艺术节相比，此次活动更突出了群众参与的互动娱乐性，包括观看动画片、由动漫艺术家为观众现场描绘的漫画秀，以及能够一试身手的电子游戏比赛等多个环节，旨在让春城市民更加了解动漫，走近动漫，切身体会到动漫的趣味和乐趣。通过丰富多彩的活动，全面展示国际最前沿的数字技术和互动娱乐产品、高水准的动漫作品、为动漫产业发展搭建一个宣传推广、信息交流、贸易合作的平台。

【德艺双馨文艺工作者表彰大会】 5月23日18时30分，由市委宣传部、市文化局、市广播电视局、市文联共同主办的纪念毛泽东同志《在延安文艺座谈会上的讲话》发表65周年暨长春市德艺双馨文艺工作者颁奖晚会《为长春而歌》在长春广电中心举行，13名文艺工作者被授予“德艺双馨文艺工作者”荣誉称号。市领导郑文芝、王振华及长春市曾获得过“德艺双馨”称号的文艺工作者、各行各业劳动模范代表出席了颁奖晚会。市委宣传部、市文联决定，授予长春电视台专题节目中心主任王伊、市杂技团演员王凌、长春书画院专业画家王淮、长春电影制片厂艺术处处长王霆钧、东北师范大学音乐学院院长尹爱青、长春话剧院儿童艺术团团长关丹枫、长春日报报业集团主任编辑齐铁民、长春书法家协会名誉主席吴自然、长春摄影家协会副主席连相如、长春人民广播电台副台长范冰、农安县黄龙戏剧团团长赵贵君、双阳区评剧团副团长贾书层、长春市文联副主席韩志晨等13人“德艺双馨”文艺工作者荣誉称号。

【首届长春萨满文化节】 5月31日，由长春二道区政府和市文联主办，长春萨满欢乐园承办的首届长春萨满文化节在二道区四家乡萨满欢乐园隆重开幕，同时也拉开了首届长春消夏节的序幕。萨满文化节开幕式规模宏大，别具一格。在手鼓与腰铃的陪衬下，由40余人装扮成“神鹰”模样组成的表演队伍表演了萨满歌舞剧——《寻找太阳升起的地方》。舞蹈粗犷狂野，热情奔放，演员手中的神鼓咚咚作响，细碎的腰铃清脆悦耳，飞扬的服饰别具特色，歌曲内容古朴自然，旋律优雅和谐。众人齐唱合舞，场面神秘壮观，让人仿佛置身于远古时代。赏心悦目的《晃铃舞》、热情洋溢的舞龙把开幕式推向高潮。

【人民大街百年沧桑征文摄影大赛】 5月至12月,由长春市规划局、长春市城市规划协会、长春作家协会、长春摄影家协会、长春市城市科学研究会共同主办,开展“中海地产杯”人民大街百年沧桑征文、摄影大赛。从征文筹备到征集作品以及作品评选,作家协会精心组织,扎实推进,取得了圆满成功。此次征文共征集各类作品200余篇。9月24日上午,征文大赛评委会对参赛作品进行评选,评选出一等奖2名,二等奖4名,三等奖8名,优秀奖20名;摄影作品评选出一等奖2幅,二等奖4幅,三等奖8幅,优秀奖20幅,入围奖150幅。获奖作品进行展出,并将结集出版。

【长春消夏节民间艺术家现场献艺活动】 7月9日晚,在长春消夏节文化广场举办的狂欢夜活动中,市文联组织剪纸艺术家曹继红家族三代人,进行现场剪纸献艺,铝板制作艺术家杜力,现场制作各种铝板工艺品,著名民间艺术家古尘现场进行木制品雕刻,以及民间艺术家的泥人现场制作,吸引大批市民前来观看。长春电视台进行了现场直播,省市其他新闻媒体也给予了全面报道。文联组织的民间艺术家在长春消夏节的现场表演,展示了中国民间艺术的风采,受到了市民的普遍赞扬,长春消夏节组委会给予充分肯定和高度评价。

【首届中国长春汽车节书画摄影大赛及优秀作品展】 7月16日,市文联在吉林省博物院举行首届中国长春汽车节书画摄影大赛优秀作品展开幕式。本次大赛是由首届中国长春汽车节组委会、市文联共同主办,长春书法家协会、长春美术家协会、长春摄影家协会承办的。本次展览旨在展示车城风采,弘扬传统文化,促进汽车产业发展,增进文化与工业相结合,营造首届中国长春汽车节的文化氛围。大赛共征集到全国15个省、市、自治区的艺术作品900余件,经评审委员会的认真遴选,共展出书画作品150余件,摄影作品110余件。这些作品内容丰富,形式多样,在全面展示书画摄影艺术美感的同时,也对长春市的汽车城及汽车产业发展起到了极大的展示和颂扬。

【书画家慰问人民子弟兵】 7月26日,在中国人民解放军建军80周年前夕,长春市文联、长春书法家协会、长春美术家协会组织书画家景喜猷、汪鹏辉、高晓虎、孙维国、张大光、赫大龄、贾力、孙德伟、赵精武等到长春警备区进行慰问,受到了长春警备区官兵的热烈欢迎。在长春国防教育基地,举办了书画笔会,书画家用手中的笔墨表达了对人民子弟兵的敬慕之情,书画家现场挥毫泼墨,创作了《金戈铁马》、《钢铁长城》等书画作品60余幅,全部献给子弟兵。

【繁荣长春文学创作座谈会】 11月16日长春作家协会组织召开贯彻十七大精神繁荣长春文学创作座谈会。市文联有关领导,作家协会主席团成员及协会理事、作家40人参加。会议提出要切实增强推动社会主义文化大发展大繁荣的责任感和使命感,学习贯彻党的十七大精神,统一思想、振奋精神,继往开来、与时俱进,进一步做好长春作家协会工作,更好地发挥长春作家在推进长春经济建设、社会进步中的作用。为激励作家创作,奖掖文学精品,扶植文学新人,促进文学繁荣,市文联决定举办第二届长春文学奖评奖活动。会议讨论了第二届长春文学奖评奖活动方案。

【文艺创作】 创作出版长篇小说《气血飞扬》(谢颐丰);影视长篇小说《妈妈的酱汤馆》(金仁顺);小说集《风雨花季》(东方,陈广东)、《五部的故事》(唐城);中篇小说《楚河汉界》、《草莓》(高君),《豆包也是干粮》(齐铁民)等,其中《豆包也是干粮》被改编成电影《别拿自己不当干部》;小说集《都市鸽群》(王怀宇)、《最后一颗子弹》(李长伟)、《我为你哭泣》(山水、魏淼);小小说集《秋》(于德北);散文集《牧雨的阳光》(张洪江);诗集《情挚心曲》(杨迪)、《卧虎堂诗文》(方庆唐)、《心灵的倾述》(王维明);报告文学集《查干淖尔放歌》(侯树槐)、《动词电影:下一片冬青树》(冯堤)、《警官之梦》(代韧飞),《金色时代》(睢雪);杂文集《长思集》(封彦平);电影文学剧本《小巷总理——谭竹青》(王霆钧、肖尹宪),《胖婶进城》(赵冬菊),《一座城市与两个女孩》、《美丽的白银娜》(韩志晨、韩志君);儿童情绪教育丛书10部

《我不哭!》、《我能行!》、《我好可爱!》、《我是小福星!》、《我不是胆小鬼!》、《朋友多多》、《为你叫好!》、《难不倒我!》、《傻瓜才生气呢!》、《我想……我要……》(于德北)。朗诵长诗《上海潮》(杨子忱),在上海全国“诗心传递迎特奥”诗歌大赛中获三等奖。长春美术家协会组织会员创作美术作品30幅,参加吉林省美协庆祝党的十七大召开美术作品展,创作40幅美术作品参加在沈阳举办的关东画派新生代美术作品展。其中,王建国油画《北方》获金奖;刘晓丹国画《两个藤椅》获银奖;国画《香雪晓风》朱臣、《祥音》孙维国、《香》王苗、《1964·魂》刘向久,版画《泉》高龄获铜奖;油画《风景写生》于洋等20幅作品获优秀奖。著名民间艺术家彭祖述的石雕作品《牡丹颂》荣获民间工艺美术作品奖。在第22届全国摄影艺术展览上,郭亮《谢罪之旅》获金奖;王强《法官怕狗》获银奖;倪玉臣等12人13幅摄影作品获优秀奖。连相如摄影作品《老兵回军营》在沈阳军区和黑龙江、吉林、辽宁共同举办的“白山黑水拥军情”摄影展中获银奖。歌曲《在和谐的阳光下》(刘士贤词、刘景田曲)在全国歌曲创作比赛中获二等奖。刘士贤创作的歌词《当我走进校园》获全国歌词创作比赛三等奖,在全国歌词创作经验论文评奖中刘士贤《我的歌词之路》获一等奖。

【第四届中国(长春)民间艺术博览会】 7月16日,第四届中国(长春)民间艺术博览会组委会第一次会议暨新闻发布会在长春香格里拉大饭店举行。市领导郑文艺、王振华、闫成立出席会议。由中国文联国内联络部、中国民间文艺家协会、长春市人民政府主办,由中共长春市委宣传部、长春市文学艺术界联合会、长春欧亚集团股份有限公司承办的第四届中国(长春)民间艺术博览会8月25日至8月31日在长春欧亚卖场举办。本届民博会坚持以邓小平理论和“三个代表”重要思想为指导,以科学发展观为统领,以构建和谐社会为己任。以“民间艺术传承与长春发展共荣”为主题,以“挖掘民间艺术瑰宝,展现民间艺术风采,交流民间艺术成果,培育民间艺术市场,建立民间艺术之都”为宗旨,本着“搭建民间艺术成果荟萃的展台,民间艺术新人、新品、新技展示的舞台,民间艺术产品交流、交易服务的平台”的总体思路,把民博会办成国家级、综合性、市场化的品牌展会。本届展会参观人数近151万人次,总成交额达7 648万元人民币,比上届增长了87%;签约项目6项,近期达成意向性合作金额3 300万元人民币;本届民博会共展出15大类、近万品种的民间艺术品,种类和数量都比上届有了很大提高。组委会还评选出了滕腾、俞青、汪士雄等49位优秀民间艺术家;段纪纲等36人获绝活表演优秀个人奖,陕西“汉调桄桄斗木偶戏”获绝活表演优秀集体奖;苏晋云、彭祖述、颜璞等30位民间艺术家的70余件作品获优秀精品奖;知合夜宫坊等5个团队获动漫表演优秀社团奖,田童谣等5人获动漫表演优秀个人奖;省民间文艺家协会珍珠球满族秧歌队获最佳秧歌表演奖,人民广场秧歌队等4支秧歌队获优秀秧歌表演奖。

1. 本届民博会的特点。①规模更大。本届民博会的规模比上届有了很大拓展。展位由上届的360个扩大为588个;展区面积由上届的近3万平方米扩大到6万平方米;主题活动由上届的5项增加到本届的10项;展销内容,由以往的静态展品向动态展示与静态展品结合延伸,由较窄领域向宽广领域拓展。不但包括了以往的书画、布艺纸艺、竹木编织、微雕石刻等传统民间工艺,还有适用家具、民俗艺术摄影、家庭装饰、动漫产品、民俗民间食品等现代文化艺术产品;艺术成果展示,不但有国内艺术产品,还增加了港、澳、台等海外金银饰品以及欧洲、非洲当地工艺产品,如首次参加展会的奥地利水晶、俄罗斯民间工艺、缅甸的翡翠、法国皮具、印度手工艺品、越南红木等,比较系统地向世人揭示了中国民间艺术以及世界民间艺术的独特神韵。②品种更全。本届民博会展品种类比上届丰富许多,除展出了上届的书画作品、布艺纸艺、竹木编织、民族乐器、微刻石雕、玉石工艺、铜艺铁艺、民族服饰、奇石名石、壶艺陶艺、根雕浪木、陶瓷工艺、适用工艺、文房四宝等14大类艺术品外,还引进了朱氏绢刻、蛋壳工艺、核桃工艺、扇艺等独树一帜、极具特色的优秀民间艺术作品。特别是首次参加本届民博会的西藏民族工艺品,是生长在这片神奇土地上的藏、门巴、珞巴等民族心血和灵性的结晶,金碧辉煌的唐卡、金银铜器、氆氇、围裙、藏腰刀、各种木器、镀金佛像等，无不体现出雪域民族独有的文化风貌。据统计，本届展会共吸引了国内28个省、市、自治区的优秀民间艺术家和15大类、近万品种的艺术品在展会上亮相。如黑龙江的核桃工艺、吉林的浪木、辽宁的岫岩玉雕、内蒙古的腰刀、北京的雕漆、天津的泥人张、河北的布糊画、上海的木艺、山东的陶艺、奇石、江苏的宜兴紫砂壶、安徽的歙砚、浙江的扇艺、江西的景德镇陶瓷、福建的寿山石章、河南的玉器、湖南的刺绣、广东的端砚、广西的檀木雕、四川的脸谱、贵州的蜡染、云南的民族服饰、西藏的唐卡、陕西的木偶、宁夏的布艺、青海的牛角艺、新疆的和田玉雕以及香港的饰品、台湾的一笔龙书法、陶艺等。③形式更新。本届民博会的活动安排体现了立体化、全方位的特点。在整体设计上，更加新颖、丰富，更加趋于人性化、娱乐化。在动态主题文化活动方面，有盛大的文艺演出暨开幕式、民间艺术绝活展演、动漫表演、民间艺术专场演出、大型主题广场晚会等10余项活动；在静态主题文化活动方面，有民间艺术品展销、民俗艺术摄影展销、全国书画名家精品展销、精品展示等；在互动类主题文化活动中，有各类手工艺品现场制作等多项丰富多彩的内容。本届民博会真正体现了形式多样、双向互动、立体展示的特点。在展区划分上，也体现出了一个“新”字，不但划分了主展区和副展区，而且在单独划分的精品展区中，又另外划出了中国滕氏布糊画精品展示区。做到了重点突出，层次分明。④亮点更多。本届民博会亮点很多。一是广泛的群众性。本届展会群众的参与面和参与热情是空前的。从开幕式的大秧歌表演、威风锣鼓、文艺演出到展会期间的动漫表演、和平大戏院的二人转演出、《风情四海》民间艺术系列展演、文化广场的大型主题广场晚会、动漫表演等等，不但参演群众众多，而且场面火爆、人气鼎沸，参与群众更是人山人海，使民博会真正办成了百姓的节日。二是良好的传承性。挖掘、保护、传承民间艺术是民博会的主旨之一。本届民博会邀请了少林功夫、海城高跷、川剧变脸、吴桥杂技、皮影戏、木偶戏、飞刀、易拉罐浮雕艺术制作、泥人、面人、糖人的制作以及蛋雕艺术等平时难得一见的民间艺术绝技。通过这些中华传统手工艺绝活大展演，生动而具体地展现了中国非物质文化遗产的独特风采，对民间艺术的传承起到了有力的促进作用。三是高度的专业性。本届民博会不但规模宏大，而且民间艺术品品种众多、质量更高。像布糊画大师滕腾，将自己近20年研究创作的全部精品近百件全部亮相本届民间艺术博览会，其中有选入人民大会堂的《和平昌盛图》，有获得全国民间艺术最高奖“山花奖”全部作品。还有工艺美术大师彭祖述、苏晋云的精品系列，都代表了本届展品的较高品味。

2.本届民博会的主要成果。①提升了民博会的品牌价值。第四届民博会坚持高标准的办会目标，在展场面积、展位数量、销售额、民间艺术品多样化等多方面都远远超过了前三届。通过参观人数和销售额的激增可以看出，民博会已经成为了长春的一张文化名片，具有着强大的吸引力，使省内外、海内外越来越多的人参与了民博会，走进和了解了长春。中国（长春）民间艺术博览会已经同沿海的天津民博会、南方的深圳文博会遥相呼应，各具特色、三足鼎立，成为中国民间艺术发展史上的一个杰作，成为在全国有重要影响的同类国家级品牌展会。为繁荣、发展民间艺术做出了突出贡献，为打造长春新的文化品牌、提高文化的感召力和辐射力发挥了重要作用。民博会，作为长春一张靓丽的文化品牌，正散发出越来越迷人的光彩。②搭建了民间艺术发展的平台。本届民博会按照“搭建民间艺术成果荟萃的展台；民间艺术新人、新品、新技展示的舞台；民间艺术产品交流、交易服务的平台”的总体思路，提高办会质量和办会水平，通过扩大展会规模，使更多的民间艺术品得到了展示和展销。像来自藏区的民族工艺品以及朱氏镌刻等，都是首次来长展出。通过民博会，使更多的民间艺术品走出民间自我制作、自我欣赏的封闭状态，从“深闺”走向了市场。此外，通过邀请著名民间艺术大师加盟，设立精品展区，展现中国民间艺术的博大精深；通过项目签约，使民间艺术步入持续、有序、规模化的快速发展轨道；召开“古筝艺术与文化产业发展论坛”，对民间音乐和文化产业的发展在理论上进行深入探讨；组委会会同省民间艺术家协会将对具有悠远传承历史、特色鲜明的优秀民间艺术门类，推选申报国家级非物质文化遗产名录，促进民间艺术的传承;通过新闻媒体及编辑出版会刊,宣传、普及、传播民间艺术等等;通过这些途径和措施,有力地促进了民间艺术的发展和繁荣。③拉动了全市经济的发展。随着现代市场经济和新经济时代的到来,会展业在城市发展中的地位与作用越来越重要。民博会既是文化展会,也是经济展会,同样得到了广大展商的关注、青睐和广大市民的踊跃参与。展会期间举行的项目合作签约仪式,较好地做到了优势互补、合作双赢。如吉林省古尘木艺有限公司与福建根雕研究会、吉林浪木研究会联合签署的合作协议,使木艺与根雕、浪木不同的艺术门类做到了完美结合、相互促进。为民间艺术的市场化运作、规模化发展创造了有利条件。在刺激文化消费的同时,民博会还吸引了大量的物流、信息流、资金流,对长春市旅游市场、宾馆、餐饮、交通、通讯、商贸等行业的拉动作用更是不可低估的。民博会已经成为长春市新的经济增长点,作为具有较大影响力的国家级品牌展会,显示出愈来愈强大的发展后劲。④为建设文化名城注入了新的文化资本。民博会最大的特点在于它所展示的不仅是展品,更深层次反映出的是艺术、历史和文化。长春市委提出了要将长春建设成为文化名城的目标,更需要文化的积淀和艺术的积累。通过举办民博会,充分宣传、展示了长春的良好形象。陶冶了人们的情操,提高了人们的文化修养和艺术鉴赏力,培育了健康向上的进取精神。提升了城市的文化张力,增强了城市的文化动力,加大了对经济发展的拉力,提高了城市的综合实力。⑤为构建和谐社会做出了贡献。中国民间艺术来自于民间,其民族特色鲜明、参与广泛、形式多样的特点为群众所喜闻乐见,民博会为民间艺术与人民群众的相通、相融找到了最佳契合点。而以人为本、面向大众、还艺于民的办会方向,使民博会真正成为了艺术的巡礼、文化的盛宴、百姓的节日。举办民博会,满足了人们对艺术的热爱和对精神生活的渴望,丰富了人民群众的精神文化生活,为社会的和谐发展提供了精神动力和智力支持。

【对外交流活动】 1. 举办中国(长春)与韩国(蔚山)第十二届书法美术交流展。8月8日下午,中国(长春)与韩国(蔚山)第十二届书法美术交流展在吉林省博物院隆重举办。中国长春市与韩国蔚山市结为友好城市已经13年了。13年来,中国长春市与韩国蔚山市积极开展文化交流,取得了丰硕的成果,特别是开展书画艺术交流,不仅增进了中韩两国人民的友谊,同时,拓展了两国书画家的视野,促进了双方书画艺术水平的提高。本次展览共展出中国长春市书画作品92幅,韩国蔚山市书画作品62幅,这些作品形式多样,风格各异,充分展示了两市书画艺术的最高水平,代表了传统书画艺术的博大精深,又将长春、蔚山两市的当前创作状态呈现给长春的广大书画爱好者和市民。

2. 开展长春·郑州书法交流。4月19日至27日,以市文联党组书记、常务副主席张守智为团长,长春市文联副主席景喜猷为副团长的长春市书法学习交流团一行11人到郑州开展书法交流。21日,在郑州文联展览大厅,举办了长春·郑州书法作品交流展。展出长春书法家书法作品60余幅,郑州书法篆刻作品80余幅,郑州著名书法家李刚田对长春的书法作品进行了点评,使参加展览的长春书法家受益匪浅。通过两地书法界的交流,增进了友谊和了解,相互学习,共同提高书法创作水平,携手共进,为中国书法事业未来和发展做出贡献。9月21日,由长春书法家协会和郑州市书法家协会联合主办的“长春·郑州书法作品交流展”在省博物院隆重开幕。此次交流展对增强两市书法同道友谊,加深两市文化交流,促进两市的合作与交流,有着深远的意义。在当代书坛中,“中原书风”享有很高赞誉,其对当代书法也有很深的影响。郑州书法家的到来为长春地域书风的形成和发展带来深刻的启示。市领导李树国、钱万成、战月昌等出席开幕式并参观了展览。

(吴文惠)

群众文化

【概况】 2007年,长春市有2个市级群众艺术馆(长春市群众艺术馆和长春市朝鲜族群众艺术馆),10个县(市)区文化馆。职工总数352人,馆舍总面积为14 520平方米。全市共有乡镇文化部门145个,工作人员154人;街道文化活动室和农村文化户1 310个,各类文艺骨干3 500人。7月15日,长春市非物质文化遗产保护中心成立，与调研部合署办公。2007年，全市文化馆（艺术馆）、站开展大型群众性文化活动300余场，观众累计150万人次。

【社会文化活动】 2007年，长春市群众艺术馆和市朝鲜族群众艺术馆与各县（市）区文化馆深入社区、广场和广大农村开展大中型文艺演出75余场，为构建和谐春城和营造和谐家园做出了贡献。特别是长春市群众艺术馆成功承办了第六届亚洲冬季运动会闭幕式文艺演出，写下了长春市群众艺术馆历史最光彩的一页。2007年2月4日晚8时，第六届亚洲冬季运动会闭幕式文艺演出《永恒亚洲》隆重举行，演出获得了极大的成功，得到了社会各界的肯定。从国家级的人民日报到中央电视台，从当地的省市电视台和长春的各家媒体都对闭幕式演出盛况进行了加密报道。特别是中央电视台以《小单位也有大手笔》为专题对艺术馆进行全面的报道。长春市群众艺术馆为此获得了吉林省委、省政府颁发的集体三等功的殊荣。长春市群众艺术馆2007年度承办的演出有：1.5月1日、市群众艺术馆具体承办了长春市庆祝“五一”国际劳动节暨“天景杯”广场文化活动启动仪式《和谐之声》文艺演出；2.为庆祝中共吉林省委第九次党代会胜利闭幕，5月19日上午市群众艺术馆与长春市朝鲜族群众艺术馆联合在牡丹园举办了一场文艺演出，5月31日举行第21届长春市“春芽”文艺调演；3.7月25日，吉林省“创和谐家园”社区文艺展演在绿园区锦江广场演出，市群众艺术馆承担节目编排和策划；4.8月30日～9月6日第五届长春文化艺术周举行；5.9月4日晚，时尚、动感的街舞演出现场气氛热烈、火爆，台上台下舞成一片。本台街舞演出不仅填补了广场演出形式的空白，也为长春市的街舞发展起到了推波助澜的作用；6.9月6日，第五届长春文化艺术周闭幕式文艺晚会在文化广场隆重举行。现场观众近2万名；7.10月12日，CCTV“激情广场·四进社区”群众文化特别节目演出活动在雕塑公园举行。市群众艺术馆主要负责舞美制作、垫场及互动节目的编排。演出节目精彩纷呈，作为中央电视台的名牌栏目，首次在长春演出，取得圆满成功。

【青少年艺术系列大赛活动】 为配合未成年人教育，从4月20日至6月1日，由长春市群众艺术馆主办的长春市少儿艺术系列大赛及书画大赛活动。本次活动与长春市教育局联合举办，已举行了17届，大赛有860人参加，比2006年增加了80%，并与朝阳区富锋镇中心校联合成立“艺术特色校”辅导基地。取得了良好的社会效益。

【五十周年馆庆】 11月15日，市群众艺术馆迎来了50岁诞辰。市群众艺术馆出版了记录长春市群众艺术馆五十周年光辉足迹的大型画册《岁月如歌》，画册收录了近千幅照片，近5万字，内容丰富、详实，制作精美。同时，市群众艺术馆创作了馆歌、馆标和近600平方米的活动展板。11月15日，市群众艺术馆五十周年庆祝活动在中日会馆隆重举行。省市相关领导、来自全国各地和省内的兄弟文化馆（艺术馆）的同行及各友好单位来宾近300人前来祝贺。

【出版《长春群文》季刊】 全年出刊发行《长春群文》4期（季刊）。该刊物内设工作研究、馆站之声、写作园地、信息平台等栏目，为长春市广大群文工作者

亚冬会闭幕式文艺演出《永恒亚洲》

提供了一个经验交流、文学创作、资源共享的平台。

（杜立平）

【朝鲜族群众文化】 2007年，长春市朝鲜族群众艺术馆围绕市文化局工作积极开展群众文化活动，为长春市少数民族的团结进步和稳定和谐，繁荣和发展少数民族群众的文化生活起到了积极的作用。全年，举办全市性大型朝鲜族群众文化活动12次；组织辅导文艺节目30余个，辅导人数达3 000多人次；组织参加较有影响的各类文艺演出活动50余场次；获奖6人次。全市性大型群众文化活动：2月6日，在大华饭店，长春市朝鲜族群众艺术馆与市朝鲜族妇女协会联合举办了“迎新春朝鲜族妇女联欢”活动；2月10日，在大华饭店，艺术馆与吉林朝文报社、吉林省朝鲜族经济科学技术振兴总会、朝鲜族关心下一代委员会、朝鲜族老年协会、朝鲜族妇女协会等6家朝鲜族单位联合举办了“迎新年长春市朝鲜族联欢晚会”，艺术馆为大会做了专场演出；3月8日，艺术馆与吉林朝文报社、吉林省朝鲜族经济科学技术振兴总会、朝鲜族关心下一代委员会、朝鲜族妇女协会、朝鲜族老年协会等6家朝鲜族单位联合举办“长春市朝鲜族妇女三八节掷柶比赛”。来自市区朝鲜族中小学女教师、市朝鲜族妇女协会会员、市朝鲜族老年协会代表等近千名朝鲜族妇女群众参加了本次活动。活动主要举行了掷柶比赛和各种娱乐游戏活动。6月17日，长春市朝鲜族中学体育场，彩旗飘扬，锣鼓齐鸣，沉浸在一片节日的欢腾声中。长春市朝鲜族在这里隆重举行一年一度的“长春市端午节朝鲜族传统体育文化活动”。活动开始，以朝鲜族中学鼓乐队为领头的各朝鲜族中小学校和朝鲜族企业、事业单位、民间团体等26个单位以饱满的热情和各有特色的行进表演经过主席台受领导检阅。本次活动是由长春市民族事务委员会、长春市文化局、长春市教育局、长春市体育局主办，由长春市朝鲜族群众艺术馆承办，长春市朝鲜族中学协办的。吉林省政协前任副主席郑龙哲、吉林省民族事务委员会主任赵炳哲、中国人民解放军空军装备部李光男、长春市政府副秘书长张忠耀、市人大民族侨务外事委员会副主任齐世信、长春市政协社会法制民族宗教委员会主任王杰夫、长春市民族事务委员会主任赵国民、副主任咸荣日、杨军、市教育局副局长朱东顺等有关领导参加了本次盛会。会议由长春市民族事务委员会赵国民主任主持，市政府张忠耀副秘书长致祝辞，吉林省政协前副主席郑龙哲宣布开幕。开幕式上，由500名群众表演的大型集体舞“欢腾的节日”，使整个体育场沉浸在花的海洋当中。舞蹈用绚丽的舞姿歌颂了在党的民族政策的关怀下，勤劳的朝鲜族人民团结互助、携手共创幸福生活，热爱民族文化，宣传、继承、发扬光大民族文化的积极向上的精神风貌。会后，在整个运动场分区域都同时进行了各种传统体育比赛活动。活动项目主要有摔跤、秋千、拔河等体育比赛和绑腿、顶罐接力赛跑等体育游戏比赛。群众参与热情十分高涨。主席台前，长春市朝鲜族妇女协会、老年协会、绿园区朝鲜族小学跆拳道队等单位表演丰富多彩的节目。最后，在本次端午节足球比赛中获得优胜奖的长春朝中队和长春师范学院队进行了足球示范表演赛（足球比赛也是本次端午节活动的主要比赛项目，因时间关系足球比赛提前在端午节之前的6月2日，3日在吉林大学南岭体育场举行）。本次端午节活动以“团

迎新年长春市朝鲜族联欢晚会

结、进步、和谐、发展”为主题，丰富了朝鲜族人民的文化生活，进一步推动了长春市民族文化事业的发展。组织或参与较有影响的各类文艺演出50余场次。参加市政府举办的五一劳动节广场文艺演出；吉林省第九次党代会闭幕式演出；汽车文化节开幕式演出；八一建军节迎奥运倒计时一周年演出；长春文化艺术周广场文艺演出等活动。2月10日，艺术馆与延边卫视联合录制了“迎新春长春地区歌曲赛”。艺术馆组织长春市各朝鲜族中小学师生文艺骨干和朝鲜族老年协会、妇女协会的文艺骨干与艺术馆演员一起登台演出。延边卫视2007春节特别节目上转播了此次演出的实况。9月9日，在文化活动中心东方大剧场，长春市残疾人协会、长春市朝鲜族群众艺术馆、长春市朝鲜族妇女协会联合举办了“慰问残疾人暨特困家庭文艺演出”。为了本次演出，长春市朝鲜族妇女协会邀请了韩国汉城阳川区“分享与奉献”福祉会艺术团与长春市残疾人协会、长春市朝鲜族群众艺术馆、长春市朝鲜族妇女协会约80名演员联合登台演出。韩国锦湖轮胎、大韩航空等单位给予赞助。近2 000名观众观看了演出。11月10日～15日，由长春市朝鲜族群众艺术馆的12名演员组成的文艺表演队作为吉林省体育代表队随行艺术团赴广州市参加了第八届全国少数民族传统体育运动会。本次少数民族运动会是历史以来规模最大的一次民族盛会。来自广西、内蒙古、宁夏、西藏、新疆等自治区代表队和包括台湾少数民族代表团在内的34个代表队，6 318名少数民族选手参加了本次盛会。运动会期间，长春市朝鲜族群众艺术馆12名演员的文艺表演队代表吉林省参加了运动会开幕式表演和广场文艺演出，深得了广州观众和各省代表队的赞扬。在文艺辅导和获奖方面，2007年，为长春市宽城区朝鲜族小学校庆50周年文艺演出，长春市朝鲜族群众艺术馆利用3个月时间编排了一台少年儿童喜欢的歌舞节目，为大会献艺，得到了与会领导和群众的一致好评。8月29～30日，长春市朝鲜族群众艺术馆的李应洙、李相浩、金小玲3名声乐演员参加了在延边举行的“中国朝鲜族民歌比赛”，分别获得了特等奖、金奖和银奖。崔正秀创作的歌词“和谐风情”在由中国音乐家协会、中国民族民间艺术家文化产业联盟、中国民族民间歌曲演创评选委员会联合主办的第八届“奥运之春中国民族民间歌曲演创选萃”中获“中国民歌精品金奖”；歌词“只要你来一次”发表于“海兰江涛声”报(12月报)；赵香淑撰写、崔正秀翻译的论文“精神文明的摇篮——记长春市朝鲜族群众艺术馆”发表于《艺术殿堂》(2007年第5期)；崔正秀撰写的论文《朝汉语文规范化与民族性》在吉林省朝语学会第十一次学术交流会上获得二等奖，又在中国朝鲜语学会第15次学术研讨会论文评选中，被评为二等奖。

（赵香淑）

2007年长春市群众艺术馆获奖情况一览表

类别	题　目	奖　励	颁奖单位	作　者
奖励	特等劳动模范	长春市	长春市委、市政府	蔡维民
奖励	五一奖章	长春市	长春市总工会	蔡维民
摄影	群星优秀奖	国家级	文化部	兰　森
论文	试析长春市文化站的建设途径	国家级	中国群众文化学会	蔡维民
论文	黑土地上的狂欢节	国家级	中国群众文化学会	蔡维民　杜立平
小品	礼物“群星”	国家级	文化部	韩乙镝

（杜立平）

长春报业

【概况】　2007年，长春日报报业集团新领导班子认真贯彻落实党的十六大、十七大会议精神，用科学发展观统领全局，紧密围绕市委、市政府的中心和重点工作，忠实履行党报喉舌的崇高职责，把握正确的舆论导向，努力拼搏，改革创新，在困境中寻找出路，在竞争中谋求发展。以创新的思维，超常的胆识，务实的作风，实现了集团思想作风、新闻出版、队伍建设、经营管理、广告创收、报纸发行等方面的新突破、新变化，着力解决了长报集团在生存和发展中的一些突出矛盾。集团呈现前所未有的勃勃生机，实现了经济好转，队伍稳定，管理到位，工作上路，运转正常，为长春经济建设又好又快的发展，为长春市构建和谐社会做出了积极的贡献。受到市委、市政府、市委宣传部的充分肯定和表扬。

【宣传报道】　2007 年，《长春日报》、《长春晚报》在宣传报道方面，创新思维，围绕市委、市政府的中心工作和重点工作，坚持正确舆论导向这个根本，唱响主旋律、搞好策划，突出重点抓了 5 个方面的宣传报道。

1. 抓实大项目建设宣传报道。为贯彻落实好省九次党代会、市十一次党代会精神，为切实发挥各级党组织和党员干部服务全市重大项目建设的引领和推动作用，报社和市直属机关党工委联合开展“推进大项目，机关作表率”主题实践活动。在《长春日报》一版开辟了“推进大项目，机关作表率”专栏，每周至少 1 期。内容既有各部门、县(市)区大项目建设的基本情况及推进服务大项目建设的新做法、新经验，也有为大项目建设做出突出贡献的“群英谱”，还有对项目建设和长春未来发展提出的“金点子”。长春日报记者深入实际，认真采写有关 91 个重大项目建设的进展情况及典型事例。全年报道长春大项目建设的稿件 240 篇，推出专版 20 个，专栏 15 个。报道信息面广，内容丰富。

2. 突出特色，报道“两城联创”。创建国家卫生城市、文明城市是市委市府的重点工作。《长春日报》精心组织，深入报道，及时传递政府的声音、创城的动态，百姓参与的热情，展现长春“科学创建、特色创建”的生动局面。在宣传报道中，《长春日报》每周推出“两城联创”特别报道专版。开辟了“报道直通车”、“红黑榜”、“我为创城献计”、“评说创城”、“外埠经验”等栏目。报道内容有百姓看法，有专家分析，有政府职能部门的态度。“我为创城献计”、“我为创城加一分”两个栏目请市民参与，办出了特色。“两城联创”报道全年发稿 500 篇，专版 27 期。

3. 倾心尽力搞好民生宣传。在民生宣传报道方面，认真策划，周密安排。对全市民生大会的报道，突出市委、市府加快“和谐长春”建设，感情上贴近群众，行动上深入群众，生活上关心群众，工作上服务群众的爱民工程。长春日报、长春晚报都刊发了《2007 年民生行动计划解读》，详细刊登 94 条民生计划的主要内容、责任部门完成时限。其后，长春日报、长春晚报跟踪报道有关部门落实情况，由政教、经济等部门联合作战，全面反映在劳动就业，社会保障、关注特殊群体、教育、卫生、文化生活、住房保障等方面取得的成果，全年发稿 350 多篇。

4. 全力搞好十七大、省市党代会等重要会议的宣传报道。党的十七大和省市党代会召开前，长春日报、长春晚报对全国及长春市经济、政治、社会发展取得的成果进行充分报道。同时，以特刊、专版的形式，报道长春市优秀共产党员典型谭竹青、孙家珍、刘国江、王树明、王洪军等人的先进事迹，激发全市人民奋勇争先建设美好长春的热情。十七大召开期间，集团领导每天参加值班，把关定向，保证了宣传报道的高质量。长春日报、长春晚报共组织版面 70 个，专版 12 个，共刊发文章 300 多篇，图片 60 多幅。长春日报十七大后组织了 10 块“理论视界”专版，发稿 30 余篇，全方位地对十七

2007 年 11 月 19 日，市委书记高广滨在报业集团采编平台视察

大进行了宣传；同时邀请省内知名理论专家撰稿，开辟理论专栏，进行辅导，不断提高报道深度和宣传效果。人大政协两会报道，重点宣传长春市新亮点、新成就。如，《八组数字凸显精彩的2006》、《三种目光阅读崭新的2007》、《委员代表关注百姓的安全》、《南部新城建设呼唤“大手笔”》等文章，都起到了很好的宣传、鼓励作用。

5.其他报道也都从展示长春风采，提高长春知名度入手。长春日报、长春晚报在宣传亚冬会上下功夫。赛前都推出专栏全方位宣传，开幕后，连续系列报道，两报共发稿2 800篇，版面175个，专栏500多期。由于宣传报道业绩突出，长报集团被省委、省政府授予集体三等功。汽博会期间，长春日报在要闻版、经贸新闻版、汽博会专版上开设专栏，刊发大量消息、深度报道和照片。长春日报见报稿件数量是长春新闻媒体中最多的。受到市政府的表扬。《长春晚报》开设了“创业大讲堂”专版。专版设4个栏目：“我的创业历程”、“创业项目帮你选”、“城区创业之路”、“优惠政策专家谈”。专版与市民见面后，引起了强烈的反响。仅当天就接到市民电话100多个，当日的报纸零售量猛增，大有“洛阳纸贵”之势。现已刊发47期，省委宣传部新闻阅评小组对此也给予高度评价。

【广告创收】 2007年，长春日报、长春晚报的广告收入有了很大突破。长春日报广告进款2 357万元，超额完成了全年2 000万元的承包指标。晚报全年完成6 191万元的广告收入，超额完成191万元，比2006年同期增加297万元。这是在集团领导的支持和正确领导下，通过用人分配制度的改革，主任竞聘上岗，职工“零工资”，收入绩效挂钩，实行目标责任管理的结果。调动了职工积极性，大家努力拼搏的结果，是在平面媒体广告逐年下降的市场环境下取得的。长春晚报加强经济部力量，特将副刊部所有专刊挪到了经济部，为广告客户服务，出大量特刊拉动广告。相继出了《房地产特刊》、《汽车特刊》、《婚庆特刊》、《商业特刊》等。“五一”前夕又推出特刊《满城尽待黄金周》。在版面安排上也为广告部开“绿灯”，能满足的尽量满足。发行公司也全力配合广告部，对于广告部门提出的广告发布的重点区域“死看死守”，保证送报及时，不晚投、不漏投，以保证广告反馈效果。

【发行工作】 以改革、创新、合作、共谋发展的精神推动发行改革，采取整顿队伍、指标包干、减员增效、建章建制等措施，收到成效。2007年长春日报、长春晚报、长春商报、影视图书周报的发行都有所突破，特别是《长春日报》，在市委、市政府的支持下走财政列支，发行量达到72 688份，加上零售2 200份，日报总发行量达到74 888份，是近年来最多的。晚报发行量也有很大突破，2007年最高发行量达到13万份，2007年加上零售，发行总量15万份，比2006年增加2万份。

【技术改造】 长报集团在经济十分困难的情况下，千方百计筹措资金，进行大规模技术改造，总共投入近亿元。引进德国最先进印刷设备，建设新的印务中心，共投入8 334万元。集团采编平台改造，投入资金900万元。经过努力，年内采遍平台升级改造已经高水平、高质量的完成并投入使用。新印务中心厂房建设年内实现了厂房主体完工，可以进行设备安装，2008年上半年将竣工投产。两大技术改造工程完成，可以使长报集团生产硬件设备达到国内领先水平，且10年不落后，彻底解决集团新闻出版因为设备落后拖后腿，威胁生产安全的问题。

【扭亏增盈】 2006年9月新班子到任时，账面可用流动资金仅10万元，工资停开、库存用纸仅够2天使用，资产已严重资不抵债。长报集团实有资产19 860万元，实际负债30 770万元，净资产为负10 910万元，负债率为154.94%，集团面临停摆。新班子上任后大力推行强化管理，堵塞漏洞，增收节支，彻底改变了被动局面，到2007年底，集团总资产为34 393万元，总负债28 207万元，资产负债率大幅度下降。2007年仅印刷方面节约经费上千万元。通过开源节流，服务创收，向管理要效益，实现了减亏。使长报集团逐步走上了健康发展之路。

（朱少波）

新闻出版

【概况】 2007年，市新闻出版局着眼于服务经济建设中心和全市工作大局，坚持“一手抓繁荣，一手抓管理”方针，围绕中心，服务大局，深入持久地开展了“扫黄打非”斗争，加大了对出版物市场和印刷企业的日常监管力度。全年共查处案件100余起，破获大要案8起，涉案金额数百万元，吊销经营许可证2家。收缴各类非法出版物和计算机软件25万余册（张），对60家出版物经营单位及印刷企业进行了限期整改。通过集中行动和专项治理，进一步净化了出版物市场，为长春市出版物市场健康繁荣、有序发展做出了应有贡献。被新闻出版总署评为“全国新闻出版系统‘四五’普法先进单位”（新出法规［2007］120号）；被省政府评为吉林省新闻出版系统先进集体、吉林省“农家书屋”工作先进单位；被市委、市政府命名为全市软环境建设工作先进集体、长春市2007年民生工作先进集体，第十二届长春书市被市政府授予“优秀会展项目”（全市十大优秀会展项目）。

【“扫黄打非”】 2007年的“扫黄打非”和出版物市场监管工作主要是认真贯彻落实第二十次全国“扫黄打非”工作电视电话会议和吉林省2007年“扫黄打非”电视电话会议及长春市2007年“扫黄打非”工作会议精神，认真组织实施国家和省提出的“平安工程”、“文化环保工程”和“反盗版天天行动”，为党的十七大和省第九次党代会及第六届亚冬会的顺利召开，确保两会和亚冬会期间出版物市场健康平稳有序，构建社会主义和谐社会营造良好的思想舆论氛围和良好的文化市场环境。

1.组织召开了全市“扫黄打非”电视电话工作会议，以市委、市政府办公厅名义下发了《2007年“扫黄打非”工作方案》。在元旦、春节、五一等节假日以及省、市党代会前后，组织开展了5次全市大规模“扫黄打非”集中行动，市和县（市）区两级同时行动，对全市出版物市场进行全面检查，新闻单位跟踪报道，在全社会引起了一定的反响，为各级“两会”及亚冬会胜利召开创造良好的文化环境。4月14日上午10时，吉林省暨长春市2007年“扫黄打非”春季战役盗版非法出版物集中销毁活动在长春市南岭体育场举行。销毁盗版光盘50余万张，盗版图书10余万册。以强有力的事实，向公众表明了保护知识产权、严厉打击侵权盗版活动的一贯立场和坚定决心。对于普及和提高广大群众自觉抵制盗版，保护知识产权的意识起到了重要作用，有力地震慑了不法分子，积极营造全社会共同关注的舆论氛围，构建政府主导、社会和群众广泛参与的“扫黄打非”工作格局，推动全市“扫黄打非”斗争向纵深发展。

2.以春夏“扫黄打非”战役为重点，以专项治理为契机，加大整治力度，不断净化出版物市场。从出版物市场和“扫黄打非”长效机制入手，建立了义务监督员制度。市新闻出版局通过市人大、市政协、市直各部门和各城区“三老”共推荐选拔了50名义务监督员，为管理工作提供了强有力的保证。另外，在长春市繁华街路口，设立了50块“扫黄打非”监督举报牌，在全社会形成了较为完善的监督网络。重点开展了5项工作：一是严厉打击各类非法出版物和非法出版活动，做到露头就打，绝不允许有立足之地。二是积极深入开展网上“扫黄打非”斗争，积极参加、主动协调由公安部门牵头的依法打击网络淫秽色情专项行动。以专项打击行动为契机，建立起依法打击网络制黄贩黄的长效工作机制。三是继续大张旗鼓地开展“反盗版天天行动”。不断拓展打击侵权盗版工作领域、治理范围，坚决遏制盗版势头，严厉打击各类侵权盗版活动。四是反复清查取缔贩卖盗版、非法出版物的游商地摊和无证照经营行为。贯彻落实好中央6部门《关于加强治理销售盗版及非法出版物游商地摊和无证照经营行为的通知》要求，保证治理游商工作取得较好的效果。五是深挖制售盗版、非法出版和制黄贩黄的源头。要坚决贯彻深挖彻究的方针，不放过任何一个案件和线索，追根溯源，力求对犯罪团伙实施彻底打击，不给犯罪分子以死灰复燃的机会，最大限度地减少对社会的危害。做到政治性非法出版物基本杜绝，宣扬封建迷信和淫秽色情的出版物无处容身，一般性盗版出版物大幅减少，出版物市场净化水平再上一个台阶。

3.清市场、查大案、追源头，重点打击政治性非法出版物、淫秽色情出版物、宣传伪科学及封建迷信出版物以及盗版、盗印出版物。3月18日，查获长春净月经济开发区××印刷厂盗印教辅一案，当场收缴盗印的《新课标、新设计AB卷》等教辅类出版物3 800册。依据相关法规要求，鉴于该厂严重违规事实，经研究决定，对其进行了吊销《印刷经营许可证》的行政处罚。3月16日，接到群众举报，市新闻出版局对卓展后侧的××外语学校进行了突击检查。经查实，××外语学校经销非法编印的《王牌词汇》、《六级辅导》等教学用书456册，违法所得16 608元，依法给予其没收非法出版物、并处罚款2万元的行政处罚。3月28日，根据群众举报，市新闻出版局工作人员对位于人民大街的吉林大学院内的北京××培训中心进行突击检查。当场查获非法编印教学用书2 449册。依法给予其没收非法出版物，罚款3万元的行政处罚。3月9日，接到国家及省“扫黄打非”相关部门转批查处关于长春市中国××社吉林分社擅自从事《中华教育周刊》非法出版活动的批示函后，市新闻出版局对该案进行了认真的调查。经查证：中国××社吉林分社（驻地长春）自2002年开始，擅自从事《中华教育周刊》非法出版活动，以收取作者版面费的名义进行经营活动，假冒香港某刊（刊号：ISSN1683－1632）名义出版，其编辑、印制过程全部在长春完成，依据其违法事实，对其非法出版《中华教育周刊》活动予以取缔，给予没收非法出版物，罚款3万元的行政处罚。4月18日，市新闻出版局稽查人员一举端掉了位于铁北二路某小区院内16号车库的地下黑批发窝点。收缴《余秋雨作品集》等410余种、12 517册非法出版物，决定给予当事人没收其非法出版物、吊销《出版物经营许可证》、罚款3万元的行政处罚。7月6日，根据群众举报，市新闻出版局执法人员在长春太阳城图书批发交易市场长春××图书发行有限公司当场查获《水晶QQ》、《GOGO美少女》等非法出版物260册。给予当事人罚款1万元的行政处罚。7月23日，在长春市自由大路68号纺织大厦当场查获王××非法发行《购物导报·便利资讯》非法出版物一案，收缴非法出版物1 000份，决定给予其没收非法出版物，罚款1万元的行政处罚。7月26日，查获×周刊编辑部发行非法出版物《时尚生活指南大周刊》一案。给予罚款2万元的行政处罚。9月20日，协同白菊派出所查处博×印刷厂非法印刷一案。发现其印制的《既刻开悟之钥样书》（观音法门）10 000册，属非法出版物，该厂的行为严重违反了《印刷业管理条例》相关要求，根据其违法事实，没收其非法所得5 000元，罚款10 000元的行政处罚。大案要案的连续侦破，严厉打击了不法分子的嚣张气焰，对经营盗版者是迎头一棒、致命一击，极大地震慑了不法分子，对净化长春市出版物市场，保证出版物市场有序发展具有重大意义。

【检查出版物市场】 市新闻出版局先后对太阳城图书批发交易市场、省图书批发市场，长春火车站、客运站，黑水路、黄河路、上海路，长江路科技城、欧亚科技城等重点地区、重点部位经营图书、音像及电子出版物的经营单位重点查、反复查。市场管理所进一步完善了样本售前审读制度，努力把好“审读关”，2007年登记审读查验各类出版物10大类，7 000余种，对200余种出版物进行了异地调研核实，对百余种10万余册涉嫌非法出版物在上市前进行了查处封存，从源头上确保了长春市出版物市场的净化。进行了出版物发行资格培训。对图书批发、零售单位的发行人员进行了国家出版物发行资格培训，培训130多人。建立健全了出版物经营许可证的审批、审核制度和办事程序，对部分没有年检的出版物经营单位给予了行政处罚，规范了出版物发行单位的网点布局。对站前春华地下商城的书报刊经营单位进行了清理整顿，进一步规范其经营行为，先后对违规的20家经营单位进行了行政处罚。加大了对未经许可设立的原吉林日报社后侧的报刊市场管理力度。3月27日，市新闻出版局，在原吉林日报社后侧查获宏远发行有限公司经销非法小报案。共收缴《经典故事》、《聊斋故事》等非法小报3 700份、《茶余饭后》、《偷情》等非法书刊278册。同日，在《百姓周刊》发行部查获《中外故事》、《军事故事会》等非法小报7 000份，《都市情案》、《鬼狐故事》等非法书刊847册。并对两业主给予相应的行政处罚。现在此处经清理整顿后，出版行为得到规范，由过去16家整顿为9家。对所有无证经营的业户予以取缔。针对长春市一些中小学校附近的图书出租屋和书报刊亭，打着出售教辅资料的旗号，暗中向一些中小学生出租（售）色情淫秽的非法出版物，结合“扫黄打非”夏季战役，在全市范围内开展为期30天的清理整顿校园周边店、净化图书出租屋的专项行动。从6月12日开始，市新闻出版稽查队集中力量对全市45所中小学校周边的近60多个书报刊亭和图书出租屋进行了重点检查，对10家问题突出的经营业户进行了行政处罚。6月18日上午，在市委宣传部牵头下，召开了包括新闻出版局在内的以公安局、文化局、教育局、交通局、行政执法局、工商局等7个部门参加的专项行动综合协调会。下午，市新闻出版局又召开了长春市区各行政主管部门领导和驻长部分新闻媒体参加的清理整顿专题工作会议，通报了市新闻出版稽查队对各城区前段时间的检查情况，传达了市专项行动综合协调会议精神，要求城区各行政主管部门要按照属地管理，守土有责的原则，对重点时段、重点地区实施重点监控，集中力量，反复清查，连片管理，对向未成年人出租、出售色情淫秽“口袋本”图书、卡通画册及诱导青少年犯罪的暴力出版物这一现象要进行全面严厉打击，不遗余力地“围剿”；要进一步增强政治意识、大局意识、责任意识和忧患意识，统筹执法力量、密切部门合作，形成工作合力，实施综合治理，保证未成年人健康成长。通过专项治理，校园周边环境有了较大改观。

【整治印刷市场秩序】 为做好印刷企业年度检验工作，局相关处室做到了分工明确，责任到人。对年度检验流程进行了更为科学的梳理，较为圆满地完成了印刷许可证的年度检验工作，95%以上的企业均按要求进行了年检，对未按时参加年度检验的企业进行了逐家走访，依据实际情况进行了相应处理，并按时向新闻出版总署上传了对长春市印刷企业抽样年检情况汇总。严格依照《印刷业管理条例》查处非法盗印行为，开展印刷市场秩序集中整治活动。对市区内280余家印刷厂进行了检查，对10余家不符合要求的企业依法进行了取缔。重点检查了100余家有书刊印刷能力的企业，检查承印单位出版物的承印手续是否齐全（一书一份的委托书、付印单等），对50余家的违规行为进行了及时纠正。通过专项治理，全市印刷复制市场秩序得到明显改观。为提高印刷企业法人的法律意识，增强企业遵纪守法的自觉性，市新闻出版局依据《印刷业经营者资格条件暂行规定》的相关要求，在2007年4月27日至29日组织市属印刷企业法人进行了相关法规培训，120名企业法人拿到了培训证书。

【知识产权保护】 著作权法宣传工作。4月26日是第七个世界知识产权日，市新闻出版局在长春市人民大街多处举行了“4·26”世界保护知识产权日著作权宣传咨询服务活动，与专利、商标联动，通过与长春日报的合作，共就专利、商标、版权进行了5个专题的宣传报道，扩大广大人民群众对著作权的认知度，取得了较好的社会效应。8月25日在市委机关会堂举办了“版权保护与创新型国家巡回报告团”长春站演讲，400余人听取了报告。2007年市新闻出版局把打击网络侵权盗版工作重点放在规范网吧电影服务器上。2007年3月中旬，市新闻出版局下发了《关于规范我市网吧电影服务器的通知》，在全市范围内开展为期半年的规范网吧电影服务器的专项治理。4月上旬，召开了县（市）区版权主管局长工作会，会议要求县（市）区要尽快将通知精神传达到网吧业户，要求网吧无论以何种方式取得片源，均须取得作品权利人的合法授权。力争通过专项治理，查处一批提供盗版影视节目收视

长春文化印刷产业集中区到广州市进行项目推介

服务的网吧，使网吧经营者提高版权保护意识，从合法渠道获得正版影视节目，在网吧内提供正版影视节目收视服务，使长春市网吧的影视服务走上守法经营的良性轨道。根据国家局和省局关于打击网络侵权盗版有关文件精神，开展了以网吧和网站为检查重点的专项行动。查处了吉林省明诺科技发展有限责任公司“火影堂影视平台”网络侵权一案，该案件被国家版权局评为2007年全国打击网络侵权盗版十大案件（排列第二位）。启动企业软件正版化工作，起草工作方案和企业软件正版化局际联席会议制度；继续推进政府机关软件正版化工作，认真执行《中华人民共和国著作权法》、《计算机软件保护条例》，全力推进软件正版化工作。

【新建长春市图书大厦】 新建的长春市图书大厦位于长春市北京大街2号。2007年4月6日开工，占地面积1.1万平方米，规划建筑面积3.2万平方米。其中作为图书批发市场的一、二楼各5 000平方米都是围绕图书批发市场的功能设计，可容纳二级批发单位150户；地下室6 500平方米，约有一半面积是按书库设计的，其中500平方米将作为报纸批发市场。从地下室到二楼配有两部货梯，一楼层高4.8米，二楼层高4.5米。一、二层地面均为大理石。大厅均用彩铝、玻璃及板材统一隔断，高度拟为2.5米。两层大厅均设有彩色大屏幕显示屏，用于传达信息，广告宣传等。每户都设置电话、宽带。大厦开正门和侧门，四周设有停车位若干。为方便用户，另在一楼东北角设置银行营业部。新的图书大厦建成后，将整合现有的图书报刊批发市场，关闭原有的长春市太阳城图书批发市场，对原吉林日报社后院自发形成的报纸批发市场将依法予以取缔，这样，长春市将实现图书、期刊、报纸全部进入场内批发。

【长春文化印刷产业开发区建设】 2007年，是长春文化印刷产业开发区建设的关键时期。截至9月末，长春文化印刷产业开发区基础设施建设计划总投资2.2亿元，现完成1.38亿元。签约入驻项目29个，计划总投资89.28亿元，其中工业项目15个，计划总投资8亿元；基础设施项目4个，计划总投资2.58亿元，洽谈项目10个，计划总投资78.7亿元。在签约入驻项目中新建、续建项目共19个，其中新建项目12个，续建项目7个，计划总投资9.85亿元，投资强度达到2 460万元/公顷。项目开工总数为17个，到位资金4.64亿元，固定资产投入完成3.93亿元。截至9月末，已有吉林省东懋纸制品包装厂、吉林省锦江印刷有限公司、天力啤酒包装厂一期工程、长春市明达纸业有限公司等企业正式投产，投产企业户数达到8户。在储备洽谈签约项目上取得了积极成果。吉柴集团整体搬迁项目于8月22日正式签约，该项目计划投资10亿元，占地38公顷，分两期开发建设，一期工程开发建设10公顷，计划投资4亿元；二期工程开发建设20公顷，计划投资6亿元。主体办公楼预计10初开始动工建设。此外，上海界龙集团印刷包装项目、吉林社保华康新城、长春出版集团异地新建、德国黑森药业、奢岭老街整体改造项目等5个超亿元项目现在选址已基本结束，部分有望近期签约。另外，民营企业创业孵化基地6.4公顷，已投资3 000万元，完成了两栋共5 000平方米的标准厨房建设，现已引进吉林仕达电器有限公司等5户企业，另有15户企业签订了入驻意向。4月份市新闻出版局随团参加了广东东莞全国印刷机械展销会，同时召开了新闻发布会，对长春文化印刷产业开发区的情况进行了推介，对重点企业采取了“扣门招商”、“单独较练”等方式进行了走访招商，取得了较好的成果，很多企业对入驻开发区展示了浓厚的兴趣，多家大型企业与开发区签订了投资意向性协议。

【农家书屋工作】 制定了《长春市农家书屋工程设施方案》，组建了农家书屋建设工程领导小组和办公室，对各县（市）区“农家书屋”工程工作开展情况完成了初步考察摸底。6月初，召开各县（市）区“农家书屋”主要负责人工作协调会，进一步确定长春地区“农家书屋”建设的有关问题，制定和完善了长春市“农家书屋”工程实施方案，同时完成各县（市）区“农家书屋”名额分配工作。9月21日，在双阳区齐家镇卧龙村召开了全市“农家书屋”建设现场会，长春市第一家“农家书屋”揭牌，市委、市政府向农家书屋捐赠1 000册图书。10月9日，召开了全市各县（市）区文体局长会议，布置“农家书屋”工程建设具体实施

第十二届长春书市开幕式暨全民读书活动启动仪式

步骤。与各委、办、局及工会等部门协调，落实“农家书屋”包建事宜。10月20日，召开了全市“农家书屋”工程建设捐赠活动动员会议。决定在全市各社区设立捐书角或捐书接待站。确认通过了农家书屋的购书目录。10月25日，制定并下发了《长春市人民政府办公厅印发关于在全市开展工作向“农家书屋”捐赠活动方案的通知》（长府办函[2007]103号）。11月7日在全市范围内广泛开展向“农家书屋”捐赠活动，通过召开新闻发布会和在新闻媒体刊发致广大市民的一封公开信的形式，号召全市所有的机关、企事业单位，每一个市民都行动起来，为农民奉献一份爱心，贡献一份力量，为农民送去急需的精神食粮。11月16日上午，在市直机关举办了“心系新农民、共建新农村”的“三送一建”集中捐书行动。本次集中捐赠图书效果显著。其中，捐赠的图书数量达15万余册、捐资6万元、捐献光碟4 083盘、捐献电脑5台、影碟机1台，还有书柜、桌椅等物品。“农家书屋”前期专项经费200万元已全部拨入专用账户。现已实现全市所有“农家书屋”300册科普读物“全覆盖”。

【第三届东北地区大型印刷包装机械及纸张展销会】　4月15日～4月18日，在市新闻出版局协调下，由长春印刷协会和长春市金泰印刷物资有限公司合作主办第三届“东北地区大型印刷包装机械及纸张展销会”在长春市国际展览中心举行。这次展销会的展会使用面积达6 000平方米，参展企业达150多家，销售额5 000万元，参观人数达5万人次。

【第十二届长春书市】　第十二届长春书市于2007年8月25日在长春体育场开幕，9月2日闭市。本届长春书市组织了全国560余家出版社，近15万种图书，1万余种音像制品和电子出版物，1千余种期刊入市展销。分别设立社科综合、2007版新书、教辅、科技外语、期刊、古旧书、音像及电子出版物、文化用品等8个展销区进行展销。据统计，书市展销10天中共接待读者131万左右人次，累计销售各种出版物达150万册（盘），销售总码洋达1 376万余元。长春书市已经成为长春市的文明品牌。

【第一届全民读书活动】　8月25日，第一届全民读书活动启动仪式与第十二届长春书市开幕式一起在长春体育场隆重举行。这项活动是市委、市政府主办的，由市委宣传部、市文明办、市新闻出版局承办。从8月25日启动，年底结束并总结。活动共分15项主题专项活动，在全民读书活动启动仪式后迅即按方案计划相继开展实施。与团市委联合制作了“知识改变命运”的电视专题片，同时教育、工会、宣传、机关工委等部门，也结合各自的工作实际，按计划开展了各种形式的读书宣传活动。第一届全民读书活动（原来称全民读书月）和第十二届长春书市2007年被市政府列入2007年民生工程，为市政府向全市人民承诺的94件民生实事之一。

（李　镇）

长春出版社

【概况】　2007年，长春出版社坚持科学发展观，制定了符合市场规律的经济增长指标，增强工作的计划性，相关选题得到继续巩固，教材建设取得突破性进展，图书发行及回款总量稳步上升，同时不断研究出版改革，深化效益考核及分配体系改革，细化内部经营管理，克服了图书市场竞争激烈、纸张等原材料涨价等多种不利因素，继续保持了各项经济指标的持续增长，出色地完成了全年的各项经济指标。全年共出版图书480余种，共完成图书发行码洋1.53亿元，同比增长了28.4%，实洋回款和发行码洋创历年来的最好水平。有近20种图书荣获省级以上奖励，《区域中国》、《沧桑河山》等图书被列为中宣部三个一百原创工程。由于良好的经济效益和多年的持续发展，2007年1月长春出版社荣获吉林省政府新闻出版奖优秀集体奖。杨德宏社长被评选为全国新闻出版系统领军人才，吉林省出版界只此一人当选。

【编辑业务工作】 2007年的图书选题及各项业务工作谋划的早，年初每个编辑室都拿出了详细的出书计划，对出书时限、定价、印数进行了详细的计划。使全年的出版任务得到了有效的分解。重点图书由业务能力强的编辑室承担，各项前期准备工作细致充分，一批重点图书、优秀图书相继出版，按要求完成了全年增长目标。历史文化类图书2007年有了长足的进展，从选题到编辑加工，长春出版社给予高度重视，召开专题论证会进行研讨和规划，使这类图书在长春出版社逐渐形成规模。继《沧桑河山》(8本)出版后，2007年又策划《大哉中华》(28本)、《冯友兰文集》(10卷本)、《文学经典泛读》等一批有影响的图书。为适应国家对青少年进行科学教育的大方向，2007年长春出版社又推出一批相关图书，如《小学科学课活动手册》、《小学科学课教学案例》等，并正在与英国哈考特公司洽谈合作出版《科学课》课本。一批品牌图书荣获各种奖励或受到相关部门认可。2007年《东亚史》、《区域中国》、《沧桑河山》被列为中宣部三个一百原创工程。《上海合作组织研究》被列为国家新闻出版总署十一五规划项目。在全省图书评选调整后，全省评选出的50种优秀图书中，长春出版社有国标《语文》教材、《毛泽东诗词鉴赏》、《制度文明与中国社会》等图书荣获吉林省新闻出版奖优秀图书奖。

【发行工作】 发行工作面对市场上诸多不利因素，继续实行经济指标管理，把回款实洋作为硬性指标，加强账目管理，截至年底，全年完成发行总码洋1.53亿元，尤其是发行回款方面，克服各方面困难，较好地完成了年度回款任务。一是继续坚持目标管理，把全年的发行指标层层分解到每个业务组，增强了工作的计划性，进一步明确了任务和责任分工，在具体的发行方法上，调整发行思路，以适应全国新华书店集团化这一发展趋势，适应图书发行中的区域代理制，每个发行员都积极走出去，加大跑片力度，加强同各省级重点发行单位的联系，确保长春版图书在全国市场的占有率，确保发行任务的完成，同时为全社图书选题提供市场信息。二是2007年先后参加了北京图书订货会和在重庆召开的全国书市，并取得了较好的效果。年初北京书市期间，全社上下筹划的早，各项工作抓的及时，全体编辑不分昼夜，全力以赴，在书市前，一次性推出了100多种新书，提前了一个周期，部分图书投放市场后反响较好。三是增强了财务对发行工作的监督和管理，加大了回款力度。为加强图书账目管理，长春出版社在财务部内部成立了结算中心，加强了对发行工作的监督和管理。回款方面规定了各业务部在发货1个月内，查清发货情况，3个月内查清销售情况，半年对所负责的区片清账一次。从主管领导到每个业务经理和发行员都全力以赴，以高度的责任感和积极的工作态度，全力催款、清款。四是增强发行工作的系统性和科学性。每一本书从选题开始就请发行人员介入，在图书整体设计、印数等方面，积极听取发行方面的意见，减少了发行中的盲目性。发行部门加强了从图书库存、发货、出库、制单、退货、清账、回款、呆坏账处理等全过程管理，更加细致和科学有效。由于长春出版社优秀图书的品牌效应和持续的市场占有率，江苏、四川、北京等省市的省级发行部门把长春出版社列为全国50家重点供货的出版社之一。

【教材建设】 2007年的教材建设在2006年的基础上，继续稳步推进。在教材的编写、市场开发、教师的培训及教材的各项后继配套服务等方面，取得了稳步的发展。1.长春版《语文》的中学部分通过了教育部的审订。继国标《语文》教材的小学部分通过教育部的审订后，2007年长春出版社又继续对该教材的中学部分进行修订和完善，该教材的初中6册通过了教育部的审订，正式进入了全国征订目录，在全国发行，为整套教材的长期发展提供了良好的保障。这套教材继2006年获得了吉林省政府颁发的“吉林省基础教育优秀教学成果”一等奖，2007年又获得“吉林省新闻出版奖优秀图书奖”、“吉林省第七届社会科学成果一等奖”。2. 加强教材配套服务和系统服务。在该教材的发行方面，坚持以培训为重点，扩大《语文》教材在全省的市场占有率。继续加强与全省各地市教育部门的联系和沟通，巩固好已经开发的地区。目前该教材的小学部分省内已经有5个地区：长春、吉林、四平、白城、松原使用，学生人数占全省一年级小学生总量的70%以上。初中部分开辟了长春、四平两个实验区。继续组织全省范围的语文教师培训，帮助大家使用好这部教材，全年共组织教师培训17场，参加教师近6 800人，在白城地区组织鹤乡杯语文教学大赛，在长春市组织了长春版《语文》教材教学设计大赛等活动，增强各地教师对长春版《语文》教材的了解，提高他们教学的业务水平。同时投入大量资金建网站，服务于教材建设。近年来在加大长春版各类教材的编写和发行工作的同时，长春出版社在教材的后期服务上进一步加大了力度，服务更加细致、系统、前后相互衔接，如教师的培训、组织参加教学大赛、开展相关的研讨、不断征求一线教师的意见，对教材进行修订，并配合《语文》教材出版了上百种配套教辅读物。截至2007年底，《语文》教材、《心理健康教育》、《中考考纲》等共完成发行码洋4 800万元，同比增长26.3%。

【美术和期刊中心工作】 美术中心全年坚持以人为本的原则，合理调配设备和人力资源，严把质量关，保证从设计到制作上的质量；在经营方面，积极开发市场，采取走出去，请进来的经营方式，承担了长春市的一些大型画册的设计制作任务及社内大量图书封面设计、制版等任务。全年完成了《大哉中华》、《长春雕塑》（彩色四期）、《沧桑河山》、《俯首心路》等几十种画册、图书、杂志的单双色、彩色制版任务及200多本图书、杂志的封面设计任务，实现利润130万元。

【规划管理】 随着全国图书出版市场竞争的加剧，以及长春出版社经济规模的不断壮大，对长春出版社各项管理工作提出了新的要求，长春出版社在加强管理方面做了大量的工作。一是根据现实需要，不断完善原有的规章制度，推进科学管理。年初先后修改和完善了与编辑、发行、教材、期刊、美术中心《经济定额奖惩实施细则》、《绩效工资发放办法》、《考勤办法》、《资产管理制度》等，在严格管理的同时，重点突出管理的细致性、人性化和科学化。如《资产管理制度》中长春出版社增加了一些可操作的细节规定，突出程序性和计划性，强调了各种费用支出前的预算程序、审批额度等。二是加强各项工作的计划性。由过去侧重单一年底工作成果的考核，到目前的抓详细工作计划的制订、全社经济指标进行分解、整个过程的监督及工作成果的考核，各项管理工作更加科学化和具有可操作性。如每年提前半年研究下年度的图书选题。2007年年初长春出版社召开多次研究论证会，各种选题筹划的早，各项工作抓的及时。把新书发到全国各地后，在图书订货会期间，相关的图书已经有市场反馈，第二轮、第三轮发货已经开始，提前了一个周期，促进了全年各项工作任务的完成。

【全国城市出版社第十九次社长年会】 2007年长春出版社承办了全国城市出版社社长年会。会议有两个主要议题：一是全国城市出版社主任委员单位换届，在长春出版社连续7年连任主任委员单位后，此次年会中，在长春出版社的推荐下，武汉出版社担任主任委员单位。二是研究全国城市出版社改革和发展问题。到会的城市出版社的社长或总编辑们结合国家出版改革和个自的实际情况，进行踊跃发言，深入交换意见。中宣部和国家新闻出版总署对这次会议也给予重视，派专人参加，国家新闻出版总署马国仓副司长在会议上发表了讲话。整个会议接待工作细致周到，接待人员表现出应有的文明礼貌，展示了长春出版社的良好形象，整个会议组织安排受到大家好评。

（李春芳）

广播电视

【概况】 2007年，长春市广播电视局下属有长春人民广播电台、长春电视台两个台。长春人民广播电台共设置10个频率6套广播节目。分别是:长春人民广播电台综合广播,播出频率为中波585千赫,调频88.9兆赫;长春经济广播电台,播出频率为中波1 332千赫,调频90.0兆赫;长春人民广播电台交通之声广播,播出频率为调频96.8兆赫;长春人民广播电台乡村戏曲广播,播出频率为中波900千赫,调频88.0兆赫;长春人民广播电台少儿与老年生活广播,播出频率为648千赫;长春人民广播电台都市音乐广播,播出频率为中波1 449千赫,调频106.3兆赫。其中,长春人民广播电台都市音乐广播是于2007年7月7日新开设的节目。长春人民广播电台播出的6套广播节目全部为公共广播。2007年全年共播出52 560小时,每天24小时不间断播出。自制节目时间占总播出时间的70%,其中有34条节目被中央人民广播电台采用。长春人民广播电台广播在长春市的人口覆盖率为100%。长春电视台共设置5个频道,播出5套节目,分别为:综合频道(CTV－1)、娱乐频道(CTV－2)、市民生活频道(CTV－3)、影视频道(CTV－4)、汽车频道(CTV－5)。这5套节目全部属于公共电视节目。2007年全年共播出41 801.28小时,其中,新闻资询类节目1 364.47小时,专题服务类节目4 124.39小时,综艺益智类节目2 019.59小时,影视剧类节目14 420.27小时,广告类节目9 149.18小时,其他节目10 722.18小时。在全年播出的41 801.28小时的电视节目中,转播中央台节目4.31小时,自制节目4 046.15小时,购买交换节目37 750.42小时(其中国外节目512.52小时)。全年被中央台采用的节目条数131条。全年播出电视剧493部,13 227集(其中进口电视剧101部,2 572集)。全年播出动画电视10部,597集。电视人口覆盖率100%。局属两台6套广播节目、5个电视频道结合各自定位,紧跟市委、市政府中心工作部署,增加时政新闻报道比重,开设了《创城进行时》、《民生访谈录》、《建设社会主义新农村》、《两城联创》和《全力推进重大项目建设,实现长春又快又好发展》等专栏30多个,专题报道达3 000多条(次)。对全市"查找改"活动、"项目建设年活动"、"民生工作计划"、"两城联创"、新农村建设和人大、政协两会等中心工作进行了重点宣传。2007年2月16日,吉林省广播电视信息网络集团长春有线电视网络有限公司正式挂牌成立。长春有线电视网络有限公司抓住省市广电网络整合的机遇,突出抓好有线电视网络经营创收工作,共完成民用端安装3 941户,迁移449户,报停恢复560户,用户改造184户,欠费恢复1 679户,公用端安装162户。通过多种并购模式兼并了吉林省电力等5个有线电视网。全年新增用户16 007户,有线电视用户总数达34万户。2007年,长春市本级采取有线覆盖的方式,超额完成了吉林省下达的要完成9个广播电视盲村的"村村通"工作任务,覆盖4 970户(其中,市郊完成13个自然村,覆盖970户;双阳区完成61个自然村,覆盖4 000户)。

市委书记高广滨在长春电视台调研

【民生宣传】 2007年,长春人民广播电台将经济台办台方向转为民生内容。7月6日,开通了"长春经济广播电台——民生广播",陆续推出《对话民生》、《百姓呼声》、《民生论坛》、《社区新闻》等多个民生品牌栏目。自节目开播以来,共接听听众电话619个,制作录音报道276条,协同12345市长公开电话办公室解决问题百余件，节目现场直接连线职能部门和市长公开电话办公室工作人员现场解答89件，为听众解决问题506件。长春电视台采取开设新闻专栏、现场直播报道和独家电视专访等形式，对“全市民生工作大会”和铁北棚户区改造、增加就业、改善交通、推进社保等全市重大民生时事进行了跟踪报道。

【亚冬会宣传】 长春市广播电视局及其所属长春电视台、长春人民广播电台在第6届亚洲冬季运动会期间，全力开展了宣传报道工作。会前，购置了国内领先的高清数字电视转播车，以及微波车、EFP系统、摄像机、录像机、电视转播图文软件系统等设备，并建立了3个具备直播功能的演播室。同时，抽调精干力量，组成了由局长崔永泉、副局长张清秀带队的100多人的赛事报道队伍。赛会期间，将每晚的《城市速递》和《长春新闻》节目贯通播出，对赛事活动进行90分钟连续报道。对开、闭幕式进行了现场直播。推出现场直播节目《直播长春》，9天共播出新闻323条。对5大项47小项冰上和雪上项目进行了全程录制并完成信号传送，采集公共信号计200多小时，供各电视机构和亚奥理事会使用并存档，确保了观众在第一时间收看到赛事情况。局属两台关于亚冬会的系列直播报道受到社会各界好评，长春电视台和局长崔永泉被中共吉林省委、省政府授予二等功；孙香凯、陈中被省委、省政府授予三等功。在中共长春市委、市政府对第6届亚冬会立功个人表彰中，季丽娅等3人被授予二等功；王伊等8人被授予三等功；王明辉等21人获个人嘉奖。

【数字电视整体转换】 2007年，长春有线电视网络有线公司投入资金760多万元，架设电缆20 000米，光缆18 504米，安装放大器39台，分支分配器571个，分支分配箱376个。4月，公司成立由9名专家组成的机顶盒招标委员会，在7家机顶盒生产厂家中进行招标。经过委员会严格考察，通过对性能、价格、售后服务等方面的精心对比，最终选定九州、长虹两家作为长春数字电视整体转换机顶盒指定供应商。从而为实现长春城市中心地区有线数字电视整体转换工程做好了准备。长春电视台高清数字电视转播车于2006年12月投入使用。车内设备配置均为日本、欧美等国家先进的专业广播数字化设备，11讯道14bit摄像机的CCD为22万以上像素。工作面积30平方米，分为内导演区、技术区和音频区等3个工作区域。技术性能在国内处于领先地位。从2007年8月20日起，长春有线电视网络有限公司进行数字电视整体转换工作。截至2007年12月末，在12个主要片区，有10.8万用户收看到了数字电视。数字电视整体转换后，由原来收看54套模拟电视节目转变为可收看60套数字电视节目、43套付费电视节目和10套广播节目。为确保整转工作的质量，还开展了“10万用户大回访活动”。

【创优获奖情况】 2007年，长春市广播电视局所属两台共有132件广播电视作品在中央台播出（其中，长春人民广播电台36条，长春电视台96条）。两台全年共获得国家级奖项13个（其中，长春人民广播电台8个，长春电视台5个）、省级奖项143个（其中，长春人民广播电台86个，长春电视台57个），市级奖项73个（其中，长春人民广播电台41个，长春电视台32个）。长春人民广播电台录制的纪实广播剧《“小巷总理”谭竹青》获中宣部第十届精神文明建设“五个一工程奖”优秀作品奖。长春电视台新闻中心新闻主播刘玢获得由中宣部、人事部、国务院新闻办公室、国家广电总局、新闻出版总署、中国记协联合授予的“2007年全国优秀新闻工作者”称号。长春电视台主任记者肖玉梅获全国语言文字先进工作者称号。长春电视台专题节目中心主任王伊获第五届吉林省十佳电视艺术工作者称号。

（王险峰）

电 影

【概况】 2007年，长影完成故事片19部，译制片7部，科教片7部，共计33部。完成电视剧8部，190集。电影获国内奖6项，导演、主演获奖4项。2007年，长影推出了几部重点影片，分别是向中国共产党第十七次全国代表大会献礼影片《倔人吕尚斌》、首部全球同步上映的商业大片《导火线》、平民贺岁片《耳朵大有福》。2007年，长影还出品了反映少数民族风情的故事片《爱在鄂尔多斯》、《快乐俏天使》、《我的母亲大草原》，武侠动作片《武圣》，表现犯罪人员悔过自新、重塑自我的《妈妈再见我一面》，展现公安干警风采的《最后目击者》，反映“新中国电影的摇篮”从伪“满映”到东影这一历史时期的发展变化的《纪录黎明》，都市题材影片《京都夏利》、《别说你爱我》，儿童题材影片《赶鸭子奇遇记》、《机密行动》，农村题材影片《嫁给大山的女人》、《秋天里的一把火》、《靖水河畔》，展现铁路工作者情感世界的《你的列车牵我心》等。

【温家宝视察长影】 2007年2月4日下午2时40分，中共中央政治局常委，国务院总理温家宝同志、国务委员陈至立同志，在吉林省委书记王珉、省长韩长赋等同志陪同下，视察长影。温总理在长影集团董事长赵国光、党委书记刘丽娟及集团领导班子成员的陪同下，参观了62年来长影所拍摄的经典影片的图片展览。温总理在观看时，赵国光董事长介绍了各个不同历史时期影片的基本情况。图片展览结束时，温总理说“展览的内容短，但很丰富”。之后，温总理与集团领导、艺术家代表、员工代表进行了亲切的座谈。座谈会在长影一楼大接待室举行，气氛非常活跃，与会人员踊跃发言，总理与大家亲切交谈，会场掌声不断。长影集团的艺术工作者表示一定要按总理的要求创作出更多的艺术精品，即：“为生活而艺术，为发展而艺术，为人民而艺术”，温总理还提出了5个用心，即：用心思考、用心做事、用心做人、用心写文章、用心演戏。会谈结束后，温总理高兴地与集团领导、艺术家、员工代表合影。最后，温总理视察了正在排练的长影乐团。乐团团长刘毅同志向温总理介绍了长影乐团的发展情况，温总理与乐团老艺术家、著名指挥家尹升山亲切交谈，并与全体排练人员合影。

【献礼影片《倔人吕尚斌》】 由长春电影制片厂与沈阳市自来水总公司联合摄制的故事片《倔人吕尚斌》（宋江波总导演）被国家广播电影电视总局确定为向中国共产党第十七次全国代表大会献礼影片。影片取材于真人真事，以北方某大城市一名普通水务工人吕尚斌全心全意为人民服务的故事为主线，讲述了他30多年如一日忠于职守、兢兢业业的工作态度和敬业精神，塑造了他诚信为民、情系百姓的感人形象，是新中国电影中第一部以水务工人为主要角色的故事影片。编导充分调动了电影艺术的手段成功地塑造了吕尚斌爱岗敬业、一心为民的艺术形象。影片制作精良，充满了生活的质感，有很强的艺术感染力；多侧面、多角度地塑造了当代工人阶级、新时期共产党员的典型人物形象；以情带理、以情感人，不仅表现了吕尚斌全心全意为人民服务的工作理念，不事张扬埋头苦干的工作精神、生性耿直倔强坚忍的性格特征，还表现了他的夫妻情、父女情、同志情，是一个社会需要、百姓满意的杰出工人的代表；同时，影片还巧妙地表现了日新月异的新时代，新的城市风貌，让人们看到了沈阳这个东北老工业基地在改革年代的发展步伐。

【商业大片《导火线》】 由长影集团有限责任公司、北京保利博纳电影发行有限公司、北京光线影业有限责任公司、香港东方电影发行有限公司联合出品，是长影集团作为第一出品人，由长影世纪城参与投资摄制的商业大片。影片根据香港本土真人真事改编，讲述香港回归前警察与当地恶势力之间斗争的故事。该片由香港导演叶伟信执导，国际巨星甄子丹领衔主演，并兼动作导演和监制，演员古天乐、吕良伟、范冰冰、邹兆龙等倾情加盟，使《导火线》成为集动作、悬疑、情爱、亲情为一炉的功夫巨片。该片是长影建厂62年来首部在全球同步上映的商业大片，是长影在电影创作生产上取得的又一重大突破。

【故事片《耳朵大有福》】 由长春电影制片厂、辽宁电影制片厂、韩国自联映画社、沈阳新锋尚广告有限责任公司联合出品，张猛任编剧、导演，范伟主演。影片以范伟扮演的铁路工人王抗美退休后的生活为主线，展现了他的内心世界和精神状态。影片剧本在2006年韩国釜山电影节上获剧本奖。

【故事片《一座城市和两个女孩》】 由韩志君任导演。影片通过时空交叉的叙事结构，巧妙而艺术地表现出我国海南特区在改革开放中巨大的历史性变化，以及她美丽、独特的自然景观和人文景观；通过片中特定的人物关系——分隔在海峡两岸的“本是同根生”的双胞胎姐妹的悲欢离合和情感交流，表现出海峡两岸同胞血浓于水的亲情；同时该片还隐含着一个“副主题”——“都是一样的土都是一样的天，都是一样的血脉一样的祖先，一个叫海南，一个叫台湾，大海里的并蒂莲”，从而使作品具有丰富性和多义性。该片时代精神强烈，主题积极向上，格调清新活泼，画面赏心悦目，人物性格鲜明，音乐优美动听，是一部景色美、人物美、歌曲美的艺术精品。

【长影乐团举行成立六十周年大型电影视听音乐会《花儿还是那样红》】 2007年9月28日19时，在《花儿为什么这样红》优美的旋律中，由长影集团主办、长影乐团承办的《花儿还是那样红》大型电影视听音乐会在省文化活动中心拉开帷幕。《英雄赞歌》、《红旗颂》等一批经典电影音乐把观众带回了那个火红的年代，现场1 500多名观众被深深地陶醉。音乐会中，不仅有《牧羊曲》、《人说山西好风光》、《敖包相会》、《红星照我去战斗》、《飘》等多首中外经典电影歌曲，更有《我心依旧》等现代电影歌曲。音乐会采用多媒体大屏幕投影，以交响乐、独唱、对唱、器乐独奏的形式，再现了长影乐团建团以来所录制的经典电影歌曲和乐曲，以及大家熟知的外国经典影片音乐。新中国第一代指挥家尹升山，60年来一直工作在长影乐团，共为400多部电影作品录制过音乐，被誉为在银幕上名字出现次数最多的人。《英雄赞歌》在他的指挥下，在曾扮演过王成的著名表演艺术家刘世龙的激情演绎下，使观众仿佛置身于战火纷飞、硝烟弥漫的战场。“为了胜利，向我开炮！”这句激励了几代人的豪言壮语，再一次与现场观众产生共鸣，全场响起雷鸣般的掌声。历时近2小时的音乐会在男女声二重唱《今夜无眠》中结束，现场观众为长影乐团艺术家们的表演报以长时间的热烈掌声。

庆祝长影乐团成立六十周年《花儿还是那样红》电影视听音乐会

【长影喜迎俄罗斯电影代表团】 2007年10月2日，俄罗斯“阿穆尔之秋”电影节主席谢尔盖先生率俄罗斯电影代表团到长影进行友好访问，长影副厂长、总导演宋江波、艺术管理部部长王霆钧接待了代表团。俄罗斯电影代表团首先参观了厂史、经典影片的图片资料，副总经理宋江波向代表团介绍了长影的历史和发展现状，并解答了代表团关于中国电影、长影电影的有关问题。同时，也回顾了建国初期中国同前苏联人民的深厚友谊和在电影方面的相互协作。他们对长影半个多世纪来取得的成就表示赞叹，并表达了合作拍片的意愿。随后，代表团参观了长影世纪城，并向陪同的长影工作人员了解长影世纪城的建设情况。俄罗斯国家电视台、莫斯科电视台的记者也随团采访，记录下了他们在长影度过的美好时光。俄罗斯电影代表团是在结束“阿穆尔之秋”电影节之后来到长影的，团员多为俄罗斯电影和表演艺术的业内精英。

【长影影片喜获吉林省“五个一工程奖”】 2007年9月28日，吉林省委省政府隆重召开吉林省第十届精神文明建设“五个一工程”表彰大会，长影影片《灿烂的季节》、《大东巴的女儿》获得吉林省第十届精神文明建设“五个一工程奖”优秀作品奖，长影集团获组织工作奖。

【长影代表团出席俄罗斯“阿穆尔之秋”电影节】 2007年9月21日至28日，俄罗斯第五届“阿穆尔之秋”电影节在黑龙江北岸边疆城市布拉戈维申斯克举行。长影影片《大东巴的女儿》、《灿烂的季节》应邀参加了该电影节。两部影片的导演韩志君、宋江波分别获得优秀导演奖,《大东巴的女儿》主演杨梅获得优秀演员奖。

【长影艺术工作者喜获殊荣】 2007年5月23日,在由市委宣传部、市文化局、市广播电视局、市文联共同主办的纪念毛泽东同志《在延安文艺座谈会上的讲话》发表65周年暨长春市德艺双馨文艺工作者颁奖晚会中,长影艺术管理部部长王霆钧、著名书法家吴自然被授予长春市"德艺双馨文艺工作者"荣誉称号。

【长影频道在吉林省第十九届电视文艺"丹顶鹤"评奖中喜获丰收】 2007年10月13日,长影频道在吉林省第十九届电视文艺"丹顶鹤"评奖中喜获丰收。长影频道选送的四档节目在参评的114部作品中脱颖而出,全部获奖:《体验》荣获电视文艺栏目一等奖;《城市先锋》荣获电视专题(纪录)片一等奖;《电影记忆》荣获专题文艺二等奖;《郑氏胡说》荣获电视文艺栏目二等奖。

俄罗斯电影代表团参观长影

【故事片《小巷总理》获多项殊荣】 故事片《小巷总理》是长影在2006年推出的重点影片之一。该片在2007年获第12届中国电影华表奖优秀故事片奖、女主演丁嘉丽获优秀女演员奖;中宣部第10届精神文明建设"五个一工程奖"优秀作品奖;吉林省第10届"五个一工程奖"。影片根据长春市优秀社区干部谭竹青的先进事迹创作而成,通过一条街道在3个时期的不同变化,展现了社区优秀干部谭竹青几十年如一日,心系群众,为群众办实事,全心全意地为老百姓服务的感人故事,塑造了她真实、生活、生动,催人泪下,感人至深的人物形象。影片由肖尹宪、王霆钧担任编剧,李启民担任导演,丁嘉莉、由力等实力派演员主演,是一部贴近群众、贴近实际、贴近生活的精品力作。

【电视电影《胖婶进城》喜获百合奖】 在第7届电视电影百合奖评比中,由长影承制的电视电影《胖婶进城》获二等奖。

(张瑞光)

2007年长影完成故事片一览表

电影类型	片 名	编 剧	导 演	摄 影	主 演
胶片电影	爱在鄂尔多斯	高敬云 布雅木其	胡明钢	胡祖光	张 慧 苏力德 谢 芳 巴 音
胶片电影	快乐俏天使	方 洲 王跃颖	何文凉	张露明 王国强	塔娜花日 陆涛雨 李乃文 任媛媛
胶片电影	武 圣	黎庆麟	缪键德	杨戈亮	王建军 刘家辉 赵新武 石天龙
数字电影	妈妈再见我一面	李显刚	李显刚	陈 洪	张孝中 俄尼尔 许 戈 徐宝童
胶片电影	一座城市和两个女孩	黄世英 韩志晨	韩志君	赵 博	郑卫莉 穆麒同 何明翰 王 毅

续表

电影类型	片 名	编 剧	导 演	摄 影	主 演
胶片电影	最后目击者	韩赤飞	韩赤飞	柴 飞	战卫华 赵 璁
数字电影	纪录黎明	张笑天 向 阳	向 阳	宫岛正弘	郑龙进 大塚忍 张 雪 刘大为
数字电影	京都夏利	蒋 丛	蒋 丛	吴东升	李建华 吴 超 谭 卓
数字电影	别说你爱我	闫绍荣	金德顺	刘尔康	张洪杰 余小雪 张 岩 张永祥
胶片电影	赶鸭子奇遇记	鲟 洲 李蓉蓉	鲟 洲 姜中元	彭俊伟	喻潇染 宋文力 杨中天 关礼杰
胶片电影	我的母亲大草原	万 路	郁晓鹰	宝风翔	熊 莺 其那日图 马晓静 包海龙
胶片电影	倔人吕尚斌	黄净伟	黄净伟	于长江	金 鑫 马少骅 王 静 张汇仓
胶片电影	嫁给大山的女人	陈计中 阴法勇	胡明钢	马伟业	王力可 村 里
胶片电影	秋天里的一把火	祁明杰 张振华 李东阳	李平分	刘 洪 纪 伟	王 斑 张 晗
数字电影	靖水河畔	毕鉴威	崔利新	王永伟	李雯雯 王 宇 谢 林 徐 爽
胶片电影	机密行动	林 峰 华 萱 吴加敏	郦 虹	龙申松	陈冠达 陈致宇 王馨慧子 金巧巧
数字电影	你的列车牵我心	应锦帆	李 巍	闫松岩	刘大为 陈彦行
胶片电影	耳朵大有福	张 猛	张 猛	具在谋	范 伟
胶片电影	导火线	司徒锦源	叶伟信 甄子丹	张文宝	甄子丹 古天乐 邹兆龙 吕良伟

2007 年长影完成译制片一览表

片 名	翻 译	导 演	录 音	主要配音演员	出品公司
空战英豪	李 红	孟 丽	徐红岩	凌 云 孟令军 姜广涛	英国电力娱乐公司
人生遥控器	李 红	刘大航	徐红岩	孟令军 牟珈论 王利军	英国哥伦比亚影片公司
风暴突击队	李 红	胡连华	徐红岩	孟令军 王利军 胡连华	英国韦恩斯坦公司
生死格斗	李 红	王晓巍	徐红岩	杨 鸣 牟珈论 孟 丽	德国康斯坦丁影业公司
出租车 4	宁 璐	孟 丽	徐红岩	白 涛 胡连华 郭金非	法国欧罗巴公司
谍影重重 3	崔晓冬	刘大航	徐红岩	郭金非 胡连华 孟 丽	美国环球影视公司
舞出我人生	李 红	王晓巍	徐红岩	孟令军 杨 鸣 杨 波	美国顶点影片公司

2007年长影完成科教片一览表

片名	类别	幅别	长度	编导	摄影	录音	解说	作曲	剪接	制片	内容简介
农村常见病与正确用药	胶片	35毫米标准	2本590米	唐守斌	苏再东	刘涛	孟丽	白杨	赵淑清	何林	详细介绍了农村常见病的种类、发病原因、主要表现、诊治方法以及常用药的使用方法和注意事项。
老梨园的优化改造技术	胶片	35毫米标准	2本590米	唐守斌	苏再东	刘涛	孟丽	白杨	赵淑清	孟春	详细介绍了老梨园低产的原因及深翻改土、合理施肥、增施微生物元素、合理剪枝、合理蔬果、防治病虫害及适当延晚采收技术。
远离电磁辐射	胶片	35毫米标准	2本680米	唐守斌	苏再东	刘涛	胡连华	白杨	赵淑清	潘卓	详细介绍了电磁辐射的种类、主要危害和防治措施等技术。
数字农业生产	数字高清	标准	20分	李月安	李伟	杨丽影	王晓明	白杨	李伟	冯晓光	详细介绍了什么是数字农业、当前国际国内数字农业技术的发展情况及数字农业如何应用。
以虫治虫——青杨天牛防治技术	数字高清	标准	20分	李月安	李伟	杨丽影	王晓明	白杨	李伟	唐守斌	详细介绍了青杨常见的病虫害及利用肿腿蜂在林间放养来防治天牛的技术。
蓝狐养殖技术	数字高清	标准	20分	李月安	李伟	杨丽影	王晓明	白杨	李伟	田甜	详细介绍了蓝狐的种类、种类挑选及蓝狐各个阶段的饲养技术。
煤气中毒的预防与救治	胶片	标准	20分 2本 589米	王姝	苏再东	刘涛	王利军	杨小扬	赵淑清	李宝忠	主要讲述煤气中毒的预防和救治知识。

2007年长影完成电视剧一览表

剧名	长度	编剧	导演	主演	发行许可证编号	合作单位
监察局长	20集	包斌	成科	杜志国 曹力 马羚 闫淑琴	(吉)剧审字(2007)第001号	北京洪生明影视文化传播有限公司
爸妈不容易	20集	顾伟丽	包福明	巫刚 陆剑民 奚美娟 左翎	(吉)剧审字(2007)第002号	
保密局的枪声	35集	朱昭宾 李鲁轲	高群书 侯晓杰	谢君豪 张磊 王奎荣 刘威葳	(吉)剧审字(2007)第003号	北京紫金长天传媒文化有限公司 北京名将影视文化传播有限公司 成都电视台
谁在说谎	26集	赵蕴颖	刘二威	王雷 武树男 江珊 赵小波	(吉)剧审字(2007)第005号	陕西旭日飞扬文化传播有限公司
说不完的张长李短	18集	燕春 周淑芬	高升中 赵武	卢小飞 李心敏 王玲 苗苗	(吉)剧审字(2007)第007号	长春市金百影视文化发展有限公司

续表

剧　名	长　度	编　剧	导　演	主　演	发行许可证编号	合作单位
瑞雪丰年	22集	马春山	康　宁	赵恒煊　杜　源 丁嘉莉　王晓巍	(吉)剧审字(2007)第008号	北京中视长城影视文化发展有限公司
暗　流	25集	刘浩东	康　宁	文　章　周　莉 马少骅　王晓巍	(吉)剧审字(2007)第009号	北京中视长城影视文化发展有限公司
当雪花爱上梅花	24集	牛朝阳	牛朝阳	钟　超　李皓煜 倪虹洁　张拉拉	(吉)剧审字(2007)第012号	北京鸟人艺术推广有限责任公司

文物保护

【概况】　截至2007年年末，长春市共有文博单位6个，文物干部60人，其中，具有正、副高级专业技术职称者4人，中级专业技术职称者16人，初级专业技术职称者30余人。2007年，长春市文物保护研究所配合长春市城市建设总体规划，及时地调整工作部署，使长春市的文物工作取得了新成绩。年初，按照吉林省文物局《关于核对和补充第六批省级保护单位预备清单的通知》的要求，又推荐7处历史文化遗存进入第六批省级文物保护单位名单，至此，在第六批省级文物保护单位的申报工作中，长春市已有19处历史文化遗存列入名单，超额完成了事先预定的任务，同时也使长春市的省级文物保护单位达到了38处。另外，长春市文物保护研究所2007年还开展了第六、七批共41处市级文物保护单位的保护范围和建设控制地带的划定工作，长春市人民政府以政府文件的形式予以公布，这两批市级文物保护单位的保护范围和建设控制地带的划定也使得长春市的文物保护更加有章可循、有法可依。考古调查和发掘方面，配合公路、铁路和水利建设工程，开展了对长(春)吉(林)高速铁路沿线的文物调查；对102国道哈尔滨至长春段扩道工程的文物调查，尤其是对该工程涉及到的德惠市布海后城子古城址做了重点调查并取得了收获；对四环路沿线的文物调查，重点是对该工程可能涉及到的南梁遗址、张家粉房遗址、宽城区奋进乡小城子城址进行了调查工作；配合东南湖大路延长线的修建，做了相关的调查工作并为长春市规划部门提供了相应的资料；对引松入四(平)水利工程长春段的文物调查和长双烟铁路亚泰水泥厂支线的考古发掘工作也取得了重要收获。在配合以上各项基本建设所进行的文物工作中，掌握了各区域有关文物分布的线索，获得了宝贵的文物资料，既保证了经济建设的顺利进行，又保护了地下文物，为今后各级文物保护单位的申报工作打下了坚实的基础。长春市文物保护研究所还协助长春市文化局、长春市规划局等部门对伪满市立病院旧址(吉林大学第二临床医院)、伪满大陆科学院旧址(长春应用化学研究所)、张景惠旧宅(吉林省军区招待所)、般若寺、沙俄亚乔辛面粉厂旧址(长春机车厂)、柳河街于家大院、文庙等文物建筑的维修、改造、拆除等事宜进行了调查、论证工作，保证了这些文物建筑在装修和改造过程中尽量保留了原貌，维持了尽可能多的真实历史信息。还对市政府公布的第一批保护性历史建筑名单提出意见和建议，为长春市文化遗产的保护工作作出了应有的贡献。根据《中华人民共和国文物保护法》关于文物保护单位四有建设的要求，长春市文物保护研究所完成了14处省、市级文物保护单位的文物保护标志说明牌的制作、安装工作。另外，还组织力量对榆树、德惠两市破损的文物保护标志说明牌进行了修复和涂描工作。12月编辑出版了1期《长春文物》。

【第六批省级文物保护单位的申报】　2006年，长春市文物保护研究所向上级文物行政管理部门推荐了12处省级文物保护单位并获得了专家组通过，2007年，按照吉林省文物局《关于核对和补充第六批省级文物保护单位预备清单的通知》的要求，又推荐日本关东军宪兵司令部旧址、伪满首都警察厅旧址、顺山古城、双城子古城、丹城子古城、元宝沟遗址、松江山城等7处历史文化遗存进入第六批省级文物保护单位名单，并积极组织力量收集整理了以上7处文物遗存的有关资料及时报给吉林省文物局。至此，在第六批省级文物保护单位的申报工作中，长春市已有19处历史文化遗存列入名单，超额完成了事先预定的任务，同时也使长春市的省级文物保护单位达到了38处。

【长双烟铁路亚泰水泥厂支线的考古发掘工作】 长双烟铁路亚泰水泥厂支线的建设，涉及到双阳区五家子遗址。2007年4月~5月，长春市文物保护研究所调集全市文物骨干力量，对该遗址进行了实地考古勘探与发掘工作，发掘取得了重要成果。为研究西团山文化类型提供了大量的实物资料。

【四有建设工作】 根据《中华人民共和国文物保护法》关于文物保护单位四有建设的要求，长春市文物保护研究所完成了对柴户张遗址、马家岭遗址、砖厂遗址、吉长道尹公署旧址、东硷草遗址、王家坨子古墓群、朝阳围子、卧虎古城址、丹城子古城址等14处省、市级文物保护单位的文物保护标志说明牌的制作、安装工作。另外，还组织力量对榆树、德惠两市破损的文物保护标志说明牌进行了修复和涂描工作。

【参加吉林省第三次全国文物普查培训班暨文物行政执法培训班】 2007年10月在柳河县举行了吉林省第三次全国文物普查及文物行政执法培训班，长春市文物保护研究所组织了长春地区共13名文物干部参加了此次培训班，在此次培训班上大家认真学习了有关第三次全国文物普查的文件要求，尤其是对有关这次普查的技术方面的要求，比如GPS的应用等。另外在此次的文物行政执法培训班上，与会人员认真领会了今后在文物行政执法过程中应该贯彻的精神，对于长春市今后的文物行政执法指明了方向。

（王义学）

图书馆

【概 况】 2007年长春图书馆经费总投入20 739 112.50元，其中，文献购置费3 000 000.00元，自动化、网络化、数字化设备投入369 628.00元，固定资产累计58 125 977.49元。丰富馆藏资源、合理配置采购经费、最大化满足读者需求是长春图书馆一贯遵循的馆藏资源建设基本原则。2007年，全馆文献入藏总量48 612种，79 752册（件），其中，中文图书26 531种，54 104册（其中，接受捐赠471种，781册）；报刊4 076种，4 904份（其中中文报刊4 039种，4 867份；港台、外文报刊37种，37份）；电子文献17 077种，17 920册（件）（其中，数据库9种；电子图书15 971种，15 971册；电子出版物1 097种，1 940件）；视听文献768种，2 321件；地方文献146种，451册（份）；其他资料14种，52册（件）。截至2007年底，全馆总藏量1 811 014册（件）。2007年，长春图书馆的读者服务工作继续以“读者第一、服务至上”为宗旨，以文明优质服务工程建设为重点，以多种形式的读者活动、文献推介、信息开发、咨询服务为依托，在扎实做好普通服务的基础上，深化服务内容、延伸服务领域，拓展服务功能，不断提高服务水平和质量，提升图书馆的社会形象，始终朝着把长春图书馆打造成为文化信息交流中心、文化知识传播中心和文化休闲娱乐中心的目标迈进。全年共接待到馆读者150余万人次，办理读者证40 886个，文献外借808 121册次；解答咨询387 618条，代检索课题5 845项，课题跟踪服务422项，开展文献宣传活动125次，向读者推荐文献5 481种，7 994册（件）；举办各类读者活动168项，参加人员达136 652人次，其中：讲座50次，8 145人次；展览21次，64 050人次；其他活动97次，64 457人次。开展社会办学项目13个，培训学员59 792人次。2007年，长春市启动了民生行动计划，该计划共落实了94项改善民生举措，其中的一项是加强图书馆分馆和文化信息资源共享工程基层服务网点建设。为配合这一民生行动计划的贯彻实施，长春图书馆积极发挥市级分中心作用，在全地区大力推进协作图书馆发展和共享工程基层服务点建设，为延伸图书馆服务，提高办馆效益，推动基层文化建设和地区图书馆事业发展发挥了积极作用。2007年，朝阳区、南关区、绿园区3个区图书馆成为长春市协作图书馆分馆，在企业、农村、妇女儿童发展中心等新建分馆暨全国文化信息资源共享工程基层网点14个。2007年度,长春图书馆被吉林省文化厅授予“全省文化信息资源共享工程工作先进单位”称号。

何振梁先生参观亚冬会长春冰雪画展

【长春冰雪画展】 为了配合亚冬会的召开,增强亚冬会的文化氛围,2007年1月23日至2月4日,由第六届亚洲冬季运动会组织委员会主办的第六届亚洲冬季运动会“长春冰雪画展”在长春图书馆展出。此次画展的186幅作品以描绘冰雪为主,从不同角度和风格展现长春的美丽冬色和作者心系长春、喜迎亚冬会的情感,部分表现冬季体育运动题材的滑冰、滑雪等专题作品为亚冬会增添了一道靓丽的风景线,体现了冰雪文化和冰雪赛会的结合。虽然这些作品在画面上展现的冰雪世界是冰冷的,但实际上却透露着长春人民的热情和成功举办亚冬会的信心,体现了冰雪的圣洁和长春人豪迈与坚强的性格,饱含着坚忍顽强的体育精神。赛会期间,现任国际奥委会执行委员会委员,曾任国际奥委会副主席,中国奥委会主席的何振梁先生专程到长春图书馆来参观展览。

【我是读书好少年诗文朗诵比赛】 为进一步加强和改进未成年人思想道德建设,引导青少年读者多读书、读好书,在第十二个“世界读书日”来临之际,2007年4月22日,由长春市文化局、共青团长春市委、长春市关心下一代工作委员会、长春市未成年人保护委员会办公室联合主办,长春图书馆、长春市少年儿童图书馆共同承办的“我是读书好少年”诗文朗诵决赛在长春图书馆院士厅举行。“我是读书好少年”诗文朗诵活动主要面向长春图书馆和长春市少儿图书馆的青少年读者。共有来自吉林大学附属小学、明德路小学、西安大路小学等学校的70余名学生报名。参赛选手从题材的选择、朗诵形式、仪容仪表等方面都做了充分准备,经过选拔,共产生20组选手近30人进入决赛。决赛当天,来自吉林大学附属小学、西安大路小学等100余名师生及部分家长在现场进行观摩。活动最终评选出一等奖3个、二等奖5个、三等奖15个。决赛中年龄最大的选手12岁,最小的选手只有7岁。

【深化服务 共享资源】 为了更好地方便广大群众借阅图书,共享全国文化资源,更快更便捷地传播知识、传播文明,长春图书馆在图书馆服务宣传周(2007年5月28日至6月3日)活动期间以“延伸服务、深化服务,提高社会效益”为主题,举办了22项丰富多彩的活动,包括分馆建设、参考咨询服务推介、电子文献(光盘)免费开放、“书香伴我行”会员书籍免费开放、“第四届迎新春读者摄影作品展”参展读者颁奖及重点读者座谈交流、爱心义卖、专题文献展阅、展览、讲座、知识窗及优惠活动等,为广大市民创造了良好的阅读环境,通过此次活动扩大和深化了图书馆的服务领域,提高了社会效益,并在众多新闻媒体的密切配合下,收到了良好的社会效果。

【日本金崎町政府代表团访问交流】 长春图书馆与日本金崎町建立友好交往是从1999年5月开始的,至2007年已有8年时间,在此期间,长春图书馆接收赠书331册,这些赠书内容主要集中在文化、教育、历史、文学类书籍。另外,长春图书馆分别于2004年和2007年先后两次回赠日本金崎町图书55册,所选图书内容主要以反映吉林省、长春市城市发展变化的地方资料为主,也包括少部分地方作家作品以及地方吉剧、曲艺等方面的资料。2007 年 7 月 14 日,日本金崎町政府代表团在町长高桥由一先生的带领下,一行 3 人在长春市人民政府外事办公室亚非处工作人员的陪同下到长春图书馆访问交流。高桥由一先生等人在参观结束后,与长春图书馆领导进行了交流,并对长春图书馆为读者提供的服务项目和创造的舒适优雅的阅读环境非常赞赏,给予了高度评价。双方就长春图书馆与金崎町图书馆建立国际友好图书馆事宜达成意向,提出将于 2008 年正式签署《友好图书馆协议书》;在双方图书馆分别设置"长春市角"和"金崎町角";定期进行互访交流活动,相互学习两国图书馆的有关技术、服务、管理等内容。此次访问交流活动对增进长春图书馆与金崎町图书馆彼此的友谊,不断满足两国人民的文献需求和两市的文化交流起到了积极的推动作用。

欧盟五十年展开幕式

【欧盟五十年展】 由中国人民对外友好协会、欧盟驻华代表团主办,吉林省文化厅、吉林省人民对外友好协会承办,长春图书馆协办的"欧盟五十年展"于 2007 年 9 月 1 日在长春图书馆开展。吉林省人大副主任刘淑莹、欧盟驻华代表团副团长溥马克及省市相关领导出席开幕式并剪彩。此次展览的主要内容有:欧盟概况、欧盟机构、经济一体化、今天的欧盟、欧盟创始人、欧盟—全球事务的参与者、中欧关系、城市和古迹等。展览选用了可拆卸的模块结构的多幅展板以及连续放映长度为 20 分钟的宣传短片。该展览旨在进一步促进欧盟与中国之间的相互了解和友谊,增进双方之间的交流与合作,为中国的观众提供进一步了解欧盟及其成员国的良好机会。长春图书馆是此次巡展的第四站,展览持续了 15 天,万余名市民前来参观。

【"城市文化与城市文化建设"专题报告会及"民生与文化"论坛】 第五届长春文化艺术周期间,长春图书馆以"城市热读"为平台,举行了"城市文化与城市文化建设"专题报告会及"民生与文化"论坛。2007 年 9 月 1 日,"城市文化与城市文化建设"专题报告会在长春图书馆举行。吉林省社科院文学研究所研究员刘国平作为主讲嘉宾,向大家讲解了城市文化的内涵和结构、作用和意义,以及对城市文化建设的建议等问题,并与现场观众进行了面对面地交流。2007 年 9 月 2 日,长春图书馆举行了主题为"民生与文化"论坛。本次论坛由长春市文化局局长龙华主持。市委宣传部、市委政策研究室、市文联、市社科联、各大新闻媒体的同志,长春图书馆以及市直文化系统的部分干部职工、关心民生与文化发展的听众 120 余人参加了论坛。长春市政府副秘书长赵国华,长春市委副秘书长、市委市政府政策研究室主任刘波,长春市社会科学院院长姜殿军,吉林大学社会学院主任、教授、博士生导师田毅鹏,长春市委党校党建党史教研部主任、教授王健 5 位主讲嘉宾,就民生与文化的关系,民生文化如何回归民生本位,民生与文化的现实意义,公共文化服务体系建设与民生,解决民生问题更应关注群众文化建设等问题展开了热烈的讨论。此次举办的专题报告会及民生论坛让广大市民提高了对城市文化与城市文化建设的认识,同时对长春市今后的文化工作必将起到澄清认识,认清形势,加快发展的作用。

【长春市协作图书馆第三批分馆加盟仪式举行】 2007 年 9 月 6 日,长春图书馆与南关区图书馆、朝阳区图书馆、绿园区图书馆举行了第三批协作图书馆加盟仪式。长春图书馆馆长刘慧娟分别同绿园区图书馆馆长陈万昌、朝阳区图书馆馆长焦月鹏、南关区图书馆馆长钱程签订了《长春市协作图书馆资源共建共享协议书》，市文化局相关领导及长春图书馆馆领导为这3个区馆分馆揭牌。长春市协作图书馆工程自2005年6月启动以来，经过两年多的运行，从总体的发展趋势来看，呈现了良好的发展势头，正在以一个技术能力不断增强、管理机制不断完善、服务水平不断提高的发展模式运行。目前，已建立分馆44个，提前9个月圆满完成了长春市协作图书馆工程建设的目标，并为分馆配送资源83次、配送图书35 105册（新书4 232册、旧书27 873册）、期刊29 800册、光盘千余件，累计投资百余万元。已加盟的6个区县图书馆共办理读者证4 800余个，接待到馆读者约84万余人，其中借阅读者33万人次，举办各种读者活动70余次。长春地区已初步建立了以长春图书馆为总馆，以各县（市）区图书馆为分馆，带动乡镇（街道）、村（社区）图书馆暨共享工程基层服务网点共同发展的三级文化信息服务网络。

【电子图书阅读系列活动】 电子图书阅读是现代社会一种新形式的读书方式，长春图书馆为满足读者对电子图书的阅读需求，近年来购买了52 000余种Apabi电子图书，内容涵盖哲学、经济、军事、文化、艺术、历史、天文、医学、农业等各个领域。2007年11月3日，长春图书馆举行了“电子图书阅读”系列活动启动仪式，从而拉开了为期1个月的“电子图书阅读”系列活动序幕。长春市文化局于伟民副局长、长春图书馆的领导及长春市协作图书馆分馆的领导出席了仪式。活动主办单位向长春市协作图书馆分馆、长春大学特殊教育学院代表及优秀读者代表等赠送了1 000张Apabi“电子图书阅读卡”，将现场活动推向了高潮。方正Apabi电子书的现场演示，更让读者感受到了网络读书的快捷和方便，激发了读者的阅读兴趣。长春图书馆馆长刘慧娟表示，此次活动是为了倡导全民阅读，营造终身学习的良好氛围，借以提高市民文化素质，长春图书馆馆藏5万册电子图书免费向市民开放，让读者“足不出户、博览群书”，这也是长春图书馆回报市民支持，为市民办实事的重要体现。

【小蜘蛛创业信息网及“荷塘”未成年人阅读网站开通】 长春图书馆小蜘蛛创业信息网，经过1年的筹备与建设，已于2007年3月22日开通。长春图书馆本着为政府分忧、为社会解难的目的，创建了这个旨在解除贫困、温暖社会的帮扶信息服务平台。它以科学发展观为指导，服务于构建和谐社会；借助于先进的网络计算机技术，将国家相关政策法规加以整合、发布，指引和指导需要创业、就业的贫困群体；以帮扶对象的视角去搜集文献信息资源，启发创业、就业思路，设计适合个人发展的创业之路。另外，为了“引发未成年人阅读兴趣，提高未成年人阅读能力，培养未成年人阅读习惯”，让阅读成为伴随着人们一生的活动，2007年6月1日，长春图书馆“荷塘”未成年人阅读网正式开通。“荷塘”源于朱自清先生那篇脍炙人口的《荷塘月色》。“荷塘”未成年人阅读网突破在教育里谈阅读，强调阅读对人们人文精神的培养及个人素质的潜移默化的作用，努力搭建儿童阅读交流的全新平台；强调少年儿童主体，探索拓宽少年儿童人文视野，纠正阅读错位，还原阅读乐趣，让阅读成为快乐的源泉，成为通向知识港湾的航船，成为成长的好伙伴。网站布局严谨、结构清晰，横向分为阅读天地、E书下载、原创发布、专家导读、交流园地几个栏目。同时，根据不同的年龄段，纵向分为0岁～3岁阅读区、3岁～6岁阅读区、6岁～9岁阅读区、9岁～12岁阅读区、12岁～15岁阅读区。“荷塘”未成年人阅读网站采取了TRS全文检索支持系统，具有分类浏览及全文检索功能。站内实现了对整个网站的多种途径的全文检索。

（李　超）

卫生　体育

卫生 体育

卫 生

【概况】 2007年长春市卫生局坚持以落实民生行动计划为统领，以满足人民群众健康需求为目标，以深化改革、加快发展为主题，以公共卫生、社区卫生、农村卫生工作为重点，创新思路，加快发展，高质量地完成了各项工作任务。2007年，长春市有卫生机构1 941所，比2006年增加了109所。医院175所，比2006年减少2所。乡镇卫生院145所，比2006年增加2所。综合医院103所，比2006年减少10所；中医院19所，比2006年减少1所。私人开业医院51所；专科防治所、站7所，卫生防疫机构14所，妇幼保健机构11所，其他卫生事业机构1 589所。全市农村卫生室2 023个，比2006年减少26个。全市卫生机构床位数为27 472张，比2006年增加1 686张；全市卫生机构人员为45 532人，比2006年增加202人。其中卫生技术人员35 663人，比2006年增加333人。全市卫生机构总诊疗人次数达16 831 580人次，比2006年增加416.9万余人次。其中，门诊、急诊人次数达14 264 758人次。全年全市各医疗机构入院人数为676 889人，比2006年增加126 896人。出院人数为671 492人，治愈率为56.05%，好转率为39.51%，病死率为1.18%。全市医疗机构平均病床周转次数25.3次，平均病床工作日为273日，平均病床使用率为74.81%，出院者平均住院日为10.1天。全市居民医疗服务水平平均千人口有床位数为3.68张，平均千人口有医院、卫生院床位数为3.63张，平均千人口卫生技术人员数为6.10人，平均千人口有职业（助理）医师数为2.1人。

【疾病控制】 2007年，长春市疾病预防控制工作通过细化目标，落实部门责任，强化工作标准和过程督导，严格目标评估和结果验收等工作措施，使疾病预防控制工作形成了政府领导、部门各负其责、全社会共同参与的有效机制，构建了完善的市、区（县）、乡（镇）、村（社区）四级防控体系，建设了一支防控能力较强的专业队伍。法定传染病发病率继续保持平稳和降低态势，全市无甲类传染病发生，乙类传染病总体发病率为211/10万，比2006年同期下降了11.7%。全市二级以上医疗机构网络直报率100%，全市乡镇卫生院网络直报率100%，全面完成市政府民生工作目标。全市结核病防治工作完成了省卫生厅下达的工作任务指标，继续保持现代结核病控制策略（DOTS）覆盖率100%，二级以上综合医疗机构疫情报告率和转诊率达到了100%。由于防制到位，流行性出血热发病仅176例，无死亡病例，发病率为2.43/10万，同比下降60.18%。2007年共处理突发事件16起，其中突发公共卫生事件9起，及时快速有效控制了双阳区格林巴利疫情，妥善处理了格林巴利综合征。2007年，认真贯彻国家艾滋病防治条例，召开专门协调会议4次，发放宣传材料10万余份，各类倡导培训上百次，重点人群干预2万余人，安全套发放16万只，举办了“有效预防艾滋病，推广使用安全套创意大赛”，承办以《情系红丝带》为主题的“推广使用安全套创意大赛颁奖文艺晚会”。提高了大众对艾滋病防治知识的知晓率和安全套使用率，艾滋病的防治工作得到国家、省相关部门的好评。2007年有效控制了免疫性传染病疫情，建立完善全市免疫规划监测报告系统。免疫规划相关疾病的预警、预报，报告完整性、及时性、准确性达100%。预防接种建卡率达99.6%，卡介苗、麻疹、百白破、糖丸、乙肝接种率均为99.3%，医院新生儿乙肝接种及时率达到97.8%，新生儿破伤风发病率小于1‰。全年实现国家计划免疫工作目标。

【医政管理】 2007年医政工作狠抓医疗质量的提高，强化医疗安全管理，加强医院的内部管理和自身建设。努力提高医疗质量，深入开展“以病人为中心，以提高医疗服务质量”为主题的医院管理年活动，积极开展平安、和谐医院创建工作。在全省表彰的28家管理年活动先进单位中，长春市中心医院、长春市妇产医院、长春市儿童医院榜上有名。护理工作得到加强，积极开展护士岗位技能训练，组织开展护理知识竞赛活动，提高护理工作质量。“5·12”国际护士节期间，召开了全市表彰大会，会上20名优秀护理管理者和120名优秀护士受到了表彰。强化血液质量管理，积极推动无偿献血工作，推行成份输血和自愿无偿献血的机采血小板工作。全市临床用血100%来自无偿献血，从根本上保证了临床用血安全。进一步提高急诊急救医务人员的专业技术水平，开展长春市急救技能大赛活动。全市21家医院参加了竞赛，长春市第二医院获得第一名。2007年关注民生、关注百姓，为缓解群众“看病难、看病贵”问题，各医院设立了惠民门诊和惠民病房，对贫困患者的诊疗费用实行“三免二十减”。为进一步控制医疗费用的过快增长，在全市实行了医学检查(检验)报告互相认可制度，推行单病种质量控制和费用最高限价，实行检查治疗“双套餐”制度，执行医疗机构医疗服务信息公示制度，正确引导患者就医。2007年成立了民营(社会)医疗机构管理办公室。长春市卫生局制定了《长春市民营医疗机构整顿管理工作实施方案》，4月27日召开了全市民营(社会)医疗机构整顿工作动员大会，对长春地区的78家民营(社会)医院进行了医疗市场整顿，其中18家医院被黄牌警告。加强了医疗广告管理。召开全市民营医院医疗广告整顿会议，开展广告监测工作，对违法发布医疗广告单位办学习班，对违法发布医疗广告的11家医疗单位进行通报，对10家违法严重的医疗机构移交工商局处理。全年共监测医疗广告200多期（次），查处违法违规医疗广告115起，其中，报刊广告102起，电视广告13起，有16家医院被不良记分。

【中医管理】 深入开展“医院管理年活动”，加强对医务人员“三基三严”的培训，医院管理逐步走向制度化、规范化，医疗服务质量和水平得到提升。2007年9月份市卫生局组织有关管理人员和专家对4个县(市)、4个城区的二级中医医院开展医院管理年活动进行专项督导检查，进一步规范了医院管理。为了进一步加强中医标准化、规范化建设，提高中医医疗机构的病历、处方书写质量，防范医疗纠纷事故的发生，确保医疗安全，市卫生局还制发了《中医医疗机构病历书写暂行规定的通知》。2007年10月份，在长春中医药大学附属医院举办了长春地区中医适宜技术培训班。各县(市)区中医院、中西医结合医院、民族医院、社区卫生服务中心的医务人员95人参加了培训班。通过培训，对中医医疗机构开展的中医药适宜技术进行筛选，将筛选的适宜技术有计划地向社区、乡村医生推广，更好地突出中医专科特色，提高中医医疗技术水平。

【农村卫生】 长春市辖10个县(市)区和5个开发区，行政乡镇98个，行政村1 687个，总人口745万，其中农业人口393万人，占全市总人口的53.3%。共有乡镇卫生院145个，平均每个乡镇1.42个。其中，中心卫生院23个，占15.9%；一般卫生院122个，占84.1%。设有村卫生所(室)2416个，平均每个村1.43个。全市乡镇卫生院在职人员共有4 569人，其中卫生技术人员3 399人，占74.4%。全市乡镇卫生院业务用房总面积13.1万平方米。几年来，各级政府共投入乡镇卫生院改造资金2 818万元，其中，国家投入1 688万元，省投入120万元，市投入170万元，县(市)区投入723万元，自筹197万元，改造面积3.24万平方米。设备投入428万元，其中，国家投入124万元，省投入114万元，市投入28万元，县(市)区投入206万元。常用设备配备全市乡镇卫生院共有X光机98台，超声诊断仪82台，心电图机89台，半自动生化仪94台，洗胃机76台，尿分析仪41台。全市共有乡镇卫生院145家，按照民生工作规划，100家卫生院的基础建设基本达标，完成了市政府提出的民生工作任务。乡镇卫生院的功能和服务能力得到了快速恢复和提高，绝大多数卫生院的服务能力基本满足了当地居民的诊治要求。

【新农合试点】 2007年，长春市全面启动了新农合制度，实现了全覆盖。全市共有3 384 277人参合，比2006年参合人数1 824 645人增加了156万人，全口径参合率达到86.16%，常住人口参合率达到93.57%，完成了市政府提出的参合率85%和增加150万人的工作目标。2007年共筹集参合基金1.69亿元。其中，农村农业人口351.5万，参合300.1万人，参合率85.4%；城区农业人口41.3万，参合38.3万人，参合率92.69%，常住人口参合率达到99.8%。为确保城区新农合按时启动，平稳发展，对相关政策进行了调整，积极推动“一站式”基金封闭运行管理模式，九台市、榆树市、农安县、德惠市、双阳区、绿园区已实行了“一站式”封闭运行。77.75万参合农民受益，支出参合资金1.38亿元，占基金总数的81.5%。

【妇幼保健】 全年孕产妇死亡率28.96/10万，控制在省厅规定的指标以内；婴儿死亡率4.19‰，提前3年达到国家“两纲”规定的终期指标。对965名贫困孕产妇实行了医疗救助，发放救助资金31.82万，部分缓解了贫困孕产妇保健难、住院难的问题。加强助产机构医疗安全管理，进行多种形式、多个层次的妇幼保健和助产技术培训工作，实行孕产妇死亡评审和责任追究制度，对2家区卫生院、2家区妇幼保健所、10家助产单位进行了通报批评，其中3家助产单位暂停校验《母婴保健服务许可证》，限期整改；推进预防艾滋病母婴传播工作。全年筛查新生儿32 740人，对筛查出阳性疾病的患儿进行跟踪调查和治疗反馈，为提高出生人口质量提供了保障。加强计划生育服务业务指导工作，开展孕检、引产、分娩“三定点”，严格执行胎儿性别鉴定制度和引产报批和登记制度，从制度上控制人口出生比偏高问题。严格进行《出生医学证明》管理工作，对多家违规的管理机构和助产机构进行限期整改；开展全市托幼园所卫生保健工作检查工作；卫生部妇幼卫生三网监测评估专家组对长春市妇幼工作给予了充分肯定。

【健康教育】 长春市健康教育以创建国家卫生城市为契机，围绕全市卫生防病中心开展工作，完善了健康教育与健康促进工作体系，重点开展重大病症预防和突发公共卫生事件的健康教育与健康促进，推进了“全国亿万农民健康促进行动”的深入开展，同时在全市范围内积极开展“三百工程”活动，加强城市社区和以场所为基础的健康教育与健康促进工作，履行《烟草控制框架公约》。2007年全市健康教育与健康促进网络基本形成，网络覆盖率达95%；居民的健康知识知晓率达78.43%，健康行为形成率达74.20%；农民健康知识知晓率达68.15%，健康行为形成率达74.07%；城市居民的《烟草控制框架公约》健康知识知晓率达到了62.19%，农村居民的《烟草控制框架公约》的健康知识知晓率达到了56.89%。国家健康教育专家组调研社区开展各项健康教育和健康促进工作，认为这种做法值得推广。

【社区卫生】 一是重点开展社区卫生服务机构标准化建设工作，制订社区卫生服务机构设置与建设规划。按照整合现有卫生资源的原则，将原来的24个社区卫生服务中心增加至46个，将原来的121个社区卫生服务站调整为71个。已经完成38家社区卫生服务中心的标准化建设。二是推进社区卫生机构纳入医保。除了拟新建的社区卫生服务中心，其余全部开通医保。三是落实大医院支援社区人才战略。开展“百名医师进社区”活动，使城市优质医疗资源全面辐射社区，带动和提高社区卫生服务机构专业技术人员服务水平，现有9家综合性医疗机构和7家专科医疗机构的60余人进入社区开展支援工作，深受社区居民欢迎。四是继续开展人员技能培训。以市中心医院为实践技能培训基地，共开展7期培训，培训内容为常见病心电图诊断，培训300人次。组织专家编印《中国社区医疗指导》和《社区实用护理指导》等培训教材。五是着力机制创新，积极开展社区卫生服务管理试点。开展“收支两条线”管理和药品统配试点工作，方案确定，社区卫生常用药品目录编制完成，为社区卫生服务机构配送药品的机构已通过公开招标方式确定。六是组建成立长春市社区卫生服务管理办公室。承担本级社区卫生服务人员培训、监督和考核评估工作，贯彻落实城市社区卫生服务配套政策。全市社区卫生机构为居民建立健康电子档案100万份，免费为社区居民提供公共卫生服务175万人次，基本医疗门诊量约为29.9万人次，比2006年同期增长20%；社区卫生服务机构人均门诊费用为58元，比2006年同期下降11%；设立家庭病床4 414张，居民对社区卫生服务的满意率达到90%以上。

【继续医学教育】 制定下发《长春市继续医学教育“十一五”规划》,确定全市继续医学教育“十一五”规划的总体目标,在不断完善继续医学教育制度的基础上,开拓继续医学教育新领域,开展多种多样的继续医学教育形式,开展远程教育,实现继续医学教育网络化管理,提高教育质量和办学效益。进一步完善网上教学、充实了刊授教学内容,全年分专科开设课题70个,其中国家级继续医学教育项目课题占96%以上。通过继续医学教育网站,载有医疗、护理、预防等34个专业的国家级或省级继续医学教育课题,并组织开展了继续医学教育学术活动20场,推广交流了医学新进展项目。同时,组织完成了2007年度各级、各专科的继续医学教育课程,医务人员参加继教培训覆盖率和达标率分别达到90%以上。加强对继教工作督导及规范化管理。统一计划、统一教材、统一授课、统一管理,保证了继续医学教育覆盖面及学习质量,并按计划完成规定的学分。加强对县(市)区继续医学教育工作的管理与指导,深入外县调查研究,督导检查继续医学教育工作开展情况,提出改进意见,帮助九台、榆树等县(市)聘请继续医学教育优秀教师讲课,提高了教学质量,为县(市)学员接收新知识、新理论搭建平台。5县(市)区使用长春市继续医学教育统一教材进行授课与考试。

【社区卫生人员培训】 社区卫生人员培训工作是2007年卫生工作的一项重要任务。按照卫生部和省卫生厅要求,在开展卫生科教调研工作基础上,制订了社区卫生人员在岗培训计划。6月18日,社区卫生人员岗位培训工作启动,举办3期全科医师、5期社区护士培训班。培训全科医师522名,社区护士682名。培训工作按照卫生部印发的《社区卫生人员岗位培训大纲》要求进行,全科医师岗位培训采取全脱产形式集中培训、临床实习和社区实践相结合的教学方法。同时还依托长春医学高等专科学校,建立了理论培训基地。依托吉林省肝胆病医院、长春市传染病医院建立了省级临床实习基地;依托长春市中心医院、长春市第二医院、市人民医院等3家综合性医院,建立了市级临床实习基地;依托朝阳区医院社区卫生服务指导中心、绿园区医院、宽城区医院、南关区医院、二道区医院等5个社区卫生服务指导中心建立了社区实践基地。

【农村卫生技术人员培训】 开展县(市)区卫生技术骨干培训。委托长春市中心医院对县(市)区医疗机构部分专科技术骨干进行新知识、新理论、新技术、新方法培训。培训方式采取全脱产,由各县(市)区卫生局选派从事心血管内科、神经外科、骨科、内分泌科、神经内科工作的临床相关技术骨干作为培养对象,在长春市中心医院进行为期半年的理论学习和临床进修,由医院高年资专业技术人员一对一带教,提高他们的业务素质和技术水平。带动相关科室建设,促进科教支援农村卫生工作的深入开展。此项培训自3月份启动至10月结束,共培训县(市)区卫生技术人员17人。集中开展乡村医生岗位培训工作。下发《关于做好2007年乡村医生岗位培训工作的通知》,确定培训内容、培训时间,并对培训工作提出具体要求。以各县(市)区卫生职工中专和卫生技术学校为依托,组织全市4个县(市)6个区的乡村医生参加集中培训,完成50学时的学习,培训结束,市卫生局出题,组织统一考试,有4 785名乡医通过了培训考试。组织启动全市乡医中医中专学历教育,这是加强农村在岗中医中药人才培养,提高农村乡村服务水平的一个重要手段。按照国家和省中医药管理局《关于做好2007年乡村医生中医中专专学历教育招生工作的通知》要求,加强对招生工作的指导,经过省中医局报名资格审查,共有362名乡村医生被录取,参加长春中医药大学中专部学习。完成乡镇卫生院中医临床技术骨干培训工作,利用半年时间对全市农村部分乡镇卫生院中医骨干进行系统的中医药基本理论、临床业务技能及相关中医药政策法规等知识培训,提高了农村中医的诊疗技术水平。培训工作以各县(市)区卫生职工学校为依托,落实榆树市、德惠市、九台市、农安县4个中医理论培训基地,8月末完成理论培训任务。共培训乡镇卫生院中医骨干人员133名,参加培训学员提交培训论文,评选出20篇优秀论文进行交流。

【卫生监督】 卫生监督体制改革有新进展,全市11个县(市)

区(开发区)实现卫生监督独立建制。“五小”行业整治成效显著,用精细化服务、精细化监管统领“五小”整治,实现了区区有精品街、街街有示范店,以小型餐饮单位为代表的“五小”行业卫生管理水平得到全面提高。重大活动保障实现“零隐患运转、无差错保障”,全年共对亚冬会、东博会、冰雪节、光博会、消夏节等17次国际性重大活动进行公共卫生安全现场监督保障,没有发生任何卫生安全问题。全面完成国务院统一部署的餐饮消费安全专项整治行动,通过国家检查验收。县(市)以上城市餐饮经营单位无卫生许可证经营单位的查处率、原料进货索证制度建立实施率、畜禽产品及其制品安全使用监督检查覆盖率、餐饮业不使用不合格原料加工食品签订“承诺书”覆盖率达到100%。打击非法行医、非法采供血工作通过国家验收。全市共出动各类执法人员11.3万人次,检查各级各类医疗机构3万户次。取缔无证行医1 040户,查处聘用非卫生技术人员641家,出租承包科室16家,暂停执业人员424人,暂停执业户数92户,吊销执业证书8人,吊销执业许可证3户。共立案处罚1 232件,罚款99.5万元。

【精神文明建设】 开展精神文明单位创建活动,9家直属单位实现了达标晋级。组织“规范医疗服务行为,展示白衣天使风采”活动,促进了医德医风的进一步好转。实行不当处方点评公示制,点评处方32万张,处理有问题处方2 529张。设立扶贫基金、大病救助基金和党员爱心基金,总额达到41万元。在二级以上医院普遍设立惠民门诊和惠民病房,为13.9万名贫困患者减免医疗费用849万元。开展群众评议医院行风工作,明查暗访64次,发放调查问卷6万余张,整改行风问题86个。开展商业贿赂专项治理、新农合资金专项监察和医疗收费专项检查,查处问题12个,4名责任人受到行政处分。在2007年全市民主评议软环境和政行风工作中,卫生系统获得综合满意率第二名好成绩。

(方文海)

体　育

【概况】 2007年,长春市体育工作大事不断,喜事不断。年初,成功承办第六届亚洲冬季运动会,兑现了“办一届最成功、最具魅力的冰雪体育盛会”的承诺,得到了省、市政府的嘉奖;年中,圆满完成了各项民生工作,参加第六届全国城市运动会,并实现了运动成绩和精神文明双丰收;年末,长春亚泰足球队夺取中国超级联赛冠军,得到了市委、市政府的表彰奖励,也为春城人民奉献了一道道体育盛宴……体育极大地提升了长春的知名度,向全国、亚洲、世界展示了长春,宣传了长春。

【举办第六届亚洲冬季运动会】 经过8年的申办和筹备历程,第六届亚冬会于2007年1月28日～2月4日在长春市成功举办,亚奥理事会45个成员国家和地区奥委会全部参加,实现了亚洲奥林匹克大家庭在冬季运动史上的首次大团圆。亚奥理事会主席艾哈迈德亲王及亚奥理事会其他官员、国际奥委会、国际/亚洲单项体育组织官员、裁判员、运动员、媒体记者、观摩人员、赞助商等5 000余人参加了本届赛会。本届亚冬会共进行了5大项10分项47小项比赛。共有26个国家和地区的802名运动员参加比赛,在113场比赛中,有5队36人66次打

第六届亚冬会火种采集

破12项亚洲纪录。在筹备和组织过程中,体育局全程参与,充分发挥主体作用,圆满完成了承担任务,被省政府授予集体二等功,长春体育中心获省集体三等功,长春市全民健身活动中心、长春市冬季运动管理中心获市集体三等功,市体育局系统工作人员获得省一等功1个,省二等功5个,省三等功9个,市二等功21个,市三等功47个,市嘉奖120个。本届亚冬会在党中央、国务院的高度重视下,在国家体育总局和省委、省政府的坚强领导下,经过全市上下共同努力,兑现了"办一届最成功、最具魅力的冰雪体育盛会"的承诺,得到了亚奥理事会的高度评价,在国内外产生了良好反响,同时被国家体育总局刘鹏局长肯定为:这是一届"竞赛组织好、后勤服务好、精神面貌好、宣传报道好、运动成绩好"的体育盛会。亚奥理事会也给予了高度评价,并专门发来祝贺信。

【群众体育工作】 1.民生任务扎实完成。市体育局承担的民生工作主要有3项:一是在城区新建健身路径66条,更新路径36条,维修健身器材361件,在农村行政村安装健身设施40套;二是市体育馆健身会馆竣工并向市民开放;三是会同市教育局做好61所学校体育场馆向社会开放工作。为解决民生工程资金紧张问题,市体育局坚持政府财政补助、体育彩票公益金主体投入、市场运作和社会支持相结合的原则,截至9月末,全市体育民生工程总投入1 165万元,其中政府投入75万,彩票公益金900万,市场运作150万,争取国家体育总局投资40万。9月28日,市体育馆健身会馆向市民正式开放。该馆总建筑面积近3 700平方米,总投入600多万元,设有10余项健身项目,可同时容纳数百人健身,为市民健身又增加了一个场所。圆满完成了市政府对广大市民承诺的"出行8分钟~10分钟即可到达一处健身场所"的目标。会同教育局,进一步加大了学校体育场馆向社会开放的工作力度。朝阳区10所全国首批"学校体育场馆向社会开放试点校"开放工作得到了国家体育总局的好评,并给予了资金扶持;2007年,又从114所学校体育俱乐部中,选出工作基础好、具备条件的61所学校作为长春市学校体育场馆向社会开放的学校,使学校体育场馆资源与社会共享,为市民健身提供了便利条件。

2.开展喜迎奥运系列活动。随着2008年北京奥运会的日益临近,群众关注奥运、参与健身的热情持续升温。市体育局抢抓机遇,借势造势,充分调动和发挥体育总会和各级体育群团组织的作用,组织开展"有影响、有规模、有创意、群众喜闻乐见"的"全民健身与奥运同行"系列活动308项次,参与人数达200余万人次。开展了"体彩杯"长春市万人健身展示活动,青少年阳光体育运动之长春市高校"2007佳得乐3V3篮球争霸赛",2007年"安利纽崔莱"健康跑,中国网通奥运社区行,长春市中老年徒步健身行,象征性走进北京支持奥运,长春市大学生运动会等大型活动。这些健身活动深入社区、乡村、家庭,形成了全市联动、上下互动的轰轰烈烈场面,激发了全民关注奥运、参与健身的热情,营造了浓郁的全民健身迎奥运氛围。

3.社体指导员培训和国民体质监测工作。组织长春市群众体育专家组,深入街道、社区、乡村,举办社体指导员培训班、送健身指导下乡及科学健身知识讲座6次,培训了700余人。提高了社体指导员的工作能力和指导水平,完善了健身指导服

第六届亚冬会冬季两项比赛

务体系。结合大型群体活动，组织开展国民体质监测工作，为1 000余名参与群众提供了体质状况报告、运动处方，并对其进行科学健身指导。

4. 阳光体育运动开展顺利。为贯彻落实中共中央、国务院《关于加强青少年体育增强青少年体质的意见》，推动“亿万青少年学生阳光体育运动”的开展，会同教育局、共青团市委在全市开展了“百万青少年学生阳光体育运动”，全国阳光体育进校园等系列阳光体育活动，以及“少年强，中国强”等系列活动，积极倡导“每天锻炼1小时，健康工作50年，幸福生活一辈子”的理念，加大对学校体育健身活动的指导，注重抓好典型，扩大普及，打造长春市校园篮球、足球、冰雪等体育品牌项目。

5. 北京奥运会火炬接力工作进展有序。根据《北京2008年奥运会火炬接力吉林省境内传递活动总体方案》要求，成立了长春火炬接力组委会，制订了长春市接力活动总体方案，拟定了传递路线，在组委会评审委员会等相关单位和部门的高度重视下，通过认真推选和严格评审，长春市在具有广泛代表性和典型性的青少年、妇女、职工、农民、老年人、残疾人、少数民族、军人等8大人群中选拔、推荐出99名火炬手、31名护跑手。

【竞技体育】　1. 竞技体育成绩优异。长春市运动员参加年度国际和全国比赛40项次，获得世界系列比赛冠军10个、亚军10个、季军17个；获亚冬会金牌1枚、银牌2枚、铜牌8枚，4人11次超5项亚洲纪录；获全国冠军54个、亚军44个、季军63个。向国家队（集训队、青年队）输送运动员28人；向省、市优秀运动队输送12人，向省、市体育运动学校输送73人。国家体育总局冬季运动管理中心授予长春市体育局“2007年全国冬季项目后备人才培养杰出贡献奖”；吉林省体育局授予长春市体育局“2006年市州体育突出贡献奖”。

长春亚泰足球队夺取2007赛季中超联赛冠军表彰大会

2. 六城会参赛工作。第六届全国城市运动会于11月3日在湖北省武汉市落下帷幕。共有来自全国74个代表团（包括香港、澳门）的6 351名运动员参加了本次赛会。长春市代表团派出124名运动员参加了射箭、举重、女子曲棍球、射击、男子篮球、足球、摔跤、柔道、田径共9个项目的预赛，有76名运动员获得前8名，共有91名运动员取得决赛资格。决赛期间，长春市运动员团结协作、顽强拼搏，取得了2金1银、42名运动员进入前八名的好成绩，长春市代表团和射箭代表队分别荣获“体育道德风尚奖”，实现了运动成绩和精神文明双丰收，参赛成绩超上届，涌现出一批优秀体育后备人才。

3. 十一届冬运会备战工作。第十一届全国冬季运动会将于2008年1月在齐齐哈尔市举行，长春市面临参赛任务繁重、形势严峻、责任重大的局面，经过与吉林省协商研究，召开长春市参加十一届冬运会备战动员大会，成立了由省、市体育局和有关训练单位领导组成的备战工作领导小组，选拔省、市冬运中心的长春籍和长春市109名优秀运动员组成各项目攻坚队伍，确保备战工作顺利进行。

【体育赛事】　1. 完成了国际国内大赛的申办和承办工作。2007年，长春市共承办瓦萨滑雪节越野滑雪赛、越野滑雪世界杯赛、亚大冰球俱乐部联赛、全国射箭锦标赛、全国女子散打锦标赛、全国女子拳击锦标赛等国际国内大型体育赛事9项次，省市级体育赛事120余项次。赛会组织和运动成绩的双丰收，对建设和谐体育、构建和谐长春起到了积极的推动作用，并获得了良好的社会效益。世界杯自由式滑雪空中技巧赛，长春已经成功承办两届，得到了各参赛国的一致好评。国际雪联官员明确表示,每年都将在长春市举办该项赛事。12月21~22日,长春市将连续第三次承办世界杯自由式滑雪空中技巧赛。2. 亚泰足球队夺取2007赛季中超联赛冠军。长春亚泰足球俱乐部自1996年成立以来,励精图治、奋发图强,冲进中超2年便夺得冠军,创造了进入联赛时间最短、成绩最好的奇迹。队中4名主力队员入选国家队名单,成为输送主力最多的城市。亚泰足球队成为中超第5支登上中超联赛峰顶的球队,长春也成为5个同时拥有男、女足球超级联赛的“双超城市”之一。省委、省政府、市委、市政府对长春亚泰足球给予通报表彰奖励,社会各界纷纷评价2007年是体育年,能够震撼全城的两大赛事:成功举办亚冬会和亚泰冲超夺冠,鼓舞了市民,影响了长春。

【体育产业开发】 体育彩票作为体育的一项支柱产业,有力地支持了长春市体育事业的发展。2007年长春市电脑体育彩票发行继续保持良好的发展势头,继2006年实现历史性突破,共销售5.25亿元,位居全国省会城市前10名,东北城市第一,为长春市体育事业的发展做出了重要贡献。

【招商引资工作】 尽管受2008年奥运会和近年来国内赛会密度大的影响,但经过努力,亚冬会招商引资工作取得了积极的进展。包括中国网通吉林分公司、美津浓株式会社、中国联通吉林分公司、中国第一汽车集团、中华网、中央电视台成为亚冬会合作伙伴,皓月集团、人保财险、水都实业、华润雪花啤酒、深圳飞亚达、温馨鸟集团等40多家知名企业成为亚冬会赞助商,共计招商引资1亿多元,超额完成了预定任务目标。

【政务公开工作】 按照国家、省有关规定,结合长春市实际情况,完善了触摸屏系统建设;对行政审批项目、非行政审批项目及其他项目进行了确定;成立了行政审批权相对集中政务公开工作领导小组,明确领导小组工作任务;成立行政审批大厅,抽调各处室工作人员集中在审批大厅合署办公,缩短办事时间,提高办事效率,真正做到“亲民、便民、利民、惠民”。充分利用亚冬会留用的网络数据设备资源,积极筹建市体育局网站,建立集体育局电子政务公开、群众体育知识、竞技体育信息和推动全民健身计划的有效平台,向市民提供及时准确的、优质全面的、规范透明的各类体育信息和服务。

（孙彩贤）

社会生活

社会生活

城乡人民生活

【概况】 2007年,随着国家各项宏观政策的不断落实,长春市国民经济和社会得到又好又快发展,城乡居民收入稳步、快速增长,人民生活质量进一步提高,居民消费结构不断改善。据抽样调查资料显示(下同),2007年,长春市城市居民人均可支配收入达到12 811元,比2006年增长12.8%,其中,工薪收入增长8.7%,经营性收入增长30.9%,财产性收入增长27.7%,转移性收入增长23.1%。城市居民人均消费性支出为10 217元,比2006年增长15.0%。城市居民人均住宅建筑面积达到26.88平方米。农民家庭人均纯收入为4 780元,比2006年增长6.7%。农村居民人均生活消费支出2 933.3元,比2006年增长14.8%。农村居民人均居住面积达到23.05平方米。2007年末城乡居民储蓄存款余额1 232.4亿元,比年初增长1.3%。

【城市消费水平】 2007年,城市居民人均消费支出10 217元,比2006年增长15.0%。其中,食品消费3 360元,增长8.2%;衣着消费1 019元,增长14.2%;家庭设备用品及服务消费401元,增长25.8%;医疗保健消费876元,增长12.2%;交通和通讯消费1 271元,增长24.9%;教育文化娱乐服务消费1 382元,增长13.9%;居住消费1 288元,增长8.4%;杂项商品和服务消费620元,增长69.5%。

【农村消费水平】 2007年,农村居民人均生活消费支出2 933.3元,比2006年增长14.8%。其中,食品消费1 219.2元,增长23.4%;衣着消费196.0元,增长21.2%;居住消费381.6元,增长0.1%;家庭设备用品及服务消费117.0元,增长16.4%;交通通讯消费325.3元,增长14.5%;教育文化娱乐服务消费334.0元,下降1.7%;医疗保健消费295.0元,增长15.7%;其他商品和服务消费65.3元,下降44.6%。

【消费结构】 2007年,城市居民恩格尔系数为32.9%,比2006年下降2.1个百分点;农村居民恩格尔系数为41.6%,上升2.9个百分点。城市居民消费支出中,衣着消费比重为10.0%,与2006年持平;家庭设备用品及服务消费比重为3.9%,上升0.3个百分点;医疗保健消费比重为8.6%,下降0.2个百分点;交通通讯消费比重为12.4%,上升0.9百分点;娱乐教育文化服务消费比重为13.5%,下降0.1个百分点;居住消费比重为12.6%,下降0.8个百分点;杂项商品服务消费比重为6.0%,上升1.9个百分点。农村居民人均生活消费支出中,衣着消费比重为6.7%,上升0.4个百分点;居住消费比重为13%,下降1.9个百分点;家庭设备用品及服务消费比重为4.0%,上升0.1个百分点;交通通讯消费比重为11.1%,与2006年持平;娱乐教育文化服务消费比重为11.4%,下降1.9个百分点;医疗保健消费比重为10.1%,上升0.1个百分点;其他商品服务消费比重为2.2%,上升0.4个百分点。

【消费特点】 1.营养饮食渐成习惯。长春市城市居民粮油消费增幅回落的同时,肉禽蛋、蔬菜消费支出增大,营养丰富的奶及奶制品、糕点和鲜瓜果消费逐步增加。2007年,奶及奶制品、糕点、鲜瓜果消费同比分别增加20.5%、7.4%、16.1%,科学合理的营养饮食渐成习惯。2.旅游消费看旺。节假、双休日出游增多,更加注重休闲享受。据城市抽样调查显示,2007年,长春市城市人均参观游览支出40.4元,同比增长54.5%。3.形象消费加大。注重自身形象是长春市城市居民消费增长的集中体现。2007年,人均化妆品支出78.8元,同比增长12.6%;人均美容费支出61.4元,增长95.5%;人均美发洗澡消费119.0元,增长12.5%。4.家教培训增多。为了让孩子在未来激烈竞争中占据有利位置，长春市城市居民家教、培训班消费大幅提升。2007 年，人均家教消费 28.5 元，增长 62.3%；人均培训班消费 358.7 元，增长 84.5%。5. 益智健身看重。2007 年，长春市城市居民人均书报杂志支出 48.7 元，同比增长 60.7%；其他文娱用品支出 40.0 元，增长 18.6%；健身器材支出 9.4 元，增长 4.1 倍；体育用品支出 5.1 元，增长 10.3%。6. 耐用消费品升级换代。据长春市城市经济调查队调查显示：2007 年，长春市城市居民每百户拥有汽车 4.6 辆，比 2006 年增长 53.7%；每百户拥有彩色电视机 137.5 台，增长 0.9%；每百户拥有洗衣机 102.3 台，下降 1%；每百户拥有电冰箱 107.9 台，增长 8.6%；每百户拥有普通电话 88.2 台，下降 4.5%；每百户拥有移动电话 185.5 台，增长 8.5%；每百户拥有家用电脑 52.3 台，增长 12.9%；每百户拥有空调器 9.9 台，下降 4.5%。据长春市农业经济调查队调查显示：2007 年，长春市农村居民每百户拥有彩色电视机 100 台，增长 8.7%；每百户拥有洗衣机 78 台，增长 6.8%；每百户拥有电冰箱 24 台，增长 41.2%；每百户拥有摩托车 46 辆，增长 9.5%；每百户拥有普通电话 54 台，增长 1.9%；每百户拥有移动电话 97 台，增长 29.3%。7. 投资消费增强。年初以来的股市飘红，使长春市城市居民投入股票市场人员和资金大增。2007 年，长春市城市居民人均购买有价证券 164.6 元，是 2006 年的 4.3 倍。人均财产性收入 109.2 元，同比增长 27.7%。

（尹春艳　曹军飞）

婚姻家庭

【概况】 按照国家民政部《关于"十一五"期间深入推进婚姻登记规范化建设的意见》要求，长春市进一步完善了全市婚姻登记机关的场所建设，提高了婚姻登记干部的队伍素质，强化了登记机关的信息化管理。严格执行婚姻登记收费标准，增加了收费透明度。为全市婚姻登记处协调解决了关于出具无婚姻登记证明的收费文件，主办了 11 个省市参加的"全国部分城市婚姻登记工作研讨会"。

【结婚登记】 2007 年，长春市 13 个婚姻登记机关严格按照《婚姻法》和《婚姻登记条例》的规定，公开审批程序，认真审核登记手续，全年共办理结婚登记 60 112对。

【离婚登记】 2007 年，长春市 13 个婚姻登记机关依法对离婚登记手续齐全，尤其是根据离婚协议书的内容，对当事人在子女抚养、财产及债务处理等事项明确的情况下，准予办理协议离婚登记。全年共办理离婚登记 15 635对。

（马　威）

2007 年长春市婚姻登记情况统计表

名　　称	结婚登记对数	离婚登记对数
二道区	3 945	1 355
绿园区	6 149	2 086
朝阳区	6 388	2 249
南关区	3 878	1 569
宽城区	3 639	1 581
双阳区	3 229	1 029
榆树市	7 736	1 183
德惠市	7 308	1 083
农安县	8 542	1 109
九台市	6329	1 523
经开区	1 520	406
高新区	405	83
净月区	1 044	379
合　计	60 112	15 635

计划生育

【概况】 2007年，长春市人口计生干部携手同心，创新求实，共谋发展，有效落实了计划生育基本国策，低生育水平继续稳定，出生人口素质逐步提高。市人口计生委的工作受到市政府通报嘉奖。截至年底统计，全市人口出生率为5.83‰，自然增长率为1.89‰，群众对人口计生工作的满意率为98.13%。

【提高统筹解决人口问题的能力】 为了深入贯彻落实中共中央、国务院发布的《关于全面加强人口和计划生育工作统筹解决人口问题的决定》（以下简称《决定》）精神，年初市委、市政府联合下发了贯彻落实的实施意见；崔杰市长、王振华部长以及部分县（市）区主要领导在《吉林日报》和《长春日报》上发表体会文章；市委党校开设了宣讲《决定》的专题讲座；新闻媒体进行了系列宣传报道；市人口计生委积极组织学习，获得国家人口计生委宣传落实《决定》知识竞赛优秀组织奖。人口计生委还组织了各层次的调查研究和座谈讨论，认真查找在统筹解决人口问题方面存在的问题，归纳为“四化”，即在一些地区和部门存在的人口意识淡化、控制能力弱化、亲自抓负总责表面化、综合治理形式化等。针对这些问题，各县（市）区领导高度重视，加强了组织领导，加大了投入力度，强化了综合治理。各县（市）区计生局从宣传、执法、技术、统计、流动人口管理等各项具体工作入手，狠抓落实。经过艰苦努力，全市人口计生基层基础工作继续夯实，统筹解决人口问题的能力有所增强。根据全省人口和计划生育“党政线”和“业务线”考核结果显示，2007年长春市人口和计划生育各项硬性指标均处于全省领先水平，“党政线”考核硬性指标实现零扣分，“业务线”考核全市无一例瞒、漏报，计划生育率平均在98%以上，创历史新高。

市人口计生委领导班子

【开展“新家庭创建活动”】 主动把人口计生工作融入新农村建设中，依托人口和计划生育工作网络，倡导健康文明的生育行为和生活方式，落实基本的生殖健康服务，促进农村的经济发展和社会进步，在全市建设以“少生、优生、富裕、和谐、民主、文明”为主要内容的新家庭。全年全市有59 013个农户实现了创建新家庭的目标，有4 263名辍学女孩重返校园。中央政策研究室、国务院政策研究室的有关领导对我市开展的“新家庭创建活动”进行了专题调研，国务院内参、人民日报内参、国务院《今日中国论坛》都作了大篇幅的专题报道。国家人口计生委副主任王培安亲自撰写考察报告，在全国推广长春市“新家庭创建活动”的做法，国家人口计生委主任张维庆、党组书记李斌对此都做了重要批示。郑文芝副市长代表市委、市政府在长春市召开的全国农村人口和计划生育工作会议上，介绍了“新家庭创建活动”的经验。

【完成两项惠及民生的免费服务承诺】 按照“全面发展，突出特色，强化管理，提高质量”的思路，圆满完成新建两个县区级生殖保健医院，6个中心乡服务站，以及建设人性化社区服务室的试点任务。德惠市、双阳区和汽车产业开发区分别进入全国、全省和全市计划生育优质服务先进县（市）区行列。全市15家生殖保健医院已连续三年无一例恶性事件发生，创服务机构管理最好水平。依托健全的服务网络，开展了两项免费服务。一是免费为全市弱势群体、农民工以及新农村建设试点村的育龄群众进行生殖健康检查。截至11月末，全市有211 270人接受了免费检查，占应检的98.8%，其中患病的有62 435人，计生系统提供治疗50 572人，占81.1%。二是免费为全市已婚待孕妇女进行优生筛查。市政府再次投入90万元专项资金，用于免费优生筛查。到11月底，共为22 296人进行了免费优生筛查，并建立了规范的优生指导档案，为1 591人接种了疫苗，对27 078人进行了药物干预。长春市的优生工作经验在国家人口计生委召开的全面启动出生缺陷一级预防工作会议上做了书面交流。

【深化人口和计划生育综合改革创新】 在理论创新方面，继续深化和落实“三关爱”工作理念，将其融会、渗透、结合到人口计生工作的各个环节和细节当中，取得了较好效果。市人口计生委被评为全省理论教育先进集体。在机制创新方面，在全市推广了“乡财县管、部门审批、专款专用”的财经管理机制；“县(市)区统一执法，统一征收”的行政执法机制；“县聘、乡管、村用”的科学用人机制。在科技创新方面，全面质量管理得以推行并取得明显成效。推广了“医药互助、资源共享、优势互补、合署服务”的药具服务模式，全市建成10个人性化、个性化和特色化的药具服务站。综合治理有新进展。人口计生委会同市监察局联合建立了有奖举报违法生育制度。文件发布以来，经群众举报，全市共查处名人、富人

国家人口计生委主任李斌(时任吉林省副省长)为长春市计划生育家庭发放慰问金

和党员干部超生案件51起。

【落实各项惠民政策】 完成了农村部分计划生育家庭奖励扶助任务，市本级配套资金已全部落实到位；落实了城镇独生子女父母退休后人均奖励2 000元的政策；落实了省政府关于独生子女伤残、死亡家庭扶助制度试点工作。

【开展“查找改”和“创建和谐班子”活动】 “和谐班子”创建活动主要以“树新风正气，办民生实事，创和谐班子”为主题，增强了班子的战斗力、凝聚力和创造力。“查找改”活动主要以“关注民生热点，满足群众需求，解决深层矛盾，提升工作水平”为主旨，坚持“逐项查找，逐条研究，逐件解决，逐个跟踪反馈”，促进了整体工作水平的提升，受到市政府督查室的好评。按照党的十七大要求，结合民生工作的重点，长春市人口计生工作还存在着“三个不够”的问题：一是在坚持计划生育基本国策方面，宣传程度不够。个别领导干部还存在盲目乐观、骄傲自满情绪。二是在统筹解决人口问题方面，工作力度不够。针对部分地方存在的控制能力弱化、个别党政领导人口意识淡化、亲自抓负总责表面化，有的相关部门综合治理形式化等“四化”问题，缺乏强有力的对策措施。三是把人口计生工作纳入全市民生重点方面，协调力度不够。对于应该纳入全市民生工作的重点内容，应继续加大协调力度。

(宋学兵)

民族工作

【概况】 2007年，全市有46个少数民族，人口25.2万人，占全市总人口的3.52%。其中，城市少数民族人口13.8万人，占全市少数民族人口的54.7%；农村少数民族人口11.4万人，占全市少数民族人口的45.3%。满

族、回族、朝鲜族、蒙古族、锡伯族5个世居少数民族人口24.8万人，占全市少数民族人口的98.4%。其中，满族14.3万人，占57.6%；朝鲜族4.96万人，占19.9%；回族4.37万人，占17.6%；蒙古族1.1万人，占4.5%；锡伯族685人，占0.4%。全市有四个民族乡：双阳区双营子回族乡、九台市胡家回族乡、九台市莽卡满族乡和榆树市延和朝鲜族乡，有43个少数民族聚居村，258个少数民族聚居社；全市有少数民族干部5 837人，占全市干部总数的2.75%。有少数民族社团8个，市级朝鲜族群众艺术馆1所，乡级少数民族文化站4所；民族中、小学26所；民族医院1所，民族乡医院4所，少数民族民族聚居村合作医疗点43个。2007年，民族工作紧紧围绕“共同团结奋斗、共同繁荣发展”的主题，深入贯彻落实国家、省民族工作会议和市第十一次党代会精神，以市政府开展“查找改”活动为契机和动力，切实关注和解决少数民族的民生问题，充分利用现有政策，不断促进少数民族经济社会事业又好又快发展。

【少数民族乡村建设】 一是深入开展调查研究。市民委为贯彻落实《中共吉林省委、吉林省人民政府贯彻落实〈中共中央国务院关于进一步加强民族工作加快少数民族和民族地区经济社会发展的决定〉的实施意见》和《中共长春市委、市政府关于推进社会主义新农村建设的实施意见》的精神，推进长春市少数民族乡村社会主义新农村建设步伐，全面掌握民族乡村的自然、经济发展状况，探索新形势下少数民族乡村开展社会主义新农村建设的路子和经验，促进少数民族乡村加快发展，组织力量对全市民族乡村进行了全面的调研，并撰写了调研报告，提出了长春市少数民族乡村新农村建设的发展思路、目标、重点和措施。同时，围绕民族乡村存在的困难和解决措施，配合市人大进行了调研，并且完成了省民委部署的调研任务，为进一步研究指导加快少数民族乡村新农村建设发挥了重要作用。二是积极争取扶持政策。市民委把争取更多的少数民族村列入省市新农村建设试点工作作为一项重要任务来抓。在争取双阳区平湖街道黑鱼满族村和双阳区双营子回族乡大营子村列入省市建设社会主义新农村建设试点范围的同时，还专题向市政府作了汇报，市政府领导表示，长春市民族乡只有4个，可以考虑全部列入市级试点范围。吉林大学哲学社会学院申请在长春市少数民族乡建立劳动和社会保障科研教学基地，经沟通和协调，确定在双营子回族乡建立了劳动和社会保障科研教学基地。基地的建立不但为吉林大学哲学社会学院理论研究和学生社会实践提供了方便，同时对少数民族乡村的经济、文化、教育等各项事业的发展起到了推动作用。三是继续加大扶贫力度。市民委紧紧围绕少数民族乡村新农村建设和扶贫开发工作加大扶贫力度，对民族乡村和城市少数民族13名贫困户和2名少数民族贫困大学生进行了慰问，送去了慰问金和助学金；组织指导市朝鲜族妇女协会举行了少数民族贫困学生助学金发放仪式，对71名贫困学生发放了新学期助学金及衣物、文具等用品；对朝阳区永春镇长岭子村新农村建设进行了帮扶。继续开展对延边州国家扶贫开发重点县（市）帮扶活动，多次和两县（市）联系沟通。10月29日至11月1日，市民委协调市政

2007年少数民族人士迎新春招待会上，市民委主任赵国民（左二）接受满族人士赠送的满语书法作品

府相关部门组成考察团，赴龙井、和龙两市对帮扶项目进行了实地对接考察，推动了帮扶工作的进展。

【城市民族工作】 认真宣传贯彻《吉林省清真食品管理条例》。3月份，市民委与市工商局联合发文，要求各县（市）区民族部门和工商部门共同组织《吉林省清真食品管理条例》学习培训。为保证培训效果，深入到榆树市、高新开发区等进行检查指导，并进行讲课辅导，督促各县（市）区采用多种形式对所属部门、清真生产经营业户进行宣传培训。全年，对14个县（市）区完成了培训任务。依法妥善处理民族方面的各种矛盾。新闻媒体的民族政策宣传工作不断普及和深入，广大干部和群众对少数民族政策和相关知识的了解不断增多，尊重少数民族风俗习惯的意识不断增强，民族间的各种矛盾和问题逐渐减少。市民委高度重视“清真食品不清真”问题，在日常检查的基础上，对举报发现的问题都在第一时间赶到现场，按照有关政策进行处理，对当事人进行批评教育，防止了事态扩大。帮助南关区回族群众协调解决了房屋拆迁补偿等涉及少数民族群众的利益问题，按照政策依法行政，得到了少数民族群众的欢迎和拥护。全年共处理此类问题20件。积极组织少数民族各种传统节庆和文体活动。按年度工作计划，市民委分别举办了锡伯族“四一八”西迁节、蒙古族那达慕大会、端午节朝鲜族传统体育活动、回族青年“玫瑰之约”联谊活动、回族开斋节和满族颁金节等活动。在组织节庆活动的过程中，通过各新闻媒体加大宣传力度，在社会上产生了良好反响。11月初，市民委组织观摩团参加在广州市举办的全国第八届少数民族传统体育运动会。加强与少数民族上层人士的联系。2007年初，在省宾馆举办了少数民族代表人士迎新春招待会，充分发挥少数民族上层人士在促进民族团结、社会和谐中的桥梁和纽带作用。在日常工作中，还通过各种形式加强与他们的联系，广交朋友，加深感情，有力地推动了各项工作。做好人大议案和政协提案的办理工作。人大议案和政协提案直接反映少数民族群众的意见和呼声。2007年，市民委共接到民族工作方面的人大议案1件，政协提案4件，都认真进行调查研究，及时给予答复。

2007年12月6日，受市民委联系资助的回族孤儿向市民委主任赵国民（右）送来锦旗

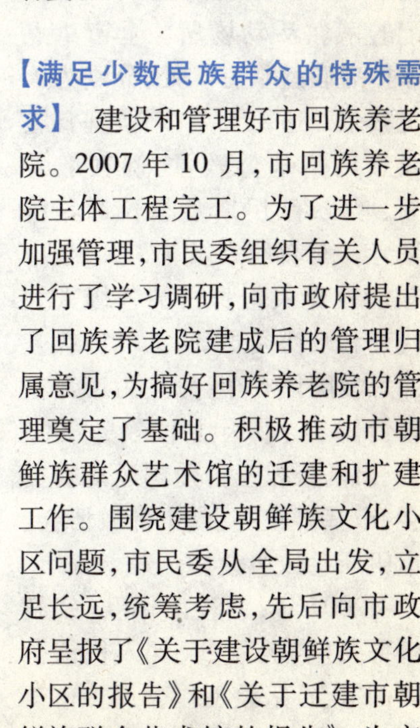

【满足少数民族群众的特殊需求】 建设和管理好市回族养老院。2007年10月，市回族养老院主体工程完工。为了进一步加强管理，市民委组织有关人员进行了学习调研，向市政府提出了回族养老院建成后的管理归属意见，为搞好回族养老院的管理奠定了基础。积极推动市朝鲜族群众艺术馆的迁建和扩建工作。围绕建设朝鲜族文化小区问题，市民委从全局出发，立足长远，统筹考虑，先后向市政府呈报了《关于建设朝鲜族文化小区的报告》和《关于迁建市朝鲜族群众艺术馆的报告》，为市

政府领导决策提供了合理化建议。加强回族婚姻介绍所管理。指导规范市回族婚姻介绍所工作,改善其办公条件,提高服务水平,不断扩大回族青年的联谊范围。与市教育部门研究了提高全市少数民族中考生升学分值的优惠政策。向市政府专题进行了报告。

（赵志平　李保存）

宗教工作

【概况】 2007 年,全市有天主教、基督教、佛教、伊斯兰教和道教 5 种宗教,信教群众约 21.54 万人。其中,基督教 10.08 万人,天主教 2.3 万人,佛教 4.91 万人,伊斯兰教 4.2 万人(按回族、维吾尔族等少数民族穆斯林人口统计),道教约 500 人。全市正式批准登记的宗教活动场所 401 处,其中,天主教 10 处,基督教 342 处,佛教 26 处,伊斯兰教 22 处,道教无正式批准登记的宗教活动场所。全市重点保护寺庙教堂有 5 处,分别为天主教东四道街天主教堂、基督教西五马路基督教堂、佛教般若寺、地藏寺、伊斯兰教长通路清真寺。有教职人员 773 人,全市有宗教界人士身份的各级人大代表和政协委员 34 人。市级爱国宗教团体 6 个,分别为市天主教爱国会、市天主教教务委员会、市基督教三自爱国运动委员会、市基督教协会、市佛教协会、市伊斯兰教协会。

2007 年,宗教工作以《宗教事务条例》为主线,深入贯彻落实国家、省宗教工作会议和市第十一次党代会精神,切实关注和解决宗教领域的重点难点问题,积极采取措施,维护宗教领域和社会稳定,宗教工作进一步得到加强。

【贯彻《宗教事务条例》】 突出重点进行调研。首先,围绕《宗教事务条例》实施情况进行了摸底调研;围绕《吉林省宗教事务条例》的修改进行了立法调研,形成了《关于修改〈吉林省宗教事务条例〉的意见和建议的报告》;对宗教突发事件进行了评估调研,起草了《宗教方面突发事件应对工作分析报告》;针对基层宗教活动场所情况进行了实地调研,更加全面深入地掌握了各种动态情况。分层次组织培训。市宗教局围绕《宗教事务条例》和《宗教教职人员备案办法》、《宗教活动场所主要教职人员任职备案办法》、《宗教方面行政许可项目实施细则》等配套规章,分层次组织培训。组织各县(市)区、开发区的宗教工作干部参加国家和省宗教局举办的业务学习培训;组织天主教、基督教和伊斯兰教上层人士赴西藏、新疆等地学习考察,开拓视野,增长见识。强化制度建设。按照《宗教事务条例》的规定,市宗教局结合实际,指导各宗教活动场所逐步建立和完善了七项规章制度,并加强监督检查。

【依法加强对宗教活动的管理】 一是妥善处理突发事件。及时处理新闻媒体伤害信教群众感情的问题,稳妥解决长通路清真寺内部矛盾,积极解决好亚泰小学与二道区清真寺的纠纷,配合朝阳区政府办妥善处理教会活动问题,指导绿园区政府办妥善处理绿园教会上访问题。二是依法打击非法违法宗教活动。会同双阳区政府办对吊水壶风景区修建文殊菩萨像、拟修建释加牟尼像,会同绿园区政府办对合心镇非法修建道教场所、塑宗教造像等乱建寺庙的非法活动制止。协助九台市民族宗教局依法取缔了沐石河镇张青芳组织的未成年人非法培训活动。三是做好宗教活动场所的设立、扩建的申报和朝觐报名排队的审核。按照《宗教事务条例》有关精神,对宽城区万寿寺异地恢复设立、农安县开安镇万宝庵的恢复、榆树市法藏寺的扩建、榆树市五棵树镇清真寺的重建等 5 个场所的申报审核工作,市宗教局进行了调研,严格审核,向省宗教局申报。同时,按照中国伊协下发的《中国穆斯林朝觐报名排队办法》的有关规定,对 7 名要求朝觐的穆斯林进行了政治审核和排队工作。四是加强外事活动管理。积极稳妥地安排了"亚冬会"期间宗教活动场所外宾的接待工作。制订接待工作方案,召开各场所负责人布置"亚冬会"接待任务,落实接待责任制,加强安全保密工作,为"亚冬会"的圆满成功做出应有的贡献。

【协调解决宗教房地产问题】 一是天主教房地产问题。近年来,市天主教会多次向有关部门反映要求解决教会周边房产土地问题。市宗教局积极向市政府反映情况。2006 年底,市政府召开专门会议,研究解决天主教房产土地问题,形成了会议纪要。为落实好会议纪要精神,市宗教局积极推动一些等具体工作的落实；二是协调解决小河沿基督教会拆迁补偿问题。按照市领导的批示精神，市宗教局多次与小河沿教会负责人、净月区、经开区进行沟通和协调，形成《关于近期小河沿基督教会房屋土地拆迁工作情况的报告》，提出了解决问题的建议和办法，使问题得到妥善解决；三是协调处理棚户区改造中的宗教场所动迁补偿问题。全年共协调解决长通路清真寺周边棚户区改造和各区类似问题30多起。

【对宗教活动场所的安全检查】 2007年初，市宗教局召开市宗教团体和重点寺院负责人会议，传达上级安全防火的会议精神，部署长春市重点寺院安全防火工作。加强消防安全知识宣传，制定应急预案，在大型宗教节日前，都协调公安、消防等部门进行安全检查，确保宗教节日活动的安全。

【加强抵御境外利用宗教渗透工作】 市宗教局始终把抵御境外利用宗教渗透工作作为一项长期而艰巨的任务，积极研究对策和措施。一是依法开展治理基督教私设聚会点工作。按照《长春市开展依法治理基督教私设聚会点工作实施方案》的要求，加大力度，组织召开全市开展依法治理基督教私设聚会点工作动员会和调度会。针对各阶段存在的问题，深入到全市各县（市）区、市直属教堂、私设聚会点和基督教活动场所进行指导，全市治理私设聚会点工作有序进行。二是搞好天主教地下势力转化工作。市宗教局深入到农安县等天主教活动场所了解情况，对受地下势力影响的信教群众进行教育转化工作。

9月7日，市民委主任赵国民陪同省、市领导视察长通路清真寺

【引导促进宗教与社会和谐】 一是加强规范引导。鼓励和支持宗教界继续发扬爱国爱教，团结进步，服务社会的优良传统，支持他们对宗教教义作出符合社会进步的阐释；2007年7月，市宗教局组织宗教界人士开展“看长春、爱家乡”活动，参观高新开发区和市政府城市发展建设展览，引导他们为建设和谐长春发挥积极作用。二是加强联系协调。2007年初，市宗教局组织了全市宗教界人士“迎新春话和谐”座谈会，全市宗教界40多人参加了会议。三是积极开展扶贫救灾活动。2007年初，市宗教界响应市政府的号召，引导天主教、基督教为双阳区朝鲜族学校50名贫困学生捐款1万元，衣物8 000余件。市宗教局还组织召开了全市宗教界妇委会“迎三八 话和谐”座谈会，并进行了以“服务社会、奉献爱心”为主题的捐款活动，收到捐款近3万元。

（赵志平　李保存）

民政工作

【概况】 2007年，长春市民政工作坚持以改善和保障民生为重点，完善了城乡社会救助体系建设，推进了社会福利社会化进程，开展了创建全国双拥模范城系列活动，探索了新形势下社区管理新体制，加强了民政事业单位的设施建设，全市民政工作管理更加规范、发展更加科学，成效更加显著。

【完善城乡社会救助体系】 8月28日，长春市政府召开了全市城乡社会救助体系建设工作会议，出台了《关于推进城乡社会救助体系建设的意见》，对构建和完善长春市城乡救助体系工作提出了具体目标并落实了责任，建立健全了城乡社会救助体系组织领导机构，使长春市城乡社会救助体系建设工作步入

2月13日，在国家双拥领导小组春节慰问演出前，市委副书记李树国、长春警备区政委孙超等全国双拥模范城代表，受到了胡锦涛、吴邦国、温家宝等党和国家领导人接见。

正轨。12月6日，《关于对临时生活特殊困难群众实施紧急救助的意见》正式实施。城市低保工作。截至12月份，全市城区共保障了49 027户，100 259人，累计发放低保金1.54亿元；城区低保标准由月人均205元提高到月人均245元；建立了低保家庭生活补助随物价指数变动进行增减的长效联动机制，确保低保家庭的生活水平不因副食品价格上涨而降低。农村低保工作。在全市原保障21 530人的基础上，将10 323名符合条件的农村困难群众纳入了农村低保，按照年人均补助400元的标准实现了农村低保动态管理下的应保尽保、全覆盖。灾民救助和减灾备灾工作。2007年春荒期间，投入93万元救灾资金，妥善解决了困难群众衣、食、住、医问题，保证其春耕生产；针对暴风雪、干旱等自然灾害，积极争取到救灾资金50万元，同时向国家民政部争取资金260万元；积极提升灾害应急救助能力，灾民救助确保做到"五有"，即有饭吃、有住处、有衣穿、有干净水喝、有病能医；开展了"送温暖、献爱心"社会捐助活动，共接收现金60余万元，衣物15万余件。城乡医疗救助工作。全市城区城市低保对象全部纳入了城镇居民住院医疗保险，全年实施医疗救助6 941人（包括住院救助和门诊救助），支出救助资金300.3万元；农村贫困家庭医疗救助实现了与新型合作医疗的接轨。流浪乞讨人员救助管理工作。采取主动救助、探索社区救助及与公安部门联合救助的模式，全年共救助流浪乞讨人员5 709人17 120人次，护送返乡406人，医疗救治574人，安置无家可归的流浪乞讨人员49人。慈善捐助工作。2007年全市慈善募捐总额达到3 070万元，市慈善会通过助学、助孤、助医、助残、安老、济困等六大类、20多个子项目的具体实施，共支出慈善资金2 385.14万元，逾7.2万人次的城乡低保特困家庭和孤老残幼病困等各类困难群众受益。长春市城乡社会救助体系建设已初步达到了"全面覆盖、全员受益、全程惠及"的目标。

【推进社会福利社会化进程】以长春市人民政府令下发了《长春市养老服务机构管理办法》，对促进长春市养老机构的健康发展，规范养老机构的管理行为提供了重要依据。全省推进社区养老工作现场会5月30日在长春市绿园区召开，全面推广了绿园区以居家养老为基础、社区服务为依托、机构养老为补充的养老服务社会化的经验和做法。开展了全市社会福利服务中心"管理年"活动，从五保供养、社会养老、社会救助、医疗卫生、文化娱乐、信息和维权服务七个方面加大工作力度，全面拓展服务功能，努力构建承载社会福利、社会救助和社会事务管理的农村社区服务中心和民政工作平台。长春市五保对象年人均生活水平已达到2 500元。6月23日，民政部在吉林省召开了全国民政工作年中分析会暨农村社会福利服务中心建设现场会，李学举等7位部长、各司司长、各省民政厅长150余人，考察了长春市6所社会福利服务中心。长春市社会福利院养员楼旧楼改造工程完成，长春市儿童福利院建设主体封闭。全年全市福利彩票销售量达到7.96亿元。

【开展创建双拥模范城活动】2月1日，长春市通过了全国双拥工作检查代检组的检查，并得到了高度评价，检查组组长省军区副政委牛其林将军评价长春市的双拥工作站位高、落点实、合力强、氛围浓、举措新、成果硬，已经探索出一条具有时代特征、具有长春特色的双拥工作新路子，为全省乃至全国的双拥工作提供了新鲜经验。2月13日，市委副书记李树国、长春警备区政委孙超作为全国双拥模范城代表，在国家双拥领导小组春节慰问演出前，受到了胡锦涛、吴邦国、温家宝等党和国家领导人接见，长春市双拥工作取得了又一崇高荣誉。4月5日，全市双拥工作领导小组第22次会议召开。7月28日，沈阳军区召开战区“双支”工作总结表彰大会，长春市被授予“双支”工作先进单位称号，市委副书记李树国在会上做典型发言，长春市信息拥军工作已成为沈阳战区开展双支工作的一项重要成果。在纪念中国人民解放军建军80周年之际，以市委、市政府、长春警备区名义召开了《长春市拥军优属、拥政爱民暨科技拥军、科技助民工作总结表彰大会》，展示了长春市的双拥工作成果，明确了下一步的双拥工作任务；组织了全市庆建军80周年军民招待会、军民联欢会、市委常委军营一日；在文化广场开展了全市万幅双拥图片展，展示了全市各级党委和群众双拥工作的成果；开展了“百万群众大拥军、万名学者携手军事科研、千个民营企业进军营”的千百万拥军活动。优抚安置工作改革不断深化。长春市部分优抚对象的抚恤补助标准得到提高，抗日老兵提高1 300元/年、解放战争老兵提高1 200元/年、抗美援朝老兵提高1 100元/年、带病回乡退伍军人提高300元/年、城镇“三属”人员提高200元/年、农村“三属”人员提高400元/年，长春市的各项优抚标准第一次位列全省第一。开展了全市参战退役人员及原8023部队退役人员登记核查工作。开展了第二轮包保活动，共包保在乡老兵136名，全年慰问150余次，建房9间，慰问物折合人民币约15万元。2007年全市共接收退役士兵1 450人，对符合分配条件的1 200余名退役士兵于4月份一次性分配完毕。

【探索社区管理新体制】 9月21日，市政府召开了全市社区建设工作会议，总结了三年来社区建设工作，命名表彰了一批和谐社区建设先进单位和个人。创新了社会管理体制，进一步理顺了社区工作，以社区领导小组办公室的名义出台了《长春市创新社区管理体制，建立社区公共事务服务中心指导意见》，要求全市各社区成立社区公共事务服务中心。社区形成了“四位一体的管理体制”。为深入开展和谐社区创建活动，制发了《长春市和谐社区建设指导标准》。这次会议决定，要加大对社区的投入，市政府每年投入900万元用于社区用房的养护和修缮，全面提高社区工作者待遇，正职人员每月达到1 150元，副职达到1 000元，同时解决“三险”。从根本上解决了社区干部的后顾之忧。组织了大规模的社区工作者培训班，全市城区、开发区3 000名社区工作者分期分批参加了培训。启动了农村社区建设工作，长春市宽城、朝阳两个城区被民政部确定为“全国农村社区建设实验区”。长春市第三次社区居委会换届选举、第七次村委会换届选举工作顺利完成，促进了城乡基层组织建设和管理。3月28日，长春市举办了纪念社区工作者楷模谭竹青命名一周年——“心海里澎湃着她的叮咛”报告会。长春市社区干部姚君作为全国唯一社区工作者代表，参加了温家宝总理在中南海主持召开的《政府工作报告》

6月23日，民政部部长李学举带队考察指导长春市农村社会福利服务中心建设和管理工作

征求意见座谈会。

【加强专项社会行政事务管理】 继续开展清理整顿殡葬用品市场和禁止焚烧、抛撒殡葬祭奠物品工作。全年召开了3次丧葬用品和禁烧专题会议。较好地完成了春节、清明节和农历七月十五前的清理整顿殡葬用品市场和禁烧工作。全年依法批准成立社会团体12家，变更登记8家；批准成立民办非企业单位81家，变更登记28家。全市已发展的社团达290家，民办非企业单位达387家。积极开展了民间组织工作调研，共走访基层民间组织单位31家，形成了《关于促进全市民间组织发展问题的研究》的调研报告，并在《长春日报》通过开辟“走进我市民间组织”专栏，对涉及城建、信息产业、卫生、房地、汽车、民政等不同行业和基层社区、农村专业协会等20个有代表性的优秀民间组织工作进行了系列宣传和报道。全年共办理结婚登记60 112对，离婚登记15 635对，婚姻登记合格率100%。进一步完善了全市婚姻登记机关的场所建设，提高了婚姻登记干部的队伍素质，强化了登记机关的信息化管理。严格执行婚姻登记收费标准，增加了收费透明度。为全市婚姻登记处协调解决了关于出具无婚姻登记证明的收费文件，主办了11个省市参加的“全国部分城市婚姻登记工作研讨会”。区划地名新建街路命名41条，新设楼牌273块、门牌452块、单元牌1 417块。开通了长春区划地名网。完成了高新区和宽城区的区划调整。

【加快民政事业的发展与创新】 长春市民政局成立了行政审批办公室，调整了处室职能，有6类37项审批工作进入市政府政务大厅办理。召开了全市民政事业单位发展与创新工作会议，认真总结了几年来长春市民政事业单位所取得的成果，印发了《长春市民政局关于进一步推进直属事业单位发展与创新的意见》，全面部署和明确了今后一个时期长春市民政事业单位发展与创新的基本思路、总体目标和主要任务。

（马　威）

劳动和社会保障工作

【概况】 2007年，全市劳动和社会保障系统广大干部职工，全面落实市委第十一次全会和《全市民生行动计划》对劳动保障工作的要求，突出民生主题，坚持科学发展观，坚持解放思想，坚持改革创新，大力弘扬“团结和谐，奋发向上”的部门精神，就业再就业、社会保障体系建设、维护劳动者合法权益等工作全部超额完成了年度确定的各项目标任务，“百万居民进医保”成为全市民生亮点工程。

【就业再就业工作】 就业再就业工作坚持把扶持就业困难群体就业放在更加突出的位置，通过岗位开发、就业服务、托底安置等环节的有效整合，推出了面对面、一人一策的帮扶政策，实现了就业援助工作的经常化和制度化，全市“零就业家庭”始终保持动态为零。全年共开发就业岗位105 235个，完成年度计划的105%；研究制定了《长春市公益性岗位开发和管理暂行办法》，共开发社区劳动关系协调员，食品监督员等公益性岗位7 500个，完成年度计划的100%；实现城镇新增就业82 328人，完成年度计划的117%；下岗失业人员实现再就业64 073人，实现“4050”人员再就业17 594人，分别完成年度计划的114%和146%；创建充分就业社区265个，完成年度计划的110%；城镇登记失业率为3.77%。2007年，市劳动和社会保障局被国务院评为全国关闭破产企业职工安置和再就业工作先进单位。

【创业促就业】 在二道区开展小额担保贷款试点的基础上，以开展“项目落实年”活动为契机，将试点范围扩展到全市所有城区，全市共发放小额贷款6 700万元，完成年度计划的134%。在省内率先开办了形式新颖的“创业大讲堂”，借助媒体平台，开展了政策宣传、典型引导、培训帮扶、项目推介等系列活动，有效提高了下岗失业人员的创业积极性。成功举办了4期创业促就业项目推介大会，提供项目展示、现场制作、政策咨询、成功项目招聘、创业培训、小额贷款一条龙服务，探索建立了创业带动就业的新路子。

【人力资源市场引导就业】 市本级共组织了针对农民工、下岗失业人员、妇女、大学生等各类就业群体的专场招聘会135场，有38 775人通过市场实现不同形式的就业，使职业介绍工作的内涵更加丰富,服务更加有特色。在职业介绍和招聘服务工作中,全市各级人力资源市场全部开辟了“零就业”家庭援助窗口,完善了招聘单位台账,做好了岗位储存和统计,通过与求职人员库对接,使市场整合信息的功能更加完善,引导就业的作用得到充分发挥。

【城乡统筹就业试点启动】 出台了《长春市统筹城乡就业试点工作实施意见》,明确了城乡统筹就业的目标、方向和主要任务,初步实现了工作任务同时下达,就业服务平等对待,扶持政策同等享受,市场信息同步联网的城乡统筹就业格局。实现了以“春风行动”为媒介,以“送岗下乡”为促进,以“乡企对接”为平台的劳务输出新体系。全年共在外省市建立市级劳务输出基地16个,县级劳务输出基地62个,乡镇级劳务输出基地48个,形成了组织化输出,规模化接收,基地化管理的劳务输出新模式。全年共实现劳务输出102.5万人次,完成年度计划的102%,同比增长7%。

【社会保障体系建设】 以制度创新为先导,以惠及更广泛群体的保障政策为核心,以强化社会保险征缴为重点,不断加快社会保障体系建设步伐。养老保险顺利启动了未参保集体企业退休人员发放生活费工作,为1 640名建国初期参军复员到企业的退休老兵发放生活费200多万元,完成了全市15 000多名各类特殊退休群体的基本养老金调待审批工作。失业保险标准由246元/月提高到294元/月。城镇职工基本医疗保险参保工作稳步推进,参保总数达到112万人,完成年度计划的112%。全面落实了农民工参加工伤保险“平安计划”,参保总数达到74.5万人,完成年度计划的100%,参保率达到60%;生育保险参保总数达到59万人,完成年度计划的115%,参保率达到47%。

【“百万居民进医保”民生亮点工程】 从2007年3月15日开始,长春市启动“百万居民进医保”百日攻坚战活动,实行日统计、周调度和点调问询制度,各级政府、各有关部门和全市劳动保障系统的全体同志合力攻坚,到6月18日,提前完成了“百万居民进医保”攻坚战任务,成为全市民生行动计划中第一个报捷的项目和民生亮点工程。到年底,全市居民参保总数达到122.4万人,一年增长10倍多,成为全省第一个完成省政府下达城镇居民基本医疗保险任务的城市,省劳动保障厅专门向市委、市政府发来了贺信。在全国城镇居民基本医疗保险试点工作会议上,长春市作为唯一一家副省级和省会城市作了经验介绍,并被确定为全国城镇居民医疗保险首批试点城市。

【职业技能开发】 组织开展了“2007年职业技能竞赛”活动。下岗失业人员创业和职业技能培训59 515人,完成年度计划的101%,其中,有5 607人实现成功创业,创业成功率达到55%,有33 589人经培训实现再就业,培训后就业率达到68%;农村劳动力培训6.9万人,完成年度计划的108%;职业技能鉴定55 082人,完成年度计划的122%。认真组织开展了“低保家庭适龄子女技能培训计划”,全市注册参加培训的低保家庭子女共1 661人,完成年度计划的109%。技工学校全年共招生9 585人,招生数创历年之最,毕业生就业率达到98%以上。

【工资分配制度改革】 认真组织实施了推进企业解决工资拖欠工作,到10月底,已累计解决拖欠工资55 417.43万元,98%以上的企业完成了工资清欠目标。起草完成了《长春市企业工资支付暂行办法》,填补了长春市在企业工资支付问题上无地方性规章的空白。按时发布了6 289个工资指导价位,特别是首次发布了外商及港澳台投资企业工资指导价位。通过调查2 653户企业、21.8万名职工的人工成本情况,形成了全市13个行业、4个企业注册类型的人工成本参考水平和10个行业的人工成本预警线,全市最低工资标准由510元提高到650元。

【和谐劳动关系建设和调整】 2007年,长春市在全国率先开展了劳动关系协调工作进社区,通过建立健全基层劳动关系协调工作组织体系、劳动用工备案体系、劳动保障监察体系和劳动争议调处预警体系,确立了以基层劳动保障平台为依托的劳动关系协调工作机制,基本经验和做法开始在全省推广。全市劳动合同签订率达到90%以上,为1.8万户用人单位、20万职工建立了劳动用工备案基础信息。全面完成了《劳动合同法》的培训宣传工作。劳动保障监察专门开展了清理拖欠农民工工资、非法使用童工等检查工作，共巡视检查用人单位1 690户，办理劳动年检1 236户，责令整改382户，立案监察525件。为6 074人返还工资及抵押金563.58万元；督促用人单位为921人补缴了养老保险，涉及金额68.5万元；督促办理医疗保险32 125人；巡视检查建筑工地122个、970个栋号，预存建筑工地工资保障金10 624万元，确保农民工工资当期支付率稳定在100%。接待职工群众个人访、集体访2 630批次，涉及9 037人次，办理劳动争议仲裁案件284件，结案率保持在96.5%，办理劳动合同鉴证59 118人。

（李　钢）

社会保险

【概况】　2007年，长春市社会保险工作按照“一个中心，两项重点，三个提高”的工作思路，紧紧围绕全市民生工作大局，以扩面征缴为中心，以确保发放和计算机系统改造为重点，全面提高基础工作、对外服务和经办能力，较好地完成了各项工作任务。养老保险参保人数达到132.5万人，同比增加14.5万人，增长12%；失业保险参保人数达到71.7万人，同比增加5.4万人，增长8%。提前超额完成七项民生计划。全年征缴基金43.6亿元，同比增加4.6亿元，增长11.9%。基本养老保险金、失业保险金按时足额发放率100%。企业退休人员社会化管理率达到98.5%，社区管理率达到94.7%，超出省里规定6.7个百分点。2007年，长春市社会保险工作受到了国家、省、市各级领导和部门的肯定和表彰。长春市社会保险局服务大厅分别被劳动和社会保障部、省劳动和社会保障厅评为全国、全省劳动和社会保障系统年度优质服务窗口，政府贴息贷款助保政策和被征地农民养老保险被省政府评为创新奖；长春市社会保险局被省社会保险事业管理局评为年度重点工作考核综合先进单位，政府贴息贷款助保政策和社会保险扩面机制被省社会保险事业管理局评为年度创新奖；民生工作被长春市委、市政府评为突出贡献单位；老龄工作被长春市老龄工作委员会评为敬老先进单位。

【扩面工作】　为确保完成养老保险新增14万人、失业保险参保人数达到70万人的民生计划任务，继续组织开展扩大社会保险覆盖范围专项行动。在市政府重视下，拓宽工作思路，创新扩面模式，提出变单一扩面为联合扩面、变部门扩面为全市扩面新思路，构建“两级主导、三制并举、四级联动”的扩面新格局。通过准备、宣传、摸底，扩面专项行动6月份正式启动。各级各部门精心组织，全力攻坚，养老保险提前一个月完成14万人扩面任务，失业保险提前3个月完成计划任务，参保人数达到71.7万人。半年时间提前完成全年扩面任务，一是各级政府和相关部门高度重视。崔杰市长在民生大会等多次会议上强调社保扩面的重要位置和意义，经常过问扩面情况；主管市长亲自召开全市动员大会，每周掌握扩面进度；分管秘书长随时跟踪，及时帮助解决存在的问题。突出城区、开发区的扩面主战场作用，真正从机制上扭转了过去扩面的被动局面，推动扩面工作取得新的突破。各城区、开发区政府与市政府签订了目标责任状，并将扩面工作纳入民生工作统

副省长金振吉、长春市副市长钱龙生等领导参加长春市扩大社会保险覆盖范围宣传月活动

副省长金振吉在省劳动和社会保障厅厅长臧忠生在长春市委常委、常务副市长姜治莹陪同下到长春市社会保险局调研

筹考虑,区长亲自部署,分管区长负责组织落实,并把任务分解到街道、社区。发动所有街道、社区工作力量,全力投入到社保扩面行动中,建立市、区、街道、社区纵向联动机制和社保、区属劳动、卫生、工商等部门横向联动机制;各区成立社保扩面攻坚推进小组,分片包干,重点突破,扎实推进,形成了"市、区两级政府主导,市、区、街道、社区四级联动"的全市齐抓共管扩面工作新模式。二是调度、考核、奖励三项制度并举。社会保险局各分局与辖区进行日小结,全局进行周调度,全市进行月调度,及时解决扩面过程中存在的问题,推进扩面工作。社会保险局内部进一步强化约束激励机制,把扩面任务指标分解到人,考核到人,对未完成扩面任务指标70%的部门责任人予以免职,未完成扩面指标80%的部门责任人调离原岗位,未完成扩面指标90%的部门责任人予以通报批评。市政府在奖励政策方面予以支持,计划三年内划拨1 000万专项基金用于扩面奖励,年底全市按照各区完成任务情况进行考核、奖励。三是进一步增强参保缴费强制性。充分发挥社保稽核审计和执法监察功能,统一扩面标准,按照三年基本实现民营企业应保尽保目标,要求新参保单位参保人数达到70%,已经参保单位要增加10%。通过对参保单位人数和基数的审计实现内延性增长,专项行动期间累计核增参保人员9 606人。同时加大执法监察力度,在普遍监察、重点监察基础上,对拒不参保单位进行新闻曝光。专项行动期间累计立案监察326户,新闻曝光58户,通过执法监察新增参保3 016人。四是进一步降低参保缴费门槛。坚持以人为本,从群众最关心、最迫切需要解决的问题出发,降低参保门槛,挖掘扩面资源。将城镇有劳动或经济收入人员、大中专毕业生、自理口粮户人员纳入到参保范围;明确灵活就业人员、城镇个体工商户、自由职业者等达到法定退休年龄时累计缴费年限不满15年的参保人员可以向后顺延缴费;在专项行动期间按规定办理参保登记和申报缴费的企业,一次性补缴以前年度社会保险费确有困难的,可先行缴纳当年社会保险费,以前的欠费可制定还款计划,三年内偿还;坚持执行按社平工资60%、80%缴费规定,尽量减轻困难群体缴费压力。五是强化组织、指导、服务。调整工作重点,一切工作服务、服从于扩面。做好分工协调,明确与城区扩面的具体分工和衔接办法;严格落实包保责任制,开展党员骨干进社区活动,从处室按40%比例抽调50人充实到扩面一线,我局工作人员一方面负责组织、指导社区扩面,同时与社区工作人员一起深入企业,走街串户,做好入户宣传动员,直接扩面。调整工作时间,在坚持6天工作制,周日基本不休息基础上每天提前半小时上班。加强协调,分管局长按分工负责协调沟通各城区、开发区,遇到重大问题和关键时刻,一把手亲自出面,协调斡旋,解决扩面难点。强化参保服务,通过五个服务平台及时为参保人员办理参保、续保、咨询等业务,形成了全员参战,全力攻坚的氛围。六是扩大宣传声势。在市中心及各城区、开发区中心地段开展宣传日活动,现场发放宣传单、解答群众咨询。通过电视、广播、报纸、互联网等进行全方面宣传。在长春日报、新文化报上开设社保扩面专栏,在长春民生广播电台、长春广播电台、长春交通广播电台做扩面专题节目,通过报纸、广播进行咨询解

答,同时根据扩面进程及时做好新闻报道。累计刊发稿件400多份,制作专题访谈节目35期,现场接听热线15次,营造了良好的舆论氛围。这次扩面专项行动的突破,不仅直接推动了参保人数的增长,而且也为今后三至五年扩面工作奠定了坚实的基础。

【基金征缴】 在狠抓扩面工作的同时,突出抓好基金征缴清欠工作。加强缴费基数稽核审计,实行公示制度,堵塞企业少报、瞒报缴费基数漏洞。利用年检全面掌握参保单位资金情况,督促征缴。加大欠费清收力度,对欠费单位有效资产进行普查登记,不仅促进了欠费单位补缴欠费,也全面摸清了欠费单位资产情况,为开展资产抵押奠定了基础。加强部门联动约束,实行社保一票否决,对欠费单位不评优、不评模、法人不允许出国,促进了基金征缴。全年累计征缴养老、失业保险基金43.6亿元,同比增长11.9%,再创基金征缴历史新高,为确保发放提供了资金保障。

【确保"两金"发放】 一是全力确保"两金"按时足额发放。全年累计发放"两金"38.2亿元,保障了近40万离退休人员及失业人员基本生活。二是顺利实现养老金转行发放。加强与银行和社区的协调沟通,抽调专人组织社区为近30万退休人员换发了养老金存折,实现养老金发放银行的快速、平稳、安全、顺畅转换。三是继续提高养老保险待遇。8月末及时对全市26.5万退休人员养老金进行调整提高,并实现当月兑现,退休人员月人均养老金达到928元,比2006年增加89元。四是提高失业保险待遇。失业金标准达到308.7元,比2006年增加98.7元。五是无一差错完成军转干部补贴、改革企业教师统外补贴及采暖费等7项政府委托的代发工作。

【加快系统升级】 顺利推进计算机系统升级改造。为解决计算机系统老化、运行速度慢、服务效率低和存在数据安全隐患问题,在保证日常业务正常办理的前提下,投入2 900万元启动计算机系统改造工程,进行业务经办、业务协同平台、公共服务、基金监管、业务分析五大系统的开发和异地容灾中心建设。2007年底第一批硬件设备完成安装,并顺利进行数据平移。

【制度创新】 一是出台政府贴息贷款助保政策。为切实解决生活困难群体参加基本养老保险问题,保证其达到法定退休(养老)年龄时正常享受基本养老保险待遇,在全国首家推出生活困难人员接续养老保险关系政府贴息贷款政策。政府贴息项贷款主要用于为因国企改革、转制、破产原因与企业解除劳动关系后以个体身份续保但因生活困难中断缴费的人员,各类尚未达到法定退休年龄享受低保和低保边缘以及生活有困难的残疾人员(距法定退休年龄不超过5年)缴纳基本养老保险费,贷款由经办银行提供优惠利率,并可享受一定比例的政府贴息,借款人达到法定退休(养老)年龄领取基本养老保险待遇后用基本养老保险金偿还贷款。二是新征地农民养老保险在全市铺开。在汲取新征地农民养老保险试点经验的基础上,今年在全市铺开新征地农民基本养老保险工作,新增参保1 728人,征缴基金6 179万元,享受待遇499人,累计新征地农民参保1 949人,征缴基金7 524万元,享受养老保险待遇648人,累计发放养老金115万元,当年新增失地农民基本实现应保尽保。同时,积极进行新型农村养老保险制度的调研,为启动农村养老保险试点做充分准备。

【夯实基础工作】 一是不断夯实社会化管理服务工作。社会化管理服务信息系统功效日益显现,退休人员和失业人员动态管理有序循环,社会化管理服务水平稳步提升,社会化管理率达98.5%,社区服务平台的功能充分发挥,社区规范化管理率达94.7%,超出省目标任务6.7个百分点。二是规范社会保险业务档案管理。采取定人定量、延长工作时间等有效措施,完成21年的业务档案清理规范,并建立电子索引,提高档案利用效率。同时继续推进退休人员档案接收和建立电子档案进程,库存退休人员档案达到24万卷,库存档案率99%,超出省局指标9个百分点,电子档案建档率达到38%。全年提供档案查询服务5.2万人次。三是整合理顺保险关系、基本信息及个人账户管理,保险关系转移及参保证明管理更规范,基本信息准确率进一步提高,全年审档率96.24%。四是积极做好社会保险卡发放工作。在办理社会保险卡高峰期间，采取积极措施，局领导带班，处长轮流值班，增加工作人员，延长工作时间，早4点开始宣传引导，早6点到晚6点实行两班倒，不间断对外服务，确保参保人员不排队，随到随办。全年办卡16万张。五是及时做好社会保险补贴发放工作。主动协调有关部门，不断完善简化业务手续，同时协调银行、计算机软件公司等部门开发专用程序，保证发放工作顺利进行。累计为6.6万名灵活就业人员及时发放社会保险补贴4 185万元，做到劳动部门转来一人，社保部门发放一人。六是优化业务程序和环节，完善服务载体和措施。科学梳理存在重叠和交叉的部门和岗位职能，简化业务程序，完善业务环节，搞好业务衔接。最大限度压缩办公面积，扩大业务面积，并在市政府支持下，租用场地，对个体分局进行整体搬迁，构筑个人参保、社会保险卡办理、保险关系管理、退休服务和咨询服务五个“一站式”服务平台，不断改善服务环境，提高办事效率和服务质量。健全信访和咨询制度，充实工作人员，信访工作和政策咨询水平进一步提升，全年接待群众上访900人次，政策咨询5万人次。

（靳振国）

老龄工作

【概况】 长春市老龄委各成员单位和各级老龄工作部门，深入贯彻“党政主导、社会参与、全民关怀”的老龄工作方针，全市老龄工作和老龄事业，在法制化轨道上快速发展。

【提高养老保障水平】 2007年全市已有132.5万人参加基本养老保险，比2006年增加14.5万人，增长12.3%。其中离退休人员34.9万人，离退休费做到了及时足额发放，离退休人员人均月领取养老金达839元。在全市开展了“百万居民进医保攻坚战”，同时对60周岁以上老年人参保缴费政府给予补贴100元，全市有134万居民参加了医疗保险，其中60岁以上老年人15万人，占参保总数的11 %。新型农村合作医疗取得了明显成效，全市共有338.4万人参保，比2006年增加156万人，全口径参合率达到86.16%。参合农民有60万人受益，累计支出1.37亿元，占基金总额的81.2%。2007年，长春市提高了城市低保标准，开展了农村低保扩面工作。城市低保标准由205元提高到245元。农村低保人数由过去的3.1万人增加到3.2万人。还为5 109名社会孤老办理了分类施保，在低保标准上提高34元，享受廉租房、热费、卫生费减免等优惠政策。长春市继续实施计划生育家庭奖励制度，为全市农村60岁以上计划生育家庭落实了每年600元奖金，共有7 157人得到奖金；为城市退休的计划生育夫妻落实了一次性2 000元的奖励资金，共有8 000名职工得到奖金。

【完善为老服务体系】 2007年，市政府颁布了《长春市养老服务机构管理办法》，并于7月15日正式实施，促进了养老机构的健康发展。全市共有民办福利机构225所，共有床位8 184张。有敬老院和社会福利院135所，共有床位9 538张，总床位数达17 000余张，高于国家10‰的老人占有标准。农村五保老人集中供养率由38.3%上升到64%。在全面完成129所农村社会福利中心建设和改造的基础上，全市社会福利中心开展了“管理年”活动，拓展了服务功能，健全了工作制度，提高了服务质量，收到良好效果。社区卫生覆盖率达到95%。为居民建立健康电子档案100万份，免费为社区居民提供服务175万余人次，设立了社区卫生服务公共卫生专项资金。通过整合现有卫生资源，打造标准化社区卫生服务圈。完成38个社区卫生服务中心标准化建设，标准化社区卫生服务机构按照房屋标准、识别标志、基本设备、功能设置、制度规范、信息管理、老年慢性病防治、考核评估办法“八统一”的要求，实施了标准化建设。全市已有20家社区卫生服务中心通过省级验收。全市建有健身路径346条，农村乡镇、行政村配置健身器材79套，城市所有街道、社区体育设施配置率达100%。61所学校运动场馆向社会开放，实现了居民出行8～10分钟即可到达健身场所。有41万老年人参加各种形式的体育健身活动。2007年，长春市还在社区公益岗位中设立了养老服务员或增加了为老服务项目，以政府购买服务的方式，解决城市高龄“三无”老人和空巢老人的日常照料问题。在全市开展的“助老工程”、“爱老义工服务”和“读敬老书，做敬老事”活动，与福州万家旺油脂公司开展“敬老、助老、惠老”活动，与E诺眼科医院开展的“送医下乡，关爱老年人健康”活动，与永芳婚纱摄影开展的“关爱老年，扮美夕阳”公益摄影活动，为老年人办了大量好事实事，受到老年人的欢迎。绿园区制定了《特困老人养老服务社会化补助办法》，招聘养老服务员99名，为全区345名特困老人每天提供1～2个小时入户免费服务。2007年全市助养特困老人1 108名，发助养资金66.48万元。其中各县(市)区筹集资金37.86万元，助养特困老人631名。

【落实老年维权工作】 市老龄委各成员单位都能认真贯彻落实《老年法》，积极维护老年人合法权益。全市成立了154个老年人法律援助工作站，制定了“三优”服务制度和“三级包保”责任制，对老年人实施法律援助，实行多级联动，层层落实责任，保证了法律服务及时到位。市妇联建立了老年妇女咨询投诉网络，设立了“冬律师热线”、“巾帼司法顾问团”等，经常深入社区为老年人提供法律服务。市劳动和社会保障局、市规划局、市总工会、市计生委、市公安局等成员单位也根据自己的职能分工，为老年人提供法律援助，积极维护老年人合法权益。各县(市)区在贯彻落实《老年法》工作中，始终把宣传教育作为主线，把维护老年人合法权益作为重点，认真贯彻落实老年法律法规。敬老月期间，市老龄委下拨专款30万元，救助特困老人。宽城区以“敬老月”为契机，广泛开展《老年法》普法教育，出板报墙报352块、标语450条，举办座谈会18次、受教育人数达2 350人次。各县(市)区全年共接待老年人上访270次，做到了接待热情，协调主动，解决认真，老人满意，切实维护了老年人合法权益。市老龄办作为《老年法》的执法主体，坚持把贯彻落实《老年法》和《吉林省实施<中华人民共和国老年人权益保障法>若干规定》等法律法规当作全年一项重要工作抓好抓实。2007年，吉林省政协视察组对长春市“一法一规定”贯彻执行情况进行了视察，视察组通过听汇报、座谈会、实地考察等形式深入到朝阳区和绿园区进行视察，视察组对全市“一法一规定”贯彻执行情况和老龄工作给予肯定。

【强化老龄舆论氛围】 2007年，市老龄办强化宣传工作，积极主动为新闻谋体提供宣传素材，全年累计刊播新闻稿件56篇。会同市委宣传部和市新闻工作者协会联合开展了“老龄新闻奖”评选活动，全年评出好新闻18篇、好栏目3个、好节目3个、推荐奖4个，有效地调动了新闻谋体和新闻工作者的积极性。全市各大主流媒体，对庆祝老年节、敬老月、千名老人看长春、领导慰问老年人等重大活动都跟踪报道，并开辟老年专栏、专版、专题，采取多种形式，广泛宣传老龄工作方针政策，宣传敬老先进典型，宣传社会敬老活动，倡导科学、文明、健康生活方式，不仅受到广大老年人的欢迎，也为老龄工作的深入开展营造了良好氛围。

【丰富老年人精神文化生活】 2007年，市老龄办会同有关部门组织了一系列的老年文化活动，丰富了老年人的晚年生活。春秋两次“快乐夕阳红”老年旅游活动，共有400多名老年人参加；第六届“爱我家乡——千名老人看长春活动”，有1 200多老人参加；第十六届老年书画展和首届“陆羽杯”书画大赛，展出书画426幅，有45名老同志在书画比赛中获奖；以社区为单位的老年乒乓球优秀选手参加省里比赛，并获得了男、女单打冠军的好成绩；在吉林省暨长春市庆祝老人节广场文艺表演中，长春市10个老年秧歌队、5个老年健身操队共2 000多老年人参加了表演，展示了老年人健康向上的精神风貌。全市有老年文艺骨干9 700多人，基层社区的老年文化活动异彩纷呈。

【抓好老龄工作组织建设】 市老龄办依据《吉林省老龄工作目标责任制考核标准》，加强了对各县(市)区目标责任制考核；采取走出去的办法，举办了老龄干部培训班，对51名基层老龄专兼职干部进行了培训，提高老龄工作干部的业务能力；根据市政府的部署，围绕影响和制约老龄工作推进的主要矛盾、社会各界和老年人反映强烈的问题、履行老龄工作职能无力解决的问题、有过教训且容易出毛病的关键环节等问题，认真地开展了查、找、改活动，进一步加强了市老龄办机关建设，提升了老龄工作水平，在职能转变、管理创新和服务质量上取得了明显效果。

(刘　博)

殡葬工作

【概况】 长春市有殡葬服务单位:长春市殡葬管理服务处和长春市龙峰殡仪服务中心2家;经营性墓地6家,分别是长春息园、长春九龙源社会公墓、长春福山寿明园、龙峰殡仪馆卧龙寿明园、长春龙凤墓园和长春华夏陵园。2007年长春市殡葬行业在改善治丧环境、提高服务水平和效率、规范殡仪收费、引导文明祭祀等方面都取得了明显的成效。

【改善治丧环境】 长春市殡仪馆加强了基础设施建设,建成了长度为90米的全程封闭的地下遗体运送通道。新建了守灵室,扩建、装修了火化间、告别厅、骨灰存放室等,拆除了伴随殡葬火化史70余年的大烟囱,极大改善了治丧环境。

【提高服务水平和效率】 长春市殡仪馆重新整合了服务设施和服务系统,对丧家实行"一站式"办公服务模式,消费者在一个地点就可以办理完从接运遗体到骨灰寄存的所有手续,整个服务过程公开、透明、快捷。对各种服务项目、收费标准进行公示,由消费者自由选择、自主消费。对原有的软件系统进行了升级,新上了遗体条码识别系统,室内室外均设有电子显示屏和指示服务系统,增加了科技含量,提高了办事效率。为了保证20分钟到达丧家指定地点的承诺,长春市殡仪馆的车辆均安装了卫星定位系统,实现了遗体接运、守灵的24小时全天候引导服务。

【降低殡仪收费标准】 长春市殡仪馆守灵室收费标准进行了下调,取消了焚烧收费和停车场收费,为低保家庭实行300元的"一费清"服务,全年长春市殡仪馆拿出近200万元的纯利润来回报社会。

【引导文明祭祀】 长春息园利用清明节和农历七月十五的机会,引导人们以"天堂寄语"、"追思会"、献花、放飞气球等方式寄托哀思,冲击了一成不变的烧纸祭祀传统,引领了变革传统习俗的风尚。

【清理整顿殡葬用品市场】 长春市全年召开了三次丧葬用品和禁烧专题会议。较好地完成了春节、清明节和农历七月十五前的清理整顿殡葬用品市场和禁烧工作。清理整顿殡葬用品市场行动主要由工商、行政执法、民政等部门牵头,分别对四道街殡葬用品市场、光复路批发市场、龙峰殡仪馆、市殡仪馆周边的殡葬用品市场进行集中清理整顿。各区政府、管委会按照属地管理原则,成立由民政、工商、行政执法、公安部门组成的联合执法队伍,对辖区内的各大医院附近的殡葬用品商店、零散殡葬用品经营业户及出售烧纸的食杂店进行清理整顿。禁烧工作以各区政府、管委会为牵头单位,按照属地管理原则,组织民政、工商、行政执法、公安、环保等部门,对主要街道、广场、小区、庭院等公共场所进行全面巡查,坚决禁止烧纸行为。通过开展清理整顿殡葬用品市场和禁烧工作,使全市的殡葬用品市场能够按所界定的范围规范经营,实现了预期目标,取得了较好的社会反响。

(马　威)

【市回族殡葬服务站】 1982年4月30日,经市编委批准[长编(1982)26号],为了解决回族的殡葬问题,成立长春市回族殡葬服务站,为民委直属事业单位,定事业编制3名。所需经费由市财政解决。由民族处处长王清林负责殡葬管理工作。1991年10月,马作文任回族殡葬服务站站长,编制3人。1992年11月25日,经市编委批准(长编[1992]88号),同意市回族殡葬服务站增加事业编制1名,人员经费由市财政拨款,市回族殡葬服务站编制总数为4名,站长马作文。1996年4月,马作文任市民委宗教处副处长,仍负责回族殡葬管理工作,编制4人。2003年5月,马春育任市回族殡葬服务站站长,编制4人。同年,市政府把"建设第二回族公墓,改善回族殡葬条件"列为市政府为市民办的12件实事之一,投资800万元,建设了第二回族公墓,完善了殡葬配套服务设施,成为全国一流的殡葬服务站舍,被称为百年大计的民心工程,受到广大穆斯林群众的欢迎。

2007年,市回族殡葬服务站加强政治理论和业务知识的学习,加强职业教育,提高职工素质;严格财经纪律,认真执行收费标准,积极做好殡葬服务保障工作;加大基础设施投入,加强硬件建设。购置了发电机,对办公楼和服务区进行了粉刷,改善了环境。

(马春育　李保存)

县(市)区概览

2008 长春年鉴

CHANGCHUN ALMANAC

县(市)区概览

农安县

【概况】 农安县幅员5 400平方公里,其中,耕地面积35万公顷,林地面积297平方公里,草原面积3.5万公顷,水域面积2.2万公顷。全县辖22个乡镇,377个行政村,全县总人口达到1 145 249人,比2006年增长0.9%。其中,农业人口909 434人,比2006年增长1.1%;非农业人口235 815人,比2006年增长0.1%。2007年,全县地区生产总值可达到1 487 739万元,比2006年增长19.9%,其中一、二、三次产业增加值分别为545 927万元、375 593万元、566 219万元,分别比2006年增长28.2%、15.5%和15.7%,三次产业占GDP的比重为36.7:25.2:38.1;实现全口径财政收入41914万元,比2006年增长40.9%;完成固定资产投资533 361万元,比2006年增长51.55%;其中,城镇固定资产投资完成445 363万元,农村固定资产投资完成58 412万元;实现社会消费品零售总额384 289万元,比2006年增长127.9%;城镇居民人均可支配收入达到6 800元,比2006年增长13.3%;农民人均纯收入达到4 550元,比2006年增长0.3%。

【招商引资和项目建设】 积极拓宽渠道,抓住一切有利契机,借助商会、同乡会,开展项目推介活动,全方位招商引资,大力度推进项目建设。在招商引资和项目建设上,先后在长春、广州、东莞、珠海、潮州、汕头等地成功举办大型招商活动,近千名企业家参加洽谈;举办了广州、温州、泉州等地商会和台商走进黄龙府等活动,邀请500多名企业家来农安考察投资。全年招商引资到位资金28.9亿元,比2006年增长64.2%。签约3 000万元以上项目64个,总投资额达到277.1亿元,其中投资10亿元以上项目6个。成功签约了投资60亿元的华能热电、投资60亿元的广东工业园和投资30亿元的闽泉工业园等一批重大项目。全年新建、续建3 000万元以上项目58个,其中,亿元以上项目28个,2亿元以上项目19个,5亿元以上项目11个;新开工建设亿元以上项目22个,是"十五"期间总和的2倍。开工建设了投资7.8亿元的新大石油、投资2.2亿元的啤酒厂扩产改造、投资5.2亿元的鲁能生物热电、投资10亿元的大连成达食品加工和投资12亿元的大连松源120万吨玉米深加工等一批重点项目;啤酒厂扩产改造项目当年开工当年投产,新大石油项目当年开工当年实现投产能力。

【开发区建设和集中区建设】 从农安县实际出发,及时调整开发区和集中区的空间布局,集中打造合隆经济开发区和农安工业集中区。千方百计破解基础设施建设滞后、工业用地制约和资金瓶颈问题,坚持调整用地规划、争取建设资金、基础设施建设、工业项目落地同步进行,全面加快"两区"建设步伐。筹措资金1.48亿元,收储土地377公顷;成功运用BT方式,投资2.56亿元,新修道路23万平方米、给排水管线3.3万延长米,新增基础设施覆盖面积8.03平方公里,总覆盖面积达到14.33平方公里;完成孵化器建设面积10.4万平方米;新落地3 000万元以上项目37个,完成项目摆放2.25平方公里。"两区"承载功能明显提升,产业集聚效应开始显现。

【民生工作和重点工程】 制订实施了《2007年民生行动计划》,72项重点民生工作得到全面落实,超前谋划了2008年10项重点民生项目。实施了一批民生民利工程。投资1.06亿元,解决了11.93万人饮水安全问题;棚户区改造拆迁16.5万平方米,开工建设面积22万平方米,回迁居民590户,全县开发建设总面积达到78万平方米;总投资3.72亿元的中部城市引水农安支线工程,已完成投资2.6亿元,农安县境内管道铺装工程全部完成;引天然气入城工程、污水处理厂和人民公园全面开工建设;农安县医院综合楼即将全面竣工交付使用,乡镇卫生院服务功能进一步改善;垃圾处理场完成规划和可研论证;全民健身广场、政务中心完成了征地、拆迁、设计等前期准备工作;初步完成县城大中型锅炉治理、企业排污治理和供水管网更新改造工程。建立和完善社会保障体系。全年开发就业岗位6 000个,实现就业再就业5 326人,安置“4050”人员4 167人;实施城镇居民医疗保险,参保人数达到11.1万人,参保率达到73.6%;新型农村合作医疗参合率达到92.01%,位居全省前列;养老保险参保2.9万人,失业保险参保3.47万人;18 031人享受城镇低保,28 333人享受农村低保;救助贫困学生23 873人,资助大学新生311人。全县安全生产和食品药品安全形势稳定。

【财政收入和区域经济】 紧紧抓住“争、收、育、管”四个环节,组织开展“五项战役”,财政收入实现快速增长。预计全口径财政收入可突破4亿元,增幅位居长春市外四县市之首;地方级财政收入增幅位居全省前列。预计全年争取上级资金4亿元。在现有财力十分有限的情况下,大幅增加经济建设和民生保障资金支出。预计全年财政总支出13亿元,比2006年增长20%。筹措资金2 500万元,成立了中小企业信用担保公司,担保贷款1 900万元。协调资金4.3亿元支持经济建设,是“十五”期间总投入的5.8倍。多渠道协调资金12.1亿元用于改善民生,比2006年增长65.2%。

【工业经济】 开展“工业提速增效年”活动,按照“抓大、上新、改旧”的发展思路,壮大支柱产业,扶持工业企业发展。努力培育骨干企业。把郭氏石油化工、华润雪花啤酒、华正食品等10户产值超5 000万元、税金超100万元、具有一定发展潜力的企业,作为重点服务对象,帮助企业解决生产运行中遇到的问题,鼓励企业扩产改造。全县规模以上工业企业发展到85户,比2006年净增11户;实现产值30亿元,比2006年增长27.7%;实现税金1亿元,比2006年增长25%。食品加工和石油化工两大支柱产业实现产值22亿元,占规模企业产值总量的73.3%;实现税金8 000万元,占规模企业税金总额的80%,支撑能力明显增强。规模工业万元产值综合能耗同比下降5%,超额完成市里下达指标。

【农村经济】 粮食生产在遭受历史上罕见干旱的不利条件下,全县干部群众奋力抗灾自救,大面积开展农业保险,把灾害带来的损失降低到最低程度。全年粮食产量仍然达到19.55亿公斤,特色作物总产量达到42.3万吨。牧业经济取得突出成效。新上牧业加工企业4个,新建牧业小区31个;畜禽总量发展到1.26亿头(只),肉类总产量达到50万吨,实现畜牧业总产值50亿元,分别比2006年增长12.4%、11%和22.2%,继续保持全国产肉大县领先地位。全年劳务输出16万人次,组团输出650个,实现劳务收入21亿元。完成农业经济区规划并启动建设。注册农民专业经济合作社51个。农业机械化进程明显加快。村级干部“创业带富”活动扎实推进。新增小型加工业专业屯30个、专业户1 907户;注册品牌44个,推介地产品113个。新农村建设试点工作扎实推进。全年投入资金3 400万元,加强省、市、县三级试点村基础设施建设;深入开展“比屯风、看村貌、争上游”竞赛活动,改善了村屯面貌。全年植树造

农安职业教育中心

林600公顷，农防林更新改造392公顷。改造县级公路122公里，新修“村村通”公路337公里。市政设施投入300万元，维修投入了90万元，维修了6 000平方米的设施。为了丰富群众的文化生活，建造了人民公园，占地29.3公顷，一期工程为11.9公顷，已竣工。

【社会事业】 投入资金753万元，改造中小学危房1.9万平方米；高考再创佳绩，本科以上进线人数首次突破7 000人；完成职教中心建设并投入使用，全县职业教育在校人数达到2 560人。组织开展了第五届黄龙文化周、送电影下乡、中小学生运动会等文体活动；完成文化产业项目立项审批和可研论证；完成黄龙寺申报审批工作；黄龙戏被省政府确定为第一批非物质文化遗产。启动了广播电视“村村通”工程，顺利完成了转星调整任务，全县有线电视用户发展到5.8万户。地方病、传染病等重大疾病防治工作取得新成效。人口和计划生育工作得到加强，人口自然增长率和出生缺陷率控制在1.4‰和3.24‰以下。全县实现交通运输、仓储及邮电通信业增加值135 039万元，比2006年增长11.1%。邮电业务收入达到28 779万元，比2006年增加了5 989万元，增长26.3%。金融保险业持续发展。银行各项贷款余额达到733 319万元，其中，农业贷款156 843万元；各项存款余额达到617 240万元，其中，居民储蓄余额达到486 593万元。金融保险业为促进生产、保障人民生活起到了应有的作用。此外，监察、审计、物价、统计、档案、老龄、民族宗教等工作也都取得了较好成绩。

【民主法制】 自觉接受人大的法律监督、工作监督和政协的民主监督，认真办理人大代表批评、意见、建议和政协提案，办复率达到100%。扎实推进“五五”普法和“四五”依法治县工作。完成了第七次村委会换届选举工作。认真办理省、市、县长公开电话，办结率达到100%，群众满意率达到90%。实行县级领导包保重大信访案件制度，有效化解人民内部矛盾。加强社会治安综合治理，农村派出所建设全面完成，深入开展严打整治斗争，命案破案率达到97.4%，维护了社会和谐稳定。

（朱　巍）

2007年农安县国民经济和社会发展主要指标完成情况

指标名称	单位	实际完成	与2006年比增减%
国内生产总值	万元	1 487 739	19.9
第一产业增加值	万元	545 927	28.2
第二产业增加值	万元	375 593	15.5
第三产业增加值	万元	566 219	15.7
全口径财政收入	万元	41 914	40.9
全口径财政支出	万元	117 321	15.9
全社会固定资产投资总额	万元	533 361	51.55
在岗职工年平均工资	元	13 869	13.9
年末在岗职工人数	人	37 590	-2.1
农民人均收入	元	4 550	0.3
城镇人均收入	元	6 800	13.3
普通中学	所	63	3.1
普通小学	所	377	1.3
人口出生率	‰	6.69	
人口自然增长率	‰	1.4	
各类医院医院	所	29	

榆树市

【概况】 榆树市地处松辽平原腹地，幅员4 723.77平方公里。耕地面积335 807.32公顷，占幅员的71.1%；林地40 187.12公顷，占幅员的8.5%；水域42 132.89公顷，占幅员的8.9%。松花江、拉林河越境而过。全市总人口127.57万人，其中农业人口108.05万人。有满、朝鲜、回、蒙古、维吾尔、鄂伦春等23个少数民族，人口18 324人，占总人口的1.5%。辖省级五棵树开发区1个、环城工业集中区1个、24个乡镇、4个街道、388个村。年产粮食21亿公斤左右，是全国重点商品粮基地县(市)之一，多次夺得全国十大产粮标兵县(市)殊荣。

【国民经济】 榆树市全年实现地区生产总值149.3亿元，同比增长10.8%；其中第一、二、三产业增加值分别为51.0亿元、28.6亿元和69.8亿元，分别增长-1.1%、22.3%和14.9%。一般预算全口径财政收入、地方财政收入分别实现3.4亿元、2.6亿元，同比增长28.8%、28.3%；工业总产值79.9亿元，同比增长32.3%；固定资产投资完成51.8亿元。其中工业固定投资完成额达到28亿元，同比增长18.6%。引进内资16亿元、外资2 405万美元，同比分别增长18.5%和9.3%。国企改革3年共筹集改制资金5.2亿元，化解改制成本20亿元，盘活存量资产4.7亿元；民营经济总产值、增加值分别实现215亿元、89.8亿元，同比分别增长10%和37.6%；社会消费品零售总额实现39亿元，同比增长19.3%；城镇人均可支配收入、农民人均收入分别达到7 300元、4 630元，同比分别增长7.4%和1.2%。实现农业总产值86.2亿元，同比增加76.9亿元，增长12.1%。粮食总产量21.6亿公斤，同比减少2.15亿公斤，减幅为9.05%。全市生猪、黄牛、家禽分别发展到350万头、120万头、3 750万只，同比分别增长2.3%、0.38%、0.17%；规模饲养户达到5.6万户，比2006年增加0.9万户，新增各类牧业小区100个，累计建成牧业小区285个。建成四海、绿邦、汉德等畜牧产品加工企业，提高了畜产品深加工能力，增加了畜产品的附加值。到年末畜牧业产值达到45亿元，达到农业总产值的55%，牧业人均收入可达到1 890元。园艺特产作物面积发展到61 272公顷，实现产值29亿元，同比增长6.9%。积极组织和动员农村剩余劳动力进入非农领域创业增收，全年输出劳动力41万人，实现劳务经济收入13亿元。继续推进"万村千乡市场工程"建设，打造现代物流业，2007年又建设农家店110个，其中，日用品店76个，农资店34个。两年共建设农家店300个，争取到国家政策资金支持161万元。经济局2007年再度被长春市人民政府评为"万村千乡市场工程"先进单位，并于2007年10月10日在舒兰市召开的全省"万村千乡市场工程"现场会上作了经验介绍。

【招商引资】 全年引进重点工业项目18项，续扩建重点工业项目12项，到位内资16亿元，其中投资超亿元的新建项目有2项。在五棵树经济开发区，由长春冠利生物工程有限公司投资1.2亿元，建设的年产1万吨酶制剂项目，占地面积1.5万平方米，达产后年可创产值1.5亿元，实现利税2 800万元。在环城工业集中区，由吉林省陆路雪生物工程公司投资1.2亿元，建设的年加工2万吨黏玉米及5 000吨玉米冰淇淋项目，占地面积4.1万平方米，达产后年可创产值2.48亿元，实现利税4 093万元。由榆树市吉久王酒厂投资5 600万元，建设的年产5 000吨白酒基地项目；由四川绵阳市丰谷酒业有限公司投资1 600万元，建设的年产1万吨丰谷白酒项目；由榆树市瑞德生物工程公司投资8 400万元，建设的年产1万吨糖化酶项目等16项超千万元项目建设进展顺利。由中国粮油食品进出口集团有限公司投资建设的中粮生化能源120吨玉米深加工续建项目，2007年投资2.8亿元，完善了热电厂、铁路专用线、污水处理厂、道路等公共设施建设，一期工程已完工，于6月10日一次性试车成功，年可创产值9.8亿元，实现利税1.2亿元；由长春天裕生物工程有限公司投资建设的长春天裕生物工程年产20万吨化工醇续建项目，2007年投资6 900万元，相继完成了热电厂、铁路专用线、污水处理厂及净水厂4项工程建设，项目投产后年可创产值16亿元，实现利税2.9亿元；长春金源年产1.5万吨变性淀粉、榆树冰峰啤酒扩建项目和锦丰方便面扩产等一些重点扩建项目，陆续投入生产。8月26日，在北京京西宾馆举行了“吉林省榆树市投资环境说明会暨项目签约仪式”，会议期间共签约项目23个，总投资66.07亿元。其中工业项目18个，投资50.77亿元。9月2日，组织了长春金源实业有限公司、榆树丰谷酒业有限公司、榆树钱酒业有限公司、榆树华正食品公司等十余户企业参加了“第三届中国吉林东北亚投资贸易博览会”，展出了马铃薯淀粉、白酒、啤酒、绿豆茶、精洁米、豆制品、新型节能环保锅炉等特色产品，取得了良好的效果。会议期间，在长春国际会展中心举行了“吉林榆树·中国北方酒业基地新闻发布会暨项目签约仪式”，榆树市被中国食品工业协会命名为“中国北方酒业基地”，共签约中高档白酒项目7个，总投资6.12亿元。

【两区经济与建设】 环城工业集中区全年GDP达到29.5亿元，比2006年增长30%，全口径财政收入达到1 573万元，比2006年增长30%，完成固定资产投资7亿元，比2006年增长85%。投资170万元，对集中区进行了总体规划和区域环评，内设农副产品加工区、生物医药工业区、仓储物流区、新型材料区、商业流通区等几大功能区。向省农业发展银行申请贷款6 000万元，对起步区1.5平方公里的基础设施进行了全面建设；集中区新开工项目5个，续扩建项目4个，引进资金4.74亿元，同比增长189.6%。固定资产投资完成7亿元，占地34公顷。其中，由吉林省陆路雪有限公司投资1.2亿元建设的2万吨黏玉米及5 000吨玉米冰淇淋项目；由榆树兴源商贸有限公司投资1.25亿元建设的榆树环城集中区中小企业创业基地（孵化器）等项目到年底都将竣工投产。长春五棵树经济开发区完成固定资产投资12亿元，其中工业9.2亿元。投资2亿元，建设开发区道路；投资2亿元开发建设五棵树镇区商品楼及旧城改造；投资5 000万元建设引松入五供水等6个基础设施及其他建设项目，总投资5.77亿元。新建、续扩建项目19个，总投资25.5亿元。其中，由长春汇亿彩钢有限公司投资6 700万元，占地3万平方米的6万吨彩钢板项目，投产后年可创产值3.5亿元，实现利润1 000万元，税金900万元；由长春天佑蛋白饲料有限公司投资5 600万元，占地2万平方米的年产3 300吨血粉项目，投产后年可创产值1亿元，实现利润1 000万元，税金600万元；由长春市鼎源食品饮料有限公司投资建设的年产1万吨胡萝卜果汁饮料等10个新建项目，总投资10.43亿元；由中粮生化能源（榆树）有限公司投资续建的年产40万吨玉米淀粉项目、投资5 000万元建设中粮储备库；由榆树市锦丰实业东北有限责任公司投资扩建的年产4亿包方便面及污水处理项目；由榆树市四海发展实业有限公司投资续建的污水处理等5个续建项目，总投资9.3亿元。开发区道路建设项目、旧城改造项目等基础设施及其他建设项目6个，总投资5.8亿元。

【新农村建设】 新农村建设试点单位35个，其中，省级试点村镇4个，长春市试点村镇3个，县级试点村镇28个。三级试点村镇全年共投入资金30 217万元，修建水泥路31公里；铺设红砖路12条1.8万延长米；修建农民休闲、娱乐、健身广场5处；安装路灯86盏；建设沼气池100个；栽植花木6万株；种植刺五加等中药材30公顷；新建蔬菜大棚72栋；黑林镇天德村修建

“春暖黑土地，建设新农村”大型文艺晚会

新农村居民住宅楼9 760平方米；土桥镇皮信村小乡屯建起了15栋别墅式居民新区，修建了小乡展览馆、接待中心大楼、齐殿云墓地、东山水库护坡，在东山水库修建了湖心岛、空中索道、荷花池和垂钓园等，打造了一个水上乐园。小乡的建设突出体现了爱国主义教育主题和红色游的特点。5月12日，中央电视台在省级试点村弓棚镇十三号村成功举办了“春暖黑土地，建设新农村”大型文艺晚会，体现了新农村建设取得的成果。

【城乡建设】 市区楼房开发建设共投资3亿元。在建工程24项，面积306 760平方米，单体栋号31个，新开发面积178 199平方米。行政办公中心、南洋国际商业中心、榆树市百货大楼等一批重点工程已完成主体工程建设。城市棚户区改造投资4.3亿元。实施改造的8个棚户区，除站前小区正在进行招商外，承恩东小区、康盛东二区、鞋厂小区已开工建设，其余的4个区段正在进行拆迁收尾工作。到年底，已拆迁1 400户，占拆迁总户数1 623户的86.3%。投资3 008万元建设市政道路，完成了新民大街、繁荣大街02标段排水工程；完成了站西路、站北路和铁北支路改造工程，3条道路总长1 521米；完成了三盛路、种榆路、承恩街、建设街人行步道铺设工程，铺设方砖53 578平方米。投资870万元建设城市供水基础设施，铺设新民大街配水管网5 240延长米（全程长6 000米），铺设繁荣大街北段配水管网1 045延长米；完成新城区外网建设工程，铺设配水管网1 590米；铺设枯水区管网1 086延长米；新建影院小区和开发小区二次供水设施，实现全天供水；新打水源井2眼，使城市供水得到持续稳定提高。投资320万元接收供热站4个，纳入集中供热面积7.5万平方米，分户供热改造两个小区、4万平方米，改造旧楼房管网400延长米，更新锅炉4台。投资455万元，完成了向阳路、铁北路、三盛路、建设街、工农大街、繁荣大街的绿化工程，实施了树、灌、草、花搭配组团绿化，绿化长度8 773延长米，面积4.75公顷，广场绿化4.7公顷。投资4 250万元建设小城镇，其中开发建设各类楼房49栋、4.1万平方米，修建硬化道路17万平方米，铺设供水管线2 150延长米，排水管线5 100延长米，安装路灯500盏，植树78万株。全年城乡交通基础设施投资5.28亿元，其中，完成了榆江公路榆树段征地拆迁、路基、土方、桥涵和构造物工程；完成了榆陶公路102线至长余高速8.87公里绿化及交通附属工程；完成了榆舒铁路设计等前期工程。新改建农村公路391.3公里，全市388个行政村全部通沥青路或水泥路，通村率达到100%，通屯率达到55%。新改建大坡、十四户等7个乡镇客运站，改造了五棵树十八盘渡口。

【劳动和社会保障】 全年共创造城镇就业岗位5 898个，完成全年计划的132%。其中，开发公益岗位500个，完成全年计划的100%；城镇新增就业3 568人，完成全年计划的139.9%；下岗失业再就业人员3 973人（其中4 050人员512人），完成全年计划的256%；创业促就业成功项目116个，创建充分就业社区数量达4个，对“零就业家庭”开展了就业援助活动，帮助586名“零就业家庭”成员实现了再就业，“零就业家庭”达到动态为零。登记失业率为3.1%。小额担保贷款基金当年新到位资金250万元，当年发放小额贷款525万元，累计享受小额担保贷款人数309人。积极组织和动员农村劳动力进入非农领域创业增收，全年共输出农业人口41万，占农村劳动力总数的89%，其中，省内输出27万人，省外输出12万人（含北京保安732人），国外输出7 000人，劳务经济收入13亿元，农村人口人均劳务经济收入达到1 300元。全年为下岗失业人员技能培训3 850人，培训后就业3 665人，就业率达到95.2%；农村劳动力培训7 450人（含农村低保家庭子女159人），培训后就业率达到80%；下岗失业人员参加创业培训1 131人，对605人进行了职业资格鉴定。全年求职登记6 150人次，职业介绍成功2 190人，职业指导1 300人次。共举办4次大型劳务交易洽谈会，参加招聘会的企业达91家，提供了30多个工种共1 360多个岗位。落实了企业职工最低工资标准，由每人每月410元上调到550元。为750名职工办理了退休手续，为1 800名退休职工履行了增加基本养老金审批手续。全年基本养老保险参保人数达到40 955人，基金征缴3 186万元；失业保险参保人数35 390人，基金征缴140万元；城镇职工医疗保险参保人数58 015人，基金征缴3 024万元；有2 918名参保职工享受了医保待遇,已支付医疗费1 294万元。1月1日,启动了职工生育保险,参保人数达到24 423人,收缴保费120万元,已有305名女职工享受到了生育保险待遇,已支付保险费80万元。3月份,启动了城镇居民医疗保险,制订了《榆树市城镇居民医疗保险工作实施方案》,有111 235人参加了城镇居民医疗保险,缴纳保险费629万元,已有812名参保居民享受了医保待遇,支付医疗费287万元;企业职工工伤保险参保人数达到15 035人,其中,2007年新增参保人数2 125人,征缴保费20万元。为13 085人发放社保补贴467万元,为3 947名企业下岗失业人员发放了《再就业优惠证》,落实就业再就业优惠政策,顺利实现再就业。

【环境治理】 市政府根据年度污染减排指标任务,与12家重点企业签订了"十一五"减排目标责任书。榆树钱酒业有限公司等17家重点企业列入年度治理计划,依法淘汰关停了和鑫纸业、南山纸厂、水泥厂,除天裕酒业正在停产治理外都完成了治理任务;市区污水处理厂、五棵树污水处理厂按进度要求已完成项目前期工程,同时严把源头审批关,有效控制污染增量。全年新上工业项目30个、基建项目52个、工商企业(业户)145个,项目环评执行率达100%,"三同时"执行率达100%。全年二氧化硫减排1 080吨,COD减排2 813吨,超额完成了年度减排指标任务。环保、工商、公安等有关部门,针对市民反映强烈的噪声、餐饮油烟、规模养殖污染等热点问题,开展了13次联合执法专项行动,检查了大中小企业460户,限期整改52户,关停了4户;查封了23家个体业户;清理取缔、搬迁水源保护区污染隐患企业7家。开展了6次夜间突击检查,重点对市医院等31家放射源单位进行了专项检查和监管,对6家钉子业户强制断电;对21家建筑工地和临街经营户实施了限制作业时限、厂店分离。大力推广联片供热,新增集中供热面积42.5万平方米;全年共治理企事业锅炉156台(套)、洗浴锅炉71台,市区376家餐饮业全部取缔散煤,改烧清洁燃料;五棵树37家小酒厂有史以来首度攻克治理难关,一次性完成环保型锅炉更换任务;市区建成16平方公里的烟尘控制区,城区覆盖率达到100%。市区大气可吸入微粒平均值为0.079毫克/立方米,大气环境质量稳定保持或优于国家二级标准,优良级天数突破310天。

【林业建设】 全年完成了涉及21个乡镇、100个村、290条林带、200公顷的农防林更新造林任务,造林成活率达到95%以上,顺利通过了省林业厅的检查验收,造林工作名列全省榜首。4月份,省林业厅在榆树市召开了全省农防林更新造林现场会,推广了榆树市农防林更新改造工作经验。完成了农防林更新采伐指标38 000立方米。结合新农村建设,通过采取"见缝插绿"等措施,共完成"三北四期"造林面积400公顷,造林成活率85%以上,巩固了林业生态成果。全年共查处各类毁林案件38起,处理违法人员41人,加强防火设施的改善,层层落实工作责任,坚持"七长责任制"和"十户联保制",狠抓了重点时期和重要区域的防火工作,安全渡过了春季防火期,实现了连续27年无重大火灾。

【各项社会事业】 投资3 185万元,实施了农村小学改造工程,改造村小学50所,新建校舍50栋,建筑面积20 264平方米,全年新建校舍面积达到40 052平方米。投资740万元,维修校舍379栋、29 194平方米,建厕所212个蹲位,砌围墙35 756延长米。投资203.4万元,建设教育信息化,其中,建卫星接收站19个、计算机教室9个、微机室7个,购置微机380台。高考有303人总分超过600分,大学本科录取2 858人,其中,含重点本科659人,长春市外五县(市、区)文理科状元均被榆树市夺得,有8名同学分别被"三大"录取。投资210万元,对10家医院进行了改扩建。制订了《榆树市新型农村合作医疗常用药品最高限价(试行)》,限价后,西药价格平均降低了42%,常用中成药平均降低了32%,为全市参合农民让利1 900多万元。完善了慢性病门诊补偿方案,病种由10种增加到20种,补偿比例由20%提高到30%。立案查处医疗机构120家,结案98家,清理黑诊所22家,停止执业22人,没收药品24箱及医疗器械8件。承办了"转迷乐翻天"吉林省首届二人转大赛榆树赛区比赛。投资3 000万元建设的多功能、综合性、开放式文化体育中心,占地79 228平方米,现已开工建设。放映农村数字电影4 650场。9月28日交通广播正式开播；到年底，有近15 000户完成数字电视整转，新增农村有线电视用户15 000户，网络用户增加17 000户。下岗失业的贫困人口和贫困残疾人新纳入低保6 785人，现有市区低保对象24 242人，全年共发放城市低保资金1 940万元。农村低保对象37 250人，其中新纳入8 160人，全年共发放农村低保资金894万元。为214名1级～6级残疾军人续办了城镇职工医疗保险。投资429.3万元，为165户无房、危房农村贫困残疾户改善了住房条件，其中，维修9户，购买七八成新住房12户，新建房屋144户。为贫困的白内障患者免费实施了复明手术160例，免费发放轮椅三轮车33辆，安装大小腿假肢24例。

（李荣春　贾淑华）

2007年榆树市国民经济和社会发展主要指标完成情况

指标名称	单　位	实际完成	与2006年比增减%
国内生产总值	万元	1 493 000	10.8
第一产业增加值	万元	510 018	-1.1
第二产业增加值	万元	286 000	22.3
第三产业增加值	万元	698 000	14.9
工业总产值	万元	799 294	32.3
农业总产值	万元	862 000	12.1
全口径财政收入	万元	34 216	28.8
本级财政收入	万元	25 753	28.3
财政支出（一般性预算支出）	万元	139 800	29.6
固定资产投资额	万元	517 645	44.7
社会商品零售额	万元	390 014	19.3
新增外商投资企业	个	0	0
新增实际使用外资额	万美元	2 405	9.3
个体私营企业	个	53 780	8.4
民营经济增加值	万元	897 900	37.6
年末在岗职工人数	人	32 819	1.6
全部在岗职工年人均工资	元	14 070	24.2
城市人均可支配收入	元	7 300	7.4
农民人均纯收入	元	4 630	1.2
普通中学数	所	58	0
普通小学数	所	361	0
各类医院	所	40	0
教育经费总额	万元	37 339	36.9
科技三项经费	万元	460	72.3
卫生事业费	万元	7 100	58.0
城区绿化覆盖率	%	14.2	5.3
人口出生率	‰	7.2	22
计划生育率	%	95	1.1
人均地区生产总值	元	11 968	11.3
城乡居民储蓄存款余额	万元	441 694	14.9

德惠市

【概况】 德惠市幅员3 435平方公里,辖16个镇、4个街道,总人口93万,其中农村人口77万。有汉、满、蒙古、回、朝鲜等15个民族。德惠市位于长春、吉林、哈尔滨三大城市之间。南与长春市接壤,北与松原市毗邻,距吉林市110公里。市区距长春龙嘉国际机场80公里,哈尔滨国际机场160公里。京哈铁路、北哈公路、三亚至同江高速公路和正在建设的哈大客运专线平行纵贯境内百余公里,全市有等级公路2 000余公里,县乡村公路连接成网,四通八达,有90%以上的村实现了晴雨通车。拟开发的第二松花江航道,可上溯吉林市,下经哈尔滨、佳木斯至同江口岸。市区有由六横十纵16条主干线形成的道路网,各类楼房400多万平方米。市区日供水能力3万吨,主排水管线6条,汇水面积13平方公里;有一次变电所1座,二次变电所16座,日供电能力300万千瓦时;移动电话用户达到15万户,程控电话装机10万门,长途通讯线路和光缆通讯线路3 240条,全部并入国际、国内长途电话自动网,308个村村村通电话。交通物流业发达。拥有国家二级物流园区1处,年货物吞吐量达6 000万吨。其中,铁路300万吨,公路5 700万吨。有省级开发区和省级工业集中区各1处,基础设施实现了"五通一平"。资源丰富,黏土矿遍布全市,矿质好,砂石矿储量120亿立方米;二氧化碳气矿探明储量64亿立方米,气体纯度99.9%以上;陶粒页岩矿储量B+C+D级434万立方米,优级矿质品率达97%,是东北最大轻体建材生产基地。德惠市有耕地面积21.4万公顷,占幅员的62.3%,以黑钙土和草甸土为主,土质肥沃,素有"北国粮仓"之美誉,盛产玉米、大豆、水稻和瓜菜。年产粮食150万吨左右,其中,玉米100万吨,水稻40万吨,大豆6万吨,是全国重点商品粮基地县之一,是著名的松花江大米之乡。畜牧业发达,年出栏肉鸡1.3亿只、肉牛100万头、生猪200万头,人均肉、蛋、奶占有量在全国县级城市中位居前列,是著名的中国肉鸡之乡、肉牛之乡。经过多年建设,已形成了以食品加工业、玉米加工业、环保建材业、生物制药业、现代包装业和冶金制造业为支柱的门类较齐全的工业体系,产品达400多个品种,有38种产品曾获得国家和省部级优质产品奖。打造了德大、大成、达利、皓德等一批全国知名的龙头企业。2007年,六大支柱产业实现产值108.5亿元,占全市工业总产值的70%。首开绿色食品节先河,有9大类78个品种被国家绿色食品中心认证为绿色食品。全市地区生产总值实现148亿元,同比增长10.2%;其中,规模以上工业产值实现86.8亿元,增长41.7%;固定资产投资完成61.3亿元,增长33.8%,其中工业项目完成投资35.06亿元;全口径财政收入完成3.81亿元,增长47.2%;社会消费品零售总额实现40亿元,增长5.4%;农民人均收入5 055元,增长8.1%。

【农业生产】 粮食综合生产能力保持稳定,在大灾之年实现了14.75亿公斤的好收成。种植业结构调整成效明显。优质粮食、园艺特产和绿色食品产业快速发展。优质专用粮食作物面积达到9.66万公顷,占粮食作物总面积的50%以上;园艺特产面积达到3万公顷。农业标准化生产和市场化体系建设进一步完善。全市农业示范园区达到130个,标准化生产基地面积达到8万公顷;订单作物面积达到12.66万公顷,占农作物总面积的56.8%;各类新型经济组织发展到243个,参与农户2.3万户,经纪人队伍达到7 800人。畜牧业健康发展。牧业小区发展到121个,牧业产值实现33亿元,占农业总产值的60%以上。"无规定动物疫病区"建设成效明显,动物防疫工作全面加强,被列入国家"生猪生产大市(县)"和"全省肉鸡生产示范县"行列。劳务输出取得显著成果。全年劳务输出总量达到18万人次,实现劳务收入10亿元。"三项补贴"等各项惠农政策全面落实。发放粮食直补资金2.33亿元,补贴玉米、大豆、水稻等良种推广面积9.33万公顷,发放补贴金1 900万元,技术推广补贴资金260万元,农机补贴资金200万元。

【新农村建设】 按照新农村建设的"二十字"方针要求,本着"公益事业县为主,规划引导乡为主,组织实施村为主,生活改善民为主"的原则,组织实施了推进种植基地、牧业小区、加工基地、人居环境和农民培训基地"五建"活动,总计投资2.4亿元,其中争取省级财政专项资金和省市部门帮扶资金0.7亿元，调动各方面投入1.7亿元，较好地完成了省市县三级试点共计“2镇20村”年度工作任务。

【城乡建设】 高标准地完成了的“10件实事”等城乡重点项目建设。完成了新政务大厅、职教中心、社会福利中心、农村贫困残疾人危房改造顺利完成等重点工程建设任务。完成了东二道街东段油路铺装和东对站街、人民街、利民街等街路开通建设任务。完成了部分街路景点的绿化、彩化任务，城区新增绿化面积0.7公顷。完成了棚户区改造年度任务。居民拆迁户数732户，拆迁面积16.8万平方米，有13个栋号开工建设，696户居民实现当年回迁。阳光、红旗、锦秀佳园等小区跨年度建设工程较好地完成了建设计划。全年城区房屋开发面积达41万平方米，小城镇开发建设面积达10万平方米。

【交通建设】 全年建设县乡公路405.57公里，新建总长144延长米的松岔大桥一座，总投资达1.4亿元。农村公路通村率进一步提高。交通站舍建设和农村客运一体化工程取得新的进展。新建3个乡镇客运站、26个站牌，扩建了客运管理站，候车面积由600平方米增加到1 000平方米，并为旅客设计了阳光走廊，进一步优化了候车环境。建成标准乡镇客运站15个，使乡镇客运站保有率达到了83.3%，实现了重要干线客运站、候车亭、站牌一体化，极大的方便了百姓出行。

同太小康村

【招商引资】 全年共引进项目193个，引进内资43.11亿元，外资3 100万美元。“项目建设年”和“招商引资攻坚行动”成果丰硕。引进了米沙子工业集中区长春建材工业园项目。新建了长龙钢铁、吉星饲料肉鸡、达利二期等31个投资超3 000万元的工业大项目，其中超亿元的9个。组织开展了“百强名企”招商行动计划和“招商月”活动，参加了京津鲁、东博会等大型招商会，组团赴福建、长三角、俄罗斯开展专项招商活动，在厦门举行了项目说明会和签约仪式，都取得了较好效果。

【“园区”建设】 “三区”基础设施建设投资达2.35亿元，高标准完成了米沙子工业集中区1平方公里基础设施建设项目和德米专线供电项目建设。道路、供水等基础设施进一步完善，“筑巢引凤”功能明显增强。德惠经济开发区新建项目10个，引进资金8亿元；玉米经济集中区新建项目4个，引进资金5.58亿元；米沙子工业集中区新建项目24个，引进资金6.85亿元。大成公司年产60万吨淀粉糖项目、达利年产5亿瓶饮料项目等20个超3 000万元的续建项目完成年度建设计划。

【民营经济】 民营骨干企业发展势头强劲。长春佳龙、吉星实业、创业日化等一批重点企业生产规模不断扩大，经济总量增加，效益提高，成为引领全市民营经济发展的主力军。2007年，民营企业发展到1 049户，民营经济增加值实现53.6亿元，增长30%。第三产业快速发展。“万村千乡市场建设工程”扎实推进，全市“农家店”发展到149户，“农资店”发展到91户。物流配送业、咨询服务业等现代新兴产业迅速壮大，市物流中心已成为具有一定规模和较强辐射功能的区域性物流配送中心。

【民主法制】 基层民主政治不断加强，顺利完成了第七次村委会换届选举和居委会换届选举工作。依法治市方略深入实施，社会治安综合治理工作不断强化，安全生产工作水平明显提高，信访工作不断创新和加强，切实解决了一些“热点”、“难点”问题，维护了社会稳定。大力推进政务公开，简化办事程序，依法行政水平明显提高。

【民生事业】 教育事业全面发展。教学质量稳步提升，连续多年在高考中本科进线率居长春市外(县)市首位。完成了市第五中学和铁路学校合并，教育资源进一步优化。职业教育实现了历史性跨越，高标准完成了职教中心建设，并成功与北京八维计算机学校合作，有力推进了全市职教发展。卫生工作全面加强。新型农村合作医疗工作运行良好，参合农民达到58.6万人，参合率为78.7%，为农民报销医药费1 593万元，受益群众67 475人。顺利实施了乡镇卫生院改造计划，和平、郭家、升阳、岔路口、达家沟、天台等6家卫生院改造完成了主体工程建设，乡镇级卫生院功能逐步恢复。公共卫生监督工作进一步加强，重大疾病预防能力明显提高。产品质量和食品安全专项整治行动成效显著，代表吉林省参加了国检受到好评。广电、文体事业快速发展。全年新增有线电视用户1.2万户，铺设光缆450公里，岔路口、大房身、五台、郭家等10个乡镇基本实现了有线电视全覆盖。城乡文化体育设施建设不断完善，群众性的文体活动丰富多彩。人口和计划生育工作目标全面完成。“计生新家庭”创建活动初见成效，代表省和长春市接受了中央、国务院政策研究室检查，受到好评。残疾人危房改造顺利完成任务。养老保险、失业保险、职工基本医疗保险、工伤保险覆盖面进一步扩大，城镇居民基本医疗保险工作扎实推进。全年征缴社会保险费1.1亿元，发放“两金”1.14亿元，有1.4万名离退休人员和3 600失业人员足额领取了养老金和失业金。城镇居民基本医疗保险参保人数达到8.3万人。城乡低保工作取得新成绩。纳入低保范围的城镇居民有6 613户，1.5万人，农村有9 946户，2.8万人，基本实现了应保尽保，全年投入低保金205万元。就业和再就业工作成效显著。全年开发就业岗位5 993个，有4 079名下岗职工实现了再就业，城镇登记失业率为3.3%，实现了“零就业家庭”动态为零。群众生活水平明显提高。城镇居民人均年生活消费收入达到9 200元，增长17.9%。城乡居民储蓄存款余额达到56亿元。形成了各项事业协调发展，人民安居乐业，社会和谐进步的新局面。

(韩成宝)

2007年德惠市国民经济和社会发展主要指标完成情况

指标名称	单位	2007年实际完成	与2006年比增减%
地区生产总值	万元	1 484 813	10.2
第一产业增加值	万元	464 207	2.7
第二产业增加值	万元	465 374	18.2
第三产业增加值	万元	555 232	9.7
全部工业总产值	万元	1 610 135	28.9
规模以上工业产值	万元	868 610	41.7
固定资产投资完成额	万元	613 262	33.8
社会商品零售总额	万元	400 437	5.4
全口径财政收入	万元	38 183	47.2
地方财政收入	万元	22 954	40.5
全市总人口	人	925 756	
农业人口	人	770 625	
全市总户数	户	261 895	
全市总幅员面积	平方公里	3 435	
全市农作物总播种面积	公顷	222 528	-0.02
粮食作物播种面积	公顷	194 745	1.3
全市粮食作物总产量	吨	1 475 120	-4.1

九台市

【概况】 九台市位于吉林省长春市和吉林市中间，东经 125°25′至 126°30′，北纬 43°51′至 44°32′。属松辽平原东南边缘与长白山脉过渡的台地，年平均气温 5.4℃，无霜期 160 天，降水量 665.5 毫米，有效积温 3 091.3℃，地势呈东北至西南走向，属半山区，四季分明。全市幅员3 375平方公里，其中，耕地面积160 164公顷，林地面积6 490公顷，水域面积7 800公顷。拥有公路、铁路、高速公路、空中航线组成的陆空交通网络。长春龙嘉国际机场坐落在九台市境内，长春至图们铁路、长春至吉林高速公路、长春至吉林公路北线平行横贯境内。市区西距长春市区 49 公里，东距吉林市区 76 公里。全市共有 13 个建制镇、2 个民族乡，3 个街道。总人口 83.5 万人。除汉族外，有满、回、朝鲜、蒙古、壮、瑶、苗、彝、藏、赫哲、土家、锡伯、水族、鄂伦春、布依、哈尼、裕固、高山、黎、侗、维吾尔等 21 个少数民族。2007 年，九台市地区生产总值达到 1 151 554 万元，比 2006 年增长 19.6%。其中，第一产业增加值实际完成177 942万元，比 2006 年增长 6.1%；第二产业增加值实际完成438 487万元，比 2006 年增长 21.8%，其中规模以上工业增加值126 909万元，比 2006 年增加 66.7%；第三产业增加值实际完成535 125万元，比 2006 年增长 22.2%。一、二、三产业比为 15.45:38.07:46.48 。全口径工业总产值完成 1 072 763 万元，比 2006 年增长 29.5%；规模以上工业个数 102 个，规模以上工业产值557 335万元，比 2006 年增加 76.08%；财政一般预算全口径收入达到52 226万元，按可比口径比 2006 年增长 19.91%，本级财政收入实现35 920万元，比 2006 年增长 22.69%。城市居民可支配收入达到6 350元，比 2006 年增长 12.0%。农民人均收入达到5 260元，比 2006 年增长 10%。全年固定资产投资实现546 105万元，比 2006 年增加 41.23%。社会商品零售额达到 387 480万元。金融机构存款余额582 103万元，比 2006 年增加 13.78%，金融机构贷款余额 456 087 万元，比 2006 年增加 13.17%。

【农业】 九台市加大反哺农业农村力度，全面落实支农惠农政策，坚持发展现代农业。全市粮食生产在大灾年不但总量不减，而且粮食品质有所提高。粮食总产量1 026 742吨，农业总产值达到390 734万元，比 2006 年增长 22%。九台市被农业部评为全国粮食生产先进县。开展以测土配方施肥、农田灭鼠和玉米螟防治为重点的技术推广，以及良种补贴政策的落实。测土施肥测试土样2 955个，发放施肥卡2 955个，到户率 99% 以上。农田灭鼠 2.67 万公顷，玉米螟防治面积 2.67 万公顷，水稻良种补贴 2.67 万公顷，高淀粉玉米补贴 1.34 万公顷，高油大豆补贴 0.67 万公顷。加大农业综合开发力度，争取资金2 539万元实施中低产田改造项目。产业结构进一步优化，黏甜玉米、绿色水稻、苗木花卉等特色产业基地初具规模。启动新型农民科技培训工程。发展现代农业，良种良法和农机新技术推广总面积达到 28.67 万公顷。沼气综合利用户数达到2 800户。新安装太阳能热水器5 680平方米。完成秸秆气化发电项目一个。推广太阳房 552 栋51 560平方米，推广节柴灶6 580户。九台农网维护工作和“三电合一”电话语音系统工作顺利开

吉林省全程农机化示范区——九台示范区建设启动仪式

展。“农业新时空”项目,建设6个乡镇信息服务站,全市共成立乡镇农业信息服务站29个,发展农村信息员287人。全省全程农机化示范区建设启动仪式在九台市成功举行,九台市被列为全省全程农机化3个首批启动试点之一。继续实施强力突破畜牧业的战略,积极规划建设九台生态畜牧园区,强化牧业小区及种畜禽场建设。畜牧业实现恢复性增长,全市新建种畜禽场18个,新增标准化牧业小区147个。2007年,生猪发展到150万头,肉牛发展到60万头,家禽发展到3 780万只。完成国家农业有害生物预警区域站项目。兽医管理体制改革得到落实,完成“生态畜牧园区”的规划设计,四大疫病免疫率为100%,常规苗免疫率为97%。10月19日代表吉林省接受农业部动物卫生监督执法专项检查,获得全面通过。完成造林绿化300公顷,栽植苗木130万株,投入资金300万元。其中,农防林更新改造93.33公顷,更新造林143.33公顷,公路绿化20公顷,封山育林区生物围栏建设77 000延长米,造林面积达33.33公顷,退耕还林10公顷。实现连续24年无森林火灾。各项水利工程总投资3 684.75万元,完成综合工程量土方190.18万立方米。重点实施了饮马河灌区节水改造工程、小南河城市防洪工程、民兵水库除险加固工程、饮马河堤防应急度汛、饮马河堤防除险加固等水利工程。农田水利基本建设投资1 134万元,完成综合工程量105.01万立方米,其中,饮马河堤防土方加固59.2万立方米,涝区排水干支渠清淤33.5万立方米,灌区干支渠清淤4.44万立方米,小河流治理4.37万立方米,黑土地治理3.5万立方米。水库移民后期扶持工作进展顺利。渔业养殖水面2 357公顷,养鱼户1 396户。渔业产量5 000吨,产值4 000万元。

【新农村建设】 新农村试点工作深入推进,省级试点原有卡伦镇、九郊街道新立村、龙嘉镇龙家堡村,2007年新增加上河湾镇双顶子村、西营城镇杨家岗村2个省级试点村;长春市级试点原有卡伦镇和气村,2007年新增加卡伦镇任家村、波泥河镇波兴村2个长春市级试点村。争取资金380万元,新修村屯公路558公里,完成造林绿化300公顷,沼气池1 500户,新发展有线电视村40个,新建农民夜校7个。九台市政府被评为吉林省新农村建设先进管理单位和长春市新农村建设综合管理奖,九台市新农村办公室被评为长春市新农村建设先进管理单位。

【社会事业】 1. 教育事业。建立和完善了“以县为主”的教育管理体制,变原来的“三级办学两级管理”为“一级办学一级管理”,实现了“四个统一”。完成中小学危房改造总面积17 000平方米,总投资1 200万元。完成60%的乡镇中心校和中学合并。投资120万元建设了职教中心标准化实习实训室。顺利实施农村中小学远程教育三期工程,农村中小学远程教育覆盖率达到100%。所有学校均建立学校网页,建成以九台教育网和电子政务平台为核心的中小学校现代化办公网络。2. 卫生计生工作。对全市民营医疗市场进行了清理整顿,共下达整改通知书29份,下达停业整顿通知书2份,取缔无证行医诊所3家,立案4起,处罚8家,出动卫生监督人员200余人次。开展了医疗机构校验,对申请校验的医疗机构进行了全面检查,对不符合《医疗机构基本标准》和存在问题的医疗机构,暂缓校验。对医疗广告进行了逐项检查,共取缔虚假不合格医疗广告7个,停止其在电视及报纸上播放和刊登,对新申请的医疗广告按照新的《医疗广告管理办法》进行严格把关,认真审核。有8家医疗机构实现疫情网络直报。孕产妇死亡率实现零死亡。开通了“九台卫生信息网”。有58.53万人参加新型农村合作医疗,参合率为92.5%,筹集参合基金2 926万元。参合农民共有14.70万人在各级定点医疗机构就诊并受益,支出参合基金2 914.45万元,占参合基金总数的99.6%。新出生人口4 962人,人口出生率为5.79‰,人口自然增长率为2.69‰,政策生育率为95.79 %,出生婴儿性别比为103:100 。奖励兑现部分实行计划生育的农民1 377人,发放奖励扶助金82.62万元。兑现城镇退休独生子女父母123人,发放奖励扶助资金24.6万元。兑现城镇无职业独生子女父母136人,发放奖励扶助金27.2万元。采取“免费检查、平价给药、半费治疗”方式开展优质计生服务。下发了《九台市二孩以上育龄妇女“长效避孕节育奖”试行办法》。3. 广播电视。在原有的九台电视台综合频道、九台电视台娱乐频道的基础上，又开辟九台电视台有线频道。对电台、电视台各栏目全部进行了改版，强化社会新闻，注重民生新闻，强调对百姓的服务，《九台新闻》增加到15分钟，《新闻晨报》改版成《新闻视线》栏目，开辟了"记者视线"、"家乡档案"、"图片新闻"、"生活小贴士"、"天气播报"、"热线回声"等版块。新推出《讲述人生》、《关注成长》栏目。与市纪检委联办了以反映党风廉政建设为主题的《聚集党风》专栏。电台继续打造交通时段节目，新上一台直播电脑，自办节目增加了1个小时，增设了短信互动点歌节目。就招商引资、全民创业、打造平安九台、畜牧业发展、医疗卫生、文化教育、打造九台品牌开展宣传，结合建设社会主义新农村、社会主义荣辱观、劳动就业、劳务输出、安全生产、春耕生产等开辟专栏宣传报道。第一时间及时报道重大新闻，积极宣传党的十七大精神。广播电视节目，实行采、编、播、制审批制度，建立层层审查把关制度，制订了广播电视安全播出应急预案。2007年共编播《九台新闻》2 300篇，《新闻视线》900篇，广播新闻1 300篇，播发电视专题300期。有135篇稿件在吉林及长春的电视台播出，在吉林广播电台发稿50篇。全年编发《九台视听信息》12期。电视节目创优取得显著成绩，获省级奖11个，长春市级一等奖11个。2007年7月28日，召开有线网络整合工作大会，宣布吉林省广播电视信息网络集团有限公司九台分公司正式运营。城区有线电视安装收视费收入完成429万元，新发展城区有线电视用户2 300户，累计达到25 000户。铺设农村光缆142.5公里。农村有线电视收视费达到200万元，新发展有线电视村40个，农村有线电视安装3 000户，农村乡镇累计用户达到14 000多户。有线电视节目传输40套，收视效果良好。完成广告创收300万元。4. 文化体育。全年共组织开展15项28次各类群众文化活动。"三节"期间，集中举办了彩灯展览、春联征集、有奖灯谜展猜、秧歌比赛等活动。以"腾飞的九台"为主题的彩灯展览受到多家媒体关注，吉林电视台、长春电视台以及CCTV－1"朝闻天下"栏目和CCTV－4播出报道。"六进农家"文化工作队，下乡演出并展出《建设社会主义新农村》、《八荣八耻》折子画。九台市的满族剪纸被吉林省政府确认为非物质文化成果保护项目。在九台市影剧院放映革命历史题材电影60多场，开展广场电影放映14场(次)，接待文艺演出11场(次)。举办九台市首届中小学科技文化艺术节。图书馆年内购新书1 200册。开展送文化下乡及农家书屋建设活动，为兴隆镇沟外村，土们岭镇土们岭村、纪家镇赫家村的村级图书室投放图书1 200册，期刊2 000册，农业科技光碟80余张及部分阅览器材。与吉林省文物考古所联合对即将建设的长吉高速铁路九台段进行了细致的考古调查，新发现4处古文化遗址。2处长春市级文物保护单位升级为吉林省级重点文物保护单位。全年集中开展统一清理文化市场行动8次，收缴、销毁盗版音像制品2万余张。组织3次全市书刊市场集中清理，开展清缴校园周边违规经营教材、教辅读物行动，共收缴违规经营书刊680册。加大对网吧、电子游戏厅规范管理，共查处违规经营业户12家。全面完成2007年"网吧"、音像制品经营场所年检登记工作。组织乒乓球、太极拳(剑)比赛、门球赛、体育成果展等群众体育活动15次，举办了以"全民健身与奥运同行"为主题的系列群众体育活动。九台市光明社区秧歌队被全国妇联、国家体育总局命名为"全国亿万妇女健身活动巾帼文明健身队"。卢家中心小学被确定为"九台市体育特色校及省级乒乓球传统校"，九台一中被省体育局推荐参加全国青少年体育俱乐部评选。投资近17万元，配建了群众体育健身器材。

【民生工作】 经济快速发展的同时，紧紧抓住事关群众利益的突出问题，着力推进，重点突破，不断发展和改善民生。一批惠及百姓的民生工程相继竣工，一批群众关心的热点难点问题得到有效解决，一批困难群体的生活得到不同程度的改善。2007年，民生工作在九台市工作格局中实现了整体升位，劳动就业、社会保障、文教卫生、人居环境、安全稳定等重点民生工作实质性地向前迈进。全市开发就业岗位8 000个，就业培训4 400人，城镇下岗失业人员就业再就业7 235人。对351户"零就业家庭"实施了就业援助，"低保家庭子女"免费就业技能培训160人。发放小额担保贷款386万元。全口径转移农村富余劳动力21.6万人。养老、失业、医疗、工伤、生育"五险"体系框架基本形成。基本养老保险参保36 168人,失业保险完成30 308人,发放企业离退休人员养老金10 239万元,发放率达100%。实施了城镇居民医疗保险扩面攻坚行动,城镇居民参保人数近12万人。全市18%的城市居民和4%的农村居民享受到城乡最低生活保障政策。城区最低生活保障对象大病救助11.9万元,农村最低生活保障对象大病救助36.4万元。全市16所农村社会福利中心基础建设已经全部达标,总建筑面积47 500平方米,设置床位3 000张,总投资2 100万元。五保供养人数达到3 875人。城乡持证残疾人全部免费纳入医疗保险,城镇3 400名残疾人享受了最低生活保障。完成通村水泥路558公里,全市310个行政村除上河湾套子里村外全部实现村村通水泥路。建立了人民内部矛盾调处中心,信访工作逐步走上规范化、法制化轨道,群众的合理诉求得到进一步解决。深入开展"打黑除恶"专项行动,保持了对违法犯罪分子的高压态势,"5·10"、"9·29"等大案要案成功告破。投资330万元建设监控中心、更新安保设备,12家煤矿与监控中心实现联网,安全生产监管得到进一步强化。建立食品安全信息平台,成功举行重大食品安全事故应急演练。

【招商引资和项目建设】 重新编印《九台市投资指南》和《九台市重点投资合作项目册》,制作九台城市宣传片《凤珠之城》。对500万元以上的工业项目进行统计并建立数据库,同时对招商引资和工业项目进行平时调度、跟踪考核。成功组织3次阜外招商活动。2007年,全市圆满完成招商引资任务,完成内资17.54亿元,完成外资3 112万美元。2007年全市新建、续建工业项目93个,全市新建工业项目52个,计划总投资139.6亿元,已开工建设项目39个,已完成投资23.5亿元,其中,亿元以上项目8个,计划总投资126.88亿元,项目全部开工建设,已完成投资18.19亿元;续建工业项目41个,计划总投资59.2亿元,2007年完成投资12.8亿元,其中亿元以上项目8个,2007年完成投资8.92亿元。华能九台电厂、长拖农业机械装备集团等规模大、带动能力强、财政贡献率高的超亿元的大项目成功启动。

华能九台电厂奠基仪式

【城乡建设】 全年完成基础设施建设投资4 548万元,市政工程建设投资2 423.5万元,完成政府投资2 053.5万元。完成二号路一期工程、九舒公路九台绕越线下水道、马路边石、人行步道、路灯安装工程,四道街道路及排水和小区道路、溶剂排水工程、中央大街人行步道一二期工程、营城空心砖厂场区道路工程、天景食品厂排水续建工程、福星小区Ⅱ标段道路工程等重要工程。建设了曙光大街至机井队门前、结核医院至上台子、铁北医院西巷道、技工学校至政府家属楼、苗圃铁路口至居民区、苗圃铁路口至大庙、市医院大井至东风十三队等巷道7条,总面积9 000平方米。投入125.8万元,对一中北侧步行街等21条主次干道及巷道进行了修筑养护,面积达2.5万平方米。完成四舒绕越线6条支线、西桥公园水泥环路、市政府院内盖被、畜牧站家属楼排水、九台一中院内道路维修盖被、新华大街、曙光大街路灯改造等计划外工程。高标准完成九舒线城区2.5公里段的美化、绿化、亮化工程,绿化达到省一流标准。完成长通路、宏声路、建设路、民乐路的亮化工程；完成民乐路、建设路的灯光隧道工程；完成福星小区绿化、美化、亮化、硬化工程；完成曙光大街、西环路、东环路绿化带补植工程。基本完成南山公园的改造任务，完成溪桥游园的建设任务。投资43.5万元，清淘、维修下水井、雨水井计56 500座。实施了城区供水、新水厂原水输水管线改造、福星小区供水管线下卧、金锣管线下卧、九舒绕越线绿化喷灌系统、九台市区供水分区计量、分户改造等重点工程。新铺设改造供水管网4 600米，完成8个小区31栋楼房1 903户水表出户改造，实行城区供水分区计量管理，降低了自来水流失率，年供水达到474万立方米。对24个供热点39台锅炉及附属设备进行了全面维修改造，维修管道4 000多延长米，分户改造1 300户，维修更换管线3 000多米，物业公司接管了1 240户计10.5万平方米的居民供暖。至2007年末，在棚户区改造工作中共计拆除建筑面积16.9万平方米，计2 109户，已开工建筑面积40.2万平方米，竣工32万平方米，回迁居民1 065户，安置1 044户，安置率达100%。三中西侧占地15万平方米的煤矿棚户区改造建设项目正在拆迁征地。完成九台、营城棚户区居民入户调查摸底工作。采煤沉陷区新增1 384户居民住宅建设工程实现了冷封闭，煤矿棚户区获得了国家批复。以改造促开发，全年城市开发建设35万平方米。九台市建筑公司全年完成单位工程18项，竣工面积8.3万平方米，完成施工总产值8 561万元，年创利税615万元。九台市佳兴住宅建筑公司完成总产值1.26亿元，建筑面积18万平方米，创税2 300万元。以新农村建设为契机，加快农村小城镇建设，保持了规划、建设、管理持续发展势头。房地产开发，计划5万平方米，已完成50 254.8平方米，共审批各类建筑12个单项工程，建设总投资5 778.5万元，居民和村民146户，其中楼房40户，面积28 879平方米。村镇基础设施建设，城子街镇修明沟排水3 500延长米，总投资180万元。共办理产权证照623本。社会主义新农村建设试点村规划已编制完成。完成城市总体规划修编的评审前期工作，已上报审批；完成重大项目选址工作；完成10个乡镇总体规划调整工作；完成新建小区、佳隆小区二期工程和工农小区、建行小区、木器厂开发楼、信合花园二期、法院开发楼、原公安局旭光小区、公建项目、师范开发楼、东湖生态经济开发区、营城工业小区等规划设计工作；完成市区内排水、道路、市政工程测绘，91栋楼房的放线验线，九台污水处理厂等地形图测绘等任务；完成钻探512个，总进5 240米，完成勘察报告60份，勘察建筑面积25万平方米。

长春九台农业机械装备制造产业园区启动仪式

【开发区建设】 九台经济开发区迅速拓展，九台工业集中区实质性推进，区域经济布局实现优化升级。九台经济开发区收储土地137公顷，完成了2平方公里的“七通一平”建设，园区建成区面积超过了4平方公里，新建工业项目41个。创业孵化基地一、二期工程已经完工，已有24户企业入驻。规划面积10平方公里的“农业机械装备制造产业园区”正式启动。九台工业集中区实施了3平方公里的“五通一平”建设，其中，六街工业区新落户工业项目11个，生态养殖区已落户广泽乳业集团“万头奶牛示范项目”。

【环境保护】 坚持以经济建设为中心和可持续发展战略，加快推进环境保护历史性转变。按照签订的主要污染物减排责任书的要求,将主要污染物削减指标分解到户,责任到户,建立了污染减排台账。对国家明令禁止的落后生产工艺、能力和设备,实施关停和淘汰,关停了糠醛、造纸等重污染行业8家。2007年主要污染物排放量COD640吨,SO2514吨,均低于总量控制指标。召开全市烟尘治理工作会议,对城区179家206台锅炉进行调查摸底。开展三个烟尘治理专项行动,治理18家洗浴锅炉、23家生产取暖锅炉和28家餐饮业,城区内206台锅炉基本完成治理,空气环境质量得到有效改善。深入落实国家"让松花江休养生息"的政策措施,重点检查了松花江流域水污染防治工作,对域内医院、制药、酒类、造纸等重点行业跟踪监测、监管。采取限定作业时间、降低噪声、加强隔音措施等方法,有效减少工矿企事业噪声扰民现象,中高考期间,实施"绿色护考"行动,城市所有功能区噪声实现达标排放。提高固体废渣综合利用率达到85%。出动执法人员400余人次,出动车辆100台次实施环保专项整治行动。完成石头口门水源地一、二、三级保护区污染企业调查摸底工作,依法吊销一级保护区内的5家餐饮业执照。对水源地内2家养殖业、6家鱼池及22家排污单位下达限期整改通知书,完成阶段性整改任务。专项整治行动,共排查域内排污企业293家,依法关停"十五小"行业5家,查封塑料颗粒厂12家,实施行政处罚3家。完成饮马河、小南河、松花江九台段8个断面例行监测、污染源水质监测、大气环境质量和噪声监测等任务。全年报出监测数据7 816个。收缴排污费219.5万元。生态示范区建设于2007年8月31日通过国家级验收,卡伦镇被评为国家级环境优美乡镇,新创建长春市级绿色学校6所。发放环保许可证842个,审批新建项目72个,建设项目环评执行率达到100%。

【民营经济】 全市民营经济实现总产值220亿元,完成全年计划的109%,比2006年增长29%;实现总营业收入198亿元,比2006年增长28%;实现增加值78亿元,比2006年增长31%;实现利润18亿元,比2006年增长29%;上缴税金3亿元,比2006年增长22%;从业人员达到16.9万人,比2006年增长6.5%;企业户数达到42 508户,比2006年增长6%。在发展民营经济工作中强化创业服务功能。在发展中小企业、开展全民创业工作中为创业者提供人才、技术、信息、项目、资金、政策等作为重点。充分发挥全民创业人才服务中心的作用。向创业者发放人才需求卡,按企业所需人才向企业推荐。定期组织企业人才培训,召开人才推介会议。建立了全民创业信息服务中心。信息服务中心同国内、国际一些大的科研院所、培训基地建立了网络联系,收集适合九台市企业发展的项目信息、技术信息,通过平台建立各种信息档案,编辑各种信息简报,制成资料、光盘等,向有关部门和企业发放,将企业迫切需要的人才信息、项目信息、科技信息、产业发展信息、世界各地市场供求信息等各种信息及时向企业提供,使企业通过信息平台捕捉商机。使真正想要创业,苦于没有技术、项目、信息的人得到真正的知识,提高创业的成功率。前三个季度共为企业提供各类信息11 450个,其中,人才信息3 000条,项目信息850个,科技信息3 500条,市场供求信息4 100条。设立了创业扶持基金。为创业者提供创业项目45个,为企业协调资金3 000万元。共引进投资额500万元以上的项目76个。新创办企业313户,新增个体工商户总户6 456户。就业人员大幅度增加,新增就业人员24 640人。积极开展"小老板"工程建设活动,开展千名"小老板"工程建设活动。共投入30万元对千名创业者、千名小老板及千户成长型企业进行了培训,培训千名创业者、千名小老板及千户成长型企业380人。开展"绿证教育工程",有120人获得了绿色证书。在本地举办各类培训的基础上,组织人员参加省级以上举办的各类培训班12次,参加35人。全面宣传创业"孵化"基地。通过吉林省、长春市中小企业局在九台经济开发区召开创业基地现场会的有利时机,扩大对外宣传,使更多的投资者关注此地,进入基地进行投资兴业,并为基地争取扶持资金100万元。目前已交预定金并签订协议预定厂房10栋。

【民主法制】 主动接受人大的法律监督和工作监督,支持政协政治协商、民主监督、参政议政职能。切实提高人大代表建议、批评、意见和政协委员提案的办理质量。2007年,办理人大代表议案1件，意见、建议108件，办理政协委员提案79件，办复率达到100%，满意率达到100%。认真贯彻《行政许可法》，清理行政审批项目。积极推进政务公开、村务公开。认真开展普法宣传教育活动，依法治市工作有序推进。印发2007年全市普法依法治市工作要点，召开依法治市领导小组会议。加强社会治安综合治理，妥善解决群众反映的热点、难点问题，处理信访疑难案件。

（李海英）

2007年九台市国民经济和社会发展主要指标完成情况

指标名称	单位	实际完成	与2006年比增减%
年末总人口	人	835 325	1.72
地区生产总值	亿元	115.2	19.6
第一产业增加值	亿元	17.8	6.1
第二产业增加值	亿元	43.8	21.8
第三产业增加值	亿元	53.6	22.2
全口径财政收入	万元	52 226	19.91
本级财政收入	万元	35 920	22.69
工业总产值	万元	1 072 763	29.5
农业总产值	亿元	39.0 734	22.0
社会商品零售额	亿元	38.7 480	50.04
固定资产投资额	亿元	54.6 105	41.23
农民人均纯收入	元	5 260	10.0
城市居民人均可支配收入	元	6 350	12.0
人均地区总产值	元	13 835	22.46
粮食总产量	吨	1 026 742	7.51

朝阳区

【概况】 朝阳区位于长春市区中南部，是长春市科技、文化、经济、教育、商贸中心城区。下设重庆、永昌、清和、红旗、桂林、湖西、南湖、南站、富锋9个街道、55个社区，2个镇、23个行政村，以及省级开发区——长春朝阳经济开发区。幅员228平方公里，人口69.3万人。2007年是朝阳区各项社会事业向着更好、更快、更高层次迈进的一年。全区以发展为第一要务，以税源经济为主线，以招商引资和项目建设为重点，以"五大板块"为平台，以诚信服务为保障，以全民创业为动力，突出发展"两大主导产业"和"六大重点经济"，创建城市建设管理品牌，优先推进民生事业，加快社会主义新农村建设。2007年，朝阳区生产总值实现159亿元，同比增长16.0%；规模以上工业企业产值完成33.5亿元，同比增长80.8%；农业总收入实现15.9亿元，同比增长8%；全口径财政收入实现28.9亿元，同比增长35.4%。

【工业发展】 以汽车配套及汽车零部件加工业为主体、以高新技术产业为特征的省级长春朝阳经济开发区迅速崛起，一批投资超亿元的大项目纷纷落户。截至2007年末，开发区共有各类企业145户，汽车零部件配套产品已达11大类、2 900余种，有10户企业实现了与外商的合资和技术合作，合作领域涉及美国、法国、德国、日本、瑞典、新加坡等国家。正在建设中的"一城四园"（东方创意城，台湾园、温州园、创意园、孵化园），以及开发区二期建设的全面启动，为企业入驻搭建了良好的发展平台。2007年，投资9 000万元启动了二期2平方公里工业集中区基础设施建设；不断整合土地资源，调整用地指标，收储土地200公顷；确保未开工的新建续建项目、在谈项目及引资项目的落位开工，全年新建续建工业项目83个，实现固定资产投资18亿元；全年实现产值29亿元，同比增长26%；税收3亿元，同比增长53.8%。

【招商引资和项目建设】 朝阳区把项目建设当作拉动区域经济快速发展的重要载体和主要途径,并按照“平台早筑、招商先行、政策支撑、服务保障、责任落实、奖惩到位”的工作原则,举全区之力进行招商;按照区域经济特色,大力挖掘自然资源、可再利用资源和闲置资源,组织专门力量、聘请专业人员进行策划、包装,推出一批质量高、针对性强的招商项目;借助第三届东博会、“广博会”平台,通过参加吉林省“京津鲁”经贸合作交流活动,推介重点项目;组成招商引资小分队,赴长三角、环渤海地区,深入进行项目洽谈;在浙江省瑞安设立招商办事处;举行了“朝阳区投资环境说明会暨项目签约仪式”,展示投资环境,加快项目签约落地步伐。2007 年,朝阳区全年引进内资 22 亿元、外资3 640万美元;引进超亿元项目5 个,5 000万元以上项目6 个,1 000万元以上项目 32 个;全年共有投资项目 302 个,其中投资超千万元的新建续建项目156 个;完成固定资产投资 81 亿元,同比增长 29.2%。

【商贸服务业】 重庆商圈引进了香港西武百货;红旗商圈 IT 产业比重不断加大;桂林商圈引进方位运动城等品牌店 15 家;欧亚卖场商圈经营领域持续扩展;十条特色街路功能逐步完善,辐射带动作用进一步增强。2007 年全区社会消费品零售额达 215.7 亿元,占全市城区的42%以上。

【楼宇(总部)经济】 2007 年,朝阳区商务楼宇已达 44 幢,建筑面积 124 万平方米,入驻企业1 125户。中石油吉林省分公司、东北证券等一批公司总部在朝阳区落户。全年培育税收在亿元以上楼宇 1 幢,2 000 万元以上楼宇 3 幢,1 000万元以上楼宇 5 幢。商务楼宇营业额达68.5 亿元,全年新增税收 5.8 亿元。

【民营经济】 政府出资为企业搭建融资平台,培训企业及各类创业人员8 000余人次,重点打造全民创业特色街路 16 条,有26 户企业被列入吉林省千户成长型企业,9 户企业进入全省“百强企业”行列。全区个体私营企业已达18 700余户,民营经济增加值实现 79 亿元,同比增长 25.4%。

【新农村建设】 朝阳区本着规划先行的原则,切实搞好产业、村容村貌和村风文明建设,提高示范村镇的整体水平。同时建立多元投入机制,积极争取省市有关部门对农村公益事业和基础设施建设资金的投入,充分调动社会力量广泛参与新农村建设,通过各种有效方式,将人才、信息、技术、资金等要素集聚到新农村建设上来。2007 年,重点培育壮大了乐山镇的无公害蔬菜、绿色水稻、中草药材和永春镇的苗木花卉、玉米良种繁育基地建设,抓好生猪、奶牛、梅花鹿、蛋鸡、乌鸡等“十大种植养殖示范区域”。新增特色种植面积200 公顷,畜禽饲养量稳步提高。以农村实用技术的培训为主线,启动了“万册图书进农家”和“百个农民书屋”工程,举办培训班 100 期,培训农民 1 万余人次。培育壮大农村中介组织和经纪人队伍,加快发展劳务经济,推动农村劳动力有序转移。劳务输出农村剩余劳动力近6 000人,实现劳务收入4 000多万元。新建农村生态卫生厕所500 座,新修乡村道路 50 公里,总投资1 400万元的乐山镇伊通河防洪工程顺利启动。

【城区改造】 对通过绿色通道审批的项目,实施了拆迁建设,完成拆迁面积 16 万平方米,建设面积 56 万平方米,总投资11.25 亿元。在棚户区改造中,坚持“两手抓”:一手抓建设,一手抓回迁,确保了回迁房的建设质量,较好地维护了群众利益。全年共完成回迁房建设 7.3 万平方米,占年度计划的 122%。深入实施了以推进“工厂进园区、大学进新区、居民进小区”和“拆矮楼建高楼、拆旧楼建新楼”为主要内容的“掘金计划”工程。组织专门力量对全区 188 个地块进行了认真筛选,重点新包装地块 31 个,申报收储土地 15 块,置换工厂、大学土地 8 处,“三进两拆”地块 15 处,总面积120 万平方米。

【固定资产投资】 2007 年,是朝阳区房地产经济快速增长的黄金时期。对全区 30 个地产项目实行领导包保和跟踪服务制度,形成了抓项目落实的强大合力。宏亿数码广场、中海南湖 1 号、上海广场等一批超亿元项目陆续落户于朝阳区。宜家国际公寓、铭仁家园小区、汇华大厦、新润天国际、长影世纪村三期、成品公馆、新世纪鸿源广场等13个地产项目已全部竣工;湖畔诚品、枫桦美地、兆丰国际、先行家苑等11个项目投资实现过半。全区新建续建项目达30个,实现投资32.5亿元,占年度计划的101%,同比增长8.3%。

【城区服务功能】 对辖区三环路内现存裸露地面实施了硬覆盖,新建改造巷道390条,总计20万平方米,全区三环路以内基本实现了硬覆盖。对天裕、地勘院等10个弃管小区进行基础设施改造,总面积达5万平方米,使这些小区的群众居住环境得到全面改善。完成了抚松路、腰丁屯2条明沟前期规划、设施及立项等前期准备工作,为2008年实施改造创造了有利条件。投入6 457万元,协助市相关部门完成了102国道重点工程拆迁任务,拆迁住宅39户,工企22户,总面积3.3万平方米。下大力气推行市政行业"精细化管理",不断提高市政设施管理水平。全年维修道路43 562平方米,新建排水管线140延长米,使城区基础设施得到进一步完善。

【生态文明建设】 为打造生态城区,建设优美的人居环境,朝阳区注重提高绿化品位,坚持打造绿化精品,形成了各具特色的城市绿化景观,实现了较好的生态和景观效应。全区绿化投资约1 200万元,高标准建设了繁荣路、孟家五路绿化街路;对新民大街分车带、工农大路、卫星路3条街路进行了绿化改造;对39条街路进行了树木补植。全年城区共栽植各类苗木7.5万株,种植模纹整形植物2.3万平方米,栽花6.9万平方米。在抓好街路建设的同时,加快绿化进社区进程,投资480万元高标准打造了南湖绿化精品社区,对三环路内巷道建设预留的142块空地进行了绿化建设,绿化面积7 049平方米。同时,结合创建"国家卫生城",打造精品小区20个、精品街路30条、精品景观40处,初步形成了"点上绿化成景,线上绿化成阴,面上绿化成林,环上绿化成带"的格局。提高精细化养护水平,探索完善长效管理机制,提高城区绿地管养质量,从而达到了创建绿化精品的目的。在市园林绿化局组织的园林绿化工作评比中,朝阳区获得"养护管理"和"日常工作检查评比"两项第一,并被评为全市"优胜单位";卫星路分车带、南湖中街、南湖新村绿化被评为"精品工程";前进广场、湖西路等6块绿地被评为"精品绿地"。2007年,朝阳区新增绿化面积11.7万平方米,绿化覆盖率达43.5%,人均绿地面积21平方米,人均公共绿地面积7.58平方米。为长春市创建"全国绿化模范城市"做出了巨大贡献。

【创建国家卫生城工作】 深入研究"创城"标准,根据"创城"要求,巩固"创城"成果,发挥街道在"创城"中的主体地位,落实"创城"工作责任制,建立长效管理机制,全面推行精细化管理,加大专项整治力度。深入开展爱国卫生运动,加大"创城"宣传力度,在朝阳区形成了人人参与、人人支持"创城"工作的良好局面。实行繁华区域24小时保洁,城区30%的街路实现机械化清扫;投资1572万元,建设一座压缩式垃圾转运站和10个移动式垃圾中转箱;粉刷楼体149栋、面积24万平方米;取缔三环路以内废品收购站39处;89座水冲公共厕所全部免费开放。"烟尘控制区"达标率、"环境噪声达标区"覆盖率均达100%。坚持抓宣传、抓投入、抓保洁、抓整治、抓改造,全面推进"创卫"工程。2007年,全年拆除违法违章建筑3.6万平方米,打造市容标准化街路2条,改造室内市场7个。开展了"五小"行业、楼道卫生、集贸市场、牌匾广告等10项整治。全区有52个社区达到卫生社区标准。实施"明亮工程",消除区内"黑楼道"问题,为百姓提供明亮、洁净的生活空间。

【社区建设】 "六位一体"平台建设稳步推进,为民服务水平进一步提升;社区管理体制进一步理顺,社区工作者待遇显著提高;社区居委会换届工作顺利完成;开展了以"就业救助"为主题的"社区推进月"活动。整合社区服务大厦服务资源,完善社区服务大厦功能,加强"85181890"为民服务网络中心建设,强化以政府公共服务、居民互助服务、志愿者服务为主要内容的社区服务。充分发挥"85181890"社区网络平台功能,利用85181890热线"1"频道,开通了全省首家民生服务热线,对1 700余名群众关心的问题给予满意解答和办理;利用85181890热线"2"频道,做好教育进社区工作;利用85181890热线"3"频道,推进"惠民安居服务进社区"工程。为居民提供家政服务、法律援助、心理咨询等10大类服务，全年提供社会服务3万余次。积极推进“便利消费进社区，便民服务进家庭”的“双进”工程，创建示范社区7个，达标社区29个。其中，重庆街道新华社区和红旗街道富锦社区被评为国家商业示范社区。

【均衡优质教育】 积极稳妥地推进了“评聘合一”的人事制度改革，规范内部管理机制，不断提高教育教学整体水平；采取有效方式，加快教育人力资源的优化配置。对693名其他原因致贫家庭子女进行救助并纳入常态化管理，有效巩固“无因贫辍学城区”工作成果；一一二中学和新伍小学整合建成九年一贯制学校，教学楼按期竣工并投入使用；完成十一中学改扩建工程；加大教育装备投入，使开运、西中华、富锦3所小学达到一类一级办学标准；不断开展农村支教活动，完善农村免费义务教育体制，安置471名农民工子女入学，6 043名学生享受“两免一补”，救助贫困学生207名。2007年，朝阳区中考高分段比率、报考率、优秀率、及格率均居长春市各城区首位。

【文化体育事业】 通过第四届朝阳区社区艺术节，成功举办了10场文艺演出和5项文化活动；千人广场健身活动丰富多彩，群众参与积极广泛；20所开放示范校的体育场馆定期对外开放；开展各种群众性文化活动500余场，其中大型文化活动50余场；“欢乐庄稼院，先进文化百村行”系列文化活动全面开展，为农村送书11 000余册，建成40个农民书屋，每个书屋配置600册图书；实施农村数字电影放映试点工程，为农村群众放映数字电影20场。对11条健身路径、43件健身器材进行更新维护，同时为南湖威尼斯社区等新安装4条健身路径。全区健身路径已达104条。各村体育健身设施都逐步完善，永春镇的7个村，每村都设置一处1 000～2 000平方米的方砖或水泥铺装的文体活动场地，活跃了农村文化生活。

【卫生事业】 2007年，完成了8个社区卫生服务中心的标准化建设；永春镇卫生院整体迁入新址；完善疾病预防控制网络建设，完成疾病控制中心洁净实验室建设，加大了疾病预防控制和公共卫生监督力度，基本医疗、公共卫生服务能力得到提升；不断加强“五小”整顿，积极开展食品卫生、公共场所卫生专项治理行动，成效显著。扎实开展“关爱女孩”系列活动，落实了计划生育奖励及相关救助政策。全区人口出生率为6.48‰，自然增长率为2.17‰，政策生育率为95%。

【关注民生问题】 在充分动员、广泛征求社会各界意见的基础上，制订出台了《朝阳区2007年民生行动计划》，包括十个方面内容，共98项，涵盖了就业、社保、教育、文化、卫生、城建、治安等各个方面。即“创建充分就业城区行动计划，社保扩面行动计划，促进劳动关系和谐行动计划、医疗保障行动计划、扶弱助困行动计划、教育均衡行动计划、文化繁荣行动计划、环境提升行动计划、利民惠民行动计划和平安朝阳行动计划”。并把民生工作与经济任务摆在同等重要位置，实施“五同时”，即民生指标与经济指标“同下达、同落实、同调度、同考核、同奖惩”。2007年，全区用于改善民生、发展民生的投入资金达到了9 202.63万元。其中区内投入4 383.86万元。从区财政到各街镇、各部门，凡是民生工作需要，都优先考虑，凡是为民办实事，都保证资金到位，保障了民生工作的稳步推进和落实。1.就业再就业工作成果显著。全区共援助206户“零就业”家庭就业，实现了动态为零；全区新增就业9 163人，登记失业率控制在4%以内；新开发公益性岗位1 334个；安置下岗失业人员再就业7 260人。其中，“4050”人员再就业2 008人；免费培训下岗失业人员3 675人次；打造充分就业社区53个，实现了创建“充分就业城区”工作目标。2.社会保障事业整体推进。在全市率先实现了城镇居民医疗保险和“新农合”基本全覆盖；对13 500名符合条件的灵活就业人员，落实了社会保险补贴政策，社会保险扩面任务圆满完成。3.社会救助体系日臻完善。成立了社会救助应急处置中心，建立了社区救助基金；将大病救助病种从5种增加到7种，全区共救助626人次，改放救助金50.5万元；免费培训乡村医生62人次，培训合格率100%；投资80万元购置血液透析机，为全区低保户尿毒症患者免费透析，累计救助447人次，减免金额达187 740元，惠民病房共减免22 902元；慈善医院在“八免七减”基础上，减收比例提高到了50%，减免费用193 913.2元；为区域内1 156名建筑工地农民工免费体检并免费筛查相关传染病，减免费用达3 100元；投资30万元建设了符合国家标准的洁净实验室，提高了食品卫生检验检测水平。4.扶弱助困，弱势救助体系全面实施。将全区2 657户低保边缘家庭纳入扶贫超市救助范围；农村低保对象补差标准由400元提高到510元；为农村“五保”老人每人每月增加100元生活补贴，使农村分散供养和集中供养的“五保”老人年人均生活标准分别达到3 000元和3 200元；为城区低保户解决廉租房18户、保障性住房76户；为贫困农户建设“慈善新居”15户，为农村残疾人建房35户。残疾人康复示范区通过国家验收。到2007年末，朝阳区《2007年民生行动计划》十个方面98项内容全部完成年度计划任务（其中有3项属跨年度工程）。

【平安朝阳和谐朝阳建设】 朝阳区不断加强安全生产培训，重点组织长春朝阳经济开发区生产企业特种作业人员进行培训，57人通过考试，提高了从业人员的安全意识；健全和完善社会动态视频报警监控系统，安装公共区域监控探头155个和网络报警器452个，完成金融网点室外探头联网24个；在南湖大桥安装了两个电子警察；在南湖街道实施了“邻里治安守望”工程；“长春市城区平安建设经验交流会”在朝阳区成功召开，全区治安秩序、交通秩序明显好转；加大信访工作力度，成立了“人民内部矛盾调处中心”，构建了信访工作新格局，有效化解信访突出问题。成立了朝阳区应急委员会，较好地实施了突发公共事件的预防和处置工作。综治、科技、老龄、人事、人防、监察、司法、审计、民族、宗教、市长公开电话等各项工作都有新进展。围绕打造诚信朝阳，建设和谐文化，培育文明风尚，以加强社会公德、家庭美德、职业道德、个人品德建设为主要内容，精神文明创建扎实推进。认真贯彻《行政许可法》，全面推进依法行政。主动接受区人大的工作监督、法律监督和区政协的民主监督，畅通了社情民意反映渠道。办理区人大代表建议、批评、意见143件，区政协委员提案111件，办复率达到100%，满意率达到98%；共受理市民投诉15 000余件，办复率100%，办结率98%；认真开展“五五”普法工作，“法治朝阳”工作稳步推进；治理商业贿赂取得阶段性成果。

（袁 源）

2007年朝阳区国民经济和社会发展主要指标完成情况

指标名称	单位	实际完成	与2006年比增减%
国内生产总值	亿元	159	16.0
第二产业增加值	亿元	45	13.6
第三产业增加值	亿元	112	12.6
工业总产值（当年价）	亿元	135	30.8
地方预算内财政收入	亿元	4.6	20.0
地方预算内财政支出	亿元	8.7	44.0
固定资产投资	亿元	80.2	27.9
社会消费品零售额	亿元	210	26.5
新增外商投资企业	个	23	
新增实际使用外资额	万美元	3 640	21.1
个体私营企业	个	21 810	31.06
普通中学	所	13	
小学	所	37	-2所
教育经费总额	万元	20 417.7	19.15
科技三项经费	万元	809.6	-3.8
卫生事业费	万元	8 295	34
人口出生率	‰	6.48	1.01
计划生育率	%	99.9	0.3

南关区

【概况】 南关区是长春市的中心城区,位于市区东南部,是长春市的南大门。东起伊通河与二道区隔河相望,西至人民大街与朝阳区接壤,南起新立城镇、永春边界与长春净月经济开发区、长春高新技术产业开发区为邻,北至新发路、上海路、光复路与宽城区相接,幅员80平方公里,辖11个街道,1乡,7个行政村,54个社区,总人口48万人。2007年,南关区认真贯彻落实市委、市政府总体部署,围绕区十一次党代会确定的"三产立区、城建强区、和谐兴区"总体发展战略,以项目建设为重点,以改善民生为根本,以促进和谐为目标,全力克服要素制约等困难,锐意进取,真抓实干,圆满完成了各项工作任务,经济社会步入了大发展、快发展、科学发展、和谐发展的良性发展轨道。

【经济运行】 全区实现生产总值84.1亿元,同比增长20.6%;全口径财政收入13.2亿元,其中区本级收入3亿元,按可比口径分别增长44.4%和46.6%;固定资产投资46.6亿元,同比增长49.6%;引进内资12.6亿元,外资2 585万美元,分别增长35.3%和16.4%。各项指标均超额完成全年计划,达到了历史最高水平。效益质量较快提升,财政收入大幅提高,区域经济进入到了提质增速、总量扩张的全新发展阶段。

【项目建设】 全年安排投资3 000万元以上项目67个,其中超亿元项目47个,项目投资总额达238亿元。全年有39个项目开工,32个项目竣工。其中,民航大厦、桃源路棚户区回迁房、好景山庄二期二组团、黑嘴子村商业大厦、金鼎名城、永春一期、星城国际等一大批新建项目进展顺利;汇景新城、中远大厦、吉大二院病房楼、万达二期四组团、民营企业科技孵化大厦、鸿城西域、岳阳富苑、万达二期等一批超亿元续建重点项目主体完工,部分投入使用;盛荣大厦、市职工文体活动中心、星城国际、自由大路花园二期、幸福乡农民新居等5个项目完成预期建设进度;中安大厦、华兰德大厦等几处停建十多年的半截子工程成功启动,使这些占用黄金地段、影响城市形象的烂尾楼焕发了生机。同时,体育大厦、皓达公寓(皓月总部商务楼)、中城建商务楼、东安屯棚户区、嘉里宏基商业广场(原税务学院地块)等项目进入规划设计;鑫隆花园项目进入公示期;和黄地产柴油机棚户区改造项目进行开工前准备;长通路棚户区、永春路棚户区二期改造基本完成前期拆迁。

【招商引资】 结合以第三产业为主导的产业发展特点,精心策划包装了北部老城改造和南部新城建设项目28个,由党政领导亲自挂帅,带领部门、街乡负责人组成5个小分队,带着项目,赴北京、上海、温州、广州、宁波等地叩门招商,并利用东北亚博览会的契机,邀请外地知名客商到南关区考察,先后组织了招商活动15批次,实质接触大企业、大商家20多户,客商80多人。通过"走出去、请进来",使众多知名商家了解南关、关注南关、发展南关。通过全面实施招商引资攻坚计划,引进和储备了一批关系全局、影响深远的重大项目。全球500强中的大型国际化企业家乐福集团、国内知名的连锁企业上海如家、上海驿居等重大项目落户运营;香港世茂集团计划投资100亿元的城市休闲商务区项目、北京新华联集团计划投资30亿元的城市综合体项目,均已签订意向协议;北京金融街开发公司意向投资35亿元开发商业地产和高档住宅项目、北京华瀚投资集团意向投资20亿元的大型游乐场、文体活动设施及高档住宅小区项目,苏州中茵集团开发吉发实业公司地块的建设五星级酒店和金融商业区项目,温州瑞鸿置业公司意向投资5亿元的开发桃源路棚户区临亚泰大街地块商住项目等均有了实质性进展。这些项目发展后劲足,落位成功率高,建成后将提供广阔的商业、服务业发展空间,有力拉动第三产业的快速发展。

【服务业发展】 坚持把发展现代服务业和特色经济作为改善服务业内部结构、提高经济质量的重要手段,发挥集聚效应,不断增强区域经济的竞争力。紧紧围绕通钢大厦、伟峰大厦等20余栋商务楼宇,深入开展"百万商业面积大招商"活动,先后引进金融商务、研发营销、中介代理等大小公司近千户。其中,注册资金超亿元的东北亚铁路集团股份有限公司、亚泰热力有限公司、吉兴投资有限公司等一批知名企业和中介服务机构相继入驻，全年填充商业面积43万平方米，发展后劲不断增强。全面实施民营经济腾飞工作计划，创建了省级服务业创业孵化基地，实施了创业人才培训工程，全区民营企业户数已达3 800户，个体工商户达到12 700多户，民营经济主业收入完成171亿元，实现利税7.13亿元，创下了历史新高。商业示范社区建设工作不断深入，先后取得国家级商业社区1个（自强南社区），省级商业社区1个（长通龙兴社区）。着眼于财政增收，全方位强化税源属地管理，通过成立税源综合管理办公室，加强税源清查挖潜，转回域内经营域外纳税企业115户，新增税收8 000余万元。

【开发区建设】 经过市、区政府共同努力，南关都市经济开发区经省政府批准，由原来的0.38平方公里扩大到32.95平方公里，起步区面积扩大到5平方公里，为全区的发展振兴提供了更为广阔战略平台。开发区作为南部中心城区的核心区，按照"市区联建、以区为主"的建设原则，成立了管理机构，建立了政策体系，设立了一级国库，编制了实施方案，明确了开发建设的目标任务、时序进度和开发主体。协助市直相关部门完成了7平方公里土地整理，10万平方米农民新居建设和市政府周边路网、102国道拓宽、前进大街延伸等基础设施建设等工作任务，妥善安置被征地农民1 496户、4 765人。随着上海绿地集团投资40亿元的新里中央公馆项目破土动工，标志着南部新城大开发的帷幕已经拉开，大建设的步伐正在不断加快。

通钢大厦

【城市建设】 通过大拆迁、大整治和大建设，城区面貌极大改善，承载功能显著提高。市政基础设施建设稳步推进。积极配合市里，按时保质完成了102国道、东岭南街、东岭北街等一批新建、改扩建市政工程的拆迁建设，并实现竣工通车；完成了大经路、清明街等9条街路的翻建维修任务，达到规范化街路标准；巷道铺装收尾工作圆满结束，改造巷道143条、面积52 050平方米，三环以内区域软硬覆盖率达到了100%；完成村屯公路22.5公里，乡村公路网更趋完善，为新农村建设扎实推进奠定了坚实基础；棚户区改造全面铺开。通过抓招商、抓拆迁、抓形象、抓进度，相继实施了南湖大路、自由大路、永春路等16块棚户区改造建设，涉及总占地面积238.71万平方米，拆迁面积113.69万平方米，企业394户、居民18 007户、83 404人。永春路、三义胡同等5处地块实现开工建设，其中自由大路等3处地块实现了回迁房封顶。同时，积极协调市里将长通路纳入了土地收储，全区最大的东安屯棚户区也成功引进了颇具实力的开发商，拆迁工作基本完成，回迁房可当期交付使用。全区纳入全市108块棚户区改造的地块全面进入开发建设阶段,累计整理出可建设用地150万平方米,为居民居住条件改善、拓宽发展空间、优化发展环境奠定了坚实基础。

【城市管理】 坚持以创建国家卫生城为载体,积极探索精细化、人性化、长效化的管理机制,城市管理水平不断提高。通过不断开拓创新,真抓实干,研究探索了"一步工作法、大小保洁一体化、门前三包新模式、电动机械化清理野广告"等许多好措施、好办法,全市城市管理工作现场会在南关区成功举办,先进经验在全市得到交流推广。积极推进垃圾收运方式改革,接管了11个弃管物业小区,探索建立了环境卫生管理工作长效机制;深化城市管理综合执法,在鸿城、曙光、自强、新春等4个街道进行了基层行政执法试点,为解决多头执法、权责分割、执法效率不高、基层执法薄弱等问题积累了宝贵经验;集中开展打击占道经营、整治露天烧烤,取缔马路市场等专项整治行动,有效落实"门前三包"责任,打造了重庆路、解放大路、民康路等示范样板路和11条标准化街路;加大环卫设施投入,建立环卫保洁队伍,基本解决了城乡结合部、进出城口和城中村环境卫生脏乱问题;开展了"无越冬垃圾"街道竞赛活动,背街小巷环境卫生明显改观;开展了"五小"行业卫生整治,综合达标率达到97.5%;投入资金986万元改造农贸市场,达标市场增至8个,市场环境和经营秩序得到极大改善;投入20万元"除四害"专项经费,在全市率先实施了每月一次的"除四害日"活动,推出了科学、安全、环保、节省药物的设置固定毒饵站方法,顺利通过了省爱卫会的专项验收,病媒生物防治工作取得了显著成效。大力实施亮化、彩化、美化、绿化工程,全年栽植乔灌树木20万株,新建绿地27处,累计新增绿化面积19.1公顷,打造了一批精品街路、精品园区、精品景观,城区面貌更加靓丽。城市管理初步实现了由单一型向综合型、由突击型向长效型、由粗放型向精细型的成功转变。

运动员康乐中心

【民生改善】 坚持从群众最关心、最现实、最直接的利益着手,围绕全市民生行动计划,结合辖区实际制定的10大项82条工作任务全面得到落实,直接用于民生的投入达2 200万元,超过了"十五"期间投入总和。"百万居民进医保"率先完成市定目标,城区居民医疗保险人数达到10.3万人;新型农村合作医疗参合率达到100%,实现了区域全覆盖;就业、再就业服务体系进一步完善,累计开发城镇就业岗位14 368个,实现下岗失业人员再就业9 985人,城镇登记失业率控制在4%以内;深入开展创业促就业活动,建成规模大、功能全的区劳动就业训练中心,完成下岗失业人员创业和职业技能培训4 017人次;实行"零就业家庭"即时援助,新增充分就业社区13个,保持"零就业家庭"就业动态为零;实施大病医疗救助,广泛开展医疗优惠"三免二十减"活动,建立了惠民门诊、惠民病房,有效缓解了困难群众看病难看病贵问题;社会保障有效落实,最低生活保障金按标准提高到位;区救助中心、老年大学和残疾人康复中心、培训中心、就业基地如期建成,助残、扶老、救孤、济困等活动全面开展。积极探索对贫困群众长效帮扶和脱贫解困的有效途径,全区227名领导干部与400户特困家庭结成"一对一"帮扶对子,真正把党和政府的温暖通过这个载体传送到千家万户。

【社会各项事业】 深入贯彻落实义务教育法，素质教育全面推进，教育质量稳中有升，办学条件日趋改善。在全市率先实施校际捆绑和干部教师交流，建立了9对“教育共同体”，实现了优质教育资源的有效共享。公共卫生服务体系建设不断深入，卫生防病和卫生监督有效落实。标准化社区卫生服务中心和卫生服务站建设工程全面启动，以中医药为特色的社区卫生“六位一体”服务功能不断完善。圆满完成亚冬会主会场服务工作，成功举办了社区文化艺术节、职工暨社区运动会，充分展示了南关人朝气蓬勃的精神风貌。科技培训、科普示范、实用技术推广等基地作用有效发挥，农业科技下乡取得实效，防震减灾工作被评为“全国县级先进单位”，知识产权工作被评为“全省示范城区”。计划生育继续保持低生育率水平，生殖保健服务进一步完善，人口素质不断提高。人口出生率3.02‰，计划生育率99.6%，价格服务进万家和价格诚信体系建设深入开展，价格秩序得到有效维护。公共服务中心服务内容不断丰富，叫响全市最佳服务品牌。圆满完成“两委”换届选举，基层政权建设得到强化。和谐社区建设整体推进，有3个街道被评为全市和谐社区建设示范街道，7个街道被评为达标街道，7个社区被评为市级示范社区，29个社区被评为达标社区。积极开展国防安全教育，加强民兵预备役建设，圆满完成冬季征兵任务。同时，民族、宗教、外事、侨务、双拥、人防、红十字等项工作，也都取得了新的成绩。

【平安南关】 社会治安综合治理进一步强化，广泛开展了“平安街乡”、“平安社区（村）”创建活动，平安南关建设稳步推进；全面加强严打整治和基层治安防控，注重从源头上预防和减少各类违法犯罪活动，居民群众的安全感明显增强。深入开展信访突出问题集中整治攻坚战，一批多年来遗留的老大难问题妥善解决；人民内部矛盾纠纷排查调处功能不断完善，各种矛盾及时得到发现和化解，保持了社会大局稳定；全面落实安全生产各项措施，针对重点领域和重点行业，深入开展安全生产专项整治，重大安全生产事故得到有效遏制，安全生产指标控制在规定范围内；建立健全应急管理工作机制，处置突发公共事件的快速反应和协同应对能力全面提高。

【政府自身建设】 认真执行区人大及其常委会的决议、决定，自觉接受区人大及其常委会的监督，支持人民政协参政议政和民主监督，认真听取各民主党派、工商联、人民团体的意见和建议。全年办理人大代表议案、建议57件，政协委员提案、意见205件，办复率达100%。依法行政扎实推进，“四五”依法治区和“五五”普法教育全面启动。大力推进政务公开，积极推广电子政务，全区行政事业单位办公自动化普及率达100%，社区信息化应用实现全覆盖，区信息中心荣获市优秀政府网站、市优秀培训基地称号。深入贯彻《公务员法》，规范完成公务员登记工作，基本完成事业单位定岗定员和人员聘用制改革。深入广泛开展了理论学习、业务培训、调任、转任、挂职锻炼等多种形式相结合的公务员能力建设工程，人才队伍建设不断优化。积极推进政府收支分类改革，制定和完善了财政资金管理办法，深化了同级预算审计工作，提高了财政支出透明度，保障了国有资产的安全和完整性。进一步加大财政资金监管和集中支付力度，努力降低公共管理成本，财政对公共事业的投入逐步加大。强化审计、监察工作，深入开展治理商业贿赂和反腐败斗争，坚决查处和纠正侵害群众利益的突出问题，政府系统的勤政廉政建设不断推进。充分发挥区长公开电话作用，进一步畅通百姓与政府的沟通渠道，公开电话全年共受理市民投诉9 689件，全部在规定时限内给予了办理和答复，回复率达到100%。深入开展民主评议政行风活动，全面推行“一线工作法”、“四个一”重点项目包保机制和首问负责制、全程代办制等措施，经济发展软环境日益优化。

（李科兴）

2007 年南关区国民经济和社会发展主要指标完成情况

指标名称	单　位	实际完成	与 2006 年比增减%
地区生产总值	亿元	84.1	20.62
第一产业增加值	亿元	0.6	6.14
第二产业增加值	亿元	16.6	14.26
第三产业增加值	亿元	67.0	22.37
全口径财政收入	亿元	13.2	44.4
区本级收入	亿元	3.0	46.6
固定资产投资额	亿元	46.6	49.6
社会商品零售额	亿元	42.3	13.5
新增实际使用外资额	万美元	2 585	16.4
个体私营企业	个	18 380	37.5
民营经济增加值	亿元	33.7	11.2
农民人均纯收入	元	5 510	3.0
绿化覆盖率	%	39.39	0.53
人口出生率	‰	3.02	-0.46
计划生育率	%	99.6	0.14

宽城区

【概况】 宽城区位于长春市区的北部,东以 102 国道为界,与经济技术开发区、二道区相邻;西至长沈铁路、铁西街、西环城路,与绿园区、农安县相邻;南起小铁道街、光复大路、上海路、新发路,与南关区、朝阳区相邻;北与德惠市毗邻。幅员 237.99 平方公里,辖一乡镇和 9 个街道,代管长江路开发区。2007 年,宽城区在区人大及其常委会和区政协的监督与大力支持下,围绕区委确定的"改造大铁北、建设新宽城,打造长春北部现代中心区"发展战略,超常规、快节奏、大举措开展工作,较好地完成了区十六届人大一次会议确定的各项工作任务,经济社会发展取得显著成果。

【经济指标】 在长江路经济开发区实现"二次扩容"后,区委、区政府和长江路经济开发区管委会联合下发了《关于理顺长江路经济开发区管理体制促进加快发展的实施意见》,进一步理顺了长江路开发区管委会和站前、新发、东广、群英街道和兰家镇的关系,为全区经济工作持续、稳定、快速发展提供了体制保证。全区地区生产总值实现 64.2 亿元,比 2006 年增长 18%;第二产业增加值实现 13.1 亿元,比 2006 年增长 28%;第三产业增加值实现 48.2 亿元,比 2006 年增长 16%;全口径财政收入完成 13.5 亿元,完成年初计划的 83.2%,超额完成了年初确定的 13.2 亿元奋斗目标,财政可实现收支平衡,略有结余;固定资产投资完成 81.5 亿元,超额完成了年初确定的 80 亿元奋斗目标,比 2006 年增长 57.2%,其中,工业投资实现 37 亿元,比 2006 年增长 135.6%。招商引资实现合同资金 335 亿元,其中已到位资金 95 亿元,引进外资2 514万美元,比 2006 年分别增长 70.3% 和 12.4%;规模以上工业企业产值实现 13.5 亿元,比 2006 年增长 26.1%。

【项目建设】 根据市委、市政府关于开展"项目建设年"活动的要求和部署,将项目建设作为全区工作的重中之重,开展了项目建设和招商引资 9 个月攻坚战。按照改造、迁移和上新的工作思路,对已经形成生产能力的老工业企业抓达产达效、扩能改造;对建成区内的企业进行资源整合,进入工业园区;利用长江路开发区和兰家镇"十强镇"的政策,抓招商引资上新项目,成功引进了通钢白钢基地、台湾工业园、上海工业园等质量好、拉动能力强的项目,使全区项目建设呈现良好态势。全区共有项目 189 个,计划总投资 363 亿元。其中,续建项目 30 个,计划总投资 62 亿元,2007 年实现投资 25.8 亿元;新开工项目 59 个,预计总投资85.7亿元，2007年实现投资54.7亿元；在谈、意向性项目100个，预计总投资215.3亿元。

【园区建设】 兰家工业物流园区控制性规划初步形成，产业定位及功能布局基本确定。园区内基础设施建设积极推进，北凯旋路、兴旺路、北兴路、富盈路“一纵三横”主路网基本贯通，供热、供电、供水、通讯等配套设施基本完成。占地面积1.2万平方米的开发区投资大厦主体工程已完工，年底前投入使用。工业物流园区共引进项目46个，其中，工业项目36个、物流项目6个、标准化厂房项目4个，投资24亿元。积极推进企业退出城区进入工业园区工作，与建成区内107户企业签订了意向协议。兰家生态农业园区的温室蔬菜生产项目投资5 000万元，占地30公顷，规划建设200栋温室群，年底前完成主体工程和路面铺设；君子兰基地建设项目投资5 000万元，占地20公顷，一期工程建设已基本竣工，四大类窖型、126栋花窖全部开建，与之相配套的物业管理中心、综合服务中心、创业培训中心、君子兰研发中心、营销中心、配送中心等功能区同步兴建。环铁商贸园区的无缝商圈项目做了大量前期准备工作，正在积极论证并协调铁路部门办理审批手续；天池饭店改造项目已经开工建设，年内争取完成工程基础部分。

【城市建设和管理工作】 路网等城市基础设施建设快速推进。行政中心区周边北人民大街、九台路、庆丰路等“两纵四横”道路建设，除北人民大街局部结点未打通外，其余全部竣工。三环路以内的丙十二路、丙十七路建成，三、四环之间凯旋路北延工程除长春市粮食中心库没有拆迁外，其余道路年内全线贯通，乙二路、小南街、菜市街、亚泰大街与高速公路连接线工程基本完成拆迁任务。配合市里完成了对长农出口的改造，启动了对北十条明沟的改造。全区新建城市道路总里程39公里，总面积120万平方米。拆迁工作取得重大进展。开展了大规模拆迁工作攻坚战，完成拆除面积200万平方米，团山、柳影和行政中心区“三大片区”的基础性工作基本完成，具备了大规模连片开发的要素条件。全区引进棚户区开发单位22家，其中，百万平方米左右的有8家，年底前完成小区开发建设面积111万平方米，回迁房竣工面积51万平方米，回迁居民6 833户。绿化工作实现新突破。新植北亚泰大街、青年路等街路9条，改造街路7条，新建绿地22处，新增绿化面积50.1公顷，总投资3 125万元，绿化覆盖率达到26.21%。“北湖”建设各项准备工作扎实推进。积极争取省市水利、规划、国土、环保和发改委等部门支持，项目可研报告、环评报告、水土保持方案、用地指标协调以及建设单位确定等各项前期准备工作，取得积极进展。创城工作水平实现较大提升。对114条街路进行了集中整治，对人民大街、胜利大街两侧96栋楼体进行了粉刷，对团山街道小南社区积存了30多年的2 000多吨垃圾进行了彻底清理，并在小南煤灰场前的明沟上下了直径2米、长15米的涵洞，彻底解决了该区域垃圾多年无人清、无法清、运不出的状况，使区域环境卫生状况有很大改观；组织部队官兵和乡村干部3 000多人，对五星村区域村屯卫生进行了彻底清理，市政府在宽城区召开现场会，推广宽城区的做法。加大市场整治力度，扶贫大市场、远东农贸市场、鞍山路市

市委市政府领导视察棚户区改造工作

市委书记高广滨在宽城区视察重点工作

场改造工程都已启动建设;委托长春规划设计研究院和国内外知名设计院共同编制覆盖全区的铁北改造、铁南提升、产业园区和北湖开发等四个区域的发展规划,已完成具体成果。站前地区管理取得明显成效,站北地区管理得到理顺和加强,取得了良好的社会效果。人防工程管理与维护水平进一步提高。

【行政中心区建设】 行政中心区初具规模,成为铁北改造的一个亮点。区政府行政办公楼已经建成并投入使用;中心公园基本完工,对市民开放;养正高级中学已竣工并交付使用;图书馆和群众艺术馆年底前主体封顶;上海证大"光明城"一期住宅区、商贸区建设年底前竣工;七十二中学新建工程已经开工建设;长春市中医院迁建项目已完成选址,正在办理前期手续;社会福利院年内完成主体施工;上台村投资的商务中心和中山集团投资的星级宾馆年内主体封闭;规划展馆和政务大厅年建成并投入使用。

【民生工作】 认真制订和谐宽城建设实施方案和实施细则,细化、量化工作任务和目标,促进了民生工作开展。就业再就业工作力度进一步加大,创造城镇就业岗位11 867个,完成年计划的125%;城镇新增就业10 440人,完成年计划131%;城镇登记失业率控制在4.3%以内;劳务输出11 597人次,完成年计划的101%,开展下岗失业人员培训和创业培训3 532人次。加强卫生监督和疾病预防控制体系建设,社区卫生服务中心、服务站功能、网络不断健全,极大地方便了群众就医。加大食品卫生和医疗市场的整治力度,通过大规模联合执法,取缔"五小"无照经营业户409户、无照废品收购站120户。城市居民住院医疗保险工作积极推进,医保扩面攻坚任务圆满完成,累计参加医疗保险9.5万人。新型农村合作医疗全面推行,覆盖面达到100%,筹集医疗资金65万元。积极开展以基本生活救助为基础的助学、助医、助老、助残等分类、专项救助活动;新纳入城镇低保对象1 189户2 472人,纳入农村低保768户1 687人;救助患大病、重病城乡低保对象100多人次,发放救助金23.1万元;为9 022名城市低保对象办理了住院医疗保险;将全区544名70岁以上无生活来源的老人纳入保障范围,实施分类施保;为20户特困户翻建房屋60间;提高优抚标准,发放各类抚恤金、优抚金336万元。深化区域教育改革,有效整合教育资源,顺利完成了校级领导聘任和教师专业技术岗位聘任工作,全区教育教学水平进一步提高。教育均衡发展迈出了新步伐,整合铁路实验小学与白菊小学资源,成立宽城区第二实验小学。改善农村办学条件,所有农村学校全部改造完毕。广泛开展扶贫助学活动,对农村中小学1 463人实施了的"两免一补"政策,有效解

宽城区政府行政办公楼

决了城乡贫困子女上学难的问题。积极推进职业教育和特殊教育，培智学校学生在第十二届夏季特殊奥林匹克运动会上取得2金6银4铜的优异成绩。在深入推进教育人事制度改革的同时，针对教育超编、社区缺乏人才的实际，深入开展百名教师进社区工作，实现了区域内人才的合理流动，提高了社区干部队伍的整体素质，为社区工作注入了新的生机和活力。下大力气开展信访攻坚战，通过健全信访工作机制，加大区级领导包保力度，对重大信访案件逐件研究解决，使一大批重大疑难信访案件得到有效解决，信访形势趋于平稳。广泛开展群众性精神文明创建活动，“两城联创”工作扎实推进；积极组织科技项目申报工作，较好地发挥了科技在经济发展中的作用；积极开展各种文体活动，进一步丰富了群众业余文化生活；全面落实计划生育目标管理责任制，对全区已婚育龄妇女进行了全面的普查，为弱势人群及流动人口和新农村建设试点村人员免费提供生殖健康检查，稳定低生育水平，优化人口结构，全区人口出生率控制在3.3‰，自然增长率控制在0.45‰。积极整顿和规范市场价格秩序，有效维护了老百姓的切身利益；广泛开展敬老、爱老、助老活动，老龄工作取得新的进展。

【社会主义新农村工作】 培育市级试点镇1个（兰家镇），培育省级试点村2个（上台村、隆西村），培育市级试点村3个（广宁村、邱家村、奋进村）。上台村作为吉林省社会主义新农村第一个试点村，建设吉林省“华西村”式的社会主义新农村的目标取得了阶段性成果，14.1万平方米的上台新村已经竣工，970户村民入驻，2.3万平方米的上台村行政中心已经投入使用，幼儿园、卫生院、老年公寓、图书馆、党员活动中心等各项公益设施陆续投入使用，被吉林省人民政府授予“吉林省社会主义新农村建设先进单位”荣誉称号。长江路开发区建设总建筑面积6.2万平方米的15栋农民新居基本封顶。全区共新建农民夜校5所，举办各类培训班和农民教育35次，培训农民8 000人次。加大种植业结构调整力度，压缩普通玉米种植面积933公顷，增加蔬菜和经济作物种植面积，新菜田开发完成2 500公顷，粮食产量达到3.5万吨，蔬菜商品量实现1.3亿公斤，产值1.1亿元。积极引导适度集中的规模经营，提升畜牧业增加值在农业增加值中的比重，使生猪、黄牛、肉羊的数量和质量得到持续增长；肉类产量达到2.9万吨，奶类产量达到1.65万吨，禽蛋产量1.15万吨，分别比2006年增长3.5%、3.5%和3%，牧业产值实现2.6亿元。全区实现农业总产值4.36亿元，比2006年增长9%。走转移农民，减少农民、富裕农民的道路，实现增加农民收入新突破，全年转移农村剩余劳动力14 000人，农民人均收入达到5 380元，比2006年增长580元。以上台村为重点，提高四个“城中村”城市化水平，投资1.4亿元，新建改建乡村公路156.5公里，完成农田水利基本建设综合土方量5万立方米。全年造林面积18公顷，农田防护林更新改造10公顷，完成绿化面积32.9公顷。在兰家镇建设一个农业科技示范园区，主要用于新技术、新产品的试验、示范和推广，年试验新品种30个，新技术5项，为农业园区的发展提供了技术保障。保护地规划建设200栋大棚正在组织建设。农村基层组织建设不断完善，两委换届选举工作圆满完成，全区共选出村委会委员94人，镇、村两级班子建设进一步加强，一些致富带头人和年富力强的同志进入了村级班子，成为带领农民群众致富的强劲力量。农村社会保障体系不断完善，在实现全覆盖的基础上，突出抓好新型农村合作医疗的运行，并在财政资金上给予优先安排，保证了新农合的良好运行。农村教育、文化体育活动开展的有声有色；社会福利院、敬老院等公益福利设施得到长足发展。

【民主法制建设】 自觉接受区人大的法律监督、工作监督和区政协的民主监督，全年办理人大代表建议和政协委员提案115件，办复率均达100%；支持工会、共青团、妇联、工商联等群团组织工作，桥梁纽带作用得到较好发挥；深入推进社会治安综合防控体系建设，对治安突出问题、突出地区进行了重点治理，取得良好效果；圆满完成了村委会、社区居委会和基层残联组织换届选举工作，基层民主政治进一步加强；“五五”普法工作顺利开展，广大群众法律意识不断增强；进一步加强应急管理体制和安全生产监督管理体系、预警体系和应急救援体系建设，较好地应对了各类突发事件，杜绝了重特大安全生产事故的发生;圆满完成武装工作各项任务。

【机关自身建设】 认真贯彻《行政许可法》,积极筹建政务大厅,将有14个部门、16项审批、14项服务进驻政务大厅;深入开展了能力建设、责任建设、作风建设集中教育活动,队伍素质进一步增强;全面贯彻实施《公务员法》,积极稳妥地开展公务员登记工作和工资分配制度改革,基本完成了事业单位人事制度改革,人事管理工作进一步规范,事业单位全面推行了聘用制;深入开展纠风和专项治理工作,加大惩治腐败工作力度,促进了干部廉洁自律;积极开展基建工程项目审计,审计工程项目41个,提高了财政资金的管理水平。

(侯东莱)

2007年宽城区国民经济和社会发展主要指标完成情况

指标名称	单　位	实际完成	与2006年比增减(%)
国内生产总值	亿元	64.2	18
第二产业增加值	亿元	13.1	28
第三产业增加值	亿元	48.2	16
规模以上工业总产值	亿元	13.5	26.1
全口径财政收入	亿元	13.5	83.2
财政支出	亿元	9.9	58.6
固定资产投资	亿元	81.5	57.2
个体工商户和企业户数	个	21 400	30
新增实际使用外资	万美元	2 514	12.4
利用内资	亿元	95	70
农民年均纯收入	元	5 380	
绿化覆盖率	%	26.2	1.53
普通中学	所	11	
小学	所	33	
教育经费总额	万元	19 641	100.7
科技三项经费	万元	534	27.8
人口自然增长率	‰	0.45	-0.11‰
政策生育率	%	99.52	4.52

二道区

【概况】 二道区位于长春市区东部,是长春市的东大门。东与永吉县万昌镇相连,南与净月旅游开发区接壤,西临伊通河,北与宽城区、九台市东湖镇相接。全区总面积452.02平方公里,其中,城区面积25.28平方公里,乡村面积426.74平方公里。辖吉林、东站、东盛、荣光、远达、八里堡6个街道和英俊镇、劝农山镇、泉眼镇、四家乡4个乡(镇),共55个社区、38个行政村,总人口38万(其中农村人口7.8万),少数民族有回、满、朝鲜、蒙古、壮、锡伯、高山、土家、维吾尔、彝族等。辖区地势略呈东高西低,有耕地面积14 375公顷,盛产玉米、水稻、大豆、杂粮等粮食和经济作物。辖区内自然资源丰富,有储量丰富的金、煤、油页岩大理石、花岗石、石英砂、膨润土、矿泉水等矿产资源,有面积达9 360公顷的森林资源,有伊通河、饮马河、樟子河、新开河、新立河和大型水利枢纽石头口门水库等水资源,淡水养殖面积达100公顷。历史古迹主要有明清时代的城隍庙、白庙城、玉皇阁、玻璃山和金代完颜娄室墓等。二道区交通便捷,区位优势突出,京哈铁路、哈大高速、102国道、长吉南线、长吉北线、长营高速、长哈公路、双九公路等交通干线均经过境内;吉林省唯一的陆路口岸——长春铁路货运口岸坐落于辖区内,长春龙嘉国际机场紧邻辖区东部,是由机场进入长春市区的首先区域和必经之地。城区基础设施完备,服务功能齐全,长春二热电厂、中日友好水厂、长春市东郊煤气厂以及数十座大型货物仓储库都坐落在二道区。近年来,二道区除传统的农业、工业外,物流业、商贸业、旅游业发展迅速,现已规划成立省级开发区2个:二道经济开发区、莲花山旅游度假区。

市委书记高广滨视察东北亚国际采购中心

【区域经济】 2007年,全区地区生产总值突破60亿元,同比增长20%。一、二、三产业增加值分别为2.06亿元、27.4亿元、30.6亿元,同比分别增长 -23.1%、29.6%、9.3%。全口径财政收入达到10.1亿元,同比增长38.47%,本级财政收入达到2.2亿元,同比增长24.61%。民营经济快速发展,全年新增民营企业240户,新增个体工商户1 510户,民营经济总量达到200亿元,占全区经济总量的88%。实现了区域经济结构的优化升级,产业结构更趋合理,产业特色更加明显,全区一、二、三产比重由2002年的7:47:46变为现在的3:21:76。

【招商引资】 2007年,全区引进内资16亿元,同比增长33.3%,实际利用外资2 500万美元,同比增长25%;全区固定资产投资达到60亿元,同比增长20%。开展"招商引资攻坚战"活动,先后赴上海、北京、无锡、苏州等地招商,举办投资环境说明会暨项目签约仪式,签约总金额达80亿元。开展"项目建设年"活动,全年新建、续建项目116个,其中,亿元以上项目20个,5 000万元以上项目51个。香港新濠国际投资集团投资1亿美元对莲花山整体开发项目落地建设。中心商贸区的建东商厦、万盛商城、鸿石国际、太古广场等项目全部开工建设。物流园区的东北亚国际采购中心正式营业。工业集中区的省送变电、中小企业创业园、嘉路喜废油再提炼等35个1 000万元以上项目全部落地动工。

【园区建设】 二道经济开发区全年引进项目1 000万元以上项目46个,其中亿元以上项目9个,引进内资8.54亿元,引进外资800万美元。完成了物流集中区新开大街等6条道路和十里堡区域1平方公里的热、水、电等基础设施建设,完成了工业园区总长6.9公里的"三横两纵"道路建设及4.8平方公里的土地平整,完成了新开西街道路勘测设计工作。对开发区的长江村、长青村34公里村路进行了大面积改造。"大市场群"概念得到市委、市政府认可,并完成整体规划。莲花山生态旅游度假区经省政府批准成立,并组建了管委会,完成了莲花山旅游度假区总体规划编制工作和莲花山水土流失综合防治项目设计;与香港新濠国际投资集团签订了对莲花山整体开发合作协议,由香港新濠国际投资集团投资1亿美元,做大做强滑雪、娱乐等项目。

【各项改革】 区属企业"长春市亨祥制皂厂"顺利完成改制,企业职工全部得到妥善安置。荣光街道宏盛村、东站街道宏伟村、吉林街道福利村和开发区英俊村4个城中村的改制任务基本完成。完成了事业单位人事制度改革和组建区会计核算中心的前期工作。完成了环卫保洁队伍大小保洁员的合并。整合教育资源,成立了5个联动协作发展体,通过开展城乡学校

"手拉手"和"名校义培"的形式,促进了教育公平发展。北方公证处实行管理体制改革,当年收入近百万元,成为全区司法系统的一流窗口单位。

【民生工作】 2007年完成民生工作7项65条。开发城镇就业岗位10 759个,新增就业人员8 670人,发放小额创业贷款1 300万元,城镇登记失业率控制在4.5%以内。实施医保社保扩面工程,个人参加医保人数88 459人,个人参加社保人数17 345人。加强社会救助工作,城乡低保达到23 534人,低保边缘10 081人,全年发放低保金2 057万元,安置残疾人就业179人。争取上级资金150万元,实现了区残疾人就业培训中心的置换,面积达800平方米。城乡公共卫生服务体系建设逐步完善,制订了《二道区城乡卫生事业发展五年规划》,乡医培训率达100%,新型农村合作医疗参合率100%,发放补偿金30.5万元。进一步整合教育资源,加大教育投入,完成了教育基地综合楼和五十三中学体育馆建设,完成了英俊镇村小合并和一〇五中学新教学楼的选址,完成了全区中小学标准化校舍建设。关注农村教育,促进教育公平,制订了《二道区城乡教育一体化五年发展总体规划》,所有农村中学、中心小学校都配备了计算机教室、多媒体教室和卫星教学收视系统;落实"两免一补"政策,免除农村学生义务教育阶段学杂费59.3万元,惠及8 303个家庭,初步实现城乡教育一体化建设与管理目标。2007年全区中考高分段人数1 098人,列全市城区之首。大力加强安全生产监督管理,开展了整顿和规范矿产资源开发秩序工作,关停2家无证开采企业;对全区34个重点单位和目标进行了现场踏察,建立了化学救援情况数据库;解决了八里堡水暖器材厂人防工事多年来没有消防通道的问题,并通过了省、市人防办的验收;人防四项费用收缴额达到19.6万元,为年计划的131%;安全生产责任制得到全面落实,全年无重大责任事故发生。

【城区面貌】 加快实施旧城改造,全区22块改造地块中,已改造完成或基本完成的有13块,全年完成棚户区拆迁面积76万平方米,改造开发占地面积116万平方米,建筑面积130.7万平方米,建设回迁房53.5万平方米,安置回迁居民6 800户,实现100%当期回迁。加快道路建设,全面完成了全长4 100米的长吉北线出城口拆迁改造工程;完成了远达大街北段拓宽改造,全长1 780延长米,路宽由16米拓宽至54米,改造面积达96 120平方米;完成了78条段巷道和城中村道路的改造建设,改造面积达10万平方米;完成了公平路供热明管高架线落地工程;完成了洋浦大街北段建设新四环的拆迁任务。加强绿化建设,完成了长吉北线出城口29万平方米退线绿化重点工程,完成了3条街路的新植、1条街路的绿化改造和106条街路的补植,对东盛大街两个北角等18块绿地进行了新植,对吉盛小区、滨河小区等16块绿地进行了改造,新增社区绿地25 000平方米,全区新增绿化面积97.6万平方米,城区绿化覆盖率达到40.4%,提前完成"十一五"规划的绿化任务。实施城区美化靓化工程,启动了吉林大路标准化街路建设,对临街18栋老楼外墙进行了粉刷、装饰;加大环卫保洁硬件设施建设,实现了主要街路机械化清扫和除尘,新设便民环保公厕25座;开展了市容市貌、五小行业和废品收购站的专项集中清理整顿,治

省市领导为二道区棚户区改造工程奠基

理卫生死角56处，拆除违章建筑物2 378处，面积4.9万平方米，取缔违法"五小"个体户18家，为2 000余名无健康证从业人员补办了手续，下达卫生监督处罚单1 500余份，下达整改意见书800余份。城区灭蚊防治率达到100%，灭蝇防治率达到98%以上，卫生厕所普及率达到75%，安全卫生饮用水普及率达到95%。

【新农村建设】 实施农村村部、农民活动中心建设工程，筹资300万元新建扩建村部13个。人畜饮水、节水灌溉、农道桥、涵、村屯路等工程全面启动，新修村屯道路145公里，实现了屯屯通。完成了东中路泉眼段的拓宽和延长段的路基铺设工程。完成了雾开河防洪工程规划设计及双阳河堤除险加固工程。东新开河、雾开河改造治理工程开工建设。投入资金8 498万元加强乡村道路建设和养护管理工作，乡村道路基本达到了硬面化、网络化目标。开展了实施了以"六清四改七整治"为主要内容的乡容村貌整治活动，全年累计投入261余万元，人力6 000余人次，车辆1 320台次，清理垃圾8 000多立方米，拆除危墙240米，搬迁柴草垛536座，修建环保厕所820座，增设垃圾箱128个，硬化路边沟12 300米，修建统一围墙2 710米，清理路边沟416千米，绿化、美化乡村街路21 850米，农村环境有了根本改善。500公顷菜田基地的水、电、路配套设施建设进展顺利。组织科技推广和职业技能培训150期，培训农民达2万余人次，转移农村劳动力13 000人次，农民人均收入达到5 390元。"一村一品"专业村已发展到11个，覆盖农户达4 800余户。按照产业发展需要和农民的需求，组建各类合作经济组织35个。农村生态资源管理进一步加强，新增植树造林面积100公顷。和平、同心、东风三个村被确定为省、市级新农村建设试点村。加强农村养老机构建设，完成了泉眼镇与英俊镇社会福利中心合并，劝农山镇农村社会福利服务中心建设正式启动。

【社区建设】 开展两个创建，抓好两个创新，搞好两个服务，全区社区建设总体水平迈上新台阶。开展了创建文明社区、和谐社区活动，全区70%的社区跨入市、区文明社区行列，25个社区被市政府评为和谐社区建设达标社区，其中6个社区被评为和谐社区建设示范社区。创新社区民主自治和管理方法，社区法人登记试点工作取得成功，完成了全区社区居委会法人登记工作；推广楼宇自治经验，57栋居民楼相继成立楼宇自治组织。进一步加强社区公共服务和自助服务，社区服务项目增至105项。

【民主法制】 完成了第七届村民委员会和第三届社区居民委员会换届选举工作。继续开展五五普法，举办法制培训12次；系统开展了人民调解员队伍素质培训活动，落实了"五个一"，全区各级调解组织调处民间纠纷202件，调解成功率97%；开展法律"六进"活动，义务提供法律援助127件次，开展法律咨询活动30场次；落实矫正、帮扶工作责任制，社区矫正试点工作初见成效，释解人员帮教工作成效显著。"平安二道"建设不断深化，社会治安综合治理得到加强，全区"四无"（无重大火灾、无重特大治安案件、无居民犯罪、无吸毒人员）社区、村达到98%，所有社区实现零犯罪目标。进一步完善了《信访工作责任制》，完善了领导干部接访和包案制度，建立了人民内部矛盾调处中心，大信访、大调解工作格局基本形成。大力整顿信访秩序，加强非正常访治理，实现了全年进京非正常访为零的目标，也是长春市十个县（市）区中唯一全年无进京非正常访的单位。加强了政府自身建设，进一步落实了目标责任制，深入开展了"查、找、改"活动，积极推进政务公开、办事公开，主动接受群众和各界监督，受理群众来信来访401件次，受理12345市民投诉电话6 304件，办结率98%；办理人大代表建议、政协委员提案148件，办复率100%。加大审计力度，纠正管理不规范资金5 702万元。加强政府廉政建设，查处违法违纪案件15件。

【文化体育】 大力弘扬社会主义先进文化，引导社区文化、乡镇文化、校园文化、企业文化健康发展。组织全区街、乡（镇）及教育、卫生、城建、政法、民政、计生等部门和驻区企事业单位，在国贸商都广场、柴油机厂运动场、中东瑞家家居广场举行广场演出活动34场。五一、七一期间放映露天电影50多场，观众达50 000余人次。开展科普知识普及周活动，发放宣传册10 000多册。区文化馆同四家乡政府在区教育基地共同举办了庆祝建党八十六周年联欢活动。在区文化馆举办了二道区“第五届书画展”、“迎七一歌颂党的丰功伟绩书画展”,展出作品四百多件。积极开展“送文化下乡”活动,组织各类演艺团体到乡村、社区演出12场次,为村和社区赠送书籍6 000多册。大力开展迎亚冬、迎奥运和全民健身活动,体育事业成果突出。1月份,组织9名火炬手、18名护跑手和10支100人方队参与了第六届亚州冬季运动会(二道区段)的圣火传递活动,区委书记刘德生、区长杨云超都亲自担当火炬手参加了圣火传递。开展迎“奥运”系列活动,举办了全区中小学生田径运动会,乡(镇)、街道及驻区企事业单位分别以各种形式开展了职工运动会。2007年,二道区参加吉林省少年举重比赛获3金6银7铜,参加吉林省少年短道速滑比赛获2金2银4铜,并获体育道德风尚奖。在长春市总工会、市妇联、市文化局、欧亚集团主办的“和谐消费、情系万家”大秧歌、腰鼓、太极、舞蹈大赛中,二道区分别获得了腰鼓、大秧歌、舞蹈3个一等奖(全市共有36个代表队参加了比赛,设4个一等奖)。加强体育等硬件设施建设,为社区、村新安装健身路径11条。加强文化市场管理,2007年,全区审批音像出租店13家,办理网吧迁出3家,办理区内迁移1家,办理网吧由外区迁入5家。

【道德模范评选活动】 国税二道区分局职工刘国江同志在中央文明办、全国总工会、共青团中央、全国妇联联合开展的全国道德模范评选表彰活动中,被评为全国助人为乐模范。在长春市精神文明建设指导委员会办公室和长春市创建国家卫生城市指挥部联合开展的“长春市公民道德楷模”评选活动中,二道区东盛街道双安社区居民陈玉华被评为长春市家庭美德楷模,二道区环境卫生保洁管理处处长李长莲被评为长春市公民道德楷模,二道区东站街道十委社区个体业户陈玉珍被评为长春市社会公德楷模。

(蒋立松)

2007年二道区国民经济和社会发展主要指标完成情况

指标名称	单 位	实际完成	与2006年比增减%
国内生产总值	亿元	60.099	20
第一产业增加值	亿元	2.0634	-23.1
第二产业增加值	亿元	27.432	29.6
第三产业增加值	亿元	30.636	9.3
工业总产值	亿元	59.6	24.98
地方财政预算内收入	亿元	10.12	38
地方财政预算内支出	亿元	6.7	60
固定资产投资	亿元	60	20
社会消费品零售额	亿元	70.1 881	16.6
新增实际使用外资额	万美元	2 500	25
个体私营企业	个	9 223	19.8
年末在岗职工人数	人	8 300	31
在岗职工年人均工资	元	14 400	6
普通中学	所	12	-16
小学	所	39	-23
教育经费总额	万元	11 036	12
科技三项经费	万元	500	25
卫生事业费	万元	3 812.7	49
人口出生率	‰	4.41	0.61
计划生育率	%	99.7	-0.2

绿园区

【概况】 绿园区位于长春市区西部，下辖普阳、春城、正阳、铁西、青年5个街道、38个社区，3个镇、24个行政村，一个省级开发区——长春绿园经济开发区及一个省级工业集中区——西新工业集中区。全区总面积216平方公里，总人口42万。

【经济发展】 2007年，绿园区地区生产总值完成75.3亿元，比2006年增长22%；经济结构进一步优化，三次产业比重调整到3.2∶50.7∶46.1。规模以上工业企业发展到68户，区属口径规模以上工业总产值完成57.3亿元，比2006年增长76.8%；在地口径规模以上工业总产值完成100.3亿元，按可比口径比2006年增长32.5%。工业固定资产投资完成40亿元，比2006年增长167%。全口径财政收入完成10.1亿元，完成年预算的134.5%，比2006年增长54.2%，恢复到建区以来最高水平；区本级财政留用收入完成2.4亿元，完成年预算的174.2%，比2006年增长86.4%，首次突破2亿元大关，区本级财政留用收入占全口径财政收入比例达到24.3%，创历史最高水平。第三产业增加值实现31.7亿元，比2006年增长12%。民营企业和个体工商户发展到11 400户，比2006年增长25%；民营经济增加值实现52.1亿元，比2006年增长46.8%。2007年，绿园区的地区生产总值、规模以上工业总产值、工业固定资产投资、全口径财政收入、区本级财政留用收入五项主要经济指标增幅均位居全市各城区之首。

【招商引资和项目建设】 2007年，绿园区引进内资38亿元，超市定指标23亿元；实际利用外资3 200万美元，超市定指标700万美元。全年新建项目158个，完成固定资产投资75亿元，同比增长57.9%。兴瑞汽车冲压件、邮电电话设备、全鑫特钢、美心科技等一大批工业企业相继落位建设，为推进绿园区新型工业化进程积累了充足后劲。“两区两园”新建工业项目100个，其中亿元以上项目15个；新建工业项目空间摆放达到3平方公里，超市定指标2平方公里；新建工业项目开工率达到100%，年底有60个项目完成主体建设，其中昌驰混凝土、通利特种电缆等30个项目投产或试生产。投资3亿元，完善园区“七通一平”面积10平方公里，新增园区“七通一平”面积5平方公里。经过不懈努力，2007年共申请项目用地指标143公顷，并有23公顷已报送预审。规划建设了长春轨道交通装备产业园，完成了功能分区规划编制和国家级高速轨道客车工程技术中心项目选址工作。

【城乡建设】 投资5 777万元，完成了长白、长郑、长农公路出城口拆迁、绿化任务，出城口形象及周边环境得到很大改善。坚持绿化、硬化同步推进，投资5 395万元，新增绿地67公顷；投资3 000万元，改造铺装巷道及裸露地面12万平方米，三环以内基本实现了软硬覆盖。城市绿化工作在全市评比中获得第一名，实现了“五连冠”。投资8 120万元，完成了自立西街建设和青年路、泰来街、西安大路主路改造工程。完成棚户区拆迁80万平方米，开工面积达到140万平方米，建设棚户区回迁房30万平方米，当期回迁率达到100%，全年地产开发开工面积达到220万平方米。依法取缔马路市场、占道经营990处，

长春轨道交通装备制造产业园揭牌仪式

集中粉刷楼体20万平方米，清理取缔二环以内再生资源回收站20家，全年预计拆除违章建筑19.4万平方米，新建9个移动式垃圾中转站，完成了13家集贸市场基础设施改造，深入实施“蓝天、碧水、安静”工程，切实加强“五小”行业整治，创建国家卫生城工作得到全面加强。

【新农村建设】 全区省、市级新农村建设试点镇、村达到9个，并已全部启动实施，城西镇大营子39栋农民住宅楼和西新镇裴家126栋农民新居主体工程已全部结束。建立5个村级农民夜校，建设改造村屯硬质化道路34.2公里，完成农村植树造林120公顷，全面开展“五清三整治”活动，村屯环境明显改善。种植业结构不断优化，蔬菜、经济作物、粮食作物种植比例调整到57:11:32，岳家葡萄基地被列为国家农业综合开发现代化示范项目。投资300万元，建立了全省首家县区级农产品检测室。2007年，全区农业总产值实现6.8亿元，比2006年增长79.4%。其中畜牧业产值实现4.1亿元，比2006年增长1.1%。

【改善民生状况】 2007年，绿园区城镇居民人均可支配收入达到12 811元，比2006年增长12.8%；农民人均纯收入达到5 248元，比2006年增长13%，城乡居民收入实现了稳步增长。全年开发就业岗位7 700个，城镇新增就业7 600人，实现下岗失业人员再就业5 700人，城镇登记失业率控制在4%以内。劳务输出预计达到13 900人，其中转移农村劳动力12 700人。创建充分就业社区30个，“零就业家庭”保持动态为零。“百万居民进医保攻坚战”取得明显成效，新增城镇居民基本医疗保险参保人数7.5万人，新增社会养老保险参保人数1.5万人，为319名改制企业困难职工接续了社会养老保险。新型农村合作医疗参合率达到100%，城乡最低生活保障实现了动态管理下的应保尽保。积极推进国家级养老服务社会化示范区建设，全区各类民办养老机构发展到34家。投资300万元，建设了西新敬老院。安置残疾人就业360人，改造农村贫困残疾人危房31户，“全国残疾人社区康复示范区”创建工作顺利通过考核验收。建设棚户区回迁房30万平方米，4 860户棚户区居民喜迁新居，受益群众达到2万人。

【科教文卫事业】 建立完善了科技型中小企业投融资平台，为12户企业提供贷款2 000万元。组织申报市级以上科技发展计划项目25项，培育科技型企业11户。教育质量显著提高，有564名学生考入省首批重点高中，比2006年提高7个百分点，普通高中和重点高中进线率均首次超过全市城区平均水平。八十七中学被省教育厅命名为国际交流示范校，雷锋小学等6所学校被评为市级艺术教育示范校，成立了绿园区职业教育中心。投资900万元，新建了青阳小学教学楼。投资300万元，建设了双丰中心校幼儿园。投资110万元，完成了5个社区卫生服务中心和5个社区卫生服务站建设改造任务，并全部通过省里验收。投资200万元，解决了西新卫生院和防保站办公用房。医疗服务水平和疾病预防控制能力明显增强，卫生工作连续两年在全市卫生系统综合评比中获得第一名。

【社会事业】 群众性精神文明创建活动深入开展，绿园区继续保持全省文明区荣誉。投资300万元，完成了区政府专网及局域网建设，区政府门户网站正式开通。群众性文体活动广泛开展，建立了滕氏布糊画长春传承基地，新建健身路径7条。人口自然增长率控制在1.53‰以内，人口与计划生育工作继续保持全省一类区荣誉。新建同心、双丰2个社区，创建市级示范社区5个、达标社区21个，“双拥”工作继续保持全市先进荣誉，老龄工作被评为全省先进。完成了公务员登记工作，全面推行了事业单位聘任制改革。组织开展经济责任等审计项目34项。顺利完成了第二次全国农业普查。民兵和预备役工作扎实推进，全市民兵基层战备建设现场会在绿园区召开。此外，人防、地方志、民族宗教、侨务外事、价格监督、妇女儿童、机关事务管理等工作都取得了全面发展。

【民主法制建设】 自觉接受区人大及其常委会的法律监督、工作监督和区政协的民主监督，认真执行区人大及其常委会的决议和决定，全年办理人大代表议案、建议、批评、意见48件，政协委员提案190件，办复率均达到100%。圆满完成了“两委”换届选举工作。扎实开展“五五”普法和“四五”依法治区工作，干部群众法律意识不断增强。深入推行"一站式"审批服务，经济发展软环境进一步改善。投资110万元，安装治安视频监控器101个。加强社会治安综合治理，严厉打击各类违法犯罪活动，"平安绿园"建设取得阶段性成果。切实加强信访和市长公开电话办理工作，在全市率先成立了区人民内部矛盾调处中心。强化安全生产、消防和应急管理，政府处置突发公共事件的快速反应能力不断增强，绿园区连续三年被市政府评为安全生产特别嘉奖单位。

【党的建设】 深入开展"和谐班子"创建活动，各级班子齐心协力抓发展的氛围更加浓厚。积极推进干部人事制度改革，实行新提拔领导干部公推竞岗，建立了干部能上能下机制。圆满完成了村级党组织换届工作，村党组织书记队伍进一步优化，"双带"能力得到加强；社区党组织书记和社区主任"一肩挑"比例提高到86.9%，社区党务工作者队伍整体素质明显提升。扎实开展"树新风正气、促和谐发展"主题教育活动，加大违纪和涉软案件查处力度，党风廉政建设和反腐败工作取得新成效。

（曹　阳）

2007年绿园区国民经济和社会发展主要指标完成情况

指标名称	单　位	实际完成	与2006年比增减%
国内生产总值	亿元	75.3	22
第一产业增加值	亿元	4.1	62.4
第二产业增加值	亿元	39.5	28
第三产业增加值	亿元	31.7	12.1
工业总产值	亿元	137	28.8
农业总产值	亿元	6.8	79.4
全口径财政收入	亿元	10.1	54
本级财政收入	亿元	2.46	86.4
固定资产投资额	亿元	75	57.6
社会商品零售额	亿元	41.6	14.3
新增外商投资企业	户	11	37.5
新增实际使用外资额	万美元	2 527.5	39
个体私营企业	个	11 888	14.2
民营经济增加值	亿元	52.1	46.8
年末在岗职工人数	人	16 039	13.5
全部在岗职工年人均工资	元	19 661	20.7
城市居民人均可支配收入	元	12 811	12.8
农民人均纯收入	元	5 248	13
普通中学数	所	8	持平
普通小学数	所	27	持平
各类医院	所	6	持平
教育经费总额	万元	13 149.6	55.7
科技三项经费	万元	484	11
卫生事业费	万元	3 274	65
绿化覆盖率	%	42	——
人口出生率	‰	5.1	——
计划生育率	%	99.4	——

双阳区

【概况】 双阳区位于长春市区东南部，地处东经125°26′~126°00′，北纬43°16′~43°56′。东濒饮马河与永吉县隔河相望，南与磐石市为邻，西与伊通县接壤，北与二道区、南关区相连。双阳区人民政府所在地距长春市中心区37公里，长清、双蒋公路连接长春市中心城区，龙双公路连接龙嘉国际机场。正在修建的长双烟铁路纵贯双阳区南北，是连接沈吉铁路、京哈铁路的重要干线。双阳区幅员1 677.42平方公里，占长春市区总面积46.80%。森林总面积2.85万公顷，森林覆盖率24.7%。双阳区已发现各类矿藏34种，矿床、矿泉水、膨润土等资源储量大、品质高，开采前景广阔。全区辖1个乡，3个镇，4个街道，总人口38.57万人其中，农业人口28.24万人。有满族、回族、朝鲜族、蒙古族等20个少数民族，少数民族乡1个，少数民族村17个。

【国民经济】 2007年，双阳区认真落实科学发展观，坚持“双轮驱动，转型升级”战略，加快城市化、工业化进程，完成区人大三届一次会议确定的各项工作任务。全区生产总值实现69.60亿元，比2006年增长18%，增幅比2006年提高0.3个百分点，比全省平均水平高1.9个百分点。人均生产总值达到18 104元，同比增长17%。第一产业增加值11.9亿元，比2006年增加17.4%；第二产业增加值26.3亿，增长20.6%；第三产业增加值31.4亿元，增长16.2%。非农业比重达到82.9%，比2006年提升0.1个百分点，全区民营经济总产值134亿元，同比增长25%。全区财政收入高速增长，到年末，全口径财政收入完成3.10亿元，比2006年增长33.4%；本级财政收入完成9 534万元，比2006年增长30.9%；争取专项资金3.02亿元，比2006年增长10%。全口径财政收入、本级财政收入、向上争取的总量，增量均创历史最高水平，财政总支出6.5亿元。

【工业经济】 2007年，全区以发展工业拉动产业发展，壮大全区经济实力，带动社会全面发展。全区规模以上工业企业发展到33户，比2006年增加3户，总产值7.11亿元，完成年度计划的101.6%，比2006年增长22.3%，增幅比2006年提高7.1个百分点。亚泰水泥、长春采油厂等骨干企业扩能升级，提速增效。医药制造、印刷包装等新兴产业快速发展。到年末，全口径工业总产值实现71.4亿元(含亚泰水泥)，比2006年增长22.3%，工业增加值实现19.3亿元，比2006年增加17.6%，占全区生产总值比重的27.7%，工业对经济增长贡献率达到27.3%，拉动全区经济增长4.2个百分点。

【第三产业】 双阳区旅游资源丰富，是国家级生态示范区，是长春市重要的旅游观光休闲地。全区森林覆盖率达24.7%，境内有中小河流17条，中小水库41座，城区绿地覆盖率41.5%，人均绿地11.5平方米。全区大气质量常年为国家一级标准。山河街道有东北海拔最高、落差最大的岩溶景观——吊水壶森林公园及长春市第一峰——海拔711米的老道洞山。御龙温泉、东华庄园、嘉莱宝航空俱乐部、吊水壶森林公园等4个超亿元旅游项目建设迈出实质性步伐，增强了双阳区“假日游”、“休闲游”的吸引力，积德泉、曙光民俗村假日游快速发展。2007年，

4月16日王岷、韩长赋等省市领导来亚泰水泥参加生产线奠基仪式

全区接待旅游人数160万人次,旅游业收入3.2亿元。社会消费品零售额达到19.22亿元,比2006年增加18.1%。人均4 999元,比2006年增长17.1%。房地产开发面积达47万平方米,华北物流二期、现代家居、鹿乡华都鹿产品一条街等特色专业市场已对外营业。

【农业经济】 2007年,全区粮食作物播种面积6.61万公顷,农业总产值达到19.8亿元,比2006年增长15.9%。其中,农业产值8.5亿元,增加3.7%;牧业产值9.9亿元,增长15.7%。全区粮食产量达到53.14万吨,高于近年平均水平。玉米产量41.79万吨,水稻产量9.35万吨,大豆产量1.34万吨。绿色水稻、无公害蔬菜分别发展到8 000公顷和3 172公顷。卧龙村、幸福村、羊圈村、鹿乡村新农村建设试点工作进一步发展。

【项目建设】 2007年,双阳区继续强化招商引资和项目建设,实行引进强区投资拉动战略。全社会固定资产投资实现52.08亿元,比2006年增长46.1%。人均固定资产投资完成额1.35万元,增长44.9%。双阳经济开发区6.01平方公里控制性详细规划获得批准,入驻企业45户。一心药业等医药加工业、长双鹿业等鹿产品加工业、金冠电器等洁净工业初步形成产业群。长春文化印刷产业开发区引进锦江印刷、明达纸业等项目27个,到年底投产5个。两个开发区固定资产达23.52亿元,比2006年增长55.1%,占全区固定资产总额45.2%。两个开发区基础设施建设完成投资3.1亿元,比2006年多投入0.82亿元,组织收入8 300万元。全区引进项目122个,实际到位资金24亿元,到账外资3 600万美元。投资30亿元的中冶制造、投资40亿元的华康新城正式签约。全年开工项目160个,投资3 000万元至1亿元项目56个,投资超亿元项目23个,比2006年增加96.9%。在开工项目中,工业投资达到29.4亿元,占固定资产投资总额的56.4%,投资超3 000万元的工业项目达到40个,比2006年增长17.6%,资源性、特色型项目达到80个,占开发项目的50%。

【梅花鹿业】 2007年,双阳区鹿存栏数、鹿茸总量、鹿茸单产、鹿茸优质品率和出口创汇额居全国县(区)首位。全区鹿存栏数为115.46万头,鹿业标准化小区发展到38个,养鹿户共1.2万户,其中百只以上养殖大户378户。全区鹿茸总产量达到38吨,同比增长14.3%,鹿副产品总产量达到680吨,同比增长25%,实现总产值5.5亿元,同比增长7.2%,出口创汇550万美元,同比增长4.5%。鹿产品市场快速发展,到年末,各类鹿产品经销企业达到187户。鹿乡镇和双阳城区两大鹿产品物流中心,实现交易额4.8亿元。鹿产品经纪人1 200人,客流量近百万人次,利润近1.2亿元。鹿茸吞吐量达到58吨,鹿副产品吞吐量达到1 500吨。以长双鹿业、吉林鹿业生物制品厂、修正药业为主的鹿产品加工企业发展到15个,鹿保健品远销到东南亚等8个国家和地区,全区鹿业协会等各类合作组织发展到3个,鹿科兽医院35家,鹿业熟练工人3.8万人。

【新农村建设】 2007年,确定了"五三六六"新农村建设发展战略,"六到农户"创建活动扎实开展。到年末,全区形成以种植业为基础,畜牧业为重点,劳务输出为补充的农民增收格局。引进良友集团、农大试验基地等项目10个,新建牧业小区14个,新增规模养殖户505个,畜禽良种覆盖率达到70%以上。全区猪存栏数23.39万头,增长7.3%,禽存栏8 548千只,牛存栏数24.92万头,比2006年增长15.3%。转移输出农村劳动力8.27万人次,实现劳务收入4.6亿元。全区植树造林1 000公顷,美化、绿化村屯公路2 098公里,实施奢岭街道东营村拦河闸二期工程等水利工程。新建"三清三改"示范屯56个,沼气池128个,新建农家大院12个,新增"五有"农民夜校38个。屯务理事会覆盖率100%,新发展鹿业、蔬菜、农机等新型经济组织30个,农户覆盖面达到45%。

【城市化进程】 1. 基础设施。2007年,投资8 300万元的东双阳大街延伸工程竣工通车,投资2 040万元改建居民巷道48条,岭上集中供热工程投入使用,净水厂项目开工建设。投资3 946万元改造奢新公路等农村公路92公里,维修长清公路等各类公路299公里,长双烟铁路工程累计完成投资总额的92%。2. 管理水平。理顺了市容环卫管理体制,建立了责任制,组建了保洁公司。规范出租车和机动三轮车管理。依法加强土地管理,收购储备土地40公顷,盘活存量建设用地25公顷,收缴土地出让(租)金5 700万元。3.人居环境。2007年,全区棚户区改造完成拆迁面积12万平方米,沿河南区回迁楼主体封闭。投资1 000万元,完成杏树河护岸工程的年度任务。投资350万元,高标准完成"一街五路两广场"绿化、居民小区绿化以及8块绿地建设任务,城区新增绿地2.3万平方米。投资140万元,完成垃圾处理场除险加固工程,新建垃圾中转站6个。城区烟尘处理率达到92%。

【民生工程】 2007年,全区实施民生行动计划,10项85件实事,到年末全部落实到位。1.改善人民生活。全区城镇单位在岗职工年平均工资1.57万元,比2006年增加21.1%。城镇居民年人均可支配收入达到8 800元,农民人均纯收入5 500元,分别比2006年增长11.4%、9.8%。城乡居民储蓄存款余额达到24亿元,比2006年增长11.1%。2.保障体系。城镇新增就业人员4 512人,城镇登记失业率控制在3.8%以内,城镇居民医疗保险参保人数达到6.82万人。城镇职工养老保险覆盖面达到95%,全区最低生活保障户达到1.3万户。义务教育阶段学杂费全部免除。新农村合作医疗参保人数21.4万人。3.社会事业协调发展。技术研究与开发经费18万元。省中药材可持续发展(双阳)基地获得批准建设,引进推广科技新成果28项,进步贡献率达到49%。普通中学29所,普通小学126所。教育经费总额1.59亿元,比2006年增长30.4%,投资835万元改善农村危倒校舍5 395平方米。初中升高中学生入学率达到38.81%。率先在长春市完成教育内部管理体制改革。双阳区文体活动中心工程启动。现代评剧《三嫂》荣获国家"五个一工程"入选作品奖。农村有线电视用户发展到1.8万户。人口和计划生育工作扎实开展,人口自然增长率控制在6.6‰以内。云山社区卫生服务中心投入使用,"一中心带三站"社区卫生服务格局形成。4.社会秩序。进一步完善矛盾纠纷排查调处机制,各类信访矛盾有效化解。公开电话办结率达到98%。格林巴利综合症得到有效控制。完善突发公共事件处理机制。社会治安综合治理被省评为平安县(市)区。

【民主法制建设】 认真执行区人大及其常委会决定,主动接受区人大法律监督,工作监督和区政协民主监督。人大代表建议、政协委员提案217件,办复率100%。密切同民主党派无党派人士的联系。"四五普法"和"三五普法",依法治区工作成绩显著,人民调解和法律援助工作不断加强。"一推双帮","四建双塑"等精神文明创建活动深入开展,城乡文明程度明显提高。严打整治战役全面展开,公安系统接访工作扎实有效。实行了区长办公例会制度,对重大问题、重大事项实行集体决策,行政决策效率和质量明显提高。

(岳　林)

2007年双阳区国民经济和社会发展主要指标完成情况

指标名称	单　位	实际完成	与2006年比增减%
地区生产总值	亿元	69.6	18
第一产业增加值	亿元	11.9	17.4
第二产业增加值	亿元	26.3	20.6
第三产业增加值	亿元	31.4	16.2
全口径工业总产值	亿元	71.4	22.3
农业总产值	亿元	19.8	15.9
全口径财政收入	亿元	3.09	33.4
本级财政收入	万元	9 534	30.9
固定资产投资额	亿元	52.1	46.1
社会消费品零售额	亿元	19.22	18.1

续表

指标名称	单　位	实际完成	与2006年比增减%
实际利用外资额	万美元	3.11	10.8%
个体私营企业	万家	1.01	
民营经济总产值	亿元	134	25%
城市人均可支配收入	元	8 800	11.4%
农民人均收入	元	5 500	9.8%
普通中学数	所	29	
普通小学数	所	126	
医院、卫生	所	14	
教育经费总额	亿元	1.59	30.4%
技术研究与开发经费	万元	18	
医疗卫生	万元	4 289	53%
城区绿化覆盖率	%	41.5	
人口自然增长率	‰	6.6	

人 物

人　　物

中科院院士

【刘兴土】 1936年9月生于马来西亚，现任中科院长春地理研究所所长，原籍福建省永春县，系归国华侨。早在1949年2月，他在中共地下党的教育下，在永春县加入共青团(未公开)，1954年加入中国共产党。1955年9月考入东北师范大学地理系，曾被学校派到北京农业大学苏联专家(农业气象专家)讲习班学习，1959年9月留在东北师大任教，1960年6月被评为国家文教群英会先进工作者。现任中科院长春地理研究所所长、研究员。他是中国海洋湖沼学会和中国地理学会理事，中国著名地理学家，中国科学院农业研究会委员。1986年当选吉林省劳动模范，1988年被评为国家级有突出贡献的中青年专家。1989年评为全国优秀归侨知识分子，吉林省侨联知识分子工作委员会副主任。2007年当选中科院院士。

他以沼泽、区域气候和区域开发为研究方向。在沼泽研究方面，自1973年开始承担国家关于三江平原与沼泽化荒地综合考察任务。他先后任穆棱—兴凯平原考察队队长；国家三江平原科技攻关专家委员会成员；“沼泽地综合开发试验示范”攻关负责人。上个世纪70年代末，他主持三江平原自然环境变化与合理开发研究，针对当时开荒造成干旱和将引起“黑风暴”等论点，提出不同意见，明确指出：上世纪70年代末的干旱，主要是旱涝交替规律所致。上世纪80年代进入多雨期，他的论点被实践证明是正确的，为此他写出论文在联合国刊物上发表，并获中国科学院科技进步二等奖和国家科技进步三等奖。1987年以来，他撰写《三江平原进一步开发的建议》，报送国务院，成为国家决策的重要依据，并在5 000亩试验区建立稻、苇、鱼复合人工生态系统，取得明显的生态效益和经济效益，成果达到国际上世纪80年代先进水平。因而受到国家计委、国家科委和财政部的表彰，获中国科学院科技进步二等奖。

在区域气候研究方面，他侧重东北地区和各省气候的研究。70年代，他与东北三省气象局协作，进行东北气候考察，主编了《东北军事气候志》，确定了军事气候指标；分析了东北区气温、地湿、冻土、江河水情、水情、降水、积雪、地面风、云雾、能见度、特殊天气、空中气候、海区气候和水文，地面植被和道路分布与变化规律。这项研究获1978年吉林省科学大会奖。80年代，他参与《东北气候》的编纂工作，任副主编。

在基础理论研究方面，他承担《中国沼泽类型、特征和形成演化及合理利用研究》，并与他人合作撰写了学术论文“中国沼泽类型、特征及合理利用”一文，在国际湿地会议上宣读，备受好评，全文收入该会议的论文集。

1983—1985年，他与王本琳、赵华昌等科技人员同有关单位协作，对三江平原地区农业自然资源复查，采用遥感新技术与实地调查相结合的方法，全面完成了土地资源、土壤资源、森林资源、草场资源、植被资源、沼泽资源、芦苇资源、泥炭资源、水产资源、野生经济植物、野生动物资源和土地利用现状复查任务。在此基础上，提出农业合理开发综合治理若干建议。共编制了1套1∶20万、9套1∶50万和百余幅其他比例尺的资源利用图，提出了资源评价、条件说明及合理开发利用建议报告36份。各项成果已经在黑龙江省政府制订三江平原总体开发方案中全面应用，也为国家经济发展战略决策和有关部门制订规划提供了科学依据。这项成果于1986年、1987年先后获中科院科技进步二等奖、国家科技进步三等奖。

(李长海)

中国工程院院士

【任露泉】 现任吉林大学农机学院教授，江苏省铜山县人。1944年1月出生，1967年毕业于吉林工业大学，1981年吉林工业大学拖拉机专业硕士研究生毕业。现任吉林大学农机学院教授、博士生导师;吉林大学地面机械仿生技术教育部重点实验室学术委员会主任。2007年12月当选为中国工程院院士,中共党员。他曾指导博士研究生5名,博士后1名。他被授予"吉林省优秀教师"光荣称号。他是中国农业机械学会副理事长、地面机械系统分会理事长、中国现场统计学会常务理事;中共吉林省委、省政府决策咨询专家、吉林省农业机械学会理事长、吉林省现场统计学会理事长;他兼任亚洲农业工程学会(AAAE)副主席;国际地面车辆系统学会(ISTVS)中国国家代表;教育部科技委员会工学一部副主任。还兼任"Journil of Bionic Engineering"主编;《吉林大学学报(工学版)》主编、《农业机械学报》副主编。

他长期从事仿生科学与工程研究,先后主持国家和国际合作科研项目20余项,是吉林大学农业机械化工程国家重点学科和仿生科学与工程博士点的学科带头人。在仿生科学方面,发现生物脱附减阻特征规律,开拓农业机械、地面机械仿生设计方向,研制出减粘犁壁、防粘镇压辊、减摩活塞、耐磨轧辊和钻头等多种仿生产品,获省(部)级科技进步二等奖以上奖励9项;申请和授权国内外发明专利31项;出版著作两部;已发表学术论文300余篇;已培养跨学科博士(后)36人,其中15人被遴选为博士生导师。他先后被评为国家级有突出贡献的中青年专家;曾荣获中国农业机械发展贡献奖;振兴东北老工业基地特殊贡献奖和全国"五一"劳动奖章。2007年12月当选为中国工程院院士。

(李长海)

全国五一劳动奖章获得者

常振臣　男　长春轨道客车股份有限公司铁路客车开发部　高级工程师
张宪彬　男　长春市绿园区园林管理处　处长
路亚兰　女　长春市南关区长通街道龙兴社区书记
王景富　男　长春市公安局宽城区分局纪检组组长
程传海　男　一汽启明信息技术有限公司　总经理
周岳海　男　中国南方航空股份有限公司吉林分公司　总经理
丛连彪　男　皓月集团　董事长

第十二届 中国青年五四奖章获得者

【王洪军】　一汽大众汽车有限公司轿车一厂焊装车间返修工段工段长。他是团省委推荐的我省优秀青年代表。作为一名"轿车车身"钣金整修调整工,17年来,他在平凡的工作岗位上勇于创新,发明了"王洪军轿车钣金快速修复法",研制了钣金整修工具40多种2 000多件;掌握了国际展车最高等级Q1标准的制作工艺,取代外国专家,实现了自主做展车。自2001年以来,为企业创造经济价值3 400多万元。他的奋斗历程和先进事迹,是全省广大青年学习的榜样。

第十八届中国十大杰出青年

【吴　强】　1972年6月出生,中共党员,研究生学历,吉林省公安厅反恐怖工作办公室副主任。1996年毕业于吉林大学,先后取得了计算机学士学位和法学硕士学位,同年到吉林省公安厅工作,他是吉林省首位国际维和警察。他先后出征东帝汶、科索沃执行联合国维和任务。2005年任中国维和警察科索沃警队队长,指挥侦破5起影响巨大的国际恐怖案件,36起重、特大刑事案件,抓获恐怖分子19人,解救被绑架人质8人。代表中国警察参加了50多次联合国特派团的重要会议;代表中国警队参加"国际军警武装越野挑战赛"并勇夺金牌,在国际警界树立了高素质中国警察形象。获联合国任务区司法公正奖,是第一个获得该奖项的亚洲警察。获东帝汶政府特别贡献奖、科索沃政府特别贡献奖,2007年获中国青年五四奖章。

全国三八红旗手标兵

【郭立群】　中国第一汽车集团公司技术中心商用车部主查。1962年12月出生,中共党员,硕士学位。郭立群先后从事汽车科研、总成设计及整车开发工作,共完成"奥威"及"悍威"产品系列、专用车底盘等140余种车型的产品开发工作,解决产品质量问题100余项,实现降低成本1亿元。她提出同系列不同轴距载货车设计,减少了横梁品种和模具费用,通用件达98%以上。她在国内首次采用QFD方法,并运用到承担的国家“863”项目中,进行重型商用车产品策划,采用逐层对标的方法,为中国汽车工业积累了丰富的基础数据。她设计开发的“解放J6H”超级重型牵引车,可媲欧洲一流产品,在2005年上海国际汽车展上受到外国专家的高度评价。她先后获得中央企业巾帼建功立业标兵、全国巾帼建功标兵、吉林省五一劳动奖章等荣誉称号。

全国三八红旗手

赵丽华	长春市人民检察院侦查监督处副处长
金惠茹	吉林大学农学部后勤处公寓管理部管理员
李东明	长春公交集团北达汽车公司三车队驾驶员
郎丽伟	吉林省长春市绿园区至爱老年医疗护理院院长
张茹珍	榆树市弓棚镇养鸡协会会长、茹珍孵化厂厂长
贾丽娜	长春市妇联主席
徐雅娟	吉林省中医药科学院国家中医药管理局重点实验室主任
张春茹	吉林省南湖宾馆总经理
何惠阳	中科院长春光机所研究员

第十二届中国杰出青年农民

【张雨军】 32岁,一个普普通通的农家子弟,在商海里靠自己百折不挠的拼搏精神,不断发展壮大企业,倡导合作经营理念,为惠及百姓,造福社会做出了突出贡献。为此,他本人连续两年被团中央、农业部评为“全国农村青年创业致富带头人”,2007年他又成为吉林省第五届五四青年奖章获得者;他的企业被中国工合国际委员会加拿大合作协会评为“项目试验合作企业”、被市政府授予“打造牧业大产业、建设牧业经济强市先进单位”荣誉称号;企业产品被认定为“第六届中国长春国际农业、食品博览会名牌产品”。

全国道德模范

【刘国江】 42岁,全国助人为乐模范,中共党员,吉林省长春市二道区国家税务局工人。从1986年起,刘国江先后义务照顾100多位孤寡老人。在部队服役期间,他常去看望、照料驻地的五保户王妈妈,为老人拆洗被褥、打扫房间,用自己有限的津贴给老人买罐头和蛋糕。老人感动得哭着对邻居讲:“我有儿子了,我有了一个当兵的好儿子!”

转业后,除了照顾孤寡老人,刘国江还有许多扶危济困、助人为乐的事迹被传为佳话。2001年,他及时把在一起交通事故中受伤的长春市某学校学生陆遥送到医院,并交付治疗费;得知白血病患儿顾小青需要资助,他送去了800元钱。2002年9月,听到见义勇为英雄胡广胜身负重伤住院的消息后,他立即前去探望,将身上仅有的500元钱全部捐出,自己连坐车的钱也没留,徒步回到单位。2003年2月,他把刚领到的1 000元工资,捐助给长春市第三十四中学的几位贫困生。2005年,印度洋发生海啸,他捐了1 000元钱。可是,夫妻俩至今住着租来的房子。刘国江先后被全国总工会授予全国五一劳动奖章,被吉林省慈善总会命名为吉林省慈善先进个人。

全国道德模范提名奖

高宣文(满族)	吉林省长春兴业监狱工作人员
王荣华(女)	吉林省王荣华体育彩票诚信投注站负责人
王洪军	中国一汽集团公司一汽－大众汽车有限公司轿车一厂焊装车间返修工段工段长
王春艳(女)	吉林省长春市宽城区奋进乡一间堡村村民

2007年全国模范教师

邵永存	长春市实验中学
李大雁(女)	榆树市实验高级中学

娄洪珍(女) 长春市第十中学
裴东河(朝鲜族) 东北师范大学
史丽英(女) 长春市解放大路小学
滕利荣 吉林大学
王 成 吉林省第二实验学校
杨华民 长春理工大学

2007年全国优秀教师

李海英(女) 长春市第二实验小学
韩喜平 吉林大学
苗 晶(女) 吉林华桥外国语学院
艾庆华(女) 东北师范大学附属小学
蔡文国 东北师范大学附属中学
杜 逊(女) 长春市第六十中学
韩秋红(女,满族) 东北师范大学
胡 明 长春工业大学
李彦生 长春市第二实验中学
林武英(女) 东北师范大学附属实验学校
宋 慧(女) 吉林农业大学
孙成群 长春外国语学校
滕淑艳(女) 德惠市五台乡中心小学
王登峰 吉林大学
王 薇(女) 长春市第一实验小学
王玉清(女,满族) 九台市第三十一中学
许雪飞 长春市第一外国语中学
杨光辉(女) 长春市希望高中
杨 萍(女) 吉林大学
衣文辉(女) 城市建设学校
张玉晶(女) 长春市宽城区奋进中心校
张月秋 农安县实验中学
赵淑丽(女) 长春市双阳区第一实验小学

吉林省五一劳动奖章获得者

夏振林 长春轨道客车股份有限公司车间班长
费世波 中国网通(集团)有限公司吉林省分公司维护中心主任
谢仁启 中国农业发展银行吉林省分行营业部营业室副经理
刘 卫 长春市急救中心主任
李淑丽(女) 榆树市第二实验小学副校长
孙红菊(女) 长春市朝阳区卫生保洁管理处保洁员
计春雷 长春一汽四环集团有限公司大众物流中心部长
滕少锋 长春市机械工业学校校长
戴久来 长春市第二中学校长
王相暘 长春电力集团有限公司高级工程师
刘永才 九台市职业教育学校校长
周振海 中国人民银行长春中心支行行长
贺振明 吉林省新华书店长春市有限责任公司董事长总经理
徐邦兆 德惠市反贪局局长
谭 历 长春建工集团董事长
李福顺 长春水务集团总经理

第五届吉林青年五四奖章

王洪军 一汽—大众汽车有限公司轿车厂一厂焊装车间返修工段工段长
庄谦宇 吉林电视台新闻中心主任
李 波 长春市邮政局发行投递局桂林投递室投递员
张学军 长春光学精密机械与物理研究所光学技术中心主任
金仁顺 长春市文联专业作家

第三届吉林省十大杰出母亲

【王 清】 吉林大学建设工程学院博导、教授。她把母爱注入她的在校研究生(40名左右)大家庭的工作中。自己出资由儿子在网络上建立研究生通讯录论坛、QQ群等与孩子们沟通,每周组织学术会等,关注孩子们的健康与课余生活。每年出资组织新老学生篮球比赛、元旦晚宴,为孩子们联系用人单位,使每一位同学都得到非常好的就业岗位,还用自己的爱心扶助贫困学生多名。她倾心培养儿子,儿子连续获国家、省、市数、理、化、英文、计算机竞赛奖励20余次、被免试推荐进入北京大学学习。

【李东红】 省政府办公厅银行处副处长。她精心培养女儿,使孩子得到全面发展。主要做法是,讲平等做朋友,尊重孩子的主体地位;注重兴趣引导,推动孩子学习均衡发展;给动力不加压,激励孩子进取向上;鼓励广泛参与,注重孩子的能力培养;言传身教,培养孩子的良好行为操守。女儿多次被评为学习标兵、优秀学生干部。2006 年中央电视台举办的全国中学生英语能力电视大奖赛中获银奖。她在工作上尽职尽责,仅去年就参与了重组城市信用社股份公司、东博会接待等多项工作,被东博会执委会评为"先进个人一等奖",多次被评为"优秀公务员"和"优秀共产党员"。

第三届吉林省优秀母亲

【陈玉珍】 长春市二道区东站十委社区个体业户。在党的富民政策指引下,作为一名下岗女工,她毅然走上创业之路。几番风雨,几经拼搏,依靠诚信和汗水,她走上了致富路,月收入达万元以上。她对自己的孩子要求非常严格,教育孩子勤俭节约,不奢侈、不浪费,而且把一片爱心献给了农村贫困儿童。从 1997 年起,她为社会贫困学生无偿捐献了价值 30 万元的学习用品。陈玉珍一家先后获长春市公益性家庭、全国、省、市和谐家庭称号,2007 年陈玉珍被评为促和谐感动长春十大魅力女性。

【王淑娟】 吉林省医院护士、长春市星光特殊儿童训练中心院长,一个自闭症孩子的家长。2003 年 4 月她用全部的心血和财产建起了长春市第一家自闭症矫治中心。4 年来,中心由最初的只有一个孩子发展到现在月平均 50 人次以上,由原来只有 150 平方米的面积发展到1 500平方米,由原来只有一个专业教师到现在的 24 名教职员工。到目前为止,中心接待家长咨询上万次,接受康复训练的儿童有 260 多人。全国各地的孩子经过强化训练,已有 5 名学龄儿童进入正常学校上学,有 80 多名训练之前幼儿园拒收的孩子,训练半年后都重返幼儿园。在医院她是一个救死扶伤的白衣战士,在星光她是挽救无数患儿及家庭的无名英雄。

【岳　岩】 省公安厅信息通信处党支部副书记。从警工作 22 年,她立足公安基层党建工作,以加强基层党组织建设和党员政治思想教育为己任,充分发挥了党支部战斗堡垒和党员先锋模范作用。她的女儿,现任边防总队宣传处干事,由于工作突出,荣立三等功一次,评为全省边防部队最佳"十大宣传骨干"。她孝敬公婆,长期资助和关心患有精神病的小叔子一家生活,小叔两个孩子一个大学毕业参加工作,一个去年考取了吉林大学光电子专业。她多次被评为省"优秀党员"、"巾帼建功先进个人"和"优秀女警官"等荣誉称号。

吉林省十佳女职工标兵

崔玉梅　长春皓月清真肉业股份有限公司屠宰车间副产品班班长

曹　然　长春长客进出口有限公司出口二部经理

梁　丰　吉林省公安厅行动技术总队情报信息支队支队长

关尚敏　吉林省第二实验学校党总支书记兼副校长

吉林省首次表彰十佳农民工

【吴朝有】 44 岁,吉林省农安县人,长春市万泰劳务有限责任公司木工。十几年来,他在建筑行业工作勤恳、作风朴素、勤于钻研技能,成为建筑行业装饰木工的先进典范。作为长春市万泰劳务有限责任公司木工,他荣获各类奖项、光荣称号达十几个。2006 年 8 月,吴朝有参加了长春市"新星宇杯"首届建筑职工职业技能大赛,凭借高超精湛的技术,获得长春市建设行业技术能手,同时获得高级技师职称;同年 9 月,代表吉林省参加由建设部、劳动和社会保障部、全国总工会、共青团中央委员会举办的大赛,获得全国建筑职业技能大赛三等奖和建设部全国建筑行业技术能手称号;2007 年 9 月参加了长春"建工杯"第二届职业技能大赛,获得了长春市建设行业技术能手、长春市杰出青年岗位能手称号、长春市总工会"五一"劳动奖章等三项称号。

【潘德江】 德惠市郭家镇团山村人,吉林省第一建筑公司第六分公司一名农民工,农民工程师职称。1983 年,由于家境贫寒,他学习了砌筑抹灰技术,到长春市工地开始打工。务工之初,在夹缝中拼搏求生存，成为一名建筑行业的能工巧匠。他组建了一支技术过硬、分工科学、人员稳定的施工队伍。这几年他先后在中建六局二公司、长春东亚建筑工程有限公司、吉林省第一建筑公司第六分公司工作过，先后参加了长春市政设施管理处住宅，吉林省政府45号楼，辽源煤城塌陷区住宅楼，德国蒂森（长春）有限公司办公楼等20多个项目的建设，是建设单位眼里最讲信誉的施工队长。他出色的技术、诚信的品格、勤奋的精神赢得了所有领导和工友们的信任和支持，成为家乡致富的带头人。这些年他直接带出打工的农民工达到了3 000多人，他出资十多万元无偿为家乡修建了5公里长的红砖路。

吉林省优秀教师

于欣华　榆树市第四小学
高　兰　长春市农安高级中学
张　辉　长春市东方实验中学
李　蕾　长春市第七中学
娄洪珍　长春市第十中学
姜晓秋　长春市聋哑学校
刘丽萍　长春市第二实验小学
陈玉杰　长春市实验中学
刘晓军　长春市第一中学
王国年　长春市第六中学
金丽红　长春市朝鲜族中学
王占秋　长春市第四中学
韩景龙　长春市第二实验中学
潘　跃　长春市第十九中学
王本辉　长春市第二中学
杨　柳　长春市第九十八中学
朱　晶　长春市第一〇三中学
王　敏　长春市第一〇四中学
高洪梅　长春市南关区东四小学
邢春文　长春市南关区平泉小学
李春娣　长春市第一〇四中学小学部
安晓波　长春市朝阳区明德小学
孙桂瑾　长春市第四十五中学
姜影革　长春市第九十中学东校
付淑萍　长春市解放大路小学
李华昌　长春市第六十八中学
田　丹　长春市解放大路小学
周　晶　长春市第七十二中学
杨亚东　长春市宽城区教师进修学校
王红丽　长春市宽城区天津路小学
刘晓利　长春市宽城区浙江路小学
肖　锐　长春市宽城区南京小学
马春波　长春市公共关系学校
张洪玲　长春市绿园区绿园小学
陈　池　长春市第八十七中学
苏凤杰　长春市绿园区宁静小学
沙秀英　长春一汽集团公司第六中学
陈江秋　长春一汽集团公司第九中学
邸瑞莲　长春市第一外国语中学
王艳君　长春市第一外国语中学小学部
陈文信　长春市第八十二中学
朱桂荣　长春市第八十二中学
杨立萍　长春市二道区东盛小学
韦新华　长春市第五十三中学小学部
贾海君　九台市实验高中
李　平　九台市营城第一高级中学
张丽萍　九台市第三中学
牛跃佳　九台市第五中学
杨晓阳　九台市实验小学
宋国英　九台市苇子沟镇中心校
赵清山　九台市波泥河镇中心校
王玉清　九台市第三十一中学
刘桂芹　榆树市第三小学
王连仲　榆树市环城乡双井中学
朱立娟　榆树师范附属小学
牟丽敏　榆树市谢家乡中心小学
夏秀清　榆树市第一中学
刘立国　榆树市五棵树第二中学
徐秀丽　榆树市第二小学
邢珍侠　德惠市第八中学
周德金　德惠市实验中学
张金凤　德惠市五台乡中心小学
高雅琴　德惠市第二十八中学
姜　莹　德惠市第二十九中学
张亚荣　德惠市实验小学
王丽华　德惠市第二十九中学
丛景华　德惠市天台镇中心小学
刘桂艳　长春市第一五二中学
陈玉梅　长春市第一六〇中学

李丽君　长春市第一六三中学
魏宝新　长春市第一五三中学
聂国权　长春市双阳区教师进修学校
庞立民　农安县合隆镇初级中学
李树田　农安县万顺中学
陈忠学　农安县合隆高级中学
康　红　农安县哈拉海镇中心小学
刘艳波　农安县第一中学
张慧玲　农安县实验中学
朱亮恩　农安县第三初级中学
郭凤梅　农安县实验小学
郭淑秋　长春外国语学校
李明霞　吉林大学附属中学
李　华　东北师范大学附属实验学校
李辉来　吉林大学
彭向刚　吉林大学
赵振全　吉林大学
李青山　吉林大学
代文跃　吉林大学
于秀敏　吉林大学
孙吉贵　吉林大学
杨晓虹　吉林大学
滕玉梅　吉林大学
宋冬林　吉林大学
张梅生　吉林大学
王恩波　东北师范大学
陈　才　东北师范大学
肖玉山　长春大学
王丽荣　长春理工大学
郭久柱　长春工业大学
王丕武　吉林农业大学
邹建奇　吉林建筑工程学院
孙　石　长春工程学院
王晓菊　长春师范学院
石秀丽　吉林工程技术师范学院
张　立　长春税务学院
李　娜　吉林艺术学院
崔越莉　吉林体育学院
赵艳玲　长春汽车工业高等专科学校
陈敬慧　吉林粮食高等专科学校
杨　克　长春医学高等专科学校
段迎春　长春金融高等专科学校
张伟光　吉林财税高等专科学校
韩　杰　吉林商业高等专科学校
朱红艳　吉林公安高等专科学校
刘　锐　吉林交通职业技术学院
苏兴志　吉林司法警官高等职业学院
杨佐义　吉林省教育学院
吴　宁　吉林广播电视大学
林媛英　吉林省经济管理干部学院
郭学贤　吉林对外经贸职业学院
杨云母　长春税务学院信息经济学院
矫　强　吉林艺术学院动画学院

吉林省第三届创业先锋

张立伟　长春国贸集团总裁
郭　丽（女）　长春市紫玉木兰工艺有限公司总经理
曲连琴（女）　吉林天药科技有限公司总裁
郝晶祥　长铃集团有限公司董事长
李洪祚　长春理工大学电信学院系主任
李云凤（女）　长春市双阳区齐家镇张家村农民
董文立　榆树市旺角广告有限公司总经理
张　松　吉林省生源堂参茸科技有限公司总经理

长春市五一劳动奖章获得者

静国松　中国第一汽车集团公司一大众
朱久安　中国第一汽车集团公司进出口公司国际物流中心生产控制部
程　峰　中国第一汽车集团公司进出口公司国际物流中心生产控制部
伊春志　中国北车集团长春轨道客车股份有限公司调试车间
孙　磊　长春市纸张试验机厂
时玉利　大唐长春第二热电有限责任公司燃运分场
田　洋　长春客车厂技术部
韩立新　国电吉林龙华长春热电一厂发电部
王国友　长春电力集团有限公司变电工程分公司
陈志民　吉林省电力建设总公司起重机械化公司
张立新　长春试验机研究所有限公司技术开发部

孟庆洪　吉林东光集团有限公司吉林东光精密机械厂
强永东　长春印刷机械责任公司技术中心
李桂荣　杭州机床集团长春一机床有限责任公司
李　岩　长春供电公司二道分公司
李东强　长春供电公司
白大成　长春三友汽车零部件制造有限公司
李广忱　长春羊草煤业股份有限公司
刘玉明　吉林亚泰(集团)股份有限公司足球俱乐部
韩　强　吉林省送变电工程公司国际公司
周志弘　长春市热力(集团)有限公司供热经营公司
魏　富　长春水务集团城市排水有限责任公司
段　迪　长春市建设工程质量监督站
李　丹　长春市水务集团朝阳供水服务公司
赵　岩　长春燃气股份有限公司客户服务中心
王延亮　吉林省地质环境监测总站
宋绍军　吉林省勘察地球物理研究院
姚维生　长春建工集团有限公司
张立平　长春城市开发集团有限公司
张景春　长春市南华投资有限公司
任晓强　长春市市政工程设计研究院
田金运　吉林省东兴建设开发集团有限公司
宋海辉　中国石油吉林长春销售分公司长春市经营处
孙革非　长春市灯泡电线有限公司分厂
楚　侨　长春喜洋洋旅行社有限公司
邹学臣　长春市长运集团有限责任公司后勤管理科
于洪岩　长春市农村信用合作社营业部营业室
朱　盈　吉林省环球旅行社外联部
邝　山　长春吉昌集团有限公司营业部
马　俊　中化地质矿山总局吉林地质勘察院
李彦君　长春市环城农村信用合作联社
张立伟　长春国贸集团有限公司
宁晓辉　长春市第六中学
李阁亮　长春市冬季运动管理中心
李　滨　长春市评剧团
孙跃军　东北师范大学附属小学
宋延文　长春市第二实验中学
李志瑶　长春大学
付景川　吉林大学
柳克祥　吉林大学第二医院心血管外科
朱　泓　吉林大学边疆考古研究中心
于兴伟　长春市实验中学
陈金锁　长春市第十中学
袁敬伟　吉林建筑工程学院
于乃博　长春市中医院
高玉堂　长春市儿童医院
王丽娟　吉林百合口腔医院
黄晓平　长春市朝阳区富锋镇医院
杨春福　长春市第六十八中学
杨　柳　长春市朝阳区园林管理处
王玉亮　长春市福锋冲压件有限公司
王舒林　吉林省吉宇教育投资发展有限公司
左桂荣　长春市南关区东长小学
孙晓辉　吉林省农电有限公司长春城郊分公司
宿凤龙　长春市南关区城市管理行政执法局
朱海峰　吉林华信大众集团有限公司
陈慧娟　宽城区南京小学
曲海龙　长春市公安局宽城区分局政治处
王玉和　长春市上台实业(集团)有限公司生产经营部
司　军　长春天润实业集团有限公司
李　悦　长春市东盛小学
杨宇光　长春市二道区八道小学
邵宪文　长春市腰十小学
王宏宇　长春市第五十二中学小学部
敬连财　绿园区环境卫生保洁管理处业务科
王　友　长春市至爱老年医疗护理院
马英杰　长春市建设技工学校
高炳娟　吉林省安达汽车贸易有限公司
王立新　榆树市运输管理所
徐学军　榆树市气象局
李会祥　榆树市农电有限公司
滕润吉　吉林省烟草公司长春市公司榆树分公司
穆晓森　榆树市医疗保险管理中心
皮万青　榆树市原种场
刘　成　榆树市农村信用合作联社
李树本　农安县公安局交警大队
徐　廖　农安县实验小学
曲晓光　农安县职工教育中心
姚凤清　农安县国土资源管理局
吴晓东　吉林东晨科教设备有限公司
王永强　德惠市城市环境卫生管理处
王树新　德惠市公安局
王树岩　德惠市公路管理段
王志国　德惠市农电有限公司

骆亚晶　德惠市城区卫生防疫站
刘国栋　德惠市鑫雨水泥有限责任公司
王雪峰　九台市城市管理行政执法局城管监察大队
施永刚　九台市供电分公司
张玉光　九台市市政公司直属施工队
陈爱秋　九台市地方税务局
常天河　九台市农电有限公司
王国忠　长春市双阳区八面石煤矿
毛福山　长春市双阳区社会福利院
王　伟　长春市双阳区中医院
尹志成　长春市第一五二中学
赵翠茹　长春市经济开发区威海小学
徐殿民　长春电信工业有限公司
林长友　长春禹衡光学有限公司
翟黎明　长春汽车产业开发区东风街道文光社区
马秀荣　长春净月开发区汽车文化园管理局
任日红　长春净月开发区城市管理行政执法局
张　峰　长春市教育局督导室
尉永军　长春市城乡建设委员会建筑工程处
杨四蓉　长春市政府采购中心办公室
王向伟　长春市地方税务局征收管理处
王宝柱　长春市公安局朝阳区分局义和路派出所
赵　勇　长春市公安局有组织犯罪侦查队
闫景良　长春市水源治安分局治安科
胡金畴　长春登峰成套电气有限公司
生明宇　长春市朝阳区吉航海港海鲜酒店
安　军　长春市教育局督导室
王大力　长春市社会保险局
周吾军　长春电视台
郭福中　长春市供电公司
葛　丽　长春市总工会经济技术部
田东升　长春市建委
刘　力　长春市朝阳区劳动保障局
王连仲　长春净月开发区劳动保障局
张广君　农安县政府
郑秀梅　长春市民政局
王希田　长春市发改委综合处
孙振海　长春市发改委投资处
赵家辉　长春市规划局用地审批处
赵首丰　九台经济开发区管委会
李长文　长春绿园经济开发区管委会
李树国　九台市发展和改革局
孙利群　大唐公司第三热电厂筹建处
刘桂凤　长春新大石油集团
孙弘颜　长春汽车产业开发区建设局
安国玺　长春市经委技改投资处

振兴长春老工业基地功臣

竺延风　中国第一汽车集团公司总经理
曹和平　长春欧亚集团股份有限公司董事长党委书记
徐周闻　长春大成实业集团有限公司董事长总裁
董晓峰　长春轨道客车股份有限公司董事长
宋尚龙　吉林亚泰(集团)股份有限公司董事长总经理
丛连彪　吉林省皓月集团公司董事长

振兴长春老工业基地突出贡献奖

李黄玺　中国第一汽车集团公司高级技师
李　骏　中国第一汽车集团公司技术中心主任
潘春胜　中国第一汽车集团公司轿车公司长春齿轮厂精密电子室主任
屈伟健　长春轨道客车股份有限公司品质保证部试验车间主任
聂永军　长春公共交通集团有限责任公司西昌公司19路车驾驶员
刘国江　长春市二道区国家税务局工人
刘伟东　长春市公安局绿园区分局政委
赵福玉　长春市中心医院院长
李建国　榆树市医院院长
冯守华　吉林大学化学学院院长　中科院院士
王之虹　长春中医药大学校长
金　硕　长春税务学院党委书记
孙鹤娟　东北师范大学附属中学校长
龚　玲　吉林省实验中学校长
李国荣　长春市第二实验中学校长
李铁成　长春市第一〇八中学校长
王诚仁　长春市轨道交通有限责任公司董事长
安桐森　长春市热力(集团)有限责任公司　董事长总经理
程传海　启明信息技术股份有限公司总经理
张学财　长春市长瑞汽车冲压件有限公司董事长

　　兼总经理　党委书记
程作平　长春旭阳工业(集团)股份有限公司董事长　总经理　党委书记
李　昌　长春天然气有限责任公司总经理
刘凤春　中国石油天然气股份有限公司吉林长春销售分公司总经理

长春市特等劳动模范

王洪军　方向远　邵玉国　陈美丽　孙玉忠
王　冰　杨晓红　蔡　雷　熊　梅　赵兰坡
荣大奇　李艳芳　陈桂林　路亚兰　王国锋
王　侠　刘兆义　方海涛　田中森　晁　军
黄宇松　邹广田　苏忠民　张德江　于化东
蔡维民　陆　旭　孙文波　贾志丹　姜俊国
高景凤　董　江　王福先　孙学国　于中赤
赵立贵　辛国良　李　奕　谷　克　王慧稳
吕子军　李春生　陈明强　杨树财　王新华
张敏生　齐大鹏　王德友　张义文　董玉杰

长春市劳动模范

马占江　杨俊志　胡启志　张春辉　欧　虹
隋剑平　刘志壮　周博敏　侯吉坤　宋宝峰
明耀东　程雪峰　王铁柱　郝晶祥　苏跃州
娄和新　张　锐　樊立萍　冯忠义　高俊岗
李长春　杜春国　娄彦君　郭福中　石　钰
王　煜　刘兴家　路惠峰　仉继华　王相晹
王　刚　谢立军　李春生　余成跃　罗昭强
夏振林　刘　晶　王　震　单　巍　刘志泰
王旭东　薛世海　孙景明　王　宏　张立臣
范劲风　刘　伟　赵国清　周佩国　矫俊江
宋国华　金叙龙　杨春杰　隋晓兵　王海庭
李千军　于开柱　安铁成　郭立群　吕向东
杨国志　李　路　朱文辉　谢文才　李宗志
程传海　张国强　韩兴长　姚秀丽　韩兴国
汪新军　刘晓东　侯喜凤　杨立群　赵英杰
曲国志　柳恩芬　殷忠庆　彭振忠　于文龙
王义光　李明泉　陈洪光　王　华　费世波
陈继忠　谭　历　姚洪伟　王世超　拱文一
李景波　刘贵全　李晓晶　宋占龙　郭东浦
钱亢木　张凤学　陈喜武　粟学云　王庆军
赵　静　李春云　李凤鸣　薄继荣　任春奎
徐海英　邹万有　李　波　林彩文　李　航
费玉林　郭　华　邹大军　刘程玉　李惠权
范民魁　徐长岭　于　革　孙原安　薛春龙
王永君　金树春　李　仲　刘世文　李建国
侯铁梅　张红军　孟范娟　王雪尧　孔祥涛
梁　罡　田奎武　王雁飞　郝丽娟　史明俊
田相工　赵洪霞　冷路嘉　刘殿福　仲伟军
孙　朋　杨松霖　宋　晖　于洪民　谷庆林
娄志成　客义飞　王庆民　蒋瑞滨　张海涛
王　红　刘玉光　杨　林　于志良　曲慧华
常建华　李丽杰　于恩莹　石济生　曲在玖
谢世忠　周振海　于得力　关国峰　王　光
王　敏　谢仁启　王世超　周春雷　刘　晓
朱向明　韩瑞龙　杨保旭　彭秀芳　盛　勇
王　新　周栾方　付义忠　李晓娟　张晶宇
杨凤艳　赵金友　赵锡忠　邢林利　于　丽
陈玉霞　高立椿　迟呈君　崔玉梅　马德润
王　刚　韩晓峰　赵吉光　高忠礼　徐卫东
吴小峰　孙　革　管　欣　尹景学　王稼之
陈殿仁　王中男　朱　莉　杨晓东　李之吉
金　巍　齐　放　沈艳东　李　桢　李　前
邹立峰　关继英　戴久来　王满旭　林　絮
李树和　于桂华　侯伟昕　卢军良　孙　辉
钟世军　汪洪青　吕　方　周　威　刘慧娟
相世和　杜爱华　李丽红　刘　卫　张新伟
王德颖　李　野　王东跃　孙红菊　孙国军
孙伟超　张　青　王艳梅　关　丽　穆广发
吴显冲　李忠和　曲月媛　东　锋　陈泰先
李维华　刘力辉　崔云鹏　王　勇　沙晓红
郭香莉　初　颖　仲　兵　姜影革　刘鹏举
程明喜　艾桂勤　张生伟　丁国君　张彩文
王振亚　赵春萍　李彦林　王庶民　胡桂兰
李志平　王庆龙　付兆海　何　成　王文昌
姚晓华　任港强　王立华　冯　祥　张洪财
王福忠　韩乃荣　张忠智　孙亚鹃　张国全
张景祥　王晓丽　陈希国　梁彦灵　杜玉秀
张桂杰　董秀云　姚　君　杨　洋　朱金良
李维钧　范永忠　王　军　王玉英　裴立权
王玉萍　王勇钧　洪超英　刘美泉　宋　阳
高庆福　计春雷　邹念章　杨景春　侯玉芳
刘　岩　富　斌　王　库　邱天一　张晓东

李荣久	卢　煜	任雨昌	杜德才	姜亦科
真大伟	李海国	王伟光	张东杰	王　辉
马玉艳	韩　俊	于春涛	徐　才	崔向东
刘淑芬	赵国忠	于连文	宫兆全	张帮国
邢芳权	申洪君	李云霞	刘桂凤	苏显峰
田树臣	林青远	马云富	裴有忠	李桂权
孟庆彪	朱亚萍	徐仁国	于久江	陈孝思
孙有清	杨玉春	董万忠	陈万明	刘生贵
李雨田	王维廷	张雅芬	李绍祥	郭广辉
任长胜	朱　刚	张清林	李崇庆	林　海
娄万华	倪晓东	徐东升	徐邦兆	袁凤山
谢国林	王庆春	刘德富	张万和	尹维增
祁殿春	钱宝玉	郑广燕	郝兴才	吕恩英
杨志山	李晓佳	高　兵	李万成	陈吉光
宋　卓	卢　刚	曲广深	马维田	李彩霞
马忠宽	李　伟	郝大鹏	张　阁	张雅超
李希文	李东山	姜海碧	赵庆祥	李再峰
张文惠	王光辉	刘　岩	李云凤	贾凤森
张树森	陈　新	张颖新	乔玉君	陈海军
卢自强	王德勇	张　林	王洪林	赵全成
谭宝林	任林义	王振球	陈立学	龙士学
尹文福	苏长富	黄德国	孙　力	高仕军
邢跃武	林培田	林崇学	刘丹玥	杨士平
王　健	韩忠仁	赵莉珠	李贵军	李亚杰
谢玉芳	许永光	杨明志	郭忠君	陈建新
刘　力	王玉民	姜宏亮	俞　申	白雪松
刘吉庆	兰喜顺	陶玉平	曹　弛	翟林培
刘志强	周岳海	李东春	于洪才	

2007年度长春友谊奖

奥斯卡(古巴)	长春海伯尔生物技术有限责任公司
杜鲍尔(美国)	一汽集团进出口公司
闵庚勇(韩国)	锦湖轮胎(长春)有限公司
施耐德(德国)	大众一汽平台零部件有限公司
索科洛夫(俄罗斯)	中科院长春应化所
因·卡本特(英国)	市英之辅导语言培训中心
米歇尔·克劳斯(德国)	欧区爱铸造砂芯(长春)有限公司
飒　威(奥地利)	蒂森克虏伯富奥汽车转向柱(长春)有限公司

2007年度优秀外国专家

侯赛因·纳法利(法国)	富奥法雷奥压缩机(长春)有限公司专家
米歇尔·弗洛克(法国)	吉林德莱比奥菲尔氨基酸有限公司专家
碧兰·丝(菲律宾)	长春职业技术学院专家
沈云祥　(加拿大)	吉林华正农牧业开发股份有限公司专家
毕　薇　(英　国)	长春市大卫外语培训学校专家
阳　光　(美　国)	长春美丹佛外语培训学校专家
皮　特　(菲律宾)	长春市天硕语言培训学校专家
文森特　(英　国)	长春市韦思英语教育培训学校专家

第八届长春十大杰出青年

【丁　磊】　36岁,无党派,一汽集团进出口公司出口三部部长,被誉为是谈判桌上的智多星。凭借深厚的汽车专业底蕴、丰富的海外营销经验、出色的沟通能力和语言天赋,针对独联体各国特点,他提出裸价"添衣服"、"因国制宜"、"两条腿走路"等多种战略打法,打开乌克兰、俄罗斯、哈萨克斯坦等独联体地区汽车贸易的大门,实现独联体地区整车出口零的突破,且连续3年以50%递增率快速增长。

【王天雷】　39岁,中共党员,都市动听音乐广播负责人。以独特的主持风格,赢得大众喜爱,所主持的节目连续10年收听率排名第一,他创办的"司机见面日",共接待听众、司机一万余人次,帮助解决实际困难7 000多件,参与尹文娇分娩、抢劫出租车等各类在社会上影响广泛的事件多起,他已经突破了单纯主持人的界限,是长春几万名出租车司机及听众的知心朋友。

【王撬撬】（女）36岁，中共党员。长春市计划生育服务中心主任。在从事平凡的医护人员的过程中，她用自己的行动释义了全心全意为病人服务的真谛，全国卫生系统青年岗位能手，吉林省南丁格尔式护理标兵，创建了长春市不孕不育、优生优育两大研究所，成立长春青少年青春期服务中心，形成了在省内颇具影响力的生殖健康综合服务体系，是长春市人口计生系统服务龙头单位。

【刘晓莹】（女）33岁，中共党员。民航吉林安全监督管理办公室主任科员，她是以平凡诠释不平凡的突出典型，通过微笑、细致、亲情、个性化服务，打造出"金达莱乘务组"等具有行业特色的服务品牌，在飞机遇到突发事件瞬时失速的情况下，迅速扭转控制局面，多次有效遏制可控性不安全事件发生，为国家和企业避免不可估量的经济损失。

【张月柱】 39岁，中共党员，长春市十一高中校长助理，高中数学教育领域的佼佼者，形成了自身独特的教育风格，辅导学生参加全国高中数学联赛，取得4人一等奖、6人二等奖、4人三等奖的好成绩，多次受到中国数学学会的表彰。本人荣获国家级骨干教师，数学特级教师，中国数学奥林匹克优秀教练员，吉林省第二批拔尖创新人才，吉林省第九批有突出贡献的中青年专业技术人才。获长春市政府特殊津贴。

【李　牧】 23岁，中共党员。东北师范大学生命科学学院学生，他是科研创新、全面发展的学生典型，获中国青少年科技创新奖，吉林省唯一本科生获此殊荣，第十届全国"挑战杯"大学生课外学术作品竞赛一等奖。其研究成果受到中科院院士及美国 Wisconsin 大学终身教授高度评价，并发表国际学术论文3篇，中国核心期刊1篇，现已保送北京大学攻读硕博连读研究生。

【杜震宇】 25岁，中共党员，长春亚泰足球俱乐部球员，国家男子足球队队员，作为主力帮助长春亚泰历史上首次登上了中国足球顶级联赛的最高殿堂，为长春赢得了"足球城"的城市名片，受到市委、市政府领导专门表彰。拥有数十万长春球迷，获得国内足球个人最高荣誉"最佳球员"、"中国足球先生"称号。热心公益事业，先后为"sos"儿童村、残障儿童、贫困大学生、抗雪救灾捐献爱心。

【信　重】 42岁，无党派，长春人民印业有限公司董事长，他视企业诚信为第一生命，以德经营，他创办的公司迅速发展成拥有世界先进印刷设备，固定资产达5 000万元，是省印刷业的龙头企业。多次荣获国家、省、市各项荣誉，荣获全国诚信印刷企业、第五届中国包装印刷质量评比金奖。极其热衷公益事业，为榆树、农安等地希望小学捐赠价值30万元的图书，安置残疾人就业40余人。

【宣　澎】 35岁，中共党员，长春市公安局刑事警察支队一大队副大队长。是省公安战线刑侦破案专家，带领干警共破获重、特大刑事案件600余起，打掉犯罪团伙36个，打处犯罪嫌疑人300余名，为国家和人民挽回经济损失达千万余元。5次荣立个人二等功、9次荣立个人三等功，连续6年省、市刑侦系统标兵，被省、市政府授予全市最佳破案能手、全省人民满意警察，荣获"全国优秀人民警察"、市"五一"劳动奖章等荣誉。

【姜　涛】 39岁，中共党员，东光集团吉林汽车制动器厂厂长、党委书记，在国内汽车市场严重滑坡，企业经营面临困境的情况下，他临危受命，大胆推行改革，迅速扭转企业不利局面，实施"大东光"品牌战略，带领企业大打翻身仗，与全国20多家主机厂建立战略伙伴关系，仅2007年一年，企业销售收入逾4亿元，经济增速达30%，企业进入高速发展的全新时期。本人荣获中国兵器工业民品发展突出贡献奖等多项荣誉称号。

第三届长春市十大杰出青年志愿者

【杨　翠】（女）22岁，长春大学特殊教育学院艺术设计05级聋哑学生、聋生学生会主席，2005年成为注册志愿者。被誉为"手语天使"。她出生于一个贫困家庭，自幼就在别人的接济下长大，入学后，她怀着一颗感恩的心，加入了志愿者协会，两年来，坚持和同学们去福利院慰问老人，拿出她勤工俭学赚的钱看望孤儿院的孩子，尽己所能地传递着别人曾经给予她的那份社会关爱。为了让更多的人了解聋人，她坚持用教授手语的方式，让语言不再是聋人与正常人的障碍，一直在学校和周边社区，担任手语课堂的教师，义务教授喜欢学习手语的志愿者。一周二次、一次一个半小时的课程，两年来从没有间断过，已经培训学员2 000多人。

【张德权】 38岁，出租车司机，吉生国际友好志愿者协会会长，2004年成为注册志愿者。被誉为“春城好的哥”。他一直在默默地为展示长春热情、善良的城市形象做着努力。一次服务外籍友人，因语言不通遭遇尴尬的经历，深深地触动了他。他努力学习英语，对在长外籍友人的困难，从来都有求必应。随着外国宾客不断增多，他每天都能接到他们打来的各种求助电话。6年来，帮助外国友人处理各种生活不便逾千次。亚冬会前，他组建了“亚冬会外语车队”，自费编写培训教材、邀请外教培训队员，使车队成员为中外友人提供了良好的服务，被评为“真情奉献亚冬会”标兵车队。他响应“两城联创”工作，带领队员实施了“文明的哥外语和涉外礼仪普及”活动，帮助的哥、的姐提高外语水平、培训服务礼仪，累计培训出租车司机600余人次。

【兰福利】 34岁，回族，中共党员，中国建设银行吉林分行职工，百川流动团员志愿者协会会长，2003年成为注册志愿者。被誉为“爱心白领先行者”。先后被评为中国建行吉林分行十大杰出青年、市优秀社区志愿者、市精神文明建设先进个人、市关心下一代先进个人。他把3/4的休息时间，用在志愿服务事业上。他扎根社区，长期开展服务工作。资助弱势群体的资金达16 000多元，每年志愿服务时间长达1 000多小时，累计志愿服务时间超过6 000多小时。在社区帮助下，他把社区周边来自全国各地的400多名个体商户、打工青年组织起来，建立了全市首个流动团员团委，依托团委建立了青年志愿者协会。他带领协会的青年志愿者，先后开展了文明乘车宣传、农民工维权法律讲座、走访资助社区贫困儿童等大量社会服务工作。

【苏　萍】 （女）22岁，中共党员，2004年成为注册志愿者，长春心语志愿者协会专职志愿者。被誉为“志工头羊”。2003年，她离开江西老家，到长春师范学院社会工作专业就读，入学后不久加入了志愿者协会，进行义务家教、义卖等志愿服务工作。一次走访困难家庭，让她与薛某结成了助残对子，义务担负起瘫痪在床残疾人薛某和他70多岁母亲的帮扶工作。她3年来风雨无阻，用志愿者的热心温暖着这个家庭。“拥有爱是幸福，给予爱是快乐”的心灵体验，让她在大学毕业时，不顾家人劝阻，毅然放弃了回家乡一家银行工作的机会，选择了留在长春，留在仅能给她基本生活费用的心语志愿者协会，做起了一名全职的志愿者，和协会其他3个专职工作人员一起，承担着每年招募1 500多名志愿者、每年200多残疾人和100多单亲儿童的帮扶任务，实践着她做要做一名全职志愿服务工作者的理想。

【尹维增】 44岁，德惠市岔路口镇农民，义务消防队队长，先后被评为2005年感动吉林十大新闻人物、中央电视台《中国骄傲》英雄个人称号。被誉为“义务消防斗士”。2002年，目睹了镇里一次刻骨铭心的灭火失败的经历，使他产生了自己成立义务消防队的想法。他把自家加油站的油罐车改成消防车、购置了消防器材，每年自费3万元，雇用了5名青年做消防员，建立起全国第一个志愿服务消防队。他 把这个消防队当成一项事业。为救火救人，付出了超常精力。他用40多天的时间考察了全镇水源，请了一位退休教师帮他绘制了“岔路口镇防火地图”，向全镇公开消防队电话，无偿地为村民服务。6年来，他为村民消除大小火灾138起，2007年当年出险灭火46起，累计志愿服务1 500余小时，替群众挽回直接经济损失500多万元，服务范围也扩大到两镇两乡51个行政村，覆盖人口近20万。

【孔祥涛】 （女），30岁，中共党员，长春公交集团中兴公司14路驾驶员，2001年成为注册志愿者，先后被评为吉林省优秀团员、长春市劳动模范等荣誉称号。被誉为“爱心大使”。成为青年志愿者以来，她把她的车厢变成了一个流动的爱心服务站。她自掏腰包钱购买了座垫、医药箱、暖水瓶等便民设施，将车厢装饰一新，让乘客真正感受到“家一样的温暖”。为帮助沿线乘客，她在车厢内设立了帮助热线。除了车上必备的服务项目外，她花费大量业余时间，收集资料、制作宣传栏，设立了“生活小百科”、“历史上的今天”宣传栏。一次偶然的机会，她结识了因贫困经常以馒头、咸菜充饥的大学生小高，她从当初仅有的200元月工资中拿出一部分钱来资助小高，帮助小高完成了4年学业。

【吕大光】　35岁，中共党员，长春市公安局行动技术支队团支部书记、八中队党支部书记、中队长，2001年成为注册志愿者。先后荣立二等功1次、三等功4次，市公安局授予的十佳青年等称号。被誉为“爱民使者”。作为一名公安干警，多年来，他一直用无私的爱民情怀，深刻诠释志愿服务精神。他10年如一日的义务照顾了低保户刘某一家，累计为刘某一家资助1万多元。他牺牲节假日休息时间，常年深入部队和社区义务担任法律顾问，几年来，累计宣讲近千课时，受益官兵和群众达8千余人次。在他的感召下，单位的青年民警自发组建了青年志愿服务队，踊跃参与义务献血、绿化植树、义务环保等活动，服务时间达1万多小时。

【于树忠】　32岁，长春市康达医院减肥科主任，2000年成为注册志愿者。被誉为“助残先锋”。他有一段坎坷的创业经历，因患右下肢残疾，最初靠在新民广场上给人按摩维持生计。他在窘迫的生活条件下，潜心钻研中医减肥技术，成为长春一家医院减肥科主任，成功连创减肥记录。2004年，开始免费培训残疾人，并资助残疾人学习针灸术，让他们掌握生存的本领。先后免费培训残疾青年200余人，他们中的大部分现已走上创业、就业之路。他每逢节假日，都坚持去看望有困难的残疾人，先后资助了60多户残疾家庭。无偿为40余名患有严重肥胖病症并且家庭困难的病人提供治疗。

【周春梅】　（女），23岁，东北师范大学城市与环境科学学院学生，东北师范大学红烛志愿者协会会长，2004年成为注册志愿者。被誉为“红烛精神领跑者”。她的事迹在于本色与执著，“学高为师、身正为范”的教育理想，支持了她一直在青少年教育这个服务领域，追求着她作为青年志愿者的梦想。作为东北师范大学红烛志愿者协会的会长，她组织志愿者到学校周边的社区，开展义务家教、社区授课等工作。2006年，她策划了“社区两项”项目，组织协会青年志愿者在多个社区开设了社区爱心课堂，策划了“同伴教育”项目，组织青年志愿者到晨光学校等中小学，开展青少年伙伴式教育辅导。2005年至今，她一直对一名孤儿进行资助。毕业之际，她率先响应团中央“西部计划”的号召，毅然选择了去西部偏远农村，进行为期一年的支教工作。

【张德辉】　40岁，中共党员，长春市第二实验中学高级教师，政教处主任，2005年成为注册志愿者。被誉为“支教行者”。2007年，从教16年的他毅然决然的离开了省城优越的生活条件、率先志愿参加到全市首批支教活动，带领6名教师，来到距农安县40多里的靠山高中支教。没有教职工宿舍，他就吃住在没有暖气的教室中；没有饮用水，他们就步行自己去挑水；每个月仅有的两天休息时间，常常被工作所占用。为帮助教师提高讲课水平，制作教具，联系朋友帮助捐献书籍资料、体育器材，很好地带动当地的教师提升教学水平，使靠山高中的教学水平有了很大变化，也博得了当地学生和群众的信任和赞许。

长春市第七批
优秀青年大学毕业生

工程技术类（11人）

孙俊奇　吉林大学化学学院　教授
王志明　中国第一汽车集团公司技术中心　工程师
王春朋　吉林大学数学学院　教授
黄功平　一汽解放汽车有限公司　助理工程师
马琰铭　吉林大学超硬材料国家重点实验室　教授
孟宪强　长春禹衡光学有限公司　工程师
刘　智　长春理工大学　副教授
巴　勇　启明信息技术股份有限公司　工程师
冯　晶　吉林大学集成光电子学国家重点实验室　副教授
宋　兵　长春轨道客车股份有限公司　工程师
冉　旭　长春工业大学　副教授

农林水牧类（2人）

林　波　长春市农业科学院　农艺师
王宗明　中国科学院东北地理与农业生态研究所

副研究员

社会科学类(2人)

景玉琴　长春税务学院　研究员

刘　畅　长春日报社　主任记者

卫生医药类(4人)

赵阿娜　长春市中心医院　副主任药师

崔久嵬　吉林大学第一医院　主任医师

韩利军　长春市传染病医院　副主任医师

张克飞　吉林省公安边防总队医院　主治医师

文体教育类(21人)

辛万香　长春市十一高中　中学高级教师

刘　明　长春市南关区树勋小学　小学高级教师

赵伟涛　东北师范大学附属中学　中学一级教师

袁　波　长春市第一〇四中学　中学一级教师

许雪飞　长春市第一外国语中学　中学一级教师

高云赤　长春市第五中学　中学一级教师

任继明　长春市第八中学　中学一级教师

刘春玲　长春市实验中学　中学一级教师

王　哲　长春市第十七中学　中学一级教师

修立宏　长春市希望中学　中学一级教师

单　丽　长春市电话教育馆　中学二级教师

王建勋　长春市第一实验小学　小学高级教师

刘　君　长春市第六中学　中学一级教师

翟丽华　长春市第四十八中学　中学一级教师

郭　峤　长春市教育局教育教学研究室　中学高级教师

康玉红　长春市第一中学　中学一级教师

杨　雪　长春市第七中学　中学一级教师

张　岩　东北师范大学附属实验学校　中学高级教师

黄　艳　长春第二实验中学　中学一级教师

孙玉媛　长春第二实验中学　小学一级教师

陈铁力　长春市天宇特长教育培训学校　中学二级教师

长春市三八红旗手标兵

【王桂华】　她是专门研究化学水处理的工程设计专家。二十多年来,同时承担生产、科研、工程主设、工程校核等大量繁重的工作,她担负了国内外20多项繁重的水利工程设计重任。她的研究成果填补了多项国内外空白,获得了巨大的经济效益和社会效益。她以振兴东北经济为己任,用个人水的涓涓细流"设计疏导着经济社会发展的命脉"。

【李蕴棋】　"书生报国无他物,唯有手中笔和刀"。她用真诚的心触摸社会,以犀利的笔记录新闻,以敏锐的思维反映人间真相。她时而出现在轰隆的工厂车间,时而穿行在静谧的田间地头……她用一个知识分子的良知去讴歌真善美、鞭挞假恶丑。她为我们这个城市的繁荣、和谐、开放、美丽劲笔挥毫纵情写意。

【张玉凤】　传承文明的火种,塑造高尚的心灵。她把课堂变成了生命相约遇、心灵相约的人生舞台,用春风化雨般的慈母情,传道、授业、解惑。她在英语教学与研究中求名门、拜高师、远赴国外求学,先后出版20多部书籍和多篇高质量论文。她身患多种职业病,但为了"太阳底下最光辉的事业",她甘做蜡炬、无怨无悔。

【张晓平】　她是教育系统做妇女儿童工作,从抓"巾帼建功"竞赛,开展"文明家庭"创建活动……她无私照顾6名贫困儿童,成为他们的"代理妈妈"。曾经的"野孩子"、"淘气包",如今已长大成人,有的升入高校,有的自食其力,她的爱让我们感动、让我们相信——大爱无所不在,真爱无所不能!

【苏秀文】　她酷爱中医学,悉心探索传统中草药的科学与神奇。救死扶伤、廉洁行医是她的人生信条。18年的潜心钻研,数十年如一日地拒收红包、资助患者,使她成为守诚重义的好医生、好领导。多少个不眠之夜,她坚守在救治重患的手术台前。她以母亲般的胸怀、儿女般的孝义、姐妹般的亲情对待每一个病人。

【范秀华】　九台市波泥河镇农民她是位普通的农村妇女,爱绿、植绿,以葱郁的绿色扮美新农村、新家园。在自己富了之后,她带领姐妹们共同致富。如今,经过她和全村姐妹们的共同努力,蓬蓬勃勃的绿色已经覆盖了九台市波泥河镇,苗木产业的发展鼓了众乡亲的腰包,还出现了外地农民成规模到当地打工赚钱的新鲜事儿。满载着她们绿色理想的致富车轮正隆隆地驶向远方,大江南北、长城内外正蓬勃着她们绿色的希望。

【赵惠君】 她扎根社区、立足基层二十多年。搞服务，她是贫困居民的贴心人，是代理孩子的好妈妈，是孤寡老人的亲女儿；抓经济，她请能人、引项目，年总产值达2 000万元。小社区代表大政府，小干部做出大事业，她以无私奉献的情怀和真诚贴心的服务，架起了政府和百姓的连心桥，实践和传承着小巷总理谭竹青的精神。

【郭　丽】 大学毕业的她，毅然选择了传统布鞋项目。她赋予了传统工艺时代感，在老行当里做出了新名气，让小布鞋走向了大市场。她是女大学生自主创业的榜样。如今的"紫玉木兰"走出了中国，走向了世界，使不同民族、不同肤色的现代女性足下生辉。"紫玉木兰"如春绽放，名扬四海。

【高俊芳】 她致力于发展长春的生物制药产业，在创办、改制、发展企业中，不畏艰辛一路领航。"优秀女企业家、杰出创业女性"等几十项荣誉，凸显了她在 做大做强企业中斑斓的人生亮色。从最初生产疫苗产品、首推产品质量承诺制，到实现第一次跨国科研合作；从捐助"春蕾女童"、"希望工程"，到慰问灾区人民，她秉承科技创新、服务社会的先进理念，同时撑起经济效益和社会责任两重天。

【绳继萍】 愤然对罪恶，慨然助弱者。身为一名法官，她有对法律的无限忠诚和对正义的执著追求，有对清贫的寂寞坚守和对百姓的似水柔情。她手持法律的戒尺严惩罪恶，心装职业的良知，匡扶正义，还世道于人心。她以坚实的足迹见证着法律工作者的社会良知，以实际行动赢得了群众金的口碑。

长春市三八红旗手

榆树市

平丽春　鞠峰莉　狄　波　谢鸿雁　夏常清　王亚华　刘淑芬　德惠市　吴　忱　赵丽丽　李　晶　张明珍　曹国晶　宋永琴

九台市

冯国妍　张　赫　胡艳媛　杨丽敏　赵亚芬

农安县

梁　岩　陈亚香　刘小平　王景珍　钱光敏

朝阳区

刘秀娟　黄世旭　杨　柳　阮冬新

南关区

郑笑谦　程　钰　孟翻甲　丁国君

宽城区

吴亚芹　马丽娟　李玉玲　姚晓华

二道区

崔玉芬　刘　慧　王蕴范

绿园区

曹桂云　王　萍　王博杰

双阳区

崔丽娜　王洪娟　王春梅　马　闯

经济技术开发区

周亚姬　于秀萍

高新技术产业开发区

程玉兰　王晓春

净月开发区

于润玲　张　微

汽车产业开发区

郭若杰　韩　云

市直机关

朱　宁　尹国珩　李孑敏　张馨予　刘奎杰

政法系统

房　红　潘剑锋　王克力　张丽华　李静波

统战系统

李娟娟

经委

李　颖

城市公共服务系统

贾东馨　代新竹

教育系统

万书红　栗　梅　刘伊平　杨秀梅

卫生系统

阴春霞　王小平　秦淑媛

国资委系统

王玉凤　孔羽姝　徐玉春　杨晓红　梁凤丽　何淑萍　徐书艳　冯秀梅

宣传文化系统

张　樱　姜　阳　冯长丽　刘　英

高校系统

田英莲　张蕴娣　孙绍霞　李　欣

其他

索立军　胡　丹　马国娟　王迎春　孟令爽
李艳梅　孙尚香　吴秀英　徐雅杰　李艳华
方　邡　纪岩红

长春市支持妇女儿童事业特殊贡献奖先进个人

（按姓氏笔画为序）

王　晶　王　弋　王卫东　王德宇　王德贵
戈保权　叶蓬欣　朱大明　朱彤顺　刘丽娟
刘海章　齐贵祥　安利全　孙琳凤　杜荔哥
李贞淑　李荣武　李继元　杨晓光　吴　强
何　力　佟玉棠　张英成　范云波　周大立
赵　刚　胡丽玲　殷晶海　曹和平　盛连喜
崔　博　韩忠宝

长春市公民道德楷模

职业道德楷模（13名）

【丁树达】　1951年生，中共党员，长春市朝阳区人民检察院处级检察员。曾获第五届中国十大杰出检察官、全国模范检察官、省劳模、省优秀共产党员、市特等劳摸、市党员标兵等荣誉称号，荣立一等功一次、二等功4次、三等功2次。1985年～2001年间，丁树达先后在批捕、起诉、法纪等部门从事业务工作，经手主办或协办2 600余起案件，无一差错，创下一年追诉6人，持续帮教29人的记录。1986年，丁树达开始实施他的“新长征计划”，内容是在2000年以前，完成200场法制报告的任务。计划完成后，他又实施了法制宣传“西部行”、“春运行”、“村户行”、“县市行”等计划。迄今为止，丁树达义务为大专院校、中小学校、机关团体、企事业单位宣讲法制报告412场，足迹遍布陕西、山西、甘肃、宁夏、广州、北京等9个省、市、区，听众达26万余人。丁树达的追求是：正义要从办理每一件案子做起，把法律的光辉送到人民的心坎上。

【王洪军】　中国第一汽车集团公司一汽—大众汽车有限公司轿车一厂焊装车间操作技工、高级专家。2007年2月27日，在北京人民大会堂召开的国家科技奖励大会上，王洪军获得了国家科学技术进步二等奖，成为中国一线工人获此殊荣的第一人，受到了胡锦涛总书记等党和国家领导人的接见。王洪军毕业于一汽技工学校，1990年来到一汽—大众，在焊装车间做钣金整修工。他自学了钣金整修专业知识，经过苦练，掌握了整修专业技术，德国专家十分佩服。他先后制作钣金整修工具40多种2 000多件，满足了各种车型各类缺陷的修复，使整车质量、生产效率有了很大提高。他创造了“王洪军轿车快速表面修复法”，具有重大实用价值，居国际先进水平。他掌握了10种展车制作方法，近3年来为公司节约费用700多万元。他无私传授技艺，培养出了一支高素质、高技能的钣金整修队伍，利用业余时间为用户义务修车，赢得了广大客户的赞誉。

【王树明】　吉林省通信公司长春分公司南广场维护市话工程师，一名身残志坚、在平凡岗位上服务人民，自觉践行“三个代表”典范。2003年，参加第三次全国自强模范暨扶残助残先进集体和个人表彰大会，受到了党和国家领导人的亲切接见。1992年9月，一场飞来的横祸使王树明坐上了轮椅；一年后，他坐着轮椅重返工作岗位，被单位安排在载波机房工作。王树明精心维护每一台设备、每一块机盘、第一条电路，及时解决设备出现的每个故障，以优异的成绩和工作效率，使机房在为公司唯一的“免检机房”。二十多年中，他参与完成了近百项技术革新项目，填补两项国内空白，为国家创造了400万元的经济效益；坐着轮椅，为群众义务维修电话七万多部，电器四万多台……。

【刘慧娟】　（女）中共党员，现任长春图书馆馆长，研究馆员；2006年市总工会授予“市五一劳动奖章”称号，1999年至今她一直担任全国图书、情报系列高级职称评审委员会委员，2000年被评为享受市政府特殊津贴专家。几十年来，她以科学严谨的治学态度，潜心研究、勤奋耕耘，发表论文、论著60多篇（部）。为了建设一个现代化的图书馆，实现图书馆的科学化、规范化、标准化的管理，几十年来，她没有休过一次探亲假和公休假以及一个完整的节假日。市图书馆两次被文化部评为“国家一级图书馆”。

【刘晓梅】 （女）农安县环卫处环卫工人。22 年如一日地工作在环卫第一线，为农安的市政建设做出了贡献，她本人也因业绩突出，被选为农安县政协委员。22 年，手拿扫帚，走过了 3 个二万五千里，几乎是将地球清扫一周。2001 年体检，被查出患了严重的肺结核，为了不影响保洁工作，治病的事一拖再拖。终于有一天，因为劳累过度加之肺结核病，她晕倒在了工作岗位上。当她苏醒来时，最担心的还是她扫的路段有没有人代替。当时在场的人都哭了。22 年间她竟干了 30 年的工作量。

【刘鹏举】 南关区民康街道健康胡同社区党委书记。在他带领下，健康胡同社区先后获得了全国文化先进社区、吉林省党建综合示范社区、吉林省社区建设示范社区、长春市党建工作标兵社区等荣誉。2006 年，刘鹏举被中组部评为“全国优秀党务工作者”，在北京受到了胡锦涛总书记等国家领导同志的亲切接见。几年来，他为社区1 650余居民，协调解决供水、供暖等问题，最终得到妥善解决；把辖区内的 27 条巷路全部改造完成，绿化面积达6 000平方米。社区还组建了老年剧社、舞蹈队、模特队、秧歌队等 10 余个群众文体组织，他率先创立了第一份社区报《健康社区报》，在社区党建、精神文明、廉政建设方面发挥了重要作用。

【李长莲】 （女）二道区环卫保洁管理处处长。她所在的保洁处被评为市巾帼示范先进单位、省精神文明单位、省三八红旗集体。她本人多次被上级评为先进个人和优秀党务工作者，并当选为区十六届人大代表。几十年来，她情系保洁、爱洒街路，把自己的一切奉献给了保洁事业。从普通的保洁员成长为优秀基层女干部。李长莲注重培养团队精神，练就了一支能打硬仗、专啃硬骨头的“钢铁娘子军”。她带领这支“娘子军”积极进取，努力奋战，以“宁愿一人脏，换来万人洁”的理念，高标准、高质量地完成了各项保洁工作任务。

【孙学国】 宽城区卫生设施处清淘班班长。他在清淘工这个工作条件最脏最累最差的岗位上，一干就是 20 年，共淘粪十多万吨。他荣获长春市“五一劳动奖章”。多年来在市民和流动人口较多的商业繁华地带，为避开如厕高峰和尽量减少对周围店铺的影响，他精心安排清淘时间表和线路图。每淘完一座厕所，他都会用铁锹认真地在厕所周围垫上沙子，再扫得干干净净。这几年，孙学国无偿为失主捞出身份证等证件 60 多个，首饰、手机等贵重物品 20 多件，折合人民币近 10 万元。不仅如此，他还多次为公安部门找到手枪、匕首等凶器，为破案提供了有利的时间和证据。

【孙正聿】 吉林大学教授、当代中国著名哲学家和教育家、全国政协委员、教育部哲学学科教学指导委员会主任和教育部学风建设委员会副主任。被国务院授予“全国先进工作者”称号，获得首届国家级教学名师奖。孙正聿创建了“哲学通论”课程，已成为全国高校哲学专业的基础课和非哲学专业的人文素质教育课程。他撰著的《马克思主义哲学》、《马克思主义基础理论及其学科建设研究》、《思想中的时代》、《现代教养》、《超越意识》和《哲学修养十五讲》等哲学成果，成为青年人修身的重要读物。

【曲月媛】 （女）朝阳区清和街道南昌社区党委书记兼社区主任。几年来，她所在的社区先后被评为“全国文化先进社区”，“全国敬老模范社区”，“全省党建工作示范社区”，“长春市精神文明建设先进社区”。她本人也被授予“吉林省社区工作先进个人”、“长春市三八红旗手”、“朝阳区社区干部标兵”。2006 年，她被朝阳区政府授予“小巷总理”称号，当选为朝阳区十六届人大代表。她关注民生，开辟就业项目，组织就业培训，安排了 247 人再就业。注重未成年人思想道德建设，在抓好正面宣传教育的同时，抓好失足青少年教育转化工作，曾经为两个少年犯做“代理家长”。

【杨春雷】 农安县哈拉海镇兴隆中学校长。身兼校长和一线教师双重职责，带领全校师生克服重重困难，奋力拼搏，使学校的教学质量大幅提升，被师生们称为“一线校长”。2003 年通过竞争上岗担任校长后，注重学生的思想工作。学校有 100 多名学生，每位学生住哪，家庭情况怎样，他都了如指掌。由于日夜奔波，35 岁的杨春雷积劳成疾，患上了滑膜炎。开学的日子到了，他无法走路，就让老父亲套上毛驴车，送他去学校，晚上再把他接回来。坚持了一百多天，病情好转，他才自己上下班。经过杨春雷带领全校师生的不懈努力，学校生源不断扩展并逐年稳定，各学科成绩均在农村中学前列。

【高景凤】（女）绿园区妇幼保健院党支部书记、院长。连续5年被评为“区先进工作者”；2005年被评为“绿园区十大杰出青年”；2006年，被评为区卫生系统的“先进个人”；2007年被长春市总工会评为“五一劳动奖章”获得者。高景凤上任之初，筹集资金560多万元，建成占地2 600多平方米的绿园区妇幼保健院大楼。她按照《公民道德建设实施纲要》的要求，紧紧围绕“如何提高职工素质，加强职业道德建设”开展活动，促进全体职工道德水平的提高；生活上，她既是贤妻良母，又是一个好儿媳、好女儿。她积极倡导对贫困危重残病家庭孕妇救助，培养了一支具有尊老敬老、扶弱助贫传统美德的妇幼保健队伍。

【聂永军】中共党员，长春公交集团西昌汽车公司119路驾驶员。曾获全国五一劳动奖章、中国青年志愿者金奖、省劳动模范、省十大杰出青年、市特等劳动模范、市优秀共产党员等荣誉。聂永军把乘客当亲人，全心全意为乘客服务。他发明的车厢内安装土暖气，获得了市科技创新成果发明奖。他在车上安置了婴儿床、电子线路示意图、多功能电子表、饮水机以及绿色环保垃圾箱，使他的车就像一个流动的家，被誉为“春城第一车”。

社会公德楷模（11名）

【王振范】现任市创建全国文明城市市民巡视团南关分团团长、南关区家庭教育顾问团团长、南关区关工委思想道德教育报告团成员、南关区长通和新春两个街道的关工委驻会主任等十几项义务工作。多次受到省、市、区表彰和奖励，先后被评为长春市精神文明建设工作先进个人、长春市老有所为先进个人、长春市交通文明之星、长春市关心下一代工作先进工作者、长春市优秀青少年维权卫士、长春市“双合格”家庭教育先进个人、南关区优秀宣传员标兵、“吉林省文明家庭”等多项殊荣。几年来，他走遍了春城大街小巷，开展各种讲座报告几十场，直面宣传和巡访的各类人员达上万人次，巡查到的各类大小问题700多个，为下一代青少年茁壮成长做出贡献。

【冯德奎】长春市原一三三厂的退休职工。现任长春市关工委和绿园区青年街道关工委顾问，并担任吉林大学等多所院校及12个党政机关团体、部队及企事业单位思想品德教育义务辅导员，是中华教育艺术研究会会员。曾荣获全国少年儿童校外教育先进工作者、全国跨世纪优秀人才、吉林省首届十佳少先队志愿辅导员、吉林省关心下一代工作委员会和长春市关心下一代工作委员会先进工作者、长春市学雷锋积极分子、长春市优秀党员等诸多荣誉称号。

【刘国江】二道区国家税务局工作人员，先后被长春市国税局党组织授予“优秀共产党员”、“国税十杰”、“敬老好儿女”、“先进工作者”等多项荣誉称号。并荣获全国“五一”劳动奖章、吉林省慈善人物、吉林省“十大杰出青年”等荣誉。刘国江乐于助人，资助有经济困难的家庭和养老院的老人。刘国江赡养和照顾的老人有130位之多，他的收入大部分都用在了资助患白血病儿童、贫困学生、见义勇为英雄上。雷锋精神在他身上得到了延伸，社会主义荣辱观得到了集中体现。

【李兴林】长春市南关区桃源街道长源社区居民，是长源社区老年人成立义务巡逻队成员。近几年来，他坚持每天到市场巡逻，从4点多钟一直到9点钟都在东天街早市上寻找可疑的人，一旦发现不法之徒，他绝不轻饶。面对小偷，他敢于同不法分子做斗争。近7年时间，有100多个小偷被他扭送至公安机关。李兴林平时为社区做了很多贡献，尤其是在调解邻里纠纷方面，由于他的立场正、有威信，大家都很配合他的工作，解决了不少难题。

【邱存道】长春市第二中学退休教师。自办《社区报》、《小院报》，十年间获得国家、省、市、区、街道各种奖项二十多个、曾先后被区、市、省关工委评为“关心下一代先进工作者”。《工人日报》、北京人民广播电台、中央电视台的《新闻联播》都曾报道过《小院报》。邱存道坚持办报11年，出刊136期，得到居民的一致好评。他组织小朋友成立“小红花文明监督岗”。作为市民巡视员，他经常到辖区网吧义务巡视，对不文明网吧进行监督检查。

【杜静英】（女）宽城区群英街道长盛社区居民。共产党员，四十多年来，她一直把孩子的事当作自己的事，从1966年起，省吃俭用，先后拿出十五万多元积蓄，在自己的小屋里办起了校外义务辅导站，精心辅导了两万多名少年儿童，挽救了近百名失学的青少年。小小的活动站让世人瞩目，受到了众人的赞扬，得到了很多荣誉，先后被命名全国少儿、全军少儿工作者、全国校外教育先进个人，全国、省、市关心下一代先进个人，省、市优秀青少年工作者，省、市劳动模范，还先后被评为省、市优秀共产党员，并受到党和国家领导人的接见。

【陈玉珍】（女）二道区东站十委社区居民。陈玉珍一家先后被评为市、区文明家庭标兵，省文明家庭，2005年被评为全国文明家庭，省市新闻媒体多次报道了陈玉珍一家的事迹。她本人也获得长春市"促进和谐、感动长春十大魅力女性"提名奖。8年前，40岁的陈玉珍下岗了。下岗后的她走上了创业之路，凭借吃苦耐劳的意志和品格，她在长春市光复路市场拥有一个近10平方米的摊位，从事文化用品批发生意。她把靠诚实劳动挣来的钱财，无私地捐给了农村贫困孩子，先后向农村贫困孩子捐献了价值30多万元的学习用品，成为远近闻名的"爱心妈妈"，"爱心奶奶"。

【张玉生】长春华星公司党委书记、总经理。吉林省劳动模范、长春市人大代表，多次被评为优秀党员、优秀企业家、全国企业之星。长春华星公司是家民营企业，张玉生担任公司党委书记、总经理以来，不断为员工造福，塑建幸福华星、和谐华星，让华星人安居乐业基础上，还以多种形式救助弱势群体，回报社会。他每年都慷慨解囊，资助困难员工、困难学校、困难学生和城乡困难居民。他资助过贫困大学生，直至完成学业；他救助过老党员，在除夕之夜为他们送去救助款；他对18名贫困回民学生实行从小学一年到六年的全程救助，让孩子们无忧无虑地度过快乐的小学时光；他投资50万元为双阳区鹿乡镇王西村修村路，解决百姓多年来秋收运粮难的问题……

【金　冲】在站前街道西三条社区，有这样一户特殊居民：夫妇双双均下肢残疾，妻子拄拐杖行走，女儿读高一。一家3口人没有很多的财富，却能向世人展现着真诚灿烂的笑容；屋内没有像样的家具，却四周堆满了各种各样的书籍；没有伟岸的身躯，却能向弱者伸出爱的援手；没有高等学历，却能用生命轨迹谱写的诗文给广大读者以心灵的震颤……这就是优秀残疾人金冲及他的家人们。金冲日子虽然比较清贫，但二十几年来却一直坚持笔耕不辍。在他的感染下，妻子和女儿都喜爱文学，几年来，一家3口，先后在报刊、杂志上发表文学作品近200多篇，并有多篇获奖。他曾先后为"九·八"抗洪、长春电影节捐款捐物，为外地残疾文学朋友捐钱治病。捐助农安县农安镇石坊村小学失学女童，帮助伊通县残疾人创业谋生。2004年3月，被团市委命名为"学雷锋献爱心"志愿者形象大使。2006年被市委、市政府评为"长春市十大好市民"。

【金惠茹】（女）中国人民解放军军需大学幼儿园党支部书记。1995年开始参加长春市"代理妈妈"活动，荣立"市政府三等功"；1997年获得首届全国"百名好军嫂"荣誉称号；1999年获得长春市优秀市民称号；2004年作为影片原型参与电影《灿烂季节》全国首映式，曾连续多年被评为全市"五好家庭"、"文明家庭"。多年前，她先后为双腿截肢，长年患病的老工人修房子，捐献衣服被褥；她为患精神病的工人送去慰问品，帮助洗涮打扫房间；职工小孙遭丈夫遗弃，她出面找男方单位解决问题，对小孙关心照顾，使小孙重新组建了美满家庭；在"代理妈妈"活动中，用自己伟大的母爱先后把沈岩、万顺两个孩子培养成人。

【葛长江】现为区关工委"五老"成员，区"关爱工作团"成员。葛长江1947年参加革命，在平津战役中光荣负伤，成为三级甲等残废军人。葛老在年逾古稀用一种特殊方式为贫困学生送去关爱，实现着一名共产党员的人生价值，践行着共产党员的先进性。20年来，葛老心中装满了一个又一个需要爱心温暖的人，每个需要帮助的人的家庭生活情况，他都一件件如数家珍。为了帮助他人，葛老经常为公交车擦车换瓶子，帮商店卸车换纸壳，大家都被他的行为感动了，自发收集瓶子送给老人。葛老家里并不富裕，自己离休早，工资不高，子女又都下岗了。但对卖废品的钱，葛老定了个原则，这钱除了捐资助学，谁也不能用。翻开葛老的捐款记录，从

2004 年底到 2005 年 12 月共捐款4 800元。

家庭美德楷模(6 名)】

【王春艳】 宽城区奋进乡一间堡村三社村民。长春市十大“魅力女性”,她的家庭被评为宽城区十大“魅力家庭”。她的动人事迹先后在中央电视台以及省、市、区各级媒体上播报,引起了社会的强烈反响。1998 年,王春艳与长春市奋进乡农民姜振涛结婚。2002 年 6 月,姜振涛不慎触电身亡。那年,王春艳 27 岁,孩子才 8 个月大。丈夫去世后,很多人劝她“再走一家”。可是公公有些残疾,婆婆罹患老年痴呆症,她于心不忍,娘家人也给予她支持和理解。王春艳决定:留在这个家,用自己柔弱的肩,撑起全家人的幸福。王春艳的善良,吸引了附近很多小伙子,可她要带婆婆一起出嫁,否则,绝不离开婆婆家。2005 年 8 月,王春艳现在的丈夫吕秀财被她的善良所打动,走进了王春艳的家,和她一起担负起照顾残疾公公和疯婆婆的神圣责任。王春艳,这位普通的农家妇女,她用善良和真诚的爱心谱写了一曲生命的颂歌!

【张玉环】 (女)宽城区柳影街道新月村村民。她 17 年如一日地侍候婆婆、孝敬老人,以实际行动弘扬了中华民族美德。1994 年,婆婆不小心摔伤,卧床休息,3 个月里,张玉环悉心侍候,精心护理,无微不至。为老人喂水喂饭,端屎端尿,晚间与老人睡在一起,终于让老人的病情痊愈,身体恢复正常。

1997 年,婆婆不慎被车撞伤,出现轻微脑震荡和胯骨骨折。为让老人尽快地康复,张玉环四处寻找名医良药,经过近一个月的不间断治疗,老人竟奇迹般地站了起来,恢复了健康。多年来,不论春夏秋冬、寒来暑往,张玉环每天都要陪着老人出门散步,还要抽出时间陪着老人。婆婆胃肠不太好,时常呕吐,有时来不及就吐在床上。遇到这时,张玉环不嫌弃,不抱怨并安慰老人,把脏的床单、衣服洗净。张玉环就是这样每日重复着相同的动作,伴着婆婆,勤劳地走过了漫长的 17 年。

【张淑清】 (女)长春市双阳区山河街道庄家村四社一名普通的农村妇女。她的家庭是一个特殊的家庭,四代同堂,老有 81 岁的婆婆,小有 3 岁的孙子。在这个大家庭里她既是儿媳妇又是婆婆,还要当好奶奶。13 年前,公公患了脑血栓,生活不能自理,常年卧床。为了防止得褥疮,她坚持每隔三四个小时给他翻一次身,隔三天两天就要帮着婆婆给公公擦洗一遍身子,这一干就是十几年。患病 10 年的公公刚刚去世 3 年,婆婆又患上了老年痴呆症。神志不清,大小便不能自理,经常四处乱走,忘记回家的路。这又给她增添沉重的生活压力,但是她从没有抱怨。而是精心地照料婆婆。她无怨、无悔,因为用她勤劳和善良换来了一个幸福的家。

【罗秀英】 (女)长春市绿园区正阳街道万福社区的一名普通家庭妇女。她于 1980 年结婚成家,有一儿一女。天有不测风云,1990 年她的丈夫得了脑溢血不幸去世,她独自承担起了照顾 4 位老人和两个孩子的重担。为了养家,她在女儿的协助与支持下,先后开过幼儿园,卖过副食品,开过饭店。通过自己的努力,日子越过越红火。她不但为 4 位老人养了老送了终,还把两个孩子培养成了有用之材。儿子参军后,在蒙古森林扑火时,荣立二等功并入了党。复员后,选择自主创业。现在已是一家跨国公司华南区的销售经理了,并且在 2006 年被公司评为中国大陆年销售冠军。罗秀英以实际行动为弘扬中华妇女的传统美德,为构建和谐家庭贡献自己的力量。

【赵晓洁】 (女)1990 年结婚,与公婆一同居住,有一个可爱的女儿。1991 年厄运向这个家庭袭来,当电焊工的丈夫在施工中意外因脑干严重受伤成了植物人,当时丈夫 27 岁,她只有 26 岁。丈夫在医院一住就是两年多,公婆没有劳保,她又下岗失业。祸不单行,1997 年公公患上了脑血栓,瘫痪在床 7 年,2004 年离世。生活的拮据和苦累可想而知。为了给公婆丈夫和女儿补充些营养,她在外面拼命地挣钱,什么脏活、累活、她都干。用自己柔弱的双肩扛起了生活的重担。在她最困难的时候,政府和街道向他伸出了援助之手,办理了低保,让赵晓洁鼓起了生活的勇气。她坚信,靠自己的双手,会让婆婆、丈夫和女儿的生活过的更加充实。她心理有着这样的一种使命感和责任感,她相信明天会更好!

【陈玉华】 (女)中共党员。二道区东盛街道双安社区居民。2006 年当选“感动吉林十大人物”,其事迹先后在中央电视台等多家媒体报道。陈玉华从小经常到邻居宋大娘家住。宋大娘是盲人,陈玉华便成了宋大娘的“眼睛”和“拐杖”。到了谈婚论嫁的年龄,为了更好照顾宋大娘,她作出了一个惊人的决定:带宋大娘一起生活。这样,自1978年,陈玉华带着宋大娘一起嫁了出去。陈玉华的丈夫长年工作在外地,夫妻两地分居长达近10年。买菜,做饭,照顾老人,照顾幼小的孩子,全部由陈玉华一个人承担。为了照顾宋大娘,陈玉华放弃了与丈夫团聚的机会,一家人住在仅有52平方米的两居室。宋大娘今年91岁了,需要有人经常在身边照看。无论多脏多累,陈玉华从来没有嫌弃过。29年过去了,陈玉华用她那助人为乐、甘于奉献的高尚情操和勇于承担社会责任、孝敬老人的优良品质,演绎了一段人间真情无价的故事。

长春市十佳民营企业家

【徐周文】 长春大成实业集团有限公司董事长,省人大代表。长春大成实业集团有限公司资产101亿元,出口创汇1.5亿美元,2007年纳税3亿元,年处理玉米能力300万吨,带动200万户农户致富,2009年在长春经济技术开发区兴隆山镇将建成年加工玉米225万吨,年产100万吨化工醇、100万吨聚酯、100万吨树脂的玉米生化企业,他获得全国、省、市特等劳动模范称号,享受国务院特殊津贴。

【丛连彪】 长春浩月清真肉业股份有限公司董事长,全国人大代表,市工商联副会长。长春浩月清真肉业股份有限公司总资产23.5亿元,员工3 150人,2007年纳税1亿元,是国家农牧产业化重点龙头企业;“皓月”商标为全国驰名商标,产品出口20个国家,带动45个县(市)区,210个乡镇,10万户农户,50万农民从事养牛业,每年转化粮食500万吨,他为社会公益事业捐款200万元。企业被国家认定为全国肉类10强企业,国家级星火科技外向型企业。

【修涞贵】 修正药业集团董事长,省工商联副会长,省人大代表。修正药业集团资产38亿元,2006年投资3.4亿元在双阳区建鹿产品加工基地,提供1 000个就业岗位,带动当地2 000余户致富。他出资1 000万元举办关爱健康人生华夏万里行行动,非典期间向长春市捐款110万元和价值1 000万元的药品。他获得全国劳动模范、中华慈善事业突出贡献奖、吉林省慈善爱心人士等称号。

【高俊芳】 (女)长春长生生物科技股份有限公司董事长,市工商联副会长。长春长生生物科技股份有限公司资产3.2亿元,员工728人,2007年纳税3 367万元,已实现人用狂犬病纯化疫苗向国外的出口,她累计捐款100万元,获得了中国青年科技创业奖、吉林省优秀民营科技实业家、长春市第二批有突出贡献专家等称号。

【尹彦利】 吉林省华阳集团有限公司董事长,市工商联副会长,省政协常委,市人大代表。吉林省华阳集团有限公司资产5.7亿元,员工436人,2007年纳税2 441万元;合作办学成立汽车学院,党和国家领导人曾亲临视察;在抚慰“公安英烈”等活动中捐款28万元,成立华阳集团慈善专项基金,帮助企业有困难的人群。连续5年被长春市评为50强民营企业。

【高立椿】 吉林远东实业集团董事长,市工商联副会长,市人大代表。吉林远东实业集团资产4亿元,员工317人,安置就业1万人,开发商住面积50万平方米,创办批发市场4座,购物中心一座,2007年纳税2 000万元,他为公益事业捐款累计300万元,连续3年被评为全省纳税状元,他被评为全国关爱员工优秀民营企业家、全国慈善事业突出贡献奖、长春市劳动模范等。

【王　欣】 长春鸿达高技术集团有限公司董事长,市工商联副会长,朝阳区人大常委会副主任。长春鸿达高技术集团有限公司资产3.6亿元,员工425人,2007年纳税1 360万元,开发了20种软件系统,获得40项专利证书,产品在全国25个省(市)、区运用,累计捐款100余万元。他获得省管专家,省优秀中国特色社会主义事业建设者,长春市劳动模范等称号。

【张　远】 长春市汇锋齿轮有限公司董事长,市工商联副会长,市政协常委。长春市汇锋齿轮有限公司资产2.8亿元,员工1 100人。2007年纳税1 311万元,产品涵盖卡车、客车、轿车等多种车型,安置下岗职工300人。企业被授予吉林省最具成长性中型企业50强称号,他被评为长春市先进民营企业家、优秀中国特色社会主义事业建设者等。

【王晓光】 长春市普拉斯塔高新汽车饰件有限公司董事长,市工商联副会长,市人大代表。长春市普拉斯塔高新汽车饰件有限公司资产1.7亿元,员工390人,2007年纳税525万元,引进了国外的资金及注塑、电镀、喷漆技术,捐款3万元资助贫困户;同长春市希望中学建立长期帮扶对子,他获得全国关爱员工优秀民营企业家、吉林省人民满意服务单位等称号。

【王福安】 长春万达国际电影城有限公司总经理,长春万达国际电影城是国际五星级8厅影院,中国1 500家城市影院排行榜20强,2007年纳税330万元,是吉林省见义勇为基金会救助活动指定单位,长春市慈善活动基地,先后举办百场公益电影进社区活动,让世界充满爱等慈善捐助活动,2007金秋优秀国产影片万人免费观影活动。

长春市十佳光彩之星

【王　岩】 长春国信投资集团有限公司董事长,市人大代表。长春国信投资集团有限公司资产10亿元,安置就业5 000人,2007年纳税3 354万元。他投资172万元安装路灯;向省青少年发展基金会捐款10万元,资助50名大学生,累计捐款330万元,企业被评为长春市民营企业50强。他获得了吉林省优秀民营企业家、优秀中国特色社会主义事业建设者称号。

【安有良】 吉林省安华通信集团有限公司董事长,省政协常委,省工商联副会长。吉林省安华通信集团有限公司资产2.2亿元,安置就业1 300人,2007年纳税1 056万元,他捐款20万元帮助白城市、梨树县两地的100名失业儿童;每年捐款2万元资助15名贫困学生。他被授予吉林省优秀民营企业家,获长春市慈善突出贡献奖。

【周华起】 长春东北亚总部经济开发有限公司董事局主席,市人大代表。长春东北亚总部经济开发有限公司资产19亿元,他盘活国有资产145亿元,安置就业1 200人,出资100万元在吉林大学设立"华起奖助学金",出资300万元赞助第一届东北亚投资贸易博览会;出资600万元赞助中央电视台"同一首歌"相约东北亚大型文艺晚会。公司被评为长春市50强民营企业。

【谷万丰】 德惠市建设工程有限公司第八分公司经理,市人大代表。德惠市建设工程有限公司第八分公司资产123亿元,安置就业560人,他投资295万元为同太乡建教学楼,出资87万元修桥铺路,捐款31万元建植物园。救灾、慰问老人等捐款85万元,累计捐款508万元。他获得了吉林省劳动模范、长春市劳动模范等荣誉称号。

【张　湛】 吉林省建安工程有限公司总经理,市工商联副会长,市人大代表。吉林省建安工程有限公司资产8 700万元,安置下岗职工180人,临时用工3 800人,他资助3名特困大学生,为一名白血病学生捐款治疗,为抗美援朝老兵盖新房,为两所小学捐款修校舍,累计捐款100余万元。他被评为吉林省优秀中国特色社会主义事业建设者、全国关爱员工优秀民营企业家。

【陈柏华】 榆树市房地产开发经营有限责任公司总经理,榆树市工商联会长,榆树市政协常委。榆树市房地产开发经营有限责任公司,安置就业1 000余人,他投资150万元,重修革命烈士纪念碑,捐资150万元,重建历史遗迹魁星楼。捐资200万元,建立小乡展览馆,捐资190万元,捐建了6个小学。他获得全国百名公益之星,吉林省劳动模范等称号。

【曲春明】 吉林省迈尔通达集团公司董事长,市光彩事业促进会副会长市政协委员。吉林省迈尔通达集团公司现有员工280人,2007年纳税203万元。他投资3 000万元办教育,投资400万元办体育,社区绿化、资助大学生等累计100万元。公司获得了吉林省百强民营企业长春市先进民营企业荣誉称号。

【唐　红】 长春市韩庄餐饮有限公司董事长，市人大代表。长春市韩庄餐饮有限公司资产4 500万元，2007年纳税150万元，安置就业500人，她为抗洪、非典捐款捐物3余万元设立了“重大疾病资助基金”用于员工救助，资助3名贫困学生，经常看望敬老院孤寡老人，累计捐款80余万元。她获得长春市十佳诚信经营青年明星、长春市优秀中国特色社会主义事业建设者等称号。

【郭瑞心】 （女）吉林省东泰建筑材料钢材批发大市场董事长。她收购长春化工一厂，投资2亿元，建设东泰建筑钢材批发大市场，安置原厂职工931名，包括贫困大学生11名。捐助伊通县水灾、辽源医院火灾、投入教育捐款20万元。她的企业被评为吉林省诚信企业示范单位、推动吉林省诚信建设先进单位、荣获长春第二届房地产文化节·领航商业地产 称号。

【蔺树荣】 （女）榆树市吉酒王酒厂总经理，市人大代表。榆树市吉酒王酒厂资产1 500万元。2007年纳税100万元，她为公益事业捐款捐物30万元，连续5年无偿为省市人代会、政协会提供宴会用酒，帮扶了实验中学的3名贫困生，使他们安心在学校学习。企业获得全国乡镇企业创名牌重点企业，她被评为省、市三八红旗手。

长春市十佳外阜工商人士

【高仕军】 江苏人，江苏高力集团有限公司董事长，长春高力投资集团有限公司法定代表人，南京市政协委员。他2006年来长春投资，建设中国北方·汽车贸易城，企业资产2.5亿元，项目总规划面积130公顷。总投资30亿元，首期安置5 000家商户，提供2.5万个就业岗位，2007年纳税3 500万元，为长春建设捐款200万元。他获得全国优秀民营企业家、江苏省十佳青年民营企业家等称号。

【殷宗斌】 安徽省安庆人，香江集团长春东北亚置业有限公司总经理，吉林省人大代表。长春东北亚国际采购中心总投资10亿人民币，市场经营业户500户，安置就业2 000人，2007年纳税2 300万元。他组织业户向260名贫困学生进行了捐助，向长春1 000多户贫困家庭伸出援助之手。长春东北亚置业有限公司获长春市慈善突出贡献奖。

【余长锦】 中国香港居民，香港浩德实业有限公司董事长，长春市福州商会会长，吉林省政协委员。他1989年在吉林省投资办企业，累计投资1.5亿元，企业员工380人，2007年纳税1 230万元。他为德惠市烧锅村小学，福州卢华中学捐款20万元，资助3名贫困大学生。邀请香港、新加坡、印尼商人来长春考察项目，为长春和福州、厦门等地架起投资合作的桥梁，组织商会参加长春市召开的项目推介会。

【陈云辉】 福建人，长春市星火房地产开发有限公司董事长，吉林省福建商会会长，市人大代表。长春市星火房地产开发有限公司资产3.4亿元，员工170人，安置就业4 000人，2007年纳税3 323万元。他开发青年路西地块棚户区改造项目，总投资25亿人民币，用5年的时间全部竣工。他致力于吉闽两省经济合作，正在筹建50万平方米的宽城区兰家木材综合加工市场和占地2平方公里的德惠市米沙子闽台工业园区等。

【王　鹏】 浙江省瑞安人，吉林王鹏眼镜公司董事长，长春市温州商会会长，南关区人大常委。他1990年到长春创业，1992年成立吉林王鹏眼镜公司，安置就业196人，免费开办了十余期培训班，千余名学生毕业后都成为行业的骨干；他每年免费为40万长春市中小学生做视力检查，为公益事业捐款100万元。他获得温州十大优秀在外创业青年称号，并获得长春市“五一”劳动奖章。

【蔡永润】 福建省南安市人，吉林省同益商贸公司总经理，长春南安商会会长，市人大代表 。他1981年来长春创业，年销售额4 000万元，2007年纳税600万元。他组织会员参加长春市招商引资活动，引进资金20多亿元；他出资10万元赞助亚冬会，为公益事业捐款20万元，组织南安商会设立30万元光彩事业基金。他获得长春市优秀中国特色社会主义事业建设者称号。

【陈敏雄】 广东省汕头市人，吉林粤隆经贸有限公司董事长，吉林省广东商会会长，省人大代表，市政协委员。他1994年来吉林省投资创业，为吉林省的大、中型企业提供流动资金，开展物流业务，为吉林省土特产在广东省开辟市场。他资助了长春市"双特"生各20名，为永吉县捐建小学1所，组织吉林省广东工业园投资项目，首期占地面积达2平方公里，投资28亿元，可安置2万余人就业。

【吴晓东】 上海人，吉林东晨科教设备有限公司董事长。吉林东晨科教设备有限公司资产1亿元，员工600人，2007年纳税400万元。他出资30多万元，购买计算机等教学设备，捐赠给吉林省聋哑儿童康复中心和市第一五二中学，累计捐款捐物300万元。他获得长春永久慈善市民、长春爱心慈善贡献奖等称号。

【林建芳】 浙江省瑞安人，吉林瑞鹏集团有限公司总经理，长春市温州商会副会长，市人大代表。吉林瑞鹏集团有限公司资产1 658万元，2007年纳税300万元，安置就业320人。为一汽集团公司等20多家汽车企业配套，产品出口欧美等20多个国家；他资助3名贫困大学生，在双日捐活动中多次捐款。他获得了吉林省外省投资企业优秀管理人员奖，长春市第二届创业青年贡献奖。

【迟呈君】 山东省莱州人，吉林省华峰装饰工程有限公司董事长，吉林省山东商会会长，省、市政协常委。吉林省华峰装饰工程有限公司资产1 060万元，员工230人，安置下岗职工100人。他资助6名贫困大学生完成学业，为1名贫困学生交上万元学费，到劳模家中探望，为公益事业捐款50万元，组织山东籍的工商人士为吉鲁两省经济合作努力工作。他被评为长春市劳动模范。

长春市首届感动长春十佳政法人物

【王景富】 排爆英雄，宽城区公安分局纪检组组长，生死7分钟"送走"炸弹。2005年4月26日，王景富在处理一起以用炸弹爆炸相威胁、敲诈某宾馆钱财的严重暴力犯罪案件时，在距离炸弹爆炸时间仅有7分钟时，他不顾个人安危，毅然捧起随时可能爆炸的炸弹，在炸弹爆炸前将其抱离人员密集地区，保障了人民生命和财产安全。曾荣立5次三等功，2005年被评为全国二级英雄模范、省人民满意民警，荣获长春市"五一"劳动奖章。

【丁树达】 普法模范，朝阳区人民检察院处级检察员，走遍大江南北"普法"。丁树达不仅是一位优秀的检察官，更是一位致力传播法律知识的辅导员。他在认真履行检察官职责的同时，坚持义务普法20年如一日，足迹踏遍大江南北，年均义务讲法制课160余场；他开展的"纪念抗日战争胜利六十周年，义务法制宣传革命老区行"、"打造平安吉林，构造和谐社会，义务法制宣传省内宣传校园行"等法制宣传活动，受到广大市民和学生的喜爱。

【刘亚莉】 （女）公正法医，长春市人民检察院技术处处长，技术精湛热爱法医事业。亲自参与办理各类法医案件1 000余件，做出改变原鉴定结论90余件；她坚持无私办案，顶住了来自方方面面的干扰；她善于学习钻研，先后撰写《法医文证审查初探》等十几篇论文，为检察队伍争得了学术荣誉。曾获得全国模范检察干部、吉林省劳动模范、吉林省"三八"红旗手称号，入选长春市第二届"巾帼十杰"。

【杨　栋】 缉毒能手，长春市公安局禁毒支队缉毒一中队中队长，演绎缉毒警察光辉形象。杨栋作为打击毒品违法犯罪缉毒破案能手，曾率战友破获在社会上引起强烈反响的贩卖冰毒片10余万粒、涉毒嫌疑资产近千万元的案件。2003年以来，先后破获涉毒刑事案件130余起，捣毁冰毒加工厂一个，制毒设备6台，捕教175人，强制戒毒720人，缴获毒资1 000余万元。曾荣立1次二等功、7次三等功，被评为吉林省政法系统先进工作者。

【刘　滨】 舍己英雄，绿园区公安分局西安广场派出所教导员，心系无数家庭幸福平安。刘滨身为刑警，面对身绑炸药劫持人质的绑匪挺身而出，4个小时的生死较量成功解救人质。身为派出所教导员，心中装着无数家庭的幸福平安，他提出以创建文明社区为切入点，全面推进防范、管理和服务工作，辖区内8个社区达到"四无"标准，群众满意率达90%以上。曾荣立1次一等功、1次三等功，被评为全国优秀人民警察、长春市优秀共产党员、长春市十佳杰出青年。

【刘　放】（女）调解能手，绿园区人民法院民事审判员，赋予刚性法律人文情怀。法是方的、情是圆的，刘放用真诚与理解，向刚性的法律中注入了人文情怀。她牢固树立"执法为民"的司法理念，几年来公正高效审理各类民事、商事案件近千件，调撤率85%以上。作为一名年轻法官，面对大多数民众的诉争，成功审理了诸如"气死人"等多起有影响力的民事纠纷案件。曾荣立3次三等功，被吉林省高级人民法院授予"优秀审判长"等称号。

【姜宏亮】神勇刑警，长春市公安局刑警支队副支队长。身先士卒履行警察天职。面对穷凶极恶的犯罪嫌疑人，姜宏亮身先士卒，忠实地履行着警察的天职。近两年，共破获各类刑事案件2 019起，打处各类违法犯罪人员2 009人，打掉各类犯罪团伙179个，抓获各类逃犯143人，有力地维护了长春市社会治安的稳定。2006年，全市刑侦工作在省公安厅绩效考评中综合得分排全省第一，队伍实现了全年"零违纪"。曾荣立2次二等功、3次三等功。

【孟繁甲】（女）爱民法官，南关区人民法院民事审判二庭庭长，审结案件中无一起错案。对祖国忠诚，对人民忠诚，对法律忠诚，是她执著一生的追求和信念。孟繁甲在审判工作中攻艰克难，严把案件的程序关、事实关和适用法律关，审结的2 000多件民商案件中无一起错案发生，调撤率达到80%以上。她用实际行动成为长春市法院系统的一面镜子。曾被省高级人民法院评为"人民满意法官"、"吉林省人民满意模范法官"。

【何凤举】监管模范，长春市司法局净月监狱监狱长，连续9年监管安全无事故。何凤举担任监狱长8年的时间里，监狱发生了翻天覆地的变化，带出了一流班子，打造了一流队伍，创造了一流工作业绩，建成了全国一流监狱，监狱各项工作均进入全国监狱系统先进行列。他时刻把监狱的安全稳定、罪犯的教育改造工作放在第一位，带领广大干警卓有成效地教育转化一批又一批顽固不化、抗拒改造的罪犯，连续9年实现监管安全无事故。

【拱文淮】技侦尖兵，长春市公安局行政技术侦查支队政委，创立了队伍建设新模式。拱文淮积极探索加强队伍建设方式方法，向素质要警力，开拓性地创立了以科技强警、教育培训、兑现奖惩为核心的队伍建设新模式，干警素质明显提高，业务工作屡创佳绩，支队中大批干警受到表彰奖励，支队也被公安部评为全国"两化"建设先进单位。个人曾荣立2次三等功。

长春市第二届名记者名编辑

【马国芳】（女）40岁，从事新闻工作14年，长春日报社副刊部记者。1994年到长春日报社工作，曾先后在长春商报、学生导刊、长春日报社任职。她思想敏捷，善于捕捉新闻亮点。14年来，她采写新闻稿件数千篇，策划组织版面千余块。2001年至2004年负责策划《长春日报》"太阳鸟"专刊《百姓故事》栏目期间，采写纪实文章80余篇，深受读者欢迎。她采写的稿件有数十篇分获国家、省、市级各类奖项。其中，《野性的呼唤》获2006年度全国报纸副刊作品年赛一等奖；专栏"面对面/人生"获2006年度全国报纸副刊作品年赛二等奖；2001年，出版散文集《云过远山》；2006年出版纪实文集《草根人生》。

【王子欣】35岁，从事新闻工作11年，长春电视台"长春新闻"栏目采访主管。1997年到长春电视台工作，在担任记者期间，每年的发稿量都达到500条左右，曾创下单月发稿量166条的纪录。担任采访主管工作期间，对所有的采访活动都能精心组织、周密安排，并先后策划了"两城"联创、民生行动、重大项目建设、建党八十五周年、东北亚博览会、电影节、汽车节、农博会等百余个大型报道，收到了良好的宣传效果和社会反响。采访的新闻作品多次在国家及省、市级评比中获奖。主要奖项有《2004领跑大跨越》获全国城市台新闻节目专题类一等奖；先后受市委、市政府嘉奖40余次。

【冯　岗】37岁，从事新闻工作14年，长春日报社体育部主任助理。1994年到长春日报社体育部工作至今，曾先后做过记者、编辑等工作。在十几年的新闻工作中，多次参加国际、国内大型体育赛事的采访报道工作，共采写稿件2 000多篇，总计100余万字，并有多篇稿件被评为长春新闻奖及行业好新闻奖。1998年和2006年被抽调到第九届全国冬季运动会组委会宣传部和第六届亚洲冬季运动会宣传部工作，在此期间，参与了重大体育赛事的特刊出版工作，并采写和编发了大量有影响的新闻稿件。曾先后9次被评为年度先进工作者，4次受到市政府嘉奖，1次被市政府授予三等功。

【朱大明】 31岁，从事新闻工作8年，长春日报社政教部记者，市委特派记者。自2000年到长春日报政教部工作，先后负责政协、工会、党建、宣传、纪检等多个重要战线的新闻报道，多次参加全国“两会”及省、市重大新闻事件的策划与报道工作，每年见报稿件500余篇，已有50余件作品获国家及省市新闻奖。2004年被评为长春市首届“五四”青年奖，连续3年受市政府嘉奖，2005年获全市“学做创”先进个人，2006年被市直机关党工委评为优秀党员。

【李 红】（女）46岁，从事新闻工作16年，长春交通之声广播电台新闻部副主任。1992年进入长春经济广播电台工作，1996年年底，参与筹建交通之声广播电台，成为主创人员之一。曾主持创办《968新闻》、《支队长热线》、《都市回响》、《劳动维权热线》等多个优秀新闻节目，其中《焦点968》获2001年长春广播电视十佳节目，开拓了广播传播渠道，扩大了长春的对外影响。有40多篇新闻作品及论文获国家及省、市新闻奖。曾被评为长春市精神文明建设工作先进个人、见义勇为先进工作者、慈善新闻工作者，获市政府嘉奖9次。

【刘 畅】（女）36岁，从事新闻工作12年，现任长春晚报社时政新闻部主任。1996年到长春日报社工作，先后在长春日报社财贸金融部、经济新闻部、综合新闻部任记者。2004年至今，先后在长春晚报社财经新闻部、专刊部、经济部、时政新闻部工作。在长春晚报社工作期间，提出了都市报时政新闻平民化、时政新闻服务民生的新闻理念，并成功策划了《创业大讲堂》、《创城绿色风暴》、《长春——最有人情味的城市》等重大时政报道，受到社会各界好评。在担任记者期间，每年发表新闻作品300篇，其中有十多篇作品在省市新闻作品评选中获奖。

【师锁伟】 42岁，从事新闻工作17年，长春日报社社会新闻部副主任。1991年到长春日报社工作，1996年起，先后在综合新闻部、总编室、编辑中心、体育部任副主任。长期在新闻一线工作，曾参与策划“建国五十周年”、“长春建城二百年”、“抗击非典”等大型系列活动。他采写和编辑的稿件中，有30余件作品先后获得了市级以上新闻奖项。其中，2006年采写的《脚下的土壤能供暖》获得中国新闻奖三等奖；2003年，获“抗击非典”先进个人称号。1996年和1999年两次受到市政府嘉奖。

【姜清水】 40岁，从事新闻工作16年，长春日报报业集团长春信息港新闻中心主编。1992年进入长春日报社工作，先后担任长春晚报社要闻版责任编辑、新闻中心记者、长春日报社《家周刊》记者、长春信息港新闻中心副主编。

【崔云鹏】（女）37岁，从事新闻工作16年，长春经济广播电台新闻专题部记者。1992年到电视台工作以来，始终如一恪守新闻工作者的良知，兢兢业业地为党的新闻事业奉献自己的青春和热情，每月发稿量平均在50篇左右，最多时达七八十篇。由于业绩突出，连续多年被评为长春市广播电视局先进工作者，是长春经济广播电台获奖次数、奖项等级较高的记者；她先后获得了80多项国家及省、市新闻奖。其中《长春市有了第一家农民工工会》获得全国经济广播电台新闻长消息二等奖，吉林新闻一等奖。曾被评为首届长春市十佳青年新闻工作者，长春市三八红旗手，15次获市政府嘉奖。

【梁 磊】 40岁，从事新闻工作17年，长春电视台“长春新闻”栏目主编。1991年到长春电视台工作，2004年起任“长春新闻”栏目责任编辑，参与该栏目的全面改版，改版后收视率明显上升；2005年参与创办了直播栏目“整点新闻”，通过迅速播发重要新闻资讯，使长春电视台新闻栏目的布局更加合理。2007年任“新闻栏目”主编后，重新明确了栏目定位、理念、宗旨及栏目架构，使“长春新闻”的报道收到了良好的宣传效果。曾获“长春市先进工作者”称号11次，编播的新闻作品曾获中国广播电视协会、吉林省广播电视学会、长春市广播电视学会等单位授予的奖项30余项。

（张晓光）

2007年度长春市民生工作先进个人

【李南南】 1969年生，中共党员，长春汽车产业开发区社会事业管理局民政、残联办公室主任兼民生办公室主任。2007年，李南南带领部门同志坚持定期走访困难户，进行入户调查，了解实际困难，认真发放低保金及抚恤金总计19万余元；为1 400户低保户2 800余人次，发放春节慰问品合计金额13 700元；在雨季到来之前，为特困家庭出资修理危房；为408名各类优抚人员办理医疗保险；帮助314名残疾人上岗就业；扶持111名残疾人自办就业项目；帮助12名贫困残疾学生及残疾人家庭子女走进校园。该同志工作成绩显著，受到领导和群众好评。

【井绪荣】 1952年生，中共党员，长春市水利局副巡视员，主要负责农村水利工作，2007年具体负责长春市农村饮水安全工程的组织协调工作。井绪荣同志组织榆树市、农安县水利和相关设计部门深入实际到现场编制完成了氟病区管网配套自来水工程一期实施方案及其审查批复工作。此外，经常深入施工现场，帮助解决实际困难，农安县的农村饮水安全工程建设提前99天完成任务，使全县水源含氟量超标的347个自然屯、3 100农户、12.1万人，吃上了安全可靠的自来水，比计划多完成1 700人。榆树市农村饮水安全工程建设也于2007年10月25日全部完成。共打水源井116眼，管网安装105处，完成机井供水管理房121处，铺设管路1 060公里，完成工程投资8 640万元。赢得群众广泛称赞。

【徐　莉】 （女）1962年生，中共党员，长春市农业委员会农村综合改革处处长。徐莉同志带领全处同志一道积极参与长春市农村民生工作状况的调研和汇总工作。深入基层，走访农户，了解农民关心的热点问题和困难情况，为政府决策当好参谋；参与并完成了《长春民生报告2007》中涉及农村农业部分的调研及编写工作；在涉及农民上访、集体资产处置、土地承包和化解乡村债务等工作中，为维护农村社会稳定作出了重要贡献，成为群众拥护、农民满意、领导放心的好干部。

【朴正淑】 （女）朝鲜族，1960年生，中共党员，长春市残疾人福利基金会秘书长。积极参与协调，争取到中基金“爱心永恒·启明行动”在长春市立项，落实资金630万元，使长春市贫困白内障患者受益，协调争取到中基金“1+1爱让你听见”公益项目，落实资金30万元，为长春市150名聋儿免费配戴助听器。高度关注特困残疾人的衣食住行，广泛深入企业募集资金物品，取得了显著效果。

【葛　丽】 （女）1964年生，中共党员，长春市总工会经济技术部主任科员。在落实劳模民生工作中，完成了对低收入困难劳模补贴前期调查、资格认定、审核登记、资金测算等；为607名无医疗保险的困难劳模办理了城镇居民医疗保险。组织发放了困难劳动模范补助资金178万元，使全市低收入劳模月收入人均提高约350元，总体收入水平比本人工资收入提高了50%，比上年实际收入提高了30%，基本达到了全市城镇居民可支配收入水平。在解决劳模的民生问题方面做出了较大贡献。

【陈　杰】 （女）1964年生，中共党员，长春市人口计生委财务处副处长。2007年为长春市农村部分计划生育家庭奖励扶助7 157人，共计发放奖励扶助资金429.4万元；为全市计划生育特别家庭扶助3 747人，协调资金366万元；为全市弱势群体、流动人口、新农村建设试点村群众进行免费生殖健康检查和为全市4.5万已婚待孕妇女提供免费优生筛查共计90万元。真正做到了把百姓的实事办好，好事办实。

【王柏秋】 （女）1958年生，中共党员，长春市新闻出版局副局长。她负责的第十二届长春市书市和首届全民读书活动在社会上引起了强烈反响，参加活动人数超过百万，受到广大市民的广泛好评。

【高舒民】 1958年生，中共党员，长春市爱卫办副主任。2007年通过25项专项整治，使进出城口改造、城乡结合部环境卫生等得到了有效治理，城市卫生环境得到进一步改善。除“四害”工作通过国家的考核验收，达到了申报国家卫生城市的10项基本条件。

【张效佐】 1959年生，中共党员，长春市伊通河管理委员会副主任。张孝佐对民生规划编制工作认真负责，逐项落实，组织有关专家、部门领导、技术人员反复论证，制订规划实施计划，把伊通河风光带建设和水利工程建设重复的部分进行修改，经过专家论证，节约资金1千余万元，避免了浪费。市民对伊通河风光带的建设和管理满意度逐步提高。

【胡书鹏】 1958年生，中共党员，长春市工商行政管理局办公室主任。胡书鹏与相关业务处室一道，深入基层，听取基层的意见和建议，收集群众对工商工作的反映，最终形成了《关于我市民营经济发展情况的报告》等三份调研报告，较好地履行了岗位职责，发挥了办公室组织协调作用，确保了工商系统服务民生工作的顺利开展。

【李宝华】 1967年生，中共党员，长春市安全生产监督管理局副调研员。他组织编制了《长春市未来五年安全生产发展规划纲要》和《长春市民生(2008年~2012年)安全生产专项规划》，参与起草了《长春市2007年安全生产工作白皮书》、《长春市安全生产工作调研报告》。摸清了底数，夯实了基础，明确了思路。

【王大力】 1963年生，中共党员，长春市社会保险局综合业务处处长。王大立深入基层，服务基层，真心实意为群众办实事、解难事。2007年长春市养老保险参保扩面人数达到14.5万人，失业保险参保人数达到71万人，按月人均80元标准提高退休人员待遇水平，实行养老保险缴费卡缴费，发放社会保险卡16万张，完成了退休人员调整养老保险待遇工作。

【刘　英】 (女)1964年生，中共党员，长春日报社经济部副主任。刘英围绕群众关心的民生热点和焦点问题，积极组织记者深入一线采访，组织策划出一系列重大民生报道，并根据民生重点工作的进展情况，阶段性地推出具有典型意义的报道。先后推出“百万居民进医保系列报道”及反映棚户区改造、住房保障制度等不同主题的“2007民生计划特别报道”等民生类专版9个，收到了良好的社会效果。

【辛国良】 1963年生，中共党员，长春供电公司总经理。2007年，辛国良把实施摘转供工程作为解决百姓用电难题的重点攻关内容。全年长春供电公司摘转供工程共投入资金1 763万元，改造用户27 123户。改造后的居民客户直接接受供电企业提供的服务，提高了供电可靠性，消除安全隐患和不稳定因素。

【李洪亮】 1973年生，中共党员，榆树市委常委、常务副市长。李洪亮立足榆树民生领域的实际情况，认真研究落实长春市民生工作任务的办法和途径。他加强对民生工作的调查研究，深入基层走访，统筹抓好民生工作，增强工作的针对性、时效性，制订了《榆树市民生工作实施意见》，确保民生工作扎实深入开展。

【左　毅】 1968年生，中共党员，长春市宽城区委常委、常务副区长。在民生工作中，左毅以建设和谐宽城、促民生发展为前提，主动参与谋划，深入各职能部门认真调查研究，走访基层进行调研，确定了宽城区民生工工作的目标责任制及目标考核细则。为宽城区民生工作的扎实推进和取得实效，发挥了重要作用，做出了突出贡献。

【巴贻南】 1962年生，中共党员，长春市国土资源局净月经济开发区分局局长。巴贻南坚持改善农民生活，解决农民住房问题，共解决了100多户农民的无房问题。积极协调解决了200余户农民的翻建、扩建房屋问题。巴贻南积极协调财政资金4 996万元，开展了伊通河、鲶鱼沟、新湖镇新兴村等三个村土地整理项目。共平整土地34公顷，架桥4座，通路15条，整理河道8公里，为净月区的民生工程做出了突出的贡献。

【安　军】 1964年生，中共党员，长春市教育局发展规划处处长。安军以促进教育均衡发展为重点，认真履行岗位职责，全面落实民生工作，完成了绿园区青阳小学教学楼、经济技术开发区乐东居住区新建小学、净月退耕还林小学等3所城乡结合部薄弱学校的改造工程。完成了“长春养正高中”建设任务，解决了铁北区域没有优质高中的问题。

【李　芳】　（女）1960年生，中共党员，长春市中级人民法院立案庭庭长。李芳重视立案工作，强化便民、利民措施，使当事人的合法权益在立案这一环节得到充分的保障。她一方面加强立案工作的流程、审查标准的管理，一方面狠抓立案窗口人员的业务水平、服务态度。积极开展司法救助，依法保护弱势群体的诉讼权，切实维护人民群众的合法权益。

【李忠财】　1967年生，中共党员，九台市副市长。李忠财对九台市民生工作进行了专题研究，进行科学谋划和部署，及时解决工作进程中遇到的各类问题。组织编撰了《九台市2007年民生白皮书》，狠抓事关民生发展工作，从而使全市民生工作不断取得新突破，民生状况得到新改善，使群众持续地受益、稳步地得实惠。

【于伟民】　1953年生，中共党员，长春市文化局副局长。于伟民积极践行全心全意为人民服务宗旨，高质量地完成了群众文化活动、公益性读书讲座、农村数字电影放映试点工作、“欢乐庄稼院，先进文化百村行”系列文化活动、新建13个图书馆分馆、长春文化艺术周7场广场文艺演出等，赢得了群众的认可，得到国家和省有关部门的充分肯定。

【李志坚】　1963年生，中共党员，长春市体育局群体处处长。李志坚本着求实创新的工作原则，立足本职岗位，统筹规划工作，克服重重困难，新建健身路径66条，更新路径36条，维修健身器材361件，在农村行政村安装健身设施40套，长春市体育馆健身会馆竣工并向市民开放，会同市教育局做好61所学校体育场馆向社会开放工作，使学校体育场馆资源与社会共享，打造了长春市完整的健身网络，保证民生工作顺利完成。

【李长明】　1959年生，中共党员，长春市双阳区区长。李长明组织区政府督查室，把双阳区民生行动计划进行了逐一细化、量化，进行了认真细致的分解落实。同时，明确了各相关部门主要领导为民生行动计划的第一责任人。李长明将民生行动计划列入部门年度目标考核体系之中，实行年度考评、严格奖惩。在民生工作实施过程中，切实加大了督促检查的力度，促进了民生各项工作的落实。

【谭洪明】　1968年生，中共党员，长春市公安局交警支队肇事侦逃队队长。谭洪明带领侦逃队做好本职工作，侦逃队共接手逃逸案件24起，侦破22起，抓获肇事逃跑者21名，严厉打击了肇事逃逸的违法行为，维护了当事人的合法利益。为人民群众讨回了公道，赢得了百姓的认可。

【刘　虹】　（女）1959年生，中共党员，长春市二道区民政局副局长。刘虹始终恪守着“以民为本，为民解困，为民服务”的民政工作宗旨，制定了《二道区民政局2007年民生工作目标责任》，确定了城乡低保、慈善捐助、优抚网络建设、老年人救助等13大项民生任务。全年发放住房补贴42.9万元，办理供热减免金额101.4万元，大病救助11.9万元，为城镇低保对象发放保障金1 838万元，为农村低保对象发放保障金219万元。得到了广大群众的好评。

【任建军】　1966年生，中共党员，长春市行政执法局（市容环卫局）环卫处处长。任建军带领全处人员，采取各种有效措施做好民生工作，全市五城区1 346个垃圾箱全部取消，撤箱地区全面实行了垃圾袋装化管理。新设203个免水冲公共厕所，公共厕所全部免费使用，设置公厕导向牌141个；推广了“一步工作法”保洁模式，形成全覆盖、立体化的环境卫生管理格局。促进了长春市环境卫生整体水平的全面提高。

【陈克信】　1956年生，中共党员，长春市朝阳区区长。陈克信注重紧紧围绕着朝阳区中心工作，突出民生工作的重要位置，实行民生指标与经济指标“同下达、同落实、同调度、同考核、同奖惩”的“五同时”机制，建立健全领导组织、目标责任、考核监督、制度保障和资金保障体系，在全面落实市民生工作计划任务的同时，主动创新“自选动作”36项，有效推进了民生工作开展。

【初洪君】　1964年生，中共党员，长春市牧业管理局副处长。初洪君以高度的政治责任感和全局意识对待民生工作，把主要精力用在民生工作上，以身作则，身体力行，开拓性地开展工作。针对市民最关心的牧业问题，结合实际，制订了牧业局民生工作目标责任书，细化了责任，明确了任务，采取了多种方式加强了督导，增强民生工作实效，赢得了广大市民的赞誉。

【周景武】 1966年生，中共党员，长春市卫生局办公室主任。周景武组织制订了《市卫生局落实2007年民生十大行动计划实施意见》，对涉及卫生的11项工作逐条进行细化分解，提出了具体的推进措施、完成时限、责任处室和责任人，做到层层有人抓，件件有人管。确保了民生工作任务的圆满完成。

【张宝祥】 1964年生，中共党员，长春市南关区区长。张宝祥坚持把解决民生问题放在各项工作的首位，坚持从贯彻落实科学发展观、推进和谐社会建设、提高党的执政能力、改进干部作风的高度推进民生工作。尽最大努力实现好、维护好、发展好人民群众的切身利益。他坚持对民生工作的督导指挥，形成了统一领导、统一协调、整体推进的工作机制，确保了南关区民生工作有序稳步推进。

【苏明祥】 1970年生，长春市商务局市场体系建设处科员。苏明祥是“万村千乡市场工程”的主要负责人。他认真指导各县（市）区的工程建设工作，带领验收小组赴5县（市）区进行工作验收，认真履行工作职责，做到了群众满意。

【郭兆宇】 1956年生，中共党员，德惠市劳动和社会保障局党委书记、局长。郭兆宇从构筑再就业扶持政策平台入手，先后出台了十多个再就业扶持政策。提出以国有企业下岗失业人员接续保险关系为重点，逐步将灵活就业人员纳入了基本医疗保险范围，并采取积极的措施帮助他们参保，解决后顾之忧。郭兆宇还组织建立了由劳动保障部门、总工会、企业家协会组成的劳动关系三方协调会议制度，对劳动关系的重大问题和政策进行研究，解决了很多难点问题。

【康　平】 （女）1958年生，中共党员，长春市总工会保障部部长。康平在扶贫帮困、促进就业、金秋助学、农民维权等工作中取得了一定的成绩。特别是在2007年的“扶贫济困解难事、温暖和谐进万家”活动中得到社会各界的一致好评。在帮助下岗失业人员创业再就业工作中，精心策划，落实目标责任制，坚持实名制考核和开展技能培训、职业服务、小额贷款、扶持创业项目、选树再就业典型等活动，提前超额完成了就业再就业任务目标。

【琳　梦】 （女）1963年生，中共党员，长春经济广播电台民生广播总监。民生广播开播以来，琳梦从办台方向的确定、到节目板块的设置、写作流程等事无巨细，亲历亲为，得到同行一致好评。琳梦作为“民生广播”负责人，具有高度的责任意识，广阔的工作思路，积极地工作热情，果敢的创新精神，较高的业务能力和领导水平，使“民生广播”在宣传和推动全市的民生工作方面做出了较大贡献。

【王希武】 1967年生，中共党员，德惠市质量技术监督局党组书记、局长。王希武结合自己所承担的工作岗位特点，突出抓好食品监管工作，对德惠市220户食品生产企业、40户食品小作坊，通过采取普查建档、市场准入、监督检验、执法打假、保护名优等措施，促进了全市食品安全状况的明显好转，为全市人民能够吃上放心食品做出了很大贡献。2007年9月，国家质检总局主要领导到德惠市检查食品安全工作，对德惠市的食品安全工作给予了“起步早、力度大、效果好”的较高评价。

【王兴科】 1980年生，长春晚报社市政新闻部记者。王兴科多次参与民生大会、民生座谈会等采访活动，采访并撰写了多篇民生稿件，引起了市民广泛关注，与12345民生建议征集办公室多次联动开展了民生建议市民征集活动，征集了市民建议千余条，为全市民生工作起到了很好的推动作用。发挥了一名新闻工作者传达政府主张，传递社情民意的桥梁和纽带作用。

【潘　军】 1969年生，中共党员，长春市环保局水环境管理处副处长。潘军致力于强化饮用水水源地的环境监管和保护，参与了全市饮用水水源保护区内各类污染源、排污口集中重点排查工作。在水源地一、二级保护区内的排污口和对威胁饮用水安全的污染隐患进行清理工作中发挥了重要作用。

【李晓曼】（女）1951年生，中共党员，长春市房地产管理局副局长。李晓曼以高度的政治责任感和光荣的使命感，兢兢业业，经过不懈努力工作，在圆满完成政府保障性住房建设及其分配任务、购买廉租房及其分配任务、实行廉租房政策工作中发挥了重要领导作用。

【赵　荣】（女）1965年生，中共党员，长春高新技术产业开发区社会事业发展局副局长。赵荣一直致力于解决好百姓最关心、最直接、最现实的民生问题，在扶贫助困方面，全面完成了区城市低保户提标工作，积极开展助医、助学、生活救助等慈善活动，改善了困难群体的住房问题。在环境提升方面，加强了环境治理工作和日常清扫保洁工作，得到百姓的好评。

【王义夫】1956年生，中共党员，长春市交通局综合运输处处长。王义夫担任长春市凯旋路客运站建设办公室主任期间，积极办理审批手续，多方落实资金，几乎放弃节假日，工作在建设第一线，督促施工单位抢进度，严把质量关，并在工作中积极创新思维，采用新技术，新工艺，圆满完成车站的建设任务。在“三省四市”建筑联合评比中获得优质金奖。

【李　立】（女）1971年生，中共党员，长春市妇联办公室副主任。李立在全市范围内开展了与妇女民生问题相关的妇女儿童状况的专题调研。完善了市妇联机关岗位责任机制，提出了“团结、高效、服务、务实、创新、发展”的治会方针。她还创新工作思路，提出以“改善妇女民生、构建社区和谐”为主题，承办长春市社区妇女工作论坛的工作设想，圆满召开了论坛大会，得到群众一致认可。

【刘则强】1972年生，中共党员，长春市财政局科员。2007年，刘则强积极贯彻市政府政策精神，出色地完成了民生工作调研和《2007年民生行动计划》、《2008年民生行动计划》和《2008年～2012年民生规划》重点项目资金测算，并针对2007年及今后一段时期全市民生资金的需求与筹措提出了很多有价值的意见和建议，为民生工作做出了积极贡献。

【王庭凯】1969年生，中共党员，长春市绿园区区长。王庭凯紧紧围绕市里统一部署，牢牢把握市里确定的民生工作重点，组织区政府相关部门，加大财政投入，积极开展具有本区特色的民生工作，特别是在低保困难患者免费血液透析、黑楼道亮化方面成绩显著，切实解决了人民群众最关心、最直接、最现实的利益问题，各项民生工作取得阶段性成效，得到了全区广大干部群众的高度认可。

【赵家春】1948年生，长春市劳动和社会保障局副局长。赵家春组织并带领分管部门的同志坚持科学发展观，不断推进医疗、工伤和生育保险制度改革；坚持求真务实，通过开展“百万居民进医保攻坚战”，实现了城镇居民基本医疗保险参保人数的大幅度增加；坚持以人为本，不断优化医疗保险经办工作的服务环境和服务水平，出色完成了所负责的各项民生工作任务。

【王太清】1958年生，中共党员，长春市民政局社会福利和社会事务处处长。王太清在落实民生行动计划中，努力践行全心全意为人民服务的宗旨，勤勤恳恳、任劳任怨，以高度的责任心和事业心圆满完成了建设长春市儿童福利院的民生工作目标。同时，在做好传统民政工作的同时，不断研究新形势下民政工作面临的新情况、新问题，创新工作思路，着力解决好与群众密切的民生问题，切实做到了权为民所用，情为民所系，利为民所谋。

【宋开春】1973年生，中共党员，长春经济技术开发区人事劳动局局长。宋开春针对性地进行了大量的民生问题的调查研究工作。在区机关事业单位改革和机制创新的同时，对与民生有关的就业和劳动保障工作倾注大量精力，利用开发区重点解决三农问题的有利时机，以失地农民养老保险工作为突破口，在调查摸底的基础上，及时争取市里的试点政策，使这项工作取得实质性进展，解除了农民的后顾之忧，收到了极好的社会效果。

【张广君】1956年生，中共党员，农安县常务副县长。张广君在抓好分管工作的同时，自觉维护全县民生工作的大局，主动配合，积极支持各部门的民生工作。在全县的重大民生工作中,认真研究资金筹措办法,努力拓宽资金筹措渠道,千方百计地保证资金投入,有效促进了全县民生工作任务的顺利完成。

【董永树】 1956年生,中共党员,长春市司法局法律援助中心主任。董永树认真履行工作职责,从解决市民最关心,最直接,最现实的利益问题入手,组织全市两级法律援助机构开展法律援助工作,维护社会弱势群体合法权益,工作成绩显著,为全市社会弱势群体提供优质、高效的法律援助。

【赵景军】 1980年生,长春市食品药品监督管理局办公室科员。赵景军注重把食品药品监管的重点、难点问题与民生工作相结合,把民生工作与肩负的工作任务相结合,注重研究问题、解决问题,做了大量艰苦细致的工作,先后提出了10余条具有较高价值、能够有效推动民生问题解决的意见和建议,为食品药品监督管理局落实民生行动计划做出了突出的贡献。

【吴瑞琳】 1962年生,中共党员,长春市残疾人联合会助理调研员。吴瑞琳作为残联农村贫困残疾人危房改造工作的负责人,在工作中注重研究问题,解决问题。经常深入基层,对城市贫困残疾人住房困难问题进行调研,并提出了操作性很强的建议措施,为农村贫困残疾人危房改造工作起到了很好的推动作用。

【安宝信】 1949年生,长春市园林绿化局副局长。安宝信认真研究领会民生工作,制定并出色完成了全年的民生工作任务。全年新增城市绿地300公顷。新建城市大绿地142块,新植街路25条;绿化改造街路19条,改造绿地20处;对三环路内的666条街路进行补植。绿化覆盖率达到41.5%,顺利完成了2007年各项民生工作任务目标,得到群众一致好评。

【杜云山】 1960年生,中共党员,长春市发展和改革委员会社会发展处处长。杜云山积极参与制订了进一步加强民生工作的意见;认真务实,圆满完成发改委的民生工作任务;认真谋划,参与起草编制了未来五年全市民生规划纲要;精心测算,提出了全市民生工作评价指标体系。为改善民生做出了突出的贡献。

【李延生】 1949年生,中共党员,长春市城乡建设委员会副主任。李延生对民生工作非常重视,倾注了极大的工作热情,多次与建委相关部门同志认真研究民生工作的计划和实施重点。经常放弃节假日休息,亲临民生工程一线,对具体工作进行视察和指导,把市民的切身利益始终装在心中,有效地推动了民生工作的开展,为建设以人为本的和谐长春作出了应有的贡献。

【李光明】 1969年生,中共党员,长春电视台《城市速递》主编。李光明引导团队在民生新闻中实现突破创新。关注市民,关注民生,用新闻引导大众。在作为一个栏目的主编,对2007年民生大会进行全方位报道直播,并推出深度解读相关政策、事件背景及落实情况的系列直播访谈节目。《民生访谈录》架起了政府和市民之间一座宽阔的桥梁,得到了前所未有的社会反响。

(韩永春　兰立光)

领导干部名单

领导干部名单

中共长春市委员会

书　　记　王儒林(5月免)　高广滨(5月任)
副 书 记　祝业精(2月免)　崔　杰(2月任)
　　　　　李树国
常　　委　殷丽依(女)　姜治莹
　　　　　郑文芝(女)　刘　实　袁玉树
　　　　　王金锡　杨子明　吴　兰　王振华
　　　　　钱万成
秘 书 长　姜治莹(2月免)　钱万成(2月任)
副秘书长　李金山　刘　波　吕相林
　　　　　刘福臣　钱万成(2月免)　沙宪卿

办公厅
　主　　任　钱万成
　副 主 任　沙宪卿　赵　明　郝肖峰

组织部
　部　　长　郑文芝(女,2月免)
　　　　　　杨子明(2月任)
　副 部 长　孙恒笑(兼)　万芝兰(女,兼)
　　　　　　王占石　韩　栗　邱志方
　　　　　　张宝琦

宣传部
　部　　长　殷丽依(女,2月免)
　　　　　　王振华(2月任)
　副 部 长　吴鸿韬　于　晶　韩忠宝
　　　　　　张世杰(兼)

统战部
　部　　长　安　莉(2月免)
　　　　　　殷丽依(2月任)
　副 部 长　李　瑛(女)　王殿奎
　　　　　　张春林

农村工作领导小组办公室
　主　　任　刘福臣
　副 主 任　辛晓梅

政法委员会
　书　　记　吴　兰
　副 书 记　陆庆华　王　吉(9月免)
　　　　　　李继元　鲁树忠　程伟建

市委老干部局
　局　　长　李万春
　副 局 长　刘玉霞(女)　曹晓辉(女)

市委、市政府政策研究室
　主　　任　刘　波
　副 主 任　朱成荣　崔迎和　张守刚
　　　　　　姜宝忠

档案局(馆)
　局(馆)长　梁　伟
　副局(馆)长　王廷波　李红明　穆占一

市委党史研究室
　主　　任　赵安武
　副 主 任　王　贵　孙玉志

市委党校(行政学院)
　常务副校(院)长　肖振远
　副校(院)长　张长林　王广洲　陈吉顺
　　　　　　崔忠诚　李晓华

长春日报社
　总　　编　柳宝祥
　副 总 编　张世杰　陈卫东　董俊林
　　　　　　王　弋(女)

长春出版社
　社　　长　杨德宏
　副 社 长　王占通　马世平

长春社科院
　院　　长　姜殿军
　副 院 长　李树敏　常　新　孙学亮
　党组书记　姜殿军

新闻出版局
　局　　长　孙文杰
　副 局 长　于显民　王柏秋
　党组书记　孙文杰

中共长春市直属机关工作委员会
　书　　记　钱万成
　副 书 记　吴　强(常务)　刘　敏

王福成 张知众

机构编制委员会办公室

主　　任 孙万彤

副 主 任 孟凡友

市委台湾工作办公室(市政府台湾事务办公室)

主　　任 殷丽依(女,兼)

长春市人民代表大会常务委员会

主　　任 李 述(12月免) 祝业精(12月任)

副 主 任 孟德喜(12月免) 杜立哲(12月免)

范新早(12月免) 冯占祥

马驷良(12月免)

闫成立(女,12月免)

宛祝平(12月任) 李发锁

龙 华(女,12月任)

卢友富(12月任)

秘 书 长 李发锁(兼,2月免) 闻 弘(2月任)

副秘书长 刘庆海(4月免) 王宝庆

闻 弘(2月免) 周晓辉(12月任)

孙胜林(12月任) 许国栋(12月任)

张春林(12月任)

办 公 厅

主　　任 闻 弘(12月免)

张春林(12月任)

副 主 任 王浩然

内务司法委员会

主任委员 韩文有(12月免)

张智勤(12月任)

副主任委员 张智勤(12月免)

财政经济委员会

主任委员 张海久

副主任委员 王大伟

农业与农村委员会

主任委员 孙胜林(12月免)

姜振春(12月任)

副主任委员 李怀生

城乡建设环境保护委员会

主任委员 许国栋(12月免)

周亚昆(12月任)

副主任委员 周亚昆(12月免)

教育科学文化卫生委员会

主任委员 陈亚群(女)

副主任委员 朱慧民

民族侨务外事委员会

主任委员 朱再新(12月免)

王浩然(12月任)

副主任委员 齐世信

人事代表选举委员会

主任委员 李文济(12月免)

韩文有(12月任)

副主任委员 孟淑云(女)

法制委员会

主任委员 周晓辉(女,12月免)

刘 君(12月任)

副主任委员 刘 君(12月免)

王志东(兼)

法制工作委员会

主任委员 姜振春(12月免)

副主任委员 刘 君(12月免)

研 究 室

主　　任 王宝庆

副 主 任 徐 荣

机关党委

书　　记 闻 弘(兼)

副 书 记 徐永富

长春市人民政府

市　　长 祝业精(2月免) 崔 杰(2月任)

副 市 长 崔 杰(2月免) 姜治莹(2月任)

李 伟 郑文芝(女,2月任)

王学战 钱龙生 李龙熙(6月免)

刘 实(2月免) 高学章 李福春

潘显政(7月任) 冯 强(7月任)

秘 书 长 闫玉华

副秘书长 罗远增 赵国华 管树森 刘玉新

徐毅夫 柳宝祥 杨俊良 张发文

桂广礼 魏亚军 贺兴国 李相国

王建华 卢福建 何泉秀 曲庆江

唐晓明 李志刚 张忠耀 孙英利

办 公 厅

主　　任 桂广礼

副 主 任 石 光 寇纯福 赵 显

鲍文明(4月任)

地方志编纂委员会

主　　任　祝业精(兼)

副 主 任　李龙熙(兼)　郑文芝(兼)

　　　　　郝广智　刘远和

法制办公室

主　　任　林　平

副 主 任　赵玉洁　张铁力　曾国军(7月逝)

老龄工作委员会

主　　任　高学章(兼)

副 主 任　柳宝祥(兼)　王占石(兼)

　　　　　李　旸(兼)　张毅强(兼)

办公室主任　李　旸(兼)

办公室副主任　王兵印

发展和改革委员会

主　　任　王　宁

副 主 任　杨瑞生　黄凤云(女)

　　　　　林　姗(女)　杨　森

　　　　　董俊杰　韩　良　徐连东

党组书记　王　宁

经济委员会(中小企业局)

主　　任　李志保

副 主 任　宋学观　王喜山　高继志

　　　　　赵　旭　薛文革　庞福祥

党组书记　李志保

纪检组长　李　莹(女)

科学技术局

局　　长　万载斌

副 局 长　翟述华(女)　薛春志

　　　　　魏长平(女)

党组书记　万载斌

纪检组长　卢　飞

知识产权局

局　　长　尹伟光

商　务　局

局　　长　刘亚群

副 局 长　王淑云(女)　曾庆祥　唐铁生

　　　　　唐若迪　杨安娣(女)

党组书记　刘亚群

纪检组长　祝　凯

贸　促　会

会　　长　宋丽华(女)

副 会 长　谷霄光　林　野　张凤林

金融证券工作办公室

主　　任　李世杰

城乡建设委员会

主　　任　钟振明(12月免)

　　　　　吴德金(12月任)

副 主 任　沈启天　俞　生　刘大平

　　　　　李延生　相红民(挂职)

党委书记　钟振明(10月免)

　　　　　吴德金(10月任)

党委副书记　佟玉堂

纪委书记　佟玉堂

城市管理行政执法局

局　　长　王世田

副 局 长　韩志斌　李玉祥　常桂芝(女)

　　　　　潘成军　王大和

统 计 局

局　　长　张　威

副 局 长　穆华民　富志刚　郑永生

安全生产监督管理局

局　　长　张中发

副 局 长　郑光宇　王学民

食品药品监督管理局

局　　长　李越春(女)

副 局 长　李云义　秦　宏　刘应齐

　　　　　邱清扬(女)　华吉年(挂职)

党组书记　李越春(女)

交 通 局

局　　长　管　锋

副 局 长　李金明　韩　征　邹德东

党委书记　管　锋

总工程师　张玉新

环境保护局

局　　长　张俊先

副 局 长　张　伟　于　春　叶春民

　　　　　叶蓬欣

党组书记　张俊先

纪检组长　金玉英

气 象 局

局　　长　李振声

副 局 长　尹文斌　杨志东

纪检组长　付林生

房地产管理局

局　　长　刘海山
副 局 长　刘东伟　陈济生　李晓曼(女)
　　　　　黄立新
党委书记　刘海山
党委副书记　李联合
纪检委书记　李联合

规 划 局
局　　长　王洪顺
副 局 长　刘天府　曲国辉　韩守庆
党委书记　王洪顺
党委副书记　曾宪智(女)
纪委书记　曾宪智(女)

国土资源局
局　　长　李洪珠
副 局 长　朱亚福　毕忠德　李成员
党委书记　李洪珠
党委副书记　李贵文
纪委书记　李贵文

长春市农业委员会
主　　任　刘芝岐
副 主 任　王德贵　孙宝和　史长友
　　　　　杨立华　孙长占
党委书记　刘芝岐
党委副书记　戴　才
纪检委书记　戴　才

水 利 局
局　　长　周凌成
副 局 长　武振敖　王宏声
党委书记　周凌成
党委副书记　李中华
纪委书记　李中华
总工程师　赵宁琦

林 业 局
局　　长　丛洪深
副 局 长　李庆祥　张国华　王志芳
党组书记　丛洪深

粮 食 局
局　　长　李树华(女)
副 局 长　张景学　郝　君　武　凌
党组书记　李树华(女)

财 政 局
局　　长　卢友富
副 局 长　于落川　胡延生　吴德忱
　　　　　王慧力
党组书记　卢友富

国有资产监督管理委员会
主　　任　万芝兰(女)
副 主 任　王　才　高秀芳(女)　林立志
　　　　　祝永安　贾贵春
党委书记　万芝兰(女)
党委副书记　王　才　王　彦
纪检委书记　赵芳春(女)

工商行政管理局
局　　长　王铁酩
副 局 长　张德祥　张洱英　张意海
党委书记　王铁酩
党委副书记　祁丽梅(女)
纪委书记　祁丽梅(女)

审 计 局
局　　长　李本喜
副 局 长　王福财　李万成　吴焕军
　　　　　庞国忠　赵　旸(9月免)
党组书记　李本喜
纪检组长　孔维进

国家税务局
局　　长　史铁军
副 局 长　王长生(5月免)
　　　　　王金祥(6月任)
　　　　　刘子敬　钱立仁　王铁勇
　　　　　刘向群(6月免)
　　　　　刘志宏(6月任)
总经济师　李　强
总会计师　潘　晶(6月免)

地方税务局
局　　长　宋有才
副 局 长　裴德民　杨中凤　金光日
　　　　　文　明　司立新　李晓黎(女)

文 化 局
局　　长　龙　华(女)
副 局 长　于伟民　佟德军
党委书记　龙　华(女)
党委副书记　张雅芳(女)
纪检委书记　张雅芳(女,兼)

教 育 局
局　　长　王树彬
副 局 长　周国韬　梁国超　马　军

朱彤顺

市政府督学　李　敏(女)

党委书记　王树彬

党委副书记　李　敏(女)

纪检委书记　李　敏(女)

卫生局

局　　长　谢华维

副局长　马　平　齐国华　郗书元

党委书记　谢华维

党委副书记　杜金华(女)

纪检委书记　杜金华(女)

人口和计划生育委员会

主　　任　高松柏(女)

副主任　赵　蕾(女)　刘国瑞

体育局

局　　长　郭忠君

副局长　张政明　赵晓路

党委书记　郭忠君

党委副书记　尹维萍(女)

纪检委书记　尹维萍(女)

广播电视局

局　　长　崔永泉

副局长　张清秀　庄　严

党委书记　崔永泉

党委副书记　张善萍(女)

纪检委书记　张善萍(女)

人事局

局　　长　孙恒笑

副局长　孙万彤(兼)　康铁英　钱士元
　孟凡友(兼)　蔡延斌

党组书记　孙恒笑

纪检组长　王忠厚

劳动和社会保障局

局　　长　张毅强

副局长　赵家春　韩平山　崔英林
　王　颖(女)

党组书记　张毅强

社会保险局

局　　长　张发文

副局长　张美源　杨丽华(女)　刚占朋
　朱凤海

纪检组长　崔　伟

民族事务委员会(宗教事务局)

主　任(局长)　赵国民

副主任(副局长)咸荣日　杨　军(女)

党组书记　赵国民

民政局

局　　长　李　旸

副局长　肖方忠　杜荔哥(女)　蒋洪涛

党委书记　李　旸

党委副书记　张文海(10月免)

公安局

局　　长　高学章

副局长　曲万臣　郑伟民　张永会
　唐庆华　于　英(女)　王卫东
　韩东民(回族)　张永久(挂职)

政治部主任　于　英(女)

纪委书记　侯连国

指挥部主任　卢　峰

司法局

局　　长　李　林

副局长　郑司宽　刘汉兴　郎　林
　戈保权

党委书记　李　林

党委副书记　于桂兰(女)

纪检委书记　于桂兰(女)

政治部主任　于桂兰(女,兼)

国家安全局

局　　长　姜开信

市委、市政府信访局

局　　长　于瑞敏

副局长　张家祥　赵林生　李伟强
　马延政

质量技术监督局

局　　长　袁振宇

副局长　刘　敏(女)　李　纯(女)
　孔令起

党委书记　袁振宇

党委副书记　杨润民

纪委书记　杨润民

人防办公室

主　　任　陈亚新

副主任　刘寿松　马英才　贾东来

地震局

局　　长　孙继海

副局长　唐祝林

外事(侨务)办公室

主　　任　王　宇

副 主 任　侯　铁　刘　利　薄中堂

信息产业局

局　　长　吕　凝

副 局 长　曾庆彬　韩　东

党组书记　吕　凝

园林绿化局

局　　长　杨凤祥

副 局 长　娄长兴(11 月免)　安保信

党委书记　杨凤祥

纪检书记　王国辉

高新技术产业开发区管理委员会

主　　任　苗若愚

副 主 任　孙　莉(女)　姚　刚　赵志民
　　　　　刘成福　陈　多　冯兆印
　　　　　石　威(锻炼)

党工委书记　刘泽臣

经济技术开发区管理委员会

主　　任　黄文华

副 主 任　王绍川　许铁志　陈德新
　　　　　林崇哲　孙洪健

党工委书记　黄文华

党工委副书记　阚云忠

净月经济开发区管理委员会

主　　任　管树森

副 主 任　王金城　鞠　峻　王金玉
　　　　　杨文俊

党工委书记　管树森

汽车产业开发区管理委员会

主　任　李相国

副主任　陈亚轩　吴相道　曹　伟
　　　　祖　国　李炜姝(女)　魏朝明

党工委书记　孙国武

党工委副书记　李相国　王　哲

长江路经济开发区管理委员会

主　　任　梁振亚

副 主 任　张绍君　王晓东

党工委书记　李瑞霞(女)

牧业管理局

局　　长　杨泗祖

副 局 长　刘　峰　朱贵祥　李宪忠

党组书记　杨泗祖

供销合作社联合社

主　　任　于林忠

副 主 任　张君连　汪晓炜　黄劭琨

党委书记　于林忠

党委副书记　曲观奇

纪检委书记　曲观奇(兼)

旅 游 局

局　　长　郝丽萍(女)

副 局 长　王　金　于国廷

党组书记　郝丽萍(女)

市接待办公室

主　　任　宋长生

副 主 任　田新建　陈　志

党委书记　宋长生

工业国有资产经营有限公司

总 经 理　马福文

副总经理　张晓山　马长山

党委书记　马福文

长春市商业国有资产经营公司

董 事 长　李春新

副总经理　牟长春　王淑云　杨录奇
　　　　　于德臣　辛延明

党委书记　李春新

纪检委书记　梁继生

工 会 主 席　梁继生(兼)

监视会主席　梁继生(兼)

市直机关事务管理局

局　　长　魏亚军

副 局 长　柏建华　张兴聚(9 月免)
　　　　　石铁钢

党 委 书 记　魏亚军

党委副书记　柏建华

民生工作领导小组办公室

主　任　姜治莹

副主任　刘　波　姜保忠

中国人民政治协商会议长春市委员会

主　　席　张绪明(2 月免)
　　　　　祝业精(2 月任,12 月免)
　　　　　张元富(12 月任)

副主席 战月昌(12月免)
殷丽依(女,2月任,12月免)
毛连方(2月免) 吴振昌(12月免)
宛祝平(回族,12月免)
赵吉光(12月免)
崔玮德(朝鲜族,12月免)
管树森(12月任) 薛 康(12月任)
宋 勇(12月任) 孙丰月(12月任)
方曙光(12月任) 张晓华(12月任)
张红星(12月任)

秘书长 石 坚(满族,12月任)

副秘书长 关晓峰(满族) 赵贵军 原建新
张国志 徐春范(10月任)
王杰夫(10月任)

办公厅

主 任 原建新(兼)

副主任 刘 宏(10月免)

提案委员会

主 任 樊玉桂(女)

副主任 (按姓氏笔划排列)
孙启明(兼,12月免)
孙秀娟(女,兼,12月免)
孙晓峰(兼,12月任)
张毅强(兼,12月免) 李 伟
李 瑛(女,兼,12月任)
赵 显(兼,12月任)
栾立明(兼,12月免)
彭向刚(兼,12月任)

文化教育卫生体育委员会

主 任 张茹华(女,10月免)
刘 宏(10月任)

副主任 (按姓氏笔划排列)
于 晶(女,兼,12月任)
王守实(兼,12月免)
朱昱铭(兼,12月免)
李华新(兼,12月任)
汪鹏辉(兼,12月任)
杨承军(兼,12月任)
金 硕(兼,12月免)
侯冠森(满族,兼,12月任)
柳海民(兼,12月任)
赵福玉(满,兼,12月任)
凌正凯(10月免)
秦 和(女,满族,兼,12月免)
崔永泉(兼,12月免)

文史资料委员会

主 任 徐春范(10月免)
凌正凯 (10月任)

副主任 (按姓氏笔划排列)
于广先(兼,12月任)
王庆祥(兼,12月免)
许占志(兼,12月免)
李德山(兼,12月任)
张 立(女,兼,12月免)
姜鸿岩(兼,12月免)
赵继敏(女,满族,兼,12月任)
郎宝君(兼,12月任)
高仁立(兼,12月任)
景喜猷(兼,12月任)

港澳台侨和外事委员会

主 任 张茹华(女,10月任)

副主任 (按姓氏笔划排列)
于洪升 (兼,12月任)
尹秀明(女,兼,12月免)
王 宇 (兼,12月免)
刘作斌(兼,12月免)
冷雪洁(女,兼,12月任)
李 瑛(女,兼,12月免)
张东威(满族)
张锦基(兼,12月任)
陈其镳(兼,12月任)
赵晓光(女,兼,12月任)
唐锡根(兼,12月任)
魏 春(兼,12月免)

经济科技委员会

主 任 崔启民

副主任 (按姓氏笔划排列)
丁文勇(兼,12月任)
于落川(兼,12月任)
王世超(兼,12月任)
付亚辰(兼,12月免)
刘 韧(兼,12月免)
刘健芝(女,兼,12月任)
刘振江(兼,12月任)
吴晓辉(兼,12月任)
张永贤(兼,12月免)

金兆怀（兼，12月任）
杨铁军（兼，12月免）
康秉智（兼，12月免）

社会法制民族宗教委员会
主　　任　王杰夫（10月免）
张文海（10月任）
副 主 任　（按姓氏笔划排列）
于惠舫（女，兼，12月任）
付　诚（兼，12月任）
朴　燕（女，朝鲜族，兼，12月免）
杨　军（女，满族，兼，12月任）
李奎光（朝鲜族，兼，12月任）
陆庆华（兼，12月任）
赵连章（满族，兼，12月免）
赵国民（兼，12月免）
高俊芳（女，兼，12月任）
韩志斌（兼，12月任）
潘成军（满族，兼，12月免）

人口资源环境委员会
主　　任　赵　明（女，满族）
副 主 任　（按姓氏笔划排列）
刁绍武（兼，12月任）
王德利（兼，12月任）
张兴洲（兼，12月免）
杨德权（兼，12月免）
林青远（兼，12月任）
贺国兴（兼，12月免）
赵勇胜（兼，12月任）
遇凤年（兼，12月免）
景跃军（女，兼，12月任）
窦　森（兼，12月任）

机关党委
书　　记　石　坚（满族）
副 书 记　郑　伟

政 研 室
书　　记　黄　强（10月任）
副 主 任　黄　强（10月免）

中国共产党长春市纪律检查委员会

书　　记　刘　实（2月任）
副 书 记　王　南　张　喆　李家祺
常　　委　韩　栗（兼）　刘凤桂　孙德明
尹维生　姜元生　徐玉林
秘 书 长　尹维生（兼）

办 公 厅
主　　任　田柏林

党风廉政建设室
主　　任　高国斌

执法监察室
主　　任　王德政

纪检监察三室
主　　任　邢铁溢

案件审理室
主　　任　王海燕

机关党委
书　　记　尹维生

监 察 局
局　　长　王　南
副 局 长　李家祺　刘凤桂　刘海玉
孙德明

民主党派

中国国民党革命委员会长春市委员会
主任委员　宛祝平（回族）
副主任委员　徐秀强　郑立文（兼）
高仁立（兼）
杜　剑（兼）　鹿　云（女，兼）

中国民主同盟长春市委员会
主任委员　孙丰月
副主任委员　王志东　周米平（兼）
傅亚辰（兼）　刘　琦（女，兼）
苗　琦（兼）　李德山（兼）
欧阳继红（女，满族，兼）

中国民主建国会长春市委员会
主任委员　钱龙生
副主任委员　丁绍伦（女）　王　禹（兼）
苗颖梅（女，兼）　刘润华（兼）
丁文勇（兼）
张少杰（兼）

中国民主促进会长春市委员会
主任委员　薛　康

副主任委员　林　宇　周国韬(兼)
窦　森(兼)　董玉琦(兼)
禹　平(女,兼)

中国农工民主党长春市委员会
主任委员　侯治富
副主任委员　张慧虹(女,驻会)
彭　飞(兼)　李守春(兼)
苗里宁(兼)　赵宏岩(女,兼)

九三学社长春市委员会
主任委员　张红星
副主任委员　王　进(11月任)
陈济生(兼)　张兴洲(兼)
宋玉祥(兼)　王丽颖(女,兼)

人民团体

市总工会
主　　席　冯占祥
副主席　董珊梅(女)　黄茂毅
王　涛　王胜君　张鸣雨
党组书记　冯占祥
党组副书记　董珊梅(女)

中国共产主义青年团长春市委员会
书　　记　周　贺
副书记　周继峰　孙　弘(女,9月免)

市青年联合会
主　　席　吴　兰(女,兼)　周　贺
副主席　张洪彬　孙　弘(女)

市妇女联合会
主　　席　贾丽娜(女)
副主席　甘　琳(女)　刘丽华(女)
欧路娜(女)　王丽秀(女)

市工商业联合会
会　　长　宋　勇
副会长　王秋霞(女,驻会)
李洪禹　高学文
刘作斌(兼)　曹和平(兼)
王　欣(兼)　丛连彪(兼)
孙淑云(兼)　邵春杰(兼)
陈兴海(兼)　范日旭(兼)
梁振和(兼)
党组书记　王秋霞(女)

市社会科学界联合会
主　　席　王振华(兼)
副主席　姜殿军　李树敏　常　新
孙学亮
党组书记　姜殿军

市文学艺术界联合会
主　　席　殷丽依(女,兼,4月免)
王振华(兼,4月任)
副主席　张守智　吴　强(兼)
龙　华(女,兼)
王　坤(女,兼)
崔永泉(兼)　韩志晨(兼)
王长元　景喜猷
党组书记　张守智

市科学技术协会
主　　席　孙国庆
副主席　郭启祥　邢　文　王　源
党组书记　孙国庆

市归国华侨联合会
主　　席　黄文华(兼)
副主席　张尚诚(女,驻会)　刘勇兵(兼)
陈　密(兼)　李勉东(兼)
于洪升(兼)　王钲强(兼)
秘书长　崔　昕(驻会)

市台湾同胞联谊会
会　　长　孔令智
副会长　魏　春　陶　川　于士利
朱　杰(女)　白建英(女)
李宇波　徐正考　高　歌
路景权
秘书长　魏　春(兼)

市红十字会
会　　长　李龙熙
常务副会长　贺兴国
副会长　李国仁　张宇舟　崔玮德
彭祖尧　祝延存　朱再新
苏　铁(驻会)

市残疾人联合会
执行理事会理事长　沈贵一
执行理事会副理事长　郑铁成　张义新
裴振法　王贵君

地方军事

长春警备区

司令员　王金锡
副司令员　苏立宝
政治委员　孙　超
副政治委员　刘宝文　殷国平
政治部主任　李国林
参谋长　郭华山
后勤部长　姜长宝

武警长春市支队

支队长　卢惠秋(2月免)
　郭炳祥(2月任)
第一政治委员　高学章(兼)
政治委员　高　峰(11月免)
　周　波(11月任)
副支队长　温　福(4月免)　范昌吉
　刘建民(4月任)
副政治委员　郭法金

市公安消防支队

支队长　宋洪峰
政治委员　杨洪军
副支队长　邵光德(3月任)
　王洪伟(8月任)　孙兴国
副政治委员　李建国

市公安局交通警察支队

支队长　王卫东(兼)
政委　陈志耕

政　法

中级人民法院

院长　孙万胜(12月免)
　宋莉菲(12月任)
副院长　于海河(4月免)
　齐万信(10月免)
　冯猷强　刘德孝　潘晓军
　金运珍
党组书记　孙万胜(12月免)
　宋利菲(12月任)
政治部主任　蔡文凤
执行局局长　刘德孝(兼)
纪检组长　裴　莹

人民检察院

检察长　穆立林(12月免)
　徐　明(12月任)
副检察长　关长福(10月免)
　胡菊亭(女)
　隋光伟　马占山　肖春光
　王　禹
政治部主任　马占山(兼)
党组书记　穆立林(兼)
反贪局长　肖春光(兼)
纪检组长　宋　健

双重领导局级单位

中国人民银行长春中心支行

行长　周振海
副行长　付　裕　王　军(女)　李秋生
　宋金山　王春生　于桂琴(女)
党委书记　周振海
纪委书记　武鹏云
工会主席　周媛媛(女)

中国工商银行吉林省分行营业部

总经理　黄庆惠
副总经理　毕晓宏　朱　评　姜　新
党委书记　黄庆惠
纪检委书记　赵英昕
总稽核　刘英杰

中国农业银行吉林省分行营业部

总经理　汪国良
副总经理　王振安(8月免)　金莞钧
　张志中
党委书记　汪国良
纪检委书记　蔡　华

吉林银行

行长　唐国兴(9月任)
董事长　田学仁(9月任)
副行长　程松彬(10月任)
　刘健芝(10月任)
　王安华(10月任)
党委书记　田学仁(9月任)

党委副书记　唐国兴(9月任)
监 事 长　李世杰(9月任)

人民财产保险股份有限公司长春市分公司
总 经 理　屠静平
副总经理　牟福祥　董明德　张永哲
关艳丽(女)
党委书记　屠静平
工会主席　董明德

海　关
关　　长　李　录
副 关 长　梁　财(6月任)　于　明
李文国(9月免)　胡　薇(女)
孙玉宁　刘琦瑾
党组书记　李　录
缉私局局长　刘琦瑾
纪检组长　胡　薇(女)

烟草专卖局
局　　长　陈建新
副 局 长　张　波　毛元国　张建华
刘　君(3月免)　车大光
刘　炜
党组书记　陈建新
纪检组长　张　波(兼)

长春供电公司
总 经 理　曹立逊(4月免)
辛国良(4月任)
党委书记　辛国良(4月免)
秦江扬(4月任)
副总经理　张　超　杨伟东(4月任)
李喜彬　王　江　李德彬
纪检委书记　李东强
总工程师　林　涛

邮 政 局
局　　长　袁志杰
党 委 书 记　尹维国
副　局　长　李永生　王　嵩　朱记莛(女)
林　暹　杨锡山
纪检委书记　李宏伟

吉林省通信公司长春市分公司
经　　理　唐永华
副 经 理　郭　彤　于百川　孙剑宇
朱　军　宁培林
党 委 书 记　唐永华
党委副书记　宁培林

区　县(市)

[朝阳区]

中共朝阳区委
书　　记　袁玉树
副 书 记　陈克信　王德宇

区人大常委会
主　　任　王庭福
副 主 任　林相贵　陈　伟　王　欣
赵洪喜

区人民政府
区　　长　陈克信
副 区 长　葛建雄　谢志敏
葛丽萍(女)　宋　驰

区 政 协
主　　席　王国维
副 主 席　胡　琪(女)　孙　义
朱春花(女)

区纪律检查委员会
书　　记　王长林

区 法 院
院　　长　石成军

区检察院
检 察 长　徐安怀

[南关区]

中共南关区委
书　　记　张树明
副 书 记　张宝祥　牛志诚

区人大常委会
主　　任　范传真
副 主 任　杨永庆　陈玉学　柳国栋
马跃峡(女)

区人民政府
区　　长　张宝祥
副 区 长　陈广墨　卢明刚　姜显续
袁继业　张崇宝(6月任)

区 政 协
主　　席　邹宝华(女)
副 主 席　郭成尧　李玉林　任　伟

区纪律检查委员会
　　书　　记　孙　宏(女)
区 法 院
　　院　　长　胡　波
区检察院
　　检 察 长　平玉玺

[宽城区]
中共宽城区委
　　书　　记　孙亚明
　　副 书 记　崔国光　严　涛
区人大常委会
　　主　　任　王文杰
　　副 主 任　李　华　陈　晶(女)
　　　　　　　崔秀梅(女)　王志军
区人民政府
　　区　　长　崔国光
　　副 区 长　左　毅　仇凤江　田　武
　　　　　　　郑广慧　张巧珑(7月任)
区 政 协
　　主　　席　薛秉新
　　副 主 席　金　华　王晓君　齐树森
区纪律检查委员会
　　书　　记　殷淑琴
区 法 院
　　院　　长　肖德魁
区检察院
　　检 察 长　孙　飞

[二道区]
中共二道区委
　　书　　记　刘德生
　　副 书 记　杨云超　杜　福
区人大常委会
　　主　　任　邵玉春(女)
　　副 主 任　王治义　朱英龙　贾树凤(女)
　　　　　　　刘　琦(女)
区人民政府
　　区　　长　杨云超
　　副 区 长　孟宪新　吕　鑫　田玉山
　　　　　　　李子新　鲁　月(女)
区 政 协
　　主　　席　曾绍伟
　　副 主 席　李　韧(女)　王　杨(女)
　　　　　　　李永利
区纪律检查委员会
　　书　　记　孙慧颖
区 法 院
　　院　　长　吴树学
区检察院
　　检 察 长　初连文

[绿园区]
中共绿园区委
　　书　　记　刘金生
　　副 书 记　王庭凯　胡书君　王　政
区人大常委会
　　主　　任　胡云河
　　副 主 任　李　君　李国连　付彩霞
　　　　　　　康庆武　段俊棉(女)
区人民政府
　　区　　长　王庭凯
　　副 区 长　安　然　马国成　王桂波
　　　　　　　王万成　杜　剑
区 政 协
　　主　　席　赵国峰
　　副 主 席　刘宏泉　邓志安　王雅华
区纪律检查委员会
　　书　　记　邵永全
区 法 院
　　院　　长　马惠明
区检察院
　　检 察 长　张宏山

[双阳区]
中共双阳区委
　　书　　记　方曙光
　　副 书 记　李长明　王明德
区人大常委会
　　主　　任　赵　英
　　副 主 任　张玉春　刘元天　徐云丽
　　　　　　　陈兴华
区人民政府
　　区　　长　李长明
　　副 区 长　赵明瑞　张立新　王桂敏
　　　　　　　刘任远　吴俊民(5月任)

傅大冶(7月任)
庞　佳(女,5月免)

区政协
主　　席　胡玉荣(女)
副主席　兰凤霞　姜作相　朴连玉

区纪律检查委员会
书　　记　沈洪斌

区法院
院　　长　李晓明

区检察院
检察长　李　驳

[农安县]

中共农安县委
书　　记　张焕秋
副书记　李忠斌　王　伟

县人大常委会
主　　任　李明祥
副主任　孙志有　王永林　张淑梅(女)

县人民政府
县　　长　李忠斌
副县长　张广君　蔡　光　胡亚民
钟云琴　滕广涛　贾树飞
贺东平(6月免)
王晓锋(6月任)

县政协
主　　席　席庆国
副主席　房　毅　赵贵军

县纪律检查委员会
书　　记　赫　哲

县法院
院　　长　赵洪田

县检察院
检察长　刘志民

[榆树市]

中共榆树市委
书　　记　张晓华
副书记　李国强　李荣武

市人大常委会
主　　任　董书勤(女)
副主任　于占修　陈立新　王文全
王森林

市人民政府
市　　长　李国强
副市长　李洪亮　张树国　谭景坤
孙中兴　马　光
高　群(9月免)
范树茂(6月免)
宋春辉(6月任)

市政协
主　　席　高凤桐
副主席　张兴文　赵国军

市纪律检查委员会
书　　记　高中会

市法院
院　　长　张凤军

市检察院
检察长　赵彦峰

[德惠市]

中共德惠市委
书　　记　闫　文
副书记　李长洪(11月免)
祝永安(11月任)
于树军

市人大常委会
主　　任　李志斌
副主任　杨显德　孙世娟(女)
晁振英　郭首华

市人民政府
市　　长　李长洪(11月免)
祝永安(11月任)
副市长　王立学　林英昌
张文华　唐　刚(11月免)
王树民　南振波　赵文波

市政协
主　　席　赵文杰
副主席　禹希军　李岱林　祁国有

市纪律检查委员会
书　　记　宫立武

市法院
院　　长　徐相国

市检察院
检察长　赵　军

[九台市]

中共九台市委

书　　记　高凤昌

副 书 记　孙向武　宋荫卓

市人大常委会

主　　任　林荣效

副 主 任　李文君　冯耀实　李元君　刘永茂

市人民政府

市　　长　孙向武

副 市 长　逯占元　安秀芝(女)　贾士武　关　星　张　进　李洪慈　徐天启　薛　伟(4月任)　李忠财(4月任)

市政协

主　　席　李文波

副 主 席　朱金林　聂德祥　李德军

市纪律检查委员会

书　　记　岂振玲(女)

市法院

院　　长　李缃凡

市检察院

检 察 长　林晓光

主题索引

2008 长 春 年 鉴

CHANGCHUN ALMANAC

主 题 索 引

说 明

1. 本索引采取主题抽取法，以主题词首字按拼音顺序排列为序，首字相同，以第二个字按拼音顺序排列为序，以此类推。

2. 索引的主题词后面的数字表示内容所在页码，数字后面的英文字母（a、b、c）表示该页自左至右的栏别，无英文字母的表示当页各栏都有该主题词。

3. 主题词按汉语拼音排列顺序排列。汉字之前如有英文或数字（包括双引号和引号）均不计。

X

Y